KB071915

莊子

厚
農

莊子

장자 역주편

譯註篇

장자 역주편

초   판 1쇄 발행 2019년 8월 9일
개정판 1쇄 발행 2022년 5월 31일

지은이 김정탁
펴낸이 신동렬
책임편집 신철호
외주디자인 아베끄
편   집 현상철 · 구남희
마케팅 박정수 · 김지현

펴낸곳 성균관대학교 출판부
등록 1975년 5월 21일 제1975-9호
주소 03063 서울특별시 종로구 성균관로 25-2
대표전화 02)760-1253~4
팩시밀리 02)762-7452
홈페이지 press.skku.edu

© 2019, 김정탁

ISBN 979-11-5550-538-0 93150
       979-11-5550-285-3 (세트)

잘못된 책은 구입한 곳에서 교환해 드립니다.

莊子 장자

譯註篇 역주편

김정탁 지음

성균관대학교
출판부

머리말

―――

　동아시아 고전은 역·주·해·소·론이란 과정을 거쳐야 제대로 된 해석이 이루어진다. 역(譯)이란 좁은 의미의 번역인데 동아시아 고전들은 번역만으론 무슨 내용인지 잘 모르기에 주(注)가 필요하다. 주란 모내기할 때 물을 주듯이 번역한 글에도 물을 대주어야 한다는 의미를 담는다. 물론 역과 주를 통한 내용이라도 여전히 거칠고 딱딱하므로 해석이 뒤따라야 한다. 그래야 내용이 매끈하게 다듬어져서 의미를 제대로 파악할 수 있는데 이것이 해(解)이다. 또 해석된 내용이 오늘날 어떤 의미를 지니는지를 밝혀야 고전이 현대에 부활할 수 있으므로 소(疏)의 작업을 필요로 한다. 마지막으로 아무리 훌륭한 내용이라도 비판이 이루어져야 우리들에게 쉽게 다가오므로 논(論)의 과정이 필요하다.

　필자는 동아시아 고전 중에 가장 난해하다는 『장자』를 제대로 풀겠다는 심정으로 그동안 역·주·해·소를 진행해 왔다. 약 10년의 준비 기간과 5년에 걸친 집필 과정을 거쳐 지난해부터 올 초까지 『장자』의 해와 소를 내편, 외편, 잡편의 순으로 출판해 왔다. 그리고 이제 마지막으로 『장자』의 역과 주를 출판하는 순간을 맞이했다. 그러니 원래 계획했던 모든 과정을 이 책으로 마무리하는 셈이다. 물론 논(論)의 과정이 보태져야 완전한 의미에서 해석을 마무리하는 일이지만 필자가 상대하는 사람이 장자인지라 이 작업은 10년쯤 후로 미루고자 한다. 필자의 내공이 지금보다 훨씬 두텁게 쌓여야 장자를 제대로 비판할 수 있다고 보아서이다.

　필자가 해와 소에 더해 역과 주까지 책으로 펴내겠다고 한 데는 나름의 이유가 있다. 첫째, 『장자』를 제대로 이해하기 위해선 무엇보다 정확한 번역이 필요하다고 보아서이다. 시중에 나온 장자서는 물론이고, 중국과 일본에서 출판된 장자서조차 번역에 서로 다른 부분들이 많아 번역이 통일되지 못한 실정이다. 이는 『장자』가 다루는 내용이 그만큼 어려워서이다. 이에 필자는 정확한 번역을 위해서 적지 않은 노력을 기울였다고 자부하고, 이 노력의 결과를 가감 없이 보여줘야 후학들에게 도움이 될 거라고 판단했다. 둘째, 한문을 모르는 세대를 위해 『장자』 번역이 어떻게 이루어졌는지 구체적으로 보여주기 위해서이다. 그러면 한문을 알지 못해도 누구든지 『장자』에 쉽게 접근할 수 있다. 어떤 책이든 번역만 정확하면 굳이 원문을 따로 찾아서 볼 필요가 없지 않은가.

그런데 정확한 번역을 위해서 노력한 결과 필자가 찾아낸 중요한 사실이 있다. 그것은 33편에 이르는 『장자』 각 편이 설정한 주제에 따라 서술이 생각보다 매우 논리정연하게 펼쳐진다는 점이다. 그래서 각 편의 앞쪽이 서론이라면 뒤쪽이 결론이고, 그 사이의 내용들은 본론에 해당한다. 지금까지 이런 점이 『장자』 해석에서 소홀히 다루어져 온 게 사실이다. 그 결과 각 편마다 주제의 독립성과 서술의 체계성이 무시된 채 장자가 동원한 은유만 부각되어서 해석이 끝나는 경우가 대부분이었다. 예를 들어 외편 첫 편인 「변무(騈拇)」의 주제가 인위적인 도덕, 즉 인의(仁義)를 배격하자는 건데 "오리 다리가 짧아도 늘리면 근심하고, 학의 다리가 길어도 자르면 슬퍼한다."라는 은유만 강조될 뿐이다. 이 은유를 통해서 장자가 인위적인 도덕을 어떻게 비판하는지를 밝히는 게 『장자』 해석의 진수인데도 말이다.

『장자』 번역 작업의 성공을 위해선 무엇보다 원문을 꼼꼼히 들여다봐야 한다. 그 결과 필자가 참고한 진고응(陳鼓應)의 『장자금주금역(莊子今註今譯)』(香港: 中華書局, 1991)에서도 60개의 오·탈자를 발견할 수 있었다. 필자의 이런 발견이 큰 의미를 지니는 건 이들 오자가 『장자금주금역』에서 그치는 일이 아니기 때문이다. 『장자금주금역』은 청대(清代) 말기에 쓰인 곽경번(郭慶藩)의 『장자집석(莊子集釋)』을 저본으로 깔고 있다. 그런데 곽경번의 『장자집석』은 서진(西晉)의 곽상(郭象)에서 시작해 당대(唐代)의 육덕명(陸德明)과 성현영(成玄英)은 말할 것도 없이 청대(清代)의 왕념손(王念孫), 유월(俞樾), 노문초(盧文弨), 곽숭도(郭嵩燾)에 이르는 모든 학자들의 견해를 총 망라한 완결판이다. 따라서 『장자금주금역』에서 발견된 오자는 과거부터 계속해서 전해진 것임에 분명하다.

구체적으로 오자는 내편에서 10곳, 외편에서 33곳, 잡편에서 17곳 발견되었다. 이런 오자는 대부분 『장자』가 후대로 전해지는 과정에서 빚어진 기록 내지는 인쇄상의 실수라고 본다. 그럼에도 이런 오자의 가능성을 무시하고 오랫동안 번역이 이루어져왔으니 안타까운 일이다. 예를 들어 내편 「양생주」의 마지막은 "기름은 땔감이 되어 한 번으로 타고 없어지지만 불씨는 다음 땔감으로 전해져 끝날 줄 모른다(脂窮於爲薪 火傳也 不知其盡也)."로 마감하는데 이 문장의 첫 글 자는 '기름 지(脂)'가 되어야 마땅하다. 그런데 『장자금주금역』에선 '손가락 지 (指)'로 표시되어 있다. 이는 '月'로 표기되어야 할 게 '扌'로 표기되어서다. 다행 히 최근 중국 중화서국(中華書局)이 발간한 『국학십전(國學十典)』 중 「장자」편에 서 이런 오자들이 20군데나 줄어든 탓에 필자에게 도움을 주었다.

　마지막으로 『장자』 해·소에 이어 역·주를 출판하는데 그동안 필자를 음양으로 후원해준 분들의 고마움을 잊을 수 없다. 특히 마음으로 후원해준 분들께 감사드린다. 먼저 80이 넘은 고령에도 불구하고 책이 출판될 때마다 꼼꼼히 읽으시면서 '필자가 도에 통하니까 이런 글이 가능하다'며 저를 끊임없이 격려해주신 이모님께 감사드린다. 또 밤늦게 순찰을 돌다가 저녁도 거른 채 집필에 몰두하는 필자를 안타깝게 여겨 본인의 야식을 몇 번이나 사다준 연구실 건물경비원인 조양훈 선생의 친절에도 감사드린다. 또 선물로 받은 중화서국의 『국학십전』을 기꺼이 필자에게 전해준 김인규 경기대 총장에게도 감사드린다.

　또 실없이 던지는 필자의 농이라도 반갑게 응대해 필자에게 늘 활력을 샘솟게 해준 후배교수 동리(東籬)에게도 감사드린다. 지난 5년간 집필 때문에 주말마다 밤 12시에 집에 들어와도 싫은 소리 한 번 안 하고 꾹 참아준 안 사람의 고마움은 말로 다 표현할 수 없다. 또 책의 완전성을 위해 노력해준 신철호 편집자를 비롯한 출판부의 고마움도 잊을 수 없다. 이런 분들의 따뜻한 격려가 없었다면 이 방대한 작업을 제대로 끝내지 못했거나 아니면 훨씬 늦게 끝냈을 거라고 본다. 마지막으로 결코 쉽지 않은 장자서를 끝까지 인내심 있게 읽어준 독자 여러분들께도 감사드린다.

2019년 7월 1일
빙허서루(憑虛書樓)에서

잡편   雜編

내편

內篇

소요유

逍遙遊

소요유(逍遙遊) 1

소요유 1-1

北冥有魚, 其名爲鯤.

鯤之大, 不知其幾千里也.

化而爲鳥, 其名爲鵬.

鵬之背, 不知其幾千里也., 怒而飛, 其翼若垂天之雲.

是鳥也, 海運則將徙於南冥.

南冥者, 天池也.

북명(北冥), 즉 북쪽 바다에 물고기가 사는데 이름을 곤(鯤)이라고 한다.

곤의 크기는 몇천 리가 되는지 알 수 없을 정도로 크다.

곤이 변해서 새가 되는데 이름을 붕(鵬)이라고 한다.

붕의 등은 몇천 리가 되는지 알 수 없을 정도로 길다.

붕이 힘차게 날아오르면 양 날개는 하늘에 드리운 구름(垂天之雲)과 같다.

붕은 바다 기운이 움직여서 큰바람이 일면

그걸 타고 남명(南冥), 즉 남쪽 바다로 날아간다.

남쪽 바다가 하늘의 호수(天池)이다.

注 ————————————————————————————————————

北冥有魚 其名爲鯤: 북쪽(北) 바다(冥)에 물고기(魚)가 사는데(有) 이름(名)을 곤이라 한다(爲~
鯤). 冥(어두울 명 → 바다는 푸르다 못해 검어서 어두움은 바다를 의미) 魚(물고기 어) 爲(이를 위) 鯤(곤
어 곤, 상상 속의 큰 물고기)

鯤之大 不知其幾千里也: 곤(鯤)의 크기(大)는 몇(幾) 천리(千里)가 되는지 알지(知) 못할(不)
(정도로 크다). 大(큰 대, 크기) 幾(몇 기)

化而爲鳥 其名爲鵬: (곤이) 변해(化~而) 새가 되는데(爲~鳥) 이름(名)을 붕이라 한다(爲~鵬).
化(화할 화) 鳥(새 조) 鵬(붕새 붕, 전설상의 새 중에서 가장 큰 새)

鵬之背 不知其幾千里也: 붕(鵬)의 등(背)은 몇(幾) 천리(千里)가 되는지 알지(知) 못할(不) (정도
로 길다). 背(등 배)

怒而飛 其翼若垂天之雲: (붕이) 힘차게(怒~而) 날아(飛) (오르면) 양 날개(翼)는 하늘(天)에 드
리운(垂) 구름(雲)과 같다(若). 怒(성낼 노, 세차다 → 힘차게) 飛(날 비, 날다) 翼(날개 익) 垂(드리울
수) 雲(구름 운) 若(같을 약)

是鳥也 海運則將徙於南冥: 이(是) 새(鳥), 즉 붕은 바다(海) (기운이) 움직여서 큰바람이 일면
(運~則) (그 바람을 타고) 남쪽(南) 바다로(於~冥) 날아간다(徙). 海(바다 해) 運(움직일 운 → 움직여
서 바람이 일다) 於(어조사 어, ~에)

南冥者 天池也: 남쪽(南) 바다(冥~者)가 하늘(天)의 호수(池)이다. 冥(바다 명) 池(못 지, 호수)

소요유 1-2

齊諧者, 志怪者也.

諧之言曰:「鵬之徙於南冥也, 水擊三千里, 搏扶搖而上者九萬里. 去以六月息者也.」

『제해(齊諧)』는 기이한 것을 기록해 놓은 책인데 이 책은 말한다.
'붕이 하늘로 올라 남쪽 바다로 날아 움직이면서 날갯짓을 하면
바닷물이 튀기를 삼천 리, 회오리바람을 타고 하늘에 오르길 구만리이다.
그런데 반년을 날아가야 하늘의 호수(天池)에 이르러서 쉰다.'

注 ────

齊諧者 志怪者也: 제해(齊諧~者)는 기이한 것(怪~者)을 기록해(志) (놓은 책이다). ★ 제해(齊
諧)는 제나라(齊)의 해씨(諧)가 만든 책인데 해씨는 제나라 출신의 은자로 알려져 있다. 諧(농
지거리 해 → 해학) 怪(기이할 괴) 志(기록할 지)

諧之言曰 鵬之徙於南冥也: (그런데) 제해(諧)란 책이 말하다(言). 붕(鵬)이 (하늘로 올라) 남쪽
바다로(於~南冥) 날아 움직이다(徙). 徙(옮길 사, 옮겨가다 → 움직이다)

水擊三千里: (그러면서 날갯짓을 하면) 바닷물(水)이 튀기를(擊) 삼천(三千) 리(里). 擊(부딪칠 격
→ 부딪쳐 바닷물이 튀다)

搏扶搖而上者九萬里: 회오리바람(扶搖)을 타고(搏~而) (하늘에) 오르길(上) 구만(九萬) 리(里)

이다. 扶搖〔아래에서 위로 부는 폭풍. 즉 회오리바람인 선풍(旋風). 扶(도울 부) 搖(흔들릴 요)〕
搏(잡을 박, 잡다 → 타고 오르다)

去以六月息者也: (그런데) 육 개월(六月)을 날아가야(去) (하늘의 호수에 이르러서) 쉰다(息). 去
(갈 거, 날아가다) 息(쉴 식)

소요유 1-3

野馬也, 塵埃也, 生物之以息相吹也.
天之蒼蒼, 其正色邪? 其遠而無所至極邪?
其視下也, 亦若是則已矣.

땅에선 아지랑이(野馬)가 피어오르고, 흙먼지(塵埃)가 날아다닌다.
이것들은 생물들이 서로 숨을 들이마시고 내쉬면서 생겨난다.
그런데 땅에서와 달리 하늘이 푸르고 푸른 건 본래의 빛깔일까?
아니면 너무 멀어서 끝이 없어서일까?
붕이 위에서 아래를 내려다보니까 올려다볼 때처럼 똑같이 푸를 뿐이다.

注 ————

野馬也 塵埃也,: (땅에선) 아지랑이가 피어오르고(野馬), 흙먼지가 날아다닌다(塵埃). 野馬〔달
리는(野) 말(馬). 달리는 말처럼 아지랑이가 피어올라 이런 표현을 사용〕 塵埃〔(날리는) 흙먼지
(塵埃). 흙의 티끌들이 바람에 날리면 먼지가 되어 날아다님. 塵(티끌 진, 흙먼지) 埃(티끌 애)〕

生物之以息相吹也.: (이것들은) 생물(生物)들이 서로(相) 숨을 들이마시고(息) 내쉬면서(以~吹)
(생겨난다). 息(숨쉴 식, 숨을 들이쉬다) 吹(불 취, 숨을 내쉬다)

天之蒼蒼 其正色邪?: (그런데 땅에서와 달리) 하늘(天)이 푸르고(蒼) 푸른(蒼) 건 본래(正)의 빛
깔일까(色~邪)? 蒼(푸를 창) 正色〔본래의 빛깔. 正(바를 정, 참으로 → 본래) 色(빛 색)〕邪(의문·부
정을 나타내는 조사)

其遠而無所至極邪?: (아니면) 너무 멀어서(遠~而) 다함(極)에 이르는 곳(所~至)이 없어서가
(無) 아닐까(邪)? 즉 끝이 없어서일까? 遠(멀 원) 極(다할 극) 至(이를 지) 所(바 소, 곳)

其視下也 亦若是則已矣: (붕이 위에서) 아래(下)를 내려다보니까(視) 또한(亦) (올려다볼 때처럼)
똑같이(若) 이(是)와 (같을) 뿐이다(已矣). 즉 똑같이 푸를 뿐이다. 視(볼 시) 若(같을 약) 是(이 시)
已(따름 이, 단정하는 말 ~ 뿐이다)

소요유(逍遙遊) 2

소요유 2-1

且夫水之積也不厚, 則其負大舟也無力.

覆杯水於坳堂之上, 則芥爲之舟, 置杯焉則膠, 水淺而舟大也.

風之積也不厚, 則其負大翼也無力.

故九萬里, 則風斯在下矣, 而後乃今培風, 背負靑天而莫之夭閼者, 而後乃今將圖南.

蜩與學鳩笑之曰：「我決起而飛, 搶楡枋而止, 時則不至而控於地而已矣,

奚以之九萬里而南爲?」

適莽蒼者, 三飡而反, 腹猶果然., 適百里者, 宿舂糧., 適千里者, 三月聚糧.

之二蟲又何知!

小知不及大知, 小年不及大年. 奚以知其然也?

朝菌不知晦朔, 蟪蛄不知春秋, 此小年也.

楚之南有冥靈者, 以五百歲爲春, 五百歲爲秋.,

上古有大椿者, 以八千歲爲春, 八千歲爲秋, 此大年也,

而彭祖乃今以久特聞, 衆人匹之, 不亦悲乎!

물(水)이 충분히 괴지 않으면 큰 배(大舟)를 띄울만한 여력이 없다.

뜰 가운데 움푹 팬 곳 위에 물 한 잔을 부으면 작은 풀잎은 떠서 배가 되지만 거기에 잔을 내려놓으면 달라붙는다.

이는 물이 얕은 데 배가 크기 때문이다.

그러니 날개 밑에 바람을 두텁게 쌓지 않으면 큰 날개를 띄울 여력이 없다.

따라서 붕이 구만리나 날아오르려면 날개 밑에 바람을 두텁게 쌓아야 한다.

그런 뒤 붕은 바람을 타고 이제 하늘을 높이 날아오른다.

푸른 하늘을 등진 채 하늘을 높이 올라가 아무도 가로막지 않은 뒤라야

붕은 이제 도남(圖南), 즉 원대한 뜻을 품는다.

매미와 어린 비둘기는 높이 날아가는 붕을 비웃으며 말한다.

'우리는 힘껏 날아도 느릅나무나 박달나무 높이에 이르러서 멈추고,

때로는 거기에도 이르지 못해 땅바닥에 내동댕이쳐질 뿐인데
어찌 구 만 리나 높이 날아올라 남쪽으로 가려는가?'
교외 들판으로 놀러 가면 세 끼만 먹어도 황혼 녘에 돌아올 때까지 배부르고,
백 리 바깥으로 나가면 하룻밤을 새워서 먹을 양식을 찧어야 하고,
천 리 바깥으로 나가면 석 달 치 양식을 모아야 한다.
그러니 매미와 어린 비둘기 또한 붕의 심중을 어찌 헤아리겠는가!
이는 작은 앎(小知)이 큰 앎(大知)에 미치지 못하고,
짧은 수명(小年)이 긴 수명(大年)에 미치지 못해서이다.
어째서 그렇다는 것을 아는가?
조균(朝菌)은 밤과 새벽을 알지 못하고,
매미는 봄과 가을을 알지 못하는데 이는 수명이 짧아서이다.
멀리 떨어진 초나라 남쪽에 명령(冥靈)이란 전설상의 나무는
오백 살을 봄으로 삼고, 오백 살을 가을로 삼는다.
또 아주 먼 옛날에 대춘(大椿)이란 신령한 나무는
팔천 살을 봄으로 삼고, 팔천 살을 가을로 삼는다.
이것이 긴 수명이다.
그런데 팽조(彭祖)는 팔백 살을 살고 오래 살았다고 유명해져
많은 사람이 팽조의 수명과 비교하려고 드니 또한 슬프지 아니한가!

注

且夫水之積也不厚: 모름지기(夫) 물(水)의 쌓임(積)이 두텁지(厚) 않다(不). 즉 물이 충분히 괴지 않다. 且(어조사 저, 어세를 강하게 하기 위한 조사) 夫(발어사 부, 모름지기) 積(쌓을 적, 쌓임) 厚(두터울 후)

則其負大舟也無力: 그러면(則) 큰(大) 배(舟)를 띄울만한(負) 여력(力)이 없다(無). 舟(배 주) 負(업을 부 → 띄우다) 力(힘 력 → 여력) ※ 참고한 『莊子今註今譯』에 '方(모 방)'으로 표기되었는데 오자로 보여 '力(힘 력 → 여력)'으로 바꾸어서 해석했다.

覆杯水於坳堂之上: 뜰 가운데 움푹 팬 곳(坳堂) 위에(於~上) 물(水) 한 잔(杯)을 붓다(覆). 坳堂〔뜰 가운데가 움푹 팬 곳. 坳(움푹팬곳 요, 우묵한 곳) 堂(집 당)〕杯(잔 배) 覆(덮을 부 → 붓다)則

芥爲之舟: 그러면(則) 작은 풀잎(芥)은 (떠서) 배가 되다(爲~舟). 則(곧 즉, ~면) 芥(겨자 개, 먼지 → 작은 풀잎) 舟(배 주)

置杯焉則膠: (그렇지만 거기에) 잔(杯)을 (내려) 놓으면(置~則) 달라붙는다(膠). 置(둘 치, 놓다) 膠(달라붙을 교)

水淺而舟大也: 이는 물(水)이 얕은(淺) 데 배(舟)가 크기(大) (때문이다). 淺(얕을 천)

風之積也不厚: (그러니) 바람(風)의 쌓임(積)이 두텁지(厚) 않다(不). 즉 날개 밑에 바람을 두텁게 쌓지 않다. 積(쌓을 적)

則其負大翼也無力: 그러면(則) 큰(大) 날개(翼)를 띄울만한(負) 여력(力)이 없다(無). 翼(날개 익) 負(질 부 → 띄우다) 力(힘 력 → 여력)

故九萬里 則風斯在下矣: 따라서(故) (붕이) 구만리(九萬里)나 (높이 오르다). 그러려면(則) 날개 (在) 밑(下)에 바람(風)을 (두텁게 쌓아야 한다). 斯(어조사 사) 在(있을 재 → 날개를 의미)

而後乃今培風: 그런(而) 뒤(後) (붕은) 이제(乃今) 바람(風)을 타고(培) (하늘을 높이 날아오른다). 今乃〔이제. 今(이제 금) 乃(이에 내)〕培風〔바람을 타다. 培(탈 배) 風(바람 풍)〕

背負靑天 而莫之夭閼者: 푸른(靑) 하늘(天)을 등진(背) 채(負~而) (하늘 높이 올라가 아무도) 가로막지(夭閼) 않다(莫~者). 負(질 부) 夭閼〔억눌려 막음. 夭(막을 요) 閼(가로막을 알)〕莫(없을 막)

而後乃今將圖南: 그런 뒤라야(而~後) (붕은) 이제(乃今) 원대한 뜻을 품는다(圖南). 圖南〔남쪽(南)을 그리다(圖). 즉 원대한 뜻을 품다〕

蜩與學鳩笑之曰: 매미와(與~蜩) 어린 비둘기(學鳩)는 (높이 날아가는 붕을) 비웃으며(笑) 말한다. 蜩(매미 조) 學鳩〔막 날갯짓을 배우는 어린 비둘기. 學(학생 학, 어린) 鳩(비둘기 구)〕笑(웃을 소, 비웃다)

我決起而飛: 우리(我)는 힘껏(決起~而) 날다(飛). 決起〔결연히 일어나다 → 힘껏. 決(감연히 결, 결연히) 起(일어날 기)〕

搶楡枋而止: (그래도) 느릅나무(楡)나 박달나무(枋) 높이에 이르러서(搶~而) 멈추다(止). 楡(느릅나무 유) 枋(박달나무 방) 搶(닿을 창, 이르다)

時則不至而控於地而已矣: 때로는(時~則) (거기에도) 이르지(至) 못해(不) 땅바닥에(於~地) 내동댕이쳐질(控) 뿐이다(已矣). 時則=時或(때로는) 至(이를 지) 地(땅 지, 땅바닥) 控(칠 강, 내동댕이치다)

奚以之九萬里而南爲?: (그런데) 어찌(奚) 구만리(九萬里) (씩이나 높이 날아올라)(以) 남쪽으로(爲~南) (가려는가?) 奚(어찌 해) ★ '奚以~爲'는 '어째서 ~하다'라는 뜻인데 내편 「덕충부」 3에선 같은 뜻을 '何以~爲'로 표현한다.

適莽蒼者 三飡而反: 교외 들판(莽蒼)으로 (놀러) 가면(適~者) 세(三) 끼만 먹어도(飡~而) (황혼녘에) 돌아올(反) 때까지. 莽蒼〔교외의 들판. 莽(아득한 벌판 망) 蒼(초목 푸를 창)〕適(갈 적) 飡(저녁밥 손) 反(올 반, 돌아오다)

腹猶果然: 여전히(猶) 배(腹) 부르다(果然). 猶(오히려 유 → 여전히) 腹(배 복) 果然〔배부른 모

양. 果(가득찰 과) 然(어조사 연)]

適百里者 宿春糧: 백리(百里) 바깥으로 나가면(適~者) 하룻밤을 새워서(宿) 먹을 양식(糧)을 찧어야(春) (한다). 宿(묵을 숙, 하룻밤을 묵다 → 하룻밤을 새우다) 糧(양식 량) 春(찧을 용, 찧다)

適千里者 三月聚糧: 천리(千里) 바깥으로 나가면(適~者) 석 달치(三月) 양식(糧)을 모아야(聚) (한다). 聚(모을 취)

之二蟲又何知!: (그러니) 두(二) 작은 동물(蟲), 즉 매미와 어린 비둘기 또한(又) (붕의 심중을) 어찌(何) 헤아리는가(知)! 蟲(벌레 충, 동물 총칭)

小知不及大知: (이는) 작은(小) 앎(知)이 큰(大) 앎(知)에 미치지(及) 못하다(不). 知(알 지) 及(미칠 급)

小年不及大年: 짧은(小) 수명(年)이 긴(大) 수명(年)에 미치지(及) 못하다(不). 年(해 년, 수명)

奚以知其然也?: 어째서(奚~以) 그렇다는(然) 것을 아는가(知)? 然(그러할 연)

朝菌不知晦朔: 조균(朝菌)은 밤(晦)과 새벽(朔)을 알지(知) 못하다(不). 朝菌〔새벽에 잠깐 자랐다가 아침 햇살이 비치면 죽는 버섯. 朝(아침 조) 菌(버섯 균)〕晦(어두울 회 → 밤) 朔(처음 삭 → 새벽)

蟪蛄不知春秋: 매미(蟪蛄)는 봄(春)과 가을(秋)을 알지(知) 못하다(不). 蟪蛄〔씽씽매미 → 매미. 蟪(씽씽매미 혜) 蛄(쓰르라미 고)〕春(봄 춘) 秋(가을 추)

此小年也.: (그런데) 이(此)는 수명(年)이 짧아서이다(小). 小(작을 소, 짧다)

楚之南有冥靈者: (멀리 떨어진) 초(楚)나라 남쪽(南)에 명령(冥靈~者)이란 (전설상의 나무가) 있다(有). 冥靈〔전설상의 나무. 冥(어두울 명) 靈(신령 령)〕

以五百歲爲春 五百歲爲秋: 오백(五百) 살을(以~歲) 봄으로 삼고(爲~春) 오백(五百) 살을(以~歲) 가을로 삼다(爲~秋). 즉 오백년을 한 살로 삼는다. 歲(나이 세)

上古有大椿者: (또) 아주 먼 옛날(上古)에 대춘(大椿~者)이란 (신령한 나무가) 있다(有). 上古〔아주 먼 옛날. 上(윗 상) 古(옛 고)〕大椿〔신령한 나무. 椿(참죽나무 춘, 신령한 나무)〕

以八千歲爲春 八千歲爲秋: 팔천(八千) 살을(以~歲) 봄으로 삼고(爲~春) 팔천(八千) 살을(以~歲) 가을로 삼다(爲~秋). 즉 팔천 년을 한 살로 삼는다.

此大年也: 이것(此)이 긴(大) 수명(年)이다. 大(큰 대 → 길다)

而彭祖乃今以久特聞: 그런데(而) 팽조(彭祖)는 이제(乃今) (팔백 살을 살고) 오래(以~久) (살았다고) 특별히(特) 소문이 나다(聞). 즉 유명해지다. ★ 팽조(彭祖)는 팔백 살까지 산 전설상의 인물이다. 久(오랠 구 → 장수한 사람) 聞(들을 문, 알리다 → 소문이 나다)

衆人匹之 不亦悲乎!: (그래서) 많은 사람(衆人)이 (팽조의 수명과) 비교하려(匹) (드니) 또한(亦) 슬프지(悲) 않은가(不~乎)? 衆人〔많은 사람. 衆(무리 중)〕匹(비교할 필)

소요유 2-2

湯之問棘也是已:

湯問棘曰:「上下四方有極乎?」

棘曰:「無極之外, 復無極也. 窮髮之北有冥海者, 天池也.

有魚焉, 其廣數千里, 未有知其修者, 其名爲鯤.

有鳥焉, 其名爲鵬, 背若太山, 翼若垂天之雲, 搏扶搖羊角而上者九萬里,

絶雲氣, 負青天, 然後圖南, 且適南冥也.

斥鴳笑之曰:『彼且奚適也? 我騰躍而上, 不過數仞而下, 翱翔蓬蒿之間,

此亦飛之至也. 而彼且奚適也?』」

此小大之辯也.

은(殷)나라 탕왕(湯)이 그의 현명한 신하 하극(棘)에게 물은 바도 이것이다.

탕왕이 물었다. "상하 사방에 끝이 있는가?"

하극이 대답했다.

"무극(無極)의 바깥은 다시 무극이어서 상하 사방에 끝이 없습니다.

그런데 저 멀리 떨어진 불모지 북쪽에 명해(冥海)라는 어두운 바다가 있는데

그곳이 하늘의 호수(天池)입니다.

거기에 어떤 물고기가 사는데 폭이 수천 리이고,

길이는 누구도 알지 못할 정도로 큰데 이름을 곤(鯤)이라 합니다.

또 거기에 어떤 새가 사는데 이름을 붕(鵬)이라 합니다.

붕의 등은 태산(太山)과 같고, 날개는 하늘에 드리운 구름과 같습니다.

그 새가 회오리바람을 붙잡고 양의 뿔처럼 비틀려서 회전해 오르면

높이가 구 만 리입니다.

이 큰 새는 구름을 뚫고 푸른 하늘을 등진 뒤라야 원대한 뜻을 품고(圖南)

남쪽 바다(南冥)로 나아갑니다.

늪에 사는 메추라기가 비웃으며 '저자는 어찌 저리 높이 날아서 갈까?

나는 기껏 뛰어올라 봐야 불과 팔 척 정도 올라갔다 내려와서

쑥대밭 사이를 선회해서 나는데 이것도 나로선 많이 날아오른 셈이다.

그런데 저자는 어찌 저리 높이 날아서 갈까?'라고 말합니다."

이것이 작은 것과 큰 것의 차이이다.

注 ────

湯之問棘也是已: (은나라) 탕왕(湯王)이 (현명한 신하) 하극(棘)에게 물은(問) (바도) 이것(是)이다. ★ 탕(湯)은 은(殷)나라 창시자인데 하(夏)나라 걸(桀) 왕을 무너뜨리고 새 왕조인 은(殷)을 세웠다. ★ 극(棘)은 은(殷)나라 현신(賢臣)인데 원래 이름은 하극(夏棘)이다.

湯問棘曰: 탕(湯)이 묻고(問) 하극(棘)이 대답하다.

上下四方有極乎?: 상하(上下) 사방(四方)에 끝(極)이 있는가(有)? 極(다할 극, 한계 → 끝)

棘曰 無極之外 復無極也.: 하극이 대답하다. 무극(無極) 바깥(外)은 다시(復) 무극(無極)이어서 (상하 사방에 끝이 없다). 復(다시 부)

窮髮之北有冥海者 天池也.: (그런데 저 멀리 떨어진) 불모지(窮髮) 북쪽(北)에 명해(冥海~者)라는 (어두운 바다가) 있는데(有) (그곳이) 하늘의 호수(天池)이다. 窮髮(초목(髮)이 다한(窮) 땅, 즉 불모지. 髮(초목 발) 窮(다할 궁)〕 冥海〔명해. 즉 어두운 바다. 冥(어두울 명)〕

有魚焉 其廣數千里: (거기에 어떤) 물고기(魚)가 사는데(有) 넓이(廣), 즉 폭이 수(數) 천 리(千里)이다. 廣(넓이 광)

未有知其修者 其名爲鯤.: 길이(修~者)는 (누구도) 알지(知) 못할(未) (정도로 큰데) 이름(名)을 곤이라 한다(爲~鯤). 未(아닐 미) 修(키 수, 신장 → 길이)

有鳥焉,其名爲鵬: (또 거기에) 어떤 새(鳥)가 사는데(有) 이름(名)을 붕이라 한다(爲~鵬). 鳥(새 조)

背若太山 翼若垂天之雲: (붕의) 등(背)은 태산(太山)과 같고(若) 날개(翼)는 하늘(天)에 드리운(垂) 구름(雲)과 같다(若). ★ 태산(太山)은 중국 산동성(山東省)의 태산(泰山)을 의미한다. 태산은 화산(華山), 항산(恒山), 형산(衡山), 숭산(嵩山)과 더불어 중국 오악(五岳)을 구성한다. 참고로 태산은 동악(東岳)에 해당한다. 翼(날개 익) 垂(드리울 수) 雲(구름 운)

搏扶搖羊角而上者九萬里: (그 새가) 회오리바람(扶搖)을 붙잡고(搏) 양의 뿔처럼 비틀려서 회전해 오르면(羊角~而) 높이(上~者)가 구만 리(九萬里)이다. 扶搖〔회오리바람. 扶(붙들어줄 부) 搖(오를 요)〕 搏(잡을 박) 羊角〔양(羊)의 뿔(角). 즉 양의 뿔처럼 비틀려서 회전해 오르다. 角(뿔각)〕 上(윗 상 → 높이)

絶雲氣 負靑天: (이 큰 새는) 구름(雲氣)을 뚫고(絶) 푸른(靑) 하늘(天)을 등지다(負). 雲氣〔구름. 雲(구름 운) 氣(기운 기)〕 絶(끊을 절 → 뚫다) 靑(푸를 청) 負(등질 부)

然後圖南 且適南冥也: 그런(然) 뒤(後) 원대한 뜻을 품고(圖南) 남쪽 바다(南冥)로 나아가다(且~適). 且(장차 차) 適(갈 적)

斥鴳笑之曰 彼且奚適也?: 늪에 사는 메추라기(斥鴳)가 비웃으며(笑) 말하다. 저(彼) (자는) 어

찌(夭) (저리 높이 날아서) 갈까(適)? 斥鴳〔늪에 사는 세 가락 메추라기. 斥(못가 척, 늪) 鴳(메추라기 안)〕笑(비웃을 소) 奚(어찌 해)

我騰躍而上 不過數仞而下: 나(我)는 (기껏) 뛰어(躍) 올라봐야(騰~而上) 불과(不過) 팔 척(仞) 정도(數~而) (올라갔다) 내려오다(下). 躍(뛸 약) 騰(오를 등) 不過〔불과. 지나가지(過) 않음(不). 過(지날 과)〕仞(길 인, 8척)

翶翔蓬蒿之間 此亦飛之至也: (그리고) 쑥대밭(蓬蒿) 사이(間)를 선회해(翔) 나는데(翶) 이것(此) 또한(亦) 날아다님(飛)의 전부(至)이다. 즉 이것도 나로선 많이 날아오른 셈이다. 蓬蒿〔쑥대밭. 蓬(쑥 봉) 蒿(쑥 호)〕翔(빙빙돌아날 상, 선회하다) 翶(날 고) 飛(날 비)

而彼且奚適也: 그런데(而) 저(彼) (자가) 어찌(奚) (저리 높이 날아서) 갈까(適)? 彼(저 피)

此小大之辯也.: 이것(此)이 작은 것(小)과 큰 것(大)의 차이(辯)이다. 辯(나누일 변, 차이)

소요유 2-3

故夫知效一官, 行比一鄕, 德合一君而徵一國者, 其自視也亦若此矣.
而宋榮子猶然笑之.
且擧世而譽之而不加勸, 擧世而非之而不加沮, 定乎內外之分, 辯乎榮辱之境,
斯已矣.
彼其於世未數數然也.
雖然, 猶有未樹也.
夫列子御風而行, 冷然善也, 旬有五日而後反.
彼於致福者, 未數數然也.
此雖免乎行, 猶有所待者也.
若夫乘天地之正, 而御六氣之辯, 以遊無窮者, 彼且惡乎待哉!
故曰, 至人無己, 神人無功, 聖人無名.

그래서 앎(知)은 하나 정도의 벼슬을 수행하는데 적당하고,
올바른 언행(行)은 한 개 고을을 다스리는데 적당하고,
덕(德)은 한 명의 군주와 뜻이 맞아 나라 하나를 담당하는데 적당하다.
그러니 앎, 올바른 언행, 덕에 따라 행동하는 사람이
자신을 바라보는 것도 늪에 사는 메추라기처럼 좁다.
그런데 송영자(宋榮子)는 앎, 올바른 언행, 덕에 대해서 담담히 웃는다.

게다가 세상 사람 모두가 그를 칭송해도 그 칭송 때문에 더 힘쓰지 않고,

세상 사람 모두가 그를 헐뜯어도 그 헐뜯음 때문에 더 꺾이지 않는다.

그 대신 자신의 내면(內)과 바깥(外)의 구분을 분명히 하고,

영예(榮)와 치욕(辱)의 경계를 구분할 뿐이다.

또 그는 세상일에 대해서 허둥대며 서두르지 않는다.

그렇더라도 내외(內外)의 구분을 분명히 하고 영욕(榮辱)의 경계를 확실히 해

그는 여전히 근본을 세우지 못했다.

한편 열자(列子)는 바람을 부리면서 하늘을 가볍게 날아다녀

몸과 마음이 맑고 가뿐해서 좋다. 그리고 보름이 지나야 돌아온다.

그래서 그는 복을 바라는 일에 대해서 허둥대며 서두르지 않는다.

열자는 이처럼 걸어 다니는 수고는 비록 면했더라도

하늘을 나는 법에 여전히 의존하는 바가 있다.

만약 천지 본연의 순수한 모습을 받들고,

자연의 변화를 영접해 무궁한 세계에서 노닐면

열자는 더 의존할 데가 어디 있겠는가!

그래서 말한다.

지인(至人)에게는 자기(己)가 없고, 신인(神人)에게는 공(功)이 없고,

성인(聖人)에게는 이름(名)이 없다.

注

故夫知效一官: 그래서(故) 저(夫) 앎(知)은 하나(一) (정도) 벼슬(官)을 (수행하는데) 효과(效)가 있다. 즉 적당하다. 效(공 효, 효과) 官(벼슬 관)

行比一鄕: (올바른) 언행(行)은 한(一) (개) 고을(鄕)을 (다스리는 효과에 견줄만하다). 즉 다스리는 데 적당하다. 比(견줄 비)

德合一君而徵一國者: 덕(德)은 한(一) 명의 군주(君)와 (뜻이) 맞아(合~而) 한(一) 나라(國)의 부름을 받는(徵) 것(者)에 (적당하다). 즉 나라 하나를 담당하는데 적당하다. 徵(부를 징, 부름을 받다)

其自視也亦若此矣: (그러니 앞, 올바른 언행, 덕에 따라 행동하는 사람이) 자신(自)을 바라보는(視) 것(也) 또한(亦) 이(此)와 같다(若). 즉 늪에 사는 메추라기처럼 좁다. 自(스스로 자, 자신) 也(주격 조사 야)

而宋榮子猶然笑之: 그런데(而) 송영자(宋榮子)는 (앞, 올바른 언행, 덕에 대해서) 담담히(猶然) 웃

는다(笑). ★ 송영자(宋榮子)는 장자보다 약간 앞선 시기에 활동한 사상가이다. 『장자』 다른 곳에선 송견(宋銒)으로 등장한다. 猶然〔자득해서 웃는 모습. 담담히. 猶(태연한모양 유)〕

且擧世而譽之而不加勸: (게다가) 세상(世) 모두(擧)가 (그를) 칭송해도(譽~而) (그 칭송 때문에) 더(加) (이상) 힘쓰지(勸) 않다(不). 且(어조사 저) 擧(다 거, 모두) 譽(기릴 예, 칭송하다) 可(더할 가) 勸(힘쓸 권)

擧世而非之而不加沮: 세상(世) 모두(擧)가 (그를) 헐뜯어도(非~而) (그 헐뜯음 때문에) 더(加) (이상) 꺾이지(沮) 않다(不). 非(헐뜯을 비) 沮(꺾일 저)

定乎內外之分: (그 대신 자신의) 내면(內)과 바깥(外)의 구분(分)을 분명히 하다(定). 分(나눌 분, 구분) 定(정할 정 → 분명히 하다)

辯乎榮辱之境 斯已矣: 영예(榮)와 치욕(辱)의 경계(境)를 구분할(辯) 뿐이다(斯已). 榮(영화 영, 영예) 辱(욕될 욕 → 치욕) 辯(나눌 변, 구분하다) 斯(어조사 사) 已(어조사 이)

彼其於世未數數然也: (또) 그(彼)는 세상일에 대해서(於~世) 허둥대며 서두르지(數數然) 않는다(未). 數數然〔삭삭(數數)의 발음에서 매우 허둥대며 서두른다는 의미가 유래됨〕

雖然 猶有未樹也.: 비록(雖) 그래도(然) (내외 구분을 분명히 하고 영욕의 경계를 확실히 해 그는) 여전히(猶) 근본을 세우지(樹) 못하다(未). 猶(오히려 유, 여전히) 樹(곧추세울 수 → 근본을 세우다)

夫列子御風而行: 한편(夫) 열자(列子)는 바람(風)을 부리면서(御~而) (하늘을 가볍게) 날아다니다(行). ★ 열자(列子)는 열어구(列禦寇)로 정(鄭)나라 사상가인데 관윤의 제자로 여겨진다. 그는 노자와 장자 사상을 연결한 인물로 알려져 있다. 『장자』 잡편에는 「열어구」라는 독립된 편이 있다. 御(어거할 어, 부리다) 行(갈 행 → 날아다니다)

冷然善也: (그래서 몸과 마음이) 맑고 가뿐해서(冷然) 좋다(善). 冷然〔맑아 가뿐하다. 冷(맑을 냉)〕 善(좋을 선)

旬有五日而後反: (그리고) 보름(旬有五日~而)이 지나서야(後) 돌아오다(反). 旬有五日〔열흘(旬) 더하기(有) 닷새(五日), 즉 보름. 旬(열흘)〕 反(되돌릴 반, 돌아오다)

彼於致福者 未數數然也.: (그래서) 그(彼)는 복(福)을 바라는(致) 일에 대해(於~者) 허둥대며 서두르지(數數然) 않는다(未).

此雖免乎行 猶有所待者也: (열자는) 이처럼(此) 걸어(行) (다니는) 수고는 비록(雖) 면해도(免) (하늘을 나는 법에) 여전히(猶) 의존하는(待) 바(所)가 있다(有). 雖(비록 수) 行(갈 행, 걷다) 免(면할 면) 猶(오히려 유, 여전히) 待(기댈 대, 의존하다)

若夫乘天地之正: 만약(若) 천지(天地) 본연(正)의 (순수한 모습을) 받들다(乘). 若(만일 약) 正(순수할 정, 섞이지 않음) 乘(받들 승)

而御六氣之辯: 그리고(而) 육기(六氣), 즉 자연의 변화(辯)를 영접하다(御). 六氣〔음(陰)·양(陽)·바람(風)·비(雨)·어둠(晦)·밝음(明)〕 辯(변할 변) 御(맞을 아, 영접하다)

以遊無窮者: 그럼으로써(以) 무궁한(無窮) 세계에서 노닐면(遊~者). 無窮〔끝남(窮) 없음(無). 즉 한이 없음. 窮(다할 궁, 끝나다)〕遊(놀 유, 속박되지 않고 마음 내키는 대로 즐기다. 즉 노닐다)

彼且惡乎待哉!: 그(彼)는, 즉 열자는 (더) 의존할 데(待)가 어디(惡) (있는가)! 哉(어조사 재) 惡(어찌 오 → 어디)

故曰 至人無己 神人無功 聖人無名.: 그래서(故) 말하다. 지인(至人)에겐 자기(己)가 없고(無), 신인(神人)에겐 공(功)이 없고(無), 성인(聖人)에겐 이름(名)이 없다(無). 己(자기 기) 功(공 공, 이룸) 名(이름 명)

소요유(逍遙遊) 3

소요유 3-1

堯讓天下於許由, 曰:「日月出矣, 而爝火不息, 其於光也, 不亦難乎!
時雨降矣, 而猶浸灌, 其於澤也, 不亦勞乎!
夫子立, 而天下治, 而我猶尸之, 吾自視缺然. 請致天下.」
許由曰:「子治天下, 天下旣已治也. 而我猶代子, 吾將爲名乎?
名者實之賓也. 吾將爲賓乎?
鷦鷯巢於深林, 不過一枝., 偃鼠飮河, 不過滿腹. 歸休乎君, 予無所用天下爲!
庖人雖不治庖, 尸祝不越樽俎而代之矣.」

요(堯)임금이 허유(許由)에게 천하를 넘겨주려고 말했다.
"해와 달이 떠 있어 밝은데도 횃불을 계속 피우면
횃불이 그 주위를 밝히는 것 또한 어려운 일이겠지요!
때맞춰 비가 내리는데도 여전히 물을 흘러 들어가게 해 물을 댄다면
늪에 물을 대는 일 또한 소용없겠지요!
허유 선생께서 임금 자리에 오르면 천하가 잘 다스려질 텐데
제가 허유 선생보다 위에 진을 치고 있으니 저 스스로 보기에도 부족합니다.
제발 천하를 거두어주길 바랍니다."
허유가 말했다.
"선생이 천하를 다스려서 천하가 이미 잘 다스려지고 있는데

오히려 내가 그대를 대신해서 천하를 다스리면

나는 임금이란 이름만 얻자는 게 아니요?

이름은 내용의 껍데기인데 나보고 그런 껍데기가 되라는 건가요?

뱁새가 깊은 숲속에 둥지를 쳐도 나뭇가지 하나면 충분하고,

수달이 강물을 마셔도 자신의 배를 채우면 그만이지요.

요임금이여, 돌아가 쉬십시오.

천하를 위해서란 명분은 내게는 아무런 소용이 없소이다!

주방장이 아무리 부엌을 잘 관리하지 못해도

축관이 제사상을 타고 넘어와 부엌에 들어가서 주방장을 대신하지 않지요."

注 ————————————————————————————————

堯讓天下於許由 曰: 요(堯)임금이 천하(天下)를 허유에게(於~許由) 넘겨주려고(讓) 말하다. 讓(사양할 양, 넘겨주다) ★ 허유(許由)는 요임금에게서 왕 자리 제안을 듣고 냇가로 당장 달려가 귀를 씻었던 인물이다. 이처럼 그는 세상을 피해 기산(箕山)에 숨어 살았던 가상의 현인에 해당한다.

日月出矣 而爝不息: 해(日)와 달(月)이 떠 있어(出) (밝다). 그런데도(而) 횃불(爝) 타는 게 그치지(息) 않다(不). 즉 횃불을 계속 피우다. 出(날 출, 나타나다 → 떠 있다) 爝(횃불 작) 息(그칠 식)

其於光也 不亦難乎!: (해와 달의) 빛이 있는 상황에서(於~光) (횃불이 주위를 밝히는 건) 또한(亦) 어려운 일이 아닌가(不~難)! 難(어려울 난)

時雨降矣 而猶浸灌: 때맞춰(時) 비(雨)가 내리다(降). 그런데(而) 여전히(猶) 물을 흘러 들어가게 해서(灌) 물을 대다(浸). 時(때 시, 때맞추어) 降(내릴 강) 猶(오히려 유, 여전히) 灌(물댈 관, 물을 흘러 들어가게 함) 浸(물댈 침)

其於澤也 不亦勞乎!: (그러면) 늪에(於~澤也) (물 대는 일) 또한(亦) 수고로운 일이 아닌가(不~勞)! 澤(진펄 택, 늪) 勞(수고할 로)

夫子立 而天下治: (허유) 선생(夫子)이 (임금 자리에) 오르면(立) 천하(天下)가 잘 다스려지다(治). 立(세울 립 → 오르다) 治(잘다스려질 치)

而我猶尸之 吾自視缺然: 그런데(而) 내(我)가 (허유 선생보다) 위에(猶) 진을 치고 있으니(尸) 내(吾) 스스로(自) 보기에도(視) 부족하다(缺然). 我(나 아) 猶(오히려 유, 그 위에) 尸(진칠 시) 吾(나 오) 缺然(부족함. 缺(모자랄 결))

請致天下: 천하(天下)를 (다스리는) 지위에 서길(致) 청한다(請). 즉 제발 천하를 거두어주길 바라다. 致(세울 치, 지위에 서다)

許由曰 子治¹天下 天下旣已治²也: 허유(許由)가 말하다. 선생(子)이 천하(天下)를 다스려서 (治) 천하(天下)가 이미(旣已) 잘 다스려지다(治). 子(선생 자) 治¹(다스릴 치) 旣已[이미. 旣(이미 기) 已(이미 이)] 治²(잘다스릴 치)

而我猶代子 吾將爲名乎?: 그런데(而) 오히려(猶) 내(我)가 너(子)를 대신해서(代) (천하를 다스리면) 나(吾)는 (임금이란) 이름(名)만 위해서인가(爲)? 즉 나는 임금이란 이름만 얻자는 게 아닌가? 子(임 자, 그대) 名(이름 명)

名者實之賓也: 이름(名~者)은 내용(實)의 껍데기(賓)이다. 名(이름 명) 實(내용 실) 賓(이름 빈, 사물의 지칭 → 껍데기)

吾將爲賓乎?: (그런데) 내(吾)가 (그런) 껍데기가 되라는(將爲~賓) 건가?

鷦鷯巢於深林 不過一枝: 뱁새(鷦鷯)가 깊은(深) 숲속에(於~林) 둥지를 쳐도(巢) 나뭇가지(枝) 하나(一)에 불과하다(不過). 즉 나뭇가지 하나면 충분하다. 鷦鷯[뱁새. 鷦(뱁새 초) 鷯(뱁새 료)] 巢(새집 소, 둥지) 枝(가지 지) 不過[한도를 넘지(過) 않다(不). 즉 불과하다. 過(지나칠 과, 한도를 넘지 않음)]

偃鼠飮河 不過滿腹: 수달(偃鼠)이 강물(河)을 마셔도(飮) (자신의) 배(腹)를 채우는데(滿) 불과하다(不過). 즉 물이 많은 강물을 마셔도 자신의 배를 채우면 그만이다. 偃鼠[수달. 偃(두더지 언) 鼠(쥐 서)] 腹(배 복) 滿(채울 만)

歸休乎君 予無所用天下爲!: 돌아가(歸) 쉬다(休). 요(堯) 임금이여(君~乎). 천하(天下)를 위해서란(爲) (명분은) 내(予)게 아무런 소용(所用)이 없다(無)! 歸(돌아갈 귀) 予(나 여) 所用[쓰이는(用) 바(所). 즉 소용. 用(쓸 용)] 爲(감탄의 뜻을 나타내는 어조사)

庖人雖不治庖: 주방장(庖人)이 아무리(雖) 부엌(庖)을 (잘) 관리하지(治) 못하다(不). 雖(비록 수, 아무리 ~해도) 庖人[주대(周代)에 요리를 맡아보던 벼슬. 즉 주방장. 庖(요리인 포)] 庖(부엌 포) 治(맡을 치, 주관하다 → 관리하다)

尸祝不越樽俎而代之矣: (그래도) 축관(尸祝)이 제사상(樽俎)을 타고 넘어와(越~而) (부엌에 들어가서 주방장을) 대신하지(代) 않는다(不). 尸祝[제사를 주관하는 축관을 의미. 尸(주관할 시) 祝(빌 축)] 樽俎[술을 담는 그릇(樽)과 고기를 괴어놓은 적대(俎). 즉 제사상을 의미. 樽(술 그릇 준) 俎(제기 조)] 越(넘을 월)

소요유 3-2

肩吾問於連叔曰:「吾聞言於接輿, 大而無當, 往而不返.
吾驚怖其言, 猶河漢而無極也., 大有逕庭, 不近人情焉.」
連叔曰:「其言謂何哉?」

「曰:『藐姑射之山, 有神人居焉, 肌膚若氷雪, 綽約若處子., 不食五穀, 吸風飲露.,

乘雲氣, 御飛龍, 而遊乎四海之外.

其神凝, 使物不疵癘而年穀熟..』吾以是狂而不信也.」

連叔曰:「然! 瞽者無以與文章之觀, 聾者無以與乎鐘鼓之聲. 豈唯形骸有聾盲哉?

夫知亦有之. 是其言也, 猶時女也.

之人也, 之德也, 將旁礴萬物以爲一, 世蘄乎亂, 孰弊弊焉以天下爲事!

之人也, 物莫之傷, 大浸稽天而不溺, 大旱金石流, 土山焦而不熱.

是其塵垢粃糠, 將猶陶鑄堯舜者也, 孰肯分分然以物爲事!」

堯治天下之民, 平海內之政, 往見四子藐姑射之山, 汾水之陽, 窅然喪其天下焉.

견오(肩吾)가 묻고 연숙(連叔)이 대답했다.

"내가 접여(接輿)에게 어떤 말을 들었는데 너무 터무니가 없어 황당하네.

현실을 떠나서 끝없이 나아갈 뿐 현실로 돌아오질 못하네.

나는 접여의 말에 놀라 두려웠는데 밤하늘의 은하수처럼 끝나질 않았네.

그래서 우리와 큰 차이가 있고, 사람의 타고난 본성과 부합하지 않았네."

견오가 대답했다.

"접여가 말하길 '아득히 먼 고야산(姑射山)에 신인(神人)이 사는데

피부는 눈처럼 희고, 몸매는 처녀처럼 아리땁고,

곡식을 먹지 않는 대신 바람을 들이쉬거나 이슬을 마시고,

구름을 타고 날아다니는 용을 몰고 세상 밖을 노닌다는 거야.

이들이 정신을 한번 집중하면 만물이 재해나 역병이 드는 일이 없고,

곡식도 잘 익는다는 거야.'

나는 이 얘기가 너무나 허황되어서 믿어지지가 않았네."

연숙이 말했다.

"그러하네! 소경은 아름다운 무늬의 모양을 못 보고,

귀머거리는 황홀한 가락의 소리를 못 듣지.

그런데 어찌 몸에만 유독 소경과 귀머거리가 있겠는가?

앎(知)에도 소경과 귀머거리가 있네.

앎에서 말하는 소경과 귀머거리는 지금 자네일 수 있어.

그 신인과 그 신인의 덕은 만물을 두루 가득 채워 하나로 만드네.

세상 사람은 이런 신인이 세상을 다스려주길 바라겠지만
어떤 신인이 애써가며 천하를 자신의 일거리로 삼겠는가!
이 신인들은 만물에 의해서 피해를 입지 않고,
홍수가 나서 물이 하늘에까지 차올라도 빠지지 않고,
큰 가뭄으로 금석(金石)이 녹아 흘러 땅과 산이 타도 뜨거워할 줄 모르네.
이 신인들은 먼지, 때, 쭉정이, 겨처럼 하찮은 것으로도
요임금과 순임금 같은 성인을 만들 수 있는데
그들이 무엇 때문에 안달하며 천하를 자신의 일거리로 삼겠는가!"
그 후 요임금은 천하의 백성을 잘 다스려서 세상의 정사를 바로 잡은 뒤
아득히 먼 고야산으로 네 명의 신인을 만나러 갔다.
그런데 분수(汾水) 북쪽에 있는 도읍에 돌아오자마자 얼이 빠져
자신이 다스리는 천하를 잊고 말았다.

注 ─────

肩吾問於連叔曰: 견오(肩吾)가 연숙에게(於~連叔) 묻고(問) (연숙이) 답하다. ★ 견오(肩吾)는 가상 인물인데 견오의 견(肩)이 어깨란 뜻이므로 남의 말을 듣고 거들먹거리거나 들썩이기 쉬운 경망한 사람을 의미한다. ★ 연숙(連叔)도 가상 인물인데 이어져 있는(連) 사람을 가리킨다. 아마도 근원의 세계인 도와 연결되어있는 사람으로 생각이 깊은 사람을 의미한다.

吾聞言於接輿: 내(吾)가 접여에게서(於~接輿) (어떤) 말(言)을 (듣다. ★ 접여(接輿)는 실존했던 인물로 애국 시인 굴원(屈原)과 더불어 초나라 지성을 대표한다. 유가가 시인 굴원을 이상적 인물로 받든 데 반해 장자는 접여를 이상적 인물로 받든다. 접여는 내편 「인간세」 5에서 광접여(狂接輿)란 이름으로 등장하고, 내편 「응제왕」 2에서도 등장한다. 한편 『논어』 「미자」에서도 광접여로 등장한다.

大而無當: (그런데) 너무(大) 적당하지(而~當) 않다(無). 즉 너무 터무니가 없어 황당하다. 當(마땅할 당, 적당)

往而不返: (현실을 떠나 끝없이) 나아갈(往~而) 뿐 (현실로) 돌아오지(返) 못하다(不). 往(갈 왕, 나아가다) 返(돌아올 반)

吾驚怖其言: 나(吾)는 (접여의) 말(言)에 놀라(驚) 두렵다(怖). 驚(놀랄 경) 怖(두려워할 포)

猶河漢而無極也: (그런데 밤하늘의) 은하수(河漢) 처럼(猶) 끝(極)이 없다(無). 즉 은하수처럼 끝나지를 않다. 猶(같을 유 → ~처럼) 河漢〔은하수. 황화(河)와 한수(漢)를 말하는데 은하수를 의미함)〕

大有逕庭: (그러니 우리와) 큰(大) 차이(逕庭)가 있다(有). 逕庭〔문밖의 좁은 길(逕)과 정원(庭). 즉 현격한 차이가 있음을 비유. 이는 소로는 좁고 뜰은 넓은 데서 기원함. 逕(소로 경, 좁은 길) 庭(동안 뜰 정, 넓은 정원)〕

不近人情焉: 사람(人)의 타고난 본성(情)과 가깝지(近) 않다(不). 즉 부합하지 않다. 情(본성 정, 타고난 본성) 近(가까울 근)

連叔曰 其言謂何哉?: 연숙(連叔)이 묻다. (접여) 말(言)이 무엇(何)을 말하는가(謂)? 즉 접여가 대체 무슨 소리를 했는가. 何(무엇 하) 謂(이를 위, 이야기하다)

曰 藐姑射之山: (견오가) 말하다. (접여가 말하길) 아득히 먼 고야산(藐姑射之山). 藐姑射之山〔아득히 먼) 고야산(姑射之山). 藐(아득할 막)〕 ★ 여기서 '막고야산(藐姑射之山)'을 아득히 먼 고야산으로 풀어서 번역한 건 『열자』「황제」편의 '열고야산(列姑射山)'이란 표현 때문이다. 열(列)이란 '늘어놓다'라는 뜻인데 「황제」편에서는 고야산을 수식하는 의미로 사용되었다. 그러니 막고야산의 막(藐)도 마찬가지로 아득히 멀다는 수식어로 사용되었다고 본다. 고야산(姑射山)은 산서성(山西省) 임분시(臨汾市)에 실제로 소재한다.

有神人居焉: 신인(神人)이 살다(有~居).

肌膚若氷雪: 피부(肌膚)는 얼음과 눈처럼(若~氷雪) (희다). 肌膚〔피부. 肌(살 기, 피부) 膚(살갗 부, 피부)〕 氷雪〔얼음과 눈. 氷(얼음 빙) 雪(눈 설)

綽約若處子: 아리따운 몸매(綽約)는 처녀(處子)와 같다(若). 즉 몸매는 처녀처럼 아리땁다. 綽約〔몸매가 가냘프고 아리따움. 綽(얌전할 작, 유순하고 정숙함) 約(자태가부드럽고아름다운모양 약)〕

不食五穀 吸風飮露.: 곡식(五穀)을 먹지(食) 않는(不) (대신) 바람(風)을 들이쉬거나(吸) 이슬(露)을 마시다(飮). 五穀〔쌀·보리·조·콩·기장의 다섯 가지 곡식을 총칭함) 風(바람 풍) 吸(숨들이쉴 흡) 露(이슬 로) 飮(마실 음)

乘雲氣 御飛龍: 구름(雲氣)을 타고(乘) 날아다니는(飛) 용(龍)을 몰다(御). 雲氣〔구름(雲)의 기(氣). 즉 구름) 乘(탈 승) 飛(날 비) 龍(용 용) 御(어거할 어, 부리다 → 몰다)

而遊乎四海之外: 그리고(而) 세상 밖(四海之外)을 노닐다(遊). 四海之外〔사해(四海)의 밖(外). 즉 세상 밖) 遊(놀 유)

其神凝: (이들이) 정신(神)을 (한번) 집중하다(凝). 神(정신 신) 凝(모을 응, 마음을 한군데 집중)

使物不疵癘而年穀熟: (그러면) 만물이(使~物) 재해나 역병 드는 일(疵癘) 없고(不), 곡식(年穀)도 잘 익는다(熟). 疵癘〔재해와 역병. 疵(병 자) 癘(염병 려, 전염병)〕 年穀〔1년에 걸쳐서 농사하는 곡식(穀). 穀(곡식 곡) 熟(익을 숙)

吾以是狂而不信也: 나(吾)는 이것이(以~是), 즉 이 얘기가 (너무나) 허황되어(狂~而) 믿어지지(信)가 않다(不). 狂(미칠 광, 상규를 벗어남 → 허황됨) 信(믿을 신)

然! 瞽者無以與文章之觀: 그러하네(然)! 소경(瞽~者)은 아름다운 무늬(文章) 모양(觀)을 줌으

로써(以~與)가 없다(無). 즉 모양을 못 보다. 瞽(소경 고) 文章〔아름다운 무늬. 文(문채 문, 무늬) 章(문채 장, 무늬)〕 觀(모양 관) 與(줄 여)

聾者無以與乎鐘鼓之聲: 귀머거리(聾~者)는 황홀한 가락(鐘鼓)의 소리(聲)를 줌으로써(以~與)가 없다(無). 즉 소리를 못 듣다. 聾(귀머거리 농) 鐘鼓〔종(鐘)과 북(鼓). 즉 황홀한 가락. 鐘(종 종) 鼓(북 고)〕 聲(소리 성)

豈唯形骸有聾盲哉?: (그런데) 어찌(豈) 몸(形骸)에만 유독(唯) 소경(盲)과 귀머거리(聾)가 (있는 가)? 豈(어찌 기) 形骸〔형태(形)와 뼈(骸). 즉 몸. 形(모양 형) 骸(뼈 해)〕 唯(오직 유, 유독) 盲(소경 맹) 聾(귀머거리 농)

夫知亦有之: 모름지기(夫) 앎(知) 또한(亦) (소경과 귀머거리)가 있다(有). 知(알 지, 지혜)

是其言也 猶時女也: 이것(是)이 말(言)하는 (소경과 귀머거리), 즉 앎에서 말하는 소경과 귀머거 리는 지금(時) 너(女)일 수(猶) 있다. 是(이 시) 時(때마침 시 → 지금) 女=汝(너 여) 猶(가히 유, 조동 사 可의 뜻)

之人也 之德也: 그(之) 신인(人)과 그(之) (신인이 지닌) 덕(德). 之(이 지, 지시하는 말)

將旁礴萬物以爲一: (그것은) 만물(萬物)을 두루 가득 채워(將~旁礴) 그럼으로써(以) 하나로 만 들다(爲~一). 旁礴〔두루(旁) 가득 채우다(礴). 旁(두루 방) 礴(가득찰 박)〕

世蘄乎亂: 세상(世) (사람은 신인이 세상을) 다스려주길(亂) 바라다(蘄). 亂(다스릴 란) 蘄(바랄 기)

孰弊弊焉以天下爲事!: (그렇지만) 누가(孰), 즉 어떤 신인이 애써가며(弊弊) 천하(天下)를 자신 의 일거리로(以~爲事) (삼는가)! 孰(누구 숙) 弊弊〔마음과 힘을 기울여 일에 힘쓰는 모양. 弊(곤 할 폐)〕 事(일 사 → 일거리)

之人也 物莫之傷: 이(之) 신인(人)들은 만물(物)에 (의해) 피해(傷)를 받지 않는다(莫). 傷(다칠 상 → 피해) 莫(없을 막, ~하지 않다)

大浸稽天而不溺: 홍수(大浸)가 나 (물이) 하늘(天)에까지 차올라도(稽~而) 빠지지(溺) 않다(不). 大浸〔큰(大) 침수(浸). 홍수〕 稽(이를 계, 다다름 → 차오르다) 溺(빠질 익)

大旱金石流: 큰 가뭄(大旱)으로 금석(金石)이 (녹아) 흐르다(流). 大浸(큰(大) 가뭄(浸). 旱(가물 한)〕 金石〔쇠(金)와 돌(石). 즉 금석. 金(쇠 금) 石(돌 석)〕 流(흐를 류)

土山焦而不熱: 땅(土)과 산(山)이 타도(焦~而) 뜨거움(熱)이 아니다(不). 즉 뜨거워할 줄 모른 다. 焦(탈 초) 熱(더울 열 → 뜨거움)

是其塵垢粃糠: 이(是) (신인들은) 먼지(塵), 때(垢), 쭉정이(粃), 겨(糠) (처럼 하찮은 것). 塵(티끌 진, 먼지) 垢(때 구) 粃(쭉정이 비) 糠(겨 강)

將猶陶鑄堯舜者也: (그것으로) 요(堯)임금과 순(舜)임금 같은 성인(者)을 만들(陶鑄) 수 있다(將 ~猶). 陶鑄〔만들다. 陶(질그릇 도, 질그릇을 만들다) 鑄(쇠부어만들 주, 쇠를 부어 만들다)〕 猶(가히 유)

孰肯分分然以物爲事!: (그런데 무엇 때문에) 그들(孰)이 안달하며(肯分分然) 천하(天下)를 자신의 일거리로(以~爲事) (삼는가)! 肯分分然[시간을 쪼개며 일하는 것(分分然)을 즐기며(肯) → 안달하며. 分(분 분, 소수의 단위) 肯(즐기어 할 긍)]

堯治天下之民 平海內之政: (그 후) 요(堯)임금은 천하(天下)의 백성(民)을 잘 다스려서(治) 세상(海內)의 정사(政)를 바로잡다(平). 海內[바다(海)의 안쪽(內). 즉 세상] 治(잘다스릴 치) 政(정사 정) 平(평평할 평, 바로잡다)

往見四子邈姑射之山: (그런 뒤) 아득히 먼(邈) 고야산(姑射山)으로 네(四) (명의) 신인(子)을 만나러(見) 가다(往). 往(갈 왕)

汾水之陽 窅然喪其天下焉: (그런데) 분수(汾水) 북쪽에 있는 도읍(陽)에 돌아오자마자 얼이 빠져(窅然) (자신이 다스리는) 천하(天下)를 잊다(喪). ★ 분수(汾水)는 고야산(姑射山)이 있는 산서성(山西省) 임분시(臨汾市)를 흐르는 분하(汾河)를 의미한다. 그렇다면 이 얘기는 어느 정도 사실에 근거해 서술되었다. 陽(볕 양, 볕이 드는 지역으로 강 북쪽에 위치한 도읍을 의미) 窅然[멍한 모습. 얼이 빠지다. 窅(어리둥절할 면)] 喪(잃을 상 → 잊다)

소요유(逍遙遊) 4

소요유 4-1

惠子謂莊子曰:「魏王貽我大瓠之種, 我樹之成而實五石,
以盛水漿, 其堅不能自擧也., 剖之以爲瓢, 則瓠落無所容.
非不呺然大也, 吾爲其無用而掊之.」
莊子曰:「夫子固拙於用大矣. 宋人資章甫而適諸越, 越人斷髮文身, 無所用之.
宋人有善爲不龜手之藥者, 世世以洴澼絖爲事. 客聞之, 請買其方以百金.
聚族而謀曰:『我世世爲洴澼絖, 不過數金., 今一朝而鬻技百金, 請與之.』
客得之, 以說吳王. 越有難, 吳王使之將, 冬與越人水戰, 大敗越人, 裂地而封之.
能不龜手, 一也., 或以封, 或不免於洴澼絖, 則所用之異也.
今子有五石之瓠, 何不慮以爲大樽而浮乎江湖, 而憂其瓠落無所用?
則夫子猶有蓬之心也夫!」

혜자(惠子)가 묻고 장자가 대답했다.

혜자가 말했다.

"위(魏)나라 왕이 내게 큰 박 씨를 주어 심었더니

쌀 다섯 석을 담을 정도로 박이 크게 자랐네.

거기에 마실 물을 채웠는데 담은 물을 들어 올릴 만큼 단단하지 못했네.

하는 수 없어서 박을 갈라 바가지로 쓰려고 했더니 박이 커서 소용없었네.

크기만 컸지 속이 텅 비어 아무짝에도 쓸모가 없다고 여겨 그 박을 부쉈네."

장자가 말했다. "자네는 정말로 큰 것을 쓸 줄 모르네.

송(宋)나라 사람이 장보(章甫)라는 관을 밑천 삼아 월(越)나라로 팔러 갔는데

월나라 사람들이 머리를 짧게 하고 문신을 해 이들에게 관이 소용 없었지.

또 송나라 사람 중에 겨울에 손 트지 않는 약을 잘 만드는 사람이 있었는데

이 약을 바르고 솜 세탁하는 일을 대대로 해왔지.

지나가던 나그네가 이 소문을 듣고 금 백 냥에 이 약 처방을 사기를 청했네.

그러자 솜 세탁을 해오던 사람이 직계가족을 모아놓고 상의하면서 말했네.

'우리가 대대로 솜 세탁을 해 왔어도 돈벌이가 변변치 못했다.

지금 이 기술을 팔면 하루아침에 백 냥의 금을 받을 수 있으니 팔도록 하자.'

이에 나그네는 약 처방을 얻었고, 그 처방을 오(吳)나라 왕에게 설명했네.

마침 월나라가 오나라를 침략하자 오나라 왕은 그를 장수로 삼아

월나라 사람들과 겨울에 수전(水戰)을 벌였네.

손발이 심하게 터서 제대로 싸우지 못하는 월나라 군사들을 상대로

오나라 군사들은 크게 승리했네.

그러자 오나라 왕은 땅을 떼어서 그를 제후로 봉했네.

손이 트지 않게 하는 기술은 같아도 누구는 그것으로 제후가 되고

누구는 그것으로 솜 세탁 하는 일에서 못 벗어난 건 쓰임새가 달라서네.

지금 자네는 쌀 다섯 석을 담을 수 있는 큰 박을 갖고 있는데

그것을 물에 뜨는 큰 통으로 삼아서 강과 호수에 띄울 생각을 안 하고

어째서 박이 크기만 하고 소용이 없다는 것을 걱정하나?

그러니까 자네 역시 생각이 꽉 막힌 사람이네!"

注

惠子謂莊子曰: 혜자(惠子)가 묻고(謂) 장자(莊子)가 답하다.

魏王貽我大瓠之種: 위(魏)나라 왕(王)이 내(我)게 큰(大) 박(瓠) 씨(種)를 주다(貽). 瓠(박 호) 種(씨 종) 貽(줄 이)

我樹之成而實五石: (그래서) 내(我)가 심으니(樹) (박이) 자라나(成~而) (쌀) 다섯(五) 석(石)을 채우다(實). 즉 쌀 다섯 석을 담을 정도로 박이 크게 자라나다. 樹(심을 수) 成(익을 성 → 자라나다) 實(채울 실)

以盛水漿: (그래서 거기에) 마실(水漿) 물을 채우다(以~盛). 水漿〔마실 것. 水(물 수) 漿(마실것 장)〕盛(담을 성 → 채우다)

其堅不能自擧也: (그런데 박의) 단단함(堅)은 (담은 물을) 자신(自)이 들어 올릴(擧) 수(能) 없다(不). 즉 담은 물을 들어 올릴 만큼 박이 단단하지 못하다. 堅(굳을 견, 단단함) 自擧〔자신이 들어 올림. 擧(들 거, 높이 들어 올림)〕

剖之以爲瓢: (하는 수 없어) 박(之)을 갈라(剖) 그럼으로써(以) 바가지로 쓰다(爲~瓢). 剖(가를 부) 瓢(바가지 표)

則瓠落無所用: 그러면(則) 박이 커서(瓠落) 소용(所~用)이 없다(無). 瓠落〔박(瓠)이 크면 떨어지다(落). 즉 박이 크다는 의미. 瓠(박 호, 바가지) 落(떨어질 락)〕用(용도 용)

非不呺然大也: 텅 비어도(呺然) 큰(大) 게 아니지(不) 않다(非). 즉 크기만 컸지 텅 비다. 呺然〔텅 빈 상태. 呺(텅비고클 효)〕

吾爲其無用而掊之: (그래서 아무짝에도) 쓸모(用)가 없다고(無) 여겨(爲~而) 나(吾)는 (박을) 부수다(掊). 掊(칠 부, 격파하다)

莊子曰 夫子固拙於用大矣: 장자(莊子)가 말하다. 너(子)는 큰(大) 것을 사용하는 데(於~用) 고루하고(固) 서툴다(拙). 즉 정말로 큰 것을 쓸 줄 모른다. 固(고루할 고) 拙(졸할 졸, 서투르다)

宋人資章甫而適諸越: 송(宋)나라 사람(人)이 장보(章甫)라는 관을 밑천 삼아(資~而) 월나라로(諸~越) 팔러가다(適). ★ 장보(章甫)는 은(殷)나라의 관(冠)이다. 당시 송(宋)나라는 은나라 유민들로 구성되어 다른 제후국들에 비해 문화가 크게 앞섰다. 이에 비해 월(越)나라는 남쪽 변방국으로 가장 낙후된 나라였다. 따라서 송나라 사람은 선진문물을 앞세워 후진국에 장보를 팔러 간 거다. 資(밑천 자) 諸(어조사 제)=於

越人斷髮文身 無所用之: (그런데) 월(越)나라 사람(人)들이 머리(髮)를 짧게 한데다(斷) 문신(文身)을 해 (이들에게 관이) 쓸(用) 데(所)가 없다(無). 즉 소용이 없다. 髮(터럭 발, 머리털) 斷(끊을 단, 자르다) 用(쓸 용)

宋人有善爲不龜手之藥者: (또) 송(宋)나라 사람(人) 중에 (겨울에) 손(手)이 트지(龜) 않는(不) 약(藥)을 잘(善) 만드는(爲) 사람(者)이 있다(有). 龜(거북껍데기 귀 → 손 트면 손등이 갈라지는데 거북껍데기도 이렇게 갈라짐) 善(잘할 선)

世世以洴澼絖爲事: (그런데 그 약을 바르고) 대대로(世世) 솜(絖) 세탁하는 것을(以~洴澼) 일(事)로 삼다(爲). 즉 솜 세탁하는 일을 대대로 하다. 世世〔대대로. 世(대대로 세)〕絖(솜 광) 洴澼〔세탁하다. 洴(솜씻을 병) 澼(빨 벽)〕

客聞之 請買其方以百金: (지나가던) 나그네(客)가 (이) 소문(之)을 듣고(聞) 금(金) 백 냥에(以~百) (약의) 처방(方)을 사길(買) 청하다(請). 客(나그네 객) 方(처방 방) 買(살 매, 사다)

聚族而謀曰: (그러자 솜 세탁을 해오던 사람이) 직계가족(族)을 모아놓고(聚~而) 상의하면서(謀) 말하다. 族(겨레 족, 직계가족) 聚(모을 취) 謀(의논할 모, 상의하다)

我世世爲洴澼絖 不過數金: 우리(我)가 대대로(世世) 솜(絖) 세탁을 해 왔어도(爲~洴澼) (수입은) 불과(不過) 몇 푼(數金)이다. 즉 돈벌이가 변변치 못하다. 數金〔몇 푼. 數(대여섯 수)〕

今一朝而鬻技百金 請與之: 지금(今) (이) 기술(技)을 팔면(而~鬻) 하루(一) 아침(朝)에 백(百)(냥의) 금(金)을 (받는다. 그러니까 이 기술을 팔도록 허락하길(與) 바란다(請). 技(재주 기 → 기술) 鬻(팔 육, 물건을 팔음) 與(허락할 여)

客得之 以說吳王: (이에) 나그네(客)는 (약 처방을) 얻고(得) 그것(以), 즉 처방을 오(吳)나라 왕(王)에게 말하다(說). 說(말할 설)

越有難 吳王使之將: (마침) 월(越)나라가 재앙(難)을 일으키다(有). 즉 월나라가 오나라를 침략하자 오(吳)나라 왕(王)은 그(之)를 장수로 삼다(使~將). 難(재앙 난) 使(부릴 사, 삼다) 將(장수 장)

冬與越人水戰: 월나라(越) 사람들과(與~人) 겨울(冬)에 수전(水戰)을 (벌이다. 冬(겨울 동) 水戰〔수전. 水(물 수) 戰(싸움 전)〕

大敗越人: (손발이 심하게 터서 제대로 싸우지 못하는) 월(越)나라 군사(人)를 상대로 (오나라 군사들이) 크게(大) 패배시키다(敗). 즉 크게 승리하다. 敗(패하게 할 패, 무찌르다)

裂地而封之: (그러자 오나라 왕은) 땅(地)을 떼어(裂~而) (그를) 제후로 봉하다(封). 裂(찢을 렬 → 떼어내다) 封(봉할 봉, 토지를 주어 제후로 삼다)

能不龜手 一也: 손(手)이 트지(龜) 않게(不) 할 수(能) (있는 기술은) 하나(一)이다. 즉 기술은 같다.

或以封: (그런데) 누구(或)는 그것으로(以) 제후(封) (되다). 或(혹 혹, 어떤 사람 → 누구)

或不免於洴澼絖: 누구(或)는 솜(絖) 세탁 일에서(於~洴澼) 벗어나지(免) 못하다(不). 免(벗어날 면)

則所用之異也: 그런즉(則) 쓰임새(所用)가 다르다(異). 所用〔쓰임새. 用(쓸 용)〕 異(다를 이)

今子有五石之瓠: 지금(今) 너(子)는 (쌀) 다섯(五) 석(石)이나 (담을 수 있는 큰) 박(瓠)을 갖다(有).

何不慮以爲大樽而浮乎江湖: (그런데 그것을) 어째서(何) 물에 뜨는 큰(大) 통(樽)으로 삼아서(以爲~而) 강(江)과 호수(湖)에 띄울(浮) 생각(慮)을 않다(不). 樽(술그릇 준, 단지와 같은 술통 → 통) 湖(호수 호) 浮(띄울 부) 慮(생각 려)

而憂其瓠落無所用?: 그리고(而) (박이) 크기만 하고(瓠落) 소용(所用)이 없다(無)는 것을 걱정하나(憂)? 憂(근심 우, 걱정하다)

則夫子猶有蓬之心也夫!: 그러니까(則) 너(子) 역시(猶) 생각이 꽉 막힌(有蓬之心) 사람(夫)이다! 猶(오히려 유, 역시) 有蓬之心〔꾸불꾸불하고 곧지 못한, 즉 꽉 막힌 쑥(蓬)과 같은 마음(心)의 소유자(有) 蓬(쑥 봉)〕 夫(사내 부, 사람)

소요유 4-2

惠子謂莊子曰:「吾有大樹, 人謂之樗. 其大本擁腫而不中繩墨,
其小枝卷曲而不中規矩, 立之塗, 匠者不顧.
今子之言, 大而無用, 衆所同去也.」
莊子曰:「子獨不見狸狌乎? 卑身而伏, 以候敖者., 東西跳梁, 不避高下.,
中於機辟, 死於罔罟.
今夫斄牛, 其大若垂天之雲. 此能爲大矣, 而不能執鼠.
今子有大樹, 患其無用, 何不樹之於無何有之鄕, 廣莫之野,
彷徨乎無爲其側, 逍遙乎寢臥其下.
不夭斤斧, 物無害者, 無所可用, 安所困苦哉!」

혜자(惠子)가 말했다.
내 집에 큰 나무가 있는데 사람들은 그것을 가죽나무라고 부르네.
나무의 몸체는 곧지 못해 목수가 먹줄을 제대로 튕길 수 없고,
작은 가지는 굽어서 자를 제대로 댈 수 없네.
그래서 길가에 덩그러니 서 있어도 장인 목수가 거들떠보지 않고 지나치네.
지금 자네가 하는 말도 이 가죽나무처럼 크기만 했지 쓸모가 없네.
"그러니 많은 사람이 자네를 상대하지 않고 모두 떠나는 거네."
장자가 말했다.
"자네만 유독 살쾡이를 본 적이 있지?
살쾡이는 몸을 잔뜩 웅크리고 있다가 놀러 나오는 먹잇감을 기다리지.
그러다 먹잇감이 나타나면 높고 낮은 데를 가리지 않고 이리저리 날뛰지만
결국은 덫에 걸리거나 그물에 걸려서 죽네.
그런데 지금 저 검은 들소는 그 크기가 하늘에 드리운 구름(垂天之雲)과 같네.
그래서 검은 들소는 큰일은 해도 쥐 잡는 따위의 작은 일을 할 수 없지.
지금 자네는 큰 나무를 놓고 쓸모없다고 걱정하는데
그 나무를 아무것도 없어서 정신이 수고롭지 않은 무하유마을(無何有之鄕)과
한없이 넓어서 끝이 없는 광활한 들판(廣莫之野)에 어째서 심지 않는가?
그리고 하고자 함이 없는 무위(無爲)의 마음으로

나무 곁을 하릴없이 돌아다니는(彷徨) 게 어떠한가?

아니면 나무 밑에 엎드려 자다가 유유자적하면서 거니는(逍遙) 게 어떠한가?

그러면 도끼에 일찍 베일 리 없고, 누군가에 의해 다치는 일도 없을 테니

쓸모 있는 바가 없다는 게 어찌 힘든 걱정거리가 되겠는가!"

注 ─────────────────────────────────────

吾有大樹 人謂之樗: (혜자가 말하다) 내(吾) 집에 큰(大) 나무(樹)가 있는데(有) 사람(人)들은 (그 걸) 가죽나무(樗)라 부르다(謂). 樹(나무 수) 樗(가죽나무 저)

其大本擁腫而不中繩墨: (나무의) 몸채(大本)는 곧지 못해(擁腫~而) (목수가) 먹줄(繩墨)을 제대로 맞추지(中) 못하다(不). 즉 먹줄을 제대로 튕길 수 없다. 大本〔큰(大) 줄기(本). 즉 몸채. 本 (밑 본, 줄기)〕擁腫〔옹이가 많거나 울퉁불퉁 해서 곧지 못함. 擁(메울 옹) 腫(부스럼 종) 繩墨〔먹 줄. 繩(먹줄 승, 목수가 직선그릴 때 쓰는 줄) 墨(먹 묵)〕中(맞을 중, 과녁에 맞음 → 제대로 맞추다)

其小枝卷曲而不中規矩: 작은(小) 가지(枝)는 굽어서(卷曲~而) 자(規矩)를 제대로 맞추지(中) 못하다(不). 즉 자를 제대로 댈 수 없다. 枝(가지 지) 卷曲〔굽음. 卷(굽을 권) 曲(굽을 곡)〕規矩 〔그림쇠. 規(그림쇠 규, 원형을 그리는 자) 矩(곱자 구, 방형을 그리는데 쓰는 자)〕

立之塗 匠者不顧: (그래서) 길(塗)가에 (덩그러니) 서(立) (있어도) 장인(匠~者) (목수들이) 거들떠 보지(顧) 않고(不) (지나치다). 塗(길 도) 立(설 립) 匠(장인 장) 顧(돌아볼 고, 머리를 돌려 뒤를 돌아다 봄 → 거들떠보다)

今子之言 大而無用: 지금(今) 네(子)가 하는 말(言)도 (이 가죽나무처럼) 크기만(大) 하지 쓸모 (用)가 없다(無).

衆所同去也: (그러니) 많은(衆) (사람이 너를 상대하지 않고) 모두(同) 떠나는(去) 바(所)다. 同(한 가지 동 → 모두) 去(갈 거, 떠남)

莊子曰 子獨不見狸狌乎?: 장자(莊子)가 말하다. 너(子)만 유독(獨) 살쾡이(狸狌)를 보지(見) 않 았는가(不)? 즉 유독 살쾡이를 본 적이 있지? 獨(홀로 독, 유독) 狸狌〔살쾡이. 狸(삵 리, 살쾡이) 狌(성성이 성)〕

卑身而伏 以候敖者: (살쾡이는) 몸(身)을 (잔뜩) 낮춰(卑~而) 엎드림으로써(伏~以), 즉 잔뜩 웅 크리고 있다가 놀러(敖) (나오는) 먹잇감(者)을 기다리다(候). 卑(낮을 비, 몸을 낮추다 → 웅크리다) 伏(엎드릴 복) 敖(놀 오) 候(기다릴 후)

東西跳梁 不避高下: (그러다 먹이가 나타나면) 동서(東西)로 뛰어 돌아다니며(跳梁) 높고(高) 낮 은(下) 데를 피하지(避) 않다(不). 즉 높고 낮은 데를 가리지 않고 이리 뛰고 저리 뛰다. 跳梁 〔뛰어 돌아다님. 跳(뛸 도) 梁(징검돌 량)〕避(피할 피)

中於機辟 死於罔罟: (결국) 덫에(於~機辟) 걸리거나(中) 그물에(於~罔罟) (걸려서) 죽다(死). 機

辟〔덫. 機(덫 기) 辟(그물 벽)〕 中(맞을 중→걸리다) 罔罟〔그물. 罔(그물 망) 罟(그물 고)〕

今夫斄牛 其大若垂天之雲: (그런데) 지금(今) 저(夫) 검은 들소(斄牛)는 (그) 크기(大)가 하늘 (天)에 드리운(垂) 구름(雲)과 같다(若). 斄牛〔검은 들소. 斄(꼬리 리, 검정 소)〕 垂(드리울 수)

此能爲大矣 而不能執鼠: (그래서) 이(此), 즉 검은 들소는 큰일(爲~大)을 할 수 있어도(能~而) 쥐(鼠) 잡는(執) (따위의 작은) 일은 할 수(能) 없다(不). 此(이 차) 鼠(쥐 서) 執(잡을 집)

今子有大樹 患其無用: 지금(今) 자네(子)는 큰(大) 나무(樹)를 놓고(有) 쓸모(用) 없다고(無) 걱정하다(患). 患(근심 환, 걱정하다)

何不樹之於無何有之鄕: (그런데 그 큰 나무를) 무하유(無何有) 마을(於~鄕), 즉 아무것도 없어 정신이 수고롭지 않은 마을에 어째서(何) 심어놓지(樹) 않는가(不)? 無何有〔아무(何) 것도 있는(有) 게 없어 정신이 수고롭지 않음〕

廣莫之野: 광활한 들판에(於~廣莫之野), 즉 한없이 넓어 끝이 없는 들판에 (어째서 심지 않는가)? 廣莫之野〔한없이 넓어(廣莫) (끝이 없는) 들판(野). 廣(넓을 광) 莫(아득할 막, 한없이 넓음)〕 ★ 내편 「응제왕」 3에선 광막지야(廣莫之野) 대신 광량지야(壙埌之野)로 표현하는데 사실상 같은 의미이다.

彷徨乎無爲其側: (그리고) 하고자 함이 없는 무위(無爲)의 (마음으로 나무) 곁(側)을 하릴없이 돌아다니는(彷徨) (게 어떠한가)? 側(곁 측) 彷徨〔일정한 방향이나 목적 없이 하릴없이 이리저리 돌아다님. 彷(배회할 방) 徨(배회할 황, 노닐다)〕

逍遙乎寢臥其下: (아니면) 나무(其) 밑(下)에 엎드려서(臥) 자다가(寢) 유유자적하며 거니는(逍遙) (게 어떠한가)? 臥(엎드릴 와) 寢(잠잘 침) 逍遙〔유유자적하며 이리저리 거닐다. 逍(거닐 소, 이리저리 거님) 遙(거닐 요, 흔들흔들 목적 없이 걷다)〕

不夭斤斧 物無害者: (그러면) 도끼(斤斧)에 일찍 베어질(夭) 리 없고(不), (또) 누군가(物)에 (의해) 다칠(害) 일이(者) 없다(無). 斤斧〔도끼. 斤(도끼 근) 斧(도끼 부)〕 夭(일찍 죽을 요 → 일찍 베이다) 物(만물 물) 害(해칠 해 → 다치다)

無所可用 安所困苦哉!: (그러니) 쓸모 있는(可~用) 바(所)가 없다는(無) 게 어찌(安) 힘든 걱정거리(困苦)가 (되는) 바(所)인가! 安(어찌 안) 困苦〔곤란하고 괴로움 → 힘든 걱정거리. 困(괴로움 곤) 苦(쓸 고)〕

제물론
齊物論

제물론(齊物論) 1

南郭子綦隱机而坐, 仰天而噓, 荅焉似喪其耦.
顏成子游立侍乎前, 曰：「何居乎? 形固可使如槁木, 而心固可使如死灰乎?
今之隱机者, 非昔之隱机者也.」
子綦曰：「偃, 不亦善乎? 而問之也! 今者吾喪我, 汝知之乎?
汝聞人籟而未聞地籟., 汝聞地籟而未聞天籟夫!」
子游曰：「敢問其方.」
子綦曰：「夫大塊噫氣, 其名爲風. 是唯無作, 作則萬竅窺怒呺. 而獨不聞之翏翏乎?
山陵之畏佳, 大木百圍之竅穴, 似鼻, 似口, 似耳, 似枅, 似圈, 似臼, 似洼者,
似污者, 激者, 謞者, 叱者, 吸者, 叫者, 譹者, 宎者, 咬者. 前者唱于而隨者唱喁.
冷風則小和, 飄風則大和, 厲風濟則衆竅爲虛. 而獨不見之調調之刁刁乎?」
子游曰：「地籟則衆竅是已, 人籟則比竹是已. 敢問天籟.」
子綦曰：「夫天籟者, 吹萬不同, 而使其自己也, 咸其自取, 怒者其誰邪!」

남곽자기(南郭子綦)가 탁자에 기대어 앉아 하늘을 우러르며 숨을 내쉬는데
넋이 나가 마치 자신의 짝을 잃은 것 같았다.
안성자유(顏成子游)가 앞에서 시중을 들다가 물었다.
"어째서 그러고 앉아 계십니까?
몸은 정말로 말라죽은 나무(槁木)처럼 되고,
마음은 정말로 불 꺼진 재(死灰)처럼 되었는데요?
지금 탁자에 기대신 모습은 예전에 탁자에 기대신 모습이 아닙니다."
남곽자기가 말했다.

"언(偃)아, 너의 질문 또한 참 좋다.

지금 내가 나를 기억하지 못하는데(吾喪我) 자네는 이를 어찌 아는가?

자넨 사람의 퉁소소리(人籟)는 들어도 땅의 퉁소소리(地籟)는 아직 못 듣고,

땅의 퉁소소리는 들어도 하늘의 퉁소소리(天籟)는 아직 듣지 못했다!"

안성자유가 물었다. "어찌하면 그 소리를 들을 수 있는지 감히 여쭙니다."

남곽자기가 말했다.

"자연이 한숨을 쉬면서 내뿜는 기(氣)를 바람이라고 부르네.

다만 바람이 불지 않으면 고요하지만

일단 바람이 불면 수많은 구멍에서 성난 듯 거센 바람 소리를 내지.

그런데 자네만 멀리서 휘~잉 하고 불어오는 바람 소리를 듣지 못했는가?

산과 구릉의 높고 험준하며 아름다운 곳에 있는

백 아름이나 되는 큰 나무의 구멍들,

어쩌면 코 같고, 입 같고, 귀 같고, 술병 같고, 술잔 같고, 절구 같고,

웅덩이 같고, 구덩이 같은 데서

청아한 소리, 외치는 소리, 고함치는 소리, 피리 부는 소리, 부르짖는 소리,

우는 소리, 신음하는 소리, 지저귀는 소리를 제각각 내지.

그리고 부는 바람이 우~ 하고 가벼운 소리를 내면

바람이 부딪친 나무구멍은 워~ 하고 무거운 소리로 화답하네.

또 산들바람이면 작은 소리로 화답하고, 거센 바람이면 큰 소리로 화답하네.

물론 거센 바람이 멎으면 수많은 구멍은 이내 조용해지지.

그런데 자네만 나뭇가지와 나뭇잎이 흔들리는 걸 보지 못했는가?"

안성자유가 물었다.

"땅의 퉁소소리는 수많은 구멍이 바람을 만나서 내는 소리이고,

사람의 퉁소소리는 사람이 부는 악기의 퉁소에서 나오는 소리라면

하늘의 퉁소소리는 무언지 감히 여쭙니다."

남곽자기가 말했다.

"하늘의 퉁소소리는 수많은 구멍들에 바람을 불어넣는데

그 구멍들에서 나오는 소리가 제각각 다르네.

이처럼 수많은 구멍들이 제각각 다른 소리를 내는데

제각각 다른 소리를 성내게 해서 나오게 하는 게 과연 누구일까!"

注 ──

南郭子綦隱机而坐: 남곽자기(南郭子綦)가 탁자(机)에 기대어(隱) 앉다(坐). 机(책상 궤 → 탁자) 隱(기댈 은) 坐(앉을 좌) 南郭子綦(남곽(南郭)은 성곽 남쪽을 말하고, 자기(子綦)는 특정한 사람의 이름이므로 남곽은 성곽 남쪽에 사는 자기를 의미함) ★ 내편「대종사」4에선 남백자규(南伯子葵)가 등장하고, 잡편「서무귀」9에선 남백자기(南伯子綦)가 등장하고, 잡편「우언」4에선 동곽자기(東郭子綦)가 등장하는데 모두 동일한 사람으로 보인다. 남곽자기는 초나라 소왕(昭王)의 서제 인데 초장왕 사마(司馬)를 지낸 초나라의 대표적 사상가로 도덕이 높고 빈 마음을 늘 유지해 장자가 흠모한 나머지『장자』에서 그를 빌어 자기의 의견을 피력한다.

仰天而噓 荅焉似喪其耦: 하늘(天)을 우러르며(仰) 숨을 내쉬는데(噓) 넋이 나가(荅) 마치 (자신의) 짝(耦)을 잊어버린(喪) 것 같다(似). 仰(우러를 앙) 噓(내불 허, 숨을 내쉬다) 荅(멍할 답 → 넋이 나가다) 耦(짝 우) 喪(잊어버릴 상) 似(같을 사)

顏成子游立侍乎前 曰: 안성자유(顏成子游)가 앞(前)에 서서(立) 모시다(侍). 즉 앞에서 시중을 들다가 말하다. 侍(모실 시) 顏成子游(안성(顏成)은 성이고 자유(子游)는 이름인데 안성은 얼굴빛(顏)이 좋다(成)는 의미임. 자유(子游)를 언(偃)이라고 부름. 안성자유는 공자의 제자인 안회(顏回)와 자유(子游)의 이름을 합친 데서 나온 것으로 보임)

何居乎?: 어째서(何) (그렇게) 앉아(居) (있는가)? 何(어찌 하) 居(앉을 거)

形固可使如槁木: 몸(形)은 정말로(固) 말라죽은 나무처럼(如~槁木) 되는가(使~可)? 즉 정말로 죽은 나무처럼 되는가? 形(몸 형) 固(진실로 고) 槁木(마른(槁) 나무(木). 즉 말라죽은 나무. 槁(마를 고) 如(같을 여) 使(하여금 사, ~로 하게 함)

心固可使如死灰乎?: 마음(心)은 정말로(固) 불 꺼진 재처럼(如~死灰) 되는가(使~可)? 즉 정말로 불 꺼진 재처럼 되는가? 死灰(죽은(死) 재(灰). 즉 불 꺼진 재. 死(죽을 사) 灰(재 회))

今之隱机者 非昔之隱机者也: 지금(今) 탁자(机)에 기댄(隱) 모습(者)은 예전(昔)에 탁자(机)에 기댄(隱) 모습(者)이 아니다(非). 今(이제 금, 지금) 机(책상 궤 → 탁자) 隱(기댈 은) 昔(옛 석, 예전)

子綦曰 偃 不亦善乎 而問之也: 자기(子綦)가 말하다. 언(偃)아! (너의) 질문(問)이 또한(亦) 좋지(善) 않은가. 즉 너의 질문 또한 (참) 좋다. 偃(언. 안성자유를 편하게 부르는 이름) 善(좋을 선)

今者吾喪我 汝知之乎: 지금(今者) 내(吾)가 나(我)를 기억하지 못하다(喪). (그런데) 너(汝)는 (이를 어떻게) 아는가(知)? 今者(지금. 今(이제 금, 지금)) 吾喪我(내(吾)가 나(我)를 기억하지 못하다(喪). 吾(나 오) 我(나 아) 喪(잊을 상) ★ 잡편「서무귀」에서 같은 내용을 소개하면서 자상자(自喪者), 즉 스스로 잊은 사람으로 표현을 한다. 汝(너 여)

汝聞人籟未聞地籟: 너(汝)는 사람(人)의 통소소리(籟)는 들어도(聞) 땅(地)의 통소소리(籟)는

아직 듣지(聞) 못하다(未). 未(아닐 미, 아직 ~하지 못하다)

汝聞地籟而未聞天籟夫!: 너(汝)는 땅(地)의 통소소리(籟)는 들어도(聞) 하늘(天)의 통소소리(籟)는 아직 듣지(聞) 못하다(未).

子游曰 敢問其方: 자유(子游)가 말하다. (어찌하면 그 소리를 들을 수 있는지) 감히(敢) 방도(方)를 묻다(問). 方(술법 방, 방도)

子綦曰 夫大塊噫氣 其名爲風: 자기(子綦)가 말하다. 자연(大塊)이 한숨을 쉬면서(噫) (내뿜는) 기(氣)를 바람이라고(爲~風) 부르다(名). 大塊〔큰(大) 塊(흙). 즉 자연. 塊(흙덩이 괴)〕噫(한숨 쉴 희) 名(이름지을 명, ~라고 부르다)

是唯無作 作則萬竅窺怒呺: 다만(唯) 바람(是)이 불지(作) 않으면(無) (고요하지만 일단 바람이) 불면(作~則) 수많은(萬) 구멍(竅)에서 성난(怒) (듯 거센) 바람 소리를 내다(呺). 唯(오직 유, 다만) 作(지을 작, 일으키다 → 불다) 萬(일만 만, 수많은) 竅(구멍 규) 怒(성낼 노) 呺(바람소리 호)

而獨不聞之翏翏乎?: 그런데(而) (너는) 홀로(獨), 즉 너만 멀리서 휘~잉 하고 부는 바람 소리(翏翏)를 듣지(聞) 못하나(不)? 獨(홀로 독) 翏翏〔멀리서 휘~잉하고 들려오는 바람 소리. 翏(바람소리 류)〕

山陵之畏佳: 산과 구릉(山陵)의 높고 험준하며(畏) 아름다운(佳) (곳). 山陵〔산악(山)과 구릉(陵). 陵(큰언덕 릉)〕畏(높고험준한모양 외) 佳(아름다울 가)

大木百圍之竅穴: (거기에) 백(百) 아름(圍) 되는 큰(大) 나무(木)의 구멍(竅穴). 圍(아름 위) 竅穴〔구멍. 竅(구멍 규) 穴(구멍 혈)〕

似鼻 似口 似耳 似枅: (어쩌면) 코 같고(似~鼻), 입 같고(似~口), 귀 같고(似~耳), 술병 같다(似~枅). 似(같을 사) 鼻(코 비) 口(입 구) 耳(귀 이) 枅(종묘나무 병 → 술병)

似圈 似臼 似洼者 似汚者: 술잔 같고(似~圈), 절구 같고(似~臼), 웅덩이 같고(似~洼者), 구덩이 같다(似~汚者). 圈(나무구부려만든기명 권 → 술잔) 臼(절구 구) 洼(우묵할 와 → 웅덩이) 汚(구덩이 오)

激者 謞者 叱者 吸者: (거기서) 청아한(激) 소리, 외치는(謞) 소리, 고함치는(叱) 소리, 피리 부는(吸) 소리. 激(맑은소리 격, 청아한 소리) 謞(외칠 효) 叱(소리칠 질, 고함치다) 吸(불 흡, 피리 부는 소리)

叫者 譹者 宎者 咬者: 부르짖는(叫) 소리, 우는(譹) 소리, 신음하는(宎) 소리, 지저귀는(咬) 소리를 (제각각 내다). 叫(부르짖을 규) 譹(울 호) 宎(굴속소리 요, 굴속으로 부는 바람 소리. 즉 신음하는 소리) 咬(지저귈 교, 새가 지저귐)

前者唱于而隨者唱喁: (그리고) 전자(前者), 즉 부는 바람이 우(于)하고 (가벼운) 소리를 내면(唱~而) 수자(隨者), 즉 바람이 부딪친 나무구멍은 위(喁)하고 (무거운) 소리를 내다(唱). 즉 화답하다. 于(아 우) 唱(부를 창, 즉 소리를 내다) 隨(따를 수) 喁(화답하는소리 우 → 위) ★ '우(于)'가 가벼운 소리라면 '위(喁)'는 무거운 소리이다.

冷風則小和: 산들바람이면(冷風~則) 작은 소리(小)로 화답하다(和). 冷風〔온화한 바람. 즉 산

들바람. 冷(온화할 령)〕和(화답할 화)

飄風則大和: 거센 바람이면(飄風~則) 큰 소리(大)로 화답하다(和). 飄風〔회오리바람. 즉 거센 바람. 飄(질풍 표)〕

厲風濟則衆竅爲虛: (물론) 거센 바람(厲風)이 멎으면(濟) 수많은(衆) 구멍(竅)은 텅 비다(爲~虛). 즉 이내 조용해지다. 厲風〔사납고 거센 바람. 厲(사나울 려 → 거센)〕濟(그칠 제, 멎다) 衆(많을 중, 수많은) 虛(빌 허)

而獨不見之調調之刁刁乎?: 그런데(而) (너) 홀로(獨) 나뭇가지가 흔들리거나(調調) 나뭇잎이 흔들리는(刁刁) 걸 보지(見) 못하나(不)? 調調〔나뭇가지가 흔들리는 모양, 調(고를 조)〕刁刁〔바람이 솔솔 부는 모양. 즉 잎이 흔들리는 모양. 刁(조두 조)〕

子游曰 地籟則衆竅是已: 자유(子游)가 말하다. 땅(地)의 퉁소소리(籟)는 수많은(衆) 구멍(竅)이 (바람을 만나서 내는) 소리일 뿐이다(是~已).

人籟則比竹是已: 사람(人)의 퉁소소리(籟)는 퉁소(比竹)에서 (나오는 소리)일 뿐이다(是已). 比竹〔대(竹)를 나란히 묶어(比) 만든 피리. 즉 퉁소. 竹(대나무 죽) 比(나란히 할 비)〕

敢問天籟: (그러면) 하늘(天)의 퉁소소리(籟)는 (무언지) 감히(敢) 묻다(問). 敢(감히 감)

子綦曰 夫天籟者 吹萬不同: 자기(子綦)가 말하다. 모름지기(夫) 하늘(天)의 퉁소소리(籟~者)는 수많은(萬) 구멍들에 바람을 불어넣는데(吹) (그 구멍들에서 나오는 소리가 제각각) 같지(同) 않다(不). 吹(불 취, 불다)

而使其自己也 咸其自取: 그런데(而) (수많은 구멍이) 각자 자기들로 하여금(使~自己) 모두(咸) 스스로(自)의 (소리를) 취하다(取). 즉 수많은 구멍이 제각각 다른 소리를 내다. 咸(다 함, 모두) 取(취할 취)

怒者其誰邪: (제각각 다른 소리를) 성내게(怒) (해 나오게 하는) 건(者) (과연) 누구일까(誰)? 怒(성낼 노) 誰(누구 수)

제물론(齊物論) 2

제물론 2-1

大知閑閑, 小知閒閒., 大言炎炎, 小言詹詹.
其寐也魂交, 其覺也形開, 與接爲構, 日以心鬪.
縵者, 窖者, 密者.
小恐惴惴, 大恐縵縵.

其發若機栝, 其司是非之謂也.,
其留如詛盟, 其守勝之謂也.,
其殺若秋冬, 以言其日消也.,
其溺之所爲之, 不可使復之也.,
其厭也緘, 以言其老洫也.,
近死之心, 莫使復陽也.

큰 앎(大知)은 너그럽고 여유로운데(閑閑)
작은 앎(小知)은 시비를 지나치게 따진다(閒閒).
큰 말(大言)은 힘차고 아름다운데(炎炎)
작은 말(小言)은 쓸데없이 지껄여서 수다스럽다(詹詹).
사람이 잠들어선 꿈을 꾸어 쉴 새가 없고,
깨어나선 몸의 감각이 열려 활동하기에 쉴 새가 없다.
게다가 누군가 자기편으로 끌어당기기 위해 그와 열심히 사귀지만
마음속으론 그와 날마다 싸운다.
능구렁이와 같은 만자(縵者), 음흉한 교자(窖者), 용의주도한 밀자(密者).
이들이 조금만 으르면(小恐) 우리는 근심하며 두려워하고,
크게 으르면(大恐) 기절하기도 한다.
그래서 이들이 내뱉는 말은 마치 시위를 떠난 활과 같은데
이는 상대방의 허점을 틈타 시비를 엄히 가린다는 말이다.
또 이들이 집착하는 건 맹세와 같은데 이는 반드시 승리를 지킨다는 말이다.
그런데도 이들이 죽어가는 건 가을 겨울의 시들어짐과 같다.
이는 자신의 존재가 나날이 사라진다는 말이다.
활처럼 내뱉는 말, 맹세와 같은 집착, 가을 겨울의 시듦에 빠지면
순수한 모습으로 되돌아갈 수 없다.
또 이들은 마음의 문을 틀어막아서 봉하는데
이는 늙어서도 욕심에 억눌려진다는 말이다.
이처럼 죽음에 가까이 간 마음(近死之心)으로는
누구도 봄 여름과 같은 생명력(陽)을 회복할 수 없다.

大知閑閑 小知閒閒: 큰(大) 앎(知)은 너그럽고 여유로운데(閑閑) 작은(小) 앎(知)은 시비를 지나치게 따지다(閒閒). 閑閑〔넓고 큰 모양. 즉 너그럽고 여유로움. 閑(한가할 한)〕 閒閒〔시비를 지나치게 따짐. 閒(검열할 간)〕

大言炎炎 小言詹詹: 큰(大) 말(言)은 힘차고 아름다운데(炎炎) 작은(小) 말(言)은 쓸데없이 지껄여서 수다스럽다(詹詹). 炎炎〔활활 탈 때 불이 힘차고 아름다운 모습. 炎(아름다울 담)〕 詹詹〔쓸데없이 지껄여 수다스러움. 詹(수다스러울 첨)〕

其寐也魂交: (사람이) 잠들어선(寐~也) 마음(魂)이 뒤섞여(交), 즉 꿈을 꾸어 (쉴 새가 없다). 也(어조사 야, ~하여선) 寐(잘 매) 魂(마음 혼) 交(섞일 교, 뒤섞이다)

其覺也形開: 깨어나선(覺~也) 몸(形)의 (감각이) 열려(開) (활동하기에 쉴 새가 없다). 覺(깰 교, 깨어나다) 開(열 개)

與接爲構: (게다가 누군가 자기편으로) 끌어당기기 위해(爲~構) (그)와(與) (열심히) 사귀다(接). 構(끌 구) 接(사귈 접)

日以心鬪: (그러나) 마음속으론(以~心) (그와) 날마다(日) 싸우다(鬪). 鬪(싸움 투, 싸우다)

縵者 窖者 密者: 능구렁이 같은 만자(縵~者). 음흉한 교자(窖~者). 용의주도한 밀자(密~者). 縵(느슨할 만 → 능구렁이 같은) 窖(마음 씀이 깊을 교 → 음흉한) 密(용의주도할 밀)

小恐惴惴: (이들이) 조금(小) 으르면(恐) (우리는) 근심하며 두려워하다(惴惴). 恐(으를 공, 으르다) 惴惴〔근심하고 두려워하는 모습. 惴(두려워할 췌)〕

大恐縵縵: 크게(大) 으르면(恐) 기절하기까지(縵縵) 하다. 縵縵〔(몸과 마음이) 늘어진 모습 → 기절한 모습. 縵(늘어질 만)〕

其發若機栝: (그래서 이들이) 내뱉는(發) (말은) 마치 활시위(機栝)를 (떠난 활과) 같다(若). 發(나타낼 발, 드러내다 → 내뱉다) 機栝〔활시위. 機(틀 기, 쇠뇌 시위를 거는 곳) 栝(틀 이름 괄, 화살 시위를 거는 곳)〕

其司是非之謂也: (이는 상대방 허점을 틈타) 시비(是非)를 (엄히) 가린다는(司) 말이다(謂). 司(맡을 사, 담당하다 → 가리다)

其留如詛盟: (또 이들이) 집착하는(留) 건 맹세(詛盟)와 같다(如). 留(집착할 류) 詛盟〔맹세. 詛(맹세할 저) 盟(맹세할 맹)〕

其守勝之謂也: (그런데 이는 반드시) 승리(勝)를 지킨다는(守) 말이다(謂). 勝(이길 승 → 승리) 守(지킬 수)

其殺若秋冬: (그런데도 이들이) 죽어가는(殺) 건 가을(秋) 겨울(冬)의 (시들어짐과) 같다(若). 殺(죽을 살)

以言其日消也: (이는 자신의 존재가) 나날이(日) 사라진다는(消) 말이다(以~言). 日(나날 일, 나날

이) 消(사라질 소)

其溺之所爲之: (활처럼 내뱉는 말, 맹세와 같은 집착, 가을 겨울의 시들어짐을) 위한(爲) 바(所)에 빠지다(溺). 溺(빠질 익)

不可使復之也: (그러면 순수한 모습으로) 돌아갈(復) 수(可) 없다(不). 復(돌아갈 복)

其厭也緘: (또 이들은 마음의 문을) 틀어막아(厭) 봉하다(緘). 厭(막을 엽, 틀어막다) 緘(봉할 함)

以言其老洫也: 그럼으로써(以) (이는) 늙어서도(老) (분수를) 지나친다는(洫) 말이다(以~言). 즉 늙어서도 욕심에 억눌려진다는 말이다. 洫(넘칠 일, 정도에 지나침 → 분수에 넘치다)

近死之心: (이처럼) 죽음(死)에 가까이(近) (간) 마음(心). 近(가까울 근)

莫使復陽也: (그것으로는 누구도) 봄 여름(陽)의 (생명력)을 회복하지(復) 못하다(莫). 陽(봄과여름 양) 復(회복할 복) 莫(없을 막, 아무도 ~하지 못하다)

제물론 2-2

喜怒哀樂, 慮嘆變慹, 姚佚啓態., 樂出虛, 蒸成菌.
日夜相代乎前, 而莫知其所萌.
已乎, 已乎!
旦暮得此, 其所由以生乎!
非彼無我, 非我無所取.
是亦近矣, 而不知所爲使.
若有眞宰, 而特不得其眹.
可行已信徵., 而不見其形, 有情而無形.

기쁨(喜)과 노여움(怒), 슬픔(哀)과 즐거움(樂)의 감정.
걱정스러움(慮)과 한탄스러움(嘆), 변덕스러움(變)과 고집스러운(慹) 생각.
경솔함(姚)과 방탕함(佚), 훈계함(啓)과 아첨하는(態) 행동.
이것들은 퉁소소리(樂)처럼 텅 빈(虛) 데서 나오고,
조균(菌)처럼 수증기 따위의 김(蒸)에서 돋아난다.
희로애락의 감정, 려탄변집의 생각, 요일계태의 행동이 매일 서로 번갈아
우리 앞에 나타나지만 아무도 그것들이 싹트는 바를 알지 못한다.
아서라! 아서라!
희로애락의 감정, 려탄변집의 생각, 요일계태의 행동이 조석으로 생겨나면

생겨나는 대로 살아라!

이런 감정, 생각, 행동이 없으면 내가 없고,

내가 없으면 이런 감정, 생각, 행동이 생겨나지 않는다.

이 또한 진실에 가까운 말이다.

우리는 이런 감정, 생각, 행동이 어째서 생겨나는지 알지 못한다.

이런 감정, 생각, 행동을 일으키는 참 주재자(眞宰)가 있는 것 같은데

우리는 참 주재자의 조짐(眹)을 특별히 발견할 수 없다.

또 참 주재자가 분명히 작용한다는 징후(徵)를 이미 확신하는데

우리는 참 주재자의 형태를 보지 못한다.

또 참 주재자 정황(情)을 몸으로 느껴도 참 주재자 모습이 드러나지 않는다.

注 ───────────────────────────────────

喜怒哀樂: 기쁨(喜)과 노여움(怒)이나 슬픔(哀)과 즐거움(樂)의 (감정). 喜(기쁠 희) 怒(성낼 노) 哀(슬플 애) 樂(즐거울 락)

慮嘆變慹: 걱정스러움(慮)과 한탄스러움(嘆)이나 변덕스러움(變)과 고집스러운(慹) (생각). 慮(걱정할 려, 걱정스러움) 嘆(한숨쉴 탄, 한탄스러움) 變(변할 변 → 변덕스러움) 慹(꼼짝않을접 → 고집스러움)

姚佚啓態: 경솔함(姚)과 방탕함(佚)이나 훈계함(啓)과 아첨하는(態) (행동). 姚(경솔할 조, 경솔함) 佚(방탕할 일, 방탕함) 啓(열어줄 계, 가르쳐 인도함 → 훈계함) 態(간사할 태 → 아첨함. 참고로 態臣은 아첨하는 신하를 의미함)

樂出虛: (이것들은) 퉁소소리(樂) (처럼) (텅) 빈(虛)데서 나오다(出). 樂(악기 악, 퉁소 → 퉁소소리) 虛(빌 허)

蒸成菌: 조균(菌)처럼 수증기 따위의 김(蒸)에서 돋아나다(成). 菌 → 朝菌〔조균. 새벽녘에 잠깐 자라났다 아침햇살이 비치면 곧 죽고 마는 버섯. 菌(버섯 균)〕 蒸(찔 증, 수증기 따위 김) 成(이룰 성 → 돋아나다)

日夜相代乎前: (희로애락의 감정, 여탄변집의 생각, 요일계태의 행동이) 서로(相) 낮(日)과 밤(夜)으로 번갈아(代) (우리) 앞(前)에 (나타나다). 즉 서로 매일 번갈아 우리 앞에 나타나다. 夜(밤 야) 代(번갈아 대)

莫知其所萌: (그러나 아무도 그것들이) 싹트는(萌) 바(所)를 알지(知) 못하다(莫). 萌(싹틀 맹)

已乎! 已乎!: 아서라(已)! 아서라(已)! 已(그칠 이, 그만두다 → 아서라)

旦暮得此: 아침(旦) 저녁(暮)으로 이런(此) (감정, 생각, 행동을) 얻다(得). 즉 이런 (감정, 생각, 행동

이) 생겨나다. 且(아침 단) 暮(저물 모 → 저녁) 此(이 차)

其所由以生乎!: (그러면) 말미암은(由) 바(所), 그것으로써(以) 살아라(生)! 즉 생겨나는 대로 살아라!

非彼無我: 저것(彼), 즉 감정, 생각, 행동이 없으면(非) 내(我)가 없다(無). 彼(저 피)

非我無所取: 내(我)가 없으면(非) (이런 감정, 생각, 행동을) 취하는(取) 바(所)가 없다(無). 즉 생겨 나지 않는다. 取(취할 취)

是亦近矣: 이(是) 또한(亦) (진실에) 가까운(近) (말이다). 近(가까울 근)

不知所爲使: (그런데 우리는 이런 감정, 생각, 행동이 어찌해서) 생겨나는(爲~使) 바(所)를 알지(知) 못하다(不).

若有眞宰: (이런 감정, 생각, 행동을 일으키는) 참(眞) 주재자(宰)가 있는(有) 것 같다(若). 宰(우두머 리 재)

而特不得其朕: 그런데(而) (우리는 참 주재자의) 조짐(朕)을 특별히(特) 얻지(得) 못하다(不). 즉 특별히 발견할 수 없다. 朕(조짐 진)

可行已信徵: (또 참 주재자가) 분명히(可) 작용한다는(行) 징후(徵)를 이미(已) 믿다(信). 즉 확신 하다. 可(가할 가, 확신하는 말 → 분명히) 行(행해질 행 → 작용하다) 徵(조짐 징 → 징후) 信(믿을 신)

而不見其形: 그런데(而) (우리는 참 주재자의) 형태(形)을 보지(見) 못하다(不). 形(모양 형)→形態 (형태)

有情而無形: (참 주재자의) 정황(情)이 있는데(有~而), 즉 참 주재자의 정황을 몸으로 느껴도 (참 주재자의) 모습(形)이 없다(無). 즉 드러나지 않다. 情(정황 정)

제물론 2-3

百骸·九竅·六藏, 賅而存焉, 吾誰與爲親?

汝皆說之乎? 其有私焉?

如是皆有爲臣妾乎?

其臣妾不足以相治乎?

其遞相爲君臣乎?

其有眞君存焉? 如求得其情與不得, 無益損乎其眞.

一受其成形, 不化以待盡.

與物相刃相靡, 其行進如馳, 而莫之能止, 不亦悲乎!

終身役役而不見其成功, 苶然疲役而不知其所歸, 可不哀邪!

人謂之不死, 奚益!

其形化, 其心與之然, 可不謂大哀乎?

人之生也, 固若是芒乎? 其我獨芒, 而人亦有不芒者乎?

몸은 백 개의 뼈, 아홉 개의 감관, 여섯 개의 내장으로 구성되는데

나는 이 중에서 누구와 친할까?

그대는 백 개의 뼈, 아홉 개 감관, 여섯 개 내장을 모두 똑같이 좋아할까?

아니면 이 중에서 어느 하나만 사사로이 좋아할까?

그러면 백 개의 뼈, 아홉 개의 감관, 여섯 개의 내장 모두를

군주가 아끼는 신하나 사랑하는 첩으로 여겨 똑같이 좋아할까?

그런데 신하와 첩은 역할이 다르므로 서로 비교할 수 없지 않은가?

그러면 백 개의 뼈, 아홉 개의 감관, 여섯 개의 내장을 번갈아 가면서

한 기관이 군주가 되면 나머지 기관은 신하가 되어 몸을 다스리게 할까?

그렇더라도 몸을 다스리는 진군(眞君), 즉 참 군주의 존재는 있지 않겠는가?

우리가 참 군주의 모습(情)을 보든 보지 못하든 간에

참 군주의 참스러움에는 아무런 영향이 없다.

그러니 일단 사람으로서 온전한 몸(成形)을 받고 태어나면

억지로 몸을 상하게 하는 일이 없이 자연히 죽기를 기다리자.

그런데도 사람들을 서로 해치고 서로 쓰러뜨리며 죽음을 향해 나아가는 게

마치 말 달리듯 빠른 데 누구도 멈추게 할 수 없으니 또한 슬프지 않은가!

또 평생 쉬지 않고 일해도 성공을 보지 못하고,

파김치가 되도록 지쳐도 돌아갈 데를 알지 못하니 어찌 슬프지 않겠는가!

그런데도 사람들은 아직 죽지 않았다고 말하는데 이게 무슨 소용인가!

또 몸이 늙으면 마음도 함께 늙으므로 크게 슬프다고 말할 수 없지 않은가?

사람의 삶은 본디 이처럼 아둔한가?

아니면 나 혼자 아둔하고 다른 사람은 또한 아둔하지 않은가?

注

百骸·九竅·六藏: (몸은) 백 개의 뼈(百骸), 아홉 개의 감관(九竅), 여섯 개의 내장(六藏). ★ 백해(百骸)는 백 개(百)의 뼈(骸)인데 사람 몸에는 백 개의 뼈가 있다고 한다. 따라서 백해는 우리 몸의 '형태적' 기관을 의미한다. 骸(뼈 해) ★ 구규(九竅)는 아홉 개(九)의 구멍(竅)인데 눈·

코·귀의 각각 두 개 구멍과 입·오줌구멍·항문의 각각 한 개 구멍을 합치면 모두 아홉 개 구멍이 된다. 이 구멍은 '외부와 소통하는 기관'을 의미한다. 竅(구멍 규) ★ 육장(六藏)은 여섯 개(六)의 장기인데 심장(心臟)·간장(肝臟)·비장(脾臟)·폐(肺)·간장(肝臟)·신장(腎臟)을 말한다. 이는 '생명을 유지하는 기관'이라는 의미를 지닌다. 臟(오장 장)

賅而存焉: (그것을) 갖추어야(賅~而) (몸이) 존재한다(存). 즉 그것으로 몸이 구성된다. 賅(갖출 해) 存(있을 존)

吾誰與爲親?: (그런데 이 중에서) 나(吾)는 누구와(與~誰) 친할까(爲~親)? 誰(누구 수) 親(친할 친)

汝皆說之乎?: 너(汝)는 (백 개의 뼈, 아홉 개의 감관, 여섯 개의 내장, 즉 몸을 구성하는 총 115개 기관) 모두(皆)를 (똑같이) 좋아할까(說)? 說(좋아할 열)

其有私焉?: (아니면 이 중에서 어느 하나만) 사사로이(私) (좋아) 할까(有)? 私(사 사, 사사로이)

如是皆有爲臣妾乎?: 그러면(如是) (백 개의 뼈, 아홉 개의 감관, 여섯 개의 내장) 모두(皆)를 (군주가 아끼는) 신하(臣)나 (사랑하는) 첩(妾)으로 여겨(有~爲) (똑같이 좋아할까)? 如是〔그러함. 如(같을 여) 是(옳을 시)〕 妾(첩 첩) 臣(신하 신)

其臣妾不足以相治乎?: (그런데) 신하(臣)와 첩(妾)을 서로(相) 견주기에(以~治) 부족하지(不足) 않은가? 즉 신하와 첩은 역할이 다르므로 (즉, 신하는 대전에서 첩은 내전에서 만나므로) 서로 비교할 수 없지 않은가? 治(견줄 치, 비교함)

其遞相爲君臣乎?: (그러면 백 개의 뼈, 아홉 개의 감관, 여섯 개의 내장을) 번갈아 가면서(遞) 서로(相) 군주가 되고(爲~君) 신하가 되어(爲~臣), 즉 한 기관이 군주가 되면 나머지 기관들은 신하가 되어 (몸을 다스리도록 할까)? 遞(번갈아 체)

其有眞君存焉?: (그렇더라도 몸을 다스리는) 진군(眞君), 즉 참 군주의 존재(存)는 있지(有) (않는가)? 眞(참 진)

如求得其情與不得: (우리가 참 군주의) 모습(情)을 구할 수(求~得) 있거나 (구할 수) 없거나(不~得) 하는 것처럼(如). 즉 우리가 참 군주의 모습을 보든지 보지 못하든지 간에. 情(실상 정, 참 모습)

無益損乎其眞: (참 군주의) 참스러움(眞)에 더하고(益) 줄어듦(損)이 없다(無). 즉 참 군주의 참스러움에는 아무런 영향이 없다. 益(더할 익) 損(덜 손, 줄어듦)

一受其成形: (그러니) 일단(一) (사람으로) 이룬(成) 몸(形)을 받고(受) (태어나다). 즉 온전한 몸을 받고 태어나다.

不化以待盡: (그러면 억지로) 변화시키지(化) 말고(不), 그럼으로써(以) (자연히 몸이) 다해지길(盡) 기다리다(待). 즉 억지로 몸을 상하게 하는 일이 없이 자연히 죽기를 기다리자. 盡(다될 진, 다해지다) 待(기다릴 대)

與物相刃相靡: (그런데도) 사람을(與~物) 서로(相) 해치고(刃) 서로(相) 쓰러뜨리다(靡). 物(사물

물 → 사람) 刃(벨 인, 칼로 베거나 찌름 → 해치다) 靡(쓰러뜨릴 미)

其行進如馳: (그러면서 죽음을 향해) 나아가는(行進) 게 마치 말 달리듯(如~馳) (빠르다). 行進〔나아가다. 行(갈 행) 進(나아갈 진)〕 馳(달릴 치)

而莫之能止 不亦悲乎!: 그런데(而) (누구도 이를) 멈추게(止) 할 수(能) 없으니(莫) (이) 또한(亦) 슬프지(悲) 않은가(不)! 止(그칠 지) 悲(슬플 비)

終身役役 不見其成功: (또) 평생(終身) 쉬지 않고 일해도(役役) 성공(成功)을 보지(見) 못하다 (不). 役役〔쉬지 않고 힘써 일하는 모양. 役(골몰할 역 → 발버둥 치다)〕

茶然疲役而 不知其所歸: 파김치가 되도록(茶然) 지쳐도(疲役) 돌아갈(歸) 데(所)를 알지(知) 못하다(不). 茶然〔(파김치 되도록) 지친 모습. 茶(고달플 날, 피로한 모양)〕 疲役〔지치다. 疲(고달플 피) 役(골몰할 역)〕

可不哀邪!: (그러니 어찌) 슬프지(哀) 않을(不) 수(可) 있을까(邪)! 哀(슬플 애)

人謂之不死 奚益!: (그런데도) 사람(人)들은 (아직) 죽지(死) 않았다고(不) 말하다(謂). (그런데 이것이) 무슨(奚) 이익(益)인가! 즉 이것이 무슨 소용이 있는가! 死(죽을 사) 奚(어찌 해) 益(이로울 익, 유익함 → 소용이 있다)

其形化 其心與之然: 몸(形)이 변화하다(化). (그러면) 마음(心)도 함께(與) 그러하다(然). 즉 몸이 늙으면 마음을 함께 늙어가다. 形(모양 형 → 몸) 化(될 화) 與(더불어 여) 然(그럴 연)

可不謂大哀乎?: (그러므로) 크게(大) 슬프다고(哀) 말할(謂) 수(可)는 없지(不) (않은가)?

人之生也 固若是芒乎?: 사람(人)의 삶(生)은 본디(固) 이(是)처럼 아둔한가(芒)? 固(본디 고) 芒(어두울 망 → 아둔한)

其我獨芒 而人亦有不芒者乎?: (아니면) 나(我) 혼자(獨) 아둔하고(芒), 다른 사람(人)은 또한 (亦) 아둔하지(芒) 않은(不) 사람(者)인가? 獨(홀로 독, 혼자)

제물론(齊物論) 3

제물론 3-1

夫隨其成心而師之, 誰獨且無師乎?

奚必知代而心自取者有之?

愚者與有焉.

未成乎心而有是非, 是今日適越而昔至也.

是以無有爲有.

無有爲有, 雖有神禹, 且不能知, 吾獨且奈何哉!

성심(成心), 즉 나름대로 이룬 마음을 따르면서
이 마음을 스승으로 삼으면 어느 누군들 스승이 없겠는가?
사물의 변화를 훤히 꿰뚫어 알아 스스로 마음을 취하는 사람만
어찌 스승이 있겠는가?
어리석은 사람에게도 스승이 있다.
성심을 스승으로 삼지 않는데 시비(是非)가 생겨나면
오늘 월나라로 떠났는데 어제 도착했다는 일에 속한다.
이는 있지 않은 것을 있다고 하는 일이다.
있지 않은 것을 있다고 하는 건 아무리 앎이 많고 마음이 넓은 우임금도
이해할 수 없는데 나만 어찌 이해할 수 없겠는가!

注 ────────────────────

夫隨其成心而師之: 모름지기(夫) 성심(成心), 즉 나름대로 이룬 마음을 따르면서(隨~而) 이(之) (마음을) 스승(師)으로 삼다. 成心〔나름대로 이룬 마음. 成(이룰 성)〕★ 성심(成心)은 앞장 「제물론」 2-3에 등장했던 '성형(成形)'과 대비가 된다. 앞장에서 성형을 '온전한' 몸으로 번역했는데 여기서는 성심을 '나름대로 이룬' 마음으로 번역하는 게 타당하다. 隨(따를 수) 師(스승 사)

誰獨且無師乎?: (그러면 어느) 누가(誰) 혼자(獨) 스승(師)이 없는가(無)? 즉 어느 누군들 스승이 없는가? 誰(누구 수)

奚必知代: 어찌(奚) (사물의) 변화(代)를 훤히 꿰뚫어(必) 알다(知). 奚(어찌 해) 代(바꿀 대, 교대로 바뀌다 → 변화) 必(기필할 필, 반드시 그렇게 될 줄로 믿음 → 훤히 꿰뚫다)

心自取者有之?: (그래서) 스스로(自) 마음(心)을 취하는 사람(取者)만 어찌 스승(之)이 있는가(有)? 取(취할 취)

愚者與有焉: 어리석은 사람(愚者)에게도 (스승이) 있다(有). 愚(어리석을 우)

未成乎心而有是非: 성심(成乎心)을 (스승으로 삼지) 않는데(未~而) 시비(是非)가 생겨나다(有).

是今日適越而昔至也: (그러면) 이(是)는 오늘(今日) 월(越)나라로 떠나는데(適) 어제(昔) 도착했다는(至) (일에 속하다.) 今日(오늘) 適(갈 적 → 떠나다) 昔(옛 석 → 어제) 至(이를 지, 도착하다)

是以無有爲有: 이(是)는 있지(有) 않은 것을(以~無) 있다고(有) 하다(爲).

無有爲有: 있지(有) 않는(無) 것을 있다고(有) 하는(爲) 것.

雖有神禹 且不能知: 아무리(雖) 앎이 많고 마음이 넓은(神) 우(禹)임금일지라도 이해할(知) 수

(能) 없다(不). 雖(비록 수 → 아무리 ~해도) 神(신 신 → 앎이 많고 마음이 넓은 신) 禹〔하(夏) 왕조 창시자 우임금〕 且(어조사 저)

吾獨且奈何哉!: (그런데) 유독(獨) 나(吾)만 어찌(奈何) (이해하지 못하는가)! 獨(홀로 독, 유독) 吾(나 오) 奈何〔어찌. 奈(어찌 내) 何(어찌 하)〕

제물론 3-2

夫言非吹也, 言者有言, 其所言者特未定也.
果有言邪? 其未嘗有言邪?
其以爲異於鷇音, 亦有辯乎, 其無辯乎?
道惡乎隱而有眞僞? 言惡乎隱而有是非?
道惡乎往而不存? 言惡乎存而不可?
道隱於小成, 言隱於榮華.
故有儒墨之是非, 以是其所非而非其所是.
欲是其所非而非其所是, 則莫若以明.

말은 몸에서 내뿜는 단순한 바람 소리가 아니어서 말하려는 의미를 지닌다.
그런데 말하려는 의미는 특별히 정해지지 않는다.
그러면 말은 의미를 전달하는 언어 역할을 하는가, 하지 못하는가?
그런데 사람들은 말을 어린 새의 지저귀는 소리와 다르다고 여긴다.
그러면 지저귀는 새소리와 몸 안에서 내뿜는 숨으로 만들어진 말 사이에는
정말로 구분이 있을까, 없을까?
도(道)는 무엇에 덮여 가려져 어째서 참된 도와 거짓된 도의 구분이 있을까?
말(言)도 무엇에 덮여 가려져 어째서 옳음과 그름의 구분이 있을까?
도는 어디를 가든 어찌 있지 않겠는가?
말도 하니까 무슨 뜻으로든 어찌 쓰이지 않겠는가?
그런데 도는 작은 이룸(小成)에 덮여 가려지고,
말은 화려한 언변(榮華)에 덮여 가려진다.
이 때문에 유가와 묵가 간에 시비가 생겨나
묵가가 그르다는 바를 유가는 옳다고,
또 유가가 옳다는 바를 묵가는 그르다 한다.

그런데 묵가가 그르다는 바를 유가가 옳다고 하고,
유가가 옳다는 바를 묵가가 그르다고 하려면
자연스러운 밝음(明)에 비추어보는 게 가장 좋다.

注 ─────────

夫言非吹也: 모름지기(夫) 말(言)은 (몸에서 내뿜는 단순한) 바람 소리(吹)가 아니다(非). 吹(바람 취, 바람소리)

言者有言: (그래서) 말(言~者)은 말하려는(言) (의미를) 지닌다(有). 言(말 언, 말할 언)

其所言者特未定也: (그런데) 말하려는(言) 바(所~者), 즉 말하려는 의미는 특별히(特) 정해지지(定) 않다(未). 定(정할 정)

果有言邪?: (그러면) 말함(言)이 과연(果) 있는가(有~邪)? 즉 말은 의미를 전달하는 언어의 역할을 하는가?

其未嘗有言邪?: (아니면) 말함(言)이 있지(有) 않은가(未嘗~邪)? 즉 말은 언어의 역할을 하지 못하는가?

其以爲異於鷇音: (그런데 사람들은 말을) 어린 새(鷇)의 지저귀는 소리(音)와는 다르다고(異) 여기다(爲). 鷇(새새끼 구, 어린 새) 異(다를 이)

亦有辯乎 其無辯乎?: (그러면 지저귀는 새소리와 몸 안에서 내뿜는 숨으로 만들어진 말 사이에는) 정말로(亦) 구분(辯)이 있을까(有), 구분(辯)이 없을까(無)? 辯(나눌 변 → 구분) 亦(또한 역 → 정말로)

道惡乎隱而有眞僞?: 도(道)는 (무엇에) 덮여 가리어져(隱~而) 어째서(惡) 참(眞) (된 도)와 거짓(僞) (된 도의 구분이) 있을까(有)? 隱(숨길 은, 덮어서 가리다) 眞(참 진) 僞(거짓 위) 惡(어찌 오)

言惡乎隱而有是非?: 말(言)도 (무엇에) 덮여 가리어져(隱~而) 어째서(惡) 옳음(是)과 그름(非)의 (구분이) 있을까(有)? 是(옳을 시, 그러함) 非(아닐 비, 그렇지 않음)

道惡乎往而不存?: 도(道)는 (어디를) 가든(往~而) 어찌(惡) 있지(存) 않는가(不)? 往(갈 왕, 가다) 存(있을 존)

言惡乎存而不可?: 말(言)이 있으니까(存~而) 어찌(惡) 불가(不可)한가? 즉 말도 하니까 무슨 뜻으로든 어찌 쓰이지 않는가?

道隱於小成: (그런데) 도(道)는 작은(小) 이룸(成)에 덮여 가리어지다(隱).

言隱於榮華: 말(言)은 화려한 언변(榮華)에 덮여 가리어지다(隱). 榮華〔아름다운 문채 → 화려한 언변. 榮(꽃 영) 華(빛날 화)〕

故有儒墨之是非: (이) 때문에(故) 유가(儒)와 묵가(墨) (간에) 시비(是非)가 생겨나다(有). 故(연고 고, 까닭)

以是其所非: (그래서 묵가가) 그르다는 바(所~非)를 (유가는) 옳다고 함으로써(以~是).

而非其所是: 그리고(而) (유가가) 옳다는 바(所~是)를 (묵가는) 그르다고(非) 하다.

欲是其所非 而非其所是: (그런데 묵가가) 그르다는 바(所~非)를 (유가가) 옳다고(欲~是) 하고, 그리고(而) (유가가) 옳다는 바(所~是)를 (묵가가) 그르다고(非~欲) 하다. 欲(하고자 할 욕)

則莫若以明: 그러면(則) 자연스러운 밝음에(以~明) (비추는 것과) 같은(若) 게 없다(莫). 즉 자연스러운 밝음에 비추어보는 게 가장 좋다. 明(밝을 명, 자연스러운 밝음)

제물론 3-3

物無非彼, 物無非是.
自彼則不見, 自是則知之.
故曰彼出於是, 是亦因彼.
彼是方生之說也, 雖然, 方生方死, 方死方生., 方可方不可, 方不可方可.
因是因非, 因非因是.
是以聖人不由, 而照之於天, 亦因是也.
是亦彼也, 彼亦是也.
彼亦一是非, 此亦一是非.
果且有彼是乎哉? 果且無彼是乎哉?
彼是莫得其偶, 謂之道樞.
樞始得其環中, 以應無窮.
是亦一無窮, 非亦一無窮也.
故曰莫若以明.

사물은 저편(彼) 아닌 것도 없고, 이편(是) 아닌 것도 없다.
자신을 저편에 놓으면 이편을 보지 못해도
자신을 이편에 놓으면 이편을 알기 때문이다.
그래서 말하길 저편은 이편에서 생겨나고,
이편 또한 저편에서 말미암는다고 한다.
이것이 저편과 이편이 함께 짝하는 피시방생지설(彼是方生之說)이다.
아무리 그래도 이쪽에서 삶은 저쪽에선 죽음이고,
이쪽에서 죽음은 저쪽에선 삶이다.
또 이쪽에서 괜찮음(可)은 저쪽에선 괜찮지 않음이고,

이쪽에서 괜찮지 않음(不可)은 저쪽에선 괜찮음이다.

그런데 옳음으로 인해 그름이 말미암고(因是因非),

그름으로 인해 옳음이 말미암는다(因非因是).

이래서 성인은 별다른 이유 없이 세상만사를 자연의 원리에 비추어보는 데

이 또한 인시(因是), 즉 옳음으로 인해 그름이 말미암고

그름으로 인해 옳음이 말미암는 것을 따르는 일이다.

그래서 성인에게는 이편(是)도 저편이고, 저편(彼)도 이편이다.

저편도 옳음(是)과 그름(非)의 한 짝이고, 이편도 옳음과 그름의 한 짝이다.

그러면 저편과 이편의 구분이 정말로 있는가, 정말로 없는가?

만약 저편과 이편이 대립 된 짝이 아니면 이를 두고 도추(道樞)라고 말한다.

추(樞)는 물레의 추처럼 환중(環中), 즉 빈 상태에서 한가운데를 유지해야

무궁한 변화에 대응할 수 있다.

그러면 옳음도 무궁한 변화 중 하나이고, 그름도 무궁한 변화 중 하나이다.

그래서 말하길 세상사를 자연스러운 밝음(明)에 비추어보는 게 가장 좋다.

注

物無非彼 物無非是: 사물(物)은 저(彼)편 아닌(非) 것 없고(無), 사물(物)은 이(是)편 아닌(非)
것 없다(無). 彼(저 피) 是(이 시)

自彼則不見 自是則知之: 자신(自)을 저(彼)편에 놓으면(則) (이편을) 보지(見) 못하지만(不) 자
신(自)을 이(是)편에 놓으면(則) (이편을) 알아서이다(知). 즉 자신을 어느 편에 두느냐에 따라
알고 모름이 결정된다. 따라서 보는 입장에 따라 달리 보일 뿐이지 실제로는 같다.

故曰彼出於是 是亦因彼: 고로(故) 말하길 저(彼)편은 이편에서(於~是) 생겨나고(出), 이(是)편
또한(亦) 저(彼)편에서 말미암는다(因). 出(날 출, 나타나다 → 생겨나다) 因(인할 인, 말미암는다)

彼是方生之說也: (이게) 저(彼)편과 이(是)편이 (함께 짝하는) 방생지설(方生之說)이다. 方生之
說[이편과 저편이 함께 짝하는 설, 또는 이편과 저편이 나란히 함께 생긴다는 (태극무늬의) 설]

雖然 方生方死 方死方生: 아무리(雖) 그렇더라도(然) (이)쪽(方)에서 삶(生)은 (저)쪽(方)에선
죽음(死)이고, (이)쪽(方)에서 죽음(死)은 (저)쪽(方)에선 삶(生)이다. 雖(비록 수 → 아무리 ~하더라
도) 方(방위 방, 방향 → 쪽)

方可方不可 方不可方可: (또 이)쪽(方)에서 괜찮음(可)은 (저)쪽(方)에선 괜찮지(可) 않음(不)
이고, (이)쪽(方)에서 괜찮지(可) 않음(不)은 (저)쪽(方)에선 괜찮음(可)이다. 可(괜찮다고할 가,
괜찮음)

因是因非 因非因是: (그런데) 옳음(是)으로 인해(因) 그름(非)이 말미암고(因), 그름(非)으로 인해(因) 옳음(是)이 말미암는다(因).

是以聖人不由 而照之於天: 이러하기에 (是~以) 성인(聖人)은 (별다른) 이유(由) 없이(不~而) (세상만사를) 자연의 원리에(於~天) 비추어 보다(照). 由(까닭 유, 이유) 天(자연 천) 照(비출 조, 비추어 보다)

亦因是也: (그런데 이) 또한(亦) 인시(因是), 즉 옳음으로 인해 그름이 말미암고, 그름으로 인해 옳음이 말미암는 것을 (따르다). ★ 여기서 인시(因是)는 '옳음으로 인해 그름이 생겨나고(因是因非), 그름으로 인해 옳음이 생겨난다(因非因是)'는 것을 압축한 표현이다.

是亦彼也 彼亦是也: (그래서 성인에게는) 이(是)편 또한(亦) 저(彼)편이고, 저(彼)편 또한(亦) 이(是)편이다.

彼亦一是非 此亦一是非: (또) 저(彼)편도 옳음(是)과 그름(非) 한 짝(一)이고, 이(此)편도 옳음(是)과 그름(非) 한 짝(一)이다.

果且有彼是乎哉?: (그러면) 저(彼)편과 이(是)편의 (구분이) 정말로(果) 있는가(有)? 果(과연 과, 정말로)

果且無彼是乎哉?: (아니면) 저(彼)편과 이(是)편의 (구분이) 정말로(果) 없는가(無)?

彼是莫得其偶: (만약) 저(彼)편과 이(是)편이 짝(偶)을 얻지(得) 못하다(莫). 즉 저편과 이편이 대립 된 짝이 아니다. 偶(짝 우)

謂之道樞: (그러면 이를) 도추(道樞)라고 말하다(謂). 樞(지도리 추, 물레의 추는 물레의 한가운데 있으면서 어떤 변화에도 중심을 잡으며 추를 바깥으로 떨어뜨리지 않는다. 만약 떨어뜨리면 물레가 작동하지 않는다. 따라서 추는 물레의 가장 중요한 부분에 속한다)

樞始得其環中: 추(樞)는 (물레의 추처럼) 환중(環中), 즉 빈 상태에서 한가운데를 비로소(始) 유지하다(得). 環中(빈 상태에서 한가운데를 유지함. 環(고리 환, 원)) ★ 환(環)은 가운데가 빈 상태인데 옛날 성왕(聖王)은 진공(眞空)의 도를 터득하고 환중(環中)의 묘를 체득한다는 말이 있다. 始(비로소 시) 得(얻을 득 → 유지하다)

以應無窮: 그럼으로써(以) 무궁한(無窮) (변화에) 대응하다(應). 無窮(다하지(窮) 않음(無). 즉 무궁함. 窮(다할 궁)) 應(대응할 응)

是亦一無窮 非亦一無窮也: (그러면) 옳음(是) 또한(亦) 무궁한(無窮) (변화 중) 하나(一)이고, 그름(非) 또한(亦) 무궁한(無窮) (변화 중) 하나(一)이다.

故曰莫若以明: 그래서(故) 말하길 (세상사를 자연스러운) 밝음에(以~明) (비추는 것) 만한(若) 게 없다고(莫) 한다. 즉 자연스러운 밝음에 비추어보는 게 가장 좋다.

제물론(齊物論) 4

제물론 4-1

以指喩指之非指, 不若以非指喩指之非指也.,
以馬喩馬之非馬, 不若以非馬喩馬之非馬也.
天地一指也, 萬物一馬也.

내 손가락(指)으로 상대방 손가락이 참 손가락이 아닌지 밝히는 건
보통 손가락으로 상대방 손가락이 참 손가락이 아닌지 밝히는 것만 못하다.
내 말(馬)로 상대방 말이 참말이 아닌지 밝히는 건
보통의 말로 상대방 말이 참말이 아닌지 밝히는 것만 못하다.
천지는 하나의 손가락이고, 만물은 하나의 말이다.

注 ───────────────────────────

以指[1]喩指[2]之非指[3]: (내) 손가락으로(以~指[1]) (상대방) 손가락(指[2])이 (참) 손가락(指[3])이 아닌 (非) 지를 밝히다(喩). 指[1](내 손가락) 指[2](참 손가락 인지 여부를 판단해야 하는 상대방 손가락) 指[3](손가락이라고 여기는 일반적 의미의 손가락) 喩(깨달을 유 → 밝히다)

不若以非指[1]喩指[2]之非指[3]也: (그것은 내) 손가락이 아닌 것으로(以~非指[1]), 즉 보통의 손가락으로 (상대방) 손가락(指[2])이 (참) 손가락(指[3])이 아닌(非) 지를 밝히는(喩) 것만 같지(若) 않다(不). 즉 못하다.

以馬[1]喩馬[2]之非馬[3]: (내) 말로(以~馬[1]) (상대방) 말(馬[2])이 (참) 말(馬[3])이 아닌(非) 지를 밝히다(喩). 馬[1](내 말) 馬[2](참말 인지 여부를 판단해야 하는 상대방 말) 馬[3](참말이라고 여기는 일반적 의미의 말)

不若以非馬[1]喩馬[2]之非馬[3]也: (내) 말이 아닌 것으로(以~非馬[1]), 즉 보통의 말로 (상대방) 말(馬[2])이 (참) 말(馬[3])이 아닌(非) 지를 밝히는(喩) 것만 같지(若) 않다(不). 즉 못하다.

天地一指也: (세상 만물은 손가락이 지시하는 각고와 방향에 따라 구분되므로 크게 보아) 천지(天地)는 하나(一)의 손가락(指)이다.

萬物一馬也: (수많은 종류의 말도 크게 보아 모두 말과에 속하므로) 만물(萬物)은 하나(一)의 말(馬)이다.

제물론 4-2

道行之而成, 物謂之而然.
有自也而可, 有自也而不可.
有自也而然, 有自也而不然.
惡乎然? 然於然. 惡乎不然? 不然於不然.
惡乎可? 可於可. 惡乎不可? 不可於不可.
物固有所然, 物固有所可.
無物不然, 無物不可.
故爲是擧莛與楹, 厲與西施, 恢詭憰怪, 道通爲一.
其分也, 成也., 其成也, 毁也.
凡物無成與毁, 復通爲一.
唯達者知通爲一, 爲是不用而寓諸庸.
庸也者, 用也. 用也者, 通也. 通也者, 得也. 適得而幾矣.
因是已. 已而不知其然, 謂之道.

길(道)은 사람들이 다니다 보니까 저절로 생겨나고,
사물(物)의 이름도 그렇게 말하다 보니까 저절로 그렇게 된다.
그래서 사물의 이름은 스스로 괜찮다고 여기니까 괜찮고(可),
스스로 괜찮지 않다고 여기니까 괜찮지 않다(不).
또 사물의 이름은 스스로 그렇다고 여기니까 그렇고(然),
스스로 그렇지 않다고 여기니까 그렇지 않다(不).
어째서 사물의 이름이 그러한가? 그러해서 그렇다.
어째서 사물의 이름이 그렇지 않은가? 그렇지 않아서 그렇지 않다.
어째서 사물의 이름이 괜찮은가? 괜찮아서 괜찮다.
어째서 사물의 이름이 괜찮지 않은가? 괜찮지 않아서 괜찮지 않다.
이처럼 사물의 이름은 본디부터 그런 바 있고, 본디부터 괜찮은 바 있다.
사물의 이름은 본디부터 그렇지 않은 바 없고,
본디부터 괜찮지 않은 바 없다.
그래서 용도상 차이를 위해서 예로 드는 가로의 대들보와 세로의 기둥이나

모습상 차이를 위해서 예로 드는 문둥이와 미인 서시(西施)나

내용상 차이를 위해서 예로 드는 이상야릇한 속임(恢詭)과 기이한 속임(憰

怪)도 도 안에선 하나로 통해 모두 같다.

그래서 이편에서 나누어짐(分)은 저편에선 이루어짐(成)이고,

이편에서 이루어짐은 저편에선 허물어짐(毁)이다.

따라서 천지간의 모든 사물은 이루어짐과 허물어짐의 구분 없이

도 안에서 다시 하나로 통해 모두 같다.

오직 달자(達者), 즉 통달한 사람만이 하나로 통해 모두 같다는 사실을 안다.

그래서 통달한 사람은 쓰이지 않음(不用)을 옳다고 여겨

평상시 한결같은 상태(庸)에 머문다.

이런 평상시 한결같은 상태가 참 쓸모이다.

이런 쓸모가 자연스러움과 통한다.

이런 자연스러움과 통하면 유유자적한 삶을 누린다.

이런 유유자적한 삶을 누리면 도에 가까워진다.

도에 가까워지면 옳음으로 인해 그름이, 그름으로 인해 옳음이 생겨나는

자연의 원리(因是)를 따를 뿐이다.

통달한 사람은 이를 따를 뿐인데 어째서 이런 태도를 지니는지 모르기에

도의 상태에 이른 거라고 말한다.

注

道行之而成: 길(道)은 (사람들이) 다니다(行) (보면 저절로) 생겨나다(成). 成(이룰 성 → 생겨나다)

物謂之而然: 사물(物)의 (이름도 그렇게) 말하다(謂) (보면 저절로) 그렇게(然) (되다). 然(그럴 연)

有自也而可 有自也而不可: (그래서 사물의 이름은) 스스로(自~而) (괜찮다고 여겨서) 괜찮고(可),

스스로(自~而) (괜찮지 않다고 여겨서) 괜찮지(可) 않다(不). 可(대체로좋을 가, 괜찮다)

有自也而然, 有自也而不然: (또 사물의 이름을) 스스로(自) (그렇다고 여겨서) 그렇고(然), 스스로

(自) (그렇지 않다고 여겨서) 그렇지(然) 않다(不).

惡乎然? 然於然: 어째서(惡) (사물의 이름이) 그러한가(然)? 그럼에(於~然) 그러하다(然). 즉 그

러해서 그렇다.

惡乎不然? 不然於不然: 어째서(惡) (사물의 이름이) 그러하지(然) 않은가(不)? 그러하지(然) 않

음에(於~不) 그렇지(然) 않다(不). 즉 그러하지 않아서 그렇지 않다.

惡乎可? 可於可: 어째서(惡) (사물의 이름이) 괜찮은가(可)? 괜찮음에(於~可) 괜찮다(可). 즉 괜찮아서 괜찮다.

惡乎不可? 不可於不可: 어째서(惡) (사물의 이름이) 괜찮지(可) 않은가(不)? 괜찮지 않음에(於~不可) 괜찮지(不可) 않다. 즉 괜찮지 않아서 괜찮지 않다.

物固有所然 物固有所可: (이처럼) 사물(物)의 (이름은) 본디(固)부터 그런바(所~然) 있고(有), 사물(物)의 (이름은) 본디(固)부터 괜찮은 바(所~可) 있다(有). 固(본디 고)

無物不然 無物不可: (또) 사물(物)의 (이름은 본디부터) 그렇지(然) 않은(不) (바) 없고(無), 사물(物)의 (이름은 본디부터) 괜찮지(可) 않은(不) (바) 없다(無).

故爲是擧莛與楹: 그래서(故) 이것(是), 즉 용도상의 차이를 위해(爲) 예로 드는(擧) (가로의) 대들보와(與~莛) (세로의) 기둥(楹). 擧(들 거, 예를 들다) 莛(들보 정) 楹(기둥 영)

厲與西施: (모습상의 차이를 위해 예로 드는) 문둥이와(與~厲) (미인) 서시(西施). 厲(문둥이 려)

恢詭憰怪: (내용상의 차이를 위해 예로 드는) 이상야릇한 속임(恢詭)과 기이한 속임(憰怪). 恢詭〔이상야릇한 속임. 恢(익살 회) 詭(속일 궤)〕憰怪〔기이한 속임. 憰(속일 휼) 怪(기이할 괴)〕

道通爲一: 도(道) (안에선) 하나로서(爲~一) 통해(通) (모두 같다). 通(통할 통, 막힘이 없이 통하다)

其分也成也 其成也毀也.: (그래서 이편에서) 나누어짐(分)은 (저편에선) 이루어짐(成)이고, (이편에서) 이루어짐(成)은 (저편에선) 허물어짐(毀)이다. 分(나눌 분, 나누어짐) 成(이룰 성, 이루어짐) 毀(헐 훼, 허물어짐)

凡物無成與毀 復通爲一: (따라서) 천지간의 모든 사물(凡物)은 이루어짐(成)과 허물어짐(毀)의 (구분) 없이(無) (도 안에서) 다시(復) 하나로서(爲~一) 통해(通) (모두 같다). 凡物〔천지간의 모든 물건. 凡(범상할 범)〕

唯達者知通爲一: 오직(唯) 통달한(達) 사람(者)만이 하나로서(爲~一) 통해(通) (모두 같다는 것을) 안다(知). 唯(오직 유)

爲是不用而寓諸庸: (그래서 통달한 사람은) 쓰이지(用) 않음(不)을 옳다고(是) 여겨(爲~而), 평상시 한결같은 상태에(諸~庸) 머문다(寓). 用(쓸 용) 諸(어조사 제)=於 庸(평범할 용, 일정해서 변함이 없음 → 평상시 한결같은 상태) 寓(머무를 우)

庸也者 用也: (이런) 평상시 한결같은 상태(庸~者)가 (참) 쓸모(用)이다.

用也者 通也: (이런) 쓸모(用~者)가 (자연스러움과) 통한다(通).

通也者 得也: (이런 자연스러움과) 통하면(通~者) (유유자적한 삶을) 얻는다(得). 즉 유유자적한 삶을 누린다.

適得而幾矣: (이런) 얻음(得)에 이르면(適), 즉 유유자적한 삶을 누리면 (도에) 가까워지다(幾). 適(갈 적, 이르다) 幾(가까울 기)

因是已: (도에 가까워지면) 인시(因是), 즉 옳음으로 인해 그름이, (또) 그름으로 인해 옳음이 생거나는 자연의 원리를 따를 뿐이다(已). ★ 인시(因是)는 '옳음으로 인해 그름이 생겨나고(因是因非) 그름으로 인해 옳음이 생겨난다(因非因是)'라는 걸 압축한 표현이다. 已(따름 이)

已而不知其然: (통달한 사람은 이를 따를) 뿐인데(已~而) (어째서) 이런(然) (태도를 지니는지) 알지(知) 못하다(不).

謂之道: (그래서) 도(道)(의 상태에 이른 거라고) 말하다(謂).

제물론 4-3

勞神明爲一, 而不知其同也, 謂之朝三. 何謂朝三?
狙公賦芧曰:「朝三而暮四.」衆狙皆怒.
曰:「然則朝四而暮三.」衆狙皆悅.
名實未虧而喜怒爲用, 亦因是也.
是以聖人和之以是非而休乎天鈞, 是之謂兩行.

사람들이 힘들여 마음이나 정신을 써서 어느 한쪽을 편들지만
양쪽이 같다는 것을 알지 못해 이를 두고 아침에 셋(朝三)이라고 말한다.
어째서 아침에 셋이라고 말하는가?
원숭이 주인이 도토리를 주면서 말했다.
"아침에 석 되(朝三) 저녁에 넉 되(暮四) 주면 어떠한가?"
그러자 많은 원숭이가 모두 화를 냈다.
그래서 원숭이 주인이 말했다.
"그러면 아침에 넉 되(朝四) 저녁에 석 되(暮三) 주면 어떠한가?"
그러자 많은 원숭이가 모두 기뻐서 날뛰었다.
명목(名)과 실질(實)에서 변한 게 하나도 없는데
기쁨과 성냄이 동시에 일어났다.
그러니 이를 해결하려면 이 또한 옳음으로 인해 그름이,
그름으로 인해 옳음이 말미암는 자연의 원리(因是)를 따라야 한다.
성인은 이런 자연의 원리를 따라 시비를 잘 조화해
자연의 균형(天鈞)에 머문다.
이를 양행(兩行), 즉 대립 된 양쪽이 시비에 구애받지 않고
순조롭게 나아가는 거라고 말한다.

勞神明爲一: (사람들이) 힘들여서(勞) 마음이나 정신(神明)을 (써 어느) 한쪽(一)을 편들다(爲). 勞(일할 노, 힘쓰다) 神明〔사람의 마음이나 정신. 神(정신 신) 明(신령 명)〕

而不知其同也: 그러나(而) (양쪽이) 같다는(同) 것을 알지(知) 못한다(不).

謂之朝三: (그래서) 이(之)를 두고 아침에 셋(朝三)이라 말한다(謂). 朝三〔아침(朝)에 셋(三). 조삼모사(朝三暮四)의 생략된 표현임〕

何謂朝三?: 어째서(何) 아침에 셋(朝三)이라 말하는가(謂)?

狙公賦芧曰: 원숭이(狙) 주인(公)이 도토리(芧)를 주면서(賦) 말하다. 狙(원숭이 저) 芧(상수리 서, 도토리) 賦(줄 부)

朝三而暮四.: 아침(朝)에 석(三) (되) 그리고(而) 저녁(暮)에 넉(四) (되를 주면 어떤가). 暮(저물 모, 저녁)

衆狙皆怒: (그러자) 많은(衆) 원숭이(狙)들이 모두(皆) 성내다(怒). 즉 화를 내다. 衆(무리 중, 많은) 怒(성낼 노)

然則朝四而暮三: 그러면(然~則) 아침(朝)에 넉(四) (되) 그리고(而) 저녁(暮)에 석(三) (되를 주면 어떤가).

衆狙皆悅: (그러자) 많은(衆) 원숭이(狙)들이 모두(皆) 기뻐(悅) (날뛰다). 悅(기쁠 열)

名實未虧而喜怒爲用: 명목(名)과 실질(實)에서 이지러진(虧) 게, 즉 변한 게 (하나도) 없는데(未~而) (원숭이에게) 기쁨(喜)과 성냄(怒)이 (동시에) 행해지다(爲~用). 名(이름 명) 虧(이지러질 휴) 喜(기쁠 희) 怒(성낼 노) 用(쓸 용, 행하다)

亦因是也: (그러니 이를 해결하려면) 또한(亦) 인시(因是), 즉 옳음(是)으로 인해(因) (그름이 생겨나고, 그름으로 인해 옳음이 말미암는 자연의 원리를 따르다). ★ 인시(因是)는 '옳음으로 인해 그름이 생겨나고(因是因非), 그름으로 인해 옳음이 생겨난다(因非因是)'라는 걸 압축한 표현이다.

是以聖人和之以是非: 성인(聖人)은 이럼으로써(是~以), 즉 이런 자연의 원리를 따름으로써 시비를(以~是非) (잘) 조화하다(和).

而休乎天鈞: 그래서(而) 천균(天鈞), 즉 자연의 균형에 머물다(休). 天鈞〔자연(天)의 균형(鈞). 鈞(고를 균)〕 ★ 균(鈞)과 균(均)은 의미가 서로 비슷해도 균(均)이 물리적 차원의 균형에 그치는 데 반해 균(鈞)은 시비를 잘 조화시켜 사물에 구애되지 않는 자연의 균형까지를 포함한다. '鈞'은 '녹로' 균에서 비롯된다. 녹로는 그릇을 만드는 데 쓰이는 바퀴 모양의 연장이다. 이를 회전시키면 온갖 그릇을 고르게 만들 수 있어 여기서 균(鈞)의 의미가 전해져 왔다. 休(쉴 휴, 머물다)

是之謂兩行: 이(是)를 두고 양행(兩行), 즉 대립 된 양쪽이 시비에 구애받지 않고 순조롭게 나아가는 거라고 말한다(謂). 兩行〔양(兩) 방향을 동시에 나아가다(行). 즉 시비에 구애되지 않

고 사물을 사물 자체에 놓아둠으로 사물과 자신 사이에 어떤 장애가 생겨나지 않음)

제물론 4-4

古之人, 其知有所至矣. 惡乎至?

有以爲未始有物者, 至矣, 盡矣, 不可以加矣.

其次, 以爲有物矣, 而未始有封也.

其次, 以爲有封焉, 而未始有是非也.

是非之彰也, 道之所以虧也.

道之所以虧, 愛之所以成.

果且有成與虧乎哉? 果且無成與虧乎哉?

有成與虧, 故昭氏之鼓琴也., 無成與虧, 故昭氏之不鼓琴也.

昭文之鼓琴也, 師曠之枝策也, 惠子之據梧也,

三子之知, 幾乎皆其盛者也, 故載之末年.

唯其好之也, 以異於彼., 其好之也, 欲以明之.

彼非所明而明之, 故以堅白之昧終.

而其子又以文之綸終, 終身無成.

若是而可謂成乎? 雖我無成, 亦可謂成矣.

若是而不可謂成乎? 物與我無成也.

是故滑疑之耀, 聖人之所圖也.

爲是不用而寓諸庸, 此之謂以明.

옛날 사람 중에 앎(知)이 지극한 바 있다.

어째서 그의 앎이 지극할까?

사물의 존재를 처음부터 의식하지 않아서이다.

너무나 지극하고 최고인지라 그의 앎에 더 이상의 것을 보탤 수 없다.

그다음으로 지극한 앎을 지닌 사람은 사물의 존재만 의식해

처음부터 사물을 이것/저것으로 구분하지 않는다.

그다음으로 지극한 앎을 지닌 사람은 사물을 이것/저것으로 구분한다고

여기고, 처음부터 사물을 옳음/그름으로 구분하지 않는다.

그런데 옳음/그름의 구분이 선명해지면 도(道)가 이지러져서 허물어진다.

도가 이지러져서 허물어지면 좋음/싫음과 같은 편애가 생겨난다.

그렇다면 이루어져서 완성되는(成) 것과 이지러져서 허물어지는(虧) 것의

구분이 과연 있을까, 과연 없을까?

그런데 완성됨과 허물어짐의 구분이 있는 건

옛날에 전설적인 연주자 소문(昭氏)이 거문고를 뜯어서이다.

반면에 완성됨과 허물어짐의 구분이 없는 건

옛날에 소문이 거문고를 뜯지 않아서이다.

소문이 거문고를 뜯은 일, 사광이 북채를 세워 가락을 맞춘 일,

혜자가 오동나무 안석에 기대어 변설을 늘어놓은 일.

이 셋의 앎(知)은 모두 절정의 경지에 거의 이르러 후세까지 이름을 떨쳤다.

다만 이들은 남과 다르게 하는 방법을 좋아해서

이런 식으로 자신이 좋아하는 것을 드러내려 했다.

그런데 저들은 드러낼 수 없는 것을 드러내려 했기에

혜자는 견백론(堅白論)으로 어리석게 끝났고,

소문의 아들도 아버지 연주를 따르는데 그쳤을 뿐

평생 제대로 된 연주를 완성하지 못했다.

이와 같다면 소문과 사광의 연주, 혜시의 변설을

완성된 거라고 말할 수 있을까?

만약 이것을 완성된 거라고 말하면 비록 내가 완성 시킨 게 하나도 없어도

나도 완성 시킨 게 있다고 말할 수 있다.

또 소문과 사광의 연주, 혜시의 변설을

완성된 게 아니라고 말할 수 있을까?

만약 이것을 완성된 게 아니라고 말하면

소문, 사광, 혜시와 더불어 나도 완성 시킨 게 하나도 없다.

이 때문에 성인은 활의지요(滑疑之耀),

즉 자연의 결을 교묘하게 무너뜨리는 번드레한 빛남을 다스리려는 바다.

그래서 성인은 이것이 옳다는 식으로 자신의 판단을 내세우지 않고

평상시 한결같은 상태에 머문다.

이를 두고 자연스러운 밝음(明)에 비추어보는 거라고 말한다.

古之人 其知有所至矣.: 옛날(古) 사람(人) (중에) 앎(知)이 지극한(至) 바(所) 있다(有). 古(옛
고) 知(알 지)

惡乎至: 어째서(惡) (그의 앎이) 지극할까(至)? 惡(어찌 오)

有以爲未始有物者: 사물(有物~者)이 처음부터(始) 아직 없다고(未) 여겨서이다(以~爲). 즉 사
물의 존재를 처음부터 의식하지 않아서이다. 始(처음 시, 처음부터)

至矣 盡矣 弗可以加矣: (그의 앎이 너무나) 지극하고(至) 최고인지라(盡) (그의 앎에 더 이상의 것
을) 보탤(加) 수(可) 없다(弗). 즉 더 보탤 필요가 없다. 盡(극에달할 진, 최고에 이르다) 加(더할 가)

其次 以爲有物矣: 그다음(次)으로 (지극한 앎을 지닌 사람은) 사물(物)이 있다(有)고 여기다(以~
爲). 즉 사물의 존재만 의식하다. 次(버금 차)

而未始有封也: 그래서(而) (그는) 처음부터(始) (사물을 이것/저것으로) 구분하지(有~封) 않는다
(未). 封(봉할 봉, 영주에게 땅을 주는 걸 뜻하므로 여기선 구분으로 해석함)

其次 以爲有封焉: 그다음(次)으로 (지극한 앎을 지닌 사람은 사물을 이것/저것으로) 구분한다고(有~
封) 여긴다(以~爲).

而未始有是非也: 그리고(而) 처음부터(始) (사물을) 옳음(是)/그름(非)으로 (구분) 하지(有) 않는
다(未).

是非之彰也: (그런데) 옳음(是)/그름(非)의 구분이 선명해지다(彰). 彰(성하고선명할 창, 선명해
지다)

道之所以虧也: (그러면) 도(道)가 이지러져서(以~虧) (허물어지는) 바(所)다. 虧(이지러질 휴) 所
(바 소)

道之所以虧: 도(道)가 이지러져서(以~虧) (허물어지는) 바(所)다.

愛之所以成: (그러면 좋고 싫음과 같은) 편애(愛)가 이루어지는(成) 바(所)다. 즉 좋고 싫음과 같
은 편애가 생기다. 愛(사랑 애 → 편애) 成(이룰 성)

果且有成與虧乎哉.: (그렇다면 이루어져서) 완성되는(成) 것과(與) 이지러져서(虧) (허물어지는 것
의 구분이) 과연(果) 있는가(有)? 果(과연 과, 정말로)

果且無成與虧乎哉?: (이루어져서) 완성되는(成) 것과(與) 이지러져서(虧) (허물어지는 것의 구분
이) 과연(果) 있지(有) 않는가(無)?

有成與虧: (그런데) 완성됨과(與~成) 허물어짐(虧)의 (구분이) 있다(有).

故昭氏之鼓琴也: (그것은) 옛날(故)에 (전설적인 연주가) 소문(昭氏)이 거문고(琴)를 연주해서다
(鼓). 故(옛 고) ★ 소씨(昭氏)는 그 이름이 소문으로 중국 고대 옛날식 거문고(五絃琴)를 잘 타

기로 유명한 사람이다. 琴(거문고 금) 鼓(북 고, 치다 → 연주하다 → 뜯다)

無成與虧: (반면) 완성됨과(與~成) 이지러짐(虧)의 (구분이) 없다(無).

故昭氏之不鼓琴也: (그것은) 옛날(故)에 소문(昭氏)이 거문고(琴)를 뜯지(鼓) 않아서다(不).

昭文之鼓琴也: 소문(昭文)이 거문고(琴)를 뜯은 일(鼓~也).

師曠之枝策也: 사광(師曠)이 북채(策)를 붙들어 맨 일(枝~也). 즉 북채를 세워 가락을 맞춘 일.

★ 사광(師曠)은 춘추시대 진평공(晉平公)의 악사(樂師)로 음률에 밝았던 태사(太師)이다. 策(채찍 책, 북을 쳐서 리듬을 조절하는 채찍) 枝(버틸 지, 붙들어 매다)

惠子之據梧也: 혜자(惠子)가 오동나무(梧) (안석에) 기대어서(據) (변설을 늘어놓은) 일(也). 梧(벽오동나무 오) 據(의거할 거)

三子之知 幾乎皆其盛者也: (이) 세 사람(三子)의 앎(知)은 모두(皆) 절정의 경지(盛~者)에 거의(幾) (이르다). 盛(극점 성, 절정) 幾(가까울 기 → 거의)

故載之末年: 그래서(故) 후세(末年)에까지 (이름이) 기록되다(載). 즉 이름을 떨치다. 末年=後年(후년 → 후세) 載(실을 재 → 기록되다)

唯其好之也 以異於彼: 다만(唯) (이들이) 좋아한(好) 건 남과(於~彼) 다르게(以~異) 하다. 즉 남과 다르게 하는 방법을 좋아하다. 唯(어조사 유) 好(좋을 호, 좋아하다) 異(다를 이)

其好之也 欲以明之: (그래서 자신이) 좋아하는(好) 걸 드러내려고(以~明) 하다(欲). 明(밝을 명 → 드러내다) 欲(욕, ~하고자 함)

彼非所明而明之: (그런데) 저들(彼)은 드러내지(明) 못하는(非) 바(所), 즉 드러낼 수 없는 것을 드러내려고(明) 하다.

故以堅白之昧終: 그래서(故) (혜자는) 견백론(以~堅白)으로 어리석게(昧) 끝나다(終). ★ 견백(堅白)은 전국시대 조(趙)나라 공손룡(公孫龍)의 궤변이다. 굳고(堅) 흰(白) 돌이 있으면 이 돌은 굳은 돌과 흰 돌이라는 두 가지 의미를 지닌다. 그런데 눈으론 흰 것만 알고, 만져야 굳은 걸 알기에 굳은 돌은 굳을 뿐 흰 돌이 아니라는 궤변이 성립될 수 있다. '흰말은 말이 아니다'라는 백마비마론(白馬非馬論)도 마찬가지 주장이다. 昧(어두울 매, 어리석음)

其子又以文之綸終 終身無成: (소문의) 아들(子) 또한(又) (아버지) 연주(文)를 따르는데(綸) 그칠(終) 뿐 평생(終身) (제대로 된 연주를) 완성하지(成) 못하다(無). 文(꾸밀 문 → 연주) 綸(따를 륜) 成 (이룰 성 → 완성하다)

若是而可謂成乎?: 이(是)와 같다면(若~而) (소문과 사광의 연주, 혜시의 변설을) 완성된(成) 거라 말할(謂) 수(可) 있을까? 若(같을 약)

雖我無成 亦可謂成矣: (만약 이것을 완성된 거라고 말하면) 비록(雖) 내(我)가 완성 시킨(成) 게 (하나도) 없어도(無) (나) 또한(亦) 완성 시킨(成) 게 (있다고) 말할(謂) 수(可) 있다.

若是而不可謂成乎?: 이(是)와 같다면(若~而) (소문과 사광의 연주, 혜시의 변설을) 완성된(成) 거라 말할(謂) 수(可) 없을까(不)? 즉 완성된 게 아니라고 말할 수 있을까?

物與我無成也: (만약 이것을 완성된 게 아니라고 말하면) 그들(物), 즉 소문, 사광, 혜시와 나는(與~我) 완성 시킨(成) 게 (하나도) 없다(無). 物(만물 물, 남 → 그들)

是故滑疑之耀: 이(是) 때문에(故) (성인은) 활의지요(滑疑之耀), 즉 자연의 결을 교묘하게 무너뜨리는(滑疑) (번드레한) 빛남(耀). 滑疑〔교묘하게(滑) 미혹케(疑) 함. 즉 교묘하게 무너뜨림. 滑(교활할 활 → 교묘하게) 疑(미혹될 의)〕 耀(빛남 요)

聖人之所圖也: 성인(聖人)은 (그것을) 다스리려(圖) (하는) 바(所)다. 圖(다스릴 도)

爲是不用而寓諸庸: (그래서 성인은 이것이) 옳다고(爲~是) 행동하지(用) 않는다(不). 즉 이것이 옳다는 식으로 자신의 판단을 내세우지 않는다. 그리고(而) 평상시 한결같은 상태에(諸~庸) 머문다(寓). 是(옳을 시) 用(쓸 용, 행함) 庸(평범할 용, 일정해 변함이 없음 → 평상시 한결같은 상태) 寓(머무를 우)

此之謂以明: 이(此)를 두고 (자연스러운) 밝음에(以~明) (비추어보는 거라고) 말한다(謂).

제물론(齊物論) 5

제물론 5-1

今且有言於此, 不知其與是類乎? 其與是不類乎?

類與不類, 相與爲類, 則與彼無以異矣.

雖然, 請嘗言之.

有始也者, 有未始有始也者, 有未始有夫未始有始也者.

有有也者, 有無也者, 有未始有有無也者, 有未始有夫未始有有無也者.

俄而有無矣, 而未知有無之果孰有孰無也.

今我則已有謂矣, 而未知吾所謂之其果有謂乎, 其果無謂乎?

지금 여기에 어떤 주장이 있는데
그 주장이 옳은 부류에 속할지 옳지 않은 부류에 속할지 모르지 않는가?
옳은 부류에 속하든, 옳지 않은 부류에 속하든, 아니면 중간 부류에 속하든
시비를 일삼는 세상 사람들의 주장과 크게 다르지 않다.
아무리 그래도 이 주장에 대해 한번 말을 꺼내보자.
'처음(始)이 있으면 그 전의 처음(未始有始)이 있다.

그러면 그 처음이 있기 전의 처음(未始有夫未始有始)이 있다.

또 있음(有)이 있으면 없음(無)이 있다.

그러면 있음/없음이 있기 전의 처음(未始有有無)이 있고,

있음/없음이 있기 전 처음이 있기 전의 처음(未始有夫未始有有無)이 있다.'

그런데 이 주장에서 있음/없음의 구분이 느닷없이 생겨났다.

그러니 있음/없음의 구분이 과연 있는지 과연 없는지 알 수 없다.

또 지금 내가 말을 이미 했는데 내가 말한 바를 과연 말했는지,

과연 말하지 않았는지 모르지 않는가?

注 _____

今且有言於此: 지금(今) 여기에(於~此) (어떤) 주장(言)이 있다(有). 今(이제 금) 且(어조사 저) 此
(이 차 → 여기) 言(말할 언 → 주장)

不知其與是類乎?: (근데 그 주장이) 옳은(是) 부류(類)에 (속하는지) 알(知) 수 없지(不) (않은가)?
是(옳을 시) 類(무리 류, 부류)

其與是不類乎?: (그 주장이 옳지) 않은(不) 부류(類)에 (속하는지) 알(知) 수 없지(不) (않은가)?

類與不類 相與為類: (옳은) 부류(類)에 (속하든 옳지) 않은(不) 부류(類)에 (속하든 아니면) 서로
(相) 비슷한 부류(爲類)에 (속하든 간에). 즉 중간 부류에 속하든 간에. 爲類[비슷한(爲) 부류
(類)]

則與彼無以異矣: (그런) 즉(則) (시비를 일삼는) 저(彼) (세상 사람의 주장과 크게) 다르지(異) 않다
(無). 彼(저 피) 異(다를 이)

雖然 請嘗言之: 아무리 그래도(雖然) (이 주장에 대해) 말은 한번(嘗) 꺼내보자(請~言). 雖(비록
수, 아무리 ~해도) 嘗(시험할 상, 한 번)

有¹始¹也者 有²未始²有³始³也者: 처음(始¹)이 있으면(有¹~者) 처음(始²)이 (아직) 있지(有²) 않
은(未) (그 전의) 처음(始³~者)이 있다(有³). 즉 처음이 있으면 그 전의 처음이 있다. 未(아닐 미,
아직 ~하지 못하다)

有¹未始¹有²夫未始²有³始³也者: (그러면) 처음(始¹)이 아직 있지(有¹) 않은(未) (그 전의) 처음
(始²)이 또(夫) 아직 있지(有²) 않은(未) (그 전의) 처음(始³~者)도 있다(有³). 즉 그 처음이 있기
전의 처음이 있다.

有有也者 有無也者: (또) 있음(有)이 있으면(有~者) 없음(無)이 있다(有).

有¹未始¹有²有無也者: (그러면 있음/없음의) 처음(始¹)이 아직 있지(有¹) 않은(未) (그 전의) 있
음/없음(有無)이 있다(有²). 즉 있음/없음이 있기 전의 처음이 있다.

有¹未始¹有²夫未始²有³有無也者: (또 있음/없음의) 처음(始¹)이 아직 있지(有¹) 않은(未) (그 전의) (있음/없음의) 처음(始²)이 저(夫) 아직 있지(有²) 않은(未) (그 전의) 있음/없음(有無者)이 있다(有³). 즉 있음/없음이 있기 전의 처음이 있기 전 처음이 있다.

俄而有無矣: (그런데 이 주장에서) 있음/없음(有無)의 (구분이) 느닷없이(俄~而) (생겨나다). 俄(갑자기 아 → 느닷없이)

而未知有無之果孰有孰無也: 그러므로(而) 있음/없음(有無)이 과연(果) 어느(孰) 게 있음(有)이고, 어느(孰) 게 없음(無)인지 알(知) 수 없다(未). 즉 있음/없음의 구분이 과연 있는지 없는지 알 수 없다. 果(과연 과, 정말로) 孰(어느 숙)

今我則已有謂矣: (또) 지금(今) 내(我)가 이미(已) 말함(謂)이 있다(有). 즉 지금 내가 이미 말을 했다.

而未知吾所謂之其果有謂乎?: 그런데(而) 내(吾)가 말한(謂) 바(所) 그것(之)을 과연(果) 말한(有~謂) 건지 알(知) 수 없지(未) 않은가? 즉 내가 말한 바를 과연 말했는지 모르지 않는가?

其果無謂乎?: (내가 말한바 그것을) 과연(果) 말하지 않은(無~謂) 건지, 즉 내가 말한 바를 과연 말하지 않았는지 (모르지 않는가?)

제물론 5-2

天下莫大於秋毫之末, 而太山爲小., 莫壽於殤子, 而彭祖爲夭.

天地與我竝生, 而萬物與我爲一.

旣已爲一矣. 且得有言乎?

旣已謂之一矣, 且得無言乎?

一與言爲二, 二與一爲三.

自此以往, 巧曆不能得, 而況其凡乎!

故自無適有以至於三, 而況自有適有乎!

無適焉, 因是已.

세상 사람이 짐승의 가을철 가늘어진 터럭 끝보다 큰 게 없다고 말하면
태산(泰山)도 작은 셈이다.
세상 사람이 일찍 죽은 어린애보다 오래 산 사람이 없다고 말하면
팔백 살을 산 팽조도 일찍 죽은 셈이다.
그렇더라도 천지는 유구해서 시간적으로 나와 함께 나란히 살아가고,

만물이 제각각 다른 모습을 지녀도 나와 함께 하나가 된다.

그런데 내가 만물과 이미 하나 되었다면 무슨 말이 더 필요한가?

만물과 이미 하나 되었다고 말하면 말하지 않았다고 할 수 없지 않은가?

게다가 지금 하나에 하나라는 말이 더해져 둘이 되고,

둘에 둘이라는 말 하나가 더해져 셋이 되었다.

이렇게 수가 저절로 늘어나면 셈이 뛰어난 사람도 이루 다 헤아릴 수 없는데

하물며 보통사람이야 오죽하겠는가!

이처럼 없음(無)에서 있음(有)으로 나아가 저절로 셋에 이르렀는데

하물며 있음(有)에서 있음(有)으로 저절로 나아가면 오죽하겠는가!

그러니 세상사를 말로 헤아려서 나아가지 말고

인시(因是), 즉 옳음으로 인해 그름이 말미암는 자연의 원리를 따를 뿐이다.

注 ----

天下莫大於秋毫之末: 세상 사람(天下)이 (짐승의) 가을철(秋) (가늘어진) 터럭(毫) 끝 보다(於~末) 큰(大) (게) 없다고(莫) (하다). 毫(가는 털 호) 末(끝 말) 莫(없을 막)

而太山爲小: 그러면(而) 태산(太山)도 작은(爲~小) (셈이다. ★ 태산(太山)은 중국 산동성(山東省)의 태산(泰山)을 의미한다. 태산은 화산(華山), 항산(恒山), 형산(衡山), 숭산(嵩山)과 더불어 중국 오악(五岳)을 구성한다. 참고로 태산은 동악(東岳)에 해당한다.

莫壽於殤子: (세상 사람이) 일찍 죽은 아이보다(於~殤子) 오래 산(壽) 사람이 없다고(莫) (하다). 殤子〔일찍 죽은(殤) 아이(子), 殤(일찍죽을 상)〕 壽(목숨 수, 오래 살다)

而彭祖爲夭: 그러면(而) (팔백 살을 산) 팽조(彭祖)도 일찍 죽은(爲~夭) (셈이다. ★ 팽조(彭祖)는 팔백 살까지 산 전설상의 인물이다. 夭(일찍죽을 요)

天地與我竝生: (그렇더라도) 천지(天地)는 (유구해서 시간적으로) 나와(與~我) 나란히(竝) 살아가다(生). 竝(나란히할 병)

而萬物與我爲一: 그리고(而) 만물(萬物)이 (제각각 다른 모습을 지녀도) 나와(與~我) 하나(一)가 되다(爲).

旣已爲一矣 且得有言乎?: (그런데 내가 만물과) 이미(旣已) 하나(一)가 되었다면(爲) 또(且) 말(言)이 있을(有) 수(得)? (있는가?) 즉 또 무슨 말이 더 필요한가? 旣已〔이미. 旣(이미 기) 已(이미 이)〕且(또 차) 得(가능할 득)

旣已謂之一矣 且得無言乎?: (만물과) 이미(旣已) 하나(一)가 (되었다고) 말하면(謂) 또(且) 말(言)이 없다고(無) 할 수(得) 있는가? 즉 또 말하지 않았다고 할 수 없지 않은가?

一與言爲二 二與一爲三: (게다가 지금) 하나(一)에 (하나라는) 말(言)이 더해져(與) 둘(二)이 되고(爲), 둘(二)에 (둘이란 말) 하나(一)가 더해져서(與) 셋(三)이 되다(爲). 與(더불어 여 → 더해지다)

自此以往 巧曆不能得: 이렇게(此~以) (수가) 저절로(自) 늘어나면(往) 셈이 뛰어난 사람(巧曆)도 (이루 다) 헤아릴(能) 수(得) 없다(不). 自(스스로 자, 저절로) 往(향할 왕 → 늘어나다) 巧曆[수치(曆)에 재주 있는(巧) 사람. 즉 셈이 뛰어난 사람. 曆(책력 력, 수치) 巧(재주 교)] 能(능할 능 → 헤아리다)

而況其凡乎!: 그런데(而) 하물며(況) 보통사람(凡)이야 (오죽하겠는가)! 況(하물며 황) 凡(무릇 범, 보통사람)

故自無適有以至於三: 이처럼(故) 없음(無)에서 있음(有)으로 나아가(以~適) 저절로(自) 셋에(於~三) 이르다(至). 適(갈 적, 나아가다) 至(이를 지)

而況自有適有乎!: 그런데(而) 하물며(況) 있음(有)에서 있음(有)으로 저절로(自) 나아가면(適) (오죽하겠는가)!

無適焉 因是已: (그러니 세상사를 말로 헤아려서) 나아가지(適) 말고(無) 인시(因是), 즉 옳음으로 인해 그름이 말미암는 자연의 원리를 따를 뿐이다(已). ★ 因是는 '옳음으로 인해 그름이 생겨나고(因是因非), 그름으로 인해 옳음이 생겨난다(因非因是)'라는 걸 압축한 표현이다.

제물론 5-3

夫道未始有封, 言未始有常, 爲是而有畛也, 請言其畛:
有左, 有右, 有倫, 有義, 有分, 有辯, 有競, 有爭, 此之謂八德.
六合之外, 聖人存而不論, 六合之內, 聖人論而不議.
春秋經世先王之志, 聖人議而不辯.
故分也者, 有不分也., 辯也者, 有不辯也.
曰:「何也? 聖人懷之, 衆人辯之以相示也.
故曰辯也者, 有不見也.

도(道)에는 애초부터 이것/저것의 구분이 없고, 옳음/그름의 구분이 없고,
말에도 애초부터 늘 정해진 의미가 없다.
그런데 이것을 옳다고 하면서부터 옳음/그름의 구분이 생겨났는데
이런 구분에 대해 한번 말해보자.
방향에는 왼쪽이 있으면 오른쪽이 있고,
행동준칙에는 사람으로서의 윤리(倫)가 있으면 사회적 도리(義)가 있고,

나눔에는 물리적 나눔(分)이 있으면 말로 하는 의미상 나눔(辯)이 있고,
경쟁에는 앞선 다툼(競)이 있으면 맞선 다툼(爭)이 있다.
이것을 인간사를 설명하는 팔덕(八德), 즉 여덟 가지 덕이라고 말한다.
성인(聖人)은 천지 바깥(六合之外)을 그대로 둔 채
그것의 질서와 조리에 대해서 말하지(論) 않는다.
또 성인은 천지 안(六合之內)의 질서와 조리에 대해서 말해도
이것/저것으로 판단하면서 논하지(議) 않는다.
『춘추(春秋)』는 세상을 다스렸던 선왕들의 뜻을 기록한 책이다.
성인(聖人)은 이런 세상사를 이것/저것으로 논해도(議)
옳음/그름으로 구분하지(辯) 않는다.
그래서 물리적으로 나누려고(分) 해도 나눌 수 없는 게 있고,
의미를 말로 구분하려고(辯) 해도 구분할 수 없는 게 있다.
어째서인가?
성인(聖人)은 말로 의미를 구분할 수 없는 바가 있다는 것을 깨닫기에
도(道)를 가슴에 품는다.
보통사람은 말로 의미를 구분함으로써 구분된 의미를 상대방에게 보인다.
그래서 도의 의미를 말로 구분하면 도를 보지 못하는 바 있다고 말한다.

注 ——————————————————————————————————

夫道未始有封: 모름지기(夫) 도(道)에는 애초부터(始) (이것/저것과 옳음/그름의) 구분(封)이 있지(有) 않다(未). 始(처음 시 → 애초부터) 封(봉할 봉, 영주에게 땅을 주는 걸 뜻해 구분으로 해석) 未(아닐 미)

言未始有常: 말(言)에도 애초부터(始) 늘(常) (정해진 의미가) 있지(有) 않다(未). 常(항상 상, 늘)

爲是而有畛也: (그런데 이것을) 옳다고(爲是~而) (하면서부터 옳음/그름의) 구분(畛)이 생겨나다(有). 是(옳을 시) 畛(밭의 경계를 이룬 두둑. 즉 땅의 경계를 말하는데 여기선 분별 내지는 구분을 의미)

請言其畛: (그런데 이런) 구분(畛)에 대해 청해(請) 말하다(言). 즉 한번 말해보자.

有左 有右: (방향에는) 왼쪽(左)이 있으면(有) 오른쪽(右)이 있다(有).

有倫 有義: (행동준칙에는 사람으로서의) 윤리(倫)가 있으면(有) (사회적) 도리(義)가 있다.(有). 倫(윤리 륜) 義(옳을 의 → 도리)

有分 有辯: (나눔에는 물리적) 나눔(分)이 있으면(有) (말로 하는 의미상의) 나눔(辯)이 있다(有). 分(나눌 분) 辯(나눌 변)

有競 有爭: (경쟁에는) 앞선 다툼(競)이 있으면(有) 맞선 다툼(爭)이 있다(有). 競(겨룰 경, 앞서 다툼) 爭(다툴 쟁, 맞서 다툼)

此之謂八德: 이것(此)을 (인간사를 설명하는) 여덟(八) 가지 덕(德)이라 말한다(謂).

六合之外 聖人存而不論: 성인(聖人)은 천지(六合) 바깥(外)을 그대로 둔 채(存~而) (그것의 조리와 질서에 대해) 말하지(論) 않는다(不). 六合〔하늘땅과 동서남북. 즉 천지사방을 통틀어 하는 말〕存(보존할 존, 그대로 둠) 論(말할 논)

六合之內 聖人論而不議: 성인(聖人)은 천지(六合) 안(內)의 (조리와 질서에 대해) 말해도(論~而) (이것/저것으로 판단하면서) 논하지(議) 않는다(不). 議(논할 의)

春秋經世先王之志: 『춘추(春秋)』는 세상(世)을 다스렸던(經) 선왕(先王)들의 뜻(志)을 (기록한 책이다). 經(다스릴 경)

聖人議而不辯: 성인(聖人)은 (이런 세상사를 이것/저것으로) 논해도(議~而) (옳음/그름으로) 구분하지(辯) 않는다(不). 辯(나눌 변, 옳음/그름으로 구분하다)

故分也者 有不分也: 고로(故) (물리적으로) 나누면(分~者) 나누지(分) 못하는(不) (게) 있다(有). 즉 물리적으로 나누려 해도 나눌 수 없는 게 있다.

辯也者 有不辯也: (의미를 말로) 구분하면(辯~者) 구분하지(辯) 못하는(不) (게) 있다(有). 즉 의미를 말로 구분하려 해도 구분할 수 없는 게 있다.

何也?: 어째서인가(何)? 何(어찌 하)

聖人懷之: 성인(聖人)은 (말로 의미를 구분할 수 없는 바가 있다는 것을 깨닫기에 도를 가슴에) 품는다(懷). 懷(품을 회)

衆人辯之以相示也: (반면) 보통사람(衆人)은 (말로 의미를) 구분해(辯) 그것으로써(之~以) (구분된 의미를) 상대방(相)에게 보이다(示). 衆人〔보통사람. 衆(보통 중)〕示(보일 시)

故曰辯也者 有不見也: 그래서(故) 말하길 (도의 의미를 말로) 구분하면(辯~者) (도를) 보지(見) 못하는(不) 바가 있다(有) 한다.

제물론 5-4

夫大道不稱, 大辯不言, 大仁不仁, 大廉不嗛, 大勇不忮.
道昭而不道, 言辯而不及, 仁常而不周, 廉清而不信, 勇忮而不成.
五者刓而幾向方矣.
故知止其所不知, 至矣.
孰知不言之辯, 不道之道?
若有能知, 此之謂天府.

注焉而不滿, 酌焉而不竭, 而不知其所由來, 此之謂葆光.

故昔者堯問於舜曰: 「我欲伐宗·膾·胥敖, 南面而不釋然. 其故何也?」

舜曰: 「夫三子者, 猶存乎蓬艾之間.

若不釋然, 何哉?

昔者十日並出, 萬物皆照, 而況德之進乎日者乎!」

모름지기 큰 도(大道)는 드러나지 않는다.

마찬가지로 큰 언변(大辯)은 말로 이루어지지 않고,

큰 어짊(大仁)은 사소한 어짊이 아니고,

큰 청렴(大廉)은 지나치게 겸양하지 않고,

큰 용기(大勇)는 용맹스럽지 않다.

그래서 도가 훤히 드러나면 그건 도가 아니고,

말로 언변이 이루어지면 그 말은 표현상으로 부족하고,

어짊이 상습화되면 그 어짊은 두루 미치지 못하고,

청렴이 선명히 드러나면 그 청렴은 신뢰를 받지 못하고,

용기가 용맹스러우면 그 용기는 진가를 잃는다.

도(道), 변(辯), 인(仁), 염(廉), 용(勇)은 원통 자재 한 건데

모난 데를 깎아서 둥글게 하다 보면 자칫 모(方)가 나기 쉽다.

그래서 앎(知)은 알지 못하는 데서 그쳐야 최고의 앎이다.

그러니 말로 이루어지지 않는 언변(不言之辯)과

도로 나타나지 않는 도(不道之道)를 누가 알까?

만약 그것을 알 수 있다면 이런 사람을 가리켜서

천부(天府), 즉 모든 것을 몸 안에 혼연히 지니는 사람이라고 말한다.

이런 사람에게는 물을 아무리 부어도 차지 않고,

아무리 퍼내도 마르지 않는데 어째서 그런지를 알지 못한다.

이런 사람을 두고 보광(葆光), 즉 은은하게 밝혀서

구분과 경계를 만들지 않는 빛을 지닌 사람이라고 말한다.

그래서 옛날에 요(堯)임금이 순(舜)에게 물었다.

"내가 종(宗), 회(膾), 서오(胥敖) 세 나라를 정벌하려는데

임금이라도 마음이 편치 않으니 어째서인가?"

순이 대답했다. "저 세 나라는 가히 쑥 풀이 무성한 미개한 곳입니다.
그런데도 임금으로서 마음이 편치 않다고 하시니 어째서일까요?
옛날에 열 개의 해가 한꺼번에 떠서 만물을 모두 환히 비춘 적이 있습니다.
그런데 하물며 열 개의 해보다 덕이 더 뛰어난 분께서
미개한 나라라고 해서 어찌 정벌하려고 하십니까!

注 ─────────────────────────────

夫大道不稱: 모름지기(夫) 큰(大) 도(道)는 드러나지(稱) 않는다(不). 稱(드러낼 칭)

大辯不言: (마찬가지로) 큰(大) 언변(辯)은 말(言)로 (이루어지지) 않는다(不).

大仁不仁: 큰(大) 어짊(仁)은 (사소한) 어짊(仁)이 아니다(不). ★ 큰 어짊은 모든 사람을 똑같
이 사랑하면서 특정한 사람에게 애정을 쏟는 게 아니므로 대부분 사람의 입장에선 몰인정하
게 보이기 때문이다.

大廉不嗛: 큰(大) 청렴(廉)은 (지나치게) 겸양하지(嗛) 않다(不). 廉(청렴할 렴) 嗛(겸손할 겸) ★
청렴한 사람은 욕심이 없기에 남과 다투기보다는 물러서는 겸양의 태도를 보이기 때문이다.

大勇不忮: 큰(大) 용기(勇)는 용맹스럽지(忮) 않다(不). 勇(용기 용) 忮(용맹스러울 기) ★ 용감
(勇敢)에서 '감(敢)'은 막무가내로 돌진하는 용감함이라면 '용(勇)'은 무모하지 않은 용감함을
의미한다.

昭而不道: (그래서) 도(道)가 훤히 드러나면(昭~而) (그건) 도(道)가 아니다(不). 昭(밝을 소, 훤히
드러나다)

言辯而不及: 말(言)로 언변이 이루어지면(辯~而) (그 말이) 미치지(及) 못하다(不). 즉 표현상으
로 부족하다. 及(미칠 급, 이르다)

仁常而不周: 어짊(仁)이 늘 있으면(常~而), 즉 상습화되면 (그 어짊은) 두루(周) (미치지) 않다
(不). 常(항상 상 → 늘) 周(두루 주)

廉淸而不信: 청렴(廉)이 맑으면(淸~而), 즉 선명히 드러나면 (그 청렴은) 신뢰(信)를 받지 못하
다(不). 淸(맑을 청)

勇忮而不成: 용기(勇)가 용맹스러우면(忮~而) (그 용기는) 이루어지지(成) 않다(不). 즉 용기는
진가를 잃는다.

五者刓而幾向方矣: (이) 다섯 가지(五~者)는 (원통 자재 한데) 모난 데를 깎아서 둥글게 하면(刓
~而) 거의(幾) 모(方)가 (나는 쪽으로) 향하다(向). 즉 자칫 모가 나기 쉽다. 刓(깎을 완, 모난 데를
깎아 둥글게 함) 幾(거의 기) 方(모 방, 방향) 向(향할 향) ★ 도(道), 변(辯), 인(仁), 렴(廉), 용(勇)은
그 자체가 진실하므로 밖으로 나타내려 하면 오히려 본래의 참 모습을 잃는다. 마치 둥근 원
을 만들려다 여러 차례 손을 대면 자칫 네모꼴이 되는 이치와 같다.

故知止其所不知 至矣: 고로(故) 앎(知)은 알지(知) 못하는(不) 데(所)서 그쳐야(止) 최고(至)의 (앎이다). 至(지극할 지 → 최고)

孰知不言之辯 不道之道: (그러니) 말(言)로 (이루어지지) 않는(不) 언변(辯)과 도(道)로 (나타나지) 않는(不) 도(道)를 누가(孰) 아는가(知)? 孰(누구 숙)

若有能知 此之謂天府: 만약(若) (그것을) 알(知) 수(能) 있다면(有) 이런(此) (사람을) 가리켜서 천부(天府), 즉 모든 걸 몸 안에 혼연히 지니는 사람이라고 말하다(謂). 天府〔하늘(天)의 곳집 (府). 府(곳집 부)〕

注焉而不滿: (이런 사람에게는) 물을 (아무리) 부어도(注~而) 차지(滿) 않다(不). 注(물댈 주, 물을 붓다) 滿(찰 만)

酌焉而不竭: (물을 아무리) 퍼내도(酌~而) 마르지(竭) 않다(不). 酌(퍼낼 작) 竭(다할 갈, 물이 마르다)

不知其所由來: (그런데) 유래(由來)된 바(所)를 알지(知) 못하다(不), 즉 어째서 그런지를 알지 못하다.

此之謂葆光: 이런(此) 사람을 (두고) 보광(葆光), 즉 은은하게 밝혀 구분과 경계를 만들지 않는 빛을 지닌 사람이라고 말하다(謂). 葆光〔빛을 감춤. 즉 밖으로 환히 밝혀 구분과 경계를 만들 어내는 빛이 아니라 안에서 은은하게 밝혀 구분과 경계를 만들지 않는 빛. 葆(감출 보)〕

故昔者堯問於舜曰: 그래서(故) 옛날에(昔~者) 요(堯)임금이 순에게(於~舜) 묻다(問). 昔(옛 석, 옛날)

我欲伐宗·膾·胥敖: 내(我)가 종(宗), 회(膾), 서오(胥敖) (세 나라를) 정벌하려고(欲~伐) 한다. ★ 종(宗), 회(膾), 서오(胥敖)는 요(堯)임금 당시 변방에 있던 미개한 나라인데 이 세 나라가 조 공을 바치지 않아서 요임금은 이들을 정벌했다. 伐(칠 벌, 정벌하다)

南面而不釋然 其故何也?: (그런데) 임금이라도(南面~而) 마음이 편치(釋然) 않다(不). 어째서 인가(故何)? 南面(군주는 항상 남쪽을 향해 앉아 있기에 군주를 의미) 釋然〔미심쩍은 게 확 풀림. 마 음이 편해짐. 釋(풀 석, 풀리다)〕

舜曰 夫三子者 猶存乎蓬艾之間: 순(舜)이 말하다. 저(夫) 세 나라(三子~者)는 가히(猶) 미개한 곳(蓬艾之間)으로 있다(存). 猶(가히 유) 蓬艾之間〔쑥(蓬)과 쑥(艾) 사이(間). 즉 쑥 풀이 무성한 미개한 곳. 蓬(쑥 봉) 艾(쑥 애)〕

若不釋然 何哉?: (그런데도 임금으로서) 마음이 편치(釋然) 않은(不) 것 같다(若)고 (하니) 어째서 (何)인가? 若(같을 약)

昔者十日並出: 옛날에(昔~者) 열(十)개의 해(日)가 함께(並) 뜨다(出). ★ 요(堯)임금 때 열 개 태양이 함께 떠서 활의 명수인 예(羿)로 하여금 아홉 개 태양을 모두 쏘아 떨어뜨렸다는 전설 이 있다. 日(날 일, 태양) 並(아우를 병, 함께) 出(날 출, 나타나다)

萬物皆照: 만물(萬物)을 모두(皆) 환히 비추다(照). 皆(모두 개) 照(비출 조)

而況德之進乎日者乎!: 그런데(而) 하물며(況) (열 개의) 해(日~者)보다(乎) 덕(德)이 (더) 나아간 (進) 분이! 즉 덕이 더 뛰어난 분께서 미개한 나라라고 어찌 정벌하려고 하는가! (정벌에 마음을 쓰지 않아도 세 나라를 모두 귀속시킬 수 있다) 乎(어조사 호, ~보다) 進(나아갈 진 → 뛰어난)

제물론(齊物論) 6

제물론 6-1

齧缺問乎王倪曰:「子知物之所同是乎?」

曰:「吾惡乎知之!」「子知子之所不知邪?」

曰:「吾惡乎知之!」「然則物無知邪?」

曰:「吾惡乎知之! 雖然嘗試言之.

庸詎知吾所謂知之非不知邪? 庸詎知吾所謂不知之非知邪?」

且吾嘗試問乎汝: 民濕寢則腰疾偏死, 鰌然乎哉?

木處則惴慄恂懼, 猨猴然乎哉? 三者孰知正處?

民食芻豢, 麋鹿食薦, 蝍蛆甘帶, 鴟鴉嗜鼠, 四者孰知正味?

猨猵狙以爲雌, 麋與鹿交, 鰌與魚游.

毛嬙·麗姬, 人之所美也., 魚見之深入, 鳥見之高飛, 麋鹿見之決驟.

四者孰知天下之正色哉?

自我觀之, 仁義之端, 是非之塗, 樊然殽亂, 吾惡能知其辯!」

齧缺曰:「子不知利害, 則至人固不知利害乎?」

王倪曰:「至人神矣! 大澤焚而不能熱, 河漢沍而不能寒, 疾雷破山而不能傷,

飄風振海而不能驚.

若然者, 乘雲氣, 騎日月, 而遊乎四海之內. 死生無變於己, 而況利害之端乎!」

설결(齧缺)이 묻고 왕예(王倪)가 대답했다.

"선생은 모든 사물이 하나같이 옳다고 여기는 절대적 기준을 아나요?"

왕예가 말했다. "내가 그런 절대적 기준을 어찌 알겠는가!"

설결이 물었다. "선생은 그런 절대적 기준을 알지 못하는 바를 아나요?"

왕예가 말했다.

"내가 그런 절대적 기준을 알지 못하는 것을 아는 바를 어찌 아는가!"

설결이 물었다. "그러면 선생은 만물에 대해 아무것도 알지 못하나요?"

왕예가 말했다.

"내가 만물에 대해 아무것도 모르는 바를 자네가 어찌 아는가!

아무리 그래도 말은 한번 꺼내보자.

내가 안다고 말한 바가 실은 알지 못하는 게 아닌지 어찌 알겠는가?

또 내가 알지 못한다고 말한 바가 실은 아는 게 아닌지 어찌 알겠는가?

그러니 내가 자네에게 한번 묻겠네.

사람이 습한 데서 자면 허리가 병들어 반신불수가 되는데

미꾸라지도 그런가?

사람이 나무에서 살면 두려워하고 두려워하면서 떠는데 원숭이도 그런가?

이 셋 중에서 누가 올바른 거처(正處)를 아는가?

사람은 가축을 먹고, 순록은 풀을 먹고, 구렁이는 작은 뱀을 맛있게 먹고,

올빼미와 까마귀는 쥐를 즐겨 먹는다.

이 넷 중에서 누가 참된 맛(正味)을 아는가?

원숭이는 편저를 암컷으로 삼고, 순록과 사슴은 서로 사귀며,

미꾸라지와 물고기는 어울려서 헤엄친다.

모장(毛嬙)과 여희(麗姬)는 사람들이 아름답다고 하는데

물고기가 이들을 보면 물속 깊이 들어가고, 새들은 하늘 높이 나르고,

사슴은 후닥닥하고 달아난다.

이 넷 중에서 누가 천하의 올바른 용모(正色)를 알까?

내가 볼 때 인의의 단서(仁義之端)와 시비의 도(是非之塗)도

이처럼 어수선하게 뒤섞여 있을 테니 내가 어찌 구분할 수 있겠는가?"

설결이 말했다.

"선생이 이로움과 해로움을 알지 못하면

지인(至人)도 본디 어느 게 이롭고 어느 게 해로운지 알지 못합니까?"

왕예가 말했다.

"지인은 신(神)과 같은 존재이다!

큰 연못을 말릴 수 있는 뜨거운 불도 그를 태울 수 없고,

황하나 한수를 얼게 하는 추위도 그를 춥게 할 수 없고,
사나운 천둥이 산을 깨뜨려도 그를 다치게 할 수 없고,
회오리바람이 바다를 움직여도 그를 놀라게 할 수 없다.
이런 지인은 구름을 타고 해와 달을 몰면서 세상 안(四海之內)을 노닌다.
죽음과 삶이 그의 몸에 아무런 변화를 주지 못하는데
하물며 이로움과 해로움의 단서(利害之端)에 지인이 어찌 흔들리는가?"

注 ─────────────────────────────

齧缺問乎王倪曰: 설결(齧缺)이 묻고(問) 왕예(王倪)가 대답하다. ★ 설결(齧缺)과 왕예(王倪)의 관계는 외편 「천지」4에 소개된다. 거기서 피의(被衣) → 왕예(王倪) → 설결(齧缺) → 허유(許由) → 요(堯)의 순으로 사제관계를 언급한다. 물론 모두 가공의 인물들이다.

子知物之所同是乎?: 선생(子)은 (모든) 사물(物)이 하나같이(同) 옳다고(是) (여기는) 바(所), 즉 절대적 기준을 아는가(知)? 子(임 자, 일가언을 세운 사람 → 선생) 同(한가지 동 → 하나같이) 是(옳을 시)

曰 吾惡乎知之!: (왕예가) 말하다. 내(吾)가 (그런 절대적 기준을) 어찌(惡) 아는가(知)!

子¹知子²之所不知邪: (설결이 묻다.) 선생(子¹)은 (그런 절대적 기준을) 선생(子²)이 알지(知) 못하는(不) 바(所)를 아는가(知)?

曰 吾惡乎知之!: (왕예가) 말하다. 내(吾)가 (그런 절대적 기준을 알지 못하는 걸 아는 바를) 어찌(惡) 아는가(知)!

然則物無知邪?: (설결이 묻다.) 그러면(然則) (선생은) 만물(物)에 (대해) 아무(無) 것도 알지(知) (못하는가)?

曰 吾惡乎知之!: (왕예가) 말하다. 내(吾)가 (만물에 대해 아무것도 알지 못하는 바를) (너는) 어찌(惡) 아는가(知)!

雖然嘗試言之: 비록(雖) 그래도(然) 시험 삼아(嘗試) 말해(言) (보자). 즉 말은 한번 꺼내보자. 雖(비록 수) 然(그러할 연) 嘗試〔시험하여 봄. 嘗(맛볼 상, 시험 삼아) 試(시험할 시)〕

庸詎知¹吾所謂知²之非不知³邪?: 내(吾)가 안다고(知²) 말한(謂) 바(所)가 (실은) 알지(知³) 못하는(不) 게 아닌지(非) 어찌(庸詎) 아는가(知¹)? 庸詎〔어찌하여, 庸(어찌 용) 詎(어찌 거)〕

庸詎知¹吾所謂不知²之非知³邪?: (또) 내(吾)가 알지(知²) 못한다고(不) 말한(謂) 바(所)가 (실은) 아는(知³) 게 아닌지(非) 어찌(庸詎) 아는가(知¹)?

且吾嘗試問乎汝: (그러니) 내(吾)가 네(汝)게 시험 삼아(嘗試) 묻다(問). 且(어조사 저, 어세를 강하게 하기 위한 조사) 汝(너 여)

民濕寢則腰疾偏死: 사람(民)이 습한(濕) 데서 자면(寢) 허리(腰)가 병들어(疾) 한쪽(偏)이 죽다

(死). 즉 반신불수가 되다. 民(백성 민, 뭇사람) 濕(축축할 습, 습기 있음) 寢(잠잘 침) 腰(허리 요) 疾
(병 질) 偏(한쪽 편)

鰌然乎哉?: (그런데) 미꾸라지(鰌)도 그런가(然)? 鰌(미꾸라지 추)

木處則惴慄恂懼: (사람이) 나무(木)에서 살면(處) 두려워하거나(恂懼) 두려워해 떨다(惴慄). 處
(살 처) 恂懼〔외구함. 즉 두려워함. 恂(두려워할 순) 懼(두려워할 구)〕 惴慄〔두려워해 떪. 惴(두려
워할 췌) 慄(두려워할 률)〕

猨猴然乎哉?: (그런데) 원숭이(猨猴)도 그런가(然)? 猨猴〔원숭이. 猨(원숭이 원) 猴(원숭이 후)〕

三者孰知正處?: (이) 셋(三~者) 중에서 누가(孰) 올바른(正) 거처(處)를 아는가(知)? 正(바를
정) 處(처할 처 → 거처)

民食芻豢 麋鹿食薦: 사람(民)은 가축(芻豢)을 먹고(食), 순록(麋鹿)은 풀(薦)을 먹다(食). 芻豢
〔초식하는 소·양 따위 동물과 곡식을 먹는 개·돼지 따위 동물. 즉 가축. 芻(풀먹는짐승 추) 豢
(가축 환)〕 麋鹿〔순록. 麋(순록 미) 鹿(사슴 록)〕 薦(풀 천)

蝍蛆甘帶 鴟鴉嗜鼠: 구렁이(蝍蛆)는 작은 뱀(帶)을 맛있게 먹고(甘), 올빼미(鴟)와 까마귀(鴉)
는 쥐(鼠)를 즐겨(嗜) (먹다). 蝍蛆〔지네. 蝍(지네 즉) 蛆(구더기 저)〕 帶(띠 대 → 작은 뱀) 甘(달게여
길 감, 맛있게 먹음) 鴟(올빼미 치) 鴉(큰부리까마귀 아) 鼠(쥐 서) 嗜(즐길 기)

四者孰知正味?: (이) 넷(四~者) 중에서 누가(孰) 참된(正) 맛(味)을 아는가(知)? 正味〔참된 맛.
味(맛 미)〕

猨猵狙以爲雌: 원숭이(猨)는 편저(猵狙)를 암컷으로(以~雌) 삼다(爲). 猨(원숭이 원) 猵狙〔원
숭이 일종으로 머리가 개와 비슷한 종류. 猵(수달 편) 狙(원숭이 저)〕 雌(암컷 자)

麋與鹿交 鰌與魚游: 순록과(與~麋) 사슴(鹿)은 (서로) 사귀며(交), 미꾸라지와(與~鰌) 물고기
(魚)는 (어울려서) 헤엄치다(游). 麋(순록 미) 鹿(사슴 록) 交(사귈 교) 鰌(미꾸라지 추) 游(헤엄칠 유)

毛嬙·麗姬人之所美也: 모장(毛嬙)과 여희(麗姬)는 사람(人)들이 아름답다고(美) (하는) 바(所)
다. ★ 모장(毛嬙)은 춘추시대 송(宋)나라 평공(平公)의 부인이었는데 월(越)나라 왕이 끔찍이
사랑했을 정도로 미인이다. ★ 여희(麗姬)는 춘추시대 진(晉)나라 헌공(獻公)이 여산 지방 융
족을 토벌하면서 얻은 미인이다.

魚見之深入 鳥見之高飛: (그런데) 물고기(魚)가 (이들을) 보면(見) (물속) 깊이(深) 들어가고(入),
새(鳥)들이 (이들을) 보면(見) (하늘) 높이(高) 날다(飛). 見(볼 견) 深(깊을 심)

麋鹿見之決驟: 사슴(麋鹿)이 (이들을) 보면(見) 후닥닥 달아나다(決驟). 決驟〔확(決) 달아남
(驟). 즉 후닥닥 달아남. 決(터질 결) 驟(달릴 취)〕

四者孰知天下之正色哉?: 넷(四~者) 중에서 누가(孰) 천하(天下)의 올바른(正) 용모(色)를 아는
가(知)? 色(낯 색, 용모)

自我觀之 仁義之端 是非之塗: 내(自我)가 볼(觀) (때) 인의(仁義)의 단서(端)와 시비(是非)의 도

(塗). 自我〔자기. 즉 인식의 주관인 나. 自(스스로 자)〕端(실마리 단) → 端緒(단서) 塗(길 도)

樊然殽亂, 吾惡能知其辯!: 어수선히(樊然) 뒤섞여(殽亂) (있을 테니) 내(吾)가 어찌(惡) 구분(辯)을 알(知) 수(能)가! 즉 구분할 수 있는가! 樊然〔어지러운 상태. 樊(어수선할 번)〕殽亂〔뒤섞여 어지러움. 殽(어지러울 효) 亂(어지러울 란)〕

齧缺曰 子不知利害: 설결(齧缺)이 말하다. 선생(子)이 이로움(利)과 해로움(害)을 알지(知) 않다(不). 利(이로울 이) 害(해로울 해)

則至人固不知利害乎?: 그러면(則) 지인(至人)은 본디(固) (어느 게) 이롭고(利) (어느 게) 해로운지(害) 알지(知) 못하나(不)?

王倪曰 至人神矣!: 왕예(王倪)가 말하다. 지인(至人)은 신(神)일 뿐이다(矣)! 즉 신과 같은 존재이다!

大澤焚而不能熱: 큰(大) 연못(澤)을 불사르는(焚), 즉 말릴 수 있는 (뜨거운 불도 그를) 태울(熱) 수(能) 없다(不). 澤(못 택) 焚(불사를 분) 熱(탈 열, 태우다)

河漢沍而不能寒: 황하(河)나 한수(漢)를 얼게 하는 추위(沍)도 (그를) 춥게 할(寒) 수(能) 없다(不). 河 → 黃河(황하) 漢 → 漢水(한수) 沍(얼 호 → 추위)

疾雷破山而不能傷: 사나운(疾) 천둥(雷)이 산(山)을 깨뜨려도(破) (그를) 다치게(傷) 할 수(能) 없다(不). 疾(빠를 질, 빠르고 세차다 → 사나운) 雷(천둥 뢰) 破(깨뜨릴 파) 傷(다칠 상)

飄風振海而不能驚: 회오리바람(飄風)이 바다(海)를 움직여도(振) (그를) 놀라게(驚) 할 수(能) 없다(不). 飄風〔회오리바람. 飄(회오리바람 표)〕振(움직일 진) 驚(놀랄 경)

若然者 乘雲氣 騎日月: 이런 사람(若然~者), 즉 이런 지인은 구름(雲氣)을 타고(乘) 해(日)와 달(月)을 몰다(騎). 雲氣〔공중으로 떠오르는 기운. 즉 구름. 雲(구름 운)〕乘(탈 승) 騎(말탈 기 → 몰다)

而遊乎四海之內: 그리고(而) 세상(四海) 안(內)을 노닌다(遊). 遊(놀 유)

死生無變於己: 죽음(死)과 삶(生)이 (그의) 몸을(於~己) 변화시키지(變) 못하다(無). 즉 죽음과 삶이 그의 몸에 아무런 변화를 주지 못하다. 己(몸 기) 變(변할 변)

而況利害之端乎: (그런데) 하물며(況) 이로움(利)과 해로움(害)의 단서(端) (따위에 지인이 어찌 흔들리겠는가)?

제물론 6-2

瞿鵲子問乎長梧子曰:
「吾聞諸夫子:『聖人不從事於務, 不就利, 不違害, 不喜求, 不緣道,,
無謂有謂, 有謂無謂, 而遊乎塵垢之外.』

夫子以爲孟浪之言, 而我以爲妙道之行. 吾子以爲奚若?」

長梧子曰:「是皇帝之所聽熒也, 而丘也何足以知之!

且汝亦大早計, 見卵而求時夜, 見彈而求鴞炙.

予嘗爲女妄言之, 女以妄聽之奚?

旁日月, 挾宇宙, 爲其脗合, 置其滑涽, 以隸相尊.

衆人役役, 聖人愚芚, 參萬歲而一成純. 萬物盡然, 而以是相蘊.」

구작자(瞿鵲子)가 묻고, 장오자(長梧子)가 대답했다.

"저 구작자는 공자(夫子) 선생에게 어떤 얘기를 들었습니다.

'성인(聖人)은 세상일에 크게 힘쓰지 않고,

이로운 곳으로 나아가지 않지만 해로운 곳도 피하지 않고,

무언가 얻어도 기뻐하지 않고, 세상의 도덕 규범에도 매이지 않는다.

게다가 말하지 않아도 말함이 있고, 말해도 말함이 없다.

그리고 속세의 바깥에서 노닌다.'

장오자 선생은 이를 허무맹랑한 말이라고 여기겠지만

저는 지극한 도에 따른 행동이라고 여깁니다.

선생은 이를 어떻게 생각합니까?"

장오자가 대답했다.

"이 말은 황제(皇帝)가 들어도 어리둥절할 텐데 공구가 이를 어찌 아는가!

자네도 지나치게 서둘러서 달걀을 보고 닭이 새벽을 알려주길 바라고,

탄환을 보고 올빼미구이를 바라네."

장오자가 계속해서 말했다.

"내가 자네를 위해 한번 망령되이 말할 테니

자네도 내 말을 어째서 망령되이 가볍게 들어보지 않겠는가?

성인은 해와 달과 이웃하고, 우주를 믿고 의지해서 그것들과 한 몸이 되어

모든 걸 흐리고 어두운 상태로 두네.

그래서 사물을 귀함과 천함으로 구분하지 않네.

보통사람은 발버둥 치면서 아는 척하겠지만 성인은 어리석은 채로 있지.

그래서 오랜 세월 속에서 온갖 것과 뒤섞여도

성인이 이룬 순수함은 한결같다네.

그러니 만물은 모두 있는 그대로이고,
성인은 이럼으로써 만물을 서로 포용하네."

注 ─────────

瞿鵲子問乎長梧子曰: 구작자(瞿鵲子)가 묻고(問) 장오자(長梧子)가 대답하다. ★ 구작자(瞿鵲子)는 주위를 두리번거리며 보는(瞿) 까치(鵲)라는 뜻이다. 그래서 구작자라는 이름이 의미하는 건 진리를 찾기 위해 이곳저곳 넘보는 경망한 지식인쯤에 해당한다. 瞿(볼 구, 의심하여 사방을 살피다) 鵲(까치 작) ★ 장오자(長梧子)는 오래된(長) 벽오동나무(梧)라는 뜻이다. 그래서 장오자라는 이름이 의미하는 건 진리에 도통한 스승, 또는 성인을 의미한다. 長(길 장) 梧(벽오동나무 오)]

吾聞諸夫子: 내(吾, 구작자)가 (공자) 선생에게(諸~夫子) (어떤 얘기를) 듣다(聞). 夫子(덕행이 높아 모든 사람의 스승이 될 만한 사람에 대한 경칭. 여기선 공자를 의미)

聖人不從事於務: 성인(聖人)은 (세상) 일에(於~務) 마음과 힘을 다하지(從事) 않다(不). 즉 세상 일에 크게 힘쓰지 않다. 務(일 무) 從事(어떤 일에 마음과 힘을 다함. 從(좇을 종) 事(일 사)]

不就利 不違害: 이로운(利) (곳으로) 나아가지(就) 않지만(不) 해로운(害) (곳도) 피하지(違) 않다(不). 就(나아갈 취) 違(피할 위)

不喜求 不緣道: (무언가) 얻어도(求) 기뻐하지(喜) 않고(不), 세상의 도(道)와 연을 맺지(緣) 않다(不). 즉 세상의 도덕 규범에 매이지 않다. 求(구할 구, 얻다) 喜(기쁠 희) 緣(인연 연, 연을 맺다)

無謂有謂 有謂無謂: (게다가) 말하지(謂) 않아도(無) 말함(謂)이 있고(有), 말해도(有~謂) 말함(謂)이 없다(無).

而遊乎塵垢之外: 그리고(而) 속세(塵垢)의 바깥(外)에서 노닐다(遊). 塵垢(먼지와 때 → 속세. 塵(티끌 진) 垢(때 구)]

夫子以爲孟浪之言: (장오자) 선생(夫子)은 (이를) 허무맹랑한(孟浪) 말이라(以~言) 여기다(爲). 孟浪(엉터리 → 허무맹랑함. 孟(맹랑할 맹) 浪(함부로 랑)]

而我以爲妙道之行: 그러나(而) 나(我)는 지극한 도(妙道)에 (따른) 행동이라(以~行) 여기다(爲). 妙道(지극한 도. 妙(묘할 묘)]

吾子以爲奚若?: 그대(吾子)는 (이를) 어떤 거라고(以~奚) 여기는가(爲)? 즉 어떻게 생각하는가? 吾子(내 아들이란 뜻인데 동년배 사람을 친근하게 부르는 말. 즉 그대. 吾(나 오)] 奚(어찌 해) 若(어조사 약)

長梧子曰 是皇帝之所聽熒也: 장오자(長梧子)가 말하다. 이런(是) (말은 성인인) 황제(皇帝)가 들어도(所~聽) 어리둥절하다(熒). ★ 황제(黃帝)는 중국 문명의 초석을 마련한 오제(五帝) 중 가장 첫 번째 인물이다. 황제에 이어 전욱(顓頊), 곡(嚳), 요(堯), 순(舜)으로 중국 문명의 초석이

마련되었다. 熒(아찔할 형 → 어리둥절하다)

而丘也何足以知之!: 그런데(而) 공구(丘)가 (이를) 어찌(何) 아는데(以~知) 충분한가(足)! 즉 공구가 어찌 아는가! 丘 → 孔丘(공구) 足(족하게 할 족, 충분히)

且汝亦大早計: 너(汝) 또한(亦) 지나치게(大) 서둔다(早計). 大(지날 대, 한도를 넘음 → 지나친) 早計〔너무 서둠. 早(이를 조)〕

見卵而求時夜: (그래서) 달걀(卵)을 보고서(見) 닭이 새벽을 알려 주길(時夜) 바라다(求). 卵(알 란 → 달걀) 時夜〔닭이 울어 새벽 밤의 때를 알림. 時(때 시, 시간을 알리다) 夜(밤 야 → 새벽)〕 求(구할 구 → 바라다)

見彈而求鴞炙: 탄알(彈)을 보고서(見) 올빼미구이(鴞炙)를 바라다(求). 彈(탄알 탄) 鴞炙〔구운(炙) 올빼미(鴞). 올빼미구이를 의미. 鴞(올빼미 효) 炙(구울 자)〕

予嘗爲女妄言之: 내(予)가 너(女, 구작자)를 위해(爲) 한번(嘗) 망령되이(妄) 말하다(言). 予(나 여). 女=汝(너 여) 嘗(맛볼 상, 시험삼아 → 한번) 妄(허망할 망, 거짓되고 망령됨)

女以妄聽之奚?: 자네(女)도 (내 말을) 어찌(奚) 망령되이(以~妄) (가볍게) 듣지(聽) (않는가)?

旁日月 挾宇宙: (성인은) 해(日)와 달(月)을 이웃하고(旁), 우주(宇宙)를 믿고 의지하다(挾). 旁(곁 방, 옆 → 이웃함) 挾(낄 협, 믿고 의지함)

爲其脗合: (그리고 그것들과) 한 몸(脗合)이 되다(爲). 脗合〔꼭 맞음. 즉 한 몸이 되다. 脗(맞출 문, 맞음) 合(합할 합)〕

置其滑涽: (모든 걸) 흐리고 어두운(滑涽) 상태에 두다(置). 滑涽〔흐려 어두운 모양. 滑(흐릴 골) 涽(정해지지 않을 혼)〕 置(둘 치)

以隸相尊: (그래서) 천함으로(以~隸) 귀함(尊)을 살펴보다(相). 즉 사물을 천함과 귀함으로 구분하지 않다. 隸(종 례, 천한 사람 → 천함) 尊(높을 존, 존귀함) 相(볼 상, 살펴보다)

衆人役役: 보통사람(衆人)은 발버둥 치다(役役). 衆人〔보통사람. 衆(보통의 중)〕役役〔심력을 수고로이 함. 즉 발버둥 치는 모습. 役(골몰할 역)〕

聖人愚芚: (그러면서 아는 척 하지만) 성인(聖人)은 어리석은(愚芚) (채 있다). 愚芚〔어리석음. 愚(어리석을 우) 芚(어리석을 둔)〕

參萬歲而一成純: (그래서) 오랜 세월 속에서(參萬歲~而) (온갖 것과 뒤섞여도 성인이) 이룬(成) 순수함(純)은 하나(一) 같다. 즉 한결같다. 參萬歲〔삼(參) 만(萬) 년(歲). 즉 오랜 세월. 歲(해 세)〕成(이룰 성) 純(순수할 순)

萬物盡然 而以是相蘊: (그러니) 만물(萬物)은 모두(盡) (있는) 그대로이고(然), 그리고(而) (성인은) 이럼으로써(以~是) (만물을) 서로(相)를 포용하다(蘊). 盡(다 진, 모두) 然(그럴 연 → 있는 그대로) 蘊(모을 온, 한데 모으다 → 포용하다)

제물론 6-3

「予惡乎知說生之非惑邪! 予惡乎知惡死之非弱喪而不知歸者邪!

麗之姬, 艾封人之子也, 晉國之始得之也, 涕泣沾襟.,

及其至於王所, 與王同筐牀, 食芻豢, 而後悔其泣也.

予惡乎知夫死者不悔其始之蘄生乎!」

「夢飮酒者, 旦而哭泣., 夢哭泣者, 旦而田獵.

方其夢也, 不知其夢也.

夢之中又占其夢焉, 覺而後知其夢也.

且有大覺而後知此其大夢也.

而愚者自以爲覺, 竊竊然知之.

君乎, 牧乎, 固哉!

丘也與女, 皆夢也., 予謂女夢, 亦夢也.

是其言也, 其名爲弔詭.

萬世之後而一遇大聖, 知其解者, 是旦暮遇之也.」

장오자가 계속해서 말했다.

"삶을 기뻐하는 게 미혹됨(惑)이 아닌지 내 어찌 알겠는가!

죽음을 싫어하는 게 어릴 적부터 타향을 유랑해

고향에 돌아가는 것을 모르는 일과 다른지 내 어찌 알겠는가!

여희(麗姬)는 애(艾)지역 영주 딸인데 진(晉)나라에서 그녀를 처음 데려갈 때

옷깃을 적시도록 섧게 울었다고 하지.

그런데 왕궁의 은밀한 곳에 이르러 왕과 침대에서 동침한 뒤

맛있는 음식을 먹고 나선 울었던 것을 이내 후회했다고 하네.

그러니 이미 죽은 사람도 처음 살았을 때 살기를 바랐던 것을

지금 후회하지 않을지 내 어찌 알겠는가!"

장오자가 계속해서 말했다.

"꿈에서 즐겁게 술을 마시던 사람이 아침에 깨어나 소리 내어 슬피 울고,

꿈에서 소리 내어 슬피 울던 사람이 아침에 깨어나 태연히 사냥 나가네.

그래서 우리가 한창 꿈꾸고 있을 때는 그것이 꿈이란 걸 알지 못하네.

심지어 꿈속에서 꿈을 해몽하다 깨어난 후 꿈이었음을 뒤늦게 아네.

그렇지만 큰 깨어남(大覺)이 있고 나서 삶이 긴 꿈(大夢)이라는 것을 아네.

그런데 어리석은 사람은 스스로 깨어있다 착각하고 주제넘게 아는 척하네.

그러면서 군주네 수령이네 하고 떠들지만 고루하기 짝이 없네!

공구와 구작자 모두는 지금 꿈을 꾸고 있네.

또 내가 그대들에게 꿈꾼다고 말하는 것 또한 꿈이네.

그런데 사람들은 모두 꿈꾼다는 말에 대해 이상한 소리(弔詭)라고 말하네.

그런데 오랜 세월이 흐른 후에 우리가 큰 성인을 한 번 만나면

그때 비로소 내 말의 의미를 깨닫게 될 거네.

그렇더라도 이런 늦은 깨달음조차 일찍 찾아온 깨달음이네."

注

予惡乎知說生之非惑邪!: 삶(生)을 기뻐하는(說) 게 미혹됨(惑)이 아닌지(非) 내(予) 어찌(惡) 아는가(知)! 予(나 여) 說(기뻐할 열) 惑(미혹할 혹)

予惡乎知惡死之非弱喪而不知歸者邪!: 죽음(死)을 싫어하는(惡) 게 어릴 적부터 타향을 유랑해서(弱喪~而) (고향에) 돌아가는 걸(歸~者) 알지(知) 못하는(不) (일과) 다른(非) (건지) 내(予) 어찌(惡) 아는가(知)! 惡(미워할 오 → 싫어하다) 弱喪〔어릴 때부터 타향으로 유랑하다(喪). 弱(어릴 약) 喪(잃을 상)〕歸(돌아갈 귀)

麗之姬 艾封人之子也: 여희(麗姬)는 애(艾)지역 영주(封人) 딸(子)이다. ★ 여희(麗姬)는 춘추시대 진(晉)나라 헌공(獻公)이 여산 지방 융족을 토벌하면서 얻은 미인이다. 封人〔봉역을 맡은 벼슬아치. 즉 영주. 封(봉할 봉)〕

晉國之始得之也 涕泣沾襟: (그런데) 진(晉) 나라(國)에서 (그녀를) 처음(始) 데려갈(得) 때 옷깃(襟)을 적시도록(沾) 섧게 울다(涕泣). 得(얻을 득 → 데려가다) 襟(옷깃 금) 沾(적을 첨) 涕泣〔눈물을 흘리며 울다. 涕(울 체) 泣(울 읍)〕

及其至於王所: (그런데) 왕궁(王所)의 지극한 곳에(於~至), 즉 은밀한 곳에 이르다(及). 及(미칠 급, 이르다) 至(지극할 지)

與王同筐牀: 왕과(與~王) 침대(筐牀)에서 같이하다(同). 즉 동침하다. 筐牀〔네모진 평상. 즉 침대. 筐(평상 광, 네모진 침상) 牀(평상 상)〕同(같이할 동)

食芻豢: (그 뒤 맛있는) 음식(芻豢)을 먹다(食). 芻豢〔초식을 하는 소·양 따위 동물과 곡식 먹는 개·돼지 따위 동물. 즉 가축. 芻(풀먹는짐승 추) 豢(가축 환)〕

而後悔其泣也: 그리고 나선(而~後) 운(泣) 걸 (이내) 후회하다(悔). 泣(울 읍) 悔(뉘우칠 회, 후회함)

予惡乎知夫死者不悔其始之蘄生乎!: (그러니 이미) 죽은(死) 사람(者)도 처음(始) (살았을 때) 살기를(生) 바랐던(蘄) 걸 (지금) 후회하지(悔) 않을지(不) 내(予) 어찌(惡) 아는가(知)! 蘄(바랄 기)

夢飮酒者 旦而哭泣: 꿈(夢)에서 (즐겁게) 술(酒)을 마시던(飮) 사람(者)이 아침(旦)에 (깨어나선) 소리 내어 슬피 울다(哭泣). 夢(꿈 몽) 酒(술 주) 飮(마실 음) 旦(아침 단) 哭泣[소리를 내어 슬피 울다. 哭(울 곡) 泣(울 읍)]

夢哭泣者 旦而田獵: 꿈(夢)에서 소리 내어 슬피 울던(哭泣) 사람(者)이 아침(旦)에 (깨어나선 태연히) 사냥(田獵)을 (가다). 田獵[사냥. 田(사냥할 전) 獵(사냥 렵)]

方其夢也 不知其夢也: (그래서 우리가) 한창(方) 꿈꿀(夢) (때 그게) 꿈(夢)이란 걸 알지(知) 못하다(不). 方(바야흐로 방, 한창)

夢之中又占其夢焉: (심지어) 꿈(夢) 속에서(中) 또(又) 꿈(夢)을 해몽하다(占). 占(볼 점, 점치다 → 해몽하다)

覺而後知其夢也: (그러다가 꿈에서) 깨어난 후(覺)에 (그게) 꿈(夢)이었음을 뒤늦게(後) 알다(知). 覺(깰 교)

且有大覺而後知此其大夢也: 그렇지만(且) 큰(大) 깨어남(覺)이 있은(有) 후(後)에야 삶(此)이 긴(大) 꿈(夢)이라는 것을 알다(知). 且(또 차, 그렇지만) 覺(깨어날 각)

而愚者自以爲覺: 그런데(而) 어리석은(愚) 사람(者)은 스스로(自) 깨어있다고(以~覺) 여기다(爲). 즉 착각하다.

竊竊然知之: (주제넘게) 아는 척(竊竊然知)을 하다. 竊竊然[명명백백한(竊竊) 모습(然). 즉 아는 것처럼 보이는 모습. 竊(명백할 절)]

君乎 牧乎 固哉!: (그러면서) 군주(君)네 수령(牧)이네 (하고 떠들지만) 고루하다(固)! 牧(다스릴 목, 수령) 固(고루할 고)

丘也與女 皆夢也: 공구와(與~丘) 너(女), 즉 구작자 모두(皆)는 (지금) 꿈(夢)을 꾸다. 女=汝(너 여 → 구작자)

予謂女夢 亦夢也: (또) 내(予)가 그대(女)들에게 꿈을 꾼다고(夢) 말하는(謂) 것 역시(亦) 꿈이다(夢).

是其言也 其名爲弔詭: (그런데) 이것(是), 즉 모두가 꿈꾼다는 말(言)에 대해서 (사람들은) 이상한(弔詭) 것으로(爲) 말하다(名). 弔詭[기이함(詭)에 다다름(弔). 즉 이상스러움. 詭(괴이할 궤, 기이함) 弔(이를 적, 다다름)]

萬世之後而一遇大聖: (그런데) 오랜 세월(萬世)이 (흐른) 후(後) (우리가) 큰(大) 성인(聖)을 한 번(一) 만나다(遇). 遇(만날 우)

知其解者: (그때 비로소 내 말 의미에 대해) 깨달음(解者)을 알다(知). 즉 깨닫다. 解(깨달음 해)

是旦暮遇之也: (그렇더라도) 이런(是) (늦은 깨달음조차) 아침(旦)(과) 저녁(暮)으로 만나다(遇). 즉

일찍 찾아온 깨달음이다. 旦(아침 단) 暮(저녁 모)

제물론 6-4

「旣使我與若辯矣, 若勝我, 我不若勝, 若果是也, 我果非也邪?

我勝若, 若不吾勝, 我果是也, 而果非也邪?

其或是也, 其或非也邪? 其俱是也, 其俱非也邪?

我與若不能相知也, 則人固受黮闇, 吾誰使正之?

使同乎若者正之? 旣與若同矣, 惡能正之!

使同乎我者正之? 旣同乎我矣, 惡能正之!

使異乎我與若者正之? 旣異乎我與若矣, 惡能正之!

使同乎我與若者正之? 旣同乎我與若矣, 惡能正之!

然則我與若與人俱不能相知也, 而待彼也邪?

「化聲之相待, 若其不相待, 和之以天倪, 因之以曼衍, 所以窮年也.

何謂和之以天倪?

曰: 是不是, 然不然.

是若果是也, 則是之異乎不是也, 亦無辯., 然若果然也, 則然之異乎不然也亦無辯.

忘年忘義, 振於無竟, 故寓諸無竟.」

장오자가 계속해서 말했다.

"내가 자네와 이미 논쟁을 벌였는데

이 논쟁에서 자네가 나를 이기고, 내가 자네를 이기지 못하면

자네는 정말로 옳고, 나는 정말로 그를까?

반대로 내가 자네를 이기고, 자네가 나를 이기지 못하면

나는 정말로 옳고, 자네는 정말로 그를까?

나와 자네 중에서 어떤 사람이 옳고, 어떤 사람이 그를까?

아니면 모두가 옳고, 모두가 그를까?

이처럼 누가 옳고 누가 그른지 알 수 없다면

다른 사람은 말할 것도 없이 더 알기 힘들 것이다.

그러면 우리는 누구에게 판정을 요청해야 할까?

먼저 자네와 의견이 같은 사람이 판정하도록 요청할까?

그러면 자네와 의견이 이미 같은데 그가 어찌 제대로 판정할 수 있을까!

그럼 나와 의견이 같은 사람이 판정하도록 요청할까?

그러면 나와 의견이 이미 같은데 그가 어찌 제대로 판정할 수 있을까!

그럼 나와 자네와 의견이 다른 사람이 판정하도록 요청할까?

그러면 우리와 의견이 이미 다른데 그가 어찌 제대로 판정할 수 있을까!

아니면 나와 자네와 의견이 같은 사람이 판정하도록 요청할까?

그러면 우리와 의견이 같은데 그가 어찌 제대로 판정할 수 있을까!

이렇듯 나와 자네, 다른 사람 모두는 누가 옳은지 그른지 서로 알 수 없는데
우리는 누구에게 판정을 기대야 할까?"

장오자가 계속해서 말했다.

"화성(化聲), 즉 변화해서 고정되지 않은 소리는 시비가 뒤섞이게 마련이네.

그런데 화성이라도 시비가 뒤섞이지 않으려면 자연의 결(天倪)로 조화를
이루고, 한없는 자연의 흐름(曼衍)에 맡겨야 하네.

자연의 결로 조화를 이루고, 한없는 자연의 흐름에 맡기면
화성이라도 이것이 타고난 수명을 다하는 바네.

그러면 어찌해야 자연의 결(天倪)로 조화를 이룬다고 말할 수 있을까?

그것은 옳음(是)이 아닌 걸 옳다 하고, 그렇지(然) 않음을 그렇다 하는 거네.

옳음이 정말로 옳으면 옳음이 옳지 않음과 다르다는 건 논쟁거리가 아니네.

그러함이 정말로 그러하면 그러함이 그렇지 않음과 다르다는 게
논쟁거리가 아니네.

그러니 세월을 잊고 온갖 주장과 논리를 잊은 채
끊이지 않고 무한히 연결된 경지(無竟)를 펼쳐 열어서
이런 경지에 우리를 맡겨야 하네."

注

旣使我與若辯矣: 내가(使~我) 너와(與~若) 이미(旣) (말로) 다투다(辯). 즉 논쟁을 벌이다. 旣
(이미 기) 使(하여금 사) 我(나 아) 若(너 약) 辯(다툴 변)

若勝我 我不若勝: (그런데 이 논쟁에서) 네(若)가 나(我)를 이기고(勝) 내(我)가 너(若)를 이기지
(勝) 못하다(不). 勝(이길 승)

若果是也 我果非也邪?: (그러면) 너(若)는 정말로(果) 옳고(是) 나(我)는 정말로(果) 그른가(非)? 果(과연 과, 정말로) 是(옳을 시) 非(그를 비)

我勝若 若不吾勝: (반대로) 내(我)가 너(若)를 이기고(勝) 네(若)가 나(吾)를 이기지(勝) 못하다(不).

我果是也 而果非也邪?: (그러면) 나(我)는 정말로(果) 옳고(是) (너는) 정말로(果) 그른가(非)?

其或是也 其或非也邪?: (나와 너 중에서) 어떤 사람(或)이 옳고(是), 어떤 사람(或)이 그른가(非)? 或(혹 혹, 어떤 사람)

其俱是也 其俱非也邪?: (아니면) 모두(俱)가 옳고(是), 모두(俱)가 그른가(非)? 俱(함께 구, 모두)

我與若不能相知也: (이처럼) 나와(與~我) 너(若)는 서로(相) 아는(知) 게 불능이다(不能). 즉 누가 옳고 누가 그른지 알 수 없다.

則人固受黮闇: 그러면(則) 다른 사람(人)은 말할 것도 없이(固) 캄캄하게(黮闇) 받아들이다(受). 즉 더 알기 힘들다. 固(진실로 고, 말할 것도 없이) 黮闇(캄캄한 상태. 黮(어두울 탐) 闇(어두울 암)) 受(받을 수, 받아들이다)

吾誰使正之?: (그러면) 우리(吾)는 누구(誰)로 하여금(使) 판정토록(正) 할까? 즉 우리는 누구에게 판정을 요청할까? 誰(누구 수) 正(바로 잡을 정, 판정하다)

使同乎若者正之?: (먼저) 너(若)와 (의견이) 같은(同) 사람으로 하여금(使~者), 즉 의견이 같은 사람이 판정하도록(正) (할까)?

旣與若同矣 惡能正之!: (그러면) 너와(與~若) (의견이) 이미(旣) 같은데(同) (그가) 어찌(惡) (제대로) 판정할(正) 수(能) (있을까)!

使同乎我者正之?: (그럼) 나(我)와 의견이 같은(同) 사람(者)으로 하여금(使), 즉 의견이 같은 사람이 판정하도록(正) (할까)?

旣同乎我矣 惡能正之!: (그러면) 나(我)와 (의견이) 이미(旣) 같은데(同) (그가) 어찌(惡) (제대로) 판정할(正) 수(能) (있을까)!

使異乎我與若者正之?: (그럼) 나와(與~我) 너(若)와 의견이 다른(異) 사람(者)으로 하여금(使), 즉 의견이 다른 사람이 판정하도록(正) (할까)?

旣異乎我與若矣 惡能正之!: (그러면) 나와(與~我) 너(若), 즉 우리와 (의견이) 이미(旣) 다른데(異) 어찌(惡) (그가 제대로) 판정할(正) 수(能) (있을까)!

使同乎我與若者正之?: (아니면) 나와(與~我) 너(若)와 (의견이) 같은(同) 사람(者)으로 하여금(使), 즉 의견이 같은 사람이 판정하도록(正) (할까)?

同乎我與若矣 惡能正之!: (그러면) 나와(與~我) 너(若), 즉 우리와 (의견이) 같은데(同) (그가) 어찌(惡) (제대로) 판정할(正) 수(能) (있을까)!

然則我與若與人俱不能相知也: 이렇듯(然則) 나와(與~我) 너(若)와(與) (그리고) 다른 사람(人)

모두(俱)는 (누가 옳은지 그른지) 서로(相) 알(知) 수(能) 없다(不).

而待彼也邪?: 그런데(而) (우리는) 누구(彼)에게 (판정을) 기대야(待) 하는가? 彼 (저 피, 다른 사람 → 누구) 待 (기댈 대)

化聲之相待: 화성(化聲), 즉 변화해서 고정되지 않은 소리는 (시비가) 서로 의지하다(相待). 즉 시비가 뒤섞이다. 化聲〔변화해서(化) (고정되지 않은) 소리(聲). 예를 들어 옳다/그르다는 판단은 자신의 입장에 따른 것이므로 자신의 입장이 바뀌면 옳다/그르다의 판단도 얼마든지 바뀔 수 있다. 화성(化聲)은 말의 이런 상태를 뜻한다〕相待〔서로 의지하여 존립함. 待 (기댈 대)〕

若其不相待: (그런데) 만약(若) (시비가) 뒤섞이지(相待) 않다(不). 若 (만일 약)

和之以天倪: (그러려면) 자연의 결로(以~天倪) 조화를 이루다(和). 天倪〔자연의 나눔. 즉 자연의 결. 인위에 따른 분별지가 아닌 자연 그대로의 구별이기에 자연의 결을 의미. 天 (하늘 천, 자연) 倪 (나눌 예)〕

因之以曼衍: 한없는 자연의 흐름에(以~曼衍) 맡기다(因). 曼衍〔한없는(曼) 흐름(衍). 즉 한없이 계속되는 자연의 흐름. 曼 (길 만 → 한없는) 衍 (흐를 연, 흐름)〕因 → 任 (맡길 임, 맡기다)

所以窮年也: (화성이라도 자연의 결로 조화를 이루고 한없는 자연의 흐름에 맡기면 이것이 타고난) 수명을 다하는(窮年) 까닭(所以)이다. 窮年〔수명(年)을 다하다(窮). 窮 (다할 궁)〕

何謂和之以天倪?: (그러면) 어찌해야(何) 자연의 결로(以~天倪) 조화(和)를 이룬다고 말할(謂) (수 있나)?

是不是 然不然: (그것은) 옳음(是)이 아닌(非) 걸 옳다고(是) (하고), 그렇지(然) 않음(非)을 그렇다고(然) (하는 거다).

是若果是也: 만약(若) 옳음(是)이 정말로(果) 옳다(是).

則是之異乎不是也 亦無辯: 그러면(則) 옳음(是)이 옳지(是) 않음(不)과 다르다는(異) 것 또한(亦) 논쟁거리(辯)가 아니다(無). 辯 (다툴 변, 논쟁)

然若果然也: 만약(若) 그러함(然)이 정말로(果) 그러하다(然).

則然之異乎不然也亦無辯.: 그러면(則) 그러함(然)이 그렇지 않음(不然)과 다르다는(異) 것 또한(亦) 논쟁거리(辯)가 아니다(無).

忘年忘義: (그러니) 세월(年)을 잊고(忘) 온갖 주장과 논리(義)를 잊다(忘). 年 (세월 년) 義 (뜻 의, 도리. 여기선 온갖 주장과 논리)

振於無竟: (그런 상태에서) 끊이지 않고 무한히 연결된 경지를(於~無竟) (펼쳐) 열다(振). 無竟〔끝남(竟)이 없음(無). 즉 끊이지 않고 무한히 연결된 경지)〕竟 (끝날 경) 振 (열 진)

故寓諸無竟: 그래서(故) 끊이지 않고 무한히 연결된 경지(諸~無竟)에 (우리를) 맡기다(寓). 寓 (맡길 우)

제물론(齊物論) 7

제물론 7-1

罔兩問景曰:「曩子行, 今子止., 曩子坐, 今子起., 何其無特操與?」

景曰:「吾有待而然者邪? 吾所待又有待而然者邪?

吾待蛇蚹蜩翼邪? 惡識所以然! 惡識所以不然!」

그림자 가장자리에 생겨난 옅은 그림자(罔兩)가 짙은 그림자(景)에게 물었다.

"아까는 걷다가 지금은 멈추고, 또 아까는 앉았다가 지금은 일어나 있소.

당신은 어째서 마음가짐이 일정하지 않은 거요?"

그러자 짙은 그림자 경(景)이 대답했다.

"내 뜻으로 그런 게 아니라 나도 무언가에 기대고 있어 그런 게 아니겠소?

또 내가 기대는 것도 다른 것에 기대고 있어 그런 게 아니겠소?

그러니 나는 뱀의 비늘이나 매미의 날개쯤에 기대고 있는 게 아니겠소?

그렇지만 나는 어째서 그런지를 알 수 없소!

또 어째서 그렇지 않은지도 알 수 없소!"

注 ────────

罔兩問景曰: (그림자 가장자리에 생겨나는 옅은 그림자) 망량(罔兩)이 (짙은 그림자) 경(景)에게 묻다(問). 罔兩(그림자 가장자리에 생기는 옅은 그림자. 罔(없을 망 또는 도깨비 망)) 景(그림자 영)
★ 그림자를 뜻하는 한자 말은 영(影)이다. 그런데 '影'에서 오른쪽 '彡'가 빠지면 '景'이 되는데 장자는 여기서 '景'으로 의인화를 시도한다. 외편 「달생」8에서도 이런 시도를 한다.

曩子行 今子止: 아까는(曩) 걷다가(行) 지금은(今) 멈추다(止). 曩(접 때 낭) 子(어조사 자) 今(이제 금)

曩子坐 今子起: (또) 아까는(曩) 앉았다가(坐) 지금은(今) 일어서다(起). 坐(앉을 좌) 起(일어날 기, 일어서다)

何其無特操與?: (당신은) 어째서(何) 일정한(特) 절개(操)가 없는가(無)? 즉 마음가짐이 일정하지 않은가? 特(하나 특 → 일정한) 操(지조 조, 절개)

景曰 吾有待而然者邪?: (그러자 짙은 그림자) 경(景)이 말하다. (내 뜻으로 그런 게 아니라) 나(吾)도 (무언가에) 가대고(待) 있어(有) 그런 게(然~者) 아니요(邪)? 邪(어조사 사, 의문·부정을 나타내는 조사)

吾所待又有待而然者邪?: (또) 내(吾)가 기대는 것(所~待) 또한(又) (다른 것에) 기대고(待) 있어 (有) 그런 게(然~者) 아니요(邪)?

吾待蛇蚹蜩翼邪?: (그러니) 나(吾)는 뱀(蛇)의 비늘(蚹)과 매미(蜩)의 날개(翼)에 기대는(待) 게 아니요(邪)? 蛇(뱀 사) 蚹(비늘 부) 蜩(매미 조) 翼(날개 익)

惡識所以然: (그렇지만 나는) 어째서(惡) 그런(以~然) 바(所)를 알(識) 수 없다. 惡(어찌 오, 어찌 ~지를 ~수 없다) 識(알 식)

惡識所以不然: (또) 어째서(惡) 그렇지 않은(以~不然) 바(所)를 알(識) 수 없다.

제물론 7-2

昔者莊周夢爲胡蝶, 栩栩然胡蝶也, 自喻適志與! 不知周也.
俄然覺, 則蘧蘧然周也.
不知周之夢爲胡蝶, 胡蝶之夢爲周與?
周與胡蝶, 則必有分矣.
此之謂「物化」.

어느 날 장주(莊周)가 호랑나비가 되는 꿈을 꾸었다.
훨훨 날아다니는 호랑나비 꿈이었는데 저절로 유쾌해
이런 유쾌한 느낌이 그의 마음에 들었다.
이때 자신이 장주라는 사실을 까맣게 잊었다
화들짝 놀라서 깨어나니까 틀림없이 장주가 아닌가?
그런데 장주는 꿈에서 나비가 된 건지
나비가 꿈에서 장주가 된 건지 알지 못했다.
장주와 나비를 겉으로 파악하면 틀림없이 구분이 있다.
그런데 이런 구분을 두고 사물의 탈바꿈(物化)으로 생겨난 거라고 말한다.

注 ────────────

昔者莊周夢爲胡蝶: 어느 날(昔~者) 장주(莊周)가 호랑나비(胡蝶)가 되는(爲) 꿈을 꾸다(夢). 昔(예 석) 胡蝶〔호랑나비. 胡(나비 호) 蝶(나비 접)〕

栩栩然胡蝶也: 훨훨 날아다니는(栩栩然) 호랑나비(胡蝶) 꿈이다. 栩栩然〔훨훨 날아다니는 모습. 栩(기뻐할 허)〕

自喻適志與: (그런데) 저절로(自) 유쾌해져(喻) (이런 유쾌한) 느낌(志)이 (그의) 마음에 들다(適).

喩(유쾌할 유) 志(뜻 지, 감정 → 느낌) 適(맞을 적, 마음에 듦)

不知周也: (이 때 자신이) 장주(周)라는 (사실을 까맣게) 알지(知) 못하다(不). 즉 잊다.

俄然覺 則蘧蘧然周也: 화들짝(俄然) (놀라서) 깨어나니까(覺) 틀림없이(蘧蘧然) 장주(周)가 (아닌가)? 俄然[급히 → 화들짝. 俄(갑자기 아)] 蘧蘧然[명확하고 뚜렷하게 엄연히 형체가 존재하는 모양 → 틀림없이. 蘧(놀랄 거)]

不知周之夢爲胡蝶: (그런데) 장주(周)는 꿈(夢)에 나비(胡蝶)가 된(爲) (건지) 알지(知) 못하다(不).

胡蝶之夢爲周與: 나비(胡蝶)가 꿈(夢)에 장주(周)가 된(爲) (건지) 알지(知) 못하다(不).

周與胡蝶 則必有分矣: 장주(周)와(與) 나비(胡蝶)를 (겉으로 파악하다). 그러면(則) 틀림없이(必) 구분(分)이 있다(有). 必(반드시 필 → 틀림없이) 分(분별할 분 → 구분되다)

此之謂 物化: (그런데) 이런(此) (구분을 두고) 사물의 탈바꿈(物化)으로 (생겨난 거라고) 말한다(謂). 物化[사물(物)의 변화(化) → 사물의 탈바꿈] ★ 물화(物化)는 장주가 나비로 변하고 나비가 장주로 변화하는 걸 말한다. 삶과 죽음도 일종의 물화에 **해당한다.**

양생주
養 生 主

양생주(養生主) 1

吾生也有涯, 而知也無涯.

以有涯隨無涯, 殆已., 已而爲知者, 殆而已矣.

爲善無近名, 爲惡無近刑.

緣督以爲經, 可以保身, 可以全生, 可以養親, 可以盡年.

우리의 삶은 끝이 있어 유한해도 우리의 앎은 끝이 없어 무한하다.

끝이 있는 삶으로 끝이 없는 앎을 추구하면 피곤할 뿐이다.

이처럼 피곤한데 끝이 없는 앎을 계속해 추구하면 더욱 피곤할 뿐이다.

그래서 선행을 해도 명성이 드러나선 안 되고,

악행을 저질러도 형벌을 받을 정도가 되어선 안 된다.

그러니 순리에 따라 생겨난 중앙의 자연스러운 균형(督)을 따라

그것을 원칙으로 삼아야 한다.

그럼으로써 몸을 지킬 수 있고, 그럼으로써 생명을 온전히 보존할 수 있고,

그럼으로써 부모를 모실 수 있고, 그럼으로써 천수를 다할 수 있다.

注 ——————————————————————————

吾生也有涯 而知也無涯: 우리(吾)의 삶(生)은 끝(涯)이 있어(有~而) (유한해도 우리의) 앎(知)은
끝(涯)이 없어(無) (무한하다). 涯(끝 애)

以有涯隨無涯 殆已: 끝이 있는 (삶)으로(以~有涯) 끝이 없는(無涯) (앎을) 추구하면(隨) 피곤할
뿐이다(殆~已). 隨(따를 수 → 추구하다) 殆(피곤할 태)

已而爲知者: (이처럼 피곤할)뿐인데(已而) (끝이 없는) 앎(知)을 (계속해) 추구하면(爲~者).

殆而已矣: (더욱) 피곤할(殆) 뿐이다(而~已矣).

爲善無近名: (그래서) 선행(善)을 해도(爲) 명성(名)과 가까워선(近) 안 된다(無). 즉 명성이 드러나선 안 된다. 近(가까이할 근)

爲惡無近刑: 악행(惡)을 저질러도(爲) 형벌(刑)과 가까워선(近) 안 된다(無). 즉 형벌 받을 정도가 되어선 안 된다. 刑(형벌 형)

緣督以爲經: (그러니) 순리에 따라 생겨난 중앙의 자연스러운 균형(督)을 따라(緣) (그것)을(以) 원칙으로 삼아야(爲~經) (한다). 督(가운데 독, 중앙) ★ 독(督)은 원래 등의 중간에 뻗은 혈관 내지는 등 뒤 옷의 솔기를 말한다. 그런데 여기선 순리에 따라 생겨난 중앙의 자연스런 균형으로 해석하는 게 적절하다. 緣(좇을 연, 따르다) 經(길 경, 변치 않은 도리. 즉 법도, 기준, 원칙)

可以保身: (그럼)으로써(以) 가히(可) 몸(身)을 지키다(保). 즉 몸을 지킬 수 있다. 保(지킬 보)

可以全生: (그럼)으로써(以) 가히(可) 생명(生)을 온전히(全) 하다. 즉 생명을 온전히 보존할 수 있다. 全(온전할 전)

可以養親: (그럼)으로써(以) 가히(可) 부모(親)를 모시다(養). 즉 부모를 모실 수 있다. 養(기를 양 → 모시다)

可以盡年: (그럼)으로써(以) 가히(可) 천수를 누리다(盡年). 즉 그천수를 다할 수 있다. 盡年〔천수를 다함. 盡(다할 진)〕

양생주(養生主) 2

庖丁爲文惠君解牛, 手之所觸, 肩之所倚, 足之所履, 膝之所踦, 砉然嚮然, 奏刀
騞然, 莫不中音. 合於桑林之舞, 乃中經首之會.
文惠君曰:「譆, 善哉! 技蓋至此乎?」
庖丁釋刀對曰:「臣之所好者道也, 進乎技矣, 始臣之解牛之時, 所見無非全牛者.
三年之後, 未嘗見全牛也.
方今之時, 臣以神遇而不以目視, 官知止而神欲行.
依乎天理, 批大卻, 導大窾因其固然, 技經肯綮之未嘗微礙, 而況大軱乎!
良庖歲更刀, 割也., 族庖月更刀, 折也. 今臣之刀十九年矣, 所解數千牛矣,
而刀刃若新發於硎.
彼節者有閒, 而刀刃者無厚., 以無厚入有閒, 恢恢乎 其於遊刃必有餘地矣.
是以十九年而刀刃若新發於硎.
雖然, 每至於族, 吾見其難爲, 怵然爲戒, 視爲止, 行爲遲.
動刀甚微, 謋然已解, 如士委地.

提刀而立, 爲之四顧, 爲之躊躇滿志, 善刀而藏之.」

文惠君曰:「善哉! 吾聞包丁之言, 得養生焉.」

포정(庖丁)이 문혜군을 위해 소를 잡는데 그가 손을 놀릴 때마다,
어깨로 밀 때마다, 발로 밟을 때마다, 무릎으로 누를 때마다
사각사각 울려 퍼지는 곡조와 함께 움직이는 칼의 서걱서걱하는 소리는
음률에 맞을 정도로 정확했다.

그래서 포정의 손발 놀림은 상림(桑林)의 춤 같았고,
그의 칼질 소리의 음률은 경수(經首)의 가락에 버금 했다.

문혜군이 말했다.

"아! 훌륭하다. 소 잡는 기술이 어찌 이런 경지에 이를 수 있을까?"

포정이 칼을 내려놓고 말했다.

"신이 반기는 건 도(道)인데 이는 기술(技)보다 앞선 겁니다.
신이 처음 소를 잡을 때 제 눈에 보이는 건 온전한 소의 모습뿐이었습니다.
삼 년이 지나자 소의 온전한 모습은 보이지 않고 소의 일부만 눈에 들어와
소라는 사실을 잊었습니다.

지금은 신이 소를 정신으로 대할 뿐 눈으로 보지 않습니다.눈의 작용이 멎
어도 정신의 자연스러운 작용이 진행되므로
신은 자연의 원리에 따라 큰 틈새를 칠 수 있습니다.

그리고 넓은 빈 곳에 칼을 넣어 소가 지닌 본래의 결에 따라 칼질합니다.
이때 칼의 움직임이 작은 맥과 큰 맥, 뼈에 붙은 살과 힘줄이 붙은 곳에서
조금도 방해받지 않으니 하물며 큰 뼈를 다루는 데
무슨 어려움이 있겠습니까!

솜씨 좋은 요리사는 매년 한 번 칼을 바꾸는데 소를 직접 베기 때문입니다.
일반 요리사는 매달 한 번 칼을 바꾸는데 뼈를 자르기 때문입니다.
지금 신이 사용하는 칼은 아주 오래 되었습니다.

그동안 잡은 소만 해도 수천 마리에 달하는데
칼날은 새것처럼 숫돌에서 막 갈아 나온 듯합니다.

소의 뼈마디 사이에는 틈새가 있어도 신의 칼날에는 두께가 없습니다.

두께가 없는 칼날로 틈새가 있는 소의 뼈마디 사이를 들어가면
그 안은 텅 빈 듯 넓습니다.
또 저의 유유자적한 칼날의 움직임에서 여분의 공간도 반드시 생겨납니다.
이로써 오랜 세월이 흘렀어도 칼날은 새것처럼 숫돌에서 막 갈아 나온 듯
합니다.
그래도 매번 뼈와 힘줄이 엉킨 곳에 이르면 저도 칼질하기 어렵다는 것을
알아 두려워하고 경계하면서 바짝 긴장합니다.
그래서 시선을 한 곳에 고정하고 손놀림을 신중히 합니다.
이 상태에서 칼을 조금만 움직여도 살은 어느새 스르륵 하고 떨어집니다.
이 광경은 마치 땅 위에 흙이 쌓이는 것과 같습니다.
그런 뒤 칼을 들고 일어서서 사방을 돌아보며 머뭇거리다가
이내 마음이 흡족해져 칼을 잘 닦아서 보관합니다."
문혜군이 말했다.
"훌륭하구나! 나는 포정의 말을 듣고 양생(養生)의 법을 얻었다."

注 ─────────

庖丁爲文惠君解牛: 포정(庖丁)이 문혜군(文惠君)을 위해(爲) 소(牛)를 잡다(解). 庖丁〔요리사. 포(包)는 고기를 다루는 요리사. 庖(요리인 포) 丁(일꾼 정)〕文惠君〔전국시대의 양(梁)나라 혜왕 (惠王)〕解(가를 해, 가르다 → 잡다).

手之所觸 肩之所倚: (그런데 그가) 손(手)이 닿을(觸) 때(所) (마다), 즉 손을 놀릴 때마다, 어깨 (肩)로 밀(倚) 때(所) (마다). 觸(닿을 촉) 倚(기댈 의, 밀다)

足之所履 膝之所踦: 발(足)로 밟을(履) 때(所) (마다), 무릎(膝)으로 누를(踦) 때(所) (마다). 履 (밟을 리) 膝(무릎 슬) 踦(닿을 기 → 누르다)

砉然嚮然: 사각사각(砉然) 울려 퍼지다(嚮然). 砉然〔사각사각. 砉(뼈 바르는 소리 획)〕嚮然〔울 려 퍼짐. 響(울릴 향)〕

奏刀騞然: 곡조(奏)와 (함께 움직이는) 칼(刀)의 서걱서걱하는(騞然) 소리. 奏(곡조 주) 騞然〔서 걱서걱. 騞(가르는소리 획)〕

莫不中音: 음률(音)에 맞지(中) 않는 바(不) 없다(莫). 즉 음률에 맞을 정도로 정확하다. 音(소 리 음 → 음률) 中(맞을 중, 맞다) 莫(없을 막)

合於桑林之舞: (그래서 포정의 손발 놀림은) 상림의 춤과(於~桑林之舞) 같다(合). 桑林之舞〔은 (殷)나라 탕(湯)왕이 상산(桑山)에서 기우제를 지낼 때 만들었다는 전설상의 명곡〕合(합할 합.

하나 되다 → 같다)

乃中經首之會: (칼질 소리의 음률은) 경수의 가락(經首之會)에 버금함(中)에 이르다(及). 즉 버금 하다. 經首之會〔요임금이 함지(咸池)의 악장(樂章)과 경수(經首)의 시를 지어 천제(天帝)에게 제사 지냈다는 전설이 있음〕 中(버금 중)

文惠君曰 譆 善哉!: 문혜군(文惠君)이 말하다. 아(譆) 훌륭하다(善)! 譆(어이구 희, 아!) 善(잘할 선, 훌륭하다)

技蓋至此乎?: (소 잡는) 기술(技)이 어찌(蓋) 이런(此) (경지에) 이르나(至)? 技(재주 기 → 기술) 蓋(어찌 개) 至(이를 지)

庖丁釋刀對曰: 포정(庖丁)이 칼(刀)을 내려놓고서(釋) 대답해(對) 말하다. 釋(놓을 석, 내려놓다)

臣之所好者道也: 신(臣)이 좋아하는(好) 건(所~者) 도(道)이다. 즉 신이 반기는 건 도이다. 好 (좋아할 호)

進乎技矣: (이는) 기술보다(乎~技) (한 단계) 나아가다(進). 즉 앞서 있다. 乎(어조사 호, ~보다) 進 (나아갈 진)

始臣之解牛之時: 신(臣)이 처음(始) 소(牛)를 잡을(解) 때(時). 始(처음 시) 時(때 시)

所見無非全牛者: (눈에) 보이는 건(所~見) 온전한(全) 소(牛) 아닌(非) 게 없다(無). 즉 온전한 소의 모습뿐이다. 全(온전할 전)

三年之後 未嘗見全牛也: 삼년(三年)이 지나자(後) 소(牛)의 온전한(全) (모습은) 보이지(見) 않고(未~嘗) (소의 일부만 눈에 들어와 소라는 사실을 잊다). 後(뒤 후 → 지나다) 見(볼 견) 嘗(일찍 상, 일찍이)

方今之時 臣以神遇而不以目視: 방금(方今)의 시간(時), 즉 지금은 신(臣)이 (소를) 정신으로(以~神) 대할(遇) 뿐 눈으로(以~目) 보지(視) 않다(不). 神(정신 신) 遇(만날 우 → 대하다) 目(눈 목) 視 (볼 시)

官知止而神欲行: 눈(官)의 지각(知)이 멎어도(止~而), 즉 눈의 작용이 멎어도 정신의 자연스러 운 작용(神欲)이 진행되다(行). 官 → 感官(감관. 여기선 오관 중 특별히 눈을 의미함) 知 → 知覺(지 각) 止(멈출 지) 神欲〔정신(神)의 (자연스러운) 하고자 함(欲). 즉 작용. 欲(하고자 할 욕)〕

依乎天理 批大卻: (그러므로 신은) 천리(天理), 즉 자연(天)의 원리(理)에 의거해(依) 큰(大) 틈새 (卻)를 칠(批) (수 있다). 理(이치 리, 원리) 依(의지할 의) 卻(틈 각, 틈새) 批(칠 비, 치다)

導大窾 因其固然: (그리고) 넓은(大) 빈(窾) (곳에 칼을) 집어넣어(導) (소의) 본디 그러함으로(因 ~固然) (칼을 움직이다). 즉 소가 지닌 본래의 결에 따라 칼질하다. 窾(빌 관) 導(이끌 도 → 집어 넣다) 固然〔본디 그러함. 固(본디 고)〕

枝經肯綮之未嘗微礙: (이때 칼의 움직임이) 작은 맥(技)과 큰 맥(經) (그리고) 뼈에 붙은 살(肯)과 힘줄이 붙은 곳(綮)에서 조금도(微) 방해받은(礙) 적이 없다(未~嘗). 枝(가지 지 → 작은 맥) ※

참고한 『莊子今註今譯』에 '技(재주 기)'로 표기되었는데 오자로 보아 '枝(가지 지)'로 바꾸어서 해석했다. 經(날 경, 큰 맥) 肯(뼈에붙은살 긍) 綮(힘줄붙은곳 계) 微(작을 미 → 조금도) 礙(거리낄 애) 未嘗〔아직 ~하지 않다. 嘗(일찍이 상 → 아직)〕

而況大軱乎!: 하물며(況) 큰 뼈(軱)를 (다루는 데 무슨 어려움이 있는가)! 況(하물며 황) 軱(큰 뼈 고)

良庖歲更刀 割也: 솜씨 좋은 요리사(良庖)는 매년(歲) (한 번씩) 칼(刀)을 바꾸는데(更) (소를 직접) 베어서다(割). 良庖〔솜씨 좋은(良) 요리사(庖). 良(좋을 량)〕歲(해마다 세) 刀(칼 도) 更(바꿀 경, 바꾸다) 割(가를 할, 베다)

族庖月更刀 折也: 일반 요리사(族庖)는 매달(月) (한 번씩) 칼(刀)을 바꾸는데(更) 뼈를 잘라서다(折). 族庖〔일반(族) 요리사(庖). 族(무리 족, 동류 → 일반)〕折(꺾을 절, 뼈를 자르다)

今臣之刀十九年矣: 지금(今) 신(臣)이 사용하는 칼(刀)은 아주 오래 되다(十九年). 十九年〔오랜 세월. 10(十)은 모든 사물을 일단락 짓는 수이고, 여기에 수의 마지막인 9(九)를 더해 오랜 세월을 의미함〕

所解數千牛矣: (그동안) 잡은(解) 것(所)만도 수천(數千) 마리 소(牛)다.

而刀刃若新發於硎: 그런데(而) 칼날(刀刃)은 새(新) 것처럼(若) 숫돌에서(於~硎) (막) 갈아 나오다(發). 刀刃〔칼날. 刃(칼날 인)〕新(새 신) 硎(숫돌 형) 發(떠날 발 → 갈아 나오다)

彼節者有閒 而刀刃者無厚: 소(彼)의 뼈마디(節) (사이에는) 틈새(閒)가 있어도(有~而) (신의) 칼날(刀刃)에는 두께(厚)가 없다(無). 彼(저 피 → 소) 節(마디 절. 뼈마디) 閒(틈 간, 벌어진 틈) 厚(두께 후)

以無厚入有閒 恢恢乎: 두께(厚)가 없는 (칼날로)(以~無) 틈새(閒)가 있는(有) (소의 뼈마디 사이)를 들어가면(入) (그 안은) 텅 빈 듯 넓다(恢恢). 恢恢〔널찍한 모양. 恢(넓을 회)〕

其於遊刃必有餘地矣: (또 나의) 유유자적한(遊) 칼날(刃)의 (움직임)에서(於) 여분의(餘) 공간(地)이 반드시(必) 생겨나다(有). 餘(남을 여, 여분의) 地(땅 지 → 공간)

是以十九年而刀刃若新發於硎: 이로 인해(是~以) 오랜 세월이 흘러도(十九年~而) 칼날(刀刃)은 새것처럼(若~新) 숫돌에서(於~硎) (막) 갈아 나오다. 新(새 신) 硎(숫돌 형)

雖然 每至於族: 아무리 그래도(雖然) 매번(每) (뼈와 힘줄이) 엉킨 곳에(於~族) 이르다(至). 族(떼질 족, 한데 모임 → 엉킨 곳)

吾見其難爲: (그러면) 나(吾)도 칼질하기(爲) 어렵게(難) 보이다(見). 즉 칼질하기 어렵다는 걸 안다. 難(어려울 난) 見(보일 견)

怵然爲戒: (그래서) 두려워하고(怵然) 경계하며(爲~戒) (바짝 긴장하다). 怵然〔두려워하는 모양. 怵(두려워할 출)〕戒(경계할 계)

視爲止 行爲遲: (그래서) 시선(視)을 (한 곳에) 고정하고(爲~止) 손놀림(行)을 신중히 하다(爲~遲). 行(행할 행 → 손놀림) 遲(더딜 지, 더디다 → 신중히 하다)

動刀甚微 謋然已解: (이 상태에서) 칼(刀)을 아주(甚) 조금만(微) 움직여도(動) (살은) 어느새(已)
스르륵 하고(謋然) 떨어지다(解). 甚(심할 심 → 아주) 微(정묘할 미 → 조금) 動(움직일 동) 已(이미
이 → 어느새) 謋然〔스르륵(謋). 살이 자연스럽게 떨어지는 소리. 謋(뼈 발라내는 소리 획)〕解(가를
해 → 떨어지다)

如士委地: (이 광경은 마치) 땅(地) 위에 흙(士)이 쌓이는 것(委)과 같다(如). 土(흙 토) 地(땅 지)
委(쌓을 위, 쌓이다)

提刀而立 爲之四顧 爲之躊躇: (그런 뒤) 칼(刀)을 들고(提) 일어서서(立) 사방(四)을 돌아보며
(爲~顧), 머뭇거리다(爲~躊躇). 提(들 제) 顧(돌아볼 고) 躊躇〔머뭇거림. 躊(머뭇거릴 주) 躇(머뭇
거릴 저)〕

滿志 善刀而藏之: (그러다가 이내) 뜻(志)이 차(滿), 즉 마음이 흡족해져 칼(刀)을 잘(善~而) (닦
아) 보관하다(藏). 志(뜻 지) 滿(찰 만) 藏(감출 장 → 보관하다)

善哉! 吾聞包丁之言 得養生焉: (문혜군이 말하다) 훌륭하다(善)! 나(吾)는 포정(包丁) 말(言)을
듣고서(聞) 양생(養生)의 법을 얻다(得).

양생주(養生主) 3

양생주 3-1

公文軒見右師而驚曰:「是何人也? 惡乎介也? 天與, 其人與?」
曰:「天也, 非人也. 天之生是使獨也, 人之貌有與也. 以是知其天也, 非人也.」
澤雉十步一啄, 百步一食, 不蘄畜乎樊中. 神雖王, 不善也.

공문헌(公文軒)이 우사(右師)를 보고 놀라서 물었다.
"아니 이게 어찌 된 사람인가? 어찌해서 한 발을 잃었는가?
이건 하늘이 한 건가, 사람이 한 건가?"
우사가 대답했다. "하늘이 한 게지 사람이 한 게 아니라네.
하늘이 나를 만들 때 외발이로 태어나도록 한 거지.
그러니 사람의 모습은 모두 하늘이 내려준 걸세.
이 때문에 내가 한쪽 발을 잃은 건 하늘이 한 게지 사람이 한 게 아니란 걸
자네도 잘 알 걸세."
늪에 사는 꿩은 열 걸음을 걸어야 한 번 쪼아 먹을 먹이를 만나고,

백 걸음을 걸어야 한 번 마실 물을 만난다.

그래도 새 장 안에 갇혀서 기(蘄)라는 풀을 먹으며 길러지길 바라지 않는다.

새장 안엔 먹이가 충분해 기력이 아무리 왕성해도 마음이 즐겁지 않아서다.

注 ────────────────────────────

公文軒見右師而驚曰: 공문헌(公文軒)이 우사(右師)를 보고(見) 놀라서(驚) 묻다. 見(볼 견) 驚
(놀랄 경)

是何人也?: (아니) 이게(是) 어찌(何) (된) 사람(人)인가? 何(어찌 하)

惡乎介也?: 어찌해서(惡) 한 발을 잃는가(介)? 惡(어찌 오) 介(끼일 개, 외다리 모양을 상징화 한 글
자여서 한 발을 잃은 상태를 의미)

天與 其人與?: (이건) 하늘(天)이 준건가(與) 사람(人)이 준건가(與)? 즉 하늘이 한 건가 사람이
한 건가? 與(줄 여)

曰 天也 非人也: (우사가) 말하다. 하늘(天)이 (한 게지) 사람(人)이 (한 게) 아니다(非).

天之生是使獨也: 하늘(天)이 (나를) 만들(生) 때 외발이(獨)로 (태어나도록) 하게(使) 하다. 獨(홀
로 독. 즉 발의 경우에는 한 발이 잘려서 외발이가 되었다는 의미이다) 使(하여금 사, ~가 되게 하다)

人之貌有與也: (그러니) 사람(人)의 모습(貌)은 (모두 하늘이 내려) 주다(與). 貌(얼굴 모, 사람 모습)

以是知其天也 非人也: 이 때문에(以是) (내가 한쪽 발을 잃은 건) 하늘(天)이 (한 게지) 사람(人)이
(한 게) 아닌(非) 걸 (너도 잘) 안다(知).

澤雉十步一啄: 늪(澤)에 (사는) 꿩(雉)은 열(十) 걸음(步)을 (걸어야) 한 번(一) 쪼아(啄) (먹을 먹이
를 만난다). 澤(못 택, 늪) 雉(꿩 치) 步(걸음 보) 啄(쫄 탁)

百步一食: 백(百) 걸음(步)을 (걸어야) 한 번(一) 마실(食) (물을 만나다). 食(먹을 식 → 마시다)

不蘄畜乎樊中: (그렇더라도) 새장(樊) 안(中)에 (갇혀서) 기(蘄)라는 풀을 먹으며 길러지길(畜)
(바라지) 않다(不). 樊(울타리 번, 새장) 蘄(풀이름 기) 畜(기를 축, 길러지다)

神雖王 不善也: (새장 안에는 먹이가 충분해) 기력(神)이 아무리(雖) 왕성해도(王) (마음이) 좋지
(善) 않아서이다(不). 즉 즐겁지 않아서이다. 神(정기 신, 기력) 雖(비록 수, 아무리 ~해도) 王(성할
왕, 왕성하다)

양생주 3-2

老聃死, 秦失弔之, 三號而出.

弟子曰:「非夫子之友邪?」

曰:「然.」

「然則弔焉若此, 可乎?」

曰:「然. 始也吾以爲至人也, 而今非也.

向吾入而弔焉, 有老者哭之, 如哭其子., 少者哭之, 如哭其母.

彼其所以會之, 必有不蘄言而言, 不蘄哭而哭者.

是遁天倍情, 忘其所受, 古者謂之遁天之刑.

適來, 夫子時也., 適去, 夫子順也.

安時而處順, 哀樂不能入也, 古者謂是帝之懸解.」

脂窮於爲薪, 火傳也, 不知其盡也.

노담(老聃)이 죽자 진실(秦失)이 조문했는데 세 번 곡하고 나왔다.

노담의 제자가 물었다. "선생은 우리 스승의 친구분이 아닙니까?"

진실이 대답했다. "그렇네."

노담의 제자가 물었다.

"그러면 조문을 어찌 이처럼 간단히 하나요? 이래도 되는 건가요?"

진실이 대답했다.

"괜찮네. 나는 처음에 자네 스승을 지인(至人)이라 여겼는데 지금은 아니네.

조금 전 내가 방 안에 들어가서 조문했는데

늙은이가 곡을 하는데 자식을 잃은 것처럼 곡하고,

젊은이가 곡을 하는데 어머니를 여읜 것처럼 곡하네.

이런 식으로 문상이 이루어진 건

자네들 스승이 평소 조문을 바라는 말이 없었을 텐데 은연중에 말하거나

아니면 곡해주길 바라지 않았을 텐데 은연중에 곡해주길 바란 탓이네.

이는 하늘을 속이고 세상의 참모습에 위배 되고

사람의 본분을 망각한 일이네.

옛날 사람은 이런 일을 두고 둔천지형(遁天之刑),

즉 자연의 원리에서 벗어나서 받는 형벌이라고 말했네.

자네들 스승은 와야 할 때 때맞추어 태어났고,

가야 할 때 순리에 따라 죽었네.

그러니 와야 할 때를 편히 받아들이면서 가야 할 순리에 편히 머문다면

슬픔과 즐거움이 끼어들 수 없네.

옛날 사람은 이를 두고 제지현해(帝之懸解),

즉 하느님에 의해 거꾸로 매달렸던 속박에서 풀려난다고 말했네."

기름은 땔감이 되어 한 번으로 타고 끝나도

불은 다음 땔감으로 전해져 끝날 줄 모른다.

注

老聃死 秦失弔之: 노담(老聃)이 죽자(死) 진실(秦失)이 조문하다(弔). ★ 노담(老聃)이 노자인지 여부는 아직도 밝혀지지 않고 있다. 그래서 여기선 노자로 번역하지 않고 노담으로 그대로 쓰고자 한다. 弔(위문할 조, 조문하다)

三號而出: 세 (三)번 곡하고서(號) 나오다(出). 號(울 호, 울다 → 곡하다)

弟子曰 非夫子之友邪? 然: (노담의) 제자(弟子)가 묻다. (선생은 우리) 스승(夫子)의 친구(友) 분이 아닌가(非~邪)?

曰 然: (진실이) 말하다. 그렇다(然).

然則弔焉若此 可乎: 그러면(然則) 조문(弔)을 어찌(焉) 이처럼(若~此) (간단히) 하는가? (이래도) 되는가(可)? 焉(어찌 언)

然. 始也吾以爲至人也: 괜찮다(然). 나(吾)는 처음에(始) (자네들 스승을) 지인으로(以~至人) 여기다(爲). 然(허락할 연 → 괜찮다)

而今非也: 그런데(而) 지금(今)은 아니다(非).

向吾入而弔焉: 조금 전(向) 내(吾)가 (방 안에) 들어가서(入) 조문하다(弔). 向(접 때 향, 조금 전)

有老者哭之 如哭其子: (그런데) 늙은이(老者)가 곡(哭)을 하는데 자식(子)을 (잃은 것)처럼(如) 곡하다(哭). 哭(울 곡)

少者哭之 如哭其母: 젊은이(少者)가 곡(哭)을 하는데 어머니(母)를 (여윈 것)처럼(如) 곡하다(哭).

彼其所以會之: 이런(彼) (식으로) 문상이 이루어진(以~會) 것(所). 彼(저 피, 이런) 會(모일 회 → 문상)

必有不蘄言而言: (너희 스승이 평소 조문을) 바라는(蘄) 말(言)이 분명(必) 없는데(不~而) (은연중에) 말하다(言). 蘄(바랄 기)

不蘄哭而哭者: (아니면) 곡해(哭) 주길 바라지(蘄) 않는데(不~而) (은연중에) 곡해(哭) 주길 (바란 탓이다).

是遯天倍情: 이(是)는 하늘(天)을 속이고(遯), 세상의 참모습(情)에 위배 되다(倍). 遯(속일 둔) 情(실상 정, 참 모습) 倍(배반할 배, 위배되다)

忘其所受: (사람으로서) 본분(所受)을 망각한(忘) (일이다). 所受〔(그가 태어나면서) 받는(受) 바 (所), 즉 인간의 본분〕 忘(잊을 망, 망각하다)

古者謂之遁天之刑: 옛날(古) 사람(者)은 (이런 일을 두고) 자연(天)의 (원리에서) 벗어나서(遁) 받는 형벌(刑)이라 말하다(謂). 遁(숨을 둔, 도피하다 → 벗어나다) 刑(형벌 형)

適來 夫子時也: (자네들) 스승(夫子)은 와야(來) 적당할(適) 때 때맞춰(時) (오다). 즉 와야 할 때 때맞추어 태어나다. 來(올 래) 適(맞을 적, 적당하다)

適去 夫子順也: (자네들) 스승(夫子)은 가야(去) 적당할(適) 때 순리에 따르다(順). 즉 가야 할 때 순리에 따라 죽다. 去(갈 거) 順(좇을 순 → 순리를 따르다)

安時而處順: (그러니 와야 할) 때(時)를 편히(安~而) (받아들이면서) 가야 할 순리(順)에 (편히) 머물다(處). 處(머물 처, 머물다)

哀樂不能入也: (그러면) 슬픔(哀)과 즐거움(樂)이 끼어들(入) 수(能) 없다(不). 入(들 입, 끼어들다)

古者謂是帝之懸解: 옛날(古) 사람(者)은 이(是)를 (두고) 하느님(帝)에 (의해 거꾸로) 매달린(懸) (속박에서) 풀려난다고(解) 말하다(謂). 帝(하느님 제) 懸(매달 현, 거꾸로 매달림) 解(풀 해, 풀려나다)

脂窮於爲薪: 기름(脂)은 땔감(薪)이 되어(爲) (한 번으로 타고) 끝나다(窮). 脂(기름 지) ※ 참고 한 『莊子今註今譯』에 '指(손가락 지)'로 표기되었는데 오자로 보아 '脂(기름 지)'로 바꾸어서 해석했다. 薪(땔나무 신, 땔감) 窮(다할 궁, 끝나다)

火傳也 不知其盡也: (그런데) 불(火)은 (다음 땔감으로) 전해져(傳) 끝날(盡) 줄 알지(知) 못하다 (不). 盡(다할 진, 그치다 → 끝나다)

인간세
人 間 世

인간세(人間世) 1

인간세 1-1

顔回見仲尼, 請行.

曰:「奚之?」

曰:「將之衛.」

曰:「奚爲焉?」

曰:「回聞衛君, 其年壯, 其行獨, 輕用其國, 而不見其過.,

輕用民死, 死者以國量乎澤, 若蕉, 民其無如矣,

回嘗聞之夫子曰:『治國去之, 亂國就之, 醫門多疾.』

願以所聞, 思其所行, 則庶幾其國有瘳乎!」

仲尼曰:「譆! 若殆往而刑耳! 夫道不欲雜, 雜則多, 多則擾, 擾則憂, 憂而不救.

古之至人, 先存諸己而後存諸人. 所存於己者未定, 何暇至於暴人之所行!

「且若亦知夫德之 所蕩而知之所爲出乎哉? 德蕩乎名, 知出乎爭.

名也者, 相軋也., 知者也, 爭之器也. 二者凶器, 非所以盡行也.

「且德厚信矼, 未達人氣, 名聞不爭, 未達人心.

而强以仁義繩墨之言術暴人之前者, 是以人惡有其美也, 命之曰菑人.

菑人者, 人必反菑之, 若殆爲人菑夫!

且苟爲悅賢而惡不肖, 惡用而求有以異?

若唯無詔, 王公必將乘人而鬪其捷.

而目將熒之, 而色將平之, 口將營之, 容將形之, 心且成之.

是以火救火, 以水救水, 名之曰益多.

順始無窮, 若殆以不信厚言, 必死於暴人之前矣!

「且昔者桀殺關龍逢, 紂殺王子比干, 是皆修其身以下傴拊人之民, 以下拂其上者也, 故其君因其修以擠之. 是好名者也.

昔者堯攻叢枝 胥敖 禹攻有扈, 國爲虛厲, 身爲刑戮, 其用兵不止, 其求實無已. 是皆求名實者也. 而獨不聞之乎?

名實者, 聖人之所不能勝也, 而況若乎! 雖然, 若必有以也, 嘗以語我來!」

안회(顏回)가 공자(仲尼)를 찾아뵙고 여행을 청했다.

공자가 물었다. "어디로 가려느냐?"

안회가 대답했다. "위(衛)나라로 가려고 합니다."

공자가 물었다. "무엇하러 가려느냐?"

안회가 대답했다.

"제(回)가 듣건대 위나라 군주는 혈기왕성한 나이여서 행실이 독단적이고, 나라를 함부로 다스리는데 자신의 잘못을 보지 못한다고 합니다.

게다가 백성을 마구 부려서 죽게 해 그동안 죽은 자를 대충 헤아려 보아도 늪에서 베어낸 풀처럼 많다고 합니다.

그래서 백성이 어찌할 바를 모릅니다.

저 회(回)는 일찍이 스승께서 하신 말씀을 들었습니다.

'잘 다스려지는 나라(治國)는 떠나고, 혼란스러운 나라(亂國)는 찾아가는데 이는 환자가 많은 곳에 의사가 개업하는 것과 같은 이치이다.'

저는 스승에게서 들은 말씀을 마음에 품고 행동한다고 여기는데 이렇게 하면 나라는 바로 고쳐질 겁니다!"

공자가 말했다.

"흠! 자네가 위나라에 가보았자 아마도 형벌을 받을 뿐이네!

도(道)란 번거로우면 안 되네.

번거로우면 일이 많아지고, 일이 많아지면 어지럽고, 어지러우면 근심이 생기고, 근심이 생기면 남을 구제하지 못하지.

그래서 옛날 지인(至人)은 자신을 건사한 뒤에 다른 사람의 일을 건사했네.

자네는 자신에 대해 건사할 바를 아직 정하지 못했는데

포악한 사람이 행하는 짓에 어찌 상관할 겨를이 있는가!"

공자가 계속해서 말했다.

"또 자네는 덕(德)이 어떻게 무너지는지 알지?

그리고 앎(知)이 어떻게 생겨나는지 알지?

덕은 명성(名)을 드러내는 데서 무너지고, 앎은 다툼 가운데서 생겨나지.

그래서 명성은 사람을 서로 반목하게 하고, 앎은 다툼의 도구가 되네.

이 둘은 우리를 불행으로 몰아넣는 흉기여서 지나치게 행사해선 안 되네."

공자가 계속해서 말했다.

"자넨 덕이 두텁고 신의가 굳어도 다른 사람 기질을 아직 파악하지 못했고,

명성을 두고 다투지 않아도 다른 사람의 마음을 아직 파악하지 못했네.

그런데 인의(仁義)니 법도(繩墨)니 하는 수준 높은 말을

포악한 군주 앞에서 기를 쓰고 자랑하면서 내보일 텐데

이는 다른 사람의 추함을 드러내어 자신을 아름답게 꾸미는 일이네.

이런 사람을 두고 남에게 재앙을 끼치는 사람이라고 부르지.

남에게 재앙을 끼치면 반대로 남도 자네에게 반드시 재앙을 끼치네.

그러면 자네도 다른 사람에게 아마 재앙을 끼칠 걸세!

어진 사람을 참으로 기뻐하고 어리석은 사람을 싫어하는 훌륭한 군주라면

이미 주위에 어진 이가 많을 텐데 어째서 자네를 등용해 나랏일이

이전과 다르게 바뀌길 바라겠는가?

이런 상황에서 자네가 말하지 않아도 왕은 반드시 너를 업신여기고,

능숙한 말솜씨로 너를 이기려고 다툴 걸세.

그러면 자네 눈은 휘둥그레지고, 얼굴은 새파래지고, 입은 변명하기 바쁘고,

모습은 비굴해지겠지. 그러면 자네 마음은 결국 군주와 타협할 거네.

이것이 불로 불을 끄고, 물로 물난리를 막는 것이니

이름해서 나쁜 쪽으로 더 많이 보태는(益多) 거라고 말하네.

그러니 자네는 처음부터 군주의 말을 끝없이 따를 수밖에 없지.

위나라 군주가 애초부터 자네를 신뢰하지 않는데 말을 많이 하면

포악한 사람 앞에서 반드시 죽임을 당하네!"

공자가 계속해서 말했다.

"옛날에 하(夏)나라 걸(桀) 왕은 충신 관용봉(關龍逢)을 죽였고,
은(殷)나라 주(紂) 왕은 왕자 비간(比干)을 죽였네.
관용봉과 비간은 수신(修身)을 잘해 아래를 향해선 백성을 잘 어루만졌어도
신하로선 왕을 거슬렀네.
걸왕과 주왕은 이런 몸가짐을 이유로 들어 관용봉과 비간을 모함해 죽였지.
이것이 관용봉과 비간으로 하여금 명성을 좋아하는 인물이 되게 만들었네.
옛날에 요임금은 총지(叢枝)·서(胥)·오(敖)를, 우임금은 유호(有扈)를 공격해
이들 나라가 폐허가 되어서 수많은 사람이 죽임을 당했네.
또 요·우 두 임금은 군대를 쉴 새 없이 동원해 재물을 끊임없이 추구했네.
이것이 요와 우 두 임금을 명성과 재물을 추구하는 인물로 만들었지.
그런데 자네만 이런 얘기를 듣지 못했는가?
이처럼 명성과 재물은 요와 우 임금 같은 성인도 유혹에서 벗어날 수 없네.
자네만 이런 얘기를 듣지 못했어도 하물며 이런 상황에서 어쩌겠다는 건가!
아무리 그래도 자네에게 분명 생각이 있을 테니 한 번 얘기해 보게!"

注

顔回見仲尼 請行: 안회(顔回)가 공자(仲尼)를 보고(見) (여행을) 청하다(請). 顔回(공자가 가장 아끼던 제자) 見(볼 견) 請(청할 청)

曰 奚之?: (공자가) 말하다. 가려는 데(之)가 어디냐(奚)? 즉 어디로 가려느냐? 奚(어느곳 혜)

曰 將之衛: (안회가) 말하길 위(衛)나라로 가렵니다(將). 衛(위나라. 춘추시대 주(周)나라 무왕의 동생 강숙(康叔)이 책봉된 나라) 將(장차 장, 막 ~하려 한다)

曰 奚爲焉?: (공자가) 말하다. 무엇하려(奚~爲) (가려느냐)? 奚(어느곳 혜 → 무엇)

曰 回聞衛君 其年壯 其行獨: (안회가) 말하다. (저) 회(回)가 듣건대(聞) 위(衛)나라 군주(君)는 나이(年)가 혈기왕성해(壯), 즉 혈기왕성한 나이여서 행실(行)이 독단적이다(獨). 年(해 년, 나이) 壯(왕성할 장, 혈기가 왕성함) 行(행실 행) 獨(홀로 독 → 독단적)

輕用其國 而不見其過: (또) 나라(國)를 함부로(輕) 다스리는데(用~而) (자신의) 잘못(過)을 보지(見) 못하다(不). 國(나라 국) 輕(가벼울 경 → 함부로) 用(쓸 용, 다스리다) 過(허물 과, 잘못)

輕用民死: (게다가) 백성(民)을 마구(輕) 부려서(用) 죽게 하다(死). 輕(가벼울 경 → 마구) 死(죽을 사)

死者以國量乎澤 若蕉: (그래서 그동안) 죽은(死) 자(者)를 대충 헤아려(國量) (보아도) 늪(澤)에서 베어낸 풀처럼(若~蕉) (많다). 國量〔국가적(國) 헤아림(量). 즉 대충 헤아림. 量(헤아릴 량)〕 澤

(못 택, 늪) 蕉(쓰레기 초, 베어낸 풀)

民其無如矣: (그래서) 백성(民)이 어찌할(如) (방도가) 없다(無). 즉 어찌할 바를 모르다. 如(좇을 여 → 어찌할) 無(없을 무)

回嘗聞之夫子曰: (저) 회(回)는 일찍이(嘗) 스승(夫子)께서 한 말씀(之)을 듣는다(聞). 嘗(일찍이 상)

治國去之 亂國就之: 잘 다스려지는(治) 나라(國)는 떠나고(去) 혼란스러운(亂) 나라(國)는 찾아가다(就). 治(잘다스릴 치) 去(갈 거, 떠나다) 亂(어지러울 난 → 혼란스러움) 就(나갈 취 → 찾아가다)

醫門多疾: (이는) 병든 사람(疾)이 많은(多) (곳에) 의사(醫)가 문(門)을 (여는 것과 같다). 즉 환자가 많은 곳에 의사가 개업하는 것과 같은 이치이다. 醫(의원 의, 의사) 疾(병 질, 병든 사람) 多(많을 다) 門(문 문)

願以所聞 思其所行: (나는 스승으로부터) 들은(聞) (이) 말씀(所)을 마음에 품고(願) 행동하는(行) 바(所)라고 생각하다(思). 願(원할 원, 마음에 품다) 思(생각할 사)

則庶幾其國有瘳乎!: (이렇게) 하면(則) 나라(國)는 고쳐짐(瘳)이 있음(有)에 가깝다(庶幾)! 즉 나라는 바로 고쳐지다! 瘳(나을 추 → 고쳐짐) 庶幾〔거의 되려 하다. 庶(가까울 서) 幾(기미 기, 가까워지다)〕

仲尼曰 譆! 若殆往而刑耳!: 공자(仲尼)가 말하다. 譆(흠)! 네(若)가 (위나라에) 가보았자(往) 아마도(殆) 형벌(刑)을 (받을) 뿐이다(耳)! 譆(어이구 희, 흠) 若(너 약) 往(갈 왕) 殆(아마 태) 刑(형벌 형) 耳(뿐 이, 따름)

夫道不欲雜: 모름지기(夫) 도(道)는 번거로우면(欲~雜) 안 된다(不). 欲(하고자 할 욕, ~할 것 같다) 雜(섞일 잡, 번거롭다)

雜則多 多則擾: 번거로우면(雜~則) (일이) 많아지고(多), (일이) 많아지면(多~則) 어지럽다(擾). 擾(어지러울 요)

擾則憂 憂而不救: 어지러우면(擾~則) 근심(憂)이 생기고, 근심이 생기면(憂~而) (남을) 구제하지(救) 못한다(不). 憂(근심할 우) 救(건질 구, 구제하다)

古之至人 先存諸己而後存諸人: (그래서) 옛날(古) 지인(至人)은 자신을(諸~己) 먼저(先) 건사하고(存~而) 그런 뒤(後) 다른 사람(人)의 (일을) 건사하다(存). 先(먼저 선) 己(자기 기) 存(훌문할 존, 위문하다 → 건사하다) 後(뒤 후)

所存於己者未定: (너는) 자신에 대해(於~己) 건사할(存) 바(所~者)를 아직 정하지 못하다(未~定). 즉 다하지 못하다.

暇至於暴人之所行!: (그런데) 포악한(暴) 사람(人)이 행하는(行) 짓에(於~所) 이를(至) 틈(暇)이 (어찌) 있나! 즉 상관할 겨를이 (어찌) 있나! 暴(사나울 폭, 포악할) 至(이를 지) 暇(겨를 가, 틈)

且若亦知夫德之 所蕩: 또(且) 너(若) 또한(亦) 모름지기(夫) 덕(德)이 (어떻게) 무너지는(蕩) 바(所)를 알지(知)? 且(또 차) 蕩(쓸어버릴 탕 → 무너지다)

而知之所爲出乎哉?: 그리고(而) 앎(知) 그것(之)이 (어떻게) 생겨나는(爲~出) 바(所)를 알지 (知)? 知(알 지, 앎)

德蕩乎名: 덕(德)은 명성을 드러내는(名) 데서 무너지다(蕩). 名(이름 명, 명성을 드러내다)

知出乎爭: 앎(知)은 다툼(爭) 가운데서 생겨나다(出). 爭(다툴 쟁)

名也者 相軋也: (그래서) 명성(名~者)은 (사람을) 서로(相) 반목하게(軋) (하다). 軋(삐걱거릴 알, 반목함)

知者也 爭之器也: 앎(知~者)은 다툼(爭)의 도구(器)이다. 器(그릇 기, 용기 → 도구)

二者凶器 非所以盡行也: (이) 둘(二~者)은 (우리를 불행으로 몰아넣는) 흉기(凶器)여서 지나치게 (盡) 행사하는(以~行) 바(所)는 안 된다(非). 盡(다될 진, 한도에 이르다 → 지나침) 行(행할 행 → 행사하다)

且德厚信矼 未達人氣: 또(且) (너는) 덕(德)이 두텁고(厚) 신의(信)가 굳어도(矼) 다른 사람(人)의 기질을 파악하는(氣) 데까지 (아직) 이르지(達) 못하다(未). 厚(두터울 후) 矼(성실할 공, 견실함 → 굳다) 氣(기질 기 → 기질을 파악하다) 達(이를 달)

名聞不爭 未達人心: 명성(名聞)을 두고 다투지(爭) 않아도(不) 다른 사람(人)의 마음을 파악하는(氣) 데까지 (아직) 이르지(達) 못하다(未). 名聞〔이름(名)을 들음(聞) → 명성〕

而强以仁義繩墨之言衒暴人之前者: 그런데(而) 인의(仁義)니 법도(繩墨)니 (하는 수준 높은) 말(言)을 포악한 사람(暴人)인 (군주) 앞에서(前~者) 기를 쓰고(强) 자랑하며 내보이다(衒). 繩墨〔법도(繩)와 형벌(墨). 즉 법도. 繩(줄 승, 법도) 墨(먹 묵, 형벌)〕强(굳셀 강 → 기를 쓰다) 衒(팔 현, 스스로 자랑해 남에게 내보임)

是以人惡育其美也: 이(是)는 (다른) 사람(人) 추함을(以~惡) (드러내어 자신을) 아름답게(美) 기르다(育) (일)이다(也). 즉 꾸미는 일이다. 惡(추할 오) 育(기를 육)

命之曰菑人: 이(之)를 이름(命)해 치인(菑人), 즉 남에게 재앙을 끼치는 사람(人)이라 말하다. 命(이름지을 명) 菑(치)=災(재앙 재)

菑人者 人必反菑之: 남(人)에게 재앙을 끼치면(菑~者) 반대로(反) 남(人)도 반드시(必) 너(之)에게 재앙(菑)을 (끼친다).

若殆爲人菑夫!: (그러면) 너(若)도 다른 사람에게(爲~人) 아마(殆) 재앙(菑)을 (주다)! 殆(아마 태)

且苟爲悅賢而惡不肖: 또(且) 어진(賢) (사람을) 참으로(苟) 기뻐하고(爲悅~而) 어리석은(不肖) (사람을) 싫어하는(惡) (훌륭한 군주). 苟(진실로 구, 참으로) 悅(기뻐할 열) 不肖〔본보기(肖)가 아님(不) → 어리석음. 肖(본받을 초)〕惡(싫어할 오)

惡用而求有以異?: (그러면 주위에 어진 이가 이미 많을 텐데) 어째서(惡) (자네를) 등용해(用) (나랏일이 이전과) 다름이(以~異) 있기(有)를 바라는가(求)? 즉 다르게 바뀌기를 바라는가? 用(쓸 용 → 등용하다) 異(다를 이)

若唯無詔: (이런 상황에서) 네(若)가 비록(唯) 말하지(詔) 않아도(無). 唯(비록 유, ~하지 않아도) 詔(알릴 조, 말하다)

王公必將乘人而鬪其捷: 왕(王公)은 반드시(必) 너(人)를 업신여기고(將~乘) (능숙한 말솜씨로 너를) 이기려고(捷) 다투다(鬪). 乘(업신여길 승) 捷(이길 첩) 鬪(싸움 투, 다투다)

而目將熒之 而色將平之: 그러면(而) (너의) 눈(目)은 휘둥그레지고(將~熒) 그리고(而) (너의) 얼굴빛(色)은 새파래지다(將~平). 目(눈 목) 熒(아찔할 형, 휘둥그레지다) 色(빛 색, 얼굴 빛) 平(평평할 평 → 새파래지다)

口將營之 容將形之: (너의) 입(口)은 변명하기 바쁘고(將~營), (너의) 모습(容)은 비굴해지다(將~形). 口(입 구) 營(오락가락할 영, 변명하기 바쁘다) 容(얼굴 용, 모습) 形(형체 형, 비굴한 모양을 나타냄)

心且成之: (그러면 너의) 마음(心)은 (결국에 군주와) 타협하다(成). 成(화해할 성, 타협하다)

是以火救火 以水救水: 이것(是)이 불로(以~火) 불(火)을 끄고(救), 물로(以~水) 물난리(水)를 막다(救). 救(구할 구 → 불을 끄다, 또는 물 막다)

名之曰益多: 이(之)를 이름해(名) 나쁜 쪽으로 더 많이 보태는(益多) 거라고 말하다. 益多〔(나쁜 쪽으로) 더 많이(多) 보태다(益). 益(더할 익)〕

順始無窮: (그러니 너는) 처음부터(始) (군주 말을) 끝없이(無窮) 따르다(順). 始(처음 시) 無窮〔끝없음. 窮(다할 궁)〕順(따를 순)

若殆以不信厚言: (위나라 군주가) 애초부터(殆) 너(若)를 신뢰하지(信) 않는데(不) 말(言)을 많이(厚) (하다). 殆(처음 태, 처음부터 信(믿을 신, 신뢰하다) 厚(두터울 후 → 많이 하다)

必死於暴人之前矣!: 포악한 사람(暴人) 앞에서(於~前) 반드시(必) 죽임(死)을 당하다!

且昔者桀殺關龍逢: 옛날(昔~者) (夏나라) 걸(桀)왕은 (충신) 관용봉(關龍逢)을 죽이다(殺). 昔(옛 석) ★ 하(夏)나라는 우(禹)가 세운 중국 최초의 나라이다.

紂殺王子比干: (은나라) 주(紂)왕은 왕자(王子) 비간(比干)을 죽이다(殺). ★ 주(紂)는 은나라 마지막 왕으로 걸(桀)왕과 함께 동아시아에서 폭군의 대명사이다.

是皆修其身以下傴拊人之民: 모두(皆), 즉 관용봉과 비간은 수신(修身)을 잘 해 그것으로써(以) 아래(下)를 향해선(傴) 백성(人之民)을 (잘) 어루만지다(拊). 修(닦을 수, 몸을 잘 닦다) 傴(구부릴 구, 아래를 향하다) 拊(어루만질 부)

以下拂其上者也: (그러나) 아래로선(以~下), 즉 신하로선 왕(上~者)을 거스르다(拂). 上(위 상, 왕) 拂(거스를 불, 거스르다)

故其君因其修以擠之: 따라서(故) (이런) 몸가짐(修)으로 인해(因) (걸·주 두) 왕(君)이 관용봉과 비간(之)을 모함해 죽이다(擠). 修(닦을 수 → 몸가짐) 擠(밀칠 제, 배척하다 → 모함해서 죽이다)

是好名者也: (그런데) 이것(是)이 (관용봉과 비간으로 하여금) 명성(名)을 좋아하는 사람(好~者)으로 (만든다).

昔者堯攻叢枝.胥敖: 옛날(昔者) 요(堯)임금은 총지(叢枝)·서(胥)·오(敖)를 공격하다(攻). ★ 총지(叢枝)는 변방의 미개한 나라인데 내편 「제물론」 5에선 종회(宗膾)로 표현된다.

禹攻有扈 國爲虛厲: 우(禹)임금은 유호(有扈)를 공격해(攻) (이들) 나라(國)가 폐허가 되다(爲~虛厲). 攻(칠 공, 공격하다) 虛厲[폐허. 虛(빌 허) 厲(몹시굴려 려, 학대함)]

身爲刑戮: (그래서 수많은) 사람(身)들이 죽임을 당하다(爲~刑戮). 刑戮[죽임. 刑(형벌 형, 죽임) 戮(죽일 류, 죽임)]

其用兵不止 其求實無已: (요·우 두 임금은) 군대(兵)를 (이처럼) 쉬지(止) 않고(不) 동원해(用) 재물(實)을 그침(已) 없이(無) 추구하다(求). 兵(군사 병, 군대) 止(그칠 지, 쉬다) 已(그칠 이) 實(재물 실) 求(구할 구)

是皆求名實者也: (그러니) 이것(是)이 (요·우 두 임금) 모두(皆)를 명성(名)과 재물(實)을 추구한 사람(求~者)으로 (만들다).

而獨不聞之乎?: 그런데(而) (너) 혼자만(獨) 이런 얘기(之)를 듣지(聞) 못하는가(不)?

名實者 聖人之所不能勝也: (이처럼) 명성(名)과 재물(實)은 (요·우 임금 같은) 성인(聖人)도 유혹하는(之) 바(所)를 이겨낼(勝) 수(能) 없다(不). 즉 요·순 임금 같은 성인도 그 유혹에서 벗어날 수 없다. 勝(이길 승)

獨不聞之而況若乎!: (너) 혼자(獨) (이런) 얘기(之)를 듣지(聞) 못해도(不~而) 하물며(況) (이 상황에서) 네(若)가 (어쩌겠는가)!

雖然 若必有以也 嘗以語我來!: 아무리 그래도(雖然) 네(若)게 필히(必) (생각이) 있을 테니(以~有) 내(我)게 한번(嘗) 얘기하게(以~語)! 雖然[아무리 그래도. 雖(비록 수)]

인간세 1-2

顔回曰:「端而虛, 勉而一則可乎?」

曰:「惡! 惡可! 夫以陽爲充孔揚, 采色不定, 常人之所不違,

因案人之所感, 以求容與其心.

名之曰日漸之德不成, 而況大德乎!

將執而不化, 外合而內不訾, 其庸詎可乎!」

回曰:「然則我內直而外曲, 成而上比.,

內直者, 與天爲徒.

與天爲徒者, 知天子之與己皆天之所子, 而獨以己言蘄乎而人善之,

跽乎而人不善之邪?

若然者, 人謂之童子, 是之謂與天爲徒.

外曲者, 與人爲徒也.

擎跽曲拳, 人臣之禮也, 人皆爲之, 吾敢不爲邪!

爲人之所爲者, 人亦無疵焉, 是之謂與人爲徒.

成而上比者, 與古爲徒.

其言雖敎, 讁之實也, 古之有也, 非吾有也.

若然者, 雖直而不病, 是之謂與古爲徒. 若是則可乎?」

仲尼曰:「惡! 惡可! 大多政法而不諜, 雖固亦無罪.

雖然, 止是耳矣, 夫胡可以及化! 猶師心者也.」

안회가 말했다.

"몸은 단정히 하면서 마음을 비우고

애를 쓰면서 초심을 유지하면 되겠습니까?"

공자가 말했다. "아니, 어찌 되겠는가?

위나라 군주는 겉으론 자신감이 넘쳐서 매우 우쭐거리고,

표정은 자주 변해서 보통사람은 그를 감히 거역하지 못하네.

이 때문에 다른 사람의 생각을 억눌러 마음 내키는 대로 추구하려들 거네.

이런 태도를 두고 일점지덕(日漸之德), 즉 날마다 노력해 조금씩 늘려가는

작은 덕도 이루지 못한다고 말하는데

하물며 나라를 다스리는 것과 같은 큰 덕을 그에게서 어찌 기대하는가!

또 이런 사람은 자기 입장에 집착해 다른 사람에 의해 변화되지 않을 거네.

혹시 겉으로는 다른 사람의 의견을 따라도

마음속으로는 고려하지 않을 테니 어째서 괜찮겠는가!"

안회가 말했다.

"그러면 저는 속은 곧아도 겉은 유연하고,

제 생각을 말해도 옛사람의 말을 예로 들어 말하겠습니다.

속이 곧으면(內直) 자연과 한 무리가 됩니다.

자연과 한 무리가 되면 군주나 저나 모두 자연의 자식임을 압니다.

그런데 군주가 유독 제 말만 옳다고 인정해주길 바랄까요?

또 군주가 제 말을 옳지 않다고 여긴다고 제가 군주 앞에 꿇어앉을까요?

이런 사람은 천진함으로 인해 사람들이 어린애라고 부르니

이를 두고 자연과 한 무리가 된다고(與天爲徒) 말합니다.

또 겉이 유연하면(外曲) 남과 한 무리가 됩니다.

남과 한 무리가 되면 손을 모아 높이 들어서

무릎을 꿇고 허리를 굽혀 절하는 게 신하로서 예입니다.

이처럼 모든 신하가 군주에게 예를 지키는데 저라고 어찌 안 하겠습니까!

남이 하는 대로 따라 하는 사람에 대해선 누구도 헐뜯지 않으니

이를 두고 남과 한 무리가 된다고(與人爲徒) 말합니다.

또 자신 생각을 말해도 옛사람의 말을 예로 들어 말하면(成而上比)

옛사람과 한 무리가 됩니다.

옛사람의 말은 비록 가르침이어도 실은 꾸짖는 말입니다.

그렇더라도 그건 옛사람이 한 말이지 제가 한 말이 아닙니다.

이런 사람은 아무리 곧은 말을 해도 화를 입지 않으니

이를 두고 옛사람과 한 무리가 된다고(與古爲徒) 말합니다.

제가 이런 식으로 처신하면 되지 않겠습니까?"

공자가 말했다. "아, 안 되네!

자네에게는 위나라 군주의 잘못을 바로잡는 방법이 아주 많아도

모두 마땅치가 않네.

물론 자네가 말한 방법들은 진실해서 벌 받을 일은 없을 거네.

아무리 그렇더라도 그저 그럴 뿐이네.

이래서야 어찌 군주를 감화시킬 수 있겠는가!

자네는 아직도 사심자(師心者), 즉 자기 생각에만 얽매인 사람이네."

注 ─────────────────────────────

顔回曰 端而虛: 안회(顔回)가 말하다. (몸은) 단정히 하면서(端~而) (마음을) 비우다(虛). 端(바를 단, 곧음 → 단정하다)

勉而一則可乎?: 애를 쓰면서(勉~而) 초심을 유지하면(一~則) 되는가(可)? 勉(힘쓸 면) 一(하나 일 → 초심을 유지함)

曰 惡! 惡可!: (공자가) 말하다. 아니(惡)! 어찌(惡) 되는가(可)! 惡(어찌 오, 반어사)

夫以陽爲充孔揚: (위나라) 군주(夫)는 겉으로는(以~陽) 자신감이 넘쳐(爲~充) 매우(孔) 우쭐거리다(揚). 夫(지아비 부 → 군주) 陽(겉 양) 充(가득할 충 → 자신감이 넘침) 孔(심히 공 → 매우) 揚(뜻을

이룬모양 양, 뽐내고 우쭐거리는 모양)

采色不定 常人之所不違: 표정(采色)은 정해지지(定) 않아(不), 즉 표정은 자주 변해 보통사람 (常人)은 (감히 그를) 거역하지(違) 못하는(不) 바(所)다. 采色〔표정. 采(풍채 채)〕定(정해질 정) 常人〔보통사람. 常(범상할 상)〕違(어길 위, 거역하다)

因案人之所感: (이로) 인해(因) (다른) 사람(人)의 생각(所感)을 억누르다(案). 因(인할 인) 所感 〔마음에 느낀 바, 또는 생각. 感(느낄 감)〕案(누를 안, 억누르다)

以求容與其心: 이럼으로써(以) 마음(心) 내키는 대로(容與) 추구하다(求). 容與〔태도나 마음 이 태연함 → 내키는대로 함〕求(구할 구)

名之曰日漸之德不成: 이런 태도(之)를 이름해서(名) 날마다(日) (노력해) 조금씩(漸) (늘려가는 작은) 덕(德)도 이루지(成) 못한다고(不) 말하다. 漸(점점 점 → 조금씩 늘려가다)

而況大德乎!: 그런데(而) 하물며(況) (나라를 다스리는 것과 같은) 큰 덕(大德)을 (그에게서 어떻게 기대하는가)!

將執而不化: 또(將) (이런 사람은 자기 입장에) 집착해(執~而) (남에 의해) 변화되지(化) 않다(不). 將(또 장) 執(잡을 집, 집착함)

外合而內不訾: (혹시) 겉(外)으로는 (다른 사람 의견과) 합하지만(合~而) 마음(內) 속으로는 생각 하지(訾) 않다(不). 즉 겉으론 다른 사람의 의견을 따라도 마음속으로는 고려하지 않는다. 合 (합할 합) 訾(생각할 자)

其庸詎可乎!: (그러니) 어찌하여(庸詎) 괜찮은가(可)? 庸詎〔어찌하여. 庸(어찌 용) 詎(어찌 거)〕

回曰 然則我內直而外曲: 안회(回)가 말하다. 그러면(然~則) 나(我)는 속(內)은 곧아도(直~而) 겉(外)은 유연하다(曲). 內(속 내) 直(곧을 직) 曲(굽을 곡 → 유연하다)

成而上比: (내) 생각을 말해도(成~而) 옛(上) 사람의 (말을) 예로 든다(比). 成(완성된 의견 → 소 견) 上(윗 상 → 옛날) 比(견줄 비, 견주다 → 예로 들다)

內直者 與天爲徒: 속(內)이 곧으면(直~者) 자연과(與~天) 한 무리가 되다(爲~徒). 天(하늘 천 → 자연) 徒(무리 도)

與天爲徒者: 자연과(與~天) 한 무리가 되면(爲徒~者).

知天子之與己皆天之所子: 군주(天子)나 자기(己)나 모두(皆) 자연(天)의 자식(所~子)임을 안다 (知).

而獨以己言蘄乎而人善之: 그런데(而) (군주가) 유독(獨) 내(己) 말을(以~言) 옳다고 인정해주 기(善)를 바랄까(蘄~乎)? 善(옳게여길 선) 蘄(바랄 기, 바라다)

跽乎而人不善之邪?: (또) 군주(人)가 내 말을 옳지(善) 않다고 여긴다고(不~邪) (해서 내가 군주 앞에) 꿇어앉을까(跽~乎)? 跽(꿇어앉을 기) 邪(의문·부정을 나타내는 조사, ~이 아닐까)

若然者 人謂之童子: 이런 사람(若然~者)은 (천진함으로) 사람(人)들이 그(之)를 어린애(童子)라

고 부르다(謂). 童子〔사내아이 → 어린애. 童(아이 동)〕

是之謂與天爲徒: 이(是)를 (두고) 자연과(與~天) 한 무리가 된다고(爲~徒) 말하다(謂).

外曲者 與人爲徒也: (또) 겉(外)이 유연하면(曲~者) 남과(與~人) 한 무리가 되다(爲~徒). 曲(굽을 곡 → 부드럽다) 人(사람 인, 남)

擎跽曲拳: (남과 한 무리가 되면) 손을 모아 높이 들어(擎) 무릎을 꿇고(跽) 허리를 굽혀 절하다(曲拳). 擎(들 경, 손 모아 높이 들다) 跽(꿇어앉을 기) 曲拳〔몸을 굽혀(曲) 절하다(拳). 曲(굽을 곡) 拳(충근할 권, 충실하고 부지런한 모양 → 절하다)〕

人臣之禮也: (그것이) 신하(人臣)로서 예(禮)이다. 人臣(신하)

人皆爲之 吾敢不爲邪!: (이처럼) 신하(人) 모두(皆)가 (군주에게) 예(之)를 지키는데(爲) 나(吾)라고 (어찌) 감히(敢) 안 하는가(不~爲)! 皆(모두 개)

爲人之所爲者: (남이) 하는 바대로(所~爲者) (따라 하는) 사람(爲~人). 즉 남이 하는 대로 따라 하는 사람.

人亦無疵焉: (그에 대해선 다른) 사람(人) 역시(亦) 헐뜯지(疵) 않다(無). 즉 누구도 헐뜯지 않다. 疵(흠볼 자, 헐뜯다)

是之謂與人爲徒: (그러니) 이(是)를 (두고) 남과(與~人) 한 무리가 된다고(爲~徒) 말하다(謂).

成而上比者 與古爲徒: (또 자신의) 생각을 말해도(成~而) 옛사람(上)의 (말을) 예로 들어 말하면(比~者) 옛(古) 사람과 한 무리가 되다(爲~徒). 成(완성된 의견 → 생각) 上(윗 상 → 옛날) 比(견줄 비, 견주다 → 예로 들어 말하다)

其言雖敎 讁之實也: (옛사람의) 말(言)은 비록(雖) 가르침(敎)이어도 실은(實) 꾸짖는(讁) (말이)다. 言(말씀 언) 雖(비록 수) 敎(가르침 교) 實(실제 실 → 실은) 讁(꾸짖을 적)

古之有也 非吾有也: (그렇더라도 그건) 옛(古) 사람의 소유(有)이지 내(吾) 소유(有)가 아니다(非). 즉 옛사람이 한 말이지 내가 한 말이 아니다.

若然者 雖直而不病: 이런 사람(若然~者)은 아무리(雖) 곧은(直) (말을) 해도 화(病)를 입지 않는다(不). 直(곧을 직) 病(욕보일 병, 비방을 당함 → 화) 雖(비록 수 → 아무리 ~해도)

是之謂與古爲徒: (그러니) 이(是)를 (두고) 옛사람과(與~古) 한 무리가 된다고(爲~徒) 말하다(謂).

若是則可乎?: (내가) 이(是)와 같으면(若~則) 가능한지(可) (않는가)? 즉 내가 이런 식으로 처신하면 되지 않는가?

仲尼曰 惡! 惡可!: 공자(仲尼)가 말하다. 어찌(惡)! 어찌(惡) 될까(可)! 즉 아! 안 된다!

大多政法而不諜: (너에게는 군주의 잘못을 바로잡으려는 방법(政法)이 아주(大) 많아도(多~而) (모두) 마땅치가(諜) 않다(不). 政法〔남의 잘못된 점을 바로 잡는(政) 방법(法). 政=正(바로 잡음) 法(법 법)〕諜(편안히할 첩, 편안하다 → 마땅함)

雖固亦無罪: 물론(亦) (네가 말한 방법들은) 진실해서(固) 벌(罪) 받을 일은 없다(無). 亦(또 역 → 물론) 固(진실로 고) 罪(벌 죄)

雖然 止是耳矣: 아무리 그래도(雖然) 여기서(是) 끝날(止) 뿐이다(耳矣). 즉 그저 그럴 뿐이다. 止(그칠 지) 耳(어조사 이)

夫胡可以及化!: (이래서야) 군주(夫)를 어찌(胡) (감화 되도록(化) 이르게(以~及) 할 수(可) (있는 가)! 즉 감화시킬 수 있는가! 胡(어찌) 化(될 화) 及(미칠 급 → 이르도록 하다)

猶師心者也: (너는 아직도) 마치(猶) 자기 생각(心)만 따르는(師) 자(者)이다. 즉 자기 생각에만 얽매인 사람이다.

인간세 1-3

顏回曰:「吾無以進矣, 敢問其方.」

仲尼曰:「齋, 吾將語若! 有心而爲之, 其易邪? 易之者, 皡天不宜.」

顏回曰:「回之家貧, 唯不飮酒不茹葷者數月矣. 如此, 則可以爲齋乎?」

曰:「是祭祀之齋, 非心齋也.」

回曰:「敢問心齋.」

仲尼曰:「若一志, 無聽之以耳而聽之以心, 無聽之以心而聽之以氣!

耳止於聽, 心止於符. 氣也者, 虛而待物者也.

唯道集虛. 虛者, 心齋也.」

顏回曰:「回之未始得使, 實有回也., 得使之也, 未始有回也., 可謂虛乎?」

夫子曰:「盡矣. 吾語若! 若能入遊其樊而無感其名, 入則鳴, 不入則止.

無門無毒, 一宅而寓於不得已, 則幾矣.

「絶迹易, 無行地難. 爲人使易以僞, 爲天使難以僞.

聞以有翼飛者矣. 未聞以無翼飛者也., 聞以有知知者矣, 未聞以無知知者也.

瞻彼闋者, 虛室生白, 吉祥止止.

夫且不止, 是之謂坐馳.

夫徇耳目內通而外於心知, 鬼神將來舍, 而況人乎!

是萬物之化也, 禹舜之所紐也, 伏羲几蘧之所行終, 而況散焉者乎!」

안회가 말했다.

"저로선 더 어찌할 방도가 없습니다. 다른 방법이 있는지 여쭙니다."

공자가 재계(齋)를 말했다.

"내가 자네에게 재계에 대해 말하겠네!

의도를 갖고 군주를 감화시키려고 하면 그가 바뀌겠는가?

만약 그가 바뀌면 그건 환한 자연의 이치(皞天)와도 맞지 않네."

안회가 말했다.

"저의 집은 가난해 술을 마시지 못했을 뿐 아니라 고기도 먹어보지

못한 지 여러 달이 되었습니다. 이만하면 재계했다고 할 수 있지요?"

공자가 말했다.

"그건 제사 지낼 때 몸을 깨끗이 하는 재계(祭祀之齋)이지

심재(心齋), 즉 마음을 깨끗이 하는 재계가 아니다."

안회가 말했다. "마음을 깨끗이 하는 재계에 대해 감히 여쭙고자 합니다."

공자가 말했다. "자네는 뜻(志)을 하나로 모으라.

그리고 귀로 듣지 말고 마음으로 들어라.

그다음에는 마음으로 듣지 말고 기(氣)로 들어라!

귀는 듣고자 하는 소리만 듣고,

마음은 자신 생각과 부합하는 내용만 받아들인다.

그런데 기는 텅 비어서 모든 사람의 생각과 부응하는데

오로지 텅 빈 곳에 도(道)가 모인다.

그러니 마음을 텅 비우는 게 심재(心齋)이다."

안회가 말했다.

"회(回)는 여태 심재를 얻지 못해 실은 자신에 얽매여 있었습니다.

이제 스승에게 가르침을 얻었으니 저는 자신에 얽매이지 않게 되었습니다.

이런 걸 비움이라고 말할 수 있나요?"

공자가 말했다. "충분하다.

이제 내가 너에게 위나라 군주를 상대하는 법에 대해 말하겠네!

자네가 위나라에 들어가면 새장처럼 옹색한 위나라에서 유유자적할 뿐

군주의 명성에 마음이 흔들려선 안 된다.

그러니 위나라 군주가 자네 생각을 들어주면 유세하고,

유세하다가 자네 생각을 들어주지 않으면 그냥 그쳐라.

그러니 나라의 병폐가 무엇인지 진단하지(門) 말고,

나라를 어떻게 개선해야 할지 처방(毒)도 말하지 말라.

마음을 한결같이 하는데도 자네 생각이 받아들여지지 않으면

어찌할 수 없음(不得已)에 그대로 머물러라.

그러면 그런대로 무난하다."

공자가 계속해서 말했다.

"길을 걷지 않기는 쉬워도 땅을 밟지 않고 걷기는 어렵다.

사람을 위해서 부림을 받을 적에는 사람을 속이기는 쉬워도

자연을 위해서 부림을 받을 적에는 자연을 속이기는 어렵다.

날개가 있어 나는 건 들었어도 날개가 없이 나는 건 아직 듣지 못했을 거다.

앎이 있어서 세상의 이치를 아는 건 들었겠지만

앎이 없어도 세상의 이치를 아는 건 아직 듣지 못했을 거다.

저기 아무것도 없는 곳을 자리에 앉아서 자세히 보거라.

텅 빈 방에 눈 부신 빛이 생겨나 길한 상서로움(吉祥)이 머물고 또 머문다.

그런데 마음이 한 곳에 머물지 못하는 것을 좌치(坐馳),

즉 몸은 앉아 있어도 마음이 밖으로 내달리는 거라고 말한다.

귀와 눈을 안으로 통하게 하고 마음과 지각을 배제하면

귀신도 와서 머물 텐데 하물며 사람이야 어떠하겠는가!

이것은 만물이 감화되어서이다.

우(禹)임금과 순(舜)임금이 자신들의 마음을 쓰는데 근거한 바고,

복희(伏羲)씨와 궤거(几蘧) 씨가 평생 실천한 바다.

그런데 하물며 보통사람인 우리야 더 말할 나위가 있겠는가!"

注 ——————————————————

顔回曰 吾無以進矣: 안회(顔回)가 말하다. 나(吾)는 나아갈 수(以~進) 없다(無). 즉 더 이상 어찌할 방도가 없다. 進(나아갈 진)

敢問其方: (다른) 방법(方)이 있는지 감히(敢) 묻다(問). 方(길 방, 방법)

仲尼曰齋 吾將語若!: 공자(仲尼)가 재계(齋)를 말하다. 내(吾)가 네(若)게 (재계에 대해) 말하려 한다(將~語)! 若(너 약) 語(말 어)

有心而爲之 其易邪?: 마음(心)을 지니고서(有~而), 즉 의도를 갖고 (군주를 감화시키려) 하면

(爲) (그가) 바뀌는가(易)? 易(바뀔 역)

易之者 皥天不宜: (그가) 바뀌면(易~者) 환한(皥) 자연(天)의 (이치와) 맞지(宜) 않다(不). 皥(밝을 호, 환한). 宜(마땅할 의 → 맞다)

顔回曰 回之家貧: 안회(顔回)가 말하다. 회(回)의 집(家)은 가난하다(貧). 貧(가난할 빈)

唯不飮酒不茹葷者數月矣: (그래서) 술(酒)을 마시지(飮) 못하고(不) 고기(葷者)를 먹지(茹) 못한지(不)도 여러 달(數月)이 되다. 酒(술 주) 飮(마실 음) 葷(매운채소 훈. 고기 구울 때 채소와 함께 요리해야 하므로 고기를 의미) 茹(먹을 여)

如此 則可以爲齋乎?: 이(此)와 같다면(如~則), 즉 이만하면 재계했다고(以~爲齋) 할 수(可) (있나)?

曰 時祭祀之齋 非心齋也: (공자가) 말하다. (그건) 제사(祭祀) 지낼 때(時) (몸을 깨끗이 하는) 재계(齋)이지 마음(心)을 (깨끗이 하는) 재계(齋)가 아니다(非). 時(때 시)

回曰 敢問心齋: 안회(回)가 말하다. 마음(心)을 (깨끗이 하는) 재계(齋)에 대해 감히(敢) 묻다(問).

仲尼曰 若一志: 공자(仲尼)가 말하다. 너(若)는 뜻(志)을 하나(一)로 (모으라). 若(너 약) 志(뜻 지)

無聽之以耳而聽之以心: (그리고) 귀로(以~耳) 듣지(聽) 말고(無~而) 마음으로(以~心) 들어라(聽). 耳(귀 이) 聽(들을 청)

無聽之以心而聽之以氣!: (그다음에는) 마음으로(以~心) 듣지(聽) 말고(無~而) 기로(以~氣) 들어라(聽)!

耳止於聽: 귀(耳)는 들음에(於~聽) 머문다(止). 즉 귀는 듣고자 하는 소리만 듣는다. 止(머물 지)

心止於符: 마음(心)은 (자신 생각과) 부합하는 것에(於~符) 그친다(止). 즉 부합하는 내용만 받아들인다. 符(부(符)란 원래 신표(信標), 부절(符節)을 뜻하는데 여기선 부합한다는 의미. 符(부신 부)]

氣也者 虛而待物者也: (그런데) 기라는 건(氣也~者) 텅 비어서(虛~而) (모든) 사람(物~者)(의 생각과) 부응하다(待). 待(대비할 대 → 부응하다) 物(사물 물, 여기선 사람을 의미)

唯道集虛: (그런데) 텅 빈 곳(虛)에 오로지(唯) 도(道)만 모인다(集). 集(모일 집)

虛者 心齋也: (그러니 마음을) 텅 비우는(虛) 것(者)이 심재(心齋)이다. (이 상태에 이르면 모든 사람의 생각과 부응하다) 集(모일 집, 모이다 → 깃든다)

顔回曰 回之未始得使: 안회(顔回)가 말하다. 회(回)는 여태 (심재를) 얻지(得) 못함으로(未始~使). 未始(여태 ~하지 못하다)

實有回也: 실은(實) 회(回)에 있다(有). 즉 자신에 얽매여 있다.

得使之也 未始有回也: (이제 스승)에게서(使) (가르침을) 얻으니(得) 회(回)는 (자신에 얽매이지) 않다(未).

可謂虛乎?: (이런 것을) 비움(虛)이라고 말할 수 있나요(可~謂)?

夫子曰 盡矣 吾語若!: 공자(夫子)가 말하다. 다할(盡) 뿐이다(矣). 즉 충분하다. (이제) 내(吾)가 너(若)에게 (위나라 군주를 상대하는 법에 대해) 말하다(語)! 盡(다할 진) 若(너 약) 語(말 어)

若能入遊其樊而無感其名: 네(若)가 (위나라에) 들어가면(能~入) 새장처럼 옹색한 나라(樊)에서 유유자적할 뿐(遊~而) (군주) 명성(名)에 (마음이) 흔들리지(感) 말라(無). 樊(울타리 번 → 새장처럼 옹색한 위나라를 의미) 感(흔들 감)

入則鳴 不入則止: (그러니 위나라 군주가 네 생각을) 들어주면(入~則) 울어주고(鳴), 즉 유세하고, (유세하다 네 생각을) 들어주지(入) 않으면(不~則) (그대로) 그쳐라(止). 入(들 입 → 들어주다) 鳴(울 명)

無門無毒: (그러니 나라의 병폐가 무엇인지) 진단(門)도 (하지) 말고(無) (나라를 어떻게 개선해야 할지) 처방(毒)도 (하지) 말라(無). ★ 문(門)이 지시하는 뜻은 '출입문'인데 출입문으로 들어가야 내부를 들여다볼 수 있어 여기선 '진단'으로 해석했다. ★ 독(毒)이 지시하는 뜻은 '독약'인데 '작은 분량으로 병을 고친다'라는 의미가 있어 여기선 '처방'으로 해석했다.

一宅而寓於不得已: 마음(宅)을 한결같이 하는데도(一~而) (네 생각이 받아들여지지 않으면) 어찌할 수 없음에(於~不得已) (그냥) 머물다(寓). 宅(집 택 → 마음) 一(하나 일 → 한결같이 하다) 不得已(그만둠(已)을 얻을(得) 수 없다(不). 즉 어찌 할 수 없다. 已(이미 이, 그만두다)) 寓(머무를 우, 머물다)

則幾矣: 그러면(則) (그런대로) 무난하다(幾). 幾(거의 기, 거지반 → 무난하다)

絶迹易 無行地難: 흔적(迹)을 끊는(絶) 건, 즉 길을 걷지 않기는 쉬워도(易) 땅(地)을 (밟지) 않고(無) 걷기는(行) 어렵다(難). ★ 이는 세상이 싫다고 관계를 끊고 살아가는 건 쉬워도 함께 살아가는 건 어렵다는 걸 뜻한다. 迹(자취 적, 흔적) 絶(끊을 절) 易(쉬울 이) 地(땅 지) 難(어려울 난)

爲人使易以僞: 사람을 위해서(爲~人) 부림을 받을 적에는(使) (인정과 욕심 등으로 휘둘려져 사람을) 속이기는(以~僞) 쉽다(易). 使(하여금 사 → 부림을 받다) 僞(거짓 위, 속이다) 易(쉬울 이)

爲天使難以僞: 자연을 위해서(爲~天) 부림을 받을 적에는(使) (자연을) 속이기는(以~僞) 어렵다(難). 難(어려울 난)

聞以有翼飛者矣: 날개(翼)가 있어(以~有) 나는 건(飛~者) 듣다(聞). 翼(날개 익) 飛(날 비) 聞(들을 문)

未聞以無翼飛者也: 날개(翼)가 없이(以~無) 나는 건(飛~者) 아직 듣지 못하다(未~聞).

聞以有知知者矣: 앎(知)이 있어서(以~有) (세상의 이치를) 아는 건(知~者) 듣다(聞).

未聞以無知知者也: 앎(知)이 없어도(以~無) (세상의 이치를) 아는 건(知~者) 아직 듣지 못하다(未~聞).

瞻彼闋者: 저기(彼) 아무것도 없는(闋) 곳(者)을 자리에 앉아서 자세히 보다(瞻). 瞻(볼 첨, 자리

虛室生白 吉祥止止: (텅) 빈(虛) 방(室)에 눈 부신 빛(白)이 생겨나(生) 길한(吉) 상서로움(祥)이 머물고(止) (또) 머문다(止). 闋(텅빌 결) 室(집 실, 방) 白(흰 백, 흰 빛 → 눈부신 빛) 祥(상서로울 상)

夫且不止: 그런데(夫) (마음이 한 곳에) 머물지(止) 못하다(不). 且(어조사 저, 어세를 강하게 하기 위한 조사)

是之謂坐馳: 이(是)를 좌치(坐馳)라고 말하다(謂). 坐馳〔몸은 앉아 있어도(坐) 마음은 밖으로 내달리다(馳). 坐(앉을 좌) 馳(달릴 치)〕

夫徇耳目內通而外於心知: 저(夫) 귀(耳)나 눈을(徇~目) 안(內)으로 통하게 하고서(通~而) 마음(心)과 지각을(於~知) 배제하다(外). 徇=使(하여금 사) 外(밖 외 → 배제하다)

鬼神將來舍 而況人乎!: (그러면) 귀신(鬼神)도 와서(來) 머물 텐데(舍) 하물며(況) 사람이야(人~乎)!

是萬物之化也: 이것(是)은 만물(萬物)이 감화되어서다(化). 化(감화시킬 화)

禹舜之所紐也: 우(禹)임금과 순(舜)임금이 (자신들의 마음을 쓰는데) 근거한(紐) 바(所)다. 紐(근거할 뉴)

伏羲几蘧之所行終: 복희(伏羲)씨와 궤거(几蘧)씨가 평생(終) 실천한(行) 바(所)다. 伏羲〔복희, 여와(女媧), 신농(神農)으로 이어지는 삼황 중에 첫 번째 황제〕 几蘧〔궤거. 삼황 이전의 제왕〕 終(항상 종, 늘 → 평생)

而況散焉者乎!: 그런데(而) 하물며(況) 보통사람(散~者)인 (우리야 더 말할 나위가) 있는가(乎)! 散(쓸모없는 산 → 보통사람)

인간세(人間世) 2

인간세 2-1

葉公子高將使於齊問於仲尼曰:「王使諸梁也甚重, 齊之待使者, 蓋將甚敬而不急.
匹夫猶未可動, 而況諸侯乎! 吾甚慄之.
子嘗語諸梁也曰『凡事若小若大, 寡不道以懽成. 事若不成, 則必有人道之患.,
事若成, 則必有陰陽之患.
若成若不成而後無患者, 唯有德者能之.』
吾食也執粗而不臧, 爨無欲淸之人.
今吾朝受命而夕飮氷, 我其內熱與!

吾未至乎事之情, 而既有陰陽之患矣., 事若不成, 必有人道之患.

是兩也, 爲人臣者不足以任之, 子其有以語我來!」

仲尼曰「天下有大戒二: 其一, 命也., 其一, 義也.

子之愛親, 命也, 不可解於心., 臣之事君, 義也, 無適而非君也, 無所逃於天地之間.

是之謂大戒, 是以夫事其親者, 不擇地而安之, 孝之至也.,

夫事其君者, 不擇事而安之, 忠之盛也.,

自事其心者, 哀樂不易施乎前, 知其不可奈何而安之若命, 德之至也.

爲人臣子者, 固有所不得已.

行事之情而忘其身, 何暇至於悅生而惡死! 夫子其行可矣.

초나라 섭공(葉公) 자고(子高)가 제나라에 사신으로 가자
공자를 찾아와서 말했다.

"왕이 저 제양(諸梁)을 제나라에 사신으로 보내는데 일이 매우 중요합니다.
제나라가 사신을 접대하는 데 공손해도 교섭엔 급히 나서지 않을 겁니다.
저는 필부조차 마음을 움직이지 못하는데 하물며 제후의 마음을
어찌 움직일 수 있겠습니까? 저는 이 일을 크게 걱정하고 있습니다.
선생께선 일찍이 저 제양에게 이런 말씀을 하셨습니다.
'모든 일은 작건 크건 간에 도가 아닌 것으로 흡족하게 이루기 힘들다.
만약 도에 입각하지 않은 상태에서 일마저 성사시키지 못하면
반드시 인간에 의한 재앙(人道之患)이 따르고,
만약 도에 입각하지 않은 상태에서 일을 성사시키면
반드시 음양에 의한 재앙(陰陽之患)이 따른다.
그러니 일을 성사시키건 성사시키지 못하건 후에 재앙이 생겨나지 않으려면
오로지 덕이 있어야 할 수 있다.'
제가 평소에 먹는 것은 요리하지 않은 날로 된 음식이지
요리한 좋은 음식이 아닙니다.
또 밥을 지어도 불을 사용하지 않아 그 열기로 집안의 시원함을 바라는
가족도 없습니다.
저는 오늘 아침 사신으로 가라는 명령을 받고 저녁에 얼음물을 마셨는데
근심으로 제 몸이 이미 뜨거워져 있습니다.

일을 실천에 옮기기도 전인데 저는 이미 음양에 의한 재앙이 생겨났습니다.
만약 일마저 성사시키지 못하면 반드시 인간에 의한 재앙도 생겨납니다.
이처럼 재앙이 두 배가 되어 신하 된 자로 이번 일을 감당하기 부족합니다.
자! 선생께서 좋은 말씀이 있으면 제게 해주시길 바랍니다.
공자가 말했다.
"세상에는 큰 계율이 두 개 있습니다.
하나는 하늘의 명(命)이고, 다른 하나는 인간으로서 도리(義)입니다.
자식이 부모를 사랑하는 건 하늘의 명인지라 마음에서 지울 수 없지요.
신하가 군주를 섬기는 일은 인간으로서 도리입니다.
그런데 어디를 가도 군주 없는 데가 없고,
군주를 피해서 달아날 곳도 천지 안에 없습니다.
그래서 하늘의 명(命)과 인간으로서 도리(義)를 큰 계율이라고 말합니다.
이래서 부모를 섬기는 사내대장부는 어떤 처지에서든
부모를 편히 모시는 게 최고의 효도(孝)이고,
군주를 섬기는 사내대장부는 어떤 임무를 맡든 군주를 편히 모시는 게
최고의 충성(忠)이지요.
그런데 마음을 스스로 다스리는 사람은 눈앞에 어떤 일이 벌어져도
슬픔과 기쁨의 감정이 서로 바뀌지 않지요.
그러니 사람의 힘으로 어찌할 수 없음을 알고 마음을 편히 하면서
하늘의 명을 따르는 게 최고의 덕(德)입니다.
신하 되거나 자식 된 자라면 본디 어찌할 수 없는 바가 있으니
일의 실상을 헤아려서 일한 뒤에는 자신을 잊어야 합니다.
그러니 마음을 스스로 다스리는 사람이 삶을 기뻐하고
죽음을 싫어하는 데까지 어찌 신경 쓸 겨를이 있나요!
죽고 사는 문제를 염두에 두지 말고 제나라에 사신으로 가는 게 좋습니다."

注

葉公子高將使於齊問於仲尼曰: (초나라) 섭공(葉公) 자고(子高)가 제나라에(於~齊) 사신으로 가
자(將~使) 공자를(於~仲尼) 방문해(問) 말하다.　★ 섭공(葉公)은 실존했던 인물로『논어』「술
이」와 「자로」편에 등장한다. 섭(葉)은 초(楚)나라 현(縣)이고 공(公)은 현의 책임자이다.　★ 자

고(子高)는 섭공을 말하는데 초나라 대부로서 대외관계에서 두각을 나타냈다. 그의 성은 심(沈)이고, 이름은 제양(諸梁)이었다. 使(사신 사)

王使諸梁也甚重: 왕(王)이 (저) 제양(諸梁)을 (제나라에) 사신(使)으로 (보내는데 일이) 매우(甚) 중요하다(重). 甚(심할 심 → 매우)

齊之待使者 蓋將甚敬而不急: 제나라(齊)가 (나를) 사신(使~者)을 접대하는(待) 데 매우(甚) 공손해도(敬~而) (교섭에는) 급히(急) 나서지 않다(不~蓋將). 待(대접할 대) 敬(공손할 경) 蓋將[아마도(蓋) ~ 일 것이다. 개(蓋, 추측·상상할 때의 발어사)]

匹夫猶未可動 而況諸侯乎!: (나는) 필부(匹夫) 조차(猶) (마음을) 움직일(動) 수(可) 없다(未). 그런데(而) 하물며(況) 제후(諸侯)의 (마음을 어찌 움직일 수 있는가)! 匹夫[한(匹) 사내(夫). 匹(홀 필, 하나) 夫(사내 부)] 猶(오히려 유, ~조차) 動(움직일 동)

吾甚慄之: 나(吾)는 (이 일을) 크게(甚) 걱정하다(慄). 慄(두려워할 율, 걱정하다)

子嘗語諸梁也曰: 선생(子)은 일찍이(嘗) (저) 제양에게(諸梁) (이런) 말(語)을 하다. 嘗(일찍이 상)

凡事若小若大: 모든(凡) 일(事)은 작건(若~小) 크건(若~大) 간에. 若(어조사 약) 凡(모두 범)

寡不道以懽成: 도(道)가 아닌 것으로(以~不) 흡족하게(懽) 이루기는(成) 드물다(寡). 懽(기뻐할 환 → 흡족하다) 寡(적을 과 → 드물다)

事若不成: 만약(若) (도에 입각하지 않은 상태에서) 일(事)마저 성사시키지(成) 못하다(不). 若(만일 약) 事(일 사) 成(이룰 성 → 성사 시키다)

則必有人道之患: 그러면(則) 반드시(必) 인간에 의한 재앙(人道之患)이 있다(有). 즉 따른다. 必(반드시 필) 人道之患[인간(人道)에 의한 재앙(患). 즉 일을 제대로 달성하지 못한 것에 대한 법적 처벌 내지는 인사상의 불이익 등을 의미. 患(재앙 환)]

事若成: 만약(若) (도에 입각하지 않은 상태에서) 일(事)을 성사시키다(成).

則必有陰陽之患: 그러면(則) 필히(必) 음양에 의한 재앙(陰陽之患)이 있다(有). 즉 따른다. ★ 음양지환(陰陽之患)은 음양(陰陽)의 부조화에 의한 재앙(患)을 뜻한다. 구체적으로 음양 부조화에 따른 정신적 육체적 고통이다. 자연현상도 음양 부조화에 따라 홍수나 가뭄 등 천지의 이변이 생겨나듯이 개인도 음양의 부조화에 따라 정신적 육체적 질병이 생겨난다.

若成若不成而後無患者: (그러니 일을) 성사시키건(若~成) 성사시키지(成) 못하건(若~不) (간에) 후(後)에 재앙(患)이 생겨나지 않으려면(無~者).

唯有德者能之: 오로지(唯) 덕(德)이 있어야(有~者) 할 수(能) (있다).

吾食也執粗而不臧: 내(吾)가 (평소에) 먹는(食) 건 요리하지 않은 날로 된(執粗~而) (거친 음식이지 요리한) 좋은(臧) (음식)이 아니다(不). 執粗[거친 것(粗)들의 무리(執). 즉 요리를 안 한 날로 된 음식. 粗(거칠 조) 執(벗 집, 무리)] 臧(착할 장, 좋음)

爨無欲清之人: (또) 밥을 지어도(爨) (화력을 동원하지 않아 그 열기로 인해 집안의) 시원함(清)을 바

라는(欲) 가족(人)이 없다(無). 爨(밥지을 찬) 淸(시원할 청) 人(사람 인 → 가족을 의미)

今吾朝受命而夕飮氷: 나(吾)는 오늘(今) 아침(朝) (사신으로 가라는) 명령(命)을 받고서(受~而) 저녁(夕)에 얼음물(氷)을 마시다(飮). 今(이제 금 → 오늘) 朝(아침 조) 命(명령 명) 受(받을 수) 夕(저녁 석) 氷(얼음 빙) 飮(마실 음)

我其內熱與: (그런데 근심으로) 내(我) (몸) 안(內)에 열(熱)을 주어(與) (몸이 뜨거워 있다). 즉 근심으로 몸이 이미 뜨겁다. 熱(열 열) 與(줄 여)

吾未至乎事之情: 나(吾)는 일(事)의 의향(情)에 이르지(至) 않다(未). 즉 일을 실천에 옮기기 전이다. 情(소망 정, 의향)

而旣有陰陽之患矣: (그런데도) 이미(旣) 음양(陰陽)에 의한 재앙(患)이 생겨나다(有). 旣(이미 기)

事若不成 必有人道之患: 만약(若) 일(事)마저 성사시키지(成) 못하면(不) 반드시(必) 인간(人道)에 의한 재앙(患)이 생겨나다(有).

是兩也 爲人臣者不足以任之: 이처럼(是) (재앙이) 두 배(兩)가 (되어) 신하 된(爲~人臣) 자(者)로 (이번 일을) 감당하기(以~任) 부족(不足)하다. 兩(두 양) 任(맡을 임, 감당하다)

子其有以語我來!: 자(來)! 선생(子)은 내(我)게 말씀을(以~語) 하길(有) (바란다)! 즉 선생이 좋은 말씀이 있으면 내게 해주길 바란다. 來(자! 하는 권유의 뜻)

仲尼曰 天下有大戒二: 공자(仲尼)가 말하다. 세상(天下)에는 큰(大) 계율(戒)이 두(二) 개 있다(有). 戒(계율 계)

其一 命也 其一 義也: 하나(一)는 하늘의 명(命)이고, (다른) 하나(一)는 (인간으로서) 도리(義)이다. 命(명 명) 義(옳을 의, 의로움 또는 사리에 합당한 행위 → 인간으로서 도리)

子之愛親 命也: 자식(子)이 부모(親)를 사랑하는(愛) 건 하늘의 명(命)이다. 親(어버이 친, 부모) 愛(사랑 애)

不可解於心: (그래서) 마음에서(於~心) 푸는(解) 게 불가(不可)하다. 즉 마음에서 지울 수 없다. 解(풀 해, 풀다 → 지우다)

臣之事君 義也: 신하(臣)가 군주(君)를 섬기는 일(事)은 인간으로서 도리(義)이다.

無適而非君也: (그런데 어디를) 가도(適) 군주(君) 없는 곳(非)이 없다(無). 適(갈 적)

無所逃於天地之間: (또 군주를 피해) 천지(天地) 안에(於~間) 달아날(逃) 곳(所)이 없다(無). 間(사이 간 → 안) 逃(달아날 도)

是之謂大戒: (그래서) 이것(是), 즉 하늘의 명과 인간으로서 도리를 큰(大) 계율(戒)이라고 말하다(謂). 戒(계율 계)

是以夫事其親者: 이럼으로써(是~以) 부모(親~者)를 섬기는(事) 사내대장부(夫). 親(부모 친) 事(섬길 사) 夫(사나이 부)

不擇地而安之: 처지(地)를 가리지(擇) 않고(不~而) 편히(安) (모시다). 즉 어떤 처지에 있든 부

모를 편히 모시다. 地(처지 지) 擇(가릴 택) 安(편안할 안)

孝之至也: (그것이) 효도(孝)의 지극함(至)이다. 최고의 효도이다. 孝(효도 효)

夫事其君者: 군주(君~者)를 섬기는(事) 사내대장부(夫).

不擇事而安之: 임무(事)를 가리지(擇) 않고(不~而) (군주를) 편히(安) (모시다). 즉 어떤 임무를 맡든 군주를 편히 모시다. 事(일 사, 임무)

忠之盛也: (그것이) 참마음(忠)의 성함(盛)이다. 최고의 참마음이다. 忠(충성 충, 참 마음) 盛(성할 성)

自事其心者: (그런데) 마음(心)을 스스로(自) 다스리는(事) 사람(者). 自(스스로 자) 事(다스릴 사)

哀樂不易施乎前: (눈) 앞(前)에 (어떤) 일이 벌어져도(施) 슬픔(哀)과 기쁨(樂)의 (감정이) 바뀌지(易) 않다(不). 즉 슬픔과 기쁨의 감정이 서로 바뀌지 않는다. 施(깃발이펄럭이는모양 시 → 일이 벌어짐) 哀(슬픔 애) 樂(즐길 락, 기쁨) 易(바뀔 역)

知其不可奈何而安之若命: (그러니 사람의 힘으로) 어찌할(奈何) 수(可) 없음(不)을 알고(知~而) (마음을) 편히(安) 하면서 하늘의 뜻(命)을 따르다(若). 奈何=如何(어찌하여) 若(좇을 약, 따르다)

德之至也: (그것이) 덕(德)의 극치(至)이다. 즉 최고의 덕이다. 至(다할 지 → 극치)

爲人臣子者 固有所不得已: 신하 되거나(爲~人臣) 자식 된(爲~子) 자라면(者) 본디(固) 부득이(不得已), 즉 어찌할 수 없는 바(所)가 있다(有). 固(본디 고) 不得已[이미(已) 얻을(得) 수 없음(不). 즉 어찌할 수 없음]

行事之情而忘其身: (그러니) 일(事)의 실상(情)을 (헤아려) 일한 뒤에는(行~而) 자신(身)을 잊다(忘). 情(실상 정) 身(자신 신) 忘(잊을 망)

何暇至於悅生而惡死!: (그러니 마음을 스스로 다스리는 사람이) 삶(生)을 기뻐하고(悅~而) 죽음(死)을 싫어하는 데(於~惡)까지(至) 어찌(何) (신경 쓸) 겨를(暇)이 있는가! 悅(기쁠 열) 惡(싫을 오) 至(이를 지, 까지) 暇(겨를 가)

夫子其行可矣: (죽고 사는 문제를 염두에 두지 말고 섭공) 선생(夫子)도 (제나라에 사신으로) 가는(行) 게 좋다(可).

인간세 2-2

「丘請復以所聞: 凡交近則必相靡以信, 交遠則必忠之以言, 言必或傳之.

夫傳兩喜兩怒之言, 天下之難者也.

夫兩喜必多溢美之言, 兩怒必多溢惡之言.

凡溢之類妄, 妄則其信之也莫, 莫則傳言者殃.

故法言曰:『傳其常情, 無傳其溢言, 則幾乎全.』

「且以巧鬪力者, 始乎陽, 常卒乎陰, 泰至則多奇巧.,
以禮飮酒者, 始乎治, 常卒乎亂, 泰至則多奇樂.
凡事亦然.
始乎諒, 常卒乎鄙., 其作始也簡, 其將畢也必巨.
「言者, 風波也., 行者, 實喪也.
夫風波易以動, 實喪易以危. 故忿設無由, 巧言偏辭.
獸死不擇音, 氣息茀然, 於是竝生心厲.
剋核大至, 則必有不肖之心應之. 而不知其然也.
苟爲不知其然也, 孰知其所終!
故法言曰 : 『無遷令, 無勸成, 過度益也.』
遷令勸成殆事, 美成在久, 惡成不及改, 可不愼與!
「且夫乘物以遊心, 託不得已以養中, 至矣. 何作爲報也! 莫若爲致命, 此其難者.」

공자가 계속해서 말했다.
"구(丘)가 들은 바를 얘기하지요.
모든 사귐은 가까우면 반드시 신의(信)로 서로 따르고,
사귐이 멀면 반드시 말(言)로 참마음을 보여주어야 하는데
이때 반드시 말을 전하는 사람이 필요합니다.
그런데 양쪽 모두를 기쁘게 하거나 양쪽 모두를 화나게 하는 말을 전하는
일이 세상에서 가장 어렵습니다.
양쪽 모두가 기뻐할 때는 반드시 듣기 좋은 말이 넘치고,
양쪽 모두가 화날 때는 반드시 듣기 싫은 말이 넘칩니다.
넘치는 모든 말은 거짓된 부류의 말인데
거짓된 말이면 신용이 없고, 신용이 없으면 말을 전한 사람이 화를 입지요.
그래서 옛날 격언(法言)이 말합니다.
'사람으로서 마땅히 지니는 마음의 정(常情)만 전할 뿐
부풀린 말(溢言)로 전하지 않으면 그런대로 자신을 보존할 수 있다.'"
공자가 계속해서 말했다.
"재주로 능력을 다툴 때는 처음에는 당당해도 늘 부당하게 끝납니다.
그런데 재주가 지나치면 모략이 넘쳐납니다.

예의를 지켜 술 마실 때는 처음에는 품위를 지켜도 늘 어지럽게 끝납니다.

그런데 예의가 지나치면 광란에 휩싸입니다.

모든 일도 이와 같습니다.

처음에는 믿어도 늘 상스럽게 끝나고,

처음 시작할 때는 사소했던 게 마칠 때는 반드시 크게 부풀려집니다."

공자가 계속해서 말했다.

"말이란 모습 없는 풍파이고, 말하는 행위는 결과 있는 득실입니다.

풍파는 우리 마음을 쉽게 움직이고,

득실은 우리 마음을 쉽게 위험에 빠뜨립니다.

그래서 사람을 성나게 하는 건 별다른 이유가 아니라

교묘한 말과 간사한 언사 때문이지요.

짐승이 죽을 때는 듣기 좋은 소리만 골라 지르지 않다가

호흡이 거칠어지면 이와 나란히 남을 죽이려는 사나운 마음이 생겨납니다.

사람도 마찬가지여서 정도를 크게 넘어서서 상대방을 엄히 다그치면

반드시 좋지 못한 마음을 지니고서 반응하지요.

이런 상황으로 몰고 간 사람은 상대방이 어째서 그런 반응을 보이는지

그 이유를 알지 못합니다.

그 이유를 정말로 알지 못하면 예상되는 엄청난 결과를 어찌 알겠습니까!

그래서 옛날 격언은 다음과 같이 말합니다.

'명령을 바꾸지 말고 일의 성사를 위해 억지로 권하지 말아야 한다.

정도를 넘으면 쓸데없이 화를 초래한다.'

그러니 군주의 명령을 바꾸거나 일의 성사를 위해

상대방 군주에게 무리하게 권하면 오히려 일을 그르칩니다.

일이 좋게 이루어지려면 오랜 세월이 필요합니다.

반면 일이 나쁘게 이루어지면 이를 고치려 해도 쉽게 고칠 수 없으니

어찌 신중하지 않을 수 있겠습니까!"

공자가 계속해서 말했다.

"또 사물의 변화에 몸을 맡겨서 마음을 유유히 자유롭게 풀고,

사람의 힘으로 어찌할 수 없는 건 내버려 둠으로써

중도를 지키는(養中) 게 사신으로서 일을 수행하는데 최고입니다.
어째서 억지로 꾸며서 하는 일만 임무 수행이라고 여기나요!
군주의 명령을 있는 그대로 전하는 게 가장 좋으니
이게 뭐 그리 어려운 일인가요."

注 ———————————————————————————

丘請復以所聞: 구(丘)가 들은(聞) 바로(以~所) 대답하려(復) 한다(請). 즉 내가 들은 바를 이야
기하다. 聞(들을 문) 復(대답할 복)

凡交近則必相靡以信: 모든(凡) 사귐(交)은 가까우면(近~則) 반드시(必) 신의로(以~信) 서로
(相) 따르다(靡). 凡(모두 범) 交(사귈 교) 近(가까울 근) 必(반드시 필, 필히) 靡(따를 미)

交遠則必忠之以言: 사귐(交)이 멀면(遠~則) 반드시(必) 말로(以~言) 참마음(忠)을 (보여줘야 한
다). 遠(멀 원) 忠(충성 충, 참 마음)

言必或傳之: (그런데) 말(言)은 반드시(必) 전함(傳)이 있다(或). 즉 말은 반드시 전하는 사람이
필요하다. 傳(전할 전) 或(있을 혹)

夫傳兩喜兩怒之言: 그런데(夫) 양(兩) 쪽 (모두를) 기쁘게(喜) 하거나 양(兩) 쪽 (모두를) 화나게
(怒) 하는 말(言)을 전하다(傳). 兩(두 양, 둘 → 양) 喜(기쁠 희) 怒(성낼 노)

天下之難者也: (그것이) 천하(天下)의 어려운(難) 일(者)이다. 難(어려울 난)

夫兩喜必多溢美之言: 모름지기(夫) 양(兩)쪽 모두가 기뻐할(喜) 때는 반드시(必) (듣기) 좋은
(美) 말(言)이 많이(多) 넘친다(溢). 溢(넘칠 일)

兩怒必多溢惡之言: 양(兩) 쪽 모두가 화낼(怒) 때는 반드시(必) (듣기) 싫은(惡) 말(言)이 많이
(多) 넘친다(溢). 惡(싫을 오)

凡溢之類妄: 모든(凡) 넘치는(溢) 말은 거짓된(妄) 부류(類)이다. 妄(거짓 망) 類(무리 류, 부류)

妄則其信之也莫: (그런데) 거짓된(妄) 말이면(則) 신용(信)이 없다(莫). 信(믿을 신 → 신용) 莫(없
을 막, ~ 함이 없다)

莫則傳言者殃.: (신용이) 없으면(莫~則) 말(言)을 전하는(傳) 사람(者)이 화(殃)를 입다. 殃(재앙
앙, 화)

故法言曰: 그래서(故) 옛날 격언(法言)은 말하다.

傳其常情 無傳其溢言: 사람으로서 마땅히 지니는 마음의 정(常情)만 전할(傳) 뿐 부풀린(溢) 말
(言)로 전하지(傳) 않는다(無). 常情[사람으로서 마땅히 갖는 정의(情意). 常(항상 상) 情(뜻 정)]

則幾乎全: 그러면(則) 자신을 보존할(全) 수 있는 데 가깝다(幾). 즉 자신을 그런대로 보존할
수 있다. 幾(가까울 기)

且以巧鬪力者 始乎陽: 재주로(以~巧) 능력(力)을 다툴 때는(鬪~者) 처음(始)에는 당당하다

(陽). 巧(재주 교) 力(능력 력) 鬪(다툴 투) 始(처음 시) 陽(볕 양, 당당하다는 은유)

常卒乎陰: 늘(常) 부당하게(陰) 끝을 맺다(卒). 陰(응달 음, 부당하다는 것의 은유) 卒(마칠 졸, 끝을 맺다)

泰至則多奇巧: (그런데 재주가) 크게(泰) 이르면(至~則), 즉 재주가 지나치면 속임수(奇巧)가 많다(多). 泰(클 태) 奇巧(교활한 속임수. 奇(기이할 기)]

以禮飮酒者 始乎治: 예의를(以~禮) 지켜 술(酒)을 마실 때는(飮~者) 처음(始)에는 질서가 있다(治). 즉 품위를 지키다. 禮(예의 예) 酒(술 주) 飮(마실 음) 治(다스려질 치, 질서가 있다)

常卒乎亂: (그러나) 끝(卒)은 늘(常) 어지럽다(亂). 卒(마침내 졸 → 끝) 常(항상 상, 늘) 亂(어지러울 난)

泰至則多奇樂: (그런데 예의가) 크게(泰) 이르면(至~則), 즉 예의가 지나치면 광란(奇樂)이 많아지다(多). 奇樂(기이한(奇) 쾌락(樂). 즉 광란) 多(많을 다)

凡事亦然: 모든(凡) 일(事) 또한(亦) 이러하다(然). 凡(모두 범) 然(그럴 연)

始乎諒 常卒乎鄙: 처음(始)에는 믿지만(諒) 늘(常) 상스럽게(鄙) 끝난다(卒). 諒(믿을 량) 鄙(더러울 비, 상스럽고 속됨) 卒(끝 졸)

其作始也簡 其將畢也必巨: 처음(始) 시작할(作) 때는 사소한(簡) 게 마칠(將~畢) 때는 반드시(必) 크게(巨) (부풀려지다). 作(일어날 작 → 시작하다) 簡(단출할 간 → 사소한) 畢(마칠 필) 巨(클 거, 크게)

言者 風波也: 말(言~者)은 (모습 없는) 풍파(風波)이다. 風波(세찬) 바람(風)과 (험한) 파도(波). 風(바람 풍) 波(물결 파)]

行者 實喪也: (말하는) 행위(行~者)는 (결과 있는) 득실(實喪)이다. 實喪(채움(實)과 잃음(喪). 즉 득실. 實(채울 실) 喪(잃을 상)]

夫風波易以動: 모름지기(夫) 풍파(風波)는 (우리 마음을) 쉽게(易) 움직이다(以~動). 易(쉬울 이) 動(움직일 동)

實喪易以危: 득실(實喪)은 (우리 마음을) 쉽게(易) 위험에 빠뜨리다(以~危). 危(위태할 위, 위험에 빠뜨리다)

故忿設無由: 그래서(故) (사람의) 성냄(忿)을 세우는(設) 건, 즉 사람을 성나게 하는 건 (다른) 이유(由)가 없다(無). 忿(성낼 분) 設(세울 설) 由(이유 유)

巧言偏辭: 교묘한(巧) 말(言)과 간사한(偏) 언사(辭) (때문)이다. 巧(교묘히 교) 偏(간사할 편) 辭(말 사, 언사)

獸死不擇音: 짐승(獸)이 죽을(死) 때는 울음소리(音)를 가리지(擇) 않다(不). 즉 듣기 좋은 소리만 골라 지르지 않다. 獸(짐승 수) 音(소리 음) 擇(가릴 택)

氣息茀然: 호흡(氣息)이 거칠어지다(茀然). 氣息(호흡. 氣(숨 기, 호흡) 息(숨쉴 식)] 茀然(거칠

게) 숨 쉬는 모양. 茀(숨쉴 불)〕

於是竝生心厲: 이와(於~是) 나란히(竝) (죽이려는) 사나운(厲) 마음(心)이 생기다(生). 竝(나란히 할 병) 厲(사나울 려)

剋核大至: (사람도 마찬가지여서) 정도를 크게(大) 넘어서서(至) (상대방을) 엄히(核) 다그치다(剋). 至(과분할 지, 정도를 넘다) 核(엄할 핵) 剋(이길 극, 판단하여 잡다 → 다그치다)

則必有不肖之心應之: 그러면(則) 반드시(必) 좋지(肖) 못한(不) 마음(心)을 지니고서(有) 반응하다(應). 肖(본받을 초 → 좋다) 應(응할 응, 반응하다)

而不知其然也: 그런데(而) (이런 상황까지 몰고 간 사람은 상대방이 어째서 그런 반응을 보이는지) 이유(然)를 알지(知) 못하다(不). 然(그렇게 여길 연, 연유 → 이유)

苟爲不知其然也 孰知其所終!: (그) 이유(然)를 정말로(苟) 알지(爲~知) 못하면(不) (엄청난) 끝(所~終)을 어찌(孰) 아는가(知)! 즉 예상되는 엄청난 결과를 어찌 아는가! 苟(진실로 구, 정말로)

故法言曰: 그래서(故) 격언(法言)은 말하다.

無遷令 無勸成: 명령(令)을 바꾸지(遷) 말고(無) (일의) 성사(成)를 (위해 억지로) 권하지(勸) 말아야(無) (한다). 令(영 령 → 명령) 遷(옮길 천, 바꾸다) 成(이룰 성, 성사) 勸(권할 권, 권하다)

過度益也: 정도(度)를 넘으면(過) (필요 없는 게) 덧붙는다(益). 즉 쓸데없이 화를 초래한다. 度(법도 도, 정도) 過(지날 과, 넘다) 益(더할 익, 덧붙다)

遷令勸成殆事: (그러니 군주의 명령을) 바꾸거나(遷) (일의) 성사(成)를 (위해 상대방 군주에게 무리하게) 권하면(勸) 일(事)을 (오히려) 그르치다(殆). 殆(위태할 태, 그르치다)

美成在久: (일이) 좋게(美) 이루어지려면(成) 오래 기다리는(久) 데 있다(在). 즉 오랜 세월이 필요하다. 美(아름다울 미, 좋다) 久(오랠 구, 오래 기다리다) 在(있을 재)

惡成不及改: (반면 일이) 나쁘게(惡) 이루어지면(成) (이를) 고치는(改) 게 미치지(及) 않다(不). 즉 이를 고치려 해도 쉽게 고칠 수 없다. 惡(싫을 오 → 나쁘다) 改(고칠 개) 及(미칠 급)

可不愼與!: (그러니) 가히(可) 신중하지(愼) 않을(不) 수가! 즉 어찌 신중하지 않을 수가! 愼(삼갈 신, 신중하다)

且夫乘物以遊心: 사물의 변화에 (몸을) 맡겨(以~乘物) 마음(心)을 유유히 자유롭게 풀다(遊). ★ 승물(乘物)은 사물(物)의 움직임에 몸을 맡기다(乘)라는 의미이다. 언뜻 이해되지 않는데 말도 일종의 사물이므로 말의 움직임에 내 몸을 맡기는 승마(乘馬)와 관련지어 생각하면 이해가 쉽다. 乘(탈 승)

託不得已: (사람의 힘으로) 어찌할 수 없는 것(不得已)은 맡기다(託). 즉 내버려 두다. 託(맡길 탁, 맡기다)

以養中 至矣: 그럼으로써(以) 중도를 지키는(養中) 게 (사신으로서 일을 수행하는데) 최고(至)이다. ★ 양중(養中)은 세속적 선악에 구애받지 않고 중도(中)를 지키는(養) 것을 뜻한다. 내편 「양생

주」에서 언급된 연독(緣督)의 독(督)과 같은 의미라고 보아진다. 養(기를 양, 기르다 → 지키다)

何作爲報也!: 어째서(何) 억지로 꾸며서(作) 하는 일을 보답하는(報) 거라고 여기는가(爲)! 즉 임무 수행이라고 여기는가! 作(지을 작, 억지로 ~하다) 報(갚을 보 → 보답하다)

莫若爲致命: (군주의) 명령(命)을 (있는 그대로) 전하는(爲~致) 것 같은(若) 게 없다(莫). 즉 군주의 명령을 있는 그대로 전하는 게 가장 좋다. 命(명령 명) 致(전할 치) 若(같을 약)

此其難者: (그러나) 이것(此)이 (뭐 그리) 어려운(難) 일(者)인가. 難(어려울 난)

인간세(人間世) 3

顔闔將傳衛靈公太子, 而問於蘧伯玉曰:「有人於此, 其德天殺.
與之爲無方, 則危吾國., 與之爲有方, 則危吾身.
其知適足以知人之過, 而不知其所以過. 若然者, 吾奈之何?」
蘧伯玉曰:「善哉問乎? 戒之, 愼之, 正汝身也哉! 形莫若就, 心莫若和.
雖然, 之二者有患. 就不欲入, 和不欲出. 形就而入, 且爲顚爲滅, 爲崩爲蹶.
心和而出, 且爲聲爲名, 爲妖爲孼.
彼且爲嬰兒., 亦與之爲嬰兒., 彼且爲無町畦, 亦與之爲無町畦,
彼且爲無崖, 亦與之爲無崖. 達之入於無疵.
「汝不知夫螳螂乎? 怒其臂以當車轍, 不知其不勝任也, 是其才之美者也. 戒之, 愼之!
積伐而美者以犯之, 幾矣.
「汝不知夫養虎者乎? 不敢以生物與之, 爲其殺之之怒也.,
不敢以全物與之, 爲其決之之怒也., 時其飢飽, 達其怒心.
虎之與人異類而媚養己者, 順也., 故其殺之者, 逆也.
「夫愛馬者, 以筐盛矢, 以蜃盛溺. 適有蚊虻僕緣, 而拊之不時, 則缺銜毁首碎胸.
意有所至而愛有所亡, 可不愼邪!」

안합(顔闔)이 위나라 영공(靈公) 태자의 스승이 되자
대부(大夫)인 거백옥(蘧伯玉)을 찾아와서 말했다.
"여기에 태자 괴외라는 사람이 있는데 그의 덕이 천성적으로 각박합니다.
그를 제멋대로 놔두면 장차 우리나라가 위태롭고,
그에게 규범을 익히게 하면 장차 제 몸이 위태롭습니다.

또 그의 앎은 남의 허물에 대해선 잘 알지만
그 허물이 어째서 생겨났는지 그 원인에 대해선 알지 못합니다.
제가 이런 사람을 어찌 가르쳐야 합니까?"
거백옥이 말했다. "좋은 질문이네.
그대는 태자를 주의하고 조심하면서 그대의 몸가짐을 바르게 해야 하네.
그대의 태도는 그에게 고분고분한 게 가장 좋고,
그대의 마음도 그와 조화를 이루는 게 가장 좋네.
아무리 그래도 고분고분한 태도와 조화를 이루는 마음은
여전히 재앙의 조짐이 있네.
그래서 태도는 고분고분해도 그에게 말려들어선 안 되고,
마음은 조화를 이루어도 한도를 벗어나선 안 되네.
고분고분한 태도를 지니다가 그에게 말려들면
그대는 뒤집히고 괴멸되고 무너지고 헛디뎌서 걸려 넘어지네.
또 마음은 태자와 조화를 이루다 한도를 벗어나면
그대는 명성을 추구하게 되는데 이는 재앙을 초래하네.
그러니 태자가 어린애처럼 변덕스럽고 철없이 굴면
그대도 그와 함께 어린애처럼 변덕스럽고 철없이 굴게.
또 태자가 분수를 모르고 절도 없이 행동하면
그대도 그와 함께 분수를 모르고 절도 없이 행동하게.
또 태자가 무모하게 행동하면 마찬가지로 그와 함께 무모하게 행동하게.
이런 방식에 통달하면 그대는 아무 탈이 없는 경지에 들어가네."
거백옥이 계속해서 말했다.
"그대는 사마귀 이야기를 알지 못하는가?
사마귀는 앞발을 치켜들어 수레바퀴 자국에 들어가 수레에 맞서지만
수레바퀴에 치여서 죽는다는 사실을 모르네.
이는 자신의 재주가 뛰어나다고 믿어서이지.
그러니 그대도 주의하고 조심해야 하네!
그대가 자신의 뛰어난 재주를 뽐내다가는
그 뽐냄으로 태자의 미움을 사기 십상이므로 위험하네.

거백옥이 계속해서 말했다.

그대는 호랑이 사육사 얘기를 알지 못하는가?

사육사는 호랑이에게 산 것(生物)을 함부로 주지 않는데

그건 호랑이가 산 것을 죽일 때 일으키는 노기 때문이지.

또 사육사는 호랑이에게 통째로(全物) 함부로 주지 않는데

그건 호랑이가 찢어발길 때 일으키는 노기 때문이지.

그래서 사육사는 호랑이가 굶주릴 때와 배가 부를 때를 잘 맞춰서

노기 띤 마음을 자극하지 않도록 하는데 통달해야 하네.

호랑이는 사람과 부류가 다른 데도 자신을 길러준 사람에게 애교를 부리면

사육사가 호랑이의 성질을 잘 쫓아서 사육한 탓이네.

따라서 호랑이가 사육사를 물어 죽이면

사육사가 호랑이의 본성을 거스르면서 사육한 탓이네."

거백옥이 계속해서 말했다.

"말을 사랑하는 사람은 말의 똥을 값진 광주리에 담아서 받고,

말의 오줌을 아름다운 자개그릇에 담아서 받네.

그런데 어쩌다 모기와 등에가 말허리에 붙어 있으면

말을 사랑하는 사람은 불시에 찰싹하고 친다.

그러면 말이 놀라 재갈을 물어뜯어서 끊고,

말을 사랑하는 사람의 머리를 깨뜨리고, 그의 가슴을 부러뜨리네.

이는 주인이 말을 사랑하는 뜻은 지극해도

이런 사랑이 도리어 주인을 망치게 한 걸세.

그대 경우도 이와 마찬가지이니 어찌 조심하지 않을 수 있는가!"

注 ————

顏闔將傅衛靈公太子: 안합(顏闔)이 위(衛)나라 영공(靈公) 태자(太子)의 스승(傅)이 되다(將). 傅(도울 부, 보좌하다 → 스승이 되다) ★ 안합(顏闔)은 노나라 현인이다. 잡편 「양왕」 5와 잡편 「열어구」 5에도 등장한다. 그는 노나라 군주에 의해 도를 얻은 사람이라는 좋은 평가를 받았다. ★ 위령공(衛靈公)은 위(衛)나라 영공(靈公)으로 기원전 534~493년까지 재위 했다. ★ 태자(太子)는 여기서 위령공 아들 괴외(蒯瞶)인데 그는 후에 위나라 내란의 장본인이 되었다. 그는 자신의 자식인 출공(出公)을 내쫓고서 장공(莊公)이 되었다.

而問於蘧伯玉曰: 그러자(而) (대부인) 거백옥을(於~蘧伯玉) 방문해서(問) 말하다. ★ 거백옥(蘧伯玉)은 위나라의 대부(大夫)로 훌륭한 사람이다. 공지는 『논어』 「위령공(衛靈公)」에서 그를 가리켜 "강직하구나 거백옥이여! 나라에 도가 행해질 때도 화살처럼 곧고, 나라에 도가 행해지지 않을 때도 화살처럼 곧다. 군자로다. 거백옥이! 나라에 도가 행해지면 나아가 벼슬하고, 나라에 도가 행해지지 않으면 능력을 거두어 숨을 수 있다."라고 칭찬한다.

有人於此 其德天殺: 여기에(於~此) (태자 괴외라는) 사람(人)이 있다(有). (그런데 그의) 덕(德)이 천성적으로 각박하다(天殺). 天殺[하늘(天)이 사물을 말려 죽이는 것(殺)이다. 즉 천성적으로 각박하다]

與之爲無方 則危吾國: (그를) 규범(方)이 없도록(爲~無) 놔두다(與). 즉 제멋대로 놔두다. 그러면(則) (장차) 우리(吾) 나라(國)가 위태롭다(危). 方(길 방, 방도 → 규범) 與(허락할 여 → 놔두다) 危(위태할 위)

與之爲有方 則危吾身: (그에게) 규범(方)이 있게(爲~有) 하다(與). 즉 규범을 익히게 하다. 그러면(則) (장차) 내(吾) 몸(身)이 위태롭다(危). 身(몸 신)

其知¹適足以知²人之過: (또 그의) 앎(知¹)은 남(人)의 허물(過)을 아는 데(以~知²) 충분함(足)에 이르다(適). 즉 그의 앎은 남의 허물에 대해서 잘 알다. 過(잘못할 과, 허물) 足(충분하다고할 족) 適(갈 적, 이르다)

而不知其所以過: 그러나(而) 그 허물(過)이 (어째서 생겨났는지 그) 원인(所以)은 알지(知) 못하다(不). 所以[까닭. 所(바 소)]

若然者 吾奈之何?: 이런(若~然) 사람(者)을 내(吾)가 어찌(奈~何) (가르쳐야 하는가)? 奈(어찌 내) 何(어찌 하)

蘧伯玉曰 善哉問乎?: 거백옥(蘧伯玉)이 말하다. 좋은(善) 질문(問)이다. 善(좋을 선)

戒之 愼之 正汝身也哉: (그대는 태자를) 주의하고(戒) 조심하다(愼). (그러면서) 그대(汝)의 몸가짐(身)을 바르게(正) 하다. 戒(경계할 계, 주의하다) 愼(삼갈 신, 조심하다) 汝(너 여, 당신) 正(바를 정, 바르게 하다) 身(몸 신, 몸가짐)

形莫若就: (그대의) 태도(形)는 (그를) 따르는(就) 것과 같은(若) 게 없다(莫). 즉 그대의 태도는 그에게 고분고분한 게 가장 좋다. 形(나타날 형, 드러남 → 태도) 就(좇을 취, 따르다)

心莫若和: (그대) 마음(心)은 (그와) 조화(和)를 이루는 것 같은(若) 게 없다(莫). 즉 그대 마음은 그와 조화를 이루는 게 가장 좋다. 和(화할 화 → 조화)

雖然 之二者有患: 아무리 그래도(雖然) 이 두 개(二者), 즉 고분고분한 태도와 조화를 이루는 마음은 (여전히) 재앙(患)의 (조짐이) 있다(有). 患(재앙 환)

就不欲入: (그래서 태도는) 따르더라도(就), 즉 고분고분해도 (그에게) 말려들어선(欲~入) 안 된다(不). 就(따를 취) 入(들 입 → 말려들다)

和不欲出: (마음은) 조화(和)를 이루어도 한도를 벗어나선(欲~出) 안 된다(不). 出(날 출 → 한도를 벗어나다)

形就而入: 태도(形)가 따르다가(就~而), 즉 고분고분한 태도를 지니다가 (그에게) 말려들다(入).

且爲顚爲滅 爲崩爲蹶: (그러면 그대는) 뒤집히고(爲~顚) 괴멸되고(爲~滅), 무너지고(爲~崩) (헛디뎌서) 걸려 넘어지다(爲~蹶). 且(어조사 저, 어세를 강하게 하는 조사) 顚(뒤집힐 전) 滅(멸망할 멸 → 괴멸함) 崩(무너질 붕) 蹶(걸려넘어질 궐)

心和而出: (또) 마음(心)이 (태자와) 조화(和)를 이루려다 (한도를) 벗어나다(出).

且爲聲爲名 爲妖爲孽: (그러면 그대는) 명성을 추구하게(爲聲爲名) (되는데 이는) 재앙을 초래한다(爲妖爲孽). 爲聲·爲名(명성(聲·名)을 위하다(爲). 즉 명성을 추구하다. 聲(소리 성, 명예) 名(이름날 명, 명성) 爲妖爲孽(재앙(妖孽)을 위하다(爲). 즉 재앙을 초래하다. 妖(재앙 요) 孽(재앙 얼)〕

彼且爲嬰兒 亦與之爲嬰兒: (그러니) 태자(彼)가 어린애가 되면(爲~嬰兒) 또한(亦) (그와) 함께(與) 어린애가 되다(爲~嬰兒). 즉 태자가 어린애처럼 변덕스럽고 철없이 굴면 그대도 그와 함께 어린애처럼 변덕스럽고 철없이 굴다. 嬰兒〔어린아이. 嬰(갓난아이 영) 兒(아이 아)〕

彼且爲無町畦: (또) 그(彼)가 (분수를 모르고) 절도(町畦) 없이(無) 행동하다(爲). 町畦〔밭에 경계(町畦)가 없다(無). 절도가 없다는 의미. 町(밭두둑 정, 경계를 의미) 畦(두둑 휴, 밭의 경계를 이룬 두둑)〕

亦與之爲無町畦: (그러면) 또한(亦) (그대도 그와) 함께(與) (분수를 모르고) 절도(町畦) 없이(無) 하다(爲).

彼且爲無崖: (또) 그(彼)가 벼랑 없이(爲~無崖) 행동하다. 즉 태자가 무모하게 행동하다. 無崖〔벼랑(崖)이 없다(無). 즉 무모하게 행동하다. 崖(벼랑 애)〕

亦與之爲無崖: (그러면) 또한(亦) (그대도 그와) 함께(與) 무모하게 행동하다(爲~無崖).

達之入於無疵: (이런 방식에) 통달하면(達) 허물(疵)이 없는 경지에(於~無) 들어가다(入). 즉 아무런 탈이 없는 경지에 들어가다. 達(통달할 달) 疵(흠 자)

汝不知夫螳螂乎?: 너(汝)는 저(夫) 사마귀(螳螂) (이야기를) 알지(知) 못하는가(不)? 螳螂〔사마귀. 螳(사마귀당) 螂(사마귀 랑)〕

怒其臂 以當車轍: (사마귀는) 앞발(臂)이 노기를 띠다(怒). 즉 앞발을 치켜들다. 그럼으로써(以) 수레(車) 바퀴자국(轍)에 (들어가 수레에) 맞서다(當). 臂(앞발 비) 怒(성낼 노) 車(수레 차) 轍(바퀴자국 철) 當(당할 당, 맞서다)

不知其不勝任也: (그러나) 감당할(任) 수(勝) 없는(不) 사실, 즉 수레바퀴에 치여서 죽는다는 사실을 알지(知) 못하다(不). 任(당할 임, 감당하다) 勝(견딜 승, 감당하다)

是其才之美者也: 이(是)는 (자신의) 재주(才)가 뛰어나다고(美~者) (믿어서다). 才(재주 재) 美(아름다울 미, 훌륭함 → 뛰어남)

戒之愼之: (그러니 그대도) 주의하고(戒) 조심하라(愼). 戒(경계할 계, 주의하다) 愼(삼갈 신, 조심하다)

績伐而美者: (그대가 자신의 재주의) 뛰어남(美~者)을 모아(績) 자랑하다(伐). 즉 그대가 자신의 뛰어난 재주를 뽐내다. 績(쌓을 적, 모으다) 伐(자랑할 벌, 공적을 자랑하다)

以犯之 幾矣: (그러다가 그 뽐냄)으로(以) 태자(之)를 거스르다(犯). 즉 태자의 미움을 사기 십상이다. (그러니) 위험하다(幾). 犯(범할 범, 거스르다) 幾(위태할 기, 위험함)

汝不知夫養虎者乎?: 너(汝)는 호랑이 사육사(養虎~者) (얘기)를 알지(知) 못하나(不)? 養虎者〔호랑이(虎)를 양육하는(養) 사람(者), 즉 호랑이 사육사. 虎(범 호, 호랑이)〕

不敢以生物與之: (사육사는 호랑이에게) 산 것을(以~生物) 함부로(敢) 주지(與) 않다(不). 生物〔산(生) 짐승(物)〕敢(감히할 감 → 함부로) 與(줄 여, 주다)

爲其(虎)殺之之怒也: (그건) 호랑이(虎)가 (산 걸) 죽일(殺) (때 일으키는) 노기(怒) 때문이다(爲). 殺(죽일 살) 怒(성낼 노 → 노기)

不敢以全物與之: (또 사육사는 호랑이에게) 한 마리를 통째로(以~全物) 함부로(敢) 주지(與) 않다(不). 全物〔온전한 것, 통 채〕

爲其虎決之之怒也: (그건) 호랑이(虎)가 찢어발길(決) (때 일으키는) 노기(怒) 때문이다(爲). 決(끊을 결, 이빨로 끊어 찢어 발림)

時其飢飽 達其怒心: (그래서 사육사는) 호랑이가 굶주릴(飢) 때(時)와 배가 부를(飽) 때(時)를 (잘 맞춰서) 노기(怒) 띤 마음(心)을 (자극하지 않도록 하는데) 통달해야(達) 한다. 飢(굶주릴 기) 飽(물릴 포, 배부르다) 達(통달할 달)

虎之與人異類而媚養己者 順也: 호랑이(虎)는 사람과(與~人) 부류(類)가 다른데도(異~而) 자신(己)을 길러준(養) 사람에게 애교를 부리면(媚~者) (사육사가) 호랑이의 성질을 (잘) 좇아서(順) (사육한 탓이다). 類(무리 류, 부류) 異(다를 이) 養(기를 양) 媚(아양 떨 미, 귀여움을 받으려고 애교를 부리다) 順(좇을 순)

故其殺之者 逆也: 따라서(故) (호랑이가 사육사를 물어) 죽이면(殺~者) (사육사가) 호랑이의 본성을 거스르며(逆) (사육하다). 殺(죽일 살) 逆(거스를 역)

夫愛馬者 以筐盛矢: 말(馬)을 사랑하는(愛) 사람(者)은 (말의) 똥(矢)을 (값진) 광주리에(以~筐) 담아서(盛) (받다). 愛(사랑 애) 矢(똥 시) 筐(광주리 광) 盛(담을 성)

以蜃盛溺: (말의) 오줌(溺)을 아름다운 자개그릇에(以~蜃) 담아서(盛) (받다). 溺(오줌 뇨) 蜃(제기 신, 제사에 쓰는 고기를 담는 제기 → 아름다운 자개그릇)

適有蚊虻僕緣: (그런데) 어쩌다(適) 모기와 등애(蚊虻)가 말허리(緣)에 붙어(僕) (있다). 適(마침 적 → 어쩌다) 蚊虻〔모기와 등에. 蚊(모기 문) 虻(등에 맹)〕緣(가선 연, 의복 가장자리를 싸서 돌린 선, 말에 있어선 허리를 의미) 僕(붙을 복)

而拊之不時: 그러면(而) (말을 사랑하는 사람은) 불시(不時)에 찰싹하고 때리다(拊). 拊(칠 부, 찰싹

하고 때리다)

則缺衝毀首碎胸: 그러면(則) (말이 놀라) 재갈(衝)을 (물어뜯어서) 끊고(缺), (말을 사랑하는 사람의) 머리(首)를 깨뜨리고(毀), (그의) 가슴(胸)을 부러뜨리다(碎). 衝(재갈 함) 缺(이지러질 결, 한 모퉁이가 떨어져서 나감 → 끊다) 首(머리 수) 毀(헐 훼, 깨뜨리다) 胸(가슴 흉) 碎(부술 쇄, 여지없이 꺾다)

意有所至而愛有所亡: (이는 주인이 말을 사랑하는) 뜻(意)은 지극한(至) 바(所)다. 그러나(而) (이런) 사랑(愛)이 (주인을 도리어) 망치게(亡) 하는 바(所)다. 亡(멸할 망, 망치게 하다)

可不愼邪! (그대 경우도 이와 마찬가지이니) 어찌(可) 조심하지(愼) 않을 수(不) 있는가(邪)! 愼(삼갈 신, 조심하다)

인간세(人間世) 4

인간세 4-1

匠石之齊, 至於曲轅, 見櫟社樹.

其大蔽數千牛, 絜之百圍, 其高臨山, 十仞而後有枝其可以爲舟者旁十數.

觀者如市, 匠伯不顧, 遂行不輟.

弟子厭觀之, 走及匠石, 曰:「自吾執斧斤以隨夫子, 未嘗見材如此其美也.

先生不肯視, 行不輟, 何邪?」

曰:「已矣, 勿言之矣! 散木也, 以爲舟則沈, 以爲棺槨則速腐, 以爲器則速毀,

以爲門戶則液樠, 以爲柱則蠹.

是不材之木也, 無所可用, 故能若是之壽.」

匠石歸, 櫟社見夢曰:「女將惡乎比予哉? 若將比予於文木邪?

夫柤梨橘柚, 果蓏之屬, 實熟則剝, 剝則辱., 大枝折, 小枝泄.

此以其能苦其生者也, 故不終其天年而中道夭, 自掊擊於世俗者也. 物莫不若是.

且予求無所可用久矣, 幾死, 乃今得之, 爲予大用.

使予也而有用, 且得有此大也邪?

且也若與予也皆物也, 奈何哉其相物也? 而幾死之散人, 又惡知散木!」

匠石覺而診其夢.

弟子曰:「趣取無用, 則爲社何邪?」

曰:「密! 若無言! 彼亦直寄焉, 以爲不知己者詬厲也.

不爲社者, 且幾有翦乎!

且也彼其所保與衆異, 而以義喩之, 不亦遠乎!」

대목수 장석(匠石)이 제나라 곡원(曲轅) 땅에 이르자

사당수(祠堂樹)로 있는 큰 상수리나무를 보았다.

나무 크기는 수천 마리 소를 덮을 만큼 컸고,

둘레는 백 아름 정도로 두터웠고, 높이는 산을 내려다볼 정도로 높았다.

또 가지는 땅에서 열 길 위를 올라간 후에 뻗었는데

그 가지로 만들 수 있는 배만도 열대여섯 대에 달했다.

이 큰 나무를 보려는 구경꾼으로 사당이 시장터처럼 북적댔다.

그런데 대목수 선생은 그 나무를 거들떠보지 않고 하던 일을 계속했다.

그의 제자가 이 나무를 실컷 보고는 달려가서 대목수 석에게 이르러 물었다.

"제가 스스로 도끼를 잡고 스승을 따라 다녔는데

재목감으로 이렇게 훌륭한 나무를 여태 본 적이 없습니다.

그런데 스승께서는 눈여겨보지 않고 그냥 지나치시니 어찌 된 일입니까?"

장석이 말했다. "됐다. 더 말하지 말라. 그것은 쓸모없는 나무(散木)이다.

배를 만들면 가라앉고, 관을 짜면 빨리 썩고, 그릇을 만들면 금 새 헐고,

문짝을 만들면 진이 흘러나오고, 기둥을 세우면 좀이 슨다.

이처럼 재목감이 안 되는 나무(不材之木)라서 쓸 만한 데가 없다.

아무짝에도 못쓰니까 저렇게 오래 살 수 있었다."

장석이 집에 돌아와 눈을 붙이자 사당의 상수리나무가 꿈에 나타나 말했다.

"너는 나를 어째서 다른 나무와 비교하려는가?

혹시 너는 나를 쓸모 있는 나무(文木)에 비교하는가?

그런데 쓸모 있는 산사나무 배나무, 귤나무, 유자나무는

열매가 익으면 빼앗기고, 빼앗기면 수난을 당한다.

또 쓸모 있는 나무의 큰 가지는 꺾이고, 작은 가지는 찢겨져 땅에 떨어진다.

이는 타고난 나무의 능력으로 삶이 고통스러워지는 일이다.

그래서 타고난 수명을 다하지 못하고 중도에 일찍 죽는데

이는 세상 사람의 공격을 스스로 불러들이는 격이다.

그런데 세상 만물 중에 이와 같지 않은 게 없다.

그래서 나는 쓸모없음을 추구한 지 오래여서 그동안 여러 번 잘릴 뻔했어도 지금까지 목숨을 잘 보존하고 있다.

이것이 내게는 큰 쓸모이다.

내가 나무로서 쓸모가 있었다면 어찌 이처럼 크게 자랄 수 있었겠는가?

또 너는 나와 마찬가지로 사물에 불과한데

어찌 쓸모가 있느니 없느니 하면서 나를 살피는가?

그리고 너는 거의 죽어가는 쓸모없는 사람(散人)인데

또 어찌 쓸모없는 나무(散木)인 나를 알아보겠는가!"

장석이 깨어나 꿈을 풀이하는데 그의 제자들이 물었다.

"상수리나무가 쓸모없음을 서둘러서 미리부터 취했다면

사람들이 우러러보는 사당수가 된 건 어째서인가요?"

"비밀이다! 그 점에 대해선 묻지도 말고 잠자코 있어라!

저 나무도 사람들이 함부로 하지 못하는 사당수에 간신히 몸을 의지하네.

그럼으로써 상수리나무의 쓸모를 제대로 알지 못하는 나 같은 사람에게

자신을 망신주고 미워하도록 방치하네.

그러니 사람들이 받들고 우러러보는 사당수가 되지 않았다면

저 상수리나무는 벌써 잘려나갔네!

이처럼 상수리나무가 스스로 지키는 방법은 뭇 사물들의 방법과 다르네.

그런데 재목감이란 평범한 관점에서 상수리나무를 평가하면

저 나무 스스로 생각하는 평가와 너무나 동떨어진 게 아닌가!"

注

匠石之齊 至於曲轅: (대목수) 장석(匠石)이 제(齊)나라 곡원 땅에(於~曲轅) 이르다(至). 匠(장인 장, 목수 장인, 즉 대목수를 의미)

見櫟社樹: (그러자) 사당수(社樹)로 있는 상수리나무(櫟)를 보다(見). 社樹(사당 주위에 심은 나무. 社(토지신을 제사지내는 사당이란 의미) 樹(나무 수)) 櫟(상수리나무 력)

其大蔽數千牛: (그 나무의) 크기(大)는 수천(數千) 마리 소(牛)를 덮을 만큼(蔽) (크다). 牛(소 우) 蔽(가릴 폐)

絜之百圍 其高臨山: 둘레(絜)는 백(百) 아름(圍) (정도로 두텁고), 높이(高)는 산(山)을 내려다볼

(臨) (정도로 높다). 絜(묶을 혈, 새끼로 두르다 → 둘레) 圍(아름 위) 臨(임할 임, 위에서 아래를 내려다보다)

十仞而後有枝: (또) 가지(枝)는 (땅에서) 열 길(十仞) 위를 올라간 후(而~後)에 뻗다(有). 十仞
〔열(十) 길(仞). 1길이 8척이므로 열 길은 80척에 해당. 仞(길 인)〕枝(가지 지)

其可以爲舟者旁十數: (그런데 그 가지)로(以) 만들(以~爲) 수(可) 있는 배(舟)가 열대여섯(十數)
대에 가깝다(旁). 즉 열대여섯 대에 달하다. 舟(배 주) 十數〔열대여섯〕旁(가까울 방)

觀者如市: (이 큰 나무를 보려는) 구경꾼(觀~者)이 시장터(市) 같다(如). 즉 구경꾼으로 사당이 시
장터처럼 북적이다. 觀(볼 관)

匠伯不顧 遂行不輟: (그런데) 대목수(匠) 선생(伯)은 (그 나무를) 거들떠보지(顧) 않고(不) 하는
일(遂行)을 그치지(輟) 않다(不). 伯(맏 백) 顧(돌아볼 고, 거들떠 보다) 遂行〔실행함. 즉 하는 일.
遂(나갈 수, 나아가다)〕輟(그칠 철)

弟子厭觀之 走及匠石曰: (그의) 제자(弟子)가 (상수리나무를) 실컷(厭) 보고(觀) 달려가서(走) 대
목수(匠) 석(石)에게 이르러(及) 말하다. 厭(물릴 염, 싫증이 날 정도로 실컷) 走(달릴 주, 달리다) 及
(미칠 급, 이르다는 의미)

自吾執斧斤以隨夫子: 내(吾)가 스스로(自) 도끼(斧斤)를 잡고(執) 그럼으로써(以) 선생(夫子)을
따라(隨) (다니다). 吾(나 오) 斧(큰도끼 부) 斤(작은도끼 근) 隨(따를 수, 따르다)

未嘗見材如此其美也: (그런데) 훌륭함(美)이 이(此)와 같은(如) 나무(材)를 일찍이(嘗) 본(見) 적
없다(未). 즉 재목감으로 이렇게 훌륭한 나무를 여태 본 적이 없다. 美(아름다울 미, 훌륭한) 此
(이 차, 이것) 材(재목 재) 嘗(일찍이 상)

先生不肯視: (그런데) 선생(先生)은 어찌(肯) (눈여겨) 보지(視) 않다(不). 肯(어찌 긍) 視(볼 시)

行不輟 何邪?: 멈추지(輟) 않고(不) 가니(行), 즉 그대로 지나치니 어찌(何) 된 일인가요? 輟
(그칠 철 → 멈추다) 何(어찌 하)

曰 已矣 勿言之矣! 散木也: (장석이) 말하다. 됐다(已矣). (더) 말하지(言) 말라(勿)! (그것은) 쓸
모없는 나무(散木)이다. 勿(말 물, 하지 말라) 散木〔쓸모없는(散) 나무(木). 散(쓸모없을 산) 산인
(散人)과 비교됨〕

以爲舟則沈: (그 나무)로(以) 배(舟)를 만들면(則~爲) 가라앉다(沈). 沈(가라앉을 침, 물속에 빠지다)

以爲棺槨則速腐: (그 나무)로(以) 관(棺槨)을 짜면(則~爲) 빨리(速) 썩다(腐). 棺槨〔관. 棺(속 널)
槨(겉 널, 덧널 곽)〕速(빠를 속) 腐(썩을 부, 썩다)

以爲器則速毀: (그 나무)로(以) 그릇을 만들면(則~爲) 빠르게(速) 헐어지다(毀). 즉 금 새 헐다.
毀(헐 훼, 헐어지다)

以爲門戶則液橢: (그 나무)로(以) 문짝(門戶)을 만들면(則~爲) 나무진(液)이 흘러나오다(橢). 門
戶〔문짝. 戶(지게 호, 문짝)〕液(진 액 → 나무진) 橢(진이흘러나올 만, 진이 흐르다)

以爲柱則蠹: (그 나무)로(以) 기둥(柱)을 세우면(則~爲) 좀이 슨다(蠹). 柱(기둥 주) 蠹(좀먹을 두,

좀이 슨다)

是不材之木也 無所可用: 이렇게(是) 재목감(材)이 안 되는(不) 나무(木)라 쓸 만한(可用) 데(所) 없다(無). 즉 아무짝에도 못쓴다.

故能若是之壽: 그래서(故) 이(是)처럼(若) 오래 살(壽) 수 있다(能). 壽(수 수, 오래 살다)

匠石歸 櫟社見夢曰: 장석(匠石)이 집에 돌아와서(歸) (눈을 붙이자) 사당(社)의 상수리나무(櫟)가 꿈(夢)에 보여(見) 말하다. 즉 꿈에 나타나서 말하다. 歸(돌아갈 귀) 夢(꿈 몽)

女將惡乎比予哉?: 너(女)는 나(予)를 어째서(惡) (다른 나무에) 견주려는가(將~比)? 즉 어째서 다른 나무와 비교하는가? 女=汝(너 여) 予(나 여) 比(견줄 비)

若將比予於文木邪?: (혹시) 너(若)는 나(予)를 쓸모 있는 나무에(於~文木) 비교하는가(將~比)? 若(너 약) 文木〔무늬가 있는(文) 나무(木). 즉 미끈하게 빠진 아름다운 나무로 쓸모 있는 나무를 의미함. 산목(散木)과는 반대의 의미〕

夫相梨橘柚: 그런데(夫) (쓸모 있는) 산사나무(相), 배나무(梨), 귤나무(橘), 유자나무(柚). 相(산사나무 사) 梨(배 리) 橘(귤 귤) 柚(유자 유)

果蓏之屬 實熟則剝: 과일(果蓏) 류(屬)와 열매(實)가 익으면(則~熟) 빼앗기다(剝). 果蓏〔나무 열매와 풀 열매. 과일의 총칭. 果(실과 과) 蓏(풀열매 라)〕 屬(엮을 속, 무리란 의미) 實(열매 실) 熟(익을 숙, 익다) 剝(벗겨질 탈, 잡아 뜯겨 빼앗기다)

剝則辱: 빼앗기면(則~剝) 수난을 당하다(辱). 辱(욕 볼 욕 → 수난을 당하다)

大枝折 小枝泄: (그뿐만 아니라 쓸모 있는 나무의) 큰(大) 가지(枝)는 꺾이고(折), 작은(小) 가지(枝)는 찢기어져 땅에 떨어진다(泄). 枝(가지 지) 折(꺾일 근, 꺾이다) 泄(샐 설, 땅으로 샌다 → 땅에 떨어진다)

此以其能苦其生者也: 이(此)는 (타고난) 능력으로(以~能) 삶(生)이 고통스러워(苦) (지는 일이다). 能(재능 능) 苦(괴로움 고)

故不終其天年而中道夭: 그래서(故) 타고난 수명(天年)을 다하지(終) 못하고(不) 중도(中道)에 일찍 죽는다(夭). 天年〔자연(天)의 나이(年). 즉 타고난 수명〕 終(끝날 종, 다하다) 夭(일찍죽을 요)

自掊擊於世俗者也: (그런데 이는) 세속으로부터(於~世俗者) 스스로(自) 공격을 받다(掊擊). 즉 세상 사람의 공격을 스스로 불러들이는 격이다). 掊擊〔공격을 받다. 원래는 공격하다는 의미인데 '自'가 앞에 붙어 공격을 받는다는 의미로 바뀜. 掊(칠 부, 공격하다) 擊(칠 격, 공격)〕

物莫不若是: (그런데 세상) 만물(物) 중에 이와(是) 같지(若) 않은(不) 게 없다(莫). 若(같을 약)

且予求無所可用久矣: (그래서) 나(予)는 쓸모 있는(可用) 바(所) 없음(無)를 추구한(求) 지 오래이다(久). 즉 쓸모없음을 추구한 지 오래이다. 久(오랠 구, 오래되다)

幾死 乃今得之: 거의(幾) 죽었지만(死), 즉 그동안 여러 번 잘릴 뻔해도 지금까지(乃~今) (목숨을 잘) 보존하다(得). 幾(가까울 기, 거의) 得(얻을 득 → 보존하다)

爲予大用: (이것이) 내게는(爲~予) 큰(大) 쓸모(用)이다. 予(나 여) 用(쓸 용)

使予也而有用: 내가(使~予) (나무로서) 쓸모(用)가 있다(有).

且得有此大也邪?: (그러면) 어찌(且) 이처럼(此) 커짐(大)을 얻을(得) 수 있는가(有)? 즉 크게 자랄 수 있겠는가? 且(어찌 차)

且也若與予也皆物也: 또(且) 너(若)는 나와(與~予) 모두(皆) 사물(物)이다. 즉 나와 마찬가지로 사물이다. 且(또 차) 皆(다 개)

奈何哉其相物也?: 어찌(奈何) (쓸모가 있느니 없느니 하며) 사물(物)을 살피나(相)? 즉 나를 살피는가? 奈何〔어찌. 奈(어찌 내) 何(어찌 하)〕相(볼 상, 살피다)

而幾死之散人: 그리고(而) (너는) 거의(幾) 죽어가는(死) 쓸모없는 사람(散人)이다. 散人〔쓸모 없는(散) 사람(人). 산목(散木)과 비교됨〕

又惡知散木!: (그런데) 또(又) 어찌(惡) 쓸모없는 나무(散木)인 (나를) 알아(知) (보는가)! 又(또 우)

匠石覺而診其夢: 장석(匠石)이 깨어나(覺) 꿈(夢)을 풀이하다(診). 覺(깨어날 각) 診(볼 진 → 풀이하다)

弟子曰 趣取無用: (그때) 제자(弟子)들이 묻는다. (상수리나무가) 쓸모(用) 없음(無)을 서둘러(趣) (미리부터) 취하다(取). 趣(서두를 촉) 取(취할 취)

則爲社何邪?: 그러면(則) (사람들이 우러러보는) 사당수가 된(爲~社) 건 어째서인가(何)?

密! 若無言!: 비밀(密)이다! (그 점은) 말(言) 없는(無) 것처럼(若) (해야 하네)! 즉 묻지 말고 잠자코 있다. 密(은밀할 밀, 비밀)

彼亦直寄焉: 저(彼) (나무) 또한(亦) (사람들이 함부로 하지 못하는 사당수에 자신의 몸을) 간신히(直) 의지하다(寄). 直(겨우 직, 간신히) 寄(부칠 기, 의지하다)

以爲不知己者詬厲也: 그럼으로써(以) 자기(己), 즉 상수리나무의 (쓸모를 제대로) 알지(知) 못하는(不) (나 장석 같은) 사람(爲~者)에게 (자신을) 망신 주고(詬) 미워하도록(爲~厲) (방치를 하다). 詬(망신 줄 후) 厲(미워할 려)

不爲社者 且幾有翦乎!: (그러니 사람들이 받들고 우러러보는) 사당수가 되지(不爲~社者) 않았다면 (不) (저 상수리나무는) 거의(幾) 잘림(翦)이 있다(有)! 즉 저 상수리나무는 벌써 잘려 나가다! 幾 (거의 기) 翦(자를 전, 잘리다)

且也彼其所保與衆異: (이처럼) 저(彼), 즉 상수리나무가 (스스로) 지키는(保) 방법(所)은 뭇(衆) 사물들의 (방법과) 다르다(異). 保(지킬 보) 衆(무리 중, 뭇)

而義喻之: 그런데(而) (재목감이란 평범한) 관점(義)에서 (상수리나무를) 평가하다(喻). 義(명분 의 → 나무로서 가치, 즉 재목감이 되느냐의 관점) 喻(비유할 유, 비유하다 → 평가하다)

不亦遠乎!: (그러면 저 나무가 스스로 생각하는 평가와 너무나) 멀어진(遠) 게 아닌가(不)! 遠(멀어 진 원)

인간세 4-2

南伯子綦遊乎商之丘, 見大木焉, 有異, 結駟千乘, 將隱芘其所藾.

子綦曰:「此何木也哉? 此必有異材夫?」

仰而視其細枝, 則拳曲而不可以爲棟樑., 俯而視其大根, 則軸解而不可以爲棺槨.,

咶其葉, 則口爛而爲傷.,

嗅之, 則使人狂酲, 三日而不已.

子綦曰:「此果不材之木也, 以至於此其大也. 嗟乎神人, 以此不材!

「宋有荊氏者, 宜楸柏桑. 其拱把而上者, 求狙猴之杙者斬之.,

三圍四圍, 求高名之麗者斬之., 七圍八圍, 貴人富商之家求樿傍者斬之.

故未終其天年, 而中道之夭於斧斤, 此材之患也.

故解之以牛之白顙者與豚之亢鼻者, 與人有痔病者不可以適河.

此皆巫祝以知之矣.

所以爲不祥也. 此乃神人之所以爲大祥也.」

남백자기가 상(商)의 언덕을 소요하다 큰 나무를 보았는데 매우 특이했다.
네 필의 말이 끄는 천 대의 마차를 나무에 매어놓아도 그늘에 푹 가려서
천 대의 마차가 보이지 않았다.
남백자기는 말했다.
"이것은 무슨 나무일까? 분명 다른 점이 있는 좋은 재목감이다"
그리고 고개를 들어 옆으로 퍼진 나무의 작은 가지를 보았더니
모두 구부려져 기둥과 서까래 감이 되지 못했다.
고개를 숙여 굵은 밑동을 보았더니 나무속이 갈라져 관곽 감이 못 되었다.
나뭇잎을 핥자 입이 문드러져 상처가 났고,
잎 냄새를 맡았더니 몹시 취해 사흘이 지나도 깨어나질 못했다.
남백자기가 말했다.
"이 나무는 재목감이 되지 못하는 나무(不材之木)라서 이렇게 크게 자랐구나.
아! 신인(神人)도 이래서 좋은 재목감이 되지 못하는구나!"
남백자기가 계속해서 말했다.

"송나라 형씨란 고장에선 개오동나무, 측백나무, 뽕나무가 잘 자란다.

한 아름 두께로 자라면 원숭이를 가두는 말뚝 구하는 사람이 베어가고,

서너 아름 두께로 자라면 큰 집 마룻대를 구하는 사람이 베어가고,

일곱 여덟 아름 두께로 자라면

고관집이나 부잣집에서 필요로 하는 관을 구하는 사람이 베어간다.

이 때문에 타고난 수명을 다하지 못하고 중도에 도끼에 베어져 요절하니까

이것이 나무로서 재앙이다.

따라서 봄철 황하에 지내는 제사에 이마가 흰 소와 코가 우뚝 젖혀진 돼지,

그리고 치질을 앓는 사람은 황하에 제물로 던져지지 않는다.

무당은 이런 점을 잘 알아 이런 동물과 사람을 상서롭지 않다고 여긴다.

이에 반해 신인(神人)은 이런 동물과 사람을 크게 상서롭다고 여긴다."

注 ──────────────

南伯子綦遊乎商之丘: 남백자기(南伯子綦)가 상(商)의 언덕(丘)을 소요하다(遊). 丘(언덕 구) 遊(놀 유, 소요하다)

見大木焉 有異: (그러다) 큰(大) 나무(木)를 보았는데(見) 다른(異) 게 있다(有). 즉 매우 특이하다. 異(다를 이)

結駟千乘 將隱芘其所藾: 네 필의 말이 끄는 천(千) 대(乘)의 마차(駟)를 (그 나무에) 매어놓아도(結) 그늘(所~藾)에 (푹) 가려(芘) (천대의 마차가) 숨다(隱). 즉 보이지 않는다. 駟(사마 사, 네 필의 말이 끄는 마차). 乘(넷 승, 네 필의 말이 끄는 수레 한 대) 結(맺을 결, ~에 매다) 藾(비호할 뢰, 감싸다 → 그늘) 芘(가릴 비, 가리다) 隱(숨을 은)

子綦曰 此何木也哉: 자기(子綦)가 말하다. 이것(此)은 무슨(何) 나무(木)일까?

此必有異材夫: 이것(此)은 분명(必) 다른(異) 점이 있는(有) 재목(材)이다. 즉 좋은 재목감이다.

仰而視其細枝: (그리고) 고개를 들어(仰) (옆으로 퍼진 나무의) 작은(細) 가지(枝)를 보다(視). 仰(우러를 앙, 고개 들다) 細(가늘 세, 넓이가 좁음 → 작은)

則拳曲而不可以爲棟樑: 그러자(則) 모두 구부려져(拳曲) 기둥과 서까래(棟樑)가 되기(以~爲) 불가(不可)하다. 즉 기둥과 서까래 감이 되지 못하다. 拳曲〔주먹(拳)처럼 굽음(曲). 즉 울퉁불퉁하고 구불구불함. 내편 「소요유」 4의 권곡(卷曲)과 같은 의미. 拳(주먹 권) 曲(굽을 곡)〕 棟樑〔기둥(棟)과 서까래(樑). 棟(용마루 동, 기둥) 樑(들보 량, 서까래)〕

俯而視其大根: 고개를 숙여(俯) (나무의) 굵은 밑동(大根)을 보다(視). 俯(구푸릴 부, 구부리다) 大根〔큰(大) 밑동(根), 즉 굵은 밑동. 根(밑동 근, 밑 둥)〕

則軸解而不可以爲棺槨.: 그러자(則) 나무속이 갈라져(軸解) 관곽(棺槨)이 되기가(以~爲) 불가 (不可)하다. 즉 관곽 감이 되지 못하다. 軸解〔나무 축(軸)이 풀어지다(解), 즉 나무속이 갈라지다. 이는 공동(空洞)이 생긴 나무속이거나 뱅글뱅글 돌아가는 무늬가 있는 나무속이라는 의미. 軸(굴대 축) 解(풀 해, 풀어지다)〕

咶其葉 則口爛而爲傷: (나무) 잎(葉)을 핥다(咶). 그러자(則) 입(口)이 문드러져(爛) 상처(傷)가 나다(爲). 葉(잎 엽) 咶(핥을 지) 爛(문드러질 란) 傷(상처 상)

嗅之 則使人狂酲: (잎) 냄새를 맡다(嗅). 그러자(則) 사람을(使~人) 몹시(狂) 취하게(酲) (하다). 嗅(맡을 후) 狂(미칠 광, 도가 지나침 → 몹시) 酲(숙취 정, 취하다)

三日而已: 사흘(三日)이 (지나도) 자기(已)가 아니다(不). 즉 깨어나지 못하다.

此果不材之木也: 이(此) (나무)는 정말로(果) 재목(材)감이 (되지) 못하는(不) 나무(木)이다. 果 (과연 과, 정말)

以至於此其大也: 그럼으로써(以) 이(此) 크기에(於~大) 이르다(至). 즉 이렇게 크게 자라나다. 至(이를 지)

嗟乎神人 以此不材!: 아(嗟)! 신인(神人)도 이래서(以~此) (좋은) 재목(材)이 아니다(不)! 즉 좋은 재목감이 되지 못하는구나! (그래서 스스로의 경지를 잘 지켜나갈 수 있구나! 嗟(감탄할 차)

宋有荊氏者 宜楸柏桑: 송(宋)나라 형씨(荊氏)란 고장(者)이 있는데(有) 개오동나무(楸) 잣나무 (柏) 뽕나무(桑)가 잘 자란다(宜). 楸(개오동나무 추) 柏(잣나무 백) 桑(뽕나무 상) 宜(마땅히 의, 마땅히 ~하다 → 잘 자라나다)

其拱把而上者: (그 나무들이) 한 아름 두께(拱把~而) 이상(上)으로 (자라)면(者). 拱把〔한 아름 두께. 拱(아름 공, 두 주먹으로 쥐는 굵기) 把(움큼 파, 한 주먹으로 쥐는 굵기)〕

求狙猴之杙者斬之: 원숭이(狙猴)를 가두는 말뚝(杙)을 구하는(求) 사람(者)이 베어가다(斬). 狙(원숭이 저) 猴(원숭이 후) 杙(말뚝 익) 斬(벨 참) 求(구할 구)

三圍四圍: 세(三) 아름(圍)과 네(四) 아름(圍)의 (두께로 자라다). 즉 서너 아름의 두께로 자라다. 圍(아름 위)

求高名之麗者斬之: 큰 집(高名)의 마룻대(麗)를 구하는(求) 사람(者)이 베어가다(斬). 高名〔높이(高) 이름난(名) 집. 즉 큰 집〕 麗(마룻대 려)

七圍八圍: 일곱(七) 아름(圍)과 여덟(八) 아름(圍)의 (두께로 자라다).

貴人富商之家求樿傍者斬之: 고관(貴人)과 부자(富商) 집(家)에서 (필요로 하는) 관(樿傍)을 구하는(求) 사람(者)이 베어가다(斬). 貴人〔신분이나 지위가 높은 사람 → 고관〕 富商〔돈이 많은 상인 → 부자. 富(가멸 부)〕 家(집 가) 樿傍〔관. 樿(회양목 전) 傍(모실 방)〕

故未終其天年: 때문에(故) 타고난 수명(天年)을 다하지(終) 못하다(未). 天年〔하늘(天)의 나이 (年). 즉 타고난 수명〕 終(다할 종)

而中道之夭於斧斤: 그리고(而) 중도(中道)에 도끼에(於~斧斤) (베어져서) 요절하다(夭). 斧斤〔각종 도끼. 斧(도끼 부) 斤(도끼 근) 夭(일찍죽을 요, 요절하다)

此材之患也: 이것(此)이 나무(材)의 재앙(患)이다. 患(재앙 환)

故解之以牛之白顙者與豚之亢鼻者: 고로(故) 봄철 황하에 죄를 씻고 복을 빌기 위해서 지내는 제사(解)에 (제물)로(以) 이마(顙)가 흰(白) 소(牛~者)와(與) 코(鼻)가 우뚝 젖혀진(亢) 돼지(豚~者). 解(없앨 해, 봄 철 황하에서 죄를 씻고 복을 빌기 위해 지내는 제사) 顙(이마 상) 鼻(코 비) 亢(올라 갈 항, 우뚝 젖혀지다)

與人有痔病者不可以適河: 더불어(與) 치질(痔病)이 있는(有) 사람(人~者)이 황하(河)에 (제물로) 던져지는(以~適) 게 불가하다(不可). 痔病〔치질. 痔(치질 치) 病(병 병)〕適(던질 적, 던져지다)

此皆巫祝以知之矣: 모든(皆) 무당(巫祝)은 이(此)를 안다(以~知). 皆(다 개, 모두) 巫祝〔무당. 巫(무당 무) 祝(빌 축, 기원하다)〕

所以爲不祥也: (이에 이런 동물과 사람을) 상서롭지(祥) 못하다고(不) 여기는(爲) 까닭(所以)이다. 祥(상서로울 상) 所以〔까닭〕

此乃神人之所以爲大祥也: 이에(此乃) (반해) 신인(神人)은 (이런 동물과 사람을) 크게(大) 상서롭다(祥) 여기는(爲) 까닭(所以)이다. 乃(이에 내)

인간세(人間世) 5

支離疏者, 頤隱於臍, 肩高於頂, 會撮指天, 五管在上, 兩髀爲脇.

挫鍼治繲足以餬口., 鼓筴播精, 足以食十人.

上徵武士, 則支離攘臂而遊於其間., 上有大役, 則支離以有常疾不受功.,

上與病者粟, 則受三鍾與十束薪.

夫支離其形者, 猶足以養其身, 終其天年, 又況支離其德者乎!

孔子適楚, 楚狂接輿遊其門曰:

「鳳兮鳳兮, 何如德之衰也! 來世不可待, 往世不可追也.

天下有道, 聖人成焉., 天下無道, 聖人生焉. 方今之時, 僅免刑焉.

福輕乎羽, 莫之知載., 禍重乎地, 莫之知避.

已乎已乎, 臨人以德! 殆乎殆乎, 畫地而趨!

迷陽迷陽, 無傷吾行! 吾行郤曲, 無傷吾足!」

山木自寇也, 膏火自煎也, 桂可食, 故伐之, 漆可用, 故割之.

人皆知有用之用, 而莫知無用之用也.

지리소(支離疏)는 턱이 배꼽에 묻혀 가슴이 보이지 않고,
어깨는 눈의 정수리보다 높아 허리가 심하게 굽었다.
목덜미 한가운데 상투는 하늘을 가리킬 정도로 목이 굽고,
오장은 위쪽에 있고, 넓적다리는 옆구리에 붙어 있었다.
그는 바느질과 빨래질로 근근이 살아가기에 충분하고,
곡식알을 키질해 정미하는 일로 열 식구를 먹여 살리기에 충분했다.
나라에서 병사를 징발하면 지리소는 어깨를 치켜들고 소매는 걷어 올린 뒤
사람들 사이를 유유히 휘저으며 돌아다녔다.
나라에 큰일이 있으면 신체장애라는 지병으로 노역의 고통에서 벗어났다.
또 나라에서 병자에게 곡식을 내리면 석 되 양식과 열 다발 땔감을 받았다.
지리소처럼 몸이 불구여도 몸을 잘 건사해 오히려 천수를 누리는데
하물며 덕이 불구인 사람은 어떠하겠는가?
공자가 초(楚)나라에 갔을 때 초나라 광인 접여(接輿)가
공자가 머문 집 문 앞에서 유유자적하며 노래를 불렀다.
"봉황이여, 봉황이여.
어찌하여 그대의 덕(德)이 그리 쇠했습니까!
그대는 오는 세상을 기다리지 못하고 지나간 세상도 구제하지 못합니다.
천하에 도가 있으면 성인은 맡은 일을 훌륭히 처리하지만
천하에 도가 없으면 성인은 자신의 생명만 보존합니다.
그러니 지금과 같은 시기에는 형벌만 면해도 다행입니다.
행복은 깃털처럼 가벼운데 이 가벼운 행복을 아무도 간직할 줄 모르고,
재앙은 땅처럼 무거운데 이 무거운 재앙에서 아무도 떠날 줄 모릅니다.
공자여, 사람을 내려다보면서 덕을 베푸는 일을 제발 그만두십시오!
인의예지와 같은 기준을 정한 뒤 그것을 옹호하는 일은 정말로 위험합니다!
탱자나무(인의예지)여, 탱자나무(인의예지)여.
내가 걸어가는데 인의예지라는 가시로 내게 상처를 내게 하지 마세요!
나는 인의예지라는 가시가 없는 틈새 사이로 요리조리 피해서 걸을 테니
내 발에 상처를 내게 하지 마세요!"
산의 나무가 베어지는 건 나무의 쓸모 탓이니 결국 나무 때문이다.

등불도 제 몸을 태워야 주위를 밝힐 수 있으니 결국 등불 때문이다.
또 계수나무는 계피로 베어지고, 옻나무는 옻칠로 껍질이 벗겨진다.
그런데 사람들은 모두 쓸모 있음의 쓰임새(有用之用)는 알지만
쓸모없음의 쓰임새(無用之用)는 알지 못한다.

注 ────────────

支離疏者 頤隱於臍: 지리소(支離疏者)는 턱(頤)이 배꼽에(於~臍) 묻혀서(隱) (가슴이 보이지 않다). 支離疏者〔갈라지고(支) 떨어지고(離) 터진(疏) 존재(者). 즉 여지없이 흩어져 갈피를 잡을 수 없는 사람. ★ 지리멸렬(支離滅裂). 支(가를 지) 離(떼놓을 리) 疏(트일 소)〕頤(턱 이) 臍(배꼽 제) 隱(숨길 은, 묻히다)

肩高於頂: 어깨(肩)는 눈의 정수리 보다(於~頂) 높아서(高) (허리가 심하게 굽다). 肩(어깨 견) 頂(정수리 정) 高(높을 고)

會撮指天: (목덜미 한가운데) 상투(會撮)는 하늘(天)을 가리킬(指) (정도로 목이 굽다). 會撮〔상투. 會(모일 회) 撮(모을 촬)〕指(가리킬 지)

五管在上 兩髀爲脇: 오장(五管)은 위쪽(上)에 있고(在), 양(兩) 넓적다리(髀)는 옆구리(脇)에 (붙어)있다(爲). ★ 오관(五管)은 심장(心), 폐(肺), 간(肝), 신장(腎), 비장(脾) 등 오장(五臟)이다. 髀(넓적다리 비) 脇(협)→脅(겨드랑이 협, 늑골이 있는 부분)

挫鍼治繲 足以餬口: (그는) 바느질(挫鍼)과 빨래질로(以~治繲) 근근이 살아가기에(餬口) 충분하다(足). 挫鍼〔바느질. 挫(꺾을 좌) 鍼(바늘 침)〕治繲〔빨래질. 治(다스릴 치, 정돈함 → 빨래질) 繲(헌옷 해)〕餬口〔입(口)에 풀칠함(餬). 즉 하루하루 근근이 살아감. 餬(풀칠할 호) 口(입 구)〕足(넉넉할 족 → 충분함)

鼓筴播精 足以食十人: (곡식알)을 키질해(鼓筴) 정미하는 일로(以~播精) 열 식구(十人)를 먹여(食) (살리기에) 충분하다(足). 鼓筴〔점대(筴)를 치다(鼓). 즉 키질하다. 筴(점대 책, 키질하기 위해 대나무로 만든 도구) 鼓(칠 고, 치다)〕播精〔(알곡을) 고르다. 播(버릴 파 → 곡식알 껍질을 버리다) 精(쩧을 정, 곡식알을 곱게 쓿다)〕

上徵武士 則支離攘臂: 위(上)에서, 즉 나라에서 병사(武士)를 징발하다(徵). 그러면(則) 지리소(支離)는 어깨(臂)를 (치켜들고), 소매를 걷어 올리다(攘). 徵(부를 징, 징발하다) 臂(어깨 견) 攘(걷을 양, 소매를 걷어 올림)

而遊於其間: 그리고(而) (사람들) 사이를(於~間) 유유히 (휘저으며) 다니다(遊). 遊(놀 유, 유유자적하다)

上有大役: 위(上)에, 즉 나라에 큰(大) 일(役)이 있다(有). 役(일 역, 병역·부역 등과 같은 강제적 일)

則支離以有常疾不受功: 그러면(則) 지리소(支離)는 (신체장애라는) 지병(常疾)이 있어(以~有)

직무(功)를 받지(受) 않다(不). 즉 노역의 고통에서 벗어나다. 常疾〔늘(常) 있는 병(疾), 즉 지병〕功(일 공, 직무) 受(받을 수, 받다)

上與病者粟: (또) 위(上)에서, 즉 나라에서 병자(病者)에게 곡식(粟)을 내리다(與). 粟(곡식 속) 與(줄 여 → 내리다)

則受三鍾與十束薪: 그러면(則) (지리소는) 석(三) 되(鍾)의 양식과(與) 열(十) 다발(束) 땔감(薪)을 받다(受). 鍾(되이름 종, 되) 束(다발 속) 薪(땔나무 신, 땔감) 受(받을 수)

夫支離其形者: 저(夫) (지리소처럼) 몸(形)이 갈라지고(支) 떨어진(離) (불구인) 사람이라면(支離~者). 形(형체 형, 몸)

猶足以養其身 終其天年: 몸(身)을 충분히(足) 건사해(以~養) 오히려(猶) 천수(天年)를 마치다(終). 즉 천수를 누리다. 養(다스릴 양 → 건사하다) 終(끝낼 종, 마치다)

又況支離其德者乎!: 또(又) 하물며(況) 덕(德)이 불구(支離)인 사람(者)은 (어떠한가)!

孔子適楚: 공자(孔子)가 초(楚)나라에 가다(適). ★ 초(楚)나라는 중국 상고시대 춘추오패(春秋五覇) 중 하나로 양자강 중류를 차지한 나라이다. 후에 전국칠웅(戰國七雄) 중 하나가 되었다. 適(갈 적, 가다)

楚狂接輿遊其門曰: (그때) 초(楚)나라 광인(狂) 접여(接輿)가 공자가 머문 (집) 문(門) 앞에서 유유자적하며(遊) 노래하다(曰). ★ 광접여(狂接輿)는 실존했던 인물로 애국시인 굴원(屈原)과 더불어 초나라 지성을 대표한다. 유가가 시인 굴원을 이상적 인물로 받든 데 반해 장자는 접여를 이상적 인물로 설정한다. 내편 「소요유」3에서 접여(接輿)란 이름으로 처음 등장하고, 내편 「응제왕」2에선 광접여로 등장한다. 한편 『논어』「미자」에서도 광접여로 등장한다.

鳳兮鳳兮: 봉황이여(鳳~兮) 봉황이여(鳳~兮). 鳳〔신의 새로 성군이 있을 때만 나타난다 하는데 여기선 공자를 의미〕兮(어조사 혜)

何如德之衰也!: 어찌하여(何如) (그대의) 덕(德)이 쇠하는가(衰)! 衰(쇠할 쇠)

來世不可待: (그대는) 오는(來) 세상(世)을 기다릴 수(可~待) 없다(不). 來(올 래) 世(인간 세, 세상) 待(기다릴 대)

往世不可追也: 지나간(往) 세상(世)도 구제할 수(可~追) 없다(不). 往(갈 왕, 지나감) 追(구제할 추) ★ 이 글은 『논어』「미자」에 등장하는 '이미 지난 건 탓할 수 없지만 오는 건 구제할 수 있다(往者不可諫 來者猶可追)'라는 표현과 흡사하다.

天下有道 聖人成焉: 천하(天下)에 도(道)가 있으면(有) 성인(聖人)은 일을 성취한다(成). 즉 성인은 맡은 일을 훌륭히 처리하다. 成(이룰 성, 성취하다)

天下無道 聖人生焉: 천하(天下)에 도(道)가 없으면(無) 성인(聖人)은 자기 생명(生)만 (보존하다).

方今之時 僅免刑焉: (그러니) 지금(方今)과 (같은) 시기(時)에는 형벌(刑)만 면해도(免) 다행(僅)이다. 方今〔지금. 方(이제 방) 今(이제 금) 時(때 시, 세월 → 시기) 刑(형벌 형) 免(면할 면, 면하다) 僅

(겨우 근, 근근이 → 다행이다)

福輕乎羽 莫之知載: 행복(福)은 깃털(羽)처럼 가벼운데(輕) 아무도 (가벼운 행복을) 간직할 줄 (載) 모르다(莫~知). 福(복 복, 행복) 羽(깃 우, 깃털) 輕(가벼울 경) 載(실을 재, 수레에 적재하다 → 간직하다) 莫(없을 막)

禍重乎地 莫之知避: 재앙(禍)은 땅(地)처럼 무거운데(重) 아무도 (무거운 재앙에서) 떠날 줄(避) 모르다(莫~知). 禍(재앙 화) 地(땅 지) 重(무거울 중) 避(피할 피, 빠져 감 → 떠나다)

已乎已乎 臨人以德!: (공자여) 그만둬라(已~乎). 그만둬라(已~乎). 즉 제발 그만둬라. 사람(人)에게 군림함으로써(以~臨), 즉 사람을 내려다보면서 덕(德)을 베푸는 일을! 已(그칠 이, 그만두다) 臨(임할 림 → 군림하다)

殆乎殆乎: 위험하다(殆~乎). 위험하다(殆~乎). 즉 정말로 위험하다. 殆(위태할 태, 위험하다) ★ 『논어』「미자」에는 '그만둬라. 그만둬라. 지금의 정치를 따르는 자는 위태로울 뿐이네(已而已而 今之從政者殆而)'라는 비슷한 표현이 등장한다.

畫地而趨!: 땅에 (인의예지라는) 금을 긋고서(畫地~而) (그쪽으로) 마음이 쏠려 향하는(趨) 걸! 즉 인의예지(仁義禮智)와 같은 기준을 정한 뒤 그것을 옹호하는 것을! 畫地〔(땅(地)를 구분함(畫). 이는 자신이 설정한 기준에 스스로 제한하는 걸 의미. 地(땅 지) 畫(가를 획, 구분하다)〕趨(향할 추, 마음이 쏠려 향해 따르다)

迷陽迷陽 無傷吾行!: 탱자나무(迷陽)여. 탱자나무(迷陽)여. 내(吾)가 걷는(行) 데 (인의예지라는 가시로 내게) 상처(傷)를 내도록 하지마라(無)! ★ 미양(迷陽)은 탱자나무인데 탱자나무에는 가시가 많아 가시나무라고도 한다. 가시나무는 여기서 곧 공자를 의미한다. 보다 구체적으로 탱자나무의 가시는 공자가 주장하는 인의예지를 말한다. 行(갈 행, 가다) 傷(상처 상)

吾行郤曲 無傷吾足!: 나(吾)는 (인의예지라는 가시가 없는) 틈새 사이로 요리조리(郤曲) (피해서) 걸을 테니(行) 내(吾) 발(足)에 상처(傷)를 내지마라(無)! 郤曲〔(가시가 없는) 틈새 사이로(郤) 구불구불(曲) (걷다). 즉 요리조리 피해서 걷다. 郤(틈 극) 曲(굽을 곡, 구불구불하게)〕

山木自寇也: 산(山)의 나무(木)는 (쓸모가 있는 탓에 자기를 베도록 함으로써) 스스로(自) 해를 입다(寇). 즉 산의 나무가 베어지는 건 나무의 쓸모 탓이니 결국 나무 때문이다. 寇(해칠 구, 해를 입다)

膏火自煎也: 등불(膏火)도 자신(自)의 몸을 태우다(煎). 즉 등불도 제 몸을 태워야 주위를 밝힐 수 있으니 결국 등불 때문이다. 膏火〔등불. 膏(기름 고) 火 (불 화)〕煎(끓일 전, 가열하여 끓게 하다 → 등불이 타다)

桂可食 故伐之: (또) 계수나무(桂)는 (계피를) 먹을(食) 수 있기에(可) 고로(故) 베어진다(伐). 즉 계피로 인해 베어진다. 桂(계수나무 계) 伐(벨 벌, 베어지다)

漆可用 故割之: 옻나무(漆)는 (옻칠에) 쓸(用) 수 있기에(可) 고로(故) 껍질이 벗겨진다(割). 즉

옻칠로 인해 껍질이 벗겨진다. 漆(옻나무 칠) 用(쓸 용) 割(재앙 할 → 벗겨지다)

人皆知有用之用: (그런데) 사람(人)들은 모두(皆) 쓸모(用) 있음(有)의 쓰임새(用)를 알다(知).

而莫知無用之用也: 그런데(而) 쓸모(用) 없음(無)의 쓰임새(用)는 알지(知) 못하다(莫).

덕충부
德 充 符

덕충부(德充符) 1

魯有兀者王駘, 從之遊者, 與仲尼相若,

常季問於仲尼曰:「王駘, 兀者也, 從之遊者, 與夫子中分魯.

立不敎, 坐不議, 虛而往, 實而歸.

固有不言之敎, 無形而心成者邪? 是何人也?」

仲尼曰:「夫子, 聖人也, 丘也直後而未往耳.

丘將以爲師, 而況不若丘者乎! 奚假魯國! 丘將引天下而與從之.」

常季曰:「彼兀者也, 而王先生, 其與庸亦遠矣. 若然者, 其用心也獨若之何?」

仲尼曰:「死生亦大矣, 而不得與之變, 雖天地覆墜, 亦將不與之遺.

審乎無假而不與物遷, 命物之化而守其宗也.」

常季曰:「何謂也?」

仲尼曰:「自其異者視之, 肝膽楚越也., 自其同者視之, 萬物皆一也.

夫若然者, 且不知耳目之所宜 而遊心乎德之和.,

物視其所一 而不見其所喪, 視喪其足猶遺土也.」

常季曰:「彼爲己, 以其知得其心, 以其心得其常心. 物可爲最之哉.」

仲尼曰:「人莫鑑於流水, 而鑑於止水, 唯止能止衆止.

受命於地, 唯松柏獨也正, 在冬夏靑靑., 受命於天, 唯堯舜獨也正, 在萬物之首.

幸能正生, 而正衆生. 夫保始之徵, 不懼之實.

勇士一人, 雄入於九軍.

將求名而能自要者, 而猶若是,

而況官天地, 府萬物, 直寓六骸, 象耳目, 一知之所知, 而心未嘗死者乎!

彼且擇日而登遐, 人則從是也. 彼且何肯以物爲事乎!」

노(魯)나라에 형벌로 발뒤꿈치가 잘린 왕태(王駘)라는 사람이 있는데
그를 추종해서 배우려는(遊) 사람이 공자 제자와 같을 정도로 많았다.
상계(常季)가 스승인 공자를 방문해서 물었다.
"왕태는 형벌로 발목이 잘린 사람인데 그를 따라서 배우려는 제자가
선생님 제자와 노나라의 절반씩을 각각 차지합니다.
그는 발목이 잘려서 서서 가르치지도 못하고 앉아서 강론하지도 못하는데
그의 제자들은 머리가 빈 채 가서도 머리를 가득 채워서 돌아옵니다.
본디 말 없는 가르침(不言之敎)이 있다고 하는데
그는 겉으로 드러나지 않아도 마음으로 가르치는 게 아닌가요?
이런 사람은 대체 어떤 사람인가요?"
공자가 말했다.
"그분은 성인(聖人)이다. 나(丘)도 계속 미루다가 여태 찾아뵙지 못했네.
이제 나도 그분을 찾아뵙고 스승으로 모시려고 하는데
하물며 노나라에서 나보다 못한 사람이야 더 말할 나위가 없지 않은가!
그런데 어찌 노나라 사람뿐이겠는가!
나는 세상 사람을 이끌고서 그분을 함께 따르려고 하네."
상계가 물었다.
"그분은 형벌로 발뒤꿈치가 잘린 장애인인데 선생님보다 훌륭하다고 하시니
보통사람보다 훨씬 더 훌륭하겠네요.
이런 사람은 대체 어떤 마음 씀씀이(用心)를 지니나요?
공자가 말했다.
"죽고 사는 것도 큰 변화이지만 이런 변화도 그분의 마음을 흔들지 못하네.
아무리 하늘이 무너지고 땅이 꺼져도 그분의 마음은 아래로 떨어지지 않네.
또 그분의 마음은 순진해서 아무런 가식이 없는 게 분명한데도
사물의 변화에 쉽게 휩쓸리지 않네.
오히려 사물의 변화를 하늘의 뜻(命)으로 알고, 이를 그대로 따르면서
자신은 도의 근원(宗)을 지켜 가네."
상계가 물었다. "그게 무슨 말씀입니까?"
공자가 말했다.

"다르다는 관점에서 보면 간과 쓸개도 초(楚)나라와 월(越)나라 사이만큼 멀
지만 같다는 관점에서 보면 만물은 모두 하나이네.
이런 사람은 귀와 눈을 즐겁게 하는 쾌감 따위에 끌리지 않아도
마음은 덕이 조화된 경지에서 유유자적하네.
또 사물의 하나 된 바만 보고 사물의 잃은 바를 보지 않아
한쪽 발을 잃은 것을 발에 묻은 흙을 터는 정도라고 여기네."
상계가 스승의 말에 동조해서 말했다.
"그분은 자신을 위해 수양할 때 자신의 마음을 자신이 아는 바로만 터득하고,
그 마음으로 사물의 변화에 휩쓸리지 않는 변함없는 마음을 터득합니다.
그러니 사람들은 그를 으뜸이라고 할 수밖에 없지요."
공자가 말했다.
"사람은 흐르는 물을 거울삼아선 자신을 비춰볼 수 없지만
멈춘 물을 거울삼아선 자신을 비춰볼 수 있네.
그런데 오직 멈춘 물에서만 덕이 멈출 수 있고,
많은 사람도 이런 멈춘 덕을 보기 위해서 걸음을 멈추네.
땅에서 생명을 받은 것 중에서 오직 소나무와 측백나무만이 옳아
겨울이건 여름이건 늘 푸르고 또 푸르네.
하늘에서 생명 받은 것 중에서 요순임금만이 옳아 만물의 우두머리로 있네.
다행히 요순임금의 올바른 삶이 많은 사람의 삶을 올바르게 할 수 있었네.
이처럼 타고난 본래의 것을 지키려는 사람의 징표는
사물의 변화에 전혀 두려움이 없는 것이다.
그래서 용감한 병사는 혼자서 적의 대군 속으로 용감히 뛰어들고,
명성을 얻고자 스스로 중요한 일을 하는 사람도 이 용사처럼 두려움이 없네.
하물며 천지를 주관하고 만물을 포용하며 몸을 잠시 머무는 곳으로 믿고,
귀로 듣거나 눈으로 보는 걸 잠시 나타났다 사라지는 흔적이라고 여기고,
알고 있는 모든 것을 하나로 여겨서
본래 타고난 마음을 잃지 않는 사람이라면 어떠하겠는가!
그런 분이 특정한 날을 택해서 이승을 떠나 하늘에 오르면
사람들은 그를 따르네.

그런 분이 어째서 제자 모으는 것을 자기 일로 삼겠는가!"

注 ————————

魯有兀者王駘: 노(魯)나라에 (형벌로) 발뒤꿈치가 잘린 사람(兀~者) 왕태(王駘)가 있다(有). 魯〔노나라. 춘추시대 주(周)나라 무왕의 동생 주공(周公) 단(旦)의 아들 백금이 세운 나라〕 兀(발뒤꿈치벨 올) 王駘〔크게(王) 둔함(駘). 駘(노둔할 태, 둔함)〕

從之遊者 與仲尼相若: (그를) 추종해서(從) 배우려는 사람(遊~者)이 중니와(與~仲尼) 서로(相) 같다(若). 즉 공자 제자와 같을 정도로 많다. 從(좇을 종, 추종함, 따름) 遊(배울 유. 옛날엔 유유자적하며 배워 이런 표현을 사용) 若(같을 여)

常季問於仲尼曰: 상계(常季)가 스승인 공자를(於~仲尼) 방문해(問) 말하다. 常季〔공자가 태어난 노(魯)나라 현자〕 仲尼(공자의 자)

王駘 兀者也: 왕태(王駘)는 발뒤꿈치가 잘린(兀) 사람(者)이다. 兀(발뒤꿈치벨 올)

從之遊者 與夫子中分魯: (그런데 그를) 따라(從) 배우려는 사람(遊~者)이 선생과(與~夫子) 노(魯)나라를 반(中)으로 나누다(分). 즉 왕태를 따르는 제자가 공자 제자와 노나라의 절반씩을 각각 차지한다. 中(반 중, 절반) 分(나눌 분)

立不敎 坐不議: (그는 발목이 잘려) 서서(立) 가르치지도(敎) 못하고(不) 앉아서(坐) 강론하지도(議) 못하다(不). 立(설 립) 敎(가르침 교) 坐(앉을 좌) 議(의논할 의, 강론하다)

虛而往 實而歸: (그런데 그의 제자들은 머리가) 빈(虛) 채 가서도(而~往) (머리를) 가득 채워서(實) 돌아오다(而~歸). 虛(빌 허) 實(찰 실, 가득 채우다) 歸(돌아올 귀)

固有不言之敎: 본디(固) 말(言)이 없는(不) 가르침(敎)이 있다(有). 固(본디 고)

無形而心成者邪: (그런데 그는) 형태(形)가 없어도(無~而) 마음(心)으로 이룬 게(成~者) 아닌가(邪)? 즉 겉으로 드러나지 않아도 마음으로 가르치는 게 아닌가? 形(몸 형 → 형태) 無(없을 무 → 나타나지 않다) 成(이룰 성)

是何人也?: 이런(是) (사람은 대체) 어떤(何) 사람(人)인가? 何(무엇 하 → 어떤)

仲尼曰 夫子 聖人也: 공자(仲尼)가 말하다. 그분(夫子)은 성인(聖人)이다.

丘也直後而未往耳: (나) 구(丘)도 여태(直後~而) 찾아가지(往) 못할(未) 뿐이다(耳). 즉 계속 미루다가 여태 찾아보지 못하다. 直後〔무슨 일이 있은 곧 그 뒤 → 여태. 直(곧바로 직) 後(뒤 후)〕 往(갈 왕, 찾아가다) 未(아닐 미, ~하지 못하다)

丘將以爲師: (이제) 나(丘)도 (그분을 찾아보고) 스승으로(以~師) 모시려 하다(爲~將). 師(스승 사)

而況不若丘者乎!: (그런데) 하물며(況) (노나라에서) 구(丘)와 같지(若) 않은(不) 사람(者), 즉 나보다 못한 사람이야 (더 말할 나위 없지 않은가)! 況(하물며 황) 若(같을 약)

奚假魯國!: (그런데) 어찌(奚~假) 노(魯) 나라(國) (사람) 뿐인가! 奚假〔어찌(奚) ~ 틈(假) 뿐인

가) 奚(어찌 해, 의문사) 假(틈 가)〕

丘將引天下而與從之: 구(丘)는 세상 사람(天下)을 이끌고서(引~而) (그분을) 함께(與) 따르다 (從). 引(끌 인, 이끌다) 從(奚을 종)

常季曰 彼兀者也: 상계(常季)가 말하다. 그(彼) (분은 형벌로) 발뒤꿈치가 잘린 장애자(兀~者) 이다.

而王先生: 그런데(而) 선생(先生)보다 훌륭하다(王). 王(왕성할 왕, 왕성하다 → 훌륭하다)

其與庸亦遠矣: (그러니) 보통사람보다(與~庸) 또한(亦) 훨씬(遠) (더 훌륭하다). 與(보다 여) 庸(범인 용, 보통사람) 遠(멀 원 → 훨씬)

若然者 其用心也獨若之何: 이런 사람(若然~者)은 마음(心) 씀씀이가(用~也) 유달리(獨) 어떠한가(若~何)? 즉 대체 어떤 마음 씀씀이를 지니는가? 獨(유달리 독)

仲尼曰 死生亦大矣: 공자(仲尼)가 말하다. 죽고(死) 사는(生) (것) 또한(亦) 큰(大) (변화이다). 大(클 대)

而不得與之變: 그러나(而) (죽고 사는 그것)과(與) 변화(變)를 얻을 수(得~與) 없다(不). 즉 죽고 사는 큰 변화마저 그의 마음을 흔들지 못하다. 變(변할 변, 변화) 得(얻을 득, 얻다)

雖天地覆墜: (그래서) 아무리(雖) 하늘(天)이 무너지고(覆) 땅(地)이 꺼지다(墜). 雖(비록 수 → 아무리 ~해도) 覆(넘어질 복, 무너지다) 墜(떨어질 추, 꺼지다)

亦將不與之遺: (그의 마음) 또한(亦) (아래로) 떨어지지(遺) 않는다(不~與). 遺(잃을 유, 떨어뜨림)

審乎無假而不與物遷: (또 그의 마음은) 순진해 아무런 가식이 없는(無假) 게 분명한데도(審~而) 사물과(與~物) (함께) 변천하지(遷) 않다(不). 즉 사물의 변화에 쉽게 휩쓸리지 않는다. 無假〔순진해 아무런 가식이 없음. 假(거짓 가)〕審(분명할 심) 遷(옮길 천, 변천되다)

命物之化而守其宗也: (오히려) 사물(物)의 변화(化)를 (하늘의) 뜻으로 알고(命~而) (이를 그대로 따르면서) 자신은 도의 근원(宗)을 지키다(守). 命(운명 명 → 하늘의 뜻) 宗(마루 종, 근원) 守(지킬 수)

常季曰 何謂也?: 상계(常季)가 묻다. (그게) 무슨(何) 말인가(謂)?

仲尼曰 自其異者視之: 공자(仲尼)가 말하다. 다르다는(異) 관점에서(自~者) 보다(視). 異(다를 이) 自(부터 자, ~로부터) 視(볼 시)

肝膽楚越也: (그러면) 간(肝)과 쓸개(膽)도 초(楚)나라와 월(越)나라 (사이만큼 멀다). ★ 춘추전국시대 초나라는 장강(長江) 중류에 위치하고, 월나라는 장강 하류에 위치해 두 나라는 거리상으로 매우 멀다.

自其同者視之 萬物皆一也: (그러나) 같다는(同) 관점에서(自~者) 보면(視) 만물(萬物)은 모두(皆) 하나(一)이다. 皆(모두 개)

夫若然者 且不知耳目之所宜: 이런 사람(若然~者)은 귀(耳)나 눈(目)(과 같은 감각)에 의해 마땅히(宜) (인식되는) 바(所)를 알지(知) 못한다(不). 즉 귀나 눈을 즐겁게 하는 쾌감 따위에 끌리지

않는다. 宜(마땅할 의)

而遊心乎德之和: 그러나(而) 마음(心)은 덕(德)이 조화된 경지(和)에서 유유자적하다(遊).

物視其所一 而不見其所喪: (또) 사물(物)의 하나(一) 된 바(所)만 보고(視~而), (사물의) 잃은(喪) 바(所)를 보지(見) 않다(不). 喪(잃을 상)

視喪其足猶遺土也: (그래서 한쪽) 발(足)을 잃은(喪) 걸 (발에 묻은) 흙(土)을 터는(遺) 정도로 본다(猶~視). 遺(잃을 유 → 털다) 猶(가히 유, 可와 같은 뜻)

常季曰 彼爲己: 상계(常季)가 (스승의 말에 동조해서) 말하다. 그(彼)분은 자신(己)을 위해(爲) (수양하다).

以其知得其心: (그때) 마음(心)을 (자신이) 아는 바로만(以~知) 터득한다(得). 得(얻을 득, 터득하다)

以其心得其常心: 그 마음으로(以~心) (사물의 변화에 휩쓸리지 않는) 변함없는 마음(常心)을 터득한다(得). 常心〔(사물의 변화에 휩쓸리지 않는) 변함없는(常) 마음(心). 常(항상 상, 변함없는)〕得(얻을 득 → 터득하다)

物可爲最之哉: (그러니) 사람(物)들은 (그를) 으뜸이라고(爲~最) 할 수(可) (밖에 없다). 物(만물 물 → 세상사람) 最(가장 최, 으뜸)

仲尼曰 人莫鑑於流水: 공자(仲尼)가 말하다. 사람(人)은 흐르는(流) 물을(於~水) 거울삼아선(鑑) (자신을 비춰볼 수) 없다(莫). 流(흐를 류) 鑑(거울삼을 감) 莫(없을 막)

而鑑於止水: 그러나(而) 멈춘(止) 물을(於~水) 거울삼아선(鑑) (자신을 비춰볼 수 있다). 止(멈출 지)

唯止能止衆止: (그런데) 오로지(唯) 멈춘(止) (물에서만 덕이) 멈출(止) 수(能) 있고, 많은 사람(衆)도 (이런 멈춘 덕을 보기 위해서 걸음을) 멈춘다(止). 唯(오직 유) 衆(무리 중 → 많은 사람)

受命於地: 땅에서(於~地) 생명(命)을 받은(受) (것 중에선). 命(목숨 명 → 생명)

唯松柏獨也正 在冬夏靑靑: 오직(唯) 소나무(松)와 측백나무(柏)만이 홀로(獨) 옳아(正) 겨울(冬)이건 여름(夏)이건 늘 푸르고(靑) (또) 푸르다(靑). 松(소나무 송) 柏(측백나무 백) 正(바를 정 → 옳다) 冬(겨울 동) 夏(여름 하) 靑(푸를 청)

受命於天: 하늘에서(於~天) 생명(命)을 받은(受) (것 중에선).

唯堯舜獨也正 在萬物之首: 오직(唯) 요순(堯舜) 임금이 홀로(獨) 옳아(正), 만물(萬物)의 우두머리(首)로 있다(在). 首(머리 수)

幸能正生 而正衆生: 다행히(幸) (요순임금의) 올바른(正) 삶(生)이 많은 사람(衆)의 삶(生)을 올바르게(正) 할 수(能) (있다). 幸(다행 행)

夫保始之徵: (이처럼) 타고난(始) (본래의 것을) 지키려는(保) (사람의) 징표(徵). 始(처음 시 → 타고난) 保(지킬 보) 徵(증거 징)

不懼之實: (사물 변화에 대해) 두려움(懼)이 없는(不) 충만함(實)이다. 즉 전혀 두려움이 없다.

懼(두려워할 구) 實(찰 실, 충만함)

勇士一人 雄入於九軍: (그래서 용사(勇士)는 혼자서(一人) 적의 대군 속으로(於~九軍) 용감하게(雄) 뛰어들다(入). 雄(굳셀 웅 → 용감히) 九軍〔9(九)개의 군(軍) → 적의 대군〕入(들 입 → 뛰어 들다)

將求名而能自要者 而猶若是: 명성(名)을 얻고자(求~而) 스스로(自) 중요한(要) (일을) 하는(能) 사람(者)도 이(是) (용사)처럼(若) 가히(猶) (두려움이 없다). 名(이름 명, 명성) 求(구할 구 → 얻다) 要 (요할 요, 중요한) 猶(가히 유)

而況官天地 府萬物: 그런데(而) 하물며(況) 천지(天地)를 주관하고(官) 만물(萬物)을 포용하다 (府). 官(다스릴 관, 주관하다) 府(곳집 부 → 포용하다)

直寓六骸: 몸(六骸)을 (잠시 빌린) 거처(寓)로 직시하고(直), 즉 몸을 잠시 머무는 곳으로 믿는 다. 六骸〔머리와 몸통, 두 손과 발. 즉 몸. 骸(몸 해)〕寓(우거 우, 거처)

象耳目: (귀로) 듣거나(耳) (눈으로) 보는(目) 걸 (잠시 나타났다 사라지는) 흔적(象)으로 (여기다). 象(코끼리 상, 모양 → 흔적)

一知之所知: 앎(知)으로 아는(知) (모든) 바(所), 즉 알고 있는 모든 것을 하나라고(一) (여기다).

而心未嘗死者乎!: 그래서(而) (본래 타고난) 마음(心)이 아직 죽지(死) 않은(未~嘗) 사람(者)은 (어떠할까)! 즉 본래 타고난 마음을 잃지 않은 사람이라면 어떠할까! (그런 분은 사물의 변화에 두 려움이 전혀 없다) 未(아닐 미) 嘗(시험할 상)

彼且擇日而登遐: 그(彼)가 (특정한) 날(日)을 택해(擇) (이승을 떠나) 하늘에 오르다(登遐). 擇(가 릴 택) 登遐〔(仙人처럼) 먼(遐) 하늘에 오름. 즉 이승을 떠남. 遐(멀 하, 아득히 멀다, 또는 아득히 먼 곳)〕 ※ 참고한 『莊子今註今譯』에 '假(거짓 가)'로 표기되었는데 오자로 보아 '遐(멀 하)'로 바 꾸어서 해석했다.

人則從是也: 그러면(則) 사람(人)들은 그(是)분을 따라(從) (가다).

彼且何肯以物爲事乎: 그(彼)가 어쩌서(何肯) 세상 사람으로써(以~物) 자기 일(事)을 삼는가 (爲)? 즉 제자 모으는 것을 자기 일로 삼는가? 肯(어찌 긍) 物 → 衆人(세상 사람)

덕충부(德充符) 2

申徒嘉, 兀者也, 而與鄭子産同師於伯昏無人.

子産謂申徒嘉曰「我先出則子止, 子先出則我止.」

其明日, 又與合堂同席而坐.

子産謂申徒嘉曰,,「我先出則子止, 子先出則我止.

今我將出, 子可以止乎, 其未邪? 且子見執政而不違, 子齊執政乎?」

申徒嘉曰:「先生之門, 固有執政焉如此哉? 子而悅子之執政而後人者也?

聞之曰:『鑑明則塵垢不止, 止則不明也. 久與賢人處則無過.』

今子之所取大者, 先生也, 而猶出言若是, 不亦過乎!」

子產曰:「子既若是矣, 猶與堯爭善, 計子之德, 不足以自反邪?」

申徒嘉曰:「自狀其過, 以不當亡者衆, 不狀其過, 以不當存者寡, 知不可奈何,

而安之若命, 唯有德者能之.

遊於羿之彀中. 中央者, 中地也., 然而不中者, 命也.

人以其全足笑吾不全足者多矣, 我怫然而怒., 而適先生之所, 則廢然而反.

不知先生之洗我以善邪?

吾與夫子遊十九年矣, 而未嘗知吾兀者也.

今子與我遊於形骸之內, 而子索我於形骸之外, 不亦過乎!」

子產蹴然改容更貌曰:「子無乃稱!」

신도가(申徒嘉)는 형벌로 발뒤꿈치가 하나 잘렸는데
정(鄭)나라 자산(子産)과 함께 백혼무인(伯昏無人)을 스승으로 모셨다.
정나라 집정인 자산은 발뒤꿈치 하나 없는 신체장애인과 다니는 게 창피해
신도가에게 말했다. "공부를 끝내고 내가 먼저 나가면 자네는 남아 있게.
아니면 자네가 먼저 나가면 내가 남아 있겠네."
다음날 두 사람은 다시 함께 한 집에서 같은 자리에 앉았다.
자산이 신도가에게 말했다.
"내가 먼저 나가면 자네는 남아 있게. 자네가 먼저 나가면 나는 남아 있겠네.
그런데 지금 내가 먼저 나가야 하니까 자네는 남아 있을 수 있는가?
아니 자네가 남아 있지 못하겠다고?
자네는 집정인 나를 보고도 피하질 않으니 나와 맞먹으려고 하는가?"
신도가가 말했다.
"백혼 선생 문하에 집정이라고 으스대는 자가 본디 이처럼 있었던가?
자네는 집정이라는 걸 뻐기면서 남을 깔보려는가?
그런데 이런 말이 있지.
'거울이 맑으면 먼지 때가 묻지 않고, 먼지 때가 묻으면 거울이 맑지 않다.
백혼무인 같은 현인과 오래 사귀면 먼지와 때 같은 흠이 자연히 사라진다.'

지금 자네가 으뜸으로 취하는 바가 스승의 도(道)일 텐데
오히려 내게 그런 소리를 하다니 지나치지 않은가!"
이에 자산이 말했다.
"자네가 이미 지나친 소리를 했네.
자네가 오히려 요임금과 뛰어남을 겨루면서 자네의 덕을 헤아렸는데
발목이 잘린 주제에 반성할 줄 모르지 않는가?"
신도가가 말했다.
"세상엔 자신 잘못을 변명하며 발목이 억울하게 잘렸다는 사람은 많아도
자신 잘못을 변명하지 않고 억울하게 잘린 발을 간직하는 사람은 적네.
사람의 힘으로 어찌할 수 없는 것을 알아 하늘의 뜻에 따라 편히 지내는 건
덕(德)이 있는 사람만이 할 수 있네.
옛날 궁술의 명인 예(羿)의 사정거리 안에서 노닐면 가운데는 화살이 적중
했지. 그런데도 예가 쏜 화살에 맞지 않으면 그건 운명(命) 탓일세.
자신의 발이 온전한 것으로 다른 사람의 발이 온전하지 않은 것을
비웃는 사람들이 많네. 그럴 때는 나도 발끈하고 화가 나지.
그래서 백혼 선생이 계신 곳을 찾아가는데 찾아가기만 하면
화난 게 눈 녹듯이 사라져서 평상시로 돌아오네.
스승이 나를 덕(善)으로 씻어주었기 때문인지 자네는 어째서 알지 못하는가?
나는 스승께 배운 지 오래여도 스승은 내게 발뒤꿈치가 없는 것을
의식하게 한 적이 여태 한 번도 없으셨네.
지금 자네는 나와 내면으로 사귈 텐데 나를 외면으로 찾고자 하니까
이 또한 잘못된 일이 아닌가!"
자산은 낯빛을 공손히 고치고 용모를 바꾸면서 말했다.
"제발 자네는 더 이상 말하지 말게!"

注 ───────────────────────────────

申徒嘉 兀者也: 신도가(申徒嘉)는 형벌로 발뒤꿈치가 하나 잘린(兀) 사람(者)이다. 申徒嘉〔춘
추시대 정(鄭)나라 현자로 알려지지만 가공의 인물로 보아짐〕兀(발뒤꿈치벨 올)

而與鄭子産同師於伯昏無人: 그런데(而) 정(鄭)나라 (집정) 자산과(子産) 함께(與) 백혼무인을
(於~伯昏無人) 스승(師)으로 모시다. 伯昏無人〔장자가 만든 가공인물.「전자방」과「열어구」에

서 열자 스승으로 등장. 伯(맏 백) 昏(어둘 혼)〕

子産謂申徒嘉曰: (정나라 집정인) 자산(子産)은 (발뒤꿈치가 하나 없는 신체장애인과 다니는 게 창피해서) 신도가(申徒嘉)에게 말하다. 子産〔춘추시대 말기 약소국 정(鄭)나라를 잘 다스린 재상으로 공자도 높이 평가한 바 있음〕

我先出則子止: (공부 끝내고) 내(我)가 먼저(先) 나가면(出~則) 너(子)는 남다(止). 先(먼저 선) 出(날 출, 나가다) 止(멈출 지, 남다)

子先出則我止: (아니면) 네(子)가 먼저(先) 나가면(出~則) 내(我)가 남다(止).

其明日 又與合堂同席而坐: 다음 날(明日) (두 사람은) 다시(又) 함께(與) 한 집(合堂)에서 같은(同) 자리(席~而)에 앉다(坐). 明日＝來日(다음 날) 合堂(한 집) 同(같을 동) 席(자리 석) 坐(앉을 좌)

子産謂申徒嘉曰: 자산(子産)이 신도가(申徒嘉)에게 말하다.

我先出則子止: 내(我)가 먼저(先) 나가면(出~則) 너(子)는 남다(止).

子先出則我止: (아니면) 네(子)가 먼저(先) 나가면(出~則) 나(我)는 남다(止).

今我將出 子可以止乎: (그런데) 지금(今) 내(我)가 (먼저) 나가야(將~出) (하니까) 너(子)는 남을(止) 수(可) 있나?

其未邪: (아니 네가 남아있지) 못한다고(未)?

且子見執政而不違: 너(子)는 집정(執政)인 (나를) 보고도(見~而) 피하려(違) (하지) 않다(不). 違(피할 위)

子齊執政乎?: 너(子)는 집정(執政)과 나란히(齊) 하려는가? 즉 집정과 (감히) 맞먹으려 하는가? 齊(가지런할 제 → 나란하다)

申徒嘉曰 先生之門: 신도가(申徒嘉)가 말하다. (백혼) 선생(先生) 문하(門).

固有執政焉如此哉?: 집정(執政)이라고 (으스대는 자가) 본디(固) 이처럼(如~此) 있는가(有)?

子而悅之執政而後人者也?: 너(子~而)는 네(子)가 집정(執政)이라는 걸 뻐기면서(悅~而) 남(人)을 뒤(後)로 (하는) 사람(者)인가? 즉 남을 깔보려는가? 悅(기뻐할 열 → 뻐기다)

聞之曰: (그런데) 소문(聞)이 말하다. 즉 이런 말이 있다.

鑑明則塵垢不止: 거울(鑑)이 맑으면(明~則) 먼지(塵)와 때(垢)가 멈추지(止) 않다(不). 즉 먼지와 때가 묻지 않다. 鑑(거울 감) 明(밝을 명 → 맑다) 塵(티끌 진) 垢(때 구) 止(멈출 지)

止則不明也: (먼지와 때가) 묻으면(止~則) (거울이) 맑지(明) 않다(不).

久與賢人處則無過: (그런데 백혼무인 같은) 현인과(與~賢人) 오래(久) 사귀면(處~則) (먼지와 때 같은) 흠(過)이 (자연히) 없어진다(無). 處(사귈 처) 過(잘못될 과, 흠)

今子之所取大者 先生也: 지금(今) 네(子)가 으뜸(大~者)으로 취하는(取) 바(所)가 스승(先生)의 (도이다). 大(클 대 → 으뜸)

而猶出言若是 不亦過乎: 그런데(而) 오히려(猶) 이 같은(若~是) 말(言)이 (나를 향해) 나오는

(出) 게 또한(亦) 지나치지(過) 않은가(不)? 즉 오히려 그런 소리를 내게 하다니 지나치지 않은가? 猶(오히려 유)

子産曰 子旣若是矣: 자산(子産)이 말하다. 너(子)는 이미(旣) 이와 같다(若~是). 즉 너는 이미 지나친 소리를 하다.

猶與堯爭善 計子之德: (너는) 오히려(猶) 요임금과(與~堯) 뛰어남(善)을 겨루면서(爭) 너(子)의 덕(德)을 헤아리다(計). 猶(오히려 유) 善(잘할 선, 뛰어나다) 爭(다툴 쟁, 겨루다) 計(헤아릴 계)

不足以自反邪?: (그런데 발목 잘린 주제에) 스스로(自) 반성함에(以~反) 부족하다(不足). 즉 반성할 줄 모르지 않는가?

申徒嘉曰 自狀其過: 신도가(申徒嘉)가 말하다. (세상에는 자신의) 잘못(過)을 스스로(自) 변명하다(狀). 狀(나타낼 상, 말하다 → 변명하다) 過(잘못할 과)

以不當亡者衆: 그럼으로써(以) 부당(不當)하게, 즉 억울하게 (발목이) 잘렸다는(亡) 사람(者)은 많다(衆). 亡(잃을 망 → 잘리다)

不狀其過: (그러나 자신의) 잘못(過)을 변명하지(狀) 않다(不).

以不當存者寡: 그럼으로써(以) 부당(不當)하게, 즉 억울하게 (잘린 발을) 간직하는(存) (사람은) 적다(寡). 寡(적을 과)

知不可奈何 而安之若命: (사람의 힘으로) 어찌(奈何) 할 수(可) 없음(不)을 알고(知~而), 하늘의 뜻에 따라(若~命) 편히(安) (지내다). 奈何[어찌. 奈(어찌 내) 何(어찌 하)] 安(편안할 안, 편히 지내다)

唯有德者能之: (이것은) 오로지(唯) 덕(德) 있는(有) 사람(者)이 할 수(能) 있다.

遊於羿之彀中: (옛날 궁술의 명인인) 예(羿)의 사정거리(彀) 안에서(於~中) 노닐다(遊). 彀(먹일 구, 먹잇감 → 사정거리)

中央者 中地也: (그러면 사정거리) 가운데(中央~者)는 (화살이) 적중하는(中) 곳(地)이다. 中(맞을 중, 과녁에 맞다 → 적중함)

然而不中者 命也: 그런데도(然~而) (예가 쏜 화살에) 맞지(中) 않으면(不~者) (그건) 운명(命) 탓이다.

人以其全足 笑吾不全足者多矣: 사람(人)들은 (자신의) 발(足)이 온전해(以~全) (남의) 발(足)이 온전하지(全) 않은(不) 것(者)을 비웃는(笑) 사람(者)이 많다(多). 足(발 족) 全(온전할 전) 笑(웃을 소, 비웃다)

我怫然而怒: (그럴 때) 나(我)도 발끈하고(怫然~而) 화가 나다(怒). 怫然[발끈 화를 내는 모양. 怫(발끈할 불)] 怒(성낼 로, 화나다)

而適先生之所: 그래서(而) (백혼) 선생(先生)이 (있는) 곳(所)에 (찾아) 가다(適). 適(갈 적, 가다)

則廢然而反: (찾아가기만) 하면(則) (화난 게 눈 녹듯이) 사라져서(廢然~而) (평상시로) 돌아오다(反). 廢然[깨끗이 없어진 모양. 廢(폐할 폐, 없어지다)] 反(되돌아올 반)

不知先生之洗我以善邪?: 선생(先生)이 나(我)를 덕으로(以~善) 씻어주기(洗) (때문인지 너는 어째서) 알지(知) 못하는가(不)? 善(선 선, 즉 덕) 洗(씻을 세)

吾與夫子遊十九年矣: 나(吾)는 선생과(與~夫子) 배운(遊) 지 오래되다(十九年). 十九年〔10(十)은 모든 사물을 일단락 짓는 수이고, 여기에 수의 마지막인 9(九)를 더해 오랜 세월을 의미〕

而未嘗知吾兀者也: 그러나(而) (선생은 여태) 외발(兀~者)이란 (사실을) 내(吾)게 알도록(知) 한 적 없다(未~嘗). 즉 의식케 한 적이 없다.

今子與我遊於形骸之內: 지금(今) 너(子)는 나와(與~吾) 육신(形骸) 안에서(於~內) 유유자적하다(遊). 즉 내면으로 사귀다. 形骸〔육신. 形(몸 형) 骸(뼈 해)〕遊(배울 유. 옛날엔 유유자적하며 배워 이런 표현을 사용)

而子索我於形骸之外 不亦過乎!: 그런데(而) (지금) 네(子)가 육신(形骸) 밖에서(於~外) 나(我)를 찾는(索) 것 또한(亦) 잘못된(過) 게 아닌가(不)! 즉 지금 너는 나를 외면으로 찾고자 하니까 이 또한 잘못된 일이 아닌가! 索(찾을 색)

子産蹴然改容更貌曰: 자산(子産)은 낯빛(容)을 공손히(蹴然) 고치고(改) 용모(貌)를 바꾸며(更) 말하다. 容(얼굴 용, 낯빛) 蹴然〔공손스러운 모양. 蹴(삼갈 축 → 공손스럽게)〕改(고칠 개) 貌(얼굴 모, 용모) 更(고칠 경, 바꾸다)

子無乃稱!: 이에(乃) 너(子)는 (제발 더 이상) 말하지(稱) 말라(無). 乃(이에 내)

덕충부(德充符) 3

魯有兀者叔山無趾, 踵見仲尼,

仲尼曰:「子不謹, 前既犯患若是矣. 雖今來, 何及矣!」

無趾曰:「吾唯不知務而輕用吾身, 吾是以亡足.

今吾來也, 猶有尊足者存焉, 吾是以務全之也.

夫天無不覆, 地無不載, 吾以夫子爲天地, 安知夫子之猶若是也!」

孔子曰:「丘則陋矣. 夫子胡不入乎, 請講以所聞!」無趾出.

孔子曰:「弟子勉之! 夫無趾, 兀然者, 猶務學以複補前行之惡, 而況全德之人乎!」

無趾語老聃曰:「孔丘之於之人, 其未邪? 彼何賓賓以學子爲?

彼且蘄以諔詭幻怪之名聞, 不知至人之以是爲己桎梏邪?」

老聃曰:「胡不直使彼 以死生爲一條, 以可不可爲一貫者, 解其桎梏, 其可乎?」

無趾曰:「天刑之, 安可解!」

노(魯)나라에 형벌로 발뒤꿈치 하나가 잘린 숙산무지(叔山無趾)가

다리를 질질 끌고서 공자(仲尼)를 만나러 왔다.

공자가 말했다.

"당신은 예전에 행동이 신중하지 못해

죄를 이미 범해 발뒤꿈치가 잘리는 재앙을 당했소.

지금 나를 찾아와 가르침을 청해도 어찌 예전으로 돌아갈 수 있겠소!"

숙산무지가 말했다.

"나는 과거에 힘써 배울 줄 모르고 내 몸을 가벼이 써 발을 잃었지요.

그런데 지금 내가 찾아온 건 오히려 발보다 더 귀한 것, 즉 덕(德)이 남아

남은 덕을 온전히 보존하는 데 힘쓰고 싶어서입니다.

하늘은 모든 걸 덮어주고 땅은 모든 걸 실어주지요.

난 선생을 이런 하늘과 땅으로 여겼는데 이처럼 나올줄 어찌 알았습니까!

공자가 말했다.

"내(丘)가 생각이 모자랐소. 숙산 선생. 어찌 안으로 들어오지 않습니까.

제가 들은 바를 말씀드리겠습니다!"

그런데도 숙산무지는 들어가지 않고 그냥 나가 버렸다.

공자는 이에 느낀 바가 있어 제자들에게 말했다. "제자들은 힘써라!

저 숙산무지는 발뒤꿈치가 없는 병신인데도 힘써 배워

지난날의 잘못을 거듭해서 고치려고 한다.

그런데 하물며 훌륭한 덕을 지닌 너희들이야 더욱 힘써야 하지 않겠는가!"

그 후 어느 날 숙산무지가 노담(老聃)에게 말했다.

"공구는 지인(至人)의 경지에 아직 이르지 않았나요?

어째서 그는 노담 선생에게 뭔가를 자꾸 배우려고 하나요?

그는 또 기이하고 괴상한 명성을 듣기를 바라겠지만

지인(至人)은 그것이 스스로를 묶는 질곡이라 여기는 걸 어째서 모를까요?"

노담이 말했다.

"숙산 선생은 죽음과 삶을 한 줄기로 여기고,

괜찮음과 괜찮지 않음을 하나의 이치로 통한다고 여기는데

어째서 그때 공구를 바로잡아주지 않았나요?

그때 그를 바로 잡아주었다면 분명히 질곡에서 벗어날 수 있었을 텐데요?"

숙산무지가 말했다.

"공구는 하늘이 내린 벌(天刑)을 받았는데 어찌 제가 풀어줄 수 있는가요!"

注 ─────────

魯有兀者叔山無趾: 노(魯)나라에 (형벌로) 발뒤꿈치 하나가 잘린(兀者) 숙산무지(叔山無趾)가 있다(有). 兀(발뒤꿈치 벨 올) 叔山無趾〔숙산(叔山)은 성, 월형으로 발(趾)이 없어 무지(無趾)라 하는데 가공의 인물. 趾(발 지, 복사뼈 이하의 부분)〕

踵見仲尼: 다리를 질질 끌고서(踵) 공자(仲尼)를 만나다(見). 踵(발꿈치 종, 발이 없기에 발꿈치로 가다. 즉 질질 끌다)

仲尼曰 子不謹: 공자(仲尼)가 말하다. 너(子)는 전(前)에 (행동이) 신중치(謹) 못하다(不). 子(너 자) 前(앞 전) 謹(삼갈 근, 신중함)

前既犯患若是矣: (이에) 이미(既) 죄를 범해(犯) 이처럼(若~是) (발뒤꿈치 잘리는) 재앙(患)을 (당하다). 犯(범할 범) 患(재앙 환)

雖今來 何及矣!: 지금(今) (나를) 찾아와(來) 아무리(雖) (가르침을 청해도) 어찌(何) 예전으로 되돌아갈(及) 수 (있는가)! 來(올 래, 오다) 雖(비록 수 → 아무리 ~해도) 何(어찌 하) 及(미칠 급 → 예전으로 되돌아가다)

無趾曰 吾唯不知務而輕用吾身: (숙산)무지(無趾)가 말하다. 나(吾)는 단지(唯) (과거에) 힘써(務) (배울 줄) 알지(知) 못하고(不~而) 내(吾) 몸(身)을 가볍게(輕) 쓰다(用). 務(수고할 로, 애쓰다) 輕(가벼울 경) 用(쓸 용)

吾是以亡足: 나(吾)는 이렇게(是) 발(足)을 잃다(以~亡). 亡(잃을 망)

今吾來也 猶有尊足者存焉: (그런데) 지금(今) 내(吾)가 (찾아) 온(來) (건) 오히려(猶) 발보다(於~足者) (더) 귀한 것(尊), 즉 덕(德)이 남다(有). 猶(오히려 유) 足(발 족) 於(어조사 어, ~ 보다) 尊(높을 존, 귀하다) 有(있을 유 → 남다)

吾是以務全之也.: (그래서) 내(吾)가 이(是) (남은 덕을) 온전히(全) (보존하는데) 힘쓰고(以~務) (싶어서이다).

夫天無不覆 地無不載: 모름지기(夫) 하늘(天)은 (모든 걸) 뒤집히지(覆) 않게(不) (하지) 않고(不), 땅(地)은 (모든 걸) 싣지(載) 않게(不) 하지 않다(無). 즉 하늘은 모든 걸 덮어주고, 땅은 모든 걸 싣는다. 覆(뒤집힐 복) 載(실을 재)

吾以夫子爲天地: 나(吾)는 선생(夫子)을 (이런) 천지라고(以~天地) 여기다(爲).

安知夫子之猶若是也!: 선생(夫子)이 이처럼(若~是) (나올 줄) 어찌(安) 아는가(知)! 安(어찌 안)

孔子曰 丘則陋矣: 공자(孔子)가 말하다. (내) 구인즉(丘~則), 즉 내가 (생각이) 모자라다(陋). 陋(좁을 루 → 모자라다)

夫子胡不入乎 請講以所聞: (숙산) 선생(夫子), 어찌(胡) (안으로) 들어오지(入) 않는가(不). (내가) 들은(聞) 바로(以~所) 청해(請) 논하다(講). 즉 내가 들은 바를 말하다. 胡(어찌 호) 講(논할 강) 請(청할 청)

無趾出: (그런데도) 무지(無趾)는 (들어가지 않고 그냥) 나가다(出). 出(날 출, 나가다)

孔子曰 弟子勉之!: 공자(孔子)는 (이에 느낀 바가 있어) 말하다. 제자(弟子)들은 힘써라(務)! 務 (수고할 로, 애쓰다 → 힘쓰다)

夫無趾 兀然者: 저(夫) (숙산)무지(無趾)는 외발 병신(兀~然者)이다.

猶務學以複補前行之惡: 그런데도(猶) 힘써(務) 배워(以~學) 전(前)에 행한(行) 악(惡), 즉 지난 날의 과오를 거듭해서(複) 고치다(補). 惡(모질 악, 악함) 複(거듭 부) 補(고칠 보)

而況全德之人乎!: 그런데(而) 하물며(況) 훌륭한 덕(全德)을 지닌 사람(人), 즉 제자들이야 (더욱 힘써야 하지 않는가)! 全德〔흠이 없는 훌륭한 덕. 全(온전할 전)〕

無趾語老聃曰: (그 후 어느 날) 숙산무지(無趾)가 노담(老聃)에게 말하다(語). 語(말 어)

孔丘之於至人 其未邪?: 공구(孔丘)는 지인 경지의 (경지)에(於~至人) 아직 (이르지) 않은가(未~邪)? ★ 여기서 공자를 무시해 일부로 공구(孔丘)라고 표현했다고 보인다.

彼何賓賓以學子爲?: 어째서(何) 그(彼)는 (노담 선생(子)에게 (뭔가를) 자꾸(賓賓) 배우려는가(以~學)? 賓賓〔자꾸. 賓(손 빈)〕 ★ 何以~爲는 '어째서 ~하다'라는 뜻인데 내편「소요유」1에선 이를 '奚以~爲'로 표현한다.

彼且蘄以諔詭幻怪之名聞: 그(彼)는 또(且) 기이하고(諔詭) 괴이한(幻怪) 명성을(以~名) 듣길(聞) 바라다(蘄). 且(또 차) 諔詭〔기이함. 이해하기 어려운 수수께끼 같은 것. 諔(괴이할 숙) 詭(괴이할 궤)〕 幻怪〔괴이함. 즉 속임수 같은 것. 幻(미혹할 환) 怪(기이할 괴)〕 蘄(바랄 기, 바라다)

不知至人之以是爲己桎梏邪?: (그렇지만) 지인(至人)은 (그것이) 스스로(己)를 묶는 질곡이라 여기는(爲~桎梏) 걸 (어째서) 알지(知) 못하는가(不)? 桎梏〔손과 발을 매어두는 형틀 → 스스로를 묶는 질곡. 桎(차꼬 질) 梏(수갑 곡)〕

老聃曰 胡不直使彼: 노담(老聃)이 말하다. (숙산 선생은) 어째서(胡) (그때) 공구를(使~彼) 바로 잡아주지(直) 않는가(不). 胡(어찌 호) 直(바로잡을 직)

以死生爲一條: (선생은) 죽음(死)과 삶(生)을 한 줄기(一條)로 여기다(以~爲). 一條〔한 줄기. 條 (가지 조)〕

以可不可爲一貫者: 괜찮음(可)과 괜찮지 않음(不可)을 하나의 이치로 꿰뚫는(一貫) 거라 여기다 (以~爲). 즉 하나의 이치로 통한다고 여기다. 一貫〔하나의 이치로 모든 일을 꿰뚫음. 貫(꿸 관)〕

解其桎梏 其可乎?: (그런데 그때 그를 바로 잡아주었다면 분명히) 질곡(桎梏)을 푸는(解) (일이) 가능하지 않은가(可)? 즉 질곡에서 벗어날 수 있을 텐데. 解(풀 해, 풀다)

無趾曰 天刑之 安可解!: 무지(無趾)가 말하다. (공구는) 하늘(天)이 (내린) 벌(刑)을 (받고 있는데

내가) 어찌(安) (그걸) 풀(解) 수가(可)! 安(어찌 안)

덕충부(德充符) 4

덕충부 4-1

魯哀公問於仲尼曰:「衛有惡人焉, 曰哀駘它. 丈夫與之處者, 思而不能去也.

婦人見之, 請於父母曰『與爲人妻, 寧爲夫子妾』者, 十數而未止也.

未嘗有聞其唱者也, 常和人而矣. 無君人之位以濟乎人之死, 無聚祿以望人之腹.

又以惡駭天下, 和而不唱, 知不出乎四域, 且而雌雄合乎前. 是必有異乎人者也.

寡人召而觀之, 果以惡駭天下.

與寡人處, 不至以月數, 而寡人有意乎其爲人也., 不至乎期年, 而寡人信之.

國無宰, 寡人傳國焉, 悶然而後應, 氾然而若辭.

寡人醜乎, 卒授之國. 無幾何也, 去寡人而行, 寡人卹焉若有亡也, 若無與樂是國也.

是何人者也?」

仲尼曰:「丘也嘗使於楚矣, 適見豚子食於其死母者, 少焉眴若皆棄之而走.

不見己焉爾, 不得類焉爾.

所愛其母者, 非愛其形也, 愛使其形者也.

戰而死者, 其人之葬也不以翣資., 刖者之屨, 無爲愛之., 皆無其本矣.

爲天子之諸御, 不爪翦, 不穿耳., 取妻者止於外, 不得復使.

形全猶足以爲爾, 而況全德之人乎!

今哀駘它未言而信, 無功而親, 使人授己國, 唯恐其不受也, 是必才全而德不形者

也.」

노(魯)나라 애공(哀公)이 공자(仲尼)를 찾아와서 말했다.

"위(衛)나라에 얼굴이 험하고 추한 사람이 있는데 애태타(哀駘它)라 하지요.

그런데 그와 함께 지낸 사나이들은 애태타를 사모해 떠날 줄 모릅니다.

그를 본 여자들은 부모를 졸라 남의 아내가 되느니 그의 첩이 되겠다고 하

는데 그 수가 십여 명을 넘지요.

또 자기주장을 펴는 걸 들어본 적이 없어 늘 남과 화합을 이룰 뿐입니다.

또 죽어가는 사람을 살릴만한 군주의 위치에 있는 것도 아니고,

다른 사람의 배를 채울 만큼 모은 재산도 없고,

거기에 또 그의 추한 꼴이란 천하를 깜짝 놀라게 합니다.

남과 화합을 이루면서 자기주장을 펴지 않고,

아는 것도 사는 지역을 벗어나지 못할 정도로 적은데

여자건 남자건 모여드는 건 다른 사람과 분명 다른 데가 있어서겠지요.

그래서 과인이 애태타를 불러 만나 보았더니

그의 추한 꼴은 과연 천하를 깜짝 놀라게 할 정도였습니다.

그런데 과인은 그와 사귄 지 한 달도 안 되었는데 그의 사람됨에 끌리고,

사귄 지 일 년도 안 되었는데 그를 믿게 되었습니다.

마침 나라에 재상 자리가 비워 과인이 그에게 국정을 맡기려고 했는데

그는 이해하기 곤란하다는 표정으로 대범히 사양하는 것 같았지요.

그래서 과인이 그에게 국정을 맡기려고 한 일이 갑자기 부끄러워졌소.

그리고 얼마 안 되어 그는 과인에게서 떠나갔는데

과인은 뭔가를 잃은 사람처럼 처량하게 되었습니다.

이 나라를 다스리는 즐거움을 함께 누릴만한 사람이 없어진 듯했는데

그는 대체 어떤 사람인가요?”

공자가 말했다.

“제(丘)가 예전에 초(楚)나라에 사절로 갔을 때

새끼돼지가 죽은 어미돼지의 젖을 빠는 걸 우연히 보았습니다.

조금 있으니까 새끼돼지들이 놀란 듯 모두 어미를 버리고 달아났습니다.

이는 어미가 자기들을 쳐다보지 않고, 어미 모습도 예전 같지 않아섭니다.

그러니 새끼돼지가 어미를 사랑한 건 어미의 몸이 아니라

그 몸을 부리게 한 내면의 덕(德)입니다.

싸우다 죽은 병사를 장사지낼 때는 장식이 달린 제구를 쓰지 않고,

형벌로 발뒤꿈치를 베인 사람은 신발을 소중히 여기지 않습니다.

이는 죽은 병사에게는 장식 달린 제구를 쓸 마땅한 근거가 없어서이고,

발뒤꿈치가 베인 사람에게는 신발이 필요한 마땅한 근거가 없어서입니다.

천자의 빈 첩이 되면 아름다워지기 위해서 몸을 훼손하면서까지

손톱을 짧게 깎거나 귀에 구멍을 뚫을 필요가 없지요.

하인도 장가를 들면 바깥에 머물도록 해 일 년 동안 근무를 면제케 합니다.

몸이 온전해도 천자의 빈 첩이 되면 몸을 훼손하지 않는 배려를 받고,

장가를 든 하인이면 일하지 않는 배려를 받는 데 충분하지요.

그런데 하물며 덕을 온전히 갖춘 사람이야 더 말할 나위가 없겠지요!

지금 애태타는 말하지 않아도 군주의 신망을 얻고,

공적이 없어도 군주와 친하고,

심지어 군주가 국정을 맡기려 하는 데도 애태타가 받아들이지 않을까

오히려 군주가 염려할 정도입니다.

이는 틀림없이 그의 바탕이 온전하고(才全),

또 온전한 바탕인 그의 덕이 겉에 드러나지 않아서입니다(德不形)."

注 ────────────

魯哀公問於仲尼曰: 노(魯)나라 애공(哀公)이 공자를(於~仲尼) 찾아와(問) 말하다. 哀公〔춘추시대 말기의 노나라 군주로 공자 말년에 노(魯)나라를 통치함〕

衛有惡人焉 曰哀駘它: 위(衛)나라에 (얼굴이 험하고 추한(惡) 사람(人)이 있는데(有) (이름이) 애태타(哀駘它)이다. 衛〔춘추시대 주(周)나라 무왕(武王)의 동생 강숙(康叔)에게 책봉된 나라〕 惡(추할 오) 哀駘它〔가공의 인물로서 애처롭고(哀) 둔한(駘) 낙타(它). 즉 곱사등이란 의미. 哀(슬플 애) 駘(노둔할 태, 둔함) 它(낙타 타 → 곱사등이)〕 다를 타)

丈夫與之處者 思而不能去也: (그런데 그)와(與) 함께 지낸(處) 사나이(丈夫)는 (그를) 사모해(思~而) 떠날 줄(能~去) 모르다(不). 處(살 처 → 지내다) 丈夫〔사나이. 丈(어른 장) 夫(지아비 부)〕 思(생각할 사, 사모하다) 去(갈 거, 떠나다)

婦人見之 請於父母曰: (그를) 본(見) 여자(婦人)는 부모에게(於~父母) 청해(請) 말하다. 즉 부모를 졸라서 청해 말하다.

與爲人妻 寧爲夫子妾者: 남(人)의 처(妻)가 되느니(爲) 차라리(寧) 애태타(夫子)의 첩(妾者)이 되다(爲). 妻(아내 처) 寧(차라리 녕) 妾(첩 첩)

十數而未止也: (그 수가) 십 수 명으로(十數~而) 그치지(止) 않다(未). 즉 십여 명을 넘어서다. 止(그칠 지)

未嘗有聞其唱者也: (또) 자기주장을 펴는 것(唱~者)을 들어(聞) (본) 적(有)이 없다(未~嘗). 唱(부를 창, 먼저 말하다 → 주장을 폄)

常和人而矣: (그래서 그는) 늘(常) 남(人)과 화합을 이룰(和) 뿐이다(而矣). 和(화합할 화)

無君人之位以濟乎人之死: (또) 죽어가는(死) 사람(人)을 살릴만한(以~濟) 군주(君人) 위치(位)가 아니다(無). 濟(건질 제 → 살리다)

無聚祿以望人之腹: (다른) 사람(人)의 배(腹)를 채울 만큼(以~望) 모은(聚) 재산(祿)이 없다(無). 腹(배 복) 望(바랄 망, 바라다 → 채우다) 聚(모일 취 → 모으다) 祿(복 록, 재산)

又以惡駭天下: (거기에) 또(又) (그의) 추한(惡) (꼴이란) 천하(天下)를 깜짝 놀라게(駭) 하다. 又(또 우) 駭(놀랄 해)

和而不唱 知不出乎四域: (남과) 화합을 이루면서(和~而) (자기) 주장을 펴지(唱) 않고(不), (또) 아는(知) 것도 사는 지역(四域)을 벗어나지(出) 못할(不) (정도로 적다). 四域(한정된 일정한 곳 → 그가 사는 한정된 지역)

且而雌雄合乎前: 그런데(且) 여자(雌)건 남자(雄)건 (간에 애태타) 앞(前)에 모여드는(合) 것. 雌(암컷 자) 雄(수컷 웅) 合(모일 합)

是必有異乎人者也: 이(是)는 틀림없이(必) 다른 사람(人~者)과 다른(異) 데가 있다(有). 必(반드시 필, 틀림없이) 異(다를 이)

寡人召而觀之: (그래서) 과인(寡人)이 (애태타를) 불러서(召) (만나) 보다(觀). 寡人〔덕이 적은 사람이란 뜻으로 왕이 스스로를 낮춰 부르는 표현. 寡(적을 과)〕觀(볼 관, 보다)

果以惡駭天下: 추한 꼴이란(以~惡) 과연(果) 천하(天下)를 (깜짝) 놀라게(駭) (할 정도이다). 惡(추할 오) 駭(놀랄 해, 놀라게 하다)

與寡人處 不至以月數: (그런데) 과인(寡人)은 (그)와(與) 사귄지(處) 한 달(月數)도 이르지(至) 않다(不). 處(사귈 처) 至(이를 지)

而寡人有意乎其爲人也: 그런데(而) 과인(寡人)은 (그의) 사람됨(爲~人)에 끌리다(有~意). 爲人(사람됨) 意(뜻 의 → 마음이 끌리다)

不至乎期年 而寡人信之: (사귄지) 일 년(期~年)도 이르지(至) 않는데(不~而) 과인(寡人)은 (그를) 믿다(信). 信(믿을 신)

國無宰 寡人傳國焉: (마침) 나라(國)에 재상(宰) (자리가) 비워(無) 과인(寡人)이 (그에게) 국정(國)을 맡기다(傳). 國(나라 국) 宰(재상 재) 傳(전할 전, 물려 내려 주다 → 맡기다)

悶然而後應: (그런데 그는) 이해할 수 없다는 표정을 지은(悶然~而) 뒤(而) 반응하다(應). 즉 그는 이해하기 곤란하단 표정으로 반응하다. 悶然〔이해하지 못하는 표정. 悶(깨닫지 못하는 모양 민)〕後(뒤 후) 應(응할 응, 반응하다)

氾然而若辭: 대범히(氾然~而) 사양하는(辭) 것 같다(若). 氾然〔자잘하지 않고 대범함. 氾(흔들리지 않는 모양 범)〕辭(사양할 사)

寡人醜乎 卒授之國: (그래서) 과인(寡人)이 (그에게) 국정(國)을 맡기려고(授) (한 게) 갑자기(卒) 부끄러워지다(醜). 授(줄 수, 임명함 → 맡기다) 卒(갑자기 졸) 醜(부끄러워할 추)

無幾何也 去寡人而行: 얼마(幾何) 안 되어(無) (그는) 과인(寡人)에게서 떠나(去~而) 가다(行). 幾何〔얼마. 幾(얼마 기)〕去(갈 거)

寡人卹焉若有亡也: 과인(寡人)은 (뭔가를) 잃은(有~亡) (사람)처럼(若) 처량하게(卹~焉) (되다). 卹(가엾이여길 술 → 처량하게 됨)

若無與樂是國也: 이(是) 나라(國)를 (다스리는) 즐거움(樂)을 함께(與) (누릴만한 사람이) 없어진(無) 듯(若) 하다. 樂(즐거울 락)

是何人者也?: (그런데) 그(是)는 (대체) 어떤(何) 사람(人者)인가? 何(어찌 하, 무엇 → 어떤)

仲尼曰 丘也嘗使於楚矣: 공자(仲尼)가 말하다. 구(丘)가 예전에(嘗) 초나라에(於~楚) 사절(使)로 (가다). 嘗(일찍 상 → 예전에) 使(사신 사)

適見独子食於其死母者: (그때) 새끼돼지(独~子)가 죽은(死) 어미돼지(母~者)의 (젖을) 빠는(食) 걸 우연히(適) 보다(見). 独(돼지새끼 돈) 死(죽을 사) 食(밥 식, 먹다 → 빨다) 適(마침 적, 우연히) 見(볼 견)

少焉眴若皆棄之而走: (그런데) 조금(少) (있으니까 새끼돼지들이) 놀란 듯(眴~若) 모두(皆) (어미를) 버리고(棄~而) 달아나다(走). 眴(아찔할 현 → 놀란) 若(어조사 약) 棄(버릴 기) 走(달릴 주, 달아나다)

不見己焉爾 不得類焉爾: (이는 어미가) 자기(己)들을 쳐다보지(見) 않고(不), (이전과 같은) 무리(類)가 아니다(不). 즉 어미의 모습이 예전과 같지 않다. 類(무리 류) 爾(어조사 이)

所愛其母者 非愛其形也: (그러나 새끼돼지가) 어미(母~者)를 사랑한(愛) 건(所) (어미의) 몸(形)을 사랑한(愛) 게 아니다(不).

愛使其形者也: (그) 몸(形)을 부리게(使) 한 것(者), 즉 내면의 덕을 사랑한(愛) 것이다. 使(부릴 사) 愛(사랑 애)

戰而死者: 싸우다(戰~而) 죽은(死~者) 병사(人). 戰(싸울 전)

其人之葬也不以翣資: (그를) 장사지낼(葬) 때는 (시신이 온전하지 못해) 장식이 달린 제구(以~翣)를 쓰지(資) 않다(不). 葬(장사지낼 장) 翣(운불삽 삽, 상여 양 옆에 세우는 제구) 資(취할 자 → 쓰다)

刖者之屨 無爲愛之: 형벌로 발뒤꿈치를 베인 자(刖~者)는 신(屨)을 소중히 여기지(爲~愛) 않다(無). 刖(벨 월, 발뒤꿈치를 베다) 屨(신 구) 愛(사랑 애 → 소중하다)

皆無其本矣: (이) 모두(皆)는, 즉 죽은 병사에게는 (장식이 달린 제구를 쓸 마땅한) 근거(本)가 없어서이고(無), 형벌로 발뒤꿈치가 베인 사람에게는 (신발이 필요한 마땅한) 근거(本)가 없어서이다(無). 本(근거할 본)

爲天子之諸御: 천자(天子)의 빈 첩이 되다(爲~諸御). 諸御〔임금의 빈 첩. 諸(딴 제, 기타의) 御(어거할 어)〕

不爪翦 不穿耳: (그러면 아름다워지기 위해서 몸을 훼손하면서까지) 손톱(爪)을 (짧게) 깎거나(翦) 귀

(耳)에 구멍을 뚫을(穿) (필요가) 없다(不). 爪(손톱 조) 翦(자를 전 → 깎다) 穿(뚫을 천)

取妻者止於外: (하인도) 아내(妻)를 얻으면(取~者), 즉 장가를 들면 바깥에(於~外) 머물다(止). 妻(아내 처) 取(취할 취)

不得復使: (그래서 일 년 동안) 다시(復) 부림(使)을 얻지(得) 않다(不). 즉 일 년 동안 근무를 면제하다. 復(다시 부) 使(부릴 사)

形全猶足以爲爾: 몸(形)이 온전해도(全~猶) (천자의 빈 첩이 되면 몸을 훼손하지 않는 배려를, 장가를 든 하인이면 일하지 않는 배려를) 받기에(以~爲) 충분하다(足).

而況全德之人乎!: 그런데(而) 하물며(況) 덕(德)을 온전히(全) (갖춘) 사람(人)이야 (더 말할 나위가 있는가)!

今哀駘它未言而信: 지금(今) 애태타(哀駘它)는 말하지(言) 않아도(未~而) (군주의) 신망(信)을 (얻다). 信(믿을 신, 신망)

無功而親: 공적(功)이 없어도(無) (군주와) 친하다(親). 功(공 공, 공적) 親(친할 친)

使人授己國: (심지어 군주가) 그에게(使~人) 자기(己) 나라(國)를 맡기다(授). 즉 군주가 그에게 국정을 맡기다. 授(줄 수, 맡기다)

唯恐其不受也: 비록 그러한데도(唯) (애태타가 이를) 받아들이지(受) 않을까(不)를 (오히려 군주가) 염려할(恐) (정도이다). 唯(비록 ~해도 유) 受(받을 수) 恐(염려할 공)

是必才全而德不形者也: 이(是)는 틀림없이(必) (그의) 바탕(才)이 온전하고(全~而), (또 온전한 바탕인 그의) 덕(德)이 몸(形~者), 즉 겉에 (드러나지) 않아서이다(不). 必(반드시 필, 틀림없이) 才(바탕 재)

덕충부 4-2

哀公曰: 何謂才全?

仲尼曰「死生存亡, 窮達貧富, 賢與不肖毁譽, 飢渴寒暑, 是事之變, 命之行也., 日夜相代乎前, 而知不能規乎其始者也.

故不足以滑和, 不可入於靈府. 使之和豫通而不失於兌.,

使日夜無卻而與物爲春, 是接而生時於心者也. 是之謂才全..」

「何爲德不形?」

曰: 「平者, 水停之盛也. 其可以爲法也, 內保之而外不蕩也.

德者, 成和之修也. 德不形者, 物不能離也.」

哀公異日以告閔子曰:「始也吾以南面而君天下, 執民之紀而憂其死, 吾自以爲至通矣.

今吾聞至人之言, 恐吾無其實, 輕用吾身而亡其國.

吾與孔丘, 非君臣也, 德友而已矣.」

애공(哀公)이 물었다. "무엇을 일러 재전(才全), 즉 바탕이 온전하다고 하나요?

공자가 말했다.

죽음과 삶, 보존과 잃음, 실패와 성공, 가난함과 부유함,

현명함과 어리석음,

비난과 칭송, 배고픔과 목마름, 추위와 더위.

이것들은 모두 사물의 변화인데 하늘의 뜻에 따라 움직인 결과들입니다.

이것들이 매일 우리들 눈앞에서 서로 번갈아 가며 펼쳐지는데

우리의 앎으론 갈라지는 바의 시작을 바로잡을 수 없습니다.

그러니 이런 변화들이 사물의 타고난 본성의 조화를 어지럽혀선 안 되고,

우리의 마음에 침입하게 놔두어서도 안 됩니다.

우리 마음이 화평하고 또 기뻐서 확 트여야 감각작용에 빠지지 않습니다.

또 우리 마음에 매일 조그마한 틈이 없게 해야 만물과 봄기운을 만듭니다.

그러니 사물과 마주할 때마다 감각작용에 빠지지 않고

그 대신 봄기운을 만드는 일이 마음속에서 때맞추어 일어나야 합니다.

이런 경지에 이를 때 바탕이 온전하다고(才全) 말합니다."

애공이 물었다. "덕이 몸에 드러나지 않는(德不形) 건 어째서인가요?"

공자가 말했다.

"물이 잔잔하게 멈춘 상태가 최고의 평평함입니다.

그래서 이 평평함을 표준(法)으로 삼을만합니다.

이것은 안으론 정지상태를 유지하면서 밖으론 흘러넘치지 않아서입니다.

덕(德)은 이런 조화로움이 다스려져 이루어진 상태입니다.

덕이 겉으로 드러나지 않아야 사람들이 거기에 끌려

그에게서 떠나지 않습니다."

애공이 훗날 공자의 제자인 민자(閔子)에게 고하면서 말했다.

"처음에 나는 군주로서 천하를 다스리는 일이 법으로 백성의 기강을 잡고,

국정이 잘못되면 백성이 죽을까 봐 걱정하는 거라고 여겼지요.

그럼으로써 백성을 다스리는 이치를 최고로 터득한 군주라 자부해 왔지요.

그런데 나는 지금 지인(至人)인 애태타의 말을 듣고

나라를 경영할만한 실력이 내게 없는 것을 염려하고,

또 나 자신을 가볍게 처신해 나라를 망칠까봐 염려하고 있소.

이제 나와 애태타는 군주와 신하로 맺어진 관계가 아니라

덕으로 맺어진 벗(德友)일 뿐이오."

注 ———————————

哀公曰 何謂才全: 애공(哀公)이 묻다. 무엇(何)을 일러(謂) 바탕(才)이 온전하다고(全) 하나요?

仲尼曰 死生存亡: 공자(仲尼) 말하다. 죽음(死)과 삶(生), 보존(存)과 잃음(亡). 存(있을 존 → 보존) 亡(잃을 망)

窮達貧富: 실패(窮)와 성공(達), 가난함(貧)과 부유함(富). 窮(다할 궁, 뜻을 얻지 못함, 즉 실패) 達(현달할 달, 입신출세, 즉 성공) 貧(가난 빈) 富(넉넉할 부, 부유)

賢與不肖毁譽 飢渴寒暑: 현명함(賢)과 어리석음(不肖), 비난(毁)과 칭송(譽), 배고픔(飢)과 목마름(渴), 추위(寒)와 더위(暑). 賢(나을 현, 뛰어남 → 현명함) 不肖(본받음(肖)이 없음(不). 즉 어리석음. 肖(본받을 초)] 毁(헐 훼 → 비난) 譽(기릴 예 → 칭송) 飢(주릴 기, 배고픔) 渴(목마를 갈) 寒(찰 한) 暑(더울 서)

是事之變 命之行也: 이것(是)들은 (모두) 사물(事)의 변화(變)인데 하늘의 뜻(命)이 작동하다(行). 즉 모두 하늘의 뜻에 따라 움직인 결과이다. 變(변할 변) 命(운명 명 → 자연의 뜻) 行(행할 행 → 작동)

日夜相代乎前: (이것들은) 밤(夜) 낮(日)으로, 즉 매일 우리 (눈) 앞(前)에서 서로(相) 번갈아 가며(代) (펼쳐지다).

而知不能規乎其始者也: 그런데(而) (우리) 앎(知)으론 (갈라지는 바의) 시작(始~者)을 바로잡을(規) 수(能) 없다(不). 始(처음 시) 規(바로 잡을 규)

故不足以滑和: 그래서(故) (이런 변화들이 사물의) 타고난 본성의 조화를 어지럽히게(以~滑和) 해선 부족(不足)하다. 즉 안 된다. 滑和(타고난 본성의 조화(和)를 어지럽게 하다(滑). 滑(어지러울 골)]

不可入於靈府: (또) 영부에(於~靈府), 즉 우리 마음에 침입하게(入) (놔두어서도) 불가하다(不可). 靈府(신령스러운(靈) 곳간(府). 즉 마음. 靈(신령 영) 府(곳집 부)]

使之和豫通而不失於兌: (우리) 마음이 화평하고 기뻐서(和豫) (확) 트여야(使通~而) 감각작용에(於~兌) 빠지지(失) 않다(不). 和豫(마음이 화평하고 기쁨. 和(화목할 화) 豫(즐길 예)] ※ 참

고한 『莊子今註今譯』에 '預(미리 예)'로 표기되었는데 오자로 보아 '豫(즐길 예)'로 바꾸어서 해석했다. 通(통할 통 → 트임) 兌(구멍 태 → 감각작용) 失(잃을 실, 빠지다)

使日夜無卻而與物爲春: (또) 낮(日) 밤(夜)으로, 즉 매일 (우리 마음에 조그마한) 틈(卻)이 없게 해야(使無~而) 만물과(與~物) 봄기운을 만들다(爲~春). 無卻[틈(卻)이 없음(無). 즉 쉴 새 없이. 卻=却(틈 각)]

是接而生時於心者也: (그러니) (사물과) 마주할 때마다(接~而) 이것(是), 즉 감각작용에 빠지지 않고 (그 대신) 봄기운을 만드는 일이 마음속에서(於~心者) 때맞추어(時) 일어나야(生) 한다. 接(만날 접, 마주하다) 生(날 생 → 일어나다)

是之謂才全: 이런(是) (경지에 이를 때) 바탕(才)이 온전하다고(全) 말하다(謂). 才(자질 재, 바탕)

何爲德不形?: (애공이 묻다) 덕(德)이 몸(形)에 (드러나지) 않는(不) 건 어째서(何) 인가? 形(몸 형)

曰 平者 水停之盛也: (공자가) 말하다. 평평한(平) 건(者) (물이 잔잔히) 멈춘(停) (상태가 가장) 절정이다(盛). 즉 물이 잔잔하게 멈춘 상태가 최고의 평평함이다. 平(평평할 평) 停(머무를 정, 멈춤) 盛(극점 성, 절정)

其可以爲法也: (그래서 그 평평함을) 표준(法)으로 삼을만하다(可以~爲). 法(법 법, 표준)

內保之而外不蕩也: (이것은) 안(內)으로는 (정지상태를) 유지하면서(保~而) 밖(外)으로는 흘러넘치지(蕩) 않아서다(不). 保(지킬 보, 유지하다) 外(밖 외) 蕩(쓸 탕, 쓸어 없애다 → 흘러 넘치다)

德者 成和之修也: 덕(德~者)은 (이런) 조화로움(和)이 다스려져(修) 이루어진(成) 상태이다. 修(다스려질 수) 成(이룰 성)

德不形者 物不能離也: 덕(德)이 몸(形)으로, 즉 겉으로 (드러나지) 않아야(不~者) 사람(物)들이 (거기서) 떠날(離) 수(能) 없다(不). 즉 사람들이 거기에 끌려서 그에게서 떠나지 못하다. 離(떼놓을 이, 떠나다)

哀公異日以告閔子曰: 애공(哀公)이 훗날(異日) (공자 제자인) 민자(閔子)에게 고해(以~告) 말하다. 異日[(그 후) 다른(異) 날(日). 즉 훗날] 異(다를 이) 日(날 일)]

始也吾以南面而君天下: 처음(始)에 나(吾)는 군주로서(以~南面) 그리고(而) 천하(天下)를 다스리다(君). 南面[군주가 남쪽을 향해 앉았기에 군주를 의미] 君(임금 군 → 다스리다)

執民之紀而憂其死: (그것을 법으로) 백성(民)의 기강(紀)을 잡고(執~而), (국정이 잘못되면 백성이) 죽을까(死) 걱정하다(憂). 紀(실마리 기, 규율 → 기강) 執(잡을 집) 憂(근심할 우, 우려하다)

吾自以爲至通矣: 나(吾)는 그럼으로써(以) (백성을 다스리는 이치를) 최고(至)로 터득한(通) (군주라고) 스스로(自) (자부하면서) 여기다(爲). 通(통할 통 → 터득하다)

今吾聞至人之言 恐吾無其實: (그런데) 지금(今) 나(吾)는 지인(至人)인 (애태타의) 말(言)을 듣고(聞) (나라를 경영할만한) 실력(實)이 내(吾)게 없는(無) 것을 염려하다(恐). 恐(염려할 공) 實(찰 실 → 실력)

輕用吾身而亡其國: (또) 내(吾) 자신(身)을 가볍게(輕) 처신해서(用~而) 나라(國)를 망칠까봐 (亡) (염려하다). 輕(가벼이할 경) 亡(망칠 망)

非君臣也 德友而已矣: (이제 나와 애태타는) 군주(君)와 신하(臣)로 (맺어진 관계가) 아니라(非) 덕 (德)으로 (맺어진) 벗(友)일 뿐이다(而已矣).

덕충부(德充符) 5

闉跂支離無脣說衛靈公, 靈公說之., 而視全人, 其脰肩肩.

甕盎大癭說齊桓公, 桓公說之., 而視全人, 其脰肩肩.

故德有所長, 而形有所忘.

人不忘其所忘, 而忘其所不忘, 此謂誠忘.

故聖人有所遊, 而知爲孽, 約爲膠, 德爲接, 工爲商.

聖人不謀, 惡用知? 不斷, 惡用膠? 無喪, 惡用德? 不貨, 惡用商?

四者, 天鬻也., 天鬻者, 天食也.

旣受食於天, 又惡用人!

有人之形, 無人之情.

有人之形, 故群於人, 無人之情, 故是非不得於身.

眇乎小哉, 所以屬於人也! 警乎大哉, 獨成其天!

절름발이와 곱사등이에 언청이인 인기지리무순(闉跂支離無脣)이 자신
생각을 위령공(衛靈公)에게 펼치자 위령공은 그가 마음에 들어 좋아했다.
그런 뒤부터 위령공은 온전한 사람의 목이 오히려 가냘프게 보였다.
항아리 동이만한 큰 혹이 목에 달린 옹앙대영(甕盎大癭)이 자신 생각을
제환공(齊桓公)에게 펼치자 제환공은 그가 마음에 들어 좋아했다.
그런 뒤부터 제환공은 온전한 사람의 목이 오히려 가냘프게 보였다.
인기지리무순이나 옹양대영처럼 내면의 덕(德)이 뛰어나면
사람들은 그들의 외형 따위는 잊는다.
그런데 사람들은 정작 잊어야 할 자신의 외형을 잊지 못하고,
잊어서는 안 될 내면의 덕을 잊는다.
이를 두고 정말로 잊는 거라고 말한다.

그래서 성인은 유유자적하면서 앎(知)을 화근으로 여기고,

약속(約)을 서로를 제약하는 아교 칠로 여기고,

덕을 사람을 모으는 수단으로 여기고,

솜씨를 남에게 물건 파는 재주로 여긴다.

성인이 일을 도모하지 않는데(不謀) 어째서 앎을 사용하는가?

성인이 약속을 깨뜨리지 않는데(不斷) 어째서 아교 칠을 사용하는가?

성인이 잃을 게 없는데(無喪) 어째서 덕을 사용하는가?

성인이 돈벌이 하지 않는데(不貨) 어째서 물건 파는 재주를 사용하는가?

불모(不謀), 부단(不斷), 무상(無喪), 불화(不貨)는 자연의 죽(天鬻)이다.

자연의 죽은 자연이 우리에게 준 먹거리(天食)이다.

우리는 자연에서 이미 먹거리를 받았는데

또 어째서 앎, 약속, 덕, 솜씨 같은 인위적인 방법을 사용하는가!

성인은 사람의 형체(形)를 지녀도 사람으로서 표정(情)이 없다.

성인은 사람의 형체를 지녀서 사람들과 잘 어울리지만

사람으로서 표정이 없어 시비(是非)에 간여하지 않는다.

사람에 속하는 건 작고도 작다.

이처럼 까마득하게 작아서 이것이 사람을 모아야 하는 까닭이다!

성인에 속하는 건 크고도 크다.

이처럼 엄청나게 커서 홀로 자연의 덕을 이룩한다!

注

闉跂支離無脤說衛靈公: 인기지리무순(闉跂支離無脤)이 위영공(衛靈公)에게 (자신 생각을) 펼치다(說). ★ 인기지리무순(闉跂支離無脤)은 인기(闉跂: 절름발이), 지리(支離: 곱사등이), 무순(無脤: 언청이)으로 절름발이와 곱사등이에 언청이라는 뜻이다. 참고로 '지리(支離)'는 내편 「인간세」 5에서 지리소(支離疏)로 나온 바 있다. 闉(구불 인, 고부라지다) 跂(육발 기, 발가락이 여섯 개) 支(가를 지) 離(떼놓을 이) 脤(입술 순) ※ 참고한 『莊子今註今譯』에 '脤(제사고기 신)'으로 표기되었는데 오자로 보아 '脤(입술 순)'으로 바꾸어서 해석했다. 說(말할 설 → 자신 생각을 펼치다)

靈公說之: (그러자) 위영공(靈公)은 (그가 마음에 들어) 좋아하다(說). 說(기뻐할 열, 좋아하다)

而視全人 其脰肩肩: 그런(而) (뒤부터 위영공은) 온전한(全) 사람(人)의 목(脰)이 (오히려) 가냘프게(肩肩) 보이다(見). 全(온전할 전) 脰(목 두) 肩肩(야위어 가늘어진 모양, 가냘픈 모양, 肩(여위

---

180 내편

고작고가늘어진 현)〕

甕盎大癭說齊桓公: 옹앙대영(甕盎大癭)이 제환공(齊桓公)에게 (자신 생각을) 펼치다(說). ★ 옹앙대영(甕盎大癭)은 항아리(甕) 동이(盎) 만큼 큰(大) 혹(癭)이 달린 사람이라는 뜻이다. 甕(독 옹, 항아리) 盎(동이 앙) 癭(혹 영)〕齊桓公〔제(齊)나라 환공(桓公)〕

桓公說: (그러자) 제환공(桓公)은 (그가 마음이 들어) 좋아하다(說).

而視全人 其脰肩肩: 그런(而) (뒤부터 제환공은) 온전한(全) 사람(人)의 목(脰)이 (오히려) 가냘프게(肩肩) 보이다(見).

故德有所長 而形有所忘: 그래서(故) (인기지리무순과 옹앙대영처럼 내면의) 덕(德)이 뛰어나다(有所~長). 그러면(而) (사람들은 그들의) 외형(形) (따위는) 잊다(有所~忘). 形(형상 형 → 외형) 忘(잊을 망)

人不忘其所忘: (그런데) 사람(人)들은 (정작) 잊어야(忘) 할 바(所), 즉 자신의 외형을 잊지(忘) 못하다(不).

而忘其所不忘: 그리고(而) 잊어선(忘) 안(不) 될 바(所), 즉 내면의 덕은 잊다(忘).

此謂誠忘: 이(此)를 두고 정말로(誠) 잊는(忘) (것이라) 말하다(謂). 誠(참으로 성, 정말로)

故聖人有所遊: 그래서(故) 성인(聖人)은 유유자적하는(遊) 바다(有~所).

而知爲孽 約爲膠: 그러면서(而) 앎(知)을 화근(孽)으로 여기고(爲), 약속(約)을 (서로를 제약하는) 아교 칠(膠)로 여기다(爲). 孽(서자 열 또는 재앙 얼, 화근이 됨) 約(맺을 약, 언약) 膠(아교칠할 교)

德爲接 工爲商: 덕(德)을 (사람을) 모으는(接) (수단으로) 여기고(爲), 솜씨(工)를 (남에게) 물건 파는(商) (재주로) 여기다(爲). 接(모을 접, 모으다) 工(기교 공, 솜씨) 商(장사 상, 물건을 파는 일)

聖人不謀 惡用知?: 성인(聖人)이 (일을) 도모하지(謀) 않는데(不) 어째서(惡) 앎(知)을 사용하는가(用)? 謀(꾀할 모) 惡(어찌 오)

不斷 惡用膠?: (성인이 약속을) 깨뜨리지(斷) 않는데(不) 어째서(惡) 아교 칠(膠)을 사용하는가(用)? 斷(끊을 단 → 깨뜨리다)

無喪 惡用德?: (성인이) 잃을(喪) 게 없는데(不) 어째서(惡) 덕(德)을 사용하는가(用)? 喪(잃을 상)

不貨 惡用商?: (성인이) 돈벌이(貨)를 (하지) 않는데(不) 어째서(惡) (남에게) 물건 파는(商) (재주를) 사용하는가(用)? 貨(팔 화, 물건을 팔다 → 돈벌이를 하다) 商(장사할 상 → 물건을 팔다)

四者 天鬻也: (이) 네 가지(四者), 즉 불모(不謀), 부단(不斷), 무상(無喪), 불화(不貨)는 자연(天)의 죽(鬻)이다. 鬻(죽 죽)

天鬻者 天食也: 자연의 죽(天鬻)은 자연(天)이 (우리에게 준) 먹을거리(食)이다. 食(먹을 식, 먹을거리)

旣受食於天 又惡用人!: (우리는) 자연에서(於~天) 이미(旣) 먹을거리(食)를 받았는데(受) 또(又) 어째서(惡) 인위적인(人) 방법, 즉 앎(知), 약속(約), 덕(德), 솜씨(工)를 사용하는가(用)! 受(받을 수, 받다)

有人之形 無人之情: (성인은) 사람(人)의 형체(形)를 지녀도(有) 사람(人)으로서 표정(情)이 없다(無). 形(형상 형, 형체) 情(뜻 정, 사물에 감촉되어 일어나는 마음작용 → 표정)

有人之形 故群於人: (성인은) 사람(人)의 형체(形)를 지녀(有) 이 때문에(故) 사람들과(於~人) (잘) 어울리다(群). 群(떼질 군, 무리를 짓다 → 잘 어울리다)

無人之情 故是非不得於身: (성인은) 사람(人)으로서 표정(情)이 없어(無) 고로(故) 시비(是非)가 몸에(於~身) 붙지(得) 않다(不). 즉 시비에 간여하지 않다. 得(얻을 득, 손에 넣다 → 몸에 붙다)

眇乎小哉 所以屬於人也!: (사람에 속하는 건) 작고(眇)도 작다(小). (이처럼 까마득하게 작아 이것이) 사람을(於~人) 모아야(屬) (하는) 까닭(所以)이다! 眇(작을 묘) 屬(모을 촉, 모으다) 所以(까닭)

警乎大哉 獨成其天!: (성인에 속하는 건) 크고(警)도 크다(大). (이처럼 엄청나게 커) 홀로(獨) 자연(天)의 덕을 이룩하다(成)! 警(클 오) 獨(홀로 독) 成(이룰 성)

덕충부(德充符) 6

惠子謂莊子曰:「人故無情乎?」

莊子曰:「然.」

惠子曰:「人而無情, 何以謂之人?」

莊子曰:「道與之貌, 天與之形, 惡得不謂之人?」

惠子曰:「旣謂之人 惡得無情.」

莊子曰:「是非吾所謂情也. 吾所謂無情者, 言人之不以好惡內傷其身,

常因自然而不益生也.」

惠子曰:「不益生, 何以有其身?」

莊子曰:「道與之貌, 天與之形, 無以好惡內傷其身.

今子外乎子之神, 勞乎子之精, 倚樹而吟, 據梧而瞑.

天選之形, 子以堅白鳴!」

혜자(惠子)가 장자(莊子)에게 물었다.

"사람에게 본디 표정(情)이란 게 없는가?"

장자가 대답했다. "그렇네."

혜자가 물었다.

"사람에게 표정이 없으면 어찌 그를 사람이라 부를 수 있는가?"

장자가 대답했다.

"도가 얼굴을 주고 자연이 몸을 주었는데 어째서 사람이 아니라 말하나?"

혜자가 물었다.

"사람이라 이미 말했는데 어째서 사람의 표정이 없다 말하는가."

장자가 말했다.

"이것은 내가 말하는 사람의 표정이 아니네.

내가 사람에게 표정이 없다 말하는 건

사람이 좋다 싫다 하는 감정으로 자기 몸을 안으로 상하지 않게 하고,

스스로 그러함(自然)을 늘 따르면서 생명을 억지로 늘리지 않는 걸 말하네."

혜자가 물었다. "생명을 억지로 늘리지 않고 어떻게 몸을 유지하는가?"

장자가 말했다.

"도(道)가 얼굴을 주고 자연(天)이 몸을 주었으니

좋다 싫다 하는 감정으로 몸을 안으로 상하지 말게 해야 하네.

그런데 지금 자네는 정신을 멀리하고 정기를 수고롭게 하다가

결국은 나무에 기대어 읊조리다 책상에 의지하고 잘 것이네.

자연(天)이 자네에게 특별히 사람의 몸을 주었는데

자네는 그걸 모르고 견백(堅白)의 궤변을 갖고 떠드네!"

注

惠子謂莊子曰 人故無情乎?: 혜자(惠子)가 장자(莊子)에게 일러(謂) 말하다. 사람(人)에게 본디 (故) 표정(情)이란 게 없는가(無)? 故(본디 고) 情(뜻 정, 사물에 감촉되어 일어나는 마음작용 → 표정)

莊子曰 然: 장자(莊子)가 말하다. 그렇다(然). 然(그럴 연)

惠子曰 人而無情: 혜자(惠子)가 말하다. 사람(人)에게 표정(情)이 없다(無).

何以謂之人?: (그러면) 어찌(何) (그를) 사람(人)이라고 부르는가(謂)?

莊子曰 道與之貌: 장자(莊子)가 말하다. 도(道)가 얼굴(貌)을 주다(與). 貌(얼굴 모) 與(줄 여)

天與之形: 자연(天)이 몸(形)을 주다(與). 形(몸 형)

惡得不謂之人?: (그런데) 어째서(惡) 사람(人)이 아니라고(不) 말하나(得~謂)? 惡(어찌 오)

惠子曰 旣謂之人: 혜자(惠子) 말하다. 사람(人)이라고 이미(旣) 말하다(謂). 旣(이미 기)

惡得無情: (그런데) 어째서(惡) (사람의) 표정(情)이 없다고(無) 할(得) 수가.

莊子曰 是非吾所謂情也: 장자(莊子)가 말하다. 이것(是)은 내(吾)가 말하는(所~謂) (사람의) 표정(情)이 아니다(非).

吾所謂無情者: 내(吾)가 (사람에게) 표정(情)이 없다고(無) 말하는(所~謂) 것(者).

言人之不以好惡內傷其身: 사람(人)이 호오(好惡) (감정)으로(以), 즉 좋다 싫다 하는 감정으로 (자기) 몸(身)을 안(內)으로 상하지(傷) 않게(不) (하는 것을) 말하다(言). 好(좋을 호) 惡(미워할 오) 身(몸 신) 內(안 내) 傷(다칠 상)

(言)常因自然而不益生也: 스스로(自) 그러함(然)으로(因~而), 즉 스스로 그러함을 늘(常) (따르면서) 생명(生)을 (억지로) 늘리지(益) 않는(不) 걸 말하다(言). 因(말미암을 인) 生(목숨 생, 생명) 益(더할 익, 늘게 하다)

惠子曰 不益生 何以有其身?: 혜자(惠子)가 말하다. 생명을 억지로 늘리지(益生) 않고(不) 어떻게(何~以) 몸(身)을 유지하나(有)? 益生[생명을 억지로 늘리다. 益(더할 익)] 有(가질 유, 보유하다 → 유지하다)

莊子曰 道與之貌 天與之形: 장자(莊子)가 말하다. 도(道)가 얼굴(貌)을 주고(與) 자연(天)이 몸(形)을 주다(與). 貌(얼굴 모)

無以好惡內傷其身: (그러니) 호오(好惡)의 (감정)으로(以), 즉 좋다 싫다 하는 감정으로 몸(身)을 안(內)으로 상하지(傷) 말도록(不) (하다).

今子外乎子之神 勞乎子之精: (그런데) 지금(今) 너(子)는 너(子)의 정신(神)을 멀리하고(外) 너(子)의 정기(精)를 수고롭게(勞) (하다). 神(정신 신) 外(멀리할 외) 精(정기 정) 勞(수고할 로)

倚樹而吟 據梧而瞑: (그러다 결국은) 나무(樹)에 기대어서(倚~而) 읊조리다(吟) 책상(梧)에 의지하고(據~而) 자다(瞑). 樹(나무 수) 倚(기댈 의) 吟(읊을 음, 읊조리다) 梧(책상 오) 據(의거할 거, 의탁하다 → 의지하다) 瞑(잘 명, 자다)

天選之形 子以堅白鳴!: 자연(天)이 (너에게) 몸(形)을 선택했는데(選), 즉 너에게 특별히 사람의 몸을 주었는데 너(子)는 (그것을 모르고) 견백의 (궤변)을(以~堅白) (갖고) 떠들다(鳴)! 選(가릴 선, 여럿 가운데서 선택함) 鳴(울 명 → 떠들다)

대종사

大宗師

대종사(大宗師) 1

대종사 1-1

知天之所爲, 知人之所爲者, 至矣.

知天之所爲者, 天而生也., 知人之所爲者, 以其知之所知, 以養其知之所不知,

終其天年而不中道夭者, 是知之盛也.

雖然, 有患.

夫知有所待而後當, 其所待者特未定也.

庸詎知吾所謂天之非人乎? 所謂人之非天乎?

자연의 원리(天之所爲)를 알고 인간 세상의 이치(人之所爲)를 알면
최고의 경지에 오른 사람이다.
자연의 원리를 아는 사람은 자연이 하는 바대로 살아간다.
인간 세상의 이치를 아는 사람은
자신의 앎으로서 아는 바로 자신이 알지 못하는 것을 채워서 깨달아
타고난 수명을 끝까지 누리면서 중도에 일찍 죽지 않는다.
이것이 앎이 제대로 이루어진 상태이다.
아무리 그래도 인간 세상의 이치에 따른 앎에는 문제가 있다.
앎이 기대는 바가 있고 난 뒤에 마땅히 새로운 앎이 이루어지는데
인간 세상의 이치에 따른 앎에는 기대는 바가 특별히 정해져 있지 않다.
내가 자연의 원리라 여기는 바가 인간 세상의 이치가 아닌지 어찌 아는가?
내가 인간 세상의 이치라 여기는 바가 자연의 원리가 아닌지 어찌 아는가?

知天之所爲: 자연(天)이 하는(爲) 바(所)를 알다(知). 즉 자연의 원리를 알다.

知人之所爲者 至矣: 인간(人) (세상)이 하는(爲) 바(所)를 알면(知~者) 지극한(至) 경지에 오른(사람이다). 즉 인간 세상의 이치를 알면 최고의 경지에 오른 사람이다.

知天之所爲者 天而生也: 자연의 원리(天之所爲)를 아는(知) 사람(者)은 자연(天~而)이 삶(生)이다. 즉 자연이 하는 바대로 산다.

知人之所爲者 以其知¹之所知²: 인간 세상의 이치(人之所爲)를 아는(知) 사람(者)은 (자신의) 앎(知¹)으로서 아는(知²) 바로(以~所).

以養其知¹之所不知²: (자신의) 앎(知¹)으로 알지(知²) 못하는(不) 바(所), 즉 자신이 알지 못하는 바를 채워서 깨달아(以~養). 養(기를 양, 양육하다 → 부족한 부분을 채워 깨닫다)

終其天年而不中道夭者: 타고난 수명(天年)을 다하면서(終~而), 즉 타고난 수명을 끝까지 누리면서 중도(中道)에 일찍 죽지(夭) 않다(不). 天年〔하늘(天)이 준 나이(年). 즉 타고난 수명〕 終(끝날 종, 다하다) 夭(일찍 죽을 요)

是知之盛也: 이것(是)이 앎(知)이 한창인 상태(盛), 즉 앎이 제대로 이루어진 상태이다. 盛(성할 성, 한창인 상태)

雖然 有患: 아무리(雖) 그래도(然) (인간 세상의 이치에 따른 앎에는) 문제(患)가 있다(有). 雖(비록 수, 아무리 ~해도) 患(재앙 환, 문제)

夫知有所待而後當: 모름지기(夫) 앎(知)이 기대는(待) 바(所)가 있고(有) (난) 뒤에(而~後) 마땅히(當) (새로운 앎이 이루어진다). 待(기댈 대) 當(마땅히 당, 의당)

其所待者特未定也: (그런데 인간 세상의 이치에 따른 앎에는) 기대는(待) 바(所)가 특별히(特) 정해져(定) (있지) 않다(未).

庸詎知吾所謂天之非人乎?: (그런데) 내(吾)가 자연(天)의 (원리라고) 여기는(謂) 바(所)가 인간 세상(人)의 이치가 아닌지(非) 어찌(庸詎) 아는가(知)? 庸詎〔어찌하여. 庸(어찌 용) 詎(어찌 거)〕

所謂人之非天乎?: (내가) 인간 세상(人)의 이치라고 여기는(謂) 바(所)가 자연(天)의 원리가 아닌지(非) (어찌 아는가)?

대종사 1-2

且有眞人而後有眞知. 何謂眞人?
古之眞人, 不逆寡, 不雄成, 不謨士.
若然者, 過而弗悔, 當而不自得也., 若然者, 登高不慄, 入水不濡, 入火不熱.
是知之能登假於道者也若此.

古之眞人, 其寢不夢, 其覺無憂, 其食不甘, 其息深深.

眞人之息以踵, 衆人之息以喉.

屈服者, 其嗌言若哇. 其耆欲深者, 其天機淺.

古之眞人, 不知說生, 不知惡死., 其出不訢, 其入不距.

翛然而往, 翛然而來而已矣.

不忘其所始, 不求其所終., 受而喜之, 忘而復之, 是之謂不以心損道, 不以人助天.

是之謂眞人.

若然者, 其心忘, 其容寂, 其顙頯. 凄然似秋, 煖然似春, 喜怒通四時,

與物有宜而莫知其極.

진인(眞人)이 있고 난 뒤에 참된 앎(眞知)이 있다.

그렇다면 어떤 사람을 진인이라고 말하는가?

옛날 진인은 이지러져서 허물어져도 받아들이고,

이루어져서 완성되어도 뽐내지 않고, 일을 꾸미지 않는다.

또 일이 잘못되어도 후회하지 않고, 일이 잘 되어도 우쭐거리지 않는다.

또 높은 곳에 올라가도 두려워하지 않고, 물에 들어가도 젖지 않고,

불에 들어가도 뜨거워하지 않는다.

이런 앎이 도(道)의 수준에 오를 수 있는 앎인데 이와 같다.

옛날 진인은 잠들면 꿈꾸지 않고 깨어나면 근심하지 않는다.

먹는 건 맛있어하지 않고, 숨 쉬는 건 깊고 또 깊다.

또 옛날 진인은 발뒤꿈치까지 깊은 숨을 내쉬는데

보통사람은 목구멍으로 얕은 숨을 내쉰다.

그래서 사물에 집착하는 사람은 말을 토하듯이 한다.

그러니 욕망이 큰 사람은 타고난 본성(天機)이 천박하다.

또 옛날 진인은 태어난 걸 기뻐할 줄 모르고, 죽는 걸 싫어할 줄 모른다.

이 세상에 나온 걸 기뻐하지 않고,

다른 세상에 들어가는 것도 거부하지 않는다.

그저 홀가분하게 이 세상에 왔다가 홀가분하게 떠날 뿐이다.

그래서 태어난 때를 잊지 않고, 죽을 때를 구걸하지 않는다.

생명을 받아서 이 세상에 나와 즐겁게 살다가

때가 되면 그 즐거움을 잊고 원래 상태로 되돌아간다.

이를 가리켜서 마음으로 도를 손상하지 않고,

인간 세상의 힘을 빌려서 자연을 파악하지 않는 거라고 말한다.

이런 인물을 진인이라고 말한다.

이런 인물은 마음이 편안하고 한가로우며, 이마에선 여유가 풍긴다.

또 차가움은 가을과 같고, 따스함은 봄과 같고,

기쁨과 화냄은 사철의 변화처럼 자연스럽다.

또 만물과 잘 어울려서 그 끝을 알 수 없다.

注 ───────────────────────────────────────

且有眞人而後有眞知: 진인(眞人)이 있고(有) (난) 뒤에(後) 참된(眞) 앎(知)이 있다(有). 且(어조사 저, 어세를 강하게 하기 위한 조사)

何謂眞人: (그렇다면) 어떤(何) 사람을 진인(眞人)이라고 말하는가(謂)? 何(무엇 하 → 어떤)

古之眞人 不逆寡: 옛날(古) 진인(眞人)은 이지러져서 허물어져도(寡) 거스르지(逆) 않는다(不). 즉 받아들이다. 寡(적을 과) ★ 여기서 과(寡)의 의미는 내편 「제물론」 4에 등장하는 '虧(이지러질 휴)'와 비슷하다. 그래서 '이지러져서 허물어진다'로 해석되어야 마땅하다. 뒤이어 나오는 성(成)이 '이루어져서 완성된다'는 걸 의미하므로 이와 반대되는 뜻을 지녀서이다.

不雄成 不謨士: 이루어져서(成) (완성되어도) 뽐내지(雄) 않고(不), 일(士)은 꾸미지(謨) 않는다(不). 成(이룰 성) 雄(뛰어날 웅 → 뽐냄) 士(일 사) 謨(꾀할 모 → 꾸미다)

若然者 過而弗悔: 이런 사람(若然~者)은 (일이) 잘못되어도(過~而) 후회하지(悔) 않는다(弗). 過(잘못할 과) 悔(뉘우칠 회) 弗(아니 불, 不보다 강한 부정의 의미)

當而不自得也: (일이) 잘 되어도(當~而) 우쭐거리지(自得) 않는다(不). 當(마땅할 당, 적당함 → 잘되다) 自得(의기양양함 → 우쭐거림)

若然者 登高不慄: 이런 사람(若然~者)은 높은(高) 곳에 올라도(登) 두려워하지(慄) 않는다(不). 登(오를 등 → 올라가다) 慄(두려워할 률)

入水不濡 入火不熱: 물(水)에 들어가도(入) 젖지(濡) 않고(不) 불(火)에 들어가도(入) 뜨거워하지(熱) 않는다(不). 濡(젖을 유) 熱(더울 열, 뜨겁다)

是知之能登假於道者也若此: 이런(是) 앎(知)이 도에(於~道) 오를 수(能~登假) 있는 앎(者)인데 이(此)와 같다(若). 登假〔올라(登) 이름(假). 즉 오른 격. 登(오를 등) 假(이를 격)〕

古之眞人 其寢不夢: (또) 옛날(古) 진인(眞人)은 잠들면(寢) 꿈꾸지(夢) 않고(不), 깨어나면(覺) 근심하지(憂) 않는다(無). 寢(잠잘 침) 夢(꿈 몽) 覺(깨달을 각, 깨어나다) 憂(근심할 우)

其食不甘 其息深深: 먹는(食) 건 맛있어(甘) (하지) 않고(不), 숨 쉬는(息) 건 깊고(深) (또) 깊다

(深), 食(먹을 식) 甘(달 감, 맛있다) 息(숨쉴 식) 深(깊을 심)

眞人之息以踵: (또 옛날) 진인(眞人)은 발뒤꿈치까지(以~踵) (깊은) 숨을 내쉬다(息). ★ 발뒤 꿈치는 몸의 가장 아래쪽에 있어 여기까지 숨이 이르면 깊은 숨을 쉬는 것이다. 踵(발꿈치 종) 息(숨쉴 식 → 내쉬다)

衆人之息以喉.: 보통 사람(衆人)은 목구멍으로(以~喉) (얕은) 숨을 내쉬다(息). 喉(목구멍 후)

屈服者 其嗌言若哇: (그래서 사물에) 굴복당한(屈服) 사람(者)은 목구멍(嗌)에서 (나오는) 말(言) 이 토하는(哇) 것 같다(若). 즉 사물에 집착하는 사람은 말을 토하듯 하다. 屈服〔굽혀서 복종 함. 屈(굽을 굴) 服(좇을 복)〕嗌(목구멍 익) 哇(토할 와)

其耆欲深者 其天機淺: (그러니) 기호(耆欲)가 깊은(深) 사람(者), 즉 욕망이 큰 사람은 타고난 본성(天機)이 천박하다(淺). 耆欲〔기호와 욕망. 耆(즐길 기)〕深(깊을 심) 天機〔타고난(天) 틀 (機). 즉 천성. 機(틀 기)〕淺(얕을 천, 천박함)

古之眞人 不知說生 不知惡死: 옛날(古) 진인(眞人)은 태어난(生) 걸 기뻐할(說) 줄 알지(知) 못 하고(不), 죽는(死) 걸 싫어할(惡) 줄 알지(知) 못하다(不). 生(날 생) 說(기뻐할 열) 惡(미워할 오, 싫 어하다)

其出不訢 其入不距: (이 세상에) 나온(出) 걸 기뻐하지(訢) 않고(不), (다른 세상에) 들어가는(入) 것도 거부하지(距) 않는다(不). 訢(기뻐할 흔) 距(어길 거, 따르지 않다 → 거부하다)

翛然而往: (그저) 홀가분하게(翛然~而) (이 세상에) 왔다(往). 翛然〔홀가분한 모양. 翛(홀가분한모 양 소)〕往(갈 왕, 바깥세상에서 볼 때는 왔다는 의미)

翛然而來而已矣: (그러다가) 홀가분하게(翛然~而) 떠날(來~而) 뿐이다(已). 來(올 래, 바깥세상에 서 볼 땐 갔다는 의미)

不忘其所始 不求其所終: (그래서) 태어난(始) 때(所)를 잊지(忘) 않고(不), 죽을(死) 때(所)를 구 걸하지(求) 않는다(不). 始(처음 시 → 태어남) 所(쫌 소, 때) 忘(잊을 망) 求(빌 구, 구걸하다)

受而喜之 忘而復之: (생명을) 받아서(受~而) (세상에 나와) 즐겁게(喜) (살다가 때가 되면 그 즐거움 을) 잊고(忘~而) (원래 상태로) 되돌아가다(復). 受(받을 수) 喜(기쁠 희 → 즐겁게) 忘(잊을 망) 復(돌 아갈 복, 되돌아가다)

是之謂不以心損道: 이(是)를 (가리켜) 마음으로(以~心) 도(道)를 손상하지(損) 않는(不) 거라고 말한다(謂). 損(상할 손, 손상하다)

不以人助天: 인간 세상(人)의 힘을 빌려(以~助) 자연(天)을 (파악하지) 않는(不) (거라고 말한다). 助(도울 조, 힘을 빌리다)

是之謂眞人: 이런(是) (인물을) 진인(眞人)이라고 말하다(謂).

若然者 其心志: 이런 인물(若然者)은 마음(心)이 한결 같다(志), 즉 마음에 흐트러짐이 없다. 志(뜻 지, 절개 → 한결 같다)

其容寂 其顙頯: 모습(容)이 편안하고 한가로우며(寂), 이마(顙)에선 여유가 풍긴다(頯). 容(얼굴 용 → 모습) 寂(점잖고조용할 적, 편안하고 한가롭다) 顙(이마 상) 頯(쑥내밀 괴, 이마가 보기 좋게 쑥 내민 모양 → 여유가 풍기다)

凄然似秋 煖然似春: 차가움(凄然)은 가을(秋)과 같고(似), 따스함(煖然)은 봄(春)과 같다(似). 凄然〔차가움. 凄(차가울 처) 秋(가을 추) 似(같을 사) 煖然〔따스함. 煖(따뜻할 난)〕春(봄 춘)

喜怒通四時: 기쁨(喜)과 화냄(怒)은 사시(四時)와 통하다(通). 즉 사철의 변화처럼 자연스럽다. 喜(기쁠 희) 怒(성낼 노) 通(통할 통)

與物有宜而莫知其極: (또) 만물과(與~物) 잘 어울려서(有宜~而) (그) 끝(極)을 알(知) 수 없다(莫). 有宜〔(상황에 무심히 따르며 거역하지 않아) 잘 어울리다. 宜(화목할 의, 잘 어울리다)〕極(마칠 극, 끝)

대종사 1-3

故聖人之用兵也, 亡國而不失人心., 利澤施乎萬世, 不爲愛人,

故樂通物, 非聖人也.,

有親, 非仁也., 天時, 非賢也., 利害不通, 非君子也., 行名失己, 非士也.,

亡身不眞, 非役人也.

若狐不偕·務光·伯夷·叔齊·箕子·胥餘·紀他·申徒狄, 是役人之役, 適人之適,

而不自適其適者也.

古之眞人, 其狀義而不朋, 若不足而不承., 與乎其觚而不堅也, 張乎其虛而不華

也.,

邴邴乎其似喜也! 崔乎其不得已也!

滀乎進我色也, 與乎止我德也. 厲乎其似世也!

警乎其未可制也., 連乎其似好閉也, 悗乎忘其言也.

以刑爲體, 以禮爲翼, 以知爲時, 以德爲循.

以刑爲體者, 綽乎其殺也., 以禮爲翼者, 所以行於世也.,

以知爲時者, 不得已於事也., 以德爲循者, 言其與有足者至於丘也.,

而人眞以爲勤行者也.

故其好之也一, 其弗好之也一.

其一也, 其不一也.

其一與天爲徒, 其不一與人爲徒.

天與人不相勝也, 是之謂眞人.

따라서 성인(聖人)이 군대를 동원해 한 나라를 멸망시켜도

그 나라 백성으로부터 인심(人心)을 잃지 않는다.

성인이 이로움과 은덕을 만세에 베풀어도

사람을 유난히 사랑해서가 아니다.

따라서 사물과 의식적으로 통하는 걸 즐거워하는 사람은 성인이 아니다.

마찬가지로 사람을 의식적으로 사랑하는 건 어짊(仁)이 아니다.

자연을 의도적으로 구분하는 건 현명함(賢)이 아니다.

이로움과 해로움이 서로 통하는 걸 알지 못하면 군자(君子)가 아니다.

명성을 이루고도 자기 본성을 잃으면 선비(士)가 아니다.

몸을 망쳐 참된 삶을 유지 못하면 남의 부림만 받지 남을 부리질 못한다.

강직하기로 이름난 호불해(狐不偕), 무광(務光), 백이와 숙제(伯夷叔齊),

기자(箕子), 서여(胥餘), 기타(紀他), 신도적(申徒狄).

이들은 남의 일에 부림을 당하며 남이 기뻐하는 걸 기뻐해도

자신을 위한 기쁨은 누리지 못했다.

옛날에 진인은 형상이 높고 큰데도 무너지지 않고,

부족한 듯해 보여서 남들에게 받들어지지 않았다.

또 상대방의 모난 성격을 의심해도 그의 성격은 완고하지 않고,

그의 마음은 텅 비어도 겉치레가 없이 꽉 찼다.

또 기쁜 듯이 늘 환하게 밝았다!

또 재촉을 받아서 부득이할 때는 행동이 민첩했다!

또 자신의 얼굴빛은 윤기를 더해 덕이 가득 찼고,

자신은 그런 덕에 머물면서 다른 사람과 함께 지냈다.

그러니 윤기와 덕이 넘칠 듯이 맑았다!

또 세상만사에 얽매이지 않아서 초연했고,

한가함을 좋아하는 듯해 여유로웠고, 말을 잊어서 멍하니 무심했다.

옛날에 진인은 법도를 몸으로 삼고, 예의를 날개로 삼고,

앎을 때를 아는 방편으로 삼고, 덕을 자연을 따르기 위한 것으로 삼았다.

법도를 몸으로 삼는 건 처벌을 너그럽게 하기 위함이고,

예의를 날개로 삼는 건 진인의 뜻을 세상에 시행하기 위함이고,

앎을 때를 아는 방편으로 삼는 건 일을 어쩔 수 없이 처리하기 위함이고,

덕을 자연을 따르기 위함으로 삼는 건 혼자 산에 오르는 게 아니라

다른 사람과 자연스럽게 오르기 위해서라고 말했다.

이처럼 진인은 자신을 내세우지 않아도

세상 사람은 그 결과만 보고서 진인이 힘써 행실을 닦는다고 여겼다.

따라서 진인은 좋아함도 하나의 입장이고,

좋아하지 않음도 하나의 입장이었다.

또 좋음과 좋아하지 않음이 하나로 같다는 것도 하나의 입장이고,

좋음과 좋아하지 않음이 다르다는 것도 하나의 입장이었다.

하나와 함께 하는 관점에선 자연의 원리를 따르고,

하나와 함께 하지 않은 관점에선 인간 세상의 이치를 따랐다.

이처럼 자연의 원리와 인간 세상의 이치가 서로 다투지 않고

조화를 이루는 분을 가리켜서 진인(眞人)이라고 말한다.

注 ─────────────────────────────

故聖人之用兵也: 따라서(故) 성인(聖人)이 군대(兵)를 동원하다(用). 兵(군사 병, 군대) 用(쓸 용, 부리다 → 동원하다)

亡國而不失人心: (그래서) 나라(國)를 멸망시켜도(亡~而) (그 나라 백성으로부터) 인심(人心)을 잃지(失) 않다(不). 亡(망할 망, 멸망시키다) 失(잃을 실)

利澤施乎萬世 不爲愛人: (또 성인은) 이로움(利)과 은덕(澤)을 만세(萬世)에 베풀어도(施) (이는) 사람(人)을 (유난히) 사랑해서(爲~愛)가 아니다(不). 澤(은덕 택, 연못물은 모든 생물에게 혜택을 주기에 은덕이란 의미) 施(베풀 시)

故樂通物 非聖人也: 따라서(故) 사물(物)과 (의식적으로) 통하는(通) 것을 즐거워하는(樂) 사람은 성인(聖人)이 아니다(非).

有親 非仁也: (그러니 사람을 의식적으로) 사랑함(親)이 있는(有) 것은 어짊(仁)이 아니다(非). 親(사랑할 친, 사랑하다)

天時 非賢也: 자연(天)을 (의도적으로) 구분하는(時) 건 현명함(賢)이 아니다(非). 時(때 시, 자연 시간과 반대되는 개념)

利害不通 非君子也: 이로움(利)과 해로움(害)이 (서로) 통하는(通) 것을 (알지) 못하면(不) 군자

(君子)가 아니다(非). 通(통할 통)

行名失己 非士也: 명성(名)을 이루고도(行) 자기(己)의 본성을 잃으면(失) 선비(士)가 아니다
(非). 名(이름 명 → 명성을 이루다)

亡身不眞 非役人也: 몸(身)을 망쳐(亡) 참된(眞) (삶을 유지하지) 않으면(不) (남의 부림만 받지) 남
(人)을 부리지(役) 못한다(非). 身(몸 신) 亡(망할 망) 眞(참 진) 役(부릴 역)

若狐不偕·務光·伯夷·叔齊: (강직하기로 이름난) 호불해(狐不偕), 무광(務光) 백이(伯夷)·숙제
(叔齊) 같은(若) (사람). ★ 호불해(狐不偕)는 요(堯)임금 때 현자로 요임금이 그에게 왕위를 물
려주려 하자 자신의 몸을 강에 던져 죽은 인물이다. ★ 무광(務光)은 하(夏)나라 때 사람으로
은(殷)나라 탕(湯)왕의 양위 제안을 거절하고 몸에 돌을 지고 여수(廬水)에 빠져 죽은 인물이
다. ★ 백이숙제(伯夷叔齊)는 주(周)나라 무(武)왕이 은나라 주(紂)왕을 치는 걸 반대했는데 자
신들의 반대가 받아들여지지 않자 수양산으로 들어가 굶어 죽은 인물이다.

箕子·胥餘·紀他·申徒狄: 기자(箕子), 서여(胥餘), 기타(紀他), 신도적(申徒狄) (과 같은 사람).
★ 기자(箕子)는 은(殷)나라 주(紂)왕의 현신(賢臣)으로 주왕의 횡포를 피해서 광인이 되어 숨
어 살았던 인물이다. ★ 서여(胥餘)는 춘추시대 오(吳)왕 부차(夫差)에게 간하다 죽은 오자서
(伍子胥)이다. ★ 기타(紀他)는 은나라 탕(湯) 왕 때의 은자인데 탕왕의 양위 제안이 자신에게
돌아올 게 두려워 관수(窾水)에 미리 몸을 던져 죽은 인물이다. ★ 신도적(申徒狄)은 기타(紀
他)가 몸을 던져 죽었다는 소문을 듣고 뒤이어 강에 몸을 던져 죽은 인물이다.

是役人之役 適人之適: 이들(是)은 남(人)의 일(役)에 부림을 당하면서(役) 남(人)이 기뻐하는
(適) (걸) 기뻐하다(適). 役(부릴 역, 부림을 당하다) 適(기뻐할 적)

而不自適其適者也: 그런데(而) 스스로(自) 기뻐하는(適) 걸 기뻐하지(適) 못하다(不). 즉 자신
을 위한 기쁨은 누리지 못하다.

古之眞人 其狀義而不朋: 옛날(古) 진인(眞人)은 형상(狀)이 높고 큰데도(義~而) 무너지지(朋)
않는다(不). 狀(형상 상) 義(높을 의, 높고 크다) 朋(무너질 붕)

若不足而不承: 부족(不足)한 듯해 보여(若~而) (남들에게) 받아들어지지(承) 않는다(不). 承(받들
승, 받들다 → 받들어지다)

與乎其觚而不堅也: (또 상대방의) 모난(觚) (성격을) 의심해도(與~而) (그의 성격은) 완고하지(堅)
않다(不). 觚(술잔 고, 네모난 술잔, 즉 모난 상태) 與(의심할 여) 堅(굳을 견, 의지가 굳음 → 완고하다)

張乎其虛而不華也: (그의 마음은) 텅 비어도(虛~而) 겉치레(華)가 없이(不) 꽉 차다(張). 華(꽃
화, 겉치레) 張(배부를 창 → 꽉 차다)

邴邴乎其似喜也!: (또) 기쁜 듯(似~喜) (늘) 환하게 밝다(邴邴)! 喜(기쁠 희) 邴(기뻐할 병 → 환하
고 밝다)

崔乎其不得已也!: (또) 재촉을 받아(崔) 부득이(不得已) (할 때는 행동이 민첩하다)! 崔 → 催(재촉

할 최)

滀乎進我色也: (또) 자신(我)의 얼굴빛(色)은 윤기를 더해(進) (덕이) 가득 차다(滀). 進(나아갈 진, 차차 좋은 데로 나아감 → 윤기를 더함) 滀(모일 축, 물이 모이다 → 가득 차다)

與乎止我德也: 자신(我)은 (그런) 덕(德)에 머물러서(止) (다른 사람과) 함께(與) (지내다). 止(머물 지) 與(더불어 여, 함께)

厲乎其似世也!: (그러니 윤기와 덕이) 넘칠 듯이(似~世) 맑다(厲)! 世→泄(넘칠 설, 넘치다) 厲(맑을 려)

謷乎其未可制也: (또 세상만사에) 얽매이지(可~制) 않아(未) 초연하다(謷). 謷(고원할 오 → 초연함) 制(마를 제, 옷감이나 재목 따위를 치수에 맞춰 베고 자름. 규격대로 하는 것이므로 세상일에 얽매이는 걸 의미)

連乎其似好閉也: 한가함(閉)을 좋아하는 듯해(似~好) 여유롭다(連). 閉→閑(한가함) 好(좋을 호) 連(더딜 련, 더디다 → 여유롭다)

悗乎忘其言也: 말(言)을 잊어(忘) 멍하니 무심하다(悗). 悗(흐릴 문 → 멍하니 무심함)

以刑爲體 以禮爲翼: (옛날 진인은) 법도를(以~刑) 몸(體)으로 삼고(爲), 예의를(以~禮) 날개(翼)로 삼다(爲). 刑(형벌 형, 법도를 의미) 體(몸 체) 禮(예도 예) 翼(날개 익)

以知爲時 以德爲循: 앎을(以~知) 때를 아는 (방편으로) 삼고(爲~時), 덕을(以~德) (자연을) 따르기(爲~循) (위함으로 삼다). 時(때 시, 때를 알다) 循(좇을 순, 따르다)

以刑爲體者 綽乎其殺也: 법도를(以~刑) 몸으로 삼는(爲~體) 건(者) 처벌(殺)을 너그럽게(綽) 하다. 殺(죽일 살 → 처벌) 綽(너그러울 작)

以禮爲翼者 所以行於世也: 예의를(以~禮) 날개로 삼는(爲~翼) 건(者) (진인의 뜻을) 세상에(於~世) (널리) 시행하고자(以~行) 하는 바(所)다. 行(행할 행, 시행하다)

以知爲時者 不得已於事也: 앎을(以~知) 때를 아는 (방편으로) 삼는(爲~時) 건(者) 일을(於~事) 부득이(不得已)하게 (처리하기 위함이다).

以德爲循者: 덕을(以~德) (자연을) 따르기 위함으로 삼는(爲~循) 건(者). 循(좇을 순, 따르다)

言其與有足者至於丘也: 발(足)이 있는(有) 사람과(與~者) 산을(於~丘) 오르기(至) (위해서라고) 말한다(言). 즉 혼자 산에 오르는 게 아니라 다른 사람과 자연스럽게 오르기 위해서라고 말한다. 丘(언덕 구 → 산) 至(이를지 → 오르다)

而人眞以爲勤行者也: (이처럼 진인은 자신을 내세우지 않는다.) 그런데도(而) (세상) 사람(人)들은 (그 결과만 보고) 진인(眞)이 힘써 행실(行~者)을 닦는다고(勤) 여긴다(爲). 眞(참 진 → 진인) 行(행할 행 → 행실) 勤(힘쓸 근, 힘써 닦다)

故其好之也一 其弗好之也一: 따라서(故) (진인은) 좋아함(好)도 하나(一)의 입장이고, 좋아하지(好) 않음(弗)도 하나(一)의 입장이다.

其一也: (또 좋음과 좋아하지 않음이) 하나(一)로 (같다는) 것도 (하나의 입장이다).

其不一也: (그렇지만 좋음과 좋아하지 않음이) 하나(一)로 (같지) 않다는(不) 것, 즉 다르다는 것도 (하나의 입장이다).

其一與天爲徒: 하나와 함께(與~一) (하는 관점에선) 자연(天)의 원리를 따른다(爲~徒). 徒(무리도 → 따르다)

其不一與人爲徒: 하나와(與~一) (함께 하지) 않는(不) (관점에선) 인간(人) (세상의) 이치를 따른다(爲~徒).

天與人不相勝也: (이처럼) 자연(天)의 원리와(與) 인간(人) (세상의) 이치가 서로(相) 다투지(勝) 않고(不) (조화를 이루다).

是之謂眞人: 이런(是) (사람을 가리켜) 진인(眞人)이라고 말한다(謂).

대종사(大宗師) 2

死生, 命也, 其有夜旦之常, 天也.

人之有所不得與, 皆物之情也.

彼特以天爲父, 而身猶愛之, 而況其卓乎!

人特以有君爲愈乎己, 而身猶死之, 而況其眞乎!

泉涸, 魚相與處於陸, 相呴以濕, 相濡以沫, 不如相忘於江湖.,

與其譽堯而非桀也, 不如兩忘而化其道.

夫大塊載我以形, 勞我以生, 佚我以老, 息我以死.

故善吾生者, 乃所以善吾死也.

夫藏舟於壑, 藏山於澤, 謂之固矣.

然而夜半有力者負之而走, 昧者不知也.

藏小大有宜. 猶有所遯.

若夫藏天下於天下 而不得所遯, 是恒物之大情也.

特犯人之形而猶喜之.

若人之形者, 萬化而未始有極也, 其爲樂可勝計邪!

故聖人將遊於物之所不得遯而皆存.

善夭善老, 善始善終, 人猶效之.

又況萬物之所係, 而一化之所待乎!

죽고 사는 건 하늘의 뜻(命)이고,

밤과 낮이 바뀌는 일상은 자연(天)의 원리이다.

사람의 힘으로 어찌할 수 없는 바가 모든 사물의 참 모습(情)이다.

진인은 자연을 특별히 아버지로 삼으며 자연을 몸소 마땅히 사랑하는데

하물며 진인보다 더 훌륭한 자연을 우리가 어찌 사랑하지 않을 수 있는가!

사람은 군주를 자기보다 특별히 낫다고 여겨 그를 위해 목숨도 바치는데

하물며 군주보다 더 진실한 자연에 대해 어찌 목숨을 바치지 않을 수가!

샘이 마르면 물고기는 땅 위에 남겨져 서로 침을 뱉어 적셔주거나

서로 거품을 내서 적셔준다.

그렇지만 이는 강과 호수에서 물고기가 물의 존재를 잊는 것만 못하다.

요임금을 성군이라고 기리고, 걸왕을 폭군이라고 비난하는 것보다

요와 걸 두 사람을 잊고서 올바른 도로 동화되는 것만 못하다.

자연이 내게 형체를 부여하고, 내게 삶을 주어서 수고롭게 하고,

나를 늙게 해서 편안하게 하고, 나를 죽게 해서 쉬게 한다.

그러니 자신의 삶을 잘 사는 건 곧 자신의 죽음을 잘 맞이하는 길이다.

배를 골짜기에 감추고 그물을 연못 속에 감추면

든든히 잘 감추었다고 말한다.

그런데 한밤중에 어떤 장사가 숨긴 배를 짊어지고 달아나도

어리석은 사람은 이를 알지 못한다.

도둑이 작은 걸 큰 것에 잘 감추면 마땅히 훔쳐서 달아날 데가 있다.

그렇지만 도둑이 천하를 천하에 감추면 훔쳐서 달아날 데가 없다.

이것이 만물의 영원한 큰 모습(情)이다.

우리는 특별히 사람의 형체를 받고 태어나서 기뻐한다.

그런데 사람의 형체는 수만 번 변해 지금도 끝나지 않는 한 단계이다.

태어남을 즐거워하면 즐거울 게 이루 다 헤아릴 수 없을 정도로 많다!

그래서 성인(聖人)은 사물이 달아날 수 없는 경지에서 노닐면서

모든 사물을 있는 그대로 둔다.

또 성인은 일찍 죽어도 좋고 오래 살아도 좋고,

태어나도 좋고 죽어도 좋다고 여겨서 태어남과 죽음을 자연에 맡긴다.

그런데 사람들은 이런 성인을 오히려 본받으려 한다.
하물며 만물이 매여 있고, 만물의 삶과 죽음이 의존하는 도(道)를
사람들이 어찌 본받으려 하지 않겠는가!

注 ────────────

死生 命也: 죽고(死) 사는(生) 건 (하늘의) 뜻(命)이다. 命(운명 명 → 하늘의 뜻)

其有夜旦之常 天也: 밤(夜)은 (어둡고) 아침(旦)은 (밝은) 일상(常)은 자연(天)의 (원리다). 夜(밤 야) 旦(아침 단) 常(항상 상, 일상)

人之有所不得與: 사람(人)의 (힘으로) 얻을(得) 수 없는(不) 바(有~所). 즉 어찌할 수 없는 바.

皆物之情也: 모든(皆) 사물(物)의 참 모습(情)이다. 情(실상 정 → 참 모습)

彼特以天爲父 而身猶愛之: 저(彼), 즉 진인은 자연을(以~天) 특별히(特) 아버지로 삼고(爲~父) 그러면서(而) (자연을) 몸소(身) 마땅히(猶) 사랑하다(愛). 彼(저 피) 特(특별히 특) 身(몸소 신) 猶(마땅히 유) 愛(사랑 애)

而況其卓乎!: 그런데(而) 하물며(況) (진인보다 더) 훌륭한(卓) (자연을 우리가 어찌 사랑하지 않을 수 있는가)! 卓(높을 탁 → 훌륭한)

人特以有君爲愈乎己 而身猶死之: 사람(人)들은 군주(有~君)를 특별히(特) 자기보다(乎~己) 낫다고(愈) 여겨(以~爲) (그를 위해) 몸소(而~身) 기꺼이(猶) 목숨을 바친다(死). 愈(나을 유, 낫다) 乎=於(~보다) 猶(가히 유 → 기꺼이)

而況其眞乎!: 그런데(而) 하물며(況) (군주보다 더) 진실한(眞) (자연에 대해 우리가 어찌 목숨을 바치지 않을 수 있는가)! 眞(참 진 → 진실한)

泉涸 魚相與處於陸: 샘(泉)이 마르면(涸) 물고기(魚)는 서로(相) 땅 위에(於~陸) 함께(與) 머문다(處). 즉 땅 위에 남겨지다. 泉(샘 천) 涸(물마를 학) 陸(뭍 륙, 땅) 處(머무를 처)

相呴以濕: (그래서) 서로(相) 입김을 불음으로(以~呴) 축축한(濕) 습기를 끼얹다. 즉 침을 뱉어서 적셔주다. 呴(숨후내실 구, 숨을 후 하고 내쉬다) 濕(축축할 습)

相濡以沫 서로(相) 거품을 내서(以~沫) 적셔주다(濡). 沫(거품 말, 거품을 내다) 濡(적실 유, 적시다)

不如相忘於江湖: (그렇지만 이는) 강(江)과 호수에서(於~湖) 서로(相)의 존재를 잊는(忘) 것만 같지(如) 않다(不). 즉 물고기가 물의 존재를 잊는 것만 못하다. 江(강 강) 湖(호수 호) 忘(잊을 망) 如(같을 여)

與其譽堯而非桀也: 요(堯)임금을 (성군이라고) 기리고(譽~而) 걸(桀) 왕을 (폭군이라고) 비방하는(非) 것보다(與). 譽(기릴 예, 기리다) 非(헐뜯을 비 → 비방하다) 與(보다는 여, ~보다)

不如兩忘而化其道: (요와 걸) 두(兩) 사람을 잊고(忘~而) (올바른) 도(道)로 동화되는(化) 것과 같지(如) 않다(不). 化(화할 화, 교화되다 → 동화되다)

夫大塊載我以形 勞我以生: 모름지기(夫) 자연(大塊)이 내게(以~我) 형체(形)를 부여하고(載), 내게(以~我) 삶(生)을 주어 수고롭게(勞) 하다. 大塊〔천지, 자연을 총칭. 塊(흙덩이 괴)〕載(꾸밀 재, 장식하다 → 부여하다) 勞(수고할 로)

佚我以老 息我以死: (자연은) 나를(以~我) 늙게(老) 해 편안케(佚) 하고, 나를(以~我)) 죽게(死) 해 쉬게 하다(息). 佚(편할 일, 편안하게 함) 息(쉴 식, 휴식함)

故善吾生者 乃所以善吾死也: 그래서(故) 자신(吾)의 삶(生)을 잘 사는(善) 건(者) 곧(乃) 자신(吾)의 죽음(死)을 잘 맞이하는(以~善) 바(所)다. 善(잘할 선, 잘 사는 것) 乃(어세를 고르게 하기 위한 어조사, 곧)

夫藏舟於壑: 모름지기(夫) 배(舟)를 골짜기에(於~壑) 감추다(藏). 舟(배 주) 壑(구렁 학, 골짜기) 藏(감출 장, 감추다)

藏汕於澤: 그물(汕)을 연못 속에(於~澤) 감추다(藏). 汕(오구 산, 냇물을 보로 막아 가운데를 트이게 해 급류로 만든 뒤 거기에 통발을 대고 고기 잡는 어살) ※ 참고한『莊子今註今譯』에 '山(뫼 산)'으로 표기되었는데 오자로 보아 '汕(오구 산)'으로 바꾸어서 해석했다. 澤(못 택)

謂之固矣: (그러면) 든든히(固) (잘 감추었다고) 말하다(謂). 固(굳게 할 고, 수비를 엄하게 함 → 든든히)

然而夜半有力者負之而走: 그런데(然~而) 한밤중(夜半)에 (어떤) 힘(力)이 있는(有) 사람(者), 즉 한밤중에 어떤 장사가 (그것을) 짊어지고(而~負) 달아나다(走). 夜半(밤중) 力(힘 력) 負(질 부, 짊어지다) 走(달아날 주)

昧者不知也: (그래도) 어리석은 사람(昧~者)은 (이를) 알지(知) 못하다(不). 昧(어두울 매, 어리석음)

藏小大有宜 猶有所遯: (도둑이) 작은(小) 걸 큰(大) 것에 잘(有~宜) 감추면(藏) 마땅히(猶) (훔쳐) 달아날(遯) 데(所)가 있다(有). 宜(참으로 의, 마땅하다 → 잘) 猶(마땅히 유) 遯(달아날 둔)

若夫藏天下於天下: (그렇지만) 만약(若) (도둑이) 저(夫) 천하(天下)를 천하에(於~天下) 감추다(藏~而). 若(만약 약) 藏(감출 장)

而不得所遯: 그러면(而) (훔쳐서) 달아날(遯) 데(所)를 얻지(得) 못하다(不). 즉 달아날 데가 없다.

是恒物之大情也: 이것(是)이 만물(物)의 영원한(恒) 큰(大) 모습(情)이다. 恒(항구히 항, 영원한) 情(실상 정, 모습)

特犯人之形而猶喜之: (우리는) 특별히(特) 사람(人)의 형체(形)를 받고 태어나서(犯~而) 기뻐하다(喜). 特(특별히 특) 犯(만날 범, 만나다 → 태어나다) 喜(기쁠 희)

若人之形者 萬化而未始有極也: (그런데) 사람(人)의 형체(形~者)는 (수)만(萬) 번 변해서(化~而) 처음부터(始) 끝(有~極)이 없다(未). 즉 지금도 끝나지 않은 한 단계이다. 若(어조사 약) 萬(일만 만) 極(극처 극, 끝)

其爲樂可勝計邪!: (이를) 즐거워하면(爲~樂) (즐거움을) 헤아리는(計) 걸 이길(勝) 수(可) 있는가(邪)! 즉 즐거울 게 이루 다 헤아릴 수 없을 정도로 많다! 樂(즐거울 락) 勝(이길 승)

故聖人將遊於物之所不得遯而皆存: 그래서(故) 성인(聖人)은 사물(物)이 달아날(遯) 수(得) 없는(不) 경지에서(於~所) 노닐면서(將~遊~而), 모든(皆) (사물을) 있는 그대로(存) 두다. 遯(달아날둔) 存(있을 존 → 있는 그대로)

善夭善老 善始善終: (또 성인은) 일찍 죽어도(夭) 좋고(善), 오래 살아도(老) 좋고(善), 태어나도(始) 좋고(善), 죽어도(終) 좋다(善)고 여기다. 즉 태어남도 죽음도 자연에 맡기다. 夭(일찍죽을 요) 善(좋을 선) 老(늙을 노 → 오래 살다) 善始善終〔태어남도 죽음도 자연에 맡기는 일. 始(처음 시 → 태어남) 終(끝날 종 → 죽음)〕

人猶效之: 사람(人)들은 (이런 성인을) 오히려(猶) 본받으려(效) 한다. 效(본받을 효)

又況萬物之所係: 또(又) 하물며(況) 만물(萬物)이 매인(係) 바(所). 係(매일 계, 매이다)

而一化之所待乎!: 그리고(而) (만물의) 삶과 죽음(一化)이 의존하는(待) 바(所), 즉 도를 (사람들이 어찌 본받으려 하지 않는가)! 一化〔한 번의 변화. 즉 삶과 죽음을 의미. 化(화할 화)〕待(기댈 대, 의지하다)

대종사(大宗師) 3

夫道, 有情有信, 無爲無形., 可傳而不可受, 可得而不可見.,
自本自根, 未有天地, 自古以固存.,
神鬼神帝, 生天生地., 在太極之上而不爲高, 在六極之下而不爲深,
先天地生而不爲久, 長於上古而不爲老.
狶韋氏得之, 以挈天地., 伏羲氏得之, 以襲氣母.,
維斗得之, 終古不忒., 日月得之, 終古不息.
堪坏得之, 以襲崑崙., 馮夷得之, 以遊大川.,
肩吾得之, 以處大山., 皇帝得之, 以登雲天.,
顓頊得之, 以處玄宮., 禹强得之, 立乎北極.,
西王母得之, 坐乎少廣, 莫知其始, 莫知其終.,
彭祖得之, 上及有虞, 下及五伯.,
傳說得之, 以相武丁, 奄有天下, 乘東維, 騎箕尾, 而比於列星.

도(道)는 드러나는 작용(情)이 있고, 존재하는 증거(信)도 있지만
하고자 함이 없고, 형체도 없다.
도는 전할 수 있으나 받을 수 없고, 터득할 수 있으나 볼 수 없다.

도는 자신이 모든 존재의 바탕(自本)이자 근본(自根)이다.

도는 천지가 생겨나기 오래전부터 변함없이 존재해 왔다.

도는 귀신을 신령스럽게 하고, 상제를 영험케 하고, 하늘과 땅을 낳았다.

도는 태극(太極) 위에 있어도 높은 척하지 않고,

육극(六極) 아래에 있어도 깊은 척하지 않는다.

도는 천지(天地)보다 먼저 생겨나도 오래된 척하지 않고,

태고(上古)보다 오래되어도 늙은 척하지 않는다.

태고의 제왕인 희위씨(狶韋氏)는 도를 터득해 하늘과 땅을 손에 들고 다녔다.

복희씨(伏羲氏)는 도를 터득해 만물을 생성시키는 기(氣)의 모체로 들어갔다.

북두성(維斗)은 도를 터득해 별들의 위치가 오래도록 어긋나지 않았다.

해와 달인 일월(日月)은 도를 터득해 영원히 쉬지 않는다.

곤륜산의 신 감배(堪坏)는 도를 터득해 곤륜산에 들어갔다.

황하의 신 풍이(馮夷)는 도를 터득해 큰 개천인 황하에서 노닌다.

태산의 신 견오(肩吾)는 도를 터득해 태산에서 산다.

황제(黃帝)는 도를 터득해 구름이 떠 있는 하늘에 올랐다.

황제의 손자 전욱(顓頊)은 도를 터득해 현궁(玄宮)에 산다.

북해의 신 우강(禺强)은 도를 터득해 북쪽 끝에 우뚝 섰다.

곤륜산의 여신인 서왕모(西王母)는 도를 터득해 소광산을 수호하는데

늘 젊음으로 인해 언제 태어나고 언제 죽었는지 모른다.

오래 살아서 유명해진 팽조(彭祖)는 도를 터득해

위로는 순임금에서 아래론 전국시대 패자인 오백(五伯)에 이르기까지

오래 살았다.

재상 부열(傅說)은 도를 터득해 고종인 무정(武丁)을 도와 세상을 어루만진 뒤

동유성(東維星)을 타고 기미성(箕尾星)에 걸터앉아 뭇 별들의 대열에 끼었다.

注 ———————————————————————————————————

夫道 有情有信 無爲無形: 저(夫) 도(道)는 드러나는 작용(情)이 있고(有), 존재하는 증거(信)도

있지만(有) 하고자 함(爲)이 없고(無), 형체(形)도 없다(無). 情(실상 정 → 겉에 드러나는 작용) 信

(믿을 신 → 분명한 것, 즉 존재하는 증거)

可傳而不可受 可得而不可見: (도는) 전할(傳) 수 있으나(可~而) 받을(受) 수(可) 없고(不), 터득

할(得) 수 있으나(可~而) 볼(見) 수(可) 없다(不). 傳(전할 전) 受(받을 수) 得(얻을 득, 터득하다) 見
(볼 견)

自本自根: (도는) 자신(自)이 (모든 존재의) 바탕(本)이자 자신(自)이 (모든 존재의) 근본(根)이다.
自(몸 자, 자기) 本(바탕 본) 根(근본 근) ★ '自本自根'은 외편 「천도」 2에서 등장하는 '大本大
宗'과 사실상 같은 의미이다.

未有天地 自古以固存: 천지(天地)가 있지(有) 않은(未) 오래(古) 전부터(自) 변함없이(固) 존재
하다(以~存). 즉 생겨나기 오래전부터 변함없이 존재하다. 未(아닐 미, 아직 ~하지 않다) 古(옛 고
→ 오래) 自(로부터 자) 固(굳을 고, 변함없이)

神鬼神帝 生天生地: (도는) 귀신(鬼)을 신령스럽게(神) 하고, 상제(帝)를 영험케(神) 하며, 하
늘(天)을 낳고(生) 땅(地)을 낳다(生). ★ 귀(鬼)는 여기서 감배와 풍이 등을 가리킨다. 鬼(귀신
귀) 神(영묘할 신, 영험케 하다) ★ 제(帝)는 여기서 희위씨와 복희씨 등을 가리킨다. 帝(임금 제)

在太極之上而不爲高: (도는) 태극(太極) 위(上)에 있어도(在~而) 높은(高) 척하지(爲) 않다(不).
★ 태극(太極)은 극점으로 천정(天頂)을 의미한다.

在六極之下而不爲深: 육극(六極)의 아래(下) 있어도(在~而) 깊은(深) 척하지(爲) 않다(不). ★
육극(六極)은 사방 끝으로 천저(天底)를 의미한다. 深(깊을 심)

先天地生而不爲久: 천지(天地)보다 먼저(先) 생겨나도(生~而) 오래된(久) 척하지(爲) 않다(不).
先(먼저 선) 久(오랠 구)

長於上古而不爲老: 태고보다(於~上古) 오래되어도(長~而) 늙은(老) 척하지(爲) 않다(不). 長
(길 장 → 오래되다) 老(늙을 노)

狶韋氏得之 以挈天地: (태고의 제왕인) 희위씨(狶韋氏)는 (도를) 터득해(得) 그럼으로써(以) 천지
(天地)를 손으로 끌다(挈). 즉 손에 들고 다니다. ★ 희위씨(狶韋氏)는 태고의 전설적인 제왕이
다. 挈(끌 설, 손으로 끌다) 得(얻을 득, 터득하다)

伏羲氏得之 以襲氣母: (농사법을 만든) 복희씨(伏羲氏)는 (도를) 터득해(得) 그럼으로써(以) (만물
을 생성시키는) 기(氣)의 모체(母)로 들어가다(襲). ★ 복희씨(伏羲氏)는 농사를 주관했던 전설상
의 제왕이다. 母(어미 모 → 모체) 襲(들어갈 습, 들어가다)

維斗得之 終古不忒: (하늘의) 북두성(維斗)은 (도를) 터득해(得) (별들의 위치가) 오래도록(終古)
어긋나지(忒) 않다(不). ★ 유두(維斗)는 기준이 되는(維) 별(斗)로 북두성(北斗星)의 다른 이름
이다. 밤하늘 한가운데 있어 많은 별을 지배해서 유두(維斗)라고 한다. 維(벼리 유, 기초 → 기준
이 됨) 斗(별이름 두) 終古〔오래도록. 終(끝 종) 古(옛 고)〕忒(틀릴 특, 어긋나다)

日月得之 終古不息: (해와 달의 신) 일월(日月)은 (도를) 터득해(得) 영원히(終古) 쉬지(息) 않고
(不) (움직인다). 息(쉴 식)

堪坏得之 以襲崑崙: (곤륜산의 신) 감배(堪坏)는 (도를) 터득해(得) 그럼으로써(以) 곤륜산(崑崙)

에 들어가다. ★ 감배(堪坏)는 곤륜산의 신이다. ★ 곤륜(崑崙)은 북해 끝에 있는 신령스러운 산 이름이다.

馮夷得之 以遊大川: (황하의 신) 풍이(馮夷)는 (도를) 터득해(得) 그럼으로써(以) 큰 개천(大川) 인 황하에서 노닐다(遊). ★ 풍이(馮夷)는 팔석(八石)이란 약을 마시고 물의 선인(仙人)으로 바 뀌어서 황하의 신이 되었다.

肩吾得之 以處大山: (태산의 신) 견오(肩吾)는 (도를) 터득해(得) 그럼으로써(以) 태산(大山)에 살다(處). ★ 견오(肩吾)는 태산의 신이다.

皇帝得之 以登雲天: 황제(黃帝)는 (도를) 터득해(得) 그럼으로써(以) 구름이 떠 있는 하늘(雲天) 에 오르다(登). ★ 운천(雲天)은 구름(雲)이 떠 있는 하늘(天)이다. 登(오를 등, 오르다)

顓頊得之 以處玄宮: (황제의 손자) 전욱(顓頊)은 (도를) 터득해(得) 그럼으로써(以) 현궁(玄宮)에 서 살다. ★ 전욱(顓頊)은 황제(黃帝)의 손자로 전설상의 제왕이다. ★ 현궁(玄宮)은 임금이 정 사에 관해 조용히 생각하는 아늑한 곳에 있는 궁전을 의미한다.

禺强得之 立乎北極: (북해의 신) 우강(禺强)은 (도를) 터득해(得) 북쪽 끝(北極)에 (우뚝) 서다(立). ★ 우상(禺强)은 얼굴이 사람이며 몸은 새인 북해의 신이다. 立(설 립)

西王母得之 坐乎少廣: (곤륜산의 여신인) 서왕모(西王母)는 (도를) 터득해(得) 소광(少廣)산을 수 호하다(坐). ★ 서왕모(西王母)는 늘 싱싱하게 젊다는 죽지 않는 약을 가진 여신으로 곤륜산에 산다. 坐(지킬 좌, 수호하다)

莫知其始 莫知其終: (그런데 늘 젊음으로 인해 그녀의) 처음(始)과 끝(終)을 알지(知) 못한다(莫). 즉 언제 태어났는지, 언제 죽었는지 아무도 모른다.

彭祖得之: 팽조(彭祖)는 (도를) 터득하다(得).

上及有虞 下及五伯: (그래서) 위(上)로는 순임금(有虞)이 살았던 시대에 이르고(及), 아래(下)로 는 전국의 패자(五伯) 시대에까지 이르다(及). 즉 그만큼 오랜 세월을 살다. 有虞(유우)=순임 금 ★ 오백(五伯)은 전국시대 제환공(齊桓公), 진문공(晉文公), 양공(宋襄公), 진목공(秦穆公), 초 장왕(楚莊王)을 의미한다.

傳說得之 以相武丁: (은나라 재상인) 부열(傳說)은 (도를) 터득해(得) 그럼으로써(以) (은나라 고종 인) 무정(武丁)을 돕다(相). ★ 부열(傳說)은 은(殷)나라 고종(高宗)인 무정(武丁)을 도운 현명한 재상인데 죽어서 별이 되었다는 전설이 있다. 相(도울 상)

奄有天下: (그래서) 세상(天下)을 어루만지다(奄). 奄(어루만질 엄)

乘東維: 동유성(東維)을 타다(乘). ★ 동유(東維)는 기성(箕星)과 미성(尾星) 사이의 별이다. 維 (별 유, 북두칠성 자루 뒤쪽의 세 별) 乘(탈 승)

騎箕尾: 기미성(箕尾)에 걸터앉다(騎). ★ 기미(箕尾)는 고대의 28개 별 가운데 동쪽 일곱 개 별인 각(角), 항(亢), 저(氐), 방(房), 심(心), 미(尾), 기(箕) 가운데 마지막 여섯 번째(尾)와 일곱

번째(箕) 별이다. 騎(걸터앉을 기)

而比於列星: 그리고(而) 뭇(列) 별들에(於~星) 나란히 되다(比). 즉 뭇 별들의 대열에 끼다. 列
(벌일 열 → 뭇)

대종사(大宗師) 4

南伯子葵問乎女偊曰:「子之年長矣, 而色若孺子, 何也?」

曰:「吾聞道矣.」

南伯子葵曰:「道可得學邪?」

曰:「惡! 惡可! 子非其人也.

夫卜梁倚有聖人之才而無聖人之道, 我有聖人之道而無聖人之才,

吾欲以敎之, 庶幾其果爲聖人乎!

不然, 以聖人之道告聖人之才, 亦易矣.

吾猶告而守之, 三日而候能外天下.,

已外天下矣, 吾又守之, 七日而後能外物.,

已外物矣, 吾又守之, 九日而後能外生.,

已外生矣, 而後能朝徹., 朝徹而後能見獨.,

見獨, 而後能無古今., 無古今, 而後能入於不死不生.

殺生者不死, 生生者不生.

其爲物, 無不將也, 無不迎也., 無不毀也, 無不成也.

其名爲攖寧. 攖寧也者, 攖而後成者也.」

南伯子葵曰:「子獨惡乎聞之?」

曰:「聞諸副墨之子, 副墨之子聞諸洛誦之孫, 洛誦之孫聞之瞻明, 瞻明聞之聶許,

聶許聞之需役, 需役聞之於謳, 於謳聞之玄冥, 玄冥聞之參寥, 參寥聞之疑始.」

남백자규(南伯子葵)가 묻고 여우(女偊)가 대답했다.

남백자규가 물었다.

"선생은 나이도 많은데 모습이 어린애와 같으니 어째서인가요?"

여우가 대답했다. "나는 도를 들었을(聞道) 뿐이다."

남백자규가 물었다. "도를 배울 수 있나요?"

여우가 대답했다. "아니! 어찌 배울 수 있는가! 도는 터득할 뿐이다.

그리고 남백자규 자네는 도를 터득할 수 없다.

그런데 복량의(卜梁倚)는 성인의 도는 없어도 성인의 자질을 지니고,

나는 성인의 자질은 없어도 성인의 도를 지닌다.

그래서 나는 복량의를 가르치고 싶었고, 그가 성인이 되길 정말 바랐다!

성인의 도를 지니고서 성인의 자질이 있는 사람을 가르치는 일은 또한 쉽다.

이에 나는 당연히 복량의를 가르치면서 그를 신중히 지켜보았네.

그러자 복량의는 3일 만에 천하(天下)를 잊을 수 있었다.

복량의가 천하를 이미 잊자 나는 또 복량의를 신중히 지켜보았네.

그러자 복량의는 7일 만에 사물(物)을 잊을 수 있었다.

복량의가 이미 사물을 잊자 나는 또 그를 신중히 지켜보았네.

그러자 복량의는 9일 만에 삶(生)을 잊을 수 있었다.

복량의가 삶을 이미 잊은 후에 그는 조철(朝徹),

즉 아침 햇살이 돋듯이 깨달음이 일시에 확 트일 수 있었고,

깨달음이 확 트인 후에는 그는 견독(見獨),

즉 홀로 고유의 존재성에 따라 세상, 사물, 삶을 볼 수 있었고,

또 고유의 존재성에 따라 이것들을 본 후에 그는 무고금(無古今),

즉 과거와 현재의 구분을 초월할 수 있었고,

또 과거와 현재의 구분을 초월한 후에는 그는 불사불생(不死不生),

즉 태어나지도 죽지도 않는 경지에 들어갈 수 있었다.

복량의처럼 삶을 초월하면 죽지 않지만 이와 반대로 삶을 탐하면 죽는다.

도는 만물을 모두 보내고, 만물을 모두 마중하네.

또 도는 만물을 모두 훼손하고, 만물을 모두 이루어내네.

도의 이런 모습을 가리켜서 영녕(攖寧), 즉 늘 조용하고 편안해

자신의 생각으로 그려진 세상, 사물, 삶에 의해

어지러워지지 않는 거라고 말한다.

그래서 영녕(攖寧)이란 건 어지러워진 뒤에 비로소 이루어지네."

남백자규가 물었다. "그런데 선생은 어찌해서 홀로 도(道)를 들었습니까?"

여우가 대답했다.

"나는 문자나 서묵을 상징하는 부묵(副墨)의 아들에게 듣고,

부묵의 아들은 말함을 상징하는 낙송(洛誦)의 손자에게 듣고,

낙송의 손자는 밝은 눈을 지녀 조그만 것도 볼 수 있는 첨명(瞻明)에게 듣고,

첨명은 밝은 귀를 지녀 소곤대는 소리도 들을 수 있는 섭허(聶許)에게 듣고,

섭허는 자연의 순수한 소리를 들을 수 있는 수역(需役)에게 듣고,

수역은 어린애의 첫 울음소리 의미를 아는 어구(於謳)에게 듣고,

어구는 그윽한 깊음을 상징하는 현명(玄冥)에게 듣고,

현명은 적막함을 상징하는 참료(參寥)에게 듣고,

참료는 처음 그 자체에 대해 의심하는 의시(疑始)에게 들었다."

注 ─────

南伯子葵問乎女偊曰: 남백자규(南伯子葵)가 묻고(問) 여우(女偊)가 답하다. ★ 남백자규(南伯子葵)는 내편 「제물론」 1에 등장하는 남곽자기(南郭子綦)와 내편 「인간세」 4에 등장하는 남백자기(南伯子綦)와 동일한 인물로 여겨진다. ★ 여우(女偊)는 도를 터득한 가상의 인물이다. 참고로 남곽자기(제물론)와 남백자기(인간세)는 도를 터득한 훌륭한 인물로 등장하는데 여기선 여우(女偊)라는 가상 인물에게 오히려 배우는 인물로 등장한다. 그러니 여우는 엄청나게 훌륭한 인물로 설정된 셈이다.

子之年長矣 而色若孺子 何也?: 선생(子)은 나이(年)가 많다(長). 그런데(而) 모습(色)은 어린애(孺子)와 같으니(若) 어째서인가(何)? 子(선생 자) 年(나이 년) 長(나이많을 장) 色(낯 색, 용모) 孺子〔어린아이. 孺(젖먹이 유)〕

曰 吾聞道矣: (여우가) 대답하다. 나(吾)는 도(道)를 들었을(聞) 뿐이다(矣). 聞(들을 문)

南伯子葵曰 道可得學邪?: 남백자규(南伯子葵)가 묻다. 도(道)를 배울(學) 수 있는가(可~得)? 學(배울 학)

曰 惡! 惡可!: (여우가) 대답하다. 아니(惡)! 어찌(惡) (그게) 가한가(可)! 즉 어찌 배울 수 있는가! (도는 터득할 뿐이네) 惡(어찌 오)

子非其人也: (그리고) 너(子)은 아니다(非). 즉 남백자규 너는 도를 터득할 수 없다. 子(너 자)

夫卜梁倚 有聖人之才而無聖人之道: 그런데(夫) 복량의(卜梁倚)는 성인(聖人)의 도(道)는 없어도(無~而) 성인(聖人)의 자질(才)을 지니다(有). 才(자질 재)

我有聖人之道而無聖人之才: 나(我)는 성인(聖人)의 자질(才)은 없어도(無~而) 성인(聖人)의 도(道)를 지니다(有).

吾欲以敎之: (그래서) 나(吾)는 (복량의를) 가르치고(以~敎) 싶다(欲). 欲(하고자 할 욕, ~하고 싶다)

庶幾其果爲聖人乎!: 바라건대(庶幾) (복량의가) 정말로(果) 성인(聖人)이 되었으면(爲) (하다)!

庶幾(바라건대) 果(과연 과, 정말)

不然: (그런데 나는) 그렇지(然) 않다(不).

以聖人之道告聖人之才 亦易矣: 성인(聖人)의 도를(以~道) (갖고서) 성인(聖人)의 자질(才)이 (있는 사람을) 가르치는(告) (일은) 또한(亦) 쉬운 뿐이다(易~矣). 告(가르칠 고) 易(쉬울 이)

吾猶告而守之: (이에) 나(吾)는 당연히(猶) (복량의를) 가르치면서(告~而) (그를) 신중히 지켜보다(守). 猶(마땅할 유, 당연히) 守(지킬 수, 소중히 보존하거나 보호함 → 신중히 지켜보다)

三日而後能外天下: (그러자 복량의는) 3일(三日) 후(而~後)에 천하(天下)를 잊을(外) 수(能) 있다. 外(잊을 외)

已外天下矣 吾又守之: (복량의가) 천하(天下)를 이미(已) 잊자(外) 나(吾)는 또(又) (복량의를) 신중히 지켜보다(守).

七日而後能外物: (그러자 복량의는) 7일(七日) 후(而~後)에 사물(物)을 잊을(外) 수(能) 있다.

已外物矣 吾又守之: (복량의가) 사물(物)을 이미(已) 잊자(外) 나(吾)는 또(又) (복량의를) 신중히 지켜보다(守).

九日而後能外生: (그러자 복량의는) 9일(九日) 후(而~後)에 삶(生)을 잊을(外) 수(能) 있다.

已外生矣 而後能朝徹: (복량의가) 삶(生)을 이미(已) 잊은(外) 후에(而~後) (그는) 조철(朝徹), 즉 아침 햇살 돋듯이 깨달음이 일시에 확 트일 수(能) 있다. 朝徹〔아침(朝) 햇살이 돋듯 깨달음이 일시에 확 트임(徹). 朝(아침 조) 徹(통할 철)〕

朝徹而後能見獨: 조철(朝徹)한 후에는(而~後) 견독(見獨), 즉 홀로 고유의 존재성에 입각해서 세상, 사물, 삶을 볼 수(能) 있다. 見獨〔홀로(獨) (고유의 존재성에 입각해서 세상, 사물, 삶을) 보다(見). 獨(홀로 독)〕

見獨 而後能無古今: 홀로 고유의 존재성에 입각해서 세상, 사물, 삶을 본(見獨) 후에는(而~後) (그는) 무고금(無古今), 즉 과거 현재가 없어질 수(能) 있다. 즉 과거 현재의 구분을 초월할 수 있다.

無古今 而後能入於不死不生: 과거와 현재의 구분을 초월한(無古今) 후에는(而~後) (그는) 불사불생(不死不生), 즉 태어나지도 않고 죽지도 않는 경지에(於) 들어갈(入) 수(能) 있다. 入(들입, 들어가다)

殺生者不死 生生者不生: (복량의처럼) 삶(生)을 없애면(殺~者) 죽지(死) 않으며(不), 삶(生)을 살려면(生~者) 살지(生) 않다(不). 즉 복량의처럼 삶을 초월하면 죽지 않지만 반대로 삶을 탐하면 죽는다. 殺(없앨 살) 死(죽을 사) 生(살 생, 삶)

其爲物 無不將也 無不迎也: (도는) 만물을 위해(爲~物) 보내지(將) 않는(不) 게 없고(無), 마중하지(迎) 않는(不) 게 없다(無). 즉 도는 만물을 모두 보내고 모두 마중한다. 將(보낼 장) 迎(맞이할 영, 마중하다)

無不毀也 無不成也: (또 도는 만물을) 훼손하지(毀) 않는(不) (게) 없고(無), 이루어내지(成) 않는 (不) (게) 없다(無). 즉 도는 만물을 모두 훼손하고 만물을 모두 이룬다. 毀(무너질 훼, 훼손하다) 成(이룰 성, 이루다)

其名爲攖寧: (도의 이런 모습을 가리켜) 영녕(爲~攖寧), 즉 늘 조용하고 편안해서 자신 생각으로 그려진 세상, 사물, 삶에 의해 어지러워지지 않은 거라고 이름하다(名). 攖寧〔항상 조용하고 편안해 자신 생각으로 그려진 세상, 사물, 삶에 의해 어지러워지지 않는 것. 攖(어지러울 영) 寧 (편안할 녕, 무사함)〕

攖寧也者 攖而後成者也: (그래서) 영녕이란 건(攖寧~者) 어지러워진(攖~而) 뒤(後)에 (비로소) 이루어지는(成) 것(者)이다. 攖(어지러울 영)

南伯子葵曰 子獨惡乎聞之: 남백자규(南伯子葵)가 묻다. (그런데) 당신(子)은 어찌(惡) 홀로(獨) (도를) 듣는가(聞)? 惡(어찌 오)

聞諸副墨之子: (나는 문자나 시문을 상징하는) 부묵(副墨)의 아들에게(諸~子) 듣다(聞). 副墨〔먹 (墨)에 버금함(副). 즉 문자나 시문을 의미. 墨(먹 묵) 副(버금 부, 버금가다)〕 諸(어조사 제)=於

副墨之子聞諸洛誦之孫: 부묵(副墨)의 아들(子)은 (말함을 상징하는) 낙송(洛誦)의 손자에게(諸~ 孫) 듣다(聞). 洛誦〔글을 반복해(洛) 외움(誦). 즉 말함을 의미 洛(이을 락) 誦(외울 송)〕

洛誦之孫聞之瞻明: 낙송(洛誦)의 손자(孫)는 (밝은 눈을 지녀서 조그만 것까지 볼 수 있는) 첨명에게 (諸~瞻明) 듣다(聞). 瞻明〔바라보는 눈(瞻)이 밝음(明). 밝은 눈을 가져야 조그만 것을 볼 수 있음. 瞻(볼 첨, 바라 봄 → 바라보는 눈)〕

瞻明聞之聶許: 첨명(瞻明)은 (밝은 귀를 지녀 소곤거리는 소리도 들을 수 있는) 섭허에게(諸~聶許) 듣 다(聞). 聶許〔소곤거리는 작은 소리(聶)를 들을(許) 수 있을 정도로 귀가 밝음. 聶(소곤거릴 섭) 許(허락할 허 → 들음)〕

聶許聞之需役: 섭허(聶許)는 (자연의 순수한 소리를 들을 수 있는) 수역에게(諸~需役) 듣다(聞). 需 役〔자연의 순수한 소리. 需(구할 수, 바라다) 役(골몰할 역)〕

需役聞之於謳: 수역(需役)은 (어린애의 첫 울음소리 의미를 아는) 어구에게(諸~於謳) 듣다(聞). 於 謳〔어린애가 막 시작하는 소리. 즉 첫 울음. 謳(노래할 구)〕

於謳聞之玄冥: 어구(於謳)는 (그윽한 깊음을 상징하는) 현명에게(諸~玄冥) 듣다(聞). 玄冥〔그윽 한(玄) 어두움(冥) 玄(깊을 현) 冥(어두울 명)〕

玄冥聞之參寥: 현명(玄冥)은 (적막함을 상징하는) 참료에게(諸~參寥) 듣다(聞). 參寥〔셋(參)의 고 요한(寥). 즉 적막함. 參(석 참) 寥(고요할 료)〕

參寥聞之疑始: 참료(參寥)는 (처음 자체에 대해 의심하는) 의시에게(諸~疑始) 듣다(聞). 疑始〔처 음(始)을 의심함(疑). 처음이 있는 듯하면서 처음이 없음. 즉 애초부터 처음이 없음. 의시에 다 다르면 앞서 말한 영녕(攖寧) 상태에 이른 것이다. 疑(의심할 의) 視(처음 시)〕

대종사(大宗師) 5

대종사 5-1

子祀·子輿·子犁·子來四人相與語曰：「孰能以無爲首，以生爲脊，以死爲尻，

孰知死生存亡之一體者，吾與之友矣。」

四人相視而笑，莫逆於心，遂相與爲友。

俄而子輿有病，子祀往問之。

曰：「偉哉夫造物者，將以予爲此拘拘也！

曲僂發背，上有五管，頤隱於臍，肩高於頂，句贅指天。」

陰陽之氣有沴，其心閒而無事，跰𨇤而鑑於井。

曰：「嗟乎！夫造物者又將以予爲此拘拘也！」

子祀曰：「女惡之乎？」

曰：「亡，予何惡？浸假而化予之左臂而爲鷄，予因以求時夜。，

浸假而化予之右臂以爲彈，予因以求鴞炙。，

浸假而化予之尻以爲輪，以神爲馬，予因以乘之，豈更駕哉！

且夫得者，時也，失者，順也。，安時而處順，哀樂不能入也。

此古之所謂縣解也。而不能自解者，物有結之。

且夫物不勝天久矣，吾又何惡焉！」

자사(子祀) 자여(子輿) 자리(子犁) 자래(子來) 네 사람이 서로 모여 함께 말했다.
"누가 무위(無爲)를 머리로 삼고, 삶을 척추로 삼고, 죽음을 꽁무니로 삼아
죽음과 삶이나 있음과 없음이 서로 같은 것임을 누가 알까?
우리는 그런 사람과 벗하고 싶다."
자사, 자여, 자리, 자래 네 사람이 서로 바라보면서 웃다가 뜻이 맞아
이윽고 서로 함께 친구가 되었다.
그런데 자여가 돌연 병이 나서 자사가 가 문병을 했다.
자여가 말했다. "조물자(造物者)가 정말로 위대하다.
내 몸을 이처럼 구부러지고 구부러지게 하다니!
구부러지고 구부러져서 등은 불끈 치솟아 곱사가 되고,

오장은 위로 올라가고, 턱은 배꼽 아래에 감추어지고,
어깨는 머리보다 높고, 목덜미 등골뼈는 하늘로 향해 있네."
음양의 기(氣)가 자여의 몸속에서 이토록 뒤엉켰는데
자여의 마음은 고요해 아무 일도 없었다.
자여가 비틀비틀 쓰러질 듯 걸어가서 자기 모습을 우물에 비추며 말했다.
"아아! 조물자가 내 몸을 또 이처럼 구부러지고 구부러지게 하다니!"
자사가 말했다. "자네는 그게 싫은가?"
자여가 말했다. "아니지. 내가 어찌 이런 모습을 싫어하겠나?
조물자가 내 왼팔을 차츰차츰 변화시켜서 암탉으로 만들면
나는 이로써 새벽을 알리길 바라네.
또 내 오른팔을 차츰차츰 변화시켜서 활로 만들면
나는 이로써 부엉이구이를 장만하길 바라네.
또 내 엉덩이를 차츰차츰 변화시켜서 수레바퀴로 만들면
내 모습을 말로 바꾸어 나는 그걸 타고 다니겠네.
그러니 달리 말을 수레에 매달 필요가 있겠는가!
삶을 얻으면 우연히 때를 만난 것이요,
삶을 잃으면 자연의 질서를 따르는 거네.
그러니 삶을 얻을 때는 삶에 편히 머물지만
삶을 잃을 때는 죽음을 자연의 질서에 따르도록 하면
슬픔과 즐거움이 마음에 끼어들 수 없네.
옛날 사람은 이런 삶의 자세를 현해(縣解),
즉 하늘에서 거꾸로 매달린 상태에서 풀려나는 거라고 말했네.
그런데 거꾸로 매달린 상태에서 저절로 풀려날 수 없다면
사물이 우리를 묶고 있어서이지.
게다가 사물이 자연의 변화를 이기지 못한 지 오래였으니
나 또한 자연의 질서를 따르는 걸 어찌 싫어하겠는가!"

注

子祀·子輿·子犁·子來: 자사(子祀)·자여(子輿)·자리(子犁)·자래(子來). 子祀(자사. 죽음을

상징. 祀(제사 사, 가는 걸 의미)〕 子來〔자래. 출생을 상징. 來(올 래, 오는 걸 의미) 子興〔자여. 興(많을 여)〕 子犁〔자리. 犁=犂(검을 려)〕 ★ 자여의 여(興)와 자리의 리(犁)는 생명의 역정에서 불가결하게 거치는 단계.

四人相與語曰: 네 사람(四人)이 서로(相) (모여서) 함께(與) 말하다(語).

孰能以無爲首: 누가(孰) (하고자 함이 없는) 무위를(以~無爲) 머리로 삼다(爲~首). 首(머리 수)

以生爲脊 以死爲尻: 삶(以~生)을 척추로 삼고(爲~脊) 죽음(以~死)을 꽁무니로 삼다(爲~尻). 脊(등성마루 척, 척추) 尻(꽁무니 고)

孰知死生存亡之一體者: 죽음(死)과 삶(生)이나 있음(存)과 없음(亡)이 (서로) 같은 것(一體~者)임을 누가(孰) 알까(知)? 一體〔같은 것. 體(몸 체)〕 孰(누구 숙)

吾與之友矣: 우리(吾)는 (그런 사람과) 벗하고(友) (싶다). 友(벗 우, 벗하다)

四人相視而笑: (자사, 자여, 자리, 자래) 네(四) 사람(人)이 서로(相) 바라보면서(視) 웃다(笑). 笑(웃을 소)

莫逆於心 遂相與爲友: (그러다) 마음에(於~心) 거슬림(逆)이 없어(莫), 즉 뜻이 맞아 이윽고(遂) 서로(相) 함께(與) 친구가 되다(爲~友). 逆(거스를 역) 莫(없을 막) 遂(이룰 수, 이윽고) 友(벗 우, 친구)

俄而子興有病 子祀往問之: (그런데) 자여(子興)가 돌연(俄~而) 병이 나서(有~病) 자사(子祀)가 (자여에게) 가(往) 문병을 하다(問). 俄(갑자기 아, 돌연) 往(갈 왕)

曰 偉哉夫造物者: (자여가) 말하다. 조물자(造物者)가 (정말로) 위대하다(偉). ★ 조물자(造物者)는 조물주와 다른 뉘앙스를 지닌다. '조물주'는 사물을 유위에 따라 만드는 창조자라면 '조물자'는 사물을 무위에 따라 만드는 존재라고 할 수 있다. 偉(위대할 위)

將以予爲此拘拘也!: 내 (몸)을(以~予) 이처럼(此) 구부러지고(拘) 구부러지게(拘) 하다(爲)! 此(이 차, 이토록) 拘拘〔근육이 오그라져 펴지지 않는 모양. 즉 몸이 구부러진 상태. 拘(잡을 구, 구부러지다)〕

曲僂發背: 구부러지고(曲) 구부러져서(僂) 등(背)을 (불끈) 치솟게(發) 하다. 즉 등은 불끈 치솟아 곱사가 되다. 曲(굽을 곡) 僂(구부릴 루) 背(등 배) 發(쏴틀 발 → 치솟다)

上有五管 頤隱於臍: 오장(五管)을 위(上)로 (올라가고), 턱(頤)은 배꼽 (아래)에(於~齊) 감추어지다(隱). 頤(턱 이) 臍(배꼽 제) ※ 참고한 『莊子今註今譯』에 '齊(가지런할 제)'로 표기되었는데 오자로 보아 '臍(배꼽 제)'로 바꾸어서 해석했다. 隱(숨길 은 → 감추어짐)

肩高於頂 句贅指天: 어깨(肩)는 머리보다(於~頂) 높고(高), 목덜미(句) 등골뼈(贅)는 하늘(天)로 향하다(指). 肩(어깨 견) 頂(꼭대기 정 → 머리) 句(문 귀 구, 구부러진 목덜미를 가리킴) 贅(혹 췌, 등골뼈를 의미) 指(가리킬 지 → 향하다)

陰陽之氣有沴: 음양(陰陽)의 기(氣)가 (자여의 몸속에서 이토록) 뒤엉킴(沴)이 있다(有). 즉 이토록 뒤엉켜 있다. 沴(어지러울 전, 뒤 엉키다)

其心閒而無事: (그런데도 자연의) 마음(心)은 고요해(閒~而) (아무) 일(事)도 없다(無). 閒(틈 한, 안정된 상태 → 고요하다)

跰𨇤而鑑於井: (자연이) 비틀비틀 쓰러질 듯 걸어가(跰𨇤~而) (자기 모습을) 우물에(於~井) 비추다(鑑). 跰𨇤[비틀비틀하며 쓰러질 듯 걷는 모양. 跰(비틀비틀한 변) 𨇤(비틀거리며걸을 선)]

曰 嗟乎!: (그러면서) 말하다. 아(嗟)! 嗟(탄식 차, '아'라는 의성어)

夫造物者又將以予爲此拘拘也!: 저(夫) 조물자(造物者)가 내 몸을(以~予) 또(又) 이처럼(此) 구부러지고(拘) (또) 구부러지게 하다(爲~拘)! 此(이 차) 拘(잡을 구, 구부러지다)

子祀曰 女惡之乎?: 자사(子祀)가 말하다. 너(女)는 (그게) 싫은가(惡)? 女=汝(너 여) 惡(미워할 오, 싫어하다)

曰 亡 予何惡?: (자여가) 말하다. 아니다(亡). 내(予)가 어찌(何) (이런 모습을) 싫어하는가(惡). 亡(없을 무 → 아니다) 予(나 여)

浸假而化予之左臂而爲鷄: (조물자가) 내(予) 왼(左) 팔(臂)을 차츰차츰(浸假) 변화시켜(而~化) 그리고(而) 암탉으로 만들다(爲~鷄). 臂(팔 비) 浸假[차츰차츰(浸) 다다름(假). 浸一侵(침노할 침, 차츰차츰) 假(이를 가)] 鷄(닭 계)

予因以求時夜: (그러면) 나(予)는 이로써(因~以) 밤의 시각을 알리길(時夜) 바라다(求). 즉 새벽을 알리길 바라다. 時夜[닭이 울어 밤의 시각을 알리는 일] 求(바랄 구)

浸假而化予之右臂以爲彈: (또) 내(予) 오른(右) 팔(臂)을 차츰차츰(浸假) 변화시켜(而~化) 그럼으로써(以) 활로 만들다(爲~彈). 彈(탄환 탄, 활)

予因以求鴞炙: (그러면) 나(予)는 이로써(因~以) 부엉이(鴞) 구이(炙)를 (장만하길) 바라다(求). 鴞(올빼미 효) 炙(구을 적, 구이)

浸假而化予之尻以爲輪: (또) 내(予) 엉덩이(尻)를 차츰차츰(浸假~而) 변화시켜(化) 그럼으로써(以) 수레바퀴(輪)로 만들다(爲). 尻(꽁무니 고) 輪(바퀴 륜, 수레바퀴)

以神爲馬 予因以乘之: (그러면 내) 모습을(以~神) 말로 바꾸어(爲~馬) 나(予)는 이로써(因~以) (그것을) 타고(乘) 다니다. 神(초상 신 → 모습)

豈更駕哉!: (그러니) 어찌(豈) 탈(駕) 걸 바꾸나(更)! 즉 말을 수레에 (달리) 맬 필요가 있는가! 豈(어찌 기) 駕(탈 가) 更(바꿀 경)

且夫得者 時也: 삶을 얻으면(得~者) (우연히) 때(時)를 만나는 (거다). 得(살 득) 時(때 시)

失者 順也: 삶을 잃으면(失~者) 자연의 질서를 따르는(順) (거다). 失(잃을 실) 順(따를 순)

安時而處順: (그러니 삶을 얻을) 때(時)는 (삶에) 편히 머물지만(安~而) (삶을 잃을 때는 죽음을) 자연의 질서에 따르게(順) 처하다(處). 즉 죽음을 자연의 질서에 따르도록 하다. 安(편안할 안) 順(좇을 순 → 따르다)

哀樂不能入也: (그러면) 슬픔(哀)과 즐거움(樂)이 (마음에) 끼어들(入) 수(能) 없다(不). 哀(슬플

애) 樂(즐거울 락) 入(들 입 → 끼어들다)

此古之所謂縣解也: 옛(古) (사람은) 이런(此) (삶의 자세를 두고) 현해(縣解), 즉 하늘에서 거꾸로 매달린 상태에서 풀려나는 것이라고 말한(謂) 바(所)다. ★ 현해(縣解)는 하늘에서 거꾸로 매달린(縣) 상태에서 풀려나는(解) 일이다. 내편 「양생주」 3에도 이와 비슷한 이야기가 등장한다.

而不能自解者 物有結之: 그런데(而) (거꾸로 매달린 상태에서) 저절로 풀려날(自解) 수(能) 없다면(不~者) 사물(物)이 (우리를) 묶어서다(結). 自解〔저절로 풀려나다. 解(풀 해 → 풀려남)〕 結(맺을 결, 맺다 → 묶다)

且夫物不勝天久矣: 게다가(且) 저(夫) 사물(物)이 자연(天)의 (변화를) 이기지(勝) 못한지(不) 오래이다(久). 久(오랠 구)

吾又何惡焉!: (그래서) 나(吾) 또한(又) (자연의 질서를 따르는 것을) 어찌(何) 싫어하는가(惡)! 惡(미워할 오, 싫어하다)

대종사 5-2

俄而子來有病, 喘喘然將死, 其妻子環而泣之.
子犁往問之, 曰:「叱! 避! 無怛化」
倚其戶與之語曰:「偉哉造化! 又將奚以汝爲, 將奚以汝適?
以汝爲鼠肝乎? 以汝爲蟲臂乎?」
子來曰:「父母於子, 東西南北, 唯命之從. 陰陽於人, 不翅於父母.,
彼近吾死而我不聽, 我則悍矣, 彼何罪焉!
夫大塊載我以形, 勞我以生, 佚我以老, 息我以死.
故善吾生者, 乃所以善吾死也.
今之大冶鑄金, 金踊躍曰『我且必爲鏌鋣』大冶必以爲不祥之金.
今一范人之形, 而曰『人耳人耳』, 夫造化者必以爲不祥之人.
今一以天地爲大鑪, 以造化爲大冶, 惡乎往而不可哉!」
成然寐, 蘧然覺.

이번엔 돌연 자래가 병이 들었다.
그가 숨을 헐떡이며 죽어갈 때 아내와 자식들이 그를 둘러싸며 울었다.
이때 자리가 문병을 가서 말했다.
"쉬! 저리들 물러나시오! 조용히 죽게 내버려 두시오."

그리고 방문에 기대서서 자래에게 말했다.

"음양의 조화가 위대하다!

자네를 또 무엇으로 바꾸어 어디로 데려가려고 하는가?

혹시 자네를 쥐의 간으로 바꾸려고 하는가?

아니면 자네를 곤충의 팔로 바꾸려고 하는가?"

자래가 병상에서 헐떡이며 말했다.

"부모가 자식에게 동서남북 어딜 가라든 자식은 오직 명령을 따라야 하네.

그런데 사람에게 음양의 조화는 부모가 자식에게 명령하는 정도가 아니네.

음양의 조화가 내게 죽음을 바라는데 이를 듣지 않으면 순종치 않는 거니

음양의 조화가 무슨 잘못이 있겠는가!

자연이 내게 형체를 세우고, 삶으로 나를 수고롭게 하고,

늙음으로 나를 편안케 하더니 죽음으로 나를 쉬게 하네.

따라서 내 삶을 좋다고 하면 나의 죽음도 좋다고 여겨야 하는 까닭이네.

가령 큰 대장장이가 쇠를 녹여서 주물을 부을 때 쇳물이 튀어 오르면서

길길이 날뛰며 '나는 반드시 막야(鎭鎁)의 명검이 될 거다'라고 말하면

큰 대장장이는 분명히 상서롭지 못한 쇳물이라고 여기네.

마찬가지로 우리도 우연히 한 번 사람의 형태로 찍혀서 나왔는데

'사람으로 남을 거야, 사람으로 남을 거야'라고 말하면

조물자는 우리를 분명히 상서롭지 못한 사람이라고 여기네.

가령 천지를 일단 용광로로 여기고, 조물주를 큰 대장장이로 여기면

내가 어찌 변한들 무슨 상관이 있겠는가!"

그러니 갑자기 잠들었다가 문득 깨어날 뿐이다.

注

俄而子來有病: (이번엔) 돌연(俄~而) 자래(子來)가 병(病)이 들다(有). 俄(갑자기 아, 돌연)

喘喘然將死 其妻子環而泣之: (그가) 숨을 헐떡이며(喘喘然) 죽어갈 때(死) (그의) 처자(妻子)가 (그를) 둘러싸며(環~而) 울다(泣). 喘喘然[숨이 차서 헐떡거리는 모양. 喘(헐떡거릴 천)] 環(두를 환 → 둘러싸다) 泣(울 읍)

子犁往問之 曰 叱! 避!: (이때) 자리(子犁)가 문병(問)을 가서(往) 말하다. 쉬!(叱) (저리들) 물러나시오(避)! 叱(꾸짖을 질) 避(떠나갈 피, 물러나다)

無怛化: 변화(化)를 슬퍼하지(怛) 마라(無). 즉 조용히 죽게 내버려 두다. 怛(슬퍼할 달)

倚其戶與之語曰 偉哉造化!: (그리고) (방) 문(戶)에 기대서서(倚) (자래)에게(與) 말하다(語). (음양)의 조화(造化)가 위대하다(偉)! 戶(창호, 문) 倚(의지할 의) 與(무리 여 → 사람들) 偉(위대할 위)

又將奚以汝爲 將奚以汝適?: 너(汝)를 또(又) 무엇으로(以~奚) 바꾸어(將~爲) 너(汝)를 어디로(以~奚) 데려가려 하는가(將~適)? 奚(어찌 해, 무엇 또는 어디) 適(갈 적)

以汝爲鼠肝乎? 以汝爲蟲臂乎?: (혹시) 너를(以~汝) 쥐(鼠)의 간(肝)으로 바꾸려 하는가(爲)? (아니면) 자네를(以~汝) 곤충(蟲)의 팔(臂)로 바꾸려 하는가(適)? 鼠(쥐 서) 肝(간 간) 蟲(벌레 충, 곤충) 臂(팔 비)

子來曰 父母於子 東西南北: 자래(子來)가 (병상에서 헐떡이며) 말하다. 부모(父母)가 자식에게(於~子) 동서남북(東西南北) (어디를 가라 하든).

唯命之從: (자식은) 오로지(唯) (그) 명령(命)을 따라야(從) (한다). 從(좇을 종, 따르다)

陰陽於人 不翅於父母: (그런데) 사람에게(於~人) 음양(陰陽)의 조화는 부모(父母)가 (자식에게)(於) (명령하는) 정도가 아니다(不~翅). 翅(뿐 시, 다만 ~아니다)

彼近吾死而我不聽 我則悍矣: 저(彼), 즉 음양의 조화가 내(吾)게 죽음을 바라는데(近~而) 내(我)가 (이를) 듣지(聽) 않으면(不) 나(我)는 곧(則) 순종하지 않는(悍) (일이다). 近(구할 근, 바라다) 悍(사나울 한, 고집 세고 순종치 않음)

彼何罪焉!: (그러므로) 저(彼), 즉 음양의 조화가 무슨(何) 잘못(罪)이 (있는가)! 罪(허물 죄, 잘못)

夫大塊載我以形: 저(夫) 자연(大塊)이 내게(以~我) 형체(形)를 세우자(載). 大塊[큰(大) 흙덩이(塊). 자연을 의미] 載(세울 재)

勞我以生 佚我以老: 삶으로(以~生) 나(我)를 수고롭게(勞) 하고, 늙음으로(以~老) 나(我)를 편안케(佚) 하다. 勞(수고롭게할 로) 佚(편안할 일)

息我以死: 죽음으로(以~死) 나(我)를 쉬게(息) 하다. 息(쉴 식)

故善吾生者 乃所以善吾死也: 따라서(故) (이것이) 내(吾) 삶(生)을 좋다고(善) 하면(者) 내(吾) 죽음(死)도 좋다고(善) (여겨야 하는) 까닭(所以)이다. 生(살 생, 삶) 善(좋을 선)

今之大冶鑄金 金踊躍曰: 가령(今) 큰(大) 대장장이(冶)가 쇠(金)를 녹여 주물을 붓다(鑄). (이때) 쇳물(金)이 튀어 오르며(踊) 길길이 날뛰면서(躍) 말하다. 今(혹은 금 → 가령) 冶(대장장이 야) 金(쇠 금) 鑄(쇠부어만들 주, 주물을 붓다) 踊(뛸 용, 튀어 오름) 躍(뛸 약, 날뛰다)

我且必爲鏌鋣: 나(我)는 반드시(必) 막야(鏌鋣)의 (명검이) 되다(爲). ★ 막야(鏌鋣)는 오(吳)나라 간장(干將)이 만든 전설상의 유명한 명검이다. 鏌(칼이름 막) 鋣(칼 이름 야)

大冶必以爲不祥之金: 큰(大) 대장장이로서(以~冶) 분명히(必) 상서롭지(祥) 못한(不) 쇳물이라고 여기다(爲~金).

一氾人之形 而曰: (마찬가지로 우리도 우연히) 일단(一) 사람(人)의 형태(形)로 찍혀서 나왔는데

(犯~而) 말하다. 笵(범 범, 틀 → 찍히다) ※ 참고한『莊子今註今譯』에 '犯(범할 범)'으로 표기되었는데 오자로 보아 '笵(범 틀)'로 바꾸어서 해석했다.

人耳人耳: 사람(人) 뿐이다(耳) 사람(人) 뿐이다(耳). 즉 사람으로 남는다, 사람으로 남는다. 耳(뿐 이)

夫造化者必以爲不祥之人: (그러면) 저(夫) 조물자(造化者)는 분명히(必) (우리를) 상서롭지(祥) 못한(不) 사람이라고 여기다(爲~人). 造化者〔천지만물의 창조자. 즉 조물자. 造(지을 조) 化(될 화)〕

今一以天地爲大鑪: 가령(今) 천지(天地)를 한번(一) 용광로로(以~大鑪) 여기다(爲). 大鑪〔큰(大) 鑪(화로 로). 즉 용광로〕

以造化爲大冶: 조물자를(以~造化) 큰(大) 대장장이로 여기다(爲~冶).

惡乎往而不可哉!: (그러면 내가) 어찌(惡) 간들(往~而) 불가한가(不可~哉)! 즉 내가 어찌 변한들 무슨 상관이 있는가! 往(갈 왕)

成然寐: (그러니) 갑자기(成然) 잠들다(寐). 成然〔갑자기〕 寐(잘 매, 자다)

蘧然覺: (그러다가) 문득(蘧然) 깨어나다(覺). 蘧然〔문득. 蘧(놀랄 거, 자득한 모양)〕 覺(깰 교, 잠에서 깨어나다)

대종사(大宗師) 6

子桑戶·孟子反·子琴張三人相與語曰:
「孰能相與於無相與, 相爲於無相爲? 孰能登天遊霧, 撓挑無極,,
相忘以生, 無所終窮?」
三人相視而笑, 莫逆於心, 遂相與爲友.
莫然有間而子桑戶死, 未葬.
孔子聞之, 使子貢往侍事焉.
或編曲, 或鼓琴, 相和而歌曰:「嗟來桑戶乎! 嗟來桑戶乎!
而已反其眞, 而我猶爲人猗!」
子貢趨而進曰:「敢問臨尸而歌, 禮乎?」
二人相視而笑曰:「是惡知禮矣!」
子貢反, 以告孔子, 曰:「彼何人者邪? 修行無有, 而外其形骸, 臨尸而歌, 顔色不變,
無以命之, 彼何人者邪?」
孔子曰:「彼, 遊方之外者也,, 而丘, 遊方之內者也.

外內不相及, 而丘使女往弔之, 丘則陋矣.

彼方且與造物者爲人, 而遊乎天地之一氣.

彼以生爲附贅縣疣, 以死爲決疣潰癰, 夫若然者, 又惡知死生先後之所在!

假於異物, 托於同體.. 忘其肝膽, 遺其耳目..

反覆終始, 不知端倪.. 芒然彷徨乎塵垢之外, 逍遙乎無爲之業.

彼又惡能憒憒然爲世俗之禮, 以觀衆人之耳目哉!」

子貢曰:「然則夫子何方之依?」

孔子曰:「丘, 天之戮民也. 雖然, 吾與汝共之.」

子貢曰:「敢問其方.」

孔子曰:「魚相造乎水, 人相造乎道. 相造乎水者, 穿池而養給..

相造乎道者, 無事而生定.

故曰, 魚相忘乎江湖, 人相忘乎道術.」

子貢曰:「敢問畸人.」

曰:「畸人者, 畸於人而侔於天. 故曰 天之小人, 人之君子.. 天之君子, 人之小人也.」

자상호(子桑戶) 맹자반(孟子反) 자금장(子琴張) 세 사람은

서로 친구가 되기로 약속하면서 말했다.

"누가 서로 사귄다는 생각이 없이 서로 사귈 수 있고,

서로 위한다는 생각이 없이 서로 위할 수 있을까?

하늘에 올라가서 구름 속을 노닐고,

속세를 초월한 끝없는 경지에서 맴돌면서

누가 삶을 잊은 채 서로 한없이 살아갈 수 있을까?

세 사람은 서로 쳐다보며 싱긋이 웃다가 뜻이 맞아 함께 친구가 되었다.

그 후 아무런 일이 없이 얼마 동안 지냈는데 자상호가 죽었다.

자상호를 장사 지내기 전에 자상호가 죽었다는 소식을 공자가 듣고서

자공(子貢)을 시켜 가서 일을 거들도록 했다.

자공이 가서 보니 어떤 사람은 곡조를 맞추고, 어떤 사람은 거문고를 타고서

서로 화음을 이루며 노래를 불렀다.

"아아, 상호여 우리에게 돌아와라! 아아, 상호여 우리에게 돌아와라!

상호 너는 제 모습으로 돌아갔는데 우리는 여전히 사람으로 남아 있다!"
이 노래를 듣고서 당황한 자공이 종종걸음으로 서둘러 나아가 물었다.
"감히 묻건데 주검 앞에서 노래를 부르는 게 예(禮)입니까?"
두 사람이 서로 쳐다보며 싱긋이 웃으면서 말했다.
"저희가 어찌 예를 알겠습니까!"
당황한 자공이 돌아와서 이 사실을 공자에게 여쭌 뒤 물었다.
"저들은 대체 어떤 사람인가요?
닦고 가꾼 행동이 없는데 자신의 몸 따위는 잊은 채 주검 앞에서 노래 부르며
얼굴빛 하나 변하지 않으니 저들을 뭐라고 말해야 할지 막막합니다.
저들은 대체 어떤 사람인가요?"
공자가 말했다.
"저들은 세상 밖에서 유유자적하는 사람인데 반해
나는 세상 안에서 유유자적하는 사람이다.
세상의 밖과 안은 서로 동떨어져 있는데 내가 자네에게 문상 가도록 했으니
내 생각이 모자랐네.
저들은 조물자와 벗이 되어 천지의 한 기운 속에서 유유자적하며 노니네.
저 세 사람은 삶을 목에 달라붙은 혹이라고 여기고,
죽음을 곪고 곪은 악창이 마침내 터지는 거라고 여기네.
그러니 저들은 삶과 죽음 중에서 어느 게 먼저이고 ,어느 게 나중인지
어찌 알겠는가!
저들은 다른 사물에 가탁해 잠시 사람의 몸이 되었다고 나는 믿네.
또 저들은 간과 쓸개도 잊고, 눈과 귀의 작용마저 멈추고 있네.
또 저들은 시작과 끝남을 한없이 반복하기에
어느 게 처음이고, 어느 게 끝인지를 알지 못하네.
또 속세 밖을 아무 생각 없이 멍한 상태로 이리저리 헤매며 노닐고(彷徨),
무위의 일(無爲之業)을 유유자적하며 한가로이 거닐면서(逍遙) 처리하네.
그런 저들이 또 어찌 성가신 세속의 장례의 예에 따라
많은 사람들의 이목에 뜨이도록 하겠는가!"
자공이 물었다. "그러면 선생님은 세상의 안과 밖 중 어느 쪽을 따르나요?"

공자가 말했다. "나 구(丘)는 하늘의 형벌(天戮)을 받은 사람이다.

(그래서 세상 안에 매여 있다.)

아무리 그래도 나는 자네와 여기에 함께 머무를 수밖에 없다."

자공이 물었다. "그러면 세상 안에 제대로 머무는 방법에 대해 묻습니다."

공자가 말했다.

"물고기는 물(水)을 만나야 하고, 사람은 도(道)를 만나야 하네.

물고기가 물을 만나려면 땅을 파서 못을 만들면 충분하지만

사람이 도를 만나려면 예(禮)에 따른 걸 하지 않아도 삶이 안정되어야 하네.

그래서 말하길 물고기는 강과 호수에서 서로를 잊고,

사람은 도술(道術)에서 서로를 잊는다고 한다."

자공이 물었다. "그러면 기인(畸人)은 어떤 사람인지 알려 주십시오."

공자가 말했다.

"기인은 보통사람에겐 기이한 존재지만 하늘과 비교되는 훌륭한 존재이다.

그래서 말하길 하늘의 소인은 보통사람에게는 군자이고,

하늘의 군자는 보통사람에게는 소인이다."

注

子桑戶·孟子反·子琴張三人相與語曰: 자상호(子桑戶)·맹자반(孟子反)·자금장(子琴張) 세(三) 사람(人)은 서로(相) 친구가 되기로(與) (약속하면서) 말하다(語). 與(친숙할 여 → 친구가 되다 또는 사귀다)

孰能相與於無相與: 누가(孰) 서로(相) 사귄다는(與) (생각) 없이(於~無) 서로(相) 사귈(與) 수(能)가.

相爲於無相爲?: 서로(相) 위한다는(爲) (생각) 없이(於~無) 서로(相) 위할 수 있을까(能~爲)? 孰(누구 숙) 爲(위할 위)

孰能登天遊霧: (또) 누가(孰) 하늘(天)에 올라가(登) 구름(霧) 속을 노닐(遊) 수(能) (있다). 登(오를 등) 霧(안개 무, 구름) 遊(놀 유, 노닐다)

撓挑無極: (속세를 초월한) 끝(極) 없는(無) (경지에서) 맴돌다(撓挑). 極(끝 극) 撓挑〔순환하는 모양 → 맴돌다. 撓(돌 효, 순환하다) 挑(후빌 조, 도려 파내다)〕

相忘以生 無所終窮?: (누가) 삶을(以~生) 잊은(忘) 채 서로(相) 다함(窮)이 없는(終) 바(所)가 없는가(無)? 즉 서로 한없이 살아갈 수 있을까? 生(살 생, 삶) 忘(잊을 망) 窮(다할 궁) 終(끝 종 →

218   내편

없다)

三人相視而笑: 세(三) 사람(人)은 서로(相) 쳐다보면서(視~而) 싱긋이 웃다(笑). 相(서로 상) 視
(볼 시, 쳐다보다) 笑(웃을 소)

莫逆於心 遂相與爲友: (그러다) 마음에(於~心) 어떤 거슬림(逆)도 없자(莫), 즉 뜻이 맞아 결국
(遂) 서로(相) 함께(與) 친구(友)가 되다(爲). 逆(거스를 역) 莫(없을 막) 遂(드디어 수 → 결국) 友(벗
우, 친구)

莫然有間而子桑戶死: (그 후) 아무 일 없이(莫然) 얼마간(間)을 지내는데(有~而) 자상호(子桑
戶)가 죽다(死). 莫然(안정되어 무사한 모양 → 아무런 일 없이) 間(사이 간, 얼마 동안) 有(있을 유, 있다
→ 지내다)

未葬: (자상호를) 장사 지내기(葬) 전(未). 葬(장사지낼 장) 未(아닐 미, 아직 ~하기 전이다)

孔子聞之 使子貢往侍事焉: (이때 자상호가 죽었다는 소식을) 공자(孔子)가 듣고(聞) 자공(子貢)을
시켜(使) 가서(往) 일(事)을 거들게(侍) 하다. 使(부릴 사, 시키다) 往(갈 왕) 事(일 사) 侍(모실 시, 시
중을 들다 → 거들도록 하다)

或編曲 或鼓琴: (자공이 가서 보니) 어떤(或) 사람은 곡조(曲)를 맞추고(編), 어떤(或) 사람은 거
문고(琴)를 타다(鼓). 或(어떤이 혹, 어떤 사람) 曲(가락 곡, 곡조) 編(엮을 편, 맞추다) 琴(거문고 금) 鼓
(북 고, 타다)

相和而歌曰: (그러면서) 서로(相) 화음을 이루면서(和~而) 노래를 부르다(歌). 和(고를 화, 화음을
이루다) 歌(노래 가, 노래 부르다)

嗟來桑戶乎!: 아아(嗟), 상호(桑戶)여 (우리에게) 돌아와라(來)! 嗟(탄식할 차, 아아) 來(올 래, 돌아
오다)

而已反其眞: 그런데(而) (상호 너는) 이미(已) 참(眞) 모습으로, 즉 제 모습으로 돌아가다(反).
眞(참 진) 反(돌이킬 반, 돌아가다)

而我猶爲人猗!: 그러나(而) 우리(我)는 여전히(猶) 사람(人)으로 남아있다(爲)! 猶(그대로 유 →
여전히) 爲(될 위, 일정한 형태가 이루어짐 → 남아 있다) 猗(어조사 의, 어귀 끝에 쓰이는 어조사)

子貢趨而進曰: (이 노래를 듣고 당황한) 자공(子貢)이 종종걸음으로 서둘러서 나아가(趨而進) 묻
다. 趨進(서둘러 나아감. 趨(추장할 추, 종종걸음으로 급하게 걸음) 進(나아갈 진))

敢問臨尸而歌 禮乎?: 감히(敢) 묻는데(問) 주검(尸) 앞에서(臨~而) 노래를 부르는(歌) 게 례
(禮)인가? 尸(주검 시) 臨(임할 임, 마주 대함 → 앞에서)

二人相視而笑曰: 두(二) 사람(人)은 서로(相) 쳐다보면서(視~而) 싱긋이 웃으며(笑) 말하다.

是惡知禮矣!: 이(是) (사람이), 즉 저희가 어찌(惡) 예(禮)를 아는가(知)! 是(이 시, 이 사람. 맹자반
과 자금장을 의미) 惡(어찌 오)

子貢反 以告孔子 曰: (당황한) 자공(子貢)이 돌아와서(反) 공자(孔子)에게 (이 사실을) 아뢰고(以

~告) 말하다. 反(돌아올 반) 告(알릴 고, 아뢰다)

彼何人者邪?: 저들(彼)은 (대체) 어떤(何) 사람(人~者)인가요? 何(무엇 하 → 어떤)

修行無有: 닦고 가꾼 행동(修行)이 있지(有) 않다(無). 修行〔닦아(修) 행함(行). 즉 닦고 가꾼
행동. 修(닦을 수)〕

而外其形骸: 그런데도(而) (자신의) 몸(形骸) 따위는 잊다(外). 形骸〔형골. 즉 몸. 形(모양 형) 骸
(뼈 해)〕外(외댈 외, 멀리하다 → 잊다)

臨尸而歌 顏色不變: (그런 채) 주검(尸) 앞에서(臨~而) 노래를 부르며(歌) 얼굴빛(顏色) (하나)
변하지(變) 않다(不). 顏色〔얼굴(顏) 빛(色)〕變(변할 변, 변하다)

無以命之: (그러니 저들을 뭐라고) 이름 지어야(以~命) 할지 막막하다(無). 즉 뭐라고 말해야 할
지 막막하다. 命(이름지을 명)

彼何人者邪?: 저들(彼)은 (대체) 어떤(何) 사람(人~者)인가?

孔子曰 彼 遊方之外者也: 공자(孔子) 말하다. 저들(彼)은 세상(方) 밖에서(外) 유유자적하는
(遊) 사람(者)이다. 方(나라 방, 세상) 遊(놀 유, 유유자적하다)

而丘 遊方之內者也: 그런데(而) 나(丘)는 세상(方) 안(內)에서 유유자적하는(遊) 사람(者)이다.

外內不相及: (세상의) 밖(外)과 안(內)은 서로(相) 미침(及)이 없다(不). 즉 서로 동떨어지다. 及
(미칠 급)

而丘使女往弔之 丘則陋矣: 그런데(而) 공구(丘)가 자네에게(使~女) 문상(弔) 가도록(往) 했으
니 공구(丘) 방식(則)이 좁다(陋). 즉 내 생각이 모자라다(陋). 女=汝(너 여) 弔(조문할 조) 往(갈
왕) 則(법칙 칙, 방식) 陋(좁을 루, 좁다)

彼方且與造物者爲人: 저(彼) 쪽(方) (세 사람은) 조물자와(與~造物者) 벗(人)이 되다(爲). 方(방
위 방, 방향 → 쪽)

而遊乎天地之一氣: 그리고(而) 천지(天地)의 한(一) 기운(氣) 속에서 유유자적하면서 노닐다
(遊). 氣(기운 기)

彼以生爲附贅縣疣: 저들(彼)은 삶(以~生)을 목에 달라붙은 혹(附贅縣疣)으로 여기다(爲). 附贅
縣疣〔목에 달라붙은 혹. 무용지물의 비유. 附(붙을 부) 贅(목뼈 췌) 縣(매달 현) 疣(혹 우)〕

以死爲決疣潰癰: 죽음(以~死)을 곪고 곪은 악창(疣潰癰)이 (마침내) 터지는(決) 거라고 여
기다(爲). 疣潰癰〔곪고 곪은 악창. 환 疣(악창 환) 潰(둑 터질 궤 → 곪은) 癰(악창 옹)〕決(터뜨
릴 결)

夫若然者 又惡知先後之所在!: (그러니) 저들(若然者)은 (삶과 죽음 중에 어느 게) 우선(先)이고 (어
느 게) 나중(後)에 있는(在) 바(所)를 어찌(惡) 아는가(知)! 先(먼저 선 → 우선) 後(뒤 후 → 나중) 在
(있을 재) 惡(어찌 오)

假於異物 托於同體: (저들은) 다른(異) 사물에(於~物) 빙자해서(假) 같은(同) 몸에(於~體) (잠시)

위탁한다고(托) (믿다). 즉 다른 사물에 가탁해서 잠시 사람과 같은 몸이 되었다고 믿는다. 假 (핑계댈 가, 빙자하다) 托(맡길 탁, 위탁하다)

忘其肝膽 遺其耳目: (또 저들은) 간(肝)과 쓸개(膽)도 잊고(忘) 눈(目)과 귀(耳)의 (작용마저) 멈추다(遺). 肝(간 간) 膽(쓸개 담) 忘(잊을 망) 目(눈 목) 耳(귀 이) 遺(버릴 유 → 멈춤)

反覆終始 不知端倪: (또 저들은) 시작(始)과 끝남(終)을 (한없이) 반복(反覆)하기에 (어느 게) 처음(端)이고, (어느 게) 끝(倪)인지 알지(知) 못하다(不). 始(처음 시) 終(끝날 종, 끝남) 反覆〔반복. 反 (되돌릴 반) 覆(되풀이할 복)〕 端(첫 단) 倪(끝 예)

芒然彷徨乎塵垢之外: (또 저들은) 속세(塵垢) 밖(外)을 아무 생각 없이 멍한 상태(芒然)로 이리저리 헤매면서 노닐다(彷徨). 塵垢〔속세. 塵(티끌 진) 垢(때 구)〕 芒然〔아무런 생각 없이 멍한 (茫) 상태(然). 망연자실(茫然自失)〕 彷徨〔이리저리 헤매어 노닐다. 彷(거닐 방) 徨(노닐 황)〕

逍遙乎無爲之業: 무위(無爲)의 일(業)을 유유자적하며 한가로이 거닐면서(逍遙) (처리하다). 業 (일할 업 → 일) 逍遙〔유유자적하며 한가로이 거닐다. 逍(거닐 소) 遙(거닐 요)〕

彼又惡能憒憒然爲世俗之禮: 그런 저들(彼)이 또(又) 어찌(惡) 성가신(憒憒然) 세속(世俗)의 장례 예를 따르다(爲能~禮). 憒憒然〔좋지 않은 모양(憒憒) 상태(然). 즉 성가신 상태. 憒(어지러울 궤 → 성가신)〕

以觀衆人之耳目哉!: 그럼으로써(以) 많은(衆) 사람(人)들의 이목(耳目)에 뜨이게(觀) 할 수(能) 있는가! 衆(많을 중) 耳目〔귀(耳)와 눈(目). 즉 주의나 관심〕 觀(보일 관, 자랑삼아 보여 주목을 끌게 한다)

子貢曰 然則夫子何方之依?: 자공(子貢)이 말하다. 그러면(然~則) 선생(夫子)은 (세상의 안과 밖 중에서) 어느(何) 쪽(方)을 따르나(依)? 然(그러할 연) 方(방위 방, 쪽) 依(좇을 의, 따르다)

孔子曰 丘 天之戮民也: 공자(孔子)가 말하다. 공구(丘)는 하늘(天)의 형벌을 받은(戮) 사람(民)이다. (그래서 세상 안에 매여있다) 戮(죄줄 륙, 형벌에 처함) ★ 예(禮)란 일종의 형식이며, 이 형식을 따르는 건 자기를 속박하는 걸 의미한다. 마치 죄인이 자유를 잃고 있는 것과 같다.

雖然 吾與汝共之: 아무리(雖) 그래도(然) 나(吾)는 자네와(與~汝) (여기에) 함께(共) (머물러야 한다). 雖(비록 수 → 아무리 ~해도) 汝(너 여) 共(함께할 공)

子貢曰 敢問其方: 자공(子貢)이 말하다. (그러면 세상 안에서 제대로 머무는) 방법(方)에 대해 감히(敢) 묻다(問).

孔子曰 魚相造乎水: 공자(孔子)가 말하다. 물고기(魚)는 물(水)을 서로(相) 만나야(造) (한다). 造(만날 조)

人相造乎道: 사람은 도(道)를 서로(相) 만나야(造) (한다).

相造乎水者 穿池而養給: (물고기가) 물(水)을 만나려면(相造~者) 땅을 파서(穿) 못을 만들면(池~而) 충분하다(給養). 穿(뚫을 천, 구멍을 뚫다 → 땅을 파다) 池(못 지) 給養〔먹을 것 따위를 대주

며(給) 돌봄(養). 즉 물 마시는데 충분하다. 給(댈 급, 공급하다) 養(기를 양)〕

相造乎道者 無事而生定: (사람이) 도(道)를 만나려면(相造~者) (예에 따른) 일(事)을 하지 않아도 (無~而) 삶(生)이 안정되어야(定) (한다). 事(일 사) 定(안정될 정)

故曰 魚相忘乎江湖: 고로(故) 말하다. 물고기(魚)는 강(江)과 호수에서(乎~湖) 서로(相)를 잊다 (忘). 魚(고기 어, 물고기) 湖(호수 호) 乎(어조사 호)=於

人相忘乎道術: 사람(人)은 도술에서(乎~道術) 서로(相)를 잊다(忘). 道術〔도술. 術(길 술, 방법, 수단)〕

子貢曰 敢問畸人: 자공(子貢)이 말하다. (그러면) 기인(畸人)에 대해 감히(敢) 묻다(問). 畸人 〔기인. 畸(기이할 기)〕

曰 畸人者 畸於人而侔於天: (공자가) 말하다. 기인(畸人~者)은 보통사람에게는(於~人) 기이한 (畸) (존재이지만) 하늘과(於~天) 비교되는(侔) (훌륭한 존재이다). 侔(견줄 모, 비교되다)

故曰 天之小人 人之君子: 고로(故) 말하다. 하늘(天)의 소인(小人)은 보통사람(人)에게 군자(君子)이다.

天之君子 人之小人也: 하늘(天)의 군자(君子)는 보통사람(人)에게 소인(小人)이다.

대종사(大宗師) 7

顔回問仲尼曰:「孟孫才, 其母死, 哭泣無涕, 中心不戚, 居喪不哀.

無是三者, 以善處喪蓋魯國.

固有無其實而得其名者乎? 回壹怪之.」

仲尼曰:「夫孟孫氏盡之矣, 進於知矣, 唯簡之而不得, 夫已有所簡矣.

孟孫氏不知所以生, 不知所以死., 不知孰先, 不知孰後.,

若化爲物, 以待其所不知之化已乎!

且方將化, 惡知不化哉? 方將不化, 惡知已化哉?

吾特與汝, 其夢未始覺者邪!

且彼有駭形而無損心, 有旦宅而無耗精.

孟孫氏特覺, 人哭亦哭, 是自其所以乃.

且也相與吾之耳矣, 庸詎知吾所謂吾之非吾乎?

且汝夢爲鳥而厲乎天, 夢爲魚而沒於淵.

不識今之言者, 其覺者乎, 其夢者乎?

造適不及笑, 獻笑不及排, 安排而去化, 乃入於寥天一.」

안회(顔回)가 묻고 공자(仲尼)가 대답했다.

안회가 말했다.

"맹손재(孟孫才)는 어머니가 죽자 소리 내어 울었는데도 눈물을 흘리지 않고,

마음속으로 슬퍼하지 않고, 상중에도 애달파하지 않았습니다.

이 셋, 즉 눈물(涕), 슬픔(戚), 애달픔(哀)이 빠졌는데도

상(喪)을 잘 치렀다는 평이 노(魯)나라에 파다합니다.

맹손재는 본디 상을 잘 치른 사실이 없는데도

부모상을 잘 치렀다는 명성(名)만 얻은 게 아닌가요?

저는 이 점이 심히 의심스럽습니다."

공자가 말했다.

"맹손씨는 도리를 다해 부모상을 치렀고,

상례를 아는 사람보다 한 걸음 더 훌륭하게 나아갔네.

사람들은 부모상을 간소하게 치르고 싶어도 실천에 쉽게 옮기지 못하는데

맹손씨는 이미 간소하게 치렀네.

맹손씨는 자신이 태어난 까닭도 알지 못하고, 죽는 까닭도 알지 못하네.

삶과 죽음 중에 어느 게 먼저 왔는지, 어느 게 나중에 왔는지 알지 못하네.

이에 맹손씨는 다른 사물로 변함으로써

자신도 알지 못하는 앞으로의 변화를 기다릴 뿐이네!

맹손씨의 어머니가 죽어서 지금 막 다른 거로 변하려고 하는데

그녀가 변하지 않을 거라고 우리가 어찌 알겠는가?

맹손씨의 어머니가 죽어서 이제 다른 거로 더 이상 변하지 않을 텐데

그녀가 이미 변한 걸 우리가 어찌 알겠는가?

나는 자네와 유난히 이런 변화를 깨닫지 못해

꿈속을 헤매면서 아직도 깨어나지 못하고 있지 않은가!

그러니 맹손씨는 이런 사물의 변화로 몸이 놀라도 마음이 상하지 않고,

마음을 가탁한 몸이 밝음에서 어둠으로, 또 어둠에서 밝음으로 바뀌어도

만물을 생성하는 음양의 기운(精)을 소모하지 않네.

맹손씨는 이 점을 특별히 깨달아 남이 곡하면 그도 따라 곡했을 뿐인데

이런 행동은 저절로 이루어진 걸세.

사람들은 지금 서로 함께 하는 자신을 가리켜서 나라고 할 뿐인데
나라고 한 내가 진짜 나인지 어찌 알겠는가?
자네는 가끔 꿈에서 새가 되어 하늘로 힘껏 날아오르고,
꿈에서 물고기가 되어 연못으로 숨어들곤 하지.
이에 지금 말하는 내가 꿈에서 깨어난 나인지,
또 꿈을 꾸는 나인지 모르지 않는가?
그래서 마음에 흡족해도 웃지 말고, 누군가 웃음을 선사해도 물리치지 말고,
자연의 배척도 오히려 편안하다고 여기면서 자연의 변화와 함께 가면
이에 료천(廖天), 즉 공허한 자연으로 들어가서 자연과 하나가 되네.”

注 ——————————————————————————

顏回問仲尼曰: 안회(顏回)가 묻고(問) 공자(仲尼)가 답하다.

孟孫才 其母死 哭泣無涕: 맹손재(孟孫才)는 어머니(母)가 죽자(死) 소리를 내 우는데도(哭泣)
눈물을 흘리지(涕) 않다(無). 母(어미 모) 哭泣〔소리 내 움, 哭(울 곡) 泣(울 읍)〕 涕(눈물 체, 눈물
을 흘리다)

中心不慼 居喪不哀: 마음속(中心)으로 슬퍼하지(慼) 않고(不), 상중(居喪)에 애달파하지(哀) 않
다(不). 中心=心中〔마음(心) 속으로(中)〕 慼(슬퍼할 척) 居喪〔부모상(喪)에 처함(居). 즉 부모
상중〕 哀(슬퍼할 애 → 애달파함)

無是三者: 이(是) 셋(三~者), 즉 눈물(涕), 슬픔(慼), 애달픔(哀)이 없다(無). 즉 빠지다.

以善處喪蓋魯國: 그럼으로(以) 상(喪)을 잘(善) 치렀다는(處) (평이) 노나라(魯國)를 덮다(蓋).
즉 노나라에 파다하다. 善(좋을 선 → 잘) 處(대처할 처 → 치르다) 蓋(덮을 개, 뒤덮다)

固有無其實而得其名者乎?: 본디(固) (상을 잘 치른) 사실(實)이 있(有) 않은데(無~而) (맹손재
는 부모상을 잘 치렀다는) 명성(名~者)만 얻자고(得) (한 게 아닌가요)? 固(본디 고) 實(실제 실 → 사
실) 名(이름 명 → 명성)

回壹怪之: 저(回)는 (이 점이) 심히(壹) 의심스럽다(怪). 壹(전일할 일, 마음을 오직 한 곳으로 씀 →
심히) 怪(의심할 괴, 의심스럽다)

仲尼曰 夫孟孫氏盡之矣: 공자(仲尼)가 말하다. 저(夫) 맹손씨(孟孫氏)는 (부모상을) 도리를 다해
치르다(盡). 盡(다할 진, 극진함 → 도리를 다해 치르다)

進於知矣: (상례를) 아는(知) (사람)보다(於) 한 걸음 더 (훌륭하게) 나아가다(進). 進(나아갈 진, 한
걸음 더 나아가다)

唯簡之而不得: (사람들은 부모상을) 오로지(唯) 간소하게(簡~而) (치루고 싶어도) 얻지(得) 못하다

(不). 즉 간소하게 치루고 싶어도 쉽게 실천에 옮기지 못하다. 唯(오직 유) 簡(단출할 간, 간단히
→ 간소하게)

夫已有所簡矣: (그런데 맹손씨는) 이미(已) 간소한(簡) 바(所) 있다(有). 즉 간소하게 잘 치뤘다.

孟孫氏不知所以生 不知所以死: 맹손씨(孟孫氏)는 (자신이) 태어난(生) 까닭(所以)도 알지(知)
못하고(不), 죽는(死) 까닭(所以)도 알지(知) 못하다(不). 生(날 생) 所以(까닭. 所(바 소) 以(써
이)) 死(죽을 사)

不知孰先 不知孰後: (삶과 죽음 중에) 어느(孰) 게 먼저(先) (왔는지) 알지(知) 못하고(不), 어느
(孰) 게 나중(後)에 (왔는지) 알지(知) 못하다(不). 孰(누구 숙, 어느) 先(먼저 선)

若化爲物: 이에(若) (맹손씨는 다른) 사물로(爲~物) 변하다(化). 若(이에 약) 化(될 화 → 변하다)

以待其所不知之化已乎!: 그럼으로써(以) (자신도) 알지(知) 못하는(不) 바(所)인 (앞으로) 변화
(化)를 (그냥) 기다릴(待) 뿐(已)이다! 待(기다릴 대)

且方將化 惡知不化哉?: (맹손씨 어머니가 죽어 지금) 막(方) (다른 거로) 변하려(將~化) (하는데 그녀
가) 변하지(化) 않을(不) (거라고 우리가) 어찌(惡) 아는가(知)? 方將(막 ~하려하다. 方(바야흐로
방) 將(장차 장, 막 ~하려하다))

方將不化 惡知已化哉?: (맹손씨 어머니가 죽어) 이제(方) (다른 거로 더 이상) 변하지(將~化) 않을
(不) 텐데 (그녀가) 이미(已) 변한(化) 것을 (우리가) 어찌(惡) 아는가(知)? 惡(어찌 오)

吾特與汝 其夢未始覺者邪!: 나(吾)는 특히(特) 너와(與~汝) (함께 이런 변화를 깨닫지 못해) 꿈(夢)
에서 깨어남(覺~者)이 아직 시작되고(始) 않지(未) 않은가(邪)! 즉 꿈속을 헤매면서 아직도 깨
어나지 못하지 않는가! 特(특히 특)

且彼有駭形而無損心: (그러니) 저(彼) (맹손씨는 이런 사물의 변화로) 몸(形)이 놀라도(有駭~而) 마
음(心)이 상하지(損) 않다(無). 駭(놀랄 해, 놀라다) 損(잃을 손, 손해 → 상하다)

有旦宅而無耗精: (마음을 가탁한) 몸(宅)이 (밝음에서 어둠으로, 또 어둠에서 밝음으로) 바뀌어도(有
旦~而) (만물을 생성하는 음양의) 기운(精)을 소모하지(耗) 않다(無). 宅(집 택, 주거지 → 몸) 旦(밝을
단, 어둠 뒤에 밝음으로 바뀐다는 의미) 精(정기 정, 생명의 근원. 또는 만물을 생성하는 음양의 기운) 耗(쓸
모, 소모되다)

孟孫氏特覺 人哭亦哭: 맹손씨(孟孫氏)는 특별히(特) (이 점을) 깨달아(覺) 남(人)이 곡하면(哭)
(그) 또한(亦) 곡하다(哭). 特(특별히 특) 覺(깨달을 각) 哭(울 곡)

是自其所以乃: (그런데) 이런(是) (행동은) 저절로(自) 그와 같은(以~乃) 바(所)다. 즉 저절로 이
루어지다. 乃(이와같을 내)

且也相與吾之耳矣: (사람들은 지금) 서로(相) 함께(與) (하는 자신을 가리켜) 나(吾)라고 할 뿐이다
(耳). 吾(나 오) 耳(뿐 이)

庸詎 知吾[1]所謂吾[2]之非吾[3]乎?: 내(吾[1])가 나(吾[2])라 말한(謂) 바(所)가 내(吾[3])가 아닌지(非)

어찌해서(庸詎) 아는가(知)? 즉 나라고 한 내가 진짜 나인지 어찌 아는가? 庸詎(어찌하여)

且汝夢爲鳥而厲乎天: 너(汝)는 (가끔) 꿈(夢)에서 새가 되어(爲鳥~而) 하늘로(乎~天) 힘껏(厲)
(날아오르다). 夢(꿈 몽, 꿈을 꾸다) 乎=於(~에) 厲(힘쓸 려 → 힘껏)

夢爲魚而沒於淵: 꿈(夢)에서 물고기가 되어(爲魚~而) 연못으로(於~淵) 숨어들다(沒). 淵(못 연,
연못) 沒(가라앉을 몰 → 숨어들다)

不識今之言者: (그러니) 알지(識) 못하다(不). 지금(今) 말하는(言~者) (내가). 識(알 식, 알다) 言
(말씀 언)

其覺者乎 其夢者乎?: 꿈에서 깨어난(覺~者) (나인지 아니면) 꿈을 꾸는(夢~者) (나인지 모르지 않
는가)? 覺(깰 교, 꿈에서 깨어나다)

造適不及笑: (그래서) 마음에 듦(適)을 만들어도(造) 웃음(笑)에 미치지(及) 않는다(不). 즉 마음
에 흡족해도 웃지 않는다. 適(맞을 적, 마음에 듦) 造(지을 조, 만들다) 笑(웃음 소) 及(미칠 급, 일정
한 상태에 이름)

獻笑不及排: (누군가) 웃음(笑)을 바쳐도(獻) 물리치는(排) 데 이르지(及) 않다(不). 즉 웃음을
선사해도 물리치지 않는다. 獻(바칠 헌, 바치다) 排(물리칠 배) 及(미칠 급, 이르다)

安排而去化: (자연의) 배척(排)도 (오히려) 편안해 하면서(安~而) (자연의) 변화(化)와 (함께) 가다
(去). 排(밀칠 배 → 배척) 安(편안할 안) 化(될 화 → 변화) 去(갈 거, 떠나감)]

乃入於廖天一: (그러면) 이에(乃) 공허한(廖) 자연(於~天)으로 들어가서(入) (자연과) 하나(一)가
되다. 乃(이에 내) 天(하늘 천 → 자연) 廖(공허할 료) 入(들 입 → 들어가다)

대종사(大宗師) 8

意而子見許由.

許由曰:「堯何以資汝?」

意而子曰:「堯謂我:『汝必躬服仁義而明言是非.』」

許由曰:「而奚來爲軹? 夫堯旣已黥汝以仁義, 而劓汝以是非矣,

汝將何以遊夫遙蕩恣睢 轉徙之塗乎?」

意而子曰:「雖然, 吾願遊於其藩.」

許由曰:「不然. 夫盲者無以與乎眉目顏色之好, 瞽者無以與乎靑黃黼黻之觀.」

意而子曰:「夫無莊之失其美, 據梁之失其力, 皇帝之亡其知, 皆在鑪捶之間耳.

庸詎知夫造物者之不息我黥而補我劓, 使我乘成以隨先生邪?」

許由曰:「噫! 未可知也. 我爲汝言其大略.

吾師乎! 吾師乎!

釐萬物而不爲義, 澤及萬世而不爲仁, 長於上古而不爲老,

覆載天地刻彫衆形而不爲巧. 此所遊已.」

의이자(意而子)가 허유(許由)를 만나자 허유가 그에게 물었다.

"요(堯)임금이 자네에게 무얼 가르쳐 주던가?"

의이자가 대답했다.

"요임금이 말하길 자네는 반드시 인의(仁義)를 몸소 실천하고

시비(是非)를 사리에 맞게끔 말하라'고 했습니다."

허유가 물었다.

"그런데 어째서 자네는 내게 왔는가?

요임금이 이미 자네에게 인의란 이름의 경형(黥刑)을 내리고,

너에게 시비란 이름의 의형(劓刑)을 내렸는데

자네는 어찌해서 탕(蕩) 강을 자유로이 거닐고(遙),

수(睢) 강에서 마음대로 노닐려고 하는가(遊).

이는 장소를 옮겨가면서 만드는 더럽힘이 아닌가?"

의이자가 대답했다.

"비록 그렇더라도 저는 그 언저리에서 유유자적하며 노닐길 원합니다."

허유가 말했다.

"안 되네. 맹인은 아름다운 얼굴의 모습을 못 보고,

소경은 청색과 황색으로 꾸민 아름다운 옷의 수를 못 보네."

의이자가 말했다.

"미인인 무장(無莊)은 자신의 아름다움을 잃었고,

장사인 거량(據梁)은 자신의 힘을 잃었고,

지혜로운 황제(皇帝)는 자신의 앎을 잃었는데

이 모두는 조물자의 제련 과정이 번갈아 이루어져서 그렇게 된 것입니다.

조물자의 제련으로 인의란 경형 자국이 없어지고,

시비란 의형 자국이 고쳐지면

저도 상처난 자국을 없애 몸을 온전히 만들어 선생을 따를지 어찌 압니까?"

허유가 말했다.

"허! 그럴지 모르지.

자네에게 유유자적한 노닒이 뭔지 아주 간략히 말하겠네.

나의 스승이여! 나의 스승이여!

스승은 만물을 뒤섞어도 조화를 이루는데 이를 의로움(義)으로 여기지 않고,

은덕이 만세에 미쳐도 이를 어짊(仁)으로 여기지 않고,

태고(太古)보다 오래되어도 이를 늙음(老)으로 여기지 않고,

하늘을 덮고 땅에 실어 많은 형상을 조각해도 이를 재주(巧)로 여기지 않네.

이것이 유유자적한 노닒(遊)이다!"

注 ————

意而子見許由: 의이자(意而子)가 허유(許由)를 만나다(見). ★ 허유(許由)는 요(堯)임금이 천하를 물러준다고 제안하자 더러운 말을 들었다고 불쾌하게 생각해 냇가로 당장 달려가 귀를 씻은 사람으로 유명하다. 내편 「소요유」 3에 처음 등장한다. 참고로 유(由)는 무심해서 사물을 따르는 것을 의미한다.

許由曰 堯何以資汝?: 허유(許由)가 말하다. 요(堯)임금이 어떻게(何) 너(汝)에게 도움을 주는가(以~資)? 즉 너에게 무얼 가르쳐 주는가? 汝(너 여) 資(도울 자, 도움을 주다)

意而子曰 堯謂我: 의이자(意而子)가 말하다. 요(堯)임금이 나(我)에게 말하다(謂).

汝必躬服仁義而明言是非: 너(汝)는 인의(仁義)를 반드시(必) 몸소(躬) 실천하고(服), 시비(是非)를 사리에 맞게끔(明) 말하다(言). 躬(몸 궁, 몸소) 服(행할 복, 수행하다 → 실천하다) 明(밝을 명, 사리에 맞다)

許由曰 而奚來爲軹?: 허유(許由)가 묻다. 그런데(而) 어째서(奚) (너는 내게) 오는가(來~爲軹)? 來(올 래) 軹(어조사 지)

夫堯旣已黥汝以仁義: 저(夫) 요(堯)임금이 이미(旣已) 너(汝)에게 인의로(以~仁義) 경형(黥)을 (내리다). 즉 인의란 이름의 경형을 내리다. 旣已〔이미. 旣(이미 기) 已(이미 이)〕 黥(묵형할 경, 이마에 입묵하는 형벌)

而劓汝以是非矣: 그리고(而) 너(汝)에게 시비로(以~是非) 의형(劓)을 (내리다). 즉 시비란 이름의 의형을 내리다. 劓(코벨 의, 코를 베는 형벌)

汝將何以遊夫遙蕩恣睢: (그런데) 너(汝)는 어찌해서(何) 저(夫) 탕(蕩) 강을 (자유로이) 거닐고(以~遙), 수(睢) 강에서 마음대로(恣) 노닐다(將~遊). 何(어찌 하) ★ 탕(蕩)은 하남성(河南省)에 있는 탕수(蕩水)이다. 蕩(강이름 탕) 遙(거닐 요) ★ 수(睢)는 사수(泗水)로 흘러 들어가는 하남

성(河南省)의 수하(睢河)이다. 睢(강이름 수) 恣(방자할 자, 마음대로) 遊(놀 유, 노닐다)

轉徙之塗乎?: (이는) 장소를 옮겨가며(轉徙) (만드는) 더럽힘(塗)이지 않은가(乎)? 轉徙=轉移(전이)〔장소와 지위를 옮겨 다님. 轉(바꿀 전) 徙(걸어다닐 사)〕塗(더럽힐 도)

意而子曰 雖然 吾願遊於其藩: 의이자(意而子)가 말하다. 비록 그렇더라도(雖然) 나(吾)는 (그) 언저리에서(於~藩) 유유자적하며 노닐길(遊) 원하다(願). 藩(울 번, 언저리) 願(원할 원)

許由曰 不然: 허유(許由)가 말하다. (그건) 그렇지(然) 않다(不). 즉 안 된다.

夫盲者無以與乎眉目顏色之好: 저(夫) 맹인(盲~者)은 눈썹(眉), 눈(目), 얼굴색(顏色)의 아름다움을(以~好) 함께(與) 못하다(無), 즉 아름다운 얼굴의 모습을 못 보다. 盲(소경 맹, 눈동자는 있지만 볼 수 없는 사람) 眉(눈썹 미) 目(눈 목) 顏色〔얼굴빛. 顏(얼굴 안) 色(빛 색)〕好(아름다울 호)

瞽者無以與乎靑黃黼黻之觀: 소경(瞽~者)은 청황(靑黃)으로 (꾸민 아름다운 옷의) 수(黼黻) 모습(觀)을 함께(以~與) 못 보다(無). 瞽(소경 고, 눈동자가 없는 데다 눈까지 닫혀 전혀 볼 수 없는 사람) 黼黻〔옷의 수. 黼(수 보, 수놓은 옷) 黻(수 불, 아름다운 수)〕

意而子曰 夫無莊之失其美: 의이자(意而子)가 말하다. (미인인) 무장(無莊)은 (자신의) 아름다움(美)을 잃다(失). 失(잃을 실)

據梁之失其力: (장사인) 거량(據梁)은 (자신의) 힘(力)을 잃다(失).

皇帝之亡其知: (지혜로운) 황제(皇帝)는 (자신의) 앎(知)을 잃다(亡). 亡(잃을 망)

皆在鑪捶之間耳: (이) 모두(皆)는 (조물자의) 달구고(鑪) 두들기는(捶) 과정이 번갈아 이루어짐(間)이 있어(在), 즉 제련에 의한 것일 뿐이다(耳). 鑪(화로 로 → 달구다) 捶(종아리 칠 추 → 망치로 두들기다) 間(번갈아들 간, 번갈아 이루어지다)

夫造物者之不息我黥而補我劓: (그러니) 조물자(造物者)의 (제련으로 인의란) 내(我) 경형(黥) (자국)을 살게 하지(息) 않고(不) 그리고(而) (시비란) 내(我) 의형(劓) (자국)을 고치다(補). 즉 인의란 경형 자국이 없어지고, 시비란 의형 자국이 고쳐지다. 息(살 식) 補(고칠 보)

庸詎知使我乘成以隨先生邪?: (그러면) 나도(使~我) (상처 난 자국을 없애 몸을) 온전히(成) 만들어서(以~乘) 선생(先生)을 따르게(隨) (될지) 어찌(庸詎) 아는가(知)? 成(이룰 성, 경형과 의형으로 상처 난 몸을 온전히 하다) 乘(오를 승, 오르다 → 만들다) 隨(따를 수) 庸詎(어찌하여)

許由曰 噫! 未可知也: 허유(許由)가 말하다. 허(噫)! 알(知) 수(可) 없다(未). 즉 허! 그럴지도 모른다. 噫(탄식할 희, 아!)

我爲汝言其大略: 내(我)가 너에게(爲~汝) (유유자적한 노닒이 무언지) 아주(大) 간략히(略) 말하다(言). 略(간략할 략)

吾師乎! 吾師乎!: 내(吾) 스승(師)이여! 내(吾) 스승(師)이여! 師(스승 사)

齏萬物而不爲義: (스승은) 만물(萬物)을 뒤섞어도(齏~而) (조화를 이루는데 이를) 의로움(義)이라 여기지(爲) 않다(不). 齏(뒤섞을 제) ★ 외편 「천도」 2에선 義(의로움) 대신 '戾(사나울 려)'를 사용한다.

澤及萬世而不爲仁: 은덕(澤)이 만세(萬世)에 미쳐도(及~而) (이를) 어짊(仁)이라 여기지(爲) 않다(不). 澤(은덕 택) 及(미칠 급)

長於上古而不爲老: 태고보다(於~上古) 오래되어도(長~而) (이를) 늙음(老)이라 여기지(爲) 않다(不). 老(늙을 로) ★ 외편「천도」2에선 老(늙음) 대신 '壽(오래살 수)'를 사용한다.

覆載天地刻彫衆形而不爲巧: 하늘(天)과 땅(地)을 덮고(覆) 실어(載), 즉 하늘을 덮고 땅에 실어 많은(衆) 형상(形)을 조각해도(刻雕~而) (이를) 재주(巧)라 여기지(爲) 않다(不). 覆(덮을 부) 載(실을 재) 衆(무리 중, 수많은) 形(형상 형) 刻雕〔조각하다. 刻(새길 각) 雕(새길 조)〕 巧(재주 교)

此所遊已!: 이것(此)이 유유자적한 노닒(所~遊)일 뿐이다(已)!

대종사(大宗師) 9

顏回曰:「回益矣.」

仲尼曰:「何謂也?」

曰:「回忘禮樂矣.」

曰:「可矣, 猶未也.」

他日, 復見, 曰:「回益矣.」

曰:「何謂也?」

曰:「回忘仁義矣.」

曰:「可矣, 猶未也.」

他日, 復見, 曰:「回益矣.」

曰:「何謂也?」

曰:「回坐忘矣.」

仲尼蹴然曰:「何謂坐忘?」

顏回曰:「墮肢體, 黜聰明, 離形去知, 同於大通, 此謂坐忘.」

仲尼曰:「同則無好也, 化則無常也. 而果其賢乎! 丘也請從而後也.」

안회(顏回)가 말했다. "저 회(回)에게 뭔가 나아진 바가 있습니다."
공자(仲尼)가 물었다. "그게 무슨 의미이지?"
안회가 대답했다. "저 회(回)는 예악(禮樂)을 잊었습니다."
공자가 말했다. "괜찮은데 아직은 부족하다."

얼마 후 안회가 스승을 다시 만나 뵙고서 말했다.

"저 회(回)에게 뭔가 나아진 바가 있습니다."

공자가 물었다. "그게 무슨 의미이지?"

안회가 대답하길 "저 회(回)는 인의(仁義)를 잊었습니다."

공자가 말했다. "괜찮은데 아직은 부족하다."

얼마 후 안회가 스승을 다시 만나 뵙고서 말했다.

"저 회(回)에게 뭔가 나아진 바가 있습니다."

공자가 물었다. "그게 무슨 의미이지?"

안회가 대답했다. "저 회(回)는 좌망(坐忘)을 하게 되었습니다."

그러자 공자는 놀란 듯 안회에게 물었다. "좌망이 무엇을 말하는 건가?"

안회가 대답하다.

"몸통과 사지의 힘이 빠지고 눈귀가 어두워지니까

몸은 떠나고 지각작용은 소멸해 큰 통합(大通),

즉 도와 하나가 되는데 이를 좌망(坐忘)이라고 말합니다."

공자가 말했다.

"도와 하나가 되면 좋다 싫다 하는 감정이 없어지고,

도와 함께 변화하면 마음에서 집착이 사라진다.

그러니 너는 정말로 현명하구나! 나 구(丘)도 자네의 뒤를 따르게 해다오."

注 ─────────────────────────

顔回曰 回益矣: 안회(顔回)가 말하다. (저) 회(回)에게 (뭔가) 나아지다(益). 益(더욱 익, 더욱 더 → 나아지다)

仲尼曰 何謂也?: 공자(仲尼)가 묻다. 무엇(何)을 말하는(謂) 게지? 즉, 그것이 무슨 의미이지? 何(무엇 하)

曰 回忘禮樂矣: (안회가) 대답하다. (저) 회(回)는 예악(禮樂)을 잊다(忘). 忘(잊을 망)

曰 可矣 猶未也: (공자가) 말하다. 괜찮은데(可) 아직은(猶) 아니다(未). 즉 부족하다. 可(괜찮을 가) 猶(오히려 유, 아직은)

他日 復見 曰 回益矣: 얼마 후(他日) (안회가 스승을) 다시(復) 만나보고(見) 말하다. (저) 회(回)에게 (뭔가) 나아지다(益). 他日〔(며칠이 지난) 다른(他) 날(日), 즉 얼마 후〕復(다시 복) 見(볼 견)

曰 何謂也?: (공자가) 묻다. 무엇(何)을 말하는(謂) 게지? 즉, 무슨 의미이지?

曰 回忘仁義矣 : (안회가) 대답하다. (저) 회(回)는 인의(仁義)를 잊다(忘).

曰 可矣 猶未也 : (공자가) 말하다. 괜찮은데(可) 아직은(猶) 아니다(未). 즉 부족하다.

他日 復見 曰 回益矣 : 얼마 후(他日) (안회가 스승을) 다시(復) 만나보고(見) 말하다. (저) 회(回)에게 (뭔가) 나아지다(益).

曰 何謂也? : (공자가) 묻다. 무엇(何)을 말하는(謂) 게지? 즉, 무슨 의미이지?

曰 回坐忘矣 : (안회가) 대답하다 (저) 회(回)는 좌망(坐忘)을 (하다). 坐忘〔앉은 채(坐) (모든 걸) 잊다(忘). 즉 일종의 무위자연(無爲自然)에 이르는 수행법. 坐(앉을 좌) 忘(잊을 망)〕

仲尼蹴然曰 何謂坐忘? : (그러자) 공자(仲尼)는 놀란 듯(蹴然) (안회에게) 묻다. 좌망(坐忘)이 무엇(何)을 말하는(謂) 게지? 蹴然〔놀란 모양. 蹴(얼굴빛 변할 축 → 놀란 듯) 然(그러할 연)〕

顔回曰 墮肢體 黜聰明 : (안회가) 말하다. 몸통(體)과 사지(肢)의 힘이 빠지고(墮), 눈의 밝음(明)과 귀의 밝음(聰)이 멈추다(黜). 즉 눈귀가 어두워지다. 體(몸 체, 몸통) 肢(팔다리 지, 사지) 墮(떨어질 타, 힘이 빠지다) 明(밝을 명, 눈이 밝음) 聰(귀 밝을 총) 黜(물리칠 출, 없애다 → 멈추다)

離形去知 同於大通 : (그러니까) 몸(形)은 떠나고(離) 지각(知)작용은 소멸해(去) 큰(大) 통합(通), 즉 도와 같아지다(同). 즉 하나가 되다. 形(형체 형, 몸) 離(떠날 리) 知(알지, 변별함 → 지각작용) 去(갈 거, 소멸하다) 通(통할 통) 同(한가지 동, 하나 되다)

此謂坐忘 : 이(此)를 좌망(坐忘)이라 부르다(謂). 坐忘〔좌망. 坐(앉을 좌) 忘(잊을 망)〕

仲尼曰 同則無好也 : 공자(仲尼)가 말하다. (도와) 하나가 되면(同~則) 좋다(好) (싫다 하는 감정이) 없어지다(無). 好(좋을 호)

化則無常也 : (또 도와 함께) 변화하면(化~則) 집착하는 마음이 없다(無常). 즉 마음에서 집착이 사라진다. 化(될 화 → 변화함) 無常〔상주함이 없음. 즉 마음의 집착이 없음. 常(항상 상 → 상주함)〕

而果其賢乎! : 그러니(而) (너는) 정말로(果) 현명하다(賢)! 果(과연 과, 정말로) 賢(어질 현, 현명하다)

丘也請從而後也 : (나) 구(丘)도 (너의) 뒤(後)를 따르게(從) 해다오(請). 後(뒤 후) 從(좇을 종, 따르다)

대종사(大宗師) 10

子輿與子桑友, 而霖雨十日.

子輿曰 : 「子桑殆病矣!」

裹飯而往食之. 至子桑之門, 則若歌若哭, 鼓琴曰 : 「父邪! 母邪! 天乎! 人乎!」

有不任其聲而趨舉其詩焉.

子輿入, 曰 : 「子之歌詩, 何故若是?」

日：「吾思夫使我至此極者而不得也. 父母豈欲吾貧哉?

天無私覆, 地無私載, 天地豈私貧我哉?

求其爲之者而不得也. 然而至此極者, 命也夫!」

자여(子輿)와 자상(子桑)은 친구 사이인데 언젠가 장마가 열흘간 계속되었다.

자여가 혼잣말로 말했다. "자상의 병이 심해졌을 거야!"

그리고 쌀과 반찬을 들고서 그를 먹이려고 찾아갔다.

자상의 집 문 앞에 이르자 자상이 집안에서 노래하는 것 같기도 하고,

우는 것 같기도 했다.

자상은 거문고를 뜯으며 노래했다.

"아버지 탓이냐! 어머니 탓이냐! 하늘의 짓이냐! 사람의 짓이냐!"

자상은 힘에 겨워 소리 나지 않은 채 박자도 없이 가사만 서둘러 읊조렸다.

자여가 들어가서 말했다. "자네 노래가 어째 이 모양인가?"

자상이 말했다.

"나를 이런 궁지에 몰리도록 한 게 무언지 곰곰 생각해봤는데 알 수 없네.

부모가 나를 어찌 이렇게 가난하게 되길 바랐겠는가?

하늘은 사사롭지 않아 만물을 모두 덮어주고

땅도 사사롭지 않아 만물을 모두 받쳐주는데

천지가 나를 어찌 이토록 가난한 내가 되길 바랐겠는가?

나를 이토록 궁지에 몰리도록 한 걸 아무리 찾아보아도 발견할 수 없었네.

그러니 나를 이처럼 궁지에 몰리게 한 건 운명(命), 즉 하늘의 뜻이다!"

注

子輿與子桑友 而霖雨十日: 자여와(與~子輿) 자상(子桑)은 친구(友)이다. 그런데(而) (언젠가) 장마(霖) 비(雨)가 열흘(十日) (간 계속되다). 友(벗 우) 霖(장마 림)

子輿曰 子桑殆病矣!: 자여(子輿)가 (혼잣말로) 말하다. 자상(子桑)의 병(病)이 심해지다(殆)! 殆(위태할 태 → 심해지다)

裹飯而往食之: (그리고) 쌀(裹)과 반찬을 들고(飯~而) (그를) 먹이려(食) 가다(往). 裹(겉의 반대. 즉 쌀을 의미. 반찬이 겉이라면 쌀은 안에 해당. 裹(안 리)) 飯(밥 반 → 반찬) 食(먹일 사) 往(갈 왕)

至子桑之門 則若歌若哭: 자상(子桑)의 집 문(門) 앞에 이르다(至). 그러자(則) (집안에서 자상이) 노래하는(歌) 것 같고(若) 우는 것(哭) 것 같다(若). 歌(노래 가, 노래하다) 哭(울 곡, 울다)

鼓琴曰 父邪! 母邪! 天乎! 人乎!: (자상은) 거문고(琴)를 뜯으며(鼓) (말하다). 아버지(父) (탓이냐)! 어머니(母) (탓이냐)! 하늘(天)의 (짓이냐)! 사람(人)의 (짓이냐)! 琴(거문고 금) 鼓(북 고, 치다 → 뜯다) 父(아비 부) 母(어미 모)

有不任其聲而趨擧其詩焉: (자상은) 소리(聲)가 마음대로(任) 되지 않아(不~而), 즉 힘에 겨워서 소리가 제대로 나지 않은 채 (박자도 없이) 가사(詩)만 서둘러(趨) 읊조리다(擧). 聲(소리 성) 任(마음대로할 임) 詩(말 시 → 가사) 趨(빠를 촉, 서두르다) 擧(일으킬 거, 행하다 → 읊조리다)

子輿入 曰 子之歌詩 何故若是?: 자여(子輿)가 들어가서(入) 말하다. 네(子) 노래(歌詩)가 어째(何) 이(是)와 같은가(若)? 즉 이 모양이냐? 入(들 입 → 들어가다) 歌詩〔노래와 시. 歌(노래 가) 詩(시 시)〕若(같을 약)

曰 吾思夫使我至此極者而不得也: (자상이) 말하다. 나를(使~我) 이런(此) 궁지(極)에 몰리도록(至) 한 게(者) (무언지) 내(吾)가 생각해(思~而) (봐도) 얻지(得) 못하다(不). 즉 알지 못하다. 極(극처 극, 최상 또는 최종의 곳 → 궁지) 至(이를 지 → 몰리게 하다) 思(생각할 사)

父母豈欲吾貧哉?: 부모(父母)가 어찌(豈) 나(吾)를 (이토록) 가난하게 되길(欲~貧) (바라는가)? 豈(어찌 기) 貧(가난할 빈)

天無私覆 地無私載: 하늘(天)은 사사롭지(私) 않아(無) (만물을 모두) 덮어(覆) (주고), 땅(地)도 사사롭지(私) 않아(無) (만물을 모두) 떠받쳐(載) (주다). 覆(덮을 복) 載(실을 재, ~위에 올려놓다 → ~을 떠받치다)

天地豈私貧我哉?: (그런데) 천지(天地)가 어찌(豈) 나(私)를 (이토록) 가난한(貧) 내(我)가 (되길) 바라는가?

求其爲之者而不得也: (나를 이토록 궁지에 몰리도록) 한(爲) 걸(者) (아무리) 찾아도(求) 얻지(得) 못하다(不). 즉 발견하지 못하다. 求(구할 구, 찾다)

然而至此極者 命也夫!: 그러니(然~而) (나를) 이토록(此) 궁지(極)에 몰리도록(至) (한) 건(者) 운명(命), 즉 하늘의 뜻이다! 命(운수 명, 운명 → 하늘의 뜻)

응제왕
應 帝 王

응제왕(應帝王) 1

齧缺問於王倪, 四問而四不知.

齧缺因躍而大喜, 行以告蒲衣子.

蒲衣子曰:「而乃今知之乎? 有虞氏不及泰氏. 有虞氏, 其猶藏仁以要人.,

亦得人矣, 而未始出於非人.

泰氏其臥徐徐, 其覺于于., 一以己爲馬, 一以己爲牛.,

其知情信, 其德甚眞, 而未始入於非人.」

설결(齧缺)이 왕예(王倪)에게 네 가지를 물었는데 왕예가 모두 알지 못했다.

설결이 팔짝팔짝 뛰면서 크게 기뻐하며 이를 포의자(蒲衣子)에게 알렸다.

포의자가 말했다. "그런데 왕예가 알지 못하는 걸 자네는 이제서야 아는가?

순임금(有虞氏)이 아무리 훌륭해도 삼황오제의 우두머리인

복희씨(泰氏)에는 미치지 못하네.

순임금이 어짊(仁)을 마음에 품고서 사람들에게 이를 청해 마음을 얻었어도

다른 사람 생각이 틀렸다는 생각에서 처음부터 한 번도 벗어난 적이 없네.

한편 복희씨는 잘 때는 편안하고, 깨어나선 느긋했지.

어떤 때는 자기를 말(馬)이라 여기고, 어떤 때는 자기를 소(牛)라 여겼네.

또 그의 앎이 참으로 미덥고, 그의 덕이 매우 진실해서

다른 사람 생각이 틀렸다고 한 적이 한 번도 없었네.

注 ────────

齧缺問於王倪 四問而四不知: 설결(齧缺)이 왕예(王倪)에게 네(四)가지를 묻는데(問~而) (왕예가 이를 모두) 알지(知) 못하다(不).

齧缺因躍而大喜 行以告蒲衣子: 설결은 (이로) 인해(因) 팔짝팔짝 뛰면서(躍~而) 크게(大) 기뻐하며(喜) (이 사실을) 포의자(蒲衣子)에게 알려(以~告) 행하다(行). 즉 알리다. 躍(뛸 약, 뛰다 → 팔짝팔짝 뛰다) 喜(기쁠 희)

蒲衣子曰 而乃今知之乎?: 포의자(蒲衣子)가 말하다. 그런데(而) (왕예가 알지 못하는 걸 자네는) 지금에야(乃~今) 아는가(知)?

有虞氏不及泰氏: 순임금(有虞氏)이 (훌륭해도 삼황오제의 우두머리인) 복희씨(泰氏)에는 미치지(及) 못하다(不). 有虞氏(유우씨)=순임금. ★ 태씨(泰氏)는 곧 복희씨(伏羲氏)로 그는 팔괘와 그물을 만들어서 고기잡이 법을 전해준 전설상의 황제이다. 及(미칠 급)

有虞氏 其猶藏仁以要人: 순임금(有虞氏)이 어짊(仁)을 (마음에) 품고(藏) 그럼으로써(以) 사람(人)에게 마땅히(猶) 청하다(要). 藏(감출 장, 간직하다 → 품다) 猶(마땅히 유) 要(청할 요)

亦得人矣: (그래서) 사람(人)들의 마음을 또한(亦) 얻다(得). 得(얻을 득)

而未始出於非人: 그러더라도(而) 다른 사람(人) (생각이) 틀렸다는(非) 데서(於~) 처음부터(始) (한 번도) 벗어난(出) 적이 없다(未). 非(아닐 비 → 틀리다)

泰氏其臥徐徐 其覺于于: (반면) 복희씨(泰氏)는 잘(臥) 때는 편안하고(徐徐) 깨어나선(覺) 느긋하다(于于). 臥(엎드릴 와 → 잠자다) 徐徐[거동이 찬찬한 모양 → 편안함. 徐(천천할 서)] 覺(깰 교) 于于(만족하는 모양 → 느긋함)

一以己爲馬 一以己爲牛: 어떤(一) 때는 자기를(以~己) 말(馬)이라 여기고(爲), 어떤(一) 때는 자기를(以~己) 소(牛)라 여기다(爲). 一(만일 일, 어떤 때) 馬(말 마) 牛(소 우)

其知情信 其德甚眞: (또 그의) 앎(知)이 참으로(情) 미덥고(信) (그의) 덕(德)이 매우(甚) 진실하다(眞). 情(참으로 정) 信(믿을 신, 미덥다) 甚(심할 심, 매우) 眞(참 진 → 진실함)

而未始入於非人: 그래서(而) 다른 사람(人)의 (생각이) 틀렸다는 데서(於~非) 처음부터(始) 들어간(入) 적이 없다(未). 즉 다른 사람의 생각이 틀렸다고 한 적이 한 번도 없다. 非(아닐 비 → 틀리다)

응제왕(應帝王) 2

肩吾見狂接輿, 狂接輿曰:「日中始何以語女?」

肩吾曰:「告我君人者以己出經式義度, 人孰敢不聽而化諸!」

狂接輿曰:「是欺德也. 其於治天下也, 猶涉海鑿河, 而使蚊負山也.

夫聖人之治也, 治外乎! 正而後行, 確乎能其事者而已矣.

且鳥高飛以避矰弋之害, 鼷鼠深穴乎神丘之下, 以避熏鑿之患, 而曾二蟲之無如!」

견오(肩吾)가 광접여(狂接輿)를 만나자 광접여가 견오에게 물었다.

"전에 일중시(日中始)가 너에게 무슨 말을 하던가?"

견오가 대답했다.

"일중시가 내게 말하길 군주 자리에 있는 사람이 스스로 모범을 보이고,

법도에 따라 일을 처리하면 어느 누가 감히 듣지 않고 교화되지 않겠는가!

광접여가 말했다. "그건 덕(德)을 속이는 일이지.

이런 방법으로 천하를 다스리는 건 마치 물길을 뚫어서 바다를 건너거나

모기에게 산을 짊어지게 하는 것과 같네.

성인(聖人)의 다스림은 어찌 바깥에만 있겠는가! (안에도 다스림이 있다)

성인은 자신을 바르게 한 뒤 행동하고, 자신이 할 수 있는 일만 확실히 하네.

새는 높이 날아서 화살로부터 받을 수 있는 피해를 피해 나가고,

생쥐는 제단 아래 굴을 깊이 파서

연기를 피우거나 구멍을 뚫고 들어오는 침입자로부터 재앙을 피해 나가는데

백성이 이 두 동물보다 어찌 더 무지하겠는가!"

注 ───

肩吾見狂接輿 狂接輿曰: 견오(肩吾)가 광접여(狂接輿)를 만나자(見) 광접여가 (견오에게) 말하다. ★ 견오(肩吾)는 어깨(肩)를 들썩거리는 나(吾)라는 의미를 지니는 가공인물이다. 즉 안다고 좀 나대는 사람을 뜻한다. 내편「소요유」3에 처음 등장한다. 肩(어깨 견) ★ 광접여(狂接輿)는 실존했던 인물로 애국 시인 굴원(屈原)과 더불어 초나라 지성을 대표한다. 내편「소요유」3에서 접여(接輿)란 이름으로 처음 등장하고 내편「인간세」5에선 광접여로 등장한다. 狂(미칠 광)

日中始何以語女?: (전에) 일중시(日中始)가 너(女)에게 무슨(何) 말을(以~語) (하는가)? 女(너 여)

肩吾曰 告我君人者以己出經式義度: 견오(肩吾)가 말하다. (일중시가) 내(我)게 알리길(告) 군주(君) (자리에 있는) 사람(人~者)이 스스로(以~己) 모범(經式)을 보이고(出) 법도(度)에 따라 (일을) 처리하다(義). 告(알릴 고) 經式〔모범. 經(날 경, 기준) 式(법 식, 제도)〕度(법도 도) 義(처리할 의)

人孰敢不聽而化諸!: (그러면) 어느(孰) 누가(人) 감히(敢) 듣지(聽) 않고서(不~而) 교화되지(化) 않는가(不)! 孰(누구 숙) 聽(들을 청) 化(화할 화, 교화되다) 諸(어조사 제)

狂接輿曰 是欺德也: 광접여(狂接輿)가 말하다. 이것(是)은 덕(德)을 속이는 거다(欺~也). 欺(속일 기)

其於治天下也: (이런 방법으로) 천하(天下)를 다스리는 것(於~治).

猶涉海鑿河 而使蚊負山也: (마치) 물 길(河)을 뚫어(鑿) 바다(海)를 건너거나(涉~而) 모기에게 (使~蚊) 산(山)을 짊어지게(負) 하는 것과 같다(猶). 鑿(뚫을 착) 海(바다 해) 涉(건널 섭) 蚊(모기 문) 負(질 부, 짊어지다) 猶(같을 유)

夫聖人之治也 治外乎!: 저(夫) 성인(聖人)의 다스림(治~也)은 (어찌) 바깥(外)에서만 다스림 (治)이 (있겠는가)! 治(다스릴 치) 外(밖 외)

正而後行 確乎能其事者而已矣: (성인은 자신을) 바르게(正) 한 뒤(而~後) 행동하고(行), (자신이) 일(事)할 수 있는(能) 것(者)만 확실히(確) 할뿐이다(而~已矣). 正(바를 정) 後(뒷 후) 事(일 사) 能 (능할 능, 할 수 있다) 確(확실할 확)

且鳥高飛以避矰弋之害: 새(鳥)는 높이(高) 날아(飛~以) 화살(矰弋)로부터 (받을 수 있는) 피해 (害)를 피하다(避). 鳥(새 조) 高(높을 고) 飛(날 비) 矰(주살 증, 짧은 화살) 弋(주살 익, 오늬에 줄을 매 어 쏘는 살 → 화살) 害(해 해, 피해) 避(피할 피)

鼷鼠深穴乎神丘之下: 생쥐(鼷鼠)는 제단(神丘) 아래(下) 굴(穴)을 깊이(深) 파다(穴). 鼷鼠〔생쥐. 鼷(생쥐 혜) 鼠(쥐 서)〕 神丘〔신(神)의 무덤(丘). 즉 제단. 丘(무덤 구)〕 下(아래 하)

以避熏鑿之患: 그럼으로써(以) 연기를 피우거나(熏) 구멍을 뚫고(鑿) (들어오는 침입자로부터) 재 앙(患)을 피하다(避). 熏(연기낄 훈, 연기 피우다) 鑿(뚫을 착) 患(재앙 환) 避(피할 피)

而曾二蟲之無如!: 그런데(而) (백성이 이) 두(二) 동물(蟲)의 무지(無)와 같음(如)을 더하는가 (曾)! 즉 백성이 이 두 동물보다 어찌 더 무지한가! 蟲(벌레 충, 동물의 총칭) 無一無知(무지) 如 (같을 여) 曾(더할 증)

응제왕(應帝王) 3

天根遊於殷陽, 至蓼水之上, 適遭無名人而問焉, 曰:「請問爲天下.」
無名人曰:「去! 汝鄙人也, 何問之不豫也!
予方將與造物者爲人, 厭, 則又乘夫莽眇之鳥, 以出六極之外,
而遊無何有之鄕, 以處壙垠之野. 汝又何帠以治天下感予之心爲?」
又復問. 無名氏曰:「汝遊心於淡, 合氣於漠, 順物自然而無容私焉, 而天下治矣.」

천근(天根)이 은(殷)나라 남쪽을 노닐다가 요수(蓼水) 강가에 이르자
무명인(無名人)을 우연히 만나서 물었다.
"천하를 다스리는 방법을 가르쳐 주십시오."
무명인이 말했다.
"저리 가게! 자네는 속된 인간이네. 무슨 질문이 그리 유쾌하지 않나!

나는 지금 조물자와 막 벗이 되었는데 벌써 싫증이 나서

다시 멀리 날아가는 새를 타고 세상 밖으로 나아가려 한다.

그리고 아무것도 없는 무하유지향(無何有之鄉)에서 노닐다가

사방이 탁 트인 광량지야(壙埌之野)에 머물려고 한다.

자네는 또 어떤 근거(帛)로 천하 다스리는 일로 내 마음을 흔드는가?"

그런데도 천근이 또다시 천하 다스리는 법에 대해 묻자 무명인이 말했다.

"자네는 마음을 담박한 곳에서 노닐게 하고,

기(氣)를 어둡고 막막한 곳에 모이도록 하고,

사물을 스스로 그러함(自然)에 따르게 해

자네의 사심이 끼어들지 않도록 하면 천하는 잘 다스려질 거네."

注 ——

天根遊於殷陽 至蓼水之上: 천근(天根)이 은(殷) (나라) 남쪽을(於~陽) 노닐다가(遊) 요수(蓼水)
의 위(上), 즉 요수 강가에 이르다(至). 陽(볕 양, 볕이 들기에 남쪽을 의미)

適遭無名人而問焉: 무명인(無名人)을 우연히 만나(適遭~而) 묻다(問). 適遭〔우연한(適) 만남
(遭). 適(마침 적) 遭(만날 조)〕

曰 請問爲天下: (천근이) 말하다. 천하의 위함에(爲~天下) 대해 청해(請) 묻다(問). 즉 천하를 다
스리는 방법에 대해 묻다.

無名人曰 去!: 무명인(無名人)이 말하다. (저리) 가게(去)! 去(갈 거)

汝鄙人也 何問之不豫也!: 너(汝)는 속된(鄙) 인간(人)이다. 무슨(何) 질문(問)이 기쁘지(豫) 않
은가(不)! 즉 그리 유쾌하지 않은가! 汝(너 여) 鄙(더러울 비, 속된) 豫(기뻐할 예)

予方將與造物者爲人: 나(予)는 (지금) 조물주와(與~造物者) 막(方) 벗이 되다(爲~人). 方(이제
방, 막) 人(사람 인 → 벗)

厭 則又乘夫莽眇之鳥: (그런데 벌써) 싫증(厭)이 (나다). 그런즉(則) 다시(又) 멀리(莽眇) (나는) 새
(鳥)를 타다(乘). 厭(물릴 염, 싫증남) 莽眇〔멀다. 莽(아득할 망) 眇(멀 묘, 요원함)〕乘(탈 승, 타다)

以出六極之外: 그것으로써(以) 육극(六極, 동서남북과 상하)의 바깥(外), 즉 세상 밖으로 나가다
(出). 出(날 출, 나가다)

而遊無何有之鄉: 그리고선(而) 무하유(無何有), 즉 아무것도 없어 굳이 정신을 수고롭게 할 일
이 없는 마을(鄉)에서 노닐다(遊). ★ 무하유지향(無何有之鄉)은 아무(何) 것도 있는(有) 게 없
는(無) 마을을 뜻한다. 그래서 정신을 수고롭게 할 일이 없는 마을이다. 내편 「소요유」4에 처
음 등장한다. 鄉(마을 향)

以處壙埌之野: 그럼으로써(以) 광량(壙埌), 즉 사방의 끝이 없을 정도로 확 트인 넓은 들판(野)에 머물다(處). 壙埌〔사방 끝이 없을 정도로 확 트임. 壙(넓을 광) 埌(아득할 량)〕野(들 야) 處(살처, 머물다) ★ 광량지야(壙埌之野)은 확 트인 넓은 벌판을 뜻하는데 내편「소요유」4에선 광량지야 대신 '광막지야(廣莫之野)'로 등장한다. 물론 같은 의미이다.

汝又何帛以治天下感予之心爲?: 너(汝)는 또(又) 무슨(何) 법칙으로(以~帛), 즉 어떤 근거로 천하(天下) 다스리는(治) 일로 내(予) 마음(心)을 흔들려는가(感)? 帛(법 예, 법칙) 予(나 여) 感(움직일 감 → 흔들다)

又復問. 無名氏曰: (그런데도 천근이) 또(又) 다시(復) (천하 다스리는 법을) 묻자(問) 무명인(無名氏)이 말하다. 復(다시 부)

汝遊心於淡: 너(汝)는 마음(心)을 담박한 곳에서(於~淡) 노닐게(遊) 하다. 淡(담박할 담)

合氣於漠: 기(氣)를 어둡고 막막한 곳에(於~漠) 모이게(合) 하다. 漠(어두울 막 → 어둡고 막막함) 合(합할 합, 모으다)

順物自然而無容私焉: 사물(物)을 스스로(自) 그러함(然)에 따르게 해(順~而) (너의) 사심(私)이 끼어들지(容) 않게(無) (하다). 然(그럴 연) 順(좇을 순, 따르다) 私(사사로울 사 → 사심) 容(받아들일 용 → 끼어들다)

而天下治矣: 그러면(而) 천하(天下)는 잘 다스려지다(治). 治(잘다스려질 치)

응제왕(應帝王) 4

陽子居見老聃, 曰:「有人於此, 嚮疾强梁, 物徹疏明, 學道不倦.
如是者, 可比明王乎?」
老聃曰:「是於聖人也, 胥易技係, 勞形怵心者也.
且也虎豹之文來田, 猨狙之便來藉. 如是者, 可比明王乎?」
陽子居蹴然曰:「敢問明王之治.」
老聃曰:「明王之治: 功蓋天下而似不自己, 化貸萬物而民弗恃.,
有莫擧名, 使物自喜., 立乎不測, 而遊於無有者也.」

양자거(陽子居)가 노담(老聃)을 만나서 물었다.
"여기에 어떤 사람이 있는데
행동은 메아리처럼 빠른 데다 강하고 굳세기까지 합니다.
또 앎은 만물을 꿰뚫고 사리에 통달해서 명민하고,

도를 배우는데도 게으르지 않습니다.

이런 사람이면 명왕(明王), 즉 자연의 원리에 밝은 왕을 잘 보좌하지요?"

노담이 대답했다.

"성인의 관점에선 이런 사람은 먼 걸 가벼이 여기고,

또 자신의 재주에만 얽매인 사람이지요.

그래서 몸을 수고롭게 하고, 마음을 슬프게 합니다.

표범의 가죽 무늬는 사냥꾼을 불러들이고,

원숭이의 재주는 사람들에게 끌려다니는 운명을 스스로 초래합니다.

그러니 표범과 원숭이 같은 사람이 명왕을 잘 보좌할 수 있나요?"

양자거가 놀라서 물었다.

"명왕의 다스림(明王之治)에 대해 묻고자 합니다."

노담이 말했다.

"명왕의 공이 천하를 덮어도 명왕은 자신이 하지 않은 것처럼 행동하고,

만물에 영향을 미쳐도 백성이 명왕에게 의지하는 줄 모르게 행동하지요.

이처럼 명왕은 공이 있어도 자신의 이름을 드러내지 않아

만물이 스스로 기뻐하게 놔둡니다.

그래서 명왕은 헤아릴 수 없는 심오한 경지에 서 있어도

아무것도 없는 무하유의 마을에서 유유자적합니다(遊)."

注 ────────────────────────

陽子居見老聃 曰: 양자거(陽子居)가 노담(老聃)을 만나서(見) 묻다(問).

有人於此 嚮疾强梁: 여기에(於~此) (어떤) 사람(人)이 있는데(有) (행동이) 메아리(嚮)처럼 빠르면서(疾) 강하고(强) 굳세기도(梁) (하다). 嚮(메아리 향) 疾(빠를 질) 强(강할 량) 梁(굳셀 강)

物徹疏明 學道不倦: (얇은) 만물(物)을 꿰뚫고(徹) 사리에 통달해서 명민하고(疏明), 도(道)를 배우는(學) 데도 게으르지(倦) 않다(不). 徹(통할 철 → 꿰뚫다) 疏明〔사리에 통달하고 명민함. 疏(트일 소, 막힌 것이 통하다) 明(밝을 명)〕 倦(게으를 권)

如是者 可比明王乎?: 이런 사람(如是~者)이라면 명왕(明王)을 잘 보좌(比)할 수(可) (있는가)? 比(도울 비, 보좌하다)

老聃曰 是於聖人也: 노담(老聃)이 말하다. 이런(是) (사람)은 성인의 관점에선(於~聖人).

胥易技係: 먼(胥) 걸 가벼이(易) 여기고, (자신의) 재주(技)에만 얽매이다(係). 胥(멀 서) 易(가벼이볼 이) 技(재주 기) 係(걸릴 계)

勞形怵心者也: (그래서) 몸(形)을 수고롭게(勞) 하고, 마음(心)을 슬프게(怵) 하는 사람(者)이다. 勞(수고할 로) 怵(슬퍼할 출)

且也虎豹之文來田: 표범(虎豹)의 (가죽) 무늬(文)는 사냥꾼(田)을 불러들이다(來). 虎豹〔표범. 虎(범 호) 豹(표범 표)〕文(문채 문, 아름다운 외관 → 가죽 무늬) 田(사냥할 전 → 사냥꾼) 來(부를 래, 불러들이다)

猨狙之便來藉.: 원숭이(猨狙)의 재주(便)는 (사람들에게) 끌려다니는(藉) (운명을 자신에게) 불러들이다(來). 즉 자초하다. 猨狙(원숭이. 猨(원숭이 원) 狙(긴팔원숭이 저)〕便(익을 편, 숙달 → 재주) 藉(범할 적, 침범함 → 사람에게 끌려다님) 來(부를 래)

如是者 可比明王乎?: (그러니 표범과 원숭이) 같은 자(如是~者)가 명왕(明王)을 (잘) 보좌(比)할 수(可) (있는가)? 比(도울 비, 보좌함)

陽子居蹴然曰 敢問明王之治: 양자거(陽子居)는 놀라서(蹴然) 말하다. 명왕(明王)의 다스림(治)에 대해 감히(敢) 묻다(問). 蹴然〔놀란 모습. 蹴(얼굴빛 변할 축)〕

老聃曰 明王之治: 노담(老聃)이 말하다. 명왕(明王)의 다스림(治).

功蓋天下而似不自己: (그의) 공적(功)이 천하(天下)를 덮어도(蓋~而) 자신(自己)이 하지 않은(不) 것처럼(似) 하다. 功(공 공 → 공적) 蓋(덮을 개, 덮다) 似(같을 사)

化貸萬物而民弗恃: 만물(萬物)에 변화(化)를 주어도(貸~而), 즉 만물에 영향을 미쳐도 백성(民)이 (명왕에게) 의지하는(恃) 줄 모르게 하다(弗). 化(변화 화) 貸(줄 대) 恃(믿을 시 → 의지하다) 弗(아닐 불, ~하지 않게 한다)

有莫擧名 使物自喜: (이처럼 명왕은 공이) 있어도(有) 자신의 이름(名)을 드러내지(擧) 않아(莫) 만물이(使~物) 스스로(自) 기뻐하도록(喜) (놔두다). 擧(들 거, 높이 들어 올리다 → 드러내다) 莫(없을 막, ~하지 않다) 喜(기쁠 희)

立乎不測 而遊於無有者也: (그래서 명왕은) 헤아릴(測) 수 없는(不) (심오한) 경지에 서 있어도(立~而) 있음(有)이 없는(無) 곳에서(於~者), 즉 아무것도 없는 무하유 마을에서 유유자적하다(遊). 測(잴 측, 헤아리다) 立(설 립)

응제왕(應帝王) 5

鄭有神巫曰季咸, 知人之死生存亡, 禍福壽夭, 期以歲月旬日, 若神.
鄭人見之, 皆棄而走.
列子見之而心醉, 歸, 以告壺子, 曰「始吾以夫子之道爲至矣, 則又有至焉者矣.」
壺子曰「吾與汝旣其文, 未旣其實, 而固得道與? 衆雌而無雄, 而又奚卵焉!
而以道與世亢, 必信, 夫故使人得而相汝. 嘗試與來, 以予示之.」

明日, 列子與之見壺子.

出而謂列子曰:「噫! 子之先生死矣! 弗活矣! 不以旬數矣! 吾見怪焉, 見濕灰焉.

列子入, 泣涕沾襟以告壺子.

壺子曰:「鄉吾示之以地文, 萌乎不震不止. 是殆見吾杜德機也. 嘗又與來.」

明日, 又與之見壺子.

出而謂列子曰:「幸矣, 子之先生遇我也! 有瘳矣, 全然有生矣! 吾見其杜權矣.」

列子入, 以告壺子.

壺子曰:「鄉吾示之以天壤, 名實不入, 而機發於踵. 是殆見吾善者機也. 嘗又與來.」

明日, 又與之見壺子.

出而謂列子曰:「子之先生不齊, 吾無得而相焉. 試齊, 且復相之.」

列子入, 以告壺子.

壺子曰:「鄉吾示之以太沖莫勝. 是殆見吾衡氣機也.

鯢桓之審爲淵, 止水之審爲淵, 流水之審爲淵. 淵有九名, 此處三焉. 嘗又與來.」

明日, 又與之見壺子. 立未定, 自失而走.

壺子曰:「追之!」

列子追之不及. 反, 以報壺子曰:「已滅矣, 已失矣, 吾弗及已.」

壺子曰:「鄉吾示之以未始出吾宗. 吾與之虛而委蛇, 不知其誰何,

因以爲弟靡, 因以爲波流, 故逃也.」

然後列子自以爲未始學而歸, 三年不出. 爲其妻爨, 食豕如食人.

於事無與親, 雕琢復朴, 塊然獨以其形立.

紛而封哉, 一以是終.

정(鄭)나라에 신통한 무당이 있는데 사람들이 계함(季咸)이라고 부른다.

그 무당은 사람이 죽고 사는 것, 잘 살고 못사는 것, 불행과 행복,

그리고 오래 살고 일찍 죽는 것을 몇 년 몇 월 몇 주 며칠까지 꼭 집어서

귀신처럼 알아맞힌다.

그래서 정나라 사람들은 그를 보면 두려워서 모두 황급히 달아난다.

열자(列子)는 이런 계함을 보고 심취해 돌아와서 호자(壺子)에게 보고했다.

열자가 말했다. "저는 처음에 스승의 도가 최고라고 여겼는데

또 최고의 경지에 이른 사람이 있습니다."

호자가 말했다.

"나는 자네에게 도의 껍데기는 다 가르쳤어도

도의 알맹이는 아직 다 가르치지 않았는데 자네가 정말로 도를 터득했는가?

암탉이 많아도 수탉이 없으면 어찌 알을 낳을 수 있겠는가!

(즉 도의 껍데기만으로 도의 실체를 어찌 알 수 있겠는가!)

그런데도 자네는 껍데기 도를 갖고 세상과 필적하며

사람들의 신임을 얻으려고 하니까

다른 사람이 자네의 그런 모습을 보고 자네의 관상을 알아맞힌 거네.

자네가 그와 함께 오면 그에게 내 관상을 한번 보이겠네."

다음 날 열자는 계함과 함께 스승 호자를 뵈었다.

계함(季咸)이 호자 선생을 만나고 나와서 열자에게 말했다.

"허! 자네 스승은 곧 죽을 걸세! 얼마 살지 못해! 열흘을 못 넘길 거야!

나는 자네 스승에게서 이상한 걸 보았어.

젖은 재(濕灰)의 모습을 보았거든."

열자가 방에 들어가 눈물이 옷깃을 적시도록 울면서 스승에게 보고했다.

호자가 열자에게 말했다.

"조금 전 나는 그에게 땅의 상(地文)을 보여주었지.

그건 땅처럼 육중해서 꼼짝도 하지 않아 움직이지도 머물지도 않는 상이지.

아마도 그는 내게서 덕이 막혀 있는 조짐(杜德機)을 본 거네.

그와 다시 오도록 하게."

다음 날 열자는 계함과 함께 스승 호자를 뵈었다.

계함이 호자 선생을 만나고 나와서 열자에게 말했다.

"다행이네. 자네 스승이 나를 만난 게! 병이 나았어.

그래서 완전히 살아났네!

나는 자네 스승의 덕이 막힌 데서 솟아오르는(杜權) 모습을 보았거든."

열자가 방에 들어가 호자에게 이 얘기를 보고했다.

호자가 말했다.

"조금 전 나는 그에게 하늘의 상(天壤)을 보여주었지.

그것은 인위적인 명목과 실체가 마음속에 끼어들지 않아

덕의 조짐이 발끝에서 일어나도록 하는 상이지.

아마도 그는 내게서 덕이 닫힌 데서 열리는 조짐(善者機)을 본 거네.

그와 다시 오도록 하게."

다음 날 열자는 계함과 함께 스승 호자를 뵈었다.

계함이 호자 선생을 만나고 나와서 열자에게 말했다.

"자네 스승의 모습이 일정치 않아서 지금 나로선 관상을 볼 수 없네.

모습이 일정해지면 다시 스승의 관상을 보도록 하자."

열자가 방에 들어가 스승에게 이 얘기를 보고했다.

호자가 말했다.

"조금 전 나는 그에게 누구도 이기지 못하는

큰 비움(太沖莫勝)의 상을 보여주었지.

아마도 그는 내게서 기가 조화된 조짐(衡氣機)을 본 거네.

암 고래가 새끼를 낳기 위해 올라온 백사장에 머뭇거리다 보면

머뭇거린 데가 깊어져서 못이 되지.

또 괴어 있는 물이 깊어져서 못이 되고, 흐르는 물이 깊어져서 못이 되지.

이런 식으로 못이 만들어지면 모두 아홉 가지 이름이 생겨나는데

내가 그에게 보여준 못은 이 중 셋뿐이네.

그와 다시 오도록 하게."

다음 날 열자는 계함과 함께 스승 호자를 뵈었다.

그런데 계함은 자리도 앉기도 전에 스스로 망연자실해져 선 채로 도망쳤다.

호자가 말했다. "그를 뒤쫓아 가라!"

열자가 그를 뒤쫓았지만 따라가지 못하고 되돌아와서 스승에게 알렸다.

"이미 사라졌습니다. 이미 놓쳐버려서 저는 그를 따라갈 수 없었습니다."

호자가 말했다.

"조금 전 나는 그에게 내 근본이 처음부터 나타나지 않는(未始出吾宗) 상을

보여주었네.

나는 그와 있으면서 나를 텅 비우고 사물의 변화에 순종했기에

그는 내가 누구인지, 또 무엇을 하는지 알지 못했을 거네.

이는 나를 아마도 나부끼는 바람에 의해 생겨난 사람으로,

아니면 출렁이는 파도에 의해 생겨난 사람으로 여긴 탓이네.
그래서 그만 두려워 달아났네."
이런 일이 있고 나서 열자는 배움이 제대로 되어 있지 못함을 스스로 깨닫고
집으로 돌아왔다.
삼 년 동안 집 바깥으로 나오지 않고, 아내를 위해서 밥을 짓고,
돼지에게도 사람을 대하듯 정성껏 먹이를 주었다.
또 세상일에 특별히 마음을 기울이지 않고,
과거에 갈고 닦았던 배움을 본래의 순박한 상태로 되돌리면서
우두커니 무심한 채 홀로 자신의 몸을 세웠다.
그러니 세상일이 혼란스러워도 자신의 참 모습을 지키면서
이런 식으로 한결같이 지내다가 삶을 마쳤다.

注 ——————

鄭有神巫曰季咸: 정(鄭)나라에 신통한(神) 무당(巫)이 있는데(有) (사람들이 그를) 계함(季咸)이
라고 말한다(曰).

知人之死生存亡 禍福壽夭: (그 무당은) 사람(人)의 사생존망(死生存亡)과 화복요수(禍福壽夭)를
안다(知). 死生存亡〔죽음(死), 삶(生), 잘 삶(存), 못 삶(亡)〕 禍福壽夭〔불행(禍) 행복(福), 오래
삶(壽) 일찍 죽음(夭)〕

期以歲月旬日 若神: (몇)년(歲) (몇)월(月) (몇)주(旬) (몇)일(日)까지 (꼭 집어) 귀신처럼(若~神)
(알아맞히다). 旬(열흘 순 → 주)

鄭人見之 皆棄而走.: (그래서) 정(鄭)나라 사람(人)들은 (그를) 보면(見) 모두(皆) 황급히(棄) 달
아나다(走). 棄(버릴 기, 돌보지 아니 하다 → 황급히) 走(달아날 주)

列子見之而心醉 歸 以告壺子: 열자(列子)가 (이런 계함을) 보고(見) 심취해(心醉) 돌아와서(歸)
(선생인) 호자(壺子)에게 (이 사실을) 말하다(告). 心醉〔마음(心)이 취하여(醉) 쏠림. 醉(취할 취)〕
歸(돌아올 귀)

曰 始吾以夫子之道爲至矣: (열자가) 말하다. 나(吾)는 처음(始)에 스승(夫子)의 도(道)가 최고라
고(以~至) 여기다(爲).

則又有至焉者矣: 그런즉(則) 또(又) 최고(至)의 (경지에 이른) 사람(者)이 있다(有).

壺子曰 吾與汝旣其文: 호자(壺子)가 말하다. 나(吾)는 너에게(與~汝) (도의) 껍데기(文)는 끝까
지 궁구하다(旣). 즉 도의 껍데기는 다 가르치다. 旣(다할 기, 끝까지 궁구하다) 文(문채 문, 무늬 →
껍데기) 與(줄 여 → 가르치다)

未旣其實: (그런데 도의) 알맹이(實)는 끝까지 궁구하지(旣) 않다(未). 즉 아직 다 가르치지 않다. 實(속 실 → 알맹이)

而固得道與?: (그런데) 정말로(固) (네가) 도(道)의 얻음(得)을 주었는가(與)? 즉 정말로 도를 터득했는가? 固(진실로 고, 정말로)

衆雌而無雄 而又奚卵焉!: 암탉(雌)이 많아도(衆~而) 수탉(雄)이 없으면(無) 또(又) 어찌(奚) 알(卵)을 낳는가! 즉 도의 껍데기만으로 도의 실체를 어떻게 알 수 있는가! 雌(암컷 자 → 암탉) 雄(수컷 웅 → 수탉) 卵(알 란, 알을 낳다)

而以道與世亢 必信: 그런데도(而) (너는 껍데기) 도를 갖고(以~道) 세상(世)과 필적하며(亢) 사람들의 신임(信)을 반드시(必) 얻다. 亢(겨룰 항, 필적하다) 信(믿을 신, 신임을 얻다)

夫故使人得而相汝: 그래서(故) (다른) 사람이(使~人) 너(汝)의 (그런) 모습을 보고(相) (너의 관상을) 알아맞히다(得). 相(볼 상, 관상을 보다) 得(얻을 득, 알다 → 알아맞히다)

嘗試與來 以予示之: (네가 그와) 함께(與) 와서(來) 그럼으로써(以) 내(予) 관상을 (그에게) 시험 삼아(嘗試) 보이다(示). 嘗試〔시험하여 봄. 즉 시험 삼아. 嘗(시험할 상) 試(시험할 시)〕 來(올 래) 予(나 여) 示(보일 시, 보이다)

明日 列子與之見壺子: 다음 날(明日) 열자(列子)는 (계함과) 함께(與) (스승) 호자(壺子)를 보다(見).

出而謂列子曰: (계함이 호자 선생을 만나고) 나와서(出) 열자(列子)에게 말하다(謂). 出(나올 출, 나오다)

噫! 子之先生死矣!: 허(噫)! 너(子) 선생(先生)은 (곧) 죽다(死)! 死(죽을 사)

弗活矣! 不以旬數矣!: (얼마) 살지(活) 못해(弗)! 열흘을(以~旬數) (넘기지) 못하다(不)! 活(살 활, 살다) 弗(아닐 불) 旬(열흘 순)

吾見怪焉 見濕灰焉: 나(吾)는 (너의 스승에게서) 이상한(怪) 걸 보다(見). 젖은(濕) 재(灰)의 모습(相)을 보다(見). 怪(기이할 괴 → 이상한) 濕(축축할 습 → 젖은) 灰(재 회) 相(형상 상, 모습) 見(볼 견)

列子入 泣涕沾襟以告壺子: 열자(列子)가 (방안에) 들어가(入) 눈물이 옷깃을 적시도록(沾襟) 울면서(泣涕) (이 얘기를) 호자(壺子)에게 보고하다(告). 入(들 입, 들어가다) 沾襟(옷깃(襟)을 (눈물로) 적시다(沾). 襟(옷깃 금) 沾(적실 첨)〕 涕泣〔눈물을 흘리며(涕) 울다(泣). 涕(눈물 체) 泣(울 읍)〕

壺子曰 鄕吾示之以地文: 호자(壺子)는 (흐느끼는 열자에게) 말하다. 조금 전(鄕) 나(吾)는 (그에게) 땅의 상을(以~地文) 보이다(示). 鄕(접때 향, 조금 전) 地文〔땅(地)의 표면(文). 즉 땅의 상. 文(문채 문, 외관 → 표면)〕 示(보일 시)

萌乎不震不止: (그것은 땅처럼 육중해서) 꼼짝도 하지 않아(萌) 움직이지(震) 않고(不) 머물지도(止) 않은(不) (상이다). 萌(꼼짝하지아니할 맹) 震(움직일 진) 止(머물 지) ※ 참고한『莊子今註今譯』에 '正(바를 정)'으로 표기되었는데 오자로 보아 '止(머물 지)'로 바꾸어서 해석했다.

是殆見吾杜德機也: 이(是)는 아마도(殆) (그가) 내(吾)게서 덕(德)이 막혀(杜) (있는) 조짐(機)을 본(見) (것이다). 殆(거의 태, 아마도) 杜(막을 두, 막히다) 機=幾(조짐 기)

嘗又與來: (그)와(與) 다시(又) 오도록(來) 하라(嘗). 又(또 우) 來(올 래) 嘗(시험할 상 → 하게)

明日 又與之見壺子: 다음 날(明日) (열자는 계함)과(與) (스승) 호자(壺子)를 보다(見).

出而謂列子曰: (계함이 호자 선생을 만나고) 나와선(出) 열자(列子)에게 말하다(謂).

幸矣 子之先生遇我也!: 다행이다(幸). 네(子) 선생(先生)이 나(我)를 만난(遇) (게)! 幸(다행 행) 遇(만날 우)

有瘳矣 全然有生矣!: 병이 낫다(有瘳). 완전히(全然) 살아나다(有~生)! 瘳(나을 추, 병이 낫다)

吾見其杜權矣: 나(吾)는 (네 스승의) 덕이 막힌(杜) 데서 솟아오르는(權) (모습을) 보다(見). 杜(막을 두, 막히다) 權(시초 권, 사물의 시초 → 솟아오르다)

列子入 以告壺子: 열자(列子)가 (방안에) 들어가(入) 호자(壺子)에게 (이 얘기를) 보고하다(告).

壺子曰 鄉吾示之以天壤: 호자(壺子)가 말하다. 조금 전(鄉) 나(吾)는 (그에게) 하늘의 상(以~天壤)을 보이다(示). 天壤[하늘(天)의 흙(壤). 즉 하늘의 상. 壤(흙 양, 땅)]

名實不入 而機發於踵: (그것은 인위적인) 명목(名)과 실체(實)가 (마음속에) 끼어들지(入) 않아(不~而) (덕의) 조짐(機)이 발끝에서(於~踵) 일어나도록(發) (하는 상이다). 名(이름 명 → 명목) 實(본질 실 → 실체) 入(들 입 → 끼어듦) 踵(발꿈치 종, 발끝) 發(일어날 발)

是殆見吾善者機也: 이(是)는 아마도(殆) (그가) 내(吾)게서 덕(德)이 닫힌 데서 열리는(善) 조짐(機)을 본(見) (것이다). 善(좋을 선 → 닫힘에서 열리는 좋은 상태)

嘗又與來: 다시(又) (그)와(與) 오도록(來) 하라(嘗).

明日 又與之見壺子: 다음 날(明日) (열자는 계함과) 함께(與) (스승) 호자(壺子)를 보다(見).

出而謂列子曰: (계함이 호자 선생을 만나고) 나와서(出) 열자(列子)에게 말하다(謂).

子之先生不齊: 네(子) 스승(先生)의 (모습이) 일정치(齊) 않다(不). 齊(가지런할 제, 나란히 하다 → 일정치 않다)

吾無得而相焉: (그래서) 내(吾)가 관상을 보는데(相) 얻음(得)이 없다. 즉 나로선 지금 관상을 볼 수 없다. 相(볼 상, 관상을 보다)

試齊 且復相之: (모습이) 일정해지면(試~齊) 다시(復) (스승의) 관상을 보자(相).

列子入 以告壺子: 열자(列子)가 (방안에) 들어가(入) (스승) 호자(壺子)에게 (이 얘기를) 보고하다(告).

壺子曰 鄉吾示之以太沖莫勝: 호자(壺子)가 말하다. 조금 전(鄉) 나(吾)는 (그에게) 누구도 이기지(勝) 못하는(莫) 큰(太) 비움(沖)의 상을(以) 보이다(示). 勝(이길 승) 太(클 태) 沖(빌 충, 비움)

是殆見吾衡氣機也: 이(是)는 아마도(殆) (그가) 내(吾)게서 기(氣)가 조화된(衡) 조짐(機)을 본(見) (것이다). 衡(평형 이룰 형, 조화된)

鯢桓之審爲淵: 암코래(鯢)가 (새끼를 낳기 위해 올라온 백사장에) 머뭇거리다(桓) (보면 머뭇거린 데가) 깊어져서(審) 못이 되다(爲~淵). 鯢(암코래 예) 桓(머뭇거릴 환, 주저하여 앞으로 잘 나아가지 못함) 淵(연못 연, 못)

止水之審爲淵: (또) 괴어(止) 있는 물(水)이 깊어져서(審) 못이 되다(爲~淵).

流水之審爲淵: 흐르는(流) 물(水)이 깊어져서(審) 못이 되다(爲~淵).

淵有九名 此處三焉: (이런 식으로) 못(淵)이 (만들어지면 모두) 아홉(九) 가지 이름(名)이 생겨나는데(有) (내가 그에게 보여준 못은) 이(此) (중) 세(三) 가지에 처한다(處). 즉 세 가지뿐이다. 處(처할 처)

嘗又與來: 다시(又) (그)와(與) 오도록(來) 하라(嘗).

明日 又與之見壺子: 다음 날(明日) (열자는 계함)과(與) 호자(壺子)를 보다(見).

立未定 自失而走: (그런데 계함은) 자리에 앉기도(定) 전(未)에 스스로(自) 망연자실해져(失) 선(立) 채로 도망치다(走). 定(정할 정 → 자리에 앉다) 失(잃을 실 → 망연자실하게) 立(세울 립 → 서다) 走(달릴 주 → 도망치다)

壺子曰 追之!: 호자(壺子)가 말하다. (그를) 뒤쫓아 가라(追)! 追(쫓을 추, 뒤쫓다)

列子追之不及 反: 열자(列子)가 (그를) 뒤쫓았지만(追) 따라가지 못하고(不及) 되돌아오다(反). 不及[미치지(及) 못하다(不). 못 따라가다] 及(미칠 급) 反(돌이킬 반 → 되돌아오다)

以報壺子曰: 호자(壺子)에게 알리다(報). 報(알릴 보)

已滅矣 已失矣 吾弗及已: 이미(已) 사라지다(滅). 이미(已) 놓치다(失). 나(吾)는 (그를) 따라가지(及) 못하다(弗). 滅(멸할 멸 → 사라지다)

壺子曰 鄕吾示之以未始出吾宗: 호자(壺子)가 말하다. 조금 전(鄕) 나(吾)는 (그에게) 내(吾) 근본(宗)이 처음부터(始) 나타나지(出) 않는(未) 상을(以) 보이다(示). 宗(마루 종, 근본)

吾與之虛而委蛇: 나(吾)는 (그)와(與) (있으면서 나를) 텅 비우고(虛~而) 사물의 변화에 순종하다(委蛇). 虛(빌 허) 委蛇[순순히 쫓는 모양. 즉 사물의 변화에 순종함. 외편「추수」1의 '사시(謝施)'와 비슷한 개념이다. 委(굽을 위, 꼬불꼬불함) 蛇(굽이굽이질날 이)]

不知其誰何: (그래서 그는 내가) 누구(誰)인지, 무엇(何)을 하는지 알지(知) 못하다(不). 誰(누구 수) 何(무엇 하)

因以爲弟靡: (이는 아마도 나를) 바람의 나부낌(弟靡)으로 말미암은(因~以) (사람으로), 즉 나부끼는 바람에 의해 생겨난 사람으로. 弟靡[나부끼는 바람. 弟(순할 제) 靡(쓰러질 미, 바람에 의해 쓰러짐)] 因(말미암을 인)

因以爲波流: 출렁이는 파도(波流)로 말미암은(因~以) (사람으로), 즉 출렁이는 파도에 의해 생겨난 사람으로 (여긴 탓이다). 波流[파도(波)의 흐름(流). 즉 출렁이는 파도. 波(물결 파) 流(흐를 류)]

故逃也: 그래서(故) (그만 두려워서) 달아나다(逃). 逃(달아날 도)

然後列子自以爲未始學而歸: 이런(然) (일이 있고 난) 후(後) 열자(列子)는 배움(學)이 아직 시작되지(始) 않음을(爲~未), 즉 배움이 제대로 되어 있지 못함을 스스로(自) (깨닫고서 집으로) 돌아오다(歸). 學(배울 학, 배움) 歸(돌아올 귀)

三年不出 爲其妻爨: 삼년(三年) (동안 집 바깥으로) 나오지(出) 않고(不) 아내를 위해(爲~妻) 밥을 짓다(爨). 爨(불 땔 찬, 밥을 짓다)

食豕如食人: 돼지(豕) 식사(食)와 사람(人) 식사(食)가 같다(如). 즉 돼지에게도 사람을 대하듯 정성껏 먹이를 주다. 豕(돼지 시) 食(밥 식 → 식사) 如(같을 여)

於事無與親: (또) 세상일에(於~事) 친함(與~親)이 없다(無). 즉 세상일에 특별히 마음을 기울이지 않다. 事(일 사) 親(친할 친)

雕琢復朴: (과거에) 갈고 닦았던(雕琢) (배움을 본래의) 순박한(朴) (상태로) 되돌리다(復). 雕琢 〔새기고(雕) 쪼는(琢) 것. 즉 갈고 닦은 것 → 배우고 익힌 것. 雕(새길 조) 琢(쪼을 탁)〕 朴(순박할 박)

塊然獨以其形立: (그러면서) 우두커니 무심한 채(塊然) 홀로(以~獨) (자신의) 몸(形)을 세우다(立). 塊然〔우두커니. 塊(흙덩이 괴 → 흙덩이처럼 무심하게 우두커니)〕獨(홀로 독) 立(세울 립) 形(몸 형)

紛而封哉 一以是終: (그러니 세상일이) 혼란스러워도(紛) (자신의 참 모습을) 지키면서(封), 이런(是) (식으로) 한결같이(以~一) (지내다 삶을) 마치다(終). 紛(어지러울 분 → 혼란스럽다) 封(봉할 봉, 단단히 붙이다 → 지키다) 終(마칠 종)

응제왕(應帝王) 6

無爲名尸, 無爲謀府., 無爲事任, 無爲知主.
體盡無窮, 而遊無朕., 盡其所受乎天, 而無見得, 亦虛而已.
至人之用心若鏡, 不將不迎, 應而不藏, 故能勝物而不傷.

지인(至人)은 명성을 위해 애쓰지 않고, 모의도 일삼지 않는다.
일의 책임을 맡지 않고, 앎의 주인도 되지 않는다.
몸은 무궁한 변화를 모조리 체득해도
마음은 변화의 조짐이 없는 경지에서 노닌다.
또 자연으로부터 받은 바를 남김없이 향유 해도
그 밖의 얻음에는 관심을 두지 않아 자신을 또한 텅 비울 뿐이다.
지인의 마음 씀씀이는 마치 거울과 같아서
사물을 보내지도(將) 않고 맞이하지도(迎) 않고,

사물에 응할(應) 뿐 그 모습을 간직하지(藏) 않는다.
따라서 지인은 사물의 모습을 이렇게 물리칠 수 있는데도
마음의 상처를 입지 않는다.

注 ──

無爲名尸: (지인은) 명성을 위해 애쓰지(爲~名尸) 않는다(無). 名尸〔명예의 주인, 즉 명성을 위해 애쓰는 사람. 尸(신주 시)〕

無爲謀府: 모의가 이루어지는 곳이 되지(爲~謀府) 않는다(無). 즉 모의를 일삼지 않는다. 謀府〔모의가 이루어지는 곳. 謀(꾀할 모 → 모의) 府(곳집 부, 문서 또는 재화를 넣어두는 창고 → 일삼다)〕

無爲事任: 일을 위해(爲~事) 맡김(任)을 얻지 않는다(無). 즉 일의 책임을 맡지 않는다. 任(맡길 임, 책임을 맡다)

無爲知主: 앎을 위해(爲~知) 주인(主)이 되지 않는다(無). 앎의 주인이 되지 않는다.

體盡無窮: 몸(體)은 무궁(無窮)한 (변화가) 다하도록(盡) (하다). 즉 몸은 무궁한 변화를 모조리 체득한다. 體(몸 체) 盡(다할 진)

而遊無朕: 그런데도(而) (마음은 변화의) 조짐(朕)이 없는(無) 경지에서 노닌다(遊). 朕(조짐 짐)

其所受乎天: 자연으로부터(乎~天) 받은(受) 바(所)를 다하도록(盡) (향유하다). 즉 남김없이 향유하다. 受(받을 수) 盡(다할 진)

而無見得: 그런데도(而) (그 밖의) 얻음(得)은 보지(見) 않는다(無). 즉 그 밖의 얻음에는 관심을 두지 않는다. 見(볼 견)

亦虛而已: 또한(亦) (자신을) 텅 비울(虛) 뿐이다(而已). 虛(빌 허)

至人之用心若鏡: 지인(至人)의 마음(心) 씀씀이(用)는 (마치) 거울(鏡)과 같다(若). 用(쓸 용 → 씀씀이) 鏡(거울 경)

不將不迎: (그래서 사물을) 보내지도(將) 않고(不) 맞이하지도(迎) 않는다(不). 將(보낼 장) 迎(맞이할 영)

應而不藏: (사물에) 응할(應~而) 뿐 (그 모습을) 간직하지(藏) 않는다(不). 應(응할 응) 藏(감출 장, 간직함)

故能勝物而不傷: 따라서(故) (지인은) 사물(物)의 (모습을 이렇게) 물리칠(勝) 수 있는데도(能~而) (마음의) 상처(傷)를 입지 않는다(不). 勝(이길 승, 물리치다) 傷(상처 상)

응제왕(應帝王) 7

南海之帝爲儵, 北海之帝爲忽, 中央之帝爲混沌.

儵與忽時相與遇於混沌之地, 混沌待之甚善.

儵與忽謀報混沌之德, 曰:「人皆有七竅以視聽食息, 此獨無有, 嘗試鑿之.」

日鑿一竅, 七日而混沌死.

숙(儵)이란 남해의 제왕, 홀(忽)이란 북해의 제왕,

혼돈(混沌)이란 중앙의 제왕이 있었다.

숙과 홀은 때때로 혼돈의 땅에서 서로 함께 만났는데

혼돈은 그때마다 숙과 홀을 극진히 대접했다.

숙과 홀은 혼돈이 베푼 은혜에 보답할 방법을 모의하다가 말했다.

사람은 모두 일곱 개의 구멍을 갖고 이것으로 보고 듣고 먹고 숨 쉬는데

유독 혼돈만 구멍이 없으니까 그에게 한번 구멍을 뚫어주자."

그리고 하루에 한 개씩 구멍을 뚫었는데 이레 만에 혼돈이 죽었다.

注 ───────────────────────────────

南海之帝爲儵 北海之帝爲忽: 숙이란(爲~儵) 남해(南海)의 제왕(帝), 홀이란(爲~忽) 북해(北海)의 제왕(帝). 儵(잿빛 숙, 청흑색) 忽(잊을 홀) 帝(임금 제 → 제왕)

中央之帝爲混沌: 혼돈이란(爲~混沌) 중앙(中央)의 제왕(帝)이 (있다). 混沌〔혼돈. 즉 천지가 아직 개벽하기 전에 元氣가 나누어지지 않고 한데 엉켜 있는 모양. 混(클 혼, 또는 섞을 혼) 沌(기운 덩어리 돈, 어리석을 돈)〕

儵與忽時相與遇於混沌之地: 숙과(與~儵) 홀(忽)은 때때로(時) 혼돈(混沌)의 땅에서(於~地) 서로(相) 함께(與) 만나다(遇). 時(때때로 시) 遇(만날 우)

混沌待之甚善: (그런데) 혼돈(混沌)은 (그때마다 숙과 홀을) 극진히(甚善) 대접하다(待). 甚善〔심히(甚) 잘하다(善). 즉 극진히. 甚(심할 심, 대단히) 善(잘할 선)〕待(대접할 대)

儵與忽謀報混沌之德 曰: 숙(儵)과(與) 홀(忽)은 혼돈(混沌)이 (베푼) 은혜(德)에 보답할(報) (방법을) 모의하다가(謀) 말하다. 德(베풀 덕, 은혜를 베풀다) 報(갚을 보, 보답하다) 謀(꾀할 모, 모의하다)

人皆有七竅以視聽食息: 사람(人)은 모두(皆) 일곱(七) 개 구멍(竅)을 갖고(有) 이것으로(以) 보고(視) 듣고(聽) 먹고(食) 숨 쉰다(息). 竅(구멍 규) 視(볼 시) 聽(들을 청) 食(먹을 식) 息(숨쉴 식)

此獨無有 嘗試鑿之: (그런데) 이(此) (혼돈만) 유독(獨) (구멍) 있음(有)이 없으니까(無), 즉 구멍이 없으니까 (그에게) 시험 삼아(嘗試) 구멍을 뚫어주다(鑿). 嘗試〔시험하여 봄. 즉 시험 삼아. 嘗(시험할 상) 試(시험할 시)〕鑿(뚫을 착)

日鑿一竅 七日而混沌死: (그리고) 하루(日)에 한(一) 개씩 구멍(竅)을 뚫었는데(鑿) 이레(七日) 만에 혼돈(混沌)이 죽다(死).

외편

外篇

변무
骈拇

변무(騈拇) 1

騈拇枝指, 出乎性哉! 而侈於德.

附贅縣疣, 出乎形哉! 而侈於性.

多方乎仁義而用之者, 列於五藏哉! 而非道德之正也.

是故騈於足者, 連無用之肉也., 枝於手者, 樹無用之指也.,

騈枝於五藏之情者, 淫僻於仁義之行, 而多方於聰明之用也.

是故騈於明者, 亂五色, 淫文章, 靑黃黼黻之煌煌非乎? 而離朱是已.

多於聰者, 亂五聲, 淫六律, 金石絲竹黃鐘大呂之聲非乎? 而師曠是已.

枝於仁者, 擢德塞性以收名聲, 使天下簧鼓以奉不及之法非乎? 而曾史是已.

騈於辯者, 累瓦結繩竄句, 遊心於堅白同異之閒, 而敝跬譽無用之言非乎?

而楊墨是已.

故此皆多騈旁枝之道, 非天下至至正也.

彼至正者, 不失其性命之情.

故合者不爲騈, 而枝者不爲岐., 長者不爲有餘, 短者不爲不足.

是故鳧脛雖短, 續之則憂., 鶴脛雖長, 斷之則悲.

故性長非所斷, 性短非所續, 無所去憂也.

意仁義其非人情乎! 彼仁人何其多憂也?

且夫騈於拇者, 決之則泣., 枝於手者, 齕之則啼.

二者或有餘於數, 或不足於數, 其於憂一也.

今世之仁人, 蒿目而憂世之患., 不仁之人, 決性命之情而饕貴富.

故曰仁義其非人情乎!

自三代以下者, 天下何其囂囂也?

발가락이 붙은 네발이와 손가락이 하나 더 많은 육손이로 태어난 건
타고난 본성(性) 탓이다!

그런데 네발이와 육손이는 자연스러운 덕(德)에서 보면 정상이 아니다.

얼굴에 늘어진 혹과 사마귀 점을 갖고 태어난 것도 타고난 모양 탓이다!

그런데 혹과 사마귀 점도 타고난 본성에서 보면 정상이 아니다.

인의(仁義)를 여러 방면에 동원하는 사람은 이를 중요하다고 여겨
우리 몸의 오장(五臟)에 비유한다.

그런데 이런 비유도 도덕의 올바른 모습(道德之正)에서 보면 정상이 아니다.

이런 까닭에 발가락이 합쳐진 건 쓸데없는 살이 이어져서이고,
손이 갈라진 건 소용없는 손가락이 심어져서이다.

그러니 오장의 모습에 쓸데없는 게 합쳐지거나 소용없는 게 갈라진 건
인의의 행동을 강조하거나 총명(聰明)의 쓸모를 여러 방면에 내세워서이다.

이런 까닭에 눈 밝은 사람은 온갖 색인 오색(五色)에 마음을 어지럽히고,
지나친 꾸밈인 문장(文章)에 정신을 잃는다.

이런 오색과 문장은 청황색 자수의 화려함에 비교할 수 있지 않은가?

그런데 눈 밝은 이주(離朱)가 오색에 마음을 어지럽히고,
문장에 정신을 잃었다.

귀 밝은 사람도 온갖 소리인 오성(五聲)에 마음을 어지럽히고,
온갖 가락인 육률(六律)에 정신을 잃었다.

그래서 이런 오성과 육률은 금석, 사, 죽, 황종, 대려의 소리에
비교할 수 있지 않은가?

그런데 귀 밝은 사광(師曠)이 오성에 마음을 어지럽히고,
육률에 정신을 잃었다.

인을 강조하는 사람도 자연스러운 덕을 뽑고 타고난 본성을 막아
명성을 얻는다.

덕을 뽑고 타고난 본성을 막아서 명성을 얻는 건
교묘한 말로 천하를 미혹시켜 지킬 수 없는 법도를 받들게 하자는 게 아닌가?

그런데 공자의 제자 증삼과 공자의 추종자 사추가
교묘한 말로 천하를 미혹시켜서 지킬 수 없는 법도를 받들게 했다.

말(辯)에 기대는 사람도 기와를 포개어 쌓거나 새끼에 매듭을 짓듯이
표현을 쓸데없이 고쳐서 자신의 말을 남이 알아듣지 못하게 해
그의 마음은 견백(見白)이니 동이(同異)니 하는 궤변의 틈에서 노닌다.
그러니 이런 사람은 분수에 지나칠 정도로 힘쓰면서
쓸데없는 말을 기리는 사람이 아닌가?
그런데 개인주의자 양주(楊朱)와 박애주의자 묵적(墨翟)은
분수에 지나칠 정도로 힘쓰면서 쓸데없는 말을 기렸다.
따라서 명(明), 총(聰), 인(仁), 변(辯)은
귀 밝음에 뛰어나고, 눈 밝음에 합쳐지고, 인에서 갈라지고, 말에 기대는
다병방지(多騈旁枝)의 도이지 천하의 가장 바른 도(至至正)가 아니다.
가장 바른 도에 이르면 타고난 본성의 참모습(性命之情)을 잃지 않는다.
그래서 발가락이 합쳐진 것을 쓸데없는 게 붙은 거라고 여기지 않고,
손가락이 갈라진 것을 쓸데없는 게 갈라진 거라고 여기지 않는다.
또 긴 것을 남는다고 여기지 않고, 짧은 것을 모자라다 여기지 않는다.
이 때문에 가장 바른 도에 이르면 오리 다리가 짧아도 늘리면 근심하고,
학의 다리가 길어도 자르면 슬퍼한다.
그래서 타고난 본성의 긴 것을 잘라서도 안 되고,
타고난 본성의 짧은 것을 늘려서도 안 되기에
가장 바른 도에 이른 사람은 근심할 까닭이 없다.
생각하건대 인의는 사람의 참모습(人情)이 아니다!
그런데 저 어진 사람(仁人), 즉 공자는 어째서 저리도 근심이 많을까?
발가락이 붙은 네발이는 그것을 가르면 아파서 울고,
손가락이 갈라진 육손이는 그것을 붙이려고 씹으면 아파서 운다.
이처럼 육손이는 손가락이 남아 울고, 네발이는 발가락이 모자라 우는 거니
육손이든 네발이든 간에 근심은 매한가지이다.
지금 세상의 어진 사람(仁人)은 고달픈 눈으로 세상의 환난을 근심한다.
또 어질지 못한 사람은 타고난 본성의 참모습(性命之情)을 끊고서
부귀를 탐하느라 근심한다.
그래서 말하길 '이들이 어질든 어질지 않든 간에 올바르지 않다는 점에선

같기에 인의는 사람의 참모습이 아니다!'라고 한다.

하(夏)은(殷)주(周) 3대 이후, 즉 공자가 인의를 표방한 춘추전국시대 이후
이 인의로 인해 천하가 얼마나 시끄러웠는가?

注 ―――――――――――――――――――――――――――――――

騈拇枝指: (발가락이 붙은) 네 발이(騈拇)와 (손가락이 하나 더 많은) 육손이(枝指). 騈拇〔변무. 엄
지발가락과 검지발가락이 붙은 네발이. 騈(합쳐질 병) 拇(엄지손가락 무, 엄지발가락)〕 枝指〔기지.
손가락 하나 많은 육손이. 枝(육손이 기) 指(손가락 지)〕

出乎性哉!: (그것으로) 태어난(出) 건 타고난 본성(性) (탓이다)! 出(날 출 → 태어남) 性(성품 성, 타
고난 본성)

而侈於德: 그런데(而) (네발이와 육손이는) 자연스러운 덕에서(於~德) (보면) 지나치다(侈). 즉 정
상이 아니다. 德(마음 덕 → 자연스런 덕) 侈(지나칠 치)

附贅縣疣: (또) 얼굴에 늘어진 혹과 사마귀 (점을 갖고). 附贅縣疣〔혹과 사마귀. 附(붙을 부, 달라
붙다) 贅(군더더기 췌) 縣(매달 현) 疣(혹 우)〕

出乎形哉!: 태어난(出) 건 (타고난) 모양(形) (탓이다)! 出(날 출 → 나오다) 形(모양 형)

而侈於性: 그런데(而) (혹과 사마귀 점도) 타고난 본성에서(於~性) (보면) 지나치다(侈). 즉 정상
이 아니다.

多方乎仁義而用之者: (또) 인의(仁義)를 여러 방면(多方)에 동원하는(而~用) 자(者). 즉 동원하
는 사람. 多方〔여러(多) 방면(方). 多(많을 다) 方(모 방 → 방면)〕 用(쓸 용 → 동원함)

列於五藏哉: (이를 중요하다고 여겨 우리 몸의) 오장에(於~五藏) 비유하다(列). 즉 인의예지신(仁義
禮智信)의 오상(五常)을 오장에 맞춰 인은 간장, 의는 폐장, 예는 심장, 지는 신장, 신은 비장에
나열하다. 즉 비유하다. 列(나란히세울 렬, 나열함)

而非道德之正也: 그런데(而) (이런 비유는) 도덕(道德)의 올바른(正) (모습에서 보면 정상이) 아니
다(非). 正(바를 정 → 올바른)

是故騈於足者: 이런(是) 고로(故) 발가락끼리(於~足) 합쳐진 건(騈~者). 足(발 족) 騈(합쳐질 병)

連無用之肉也: 쓸데(用) 없는(無) 살(肉)이 이어져서이다(連). 用(쓸 용, 쓸 데) 肉(고기 육 → 살)
連(이을 련, 이어지다)

枝於手者: 손이(於~手) 갈라진(枝) 건(者). 手(손 수) 枝(갈라질 지)

樹無用之指也: 소용(用) 없는(無) 손가락(指)이 심어져서이다(樹). 指(손가락 지) 樹(심을 수)

騈枝於五藏之情者: (그러니) 오장(五藏)의 모습에(於~情) (쓸데없는 게) 합쳐지거나(騈) (소용없는
게) 갈라진 것(枝~者). 情(실상 정, 모습) 者(~하면 자)

淫僻於仁義之行: (그건) 인의(仁義) 행동을(於~行) 강조하다(淫僻). 淫僻〔과하게(淫) 치우침

(僻). 洴(과할 음) 僻(치우칠 벽)〕

多方於聰明之用也: 총명(聰明), 즉 귀 밝음과 눈 밝음의 쓸모(用)를 여러 방면에(於~多方) (내세워서이다). 聰(귀밝을 총) 明(눈밝을 명)

是故騈於明者: 이런(是) 고로(故) 눈 밝음에(於~明) 합쳐지는(騈) 사람(者), 즉 눈 밝은 사람. 騈(합쳐질 병)

亂五色淫文章: (온갖 색인) 오색(五色. 즉 靑·白·赤·黑·黃)에 (마음을) 어지럽히고(亂) 지나친 꾸밈인 문장(文章)에 정신을 잃는다(淫). 亂(어지러울 란) 文章〔(화려한) 무늬. 즉 지나친 꾸밈. 文(문채글 문) 章(글 장)〕 淫(음란할 음 → 정신을 잃다)

靑黃黼黻之煌煌非乎?: (그래서 이런 오색과 문장은) 청황색(靑黃) 자수(黼黻)의 화려함(煌煌)에 (비교할 수 있지) 않은가(非)? 黼黻〔장식한 자수. 黼(수 보) 黻(수 불)〕 煌煌〔반짝반짝 빛나는 모양. 즉 화려함. 煌(빛날 황)〕

而離朱是已: 그런데(而) (눈 밝은) 이주(離朱)가 그렇다(是已). 즉 이주는 오색에 마음을 어지럽히고, 문장에 정신을 잃는다.

多於聰者: 귀 밝음에(於~聰) 뛰어난(多) 사람(者), 즉 귀 밝은 사람. 多(뛰어날 다)

亂五聲 淫六律: (온갖 소리인) 오성(五聲, 즉 궁상각치우)에 마음을 어지럽히거나(亂) (온갖 가락인) 육률(六律)에 정신을 잃는다(淫). 淫(음란할 음 → 정신을 잃다)

金石絲竹黃鐘大呂之聲非乎?: (그래서 이런 오성과 육률은) 금석(金石), 사(絲), 죽(竹), 황종(黃鐘), 대려(大呂)의 (합주소리이지) 않은가(非)?

而師曠是已: 그런데(而) (귀 밝은) 사광(師曠)이 그렇다(是已). 즉 사광이 오성에 마음을 어지럽히고 육률에 정신을 잃는다.

枝於仁者: 인을(於~仁) 강조하는(枝) 사람(者). 枝(세울 지 → 강조하다)

擢德塞性以收名聲: 자연스러운 덕(德)을 뽑고(擢) 타고난 본성(性)을 막아(以~塞) 명성(名聲)을 얻는다(收). 德(마음 덕 → 자연스러운 덕) 擢(뽑을 탁) 性(성품 성, 타고난 본성) 塞(막을 색) 名聲〔명성. 名(이름 명) 聲(소리 성)〕 收(거둘 수, 얻다)

使天下簧鼓: (덕을 뽑고 본성을 막아 명성을 얻는 건) 교묘한 말로 천하를(使~天下) 현혹시키다(簧鼓). 簧鼓〔생황(笙簧)을 고동(鼓動)해서 소리를 내듯 교묘한 말로 사람을 현혹하게 함. 簧(피리 황. 관악기 한 가지) 鼓(두드릴 고)〕

以奉不及之法非乎?: 그럼으로써(以) 지킬(及) 수 없는(不) 법도(法)를 받들게(奉) (하자는 게) 아닌가(非)? 及(미칠 급 → 지키다) 法(법 법 → 법도) 奉(받들 봉)

而曾史是已: 그런데(而) (공자의 제자) 증삼(曾)과 (공자의 추종자) 사추(史)가 그렇다(是已). 즉 천하를 교묘한 말로 현혹시켜 지킬 수 없는 법도를 받들게 하다. 曾=曾參(증삼. 공자의 충실한 제자) 史=史鰌(사추, 춘추시대 위영공의 신하)

旁於辯者: 말에(於~辯) 기대는(旁) 사람(者). 辯(말 변) 旁(기댈 방)

累瓦結繩竄句: 기와(瓦)를 포개어 쌓거나(累) 새끼에 매듭을 짓듯이(結繩) 표현을 쓸데없이 고쳐서 남이 (자신의 말을) 알아듣지 못하게 하다(竄句). 瓦(기와 와) 累(포갤 루, 포개어 쌈) 結繩 〔새끼에 매듭을 지음. 結(맺을 결) 繩(묶을 승)〕 竄句〔쓸데없이 표현을 고쳐 남이 알아듣지 못하게 함. 竄(고칠 찬) 句(구절 구 → 표현)〕

遊心於堅白同異之閒: (그래서) (그의) 마음(心)은 견백(見白)과 동이(同異)니 하는 (궤변) 틈에서 (於~閒) 노닌다(遊). 閒(틈 한) 遊(놀 유)

而敝跬譽無用之言非乎?: 그러니(而) (이런 사람은) 분수에 지나칠 정도로 힘쓰면서(敝跬) 쓸데(用) 없는(無) 말(言)을 기리는(譽) (사람이) 아닌가(非)? 敝跬〔분수에 지나치게 힘씀. 敝(비단 폐) 跬(가까울 규)〕 譽(기릴 예)

而楊墨是已: 그런데(而) (개인주의자) 양주(楊朱)와 (박애주의자) 묵적(墨翟)이 그렇다(是已). 즉 양주와 묵적은 분수에 지나칠 정도로 힘쓰고 쓸데없는 말을 기리다.

故此皆多騈旁枝之道: 따라서(故) 이(此) 모두(皆), 즉 명(明), 총(聰), 인(仁), 변(辯)은 (귀 밝음에) 뛰어나고(多), (눈 밝음에) 합쳐지고(騈), (인에서) 갈라지고(枝), (말에) 기대는(旁) 다병방지(多騈旁枝)의 도(道)이다. 旁(기댈 방)

非天下至至正也: 천하(天下)의 지극하고 지극한(至至) 도(正)가 아니다(非). 즉 가장 바른 도가 아니다. 至(지극할 지) 正(바를 정 → 도)

彼至正者: 저(彼) 지극한(至) 도(正)에 이르면(者). 즉 가장 바른 도에 이르면.

不失其性命之情: 타고난 본성의 참 모습(性命之情)을 잃지(失) 않다(不). 性命之情〔하늘로부터 부여받은(命) 타고난 본성(性)의 참 모습(情). 性(성품 성, 타고난 본성) 情(실정 정, 참 모습)〕

故合者不爲騈: 그래서(故) (발가락이) 합쳐진(合) 것(者)을 쓸데없는 (게) 붙은(騈) 거라고 여기지(爲) 않다(不).

而枝者不爲岐: 그리고(而) (손가락이) 갈라진(枝) 것(者)을 쓸데없는 (게) 갈라진(岐) 거라고 여기지(爲) 않다(不). 岐(갈라질 기)

長者不爲有餘: (또) 긴(長) 것(者)을 남는다고(有餘) 여기지(爲) 않다(不). 有餘〔여유가 있음. 즉 남는다. 有(있을 유) 餘(남을 여)〕

短者不爲不足: 짧은(短) 것(者)을 부족(不足)하다 여기지(爲) 않다(不). 즉 모자라다 여기지 않는다.

是故鳧脛雖短 續之則憂: 이(是) 때문에(故) (가장 바른 도에 이르면) 오리(鳧) 다리(脛)가 아무리(雖) 짧아도(短) (이를) 늘리면(續~則) 근심하다(憂). 鳧(오리 부) 脛(정강이 경, 다리) 續(이을 속, 늘리다) 憂(근심할 우)

鶴脛雖長 斷之則悲: 학(鶴)의 다리(脛)가 비록(雖) 길어도(長) (이를) 자르면(斷~則) 슬퍼한다

(悲), 鶴(학 학) 斷(끊을 단, 자름)

故性長非所斷: 그래서(故) 타고난 본성(性)의 긴 것(長)을 자르는(斷) 바(所)는 안 되다(非).

性短非所續,: 타고난 본성(性)의 짧은(短) 것을 늘리는(續) 바(所)는 안 된다(非).

無所去憂也: (그래서 가장 바른 도에 이른 사람)은 근심(憂)이 지나갈(去) 바(所) 없다(無). 즉 근심할 까닭이 없다. 去(갈 거)

意仁義其非人情乎!: 생각하건(意) 대 인의(仁義)는 사람(人)의 참 모습(情)이 아니다(非)! 意(뜻 의, 생각하다) 情(실정 정, 참 모습)

彼仁人何其多憂也?: (그런데) 저(彼) 어진 사람(仁人), 즉 공자는 어째서(何) (그리) 근심(憂)이 많은가(多)? 多(많을 다)

且夫駢於拇者: 모름지기(夫) 발가락에(於~拇) (다른 발가락이) 합쳐진(駢) 사람(者). 즉 발가락이 붙은 네발이. 拇(엄지손가락 무 → 엄지발가락) 駢(합쳐질 병)

決之則泣: (그것을) 가르면(決~則) (아파서) 울다(泣). 決(끊을 결 → 가르다) 泣(울 읍)

枝於手者: 손에(於~手) (다른 손가락이) 갈라진(枝) 사람(者). 즉 육손이. 枝(갈라질 지)

齕之則啼: (그것을 붙이려고) 씹으면(齕~則) (아파서) 울다(啼). 齕(씹을 흘) 啼(울 제)

二者或有餘於數: (이처럼) 두 사람(二~者) 중 혹자(或), 즉 육손이는 수에(於~數) 여분(餘)이 있어(有) (울다). 즉 육손이는 손가락이 남아서 울다. 或(어떤이 혹) 餘(남을 여)

或不足於數: 혹자(或), 즉 네발이는 수가(於~數) 부족해(不足) (울다). 즉 네발이는 발가락이 모자라서 운다. 數(수 수)

其於憂一也: (그러니 육손이든 네발이든 간에) 근심에선(於~憂) 매한가지이다(一). 즉 근심은 매한가지이다.

今世之仁人: 지금(今) 세상(世)의 어진 사람(仁人). 世(세상 세)

蒿目而憂世之患: 고달픈(蒿) 눈으로(目~而) 세상(世) 환난(患)을 근심하다(憂). 蒿(고달플 호) 目(눈 목) 患(재앙 환) 憂(근심할 우)

不仁之人: (또) 어질지(仁) 못한(不) 사람(人).

決性命之情而饕貴富: 타고난 본성의 참 모습(性命之情)을 끊고(決~而) 부귀(貴富)를 탐하느라(饕) (근심하다). 饕(탐할 도)

故曰仁義其非人情乎!: 그래서(故) 말하길 (이들이 어질든 어질지 않든 간에 올바르지 않다는 점에선 같으므로) 인의(仁義)는 사람(人)의 참 모습(情)이 아니다(非)! 라고 한다.

自三代以下者: 하은주(三代) 이후로(以下~者), 즉 (공자가 인의를 표방하고 나선) 춘추전국시대 이후부터. 三代(중국 역사의 시작인 하(夏)·은(殷)·주(周) 3대를 의미함)

天下何其囂囂也?: (이 인의로) 천하(天下)가 얼마나(何) 시끄러운가(囂囂)? 囂囂(시끄러운 모양. 囂(들렐 효. 떠들썩함))

변무(駢拇) 2

且夫待鉤繩規矩而正者, 是削其性者也., 待繩約膠漆而固者, 是侵其德者也.,

屈折禮樂, 呴俞仁義, 以慰天下之心者, 此失其常然也. 天下有常然.

常然者, 曲者不以鉤, 直者不以繩, 圓者不以規, 方者不以矩, 附離不以膠漆, 約束不以纆索.

故天下誘然皆生而不知其所以生, 同焉皆得而不知其所以得.

故古今不二, 不可虧也.

則仁義又奚連連如膠漆纆索而遊乎道德之間爲哉, 使天下惑也!

夫小惑易方, 大惑易性. 何以知其然邪?

有虞氏招仁義以撓天下也, 天下莫不奔命於仁義, 是非以仁義易其性與?

故嘗試論之, 自三代以下者, 天下莫不以物易其性矣.

小人則以身殉利, 士則以身殉名, 大夫則以身殉家, 聖人則以身殉天下.

故此數子者, 事業不同, 名聲異號, 其於傷性以身爲殉, 一也.

臧與穀二人相與牧羊而俱亡其羊.

問臧奚事, 則挾筴讀書., 問穀奚事, 則博塞以遊.

二人者, 事業不同, 其於亡羊均也.

伯夷死名於首陽之下, 盜跖死利於東陵之上, 二人者, 所死不同, 其於殘生傷性均也.

奚必伯夷之是而盜跖之非乎!

天下盡殉也, 彼其所殉仁義也, 則俗謂之君子., 其所殉貨財也, 則俗謂之小人.

其殉一也, 則有君子焉, 有小人焉., 若其殘生損性, 則盜跖亦伯夷已, 又惡取君子小人於其間哉!

且夫屬其性乎仁義者, 雖通如曾史, 非吾所謂臧也.,

屬其性於五味, 雖通如俞也, 非吾所謂臧也.,

屬其性乎五聲, 雖通如師曠, 非吾所謂聰也.,

屬其性乎五色, 雖通如離朱, 非吾所謂明也.

吾所謂臧者, 非仁義之謂也, 臧於其德而已矣.,

吾所謂臧者, 非所謂仁義之謂也, 任其性命之情而已矣.,

吾所謂聰者, 非謂其聞彼也, 自聞而已矣.,

吾所謂明者, 非謂其見彼也, 自見而已矣.

夫不自見而見彼, 不自得而得彼者, 是得人之得而不自得其得者也, 適人之適而不自適其適者也.

夫適人之適而不自適其適, 雖盜跖與伯夷, 是同爲淫僻也.

余愧乎道德, 是以上不敢爲仁義之操, 而下不敢爲淫僻之行也.

그림쇠, 먹줄, 컴퍼스, 곱자에 의지해서 사물을 반듯이 다듬으면
이는 사물의 타고난 본성(性)을 깎는 일이다.
노끈과 밧줄이나 아교와 옻칠에 의지해서 사물을 단단히 굳게 하면
이는 사물의 자연스러운 덕성(德)을 무너뜨리는 일이다.
그러니 예악을 번거롭게 따르거나 인의를 보살펴서 길러
천하의 마음을 어루만지면 이는 늘 그런 모습(常然)을 잃는 일이다.
천하에는 늘 그런 모습이 있다.
늘 그런 모습은 그림쇠에 기대지 않는 굽음, 먹줄에 기대지 않는 곧음,
컴퍼스에 기대지 않는 둥그림, 곱자에 기대지 않는 각짐,
아교나 옻칠에 기대지 않는 붙음, 노끈과 밧줄에 기대지 않는 묶음이다.
따라서 천하의 모든 사물은 저절로 생겨나는데 어째서 생겨나는지 모르고,
각자 제 모습을 지니는데 어째서 제 모습을 지니는지 모른다.
따라서 사물은 옛날이나 지금이나 늘 일정한 모습을 지니므로
이런 모습은 사람의 힘으로 도저히 훼손될 수 없다.
그렇다면 어째서 인의(仁義)를 아교나 옻칠, 노끈과 밧줄로 다시 단단히 묶어서
도덕의 틈에서 노닐게 하려는가? 이것은 천하를 미혹시킬 뿐이다!
작은 미혹은 방향만 바꾸지만 큰 미혹은 하늘이 부여한 천지자연의 타고난
본성을 바꾼다. 이를 어찌 아는가?
순임금이 인의를 내건 뒤 천하가 어지러워졌는데
그 후로 천하에는 인의에 목숨을 걸고 달리지 않는 사람이 없어서이다.
사람의 타고난 본성을 인의(仁義)로 바꾸는 게 과연 옳은가, 옳지 않은가?
한 번 따져보자.
춘추전국시대 이후 사물의 미혹으로 본성을 바꾸지 않는 자가 천하에 없다.

소인은 몸을 바쳐서 이득을 탐하고, 선비는 몸을 바쳐서 명예를 추구하고
대부는 몸을 바쳐서 가문을 지키고, 성인은 몸을 바쳐서 천하를 바랐다.
따라서 소인 선비 대부 성인이 하는 일이 다르고, 얻으려는 명성이 달라도
뭔가를 탐해 몸을 희생해가면서 타고난 본성을 해쳤다는 점에선 같다.
사내종과 계집종이 서로 함께 양을 치다가 두 사람 모두 양을 잃었다.
사내종에게 무슨 일을 했느냐고 물으니까 독서에 열중했다고 말하고,
계집종에게 무슨 일을 했느냐고 물으니까 주사위 놀이에 빠졌다고 말했다.
두 사람이 한 일은 같지 않아도 양을 잃었다는 점에선 같다.
또 백이(伯夷)는 명예를 위하다가 수양산 아래에서 죽고,
도척(盜跖)은 이득을 탐하다가 태산(東陵) 위에서 죽었다.
죽은 곳이 같지 않아도 생명을 해치고 타고난 본성을 다치게 한 점은 같다.
그러니 백이는 어째서 반드시 옳고, 도척은 어째서 반드시 그른가!
그런데도 세상 사람은 애써 뭔가를 탐한다.
그가 인의를 탐하면 세상 사람은 그를 군자라고 부르고,
그가 재물을 탐하면 세상 사람은 그를 소인이라 부른다.
무언가를 탐하는 건 같은데 누구는 군자가 되고, 누구는 소인이 된다.
생명을 해치고 타고난 본성을 잃는 게 같은 것처럼 도척과 백이도 같다.
그러니 또 어찌해서 군자와 소인 간에 차이를 두는가!
타고난 본성을 인의에 묶으면 증삼과 사추처럼 인의에 통달해도
내가 이른바 훌륭하다고 칭송하는 사람이 아니다.
타고난 본성을 오미(五味)에 묶으면 유아(兪兒)처럼 맛에 통달해도
내가 이른바 훌륭하다고 칭송하는 사람이 아니다.
타고난 본성을 오성(五聲)에 묶으면 사광(師曠)처럼 소리에 통달해도
내가 이른바 귀가 밝다고 하는 사람이 아니다.
타고난 본성을 오색(五色)에 묶으면 이주(離朱)처럼 색에 통달해도
내가 이른바 눈이 밝다고 하는 사람이 아니다.
내가 이른바 훌륭하다 인정하는 사람은 인의에 통달한 사람을 말하는 게
아니라 자연스러운 덕성(德)에 비추어보아 훌륭하다 인정하는 사람이다.
내가 이른바 훌륭하다 칭송하는 사람은 인의에 통달한 사람을 말하는 게

아니라 자신을 타고난 본성의 참모습(性命之情)에 맡기는 사람이다.

내가 이른바 귀가 밝다고 말하는 사람은

오음(五音)을 듣는 사람을 말하는 게 아니라 스스로 듣는 사람이다.

내가 이른바 눈이 밝다고 말하는 사람은

오색(五色)을 보는 사람을 말하는 게 아니라 스스로 보는 사람이다.

스스로 보지 못하고 남에게 얽매여서 보고,

스스로 만족하지 못하고 남에게 얽매여서 만족하면

이는 다른 사람의 만족으로 흡족할 뿐 그 만족을 스스로 흡족하지 못하고,

다른 사람의 즐거움으로 즐거워할 뿐 스스로 즐겁지 않은 사람이다.

다른 사람의 즐거움으로 즐거워하고 그 즐거움을 스스로 즐거워하지 못하면

도척과 백이가 바르지 않은 점에선 달라도 본성을 잃은 점에선 같다.

나는 자연스러운 도덕을 터득하지 못한 것을 부끄럽게 여긴다.

이로써 자연스러운 도덕을 터득하려면 위로는 백이처럼 인의를 거머쥐지

않고, 아래로는 도척처럼 바르지 않은 행동을 하지 않아야 한다.

注 ―――

且夫待鉤繩規矩而正者: (곡선을 그리는) 그림쇠(鉤), (직선을 긋는) 먹줄(繩), (원을 그리는) 컴퍼스
(規), (네모꼴을 만드는) 곱자(矩)에 의지해(待~而) (사물을) 반듯이 다듬으면(正~者). 鉤(걸음쇠 구,
그림쇠) 繩(먹줄 승) 規(원그릴 규, 컴퍼스) 矩(곱자 구) 待(기댈 대, 의지하다) 正(바를 정, 반듯하다)

是削其性者也: 이(是)는 (사물의) 타고난 본성(性)을 깎는(削) 일(者)이다. 性(성품 성, 타고난 본
성) 削(깎을 삭)

待繩約膠漆而固者: 노끈(繩)과 밧줄(約)이나 아교(膠)와 옻칠(漆)에 의지해(待) (사물을) 단단
히 굳게 하면(固~者). 繩(노 승, 노끈) 約(묶을 약 → 밧줄) 膠(갖풀 교 → 아교) 漆(옻칠 칠) 固(굳을
고, 단단히 하다)

是侵其德者也: 이(是)는 (사물의) 자연스러운 덕성(德)을 무너뜨리는(侵) 일(者)이다. 侵(침노할
침 → 무너뜨리다)

屈折禮樂 呴兪仁義: (그러니) 예악(禮樂)을 번거롭게 따르거나(屈折) 인의(仁義)를 보살펴서 기
르다(呴兪). 屈折(굽히고 따름 → 번거롭게 따르다. 屈(구부릴 굴) 折(꺾을 절)) 呴兪(보살펴 기
름. 呴(기뻐할 구) 兪(점점 유))

以慰天下之心者: 그것으로써(以) 천하(天下)의 마음(心)을 어루만지면(慰~者). 慰(위안 위 → 어
루만지다)

此失其常然也: 이것(此)은 늘(常) 그런(然) (모습을) 잃는(失) (일이다). 常(항상 상, 늘) 失(잃을 실)

天下有常然: 천하(天下)에는 늘(常) 그런(然) (모습이) 있다(有).

常然者 曲者不以鉤: 늘 그런(常然) 모습(者)은 그림쇠에(以~鉤) (기대지) 않는(不) 굽음(曲~者). 曲(굽을 곡)

直者不以繩: 먹줄에(以~繩) (기대지) 않는(不) 곧음(直~者). 直(곧을 직)

圓者不以規: 컴퍼스에(以~規) (기대지) 않는(不) 둥그럼(圓~者). 圓(둥글 원)

方者不以矩: 곱자에(以~矩) (기대지) 않는(不) 각짐(方~者). 方(모 방, 각)

附離不以膠漆: 아교(膠)나 옻칠에(以~漆) (기대지) 않는(不) 떨어진 것(離)의 붙음(附). 離(떼놓을 리) 附(붙을 부)

約束不以纆索: 노끈(纆)과 밧줄에(以~索) (기대지) 않는(不) 묶음(約束). 즉 노끈과 밧줄에 기대지 않는 묶음. 纆(노 묵) 索(동아줄 삭, 밧줄) 約束〔묶음. 約(묶을 약) 束(묶을 속)〕

故天下誘然皆生: 따라서(故) 천하(天下)에선 모든(皆) 게 저절로(誘然) 생겨나다(生). 誘然〔저절로. 誘(저절로 유)〕皆(모두 개) 生(날 생, 생겨나다)

而不知其所以生: 그런데(而) (어째서 저절로) 생겨나는(以~生) 바(所)를 알지(知) 못하다(不).

同焉皆得: (또) 모두(皆) (각자 제 모습을) 얻는(得) (것도) 같다(同). 즉 각자 제 모습을 지닌다.

而不知其所得: 그런데(而) (모습을) 얻어지는(以~得) 바(所)를 알지(知) 못하다(不). 즉 어째서 각자 제 모습을 지니는지 모른다.

故古今不二 不可虧也: 따라서(故) (사물은) 옛날(古)이나 지금(今)이나 늘 일정한 모습을 지니므로(不二) (이런 모습은) 사람의 힘으로 훼손될(虧) 수(可) 없다(不). 不二〔둘(二)이 아니다(不), 즉 늘 일정한 모습을 지닌다〕

則仁義又奚連連如膠漆纆索: 그러면(則) 어째서(奚) 인의(仁義)를 아교(膠)와 옻칠(漆)이나 노끈(纆)과 밧줄(索) 같은(如) 거로 (사물을) 단단히 다시(又) 묶다(連連). 奚(어찌 해) 連連〔연결하고(連) 연결하다(連), 즉 단단히 묶다〕

而遊乎道德之間爲哉: 그리고서(而) 도덕(道德)의 사이(間), 즉 도덕의 틈에서 노닐게(遊) (하려는가). 間(틈 간, 사이)

使天下惑也!: (이것은) 천하를(使~天下) 미혹시키다(惑)! 즉 천하를 미혹시킬 뿐이다!

夫小惑易方 大惑易性: 저(夫) 작은(小) 미혹(惑)은 방향(方)만 바꾸지만(易) 큰(大) 미혹(惑)은 하늘이 부여한 천지자연의 타고난 본성(性)을 바꾸다(易). 惑(미혹할 혹, 미혹) 方(방위 방, 방향) 易(바꿀 역, 바꾸다)

何以知其然邪?: 어찌함으로써(何~以) 그러함(然)을 아는가(知)? 즉 이를 어찌 아는가?

有虞氏招仁義以撓天下也: 순임금(有虞氏)이 인의(仁義)를 내걸고(招) 그럼으로써(以) 천하(天下)가 어지러워지다(撓). ★ 유우씨(有虞氏)는 순(舜)임금이 왕이 되기 전 이름이다. 招(들어서

보일 교 → 내걸다) 撓(어지러울 요)

天下莫不奔命於仁義: (그런데 그 후로) 천하(天下)에 인의에(於~仁義) 목숨(命)을 (걸고) 달리지 (奔) 않는(不) (사람이) 없어져서다(莫). 命(목숨 명) 奔(달릴 분)

是非以仁義易其性與?: (사람의) 타고난 본성(性)을 인의로(以~仁義) 바꾸는(易) 게 (과연) 옳은 가(是) (옳지) 않은가(非)? 非(아닐 비)

故嘗試論之: 그래서(故) (그걸) 시험 삼아(嘗試) 논하자(論), 즉 한 번 따져보자. 論(논할 논 → 따지다)

自三代以下者: 하(夏)은(殷)주(周) 3대(三代) 그로부터(以) 아래(下) 시대(者). 즉 춘추전국시대 이후부터.

天下莫不以物易其性矣: 사물의 (미혹)으로(以~物) (타고난) 본성(性)을 바꾸지(易) 않는(不) (자 가) 천하(天下)에 없다(莫).

小人則以身殉利: 소인이라면(小人~則) 몸을(以~身) (바쳐) 이득(利)을 탐하다(殉). 利(이로울 이 → 이득) 殉(추구할 순, 탐하다)

士則以身殉名: 선비라면(士~則) 몸을 바쳐(以~身) 명예(名)를 탐하다(殉). 명예를 추구하다. 名(이름 명 → 명예)

大夫則以身殉家: 대부라면(大夫~則) 몸을 바쳐(以~身) 가문(家)을 탐하다(殉). 즉 가문을 지키 다. 家(집 가 → 가문)

聖人則以身殉天下: 성인이라면(聖人~則) 몸을 바쳐(以~身) 천하(天下)를 탐하다(殉). 즉 천하 를 바라다.

故此數子者 事業不同: 고로(故) 이(此) 여러(數) 부류의 사람(子~者), 즉 소인, 선비, 대부, 성 인이 하는 일(事業)이 같지(同) 않다(不). 즉 다르다. 事業[사업. 즉 하는 일. 事(일 사) 業(업 업)] 同(같을 동)

名聲異號: 명성(名聲)을 부르는(號) 게 다르다(異). 즉 얻고자 하는 명성이 다르다. 名聲[세상 에 널리 떨친 이름. 名(이름 명) 聲(소리 성)] 號(부를 호) 異(다를 이)

其於傷性以身爲殉 一也: (그러나 뭔가를) 탐해(爲~殉) (자신의) 몸을(以~身) (희생해가며) 타고난 본성(性)을 해친다는 점에서(於~傷) 하나(一)이다. 즉 같다. 殉(추구할 순, 탐하다)

臧與穀二人相與牧羊而俱亡其羊: 사내종과(與~臧)과 계집종(穀)이 두 사람(二人)이 서로(相) 함께(與) 양(羊)을 치다가(牧~而) (두 사람 모두) 함께(俱) 양(羊)을 잃다(亡). 臧(사내종 장) 穀(계 집종 곡) 亡(잃을 망)

問臧奚事 則挾筴讀書: 사내종(臧)에게 무슨(奚) 일(事)을 했냐고 묻다(問). 그런즉(則) 독서에 열중하다(挾筴讀書). 挾筴讀書[죽간(筴)을 끼고(挾) 책(書)을 읽다(讀), 즉 독서에 열중하다. 挾 (낄 협) 筴(낄 협, 점 대 → 죽간본책)]

問穀奚事 則博塞以遊: 계집종(穀)에게 무슨(奚) 일(事)을 했냐고 묻다(問). 그런즉(則) 주사위 놀이에(以~博塞) (빠지다). 博塞[주사위 놀이. 博(넓을 박, 평평함) 塞(막힐 색, 주사위)]

二人者 事業不同: 두 사람(二人者)이 한 일(事業)은 같지(同) 않다(不).

其於亡羊均也: 양(羊)을 잃은 점에선(於~亡) 같다(均). 亡(망할 망 → 잃다) 均(같을 균)

伯夷死名於首陽之下: (또) 백이(伯夷)는 명예(名)를 (위하다) 수양산(首陽) 아래에서(於~下) 죽다(死). 伯夷[주(周)나라 무왕(武王)에게 은(殷)나라 주왕(紂王)을 토벌하러 가는 것을 간(諫)하다가 이것이 받아들여지지 않자 숙제(叔齊)와 함께 수양산에서 고사리만 먹고 죽은 것으로 유명함]

盜跖死利於東陵之上: 도척(盜跖)은 이득(利)을 (탐하다) 동릉(東陵) 위에서(於~上) 죽다(死). 盜跖[이름이 척(跖)인 이름난 도둑] 東陵[동릉. 산동성(山東省)에 있는 태산(泰山)을 의미]

二人者 所死不同: 두 사람(二人~者)이 죽은(死) 곳(所)은 같지(同) 않다(不).

其於殘生傷性均也: 생명(生)을 해치고(殘), 타고난 본성(性)을 다친다는(傷) 점에선(於) 똑같다(均). 殘(해칠 잔) 傷(다칠 상)

奚必伯夷之是而盜跖之非乎!: (그러니) 어째서(奚) 백이(伯夷)는 필히(必) 옳고(是), 도척(盜跖)은 (필히) 그른가(非)! 奚(어찌 해)

天下盡殉也: (그런데도) 세상 사람(天下)들은 (무언가를) 애써(盡) 탐하다(殉). 盡(다될 진 → 애써)

彼其所殉仁義也 則俗謂之君子: 그(彼)가 인의(仁義)를 탐하는(殉) 바라면(所~則) 세상 사람(俗)은 (그를) 군자(君子)라 말하다(謂). 俗(세상사람 속)

其所殉貨財也 則俗謂之小人: 재물(貨財)을 탐하는(殉) 바라면(所~則) 세상 사람(俗)은 (그를) 소인(小人)이라 부르다(謂).

其殉一也 則有君子焉 有小人焉: (무언가를) 탐하는(殉) 것은 같다(一). 그런즉(則) 군자(君子)가 있고(有) 소인(小人)이 있다(有). 즉 누구는 군자가 되고 누구는 소인이 되다.

若其殘生損性 則盜跖亦伯夷已: 생명(生)을 해치고(殘) 타고난 본성(性)을 잃는다(損) (게) 같다(若)는 (것처럼) 도척(盜跖) 또한(亦) 백이(伯夷)일 뿐이다(已). 즉 도척이나 백이도 마찬가지이이다. 損(잃을 손) 若(같을 약)

又惡取君子小人於其間哉!: (그러니) 또(又) 어찌해서(惡) 군자(君子)와 소인(小人) 간(間)에 (차이를) 두는가(取)! 取(취할 취 → 두다)

且夫屬其性乎仁義者: 모름지기(夫) (타고난) 본성(性)을 인의(仁義)에 묶다(屬). 屬(맬 촉, 묶다)

雖通如曾史 非吾所謂臧也: (그러면) 비록(雖) 증삼(曾)과 사추(史)처럼(如) (인의에) 통달해도(通) 내(吾)가 이른바(所謂) 훌륭하다고 칭송하는(臧) (사람이) 아니다(非). 所謂[이른바] 臧(칭찬할 장, 훌륭하다 인정함)

屬其性於五味: (타고난) 본성(性)을 오미(五味)에 묶다(屬). 五味[산(酸, 신맛), 함((鹹, 짠맛), 신

(辛, 매운맛), 감(甘, 단맛), 고(苦, 쓴맛)의 온갖 맛)

雖通如兪兒 非吾所謂臧也: (그러면) 비록(雖) 유아처럼(如~兪兒) (맛에) 통달해도(通) 내(吾)가 이른바(所謂) 훌륭하다 칭송하는(臧) (사람이) 아니다(非). 兪兒〔중국 고대에 맛을 잘 아는 전설적인 인물〕

屬其性乎五聲: (타고난) 본성(性)을 오성(五聲)에 묶다(屬). 五聲〔궁(宮), 상(商), 각(角), 치(徵), 우(羽)의 온갖 소리〕

雖通如師曠 非吾所謂聰也: (그러면) 비록(雖) 사광처럼(如~師曠) 소리에 통달해도(通) 내(吾)가 이른바(所謂) 귀가 밝다고(聰) (하는 사람이) 아니다(非). 通(통할 통 → 통달하다)

屬其性乎五色: (타고난) 본성(性)을 오색(五色)에 묶다(屬). 五色〔청(青), 백(白), 적(赤), 흑(黑), 황(黃)의 온갖 소리〕

雖通如離朱 非吾所謂明也: (그러면) 비록(雖) 이주(如~離朱)처럼 (색에) 통달해도(通) 내(吾)가 이른바(所謂) 눈이 밝다고(明) (하는 사람이) 아니다(非).

吾所謂臧者 非仁義之謂也: 내(吾)가 이른바(所謂) 훌륭하다고 인정하는(臧) 사람(者)은 인의(仁義)에 (통달한 사람을) 말하는(謂) 게 아니다(非). 臧(칭찬할 장, 훌륭하다고 인정함)

臧於其德而已矣: 자연스러운 덕성에(於~德) (비추어보아) 훌륭하다고 인정하는(臧) (사람일) 뿐이다(而已矣).

吾所謂臧者 非所謂仁義之謂也: 내(吾)가 이른바(所謂) 훌륭하다 칭송하는(臧) 사람(者)은 이른바(所謂) 인의(仁義)에 (통달한 사람을) 말하는(謂) 게 아니다(非).

任其性命之情而已矣: (자신을) 타고난 본성의 참 모습(性命之情)에 맡기는(任) (사람일) 뿐이다(而已矣). 任(맡길 임)

吾所謂聰者 非謂其聞彼也: 내(吾)가 이른바(所謂) 귀가 밝다고(聰) (말하는) 사람(者)은 저(彼) (오음을) 듣는(聞) (사람을) 말하지(謂) 않다(非).

自聞而已矣: 스스로(自) 듣는(聞) (사람일) 뿐이다(而已矣).

吾所謂明者 非謂其見彼也: 내(吾)가 이른바(所謂) 눈이 밝다고(明) (하는) 사람(者)은 저(彼) (오색을) 보는(見) (사람을) 말하지(謂) 않다(非).

自見而已矣: 스스로(自) 보는(見) (사람일) 뿐이다(而已矣).

夫不自見而見彼: 모름지기(夫) 스스로(自) 보지(見) 못하고(不~而) 남(彼)에게 (얽매여서) 보다(見). 彼(저 피 → 남)

不自得而得彼者: 스스로(自) 만족하지(得) 못하고(不~而) 남(彼)에게 (얽매여서) 만족하면(得~者). 得(얻을 득 → 만족함)

是得人之得而不自得其得者也: 이(是)는 다른 사람(人)의 만족(得)으로 흡족해할 뿐(得~而) (그) 만족(得)을 스스로(自) 흡족해하지(得) 못하는(不) 사람(者)이다.

適人之適而不自適其適者也: 다른 사람(人)의 즐거움(適)으로 즐거워할 뿐(適~而) (그) 즐거움 (適)을 스스로(自) 즐거워하지(適) 못하는(不) 사람(者)이다. 適(기뻐할 적, 즐거워하다)

夫適人之適而不自適其適: 모름지기(夫) 다른 사람(人)의 즐거움(適)으로 즐거워할 뿐(適~而) (그) 즐거움(適)을 스스로(自) 즐거워하지(適) 못하다(不).

雖盜跖與伯夷: (그러면) 도척과(與~盜跖) 백이(伯夷)가 비록(雖) 바르지 않다는(淫僻) (점에서 다 르다). 淫僻[바르지 않음. 淫(사악할 음) 僻(어긋날 벽)]

是同爲淫僻也: (그래도) 이(是)는 (타고난 본성을 잃은 점에서) 같다(同).

余愧乎道德: 나(余)는 (자연스러운) 도덕(道德)을 (터득하지 못한 것을) 부끄럽게(愧!乎) (여기다). 余(나 여) 愧(부끄러워할 괴)

是以上不敢爲仁義之操: 이로써(是以) (자연스러운 도덕을 터득하려면) 위로는(上) (백이처럼) 감히 (敢) 인의(仁義)를 거머쥐지(操) 않다(不~爲). 是(이 시) 操(잡을 조, 거머쥐다)

而下不敢爲淫僻之行也: 그리고(而) 아래(下)로는 (도척처럼) 감히(敢) 바르지 않은(淫僻) 행동 (行)을 하지 않아야(不~爲) (한다).

마제

馬 蹄

마제(馬蹄) 1

馬, 蹄可以踐霜雪, 毛可以禦風寒, 齕草飲水, 翹足而陸, 此馬之眞性也.
雖有義臺路寢無所用之.
及至伯樂, 曰:「我善治馬.」
燒之, 剔之, 刻之, 雒之, 連之以羈馽, 編之以皁棧, 馬之死者十二三矣.,
飢之, 渴之, 馳之, 驟之, 整之, 齊之, 前有橛飾之患, 而後有鞭筴之威,
而馬之死者已過半矣.
陶者曰:「我善治埴, 圓者中規, 方者中矩.」
匠人曰:「我善治木, 曲者中鉤, 直者應繩.」
夫埴木之性, 豈欲中規矩鉤繩哉?
然且世世稱之曰「伯樂善治馬, 而陶匠善治埴木」, 此亦治天下者之過也.
吾意善治天下者不然.
彼民有常性, 織而衣, 耕而食, 是謂同德., 一而不黨, 命曰天放.
故至德之世, 其行塡塡, 其視顚顚.
當是時也, 山無蹊隧, 澤無舟梁., 萬物群生, 連屬其鄉., 禽獸成群, 草木遂長.
是故禽獸可係羈而遊, 鳥鵲之巢可攀援而闚.
夫至德之世, 同與禽獸居, 族與萬物竝, 惡乎知君子小人哉!
同乎無知, 其德不離., 同乎無欲, 是謂素樸., 素樸而民性得矣.
及至聖人, 蹩躠爲仁, 踶跂爲義, 而天下始疑矣.,
澶漫爲樂, 摘僻爲禮, 而天下始分矣.
故純樸不殘, 孰爲犧樽! 白玉不毀, 孰爲珪璋! 道德不廢, 安取仁義!
性情不離, 安用禮樂! 五色不亂, 孰爲文采! 五聲不亂, 孰應六律!

夫殘樸以爲器, 工匠之罪也., 毁道德以爲仁義, 聖人之過也.

夫馬, 陸居則食草飮水, 喜則交頸相靡, 怒則分背相踶. 馬知已此矣.

夫加之以衡扼, 齊之以月題, 而馬知介倪·闉扼·鷙曼·詭銜·竊轡.

故馬之知而態至盜者, 伯樂之罪也.

夫赫胥氏之時, 民居不知所爲, 行不知所之, 含哺而熙, 鼓腹而遊, 民能以此矣.

及至聖人, 屈折禮樂以匡天下之形, 縣跂仁義以慰天下之心, 而民乃始踶跂好知,
爭歸於利, 不可止也. 此亦聖人過也.

말은 발굽으로 서리나 눈을 밟을 수 있고, 털로 바람과 추위를 막을 수 있다.
또 풀을 뜯거나 물을 마시고, 땅에선 긴 꼬리를 흔들면서 뛰어다니는 데
이것이 말의 타고난 참 본성(眞性)이다.
그래서 아무리 높은 누각과 큰 침실이 있어도 말에겐 아무런 소용이 없다.
그런데 백락(伯樂)까지 나타나서 말했다. "나는 말을 잘 다룬다."
말에 낙인을 찍고, 털을 깎고, 말굽을 다듬고, 굴레를 씌워 재갈과 띠를 맨 뒤
우리가 딸린 마구간에 집어넣자 죽는 말이 열에 둘 셋이나 되었다.
또 굶주리게 하고 목마르게 하고 달리게 하고 갑자기 뛰게 하고,
대열을 갖추고 나란히 서게 훈련 시키면서 앞에선 재갈이 속박하고
뒤에선 채찍으로 위협했더니 살지 못하고 죽는 말이 이미 반을 넘었다.
도공인 도자(陶者)가 말했다.
"나는 찰흙 다루는 솜씨가 뛰어나 도자의 둥근 곳은 컴퍼스(規)에 들어맞고
네모진 곳은 곱자(矩)에 들어맞는다."
목수 장인(匠人)이 말했다.
"나는 나무 다루는 솜씨가 뛰어나 나무의 굽은 곳은 그림쇠(鉤)에 들어맞고,
나무의 곧은 곳은 먹줄(繩)에 들어맞는다."
그렇더라도 흙과 나무의 타고 난 본성이 규(規), 거(矩), 구(鉤), 승(繩)과 같은
척도에 꼭 들어맞기를 어찌 바라겠는가?
그런데도 세상 사람들은 대대로 이어가면서 말한다.
"백락은 말을 잘 다루고, 도자와 장인은 찰흙과 나무를 잘 다룬다."
이 또한 천하를 다스린 사람의 잘못이다.
내 생각으론 천하를 정말로 잘 다스리는 사람은 그렇지 않다.

백성에게는 늘 그러한 타고난 본성(常性)이 있다.
이에 백성은 옷감을 짜서 옷을 해 입고, 밭을 갈아서 밥을 먹고 사는데
이를 두고 동덕(同德), 즉 같은 목적을 위해서 노력한다고 말한다.
이처럼 백성은 한결같아 무리(黨)를 짓지 않는다.
이를 두고 천방(天放), 즉 하늘이 풀어준 자유라고 말한다.
그래서 성덕의 시대(至德之世)에는 백성의 행동이 유유자적해도
눈매는 집중되어서 또렷했다.
그 시대에는 산에는 지름길이 없었고, 호수에는 배와 다리가 없었고,
만물은 어울려서 살아가므로 사는 데 경계를 두지 않았고,
새와 짐승은 떼 지어 살았고, 초목은 마음껏 자랐다.
이 때문에 백성은 새와 짐승을 줄에 매달아 끌면서 서로 친하게 놀고,
새 둥지에 기어 올라가서 새끼를 품은 어미도 엿볼 수 있었다.
저 성덕의 시대에는 백성이 새나 짐승과 똑같이 함께 살면서
만물과 나란히 짝했다.
그러니 성덕의 시대에 군자와 소인의 구분이 어찌 있겠는가!
군자든 소인이든 지혜가 없는 게 같아 자연스러운 덕성에서 떠나지 않았고,
하고자 함이 없는 게 같아 이를 두고 소박하다고 말했다.
소박하므로 백성의 타고난 본성도 온전히 유지했을 뿐이다.
그런데 성인(聖人)이 나타나 애써 어짊을 위하고, 힘써 의로움을 행하자
천하가 의심하기 시작했다.
제멋대로 음악을 연주하고, 번잡하게 예절을 만들자
천하에 구분이 시작되었다.
그래서 천하가 원목을 깎지 않는데 누가 술통을 만드는가!
천하가 흰 옥돌을 깨뜨리지 않는데 누가 옥기를 만드는가!
자연스러운 도덕이 무너지지 않는데 천하가 어찌 인의(仁義)를 취하는가!
본성과 참모습이 분리되지 않는데 천하가 어찌 예악을 사용하는가!
오색이 어지럽지 않은데 누가 문채(文采), 즉 지나친 꾸밈을 동원하는가!
오성이 어지럽지 않은데 누가 육률(六律), 즉 온갖 가락을 맞추는가!
통나무를 깎아 그릇을 만든 건 장인(工匠)의 허물이지만

자연스러운 도덕을 무너뜨려 인의를 내세운 건 성인의 잘못이다.

말이 땅에 있으면 풀을 뜯거나 물을 마신다.

기쁘면 목을 맞붙인 채 서로 비비지만 성나면 등지고 서서 발길질을 한다.

말의 지혜는 이 정도였는데 수레 앞에 횡목과 멍에를 얹고,

달 모양의 이마 장신구를 가지런히 놓았다.

그러자 지금 말의 지혜는 말이 횡목에 끼이거나 멍에를 부수거나

저항하면서 들이받거나 재갈을 부수거나 고삐를 물어뜯기에 이르렀다.

따라서 말의 소박한 지혜가 도둑의 교묘한 지혜에까지 이르게 된 건

말을 조련한 백락의 허물이다.

저 혁서씨(赫胥氏) 시대에는 백성이 평소 하는 바도, 가는 바도 알지 못했다.

그저 먹을 것을 입속에 넣고는 기뻐하면서 배를 두드리며 노닐었다.

백성의 능력은 이 정도였는데 성인이 등장해 예악을 받듦으로써

천하의 모양을 바로잡았다.

또 인의를 쓸데없이 내 걸음으로써 천하의 마음을 달랬다.

그러자 백성은 쓸데없는 앎을 애써 좋아하기 시작했고,

다투어서 이득을 좇아 이제는 막을 수도 없게 되었다.

이것도 성인의 잘못이다.

注 ──

馬蹄可以踐霜雪: 말(馬)은 발굽으로(以~蹄) 서리(霜)나 눈(雪)을 밟을(踐) 수(可) 있다. 蹄(굽제, 말굽) 霜(서리 상) 雪(눈 설) 踐(밟을 천)

毛可以禦風寒: 말은 털로(以~毛) 바람(風)과 추위(寒)를 막을(禦) 수(可) 있다. 寒(찰 한, 추위) 禦(막을 어)

齕草飮水 翹足而陸: (또) 풀(草)을 뜯고(齕) 물(水)을 마시며(飮) 땅(陸)에선 긴 꼬리를 흔들면서 뛰어다니다(翹足~而). 齕(깨물 흘, 뜯다) 飮(마실 음) 陸(뭍 육, 땅) 翹足〔(말의) 긴 꼬리(翹)를 (흔들며) 밟다(足). 즉 흔들며 뛰어다니다. 翹(꼬리 교) 足(밟을 족)〕

此馬之眞性也: (그런데) 이것(此)이 말(馬)의 타고난 참(眞) 본성(性)이다. 性(성품 성, 타고난 본성)

雖有義臺路寢無所用之: (그래서) 아무리(雖) 높은 누각(義臺)과 큰 침실(路寢)이 있어도(有) (말에게는 아무런) 소용(所用)이 없다(無). 義臺〔(의식을 거행하는데 사용하는) 높은(義) 누대(臺). 義(높을 의) 臺(돈대 대 → 누각)〕 路寢〔큰(路) 침실(寢). 路(클 로) 寢(잠잘 침)〕

及至伯樂 曰 我善治馬: (그런데) 백락까지(至~伯樂) 나타나서(及) 말하다(曰). 나(我)는 말(馬)을 잘

(善) 다루다(治). 伯樂〔춘추시대 진(秦)나라 사람 손양(孫陽)으로 말 조련에 뛰어난 재주를 가진 전설상의 인물〕及(미칠 급 → 나타나다) 治(다스릴 치 → 다루다)

燒之 剔之 刻之 雒之: (그리고는 말에) 낙인을 찍고(燒), 털을 깎고(剔), 말굽을 다듬고(刻), 굴레를 씌우다(雒). 燒(태울 소, 불태우다 → 낙인을 찍다) 剔(바를 척, 풀 따위를 베다 → 털 깎다) 刻(새길 각 → 말굽을 다듬다) 雒(수리부엉이 락 → 굴레를 씌우다)

連之以羈馽 編之以皁棧: 재갈(羈)과 띠(馽)를 맨(連) (뒤) 우리(棧)가 딸린 마구간(皁)에 집어넣다(編). 羈(굴레 기, 재갈) 馽(말발 묶을 칩 → 띠) 連(이를 연 → 매다) 棧(마판 잔, 우리) 皁(마구간 조) 編(엮을 편, 얽다 → 집어넣다)

馬之死者十二三矣: (그러자) 말(馬)이 죽은(死) 게(者)이 열에 둘 셋(十二三)이다. 즉 죽는 말이 열에 둘 셋이나 되었다.

飢之 渴之 馳之: (또) 굶주리게(飢) 하고, 목마르게(渴) 하고, 달리게(馳) 하다. 飢(굶주릴 기) 渴(목마를 갈) 馳(달릴 치)

驟之 整之 齊之: 갑자기 뛰게(驟) 하고 대열을 갖추게(整) 하고 나란히 서도록(齊) (훈련시키다). 驟(달릴 취, 갑자기 뛰다) 整(가지런할 정 → 대열을 갖추다) 齊(가지런할 제 → 나란히 서도록 하다)

前有橛飾之患: (그러면서) 앞(前)에선 재갈(橛飾)이 있어(有) 속박하다(患). 橛飾〔재갈의 양끝을 장식. 橛(재갈 궐) 飾(재갈 식)〕患(근심 환 → 속박하다)

而後有鞭筴之威: 그리고(而) 뒤(後)에선 채찍(鞭筴)이 있어(有), 즉 채찍으로 위협하다(威). 鞭筴〔채찍. 鞭(채찍 편) 筴(점대 책, 대나무채찍)〕威(으를 위, 위협하다)

而馬之死者已過半矣: 그러자(而) 말(馬)이 (살지 못하고) 죽은(死) 자(者)가 벌써(已) 절반(半)을 넘다(過). 過(지날 과, 넘다)

陶者曰 我善治埴: (또 도공인) 도자(陶者)가 말하다. 나(我)는 찰흙(埴) 다루는(治) (솜씨가) 좋다(善). 즉 뛰어나다. 陶(질그릇 도, 도자) 埴(찰흙 식) 善(잘할 선)

圓者中規 方者中矩: (그래서 도자의) 둥근(圓) 곳(者)은 컴퍼스(規)에 들어맞고(中), 네모진(方) 곳(者)은 곱자(矩)에 들어맞다(中). 圓(둥글 원) 中(부합할 중, 일치하다 → 들어맞다) 規(원을 그릴 규, 컴퍼스) 矩(곱자 구)

匠人曰 我善治木: (또 목수) 장인(匠人)이 말하다. 나(我)는 나무(木) 다루는(治) (솜씨가) 좋다(善). 즉 뛰어나다. 匠(장인 장)

曲者中鉤 直者應繩: (그래서 나무) 굽은(曲) 곳(者)은 그림쇠(鉤)에 들어맞고(中), 곧은(直) 곳(者)은 먹줄(繩)에 들어맞다(中). 曲(굽을 곡) 鉤(결음쇠 구, 그림쇠) 直(곧을 직) 繩(줄 승, 먹줄)

夫埴木之性 豈欲中規矩鉤繩哉?: (그렇더라도) 흙(埴)과 나무(木)의 타고 난 본성(性)이 (그런) 척도(規·矩·鉤·繩)에 꼭 들어맞기를(中) 어찌(豈) 바라는가(欲)? 豈(어찌 기) 欲(하고자 할 욕 → 바라다)

然且世世稱之曰: 그런데도(然且) (세상 사람은) 대대로 이어가면서(世世) 말하다. 世世[대대로 이어가다. 世(대 세, 세상)]

伯樂善治馬 而陶匠善治埴木: 백락(伯樂)은 말(馬)을 잘(善) 다루다(治~而), 도자(陶)와 장인(匠)은 찰흙(埴)과 나무(木)를 잘(善) (다루다).

此亦治天下者之過也: 이(此) 또한(亦) 천하(天下)를 다스리는(治) 사람(者)의 잘못(過)이다. 過 (과오 과)

吾意善治天下者不然: 내(吾) 생각(意)으로는 (정말로) 천하(天下)를 잘(善) 다스리는(治) 사람(者)은 그렇지(然) 않다(不).

彼民有常性: 저(彼) 백성(民)들에게는 늘(常) (그러한) 타고난 본성(性)이 있다(有). 常[항상 상, 늘)

織而衣 耕而食: (이에 백성은) 옷감을 짜서(織~而) 옷을 해 입고(衣), 밭을 갈아서(耕~而) 밥을 먹고(食) (산다). 織(짤 직, 옷감을 짜다) 衣(옷 의, 옷을 해 입다) 耕(밭갈 경, 밭을 갈다) 食(밥 식, 밥 먹다)

是謂同德: 이(是)를 동덕(同德), 즉 같은 목적을 위해 애쓴다 말하다. 同德[같은 목적을 위해 노력함. 同(한가지 동) 德(행위 덕)]

一而不黨 命曰天放: (이처럼 백성은) 한결같아(一~而) 무리(黨)를 (짓지) 않아(不) (이를 두고) 천방(天放), 즉 하늘이 풀어준 자유라고 말하다. 一(하나 일, 한결같다) 黨(무리 당) 天放[하늘(天)이 풀어준(放) (자유). 放(풀어줄 방)]

故至德之世 其行塡塡: 그래서(故) 지극한(至) 덕(德)의 시대(世), 즉 성덕의 시대에는 (백성의) 행동(行)이 유유자적하다(塡塡). 塡塡[중후한 모양. 즉 유유자적한 모양. 塡(위엄 있는 모양 전)]

其視顚顚: (그래도) 눈매(視)는 집중해서 또렷하다(顚顚). 視(볼 시 → 눈매) 顚顚[집중하는 모양. 즉 또렷함. 顚(전일한 모양 전)]

當是時也 山無蹊隧: 당시(當是) 시기(時)에는 산(山)에는 지름길(蹊隧)이 없다(無). 蹊隧[지름길. 蹊(지름길 혜) 隧(길 수)]

澤無舟梁: 호수(澤)에는 배(舟)와 다리(梁)가 없다(無). 澤(못 택, 호수) 舟(배 주) 梁(들보 량, 다리)

萬物群生 連屬其鄕: 만물(萬物)은 어울려서(群) 살아가므로(生) 마을(鄕)을 서로 잇다(連屬), 즉 사는 데 경계를 두지 않다. 群(어울릴 군) 鄕(마을 향) 連屬[서로 잇다. 連(잇닿을 연) 屬(엮을 속)]

禽獸成群 草木遂長: 새(禽)와 짐승(獸)은 떼 지어 살고(成群), 초목(草木)은 마음껏 자라다(遂長). 禽(날짐승 금, 새) 獸(짐승 수) 成群[(떼(群) 지어 살다(成). 成(이룰 성 → 지어 살다) 群(무리 군, 떼)] 遂長[마음껏 자람. 遂(이룰 수) 長(길 장)]

是故禽獸可係羈而遊: 이 때문에(是故) (백성은) 새(禽)와 짐승(獸)을 줄에 매달아(係) 끌면서(羈~而) (서로 친하게) 놀(遊) 수(可) 있다. 係(걸릴 계, 잇다 → 매달다) 羈(굴레 기, 끌다) 遊(놀 유)

鳥鵲之巢可攀援而闚: 새(鳥鵲) 둥지(巢)에 기어 올라가(攀援) (새끼를 품은 어미를) 엿보다(可~

闛). 鵲(까치 작) 巢(집 소, 보금자리 → 둥지) 攀援[기어오르다. 攀(더위잡을 반, ~을 붙잡고 오르다) 援(당길 원, 잡다)〕闚(엿볼 규)

夫至德之世 同與禽獸居: 저(夫) 성덕(至德)의 시대(世)에는 (백성이) 새(禽)와 짐승(獸)과 똑같이(同) 함께(與) 살다(居). 同(같을 동 → 똑같이) 居(살 거)

族與萬物並: (그러면서) 만물과(與~萬物) 나란히(並) 짝하다(族). 並(아우를 병, 나란히 하다) 族(족족, 동류 → 짝하다)

惡乎知君子小人哉!: (그러니 성덕의 시대에) 군자(君子)와 소인(小人)을 어찌(惡) 아는가(知)! 즉 군자와 소인의 구분이 어찌 있겠는가!

同乎無知 其德不離: (군자든 소인이든 간에) 지혜(知)가 없는(無) 게 같다(同). (그래서 이들은) 자연스러운 덕성(德)에서 떠나지(離) 않다(不). 離(떼놓을 이, 떠나다)

同乎無欲 是謂素樸: 하고자 함(欲)이 없는(無) 게 같다(同). (그래서) 이(是)를 두고 소박(素樸)하다고 말하다(謂). 素樸=素朴(소박)꾸밈이 없이 순수함 그대로. 素(흴 소) 樸(통나무 박, 아직 다듬어지지 않은 나무)〕

素樸而民性得矣: 소박하므로(素樸~而) 백성(民)의 타고난 본성(性)도 (온전히) 얻을(得) 뿐이다(矣). 즉 유지할 뿐이다.

及至聖人 蹩躠爲仁: (그런데) 성인에(及~聖人) 이르러(至), 즉 성인이 나타나 애써(蹩躠) 어짊을 위하다(爲~仁). 及(미칠 급 → ~에까지) 至(이를 지) 蹩躠[애쓰다. 蹩(절름발이 별, 애쓰는 모양) 躠(둘러갈 설, 애쓰는 모양)〕

蹀跂爲義: 힘써(蹀跂) 의로움을 행하다(爲~義). 蹀跂[힘써. 蹀(찰 제, 힘쓰는 모습) 跂(육발이 기, 힘쓰는 모양)〕

而天下始疑矣: 그러자(而) 천하(天下)가 의심하기(疑) 시작하다(始).

澶漫爲樂 摘僻爲禮: 제멋대로(澶漫) 음악을 연주하고(爲~樂), 번잡하게(摘僻) 예절을 만들다(爲~禮). 澶漫[제멋대로. 澶(멀 단, 방종하다) 漫(질펀한 만)〕摘僻[번잡하다. 摘(딸 적) 僻(후미질 벽, 치우치다)〕

而天下始分矣: 그러자(而) 천하(天下)가 구분하기(分) 시작하다(始). 즉 천하에 구분이 시작되다. 分(구분할 분)

故純樸不殘 孰爲犧樽!: 그래서(故) (천하가) 원목(純樸)을 깎지(殘) 않는데(不) 누가(孰) 술통(犧樽)을 만드나(爲)! 純樸[베어서 다듬지 않은 원목. 純(순수할 순) 樸(통나무 박)〕殘(해칠 잔 → 깎다) 孰(누구 숙) 犧樽[술통. 犧(희생 희, 술통) 樽(술통 준)〕

白玉不毀 孰爲珪璋!: (천하가) 흰(白) 옥돌(玉)을 깨뜨리지(毀) 않는데(不) 누가(孰) 옥기(珪璋)를 만드나(爲)! 玉(옥 옥) 毀(헐 훼 → 깨뜨림) 珪璋[옥기. 珪(홀 규, 위쪽이 뾰족하고 아래쪽이 모진 구슬) 璋(반쪽홀 장, 규를 반쪽으로 나눈 구슬)〕

道德不廢 安取仁義!: (자연스러운) 도덕(道德)이 무너지지(廢) 않는데(不) (천하가) 어째서(安) 인의(仁義)를 취하는가(取)! 廢(폐할 폐, 무너지다) 安(어찌 안) 取(취할 취)

性情不離 安用禮樂!: 타고난 본성(性)과 참 모습(情)이 (서로) 분리되지(離) 않는데 (천하가) 어째서(安) 예악(禮樂)을 사용하는가(用)! 性(성품 성, 타고난 본성) 情(실상 정 → 참 모습) 離(떼놓을 이, 분리되다)

五色不亂 孰爲文采!: 오색(五色)이 어지럽지(亂) 않은데 누가(孰) 문채를 만드는가(爲~文采)! 즉 지나친 꾸밈을 동원하는가! 亂(어지러울 란) 孰(누구 숙) 文采〔문채. 文(무늬 문) 采(캘 채, 가리다)〕

五聲不亂 孰應六律!: 오성(五聲)이 어지럽지(亂) 않은데 누가(孰) 육률(六律)을 맞추는가(應)! 應(응할 응 → 맞추다)

夫殘樸以爲器 工匠之罪也: 모름지기(夫) 통나무(樸)를 깎아서(以~殘) 그릇(器)을 만든(爲) 건 장인(工匠)의 허물(罪)이다. 樸(통나무 박) 殘(해칠 잔 → 깎다) 器(그릇 기) 工匠〔장인. 工(장인 공) 匠(장인 장)〕 罪(허물 죄)

毁道德以爲仁義 聖人之過也: (자연스러운) 도덕(道德)을 무너뜨려(以~毁) 인의(仁義)를 내세운(爲) 건 성인(聖人)의 잘못(過)이다. 毁(헐 훼, 무너뜨림) 過(잘못 과)

夫馬陸居則食草飮水: 저(夫) 말(馬)이 땅(陸)에 있으면(居~則) 풀(草)을 뜯거나(食) 물(水)을 마시다(飮). 居(있을 거) 草(풀 초) 食(밥 식 → 풀을 뜯다) 飮(마실 음)

喜則交頸相靡: 기쁘면(喜~則) 목을 맞붙인 채(交頸) 서로 비비다(相靡). 喜(기쁠 희) 交頸〔목(頸)을 서로 맞붙이다(交). 頸(목 경) 交(사귈 교, 주고받고 하다 → 맞붙이다)〕 相靡〔서로(相) 비비다(靡). 相(서로 상) 靡(쓰러질 미)〕

怒則分背相蹄: (그러나) 성나면(怒~則) 등지고 서서(分背) 서로(相) 차다(蹄). 즉 서로 발길질하다. 怒(성낼 노) 分背〔서로 등지고 섬. 分(떨어질 분) 背(등 배)〕 蹄(찰 제, 차다)

馬知已此矣: 말(馬)의 지혜(知)는 이미(已) 이럴(此) 뿐이다(矣). 즉 이 정도일 뿐이다. 已(이미 이)

夫加之以衡扼: (그런데) 수레 앞 가로나무(衡), 즉 수레 앞에 횡목과 멍에를(以~扼) 얹다(加). 衡(수레가로장 형, 수레 앞에 가로지른 나무) 扼(멍에 액) 加(더할 가 → 얹다)

齊之以月題: 달(月) 모양의 이마 (장신구)를(以~題) 가지런히(齊) (놓다). 題(이마 제) 齊(가지런할 제)

而馬知介輗·闉扼·鷙曼: 그러자(而) (지금) 말(馬)의 지혜(知)는 (말이) 횡목(輗)에 끼이거나(介) 멍에(扼)를 부수거나(闉) 저항하며(鷙) 들이받기에(曼) (이르다). 輗(끌채끝쐐기 예 → 횡목) ※ 참고한 『莊子今註今譯』에 '倪(어린이 예)'로 표시되었는데 오자로 보아 '輗(끌채끝쐐기 예)'로 바꾸어서 해석했다. 介(끼일 개) 扼(멍에 액) 闉(굽을 인 → 부숨) 鷙(저항할 지) 曼(찌를 만, 들이받다)

詭銜‧竊轡: (또) 재갈(銜)을 부수고(詭) 고삐(轡)를 물어뜯다(竊). 銜(재갈 함) 詭(무너질 궤, 부숨) 轡(고삐 비) 竊(해칠 절 → 물어뜯다)

故馬之知而態至盜者: 따라서(故) 말(馬)의 (소박한) 지혜(知)가 도둑(盜~者)의 (교묘한 지혜에까지) 이른(至) 상태(態). 盜(훔칠 도, 도둑) 態(모양 태, 상태)

伯樂之罪也: (이것은 말을 조련한) 백락(伯樂)의 허물(罪)이다. 罪(허물 죄)

夫赫胥氏之時: 저(夫) 혁서씨(赫胥氏)씨 시대(時).

民居不知所爲 行不知所之: 백성(民)이 가만히 있을(居) 때, 즉 평소에는 하는 바(所~爲)를 알지(知) 못하고(不) 가는 바(所~行)를 알지(知) 못하다(不).

含哺而熙 鼓腹而遊: (그러면서 그저) 먹을(哺) 걸 입속에 넣고는(含~而) 기뻐하며(熙) 배(腹)를 두드리면서(鼓~而) 노닐다(遊). 哺(먹을 포)含(머금을 함, 입속에 넣어 머금다) 熙(기뻐할 희) 腹(배복) 鼓(북 고, 두드리다) 遊(노닐 유)

民能以此矣: 백성(民)의 능력(能)은 이 정도(以~此)일 뿐이다(矣). 能(능할 능, 능력)

及至聖人 屈折禮樂以匡天下之形: (그런데) 성인에(及~聖人) 이르러서(至), 즉 성인이 등장해서 예악(禮樂)을 받들어(屈折) 그것으로(以) 천하(天下)의 모양(形)을 바로잡다(匡). 屈折〔굽히고 따름. 즉 받듦. 屈(굽을 굴) 折(꺾을 절)〕形(모양 형) 匡(바로잡을 광)

縣跂仁義以慰天下之心: (또) 인의(仁義)를 쓸데없이(跂) 내걸고(縣) 그것으로(以) 천하(天下)의 마음(心)을 달래다(慰). 跂(육발이 기 → 쓸데없음) 縣(내걸 현) 慰(위로할 위, 달래다)

而民乃始踶跂好知: 그러자(而) 백성(民)은 이에(乃) 쓸데없는(跂) 지혜(知)를 애써(踶) 좋아하기(好) 시작하다(始). 乃(이에 내) 踶(찰 제, 심력을 기울이는 모양 → 애써)

爭歸於利 不可止也: (또) 다투어서(爭) 이득에(於~利) 돌아왔는데(歸), 즉 이득을 좇아 (이제는) 막을(止) 수(可)도 없다(無). 歸(돌아올 귀)

此亦聖人過也: 이(此) 역시(亦) 성인(聖人)의 잘못(過)이다.

거협
胠 篋

거협(胠篋) 1

將爲胠篋探囊發匱之盜而爲守備, 則必攝緘縢固扃鐍, 此世俗之所謂知也.

然而巨盜至, 則負匱揭篋擔囊而趨, 唯恐緘縢扃鐍之不固也.

然則鄕之所謂知者, 不乃爲大盜積者也?

故嘗試論之, 世俗之所謂知者, 有不爲大盜積者乎?

所謂聖者, 有不爲大盜守者乎? 何以知其然邪?

昔者齊國隣邑相望, 鷄狗之音相聞, 罔罟之所布, 耒耨之所刺, 方二千餘里.

闔四竟之內, 所以立宗廟社稷, 治邑屋州閭鄕曲者, 曷嘗不法聖人哉!

然而田成子一旦殺齊君而盜其國, 所盜者豈獨其國邪?

竝與其聖知之法而盜之.

故田成子有乎盜賊之名, 而身處堯舜之安, 小國不敢非, 大國不敢誅, 十二世有齊國.

則是不乃竊齊國, 竝與其聖知之法 以守其盜賊之身乎?

嘗試論之, 世俗之所謂至知者, 有不爲大盜積者乎?

所謂至聖者, 有不爲大盜守者乎? 何以知其然邪?

昔者龍逢斬, 比干剖, 萇弘胣, 子胥靡, 故四子之賢而身不免乎戮.

故跖之徒問於跖曰:「盜亦有道乎?」

跖曰:「何適而無有道邪! 夫妄意室中之藏, 聖也., 入先, 勇也., 出後, 義也.,

知可否, 知也., 分均, 仁也.

五者不備而能成大盜者, 天下未之有也.」

由是觀之 善人不得聖人之道不立, 跖不得聖人之道不行.,

天下之善人少而不善人多, 則聖人之利天下也少而害天下也多.

故曰, 脣竭則齒寒, 魯酒薄而邯鄲圍, 聖人生而大盜起.

掊擊聖人, 縱舍盜賊, 而天下始治矣.

夫谷虛而川竭, 丘夷而淵實.

聖人已死, 則大盜不起, 天下平而無故矣.

聖人不死, 大盜不止.

雖重聖人而治天下, 則是重利盜跖也.

爲之斗斛以量之, 則並與斗斛而竊之., 爲之權衡以稱之, 則並與權衡而竊之.,

爲之符璽以之, 則並與符璽而竊之., 爲之仁義以矯之, 則並與仁義而竊之.

何以知其然邪?

彼竊鉤者誅, 竊國者爲諸侯, 諸侯之門而仁義存焉, 則是非竊仁義聖知邪?

故逐於大盜, 揭諸侯, 竊仁義並信斗斛權衡符璽之利者,

雖有軒冕之賞弗能勸, 斧鉞之威弗能禁.

此衆利盜跖而使不可禁者, 是乃聖人過也.

故曰:「魚不可脫於淵, 國之利器不可以示人.」

彼聖人者, 天下之利器也, 非所以明天下也.

故絕聖棄知大盜乃止., 擿玉毀珠, 小盜不起., 焚符破璽而民朴鄙.,

掊斗折衡, 而民不爭.,

殫殘天下之聖法, 而民始可與論議.

擢亂六律鑠絕竽瑟, 塞師曠之耳, 而天下始人含其聰矣.,

滅文章, 散五采, 膠離朱之目, 而天下始人含其明矣.,

毀絕鉤繩而棄規矩, 攦工倕之指, 而天下始人含其巧矣.

削曾史之行, 鉗楊墨之口, 攘棄仁義, 天下之德始玄同矣.

彼人含其明, 則天下不鑠矣., 人含其聰, 則天下不累矣.,

人含其知, 則天下不惑矣., 人含其德, 則天下不僻矣.

彼曾・史・楊・墨・師曠・工倕・離朱, 皆外立其德而以爚亂天下者也, 法之所無用也.

상자를 열고 자루를 뒤지고 궤짝을 뜯는 도둑을 막으려면
반드시 끈으로 꽁꽁 묶고, 자물쇠로 단단히 잠가야 한다.
이것이 세상 사람이 말하는 지혜로움(知)이다.
그런데 큰 도둑이라면 궤짝을 등에 지고 상자를 손에 들고 자루를 둘러멘 채

그대로 달아난다.

이때 큰 도둑은 묶은 끈과 채운 자물쇠가 단단하지 않을까 오히려 염려한다.

그러면 앞서 언급한 지혜로움은 큰 도둑을 위해 재물을 모으는 게 아닌가?

그래서 이 문제에 대해 한번 따져보자.

세상이 말하는 지혜로움(知者)은 큰 도둑을 위해 재물을 모아주는 게 아닌가?

세상이 말하는 총명함(聖者)은 큰 도둑을 위해 재물을 지켜주는 게 아닌가?

어째서 그렇다는 걸 아는가?

옛날 제(齊)나라에선 이웃 마을이 보이도록 서로 가깝게 지냈고,

닭과 개의 울음소리도 서로 들렸으며, 그물을 쳐서 물고기를 잡는 강과

쟁기와 괭이로 갈고 일구는 논과 밭이 사방 2천 리나 될 정도로 넓었다.

이 넓은 나라 안을 지키기 위한 게 종묘(宗廟)와 사직(社稷)을 세운 까닭이니

읍, 옥, 주, 여, 향, 곡을 다스리는데 어찌 성인의 법도를 따르지 않았는가!

그런데 전성자(田成子)가 하루아침에 제나라 군주를 죽이고 나라를 훔쳤는
데 훔친 것이 어찌 나라뿐인가?

제나라와 함께 총명한 지혜(聖知)로 만든 법도까지 한꺼번에 훔쳐서

전성자는 도적(盜賊)이란 이름을 얻었다.

그런데도 전성자의 몸은 요순 임금처럼 안정된 지위를 누리면서 살았다.

작은 나라는 전성자를 비난하지 못하고, 큰 나라도 그를 토벌하지 못했다.

그래서 전성자 일가는 12대에 걸쳐서 제나라를 차지했다.

그러면 이는 제나라와 함께 총명한 지혜로 만든 법도를 한꺼번에 훔침으
로써 도적의 몸을 안정되도록 지킨 게 아닌가?

이 문제에 대해 한 번 더 논의해보자.

세상에서 말하는 지극한 지혜로움은

큰 도둑을 위해 재물을 모아주는 게 아닌가?

세상에서 말하는 지극한 총명함은

큰 도둑을 위해 재물을 지켜주는 게 아닌가?

어째서 그렇다는 걸 아는가?

옛날에 관용봉(龍逄)이 참살되고, 비간(比干)은 심장이 찢기고,

장홍(萇弘)은 창자가 갈라지고, 오자서(子胥)는 강에 던져져 물 위를 떠다녀

이 네 명의 현인은 모두 죽음을 면치 못했다.

그래서 도척의 부하가 그에게 물었다. "도둑질에도 도(道)가 있습니까?"

도척이 대답했다.

"어디를 가든 도(道) 없는 데가 어찌 있겠는가!

방안에 감추어진 걸 짐작으로 헤아려서 맞히는 건 총명함(聖)이고,

들어갈 때 선두에 서는 건 용맹함(勇)이고,

나올 때 후미에 있는 건 의로움(義)이고,

훔칠 수 있는지를 아는 건 지혜로움(知)이고,

훔친 것을 공평히 나누는 건 어짊(仁)이다.

이 다섯 가지를 갖추지 않고 천하에 큰 도둑이 된 자는 아직 천하에 없다."

이로 미루어 보면 선인(善人)도 성인의 도를 얻어야 착한 사람이 되듯이

도척도 성인의 도를 얻어야 도둑질을 제대로 할 수 있다.

그런데 천하에 선인이 적고, 선인이 아닌 자가 많으면

성인이 천하에 베푸는 이득은 적고, 끼치는 해악만 많아진다.

그래서 말한다. '입술이 없어지면 이가 시리고,

노나라의 술이 싱거워지면 이웃 조나라의 수도 한단(邯鄲)이 포위된다.

이렇듯 선인 아닌 자가 많은 상황에서 성인이 생기면 큰 도둑이 일어난다.'

그러니 선인 아닌 자가 많은 상황에선 성인을 배격하고 도둑을 풀어줘야

천하가 비로소 잘 다스려진다.

계곡의 물이 비어야 강이 마르고, 언덕이 평평해져야 못의 물이 차듯이

성인이 죽어야 큰 도둑이 생겨나지 않아 천하가 평화롭고 무사할 뿐이다.

그런데 성인(聖人)이 죽지 않으면 큰 도둑(大盜)은 없어지지 않는다.

성인을 아무리 중히 여기면서 천하를 다스린다고 해도

이는 도척 같은 큰 도둑을 중히 여기고 그를 이롭게 하는 일이다.

그래서 곡식을 되로 재면 도척 같은 도둑은 곡식 있는 되를 통째로 훔친다.

금은 무게를 저울로 재면 도척 같은 도둑은 금은 있는 저울을 통째로 훔친다.

신용을 도장으로 보이면 도척 같은 큰 도둑은 도장에 더해 신용까지 훔친다.

백성 마음을 인의로 바로잡으면 성인은 인의에 더해 백성 마음도 훔친다.

어째서 그렇다는 걸 아는가?

다른 사람의 허리띠 고리를 훔치면 목이 베어져서 죽지만
나라를 훔치면 제후가 되어서 가문에 인의(仁義)가 보존된다.
그렇다면 나라를 훔치면 인의(仁義)와 총명한 지혜(聖智)도 훔치는 게 아닌가?
따라서 누군가 이런 큰 도둑을 쫓아 제후의 지위를 빼앗아서
인의와 함께 되, 저울, 도장의 이득까지 훔치면
아무리 높은 벼슬을 상으로 내걸어도 착한 일에 힘쓰지 않고,
도끼로 위협해도 나쁜 짓을 막을 수 없다.
이처럼 도척 같은 도둑에게 많은 이득을 가져다주므로
도둑질이란 나쁜 짓을 도저히 막을 수 없는 데 이건 성인의 잘못이다.
그래서 말한다.
'물고기는 못을 떠나선 안 되고,
나라의 이로운 도구는 남에게 보여선 안 된다.'
저 성인은 천하의 이로운 도구이므로 천하에 밝게 드러나게 해선 안 된다.
그래서 성인이 총명함을 끊고 지혜로움을 버려야 큰 도둑이 사라진다.
옥을 내던지고 구슬을 깨버려야 작은 도둑이 일어나지 않는다.
어음을 태우고 도장을 부수어야 백성이 순박해진다.
되를 쪼개고 저울을 분질러야 백성이 서로 다투지 않는다.
천하의 뛰어난 법도를 없애야 백성이 비로소 다른 사람과 논의할 수 있다.
육률의 가락을 흩뜨리고 피리와 거문고를 태우고 사광의 귀를 막아야
천하 사람이 비로소 귀 밝음을 간직한다.
치장한 모양을 없애고, 화려한 색을 지우고,
눈 밝은 이주 눈을 아교로 붙여야 천하 사람이 비로소 눈 밝음을 간직한다.
그림쇠와 먹줄을 부숴 없애고, 컴퍼스와 곱자를 버리고, 뛰어난 목수인
공수의 손가락을 분질러야 천하 사람이 본래의 솜씨를 간직한다.
증삼과 사추의 행적을 깎아내고, 양주와 묵적의 입을 다물게 하면서
인의(仁義)를 물리치고 버려야 천하의 덕이 그윽함(玄)과 하나가 된다.
사람들이 본래의 눈 밝음을 간직하면 천하는 녹아 없어지지 않는다.
사람들이 본래의 귀 밝음을 간직하면 천하는 어디에도 묶이지 않는다.
사람들이 본래의 지혜로움을 간직하면 천하는 미혹에 빠지지 않는다.

사람들이 본래의 자연스러운 덕을 간직하면
천하는 한쪽으로 치우치지 않는다.
증삼, 사추, 양주, 묵적, 사광, 공수, 이주 모두는
인위적인 덕을 밖으로 내세워 천하를 미혹시켜서 혼란에 빠뜨렸으니
이들에게 참된 법도는 아무런 소용이 없다.

注 ────────────────────────────────

將爲胠篋探囊發匱之盜而爲守備: 상자(篋)를 열고(胠) 자루(囊)를 뒤지고(探) 궤짝(匱)을 뜯는
(發) 도둑(盜)을 막으려(爲~守備) 하다(將). 篋(상자 협) 胠(겨드랑 거, 열다) 囊(주머니 낭, 자루) 探
(찾을 탐, 뒤지다) 匱(상자 궤) 發(열 발 → 뜯다) 盜(훔칠 도, 도둑) 守備〔막다. 守(지킬 수) 備(갖출 비)〕

則必攝緘縢固扃鐍: 그러려면(則) 반드시(必) 끈(緘縢)으로 꽁꽁 묶고(攝) 자물쇠(扃鐍)로 단단
히(固) (잠가야 한다). 緘縢〔끈. 緘(봉할 함) 縢(봉할 등, 노끈)〕 攝(보지할 섭, 굳게 유지함 → 꽁꽁 묶다)
扃鐍〔자물쇠. 扃(빗장 경) 鐍(걸쇠 휼)〕 固(굳을 고 → 단단히)

此世俗之所謂知也: 이것(此)이 세상 사람(世俗)이 말하는(所謂) 지혜로움(知)이다. 世俗〔세상
사람. 世(세상 세) 俗(세상사람 속)〕 知(슬기 지, 지혜로움)

然而巨盜至: 그런데(然~而) 큰(巨) 도둑(盜)에 이르다(至). 즉 큰 도둑의 경우이다. 至(이를 지)

則負匱揭篋擔囊而趨: 그러면(則) 궤짝(匱)을 등에 지고(負) 상자(篋)를 손에 들고(揭) 자루(囊)
를 둘러맨 채(擔~而) (그대로) 달아나다(趨). 負(질 부, 지다) 揭(들 게, 손에 들다) 擔(멜 담) 趨(달릴
추, 달아나다)

唯恐緘縢扃鐍之不固也: (이때 큰 도둑은) 오로지(唯) (묶은) 끈(緘縢)과 (채운) 자물쇠(扃鐍)가 단
단하지(固) 않을까(不) (오히려) 염려하다(恐). 唯(오직 유) 恐(염려할 공)

然則鄉之所謂知者: 그러면(然則) 앞서(鄉) 말한(所謂), 즉 「마제」에서 언급한 지혜로움(知~者).
鄉(접 때 향 → 앞서)

不乃爲大盜積者也?: 큰(大) 도둑을 위해(爲~盜) (재물을) 모아주는(積) 게(者) 아닌가(不)? 積
(쌓을 적, 모아주다)

故嘗試論之: 그래서(故) (이 문제를) 한번(嘗) 논의해(論) 보자(試). 즉 따져 보자. 嘗(맛볼 상, 시
험 삼아 → 한번) 試(시험할 시)

世俗之所謂知者 有不爲大盜積者乎?: 세상(世俗)이 말하는(所謂) 지혜로움(知~者)은 큰 도둑
(大盜)을 위해(爲) (재물을) 모아주는(積) 게(者) 아닌가(不)?

所謂聖者 有不爲大盜守者乎?: (세상이) 말하는(所謂) 총명함(聖~者)은 큰 도둑(大盜)을 위해
(爲) (재물을) 지켜주는(守) 게(者) 아닌가(不)? 聖(총명할 성) 守(지킬 수)

何以知其然邪?: 어찌(何) 함으로써(以) 그렇다는(其~然) (걸) 아는가(知)?

昔者齊國隣邑相望: 옛날(昔~者) 제나라(齊國)에선 이웃(隣) 마을(邑)이 서로(相) 바라보이다(望). 즉 이웃 마을이 보이도록 서로 가깝게 지내다. 昔(옛 석, 옛날) 隣(이웃 린) 邑(고을 읍, 마을) 相(서로 상, 서로서로) 望(바라볼 망, 마주보다)

鷄狗之音相聞: 닭(鷄)과 개(狗)의 울음소리(音)가 서로(相) 들리다(聞). 鷄(닭 계) 狗(개 구) 音(소리 음) 聞(들을 문, 들리다)

罔罟之所布 耒耨之所刺: 그물(罔罟)을 쳐서(布) 물고기를 잡는 곳(所)인 강과 쟁기(耒)와 괭이(耨)로 갈고 일구는(刺) 곳(所)인 논과 밭. 罔罟〔그물. 罔(그물 망) 罟(그물 고)〕 布(베 포, 펴다 → 치다) 耒(쟁기 뢰) 耨(김맬 누, 괭이) 刺(찌를 자 → 갈고 일구다)

方二千餘里: 사방(方) 2천리(二千餘里)가 (될 정도로 넓다).

闔四竟之內: (그리고 이 넓은) 나라 안(四竟之內)을 지키다(闔). 四竟之內〔사방(四竟)의 안(內). 竟(다할 경, 끝)〕 闔(닫을 합 → 지키다)

所以立宗廟社稷: (이것이 조상의) 종묘(宗廟)와 (제신의) 사직(社稷)을 세운(立) 까닭(所~以)이다. 宗廟〔종묘, 왕을 모시는 신령스런 사당(靈廟)〕 社稷〔사직, 토지신과 오곡(五穀)의 신을 모시는 사당〕

治邑屋州閭鄕曲者: (그러니) 읍(邑), 옥(屋), 주(州), 여(閭), 향(鄕), 곡(曲)을 다스리는(治) 데(者).

曷嘗不法聖人哉!: 어찌(曷) 한번(嘗) 성인(聖人)의 법도(法)를 (따르지) 않는가(不)! 曷(어찌 갈) 法(법 법 → 법도)

然而田成子一旦殺齊君: 그런데(然而) (대부) 전성자(田成子)가 하루(一) 아침(旦)에 제(齊)나라 군주(君)를 죽이다(殺~而). 田成子〔강태공(姜太公)이 세운 제나라를 대부(大夫)였던 전성자가 빼앗아 그 후 전(田)씨가 제나라 왕이 됨〕 旦(아침 단) 殺(죽일 살)

而盜其國: 그리고(而) 나라(國)를 훔치다(盜). 國(나라 국)

所盜者豈獨其國邪?: (그런데) 훔친(盜) 것(所~者)이 어찌(豈) 나라(國)뿐인가(獨~邪)? 豈(어찌 기) 獨(홀로 독 → ~뿐이다)

竝與其聖知之法而盜之: (제나라와) 함께(與) 총명한(聖) 지혜(知)로 만든 법도(法)까지 한꺼번에(竝) 훔치다(盜). 竝(함께 병, 한꺼번에)

故田成子有乎盜賊之名: 그래서(故) 전성자(田成子)는 도적(盜賊)이란 이름(名)을 얻다(有). 盜賊〔도적. 盜(도둑 도 → 재산을 침해하는 사람) 賊(도둑 적 → 인신에 상해를 입히는 사람)〕

而身處堯舜之安: 그런데도(而) (전성자) 몸(身)은 요순(堯舜) 임금의 편안함(安)에 머물다(處). 즉 요·순 임금처럼 안정된 지위를 누리며 살다. 身(몸 신) 安(편안할 안) 處(살 처, 머무르다)

小國不敢非 大國不敢誅: 작은(小) 나라(國)는 (전성자를) 감히(敢) 비난하지(非) 못하고(不), 큰(大) 나라(國)도 (전성자를) 감히(敢) 토벌하지(誅) 못하다(不). 敢(감히 감) 非(비난할 비) 誅(벨 주, 토벌하다)

十二世有齊國: (그래서 전성자 일가는) 12(十二) 대(世)에 걸쳐 제나라(齊國)를 차지하다(有). 有(있을 유, 소유하다 → 차지하다)

則是(不)乃竊齊國: 그렇다면(則) 이(是)는 (전성자가) 이에(乃) 제(齊)나라(國)를 훔친(竊) (일이다). 乃(이에 내) 竊(훔칠 절)

竝與其聖知之法: (이와) 함께(與) 총명한(聖) 지혜(知)로 만든 법도(法)까지 한꺼번에(竝) (훔치다)

以守其盜賊之身乎?: 이럼으로써(以) 도적(盜賊)의 몸(身)을 (안정되게) 지킨(守) (게) 아닌가(不). 身(몸 신) 守(지킬 수)

嘗試論之: 한번(嘗) (이 문제에 대해 더) 논의해(論) 보자(試).

世俗之所謂至知者 有不爲大盜積者乎?: 세상(世俗)에서 말하는(所謂) 지극한(至) 지혜로움(知~者)은 큰 도둑(大盜)을 위해(爲) (재물을) 모아주는(積) 게(者) 아닌가(不)?

所謂至聖者 有不爲大盜守者乎?: (세상에서) 말하는(所謂) 지극한(至) 총명함(聖~者)은 큰 도둑(大盜)을 위해(爲) (재물을) 지켜주는(守) 게(者) 아닌가(不)?

何以知其然邪?: 어찌(何) 함으로써(以) 그렇다는(然) (걸) 아는가(知)?

昔者龍逢斬: 옛날(昔者)에 관용봉(龍逢)이 참살되다(斬). 昔(옛 석) 斬(벨 참) 龍逢〔하나라 걸왕의 비행을 간하다 참살된 인물〕

比干剖: 비간(比干)은 가슴이 갈라지다(剖). 즉 심장이 찢기다. 剖(쪼갤 부, 가름) 比干〔은나라 주왕의 무도함을 간하다 심장이 도려 내져 죽은 인물〕

萇弘胣: 장홍(萇弘)은 창자가 갈라지다(胣). 胣(창자가를 이, 창자가 갈라지다) 萇弘〔주나라 현신으로 진(晋)나라 범중행(范仲行)이 반란을 일으켰을 때 연루되어 사형을 당함〕

子胥靡: 오자서(子胥)는 (강에 던져져) 물 위를 떠돌다(靡). 子胥〔자서. 오왕(吳王) 부차(夫差)에게 월(越)나라를 치도록 진언했지만 받아들여지지 않자 시체가 가죽 부대에 쌓인 채 장강에 내던져진 인물〕靡(떠돌 미, 물위를 떠돌다)

故四子之賢而身不免乎戮: 고로(故) 네(四子) 현인(賢)은 몸(身)이 죽음(戮)을 면치(免) 못하다(不). 戮(죽일 륙, 죽음) 免(면할 면)

故跖之徒問於跖曰: 그래서(故) 도척(跖)의 부하(徒)가 그에게(於~跖) 묻다(問). 徒(무리 도 → 부하)

盜亦有道乎?: 도둑질(盜)에 또한(亦) 도(道)가 있는가(有)?

跖曰 何適而無有道邪!: 도척(跖)이 말하다. 어디(何)를 가든(適) 도(道) 없는(無) (데가 어찌) 있는가(有~邪)! 適(갈 적, 가다)

夫妄意室中之藏 聖也: 방(室) 안(中)에 감추어진(藏) 걸 짐작으로 헤아려(妄意) (맞히는) 건 총명함(聖)이다. 藏(감출 장) 妄意〔짐작으로(妄) 헤아리다(意). 妄(함부로 망 → 대충 짐작으로) 意(헤아릴 의)〕聖(총명할 성)

入先 勇也: 들어갈(入) 때 선두(先)에 서는 건 용감함(勇)이다. 入(들 입 → 들어감) 先(먼저 선 → 선두) 勇(용맹할 용)

出後 義也: 나올(出) 때 후미(後)에 있는 건 의로움(義)이다. 出(날 출 → 나옴) 後(뒤 후) 義(옳을 의, 의로움)

知可否 知也: (훔치는 게) 가능할지(可) (가능하지) 않을 지(否) 아는(知) 건 지혜로움(知)이다. 可(가할 가 → 가능) 否(아닐 부)

分均 仁也: (훔친 것의) 분배(分)를 공평하게(均) 하는 건 어짊(仁)이다. 즉 훔친 것을 공평히 나누는 건 어짊이다. 分(나눌 분 → 분배) 均(고를 균, 공평함)

五者不備而能成大盜者: 다섯 가지(五~者)를 갖추지(備) 않고(不) 큰(大) 도둑(盜)이 될(成) 수(能) 있는 자(者). 備(갖출 비)

天下未之有也: 천하(天下)에 아직 없다(未~有). 未(아닐 미, 아직 ~하지 않다)

由是觀之 善人不得聖人之道不立: 이(是)로 말미암아(由) 보면(觀), 즉 이로 미루어 보면 선인(善人)도 성인(聖人)의 도(道)를 얻지(得) 못하면(不) (착함이) 세워지지(立) 않다(不). 즉 선인도 성인의 도를 얻어야 착한 사람이 되다. 由(말미암을 유) 觀(볼 관) 善人〔착한 사람. 善(착할 선)〕 立(설 립 → 세우다)

跖不得聖人之道不行: (마찬가지로) 도척(跖)도 성인(聖人)의 도(道)를 얻지(得) 못하면(不) (도둑질)을 행하지(行) 못하다(不). 즉 도척도 성인의 도를 얻어야 도둑질을 (제대로) 한다.

天下之善人少而不善人多: (그런데) 천하(天下)에 선인(善人)이 적고(小) 선인(善人)이 아닌(不) 자가 많다(多).

則聖人之利天下也少而害天下也多: 그러면(則) 성인(聖人)이 천하(天下)에 베푸는 이득(利)은 적고(小~而), 천하(天下)에 끼치는 해악(害)은 많다(多). 利(이익 리 → 이득) 害(해칠 해 → 해악)

故曰 脣竭則齒寒: 고로(故) 말하다. 입술(脣)이 없어지다(竭). 그러면(則) 이(齒)가 시리다(寒). 脣(입술 순) 竭(다할 갈, 없어지다) 齒(이 치) 寒(찰 한, 차다 → 시리다)

魯酒薄而邯鄲圍: 노(魯)나라 술(酒)이 싱거워지면(薄~而) (이웃 조나라 수도) 한단(邯鄲)이 포위되다(圍). 酒(술 주) 薄(싱거울 박) 圍(둘레 위)

聖人生而大盜起: (이렇듯 선인 아닌 자가 많은 상황에서) 성인(聖人)이 생겨나면(生~而) (오히려) 큰 도둑(大盜)이 일어나다(起). 生(날 생 → 생겨나다) 起(일어설 기)

掊擊聖人 縱舍盜賊: (그러니 선인 아닌 자가 많은 상황에선) 성인(聖人)을 배격하고(掊擊), 도적(盜賊)을 풀어주다(縱舍). 掊擊〔공격 → 배격함. 掊(칠 부) 擊(칠 격)〕縱舍〔풀어주다. 縱(석방할 종) 舍(용서할 사)〕

而天下始治矣: 그래야(而) 천하(天下)가 비로소(始) 잘 다스려지다(治). 始(처음 시 → 비로소) 治(잘다스릴 치)

夫谷虛而川竭: 모름지기(夫) 계곡(谷)의 (물이) 비어야(虛~而) 강(川) 마르다(竭). 虛(빌 허, 비다) 竭(다할 갈, 마르다)

丘夷而淵實: 언덕(丘)이 평평해져야(夷~而) 못(淵)의 물이 차다(實). 丘(언덕 구) 夷(평평할 이) 淵(못 연) 實(가득할 실, 가득 참)

聖人已死 則大盜不起: (이렇듯) 성인(聖人)이 이미(已) 죽다(死). 그러면(則) 큰(大) 도둑(盜)이 생겨나지(起) 않다(不).

天下平而無故矣.: (그래야) 천하(天下)가 태평하고(平) 무사할(無故) 뿐이다(矣). 平(태평할 평) 無故〔이유(故) 없음(無). 즉 무사. 故(연고 고)〕

聖人不死 大盜不止: (그런데) 성인(聖人)이 죽지(死) 않으면(不) 큰 도둑(大盜)은 없어지지(止) 않는다(不). 止(제거할 지 → 없어짐)

雖重聖人而治天下: 아무리(雖) 성인(聖人)을 중히 여기면서(重~而) 천하(天下)를 다스리다(治). 重(무거울 중 → 중히 여김)

則是重利盜跖也: 그렇더라도(則) 이(是)는 도척(盜跖) (같은 큰 도둑을) 중히 여기면서(重) (그를) 이롭게(利) 하다. 利(이로울 이)

爲之斗斛以量之: (그래서 곡식의 용량을) 되로(爲~斗斛) 그것으로써(以~之) 재다(量). 斗斛〔곡식을 담는 용기인 되. 斗(말 두, 한 말) 斛(휘 곡, 10말의 용량)〕量(헤아릴 량, 재다)

則竝與斗斛而竊之: 그러면(則) (도척 같은 큰 도둑은) 되와(與~斗斛) 함께(竝~而) (곡식을) 훔치다(竊). 즉 곡식이 있는 되를 통째로 훔치다. 竊(훔칠 절) 竝(함께할 병)

爲之權衡以稱之: (금은의 무게를) 저울로(爲~權衡) 그것으로써(以~之) 재다(稱). 權衡〔저울. 權(저울추 권) 衡(저울대 형)〕稱(저울질할 칭)

則竝與權衡而竊之: 그러면(則) (도척 같은 큰 도둑은) 저울과(與~權衡) 함께(竝~而) (금은을) 훔치다(竊). 즉 금은이 있는 저울을 통째로 훔치다.

爲之符璽以信之: 신용(信)을 도장으로(爲~符璽) 그것으로써(以~之) (보이다). 符璽〔도장. 符(부신 부) 璽(도장 새)〕信(믿을 신)

則竝與符璽而竊之: 그러면(則) (도척 같은 큰 도둑은) 도장과(與~符璽) 한꺼번에(竝~而) (신용까지) 훔치다(竊). 즉 도장에 더해 신용까지 훔치다.

爲之仁義以矯之: (마찬가지로 백성의 마음을) 인의(爲~仁義)로 그것으로써(以~之) 바로 잡다(矯). 矯(바로잡을 교)

則竝與仁義而竊之: 그러면(則) (성인은) 인의와(與~仁義) 한꺼번에(竝~而) (백성의 마음도) 훔치다(竊). 즉 인의에 더해 백성의 마음까지 훔친다.

何以知其然邪?: 어찌(何) 함으로(以) 그렇다는(然) 걸 아는가(知)?

彼竊鉤者誅: 다른(彼) 사람의 허리띠 고리(鉤)를 훔치면(竊~者) 목이 베어져서 죽다(誅). 彼

(저 피, 다른 사람) 鉤(갈고랑이 구 → 허리띠 고리) 竊(훔칠 절) 誅(벨 주, 목이 베어져 죽다)

竊國者爲諸侯: (그러나) 나라(國)를 훔치면(竊~者) 제후가 되다(爲~諸侯).

諸侯之門而仁義存焉: 제후(諸侯)의 가문(之門)에 인의(仁義)가 보존되다(存). 門(문 문, 집안 → 가문) 存(있을 존 → 보존되다)

則是非竊仁義聖知邪?: 그렇다면(則) 나라를 훔치는 건(是) 인의(仁義)와 성지(聖知), 즉 총명한 지혜까지 훔친(竊) (일이) 아니지(非) 않는가(邪)?

故逐於大盜 揭諸侯: 고로(故) (이런) 큰 도둑(大盜)을 좇아(逐) 제후(諸侯)의 지위를 빼앗다(揭). 逐(쫓을 축) 揭(들 게 → 빼앗음)

竊仁義竝斗斛權衡符璽之利者: (그래서) 인의(仁義)와 함께(竝) 되(斗斛), 저울(權衡), 도장(符璽)의 이득(利)까지 훔치면(竊~者).

雖有軒冕之賞弗能勸: 아무리(雖) 높은 벼슬(軒冕)을 상(賞)으로 내걸어도 (착한 일에) 힘쓸(勸) 수(能) 없다(弗). 軒冕〔높은 벼슬. 軒(추녀 헌) 冕(면류관 면)〕 勸(힘쓸 권) 能(능할 능, ~할 수 있다) 弗=不(아니 불)

斧鉞之威弗能禁: 도끼(斧鉞)로 위협해도(威) (나쁜 짓을) 막을(禁) 수(能) 없다(弗). 斧鉞〔도끼. 斧(도끼 부) 鉞(도끼 월)〕 威(으를 위, 위협하다) 禁(금할 금, 막다)

此衆利盜跖而使不可禁者: 이(此) (처럼) 도척(盜跖) (같은 큰 도둑)에게 많은(衆) 이득(利)을 가져다주므로(而) (도둑질이란 나쁜 짓을 도저히) 막을(禁) 수(可) 없는(不~使) 것(者). 衆(많을 중)

是乃聖人過也: 이(是)는, 즉 도척 같은 큰 도둑에게 많은 이득을 가져다주므로 도둑질이란 나쁜 짓을 (도저히) 막을 수 없는 건 바로(乃) 성인(聖人)의 잘못(過)이다. 乃(이에 내 → 바로) 過(허물 과)

故曰 魚不可脫於淵: 고로(故) 말하다. 물고기(魚)는 못을(於~淵) 떠나선(脫) 안 된다(不可). 淵(못 연) 脫(떠날 탈)

國之利器不可以示人: 나라(國)의 이로운(利) 도구(器)는 남(人)에게 보여선(示) 안 된다(以~不可). 器(그릇 기, 도구) 示(보일 시)

彼聖人者 天下之利器也: 저(彼) 성인(聖人~者)은 천하(天下)의 이로운 도구(利器)이다.

非所以明天下也: (그러므로) 천하(天下)에 밝게 드러나선(以~明) 안 되는(非) 바다(所). 明(밝을 명) 非(아닐 비)

故絶聖棄知大盜乃止: 그래서(故) (성인이) 총명함(聖)을 끊고(絶) 지혜로움(知)을 버려야(棄~乃) 큰(大) 도둑(盜)이 사라진다(止). 絶(끊을 절, 버리다) 棄(버릴 기) 乃(이에 내) 止(제거할 지 → 사라지다)

擿玉毁珠 小盜不起: (또 성인이) 옥(玉)을 내던지고(擿) 구슬(珠)을 깨버려야(毁) 작은(小) 도둑(盜)이 일어나지(起) 않는다(不). 玉(옥 옥) 擿(던질 척, 내던지다) 珠(구슬 주) 毁(헐 훼, 깨버리다) 起

(일어날 기)

焚符破璽而民朴鄙: (또) 어음(符)을 태우고(焚) 도장(璽)을 부숴야(破~而) 백성(民)이 순박해지다(朴鄙). 符(부신 부, 징표 → 어음) 焚(불사를 분, 태우다) 璽(도장 새) 破(깨뜨릴 파, 부수다) 朴鄙〔순박함. 朴(순박할 박) 鄙(질박할 비)〕

掊斗折衡而民不爭: 되(斗)를 쪼개고(掊) 저울(衡)을 분질러야(折~而) 백성(民)이 (서로) 다투지(爭) 않는다(不). 斗(말 두, 되) 掊(칠 부 → 쪼개다) 衡(저울대 형, 저울) 折(꺾을 절, 분지르다) 爭(다툴 쟁)

殫殘天下之聖法: (또) 천하(天下)의 뛰어난(聖) 법도(法)를 없애다(殫殘). 殫殘〔모조리 없애다. 殫(다할 탄) 殘(해칠 잔, 멸하다)〕

而民始可與論議: 그래야(而) 백성(民)이 비로소(始) (다른 사람)과(與) 논의(論議)할 수(可) 있다.

擢亂六律鑠絶竽瑟: (또) 육률(六律)의 가락을 흩뜨리고(擢亂) 피리(竽)나 거문고(瑟)를 태워 없애다(鑠絶). 擢亂〔흩뜨리다. 擢(뽑을 탁) 亂(어지러울 란)〕竽(토란 우, 피리) 瑟(큰 거문고 슬) 鑠絶〔태워 없앰. 鑠(녹일 삭, 태움) 絶(끊을 절)〕

塞師曠之耳: (귀가 밝은) 사광(師曠)의 귀(耳)를 막다(塞). 塞(막을 색, 막다)

而天下始人含其聰矣: 그래야(而) 천하(天下) 사람(人)이 비로소(始) 귀 밝음(聰)을 간직하다(含). 含(머금을 함, 간직하다)

滅文章 散五采: 치장한 모양(文章)을 없애고(滅) 화려한 색(五采)을 지우다(散). 文章〔치장한(文) 모양(章). 文(무늬 문 → 치장) 章(모양 장)〕滅(멸망할 멸, 없애다) 五采〔다섯 가지(五)의 채색(采). 즉 화려한 색. 采(채색 채)〕散(흩을 산 → 지우다)

膠離朱之目: (눈이 밝은) 이주(離朱)의 눈(目)을 아교(膠)로 (붙이다). 膠(아교 교)

而天下始人含其明矣: 그래야(而) 천하(天下) 사람(人)이 비로소(始) 눈 밝음(明)을 간직하다(含).

毁絶鉤繩而棄規矩: (또) 그림쇠(鉤)와 먹줄(繩)을 부수어(毁) 없애고(絶) 컴퍼스(規)와 곱자(矩)를 버리다(棄). 鉤(걸음쇠 구, 그림쇠) 繩(줄 승, 먹줄) 毁(헐 훼, 부수다) 絶(끊을 절, 없애다) 規(원을 그릴 규, 컴퍼스) 矩(곱자 구) 棄(버릴 기)

擺工倕之指: (뛰어난 목수인) 공수(工倕)의 손가락(指)을 분지르다(攦). 指(손가락 지) 攦(꺾을 려, 분지르다)

而天下始人含其巧矣: 그래야(而) 천하(天下) 사람(人)이 비로소(始) (본래) 솜씨(巧)를 간직하다(含). 巧(솜씨 교)

削曾史之行 鉗楊墨之口: (마찬가지로) 증삼(曾)과 사추(史) 행적(行)을 깎아내고(削), 양주(楊)와 묵적(墨) (입을) 다물게 하다(鉗). 行(행할 행 → 행적) 削(깎을 삭, 깎아 냄) 鉗(다물 겸)

攘棄仁義 天下之德始玄同矣: (그러면서) 인의(仁義)를 물리치거나(攘) 버려야(棄) 천하(天下)의

덕(德)이 현(玄), 즉 그윽함과 비로소(始) 하나가 되다(同). 攘(물리칠 양) 棄(버릴 기) 玄(가물 현, 그윽함)

彼人含其明 則天下不鑠矣: 저(彼) 사람(人)들이 (본래의) 눈 밝음(明)을 간직하다(含). 그러면(則) 천하(天下)는 녹아 없어지지(鑠) 않는다(不). 鑠(녹을 삭, 녹아 없어지다)

人含其聰 則天下不累矣: 사람(人)들이 (본래의) 귀 밝음(聰)을 간직하다(含). 그러면(則) 천하(天下)는 (어디에) 묶이지(累) 않는다(不). 累(묶을 루, 묶이다)

人含其知 則天下不惑矣: 사람(人)들이 (본래의) 지혜로움(知)을 간직하다(含). 그러면(則) 천하(天下)는 미혹에 빠지지(惑) 않는다(不). 惑(미혹할 혹, 미혹에 빠지다)

人含其德 則天下不僻矣: 사람(人)들이 (본래의 자연스러운) 덕(德)을 간직하다(含). 그러면(則) 천하(天下)는 (한쪽으로) 치우치지(僻) 않는다(不). 僻(치우칠 벽)

彼曾·史·楊·墨·師曠·工倕·離朱: 저(彼) 증삼(曾), 사추(史), 양주(楊), 묵적(墨), 사광(師曠), 공수(工倕), 이주(離朱).

皆外立其德而以爚亂天下者也: 모두(皆)는 (인위적인) 덕(德)을 밖(外)으로 내세워(立~而) 그럼으로써(以) 천하(天下~者)를 미혹시켜 혼란에 빠뜨리다(爚亂). 爚亂〔현혹시켜(爚) 어지러움(亂), 즉 미혹시켜 혼란에 빠뜨리다. 爚(현혹시킬 약) 亂(어지러울 란)〕

法之所無用也: (이들에게 참된) 법도(法)는 (아무런) 소용(用)이 없다(無). 用(쓸 용, 소용)

거협(胠篋) 2

子獨不知至德之世乎?

昔者容成氏·大庭氏·伯黃氏·中央氏·栗陸氏·驪畜氏·軒轅氏·赫胥氏·尊盧氏·祝融氏.

伏羲氏.神農氏, 當是時也,

民結繩而用之, 甘其食, 美其服, 樂其俗, 安其居, 隣國相望, 鷄狗之音相聞,

民至老死而不相往來.

若此之時, 則至治已.

今遂至使民延頸擧踵曰, 「某所有賢者」, 贏糧而趣之, 則內棄其親而外去其主之事,

足跡接乎諸侯之境, 車軌結乎千里之外. 則是上好知之過也.

上誠好知而無道, 則天下大亂矣. 何以知其然邪?

夫弓弩畢弋機變之知多, 則鳥亂於上矣., 鉤餌罔罟罾笱之知多. 則魚亂於水矣.,

削格羅落罝罦之知多, 則獸亂於澤矣.,

知詐漸毒頡滑堅白解垢同異變多, 則俗惑於辯矣.

故天下每每大亂, 罪在於好知.

故天下皆知求其所不知而莫知求其所已知者,

皆知非其所不善而莫知非其所已善者, 是以大亂.

故上悖日月之明, 下爍山川之精, 中墮四時之施..

惴耎之蟲, 肖翹之物, 莫不失其性.

甚矣夫好知之亂天下也!

自三代以下者是已, 舍夫種種之民而悅夫役役之佞, 釋夫恬淡無爲而悅夫啍啍之
意, 啍啍已亂天下矣.

그대만 유독 지극한 덕이 베풀어졌던 세상(至德之世)을 알지 못하는가!

옛날 용성씨, 대정씨, 백황씨, 중앙씨, 율육씨, 여축씨, 헌원씨,

혁서씨, 존노씨, 축융씨, 복희씨, 신농씨가 다스렸던 시절에는

백성은 줄에 매듭을 지어서 글자로 사용하고,

요리하지 않은 식사도 맛있다고 여기고,

남루한 옷도 아름답다고 여기고,

소박한 풍속을 즐기면서 작은 집도 편안하다고 여겼다.

이웃 나라가 서로 보이도록 가깝게 지냈고,

닭과 개 짖는 소리가 들려도 백성은 늙어 죽을 때까지 왕래하지 않았다.

이 같은 시대가 지극히 잘 다스려진 시기이다.

그런데 지금에 이르러선 백성은 목을 늘이고 발뒤꿈치를 들면서

'어느 곳에 어진 사람이 있다'라고 말하면서

양식을 바구니에 넣고 어진 사람이 있는 데로 향한다.

이는 안으론 부모를 버리고 밖으론 제후에 대한 의무를 버리는 일이다.

그러면서 그 발자취는 제후의 땅 경계에까지 멀리 이르고,

수레바퀴 자국은 천 리 밖까지 남는다.

이는 윗사람이 앎(知)을 좋아하는 데서 생겨난 허물이다.

윗사람이 참으로 앎을 좋아하면 도(道)가 없어진다.

그러면 천하가 크게 혼란스러워진다.

어째서 그런 줄 아는가?

활, 쇠뇌, 그물, 주살, 덫, 올가미를 사용하는 앎이 많아지면
새는 하늘 위를 어지러이 날아다닌다.
낚시, 미끼, 그물, 어망, 통발을 사용하는 앎이 많아지면
물고기는 물속을 어지러이 헤엄쳐서 다닌다.
덫, 나락, 그물을 사용하는 앎이 많아지면
짐승은 늪에서 어지러이 뛰어다닌다.
마찬가지로 앎, 속임, 비방, 사기, 거짓, 견백과 동이의 궤변이 많아지면
세상은 언변(辯)에 미혹된다.
그래서 천하가 늘 큰 어지러움에 빠지는데
그 죄는 윗사람이 앎을 좋아하는 데 있다.
그래서 세상 모든 사람은 자신이 알지 못하는 바를 구해야 하는 건 아는데
이미 아는 바를 구해야 하는 건 알지 못한다.
세상 모든 사람은 좋지 않은 것을 비난하는 건 아는데
이미 좋은 건 비난할 줄 알지 못한다.
이럼으로써 천하가 크게 혼란스러워졌다.
이에 위에선 해와 달의 밝음이 어그러지고, 밑에선 산과 강의 모습이 꺼지고,
가운데선 사계절의 베풀어짐이 무너졌다.
그 결과 땅을 기는 벌레에서부터 하늘을 나는 아주 작은 새에 이르기까지
타고난 본성(性)을 잃지 않은 게 없다.
앎을 좋아하는 게 결국 천하를 어지럽히니까 심하다!
이런 현상은 춘추전국시대에 들어서면서 그렇게 되었다.
그리고 천하가 순박한 백성을 버리고 교활하게 말 잘하는 사람을 반기며,
담담한 무위(無爲)를 버리고, 수다스러운 말의 뜻을 반기니까
수다스러움이 천하를 어지럽힐 뿐이다.

注 ─────────────────────────────────

子獨不知至德之世乎?: 너(子)만 유독(獨) 지극한(至) 덕(德)이 (베풀어졌던) 세상(世)을 알지
(知) 못하는가(不)! 至(지극할 지)

昔者容成氏·大庭氏·伯黃氏·中央氏: 옛날(昔者) 용성씨(容成氏), 대정씨(大庭氏), 백황씨(伯
黃氏), 중앙씨(中央氏).

栗陸氏 · 驪畜氏 · 軒轅氏 · 赫胥氏 · 尊盧氏: 율육씨(栗陸氏), 여축씨(驪畜氏), 헌원씨(軒轅氏), 혁서씨(赫胥氏), 존노씨(尊盧氏).

祝融氏 · 伏羲氏 · 神農氏: 축융씨(祝融氏), 복희씨(伏羲氏), 신농씨(神農氏)가 (다스리던 시절).

當是時也 民結繩而用之: 그(是) 당시(當時)엔 백성(民)은 줄(繩)에 매듭을 지어(結~而) (글자로) 쓰다(用). 繩(줄 승) 結(맺을 결)

甘其食 美其服: (요리하지 않은) 식사(食)도 맛있다고(甘) 하고, (남루한) 옷(服)도 아름답다고(美) (여기다). 甘(달 감, 맛있는) 服(옷 복)

樂其俗 安其居: (소박한) 풍속(俗)을 즐기면서(樂) (작은) 집(居)도 편히(安) 여기다. 俗(풍속 속) 居(집 거) 安(편안할 안)

隣國相望: 이웃(隣) 나라(國)가 서로(相) 바라보이다(望). 즉 이웃 나라가 보이도록 가깝게 지내다. 隣(이웃 린) 望(바라볼 망)

鷄狗之音相聞: 닭(鷄)과 개(狗) (짖는) 소리(音)가 서로(相) 들리다(聞). 鷄(닭 계) 狗(개 구) 聞(들을 문)

民至老死而不相往來: (그렇지만) 백성(民)은 늙어(老) 죽을(死) 때까지(至) 서로(相) 왕래(往來)하지 않다(不).

若此之時 則至治已: 이(此)와 같은(若) 때(時)가 지극히(至) (잘) 다스림(治)의 (시절이다).

今遂至使民延頸擧踵曰: (그런데) 지금(今)에 이르러선(遂至) 백성은(使~民) 목(頸)을 늘이고(延) 발뒤꿈치(踵)를 들면서(擧) 말하다. 今(이제 금) 至(이를 지) 遂(이를 수) 頸(목 경) 延(끌 연, 늘이다) 踵(발꿈치 종) 擧(들 거)

某所有賢者: 어느(某) 곳(所)에 어진(賢) 사람(者)이 있다(有). 某(아무 모, 어느) 賢(어질 현)

贏糧而趣之: 양식(糧)을 바구니에 넣고(贏~而) (어진 사람이 있는 데로) 향하다(趣). 糧(양식 량) 贏(바구니 영) 趣(향할 취)

則內棄其親而外去其主之事: 그러면(則) (이는) 안(內)으론 부모(親)를 버리고(棄~而) 밖(外)으론 (자신의) 중요한(主) 일(事)을 버리다(去). 즉 제후에 대한 의무를 버리다. 親(어버이 친, 부모) 棄(버릴 기) 主(주인 주 → 주요) 去(버릴 거)

足跡接乎諸侯之境: (그러면서 그) 발자취(足跡)는 제후(諸侯)의 (땅) 경계(境)에까지 두루 미치다(接). 즉 그만큼 멀리 이르다. 足跡(발자취. 足(발 족) 跡(자취 적)) 境(경계 경) 接(두루미칠 접)

車軌結乎千里之外: 수레(車) 바퀴자국(軌)은 천리(千里) 밖(外)까지 (남다). 車(수레 차) 軌(수레바퀴의 자국 궤)

則是上好知之過也: 그러면(則) 이(是)는 위(上) (사람)이 앎(知)을 좋아하는(好) (데서 생겨난) 허물(過)이다. 好(좋을 호) 過(허물 과)

上誠好知而無道: 윗(上) 사람이 참으로(誠) 앎(知)을 좋아하면(好~而) 도(道)가 없어진다(無).

誠(참으로 성)

則天下大亂矣: 그러면(則) 천하(天下)가 크게(大) 혼란스러워지다(亂). 亂(어지러울 난)

何以知其然邪?: 어찌함으로써(何~以) 그런(然) 줄 아는가(知)? 즉 어째서 그런 줄 아는가?

夫弓弩畢弋機變之知多: 활(弓), 쇠뇌(弩), 그물(畢), 주살(弋), 덫(機), 올가미(變)를 (사용하는) 앎(知)이 많아지다(多). 弓(활 궁) 弩(쇠뇌 노) 畢(그물 필) 弋(주살 익) 機(덫 기) 變(피 변 → 올가미) 多(많을 다)

則鳥亂於上矣: 그러면(則) 새(鳥)는 하늘 위를(於~上) 어지러이(亂) (날아다니다). 亂(어지러울 난)

鉤餌罔罟罾笱之知多: 낚시(鉤), 미끼(餌), 그물(罔罟), 어망(罾), 통발(笱)을 사용하는 앎(知)이 많아지다(多). 鉤(갈고랑이 구, 낚시) 餌(먹이 이, 미끼) 罔罟[그물. 罔(그물 망) 罟(그물 고, 통발)] 罾(어망 증) 笱(통발 구)

則魚亂於水矣: 그러면(則) 물고기(魚)는 물속을(於~水) 어지러이(亂) (헤엄쳐 다니다).

削格羅落罝罘之知多: 덫(削格), 나락(羅落), 그물(罝罘)을 사용하는 앎(知)이 많아지다(多). 削格[덫. 削(나무상자 초, 함정 모양의 짐승을 잡는 기구) 格(포박할 격)] 羅落[나락. 새를 가로막아 잡는 용구. 羅(새그물 라) 落(떨어질 락)] 罝罘[그물. 罝(짐승그물 저) 罘(그물 부)]

則獸亂於澤矣: 그러면(則) 짐승(獸)은 늪에서(於~澤) 어지러이(亂) (뛰어다니다). 獸(짐승 수) 澤(못 택, 늪)

知詐漸毒頡滑堅白解垢同異變多: (마찬가지로) 앎(知), 속임(詐), 비방(漸毒), 사기(頡滑), 견백(堅白)의 궤변, 거짓, 동이(同異)의 궤변이 변해(變) 많아지다(多). 詐(속일 사) 漸毒[비방. 漸(속일 점) 毒(해칠 독)] 頡滑[사기. 頡(빼앗을 갈) 滑(교활할 활)] 解垢[거짓. 解(가를 해) 垢(때 구, 티끌)]

則俗惑於辯矣: 그러면(則) 세상(俗)은 언변에(於~辯) 미혹되다(惑). 辯(말 변, 언변) 惑(미혹할 혹)

故天下每每大亂: 그래서(故) 천하(天下)가 늘(每每) 큰(大) 어지러움(亂)에 빠진다. 每(매양 매, 늘)

罪在於好知: (그) 죄(罪)는 (윗사람이) 앎(知)을 좋아하는(好) 데 있다(在).

故天下皆知求其所不知: 고로(故) 세상 사람(天下) 모두(皆)는 알지(知) 못하는(不) 바(所)를 구해야 하는(求) 건 안다(知).

而莫知求其所已知者: 그러나(而) 이미(已) 아는(知~者) 바(所)를 구해야 하는(求) 건 알지(知) 못하다(莫). 已(이미 이)

皆知非其所不善: (천하) 모두(皆)는 좋지(善) 않은(不) 바(所)를 비난하는(非) 건 안다(知). 善(좋을 선) 非(비방할 비, 비난함)

而莫知非其所已善者: 이미(已) 좋은(善) 것(者)의 바(所)를 비난할(非) 줄 알지(知) 못하다(莫). 즉 모른다.

是以大亂: 이럼으로써(是~以) (천하가) 크게(大) 혼란스러워지다(亂). 亂(어지러울 난)

故上悖日月之明: 이에(故) 위(上)에선 해(日)와 달(月)의 밝음(明)이 어그러지다(悖). 悖(어그러

질 패)

下爍山川之精: 밑(下)에선 산(山)과 강(川)의 참 모습(精)이 꺼지다(爍). 精(실상 정, 참 모습) 爍
(손상시킬 락 → 꺼지다)

中墮四時之施: 가운데(中)선 사계절(四時)의 베풀어짐(施)이 무너지다(墮). 施(베풀 시) 墮(떨어
질 타, 무너지다)

惴耎之蟲 肖翹之物: (그 결과) 땅을 기는(惴耎) 벌레(蟲)에서부터 (하늘을 나는) 아주 작은 소교
(肖翹) 새(物)에 이르기까지. 惴耎(땅위를 기다. 惴(벌레 꿈틀거리는 모양 천) 耎(오그라들 연)〕 蟲
(벌레 충) 肖翹(소교. 아주 작으면서 날아다닐 수 있는 생물. 肖(작을 소) 翹(새의 꽁지 교)〕

莫不失其性: (타고난) 본성(性)을 잃지(失) 않은(不) 게 없다(莫).

甚矣夫好知之亂天下也!: 앎(知)을 좋아하는(好) 게 (결국) 천하(天下)를 어지럽히니까(亂) 심
하다(甚)! 甚(심할 심)

自三代以下者是已: (이런 현상은) 하(夏)은(殷)주(周) 삼대(三代) 이후로(以~下者), 즉 춘추전국
시대에 들어서면서 그렇게(是) (되었을) 뿐이다(已).

舍夫種種之民: (천하가) 저(夫) 순박한(種種) 백성(民)을 버리다(舍). 種種(신중하고 성실. 즉
순박. 種(씨 종, 근원)〕 舍(버릴 사)

而悅夫役役之佞: 그리고(而) 저(夫) 교활하게(役役) 말 잘하는(佞) (사람을) 반기다(悅). 役役
〔교활한 모양. 役(일 역)〕 佞(말잘할 녕) 悅(기뻐할 열, 기뻐하며 따르다 → 반기다)

釋夫恬淡無爲: 저(夫) 담담한(恬淡) 무위(無爲)를 버리다(釋). 恬淡〔욕심이 없고 마음이 담담
함. 恬(담담할 념) 淡(담박할 담)〕 釋(버릴 석)

而悅夫啍啍之意: 그리고(而) 수다스러운(啍啍) (말의) 뜻(意)을 반기다(悅). 啍啍〔말 많은 모양.
주절주절 수다스러움. 啍(수다스러울 모양 순)〕

啍啍已亂天下矣: (그러니까) 수다스러움(啍啍)이 천하(天下)를 어지럽힐 뿐이다(矣).

재유
在 宥

재유(在宥) 1

재유 1-1

聞在宥天下, 不聞治天下也.

在之也者, 恐天下之淫其性也., 宥之也者, 恐天下之遷其德也.

天下不淫其性, 不遷其德, 有治天下哉!

昔堯之治天下也, 使天下欣欣焉人樂其性, 是不恬也.,

桀之治天下也, 使天下瘁瘁焉人苦其性, 是不愉也.

夫不恬不愉, 非德也. 非德也而可長久者, 天下無之.

人大喜邪? 毗於陽., 大怒邪? 毗於陰.

陰陽並毗, 四時不至, 寒暑之和不成, 其反傷人之形乎!

使人喜怒失位, 居處無常, 思慮不自得, 中道不成章, 於是乎天下始喬詰卓鷙,
而後有盜跖·曾·史之行.

故擧天下以賞其善者不足, 擧天下以罰其惡者不給, 故天下之大, 不足以賞罰.

自三代以下者, 匈匈焉終以賞罰爲事, 彼何暇安其性命之情哉!

천하를 자연의 순리대로 내맡긴다는(在宥) 말은 들었어도
천하를 다스린다는(治) 말은 듣지 못했다.
천하를 내맡기는(在) 건 천하의 타고난 본성(性)이 어지러워질까
염려해서이다.
천하를 순리대로(宥) 두는 건 천하의 자연스러운 덕성(德)이 바뀔까
염려해서이다.

천하가 타고난 본성을 어지럽히지 않고 자연스러운 덕성을 바꾸지 않는데
천하를 굳이 다스릴 필요가 있는가!

옛날 성군 요(堯)가 천하를 다스릴 적에는 천하를 즐겁게 해
사람들이 타고난 본성을 즐겼다.

그렇지만 이것은 사람들에게 편안하고 기분 좋은 일이 아니었다.

또 폭군 걸(桀)이 천하를 다스릴 적에는 천하를 근심케 해
사람들은 타고난 본성이 괴로움을 당했다.

그래서 이것은 사람들에게 즐거운 일이 아니었다.

편안하지 않거나 즐겁지 않은 건 자연스러운 덕성(德)이 아니다.

자연스러운 덕성이 아니면서 길고 오래가는 건 천하에 없다.

사람들이 크게 기뻐하는가? 그러면 천하가 양기(陽)를 상한다.

사람들이 크게 화나는가? 그러면 천하가 음기(陽)를 상한다.

음기와 양기가 함께 상하면 사계절이 순조롭지 않다.

그래서 추위와 더위의 조화가 이루어지지 않아 사람의 몸이 도리어 상한다!

이에 사람들은 기쁨과 성냄의 평형을 잃어서 행동이 일정하지 않고
생각을 깊이 하지 못해 중도(中道)를 이루어서 나타내지 않는다.

이에 천하가 편치 않아 남과 다른 괴팍스러운 행동이
독단적으로 시작되었다.

그런 연후 도척(盜跖), 증삼(曾), 사추(史)의 괴팍스러운 행동이 생겨났다.

그래서 천하를 통틀어 착한 자를 포상해도 선을 권장하기엔 상이 부족하다.

또 천하를 통틀어 악한 자를 처벌해도 악을 방지하기엔 처벌이 부족하다.

따라서 사람들을 상벌(賞罰)로 처리하기에는 천하가 너무 넓다.

춘추전국시대 이후 군주들은 상벌로 일을 요란하게 처리하는 걸
능사로 삼는다.

그러니 천하가 타고난 본성의 참모습(性命之情)에 편히 머물 틈이
어찌 있는가!

注 ─────────────────────────────────────

聞在宥天下 不聞治天下也: 천하(天下)를 자연의 순리대로 내맡긴다는(在宥) (말은) 들어도(聞)

천하(天下)를 다스린다는(治) (말은) 듣지(聞) 못하다(不). 在宥(자연의 순리대로 내맡기다. 在 (있을 재) 宥(너그러울 유 → 순리대로)]

在之也者 恐天下之淫其性也: (천하를) 내맡기는(在) 건(者) 천하(天下)의 타고난 본성(性)이 어지러워질까(淫) 염려해서다(恐). 性(성질 성, 만물이 지닌 본바탕. 즉 타고난 본성) 淫(어지럽힐 음) 恐 (염려할 공)

宥之也者 恐天下之遷其德也: (천하를) 순리대로(宥) (두는) 건(者) 천하(天下)의 자연스러운 덕성(德)이 바꾸어질까(遷) 염려해서다(恐). 德(마음 덕 → 자연스러운 덕성) 遷(바꿀 천)

天下不淫其性 不遷其德: 천하(天下)가 타고난 본성(性)을 어지럽히지(淫) 않고(不) 자연스러운 덕성(德)을 바꾸지(遷) 않다(不).

有治天下哉!: (그런데) 천하(天下)를 (굳이) 다스릴(治) (필요가) 있는가(有)!

昔堯之治天下也: 옛날(昔) (성군) 요(堯)가 천하(天下)를 다스릴(治) (때).

使天下欣欣焉人樂其性: 천하를(使~天下) 즐겁게(欣欣) 해 사람(人)은 타고난 본성(性)을 즐기다(樂). 欣欣〔즐거움. 欣(기쁠 흔)〕

是不恬也: (그렇지만) 이것(是)은 (사람들에게) 편안하고 기분 좋은(恬) (일은) 아니다(不). 恬(안일할 념, 편안하고 기분이 좋음)

桀之治天下也: (또 폭군) 걸(桀)이 천하(天下)를 다스릴(治) (때)

使天下瘁瘁焉人苦其性: 천하를(使~天下) 근심케(瘁瘁) 해 사람(人)은 타고난 본성(性)이 괴로움을 당하다(苦). 瘁瘁〔근심스런 모양. 瘁(근심할 췌)〕 苦(괴로울 고, 괴롭히다)

是不愉也: (그래서) 이것(是)은 (사람들에게) 즐거운(愉) (일이) 아니다(不). 愉(기뻐할 유, 즐거운)

夫不恬不愉 非德也: 편안하지(恬) 않거나(不) 즐겁지(愉) 않은(不) 건 (자연스러운) 덕성(德)이 아니다(非).

非德也而可長久者 天下無之: 자연스러운 덕성(德)이 아니면서(非~而) 길고 오래갈(長久) 수 (可) 있는 건(者) 천하(天下)에 없다(無). 長久〔길고 오램. 長(길 장) 久(오랠 구)〕

人大喜邪? 毗於陽: 사람(人)들이 크게(大) 기뻐하지(喜) 않는가(邪)? (그러면 천하가) 양기를(於~陽) 상하다(毗). 喜(기쁠 희) 陽(양 양, 양기) 毗(상할 비)

大怒邪? 毗於陰: (사람이) 크게(大) 화내지(怒) 않는가(邪)? (그러면 천하가) 음기를(於~陰) 상하다(毗). 怒(성낼 노)

陰陽竝毗 四時不至: 음기(陰)와 양기(陽)가 함께(竝) 상하면(毗) 사계절(四時) 끝(至)이 없다(不). 즉 사계절이 순조롭지 않다. 竝(함께 병) 四時=四季(봄·여름·가을·겨울)

寒暑之和不成: (그래서) 추위(寒)와 더위(暑)의 조화(和)가 이루어지지(成) 않다(不). 寒(찰 한) 暑(더울 서) 和(화합할 화 → 조화) 成(이룰 성)

其反傷人之形乎!: 사람(人)의 몸(形)이 도리어(反) 상하다(傷)! 形(몸 형) 反(도리어 반) 傷(다

칠 상)

使人喜怒失位: (이에) 사람이(使~人) 기쁨(喜) 성냄(怒)의 위치(位)를 잃다(失). 즉 기쁨과 성냄의 평형을 잃다. 位(자리 위)

居處無常: (행동의) 거처(居處)가 늘(常) 없다(無). 즉 행동이 일정하지 않다. 居處〔거처. 居(있을 거) 處(살 처)〕常(항상 상)

思慮不自得: 사려(思慮)가 스스로(自) 얻어지지(得) 않다(不). 즉 생각을 깊이 못하다. 思慮〔사려. 思(생각할 사) 慮(생각할 려)〕

中道不成章: 중도(中道)를 이루어서(成) 나타내지(章) 않다(不). 中道〔중정. 즉 중정, 또는 과불급이 없는 중용의 도〕章(나타날 장)

於是乎天下始喬詰卓鷙: 이에(於~是) 천하(天下)가 편안하지 않아(喬詰) 남과 다른 괴팍스러운 행동이 독단적으로(卓鷙) 시작되다(始). 喬詰〔마음이 편안치 않음. 喬(마음이평온치못할 교) 詰(힐문할 힐)〕卓鷙〔남과 다른 괴팍스러운 행동을 독단적으로 행함. 卓(홀로 탁) 鷙(탁출할 출, 행위가 바르지 않음)〕

而後有盜跖·曾·史之行: 그런 연후(而~後) 도척(盜跖), 증삼(曾), 사추(史)의 (괴팍스러운) 행동(行)이 생겨나다(有). 盜跖〔이름이 척(跖)인 도적〕曾=曾參〔증삼. 공자의 충실한 제자〕史=史鰌〔춘추시대 위나라 영공(衛靈公) 신하〕

故擧天下以賞其善者不足: 그래서(故) 천하(天下)를 통틀어(擧) 착한(善) 사람(者)을 포상해도(以~賞) (선을 행하도록 권장하기엔 상이 너무) 부족(不足)하다. 擧(들 거 → 통 들어서) 善(착할 선) 賞(상줄 상, 포상하다)

擧天下以罰其惡者不給: (또) 천하(天下)를 통틀어(擧) 악한(惡) 사람(者)을 처벌해도(以~罰) (악을 방지하기엔 처벌이) 넉넉하지(給) 않다(不). 즉 처벌이 너무 부족하다. 惡(악할 악) 罰(죄 벌 → 처벌함) 給(넉넉할 급)

故天下之大 不足以賞罰: 따라서(故) 천하(天下)의 큼(大)은 (사람을) 상벌(賞罰)로 (처리하기에) 부족(不足)하다. 즉 사람을 상벌로 처리하기에는 천하가 너무 넓다.

自三代以下者: (그런데도 하은주) 삼대(三代) 이후로(以~下者)부터(自). 즉 춘추전국시대부터.

匈匈焉終以賞罰爲事: (군주들은) 상벌로(以~賞罰) 일(爲~事)을 끝내는(終) 게 떠들썩하다(匈匈). 즉 일을 요란하게 처리하는 걸 능사로 삼다. 終(끝낼 종) 匈匈〔떠들썩함. 匈(떠들썩할 흉)〕

彼何暇安其性命之情哉!: (그러니) 저(彼), 즉 천하가 타고난 본성의 참 모습(性命之情)에 편안히(安) (머물) 틈(暇)이 어찌(何) 있겠는가! 何(어찌 하) 性命之情〔타고난(命) 본성(性)의 자연스러운 모습(情)〕安(편안할 안) 暇(겨를 가, 틈)

재유 1-2

而且說明邪? 是淫於色也., 說聰邪? 是淫於聲也., 說仁邪? 是亂於德也.,

說義邪? 是悖於理也., 說禮邪? 是相於技也., 說樂邪? 是相於淫也.,

說聖邪? 是相於禮也., 說知邪? 是相於疵也.

天下將安其性命之情, 之八者, 存可也, 亡可也.,

天下將不安其性命之情, 之八者, 乃始臠卷獊囊而亂天下也.

而天下乃始尊之惜之, 甚矣天下之惑也! 豈直過也而去之邪?

乃齋戒以言之, 跪坐以進之, 鼓歌以儛之, 吾若是何哉!

故君子不得已而臨莅天下, 莫若無爲. 無爲也而後安其性命之情.

故曰:「貴以身爲天下, 則可以託天下., 愛以身爲天下, 則可以寄天下.」

故君子苟能無解其五藏, 無擢其聰明.,

尸居而龍見, 淵黙而雷聲, 神動而天隨, 從容無爲而萬物炊累焉.

吾又何暇治天下哉!

그런데도 눈 밝음(明)을 좋아하는가? 그건 색깔(色)에 미혹되어서다.

그런데도 귀 밝음(聰)을 좋아하는가? 그건 소리에 빠져서다.

그런데도 어짊(仁)을 좋아하는가? 그건 덕에 의해 어지러워져서다.

그런데도 의로움(義)을 좋아하는가? 그건 도리에 어그러져서다.

그런데도 예절(禮)을 좋아하는가? 그건 재주에 상응해서다.

그런데도 즐거움(樂)을 좋아하는가? 그건 주색 빠짐에 상응해서다.

그런데도 총명함(聖)을 좋아하는가? 그건 법칙과 규범에 상응해서다.

그런데도 지혜로움(知)을 좋아하는가? 그건 헐뜯음에 상응해서다.

천하가 타고난 본성의 참 모습(性命之情)에 편히 머물면

이 여덟 개는 있어도 좋고 없어도 좋다.

반면 타고난 본성의 참 모습에 편히 머물지 못하면

이 여덟 개는 꽁꽁 묶여 뒤엉켜서 천하를 어지럽히기 시작한다.

그런데 천하는 이 여덟 개를 떠받들고 이것들이 없으면 아쉬워하니까

천하의 미혹은 이렇듯 심하다!

천하는 어째서 명(明) 총(聰) 인(仁) 의(義) 예(禮) 락(樂) 성(聖) 지(知)

여덟 개를 그대로 지나치지 못할까?

사람들은 재계할 때도 이것들을 말하고, 꿇어앉을 때도 이것들로 진행하고,

북 치고 노래할 때도 이것들을 춤추면서 떠받드니

내가 이것들을 어찌하란 말인가!

따라서 군자(君子)가 어쩔 수 없이 천하를 다스리는 왕이 되면

무위(無爲), 즉 하고자 함이 없이 하는 게 가장 좋은 다스림이다.

무위를 행한 후에야 천하가 비로소 타고난 본성의 참 모습에 편히 머문다.

그래서 말한다.

'자신의 몸을 천하보다 더 소중히 여기면 그에게 천하를 부탁할 수 있고,

자신의 몸을 천하보다 더 사랑하면 그에게 천하를 맡길 수 있다.'

그래서 군자는 참으로 오장(五臟)에 깃든 생명을 흩뿌리지 않고,

눈과 귀의 밝음(聰明)을 드러내지 않을 수 있다.

그러니 시동처럼 있어도 용처럼 보이고,

연못처럼 고요해도 우레 같은 소리를 내고,

정신이 움직여도 자연스레 따른다.

무위를 편안하고 태연히 따르는데도 먼지와 티끌이 바람에 날리듯이

만물이 자연스레 잘 다스려진다.

그러니 나 또한 천하를 다스릴 겨를이 어찌 있겠는가!

注 ————————————

而且說明邪? 是淫於色也: 그런데도(而) 눈 밝음(明)을 좋아하는가(說)? 그건(是) 색깔에(於~色) 미혹되어서다(淫). 說(좋아할 열) 色(색 색) 淫(미혹시킬 음)

說聰邪? 是淫於聲也: (그런데도) 귀 밝음(聰)을 좋아하는가(說)? 그건(是) 소리에(於~聲) 빠져서다(淫). 聲(소리 성) 淫(빠질 음)

說仁邪? 是亂於德也: (그런데도) 어짊(仁)을 좋아하는가(說)? 그건(是) 덕에(於~德) (의해) 어지러워서다(亂). 亂(어지러울 난)

說義邪? 是悖於理也: 의로움(義)을 좋아하는가(說)? 그건(是) 도리에(於~理) 어그러져서다(悖). 理(도리 리) 悖(어그러질 패)

說禮邪? 是相於技也: (그런데도) 예절(禮)을 좋아하는가(說)? 그건(是) 기교에(於~技) 상응해서다(相). 禮(예도 례, 예절) 技(재주 기, 기교) 相(서로 상 → 상응하다)

說樂邪? 是相於淫也: 즐거움(樂)을 좋아하는가(說)? 그건(是) 주색 빠짐에(於~淫) 상응해서다

(相). 湮(빠질 음, 주색에 빠짐)

說聖邪? 是相於禮也: (그런데도) 총명함(聖)을 좋아하는가(說)? 그건(是) (사회가 규정한) 법칙과 규범에(於~禮) 상응해서다(相). 聖(거룩할 성) 禮(예도 례, 사회가 규정해 놓은 법칙·규범·의식 등의 총칭)

說知邪? 是相於疵也: (그런데도) 지혜로움(知)을 좋아하는가(說)? 그건(是) 헐뜯음에(於~疵) 상응해서다(相). 疵(헐뜯을 자)

天下將安其性命之情: 천하(天下)는 타고난 본성의 참 모습(性命之情)에 편히 머물다(將~安).

之八者 存可也 亡可也: (그러면) 이(之) 여덟(八) 개(者), 즉 명(明)·총(聰)·인(仁)·의(義)·례(禮)·락(樂)·성(聖)·지(知)는 있어도(存) 괜찮고(可), 없어도(亡) 괜찮다(可). 즉 있어도 좋고 없어도 좋다. 可(괜찮을 가) 亡(없을 망)

天下將不安其性命之情: (반면) 천하(天下)가 타고난 본성의 참 모습(性命之情)에 편히 머물지(安) 못하다(不~將).

之八者 乃始臠券獚囊而亂天下也: (그러면) 이(之) 여덟(八) 개(者)는 꽁꽁 묶여(臠券) 뒤엉켜(獚囊~而) 천하(天下)를 어지럽히기(亂) 시작하다(始). 臠券(펴지지 않는 모양. 즉 꽁꽁 묶여 있는 상태. 臠(조갤 련) 券(끊어질 권)) 獚囊(뒤엉킴. 獚(어지러운모양 창) 囊(물리칠 낭)) 亂(어지러울 란) 始(시작할 시)

而天下乃始尊之惜之: 그런데(而) 천하(天下)는 이에(乃) (여덟 개를) 떠받들고(尊), (이것들이 없으면) 아쉬워하기(惜) 시작하다(始). 尊(높일 존, 떠받들다) 惜(애석할 석)

甚矣天下之惑也!: 천하(天下)의 미혹(惑)은 (이렇듯) 심하다(甚)! 惑(미혹할 혹) 甚(심할 심)

豈直過也而去之邪?: (천하는) 어째서(豈) (명·총·인·의·례·락·성·지 여덟 개를) 그대로(直~而) 지나(過) 가지(去) 못하나(邪)? 즉 지나치지 못하나? 豈(어찌 기) 直(곧바로 직 → 그대로) 過(지날 과) 去(갈 거)

乃齋戒以言之: (사람들이) 함께(及) 재계할 때(以~齋戒) (이걸) 말하다(言). 齋(재계할 재, 몸과 마음을 깨끗이 하다) 及(더불어 급)

跪坐以進之: 꿇어앉을 때(以~跪坐) (이것으로) 진행하다(進). 跪坐(꿇어앉다. 跪(꿇어앉을 케) 坐(앉을 좌))

鼓歌以儛之: 북(鼓) 치고 노래(歌) 할 때(以) (이걸) 춤추며(儛) (떠받들다). 鼓(북 고) 歌(노래 가) 儛(춤출 무)

吾若是何哉!: (그러니) 내(吾)가 이것(是)들에 대해 어찌하란(何) (말인가)! 何(어찌 하)

故君子不得已而臨莅天下: 따라서(故) 군자(君子)가 어쩔 수 없이(不得已~而) 천하(天下)를 다스리는 왕이 되다(臨莅). 不得已(어쩔 수 없이) 臨莅(왕으로 다스리다. 즉 다스리는 왕이 되다. 臨(임할 림, 군림하다) 莅(다다를 리, 왕으로 임하다))

莫若無爲: (그러면) 무위(無爲)와 같은(若) 게 없다(不). 즉 무위로 하는 게 가장 좋은 다스림이다.

無爲也而後安其性命之情: 무위(無爲)를 행한 후에(而~後) (비로소 천하가) 타고난 본성의 참 모습(性命之情)에 편히(安) 머문다.

故曰 貴以身爲天下: 그래서(故) 말하다. 자신의 몸을(以~身) 천하(天下)를 위하는(爲) 것보다 소중히(貴) 여기다. 즉 자신의 몸을 천하보다 더 소중히 여기다. 貴(귀할 귀, 소중하다)

則可以託天下: 그러면(則) 그 (사람)에게(以) 가히(可) 천하(天下)를 부탁하다(託). 즉 그 사람에게 천하를 부탁할 수 있다. 託(부탁할 탁)

愛以身爲天下: (자신의) 몸을(以~身) 천하(天下)를 위하는(爲) 것 보다 사랑하다(愛). 즉 자신의 몸을 천하보다 더 사랑하다. 愛(사랑 애, 사랑하다)

則可以寄天下: 그러면(則) 그 (사람)으로(以) 가히(可) 천하(天下)를 맡기다(寄). 즉 그 사람에게 천하를 맡길 수 있다. 寄(맡길 기)

故君子苟能無解其五藏: 그래서(故) 군자(君子)는 참으로(苟) 오장(五藏)에 (깃든 생명을) 흩뿌리지(解) 않을(無) 수 있다(能). 苟(참으로 구) 解(흩뿌릴 해, 흩뿌리다)

無擢其聰明: 귀 밝음(聰)과 눈 밝음(明)을 드러내지(擢) 않을(無) 수(能) 있다. 擢(가려 뽑을 탁, 가려 뽑다 → 드러내다)

尸居而龍見: 시동처럼 있어도(尸居~而) 용(龍)처럼 보이다(見). 尸居[시동(尸)처럼 (가만) 있음(居). 尸(시동 시, 제사 때 신위 대신에 앉혀 놓던 어린이) 居(있을 거)] 見(볼 견, 보이다)

淵默而雷聲: 연못처럼 고요해도(淵默~而) 우레(雷) (같은) 소리(聲)를 내다. 淵默[연못(淵)처럼 잠잠하다(默). 즉 연못처럼 고요함. 淵(못 연) 默(잠잠할 묵)] 雷(우레 뢰)

神動而天隨: 정신(神)이 움직여도(動~而) 자연스레(天) 따르다(隨). 神(정신 신) 動(움직일 동) 隨(따를 수)

從容無爲: 무위(無爲)를 편안하고 태연히(從容) (따르다). 從容[편안하고 태연함. 從(따를 종) 容(차분할 용)]

而萬物炊累焉: 그런데도(而) 먼지와 티끌이 바람에 날리듯(炊累) 만물(萬物)이 (자연스레 잘 다스려진다). 炊累[먼지 티끌 따위가 바람에 날리는 모양. 炊(흩날릴 취, 먼지와 티끌 등이 바람에 날려 움직이다)] 累(따를 루)

吾又何暇治天下哉!: (그러니) 나(吾) 또한(又) 천하(天下)를 다스릴(治) 겨를(暇)이 어찌(何) 있는가! 又(또 우, 다시)

재유(在宥) 2

崔瞿問於老聃曰:「不治天下, 安臧人心?」

老聃曰:「女愼無攖人心. 人心排下而進上, 上下囚殺, 淖約柔乎剛彊.

廉劌彫琢, 其熱焦火, 其寒凝冰.

其疾俛仰之間而再撫四海之內, 其居也淵而靜, 其動也懸而天.

僨驕而不可係者, 其唯人心乎!

「昔者黃帝始以仁義攖人之心, 堯舜於是乎股無胈, 脛無毛, 以養天下之形,

愁其五藏以爲仁義, 矜其血氣以規法度.

然猶有不勝也, 堯於是放讙兜於崇山, 投三苗於三峗, 流共工於幽都, 此不勝天

下也.

夫施及三王而天下大駭矣.

下有桀跖, 上有曾史, 而儒墨畢起.

於是乎喜怒相疑, 愚知相欺, 善否相非, 誕信相譏, 而天下衰矣.,

大德不同, 而性命爛漫矣., 天下好知, 而百姓求竭矣.

於是乎釿鋸制焉, 繩墨殺焉, 椎鑿決焉.

天下脊脊大亂, 罪在攖人心.

故賢者伏處大山嵁巖之下, 而萬乘之君憂慄乎廟堂之上.

「今世殊死者相枕也, 桁陽者相推也, 刑戮者相望也, 而儒墨乃始離跂攘臂乎桎梏

之間.

噫, 甚矣哉! 其無愧而不知恥也甚矣!

吾未知聖知之不爲桁陽接槢也, 仁義之不爲桎梏鑿枘也, 焉知曾史之不爲桀跖嚆

矢也!

故曰『絕聖棄知而天下大治.』」

최구(崔瞿)가 노담(老聃)에게 물었다.

"군주가 천하를 다스리지 않는데 사람 마음(人心)이 어찌 그리 착한가요?"

노담이 말했다.

"자네는 제발 사람 마음을 인의(仁義)로 휘감지 말게.

사람 마음은 물리치면 떠나고 가까이하면 베푸는데

베풀고 떠나면서 굳어지므로 굳어진 걸 부드럽게 해야 하네.

또 사람 마음은 날카로워서 파고 새겨서 쪼아야 하는데

뜨거우면 불길처럼 타오르고, 차가우면 얼음처럼 엉기네.

또 사람 마음의 빠르기는 고개를 숙였다 쳐드는 동안 세상을 두 번이나 도네.
또 사람 마음은 가만히 있으면 호수처럼 고요한데
움직이면 하늘에 매단 게 떨어지는 것처럼 소리가 크네.
이처럼 사람 마음은 막을 수 없는 기세를 보이므로
잡아맬 수 없는 게 오직 사람 마음이네!"
노담이 계속해서 말했다.
"옛날 황제(皇帝)는 처음으로 사람 마음을 인의로 휘감아 천하를 다스렸네.
요순임금은 넓적다리에 털이 없어지고, 정강이 털이 닳아 없어질 정도로
애쓰며 천하라는 몸을 돌보았네.
요순임금은 자신들의 오장을 괴롭혀서 인의(仁義)를 위하고,
자신들의 혈기를 괴롭혀서 법도(法度)를 바로잡았네.
그런데도 이들의 다스림은 여전히 천하를 감당하지 못했네.
이에 요임금은 환두(讙兜)를 숭산으로 내쫓고, 삼묘(三苗)를 삼위산으로 추
방하고, 공공(共工)을 유도로 유배 보냈는데
이는 요순임금의 다스림이 천하를 감당하지 못해서네.
그런데도 인의에 따른 다스림이 하은주에 이어져 천하가 크게 놀라워했네.
아래에선 폭군 걸과 도둑 척이 나타나고, 위에선 증삼과 사추가 나타났네.
유가와 묵가도 마침내 일어났네.
이에 기뻐하는 사람과 화내는 사람이 서로를 의심하고,
어리석은 사람과 지혜로운 사람이 서로를 속이고,
착한 사람과 악한 사람이 서로를 비방하고,
거짓말하는 사람과 진실 된 사람이 서로를 나무랐네.
그러면서 천하는 쇠하고 말았지.
이처럼 큰 덕에 차별이 생겨나자 각자 타고난 본성(性命)도 흩어져 사라졌네.
그러면서 천하는 앎(知)을 좋아하고 백성도 애써 앎을 구하게 되었네.
이에 군주는 백성을 치수에 맞춰 도끼와 톱으로 베거나 자르고,
승묵으로 해치고, 망치와 끌로 단죄했네.
그 결과 천하는 서로를 짓밟아 크게 어지러워졌네.
이는 사람 마음을 인의로 휘감은 데 죄가 있다.

그래서 현자(賢者)는 큰 산과 험준한 바위 아래 숨어 살고,

큰 나라 군주도 조정의 대전에서 두려움에 떨었네.''

노담이 계속해서 말했다.

"지금 세상에는 처형당해 죽은 사람이 서로가 베개를 할 정도로 많이 쌓이고,

형틀을 쓴 사람이 줄줄이 엮인 탓에 감옥이 비좁아 서로를 밀치고,

형벌로 죽은 사람이 서로를 바라보고 있네.

그러자 유가와 묵가가 죄인들 사이에서 힘을 쓰면서 옷소매를 걷어 올리고 기세를 부리기 시작했네.

아, 심하다! 부끄러움이 없고, 또 부끄러움을 알지 못하는 게 심할 뿐이다!

그러니 총명함과 앎이 형틀을 단단히 죄는 쐐기가 되는 게 아닌지 모르겠네.

인의(仁義)가 차꼬와 수갑을 단단히 죄는 장부가 되는 게 아닌지 모르겠네.

그러니 증삼과 사추도 폭군 걸과 도둑 척의 효시가 아닌지 어찌 아는가?

그래서 말한다.

'총명함(聖)을 끊고 앎(知)을 버리면 천하가 크게 잘 다스려진다.'"

注 ──────────────────────────────────────

崔瞿問於老聃曰: 최구(崔瞿)가 노담에게(於~老聃) 묻다(問).

不治天下 安臧人心?: (군주가) 천하(天下)를 다스리지(治) 않는데(不) 사람(人)의 마음(心)이 어째서(安) (그리) 착한가(臧)? 安(어찌 안) 臧(착할 장)

老聃曰 女愼無攖人心: 노담(老聃)이 말하다. 너(女)는 제발(愼) 사람(人) 마음(心)을 (인위로) 휘감지(攖) 않다(無). 女=汝(너 여) 愼(부디 신, 제발) 攖(휘감길 영, 즉 목을 구슬과 같은 소중한 것으로 휘감다)

人心排下而進上: 사람(人) 마음(心)은 물리치면(排) 떠나고(下~而) 가까이하면(進) 베푼다(上). 排(물리칠 배) 下(떠날 하) 進(가까이할 진) 上(베풀 상)

上下囚殺: (그런데) 베풀고(上) 떠나면서(下) 굳어지다(囚殺). 囚殺〔간혀(囚) 죽다(殺) → 굳어지다. 囚(간힐 수) 殺(죽일 살)〕

淖約柔乎剛彊: (그러므로) 굳어진(剛彊) 걸 부드럽고(淖約) 부드럽게(柔) 하다. 剛彊〔군세어짐 → 굳어짐. 剛(군셀 강, 굳어지다) 彊(군셀 강)〕淖約〔부드러운 모양. 淖(자태가 부드럽고 아름다운 모양 작) 約(굽힐 약, 굽히다)〕柔(부드러울 유)

廉劌彫琢: (사람 마음은) 날카로워(廉) 파고(劌) 새기고(彫) 쪼다(琢). 廉(날카로운 렴) 劌(상처낼 귀 → 파다) 彫(새길 조) 琢(쪼을 탁)

其熱焦火 其寒凝氷: (그런데) 뜨거워지면(熱) 불길처럼 타오르고(焦火), 차가워지면(寒) 얼음처럼 꽁꽁 엉긴다(凝氷). 熱(뜨거울 열) 焦火〔불길(火)같이 타오르다(焦). 火(불 화) 焦(그을릴 초)〕寒(찰 한) 凝氷〔얼음(氷)처럼 꽁꽁 뭉치다(凝). 凝(엉길 응)〕

其疾俛仰之間而再撫四海之內: (사람 마음의) 빠르기(疾)는 (고개를) 숙였다(俛) 쳐드는(仰) 동안(間~而) 세상(四海之內)을 두(再) 번 돌다(撫). 疾(빠를 질, 빠르기) 俛(숙일 부) 仰(우러를 앙, 고개를 쳐듦) 間(사이 간) 撫(돌 무, 돌다)

其居也淵而靜 其動也懸而天: (사람 마음은 가만) 있으면(居) 호수처럼(淵~而) 고요하나(靜) 움직이면(動) 하늘(天)에 매단(縣~而) (게 떨어지는 것처럼 소리가 크다). 居(있을 거) 淵(못 연) 靜(고요할 정) 懸(매달 현)

僨驕而不可係者 其唯人心乎!: (이처럼 사람 마음은) 막을 수 없는 기세를 보이니(僨驕~而) 잡아맬(係) 수(可) 없는(不) 게(者) 오직(唯) 사람(人) 마음(心)이다! 僨驕〔막을 수 없는 기세를 보임. 僨(엎어질 분) 驕(제멋대로 할 교)〕係(맬 계, 잡아매다) 唯(오직 유)

昔者皇帝始以仁義攖人之心: 옛날(昔者)에 황제(皇帝)가 처음으로(始) 사람(人) 마음(心)을 인의로(以~仁義) 휘감아(攖) (천하를 다스리다) 始(처음 시) 攖(휘감길 영, 즉 목을 구슬과 같은 소중한 것으로 휘감다)

堯舜於是乎股無胈 脛無毛: 이에(於~是) 요·순(堯·舜) 임금은 넓적다리(股)에 털(胈)이 없어지고(無), 정강이(脛) 털(毛)이 (닳아) 없어질(無) (정도로 애쓰다). 股(넓적다리 고) 胈(정강이털 발) 脛(정강이 경) 毛(털 모)

以養天下之形: 그럼으로써(以) 천하(天下)라는 몸(形)을 돌보다(養). 形(몸 형) 養(기를 양 → 돌보다)

愁其五藏以爲仁義: (또 요·순 임금은 자신들의) 오장(五藏)을 괴롭혀(愁) 그럼으로써(以) 인의(仁義)를 위하다(爲). 愁(괴롭힐 수)

矜其血氣以規法度: (자신들의) 혈기(血氣)를 괴롭혀(矜) 그럼으로써(以) 법도(法度)를 바로 잡다(規). 矜(괴롭힐 긍) 規(바를 규, 바로 잡다)

然猶有不勝也: (그런데도 이들의 다스림은) 여전히(然猶) (천하를) 이기지(勝) 못하다(不~有). 즉 감당하지 못하다. 勝(이길 승)

堯於是放讙兜於崇山: 이에(於~是) 요(堯)임금은 환두(讙兜)를 숭산으로(於~崇山) 내쫓다(放). 放(귀양보낼 방, 내쫓다)

投三苗於三峗: 삼묘(三苗)를 삼위산으로(於~三峗) 추방하다(投). 投(버릴 투, 추방하다)

流共工於幽都: 공공(共工)을 유도로(於~幽都) 유배 보내다(流). 流(유배할 류)

此不勝天下也: (그런데) 이(此)는 (다스림으로) 천하(天下)를 이기지(勝) 못하다(不). 즉 감당하지 못하다

夫施及三王而天下大駭矣: (그런데도 인의에 따른 다스림이 하은주) 삼대에까지(及~三王) 이어져 (施~而) 천하(天下)가 크게(大) 놀라워하다(駭). 及(미칠 급, ~까지) 施(끌 이, 이어지다) 駭(놀랄 해)

下有桀跖 上有曾史: 아래(下)에선 폭군 걸(桀)과 도둑 도척(跖)이 나타나고(有), 위(上)에선 증삼(曾)과 사추(史)가 나타나다(有). 有(있을 유, 존재하다 → 나타나다)

而儒墨畢起: 그리고(而) 유가(儒)와 묵가(墨)도 마침내(畢) 일어나다(起). 畢(마침내 필) 起(일어날 기)

於是乎喜怒相疑: 이에(於~是) 기쁜(喜) (자와) 화내는(怒) (자가) 서로(相) 의심하다(疑). 喜(기쁠 희) 怒(성낼 노) 疑(의심할 의)

愚知相欺: 어리석은(愚) (자와) 지혜로운(知) (자가) 서로(相) 속이다(欺). 愚(어리석을 우) 欺(속일 기)

善否相非: 착한(善) (자와) (착하지) 않은(否) (자) (자가) 서로(相) 비방하다(非). 否(아닐 부) 非(비방할 비)

誕信相譏: 거짓말(誕) (하는 자와) 진실(信) (된 자가) 서로(相) 나무라다(譏). 誕(속일 탄, 거짓) 信(참으로 신, 진실) 譏(나무랄 기)

而天下衰矣: 그러면서(而) 천하(天下)는 쇠하다(衰). 衰(쇠할 쇠)

大德不同: (이처럼) 큰(大) 덕(德)이 같지(同) 않다(不), 즉 큰 덕에 차별이 생겨나다.

而性命爛漫矣: 그러자(而) 타고난 각자의 본성(性命)이 흩어져서 사라지다(爛漫). 性命[만물이 제각기 갖고 있는 타고난 성질. 즉 타고난 각자의 본성] 爛漫[흩어져 사라지는 모양. 爛(흩어질 란) 漫(제멋대로 만)]

天下好知: (그러면서) 천하(天下)가 앎(知)을 좋아하다(好). 好(좋을 호)

而百姓求竭矣: 그러자(而) 백성(百姓)도 애써(竭) (앎을) 구하다(求). 竭(다할 갈 → 애써) 求(구할 구)

於是乎釿鋸制焉: 이에(於~是) (군주는 백성을 치수에 맞추어서) 도끼(釿)와 톱(鋸)으로 베거나 자르다(制). 釿(큰자귀 근, 도끼) 鋸(톱 거) 制(마를 제, 치수에 맞추어 베거나 자름)

繩墨殺焉: 승묵(繩墨)으로 해치다(殺). 繩墨[승묵이란 처벌. 繩(줄 승, 법도) 墨(먹 묵, 자자하는 형벌)] 殺(해칠 살)

椎鑿決焉: 망치(椎)와 끌(鑿)로 단죄하다(決). 椎(몽치 추, 망치) 鑿(뚫을 착, 끌) 決(결정할 결 → 단죄하다)

天下脊脊大亂: (그 결과) 천하(天下)는 서로를 짓밟아서(脊脊) 크게(大) 어지러워지다(亂). 脊脊[서로 짓밟는 모양. 脊(등성마루 척)]

罪在攖人心: (이는) 사람(人)의 마음(心)을 (인의로) 휘감은(攖) 데 (그) 죄(罪)가 있다(在). 攖(휘감길 영, 목을 구슬 같은 소중한 것으로 목을 휘감다. 즉 인의로 마음을 휘감다) 罪(죄 죄) 在(있을 재)

故賢者伏處大山嵁巖之下: 고로(故) 현자(賢者)는 큰(大) 산(山)과 험준한(嵁) 바위(巖) 아래(下) 숨어서(伏) 살다(處). 嵁(험준할 감) 巖(바위 암) 伏(엎드릴 복, 숨다) 處(살 처)

而萬乘之君憂慄乎廟堂之上: 그리고(而) 큰 나라의 군주(萬乘之君)도 조정의 대전(廟堂之上)에서 두려움에 떨다(慄). 萬乘之君〔전차(乘)가 만(萬)개인 나라의 군주(君), 즉 큰 나라 군주. 乘(수레 승 → 전차)〕廟堂之上〔묘당(廟堂)의 위(上), 즉 조정의 대전. 廟(사당 묘)〕慄(두려워할 률, 두려움에 떨다)

今世殊死者相枕也: 지금(今) 세상(世)엔 처형당해(殊) 죽은(死) 자(者)가 서로(相) 베개를 하다(枕). 즉 서로 베개를 할 정도로 많이 쌓이다. 殊(죽일 수, 처형당하다) 枕(베개 침)

桁陽者相推: 형틀(桁陽) (쓴) 자(者)가 서로(相)를 뒤에서 밀다(推). 즉 줄줄이 엮인 탓에 감옥이 비좁아서 서로를 밀치다. 桁陽〔형틀. 桁(차꼬 항) 陽(볕 양)〕推(밀 퇴, 뒤에서 밀다)

戮者相望也: 형벌(刑)로 죽은(戮) 사람(者)이 서로(相)를 바라보다(望). 刑(형벌 형) 戮(죽일 륙) 望(바라볼 망)

而儒墨乃始離跂攘臂乎桎梏之間: 그러자(而) 유가(儒)와 묵가(墨)가 죄인(桎梏)들 사이(間)에서 힘쓰며(離跂) 옷소매를 걷어 올려(攘臂) (기세를 부리기) 시작하다(始). 桎梏〔차꼬(桎)와 쇠고랑(梏). 즉 죄인을 의미. 桎(차꼬 질) 梏(쇠고랑 곡)〕離跂〔발꿈치를 듦. 즉 힘쓰는 모양. 離(힘쓰는 모양 리) 跂(힘쓰는모양 지) 攘臂〔팔의 옷소매를 걷어 올림. 즉 기세를 부리다. 攘(걷을 양, 옷소매를 걷다) 臂(팔 비)〕

噫 甚矣哉!: 아(噫), 심하다(甚)! 噫(탄식할 희, 아!) 甚(심할 심)

其無愧而不知恥也甚矣!: 부끄러움(愧)이 없고(無~而), (또) 부끄러움(恥)을 알지(知) 못하는(不) 게 심할(甚) 뿐이다(矣)! 愧(부끄러워할 괴) 恥(부끄러워할 치, 부끄러움)

吾未知聖知之不爲桁陽接槢也: (그러니) 총명함(聖)과 앎(知)이 형틀(桁陽)을 (단단히) 죄는(接) 쐐기가 되는(爲~槢) 게 아닌지(不) 나(吾)는 알지(知) 못하다(未). 聖(총명할 성) 桁陽〔형틀. 桁(차꼬 항) 陽(볕 양)〕接(가까이할 접 → 죄다) 槢(쐐기 습)

仁義之不爲桎梏鑿枘也: (또) 인의(仁義)가 차꼬(桎)와 수갑(梏)을 단단히 죄는(鑿) 장부가 되는(爲~枘) 게 아닌지(不) (나는) 알지(知) 못하다(未). 桎(차꼬 질) 梏(쇠고랑 곡, 수갑) 鑿(뚫을 착, 단단히 죄다) 枘(장부 예)

焉知曾史之不爲桀跖嚆矢也!: (그러니) 증삼(曾)과 사추(史)도 폭군 걸(桀)과 도둑 도척(跖)의 효시가 되는(爲~嚆矢) 게 아닌지(不) (내가) 어찌(焉) 아는가(知)? 嚆矢〔효시. 嚆(울릴 효) 矢(화살 시)〕焉(어찌 언)

故曰 絶聖棄知而天下大治: 고로(故) 말하다. 총명함(聖)을 끊고(絶) 지혜로움(知)을 버리면(棄~而) 천하(天下)가 크게(大) 잘 다스려지다(治). 絶(끊을 절) 棄(버릴 기) 治(잘다스려질 치)

재유(在宥) 3

皇帝立爲天子十九年, 令行天下, 聞廣成子在於空同之山,

故往見之, 曰:「我聞吾子達於至道, 敢問至道之精.

吾欲取天地之精, 以佐五穀, 以養民人, 吾又欲官陰陽, 以遂群生, 爲之奈何?」

廣成子曰:「而所欲問者, 物之質也., 而所欲官者, 物之殘也.

自而治天下, 雲氣不待族而雨, 草木不待黃而落, 日月之光益以荒矣.

而佞人之心翦翦者, 又奚足以語至道哉!」

皇帝退, 損天下, 築特室, 席白茅, 閒居三月, 復往邀之.

廣成子南首而臥, 皇帝順下風膝行而進,

再拜稽首而問曰:「聞吾子達於至道, 敢問, 治身奈何而可以長久?」

廣成子蹶然而起, 曰:「善哉問乎! 來! 吾語汝至道. 至道之精, 窈窈冥冥.,

至道之極, 昏昏默默.

無視無聽, 拘神以靜, 形將自正.

必靜必清, 無勞汝形, 無搖汝精, 乃可以長生.

目無所見, 耳無所聞, 心無所知, 汝神將守形, 形乃長生.

愼汝內, 閉汝外, 多知爲敗. 我爲汝遂於大明之上矣, 至彼至陽之原也.,

爲汝入於窈冥之門矣, 至彼至陰之原也.

天地有官, 陰陽有藏, 愼守汝身, 物將自壯.

我守其一以處其和, 故我修身千二百歲矣, 吾形未常衰.」

皇帝再拜稽首曰:「廣成子之謂天矣!」

廣成子曰:「來! 余語汝. 彼其物無窮, 而人皆以爲有終.,

彼其物無測, 而人皆以爲有極.

得吾道者, 上爲皇而下爲王., 失吾道者, 上見光而下爲土.

今夫百昌皆生於土而反於土, 故余將去汝, 入無窮之門, 以遊無極之野.

吾與日月參光, 吾與天地爲常.

當我, 緡乎! 遠我, 昏乎! 人其盡死, 而我獨存乎!」

황제(皇帝)가 천자(天子) 자리에 올라 오랜 시간이 흐르자

황제의 령(令)이 천하에 제대로 시행되었다.

황제는 광성자(廣成子)가 공동산에 머문다는 말을 듣고 찾아가 뵙고 말했다.

"저는 선생께서 지극한 도의 경지에 이르렀다고 들었는데
지극한 도의 정수(精)에 대해 감히 묻고자 합니다.
저는 천지 만물을 생성하는 음양의 기운을 잘 취해 오곡이 자라나도록 도와
그것으로 백성을 부양해 왔습니다.
저는 음양을 잘 관리해 많은 생명이 자라나도록 하려는데 어찌해야 하나요?"
광성자가 말했다.
"그대가 듣고 싶은 지극한 도의 정수는 사물의 본질(質)인 데 반해
그대가 관리하려는 행위는 사물을 해치는(殘) 일이네.
그대가 직접 천하를 다스리고 나서부터 구름이 모이기도 전에 비를 내리고,
초목이 누렇게 되기도 전에 말라서 떨어지고,
해와 달의 빛도 갈수록 어두워졌네.
게다가 그대는 말재주 있는 사람의 마음을 지닌 천박한 사람인데
또 어찌 지극한 도에 대해 말할 수 있는가!"
이에 황제가 느낀 바가 있어 천자 자리에서 물러나 천하의 일을 줄이고,
특별한 집을 지어 흰 띠가 있는 다년초로 자리를 깐 뒤
석 달을 한가로이 지내다가 광성자를 다시 찾아가서 청했다.
이때 광성자는 머리를 남쪽으로 놓고 누워 있었다.
황제는 먼발치서 무릎으로 걸어가 두 번 절한 뒤 조아리며 여쭈었다.
"선생께서는 지극한 도를 통달했다고 들었습니다.
감히 묻건대 몸을 어떻게 다스려야 오래 살 수 있나요?"
광성자가 벌떡 일어나서 말했다.
"질문이 좋다! 이리 와라. 내가 그대에게 지극한 도(至道)에 대해 말하겠네.
지극한 도의 정수는 그윽하고 어두우며,
지극한 도의 정점은 어둡고 적막하네.
그러니 세상을 보지도 않고 듣지도 않으면서 정신을 고요히 붙잡아 둬야
그대의 몸이 저절로 바르게 되네(自正).
또 마음을 반드시 고요히 하고 맑게 해서
그대의 몸을 애쓰지 말고 정신을 흔들리지 않게 해야 오래 살 수 있네.
또 눈에 보이거나 귀에 들리는 게 없으면서 마음에 분별이 생겨나지 않아

야 그대의 정신이 몸을 지켜서 오래 살 수 있네.

그러니 그대의 마음을 삼가고, 그대의 오관을 닫도록 하게.

마음과 오관을 통해 앎(知)이 많아지면 일을 망치네.

나는 그대를 위해 높은 하늘에 올라가서 저 지극한 양기의 근원에 이르고,

또 그대를 위해 낮은 땅으로 들어가서 저 지극한 음기의 근원에 이를 거네.

천지는 만물을 지배하고, 음양은 만물을 품으니까

그대의 몸만 신중히 지키면 만물은 저절로 왕성해지네(自壯).

나는 지극한 도를 지켜서 음양의 조화를 이루어 천 2백 년간 몸을 닦았으므로 내 몸은 늘 쇠하지 않네."

황제는 두 번 절한 뒤 조아리며 말했다.

"저는 광성자 선생을 하늘(天)이라고 칭하겠습니다."

광성자가 말했다. "이리 와라. 내가 그대에게 또 하나 중요한 걸 말해주겠네.

저 만물은 다함이 없을 정도로 영원한데 사람들은 모두 끝이 있다고 여기고,

만물은 측량할 수 없을 정도로 많은데 사람들은 모두 한계가 있다고 여기네.

그런데 내 도(吾道)를 얻으면 위로는 황제가 되고, 아래로 내려가도 왕은 되지.

반면 내 도를 잃으면 위에선 해와 달의 빛을 보아도

아래에선 죽어서 흙이 되네.

지금 많은 생물과 모든 사물이 흙에서 생겨나 흙으로 돌아가네.

그래서 나는 그대와 헤어지면 도의 세계로 들어가는 문으로 들어가

끝없는 들판에서 노닐 거네.

그러면 해와 달과 함께 휘황찬란히 빛나고, 천지와 늘 그러함을 유지하네.

그래서 나와 짝하면 휘황찬란히 빛나서 성하네!

반면 나와 멀어지면 어두워져서 시드네!

사람들은 수명을 다해서 죽지만 나만 홀로 오래 살 거네!

注

皇帝立爲天子十九年: 황제(皇帝)가 천자(天子) 자리(立)에 (오른 뒤) 오랜 시간이 되다(爲~十九年). 位(자리 위) 十九年(십(十)년에 더해 구(九). 즉 오랜 시간을 의미)

令行天下: (그러자 황제의) 령(令)이 천하(天下)에 (제대로) 시행되다(行). 令(영 령) 行(실시할 행 → 시행하다)

聞廣成子在於空同之山: (황제는) 광성자(廣成子)가 공동산에(於~空同山) (머물고) 있다(在)는 (말을) 듣다(聞).

故往見之曰: 고로(故) 찾아가서(往) (그를) 만나보고(見) 묻다. 往(갈 왕 → 찾아가다)

我聞吾子達於至道: 나(我)는 선생(吾子)이 지극한(至) 도에(於~道) 이르렀다(至) 듣다(聞). 吾子(선생) 至(지극할 지) 至(이를 지)

敢問至道之精: (그런데) 지극한(至) 도(道)의 정수(精)를 감히(敢) 묻다(問). 精(정세할 정 → 정수)

吾欲取天地之精 以佐五穀: 나(吾)는 천지(天地) 만물을 생성하는 음양의 기운(精)을 취해(欲~取) 그럼으로써(以) 오곡(五穀)이 (자라나도록) 돕다(佐). 精(정기 정, 생명의 근원. 또는 만물을 생성하는 음양 기운) 取(취할 취) 佐(도울 좌)

以養民人: 그것으로(以) 백성(民)을 부양하다(養). 養(기를 양 → 부양하다)

吾又欲官陰陽 以遂群生: 또(又) 나(吾)는 음양(陰陽)을 (잘) 관리해(欲~官) 그럼으로써(以) 많은 (群) 생명(生)이 자라나게(遂) 하다. 官(지배할 관, 관리하다) 群(많을 군) 生(날 생, 생명) 遂(자랄 수)

爲之奈何?: (이를) 위해(爲) 어찌하나요(奈何)? 奈何〔어찌. 奈(어찌 나) 何(어찌 하)〕

廣成子曰 而所欲問者 物之質也: 광성자(廣成子)가 말하다. 그런데(而) (네가) 듣고 싶어(欲~問)하는 바(所~者), 즉 지극한 도의 정수는 사물(物)의 본질(質)이다. 質(바탕 질, 본질) 官

而所欲官者 物之殘也: 그런데(而) (이에 반해 네가) 관리하려는(欲~官) 행위(所~者)는 사물(物)을 해치는(殘) (일이다). 官(지배할 관, 관리하다) 殘(해칠 잔)

自而治天下: (네가) 몸소(自~而), 즉 직접 천하(天下)를 다스리다(治). 自(스스로 자, 몸소)

雲氣不待族而雨: (그 후부터) 구름(雲氣)이 무리(族)를 기다리지(待) 않고(不~而), 즉 구름은 모이기도 전에 비(雨)를 내리다. 雲氣(구름. 雲(구름 운) 氣(기운 기)〕 族(겨레 족, 무리) 待(기다릴 대)

草木不待黃而落: 초목(草木)이 누렇게(黃) (되도록) 기다리지(待) 않고(不~而) (말라) 떨어지다 (落). 黃(누를 황) 落(떨어질 락)

日月之光益以荒矣: (또) 해(日)와 달(月) 빛(光)이 더하지 않아(以~益) 거칠어지다(荒). 즉 해와 달의 빛이 갈수록 어두워지다. 光(빛 광) 益(더할 익) 荒(거칠 황)

而佞人之心翦翦者: 그런데(而) (너는) 말재주(佞) 있는 사람(人)의 마음(心)을 지닌 천박한(翦 翦) 자(者)이다. 佞(말재주있을 녕) 翦翦〔변별은 잘 하나 천박한 모양. 翦(자를 전)〕

又奚足以語至道哉!: (그런데) 또(又) 어찌(奚) 지극한(至) 도(道)를 말로(以~語) 하는 게 충분한 가(足)! 즉 지극한 도에 대해 말할 수 있는가! 奚(어찌 해) 語(말씀 어) 足(족할 족, 충분함)

皇帝退 損天下: 황제(皇帝)가 (느낀 바가 있어 천자 자리에서) 물러나(退) 천하(天下) 일을 줄이다 (損). 退(물러날 퇴) 損(덜 손)

築特室 席白茅: (그리고) 특별한(特) 집(室)을 지어(築) 흰 띠가 있는 다년초(白茅)로 자리(席)를 깔다. 特(특별할 특) 室(집 실) 築(쌓을 축, 집을 짓다) 白茅〔다년초. 白(흰 백) 茅(띠 모)〕 席 (자리 석)

閒居三月 復往邀之: (그런 뒤) 석 달(三月)을 한가로이(閒) 지내다(居). (그리고) 다시(復) 찾아가서(往) 청했다(邀). 閒(틈 한, 한가히) 居(있을 거, 지냄) 復(다시 부) 往(갈 왕 → 찾아가가) 邀(구할 요 → 청하다)

廣成子南首而臥: (이 때) 광성자(廣成子)는 머리(首)를 남쪽으로(南) (놓고) 눕다(臥). 首(머리수) 臥(엎드릴 와, 눕다)

皇帝順下風膝行而進: 황제(皇帝)는 차례(順)를 아래에서(下風), 즉 먼발치에서부터 무릎(膝)으로 걸어가(行而) 나아가다(進). 順(차례 순) 下風[다른 사람의 아래. 下((아래 하) 風모습 풍)] 膝(무릎 슬) 行(갈 행 → 걸어가다) 進(나아갈 진)

再拜稽首而問曰: 두 번(再) 절한(拜) (뒤) 조아리며(稽首而) 묻다(問). 拜(절 배) 稽首[머리(首)를 (절한 상태에) 머물다(稽). 즉 조아리다. 稽(머무를 계)]

聞吾子達於至道: 선생(吾子)은 지극한(至) 도(道)를 통달하다고(達) 듣다(聞). 達(통달할 달)

敢問 治身奈何而可以長久?: 감히(敢) 묻건대(問) 몸(身)을 어찌(奈何) 다스리면(治) 그럼으로써(以) 오래(長久) 살 수(可) 있을까? 즉 몸을 어떻게 다스려야 오래 살 수 있는가? 長久[오래도록. 長(길 장) 久(오랠 구)]

廣成子蹶然而起 曰: 광성자(廣成子)가 벌떡(蹶然) 일어나(起) 말하다. 蹶然[벌떡. 蹶(넘어질 궐)] 起(일어날 기)

善哉問乎! 來! 吾語汝至道: 질문(問)이 좋다(善)! 와라(來)! 내(吾)가 네(汝)게 지극한(至) 도(道)에 대해 말하다(語). 來(올 래)

至道之精 窈窈冥冥: 지극한(至) 도(道)의 정수(精)는 그윽하고(窈窈) 어둡다(冥冥). 窈窈[깊고 신비한 모양. 즉 그윽함. 窈(그윽할 요)] 冥冥[어두운 모양. 冥(어두울 명)]

至道之極 昏昏黙黙: (또) 지극한(至) 도(道)의 정점(極)은 어둡고(昏昏) 적막하다(黙黙). 極(정점 극) 昏昏[어두운 모양. 昏(어두울 혼)] 黙黙[고요하고 적막함. 黙(묵묵할 묵, 고요하다)]

無視無聽 拘神以靜: (그러니 세상을) 보지(視) 않고(無) 듣지(聽) 않으면서(無) 정신(神)을 고요히(以靜) 잡아두다(拘). 視(볼 시) 聽(들을 청) 神(정신 신) 拘(잡을 구)

形將自正: (그래야 너의) 몸(形)도 저절로(自) 바르게 되다(將正). 形(몸 형) 自(스스로 자, 저절로) 正(바를 정)

必靜必淸 無勞汝形: (또 마음을) 반드시(必) 고요히 하고(靜) 반드시(必) 맑게 하다(淸). 必(반드시 필) 靜(고요할 정) 淸(맑을 청)

無搖汝精: 네(汝) 몸(形)을 애쓰지(勞) 않고(無) 정신(精)을 흔들리지(搖) 않게(無) 하다. 勞(수고할 로, 애씀) 搖(흔들릴 요)

乃可以長生: 이에(乃) 그것으로써(以) 오래(長) 살(生) 수 있다(可). 乃(이에 내) 長(길 장 → 오래)

目無所見 耳無所聞: (또) 눈(目)에 보이는(見) 게(所) 없고(無) 귀(耳)에 들리는(聽) 게(所) 없다

(無). 目(눈 목) 耳(귀 이)

心無所知: (그러면서) 마음(心)에 아는(知) 바(所)가 없다(無). 즉 마음에 분별이 없다.

汝神將守形 形乃長生: (그래야) 네(汝) 정신(神)이 몸(形)을 지켜(守) 이에(乃) 몸(形)이 오래(長) 산다(生). 汝(너 여) 守(지킬 수)

愼汝內 閉汝外: (그러니) 너(汝)의 안(內), 즉 마음을 삼가고(愼), 너(汝)의 밖(外), 즉 오관을 닫다(閉). 愼(삼갈 신) 閉(닫을 폐)

多知爲敗: (마음과 오관을 통해) 앎(知)이 많아지면(多) (일을) 망치다(爲~敗). 多(많을 다) 敗(실패할 패 → 망치다)

我爲汝遂於大明之上矣: (그런데) 나(我)는 너(汝)를 위해(爲) 큰(大) 밝음(明) 위에(於~上) 이르다(遂), 즉 높은 하늘에 오르다. 遂(이를 수)

至彼至陽之原也: 저(彼) 지극한(至) 양기(陽)의 근원(原)에 이르다(至). 彼(저 피) 至(지극할 지) 原(근원 원) 至(이를 지)

爲汝入於窈冥之門矣: (또) 너(汝)를 위해(爲) 그윽하고(窈) 어두운(冥) 문으로(於~門), 즉 낮은 땅으로 들어가다(入). 入(들 입)

至彼至陰之原也: 저(彼) 지극한(至) 음기(陰)의 근원(原)에 이르다(至). 窈(그윽할 요) 冥(어두울 명)

天地有官 陰陽有藏: 천지(天地)는 (만물을) 지배하고(有~官), 음양(陰陽)은 (만물을) 품는다(有~藏). 官(지배할 관) 藏(품을 장)

愼守汝身 物將自壯: (그러니) 네(汝) 몸(身)을 신중히(愼) 지키면(守) 만물(物)은 저절로(自) 왕성하다(壯). 愼(삼갈 신 → 신중히) 守(지킬 수) 壯(클 장, 왕성하다)

我守其一以處其和: 나(我)는 하나(一)를 지키고(守), 그것으로써(以) (음양의) 조화로움(和)에 처하다(處). 즉 지극한 도를 지켜서 음양의 조화를 이루다. 和(화할 화 → 조화로움) 處(살 처, 처하다)

故我修身千二百歲矣: 그래서(故) 나(我)는 천(千) 이백(二百) 년(歲) 간 몸(身)을 닦다(修). 歲(해 세, 년) 修(닦을 수)

吾形未常衰: (그래서) 내(吾) 몸(形)은 늘(常) 쇠하지(衰) 않다(未). 衰(쇠할 쇠) 未(아닐 미, 아직 ~ 하지 못하다)

皇帝再拜稽首曰: 황제(皇帝)는 두 번(再) 절하고(拜) 조아리며(稽首) 말하다.

廣成子之謂天矣: (나는) 광성자(廣成子) (선생을) 하늘(天)이라 칭하겠다(稱). 稱(일컬을 칭)

廣成子曰 來! 余語汝: 광성자(廣成子)가 말하다. 와라(來). 내(余)가 너(汝)에게 (또 하나 중요한 걸) 말하다(語). 余(나 여)

彼其物無窮: 저(彼) 만물(物)은 영원하다(無窮). 無窮[다함(窮)이 없다(無). 즉 영원하다. 窮(다

할 궁, 다하다)〕

而人皆以爲有終: 그런데(而) 사람(人)들은 모두(皆) 끝(終)이 있다고(以~有) 여기다(爲). 終(끝 종)

彼其物無測: 저(彼) 만물(物)은 측량(測)할 수 없다(無). 測(잴 측, 측량하다)

而人皆以爲有極: 그런데(而) 사람(人)들은 모두(皆) 한계(極)가 있다고(以~有) 여기다(爲). 極(한계 극)

得吾道者 上爲皇而下爲王: 내(吾) 도(道)를 얻으면(得~者) 위(上)로는 황제(皇)가 되고(爲~而) 아래(下)로 (내려가도) 왕 (정도가) 되다(爲~王).

失吾道者 上見光而下爲土: (반면) 내(吾) 도(道)를 잃으면(失~者) 위(上)에선 (해와 달의) 빛(光)을 보아도(見~而), 아래(下)에선 (죽어서) 흙이 되다(爲~土).

今夫百昌皆生於土而反於土: 지금(今) 많은 생물(百昌)과 모든(皆) (사물이) 흙에서(於~土) 생겨나(生~而) 흙으로(於~土) 돌아가다(反). 百昌〔많은 생물. 百(온갖 백, 많음을 의미함) 昌(유생물 창, 생명이 있는 물체)〕 反(되돌릴 반, 돌아가다)

故余將去汝 入無窮之門: 그러므로(故) 나(余)는 너(汝)와 헤어져(將~去) 도의 세계로 들어가는 문(無窮之門)으로 들어가다(入). 去(갈 거 → 헤어짐) 無窮之門〔도의 세계로 들어가는 문〕

以遊無極之野: 그럼으로써(以) 끝(極)이 없는(無) 벌판(野)에서 노닐다(遊). 極(끝 극) 野(들 야, 벌판) 遊(놀 유, 노닐다)

吾與日月參光: (그러면) 나(吾)는 해(日)와 달과(與~月) 휘황찬란하게 빛나다(參光). 參光〔셋(參)의 빛남(光) → 휘황 차게 빛남. 參(석 삼) 光(빛날 광)〕

吾與天地爲常: (또) 나(吾)는 천지와 함께(與~天地) 늘 그러함(爲~常)을 (유지하다). 常(항상 상, 늘 그러하다)

當我 緡乎!: (그래서) 나(我)와 짝하면(當) (휘황찬란하게 빛나서) 성하다(緡)! 當(당할 당, 짝하다) 緡(성할 혼)

遠我 昏乎!: (반면) 나(我)와 멀어지면(遠) 어두워져서(昏) (시들다)! 遠(멀 원, 멀다) 昏(어두울 혼)

人其盡死 而我獨存乎!: 사람(人)은 (수명을) 다해(盡) 죽다(死). 그런데(而) 나(我)만 홀로(獨) (오래) 살다(存)! 盡(다할 진)

재유(在宥) 4

雲將東遊, 過扶搖之枝而適遭鴻蒙.
鴻蒙方將拊脾雀躍而遊.
雲將見之, 倘然止, 贄然立, 曰:「叟何人邪? 叟何爲此?」

鴻蒙拊脾雀躍不輟, 對雲將曰,「遊!」

雲將曰:「朕願有問也.」

鴻蒙仰而視雲將曰,,「吁!」

雲將曰:「天氣不和, 地氣鬱結, 六氣不調, 四時不節.

今我願合六氣之精以育群生, 爲之奈何?」

鴻蒙拊脾雀躍掉頭曰:「吾弗知! 吾弗知!」雲將不得問.

又三年, 東遊, 過有宋之野而適遭鴻蒙.

雲將大喜, 行趨而進曰:「天忘朕邪? 天忘朕邪?」再拜稽首, 願聞於鴻蒙.

鴻蒙曰:「浮遊, 不知所求., 猖狂, 不知所往., 遊者鞅掌, 以觀無妄. 朕又何知!」

雲將曰:「朕也自以爲猖狂, 而民隨予所往., 朕也不得已於民, 今則民之倣也.

願聞一言.」

鴻蒙曰:「亂天下之經, 逆物之情, 玄天弗成., 解獸之群, 而鳥皆夜鳴.,

災及草木, 禍及止蟲. 噫, 治人之過也!」

雲將曰:「然則吾奈何?」

鴻蒙曰:「噫, 毒哉! 僊僊乎歸矣.」

雲將曰:「吾遇天難, 願聞一言.」

鴻蒙曰:「噫! 心養. 汝徒處無爲, 而物自化.

隨爾形體, 黜爾聰明, 倫與物忘., 大同乎涬溟, 解心釋神, 莫然無魂.

萬物云云, 各復其根, 各復其根而不知., 渾渾沌沌, 終身不離., 若彼知之, 乃是

離之.

無問其名, 無闚其情, 物固自生.」

雲將曰:「天降朕以德, 示朕以默., 躬身求之, 乃今也得.」再拜稽首, 起辭而行.

운장(雲將)이 동쪽을 노닐다 신비스러운 부요(扶搖)의 나뭇가지 아래를 지나
면서 은자인 홍몽(鴻蒙)을 우연히 만났다.

홍몽은 그때 마침 허벅지를 치면서 깡충깡충 노닐었다.

운장은 홍몽을 보고 갑자기 걸음을 멈춘 뒤 움직이지 않은 채 서서 물었다.

"노인장은 뉘시오? 노인장은 어째서 이렇게 노닐고 있습니까?"

홍몽은 허벅지를 치며 깡충깡충 노니는 걸 멈추지 않은 채 운장에게 말했다.

"노닐고 있네!"

운장이 말했다. "제가 묻고 싶은 게 있습니다만."

홍몽은 고개를 들어 운장을 쳐다보면서 말했다. "어!"

운장이 말했다.

"천기(天氣)가 조화를 잃고, 지기(地氣)가 막혀서 뭉치고,

육기(六氣)가 고르지 못해 사철이 순조롭지 못합니다.

저는 지금 육기의 정수를 모아 그것으로 많은 생물이 자라나길 바라는데

그걸 위해서 어찌해야 하나요?"

홍몽은 허벅지를 치며 껑충껑충 노닐면서 고개를 내저으며 말했다.

"난 몰라, 난 몰라."

그래서 운장은 더 물을 수 없었다.

삼 년 후 운장은 다시 동쪽을 노닐다가 송(宋)나라 들판을 지나면서

우연히 홍몽을 만났다.

운장은 크게 기뻐하면서 달려가 다가가서 말했다.

"하늘 같은 분께서 저를 잊지 않으셨지요?"

그리고는 두 번 절하고 머리를 조아리며 홍몽에게 가르침을 청했다.

홍몽이 말했다.

"나는 평생 떠다니며 노닐어서 무얼 찾아야 하는지 모르고,

마음 내키는 대로 다녀서 어디로 가야 하는지 모르네.

이렇게 많이 노닐고 다녀서 거짓되고 망령되지 않은 것만 보았으니

이것 말고 또 내가 무엇을 알겠는가!"

운장이 말했다.

"저도 마음 내키는 대로 다녔어도 백성은 제가 가는 곳마다 따라옵니다.

그래서 저는 백성으로부터 빠져나오지 못해 이제는 백성의 준거가 되었습니다. 부디 한 말씀만 해주십시오."

홍몽이 말했다.

"천하의 규범을 어지럽히고 만물의 참모습을 거스르면

그윽한 자연(玄天)의 조화가 이루어지지 않네.

짐승의 무리가 흩어지고 모든 새가 밤에만 울면

재앙이 초목에까지 미치고, 화는 벌레에 이르러서 멈추네.

아, 그러니 애당초 사람을 다스린다는 생각부터 잘못이네!"

운장이 물었다. "그러면 저는 어찌해야 하나요?"

홍몽이 말했다. "아, 괴롭구나! 정말로 고달프다. 돌아가라."

운장이 말했다. "제가 하늘 같은 분을 다시 만나기가 어렵습니다.
부디 한 말씀만 들려주십시오."

홍몽이 말했다. "아! 심양(心養), 즉 마음을 양생하라.
그대 무리가 무위(無爲), 즉 하고자 함이 없음에 머물면
만물은 저절로 변해 이루어지네(自化).
그러니 그대의 몸을 가능한 게을리하고, 눈과 귀의 총명함을 물리치고,
그대들 무리와 함께 만물을 잊도록 하게.
그리고 큰 어둠(涬溟)과 대충 같아지면 마음이 풀리고 정신도 풀려서
고요히 혼(魂)이 없는 상태가 되네.
그러면 만물은 더 말할 나위 없이 각자의 근본으로 돌아오는데
돌아온다 해도 어째서 그런지 알려고 하지 말게.
그러면 만물이 생겨나기 이전인 혼돈 무지한 참된 상태를 평생 떠나지 않네.
만약 어째서 그런지 알려고 하면 이내 혼돈 무지한 참된 상태를 떠나네.
그러니 혼돈 무지한 참된 상태의 이름도 묻지 말고, 참 모습도 엿보지 말게.
만물은 본디 저절로 생겨나네(自生)."

운장이 말했다.

"하늘 같은 분이 제게 내려와서 덕을 베풀고, 참된 도를 침묵으로 보여주었
습니다. 제가 지금껏 몸소 찾던 바를 이제야 얻었습니다."

그리고 두 번 절하고 머리를 조아리면서 일어나 작별의 말을 하고 떠났다.

注 ————————

雲將東遊: 운장(雲將)이 동쪽(東)을 노닐다(遊).

過扶搖之枝而適遭鴻蒙: (그러다 신비스러운) 부요(扶搖) 나뭇가지(枝) (아래)를 지나며(過~而) (은자) 홍몽(鴻蒙)을 우연히 만나다(適遭). 枝(가지 지, 나뭇가지) 過(지날 과) 適遭〔우연히 만나다. 適(갈 적, 만나다) 遭(만날 조)〕

鴻蒙方將拊脾雀躍而遊: 홍몽(鴻蒙)은 마침(方) 허벅지(脾)를 치며(拊) 깡충깡충(雀躍~而) 노닐다(遊). 方(이제 방, 마침) 脾(넓적다리 비, 허벅지) 拊(칠 부) 雀躍〔참새(雀)처럼 뛰다(躍). 즉 깡충

깡충. 雀(참새 작) 躍(뛸 약)〕遊(노닐 유)

雲將見之 倘然止: 운장(雲將)은 (홍몽을) 보고(見) 갑자기(倘然) 멈추다(止). 倘然〔갑작스러움. 倘(혹시 당, 갑자기 멈춘 모습)〕

贄然立 曰: (그런 뒤) 움직이지 않은 채(贄然) 서서(立) 묻다. 贄然〔움직이지 않음. 贄(폐백 지, 움직이지 않는 모습)〕立(설 립)

叟何人邪? 叟何爲此?: 노인장(叟)은 어떤(何) 사람(人)인가? 노인장(叟)은 어째서(何) 이러나(爲~此)? 叟(늙은이 수) 此(이 차)

鴻蒙拊脾雀躍不輟: 홍몽(鴻蒙)은 허벅지(脾)를 치며(拊) 깡충깡충(雀躍) (노니는 짓을) 그치지(輟) 않다(不). 輟(그칠 철)

對雲將曰 遊!: (그러면서) 운장(雲將)에 대해(對) 말하다. 노닐고 있다(遊)!

雲將曰 朕願有問也: 운장(雲將)이 말하다. 제(朕)가 묻고(問) 싶은(願) 게 있다(有). 朕(나 짐, 나를 낮추는 호칭) 願(원할 원)

鴻蒙仰而視雲將曰 吁!: 홍몽(鴻蒙)은 고개를 들어(仰) 운장(雲將)을 보며(視) 말하다. 어(吁)! 仰(우러를 앙, 고개 들다) 吁(아 우)

雲將曰 天氣不和: 운장(雲將)이 말하다. 하늘(天)의 기(氣)가 조화(和)를 잃다(不). 和(화합할 화, 조화를 이루다)

地氣鬱結: 땅(地)의 기(氣)가 막혀서(鬱) 뭉치다(結). 鬱(막힐 울) 結(맺을 결, 뭉치다)

六氣不調: 육기(六氣: 陰·陽·風·雨·晦·明, 자연을 의미)가 고르지(調) 못하다(不). 調(고를 조, 고르다)

四時不節: (그래서) 사철(四時)은 분명한 경계(節)가 있지 않다(不). 즉 순조롭지 않다. 節(마디 절, 분명한 경계)

今我願合六氣之精以育群生: 지금(今) 나(我)는 육기(六氣)의 정수(精)를 모아(合) 그것으로써(以) 많은(群) 생물(生)이 자라나길(育) 바라다(願). 合(모을 합) 群(많을 군) 生(살 생 → 생물) 育(기를 육, 자라다)

爲之奈何?: (그것을) 위해(爲) 어찌해야(奈何) (하나요)?

鴻蒙拊脾雀躍掉頭曰: 홍몽(鴻蒙)은 허벅지(脾)를 치며(拊) 깡충깡충(雀躍) (노닐고) 머리(頭)를 내젓고(掉) 말하다. 頭(머리 두) 掉(흔들 도 → 내젓다)

吾弗知! 吾弗知!: 나(吾)는 알지(知) 못해(弗)! 나(吾)는 알지(知) 못해(弗)! 弗=不(아닐 불)

雲將不得問: (그래서) 운장(雲將)은 물음(問)을 얻을 수(得) 없다(不). 즉 더 이상 묻지 못하다.

又三年 東遊: 삼년(三年) 후 (운장은) 다시(又) 동쪽(東)을 노닐다(遊). 遊(노닐 유)

過有宋之野而適遭鴻蒙: 송(宋)나라 들(野)을 지나다(過~而) 홍몽(鴻蒙)을 우연히 만나다(適遭).

雲將大喜 行趨而進曰: 운장(雲將)은 크게(大) 기뻐하며(喜) 달려가서(行趨) 다가가(進) 말하다. 喜(기쁠 희) 行趨〔달려감. 趨(달릴 추)〕進(나아갈 진, 다가감)

天忘朕邪?: 하늘(天) 같은 분께서 저(朕)를 잊지(忘) 않았나(邪)? 忘(잊을 망)

再拜稽首 願聞於鴻蒙: (그리고는) 두 번(再) 절하고(拜) 머리를 조아린 채(稽首) 홍몽에게(於~鴻蒙) 듣기(聞)를 원하다(願). 즉 가르침을 청하다. 拜(절 배) 稽首〔머리(首)를 (절한 상태로) 머물다(稽). 首(머리 수) 稽(머무를 계)〕

鴻蒙曰 浮遊 不知所求: 홍몽(鴻蒙)이 말하다. (나는 평생을) 떠다니며(浮) 노닐어서(遊) (무얼) 찾아야(求) 하는 지(所) 알지(知) 못하다(不). 浮(뜰 부, 떠다니다) 求(구할 구, 찾다)

猖狂 不知所往: 마음 내키는 대로 다녀서(猖狂) (어디로) 가야(往) 하는 바(所)를 알지(知) 않다(不). 猖狂〔분별없이 함부로 날뜀 → 마음 내키는 대로 다님. 猖(날뛸 창) 狂(미칠 광)〕往(갈 왕)

遊者鞅掌 以觀無妄: (이렇게) 노닒(遊~者)이 많아(鞅掌), 즉 많이 노닐고 다녀 그럼으로써(以) 거짓되고 망령되지(妄) 않음(不)을 보다(觀). 掌鞅〔많음. 鞅(많을 앙) 掌(맡을 장)〕妄(허망할 망, 거짓되고 망령됨) 觀(볼 관, 보다)

朕又何知!: (그러니 이것 말고) 내(朕)가 또(又) 무얼(何) 아는가(知)! 朕(나 짐)

雲將曰 朕也自以爲猖狂: 운장(雲將)이 말하다. 저(朕) 스스로(自) 그럼으로(以) 마음 내키는 대로 다니다(猖狂).

而民隨予所往: 그러나(而) 백성(民)은 내(予)가 가는(往) 곳(所)을 따르다(隨). 즉 가는 곳마다 따라오다. 予(나 여) 隨(따를 수)

朕也不得已於民: (그래서) 저(朕)는 (백성)으로부터(於) 부득이(不得已)하다. 즉 백성으로부터 빠져나오지 못하다.

今則民之傚也: 이제(今)는 백성(民)의 준거(傚)가 되다. 傚(본뜰 방, 준거) ※ 참고한 『莊子今註今譯』에 '放(풀어줄 방)'으로 표기되었는데 오자로 보아 '傚(본뜰 방)'으로 바꾸어서 해석했다.

願聞一言: 원컨대(願) 한(一) 말씀(言) 듣고자(聞) 하다.

鴻蒙曰 亂天下之經: 홍몽(鴻蒙)이 말하다. 천하(天下)의 규범(經)을 어지럽히다(亂). 經(법 경, 규범) 亂(어지럽힐 란)

逆物之情 玄天弗成: 만물(物)의 참 모습(情)을 거스르면(逆) 그윽한(玄) 자연(天)의 (조화는) 이루어지지(成) 않다(不). 逆(거스를 역) 玄(멀 현, 아득한 → 그윽한)

解獸之群 而鳥皆夜鳴: 짐승(獸)의 무리(群)가 흩어지다(解). 그리고(而) 새(鳥)들이 모두(皆) 밤(夜)에만 울다(鳴). 獸(짐승 수) 群(무리 군) 解(흩어질 해) 鳥(새 조) 皆(모두 개) 夜(밤 야) 鳴(울 명, 울다)

災及草木 禍及止蟲: (그러면) 재앙(災)이 초목(草木)에까지 미치고(及), 화(禍)는 (작은) 벌레(蟲)에까지 이르러서(及) 멈추다(止). 災(재앙 재) 及(미칠 급) 蟲(벌레 충) 止(발 지, 머무르다 → 미치다)

噫 治人之過也!: 아(噫), (그러니 애당초) 사람(人)을 다스리는(治) (생각부터) 잘못(過)이다! 噫
(탄식할 희, 아) 過(허물 과, 잘못)

雲將曰 然則吾奈何?: 운장(雲將)이 말하다. 그러면(然~則) 나(吾)는 어찌하나(奈何)?

鴻蒙曰 噫 毒哉!: 홍몽(鴻蒙)이 말하다. 아(噫), 괴롭다(毒)! 毒(괴로울 독)

倦倦乎歸矣: 고달프고(倦) 고달프다(倦). 즉 정말로 고달프다. 돌아가라(歸). 倦(고달픈 권) 歸
(돌아갈 귀, 돌아가다)

雲將曰 吾遇天難 願聞一言: 운장(雲將)이 말하다. 내(吾)가 하늘(天) (같은 분을) 만나기(遇) 어
렵다(難). 원컨대(願) 한(一) 말씀(言) 듣고자(聞) 하다. 遇(만날 우) 難(어려울 난)

鴻蒙曰 噫! 心養: 홍몽(鴻蒙)이 답하다. 아(噫)! 마음(心)을 양생하라(養). 養(기를 양, 양생하다)

汝徒處無爲 而物自化: 네(汝) 무리(徒)는 하고자 함이 없는(無爲) 것에 머물다(處). 그러면(而)
만물(物)은 저절로(自) 변해(化) (이루어지다). 徒(무리 도) 處(살 처, 머물다) 化(될 화, 이루어지다)

隨爾形體 黜爾聰明: (그러니) 네(爾) 몸(形體)을 (가능한) 게을리 하고(隨) 네(爾) 눈과 귀의 총명
함(聰明)을 물리치다(黜). 爾(너 이) 形體〔형체. 즉 몸. 形(모양 형) 體(몸 체)〕 隨(게으를 수) 黜(물
리칠 출)

倫與物忘: (너의) 무리(倫)와 (함께) 만물(物)을 잊다(忘). 倫(무리 륜) 忘(잊을 망)

大同乎涬溟: (그리고) 큰(涬) 어둠(溟)과 대충(大) 같아지다(同). 涬(클 행) 溟(어두울 명) 大(클 대
→ 대충) 同(같을 동)

解心釋神: (그러면) 마음(心)이 풀어지고(解) 정신(神)이 풀리다(釋). 解(풀 해) 釋(풀릴 석)

莫然無魂: 고요히(莫然) 혼(魂)이 없는(無) (상태가 되다). 莫然〔고요한 모양. 莫(적막할 막)〕魂
(넋 혼)

萬物云云 各復其根: (그러면) 만물(萬物)은 운운(云云), 즉 더 말할 나위 없이 각자(各)의 근본
(本)으로 돌아오다(復). 本(근본 본) 復(돌아올 복)

各復其根而不知: (그런데) 각자(各) 근본(本)으로 돌아와도(復~而) (왜 그런지) 알려고(知) 하지
않다(不).

渾渾沌沌 終身不離: (그러면 너는) 만물이 생겨나기 이전의 혼돈무지한(渾渾沌沌) (참된) 상태
에서 평생(終身) 떠나지(離) 않다(不). 渾渾沌沌〔만물이 생겨나기 전의 혼돈무지한 상태. 渾
(흐릴 혼) 沌(어두울 돈) 終身〔종신. 終(끝날 종)〕離(떼놓을 리, 떠나다)

若彼知之 乃是離之: (그런데) 만약(若) (그걸) 알려(知) 하면 이(是)에 이내(乃) (혼돈무지한 상태에
서) 떠나다(離). 若(만일 약)

無問其名 無闚其情: (그러니 혼돈무지한 참된 상태의) 이름(名)을 묻지도(問) 말고(不), 참 모습
(情)을 엿보지도(闚) 말라(不). 問(물을 문) 闚(엿볼 규)

物固自生: 만물(物)은 본디(固) 저절로(自) 생겨나다(生). 固(본디 고)

雲將曰 天降朕以德: 운장(雲將)이 말하다. 하늘(天) 같은 분이 제(朕)게 내려와(以~降) 덕(德) 을 베풀다. 降(내릴 강, 내려오다)

示朕以黙: (또) 제(朕)게 (참된 도를) 침묵으로(黙)으로 보여주다(示). 黙(잠잠할 묵, 침묵) 示(보일 시)

躬身求之 乃今也得: (제가 지금껏) 몸소(躬身) 찾던(求) 바를 이제(今) 와서(乃) 얻다(得). 躬(몸 궁, 몸소) 得(얻을 득 → 알다)

再拜稽首 起辭而行: (그리고) 두 번(再) 절하고(拜) 머리를 조아리며(稽首) 일어나서(起) (작별의) 말(辭)을 하고 가다(而~行). 起(일어날 기) 辭(말 사)

재유(在宥) 5

재유 5-1

世俗之人, 皆喜人之同乎己而惡人之異於己也.

同於己而欲之. 異於己而不欲者, 以出乎衆爲心也.

夫以出乎衆爲心者, 曷常出乎衆哉!

因衆以寧所聞, 不如衆技衆矣.

而欲爲人之國者, 此攬乎三王之利而不見其患者也.

此以人之國僥倖也.

幾何僥倖而不喪人之國乎!

其存人之國也, 無萬分之一., 而喪人之國也, 一不成而萬有餘喪矣.

悲夫, 有土者之不知也!

夫有土者, 有大物也.

有大物者, 不可以物., 物而不物, 故能物物.

明乎物物者之非物也, 豈獨治天下百姓而已哉!

出入六合, 遊乎九州, 獨往獨來, 是謂獨有.

獨有之人, 是謂至貴.

大人之敎, 若形之於影, 聲之於響.

有問而應之, 盡其所懷, 爲天下配. 處乎無響, 行乎無方.

挈汝適復之撓撓, 以遊無端., 出入無旁, 與日無始.,

頌論形軀, 合乎大同, 大同而無己. 無己, 惡乎得有有!

覩有者, 昔之君子., 覩無者, 天地之友.

세상 사람은 누구나 다 다른 사람들이 자기 생각과 같으면 기뻐하지만
다른 사람들이 자기 생각과 다르면 싫어한다.

자기 생각과 같기를 바라고, 자기 생각과 다르길 바라지 않는 건
많은 사람들보다 더 뛰어나고 싶은 마음 때문이다.

그런데 많은 사람들보다 더 뛰어나고 싶은 마음을 지닌 사람이
어째서 많은 사람들보다 늘 뛰어날 수 있겠는가!

많은 사람들의 좋은 평가로 자신을 인정받아서 마음이 편한 것보다
나에 대한 많은 사람들의 잘못된 평가가 많은 게 차라리 낫다.

나라를 다스리는 군주들은 하은주 시대의 왕이 행한 성과만 가려서 뽑아
취하고, 이들이 저지른 재앙을 보지 못한다.

이는 나라를 다스리는 사람으로서 요행을 바라는 일이다.

요행을 바라며 나라를 잃지 않으려고 했던 춘추전국시대 군주가 얼마나 많
았나! 그런데도 나라를 온전히 보존한 군주는 만에 하나도 되지 않았다.

그리고 나라를 잃은 군주는 어느 누구도 나라를 다스리는 데 성공하지 못
하고, 숱한 백성만 잃었다.

슬프다. 영토를 가진 사람의 무지함이여!

모름지기 영토를 가진다는 건 큰 사물(大物)을 지니는 일이다.

큰 사물을 지니면 크다는데 구애받아 사물을 제대로 활용할 줄 모른다.

그러니 사물을 제대로 활용하면서 사물의 크기에 구애받지 않아야
사물을 제대로 활용할 수 있다.

따라서 큰 사물을 사물로 제대로 활용하려면
보통의 사물을 사물로 활용하는 것과 분명 달라야 한다.

그런데 사물의 크기에 구애받지 않는 마음을 지닌 사람이
어찌 천하의 백성을 다스리는 군주뿐이겠는가!

천지사방을 드나들고 온 세상을 노닐면서 홀로 갔다가 홀로 오는 것을 두고
모든 걸 홀로 소유한다고 말한다.

이처럼 모든 걸 홀로 소유하는 독유지인(獨有之人)을 두고
지극히 고귀한(至貴) 사람이라고 말한다.
이런 인물의 가르침은 그림자가 몸을 따르고,
메아리가 소리를 따르는 것과 같다.
그래서 질문을 던지면 반드시 응답해 자신이 품은 생각을 솔직히 털어놓아
천하의 배우자(配)가 된다.
또 이런 큰 인물은 어딘가에 머물면 소리 없이 조용히 있지만
움직이면 정해진 방향 없이 자유로이 움직인다.
또 이런 큰 인물은 우왕좌왕하며 허둥대는 그대들을 이끌어서
무한한 경지에서 노닐게(遊) 한다.
또 이런 큰 인물은 어디에도 기대지 않고 자유로이 출입하면서
해와 함께 끝이 없을 정도로 영원하다.
또 이런 큰 인물은 용모와 몸이 합쳐져서 큰 하나(大同)가 되는데
큰 하나가 되었기에 자기(己)가 없다.
이처럼 자기가 없는 데 있음을 있는 것으로 어찌 인식하겠는가!
만약 큰 인물이 있음(有)을 보면 그는 옛날의 군자(君子)에 불과하지만
없음(無)을 보면 그는 천지의 벗(友)이다.

注 ─────────────────────────────────

世俗之人 皆喜人之同乎己: 세상(世俗) 사람(人)은 모두(皆), 즉 누구나 다 (다른) 사람(人)이 자기 (생각)과(於~己) 같으면(同) 기뻐하다(喜). 世俗〔세상사람. 世(세상 세) 俗(세상사람 속)〕皆(다 개) 同(같을 동) 喜(기쁠 희)

而惡人之異於己也: 그러나(而) (다른) 사람(人)이 자기 (생각)과(於~己) 다르면(異) 싫어한다(惡). 異(다를 이) 惡(미워할 오, 싫음)

同於己而欲之 異於己而不欲者: 자기 (생각)과(於~己) 같기를(同~而) 바라고(欲) 자기 (생각)과(於~己) 다르길(異) 바라지(欲) 않는(不) 것(者). 欲(하고자 할 욕, 바라다)

以出乎衆爲心也: 많은 사람 보다(乎~衆) (더) 뛰어나고(以~出) (싶은) 마음 때문이다(爲~心). 衆(많을 중) 乎(전치사 호, ~보다) 出(뛰어날 출)

夫以出乎衆爲心者: (그런데) 저(夫) 많은 사람보다(乎~衆) (더) 뛰어나려는(以~出) 마음을(爲~心) (지닌) 자(者), 즉 많은 사람보다 더 뛰어나고 싶은 마음을 지닌 자.

曷常出乎衆哉!: 어찌(曷) 많은 사람보다(乎~衆) 늘(常) 뛰어날(出) 수 (있는가)! 曷(어찌 갈) 常 (늘 상)

因衆以寧所聞: 많은(衆) (사람으로부터) 듣는(聞) 바(所)를 (통해 마음이) 편안함으로(以~寧) 말미 암는(因) 것. 즉 많은 사람의 좋은 평가로 자신을 인정받아 마음이 편한 것. 衆(많을 중) 聞(들 을 문) 寧(편안할 녕) 因(말미암을 인)

不如衆技衆矣: (그것보다 나에 대한) 많은(衆) (사람의) 잘못된(技) (평가가) 많은(衆) 것과 같지 (如) 않다(不). 즉 나에 대한 많은 사람의 잘못된 평가가 많은 게 차라리 낫다. 技(바르지못할 기 → 잘못된)

而欲爲人之國者: 그런데(而) 나라(國)를 다스리는 사람(爲~人)이 되려는(欲) 자(者). 즉 나라를 다스리려는 군주.

此攬乎三王之利而不見其患者也: 이들(此)은 (하은주) 세 왕(三王)의 성과(利)만 가려서 뽑아 취하고는(攬~而) (세 왕이 저지른) 재앙(患~者)은 보지(見) 못하다(不). 利(이로울 리 → 성과) 攬(잡 을 람, 가려서 뽑아 취함) 患(재앙 환)

此以人之國僥倖也: 이(此)는 나라(國)를 (다스리는) 사람으로서(以~人) 요행(僥倖)이다. 즉 요행 을 바라는 일이다. 僥倖[뜻밖에 얻는 행복. 즉 요행. 僥(바랄 요) 倖(요행 행)]

幾何僥倖而不喪人之國乎!: (이런) 요행(僥倖)을 바라면서(而) 나라(國)를 잃지(喪) 않으려(不) (한) 사람(人), 즉 춘추전국시대 군주들이 얼마나(幾何) (많은가)! 喪(잃을 상) 幾何[얼마. 幾(얼 마 기) 何(무엇 하)]

其存人之國也 無萬分之一: (그런데) 나라(國)를 보존한(存) 사람(人)은 만분(萬分) 일(一)이 아 니다(無). 즉 만에 하나도 안 된다.

而喪人之國也: 그리고(而) 나라(國)를 잃은(喪) 사람(人). 즉 군주.

一不成而萬有餘喪矣: (어느) 한(一) (군주도 나라 다스리는 데) 성공하지(成) 못하고(不), 숱한 사 람(萬有餘)을 잃다(喪). 萬有餘[만(萬)에 더함(餘)이 있음(有). 즉 숱한 사람. 餘(남을 여)]

悲夫 有土者之不知也!: 슬프다(悲). 영토(土) 있는(有) 자(者)의 알지(知) 못함이여(不)! 즉 무 지함이여! 悲(슬플 비) 土(영토 토)

夫有土者 有大物也: 모름지기(夫) 영토(土)를 가진다는 것(有~者)은 큰(大) 사물(物)을 지니는 (有) (일이다).

有大物者 不可以物: 큰(大) 사물(物)을 지니면(有~者) (크다는데 구애받아) 사물을(以~物) (제대로 활용하는 게) 불가(不可)하다. 즉 큰 사물을 제대로 활용할 줄 모른다.

物而不物 故能物物: (그러니) 사물(物)을 (활용하면서) 사물(物)의 (크기에 구애받지) 않아야(不) 사물(物)을 (제대로) 사물(物)로 활용할 수(能) 있다. 能(능할 능 → 활용할 수 있다)

明乎物物者之非物也: (따라서) 큰 사물(物)을 사물(物)로 (제대로) 활용하려면(者) (보통의) 사물

(物)을 (사물로 활용하는 것과) 다른(非) 게 분명하다(明). 즉 분명히 달라야 한다. 明(밝을 명, 분명하다)

豈獨治天下百姓而已哉!: (그런데 사물의 크기에 구애받지 않는 마음을 지닌 사람이) 어찌(豈) 천하(天下)의 백성(百姓)을 다스리는(治) (군주) 혼자(獨) 뿐인가(已哉)! 豈(어찌 기) 治(다스릴 치) 獨(홀로 독)

出入六合 遊乎九州 獨往獨來: 천지사방(六合)을 드나들고(出入) 온 세상(九州)을 노닐면서(遊) 홀로(獨) 갔다(往) 홀로(獨) 오다(來). 六合(동·서·남·북·상·하)=天地四方(천지사방). 出(나갈 출) 入(들 입) 九州(중국본토 9개 주, 온 세상) 獨(홀로 독) 往(갈 왕) 來(올 래)

是謂獨有: 이(是)를 두고 (모든 걸) 홀로(獨) 소유한다고(有) 말한다(謂).

獨有之人 是謂至貴: (모든 걸) 홀로(獨) 소유한(獨有) 사람(人). 이(是)를 지극히(至) 고귀한(貴) 사람이라 말한다(謂). 貴(귀할 귀)

大人之敎 若形之於影: (이런) 큰(大) 인물(人)의 가르침(敎)은 몸(形)이 그림자에(於~影) 있음과 같다(若). 즉 그림자가 몸을 따르는 것과 같다. 敎(가르침 교) 形(모양 형, 몸) 影(그림자 영) 若(같을 약)

聲之於響: 소리(聲)가 메아리(響)에 (있는 것과 같다). 즉 메아리가 소리를 따르는 것과 같다. 聲(소리 성) 響(울림 향, 메아리)

有問而應之 盡其所懷: (그래서) 질문(問)을 던지면(有~而) (반드시) 응답해(應) (자신이) 품은(懷) 생각(所)을 (솔직히) 털어놓다(盡). 有(있을 유 → 던지다) 應(응할 응, 응답하다) 懷(품을 회, 품다) 盡(다할 진, 다하다 → 털어놓다)

爲天下配: (그럼으로써) 천하(天下)의 배우자가 되다(爲~配). 配(배필 배, 배우자)

處乎無響: (또 이런 큰 인물은 어딘 가에) 머물면(處) 소리(響)가 없이(無) (조용히 있다). 處(머무를 처) 響(소리 향)

行乎無方: (그렇지만) 움직이면(行) (정해진) 방향(方) 없이(無) (자유로이 움직인다). 行(갈 행 → 움직이다) 方(모 방, 방향)

挈汝適復之撓撓: (또 이런 큰 인물은) 우왕좌왕 하며(適復) 허둥대는(撓撓) 너(汝)를 이끌다(挈). 適復=往復[왔다(往) 되돌아옴(復). 즉 왔다 갔다 함 → 우왕좌왕 함] 撓撓[허둥대다. 撓(어지러울 요 → 허둥대다)] 汝(너 여) 挈(끌 설, 이끌다)

以遊無端: 그럼으로써(以) 무한한(無端) (경지에서) 노닐게(遊) 하다. 無端[끝(端)이 없다(無). 즉 무한하다. 端(끝 단)]

出入無旁 與日無始: (또 이런 큰 인물은 어디에도) 기대지(旁) 않고(無) (자유로이) 출입(出入)하며 해(日)와 함께(與) 시작(始)과 (끝이) 없다(無). 즉 끝이 없을 정도로 영원하다. 旁(기댈 방, 기대다)

頌論形軀 合乎大同: (또 이런 큰 인물은) 용모(頌論)와 몸(形軀)이 합쳐져서(合) 크게(大) 같아지

다(同). 즉 큰 하나 되다. 頌論〔용모. 頌(용모 용) 論(용모 론)〕形軀〔몸. 形(몸 형) 軀(몸 구)〕合 (합할 합, 합해지다) 同(같을 동)

大同而無己: 큰(大) 하나가 되어서(同~而) 자기(己)가 없다(無). 己(자기 기)

無己 惡乎得有有!: (이처럼) 자기(己)가 없는데(無) 있음(有)을 있다(有)고 어찌(惡) 터득하는가 (得)! 즉 있음을 있다고 어찌 인식하는가! 惡(어찌 오) 得(얻을 득, 터득하다)

覩有者 昔之君子: (만약 큰 인물이) 있음(有)을 보면(覩~者) (큰 인물은) 옛날(昔)의 군자(君子)이 다. 覩(볼 도, 보다) 昔(예 석)

覩無者 天地之友: (그렇지만) 없음(無)을 보면(覩~者) (큰 인물은) 천지(天地)의 벗(友)이다. 友 (벗 우, 친구)

재유 5-2

賤而不可不任者, 物也. 卑而不可不因者, 民也.

匿而不可不爲者, 事也.

麤而不可不陳者, 法也.

遠而不可不居者, 義也.

親而不可不廣者, 仁也.

節而不可不積者, 禮也.

中而不可不高者, 德也.

一而不可不易者, 道也.

神而不可不爲者, 天也.

故聖人觀於天而不助, 成於德而不累, 出於道而不謀, 會於仁而不恃, 薄於義而不 積,

應於禮而不諱, 接於事而不辭, 齊於法而不亂, 恃於民而不輕, 因於物而不去.

物者莫足爲也, 而不可不爲.

不明於天者, 不純於德. 不通於道者, 無自而可.

不明於道者, 悲夫.

何謂道? 有天道, 有人道.

無爲而尊者, 天道也.

有爲而累者, 人道也.

主者, 天道也. 臣者, 人道也.

天道之與人道也, 相去遠矣, 不可不察也.

값어치가 헐해도 사용하지 않을 수 없는 게 사물(物)이다.

신분이 낮아도 일을 맡기지 않을 수 없는 게 백성(民)이다.

공이 드러나지 않아도 하지 않을 수 없는 게 일(事)이다.

적용하는데 거칠어도 널리 펴지 않을 수 없는 게 법(法)이다.

사람의 본성과 멀어도 마음에 처하지 않을 수 없는 게 의(義)이다.

사람과 친해도 친함을 넓히지 않을 수 없는 게 인(仁)이다.

절제해도 그 절제를 쌓아가지 않을 수 없는 게 예(禮)이다.

중도를 따르더라도 높이지 않을 수 없는 게 덕(德)이다.

유일하다 해도 상황에 따라 변화하지 않을 수 없는 게 도(道)이다.

신묘하다 해도 따르지 않을 수 없는 게 자연(天)이다.

그래서 성인(聖人)은 자연을 관조하더라도 자연에 개입하지 않는다.

성인은 덕(德)을 이루고도 자신을 덕에 묶지 않는다.

성인은 도(道)에서 태어나도 도를 의식하지 않는다.

성인은 인(仁)과 하나가 되어도 인에 의지하지 않는다.

성인은 의(義)가 적어서 얇아져도 의를 쌓지 않는다.

성인은 예(禮)에 응해도 예를 꺼리지 않는다.

성인은 일(事)과 가까이해도 일부러 일을 청하지 않는다.

성인은 법(法)에 따라 행동해도 법에 지배되지 않는다.

성인은 백성(民)을 믿어도 백성을 가볍게 대하지 않는다.

성인은 사물(物)을 사용해도 사물을 소홀히 대하지 않는다.

사물이 만족스럽지 못하지만 그렇다고 상대하지 않을 수 없다.

하늘에 밝지 않으면 덕(德)에 순수하지 않다.

도에 통하지 않으면 스스로 볼 때도 부족하기에 도에 밝지 않으면 슬프다.

도를 무어라고 말하는가?

도에는 자연의 도(天道)가 있고, 사람의 도(人道)가 있다.

무위(無爲), 즉 하고자 함이 없는데도 높이 모셔지면 그건 하늘의 도이다.

유위(有爲), 즉 하고자 함이 있어 무언가에 묶이면 그건 사람의 도이다.

군주는 자연의 도에 속하고, 신하는 사람의 도에 속한다.
그런데 자연의 도와 사람의 도가 멀리 떨어져 있어 살피지 않을 수 없다.

注 ----

賤而不可不任者 物也: (값어치가) 헐해도(賤~而) 사용하지(任) 않을(不) 수(可) 없는(不) 게(者) 사물(物)이다. 賤(천할 천, 헐함) 任(쓸 임, 사용하다)

卑而不可不因者 民也: 낮은 신분이라도(卑~而) (일을) 맡기지(任) 않을 수 없는 게 백성(民)이다. 卑(낮을 비) 任(맡길 임)

匿而不可不爲者 事也: (공이) 드러나지 않아도(匿~而) 하지(爲) 않을 수 없는 게 일(事)이다. 匿(숨길 익, 드러나지 않다)

麤而不可不陳者 法也: (적용이) 거칠어도(麤~而) (널리) 펴지(陳) 않을 수 없는 게 법(法)이다. 麤(거칠 추) 陳(늘어놓을 진 → 폄)

遠而不可不居者 義也: (사람 본성과) 멀어도(遠~而) (마음에) 처하지(居) 않을 수 없는 게 의(義)이다. 遠(멀 원) 居(처할 거)

親而不可不廣者 仁也: (사람과) 친해도(親~而) (친함을) 넓히지(廣) 않을 수 없는 게 인(仁)이다. 親(친할 친) 廣(넓을 광, 넓히다)

節而不可不積者 禮也: 절제해도(節~而) (절제를) 쌓아가지(積) 않을 수 없는 게 예(禮)이다. 節(마디 절, 절제하다) 積(쌓을 적)

中而不可不高者 德也: 중도를 따르더라도(中~而) 높이지(高) 않을 수 없는 게 덕(德)이다. 中(가운데 중)

一而不可不易者 道也: 유일하다(一) (해도 상황에 따라) 변화하지(易) 않을 수 없는 게 도(道)이다. 易(바꿀 역, 변화하다)

神而不可不爲者 天也: 신묘해도(神) 따르지(爲) 않을 수 없는 게 자연(天)이다. 神(영묘할 신 → 신묘)

故聖人觀於天而不助: 고로(故) 성인(聖人)은 자연을(於~天) 관조해도(觀~而) (자연을) 돕지(助) 않다(不). 즉 자연에 개입하지 않는다. 觀(볼 관 → 관조하다) 助(도울 조)

成於德而不累: (성인은) 덕을(於~德) 이루어도(成) (자신을 덕에) 묶지(累) 않는다(不). 成(이룰 성, 이루다) 累(묶을 루)

出於道而不謀: 도에서(於~道) 나와도(出) (도에) 마음을 쓰지(謀) 않는다(不). 즉 도를 의식하지 않다. 謀(꾀할 모, 마음을 쓰다)

會於仁而不恃: (성인은) 인과(於~仁) 하나 되어도(會) (인을) 믿어서 의뢰하지(恃) 않는다(不). 즉 인에 의지하지 않는다. 會(모일 회, 하나가 됨) 恃(믿을 시, 믿어 의뢰하다)

薄於義而不積: (성인은) 의가(於~義) 적어서 얇아져도(薄) (의를) 쌓지(積) 않는다(不). 薄(얇을 박, 적다) 積(쌓을 적, 쌓다)

應於禮而不諱: (성인은) 예에(於~禮) 응해도(應) (예를) 꺼리지(諱) 않는다(不). 應(응할 응, 諱(꺼릴 휘, 꺼리다)

接於事而不辭: (성인은) 일과(於~事) 가까이해도(接) (일을 일부러) 청하지(辭) 않는다(不). 接(가까이할 접) 辭(청할 사)

齊於法而不亂: (성인은) 법과(於~法) 같이 해도(齊), 즉 법에 따라 행동해도 (법에) 지배되지(亂) 않는다(不). 齊(같이할 제) 亂(다스릴 란 → 지배됨)

恃於民而不輕: (성인은) 백성을(於~民) 믿어도(恃) (백성을) 가벼이(輕) 대하지 않는다(不). 恃(믿을 시, 믿다) 輕(가벼울 경)

因於物而不去: (성인은) 사물로부터(於~物) 말미암는다(因) 해도 떠나감(去)이 없다(不). 즉 사물을 사용해도 사물을 소홀히 대하지 않는다. 因(말미암을 인) 去(갈 거, 떠나가다)

物者莫足爲也 而不可不爲: 사물(物~者)은 (함에 있어) 충분하지(足) 않지만(莫) (그렇다고) 하지(爲) 않음(不)이 가능치(可) 않다(不). 즉 사물이 만족스럽지 못하지만 그렇다고 상대하지 않을 수 없다. 莫(없을 막) 足(족할 족, 충분)

不明於天者 不純於德: 하늘에(於~天) 밝지(明) 않으면(不~者) 덕에(於~德) 순수하지(純) 않다(不). 純(순수할 순)

不通於道者 無自而可: 도에(於~道) 통하지(通) 않으면(不~者) 스스로(自) 가하지(可) 않다(無). 즉 스스로 볼 때 부족하다.

不明於道者 悲夫: (그래서) 도에(於~道) 밝지(明) 못하면(不~者) 슬프다(悲). 悲(슬플 비)

何謂道?: 무엇(何)을 도(道)라고 일컫는가(謂)? 즉 도를 무어라고 말하는가? 謂(이를 위, 일컫다)

有天道 有人道: (도에는) 자연(天)의 도(道)가 있고(有) 사람(人)의 도(道)가 있다(有).

無爲而尊者 天道也: 하고자 함(爲)이 없는데도(無~而) 높이 모셔지면(尊~者) (그건) 하늘(天)의 도(道)다. 尊(높을 존, 높이 모시다)

有爲而累者 人道也: 하고자 함(爲)이 있어(有~而) (뭔가에) 묶이면(累~者) (그건) 사람(人)의 도(道)이다. 累(묶일 루)

主者 天道也: 군주(主者)는 자연(天)의 도(道)에 (속하다). 主者=君主(군주).

臣者 人道也: 신하(臣)는 사람(人)의 도(道)에 (속하다). 臣(신하 신)

天道之與人道也: (그런데) 자연(天)의 도(道)와(與) 사람(人)의 도(道).

相去遠矣: 서로(相) 멀리(遠) 떨어지다(去). 遠(멀 원, 멀리) 去(떨어질 거)

不可不察也: (그러므로) 살피지(察) 않음(不)이 가능하지(可) 않다(不). 즉 살피지 않을 수 없다. 察(살필 찰)

천지
天 地

천지(天地) 1

天地雖大, 其化均也., 萬物雖多, 其治一也., 人卒雖衆, 其主君也.

君原於德而成於天, 故曰, 玄古之君天下, 無爲也, 天德而已矣.

以道觀言, 而天下之名正., 以道觀分, 而君臣之義明.

以道觀能, 而天下之官治., 以道汎觀, 而萬物之應備.

故通於天者, 道也., 順於地者 德也., 行於萬物者, 義也., 上治人者, 事也.,

能有所藝者, 技也.

技兼於事, 事兼於義, 義兼於德, 德兼於道, 道兼於天,

故曰:「古之畜天下者, 無欲而天下足, 無爲而萬物化, 淵靜而百姓定.」

記曰:「通於一而萬事畢. 無心得而鬼神服.」

천지(天地)가 아무리 커도 그 안에서 이루어지는 사물의 변화는 고르다.

만물(萬物)이 종류가 아무리 많아도 다스려지는 이치는 하나이다.

백성(人卒)이 아무리 수가 많아도 주인은 군주 한사람이다.

군주는 덕에 의거 하여 모든 일이 자연스럽게 이루어지도록 한다.

그래서 말하길 아주 오랜 옛날의 군주는 천하를 다스리는데

하고자 함이 없이(無爲) 자연의 덕을 따를 뿐이다.

도(道)로써 말을 살피면 천하의 이름(名)이 바르게 되고,

도로써 직분을 살피면 군주와 신하의 도리(義)가 분명해진다.

도로써 능력을 살피면 천하의 자리(官)가 바로 잡히고,

도로써 천하를 널리 살피면 만물의 반응(應)이 두루 미치는 걸 본다.

그래서 하늘과 통하는 게 도(道)이고,

땅을 따르는 게 덕(德)이고,

만물에 고루 미쳐서 행해지는 게 의(義)이고,

위에서 사람을 다스리는 게 일(事)이고,

할 수 있는 기예를 가지는 게 재주(技)이다.

그런데 재주는 일에 합쳐지고, 일은 의에 합쳐지고, 의는 덕에 합쳐지고,

덕은 도에 합쳐지고, 도는 자연에 합쳐진다.

고로 말한다.

'옛날에 천하를 기르던 사람은 하고 싶은 바가 없어도 천하가 만족했고,

하고자 함이 없어도 만물이 잘 자랐고,

말없이 고요히 있어도 백성이 편안해 했다.'

옛 기록도 말한다.

'도에 통하면 만사가 잘 이루어지고,

뭔가 얻으려는 마음이 없어도 귀신이 복종한다.'

注

天地雖大 其化均也: 천지(天地)가 아무리(雖) 커도(大) (이루어지는 사물의) 변화(化)는 고르다 (均). 雖(비록 수, 아무리 ~해도) 化(화할 화 → 변화) 均(고를 균)

萬物雖多 其治一也: 만물(萬物)이 아무리(雖) (종류가) 많아도(多) 다스려지는(治) 이치는 하나 이다(一). 多(많을 다) 治(다스릴 치)

人卒雖衆 其主君也: 백성(人卒)이 아무리(雖) (그 수가) 많아도(衆) 주인(主)은 군주(君) (한사람 이다). 衆(많을 중) 主(주인 주)

君原於德而成於天: 군주(君)는 덕에(於~德) 의거 하여(原~而) (모든 일이) 자연에서(於~天) 이 루어지다(成). 즉 모든 일이 자연스럽게 이루어지도록 하다. 原(의거할 원) 成(이룰 성)

故曰 玄古之君天下 無爲也: 고로(故) 말하다. 아주 오랜 옛날(玄古)의 군주(君)는 천하(天下) 를 (다스리는데) 하고자 함이 없다(無爲). 玄古[가물가물한(玄) 오래(古). 즉 아주 오랜 옛날. 玄 (가물 현) 古(옛 고)]

天德而已矣: 자연(天)의 덕(德)을 따를 뿐이다(已). 已(어조사 이, ~했을 뿐이다)

以道觀言 而天下之名正: 도로써(以~道) 말(言)을 살피면(觀~而) 천하(天下)의 이름(名)이 바르 게(正) 되다. 觀(살펴볼 관) 正(바를 정)

以道觀分 而君臣之義明: 도로써(以~道) 직분(分)을 살피면(觀~而) 군주(君)와 신하(臣)의 도리 (義)가 분명해지다(明). 分(나눌 분, 일을 나눔 → 직분) 義(옳을 의, 도리) 明(밝을 명, 밝아지다 → 분명

해지다)

以道觀能 而天下之官治: 도로써(以~道) 능력(能)을 살피면(觀~而) 천하(天下)의 자리(官)가 바로 잡히다(治). 能(능할 능, 능력) 官(벼슬 관, 자리) 治(다스릴 치, 바로 잡다)

以道汎觀 而萬物之應備: 도로써(以~道) (천하를) 널리(汎) 살피면(觀~而) 만물(萬物)의 반응(應)이 두루 미치는(備) (걸 보다). 汎(넓을 범, 널리) 應(응할 응, 반응) 備(두루미칠 비)

故通於天者 道也: 고로(故) 하늘과(於~天) 통하는(通) 게(者) 도(道)이다.

順於地者 德也: 땅을(於~地) 좇는(順) 게(者) 덕(德)이다. 順(좇을 순, 따르다) 行(행할 행)

行於萬物者 義也: 만물에(於~萬物) (고루 미쳐) 행해지는(行) 게(者) 의(義)이다.

上治人者 事也: 위(上)에서 사람(人)을 다스리는(治) 게(者) 일(事)이다.

能有所藝者 技也: 할 수(能) 있는 기예(所~藝)를 가지는(有) 게(者) 재주(技)이다. 藝(재주 예, 기예) 技(재주 기)

技兼於事 事兼於義: (그런데) 재주(技)는 일에(於~事) 합쳐지고(兼), 일(事)은 의에(於~義) 합쳐지다(兼). 兼(아우를 겸, 합치다)

義兼於德 德兼於道: 의(義)는 덕에(於~德) 합쳐지고(兼), 덕(德)은 도에(於~道) 합쳐지다(兼).

道兼於天: 도(道)는 자연에(於~天) 합쳐지다(兼).

故曰 古之畜天下者: 고로(故) 말하다. 옛날(古)에 천하(天下)를 기르던(畜) 사람(者). 古(옛 고) 畜(기를 축)

無欲而天下足: 하고 싶은(欲) 바가 없어도(無~而) 천하(天下)가 만족하다(足). 足(족할 족, 만족)

無爲而萬物化: 하고자 함이 없어도(無爲~而) 만물(萬物)이 잘 자라나다(化). ※ 참고한 『莊子今註今譯』에 '謂(이를 위)'로 표기되었는데 오자로 보아 '爲(할 위)'로 바꾸어서 해석했다. 化(될 화, ~이 되다 → 잘 자라다)

淵靜而百姓定: 가만히 있어도(淵靜~而) 백성(百姓)이 편안해(安) 하다. 淵靜〔깊고 고요함. 말 없이 고요히 있음. 淵(못 연) 靜(고요할 정)〕安(편안할 안)

記曰 通於一而萬事畢: (옛) 기록(記)도 말하다. 하나에(於~一), 즉 도에 통하면(通~而) 만사(萬事)가 완성되다(畢). 즉 잘 이루어지다. 記(기록할 기) 畢(마칠 필, 완성하다)

無心得而鬼神服: (무언가) 얻으려는(得) 마음(心)이 없는데도(無~而) 귀신(鬼神)이 복종하다(服). 服(순종할 복, 복종하다)

천지(天地) 2

夫子曰:「夫道, 覆載萬物者也, 洋洋乎大哉! 君子不可以不刳心焉.
無爲爲之之謂天, 無爲言之之謂德, 愛人利物之謂仁, 不同同之之謂大,行不崖異之謂寬, 有萬不同之謂富.

故執德之謂紀, 德成之謂立, 循於道之謂備. 不以物挫志之謂完.

君子明於此十者, 則韜乎其事心之大也, 沛乎其為萬物逝也.

若然者, 藏金於山, 沈珠於淵, 不利貨財, 不折貴富.,

不樂壽, 不哀夭.,不樂通, 不醜窮.,

不拘一世之利以為己私分, 以以王天下為己處顯.

顯則明, 萬物一府, 死生同狀.」

夫子曰:「夫道, 淵乎其居也, 漻乎其清也. 金石不得, 無以鳴.

故金石有聲, 不考不鳴. 萬物孰能定之!」

夫王德之人, 素逝而恥通於事, 立之本原而知通於神.

故其德廣, 其心之出, 有物採之.

故形非道不生, 生非德不明.

存形窮生, 立德明道, 非王德者邪!

蕩蕩乎! 忽然出, 勃然動, 而萬物從之乎! 此謂王德之人.」

視乎冥冥! 聽乎無聲. 冥冥之中, 獨見曉焉.,無聲之中, 獨聞和焉.

故深之又深而能物焉, 神之又神而能精焉.,

故其與萬物接也, 至無而供其求, 時騁而要其宿.

大小長短近遠 各有其具.」

선생이 말했다.

"도(道)는 만물을 모두 덮어 싣기에 한없이 넓고 크다!

군자(君子)도 도를 본받아 마음을 깨끗이 씻어서 텅 비운다.

그래서 무위(無爲)로 실행하는 것을 군자의 자연스러움(天)이라고 말하고,

무위로 말하는 것을 군자의 덕성(德)이라고 말하고,

사람을 사랑하고 만물을 이롭게 하는 것을 군자의 어짊(仁)이라고 말하고,

같지 않은 것을 같다고 보는 것을 군자의 큼(大)이라고 말하고,

행동이 모가 나 남과 다르지 않은 것을 군자의 너그러움(寬)이라고 말하고,

같지 않은 걸 만 개씩 갖는 것을 군자의 넉넉함(富)이라고 말한다.

그래서 덕을 굳게 지키는 것을 군자의 기강(紀)이라고 말하고,

덕이 이루어지는 것을 군자의 세움(立)이라고 말하고,

도를 따르는 것을 군자의 갖추어짐(備)이라고 말하고,
사물로 뜻이 꺾이지 않는 것을 군자의 본디대로 있음(完)이라고 말한다.
군자가 천(天), 덕(德), 인(仁), 대(大), 관(寬), 부(富), 기(紀), 립(立), 비(備),
완(完)을 모두 밝히면 마음이 모든 걸 포용할 정도로 커져
만물이 군자에게 모여 들어와서 흐른다.
이런 사람은 금을 산에 그대로 묻고, 구슬을 연못에 그대로 가라앉힌다.
이는 재화를 이로움이라 여기지 않고, 부귀에도 굴복하지 않아서이다.
오래 사는 걸 즐거워하지 않고, 일찍 죽는 걸 슬퍼하지 않아서이다.
출세를 즐거워하지 않고, 곤궁함을 부끄러워하지 않아서이다.
한평생 이득에 얽매여도 이득을 자기를 위한 몫으로 삼지 않아서이다.
왕이 되어도 왕을 천하에 자기를 드러내는 수단으로 삼지 않아서이다.
그런데 왕이 되어 자기를 드러내서 천하를 밝히면
만물은 한 곳간이 되고, 삶과 죽음은 같은 모양이 된다.
선생이 말했다.
"도(道)가 머무를 때는 연못처럼 고요하고, 도가 맑을 때는 깊다.
타악기인 금석(金石)은 누군가 두드리지 않으면 소리를 내지 않는다.
그래서 금석이 소리 내는 성질이 있어도 누군가 두드려야 소리가 난다.
금석이 소리 내는 것처럼 만물(萬物)도 나름의 모습을 지니는데
이런 모습을 누가 정할 수 있는가!"
선생이 계속해서 말했다.
"으뜸의 덕을 지닌 사람(王德之人)은 청담 무위하게 살아가도
세상사에 통달해 있음을 부끄러워한다.
으뜸의 덕을 지닌 사람이 세상사에 통달해 있는 건
만물의 근원인 도를 딛고 있어 그의 앎이 신명함(神)과 통해서이다.
따라서 으뜸의 덕을 지닌 사람의 덕(德)은 넓다.
그런데 그의 마음이 겉으로 나타나는 건 그가 사물과 서로 조응해서이다.
그래서 사물의 모양은 도(道)의 작용 없이는 생겨나지 않고,
생겨난다 해도 덕의 도움 없이는 분명해지지 않는다.
그러니 모양을 유지하면서 천수를 다하고, 덕을 세우면서 도를 밝히는 게

으뜸의 덕이 아니겠는가!

으뜸의 덕을 지닌 사람은 넓고도 크다!

홀연히 나타나서 불쑥 하고 움직이는데도 만물이 그를 따른다!

이런 사람을 두고 으뜸의 덕을 지닌 사람(王德之人)이라고 말한다."

선생이 계속해서 말했다.

"으뜸의 덕을 지닌 사람은 어둠 속에서 밝은 빛을 본다!

또 소리 없는 고요함 속에서 소리를 듣는다.

이처럼 어둠 가운데서 홀로 깨달음을 보고,

소리 없는 가운데서 홀로 조화의 소리를 듣는다.

그래서 눈과 귀의 작용이 깊고 깊어서 사물을 올바로 파악할 수 있고,

정신이 신명하고 신명해서 사물의 본질(精)을 제대로 파악할 수 있다.

따라서 으뜸의 덕을 지닌 사람이 만물과 만나는 경우

지극한 무위(至無)의 자세로 만물이 원하는 대로 베풀고,

때로는 내키는 대로 베풀면서 만물이 하나 되기를 바란다.

그래서 큰 것과 작은 것, 긴 것과 짧은 것, 가까운 것과 먼 것이

각기 하나가 되어 나름대로 온전함을 갖춘다."

注 ─────────────────────────

夫子曰 夫道 覆載萬物者也: 선생(夫子)이 말하다. 도(道)는 만물(萬物~者)을 (모두) 덮어(覆) 싣다(載). 覆(덮을 부) 載(실을 재)

洋洋乎大哉!: (그래서) 한없이 넓고(洋洋) 크다(大)! 洋洋[한없이 넓은 모양. 洋(바다 양, 넓다)]

君子不可以不剞心焉: 군자(君子)도 (도를 본받아) 마음(心)을 (깨끗이) 씻어(剞) (텅 비우지) 않음을(以~不) 더하지(加) 않다(不). 즉 마음을 깨끗이 씻어 텅 비우다. 剞(씻을 고) 加(더할 가)

無爲爲之之謂天: (그래서) 하고자 함이 없음(無爲)으로 실행하는(爲) 것, 그것(之)을 (군자의) 자연스러움(天)이라 말하다(謂).

無爲言之之謂德: 하고자 함이 없음(無爲)으로 말하는(言) 것, 그것(之)을 (군자의) 덕성(德)이라 말하다(謂).

愛人利物之謂仁: 사람(人)을 사랑하고(愛) 만물(物)을 이롭게 하는(利) 걸 (군자의) 어짊(仁)이라 말하다(謂). 利(이로울 리)

不同同之之謂大: 같지(同) 않은(不) 것을 같다고(同) (보는) 걸 (군자의) 큼(大)이라 말하다(謂). 同(같이할 동)

行不崖異之謂寬: 행동(行)이 모가 나서 남과 다르지(崖異) 않는(不) 걸 (군자의) 너그러움(寬)이라 말하다(謂). 崖異〔모가 나서 남과 다름. 崖(모날 애 → 어긋나다) 異(다를 이)〕寬(너그러울 관)

有萬不同之謂富: 같지(同) 않은(不) 걸 만(萬) 개씩 갖는(有) 것을 (군자의) 넉넉함(富)이라 말하다(謂). 富(넉넉할 부)

故執德之謂紀: 고로(故) 덕(德)을 굳게 지키는(執) 걸 (군자의) 기강(紀)이라 말하다(謂). 執(잡을 집, 지킴) 紀(법 기, 기율 → 기강)

德成之謂立: 덕(德)이 이루어지는(成) 걸 (군자의) 세움(立)이라 말하다(謂). 立(설 립, 세우다)

循於道之謂備: 도(道)를 따르는(循) 걸 (군자의) 갖추어짐(備)이라 말하다(謂). 循(좇을 순, 따르다) 備(갖추어질 비)

不以物挫志之謂完: 사물로(以~物) (인해) 뜻(志)이 꺾이지(挫) 않는 걸 (군자의) 본디대로 있음(完)이라 말하다(謂). 志(뜻 지) 挫(꺾일 좌) 完(온전히 할 완, 본디대로 있음)

君子明於此十者: 군자(君子)가 이(此) 열(十) 가지(者), 즉 자연스러움(天)·덕성(德)·어짊(仁)·큼(大)·너그러움(寬)·넉넉함(富)·기강(紀)·세움(立)·갖추어짐(備)·본디대로 있음을(於~完)(모두) 밝히다(明). 明(밝힐 명)

則韜乎其事心之大也: 그러면(則) 마음(心) (쓰는) 일(事)이 커져(大) (모두) 포용하다(韜). 즉 마음이 모든 걸 포용할 정도로 크다. 事(일 사) 韜(포용할 도)

沛乎其爲萬物逝也: 만물이(萬物) (군자에게) 모여 들어와(爲~逝) 흐른다(沛). 逝(갈 서, 향해 감 → 모여들다) 沛(흐르는모양 패)

若然者 藏金於山 沈珠於淵: 이런(若然) 사람(者)은 금(金)을 산에(於~山) (그대로) 묻고(藏), 구슬(珠)을 연못에(於~淵) (그대로) 가라앉히다(沈). 藏(묻을 장) 珠(구슬 주) 沈(가라앉힐 침)

不利貨財 不折貴富: (이는) 재화(貨財)를 이로움(利)이라 (여기지) 않고(不), 부귀(貴富)에도 굴복하지(折) 않아서다(不). 貨財〔재화. 貨(재화 화) 財(재물 재)〕利(이로울 이) 貴富〔부귀. 貴(귀할 귀) 富(넉넉할 부)〕折(굽힐 절, 굴복하다)

不樂壽 不哀夭: 오래 사는(壽) 걸 즐거워하지(樂) 않고(不) 일찍 죽는(夭) 걸 슬퍼하지(哀) 않아서다(不). 壽(목숨 수, 오래 삶) 樂(즐거워할 락) 夭(일찍 죽을 요) 哀(슬플 애)

不樂通 不醜窮: 출세(通)를 즐거워하지(樂) 않고(不) 곤궁함(窮)을 부끄러워하지(醜) 않아서이다(不). 通(현달할 통, 출세) 窮(곤궁할 궁) 醜(부끄러워할 추)

不拘一世之利以爲己私分: 한 평생(一世) 이득(利)에 얽매여도(拘~以) (그 이득을) 자기를 위한(爲~己) 개인(私) 몫으로 하지(爲~分)않아서이다. 一世〔한 평생. 世(대 세)〕拘(잡을 구, 얽매임) 私(사 사, 개인) 分(몫 분)

不以王天下爲己處顯: 왕으로(以~王) 천하(天下)에 자기(己)를 드러나도록(顯) 머물지(爲~處) 않아서다(不). 즉 왕이 되어도 왕을 천하에 자기를 드러내는 수단으로 삼지 않아서다. 顯(드러

날 현) 處(머물 처)

顯則明: (그런데 왕이 되어 자기를) 드러내서(顯) (천하를) 밝히다(明).

萬物一府 死生同狀: (그러면) 만물(萬物)은 한(一) 곳간(府)이 (되고) 죽음(死)과 삶(生)은 같은(同) 형상(狀)이 (되다). 府(곳집 부, 곳간) 狀(형상 상)

夫子曰 夫道 淵乎其居也: 선생(夫子)이 말하다. 도(道)가 머무를(居) (때는) 연못(淵)처럼 (고요하다). 居(머무를 거) 淵(못 연)

漻乎其淸也: (도가) 맑은(淸) (때는) 깊다(漻). 淸(맑을 청) 漻(깊을 료)

金石不得 無以鳴: (타악기인) 금석(金石)은 (뭔가) 얻지(得) 않으면(不) 울리지(以~鳴) 않는다(不). 즉 누군가 두드리지 않으면 소리를 내지 않는다. 鳴(울 명)

故金石有聲 不考不鳴: 고로(故) 금석(金石)이 소리(聲) (내는 성질이) 있어도(有) (누군가) 두드리지(考) 않으면(不) 울지(鳴) 않는다(不). 즉 누군가 두드려야 소리가 난다. 考(칠 고, 두드리다)

萬物孰能定之!: (금석이 소리 내는 것처럼) 만물(萬物)도 (나름의 모습을 지니는데) 누가(孰) 이걸 정할(定) 수(能) 있는가!

夫王德之人: 모름지기(夫) 으뜸의 덕을 지닌 사람(王德之人). 王德之人〔으뜸(王)의 덕(德)을 지닌 사람. 王(왕 왕 → 으뜸)〕

素逝而恥通於事: 청담 무위하게 살아(素) 가도(逝~而) 세상사에(於~事) 통달함(通)을 부끄러워하다(恥). 素(청담무위 소, 하는 일 없이 청담히 살아감) 逝(갈 서) 通(통달할 통) 恥(부끄러워할 치)

立之本原而知通於神: (왕덕지인이 세상사에 통달한 건 만물의) 근원(本原)인 (도를) 딛고 있어(立~而) (그의) 앎(知)이 신명함과(於~神) 통해서이다(通). 本原〔근원. 本(밑 본) 原(근원 원)〕神(영묘할 신, 신명함)

故其德廣: 고로(故) (왕덕지인의) 덕(德)이 넓다(廣). 廣(넓을 광)

其心之出 有物採之: (그런데 그의) 마음(心)이 (겉으로) 나타나는(出) 건 사물(物)을 상대하는(採) 데 있다(有). 즉 그가 사물과 서로 조응해서이다. 出(날 출, 나타남) 採(아랑곳할 채, 상대해주다)

故形非道不生: 고로(故) (사물의) 모양(形)은 도(道)의 (작용) 없이(不) 생겨나지(生) 않는다(不). 形(모양 형) 生(날 생)

生非德不明: (또) 생겨난다(生) 해도 덕(德)의 (도움) 없이(不) 분명해지지(明) 않는다(不). 明(밝힐 명 → 분명해지다)

存形窮生 立德明道: (그러니) 모양(形)을 유지하면서(存) 천수를 다하고(窮生) 덕(德)을 세우면서(立) 도(道)를 밝히다(明). 窮生〔천수를 다함. 窮(다할 궁, 다하다)〕形(모양 형) 存(있을 존 → 유지하다)

非王德者邪!: (이것이) 으뜸(王)의 덕(德)이 아닌가(非)!

蕩蕩乎!: (으뜸의 덕을 지닌 사람은) 넓고도 크다(蕩蕩)! 蕩蕩〔넓고 크다. 蕩(클 탕)〕

忽然出 勃然動: 홀연히(忽然) 나타나서(出) 불쑥하고(勃然) 움직이다(動). 忽然〔홀연히. 忽(홀연 홀)〕勃然〔불쑥. 勃(우쩍 일어날 발, 갑자기)〕

而萬物從之乎!: 그런데도(而) 만물(萬物)이 (왕덕지인을) 따르다(從)! 從(좇을 종, 따르다)

此謂王德之人: 이런(此) (사람을) 으뜸의 덕을 지닌 사람(王德之人)이라 말하다(謂).

視乎冥冥!: (왕덕지인은) 어둠(冥冥) 속에서 (밝은 빛을) 보다(視)! 冥冥〔어두운 모양. 冥(어두울 명)〕視(볼 시)

聽乎無聲: 소리(聲) 없는(無) (고요함 속에서) 소리를 듣다(聽). 聲(소리 성) 聽(들을 청)

冥冥之中 獨見曉焉: (이처럼) 어둠(冥冥) 가운데서(中) 홀로(獨) 깨달음(曉)을 보다(見). 獨(홀로 독) 曉(깨달을 효)

無聲之中 獨聞和焉: 소리(聲) 없는(無) 가운데서(中) 홀로(獨) 조화(和)의 소리를 듣다(聞). 和(조화 화) 聞(들을 문)

故深之又深而能物焉: 고로(故) (눈과 귀의 작용이) 깊고(深) 또(又) 깊어서(深~而) 사물(物)을 (올바로) 파악할 수(能) 있다. 深(깊을 심, 깊다) 能(능할 능, ~할 수 있다)

神之又神而能精焉: (정신이) 신명하고(神) 또(又) 신명해(神) (사물의) 본질(精)을 (제대로) 파악할 수(能) 있다. 精(본질 정)

故其與萬物接也: 고로(故) (왕덕지인은) 만물과(與~萬物) 만나다(接). 接(접할 접 → 만나다)

至無而供其求: (그러면) 지극한(至) 무위(無)의 자세로 (만물이) 원하는(求) (대로) 베푼다(供). 無→無爲(무위) 求(구할 구 → 원함) 供(베풀 공)

時騁而要其宿: 때로는(時) 내키는 대로 베풀면서도(騁~而) (만물이 한곳에) 머물길(宿) 요구하다(要). 즉 만물이 하나가 되기를 바란다. 時(때 시, 때로는) 騁(달릴 빙, 내키는 대로 하다) 宿(묵을 숙, 머물다) 要(구할 요, 요구하다)

大小長短近遠: (그래서) 큰(大) 것과 작은(小) 것, 긴(長) 것과 짧은(短) 것, 가까운(脩) 것과 먼(遠) 것. 短(짧을 단) 近(가까울 근) ※ 참고한『莊子今註今譯』에 '脩(포 수)'로 표시되었는데 오자로 보아 '近(가까울 근)'으로 바꾸어서 해석했다. 遠(멀 원)

各有其具: (그것들이) 각기(各) (하나 되어 나름대로 온전함을) 갖추다(有~具). 各(각각 각) 具(갖출 구, 나름대로 온전함을 갖추다)

천지(天地) 3

皇帝遊乎赤水之北, 登乎崑崙之丘而南望, 還歸遺其玄珠.
使知索之而不得, 使離朱索之而不得, 使喫詬索之而不得也.
乃使象罔, 象罔得之.

皇帝曰:「異哉! 象罔乃可以得之乎?」

황제(皇帝)가 적수(赤水) 북쪽을 노닐며 곤륜산(崑崙之丘)에 올라
남쪽을 살피고 돌아오다 현주(玄珠)를 잃었다.
황제는 아는 게 많은 지(知)에게 현주를 찾도록 했으나 찾지 못했다.
눈이 밝은 이주(離朱)에게 찾도록 했으나 찾지 못했다.
말솜씨가 좋은 끽후(喫詬)에게 찾도록 했으나 찾지 못했다.
이에 모양이 없는 상망(象罔)에게 찾도록 하자 상망은 현주(玄珠)를 찾았다.
황제가 말했다. "모를 일이다! 상망이 어떻게 현주를 찾을 수 있었을까?"

注 ──────────────

皇帝遊乎赤水之北: 황제(皇帝)가 적수(赤水)의 북쪽(北)을 노닐다(遊).

登乎崑崙之丘而南望: 곤륜(崑崙) 산(丘)에 올라(登) 남쪽(南)을 살피다(望). 岳(큰 산 악) 登(오를 등) 望(바랄 망, 살피다)

還歸遺其玄珠: 돌아오다가(還歸) 현주(玄珠)를 잃다(遺). 還歸〔돌아오다. 還(돌아올 환) 歸(돌아갈 귀)〕 玄珠〔현주. 도를 의미. 玄(가물 현) 珠(구슬 주)〕遺(잃을 유다)

使知索之而不得: (황제는 아는 게 많은) 지(知)로 하여금(使) (현주를) 찾도록 했으나(索) 찾지(得) 못하다(不). 使(하여금 사) 索(찾을 색) 得(얻을 득 → 찾다)

使離朱索之而不得: 눈이 밝은 이주(離朱)로 하여금(使) (현주를) 찾도록 했으나(索) 찾지(得) 못하다(不). 離朱〔문함(朱)과 어긋남(離). 즉 눈이 밝은 사람. 離(어긋날 리) 朱(둔할 주)〕

使喫詬索之而不得也: (말솜씨가 좋은) 끽후(喫詬)로 하여금(使) (현주를) 찾도록 했으나(索) 찾지(得) 못하다(不). 喫詬〔교묘히 꾸미는 말(詬)을 마시는(喫) 사람. 즉 말솜씨 좋은 사람. 喫(마실 끽) 詬(교묘히꾸미는말 후)〕

乃使象罔 象罔得之: 이에(乃) (모양이 없는) 상망(象罔)으로 하여금(使) (찾도록 하자) 상망(象罔)은 (현주를) 찾다(得). 乃(이에 내) 象罔〔상망. 모양(象)이 없는(罔) 사람. 象(모양 상) 罔(없을 망)〕

皇帝曰 異哉!: 황제(皇帝)가 말하다. 모를 일(異)이다! 異(모를 이, 모르다)

象罔乃可以得之乎?: 상망(象罔)이 이에(乃) 현주(之)를 찾음으로써(以~得) 가능한가(可)? 즉 현주를 어떻게 찾을 수 있는가?

천지(天地) 4

堯之師曰許由, 許由之師曰齧缺, 齧缺之師曰王倪, 王倪之師曰被衣.

堯問於許由曰：「齧缺可以配天乎？吾藉王倪而要之.」

許由曰：「殆哉圾乎天下! 齧缺之爲人也, 聰明叡知, 給數以敏, 其性過人,

而又乃以人受天.

彼審乎禁過, 而不知過之所由生. 與之配天乎？

彼且乘人而無天, 方且本身而異形, 方且尊知而火馳, 方且爲緒使, 方且爲物絯,

方且四顧而物應, 方且應衆宜,

方且與物化而未始有恒. 夫何足以配天乎？

雖然, 有族, 有祖, 可以爲衆父, 而不可以爲衆父父.

治, 亂之率也, 北面之禍也, 南面之賊也.」

요(堯)의 스승은 허유(許由)를 말하고, 허유의 스승은 설결(齧缺)을 말하고,

설결의 스승은 왕예(王倪)를 말하고, 왕예의 스승은 피의(被衣)를 말한다.

성군 요가 스승인 허유에게 물었다.

"선생의 스승인 설결은 하늘과 짝하는 분인가요?

그러면 저는 왕예 도움을 받아 그를 군주 자리에 모시겠습니다."

허유가 대답했다.

"위험하지. 천하를 위태롭게 할 걸세!

설결의 사람됨은 눈귀의 총명함(聰明), 밝은 지혜(叡知), 민첩한(敏) 일 처리로

타고난 본성이 남들보다 앞서지.

이에 눈귀의 총명함, 뛰어난 지혜, 민첩함과 같은 인위적인(人) 것을

자연적인(天) 거라고 받아들이네.

또 설결은 사람들이 잘못을 범하지 않도록 꼼꼼히 챙기겠지만

그 잘못이 생겨나는 이유를 알지 못하네.

그러니 그가 어째서 하늘과 짝하겠는가?

그는 인위적인(人) 것을 받들어서 자연적인(天) 것을 무시할 거네.

또 이제는 자신을 중심(本)에 놓고서 그 밖의 것들을 차별할 거네.

또 이제는 앎(知)을 숭상해서 그 앎을 쓰려고 이리저리 날뛸 거네.

또 이제는 일로 자신을 혹사하도록 할 거네.

또 이제는 사물에 의해서 구속받을 거네.

또 이제는 사방을 돌아보면서 사물이 자기에게 호응하도록 할 거네.

또 이제는 여러 사람의 뜻에 마땅히 순응할 거네.

또 이제는 사물과 함께 변화해 꿋꿋한 입장을 지니지 못할 거네.

그러니 이런 설결 선생이 어째서 자연과 짝하는 사람이 되겠는가?

물론 일족(一族)이 있으면 그 선조가 있기에 왕(衆父)은 되겠지.

그러나 왕의 우두머리(衆父父)는 되지 못하네.

그분의 다스림은 혼란스러움의 모범(率)이므로

신하에게는 재앙(禍)이 되고, 천자에게는 해(害)가 되네."

注 ─────────

堯之師曰許由 許由之師曰齧缺: 요(堯)의 스승(師)은 허유(許由)를 말하고, 허유(許由)의 스승(師)은 설결(齧缺)을 말하다.

齧缺之師曰王倪 王倪之師曰被衣: 설결(齧缺)의 스승(師)은 왕예(王倪)를 말하고, 왕예(王倪)의 스승(師)은 피의(被衣)를 말하다.

堯問於許由曰 齧缺可以配天乎?: 요(堯)가 허유에게(於~許由) 묻다(問). 설결(齧缺)은 하늘(天)과 짝하나(以~配)? 配(짝지을 배)

吾藉王倪而要之: (그러면) 나(吾)는 왕예(王倪) 도움을 받아(藉) (설결을) 군주 자리에 모시다(要). 藉(빌릴 자, 남의 도움을 받다) 要(강청할 요 → 억지로 군주의 자리에 모시다)

許由曰 殆哉圾乎天下!: 허유(許由)가 말하다. 위험하다(殆). 천하(天下)를 위태롭게(圾) 하다! 殆(위험할 태) 圾(위태할 급)

齧缺之爲人也: 설결(齧缺)의 사람됨(爲人).

聰明叡知 給數以敏: (눈귀의) 총명(聰明)함, 밝은(叡) 지혜(知), 민첩한(以~敏) 일 처리(給數). 聰(귀 밝을 총) 明(눈 밝을 명) 叡(밝을 예) 敏(재빠를 민 → 민첩함) 給數[셈(數)을 더하다(給). 즉 일 잘하다. 給(보탤 급) 數(셀 수, 셈)]

其性過人: (이런 그의) 타고난 본성(性)은 남(人)보다 앞서다(過). 性(성품 성, 타고난 본성) 過(지날 과, ~보다 앞서다)

又乃以人受天: 또(又) 이에(乃) (총명·지혜·민첩함 같은) 인위적인 걸(以~人) 자연적인(天) 거라 받아들이다(受). 受(받아들일 수)

彼審乎禁過: (또 설결은 사람들이) 잘못(過)을 범하지 않도록(禁) 그(彼)는 꼼꼼히 챙기다(審). 過(잘못할 과) 禁(금할 금, 범하지 않다) 審(살필 심 → 꼼꼼히 챙기다)

而不知過之所由生: 그러나(而) (그) 잘못(過)이 생겨나는(生) 이유(所~由)는 알지(知) 못하다(不). 由(말미암은 바 유, 이유)

與之配天乎?: (그러니 어찌해서) 그가(與) 하늘(天)과 짝하는가(配)?

彼且乘人而無天: 또(且) 그(彼)는 인위적인(人) 걸 받들어서(乘~而) 자연적인(天) 걸 무시하다(無). 且(또 차) 彼(저 피) 乘(받들 승) 無(무시할 무)

方且本身而異形: 또(且) 이제는(方) 자신(身)을 중심에 놓고서(本~而), 그 밖의 것(形)을 차별하다(異). 方(이제 방) 身(몸 신, 자신) 本(밑 본, 근본 → 중심) 形(모양 형 → 다른 것) 異(달리할 이 → 차별하다)

方且尊知而火馳: 또(且) 이제는(方) 앎(知)을 숭상해서(尊~而) (그 앎을 쓰려고) 이리저리 날뛰다(火馳). 尊(높일 존, 숭상하다) 火馳[불(火)을 이고 달리다(馳). 즉 이리저리 날뛰다. 馳(달릴 치)]

方且爲緖使: 또(且) 이제는(方) 일에(爲~緖) 부림을 당하다(使). 즉 일로 자신을 혹사하게 하다. 緖(일 서)

方且爲物絯: 또(且) 이제는(方) 사물(爲~物)에 묶이다(絯). 즉 사물에 의해 구속 받다. 絯(묶을 해, 묶이다)

方且四顧而物應: 또(且) 이제는(方) 사방(四)을 돌아보면서(顧~而) 사물(物)이 (자기에게) 호응하도록(應) (하다). 四→四方(사방) 顧(돌아볼 고) 應(맞장구칠 응, 호응하다)

方且應衆宜: 또(且) 이제는(方) 여러 사람(衆)의 (뜻에) 마땅히(宜) 순응하다(應). 衆(무리 중 → 여러) 宜(마땅할 의) 應(순응할 응)

方且與物化而未始有恒: 또(且) 이제는(方) 사물(物)과 함께(與) 변화해서(化~而) 항상(有~恒)이 (아직) 시작하지(始) 않다(未). 즉 꿋꿋한 입장을 지니지 못하다. 化(될 화, 변화하다) 恒(항상 항) 未(아닐 미, ~하지 않다) 始(시작 시)

夫何足以配天乎?: (그러니 이런 설결 선생이) 어째서(何) 자연(天)과 짝하는(配) (사람이) 될 수(足) 있나?

雖然 有族 有祖: 물론(雖然) 일족(族)이 있으면(有) 선조(祖)가 있다(有). 雖然[물론. 雖(비록 수)] 族(겨레 족 → 일족) 祖(조상 조)

可以爲衆父: 그럼으로(以) 왕(衆父)이 될 수 있다(可~爲). 衆父[왕. 父(친족의어른 부 → 우두머리) 衆(무리 중)]

而不可以爲衆父父: 그러나(而) 왕(衆父)의 우두머리는 될(爲~父) 수 없다(不可).

治 亂之率也: (그분의) 다스림(治)은 혼란스러움(亂)의 모범(率)이다. 治(다스릴 치) 亂(어지러울 란 → 혼란스러움) 率(모범 솔)

北面之禍也: 신하(北面)에겐 재앙(禍)이 되다. 北面[북쪽(北)으로 향함(面). 즉 신하를 의미. 面(낯 면, ~으로 향하다)] 禍(재화 화)

南面之賊也: 천자(南面)에겐 해침(賊)이 되다. 南面[남쪽(南)으로 향하다(面). 즉 천자를 의미] 賊(해칠 적, 해치다)

천지(天地) 5

堯觀乎華.

華封人曰:「嘻. 聖人, 請祝聖人.」

「使聖人壽.」 堯曰:「辭.」

「使聖人富.」 堯曰:「辭.」

「使聖人多男子.」 堯曰:「辭.」

封人曰:「壽·富·多男子 人之所欲也, 女獨不欲, 何邪?」

堯曰:「多男子則多懼, 富則多事, 壽則多辱. 是三者, 非所以養德也, 故辭.」

封人曰:「始也我以女爲聖人邪, 今然君子也.

天生萬民, 必授之職, 多男子而授之職, 則何懼之有? 富而使人分之, 則何事之有!

夫聖人, 鶉居而鷇食, 鳥行而無彰, 天下有道, 則與物皆昌., 天下無道, 則修德就閒.,

千歲厭世, 去而上僊., 乘彼白雲, 至於帝鄕., 三患莫至, 身常無殃., 則何辱之有!」

封人去之. 堯隨之, 曰:「請問?」

封人曰:「退已!」

요(堯) 임금이 화(華) 지역을 시찰할 때 그 지역을 다스리는 제후가 말했다.
"아, 성인(聖人)이군요. 부디 성인이 장수하길 축원합니다."라고 하자
요임금이 "사양합니다."라고 말했다.
제후가 또다시 "성인이 부유하길 축원합니다."라고 하자
요임금이 "사양합니다."라고 말했다.
제후가 또다시 "성인에게 아들이 많길 축원합니다."라고 하자
요임금이 "사양합니다."라고 말했다.
그러자 제후가 말했다.
"장수(壽), 부유함(富), 아들 많음(多男子)은 사람들이 모두 바라는 바인데
유독 요임금만 바라지 않으니 어째서입니까?"
요임금이 말했다.
"아들이 많으면 걱정이 늘어나고, 부유하면 귀찮은 일이 많아지고,
오래 살면 욕볼 일이 많아집니다.

그러니 이 세 가지는 덕(德)을 기르기 위한 게 못되어서 사양하는 겁니다."

제후가 말했다.

"저는 처음에 요임금을 성인이라 여겼는데 지금 보니 군자에 불과하군요.

하늘이 만백성을 낳으면 반드시 그들에게 직책을 줍니다.

그러니 아들이 많아도 알맞은 직책이 주워지면 무슨 걱정입니까!

또 재물이 많아도 사람들에게 나누어주면 무슨 일거리가 되겠습니까!

성인은 메추라기처럼 둥지 없이 살아도 새 새끼처럼 주는 대로 먹으며,

또 새처럼 날아다녀도 자신을 드러내지 않지요.

또 성인은 천하에 도(道)가 있으면 만물과 함께 번성하지만

천하에 도가 없으면 덕을 닦으면서 조용히 지내지요.

이렇게 천 년을 살다가 세상이 싫어지면 속세를 떠나 하늘에 걸터앉았습니다.

그리고는 저 흰 구름을 타고 천제의 고향(帝郷)에 이릅니다.

그러면 장수, 부유, 아들 많음이 근심에 이르지 않고, 몸에는 늘 재앙이 없는데 그러면 이것이 어찌 욕된 일이 되겠나요!

제후가 그곳을 떠나자 요임금이 뒤쫓아 가서 "부디 묻건대."라고 했지만

제후는 "물러나시오!"라고 대답했을 뿐이다.

注 ─

堯觀乎華 華封人曰: 요(堯) (임금이) 화(華)지역을 시찰할(觀) 때 화(華) 지역을 다스리는 제후(封人)가 말하다. 觀(볼 관 → 시찰하다) 封人〔제후. 封(봉할 봉, 제후로 임명하다)〕

嘻 聖人 請祝聖人: 아(嘻), 성인(聖人)이다. 청컨대(請) 성인(聖人)을 축원하다(祝). 嘻(탄식할 희) 請(청할 청) 祝(축원할 축)

使聖人壽 堯曰 辭: 성인이(使~聖人) 장수하길(壽). (그러자) 요임금이 말하다. 사양한다(辭). 壽(오래살 수) 辭(사양할 사)

使聖人富 堯曰 辭: (제후가 또다시) 성인이(使~聖人) 부유하길(富). (그러자) 요임금이 말하다. 사양한다(辭). 富(넉넉할 부)

使聖人多男子 堯曰 辭: (제후가 또다시) 성인에게(使~聖人) 아들(男子)이 많길(多). (그러자) 요임금이 말하다. 사양한다(辭).

封人曰 壽.富.多男子.人之所欲也: (그러자) 제후(封人)가 말하다. 장수(壽)·부유(富)·아들 많음(多男子)은 사람(人)들이 (모두) 바라는 바(所~欲)이다. 欲(하고자할 욕, 바라다)

女獨不欲 何邪?: 너(女), 즉 요임금만 유독(獨) 바라지(欲) 않으니(不) 어째서인가요(何)? 女=

汝(너 여) 獨(홀로 독) 何(어찌 하)

堯曰 多男子則多懼: 요(堯)임금이 말하다. 아들(男子)이 많으면(多~則) 많은(多) 걱정(懼)이 (생기다). 즉 걱정이 늘어나다. 懼(염려할 구 → 걱정함)

富則多事: 부유하면(富~則) (귀찮은) 많은(多) 일(事)이 (생기다). 즉 귀찮은 일이 많아지다.

壽則多辱: 장수하면(壽~則) 많은(多) 욕보임(辱)이 (생기다). 즉 오래 살면 욕볼 일이 많아지다. 辱(욕되게할 욕, 욕볼 일)

是三者 非所以養德也 故辭: 이(是) 세 개(三者)는 덕(德)을 기르는 바(以~所養) 못되다(非). 고로(故) 사양하다(辭). 養(기를 양)

封人曰 始也我以女爲聖人邪: 제후(封人)가 말하다. 나(我)는 처음에(始) 너를(以~女), 즉 요임금을 성인(聖人)이라 여기다(爲).

今然君子也: 지금(今) (보니) 그저(然) 군자(君子)에 불과하다.

天生萬民 必授之職: 자연(天)이 만백성(萬民)을 낳으면(生) 반드시(必) (그들에게) 직책(職)을 주다(受). 職(직책 직) 受(줄 수)

多男子而授之職: (그러니) 아들(男子)이 많아도(多~而) (그들에게 알맞은) 직책(職)을 주다(受).

則何懼之有?: 그러면(則) 무슨(何) 걱정(懼)이 있는가(有)?

富而使人分之: (또) 재물이 많아도(富~而) 사람들에게(使~人) 나누어(分) 주다. 分(나눌 분)

則何事之有!: 그러면(則) 무슨(何) 일거리(事)가 있는가(有)! 事(일 사)

夫聖人 鶉居而鷇食: 모름지기(夫) 성인(聖人)은 메추라기(鶉)처럼 (둥지 없이) 살아도(居~而) 새 새끼(鷇)처럼 (주는 대로) 먹다(食). 鶉(메추라기 순) 鷇(새새끼 구) 食(밥 식, 먹다)

鳥行而無彰: 새(鳥)처럼 날아다녀도(行~而) 드러나지(彰) 않다(無). 鳥(새 조) 行(갈 행 → 날아다니다) 彰(드러날 창)

天下有道 則與物皆昌: (또 성인은) 천하(天下)에 도(道)가 있으면(有~則) 만물(物)과 함께(與) 모두(皆) 번성하다(昌). 昌(창성할 창, 번성하다)

天下無道 則修德就閒: (반면) 천하(天下)에 도(道)가 없으면(無~則) 덕(德)을 닦으며(修) 조용히 지내다(就閒). 修(닦을 수) 就閒〔일에 얽매이지 않고 한가로이 집에 있음. 즉 조용히 지냄. 就(머무를 취) 閒(틈 한)〕

千歲厭世 去而上僊: (이렇게) 천(千) 년(歲)을 (살다가) 세상(世)이 싫어지면(厭) (속세를) 떠나(去~而) 하늘(上)에 걸터앉다(僊). 歲(해 세, 년) 世(세상 세) 厭(싫을 염) 去(갈 거, 떠나다) 上(위 상 → 하늘) 僊(걸터앉을 권)

乘彼白雲 至於帝鄕: (그리고는) 저(彼) 흰(白) 구름(雲)을 타고(乘) 천제(帝)의 고향에(於~鄕) 이르다(至). 雲(구름 운) 乘(탈 승) 帝(임금 제 → 천제) 鄕(시골 향 → 고향) 至(이를 지)

三患莫至 身常無殃: (그러면) 셋(三), 즉 장수(壽)·부유(富)·아들(男子) 많음(多)이 근심(患)에

이르지(至) 않고(莫), 몸(身)에는 늘(常) 재앙(殃)이 없다(無). 患(근심 환) 莫(없을 막) 常(항상 상) 殃(재앙 앙)

則何辱之有!: (그런데) 그러면(則) (이게) 어찌(何) 욕된(辱)이 있는가(有)! 즉 욕된 일이 되는가! 辱(욕되게할 욕)

封人去之 堯隨之 曰 請問?: 제후(封人)가 떠나자(去) 요(堯)임금이 뒤쫓아 가(隨) 말하다. 부디(請) 묻다(問). 去(갈 거, 떠나감) 隨(따를 수, 뒤쫓아 가다)

封人曰 退已!: 제후(封人)가 말하다. 물러갈 뿐이다(退~已)! 즉 물러나라! 退(물러날 퇴, 물러나다)

천지(天地) 6

堯治天下, 伯成子高立爲諸侯.

堯授舜, 舜授禹, 伯成子高辭爲諸侯而耕, 禹往見之.

則耕在野. 禹趨就下風, 立而問焉,

曰:「昔堯治天下, 吾子立爲諸侯. 堯授舜, 舜授子, 而吾子辭爲諸侯而耕,

敢問, 其故何也?」

子高曰:「昔堯治天下, 不賞而民勸, 不罰而民畏.

今子賞罰而民且不仁, 德自此衰, 刑自此立, 後世之亂自此始矣.

夫子闔行邪? 無落吾事!」

俋俋乎耕而不顧.

요(堯)임금이 천하를 다스리자 백성자고(伯成子高)를 제후로 세웠다.

그 뒤 요임금이 순에게, 순임금이 우에게 각각 천자 자리를 물려주자

백성자고는 제후 자리를 사직하고 농사를 지었다.

우임금이 그를 찾아가니까 들판에서 밭을 갈고 있었다.

우임금은 자세를 낮춰 백성자고에게 물었다.

"옛날 요임금이 천하를 다스릴 때 선생은 제후로 봉직했습니다.

요임금이 순에게 천자 자리를 물려주고, 순임금은 제게 천자 자리를 물려주자 선생께선 제후 자리에서 물러나 농사를 짓는데

감히 묻건대 그 까닭이 무엇인지요."

백성자고가 말했다.

"옛날 요임금이 천하를 다스릴 때는 상(賞)이 없어도 백성은 일에 힘쓰고,

벌(罪)이 없어도 백성은 두려워했지요.

그런데 지금 그대가 상을 내리고 벌을 내리는데도 백성이 어질지 않습니다.

덕(德)은 이로부터 쇠해졌고, 형벌(刑)은 이로부터 확립되었지요.

후세의 혼란은 이로부터 시작된 겁니다.

선생은 어찌 아니해 여길 떠나지 않나요?

내 일을 방해하지 마시오!"

그리고는 돌아보지 않은 채 서둘러서 밭을 갈고 또 갈았다.

注

堯治天下 伯成子高立爲諸侯: 요(堯)임금이 천하(天下)를 다스리자(治) 백성자고(伯成子高)를 제후로(爲~諸侯) 세우다(立).

堯授舜 舜授禹: (그 뒤) 요(堯)임금이 순(舜)에게 (천자 자리를) 물려주고(授), 순(舜)임금이 우(禹)에게 (천자 자리를) 물려주다(授). 授(줄 수, 물려주다)

伯成子高辭爲諸侯而耕: (그러자) 백성자고(伯成子高)는 제후(諸侯)를 사직하고(辭) 농사를 짓다(耕). 辭(사직할 사) 耕(밭갈 경)

禹往見之 則耕在野: 우(禹)임금이 (그를) 찾아가서(往) 보니까(見~則) 들판(在野)에서 밭을 갈다(耕). 往(갈 왕, 찾아가다) 在野[들판. 在(있을 재) 野(들 야)]

禹趨就下風 立而問焉 曰: 우(禹)임금은 낮은(下) 쪽으로 향해(趨) 나아가(就) 서서(立) 묻다(問). 즉 자세를 낮춰 (백성자고에게) 묻다. 趨(향할 추) 就(나아갈 취)

昔堯治天下 吾子立爲諸侯: 옛날(昔) 요(堯)임금이 천하(天下)를 다스릴(治) 때 선생(吾子)은 제후(諸侯)의 위치(位)이다. 즉 제후로 봉직하다. 昔(옛 석) 吾子[나(吾)의 아들(子) → 동년배의 사람을 친숙하게 부르는 말]

堯授舜 舜授予: 요(堯)임금이 순(舜)에게 (천자 자리를) 물려주고(授), 순(舜)임금이 나(予)에게 (천자 자리를) 물려주다(授). 授(줄 수, 물려주다) 予(나 여, 저)

而吾子辭爲諸侯而耕: 그러자(而) 선생(吾子)은 제후(諸侯)를 사퇴하고(辭) 농사를 짓다(耕). 辭(사양할 사, 사퇴함) 耕(밭갈 경)

敢問 其故何也: 감히(敢) (그) 이유(故)가 무엇(何)인지요. 故(까닭 고, 이유)

子高曰 昔堯治天下: 백성자고(子高)가 말하다. 옛날(昔) 요(堯)임금이 천하(天下)를 다스리다(治).

不賞而民勸: (그 때는) 상(賞)이 없어도(不~而) 백성(民)은 (일에) 힘쓰다(勸). 賞(상줄 상) 勸(권할 권, 힘쓰다)

不罰而民畏: 벌(罰)이 없어도(不~而) 백성(民)은 두려워하다(畏). 罰(죄 벌) 畏(두려워할 외)

今子賞罰而民且不仁: (그런데) 지금(今) 그대(子)가 상(賞)을 (내리고) 벌(罰)을 내리는데도(而) 백성(民)이 어질지(仁) 않다(不).

德自此衰 刑自此立: 덕(德)은 이로부터(自~此) 쇠해지며(衰) 형벌(刑)은 이로부터(自~此) 확립 되다(立). 自(부터 자) 衰(쇠할 쇠) ※ 참고한『莊子今註今譯』에 '哀(슬플 애)'로 표시되었는데 오자로 보아 '衰(쇠할 쇠)'로 바꾸어서 해석했다. 刑(형벌 형)

後世之亂自此始矣: 후세(後世)의 혼란(亂)은 이로부터(自~此) 시작되다(始). 亂(어지러울 란, 혼란)

夫子闔行邪?: 선생(夫子)은 어찌 아니해(闔) (여기를) 떠나지(行) 않는가(邪)? 闔(어찌아니할 합) 行(갈 행, 떠나다)

無落吾事!: 내(吾) 일(事)을 방해하지(落) 말라(無)! 落(떨어질 락, 해이하게 하다 → 방해하다)

偓偓乎耕而不顧: (그리곤) 돌아보지도(顧) 않은(不) (채) 서둘러서 밭(耕)을 갈고(偓) (또) 갈다(偓). 顧(돌아볼 고) 耕(밭갈 경) 偓(밭갈 욕, 밭을 갈다)

천지(天地) 7

泰初有無無有無名., 一之所起, 有一而未形.

物得以生, 謂之德.

未形者有分, 且然無間, 謂之命., 留動而生物, 物成生理, 謂之形.,

形體保神, 各有儀則, 謂之性.

性修反德, 德至同於初.

同乃虛, 虛乃大.

合喙鳴., 喙鳴合, 與天地爲合.

其合緡緡, 若愚若昏, 是謂玄德, 同乎大順.

태초에 없음(無)만 있고, 있음(有)도 없고, 이름(名)도 없었다.

이런 상태에서 하나(一)가 생겨났는데

하나가 생겨나도 여전히 형체(形)를 갖추지 못했다.

그런데 하나가 도를 얻어서 만물이 생겨나는 걸

자연스러운 덕성(德)이라고 말한다.

또 형체 없는 데서 나뉨이 생겨나는데 나뉨이 생겨나도 아무런 차이가 없으니 이를 자연의 뜻(命)이라고 말한다.

그런데 자연의 뜻이 흘러서 움직이면 비로소 사물을 낳는다.

이제 만물이 만들어지면 나름 원리(理)가 생겨나므로 이를 형체라고 말한다.

이 형체가 정신(神)을 보존해서 각자의 법칙(儀則)을 지니므로

이를 사물의 타고난 본성(性)이라고 말한다.

그래서 타고난 본성을 닦아서 자연스러운 덕성(德)을 회복하면

자연스러운 덕성은 처음 상태와 같아지는 데 이른다.

이렇게 자연스러운 덕성이 처음 상태와 같아지면

이에 만물이 텅 비고, 또 만물이 텅 비면 이에 커진다.

이런 상태에 이르면 사람의 말도 무심해져 새소리와 합일하는데

새소리가 사람의 말과 합일하면 사람은 천지와 합일한다.

이런 합일의 경지는 어리석고 무심해 마치 어리석고 어리석은 듯하다.

이를 현덕(玄德), 즉 깊고 그윽한 덕이라고 말하고,

이것이 대순(大順), 즉 자연의 큰 질서와 하나 되는 길이다.

注

泰初有無無有無名: 태초(泰初)에는 없음(無)만 있고(有), 있음(有)도 없고(無) 이름(名)도 없다(無).

一之所起 有一而未形: 거기서(之), 즉 이런 상태에서 하나(一)가 생겨난 바(所~起) (있는데) 하나(一)가 생겨나도(有~而) (여전히) 형체(形)를 (갖추지) 못하다(未). 起(일어날 기 → 생겨나다) 形(모양 형 → 형체)

物得以生 謂之德: (그런데 하나가 도를) 얻어(得) 만물(物)이 생겨나는(以~生) 걸 자연스런 덕성(德)이라고 말하다(謂). 得(얻을 득)

未形者有分: (또) 형체(形) 없는 것(未~者)에 나뉨(分)이 생겨나다(有). 즉 형체 없는 데서 나뉨이 생겨나다. 分(나눌 분)

且然無間 謂之命: 그런데(且然) (나뉨이 생겨나도 아무런) 차이(間)가 없으니(無) (이를) 명(命), 자연의 뜻이라고 말하다(謂). 且然(그런데. 且(또 차, 잠깐) 然(그러할 연)) 間(틈 간, 간격 → 차이) 命(운명 명, 하늘의 뜻 → 자연의 뜻)

留動而生物: (그런데 자연의 뜻이) 흘러(留) 움직이면서(動~而) (비로소) 사물(物)을 낳다(生). 留(흐를 류) 動(움직일 동)

物成生理 謂之形: (이제) 사물(物)이 만들어지면(成) (나름) 원리(理)가 생겨나므로(生) 이를 형체(形)라 말한다(謂). 理(이치 리, 원리) 成(이룰 성 → 만들어지다)

形體保神 各有儀則 謂之性: (이) 형체(形體)가 정신(神)을 보존해(保) 각자(各)의 법칙(儀則)을 지니므로(有) (이를 사물의) 타고난 본성(性)이라 말하다(謂). 保(보존할 보) 儀則〔법칙. 儀(법 의, 법칙) 則(법칙 칙)〕

性修反德: (그래서) 타고난 본성(性)을 닦아(修) (자연스러운) 덕성(德)을 회복하다(反). 修(닦을 수) 反(돌이킬 반 → 회복하다)

德至同於初: (그러면) 자연스러운 덕성(德)은 처음 상태와(於~初) 같아지는데(同) 이른다(至). 初(처음 초) 同(같을 동, 같아지다)

同乃虛 虛乃大: (이렇게 자연스러운 덕성이 처음 상태와) 같아지면(同) 이에(乃) (만물은) 텅 비고 (虛), (또 만물이) 텅 비면(虛) 이에(乃) 커진다(大). 乃(이에 내) 虛(빌 허, 비워지다)

合喙鳴: (이런 상태에 이르면) 사람의 말(喙)도 (무심해져) 새소리(鳴)와 합일하다(合). 喙(부리 훼, 새부리에서 나오는 소리처럼 사람의 입에서 무심하게 자연스럽게 나오는 말) 鳴(울 명, 새소리) 合(합할 합 → 합일하다)

喙鳴合 與天地爲合: (그런데) 새소리(鳴)가 사람의 말(喙)과 합일하면(合) (사람은) 천지와(與~天地) 합일한다(合).

其合緡緡 若愚若昏: (이런) 합일(合)의 경지는 어리석고 무심해서(緡緡) 마치 어리석은(愚) 듯하고(若) 어리석은(昏) 듯하다(若). 緡緡〔어리석고 무심한 모양. 緡(어리석을 민)〕愚(어리석을 우) 若(같을 약 → ~듯하다) 昏(어리석을 혼)

是謂玄德 同乎大順: 이(是)를 현덕(玄德: 깊고 그윽한 덕)이라 말하고(謂), 대순(大順: 자연의 큰 질서)과 하나 되는(同) 길이다.

천지(天地) 8

夫子問於老聃曰:「有人治道若相放, 可不可, 然不然.
辯者有言曰, 『離堅白若縣宇.』若是則可謂聖人乎?」
老聃曰:「是胥易技係, 勞形怵心者也. 執狸之狗成思, 猿狙之便自山林來.
丘, 予告若, 而所不能聞與而所不能言, 凡有首有趾無心無耳者衆,
有形者與無形無狀而皆存者盡無.
其動止也, 其死生也, 其廢起也, 此又非其所以也.
有治在人, 忘乎物, 忘乎天, 其名爲忘己, 忘己之人, 是之謂入於天.」

공자가 노담(老聃)을 방문해서 물었다.
"도를 다스리는(治) 데 세상의 상식과 어긋나는 듯한 사람이 있습니다.

이들은 옳지 않은 걸 옳다고 하고, 그렇지 않은 걸 그렇다고 합니다.

변자(辯者)들의 말이 그러한데 이들은 다음과 같이 말합니다.

'단단한 흰 돌에서 단단함(堅)과 희다는(白) 것을 분리하면

그 의미가 처마 끝에 매달아 보여주는 것처럼 분명해진다.'

이런 사람을 성인(聖人)이라고 말할 수 있습니까?"

노담이 대답했다.

"이런 사람은 먼 걸 가벼이 여기고,

재주에 얽매여서 몸을 힘들게 해 마음을 슬프게 하는 사람이지요.

살쾡이를 잡는 개는 머리를 굴려야 사냥에 성공할 수 있고,

원숭이의 날램은 산속에 살기에 가능합니다.

공구여, 난 그대가 들을 수 없고, 그대가 말할 수 없는 걸 알려주겠소.

모름지기 머리가 있고 발이 있어 몸의 형체를 지녀도

마음작용이 없고 감관작용이 없는 존재들이 많습니다.

그러나 형체를 지닌 존재가 형체와 모습이 없는 도(道)와 생명을 누리면서

존재하는 일은 절대로 없습니다.

움직임(動)과 멈춤(止), 죽음(死)과 삶(生), 무너짐(廢)과 일어남(起)은

형체를 지닌 존재의 작용 때문은 아니지요.

그렇더라도 움직임과 멈춤, 죽음과 삶, 무너짐과 일어남을 다스리는 건

사람의 몫입니다.

사물을 잊고 하늘을 잊는 게 정말로 자기를 잊는 거라고 하는데

이런 사람을 두고 하늘의 경지에 들어선 사람이라고 말합니다.

注 ─────────────

夫子問於老聃曰: 공자(夫子)가 노담을(於~老聃) 방문해서(問) 말하다. 夫子〔덕행이 높은 스승을 말하는데 여기선 공자를 의미〕

有人治道若相放: 도(道)를 다스리는(治) 데 (세상의) 상식과 어긋나는(相放) 듯한(若) 사람(人) 있다(有). 相放〔상식과 어긋남. 相(서로 상, 사물의 일반적 상태 → 상식) 放(놓을 방, 내치다 → 어긋나다)〕

可不可 然不然: (이들은) 옳지(可) 않은(不) 걸 옳다고(可) 하고, 그렇지(然) 않은(不) 걸 그렇다고(然) 한다. 可(옳을 가)

辯者有言曰 離堅白若縣宇: 변자(辯者)들의 말(言)이 (그러한데 그들은) 말한다. (단단한 흰 돌에

서) 단단하다(堅)와 희다(白)는 (개념을) 분리하면(離) (그 의미가) 마치(若) 처마(宇) 끝에 매달아서(縣) 보여주는 것처럼 (분명해지다). 辯(말잘할 변) 堅(굳을 견) 白(흰 백) 離(떼놓을 이) 宇(지붕 우 → 처마) 縣(매달 현)

若是則可謂聖人乎?: 이(是) 같은(若) 사람을 성인(聖人)이라 말할(謂) 수(可) 있는가?

老聃曰 是胥易技係: 노담(老聃)이 말하다. 이런(是) (사람은) 면(胥) (걸) 가벼이(易) 여기고 재주(技)에 얽매이다(係). 胥(멀 서) 易(가벼이여길 이) 技(재주 기) 係(걸릴 계)

勞形怵心者也: (그래서) 몸(形)을 힘들게 해(勞) 마음(心)을 슬프게(怵) 하는 자(者)다. 勞(일할 노, 힘들다) 怵(슬퍼할 출)

執狸之狗成思: 살쾡이(狸)를 잡는(執) 개(狗)는 생각(思)을 (해야) 이루다(成). 즉 머리를 굴려야 사냥에 성공한다. 狸(삵 리, 살쾡이) 執(잡을 집) 狗(개 구) 思(생각 사) 成(이룰 성)

猿狙之便自山林來: 원숭이(猿狙)의 날램(便)은 산림(山林)에서부터(自) 오다(來). 즉 원숭이의 날램은 산속에 살기에 가능하다. 猿狙[원숭이. 猿(원숭이 원) 狙(원숭이 저)]便(날쎈 편, 날램) 自(어조사 자, ~로부터) 來(올 래, 오다)

丘 予告若 而所不能聞與而所不能言: 공자(丘)여, 나(予)는 너(若)에게 (네가) 들을(聞) 수(能) 없는(不) 것(所)과(與~而) (네가) 말할(言) 수(能) 없는 것(不~所)을 알리다(告). 予(나 여) 若(너 약) 聞(들을 문) 告(알릴 고)

凡有首有趾無心無耳者衆: 무릇(凡) 머리(首)가 있고(有) 발(趾)이 있어(有) (몸의 형체를 지녀도) 마음(心) (작용이) 없고(無) 귀(耳)의 작용, 즉 감관작용이 없는(無) 존재(者)가 많다(衆). 首(머리 수) 趾(발 지) 衆(많을 중)

有形者與無形無狀而皆存者盡無: (그러나) 형체(形) 지닌(有) 존재(者)가 형체(形)가 없고(無) 모습(狀)이 없는(無) (도)와(與~而) 모두(皆) (생명을 누리며) 존재하는(存) 일(者)은 절대로 없다(盡無). 狀(형상 상, 모습) 皆(모두 개) 盡無[다됨(盡)이 없다(無). 즉 절대로 없다. 盡(다될 진)]

其動止也 其死生也 其廢起也: 움직임(動)과 멈춤(止), 죽음(死)과 삶(生), 무너짐(廢)과 일어남(起) 動(움직일 동) 止(멈출 지) 廢(폐할 폐, 망하다) 起(일어날 기)

此又非其所以也: 이런(此) 일 또한(又) (형체를 지닌 존재의 작용) 때문(所以)은 아니다(非). 所以(까닭 → 때문)

有治在人: (그렇더라도 움직임과 멈춤, 죽음과 삶, 무너짐과 일어남을) 다스리는(治) 건 사람(人)에게 있다(在). 즉 사람 몫이다.

忘乎物 忘乎天: 사물(物)을 잊고(忘) 하늘(天)을 잊는(忘) 것. 忘(잊을 망)

其名爲忘己: (이것이 정말로) 자기(己)를 잊는(忘) 거라고 이름 하다(爲~名). 己(자기 기)

忘己之人 是之謂入於天: 자기(己)를 잊은(忘) 사람(人). 이(是)를 하늘의 경지에(於~天) 들어선(入) (사람이라) 말한다(謂).

천지(天地) 9

蔣閭葂見季徹曰:「魯君謂葂也曰:『請受敎.』辭不獲命, 旣已告矣.

未知中否, 請嘗薦之.

吾謂魯君曰:『必服恭儉, 拔出公忠之屬而無阿私, 民孰敢不輯!』」

季徹局局然笑曰:「若夫子之言, 於帝王之德, 猶螳螂之怒臂而當車轍, 則必不勝

任矣.

且若是, 則其自爲處危, 其觀臺多物, 將往投迹者衆.」

蔣閭葂覤覤然驚曰:「葂也汒若於夫子之所言矣. 雖然, 願先生之言其風也.」

季徹曰:「大聖之治天下也, 搖蕩民心, 使之成敎易俗, 擧滅其賊心而皆進其獨志,

若性之自爲, 而民不知其所由然.

若然者, 豈兄堯舜之敎民, 溟滓然弟之哉? 欲同乎德而心居矣!」

장려면(蔣閭葂)이 계철(季徹)을 만나서 말했다.

"노(魯)나라 군주가 제게 '가르침을 받겠다고 청해' 그 청을 사양했는데도
윤허 되지 않았습니다.

그래서 저는 하는 수 없이 군주를 가르쳤습니다.

이런 가르침이 맞는지 그른지 모르니 부디 한 말씀만 해주십시오."

저는 노나라 군주에게 말했습니다.

'반드시 공손함과 검소함을 지키고, 군주의 일에 힘써야 합니다.

공평무사한 충성스러운 무리를 발탁하고, 사적인 사람을 가까이하지 않아
야 백성이 누구나 다 유순히 따르지 않겠습니까!'"

계철이 껄껄 웃으면서 말했다.

"선생이 한 말과 같은 건 제왕의 덕에선 사마귀가 팔뚝을 걷어붙이고서
수레바퀴와 맞서는 짓과 같지요. 그러니 도저히 감당할 수 없습니다.

또 이렇게 하다간 스스로 위험에 처하고, 조정에도 그대의 일이 많아집니다.

또 한 몫 보려고 그대 뒤를 따르며 꾸역꾸역 모여드는 사람이 많아집니다.

장려면이 소스라치게 놀라서 물었다.

"선생 말씀에 정신이 아득해졌는데 그래도 대강이나마 듣고 싶습니다."

계철이 말했다.

"큰 성인이 천하를 다스리는 건 백성의 마음을 격려하고 북돋워서
교화를 저절로 이루어 풍속을 고치는 일이지요.
이에 백성은 나쁜 마음을 모두 없애면서 도를 향해 뜻을 밀고 나갑니다.
그런데 이런 움직임은 마치 타고난 본성(性) 그대로 저절로 이루어지므로
백성은 어째서 그런지 알지 못합니다.
이런 사람이 어째서 요순임금이 행한 백성의 교화를 형님으로,
태초 그대로의 상태를 아우로 삼겠습니까?
성인에게는 덕(德)과 하나 되려는 마음만 있지요!"

注 ──────────────

蔣閭葂見季徹曰 魯君謂葂也曰: 장려면(蔣閭葂)이 계철(季徹)을 만나서(見) 말하다. 노(魯)나라
군주(君)가 (저) 장려면(葂)에게 말하다. 君(군주 군)

請受敎 辭不獲命: (제게) 가르침(敎)을 받겠다고(受) 청해(請) (그 청을) 사양했는데도(辭) 명령
(命)을 얻지(獲) 못하다(不). 즉 윤허되지 않다. 敎(가르침 교) 受(받을 수) 辭(사양할 사) 命(분부
명) 獲(얻을 획)

旣已告矣: (그래서 하는 수 없이) 나(己)는 이미(旣) (군주에게 가르침을) 알려 주다(告). 즉 군주를
가르치다. 己(자기 기) 旣(이미 기) 告(알릴 고)

未知中否 請嘗薦之: (이런 가르침이) 맞는지(中) 그른지(否) 알지(知) 못하다(未). 부디(嘗) 그것
(之)을 말씀해(薦) 주시오. 中(맞을 중, 맞다) 否(아닐 부, 그르다) 未(아닐 미) 嘗(맛볼 상 → 부디 ~하
다) 薦(천거할 천 → 말하다)

吾謂魯君曰 必服恭儉: 나(吾)는 노(魯)나라 군주(君)에게 말하다. 반드시(必) 공손함(恭)과 검
소함(儉)을 (지키고 군주의) 일에 힘쓰다(服). 恭(공손할 공) 儉(검소할 검) 服(종사할 복, 있는 힘을 다
하다 → 힘쓰다)

拔出公忠之屬而無阿私: 공평무사한(公) 충성스러운(忠) 무리(屬)를 발탁하고(拔出~而) 사적
(私)인 (사람을) 가까이하지(阿) 않다(無). 公(공변될 공, 공평무사) 忠(충성 충) 屬(무리 속) 拔出
〔발탁(拔擢). 拔(뺄 발, 빼어남) 出(날 출)〕阿(가까이할 아)

民孰敢不輯!: (그래야) 백성(民)은 누구나(孰) (다) 유순히(輯) (따르지) 않는가(不)! 孰(누구 숙)
輯(온화할 집 → 유순함)

季徹局局然笑曰: 계철(季徹)이 껄껄(局局然) 웃으며(笑) 말하다. 局局然〔껄껄 크게 웃는 모양.
局(웃는모양 국)〕笑(웃을 소)

若夫子之言 於帝王之德: 선생(夫子)이 한 말(言)과 같은(若) 것은 제왕(帝王)의 덕에선(於~德).

夫子(선생) 若(같을 약)

猶螳螂之怒臂而當車轍: 사마귀(螳螂)가 팔뚝(臂)을 걷어붙이고(怒~而) 수레(車) 바퀴(轍)와 맞서는(當) 짓과 같다(猶). 螳螂(사마귀. 螳(사마귀 당) 螂(사마귀 랑)] 臂(팔 비, 팔뚝) 怒(성낼 노, 떨쳐 일어남 → 걷어붙임) 車(수레 차) 轍(바퀴자국 철, 바퀴) 當(대적할 당, 맞서다) 猶(마치 유, 마치 ~와 같다)

則必不勝任矣: 그런즉(則) 필히(必) 이기지(勝) 않는(不) 임무(任)다. 즉 도저히 감당하지 못하다. 勝(이길 승) 任(맡을 임 → 임무)

且若是 則其自爲處危: 또(且) 이(是)와 같으면(若), 즉 이렇게 하다간 스스로(自) 위험(危)에 처하다(爲~處). 危(위험할 위)

其觀臺多物: 조정(觀臺)에도 (너의) 일(物)이 많아지다(多). 觀臺(전망(觀)을 위한 높은 건물(臺). 즉 조정. 臺(돈대 대) ※ 참고한『莊子今註今譯』에 '壹(한 일)'로 표기되었는데 오자로 보아 '臺(돈대 대)'로 바꾸어서 해석했다. 物(일 물)

將往投迹者衆: (또 한 몫 보려고 네) 뒤를 따르며(投迹) (꾸역꾸역) 모여드는(將~往) 사람(者)이 많다(衆). 投迹(뒤를 따름. 投(가담할 투) 迹(자취 적, 발자국)] 往(갈 왕, 향해 가다 → 모여들다) 衆(많을 중)

蔣閭葂覤覤然驚曰: 장려면(蔣閭葂)이 소스라치게(覤覤然) 놀라(驚) 묻다. 覤覤然(소스라침. 覤(놀랄 혁)] ※ 참고한『莊子今註今譯』에 '覰(엿볼 처)'로 표기되었는데 오자로 보아 '覤(놀랄 혁)'으로 바꾸어서 해석했다. 驚(놀랄 경)

葂也汒若於夫子之所言矣: (나) 장려면(葂)은 선생(夫子)의 말씀에(於~所言) (정신이) 아득해진(汒) 것 같다(若). 汒(아득할 망)

雖然 願先生之言其風也: 그럼에도(雖然) 선생(先生) 말씀(言)의 대강(風)이나마 (듣고) 싶다(願). 風(추세 풍 → 대강) 願(원할 원)

季徹曰 大聖之治天下也: 계철(季徹)이 말하다. 큰(大) 성인(聖人)이 천하(天下)를 다스리는(治) 것.

搖蕩民心: 백성(民)의 마음(心)을 격려하고 북돋다(搖蕩). 搖蕩(격려하고 북돋움. 搖(오를 요) 蕩(너그러운 용서 탕)]

使之成敎易俗: 그것으로 하여금(使~之) 교화(敎)를 (저절로) 이루어서(成) 풍속(俗)을 고치는(易) (일이다). 敎(가르칠 교 → 교화) 俗(풍속 속) 易(바꿀 역 → 고치다)

擧滅其賊心而皆進其獨志: (이에 백성은) 나쁜(賊) 마음(心)을 모두(擧) 없애면서(滅~而) (백성) 모두(皆)는 유일한(獨) (도를 향해) 뜻(志)을 (믿고) 나가다(進). 賊(도적 적 → 나쁜) 擧(모두 거) 滅(없앨 멸) 獨(홀로 독) 進(나아갈 진)

若性之自爲 而民不知其所由然: (그런데 이런 움직임은) 마치(若) 타고난 본성(性) (그대로) 저절로 이루어지므로(自爲~而) 백성(民)은 그런 바(所~由然)를 알지(知) 못하다(不). 즉 백성은 어

째서 그런지 알지 못하다. 自爲〔저절로 이루어짐. 自(스스로 자)〕由然〔왜 그런 바. 由(말미암을 유)〕

若然者 豈兄堯舜之敎民: 이런(若然) 사람(者)이 어째서(豈) 요·순(堯舜)이 (행한) 백성(民) 교화(敎)를 형님(兄)으로. 豈(어찌 기)

溟涬然弟之哉?: 태초 그대로의 상태(溟涬然)를 아우(弟)로 삼는가(哉)? 溟涬然〔기(氣)가 아직 분화되지 않은 태초 그대로의 상태. 溟(어두울 명) 涬(기운 행)〕弟(아우 제) 哉(어조사 재, ~하겠는가?)

欲同乎德而心居矣!: (성인에게는) 덕(德)과 하나 되려는(欲~同) 마음(心)만 있지요(居)! 同(같을 동, 하나 되다) 居(있을 거)

천지(天地) 10

子貢南遊於楚, 反於晉, 過漢陰見一丈人方將爲圃畦,

鑿隧而入井, 抱甕而出灌, 滑滑淵用力甚多而見功寡.

子貢曰:「有械於此, 一日浸百畦, 用力甚寡而見功多, 夫子不欲乎?」

爲圃者仰而視之曰:「奈何?」

曰:「鑿木爲機, 後重前輕, 挈水若抽., 數如泆湯, 其名爲槹.」

爲圃者忿然作色而笑曰:「吾聞之吾師, 有機械者必有機事, 有機事者必有機心.

機心存於胸中, 則純白不備., 純白不備, 則神生不定., 神生不定者, 道之所不載也.

吾非不知, 羞而不爲也.」

子貢瞞然慙, 俯而不對.

有閒, 爲圃者曰:「子奚爲者邪?」

曰:「孔丘之徒也..」

爲圃者曰:「子非夫博學以擬聖, 於于以蓋衆, 獨弦哀歌以賣名聲於天下者乎?

汝方將妄汝神氣, 墮汝形骸, 而庶幾乎!

汝身不能治, 而何暇治天下乎? 子往矣. 無乏吾事!」

子貢卑陬失色, 頊頊然不自得, 行三十里而後愈.

其弟子曰:「向之人何爲者邪? 夫子何故見之變容失色, 終日不自反邪?」

曰:「始吾以夫子爲天下一人耳, 不知復有夫人也.

吾聞之夫子, 事求可, 功求成. 用力少, 見功多者, 聖人之道. 今徒不然.

執道者德全, 德全者形全, 形全者神全. 神全者, 聖人之道也.

託生與民竝行而不知其所之, 汒乎淳備哉!

功利機巧必忘夫人之心.

若夫人者. 非其志不之, 非其心不爲.

雖以天下譽之, 得其所謂, 謷然不顧., 以天下非之, 失其所謂, 儻然不受.

天下之非譽, 無益損焉, 是謂全德之人哉! 我之謂風波之民.」

反於魯, 以告孔子, 孔子曰:「彼假修混沌氏之術者也, 識其一, 不知其二., 治其內, 而不治其外.

夫明白太素, 無爲復朴, 體性拘神, 以遊世俗之間者, 汝將固驚邪?

且混沌氏之術, 予與汝何足以識之哉!」

자공(子貢)이 남쪽으로 가서 초(楚)나라를 유람하고 진(晉)나라로 돌아오다가
한수(漢水) 남쪽을 지날 때 마침 한 노인이 채소밭을 가꾸는 걸 보았다.
그 노인은 굴을 뚫어 우물을 만들어서 그 안에 들어가
물을 항아리에 담은 뒤 항아리를 껴안고 나와 채소밭에 물을 주었다.
노인이 힘을 무척 많이 쓰는 데 비해 채소밭에 물을 주는 성과는 적었다.
이를 보고 자공이 말했다.
"여기에 기계가 있으면 하루 백 이랑의 채소밭에 물을 줄 수 있어
조금만 힘써도 큰 성과를 볼 수 있습니다. 어른께서 그럴 의향이 없는지요?"
채소밭 일을 하던 노인이 올려다보며 그에게 물었다. "어떻게요?"
자공이 말했다.
"나무를 깎아 구멍을 뚫어 만든 기계인데 뒤쪽은 무겁고 앞쪽은 가볍지요.
이를 이용하면 물이 펑펑 쏟아지듯 해 콸콸 넘치는 물처럼 빠릅니다.
이름이 두레박입니다."
밭을 매던 노인이 불끈하고 낯빛을 붉혔다가 이내 웃으면서 말했다.
"나도 내 스승에게서 그 기계에 대해 들었소.
그런데 기계가 있으면 반드시 기계 쓸 일이 생겨나고,
기계 쓸 일이 생겨나면 반드시 기계에 관한 마음(機心)이 생겨나지요.
기계에 관한 마음이 가슴에 있으면 티 없이 깨끗한 마음을 지니지 못합니다.

티 없이 깨끗한 마음을 지니지 않으면 정신과 삶도 안정되지 못하지요.
정신과 삶이 안정되지 않으면 도(道)가 깃들지 않습니다.
그러니 기계를 알지 못해서가 아니라 부끄러워 사용하지 않을 뿐입니다."
자공이 눈을 감은 채 부끄러워하며 몸을 굽히고서 대답하지 못했다.
조금 있다가 밭을 매던 노인이 물었다. "댁은 무슨 일을 하는 사람이오?"
자공이 말했다. "공자의 제자입니다."
그러자 밭을 매던 노인이 말했다.
"공자 그 사람은 학식이 깊고 넓음으로 인해 성인 흉내를 내고,
함부로 뽐내면서 여러 사람의 눈을 가리고,
홀로 거문고를 타고 처량하게 노래해 천하에 명성을 파는 사람이 아닌가요?
이제 그대도 그대의 정신과 기백(神氣)이 없다고 여기고
그대의 육체(形骸)를 헐어버리면 도에 가까워질 거요.
그대의 몸도 제대로 추스르지 못하면서 어찌 천하를 다스릴 겨를이 있나요?
댁은 가보시오. 내 일을 방해하지 말고!"
자공은 부끄러워서 얼굴이 창백해지고, 멍청한 채 넋을 잃었다.
그리고 삼십 리를 간 뒤 정신을 차렸다.
자공의 제자가 말했다. "아까 그분은 누구입니까?
스승께서 그분을 만나자 어째서 얼굴 모습이 변하고 낯빛이 창백해져
온종일 원래 모습을 회복하지 못하나요?"
자공이 말했다.
"나는 천하에 선생은 공자 한 분뿐인 줄 알고, 선생이 또 있는 줄 몰랐네.
내가 선생에게 들은 건 옳은 걸 추구하면서 공이 이뤄지길 바라는 거였네.
또 힘을 조금 쓰고도 공이 많아지는 걸 보는 게 성인의 도(道)였네.
그런데 지금 보니까 그렇지 않아.
도(道)를 지켜야 덕(德)이 온전하고, 덕이 온전해야 몸(形)이 온전하고,
몸이 온전해야 정신(神)이 온전하고, 정신이 온전해야 성인의 도를 갖추네.
아까 그 어른은 자신의 삶을 세상에 맡긴 채 사람들과 함께 가면서도
어디로 가는지 알지 못하기에 그 어른이 지닌 순박함(淳)은 물처럼 맑네!
그래서 일의 이로움(功利)과 기계의 약삭빠름(機巧)은

그 어른의 마음에 틀림없이 잊혀져 있을 거네.

그 어른 같은 분은 자신의 뜻과 맞지 않으면 어디에도 가지 않고,

마음이 내키지 않으면 아무 일도 하지 않네.

천하가 아무리 그 어른을 기려서 그분 말대로 되어도

그 어른은 초연한 채 돌아보지 않을 걸세.

또 천하가 그 어른을 비난해 그분 말대로 되지 않아도

그 어른은 무심한 채 들은 척도 하지 않을 걸세.

천하의 이런 비난과 칭찬도 그 어른의 존재 가치를 더하지도 덜하지도 않지.

이런 사람을 가리켜서 온전한 덕을 지닌 사람(全德之人)이라고 말하네!

그분에 비하면 나는 바람에 출렁이는 물결(風波)과 같은 사람이라고 말하지.

자공이 노(魯)나라에 돌아와 공자에게 그 얘기를 알리자 공자가 말했다.

"그 어른은 혼돈씨(混沌氏)의 방술을 빌려서 수양한 사람이다.

절대적인 하나(一), 즉 도만을 알지 상대적인 둘(二)은 알지 못한다.

또 마음만 다스리지 그 밖의 것은 다스리지 않는다.

그는 빈 마음을 밝게 해서 질박함(素)을 회복하고,

하고자 함이 없어서(無爲) 순박함(朴)을 회복해 타고난 본성을 체득하고

순수한 정신을 지녀서 세속의 틈에서 노니시는 분이다.

그러니 너는 정말로 놀라지 않을 수 있느냐?

게다가 너와 나는 혼돈씨(混沌氏)의 방술을 도저히 알 수 없다!"

注 ─────────────────────────────────

子貢南遊於楚 反於晉: 자공(子貢)이 남쪽(南)으로 가서 초나라를(於~楚) 유람하고(遊) 진나라로(於~晉) 돌아오다(反). 遊(놀 유 → 유람) 反(돌아올 반)

過漢陰見一丈人方將爲圃畦: 한수(漢水) 남쪽(陰)을 지날(過) (때) 마침(方) 한(一) 노인(丈人)이 채소밭(圃畦)을 가꾸는(將爲) 걸 보다(見). 陰(응달 음 → 강의 남쪽을 음이라고 표시하니까 음은 한수 남쪽을 의미함) 過(지날 과) 丈(어른 장 → 노인) 方(이제 방 → 마침) 圃畦〔밭두둑. 즉 채소밭. 圃(채마밭 포) 畦(밭두둑 휴)〕

鑿隧而入井: (그 노인은) 굴(隧)을 뚫어(鑿~而) 우물(井)을 (만들어서 그 안에) 들어가다(入). 隧(굴 수) 鑿(뚫을 착) 井(우물 정)

抱擁而出灌: (물을 항아리에 담은 뒤 항아리를) 껴안고(抱擁~而) 나와(出) (채소밭에) 물을 주다(灌).

抱擁〔껴앉음. 抱(안을 포) 擁(안을 옹)〕 出(날 출, 나오다) 灌(물댈 관, 물을 대다)

滑滑然用力甚多而見功寡: (노인이) 애써(滑滑然) 힘(力)을 무척(甚) 많이(多) 쓰는데(用~而) (비해) 공(功)이 적음(寡)을 보다(見). 즉 채소밭에 물주는 성과는 적다. 滑滑然〔물이 솟구쳐 흐르는 모양. 즉 애쓰는 모양. 滑(미끄러울 활)〕 力(힘 력) 甚(심할 심 → 무척) 功(공 공) 寡(적을 과)

子貢曰 有械於此 一日浸百畦: (이를 보고) 자공(子貢)이 말하다. 여기에(於~此) 기계(械)가 있으면(有) 하루(一日) 백(百) 이랑의 채소밭(畦)에 물을 적시다(浸). 즉 물 줄 수 있다. 畦(밭두둑 휴 → 채소밭) 浸(담글 침, 물에 적시다)

用力甚寡而見功多: (그러니) 조금만(甚寡) 힘(力) 써도(用~而) 성과(功)가 많음(多)을 보다(見). 즉 큰 성과를 보다. 甚寡〔아주(甚) 적음(寡) → 조금. 甚(심할 심) 寡(적을 과)〕

夫子不欲乎?: 선생(夫子)은, 즉 어른은 (그렇게) 할(欲) 생각이 없는가(不)?

爲圃者仰而視之曰 奈何?: 채소밭 일을 하는 노인(爲~圃者)이 올려다(仰~而) 보며(視) 말하다. 어떻게(奈何)? 仰(우러를 앙 → 올려다보다) 奈何〔어찌해서. 奈(어찌 나) 何(어찌 하)〕

曰 鑿木爲機 後重前輕: (자공이) 말하다. 나무(木)를 (깎아) 구멍을 뚫어서(鑿) 만든(爲) 기계(機)인데 뒤쪽(後)은 무겁고(重) 앞쪽(前)은 가볍다(輕). 鑿(뚫을 착) 機(기계 기) 後(뒤 후) 重(무거울 중) 前(앞 전) 輕(가벼울 경)

挈水若抽: (이를 이용하면) 평평 쏟아지는 물처럼(若~挈水) 퍼내다(抽). 즉 물이 평평 쏟아지듯 하다. 挈水〔평평 쏟아지는(挈) 물(水). 挈(절박할 설, 급한 모양 → 평평 쏟아짐)〕抽(뺄 추, 빼다 → 퍼내다)

數如泆湯: 콸콸 넘치는 물처럼(如~泆湯) 빠르다(數). 泆湯〔끓어 넘치는 물. 즉 콸콸 넘치는 물. 泆(물가언덕 일) 湯(넘어질 탕)〕數(빨리할 삭)

其名爲槔: 그(其) 이름(名)이 두레박이다(爲~槔). 槔(두레박 고)

爲圃者忿然作色而笑曰: 밭을 매던 노인(爲~圃者)이 불끈하고(忿然) 낯빛(色)을 붉히다가(作~而) (이내) 웃으면서(笑) 말하다. 忿然〔갑자기 불끈한 상태. 忿(성낼 분)〕作(지을 작 → 붉히다) 笑(웃을 소)

吾聞之吾師: 나(吾)도 내(吾) 스승(師)에게서 (그 기계에 대해) 듣다(聞). 師(스승 사) 聞(들을 문)

有機械者必有機事: (그런데) 기계(機械)가 있으면(有~者) 반드시(必) 기계(機) 쓸 일(事)이 있다(有). 必(반드시 필) 事(일 사)

有機事者必有機心: 기계(機) 쓸(事) 일이 있으면(有~者) 반드시(必) 기심(機心), 즉 기계에 관한 마음이 생겨나다(有). 機心〔기계에 관한 마음. 機(틀 기, 기계) 心(마음 심)〕

機心存於胸中 則純白不備: 기심(機心)이 가슴에(於~胸中) 있다(存). 그러면(則) 티 없이 깨끗한(純白) (마음을) 갖추지(備) 못하다(不). 胸中〔가슴. 胸(가슴 흉) 中(가운데 중)〕存(있을 존) 純白〔티 없이 깨끗한. 純(순박할 순) 白(흰 백)〕備(갖출 비)

純白不備 則神生不定: 티 없이 깨끗한(純白) 마음이 갖춰지지(備) 않다(不). 즉 티 없이 깨끗한 마음을 지니지 못하다. 그러면(則) 정신(神)과 삶(生)이 안정되지 않다(不定). 神(정신 신) 不定〔안정되지 않다. 定(안정될 정)〕

神生不定者 道之所不載也: 정신(神)과 삶(生)이 안정되지 않으면(不定~者) 도(道)가 깃들지(載) 않는(不) 바(所)다. 載(실을 재, 적재하다 → 깃들다)

吾非不知 羞而不爲也: (그러니) 내(吾)가 (기계를) 알지(知) 못해서가(不) 아니라(非) 부끄러워서(羞~而) (사용)하지(爲) 않을(不) 뿐이다. 羞(부끄러워할 수)

子貢瞞然慙 俯而不對: 자공(子貢)이 눈을 감은 채(瞞然) 부끄러워하면서(慙~而) 몸을 굽힌 채(俯~而) 대답(對)을 못하다(不). 瞞然〔부끄러워 눈감은 모양. 瞞(부끄러워할 문)〕慙(부끄러워할 참) 俯(구푸릴 부, 몸을 굽히다) 對(대답할 대)

有閒 爲圃者曰 子奚爲者邪?: 조금(閒) 있다가(有) 밭을 매던 노인(爲~圃者)이 말하다. 너(子)는 무엇(奚) 하는 사람(爲~者)인가? 閒(틈 한 → 조금) 奚(무엇 해)

曰 孔丘之徒也: (자공이) 말하다. 공자(孔丘)의 제자(徒)이다. 孔丘=孔子(공자) 徒(무리 도 → 제자)

爲圃者曰 子非夫博學以擬聖: (그러자) 밭을 매던 노인(爲~圃者)이 말하다. (공자) 그 사람(子)은 학식이 깊고 넓어(博學), 그것으로(以) 성인(聖) 흉내를 내다(擬). 博學〔학식이 깊고 넓음. 博(넓을 박) 學(배울 학)〕聖(성인 성) 擬(모방할 의 → 흉내를 내다)

於于以蓋衆: 뽐내며 함부로 하면서(於于) 그것으로(以) 여러 사람(衆)의 눈을 가리다(蓋). 於于〔뽐내며 함부로 하는 모양. 于(넓을 우)〕蓋(덮을 개 → 눈을 가리다)

獨弦哀歌以賣名聲於天下者乎?: 홀로(獨) 거문고를 타며(弦) 처량하게(哀) 노래해(以~歌) 천하에(於~天下) 명성(名聲)을 파는(賣) 사람(者)이 (아닌가)? 弦(시위 현 → 거문고를 타다) 哀(슬플 애 → 처량하다) 賣(팔 매, 팔다)

汝方將妄汝神氣 墮汝形骸: 이제(方) 너(汝)도 너(汝)의 정신과 기백(神氣)이 없다고(妄) 여기고서 너(汝)의 육체(形骸)를 헐어버리다(墮). 方(이제 방) 神氣〔정신과 기백(氣魄). 神(정신 신) 氣(힘 기 → 기백)〕妄(없을 망) 形骸〔육체. 形(모양 형) 骸(뼈 해)〕墮(훼손할 휴, 헐어버리다)

而庶幾乎!: 그러면(而) (도에) 가깝다(庶幾)! 庶幾〔가까움. 庶(여러 서) 幾(거의 기)〕

汝身不能治 而何暇治天下乎?: 너(汝)의 몸(身)도 (제대로) 추스를(治) 수(能) 없으면서(不) 어찌(何) 천하(天下)를 다스릴(治) 겨를(暇)이 있는가? 治(다스려질 치, 마음이나 정서가 평안하다 → 추스르다) 何(어찌 하) 暇(겨를 가)

子往矣. 無乏吾事!: 댁(子)은 가라(往). 내(吾) 일(事)을 버리게(乏) 하지 말고(無)! 즉 방해하지 말고! 乏(궤할 핍, 버리다)

子貢卑陬失色: 자공(子貢)은 부끄러워서(卑陬) 얼굴빛(色)을 잃다(失). 즉 창백해지다. 卑陬

〔부끄러워함. 卑(부끄러워할 비) 赧(구석 추)〕

項項然不自得: 멍청한 채(項項然) 스스로(自)를 얻지(得) 못하다(不). 즉 넋을 잃다. 項項然〔멍청한 모습〕 項(삼갈 욱, 머리를 숙여 삼가는 모습)

行三十里而後愈: (그리고) 삼십(三十) 리(里)를 간(行) 뒤(後)에 정신을 차리다(愈). 愈(나을 유, 낫다 → 정신을 차리다)

其弟子曰 向之人何爲者邪?: 제자(弟子)가 말하다. 아까(向) 그분(人)은 어떤(何) 사람(爲~者)인가? 즉 누구인가? 向(접때 향, 아까)

夫子何故見之變容失色: 스승(夫子)께서 (그분을) 보자(見) 어찌한(何) 고로(故) 얼굴(容) (모습)이 변하고(變) 낯빛(色)을 잃다(失). 즉 창백해지다. 容(얼굴 용) 變(변할 변) 失(잃을 실)

終日不自反邪?: 온종일(終日) 원래의 모습을 회복하지(自反) 못하나(不)? 自反〔원래의 모습을 회복하다. 反(되돌아올 반)〕

曰 始吾以夫子爲天下一人耳: (자공이) 말하다. 나(吾)는 이전에(始) 천하에(爲~天下) 선생은(以~夫子) (공자) 한(一) 분(人)이라 귀에 익다(耳). 즉 천하에 선생은 공자 한 분뿐이라 알다. 耳(귀 이, 귀에 익다)

不知復有夫人也: 선생(夫人)이 또(復) 있는(有) (줄) 알지(知) 못하다(不). 復(다시 부, 또)

吾聞之夫子 事求可 功求成: 내(吾)가 (공자) 선생(夫子)에게 들은(聞) 일(事)은 옳은(可) 걸 추구하면서(求) 공(功)이 이루어지기(成) 바라다(求). 可(옳을 가) 求(구할 구, 추구하다 → 바라다)

用力少 見功多者 聖人之道: (또) 힘(力)을 조금(少) 쓰고(用) 공(功)이 많아지는(多) 걸(者) 보는(見) 게 성인(聖人)의 도(道)이다.

今徒不然: (그런데) 지금(今) 다만(徒) 그렇지(然) 않다(不). 즉 지금 보니까 그렇지 않다. 徒(다만 도)

執道者德全 德全者形全: 도(道)를 지켜야(執~者) 덕(德)이 온전하고(全), 덕(德)이 온전해야(全~者) 몸(形)이 온전하다(全). 執(잡을 집, 지키다) 全(온전할 전)

形全者神全: 몸(形)이 온전해야(全~者) 정신(神)이 온전하다(全).

神全者 聖人之道也: 정신(神)이 온전해야(全~者) 성인(聖人)의 도(道)를 갖추다.

託生與民並行而不知其所之: (아까 그 어른은 자신의) 삶(生)을 (세상에) 맡긴 채(託) 사람들과(與~民) 함께(並) 가면서도(行~而) (어디로 가는) 지(所) 알지(知) 못하다(不). 託(맡길 탁) 並(함께 병)

汒乎淳備哉!: (그러기에 그 어른의) 순박함(淳) 갖추어짐(備), 즉 그 어른이 지닌 순박함은 물처럼 맑다(汒)! 淳(순박할 순) 備(갖출 비) 汒(물넓은모양 망)=濛(물이맑은모양 린, 물처럼 맑다)

功利機巧必忘夫人之心: (그래서) 일(功)의 이로움(利)과 기계(機)의 약삭빠름(巧)은 (그) 어른(夫人)의 마음(心)에서 틀림없이(必) 잊혀(忘) (있다). 功(일 공) 利(이로울 이) 巧(약을 교, 약삭빠름) 必(반드시 필 → 틀림없이) 忘(잊을 망)

若夫人者 非其志不之: (그) 어른(夫人) 같은 분(若~者)은 (자신의) 뜻(志)과 (맞지) 않으면(非) (어디에도 가지) 않다(不).

非其心不爲: 마음(心)이 (내키지 않으면) (아무 일도) 하지(爲) 않다(不). 爲(할 지)

雖以天下譽之 得其所謂: 아무리(雖) 천하(天下)가 (그 어른을) 기려서(以~譽) (그가) 말하는(謂) 바(所)를 얻다(得). 즉 그가 말하는 바대로 되다. 雖(비록 수, 아무리 ~해도) 譽(기릴 예)

謷然不顧: (그 어른은) 초연한 채(謷然) 돌아보지(顧) 않다(不). 謷然〔오만하고 우쭐대어 남을 우습게 대하는 태도 → 초연한 채. 謷(오만할 오)〕顧(돌아볼 고)

以天下非之 失其所謂: (또) 천하(天下)가 (그 어른을) 비난해서(以~非), (그가) 말하는(謂) 바(所)대로 안 되다(失). 非(비난할 비) 失(잃을 실, 잘못되다 → 안되다)

儻然不受: 무심한 채(儻然) 받아들이지(受) 않다(不). 즉 무심한 채 들은 척도 안하다. 儻然〔무심한 모양. 儻(세속에얽매이지않은 당)〕受(받을 수, 받아들이다)

天下之非譽 無益損焉: 천하(天下)의 (이런) 비난(非)과 칭찬(譽)조차 (그 어른의 존재 가치를) 더하지도(益) 덜하지도(損) 않다(無). 益(더할 익) 損(덜 손)

是謂全德之人哉!: 이런(是) 사람을 (가리켜서) 온전한(全) 덕(德)을 지닌 사람(人)이라고 말하다(謂)!

我之謂風波之民: (그에 비하면) 나(我)는 바람(風)에 출렁이는 물결(波) (같은) 사람(民)이라 말하다(謂). 風(바람 풍) 波(물결 파)

反於魯 以告孔子 孔子曰: (자공이) 노나라에(於~魯) 돌아와(反) 공자(孔子)에게 그 얘기를 알리자(以~告) 공자(孔子)가 말하다.

彼假修混沌氏之術者也: 그(彼) 어른은 혼돈씨(混沌氏)의 방술(術)을 빌려(假) 수양한(修) 사람(者)이다. 術(방술 술) 假(빌릴 가)

識其一 不知其二: (절대적인) 하나(一), 즉 도만을 알지(識) (상대적인) 둘(二)을 알지(知) 못하다(不). 識(알 식) 知(알 지)

治其內 而不治其外: (또) 속(內), 즉 마음을 다스리지(治) (그) 밖(外)의 (것은) 다스리지(治) 않는다(不). 內(안 내, 속) 外(밖 외)

夫明白太素 無爲復朴: (그는) 빈 마음(白)을 밝게 해서(明) 큰(太) 질박함(素)을 (회복하고), 하고자 함이 없어(無爲) 순박함(朴)을 회복한다(復). 白(흰 백 → 빈 마음을 의미) 太(클 태) 素(질박할 박) 朴(순박할 박) 復(돌아올 복 → 회복함)

體性拘神 以遊世俗之間者: (그래서 타고난) 본성(性)을 체득하고(體) (순수한) 정신(神)을 지니고(拘) 그럼으로써(以) 세속(世俗) 틈(間)에서 노니는(遊) 분(者)이다. 體(체득할 체) 拘(잡을 구 → 지니다) 間(틈 간) 遊(놀 유, 노닐다)

汝將固驚邪?: (그러니) 너(汝)는 정말로(固) 놀라지(驚) 않느냐(邪)? 固(진실로 고 → 정말로) 驚(놀랄 경)

(놀랄 경)

且混沌氏之術: 게다가(且) 혼돈씨(混沌氏)의 방술(術). 且(또 차 → 게다가)

予與汝何足以識之哉!: 나와(與~予) 너(汝)는 어찌(何) 함으로써(以) 아는(識) 게 충분한가(足)!

즉 혼돈씨의 방술을 나와 너는 도저히 알 수 없다!

천지(天地) 11

諄芒將東之大壑, 適遇苑風於東海之濱.

苑風曰:「子將奚之?」

曰:「將之大壑.」

曰:「奚爲焉?」

曰:「夫大壑之爲物也, 注焉而不滿, 酌焉而不竭, 吾將遊焉.」

苑風曰:「夫子無意於橫目之民乎? 願聞聖治.」

諄芒曰:「聖治乎? 官施而不失其宜, 拔擧而不失其能, 畢見情事而行其所爲,

行言自爲而天下化, 手撓顧指, 四方之民莫不俱至, 此之謂聖治.」

「願聞德人.」

曰:「德人者, 居無思, 行無慮, 不藏是非美惡.

四海之內共利之之謂悅, 共給之之謂安.,

怊乎若嬰兒之失其母也, 儻乎若行而失其道也.

財用有餘而不知其所自來, 飮食取足而不知其所從, 此謂德人之容.」

「願聞神人.」

曰:「上神乘光, 與形滅亡, 此謂照曠. 致命盡情, 天地樂而萬事銷亡, 萬物復情,

此之謂混冥.」

순망(諄芒)이 동쪽 넓은 바다로 나아가다 동해 바닷가에서

우연히 원풍(苑風)을 만났다.

원풍이 물었다. "선생은 어디로 가시나요?"

순망이 답했다. "큰 바다로 가려고 하오."

원풍이 물었다. "무얼 하려고 가시나요?"

순망이 답했다.

"큰 바다는 물을 아무리 부어도 차지 않고, 물을 아무리 퍼내도 마르지 않아 거기서 노닐려고 하오."

그러자 원풍이 물었다.

"그렇게 노닐기만 하면 선생은 백성의 눈을 의식하지 않나요?
부디 성인의 다스림(聖治)에 대해 말씀해 주십시오."

순망이 말했다. "성인의 다스림을?
그건 직분에 맞게끔 적절한 관직을 제공하고,
능력에 맞게끔 유능한 사람을 기용하고,
일의 실정에 근거해서 적당한 조치를 반드시 시행하고,
언행(言行)마저 저절로 이루어지면 천하가 감화하지요.
그래서 손을 구부리거나 턱으로 가리키는 것 같은 쉬운 조치를 시행해도
사방에서 모두 백성이 모여들지요.
이런 걸 성인의 다스림이라고 하오."

원풍이 말했다. "그러면 덕인(德人)에 대해 말씀해 주십시오."

순망이 말했다.

"덕인은 머물러도 마음 쓰는 일이 없고, 움직여도 생각하는 게 없어
시비(是非)나 미추(美醜)와 같은 느낌을 간직하지 않지요.
또 온 세상 사람이 함께하는 이득(公利)을 기쁨이라고 말하고,
함께하는 넉넉함(共給)을 편안함이라고 말하지요.
또 덕인은 슬플 때는 어린애가 어미를 잃은 것처럼 슬퍼하고,
실의에 빠질 때는 나그네가 길 잃은 것처럼 실망하지요.
또 덕인의 재물은 여유가 있어도 그게 어디서 왔는지 모르고,
음식을 충분히 먹어도 그게 어디서 왔는지 모르지요.
이를 두고 덕인의 모습(容)이라고 말합니다."

원풍이 말했다. "신인(神人)에 대해서도 말씀해 주십시오."

순망이 말했다.

"지극한 신인은 빛을 타면서 빛과 함께 자신의 모습을 감추는데
이를 조광(照曠), 즉 밝은 비움이라고 말하지요.
신인은 자신 수명이 다할 때까지 타고난 참모습을 유지하는데 진력합니다.

그러면 천지가 즐거워해 세상만사가 자연스레 녹아 없어지면서
만물은 타고난 참모습(情)으로 돌아오지요.
이를 두고 혼명(昏冥)이라고 말합니다.”

注 ────────────────────────────

諄芒將東之大壑: 순망(諄芒)이 동쪽(東) 넓은(大) 바다(壑)로 (나아가다). 壑(바다 학) 將(장차 장)

適遇苑風於東海之濱: 동해(東海) 바닷가에서(於~濱) 우연히 원풍(苑風)을 만나다(適遇). 濱(물가 빈, 끝 → 바닷가) 適遇(우연히 만나다. 適(갈 적, 만나다) 遇(만날 우, 우연히 만나다)]

苑風曰 子將奚之?: 원풍(苑風)이 말하다. 선생(子)은 어디로(奚) 가려는가(將)? 奚(어느곳 해, 어디로)

曰 將之大壑: (순망이) 답하다. 큰 바다(大壑)로 가려하다(將). 大壑(큰 바다. 壑(바다 학)]

曰 奚爲焉?: (원풍이) 묻다. 무엇(奚) 하려고(爲)? 奚(어찌 해 → 무엇)

曰 夫大壑之爲物也: (순망이) 답하다. 모름지기(夫) 큰 바다(大壑)라는 것(爲~物).

注焉而不滿 酌焉而不竭: (물을 아무리) 부어도(注~而) 차지(滿) 않고(不), (물을 아무리) 퍼내도(酌~而) 마르지(竭) 않는다(不). 注(물댈 주, 물을 붓다) 滿(찰 만, 차다) 酌(따를 작, 퍼내다) 竭(다할 갈, 물이 마르다)

吾將遊焉: (그래서) 나(吾)는 (거기서) 노닐려고 하다(將~遊).

苑風曰 夫子無意於橫目之民乎?: (그러자) 원풍(苑風)이 묻다. (그렇게 노닐면) 선생(夫子)은 백성(民)의 눈을(於~橫目) 의식하지(意) 않는가(無)? 民(백성 민) 橫目(사람의 눈. 橫(가로 횡) 目(눈 목)] 意(헤아릴 의 → 의식하다)

願聞聖治: 성인(聖)의 다스림(治)에 대해 (말씀을) 듣고 싶다(願~聞). 治(다스릴 치) 願(원할 원)

諄芒曰 聖治乎?: 순망(諄芒)이 말하다. 성인(聖)의 다스림(治)이오?

官施而不失其宜: (그건) 관직(官)을 베풀면서도(施~而) (직분에 맞는) 적절함(宜)을 잃지(失) 않다(不). 즉 직분에 맞게 적절한 관직을 제공하다. 官(벼슬 관) 施(베풀 시) 宜(마땅할 의, 직분에 맞는 적절함) 失(잃을 실)

拔擧而不失其能: 유능한(拔) (자를) 기용하면서(擧~而) 능력(能)을 잃지(失) 않다(不). 즉 능력에 맞게 유능한 사람을 기용하다. 拔(빼어날 발, 유능한) 能(재능 능, 능력) 擧(올릴 거, 기용하다)

畢見情事而行其所爲: (일의) 정황(情事)을 반드시(畢) 보고(見~而), (마땅히) 해야 할(爲) 조치(所)를 행하다(行). 즉 일의 실정에 근거해서 적당한 조치를 반드시 시행하다. 情事(정황 또는 실정. 情(정황 정)] 畢(반드시 필) 見(볼 견)

行言自爲而天下化: 언행(言行)마저 저절로 이루어지면(自爲~而) 천하(天下)가 감화하다(化). 自爲(저절로 이루어짐. 自(스스로 자, 저절로) 爲(할 위)] 化(감화될 화)

手撓顧指: (그래서) 손을 구부리거나(手撓) 턱으로 가리키는(顧指) (것 같은 쉬운 조치를 취하다). 手撓〔손(手)을 구부리다(撓). 하기 쉬운 일을 비유. 撓(휠 뇨, 구부림)〕 顧指〔돌아보며(顧) 손가락질하다(指). 즉 턱으로 가리키다. 하기 쉬운 일을 비유. 顧(돌아볼 고) 指(손가락 지, 가리키다)〕

四方之民莫不俱至: (그렇더라도) 사방(四方)의 백성(民)이 모두(俱) 이르지(至) 않는(不) 게 없다(莫). 즉 사방에서 백성이 모두 모여든다. 俱(모두 구) 至(이를 지)

此之謂聖治: 이것(此)을 성인(聖)의 다스림(治)이라 말한다(謂).

願聞德人: 덕인(德人)에 (대해 말씀을) 듣고 싶다(願~聞).

曰 德人者 居無思: (순망이) 말하다. 덕인(德人者)은 머물러도(居) 마음 쓰는 일이 없다(無思). 居(있을 거, 머물다) 無思〔마음 쓰는 일이 없음. 思(생각 사)〕

行無慮: 움직여도(行) 생각하는(慮) (게) 없다(無). 行(갈 행, 움직이다) 慮(생각 려)

不藏是非美惡: (그래서) 시비(是非) 미추(美醜) (느낌을) 간직하지(藏) 않다(不). 是(옳을 시) 非(아닐 비) 美(아름다울 미) 醜(추할 추) 藏(감출 장, 마음에 간직하다)

四海之內共利之之謂悅: (또) 사해(四海)의 안(內), 즉 온 세상 사람이 함께하는(共) 이득(利)을 기쁨(悅)이라 말하다(謂). 共(함께 공, 함께 함) 利(이익 이, 이득) 悅(기쁠 열)

共給之之謂安: 함께하는(共) 넉넉함(給)을 편안함(安)이라 말하다(謂). 給(넉넉할 급) 安(편안할 안)

怊乎若嬰兒之失其母也: (또 덕인은 슬픈 때는) 어린애(嬰兒)가 어머니(母)를 잃은(失) 것처럼(若) 슬퍼하다(怊). 嬰兒〔어린아이. 嬰(갓난아이 영) 兒(아이 아)〕 失(잃을 실) 怊(슬퍼할 초)

儻乎若行而失其道也: (실의에 빠질 때는) 나그네(行)가 길(道)을 잃은(失) 것처럼(若) 실의에 빠지다(儻). 즉 실망하다. 行(다닐 행 → 나그네) 失(잃을 실) 儻(실의할 당)

財用有餘而不知其所自來: (또 그의) 재물(財用)은 여유(餘)가 있어도(有~而) (어디서)부터(自) 왔는지(來) 알지(知) 못하다(不). 財用〔재물. 財(재물 재) 用(재물 용)〕 自(~로부터) 來(올 래, 오다)

飮食取足而不知其所從: 음식(飮食)을 넉넉히(足) 먹지만(取~而) (어디서)부터(從) (온) 바(所)를 알지(知) 못하다(不). 足(넉넉할 족) 取(취할 취 → 먹다) 從(부터 종)

此謂德人之容: 이(此)를 덕인(德人)의 모습(容)이라 말하다(謂). 容(얼굴 용, 모습)

願聞神人: 신인(神人)에 (대해서도 말씀을) 듣고 싶다(願~聞).

曰 上神乘光 與形滅亡: (순망이) 말하다. 지극한 신인(上神)은 빛(光)을 타면서(乘) (이와) 함께(與) (자신의) 모습(形)을 감추다(滅亡). 上神〔지극한 신인. 上(위 상 → 훌륭한) 神(신 신)〕 光(빛 광) 乘(탈 승) 滅亡〔없앰 → 감춤. 滅(없앨 멸) 亡(없을 무)〕

此謂照曠: 이(此)를 밝은 비움(照曠)이라 말하다(謂). 照曠〔밝은 비움. 照(밝을 조) 曠(비워둘 광)〕

致命盡情: (이런 신인은 자신의) 수명(命)이 다할(致) 때까지 타고난 참 모습(情)을 (유지하는데)

진력하다(盡). 命(목숨 명) 致(다할 치) 情(실상 정, 참 모습) 盡(진력할 진)

天地樂而萬事銷亡: (그러면) 천지(天地)가 즐거워해(樂~而) (세상) 만사(萬事)가 (자연스럽게) 녹아 없어지다(銷亡). 樂(즐거울 락) 銷亡〔녹아 없어짐. 銷(녹을 소) 亡(없을 무)〕

萬物復情: (그러면서) 만물(萬物)은 타고난 참 모습(情)으로 돌아오다(復). 復(돌아올 복)

此之謂混冥: 이(此)를 두고 혼명(昏冥), 즉 어두움이라 말하다(謂). 昏冥〔어두움. 昏(어두울 혼) 冥(어두울 명)〕

천지(天地) 12

門無鬼與赤張滿稽觀於武王之師.

赤張滿稽曰:「不及有虞氏乎! 故離此患也.」

門無鬼曰:「天下均治而有虞氏治之邪? 其亂而後治之與?」

赤張滿稽曰:「天下均治之爲願, 而何計以有虞氏爲!

有虞氏之藥瘍也, 禿而施髢, 病而求醫.

孝子操藥以脩慈父, 其色燋然, 聖人羞之.

「至德之世, 不尙賢, 不使能., 上如標枝, 民如野鹿,

端正而不知以爲義, 相愛而不知以爲仁, 實而不知以爲忠, 當而不知以爲信,

蠢動而相使, 不以爲賜.

是故行而無迹, 事而無傳.」

문무귀(門無鬼)와 적장만계(赤張滿稽)가 주나라 무왕(武王)의 군대를 참관했다.
적정만계가 말했다.
"무왕은 순임금에게 미치지 못하네! 그러니 전쟁이라는 환난을 만나 게지."
문무귀가 물었다.
"순임금 시절에는 천하가 잘 다스려졌는데 그게 순임금이 다스려서인가?
아니면 천하가 어지러워진 뒤에 순임금이 다스려서인가?"
적장만계가 대답했다.
"천하가 잘 다스려져서 백성이 원하는 대로 되었다면
어째서 순임금에게 천하를 다스리도록 새삼 도모했겠는가!
그러니 순임금이 천하의 부스럼을 고친 건

대머리에게 가발을 제공하거나 병이 난 뒤에 의사를 불러온 격이네.

효자는 인자한 부친에게 약을 들고 다가가도

병이 심하도록 미리 고치지 못한 걸 부끄러워해 얼굴빛이 초췌해지네.

그러니 성인이 천하를 다스리면 순임금 같은 다스림을 분명 부끄러워하네.

덕이 지극한 세상에선 현인을 특별히 숭상하지 않고,

윗사람도 높은 나뭇가지처럼 그냥 위에 있을 뿐이네.

그래서 백성은 들판의 사슴처럼 자유롭네.

단정하게 행동해도 의롭다고 알지 않고, 서로 사랑해도 어질다고 알지 않고,

진실해도 충성이라고 알지 않고,

일이 약속대로 들어맞아도 미덥다고 알지 않네.

서로 본성에서 나온 자연스러운 행동이어 이를 은덕이라 여기지 않아서네.

이 때문에 덕이 지극한 세상에선 무엇을 행해도 자취가 없고,

훌륭한 일이 있어도 전해지지지가 않네."

注 ────────────────────────────────

門無鬼與赤張滿稽觀於武王之師: 문무귀와(與~門無鬼) 적장만계(赤張滿稽)가 (주나라) 무왕(武王)의 군대를(於~師) 참관하다(觀). 師(군사 사, 군대) 觀(볼 관 → 참관하다)

赤張滿稽曰 不及有虞氏乎!: 적정만계(赤張滿稽)가 말하다. (무왕은) 유후씨(有虞氏), 즉 순임금에게 미치지(及) 못하다(不)!

故離此患也: 고로(故) 이것(此), 즉 전쟁이란 환난(患)을 만나다(離). 患(근심 환, 골치 아픈 환난) 離(만날 리, 만나다)

門無鬼曰 天下均治而有虞氏治之邪?: 문무귀(門無鬼)가 묻다. (순임금 시절에는) 천하(天下)가 잘(均) 다스려졌는데(治~而) (그것은) 순임금(有虞氏)이 다스려서인가(治)? 均(고를 균, 고르다 → 잘)

其亂而後治之與?: (아니면 천하가) 어지러워진(亂~而) 뒤(後)에 (순임금이) 다스려서인가(治)? 亂(어지러울 란)

赤張滿稽曰 天下均治之爲願: 적장만계(赤張滿稽)가 말하다. 천하(天下)가 잘(均) 다스려져(治) (백성이) 원하는(願) 대로 되다(爲). 願(원할 원)

而何計以有虞氏爲!: 순임금에게(以~有虞氏) (천하를) 다스리도록(爲) 어째서(何) (새삼) 도모하나(計)? 何(어찌 하) 計(꾀 계)

有虞氏之藥瘍也: (그러니) 순임금(有虞氏)이 (천하의) 부스럼(瘍)을 고친(藥) 건. 瘍(종기 양, 부스럼) 藥(약 약, 고치다)

禿而施髢 病而求醫: 대머리에게(禿~而) 가발(髢)을 제공하거나(施) 병난 뒤에(病~而) 의사(醫)를 불러온(求) (격이다). 禿(대머리 독) 髢(터럭 발, 머리털 → 가발) 施(베풀 시 → 제공하다) 醫(의원 의, 의사) 求(구할 구 → 불러오다)

孝子操藥以脩慈父: 효자(孝子)는 어질고(脩) 자애로운(慈), 즉 인자한 부친(父)에게 약을(以~藥) (들고) 다가서다(操). 脩(어진이 수) ※ 참고한 『莊子今註今譯』에 '修(닦을 수)'로 표기되었는데 오자로 보아 '脩(어진이 수)'로 바꾸어서 해석했다. 慈(사랑할 자, 자애로운) 操(잡을 조, 다가서다)

其色燋然: (그렇더라도 병이 심하도록 미리 고치지 못한 걸 부끄러워해) 얼굴 빛(色)이 초췌하다(燋然). 燋然〔초췌한(燋) 상태. 燋(파리할 초, 초췌하다)〕

聖人羞之: (그러니) 성인(聖人)이 (천하를 다스리면 순임금 같은 다스림을 분명) 부끄러워하다(羞). 羞(부끄러워할 수)

至德之世 不尙賢 不使能: 덕(德)이 지극한(至) 세상(世)에선 현인(賢)을 (특별히) 숭상치(尙) 않다(不). 賢(현인 현) 尙(숭상할 상)

上如標枝: 윗(上) (사람도) 높은 나뭇가지처럼(如~標枝) (그냥 위에 있을 뿐이다). 標枝〔높은 나뭇가지. 標(가지 표, 높은 데 있는 나뭇가지) 枝(가지 지)〕

民如野鹿: (그래서) 백성(民)은 들판(野)의 사슴처럼(如~鹿) (자유롭다). 野(들 야) 鹿(사슴 록)

端正而不知以爲義: 단정하게(端正~而) (행동해도) 그럼으로써(~以) 의롭다고(爲~義) 알지(知) 않다(不). 端正〔단정. 端(바를 단) 正(바를 정)〕義(옳을 의)

相愛而不知以爲仁: 서로(相) 사랑해도(愛~而) 그럼으로써(~以) 어질다고(爲~仁) 알지(知) 않다(不).

實而不知以爲忠: 진실해도(實~而) 그럼으로써(~以) 충성이라(爲~忠) 알지(知) 않다(不). 實(참실 → 진실함) 忠(충성 충)

當而不知以爲信: 일이 (약속대로) 꼭 들어맞아도(當~而) 그럼으로써(以) 미덥다고(爲~信) 알지(知) 않다(不). 當(마땅할 당, ~이 꼭 들어맞다) 信(믿을 신, 미덥다)

蠢動而相使 不以爲賜: 서로(使~相) 본성에서 나온 자연스러운 행동을 하므로(蠢動~而) 이를(~以) 은덕(賜)이라 여기지(爲) 않아서다(不). 蠢動〔본성에서 나오는 자연스러운 행동. 蠢(꿈틀거릴 준) 動(움직일 동)〕賜(은혜 사 → 은덕)

是故行而無迹 事而無傳: 이(是) 때문에(故) (덕이 지극한 세상에선 무얼) 행해도(行~而) 자취(迹)가 없고(無), (훌륭한) 일(事)이 있어도(而) 전해지지(傳) 않다(無). 行(행할 행) 迹(자취 적) 傳(전할 전)

천지(天地) 13

孝子不諛其親, 忠臣不諂其君, 臣子之盛也.

親之所言而然, 所行而善, 則世俗謂之不肖子.,

君之所言而然, 所行而善, 則世俗謂之不肖臣. 而未知此其必然邪?

世俗之所謂然而然之. 所謂善而善之, 則不謂之也. 然則俗故嚴於親而尊於君邪?

謂己道人, 則勃然作色, 謂己諛人, 則怫然作色.

而終身道人也, 終身諛人也, 合譬飾辭聚衆也, 是終始本末不相罪坐.

垂衣裳, 設采色, 動容貌, 以媚一世, 而不自謂道諛.,

與夫人之爲徒, 通是非, 而不自謂衆人, 愚之至也.

知其愚者, 非大愚也., 知其惑者, 非大惑也.

大惑者, 終身不解., 大愚者, 終身不靈.

三人行而一人惑, 所適者猶可致也, 惑者少也., 二人惑則勞而不至, 惑者勝也.

而今也以天下惑, 予雖有祈嚮, 不可得也. 不亦悲乎!

大聲不入於里耳, 折楊皇荂, 則嗑然而笑.

是故高言不止於衆人之心, 至言不出, 俗言勝也.

以二缶鐘惑, 而所適不得矣.

而今也以天下惑, 予雖有祈嚮, 其庸可得邪!

知其不可得而强之, 又一惑也, 故莫若釋之而不推. 不推, 誰其比憂?

厲之人夜半生其子, 遽取火而視之, 汲汲然唯恐其似己也.

효자는 부모에게 알랑거리면서 비위를 맞추지 않고,

충신도 군주에게 아첨하지 않는데 이것이 자식과 신하의 원숙한 모습이다.

이에 부모가 말한 바를 무조건 그렇다고 하고, 부모가 행한 바를 무조건 좋다고 여기면 세상은 그를 못난 자식이라고 말한다.

군주가 말한 바를 무조건 그렇다고 하고, 군주가 행한 바를 무조건 훌륭하다고 여기면 세상은 그를 어리석은 신하라고 말한다.

그런데 반드시 그런지 아닌지는 아직 모르지 않는가?

세상이 그렇다 말하는 바를 그렇다고 하고, 좋다 말하는 바를 좋다고 해도 그를 소신 없는 사람이라고 말하지 않는다.

그러니 세상 평가는 예부터 부모보다 더 엄하고,
군주보다 도 숭상받는 게 아닌가?
그런데 자기를 추종꾼이라고 말하면 우꾼하면서 낯빛을 바꾸고,
나를 아첨꾼이라고 말하면 발끈하면서 낯빛을 바꾼다.
그러면서도 평생 추종꾼 노릇을 하고, 평생 아첨꾼 노릇을 한다.
아첨꾼은 비유를 그럴듯하게 늘어놓고 말을 꾸며서 사람을 모으는데
자신의 이런 행동을 잘못과 철저히 관련되어 있지 않다고 여긴다.
이런 사람은 멋진 옷으로 치장해 용모를 꾸며 세상의 비위를 맞추는데도
스스로 누군가를 추종하거나 스스로 누군가에게 아첨한다 말하지 않는다.
또 추종꾼과 아첨꾼은 사대부와 한패가 되어 보통사람과 시비를 벌여도
스스로 보통사람이라고 말하지 않으니 정말로 어리석다.
그래서 자신의 어리석음을 알면 크게 어리석은 사람이 아니고,
자신의 미혹됨을 알면 크게 미혹된 사람이 아니다.
크게 미혹되면 평생 자신의 잘못을 깨닫지 못하고,
크게 어리석으면 평생 사리에 통달하지 못한다.
세 사람이 함께 길을 가다 한 사람이 길을 잃어도 목적지에 마땅히 이르는데
그건 길 잃은 사람이 적어서다.
세 사람이 길을 가다 둘이 길을 잃으면 수고만 하고 목적지에 이르지 못하
는데 그건 길 잃은 사람이 많아서다.
그런데 세상 사람이 지금 길을 잃어 아무리 내가 구하려 해도 구할 수 없으
니 이 또한 슬프지 아니한가!
좋은 소리는 속인의 귀에 들리지 않지만
절양(折楊)과 황과(皇荂)와 같은 속된 노래라면 속인들이 환호하며 반긴다.
이 때문에 고상한 말은 보통사람의 마음에 머물지 않고,
이치에 맞는 말은 잘 나타나지 않아 속언이 늘 우세하다.
같은 타악기여도 부(缶)와 종(鐘) 어느 것으로 치느냐를 두고 망설임이 있어
가려는 곳에 갈 수가 없다.
그런데 지금 천하가 이처럼 헷갈리고 있으니까
내가 아무리 구하려 해도 어찌 구할 수 있겠는가!

또 구하는 걸 얻는 게 가능하지 않다는 것을 알면서도 억지로 구하려는 것도 일종의 헷갈리는 일이다.

그러니 내버려 두고서 억지로 밀고 나아가지 않는 게 가장 좋다.

억지로 밀고 나아가지 않으면 누가 이런 근심거리를 가까이하는가?

문둥이가 한밤중에 자식을 낳으면 서둘러 등불을 들고 자식을 들여다보는데 이는 허둥지둥하면서 자식이 자기와 닮았는지 오로지 두려워해서다.

注 ──────────────────────────────────────

孝子不諛其親: 효자(孝子)는 부모(親)에게 알랑거리면서 비위를 맞추지(諛) 않다(不). 親(부모 친) 諛(아첨할 유, 다른 사람의 의중을 살펴서 아첨하는 것. 즉 알랑거리면서 상대방 비위를 맞추는 것)

忠臣不諂其君: 충신(忠臣)도 군주(君)에게 아첨하지(諂) 않다(不). 諂(아첨할 첨, 시비를 가리지 않고 아첨하는 것)

臣子之盛也: (그런데 이것이) 신하(臣)와 자식(子)의 원숙한 모습(盛)이다. 盛(성할 성, 한창인 모양 → 원숙한)

親之所言而然 所行而善: (이에) 부모(親)가 말한(言) 바(所)를 (무조건) 그렇다고(然), (부모가) 행한(行) 바(所)를 (무조건) 좋다고(善) 여기다. 然(그러할 연) 善(좋을 선)

則世俗謂之不肖子: 그러면(則) 세상(世俗)은 (그를) 못난 자식(不肖子)이라고 말하다(謂). 世俗〔세상람. 世(세상 세) 俗(세상 속)〕 肖子〔(아비를) 닮지(肖) 않은(不) 아들(子). 즉 못난 자식. 肖(닮을 초)〕

君之所言而然 所行而善: 군주(君)가 말한(言) 바(所)를 (무조건) 그렇다고(然), (군주가) 행한(行) 바(所)를 (무조건) 훌륭하다고(善) 여기다. 善(착할 선 → 훌륭하다)

則世俗謂之不肖臣: 그러면(則) 세상(世俗)은 (그를) 어리석은 신하(不肖臣)라고 말하다(謂). 不肖臣〔(임금을) 닮지(肖) 않은(不) 신하(臣). 즉 어리석은 신하. 肖(닮을 초)〕

而未知此其必然邪?: 그런데(而) 반드시(必) 그런 지(然) (아닌 지) 이(此)를 (아직) 알지(知) 못하지(未) 않는가(邪)? 然(그럴 연)

世俗之所謂然而然之: 세상(世俗)이 그렇다고(然) 말하는(謂) 바(所)를 그렇다(然) (하다). 世俗〔세상. 世(세상 세) 俗(세상 속)〕

所謂善而善之: 좋다고(善) 말하는(謂) 바(所)를 좋다(善) (하다).

則不謂之道諛之人也: 그러면(則) (그를) 소신 없는(道諛) 사람(人)이라 말하지(謂) 않다(不). 道諛〔소신 없는 사람. 道(말미암을 도, 좇거나 따름) 諛(아첨할 유)〕

然則俗故嚴於親而尊於君邪?: 그런즉(然則) 세상(俗) (평가는) 예부터(故) 부모보다(於~親) (더)

엄하고(嚴~而) 군주보다(於~君) (더) 숭상 받는(尊) (게) 아닌가(邪)? 故(예부터 고) 嚴(엄할 엄)
尊(숭상할 존)

謂己道人: (그런데) 자기(己)를 추종꾼(道人)이라고 말하다(謂). 道人〔추종하는(道) 사람(人).
道(말미암을 도, 좇거나 따름)〕

則勃然作色: 그러면(則) 우꾼하며(勃然) (낯)빛(色)을 바꾸다(作). 勃然〔벌컥. 勃(우쩍 일어날 발,
우꾼하다)〕作(지을 작→바꾸다)

謂己諛人: 자기(己)를 아첨꾼(諛人)이라고 말하다. 諛人〔아첨하는(諛) 사람(人). 諛(아첨할 유)〕

則怫然作色: 그러면(則) 발끈하며(怫然) (낯)빛(色)을 바꾸다(作). 怫然〔벌컥. 즉 발끈하다. 怫
(발끈할 발)〕

而終身道人也 終身諛人也: 그러면서도(而) 평생(終身) 추종꾼(道人) (노릇을 하고), 평생(終身)
아첨꾼(諛人) (노릇을 하다).

合譬飾辭聚衆也: (아첨꾼은) 비유(譬)를 그럴듯하게(合) (늘어놓고) 말(辭)을 꾸며서(飾) 사람(衆)
을 모으다(聚). 譬(비유할 비) 合(맞을 합, 적합함→그럴듯하게) 辭(말 사) 飾(꾸밀 식) 聚(모일 취)

是終始本末不相罪坐: (그런데 자신의) 이런(是) (행동을) 철저히(終始本末) 잘못(罪)과 관련되지
(相坐) 않는다고(不) (여긴다). 終始本末〔끝(終)에서 처음(始)까지 본(本)에서 말(末)까지. 즉 철
저히〕罪(잘못 죄) 相坐〔서로 관련됨. 相(가릴 상) 坐(앉을 좌)〕

垂衣裳 設采色 動容貌: (이런 사람은) 의상(衣裳)을 드리우고(垂) 채색(采色)을 갖추고(設) 용모
(容貌)를 바꾸다(動). 즉 멋진 옷으로 온갖 치장을 해 용모를 꾸미다. 垂(드리울 수) 設(베풀 설,
갖춤) 動(움직일 동→바꿈)

以媚一世: 그럼으로써(以) 한 시대(一世)를 아양 부리다(媚). 즉 세상의 비위를 맞추다.

而不自謂道諛: 그런데도(而) 스스로(自) (누군가를) 추종하거나(道) (스스로 누군가에게) 아첨한
다고(諛) 말하지(謂) 않다(不). 媚(아첨할 미)

與夫人之爲徒 通是非: (또 추종꾼과 아첨꾼은) 사대부와(與~夫人) 한패(徒)가 되어(爲) (보통사람
들과) 시비(是非)에 이르다(通). 즉 시비를 벌이다. 夫人=士大夫(사대부) 徒(무리 도→한 패) 通
(이를 통)

而不自謂衆人 愚之至也: 그래도(而) 스스로(自) 보통사람(衆人)이라고 말하지(謂) 않으니(不)
어리석음(愚)의 끝(至)이다. 즉 정말로 어리석다. 自(스스로 자) 衆人〔보통사람. 衆(보통의 중)〕
愚(어리석을 우) 至(이를 지, 끝)

知其愚者 非大愚也: (그래서 자신의) 어리석음(愚)을 알면(知~者) 크게(大) 어리석은(愚) (사람
이) 아니다(非).

知其惑者 非大惑也: (자신의) 미혹됨(惑)을 알면(知~者) 크게(大) 미혹된(惑) (사람이) 아니다
(非). 惑(미혹할 혹)

大惑者 終身不解: 크게(大) 미혹되면(惑~者) 평생(終身) 자신(身)의 (잘못을) 깨닫지(解) 못하다 (不). 身(자기 신) 解(깨달을 해)

大愚者 終身不靈: 크게(大) 어리석으면(愚~者) 평생(終身) 사리에 통달하지(靈) 못하다(不). 靈(총명할 령, 사리에 통달하다)

三人行而一人惑: 세(三) 사람(人)이 (길을) 가다(行) 한(一) 사람(人)이 길을 잃다(惑). 行(갈 행) 惑(미혹할 혹 → 길을 잃다)

所適者猶可致也: (그래도) 목적지(所適者)에 마땅히(猶) 이를(致) 수(可) 있다. 所適者〔갈(適) 곳(所). 즉 목적지. 適(갈 적)〕 猶(오히려 유, 마땅히 ~여야 한다) 致(이를 치)

惑者少也: (그런데 그것은) 길 잃은(惑) 자(者)가 적어서이다(少).

二人惑則勞而不至: (세 사람이 길을 가다) 두(二) 사람(人)이 길을 잃으면(惑~則) 수고만하고(勞~而) (목적지에) 이르지(至) 못하다(不). 勞(일할 노, 노력하다 → 수고하다) 至(이를 지)

惑者勝也: (그런데 그것은) 길 잃은(惑) 자(者)가 많아서이다(勝). 勝(성할 승 → 많다)

而今也以天下惑: 그런데(而) 천하(天下)가 지금(今) 길을 잃음으로써(以~惑).

予雖有祈嚮 不可得也: 내(予)가 아무리(雖) 구하려는(祈) 향함(嚮)이 있어도(有) 얻을(得) 수 (可) 없다(不). 즉 구하려 해도 구할 수 없다. 祈(빌 기, 구하다) 嚮(향할 향)

不亦悲乎!: (그러니) 또한(亦) 슬프지(悲) 아니한가(不)? 悲(슬플 비)

大聲不入於里耳: 좋은(大) 소리(聲)는 속인(里)의 귀에(於~耳) 받아들여지지(入) 않다(不). 즉 들리지 않다. 大(클 대, 좋은) 里(마을 리 → 마을에 사는 사람. 즉 속인) 入(들 입, 들어오다 → 받아들여 지다)

折楊皇荂 則嗑然而笑: (그러나) 절양(折楊)과 황과(皇荂) (같은 속된 노래)라면(則) (속인들이) 환 성을 지르면서(嗑然~而) 반기다(笑). 嗑然〔환성을 지름. 嗑(말많을 합 → 환성을 지르다)〕 笑(웃을 소 → 반기다) ★ 절양(折楊)과 황과(皇荂)는 세속의 음악을 대표하는 악곡의 명칭인데 자세한 내용은 현재 알려지지 않는다.

是故高言不止於衆人之心: 이(是) 때문에(故) 고상한 말(高言)은 보통사람(衆人) 마음에(於~心) 머물지(止) 않다(不). 高言〔고상한 말. 高(높을 고)〕 止(머물 지)

至言不出 俗言勝也: 이치에 들어맞는 말(至言)은 나타나지(出) 않아(不) 속언(俗言)이 (늘) 우 세하다(勝). 至言〔이치에 들어맞는 말. 至(이를 지)〕 出(날 출, 나타나다) 勝(이길 승, 우세하다)

以二缶鐘惑: (같은 타악기인데도) 두(二) 부(缶)와 종(鐘) 중 (어느 것으로 치느냐를 두고) 헷갈려(以 ~惑) 해, 즉 망설임이 있어. 缶(질장구 부, 타악기 일종) 鐘(쇠북 종, 타악기 일종) 惑(미혹할 혹, 미혹해 서 정신이 헷갈리고 어지러움)

而所適不得矣: 그래서(而) 갈(適) 바(所)를 얻지(得) 못하다(不). 즉 가려는 곳에 갈 수 없다.

而今也以天下惑: 그런데(而) 천하(天下)가 지금(今) (이처럼) 헷갈리다(惑).

予雖有祈嚮 其庸可得邪!: (그러니까) 내(予)가 아무리(雖) 구하려는(祈) 향함(嚮)이 있어도(有) 어찌(庸) 얻을(得) 수(可) 있는가(邪)! 즉 내가 아무리 구하려고 해도 어찌 구할 수 있는가! 祈(빌 기, 구하다) 嚮(향할 향) 庸(어찌 용)

知其不可得而强之 又一惑也: (또 구하는 걸) 얻는(得) 게 가능하지(可) 않다는(不) 걸 알면서도(知~而) 억지로(强) (구하려는) 것 또한(又) 일종(一)의 헷갈리는(惑) (일이다). 强(굳셀 강 → 억지를 쓰다)

故莫若釋之而不推: 그러니(故) 내버려두고(釋) 억지로 밀고 나가지(推) 않음(不)과 같은(若) 것이 없다(莫). 즉 억지로 밀고 나아가지 않는 게 가장 좋다. 釋(풀 석, 내버려두다) 推(밀 추 → 억지로 밀고 나가다) 莫(없을 막)

不推 誰其比憂?: 억지로 밀고 나아가지(推) 않으면(不) 누가(誰) (이런) 근심거리(憂)를 가까이 하는가(比)? 誰(누구 수) 憂(근심할 우) 比(친하게 지낼 비 → 가까이하다)

厲之人夜半生其子: 문둥병(厲) 사람(人), 즉 문둥이가 야반(夜半)에 자식(子)을 낳다(生). 厲(문둥병 려) 子(아들 자) 生(날 생)

遽取火而視之: (그러면) 서둘러서(遽) 등불(火)을 들고(取~而) (자식을 들여다) 보다(視). 遽(갑자기 거 → 서둘러서) 火(불 화 → 등불) 取(취할 취 → 들다)

汲汲然唯恐其似己也: (그런데 이는) 허둥지둥하면서(汲汲然) (자식이) 자기(己)와 닮았는지(似) 오로지(唯) 두려워해서이다(恐). 汲汲然〔허둥지둥한 상태. 汲(길을 급, 분주하다)〕唯(오직 유, 오로지) 己(자기 기) 似(같을 사, 닮다) 恐(두려워할 공)

천지(天地) 14

百年之木, 破爲犧樽, 靑黃而文之, 其斷在溝中.

比犧樽於溝中之斷, 則美惡有間矣, 其於失性一也.

跖與曾史, 行義有間矣, 然其失性均也.

且夫失性有五., 一曰五色亂目, 使目不明., 二曰五聲亂耳, 使耳不聰.,

三曰五臭薰鼻, 困惾中顙., 四曰五味濁口, 使口厲爽., 五曰趣舍滑心, 使性飛揚.

此五者, 皆生之害也.

而楊墨乃始離跂自以爲得, 非吾所謂得也.

夫得者困, 可以爲得乎?

則鳩鴞之在於籠也, 亦可以爲得矣.

且夫趣舍聲色以柴其內, 皮弁鷸冠搢笏紳修以約其外, 內支盈於柴柵外重纆繳,睆睆然在纆繳之中而自以爲得，則是罪人交臂歷指而虎豹在於囊檻，亦可以爲得矣.

백 년 된 나무를 쪼개어 술그릇과 술통을 만든 뒤 이를 청황색으로 치장하면
남은 나뭇조각은 하수구 속으로 버려진다.
술그릇과 술통을 만들었던 나무와 하수구 안의 쓸모없는 나뭇조각을 비교
하면 아름다움과 추함에선 분명 차이가 있다.
그러나 나무의 타고 난 본성을 잃었다는 점에선 매한가지이다.
큰 도둑 척은 공자의 제자 증삼과 사추와 행동의 의로움에선 차이가 있다.
그러나 사람으로서 타고난 본성(性)을 잃었다는 점에선 매한가지이다.
모름지기 사람으로서 타고난 본성을 잃는 데는 다섯 가지가 있다.
첫째로 말하길 오색(五色)이 눈을 어지럽혀 눈을 밝게 하지 못해서라고 한다.
둘째로 말하길 오성(五聲)이 귀를 어지럽혀 귀를 밝게 하지 못해서라고 한다.
셋째로 말하길 오취(五臭)가 코를 길들여 냄새를 맡지 못하게 해서라고 하고
머리를 무겁게 해서라고 한다.
넷째로 말하길 오미(五味)가 입을 탁하게 해 맛을 잃게 해서라고 한다.
다섯째로 말하길 취사(趣舍), 즉 좋은 건 취하고 싫은 건 버려
타고난 본성을 일탈케 해서라고 한다.
이 다섯 가지는 모두 생명을 해친다.
그런데 양주(楊朱)와 묵적(墨翟)은 남달리 홀로 떨어져 나와
타고난 본성에 자신들이 알맞다고 여기는데
이것은 내가 말하는 타고난 본성에 알맞은 바가 아니다.
그래서 타고난 본성에 알맞은 사람으로 양주와 묵적은 곤란하다.
그런데도 이들을 타고난 본성에 알맞은 사람이라고 여길 수 있을까?
그러면 비둘기와 부엉이가 새장에 갇힌 것도 본성에 알맞다 여길 수 있다.
좋은 소리와 색깔을 취하고, 싫은 소리와 색깔을 버려 마음을 틀어막는다.
거기에 더해 무인의 상징인 가죽관이나 문인의 상징인 물총새 관을 쓴 뒤
홀을 꽂은 큰 띠를 갖추어 자신의 몸을 장식한다.
이는 안을 틀어막아서 두른 울타리로 자신의 마음을 완전히 가르고,

자신의 바깥을 노끈과 줄로 겹겹이 둘둘 동여매는 일이다.

이를 멀리서 바라보면 몸과 마음이 끈과 줄로 죄어드는 중인데도

자신은 오히려 타고난 본성에 알맞다고 여긴다.

그러면 이는 죄인의 팔이 결박 지어진 채 손이 겹쳐서 매여지거나

호랑이와 표범이 자루나 우리에 갇혀 있는 일이다.

그런데도 사람들은 또한 이를 두고 타고난 본성에 알맞다고 여길 뿐이다.

注 ─────────────────────────────────

百年之木 破爲犧樽: 백년(百年) 된 나무(木)를 쪼개어(破) 술그릇(犧)과 술통을 만들다(爲~樽).
破(깨뜨릴 파 → 쪼개다) 犧(술그릇 사) 樽(술통 준)

靑黃而文之: (그런 뒤) 청황(靑黃)색으로 (이를) 치장하다(而~文). 文(꾸밀 문 → 치장하다)

其斷在溝中: (그러면) 남은(在) (나무) 조각(斷)은 하수구(溝) 속으로(中) (버려진다). 在(있을 재
→ 남은) 溝(수채 구, 하수구) 斷(조각 단) 中(안 중, 속)

比犧樽於溝中之斷: 술그릇(犧) 및 술통(樽)을 (만들었던 나무와) 하수구(溝) 안(中)의 (쓸모없는 나
무) 조각을(於~斷) 비교하다(比). 比(견줄 비)

則美惡有間矣: 그러면(則) 아름다움(美)과 추함(惡)에선 (분명) 차이(間)가 있다(有). 間(틈 간
→ 차이)

其於失性一也: (그러나 나무의) 타고난 본성(性)을 잃은 점에선(於~失) 같다(一). 性(타고난 본성)
失(잃을 실) 一(하나 일, 같다)

跖與曾史 行有間矣: (큰 도둑) 척(跖)은 (공자의 제자) 증삼(曾) 및 사추와(與~史) 행동(行)의 의
로움에선(於~義) 차이(間)가 있다(有). ★ 척(跖)은 도척(盜跖)으로 유명한 큰 도둑이다. 외편
「거협」에 등장하고, 잡편에는 「도척」이란 독립된 편이 있다. ★ 증(曾)은 증삼(曾參)인데 공자
의 충실한 제자이다. ★ 사(史)는 사추(史鰌)인데 춘추시대 위영공(衛靈公)의 신하로 공자 사
상을 철저히 받든 사람이다.

然其失性均也: (그러나 사람으로서) 타고난 본성(性)을 잃은(失) 점에선(於) 같다(均). 均(고를 균,
평평하게 하다 → 같다)

且夫失性有五: 모름지기(夫) (사람으로서) 타고난 본성(性)을 잃는(失) 데는 다섯(五) 가지가 있
다(有).

一曰五色亂目 使目不明: 첫째(一)로 말하길 오색(五色)이 눈(目)을 어지럽혀(亂) 눈을(使~目)
밝지(明) 못하게(不) (해서라고 한다). 五色[청색(靑色)・백색(白色)・적색(赤色)・흑색(黑色)・황
색(黃色)의 다섯 가지 색. 그런데 동아시아는 오행설을 따르기에 오색은 곧 온갖 색을 의미함]

亂(어지러울 란)

二曰五聲亂耳 使耳不聰: 둘째(二)로 말하길 오성(五聲)이 귀(耳)를 어지럽혀서(亂) 귀를(使~耳) 밝지(聰) 못하게(不) (해서라고 한다). 五聲〔궁성(宮聲), 상성(商聲), 각성(角聲), 치성(徵聲), 우성(羽聲)의 다섯 가지 소리, 즉 온갖 소리〕

三曰五臭薰鼻 困惾中顙: 셋째(三)로 말하길 오취(五臭)가 코(鼻)를 길들여(薰) (냄새가 코를) 찔러(惾) 괴롭게(困) 하고 이마(顙)를 무겁게(中) (해서라고 한다). 즉 코를 길들여 냄새를 맡지 못하게 해 머리를 무겁게 해서라고 한다. 五臭〔전취(羶臭, 노린내), 성취(腥臭, 비린내), 향취(香臭, 향내), 연취(燃臭, 타는내), 부취(腐臭, 썩는내)의 다섯 가지 냄새. 즉 온갖 냄새〕鼻(코 비) 薰(훈자할 훈, 감화되다 → 길들이다) 惾(냄새 코 찌를 수) 困(괴로울 곤) 顙(이마 상) 中(바람맞을 중, 독에 치이다 → 무겁게 하다)

四曰五味濁口 使口厲爽: 넷째(四)로 말하길 오미(五味)가 입(口)을 탁하게(濁) 해서 입을(使~口) 상함(爽)에 이르게(厲) (해서라고 한다). 즉 맛을 잃게 해서라고 한다. 五臭〔신맛(酸臭), 짠맛(鹹臭), 매운맛(辛臭), 단맛(甘臭), 쓴맛(苦臭)의 다섯 가지 맛. 즉 온갖 맛〕濁(흐릴 탁, 탁하게 하다) 爽(상할 상, 상하다) 厲(이를 려, 이르다)

五曰趣舍滑心 使性飛揚: 다섯째(五)로 말하길 취사(趣舍), 즉 좋은 건 취하고 싫은 건 버려서 마음(心)을 흐리게 해(滑) 타고난 본성을(使~性) 날아(飛) 오르게(揚) (해서라고 한다). 즉 타고난 본성에서 일탈케 해서라고 한다. 趣舍〔취함(趣)과 버림(舍). 즉 취사. 趣(잡을 취) 舍(버릴 사)〕滑(흐릴 홀, 혼탁하게 하다) 飛(날 비) 揚(오를 양)

此五者 皆生之害也: 이(此) 다섯(五) 가지(者)는 모두(皆) 생명(生)을 해치다(害). 害(해칠 해)

而楊墨乃始離跂自以爲得: 그런데(而) 양주(楊)와 묵적(墨)은 이에(乃) 남달리 홀로 떨어져 나오기(離跂) 시작해(始) 그럼으로써(以) (타고난 본성에) 자신(自)들이 알맞다고(得) 여기다(爲). 乃(이에 내) 離跂〔떨어져 나온(離) 육발이(跂). 즉 남달리 홀로 나서는 걸 의미. 離(떼놓을 리, 떨어져 나오다) 跂(육발이 기)〕得(얻을 득 → 알맞다)

非吾所謂得也: (그런데 이것은) 내(吾)가 말하는(謂) 타고난 본성에 알맞은(得) 바(所)가 아니다(非).

夫得者困: (그래서) 저(夫) (타고난 본성에) 알맞은(得) 사람(者)으로 (양주와 묵적은) 곤란하다(困). 困(곤란할 곤)

可以爲得乎?: 그런데도(可~以) (이들을 타고난 본성에) 알맞은(得) (사람이라) 여길(爲) 수(可) 있는가?

則鳩鴞之在於籠也: 그러면(則) 비둘기(鳩)와 부엉이(鴞)가 새장에(於~籠) (갇혀) 있다(在). 鳩(비둘기 구) 鴞(부엉이 효) 籠(대그릇 롱 → 새장) 在(있을 재)

亦可以爲得矣: (그것은) 역시(亦) 가히(可) 본성에 알맞다고(得) 여기다(以~爲). 亦(또 역)

且夫趣舍聲色以柴其內: 또(且) (사람들은 좋은) 소리(聲)와 색(色)을 취하고(趣) (싫은 소리와 색깔을) 버려(舍) 그럼으로써(以) 마음(心)을 틀어막다(柴). 趣(잡을 취, 취해 가짐) 舍(버릴 사) 柴(막을 채, 틀어막음)

皮弁鷸冠縉笏紳修以約其外: (거기에 무인의 상징인) 가죽관(皮弁)이나 (문인의 상징인) 물총새관(鷸冠)을 (쓴 뒤) 홀을 꽂은 큰 띠(縉笏紳)를 갖추어(修) 그럼으로써(以) (자신의) 바깥(外)을 묶다(約). 즉 몸을 장식하다. 皮弁[피변. 가죽(弁)으로 만든 고깔(皮). 무인의 관을 의미. 皮(가죽 피) 弁(고깔 변)] 鷸冠[휼관. 물총 새(鷸) 관(冠). 문인의 관을 의미. 鷸(도요새 휼, 물총새) 冠(갓 관)] 縉笏紳[진홀신. 홀(笏)을 꽂은(縉) 큰 띠(紳). 縉(꽂을 진) 笏(어두울 홀, 분명치 않은 모양) 紳(큰띠 신)] 修(다스려질 수, 정비되다 → 갖추다) 約(묶을 약)

內支盈於柴柵: (이는) 안(內)을 틀어막아서(柴) 둘러쳐진 울타리로(於~柵) 완전히(盈) 가르다(支). 柴(막을 채, 틀어막음) 柵(울짱 책, 울타리) 盈(찰 영, 충분히 → 완전히) 支(가를 지, 가르다)

外重纆繳: 바깥(外)을 노끈(纆)과 줄(繳)로 겹겹이 둘둘 동여매는(重) (일이다). 外(밖 외 → 몸) 纆(노 묵, 노끈) 繳(주살의 줄 격) 重(무거울 중, 겹겹이 겹치다)

睆睆然在纆繳之中而自以爲得: (이를) 멀리서 바라보면(睆睆然) (몸과 마음이) 끈과 줄로 죄어드는(纆繳) 중인데(中~而) 그럼으로써(以) 자신(自)들은 (오히려) 타고난 본성에 알맞다고(得) 여기다(爲). 睆睆然[멀리 바라보는 모양(睆睆). 睆(바라볼 환)] 纆繳[끈(纆)과 줄(繳)로 묶임. 즉 몸이 끈과 줄로 죄어듦]

則是罪人交臂歷指: 그러면(則) 이(是)는 죄인(罪人)의 팔이 결박 지어진 채(交臂) 손이 겹쳐 매여지다(歷指). 交臂[팔(臂)이 엇갈리다(交). 즉 결박 지어지다. 臂(팔 비) 交(엇갈릴 교)] 歷指[손가락(指)을 교차시키다(歷). 즉 손이 겹쳐 매여지다. 指(손가락 지) 歷(엇걸 력, 교차시킴)]

而虎豹在於囊檻: 그리고(而) 호랑이(虎)나 표범(豹)이 자루(囊)나 우리에(於~檻) (갇혀) 있는(在) (일이다). 虎(범 호, 호랑이) 豹(표범 표) 囊(주머니 낭, 자루) 檻(우리 함)

亦可以爲得矣: 또한(亦) 그럼으로써(以), 즉 그런데도 (사람들은 이를) 가히(可) (타고난 본성에) 알맞다고(得) 여길(爲) 뿐이다(矣).

천도
天 道

천도(天道) 1

天道運而無所積, 故萬物成., 帝道運而無所積, 故天下歸.,
聖道運而無所積, 故海內服.
明於天, 通於聖, 六通四辟於帝王之德者, 其自爲也, 昧然無不靜者矣.
聖人之靜也, 非曰靜也善, 故靜也., 萬物無足以鐃心者, 故靜也.
水靜則明燭鬚眉, 平中準, 大匠取法焉.
水靜猶明, 而況精神! 聖人之心靜乎!
天地之鑑也, 萬物之鏡也.
夫虛靜恬淡寂漠無爲者, 天地之本, 而道德之至, 故帝王聖人休焉.
休則虛, 虛則實, 實者備矣. 虛則靜, 靜則動, 動則得矣.
靜則無爲, 無爲也則任事者責矣. 無爲則俞俞, 俞俞者憂患不能處, 年壽長矣.
夫虛靜恬淡寂漠無爲者, 萬物之本也.
明此以南鄕, 堯之爲君也., 明此以北面, 舜之爲臣也.
以此處上, 帝王天子之德也., 以此處下, 玄聖素王之道也.
以此退居而 閒游, 則江海山林之士服., 以此進爲而撫世, 則功大名顯而天下一也.
靜而聖, 動而王, 無爲也而尊, 樸素而天下莫能與之爭美.

자연의 도(天道)는 운행하면서 머무는 일이 없어 만물이 생겨난다.
제왕의 도(帝道)도 운행하면서 머무는 일이 없어 천하가 제왕을 따른다.
성인의 도(聖道)도 운행하면서 머무는 일이 없어 세상이 성인에게 순종한다.
그러니 자연의 도에 밝고 성인의 도에 통하고 제왕의 덕에 확 트이면
모든 게 저절로 이루어진다.

자연의 도와 제왕의 도와 성인의 도는 어두워서 고요하지 않은 적이 없다.
성인의 고요함(靜)은 고요함이 좋아서 고요하다는 걸 말하는 게 아니다.
그보다는 만물에 의해 마음이 흔들리지 않은 고요함을 말한다.
예를 들어 물이 고요하면 그 물의 밝음은 사람의 수염과 눈썹을 비추고,
그 물의 평평함은 수준기에 들어맞는다.
그래서 훌륭한 목공도 물의 평평함을 표준으로 삼는다.
물의 고요함이 이처럼 밝은데 하물며 정신의 고요함이야!
마찬가지로 성인 마음의 고요함이야!
그래서 성인 마음의 고요함은 천지를 비추는 거울이자
만물을 비추는 거울이다.
허정(虛靜), 염담(恬淡), 적막(寂漠), 무위(無爲)는
천지의 근본이자 도덕의 지극함이다. 그래서 제왕과 성인도 여기서 쉰다.
여기서 쉬어야 마음이 비워지고, 마음이 비워져야 다시 채워지고,
마음이 채워져야 잘 갖추어진다.
또 마음을 비워야 고요해지고, 고요해져야 모든 것과 쉽게 응해 움직이고,
모든 것과 쉽게 응해 움직여야 만사가 잘 이루어진다.
또 고요해져야 하고자 함이 없고(無爲), 하고자 함이 없어야 책임지고 일한다.
또 하고자 함이 없어야 행동이 여유롭고,
행동이 여유로워야 걱정과 근심이 머물 수 없다. 그래서 오래 산다.
허정(虛靜), 염담(恬淡), 적막(寂漠), 무위(無爲)는 만물의 근본이다.
이것들을 밝혀서 나라를 다스린 게 요(堯)가 군주였을 때이다.
이것들을 밝혀서 왕을 섬긴 게 순(舜)이 신하였을 때이다.
이럼으로써 위에 처한 게 제왕과 천자의 덕이고,
이럼으로써 아래에 처한 게 노자와 공자의 도이다.
이럼으로써 속세에서 물러나 한가롭게 노닐면
강해(江海)나 산림(山林)에 은둔한 선비들이 따른다.
이렇게 나아감으로써 세상을 위하고 어루만지면
공적이 커지거나 이름이 드러나서 천하와 하나가 된다.
이처럼 고요하면 성인(聖)이 되고, 움직이면 왕(王)이 되고,

또 하고자 함이 없으면(無爲) 세상에서 높이 받들어진다.

그러니 본디대로 있어도 성인과 아름다움을 두고 다툴 자는 천하에 없다.

注 ────────────

天道運而無所積 故萬物成: 자연(天)의 도(道)는 운행하면서(運) 머무는(積) 바(所)가 없다(無). 고로(故) 만물(萬物)이 생겨나다(成). 天(하늘 천, 자연) 運(돌 운, 돌다 → 운행) 積(머무를 적, 머물다) 成(이룰 성, 이루어지다 → 생겨나다)

帝道運而無所積 故天下歸: 제왕(帝)의 도(道)도 운행하면서(運) 머무는(積) 일(所)이 없다(無). 고로(故) 천하(天下)가 (제왕을) 따른다(歸). 歸(붙좇을 귀, 따르다)

聖道運而無所積 故海內服: 성인(聖)의 도(道)도 운행하면서(運) 머무는(積) 일(所)이 없다(無). 고로(故) 사해(海) 안(內), 즉 세상이 (성인에게) 순종한다(服). 服(순종할 복)

明於天 通於聖: (그러니) 자연(天)의 도에(於) 밝고(明), 성인(聖)의 도에(於) 통하다(通). 通(통할 통)

六通四辟於帝王之德者: 제왕(帝王)의 덕에(於~德) 확 트이면(六通四辟~者). 六通四辟〔여섯(六) 방향으로 통하고(通) 네(四)개의 법(辟). 즉 확 트인 상태. 辟(법 벽)〕

其自爲也: (모든 게) 저절로 이루어지다(自爲). 自爲〔저절로 이루어짐. 自(스스로 자, 저절로)〕

昧然無不靜者矣: (자연의 도와 제왕의 도와 성인의 도는) 어두워서(昧然) 고요하지(靜) 않은(不) 적(者)이 없다(無). 昧(어두울 매) 靜(고요할 정)

聖人之靜¹也 非曰靜²也善 故靜³也: 성인(聖人)의 고요함(靜¹)은 고요함(靜²)이 좋아서(善~故) 고요하다(靜³)는 걸 말하는(曰) 게 아니다(非).

萬物無足以鐃心者 故靜也: (그보다는) 만물(萬物)이 마음(心)을 뒤흔드는(以~鐃) 게 충분치(足) 않아(無~故) 고요한(靜) 것을 (말한다). 즉 만물에 의해 마음이 흔들리지 않는 고요함을 말한다. 鐃(뒤흔들 뇨) 足(족하게할 족, 충분하다)

水靜則明燭鬚眉: (예를 들어) 물(水)이 고요하면(靜~則) (그 물의) 밝음(明)은 (사람의) 수염(鬚)과 눈썹(眉)을 비춘다(燭). 鬚(수염 수) 眉(눈썹 미) 燭(비출 촉)

平中準: (물의) 평평함(平)은 수준기(準)와 들어맞는다(中).

大匠取法焉: (그래서) 훌륭한(大) 목공(匠)도 (물의 평평함을) 기준(法)으로 삼는다(取). 平(평평할 평) 準(수준기 준) 中(부합할 중, 들어맞다) 大(훌륭할 대) 匠(장인 장 → 목공) 法(법 법 → 표준) 取(취할 취, 삼다)

水靜猶明 而況精神!: 물(水)의 고요함(靜)이 이처럼(猶) 밝은데(明) 하물며(況) 정신(精神)의 (고요함이야)! 猶(같을 유 → 이처럼)

聖人之心靜乎!: (마찬가지로) 성인(聖人) 마음(心)의 고요함(靜)이야!

天地之鑑也 萬物之鏡也: (그래서 성인 마음의 고요함은) 천지(天地)를 (비추는) 거울(鑑)이자 만물(萬物)을 (비추는) 거울(鏡)이다. 鑑(거울 감) 鏡(거울 경)

夫虛靜恬淡寂漠無爲者: 허정(虛靜), 염담(恬淡), 적막(寂漠), 무위(無爲~者). 虛靜〔마음이 가라앉아 고요함. 虛(빌 허) 靜(고요할 정)〕 恬淡〔담담함. 恬(조용할 념) 淡(담박할 담)〕 寂漠〔아무것 없이 텅 빔. 寂(고요할 적) 漠(조용할 막)〕

天地之本 而道德之至: 천지(天地)의 근본(本)이자 도덕(道德)의 지극함(至)이다. 本(근본 본) 至(지극할 지)

故帝王聖人休焉: 그래서(故) 제왕(帝王)과 성인(聖人)도 (여기서) 쉬다(休). 休(쉴 휴)

休則虛 虛則實 實者備矣: (여기서) 쉬어야(休~則) (마음이) 비워지고(虛), (마음이) 비워져야(虛~則) (다시) 채워지고(實), (마음이) 채워져야(實~者) 잘 갖추어진다(備). 實(찰 실, 채우다) 備(갖출 비)

虛則靜 靜則動 動則得矣: (마음을) 비워야(虛~則) 고요해지고(靜), 고요해져야(靜~則) (모든 것과 쉽게 응해) 움직이고(動), (모든 것과 쉽게 응해) 움직여야(動~則) (만사를) 얻는다(得). 즉 만사가 잘 이루어진다.

靜則無爲 無爲也則任事者責矣: (또) 고요해져야(靜~則) 하고자 함이 없고(無爲) 하고자 함이 없어야(無爲~則) 일(事)하는 것(者)을 맡아서(任) 책임진다(責). 즉 책임지고 일한다. 任(맡을 임) 責(책임 책)

無爲則俞俞: (또) 하고자 함이 없어야(無爲~則) (행동이) 여유롭다(俞俞). 俞俞〔온화하고 공손함. 즉 여유 있음. 俞(그러할 유)〕

俞俞者憂患不能處: (행동이) 여유로워야(俞俞~者) 걱정(憂)과 근심(患)이 머무는(處) 게 불가능하다(不~能). 즉 머물 수 없다. 憂(근심할 우) 患(근심 환) 處(살 처, 머물다)

年壽長矣: (그래서) 수명(年壽)이 길어진다(長~矣). 즉 오래 산다. 年壽〔수명. 年(해 년) 壽(목숨 수)〕

夫虛靜恬淡寂漠無爲者 萬物之本也: 모름지기(夫) 허정(虛靜) 염담(恬淡) 적막(寂漠) 무위(無爲~者)는 만물(萬物)의 근본(本)이다.

明此以南鄉 堯之爲君也: 이것(此)들을 밝혀(明), 그것으로써(以) 나라를 다스린(南鄉) (게) 요(堯)가 군주였을(爲~君) 때다. 南鄉=南面〔남(南)쪽을 향함(面). 즉 왕이 나라를 다스리는 것. 面(향할 면)〕

明此以北面 舜之爲臣也: 이것(此)들을 밝혀(明), 그것으로써(以) 왕을 섬긴(北面) (게) 순(舜)이 신하였을(爲~臣) 때다. 北面〔북(北)쪽을 향함(面). 즉 신하로써 왕을 보필하는 것〕

以此處上 帝王天子之德也: 이럼으로써(以~此) 위(上)에 처한(處) 게 제왕(帝王)과 천자(天子)의 덕(德)이다. 處(머물 처, 처하다)

以此處下 玄聖素王之道也: 이럼으로써(以~此) 아래(下)에 처한(處) 게 현성(玄聖, 노자를 지칭)과 소왕(素王, 공자를 지칭)의 도(道)이다. 素(헛될 소, 덕은 있으나 벼슬이 없는 상태 → 공자를 지칭)

以此退居而 閒游: 이럼으로써(以~此) 속세(居)에서 물러나(退~而) 한가하게(閒) 노닐다(游). 居(살 거, 살다 → 속세에서 살다) 退(물러날 퇴) 閒(한가할 한) 游(놀 유)=遊(노닐 유)

則江海山林之士服: 그러면(則) 강해(江海)나 산림(山林)에 (은둔한) 선비(士)들이 따르다(服). 服(좇을 복, 따르다)

以此進爲而撫世: 이렇게(此) 나아감으로써(以~進) 세상(世)을 위하고(爲~而) 어루만지다(撫). 撫(어루만질 무)

則功大名顯而天下一也: 그러면(則) 공적(功)이 커지거나(大) 이름(名)이 드러나서(顯~而) 천하(天下)와 하나(一)가 된다. 功(공 공 → 공적) 顯(드러날 현)

靜而聖 動而王: (이처럼) 고요하면(靜~而) 성인(聖)이 되고, 움직이면(動~而) 왕(王)이 된다. 靜(고요할 정) 動(움직일 동)

無爲也而尊: (또) 하고자 함이 없으면(無爲~而) (세상에서) 높이 받들어지다(尊). 尊(높이받들 존)

樸素而天下莫能與之爭美: (그러니) 본디대로 있어도(樸素~而) 천하(天下)에 (성인)과 (與) 아름다움(美)을 (두고) 다툴(爭) 수(能) 있는 자는 없다(莫). 樸素〔본새대로 있음. 樸(통나무 박, 본디대로) 素(본디 소)〕爭(다툴 쟁) 莫(없을 막)

천도(天道) 2

천도 2-1

夫明白於天地之德者, 此之謂大本大宗, 與天和者也., 所以均調天下, 與人和者也.

與人和者, 謂之人樂., 與天和者, 謂之天樂.

莊子曰:「吾師乎! 吾師乎!

䪠萬物而不爲戾, 澤及萬世而不爲仁, 長於上古而不爲壽,

覆載天地刻雕衆形而不爲巧, 此之爲天樂.

故曰:『知天樂者, 其生也天行, 其死也物化. 靜而與陰同德, 動而與陽同波.』

故知天樂者, 無天怨, 無人非, 無物累, 無鬼責.

故曰:『其動也天, 其靜也地, 一心定而天地正.,

其魄不崇, 其魂不疲, 一心定而萬物服.』

言以虛靜推於天地, 通於萬物, 此之謂天樂.

天樂者, 聖人之心, 以畜天下也.」

천지의 덕에 환히 밝은 것을 큰 근본(大本)이자 큰 근원(大宗)이라 말하는데
이것이 자연과 화합하는(天和) 일이다.
그리고 천하를 고르게 하는 건 사람과 화합하는(人和) 일이다.
사람과 화합하는 건 사람과 즐거움(人樂)이라고 말하고,
자연과 화합하는 건 자연과 즐거움(天樂)이라고 말한다.
장자는 말한다.
"나의 스승이여! 나의 스승이여!
스승께선 만물을 부수고도 사나움(戾)이라고 여기지 않고,
은덕이 만세에 미쳐도 어짊(仁)이라고 여기지 않고,
태고 보다 오래되어도 오래 사는 거라고 여기지 않고,
천지를 감싸 안아 많은 형상을 조각해도 재주라고 여기지 않아
이를 자연과 즐거움이라고 한다.
그래서 말한다.
'자연과 즐거움을 알면 삶이 자연처럼 행동하고, 죽음은 사물의 한 변화다.
자연과 즐거움을 알면 고요해지면서 음기와 덕을 같이하고,
움직이면서 양기와 파동을 같이한다.'
그래서 자연과 즐거움을 알면 자연에 대한 원망이 없고,
사람에 대한 비난이 없고, 사물에 묶이지 않고, 귀신을 책망하지 않는다.
그래서 말한다.
'자연과 즐거움을 알면 움직임이 하늘과 같고, 고요함이 땅과 같다.
그래서 마음이 한결같이 안정되어 하늘과 땅을 바르게 한다.
또 자연과 즐거움을 알면 육체의 넋을 높이 받들지 않고,
정신의 혼도 지치지 않아 그 마음이 한결같이 안정되어 만물을 복종시킨다.'
이는 마음의 고요함을 천지에 미루어 헤아리고 만물에 통달하는 걸 말한다.
이를 자연과 즐거움이라고 말한다.
자연과 즐거움을 아는 사람은 성인(聖人)의 마음으로 천하를 보살핀다."

夫明白於天地之德者: 모름지기(夫) 천지(天地)의 덕에(於~德) 환히(白) 밝은(明) 것(者). 白(밝게할 백 → 환히) 明(밝을 명)

此之謂大本大宗 與天和者也: 이걸(此) 두고 큰(大) 근본(本)과 큰(大) 근원(宗)이라 말하는데(謂) (이것이) 자연과(與~天) 화합하는(和) 일(者)이다. 本(근본 본) 宗(마루 종, 근원) ★ 大本大宗은 내편 「대종사」 3에 나오는 '自本自根'과 같은 의미로 보아짐. 天(하늘 천, 자연) 和(화합할 화, 조화하다)

所以均調天下 與人和者也: (그리고) 천하(天下)를 고르게 하는(以~均調) 건(所) 사람과(與~人) 화합하는(和) 일(者)이다. 均調(고르게 하다. 均(고를 균) 調(고를 조)) 和(화합할 화)

與人和者 謂之人樂: 사람과(與~人) 화합하는(和) 것(者)은 사람(人)과 즐거움(樂)이라고 말한다(謂). 樂(즐거울 락)

與天和者 謂之天樂: 자연과(與~天) 화합하는(和) 것(者)은 자연(天)과 즐거움(樂)이라고 말한다(謂).

莊子曰 吾師乎! 吾師乎!: 장자(莊子)가 말하다. 내(吾) 스승(師)이여! 내(吾) 스승(師)이여! 師(스승 사)

鼇萬物而不爲戾: (스승은) 만물(萬物)을 뒤섞고도(鼇~而) 사나움(戾)이라고 여기지(爲) 않다(不). 鼇(뒤섞을 제 → 부수다) 戾(사나울 려 → 난폭함) ★ 내편 「대종사」 3에서는 戾(난폭함) 대신 '義(의로움)'를 사용한다.

澤及萬世而不爲仁: 은덕(澤)이 만세(萬世)에 미쳐도(及~而) 어짊(仁)이라고 여기지(爲) 않다(不). 澤(은덕 택) 及(미칠 급)

長於上古而不爲壽: 태고 보다(於~上古) 오래되어도(長~而) 오래 사는(壽) 거라고 여기지(爲) 않다(不). 長(길 장 → 오래이다) 壽(오래살 수) ★ 내편 「대종사」 3에선 壽(오래 삶) 대신 '老(늙음)'를 사용한다.

覆載天地刻雕衆形而不爲巧: 천지(天地)를 덮어주고(覆) 실어주며(載), 즉 천지를 감싸 안아 많은(衆) 형상(形)을 조각해도(刻雕) 재주(巧)라고 여기지(爲) 않다(不). 覆(덮을 부) 載(실을 재) 衆(무리 중, 수많은) 刻雕(조각. 刻(새길 각) 雕(새길 조)) 巧(재주 교)

此之爲天樂: 이(此)를 자연(天)과 즐거움이라고(爲~樂) 하다. ★ 내편 「대종사」 3에선 天樂(자연과의 즐거움) 대신 '遊(유유자적함)'란 표현을 사용한다.

故曰 知天樂者: 그래서(故) 말하다. 자연(天)과 즐거움(樂)을 알면(知~者).

其生也天行 其死也物化: 삶(生)이 자연(天) (처럼) 행동하고(行), 죽음(死)은 사물(物)의 (한) 변화(化)이다. 化(화할 화, 변화)

靜而與陰同德: (자연과 즐거움을 알면) 고요해지면서(靜~而) 음기와(與~陰) 덕(德)을 같이(同) 하

다. 陰→陰氣(음기) 同(한가지 동, 서로 같이하다)

動而與陽同波: 움직이면서(動~而) 양기와(與~陽) 파동(波)을 같이(同) 하다. 陽 → 陽氣(양기)
波(물결 파 → 파동)

故知天樂者 無天怨: 고로(故) 자연(天)과 즐거움(樂)을 아는(知) 자(者)는 자연(天)에 대한 원
망(怨)이 없다(無). 怨(원망할 원)

無人非 無物累 無鬼責: 사람(人)에 대한 비난(非)이 없고(無), 사물(物)에 묶이지(累) 않고(無),
귀신(鬼)을 책망하지(責) 않다(無). 非(비난할 비) 累(묶을 루) 鬼(귀신 귀) 責(꾸짖을 책 → 책망함)

故曰 其動也天 其靜也地: 고로(故) 말하다. (자연과 즐거움을 알면) 움직임(動)이 하늘(天)과 (같
고), 그 고요함(靜)이 땅(地)과 (같다.)

一心定而天地正: (그래서) 마음(心)이 한결(一) (같이) 안정되어(定) 천지(天地)를 바르게 하다
(正). 定(안정될 정) 正(바를 정)

其魄不崇 其魂不疲: (또 자연과 즐거움을 알면) 육체의 넋(魄)을 높이 받들지(崇) 않고(不), 정신
의 혼(魂)도 지치지(疲) 않다(不). 魄(넋 백, 육체의 넋) 崇(높이받들어질 숭) 魂(넋 혼, 정신의 넋) 疲
(지칠 피)

一心定而萬物服: (그래서 그의) 마음(心)이 한결(一) 같이 안정되어(定~而) 만물(萬物)을 복종시
키다(服). 服(복종시킬 복)

言以虛靜推於天地: (이는) 마음의 고요함을(以~虛靜) 천지에(於~天地) 미루어서 헤아리다(推).
虛靜(마음이 가라앉아 고요함. 虛(빌 허) 靜(고요할 정)) 推(밀 추, 미루어 헤아리다)

通於萬物: 만물(萬物)에 통달한(通) (걸) 말하다(言). 通(통할 통)

此之謂天樂: (그런데) 이(此)를 자연(天)과 즐거움(樂)이라고 말하다(謂).

天樂者 聖人之心 以畜天下也: 자연(天)과 즐거움(樂)을 (알)면(者)은 성인(聖人)의 마음으로
(以~心) 천하(天下)를 보살피다(畜). 畜(기를 휴, 보살피다)

천도 2-2

夫帝王之德, 以天地爲宗, 以道德爲主, 以無爲爲常.

無爲也, 則用天下而有餘. 有爲也, 則爲天下用而不足.

故古之人貴夫無爲也.

上無爲也, 下亦無爲也, 是下與上同德, 下與上同德則不臣.

下有爲也, 上亦有爲也, 是上與下同德, 上與下同德則不主.

上必無爲而用天下, 下必有爲爲天下用, 此不亦之道也.

故古之王天下者, 知雖落天地, 不自慮也.

辯雖彫萬物, 不自說也.

能雖窮海內, 不自爲也.

天不產而萬物化, 地不長而萬物育, 帝王無爲而天下功.

故曰莫神於天, 莫富於地, 莫大於帝王.

故曰帝王之德配天地.

此乘天地, 馳萬物, 而用人羣之道也.

제왕의 덕(帝王之德)으로 천지를 근원(宗)으로 삼는다.

제왕의 덕으로 도덕을 주인으로 삼고, 무위(無爲)를 전범(常)으로 삼는다.

무위(無爲)라면 천하를 위해 쓰여도 여유가 있지만

유위(有爲)라면 천하를 위해 쓰여도 부족하다.

그래서 옛사람들은 무위를 귀하게 여겼다.

군주가 무위하고 백성도 무위하면 이는 백성이 군주와 덕을 같이하는 거다.

백성이 군주와 덕을 같이 하면 백성은 제대로 된 신하가 되지 못한다.

백성이 유위하고 군주도 유위하면 이는 군주가 백성과 덕을 같이하는 거다.

군주가 백성과 덕을 같이하면 군주는 제대로 된 주인이 되지 못한다.

군주는 천하를 반드시 무위로 다스리고,

백성은 천하를 위해 반드시 유위로 쓰이는 게 변하지 않는 도이다.

그래서 옛날의 왕이 천하를 다스리면 천지를 감쌀만한 큰 지혜가 있어도

머리를 굴려서 스스로 생각하지 않고,

만물을 묘사할만한 훌륭한 언변이 있어도 스스로 말하지 않고,

세상일을 맡아서 처리할 능력이 있어도 스스로 하지 않았다.

하늘이 낳지 않는데도 만물은 저절로 생겨나고,

땅이 키우지 않는데도 만물은 저절로 자라난다.

제왕(帝王)도 하고자 함이 없는(無爲) 상태에서 천하를 잘 다스린다.

그래서 말하길 하늘보다 믿을만한 게 없고, 땅보다 넉넉한 게 없고,

제왕보다 큰 게 없다고 한다.

그래서 말하길 제왕의 덕은 천지와 짝을 이룬다고 한다.

이것이 천지를 수레로 부려서 타거나 만물을 말로 거느려서 달리는 일인데
많은 사람이 사용하는 도(道)이다.

夫帝王之德 以天地爲宗: 모름지기(夫) 제왕(帝王)의 덕(德), 그것으로(以) 천지(天地)를 근원으로 삼다(爲~宗). 宗(마루 종, 근원)

以道德爲主 以無爲爲常: 그것으로써(以), 즉 제왕의 덕으로 도덕(道德)을 주인으로 삼고(爲~主), 그것으로써(以), 즉 제왕의 덕으로 무위(無爲)를 전범으로 삼다(爲~常). 常(법도 상 → 전범)

無爲也 則用天下而有餘: 무위라면(則~無爲) 천하(天下)를 위해 쓰여도(用~而) 여유(餘)가 있다(有). 用(쓸 용) 餘(남을 여 → 여유)

有爲也 則爲天下用而不足: (그러나) 유위라면(則~有爲) 천하(天下)를 위해 쓰여도(用~而) 부족(不足)하다.

故古之人貴夫無爲也: 그래서(故) 옛(古) 사람(人)은 저(夫) 무위(無爲)를 귀하게(貴) 여기다. 貴(귀할 귀)

上無爲也下亦無爲也: 군주(上)가 무위(無爲)하고 백성(下) 또한(亦) 무위(無爲)하다. 上(위 상 → 군주) 下(아래 하 → 백성)

是下與上同德: (그러면) 이(是)는 백성(下)이 군주와(與~上) 덕(德)을 같이하는(同) (일이다). 同(같이할 동)

下與上同德則不臣: (그런데) 백성(下)이 군주와(與~上) 덕(德)을 같이하면(同~則) (백성은 제대로 된) 신하(臣)가 못된다(不).

下有爲也 上亦有爲也: 백성(下)이 유위(有爲)하고 군주(上) 또한(亦) 유위(有爲)하다.

是上與下同德:: (그러면) 이(是)는 군주(上)가 백성과(與~下) 덕(德)을 같이하는(同) (일이다).

上與下同德則不主: 군주(上)가 백성과(與~下) 덕(德)을 같이하면(同~則) (군주는 제대로 된) 주인(主)이 못된다(不).

上必無爲而用天下: 군주(上)는 천하(天下)를 반드시(必) 무위로(無爲~而) 다스리다(用). 用(쓸 용, 부리다 → 다스리다)

下必有爲爲天下用: 백성(上)은 천하를 위해(爲~天下) 반드시(必) 유위(有爲)로 쓰이다(用).

此不易之道也: 이것(此)은 바뀌는(易) 도(道)가 아니다(不). 즉 변하지 않는 도이다. 易(바뀔 역)

故古之王天下者: 그래서(故) 옛날(古)의 왕(王)이 천하(天下)을 다스리면(者).

知雖落天地 不自慮也: 지혜(知)가 비록(雖) 천지(天地)를 감싸도(落), 즉 천지를 감쌀만한 지혜가 있어도 (머리를 굴려) 스스로(自) 생각하지(慮) 않다(不). 雖(비록 수) 落(두를 낙, 감싸다) 慮(생각할 려)

辯雖彫萬物 不自說也: 언변(辯)이 비록(雖) 만물(萬物)을 꾸며도(彫), 즉 만물을 묘사할만한 훌륭한 언변이 있어도 스스로(自) 말하지(說) 않다(不). 彫(꾸밀 조) 辯(말할 변 → 언변)

能雖窮海內 不自爲也: 비록(雖) 능력(能)이 세상(海內)을 궁구해도(窮), 즉 세상일을 맡아서

처리할 능력이 있어도 스스로(自) 하지(爲) 않다(不). 雖(비록 수) 能(능할 능 → 능력) 海內〔사해
(海)의 안(內), 즉 세상〕 窮(궁구할 궁)

天不産而萬物化: 하늘(天)이 낳지(産) 않아도(不~而) 만물(萬物)은 (저절로) 생겨나다(化). 産
(낳을 산) 化(될 화 → 생겨나다)

地不長而萬物育: 땅(地)이 키우지(長) 않아도(不~而) 만물(萬物)은 (저절로) 자라나다(育). 長
(클 장 → 키우다) 育(기를 육)

帝王無爲而天下功: 제왕(帝王)도 (하고자 함이 없는) 무위(無爲)의 (상태에서도) 천하(天下)가 공
(功)을 이루다. 즉 천하를 잘 다스리다. 功(공 공)

故曰莫信於天 莫富於地: 고로(故) 말하다. 하늘보다(於~天) 믿을만한(信) 게 없고(莫), 땅보다
(於~地) 넉넉한(富) 게 없다(莫). 信(믿을 신) 富(넉넉할 부)

莫大於帝王: 제왕보다(於~帝王) 큰(大) 게 없다(莫).

故曰帝王之德配天地: 고로(故) 말하다. 제왕(帝王)의 덕(德)은 천지(天地)와 짝을 이루다(配).
配(짝지을 배, 짝짓다)

此乘天地 馳萬物: 이것(此)이 천지(天地)를 (수레로 부려서) 타거나(乘) 만물(萬物)을 (말로 거느려
서) 달리다(馳). 乘(탈 승) 馳(달릴 치)

而用人羣之道也: 많은(羣) 사람(人)들이 사용하는(用) 도(道)이다. 羣(무리 군, 뭇 → 많은) 用(쓸
용 → 사용함)

천도 2-3

本在於上, 末在於下. 要在於主, 詳在於臣. 三軍五兵之運, 德之末也.

賞罰利害, 五刑之辟, 敎之末也. 禮法度數, 形名比詳, 治之末也.

鐘鼓之音, 羽旄之容, 樂之末也. 哭泣衰絰, 隆殺之服, 哀之末也.

此五末者, 須精神之運, 心術之動, 然後從之者也.

末學者, 古人有之, 而非所以先也.

君先而臣從, 父先而子從, 兄先而弟從, 長先而小從, 男先而女從, 夫先而婦從.

夫尊卑先後, 天地之行也, 故聖人聚象焉.

天尊地卑, 神明之位也.

春夏先, 秋冬後, 四時之序也.

萬物化作, 萌區有狀, 盛衰之殺, 變化之流也.

근본(本)은 위에 있고, 말단(末)은 아래에 있다.

큰 강령(要)은 군주에게 있고, 세부적인(詳) 건 신하에게 있다.

대군을 움직이게 하는 건 덕(德)의 말단적인 방법이다.

상벌(賞罰)과 이해(利害) 그리고

묵형, 의형, 월형, 궁형, 대벽의 오형을 명확히 하는 건

교화(教)의 말단적인 방법이다.

예법(禮法)과 법도(度數) 그리고 형명(形名)을 상세히 따르는 건

다스림(治)의 말단적인 방법이다.

종(鐘)과 북(鼓)소리 그리고 깃털(羽)과 들소 꼬리 모양(旄)의 춤 장식은

즐거움(樂)의 말단적인 방법이다.

곡읍(哭泣)과 최질(衰絰) 그리고 죽음을 애도해서 높이는 상복은

슬픔(哀)의 말단적인 방법이다.

이런 말단적 방법은 정신작용과 마음의 움직임을 기다린 후 따라야 한다.

말단적 방법을 배운 건 옛날 사람에게도 있었지만 이를 앞세우지 않았다.

그래서 군주가 앞서면 신하가 따르고, 아버지가 앞서면 자식이 따르고,

형이 앞서면 아우가 따르고, 어른이 앞서면 젊은이가 따르고,

남자가 앞서면 여자가 따르고, 남편이 앞서면 아내가 따랐을 뿐이다.

이처럼 존귀하거나 천한 것, 앞서거나 뒤따르는 건 천지 운행의 법칙이다.

그래서 성인도 이를 본보기로 삼았다.

하늘이 높고 땅이 낮은 건 천지의 신묘한 밝음(神明)이 정해준 자리이다.

봄과 여름이 앞서고, 가을과 겨울이 뒤따르는 건 사철의 순서이다.

만물이 생겨나서 싹이 터 자라나 서로 다른 형상을 한 뒤

성하고 쇠하면서 맞이하는 죽음도 변화의 한 흐름이다.

注 ————————————————————————

本在於上 末在於下: 근본(本)은 위에(於~上) 있고(在) 말단(末)은 아래에(於~下) 있다(在). 在(있을 재) 末(끝 말 → 말단)

要在於主 詳在於臣: 큰 강령(要)은 군주에게(於~主) 있고(在) 세부적인(詳) (건) 신하에게(於~臣) 있다(在). 要(요할 요 → 큰 강령) 主(주인 주 → 군주) 詳(자세할 상, 세부적인) 臣(신하 신)

三軍五兵之運 德之末也: 대군(三軍五兵)을 움직이도록(運) (하는 건) 덕(德)의 말단적인(末) 방법이다. 三軍五兵〔삼군(三軍) 오병(五兵). 즉 대군〕 運(움직일 운)

賞罰利害 五刑之辟 教之末也: 상벌(賞罰)과 이해(利害), 갖가지 형벌(五刑)을 명확히 적용하는(辟) 건 교화(教)의 말단적인(末) (방법이다). 五刑[다섯 가지(五) 형(刑). 묵형(墨刑), 의형(劓刑), 월형(刖刑), 궁형(宮刑), 대벽(大辟)] 辟(밝힐 벽, 명확히 적용하는 것) 教(가르칠 교 → 교화)

禮法度數 形名比詳 治之末也: 예법(禮法)과 법도(度數), 형명(形名)을 상세하게(詳) 따르는(比) 건 다스림(治)의 말단적인(末) (방법이다). 度數[정한 제도, 즉 법도. 度(법도 도) 數(셈 수)] 形名[형명. 신하에게 의론(議論)인 명(名)과 실제의 성적인 형(形)과의 일치 및 불일치를 비교 대조해서 상벌을 주는 일] 比(따를 비)

鐘鼓之音 羽旄之容 樂之末也: 종(鐘)과 북(鼓) 소리(音), 깃털(羽)과 깃대장식(旄)의 (춤) 모양(容)은 즐거움(樂)의 말단적인(末) (방법이다). 鐘(종 종) 鼓(북 고) 羽(깃 우, 새날개의 긴 털) 旄(깃대장식 모) 容(모습 용, 모양)

哭泣衰絰 隆殺之服 哀之末也: 곡읍(哭泣)과 최질(衰絰), 죽음(殺)을 (애도해서) 높이는(隆) 복장(服)은 슬픔(哀)의 말단적인(末) (방법이다). 哭泣[소리 내 슬피 우는 것. 哭(울 곡) 泣(울 읍)] 衰絰[최질. 즉 상복(喪服)과 수질(首絰) 및 요질(腰絰). 衰(상옷 최) 絰(질 질, 상복을 입을 때 머리에 쓰는 수질)] 隆(높일 륭)

此五末者 須精神之運 心術之動: 이(此) 다섯(五) (가지) 말단적인(末) 방법(者)은 정신(精神) 작용(運)과 마음(心術)의 움직임(動)을 기다리다(須). 運(움직일 운, 작용) 動(움직일 동) 須(기다릴 수)

然後從之者也: 그런(然) 뒤(後) 따르는(從) 것(者)이다. 從(따를 종)

末學者 古人有之: 말단적인(末) 방법을 배운(學) 건(者) 옛(古) 사람(人)에게도 있다(有). 學(배울 학)

而非所以先也: 그러나(而) (이를) 앞세운(以~先) 바(所)가 아니다(非). 즉 앞세우지 않는다.

君先而臣從 父先而子從: (그래서) 군주(君)가 앞서면(先~而) 신하(臣)가 따르고(從), 아버지(父)가 앞서면(先~而) 자식(子)이 따르다(從). 先(먼저 선) 從(좇을 종, 따르다)

兄先而弟從 長先而小從: 형(兄)이 앞서면(先~而) 아우(弟)가 따르고(從), 어른(長)이 앞서면(先~而) 젊은이(小)가 따르다(從).

男先而女從 夫先而婦從: 남자(男)가 앞서면(先~而) 여자(女)가 따르고(從), 남편(夫)이 앞서면(先~而) 아내(婦)가 따르다(從).

夫尊卑先後 天地之行也: 저(夫) 존귀하거나(尊) 천한(卑) 것, 앞(先)서거나 뒤(後) 따르는 건 천지(天地) 운행(行)의 (법칙이다). 尊(높을 존, 존귀하다) 卑(낮을 비, 천하다) 行(움직일 행 → 운행)

故聖人聚象焉: 그래서(故) 성인(聖人)도 (이를) 본보기(象)로 모으다(聚). 즉 본보기로 삼다. 象(본받을 상, 본보기) 聚(모을 취)

天尊地卑 神明之位也: 하늘(天)이 높고(尊) 땅(地)이 낮은(卑) 건 (천지의) 신명한(神明) 밝음이 (정해준) 자리(位)다. 神(영묘할 신) 位(자리 위)

春夏先 秋冬後 四時之序也: 봄(春)과 여름(夏)이 앞서고(先) 가을(秋)과 겨울(冬)이 뒤서는(後) 건 사철(四時)이 진행되는 순서(序)이다. 序(차례 서→순서)

萬物化作 萌區有狀: 만물(萬物)이 변화해(化) 일어나서(作) 싹이 트고(萌) 구별되는(區) 형상(狀)이 있다(有). 즉 만물이 생겨나 싹이 터 자라나서 서로 다른 형상을 지닌다. 化(죽을 화) 作(일어날 작) 萌(싹 맹, 싹 트다) 區(구별 구) 狀(형상 상)

盛衰之殺 變化之流也: (그런 후) 성하고(盛) 쇠하며(衰) (맞이하는) 죽음(殺)도 변화(變化)의 (한) 흐름(流)이다. 盛(성할 성) 衰(쇠할 쇠) 流(흐를 류)

천도 2-4

夫天地至神, 而有尊卑先後之序, 而況人道乎.
宗廟尙親, 朝廷尙尊, 鄕黨尙齒, 行事尙賢, 大道之序也.
語道而非其序者, 非其道也.
語道而非其道者, 安取道.
是故古之明大道者, 先明天而道德次之, 道德已明而仁義次之,
仁義已明而分守次之, 分守已明而形名次之, 形名已明而因任次之,
因任已明而原省次之, 原省已明而是非次之, 是非已明而賞罰次之,
賞罰已明而愚知處宜, 貴賤履位.
仁賢不肖襲情, 必分其能, 必由其名.
以此事上, 以此畜下, 以此治物, 以此修身,
知謀不用, 必歸其天, 此之謂大平, 治之至也.
故書曰: 有形有名. 形名者, 古人有之, 而非所以先也.
古之語大道者, 五變而形名可擧, 九變而賞罰可言也.
驟而語形名, 不知其本也. 驟而語賞罰, 不知其始也.
倒道而言, 迕道而說者, 人之所治也, 安能治人.
驟而語形名賞罰, 此有知治之具, 非知治之道.
可用於天下, 不足以用天下, 此之謂辯士, 一曲之人也.
禮法數度, 形名比詳, 古人有之, 此下之所以事上, 非上之所以畜下也.

천지는 지극히 영묘한 존재인데
여기에도 높고(高) 낮고(低) 앞서고(先) 뒤서는(後) 등의 순서가 있다.

그런데 하물며 사람의 도리(人道)에도 순서가 있는 건 더 말할 나위 없다.

종묘에선 친척이 숭상을 받고, 조정에선 지위 높은 사람이 숭상을 받고,

향리에선 나이 든 사람이 숭상을 받고, 일하는 덴 어진 이가 숭상을 받는다.

이것이 큰 도의 순서이다.

그래서 도를 언급하면서 순서를 말하지 않는 건 참된 도가 아니다.

도를 언급하면서 참된 도가 아니면 참된 도를 어떻게 취할 수 있겠는가.

이 때문에 옛날에 큰 도(大道)에 밝았던 사람은

먼저 자연(天)의 원리를 밝힌 뒤에 도덕(道德)을 그다음에 두고,

도덕이 이미 밝아진 뒤에 인의(仁義)를 그다음에 두고,

인의가 이미 밝혀진 뒤에 직분(分守)을 그다음에 두고,

직분이 이미 밝혀진 뒤에 형명(形名)을 그다음에 두고,

형명이 이미 밝혀진 뒤에 인임(因任)을 그다음에 두고,

인임이 이미 밝혀진 뒤에 감찰(原省)을 그다음에 두고,

감찰이 이미 밝혀진 뒤에 시비(是非)를 그다음에 두고,

시비가 이미 밝혀진 뒤에 상벌(賞罰)을 그다음에 두었다.

상벌이 이미 밝혀진 뒤에

어리석은 사람과 지혜로운 사람이 각자 합당한 평가를 받았고,

귀한 사람과 천한 사람이 각자 신분에 어울리는 자리에 앉았다.

또 어진 사람과 못난 사람이 각자 실정에 부합하는 처우를 받아

반드시 능력에 따라 관직이 주어지고,

반드시 관직의 이름에 근거해서 업적을 평가했다.

이럼으로써 군주를 섬기고, 이럼으로써 백성을 보살피고,

이럼으로써 만물을 다스리고, 이럼으로써 몸을 닦았다.

그래서 지모(智謀)는 사용할 데가 없어

사람들은 반드시 각자 타고난 자연의 상태로 돌아갔다.

이를 두고 태평(太平)이라 일컬으니 이것이 다스림의 극치이다.

그래서 옛글은 말한다.

신하가 수행한 일의 실적이 있으면 일을 시작하기 전에 한 약속이 있다.

실적과 약속의 일치는 옛사람도 추구했는데 이것을 앞세우지 않았다.

옛날에 큰 도를 말한 사람은 다섯 번째인 실적과 약속의 일치만 거론하고,
아홉 번째인 상벌(賞罰)만 언급했다.
그렇더라도 앞의 걸 모두 무시하고 느닷없이 실적과 약속의 일치를 말하면
그건 근본(本)을 모르는 일이다.
또 앞의 걸 모두 무시하고 느닷없이 상벌을 말하면
그건 처음(始)을 모르는 일이다.
도(道)를 거꾸로 말하거나 도를 어그러지게 말하면
남에게 다스려지기나 하지 어찌 남을 다스릴 수 있겠는가?
또 느닷없이 실적과 약속의 일치나 상벌을 말하면
다스림의 도구는 알아도 다스림의 도를 아는 게 아니다.
이런 사람은 천하에 쓰일 수 있으나 천하를 다스리기에 부족하다.
이런 인물을 두고 말 잘하는 선비라 하는데 한 가지 재주만 갖춘 사람이다.
예법(禮法)과 법도(度數), 형명(形名)을 상세히 따른 건 옛날 사람도 그랬다.
그래도 이것들은 백성이 군주를 섬기는 바지
군주가 백성을 보살피는 바가 아니다.

注 ———————————————————————————————

夫天地至神 而有尊卑先後之序: 모름지기(夫) 천지(天地)는 지극히(至) 영묘한(神) (존재이다).
그런데(而) (여기에도) 높고(尊), 낮고(卑), 앞서고(先) 뒤서는(後) (등의) 순서(序)가 있다(有). 序
(차례 서, 순서)

而況人道乎: 그런데(而) 하물며(況) 사람(人)의 도리(道)에 (순서가 있는 건 더 말할 나위 없다).

宗廟尙親 朝廷尙尊: 종묘(宗廟)에선 친척(親)이 숭상을 받고(尙), 조정(朝廷)에선 (지위) 높은
(尊) 사람이 숭상을 받는다(尙). 親(친할 친 → 친척) 尙(숭상할 상) 尊(높을 존)

鄕黨尙齒 行事尙賢: 향리(鄕黨)에선 나이 든 사람(齒)이 숭상을 받고(尙), 일(事) 하는(行) 데는
어진(賢) 사람이 숭상을 받는다(尙). 鄕黨=鄕里(향리) 齒(나이셀 치 → 나이 든 사람) 賢(어질 현)

大道之序也: (그것이) 큰(大) 도(道)의 순서(序)이다.

語道而非其序者 非其道也: (그래서) 도(道)를 언급하면서(語~而) 순서(序)를 (말하지) 않는(非)
건(者) (참된) 도(道)가 아니다(非). 語(말할 어)

語道而非其道者 安取道: 도(道)를 언급하면서(語~而) (참된) 도(道)가 아니라면(非~者) 어찌해
서(安) (참된) 도(道)를 취하는가(取) 安(어찌 안, 어떻게) 取(취할 취)

是故古之明大道者: 이(是) 때문에(故) 옛날(古)에 큰(大) 도(道)에 밝은(明) 사람(者). 古(옛 고)

明(밝을 명)

先明天而道德次之: 먼저(先) 자연(天)의 (원리를) 밝힌 뒤(明~而) 도덕(道德)이 뒤를 잇다(次).
즉 도덕을 그다음에 두다. 次(이을 차, 잇다)

道德已明而仁義次之: 도덕(道德)이 이미(已) 밝아진 뒤(明~而) 인의(仁義)가 뒤를 잇다(次). 즉
인의를 그다음에 두다.

仁義已明而分守次之: 인의(仁義)가 이미(已) 밝아진 뒤(明~而) 직분(分守)이 뒤를 잇다(次). 즉
직분을 그다음에 두다. 分守〔직분. 역할(分)과 직무(守)〕

分守已明而形名次之: 직분(分守)이 이미(已) 밝아진 뒤(明~而) 형명(形名)이 뒤를 잇다(次). 즉
형명을 그다음에 두다. 形名〔형명. 신하에게 의론(議論), 즉 약속한 명(名)과 실제 수행한 성
적, 즉 업적인 형(形)과 일치 및 불일치를 비교 대조해 상벌을 주는 일〕

形名已明而因任次之: 형명(形名)이 이미(已) 밝아진 뒤(明~而) 인임(因任)이 뒤를 잇다(次). 즉
인임을 그다음에 두다. 因任〔인임. 능력에 따른(因) 임명(任)〕

因任已明而原省次之: 인임(因任)이 이미(已) 밝아진 뒤(明~而) 감찰(原省)이 뒤를 잇다(次). 즉
감찰을 그다음에 두다. 原省〔감찰. 거듭(原) 살피다(省)〕

原省已明而是非次之: 감찰(原省)이 이미(已) 밝아진 뒤(明~而) 시비(是非)가 뒤를 잇다(次). 즉
시비를 그다음에 두다.

是非已明而賞罰次之: 시비(是非)가 이미(已) 밝아진 뒤(明~而) 상벌(賞罰)이 뒤를 잇다(次). 즉
상벌을 그다음에 두다.

賞罰已明而愚知處宜: 상벌(賞罰)이 이미(已) 밝아진 뒤(明~而) 어리석은(愚) (사람과) 지혜로운
(知) (사람이) 마땅한(宜) (곳에) 머물다(處). 즉 합당한 평가를 받다. 宜(마땅할 의) 處(살 처)

貴賤履位: 귀한(貴) (사람)과 천한(賤) (사람이 각자 신분에 어울리는) 자리(位)에 앉다(履). 位(자리
위) 履(신을 리 → 앉다)

仁賢不肖襲情: (또) 어진(仁賢) (사람)과 못난(不肖) (사람이 각자) 실정(情)에 부합하는(襲) (처우
를 받다). 仁賢〔어짊. 仁(어질 인) 賢(어질 현)〕 不肖〔본받지(肖) 않은(不) 사람. 즉 못난 사람. 肖
(본받을 초)〕 情(실정 정) 襲(맞을 습 → 부합하다)

必分其能 必由其名: (그래서) 반드시(必) 능력(能)에 따라 (관직을) 나눠주고(分), 반드시(必) (관
직의) 이름(名)으로 말미암는다(由). 즉 관직의 이름에 근거해서 업적을 평가하다. 分(나눌 분)
名(이름 명) 由(말미암을 유)

以此事上 以此畜下: 이럼으로써(以~此) 군주(上)를 섬기고(事), 이럼으로써(以~此) 백성(下)을
보살피다(畜). 事(섬길 사) 畜(기를 흑 → 보살핌)

以此治物 以此修身: 이럼으로써(以~此) 만물(物)을 다스리고(治), 이럼으로써(以~此) (자신의)
몸(身)을 닦다(修). 修(닦을 수)

知謀不用 必歸其天: (그래서) 지모(智謀)는 사용할(用) (데가) 없어(不) (사람들은) 반드시(必) (각자 타고난) 자연(天) (상태로) 돌아가다(歸). 歸(돌아갈 귀)

此之謂大平 治之至也: 이(此)를 두고 태평(太平)이라 일컬으니(謂) (이것이) 다스림(治)의 극치(至)이다.

故書曰 有形有名: 그래서(故) (옛) 글(書)이 말하다. 신하가 수행한 일의 실적(形)이 있으면(有) 일을 시작하기 전에 한 약속(名)이 있다(有). 形(모양 형 → 신하가 수행한 일의 실적) 名(이름 명 → 신하가 일을 시작하기 전에 한 약속)

形名者 古人有之: 실적(形)과 약속(名)의 일치(者)는 옛(古) 사람(人)도 추구하다(有).

而非所以先也: 그러나(而) (이것을) 앞세운(以~先) 바(所) 아니다(非). 즉 앞세우지 않는다.

古之語大道者: 옛날(古)에 큰(大) 도(道)를 말한(語) 사람(者).

五變而形名可舉: 다섯 번 변한 것(五變~而), 즉 다섯 번째인 실적(形)과 약속(名)의 일치를 거론할(舉) 수(可) 있다. ★ 오변(五變)이 지시하는 의미는 다섯 번 변함이다. 즉 1)천(天) → 2) 도덕(道德) → 3)인의(仁義) → 4)분수(分守) → 5)형명(形名)까지 변하는 것이다. 變(변화 변) 舉(들 거, 말하고 묻다 → 거론하다)

九變而賞罰可言也: 아홉 번 변한 것(九變~而), 즉 아홉 번째인 상벌(賞罰)을 말할(言) 수(可) 있다. ★ 구변(九變)이 지시하는 의미는 아홉 번 변함이다. 즉 1)천(天) → 2)도덕(道德) → 3) 인의(仁義) → 4)분수(分守) → 5)형명(形名) → 6)인임(因任) → 7)원성(原省) → 8)시비(是非) → 9)상벌(賞罰)까지 변하는 것이다.

驟而語形名 不知其本也: (그렇더라도 앞의 것들을 모두 무시하고) 느닷없이(驟~而) 실적(形)과 약속(名)의 (일치를) 말하면(語) (그건) 근본(本)을 알지(知) 못하는(不) (일이다). 驟(갑작스러울 취, 느닷없이)

驟而語賞罰 不知其始也: (또 앞의 것들을 모두 무시하고) 느닷없이(驟~而) 상벌(賞罪)을 말하면(語) (그건) 처음(始)을 알지(知) 못하는(不) (일이다).

倒道而言 迕道而說者: 도(道)를 거꾸로(倒~而) 말하거나(言) 도(道)를 어그러지게(迕~而) 말하면(說~者). 倒(거꾸로될 도) 迕(거스를 오, 어그러짐) 說(말 설, 말하다)

人之所治也 安能治人: 남(人)에게 다스려지거나(治) (하는) 바(所)지 어찌(安) 남(人)을 다스릴(治) 수(能) 있을까?

驟而語形名賞罰: (또) 느닷없이(驟迕) 실적(形)과 약속(名)의 (일치와) 상벌(賞罪)을 말하다(語).

此有知治之具 非知治之道: (그러면 이는) 다스림(治)의 도구(具)에 대해 앎(知)은 있어도(有), 즉 다스림의 도구는 알아도 다스림(治)의 도(道)를 아는(知) 게 아니다(非). 具(그릇 구)→道具(도구)

可用於天下 不足以用天下: (이런 사람은) 천하에(於~天下) 쓰일(用) 수(可) 있으나 천하(天下)를

쓰기에(以~用), 즉 다스리기에는 부족하다(不足).

此之謂辯士 一曲之人也: 이런(此) (인물을 두고) 말 잘하는(辯) 선비(士)라 말하는데(謂) (그저) 한 가지 재주만 갖춘 사람(一曲之人)이다. 辯(말잘할 변) 一曲之人〔한 가지(一)만 자세히(曲) 아는 사람(人). 즉 한 가지 재주만 갖춘 사람. 曲(자세할 곡)〕

禮法數度 形名比詳 古人有之: 예법(禮法)과 법도(度數), 형명(形名)을 상세히(詳) 따르는(比) 건 옛(古)사람(人)에게도 있다(有).

此下之所以事上 非上之所以畜下也: (그렇더라도) 이것(此)은 백성(下)이 군주(上)를 섬기는(以 ~事) 바(所)이지 군주(上)가 백성(下)을 보살피는(畜) 바(所)가 아니다(非). 事(섬길 사)

천도(天道) 3

昔者舜問於堯曰:「天王之用心何如?」

堯曰:「吾不敖無告, 不廢窮民, 苦死者, 嘉孺子而哀婦人. 此吾所以用心已.」

舜曰:「美則美矣, 而未大也.」

堯曰:「然則何如?」

舜曰:「天德而土寧日月照而四時行., 若晝夜之有經., 雲行而雨施矣.」

堯曰:「膠膠擾擾乎! 子, 天之合也., 我, 人之合也.」

夫天地者, 古之所大也, 而皇帝堯舜之所共美也.

故古之王天下者, 奚爲哉? 天地而已矣.

옛날에 신하 순(舜)이 자신의 군주인 요(堯)임금에게 물었다.
"하늘의 왕(天王)이신 요임금께선 어떻게 마음을 쓰시나요?"
요임금이 대답했다.
"나는 힘없는 사람을 깔보지 않고, 가난한 백성을 내치지 않고,
죽은 자를 애통해하고, 갓난애를 가상히 여기고, 과부를 애처롭게 여기네.
이것이 내가 마음을 쓰는 바이네."
순이 말했다. "좋기는 한데 아직은 훌륭하지 않습니다."
요임금이 말했다. "그러면 어떻게 마음을 써야 하는가?"
순이 말했다.
"하늘의 덕이 있으면 땅이 편안하고,
해와 달이 만물을 제대로 비추면 사철은 올바르게 운행합니다.

이처럼 밤낮의 교대에는 일정한 규칙이 있고,

또 구름이 만들어져야 비가 내립니다."

요임금이 말했다.

"내가 혼란스러워서 어지러워졌네!

자네는 자연과 부합하는 사람이고, 나는 사람과 부합하는 사람이네."

천지는 옛날 사람도 훌륭하다고 했고, 황제와 요순임금도 좋다고 했다.

그래서 옛날에 천하를 다스렸던 왕은 어찌했을까? 그저 천지만 따랐다.

注 ————————————————————————————————

昔者舜問於堯曰: 옛날(昔者)에 순(舜)이 (자신의 군주인) 요(堯)임금에게 묻다(問). 昔(옛 석)

天王之用心何如?: 천왕(天王)인 (요임금은) 어떻게(何如) 마음(心)을 쓰나요(用)? 何如〔어찌 → 어떻게. 何(어찌 하)〕用(쓸 용)

堯曰 吾不敖無告: 요(堯)임금이 말하다. 나(吾)는 힘없는(無告) (사람을) 깔보지(敖) 않다(不). 無告〔고할(告) 수 없음(無). 즉 호소할 데 없음 → 힘없는〕敖(거만할 오 → 깔보다)

不廢窮民: 가난한(窮) 백성(民)을 내치지(廢) 않다(不). 窮(궁할 궁 → 가난한) 廢(폐할 폐, 내치다)

苦死者 嘉孺子而哀婦人: 죽은(死) 자(者)를 애통해(苦) 하고, 갓난애(孺子)를 가상히 여기고(嘉 ~而), 과부(婦人)를 애처롭게(哀) 여기다. 苦(괴로워할 고 → 애통해하다) 孺子〔어린아이. 孺(젖먹이기 유)〕嘉(기릴 가, 가상히 여기다) 婦人〔부인. 여기선 과부로 해석해야 마땅함. 婦(아내 부)〕

此吾所以用心已: 이것(此)이 내(吾)가 마음(心)을 쓴(以→用) 바(所)다.

舜曰 美則美矣 而未大也: 순(舜)이 말하다. 좋으면(美~則) 좋지만(美), 즉 좋기는 한데 아직 (未) 훌륭하지(大) 않다. 美(좋다고할 미) 則(곧 즉, ~할 때) 大(클 대 → 훌륭하다)

堯曰 然則何如?: 요(堯)임금이 말하다. 그러면(然則) 어떻게(何如) (마음을 써야 하나)?

舜曰 天德而土寧: 순(舜)이 말하다. 하늘(天)의 덕이 있으면(德~而) 땅(土)이 편안하다(寧). 寧 (편안할 녕)

日月照而四時行: 해(日)와 달(月)이 (만물을 제대로) 비치면(照~而) 사철(四時)은 (올바르게) 운행하다(行). 照(비출 조)

若晝夜之有經: 이처럼(若) 낮(晝)과 밤(夜)의 (교대에는 일정한) 규칙(經)이 있다(有). 晝(낮 주) 夜(밤 야) 經(길 경 → 규칙)

雲行而雨施矣: (또) 구름(雲)이 만들어져야(行~而) 비(雨)가 내리다(施). 雲(구름 운) 施(베풀 시 → 내리다)

堯曰 膠膠擾擾乎!: 요(堯)임금이 말하다. (내가) 혼란스러워(膠膠) 어지럽다(擾擾)! 膠膠〔교교. 움직여 혼란한 모양. 膠(갖풀 교)〕擾擾〔어지러운 모양. 擾(어지러울 요)〕

子 天之合也 我 人之合也: 너(子)는 자연(天)과 부합하고(合) 나(我)는 사람(人)과 부합하다(合). 子(너 자) 合(합할 합)

夫天地者 古之所大也: 모름지기(夫) 천지(天地)란 것(者)은 옛날(古) (사람들이) 훌륭하다고(大) 한 바다(所).

而皇帝堯舜之所共美也: 그리고(而) 황제(皇帝)와 요(堯)임금 순(舜)임금도 함께(共) (이를) 좋다(美) 여긴 바다(所). 共(함께 공)

故古之王天下者 奚爲哉?: 고로(故) 옛날(古)에 천하(天下)를 다스렸던 왕(王)이란 사람(者)은 어찌(奚) 했는가(爲)? 奚(어찌 해)

天地而已矣: 천지(天地~而) 그 뿐(已)이었다. 즉 그저 천지만 따랐다.

천도(天道) 4

孔子西藏書於周室.

子路謀曰:「由聞周之徵藏史有老聃者, 免而歸居, 夫子欲藏書, 則試往因焉.」

孔子曰:「善.」

往見老聃, 而老聃不許, 於是繙六經以說.

老聃中其說., 曰:「大謾., 願聞其要.」

孔子曰:「要在仁義.」

老聃曰:「請問, 仁義, 人之性邪?」

孔子曰:「然. 君子不仁則不成, 不義則不生. 仁義, 眞人之性也, 又將奚爲矣?」

老聃曰:「請問, 何謂仁義?」

孔子曰:「中心物愷, 兼愛無私, 此仁義之情也.」

老聃曰:「意, 幾乎後言! 夫兼愛, 不亦迂乎! 無私焉, 乃私也.

夫子若欲使天下無失其牧乎?

則天地固有常矣, 日月固有明矣, 星辰固有列矣, 禽獸固有群矣, 樹木固有立矣.

夫子亦放德而行, 循道而趨, 已至矣., 又何偈偈乎揭仁義, 若擊鼓而求亡子焉?

意, 夫子亂人之性也!」

공자가 서쪽에 위치한 주(周)나라 왕실 서고에 자신의 책을 소장코자 했다.

자로(子路)가 그 건에 관해 상의하면서 말했다.

"저 유(由)가 듣건대 주나라 서고 관리인에 노담이란 사람이 있는데 지금은 일을 그만두고 집에서 쉰다고 합니다.

선생님께서 저서를 소장하고 싶으면 한 번 찾아가서 부탁하지요."

공자가 말했다. "좋은 생각이네."

그리고 가서 노담을 만났는데 그가 책의 소장을 좀체 허락하지 않자

공자는 들고 간 육경(六經)을 반복하며 풀이해서 설명했다.

노담이 설명 도중에 말했다. "설명이 너무 깁니다. 요점만 듣기를 원합니다."

공자가 말했다. "요점은 인의(仁義)에 있습니다."

노담이 물었다. "청해 묻건대 인의는 사람의 타고난 본성(性)인가요?"

공자가 말했다. "그렇습니다.

군자가 어질지 못하면 삶이 이루어지지 않고,

의롭지 않으면 살아가지 못합니다.

인의는 진인(眞人)의 타고난 본성(性)이어 이밖에 또 무얼 할 게 있겠습니까?"

노담이 물었다. "청해 묻건대 무엇을 인의(仁義)라고 말합니까?"

공자가 말했다.

"진심으로 사물을 편안하게 즐기고, 사람을 차별 없이 사랑하고,

사사로움이 없는 게 인의의 자연스러운 모습입니다."

노담이 말했다.

"아, 나중에 한 말, 사사로움이 없다는 말은 참으로 위험한 소리입니다!

또 사람을 차별 없이 사랑한다는 것도 현실과 동떨어진 소리입니다!

인의에 사사로움이 없다는 것 자체가 사사로운 생각입니다.

선생은 어째서 천하가 만물을 키우고 가꾸는 데서 달아날 수 없도록 처신

하나요? (저 천지를 보십시오.)

그러면 천지에는 본디 일정한 법칙이 있고,

해와 달에는 본디 밝음이 있고, 별들은 본디 하늘에 즐비하고,

짐승은 본디 무리를 이루고, 나무는 본디 꼿꼿한 세움(立)이 있습니다.

선생도 그런 자연의 덕(德)을 본받아 행동하고, 도(道)를 좇아 달리니까

그것으로 지극할 뿐입니다.

또 어째서 인의를 내걸고 북을 치면서 많은 애를 씁니까?

어째서 잃은 자식을 찾듯이 많은 애를 씁니까?

아, 선생은 사람의 타고난 본성(性)을 어지럽히고 있습니다!"

注 ──

孔子西藏書於周室: 공자(孔子)가 서쪽(西)에 (위치한) 주(周)나라 왕실 서고에(於~室) (자신의) 책(書)을 소장하고자(藏) 하다. 室(집 실 → 서고) 書(글 서, 책) 藏(갈무리할 장, 저장하다 → 소장하다)

子路謀曰: 자로(子路)가 (그 건에 관해) 상의하면서(謀) 말하다. 謀(꾀할 모, 상의하다)

由聞周之徵藏史有老聃者: 유(由)가 듣건대(聞) 주(周)나라 서고 관리인(徵藏史)에 노담(老聃) 이란 사람(者)이 있다(有). 徵藏史〔저장(藏)을 주관하는(徵) 관리(史). 즉 서고 관리인. 徵(주관 할 징) 藏(갈무리할 장) 史(속관 사, 벼슬아치)〕

免而歸居: (그런데 지금은) 일을 그만두고(免~而) 집(居)으로 돌아가다(歸). 즉 집에서 쉬다. 免 (벗어날 면 → 일을 그만두다) 居(집 거)

夫子欲藏書 則試往因焉: 선생(夫子)이 저서(書)를 소장하고(藏) 싶으면(欲~則) 한번(試) 찾아 가서(往) 부탁하다(因). 試(시험할 시, 시험 삼아 → 한번) 往(갈 왕) 因(부탁할 인)

孔子曰 善: 공자(孔子)가 말하다. 좋은(善) (생각이다). 善(좋을 선)

往見老聃 而老聃不許: (그리고) 가서(往) 노담(老聃)을 만났는데(見~而) 노담(老聃)이 (책의 소장 을 좀체) 허락하지(許) 않다(不). 許(허락 허)

於是繙六經以說: 이에(於~是) (공자는 갖고 간) 육경(六經)을 반복하면서 풀이해(繙~以) 설명하 다(說). 六經〔시(詩)·서(書)·예(禮)·악(樂)·역(易)·춘추(春秋)의 육경〕 繙(되풀이풀이할 번, 반복 해 풀이하다) 說(말할 설, 설명하다)

老聃中其說 曰 大謾 願聞其要: 노담(老聃)이 설명(說) 도중(中)에 말하다. (설명이) 너무(大) 길 다(謾). 요점(要)만 듣기를(聞) 원하다(願). 謾(게으를 만) 謾(길 만, 짧지 않음) 要(요점 요)

孔子曰 要在仁義: 공자(孔子)가 말하다. 요점(要)은 인의(仁義)에 있다(在).

老聃曰 請問 仁義 人之性邪?: 노담(老聃)이 말하다. 청해(請) 묻건대(問) 인의(仁義)는 사람 (人)의 (타고난) 본성(性)인가요?

孔子曰 然: 공자(孔子)가 말하다. 그러하다(然).

君子不仁則不成: 군자(君子)는 어질지(仁) 못하면(不~則) (삶이) 이루어지지(成) 않다(不). 成 (이룰 성)

不義則不生: 의롭지(義) 못하면(不~則) 살아가지(生) 못하다(不).

仁義 眞人之性也: 인의(仁義)는 진인(眞人)의 (타고난) 본성(性)이다.

又將奚爲矣?: (그러니까 이밖에) 또(又) 무엇(奚)을 할 것인가(將~爲)? 奚(어찌 해)

老聃曰 請問 何謂仁義?: 노담(老聃)이 말하다. 청해(請) 묻건대(問) 무엇(何)을 인의(仁義)라 말하는가(謂)?

孔子曰 中心物愷: 공자(孔子)가 말하다. 진심(中心)으로 사물(物)을 편안하게 즐기다(愷). 中心
〔마음속. 즉 진심. 中(가운데 중)〕 愷(즐길 개, 편안하게 즐기다)

兼愛無私: (사람을) 함께(兼) 사랑하며(愛), 즉 사람을 차별 없이 사랑하며 (또) 사사로움(私)이
없다(無). 私(사 사, 사사로움)

此仁義之情也: 이것(此)이 인의(仁義)의 (자연스러운) 모습(情)이다. 情(실상 정, 자연스런 모습)

老聃曰 意 幾乎後言!: 노담(老聃)이 말하다. 아(意), 나중에(後) 한 말(言), 즉 사사로움이 없다
는 말은 (참으로) 위험한(幾) (소리이다)! 幾(위태할 기, 위험하다)

夫兼愛 不亦迂乎!: (또) 모름지기(夫) (사람을) 차별 없이 사랑하는(兼愛) 것 또한(亦) (현실과)
동떨어진(迂) (소리가) 아닌가(不)! 즉 동떨어진 소리이다! 迂(멀 우 → 동떨어진)

無私焉 乃私也: (인의에) 사사로움(私)이 없다는(無) 것 (자체가) 사사로운(私) (생각이어서다).

夫子若欲使天下無失其牧乎?: 선생(夫子)은 어째서(若) 천하가(使~天下) 만물을 키우고 가꾸
는(牧) 일에서 달아나지(失) 못하게(欲~無) (처신하는가)? 若(어찌 약) 牧(기를 목, 만물을 키우고 가
꾸다) 失(달아날 일)

則天地固有常矣: 그러면(則) 천지(天地)에는 본디(固) 일정한 법칙(常)이 있다(有). 固(본디 고)
常(항상 상, 일정한 법칙)

日月固有明矣: 해(日)와 달(月)에는 본디(固) 밝음(明)이 있다(有).

星辰固有列矣: 별들(星辰)에는 본디(固) 늘어놓음(列)이 있다(有). 즉 하늘에 즐비하다. 星辰
〔별. 星(별 성) 辰(일월성신. 즉 해·달·별을 총칭)〕 列(줄 렬, 늘어놓다)

禽獸固有群矣: 짐승(禽獸)은 본디(固) 무리(群)가 있다(有). 즉 무리를 이루다. 禽獸〔짐승. 禽
(날짐승 금) 獸(길짐승 수)〕

樹木固有立矣: 수목(樹木)은 본디(固) 꼿꼿한 섬(立)이 있다(有). 立(설 립, 꼿꼿이 섬)

夫子亦放德而行: 선생(夫子) 또한(亦) (그런 자연의) 덕을 본받아(放~而) 행동하다(行). 放(본받
을 방)

循道而趨 已至矣: 도(道)를 좇아(循~而) 달리니까(趨) (그것으로) 지극할(至) 뿐이다(已). 循(좇
을 순, 따르다) 趨(달릴 추) 至(지극할 지)

又何偈偈乎揭仁義: 또(又) 어째서(何) 인의(仁義)를 내걸고(揭) 많은 애를 쓰는가(偈偈~乎). 揭
(들 게 → 내걸다) 偈偈〔힘 씀. 진력하다 → 많은 애를 쓰다. 偈(힘쓸 걸)〕

若擊鼓而求亡子焉?: (어째서) 북(鼓)을 치며(擊~而) 잃은(亡) 자식(子)을 찾듯이(若~求) (애쓰는
가)? 擊(칠 격) 亡(잃을 망) 求(찾을 구)

意 夫子亂人之性也!: 아(意). 선생(夫子)은 사람(人)의 타고난 본성(性)을 어지럽히다(亂)! 亂
(어지러울 란)

천도(天道) 5

士成綺見老子而問曰:「吾聞夫子聖人也, 吾固不辭遠道而來願見,

百舍重趼而不敢息. 今吾觀子, 非聖人也.

鼠壤有餘蔬, 而棄妹之者, 不仁也, 生熟不盡於前, 而積斂無崖.」

老子漠然不應.

士成綺明日復見, 曰:「昔者, 吾有刺於子, 今吾心正却矣, 何故也?」

老子曰:「夫巧知神聖之人, 吾自以爲脫焉. 昔者子呼我牛也而謂之牛,

呼我馬也而謂之馬. 苟有其實, 人與之名而弗受, 再受其殃.

吾服也恒服, 吾非以服有服.」

士成綺雁行避影, 履行遂進而問:.「修身若何?」

老子曰:「而容崖然, 而目衝然, 而顙頯然, 而口闞然, 而狀義然, 似繫馬而止也.

動而持, 發也機, 察而審, 知巧而覩於泰, 凡以爲不信. 邊竟有人焉, 其名爲竊.」

夫子曰:「夫道, 於大不終, 於小不遺, 故萬物備, 廣廣乎其無不容也,

淵淵乎其不可測也. 形德仁義, 神之末也, 非至人孰能定之!

夫至人有世, 不亦大乎! 而不足以爲之累.

天下奮棅而不與之偕, 審乎無假而不與利遷, 極物之眞, 能守其本,

故外天地, 遺萬物, 而神未嘗有所困也.

通乎道, 合乎德, 退仁義, 賓禮樂, 至人之心有所定矣.」

사성기(士成綺)가 노자(老子)를 뵙고 물었다.

"저는 선생을 성인이라 들어 먼 길을 마다하지 않고 와서 뵙길 원합니다.

여관에서 백일을 자고 많이 걸어 발에 굳은살이 생겨나도 쉬지 않았습니다.

그런데 지금 제가 선생을 뵈니까 선생은 성인이 아닙니다.

쥐구멍의 흙에도 먹다 남은 쌀알이 있는데

저처럼 어리석은 사람을 돌보지 않으니까 어질지 않습니다.

게다가 날 거든 익은 거든 먹을 게 눈앞에 엄청나게 많은데

한없이 거두어 쌓아놓고만 있습니다."

노자는 조용히 아무런 반응을 보이지 않았다.

사성기는 이튿날 아침 노자를 다시 뵙고 물었다.

"어제는 선생을 헐뜯었는데 오늘은 제 마음이 바르게 되었으니 어째선가요?"

노자가 말했다.

"훌륭한 앎을 지닌 영험한 성인인 그대에게 나는 크게 구애를 받지 않네.

자네가 어제 나를 소라 부르면 소라 여기고, 말이라 부르면 말이라 여기네.

정말로 그러한데 사람들에게 이렇게 이름 붙여지는 걸 받아들이지 않으면

나는 거듭해서 재앙을 받네.

내 행동은 이처럼 늘 자연스러워 특별히 부자연스럽게 행동하지 않네."

사성기가 비스듬히 물러서며 노자의 그림자를 밟지 않고 신을 신고 들어가

방안에 이르자 나아가서 물었다.

"수신(修身)은 어떻게 하나요?"

노자가 말했다.

"그런데 자네 얼굴은 날카롭고, 눈은 상대를 쏘아보고, 이마는 반들거리고,

입은 으르렁거리고, 모습은 의연해도 말을 억지로 묶어 멈추게 한 것 같네.

그러니 자네는 묶인 말처럼 움직이고 싶은 걸 억지로 참고 있는데

일단 튕겨 나가면 쇠뇌처럼 빠를 거네.

또 사물을 살피면 꼼꼼히 파악하고,

앎과 재주를 믿고 교만한 태도를 보이니까 모든 게 참되지 않네.

변방 끝에 자네와 같은 사람이 있는데 이름을 도둑(竊)이라고 하지."

노자가 계속해서 말했다.

"도는 큰 것에 의해 다 없어지는 일이 없고, 작은 것에 의해 버려지는 일이

없어 모든 만물은 도를 갖추고 있네.

또 도는 넓고 넓어서 모든 걸 담을 수 있고, 깊고 깊어서 헤아릴 수 없네.

형덕(形德)과 인의(仁義)는 도의 영묘한 작용에서 볼 때 말단에 위치하는데

지인(至人)만이 말단인지 여부를 판단할 수 있네!"

그러니 지인이 세상에 있는 게 얼마나 좋은 일인가!

그런데 지인은 세상에 묶이는 걸 싫어해서

천하가 지인을 자루에 넣고 흔들어도 휩쓸리지 않고,

의지할 곳이 없는 걸 환히 알아서 재물의 노예가 되지 않고,

사물의 진면목을 깊이 체득해서 근본을 지키네.

그래서 지인은 천지를 잊고 만물을 버려도 그의 정신엔 아무 어려움이 없네.
도와 통하고 덕과 짝하고, 인의(仁義)를 물리치고 예악(禮樂)을 멀리하니까
지인의 마음은 늘 안정되어 있네."

注 —

士成綺見老子而問曰: 사성기(士成綺)가 노자(老子)를 뵙고(見) 물어(問) 말하다. 士成綺〔가공
의 인물로 (유가의 덕목을) 화려하게(綺) 이룬(成) 선비(士)란 의미. 綺(고울 기, 화려함)〕

吾聞夫子聖人也: 나(吾)는 선생(夫子)을 성인(聖人)이라 듣다(聞).

吾固不辭遠道而來願見: (그래서) 나(吾)는 굳이(固) 먼(遠) 길(道)을 마다하지(辭) 않고(不~而)
와(來) 뵙기(見)를 원하다(願). 固(굳이 고) 遠(멀 원, 거리가 길다) 辭(사양할 사, 마다하다)

百舍重趼而不敢息: 여관(舍)에서 백일(百)을 자고 (많이 걸어서) 발에 굳은 살(重趼)이 생겨나
도(而) 감히(敢) 쉬지(息) 않다(不). 舍(여관 사) 重趼〔굳은 살. 趼(못 견, 발에 생기는 딱딱한 군살)
重(거듭 중)〕

今吾觀子 非聖人也: (그런데) 지금(今) 내(吾)가 선생(子)을 보니까(觀) (선생은) 성인(聖人)이 아
니다(非). 觀(볼 관)

鼠壤有餘蔬: 쥐구멍의 흙(鼠壤)에도 (먹다) 남은(餘) 쌀알(蔬)이 있다(有). 鼠壤〔쥐구멍의 흙.
鼠(쥐 서) 壤(땅 양)〕 餘(남을 여) 蔬(날 소, 곡식의 알)

而棄眛之者 不仁也: 그런데(而) (나처럼) 어리석은(眛) 사람(者)을 돌보지 않으니(棄) 어질지
(仁) 않다(不). 眛(어리석을 매) ※ 참고한 『莊子今註今譯』에 '妹(누이 매)'로 표기되었는데 오
자로 보아 '眛(어리석을 매)'로 바꾸어서 해석했다. 棄(버릴 기, 돌보지 않다)

生熟不盡於前: (게다가) 날(生) 거든 익은(熟) 거든 (간에 먹을 게 눈) 앞에(於~前) 다함(盡)이 없
다(不), 즉 눈앞에 엄청나게 많다. 生(날 생) 熟(익을 숙)

而積斂無崖: 그런데(而) 경계(崖)가 없이(無), 즉 한없이 거두어서(斂) 쌓다(積). 崖(경계 애) 斂
(거둘 렴) 積(쌓을 적)

老子漠然不應: 노자(老子)는 조용히(漠然) (아무런) 반응(應)을 않다(不). 漠然〔막연히. 漠(조용
할 막)〕 應(응할 응 → 반응하다)

士成綺明日復見 曰: 사성기(士成綺)는 이튿날 아침(明日) 다시(復) 만나보고(見) 말하다. 明日
〔내일. 明(새벽 명, 이튿날 새벽)〕

昔者 吾有刺於子: 내(吾)가 어제(昔者)는 선생에게(於~子) 헐뜯음(刺)이 있다(有). 즉 어제는
선생을 헐뜯다. 昔者〔어제. 昔(옛 석)〕 刺(헐뜯을 자)

今吾心正却矣 何故也?: (그런데) 오늘(今) 내(吾) 마음(心)이 도리어(却) 바르다(正). 어째서(何)
그런가(故)? 今(지금 금, 오늘) 却(도리어 각) 正(바를 정) 故(연고 고, 이유)

老子曰 夫巧知神聖之人: 노자(老子)가 말하다. 모름지기(夫) 훌륭한(巧) 앎(知)을 (지닌) 영험한(神) 성인(聖人). 巧(좋을 교, 훌륭하다) 神(영험이있을 신, 영험한)

吾自以爲脫焉: (그런 너에게) 나(吾)는 스스로(自) 그럼으로써(以) 벗어나다(爲~脫). 즉 크게 구애받지 않다. 脫(벗을 탈, 벗어나다)

昔者子呼我牛也而謂之牛: 너(子)가 어제(昔者) 나(我)를 소(牛)라 부르면(呼~而) 소(牛)라 여기다(謂). 呼(부를 호)

呼我馬也而謂之馬: 나(我)를 말(馬)이라 부르면(呼~而) 말(馬)이라 여기다(謂).

苟有其實 人與之名而弗受: 정말로(苟) (그런) 사실(實)이 있어(有), 즉 정말로 그러한데 사람에게(與~人) (이렇게) 이름(名)이 붙여지는 걸 받아들이지(受) 않다(弗). 苟(진실로 구, 정말로) 實(실제 실, 사실) 受(받을 수) 弗(아니 불)=不

再受其殃: (그러면 나는) 거듭해서(再) 재앙(殃)을 받다(受). 再(두번 재, 거듭) 殃(재앙 앙)

吾服也恒服: (이처럼) 내(吾) 행동(服)은 늘(恒) (자연스러운) 행동(服)이다. 服(행할 복, 행동) 恒(항상 항)

吾非以服有服: (그래서) 내(吾)가 행함으로(以~服) 행함(有~服)이 없다(非). 즉 특별히 부자연스럽게 행동하지 않다.

士成綺雁行避影: 사성기(士成綺)가 비스듬히(雁) 물러나며(行) (노자의) 그림자(影)를 피하려 하다(避). 즉 밟지 않다. 行(갈 행 → 물러나다) 雁(기러기 안 → 기러기처럼 비스듬히 이동하다) 影(그림자 영) 避(피할 피)

履行逐進而問: (그리고) 신을 신고(履) 들어가(行) (방안에) 이르자(逐) 나아가서(進~而) 묻다(問). 履(신 이, 신을 신다) 逐(이를 수) 進(나아갈 진)

修身若何?: 수신(修身)은 어떻게(若何) (하는가)? 若何〔어찌 → 어떻게. 若(어찌 약) 何(어찌 하)〕

老子曰 而容崖然 而目衝然: 노자(老子)가 말하다. 그런데(而) (네) 얼굴(容)은 날카롭고(崖然~而) 눈(目)은 상대를 쏘아보다(衝然). 容(얼굴 용) 崖然〔날카로운 모습. 崖(모날 애)〕衝然〔쏘아보는 모양. 衝(찌를 충, 찌를듯하다)〕

而顙頯然 而口闞然: 그리고(而) 이마(顙)는 반들거리며(頯然~而), 입(口)은 으르렁거리다(闞然). 顙(이마 상) 頯然〔반들거림. 頯(세수할 회 → 반들거림)〕闞然〔으르렁거림. 闞(으르렁거릴 함)〕

而狀義然: 그리고(而) 모습(狀)은 의연하다(義然). 狀(형상 상, 모습)

似繫馬而止也: (그러나) 말(馬)을 (억지로) 묶어(繫~而) 멈춘(止) 것 같다(似). 繫(맬 계, 묶다) 止(그칠 지, 멈추다) 似(같을 사)

動而持 發也機: (그러니 너는 묶인 말처럼) 움직이고(動~而) (싶은 걸 억지로) 참지만(持) (일단) 튕겨 나가면(發) 쇠뇌(機)처럼 빠르다. 持(버틸 지 → 참다) 發(쏠 발 → 튕겨 나가다) 機(틀 기 → 쇠뇌에 있는 발사 장치)

察而審: (또 사물을) 살피면(察~而) 꼼꼼히 파악하다(審). 察(살필 찰) 審(살필 심, 꼼꼼히 파악하다)

知巧而覩於泰: 앎(知)과 재주를 믿고(巧~而) 교만함을(於~泰) 보다(覩). 즉 교만한 태도를 보이다. 巧(재주 교) 泰(교만할 태) 覩(볼 도)

凡以爲不信: 모두(凡)가 신뢰(信)가 없음으로써(以~爲不)이다. 즉 모든 게 참되지 않다. 凡(모두 범)

邊竟有人焉 其名爲竊: 변방(邊) 끝(竟)에 (너 같은) 사람(人)이 있는데(有) 이름(名)을 도둑이라 한다(爲~竊). 邊(변방 변) 竟(끝 경) 竊(훔칠 절, 도둑)

夫子曰 夫道 於大不終: (노자) 선생(夫子)이 말하다. 저(夫) 도(道)는 큰 것에(於~大) (의해) 다 없어지는(終) (일이) 없다(不). 終(끝날 종, 다 없어지다)

於小不遺: 작은 것에(於~小) (의해) 버려지는(遺) (일이) 없다(不). 遺(버릴 유, 버려지다)

故萬物備: 고로(故) 만물(萬物)은 (도를 모두) 갖추다(備). 備(갖출 비)

廣廣乎其無不容也: (또 도는) 넓고(廣) 넓어(廣) 담을(容) 수 없는(不) 게 없다(無). 즉 모든 걸 담는다. 廣(넓을 광) 容(담을 용)

淵淵乎其不可測也: 깊고(淵) 깊어서(淵) 헤아림(測)이 불가(不可)하다. 즉 헤아릴 수 없다. 淵(깊을 연) 測(잴 측, 헤아리다)

形德仁義 神之末也: 형덕(形德)과 인의(仁義)는 (도의) 영묘한(神) (작용에서 볼 때) 말단(末)에 (위치하다). 末(끝 말 → 말단)

非至人孰能定之!: (그런데) 지인(至人)이 아니고선(非) 누가(孰) (말단인지 여부를) 결정할(定) 수 (能) 있는가! 즉 지인만이 말단인지 여부를 판단할 수 있다! 孰(누구 숙) 定(정할 정)

夫至人有世 不亦大乎!: (그러니) 지인(至人)이 세상(世)에 있는(有) (게) 또한(亦) 좋지(大) 않은가(不)! 즉 얼마나 좋은 일인가! 大(클 대, 아름다움 → 좋음)

而不足以爲之累: 그런데(而) (지인은) (세상에) 묶이는(爲~累) 것을(以) 족하지(足) 않다(不). 즉 지인은 세상에 묶이는 걸 싫어하다. 累(묶을 루, 묶이다)

天下奮棅而不與之偕: (그래서) 천하(天下)가 (지인을) 자루(棅)에 넣고 흔들어도(奮~而) (그는) 함께(偕) 더불어(與) 있지 않다(不). 즉 휩쓸리지 않다. 棅(자루 병) 奮(휘두를 분) 偕(함께 해)

審乎無假而不與利遷: 의지할(假) 곳이 없다는(無) (것을) 환히 알아(審~而) 이득(利)과 함께 (與) 옮겨가지(遷) 않다(不). 즉 재물의 노예가 되지 않다. 假(빌 가, 빌려 줌 → 의지함) 審(살필 심, 환히 알다) 利(이익 이, 이득) 遷(옮길 천)

極物之眞 能守其本: 사물(物)의 진(眞) (면목)의 극(極)에 (이르러), 즉 진면목을 깊이 체득해 근본(本)을 지킬(守) 수(能) 있다. 眞(참 진) 極(극처 극, 사물의 최상 최종의 곳) 本(근본 본) 守(지킬 수)

故外天地 遺萬物: 고로(故) (지인은) 천지(天地)를 잊고(外) 만물(萬物)을 버리다(遺). 外(잊을 외) 遺(버릴 유)

而神未嘗有所困也: 그래도(而) (그의) 정신(神)은 곤란한(困) 바(所)가 있음(有)이 아직 없다(未嘗). 즉 정신에는 아무런 어려움이 없다. 神(정신 신) 困(곤란 곤) 未嘗〔과연 아니다. 未(아닐 미) 嘗(맛볼 상, 시험하다)〕

通乎道 合乎德: 도(道)와 통하고(通) 덕(德)과 짝하다(合). 通(통할 통) 合(짝할 합)

退仁義 賓禮樂: 인의(仁義)를 물리치고(退) 예악(禮樂)을 멀리하다(賓). 退(물리칠 퇴) 賓(버릴 빈 → 멀리하다)

至人之心有所定矣: (그러니까) 지인(至人)의 마음(心)은 (늘) 안정된(定) 데(所)가 있다(有). 定(안정될 정)

천도(天道) 6

천도 6-1

世之所貴道者書也, 書不過語, 語有貴也.
語之所貴者意也, 意有所隨.
意之所隨者, 不可以言傳也, 而世因貴言傳書.
世雖貴之, 我猶不足貴也, 爲其貴非其貴也.
故視而可見者, 形與色也., 聽而可聞者, 名與聲也.
悲夫, 世人以形色名聲爲足以得彼之情!
夫形色名聲果不足以得彼之情, 則知者不言, 言者不知, 而世豈識之哉!

세상에서 도(道)를 얻기 위해 소중히 여기는 건 글인데
글은 말을 넘어서지 못해 글보다 말이 소중하다.
또 말이 소중히 여기는 건 뜻인데 뜻은 추구하는 바가 있다.
그렇지만 뜻이 추구하는 바를 말로 제대로 전하는 건 불가능하다.
그래서 세상은 글보다 말을 소중히 따른다.
그런데도 세상은 말보다 글로 뜻을 전하고자 한다.
세상이 이처럼 글을 아무리 소중히 여겨도
나는 글을 오히려 소중하지 않다고 여긴다.
그러니 세상에서 소중하다고 여기는 건 정말로 소중하지 않다.
그래서 눈으로 보아서 보일 수 있는 건 사물의 형체와 색깔 뿐이고,

귀로 들어서 들릴 수 있는 건 사물의 이름과 소리뿐이다.

슬프다. 세상 사람이 형체, 색깔, 이름, 소리로

사물의 참모습(情)을 터득할 수 있다고 여기니까!

형체, 색깔, 이름, 소리론 사물의 참 모습을 도저히 터득할 수 없다.

그러니 아는 사람(知者)은 말하지 않고 말하는 사람(言者)은 알지 못한다.

그런데 세상이 이런 사실을 어찌 알겠는가?

注 ────────────────────────

世之所貴道者書也: 세상(世)에서 도(道)를 (얻기 위해) 소중히 여기는(貴) 건(所~者) 글(書)이다.
世(세상 세) 貴(소중히여길 귀) 書(쓸 서, 글)

書不過語 語有貴也: (그런데) 글(書)은 말(語)을 넘어서지(過) 못해(不) (글보다) 말(語)이 소중
하다(有~貴).

語之所貴者意也: (또) 말(語)이 소중히 여기는(貴) 건(所~者) 뜻(意)이다. 意(뜻 의)

意有所隨: (그런데) 뜻(意)은 추구하는(隨) 바(所)가 있다(有). 隨(따를 수 → 추구하다)

意之所隨者 不可以言傳也: (그렇지만) 뜻(意)이 추구하는(隨) 바(者)를 말로(以~言) (제대로) 전
하는(傳) 건 가능하지(可) 않다(不) 하다. 傳(전할 전)

而世因貴言傳書: 그래서(而) 세상(世)은 (글보다) 말(言)을 소중히(貴) 따르는데(因) (세상은 말보
다) 글(書)로 (뜻을) 전하고자(傳) (한다). 因(좇을 인, 따르다)

世雖貴之 我猶不足貴也: (이처럼) 세상(世)이 아무리(雖) (글을) 소중히(貴) (여겨도) 나(我)는 오
히려(猶) (글의) 소중함(貴)이 부족(不足)하다고 생각하다. 즉 나는 글을 오히려 소중하지 않다
고 여긴다. 猶(오히려 유) 雖(비록 수, 아무리 ~해도)

爲其貴非其貴也: (그러니 세상에서) 소중하다(貴) 여기는(爲) 건 (정말로) 소중하지(貴) 않다(非).

故視而可見者 形與色也: 고로(故) 눈으로 보아(視~而) 보일(見) 수(可) 있는 건(者) (사물의) 형
체와(與~形) 색깔(色)이다. 視(볼 시, 눈으로 보다) 見(볼 견) 形(형체 형) 色(색깔 색)

聽而可聞者 名與聲也: 귀로 들어(聽~而) 들릴(聞) 수(可) 있는 건(者) (사물의) 이름과(與~名)
소리(聲)이다. 聽(들을 청, 귀로 듣다) 聞(들을 문) 名(이름 명) 聲(소리 성)

悲夫 世人以形色名聲: 슬프다(悲). 세상(世) 사람(人)이 형체(形), 색깔(色), 이름(名), 소리로서
(以~聲).

爲足以得彼之情!: 저(彼), 즉 사물의 참 모습(情)을 터득함으로써(以~得) 충족(足)이 이루어지
니까(爲)! 즉 사물의 참모습을 터득할 수 있다고 여기니까! 彼(저 피) 得(얻을 득 → 터득함)

夫形色名聲果不足以得彼之情: 저(夫) 형체(形), 색깔(色), 이름(名), 소리(聲)로는 필경(果) 사
물(彼)의 모습(情)을 터득함으로(以~得) 부족(不足)하다. 즉 사물의 참모습을 도저히 터득할 수

없다. 果(마침내 과, 필경)

則知者不言 言者不知: 그러니(則) 아는(知) 사람(者)은 말하지(言) 않고(不), 말하는(言) 사람(者)은 알지(知) 못한다(不).

而世豈識之哉!: 그런데(而) 세상(世)이 (이런 사실을) 어찌(豈) 아는가(識)! 豈(어찌 개) 識(알 식, 알다)

천도 6-2

桓公讀書於堂上, 輪扁斲輪於堂下, 釋椎鑿而上,
問桓公曰:「敢問, 公之所讀者何言邪?」
桓公讀書於堂上, 輪扁斲輪於堂下, 釋椎鑿而上,
問桓公曰:「敢問, 公之所讀者何言邪?」
公曰:「聖人之言也.」
曰:「聖人在乎?」公曰:「已死矣.」
曰:「然則君之所讀者, 故人之糟魄已夫!」
桓公曰:「寡人讀書, 輪人安得議乎! 有說則可, 無說則死.」
輪扁曰:「臣也以臣之事觀之. 斲輪, 徐則苦而不入.
不徐不疾, 得之於手而應於心, 口不能言, 有數存焉於其間.
臣不能以喻臣之子, 臣之子亦不能受之於臣, 是以行年七十而老斲輪.
古之人與其不可傳也死矣.
然則君之所讀者, 故人之糟魄已夫!」

제나라 군주인 환공(桓公)이 당상에서 책을 읽는데
수레바퀴 만드는 장인인 윤편(輪扁)이 당하에서 바퀴를 깎고 있었다.
윤편이 망치와 끌을 내려놓고 당상에 올라가서 환공에게 여쭈었다.
"감히 묻습니다만 환공께서 읽고 계신 책은 어떤 내용입니까?"
환공이 대답했다. "성인(聖人)의 말씀이다."
윤편이 물었다. "그 성인은 살아 계십니까?"
환공이 대답했다. "이미 돌아가셨다."
윤편이 말했다. "그러면 읽고 계신 책은 옛사람의 찌꺼기(糟魄)일 뿐입니다!"
환공이 말했다. "과인이 책을 읽는데 수레바퀴 깎는 사람이 어찌 참견하나!

네 주장에 적절한 설명이 있으면 괜찮지만 없으면 너는 죽음을 면치 못한다."

윤편이 말했다.

"신이 하는 일에 근거할 때 바퀴를 너무 깎아서 헐거우면 견고하지 못하고, 덜 깎아서 빡빡하면 들어가지 않습니다.

바퀴가 헐겁지도 않고 빡빡하지도 않게 깎는 건

손으로 터득하고 마음으로 감응할 뿐 말로 전할 수 없습니다.

그리고 손과 마음 사이 어디엔가 그 비결이 있습니다.

그래서 신은 제 자식에게 그 비결을 말로 깨우쳐줄 수 없고,

신의 자식도 신에게서 그 비결을 전수받을 수 없습니다.

이것이 나이 일흔이 된 노인이 직접 수레바퀴를 깎아야 하는 이유입니다.

그러니 책을 쓴 옛사람도 자신이 깨달은 바를 다른 사람에게 제대로 전하지 못하고 세상을 떠났을 겁니다.

그러니 군주께서 읽고 계신 책은 옛사람의 찌꺼기(故人之糟魄)일 뿐이지요!"

注 ────────────────────────────────────

桓公讀書於堂上: (제나라 군주인) 환공(桓公)이 당상에서(於~堂上) 책(書)을 읽다(讀). 書(글 서, 책) 讀(읽을 독)

輪扁斲輪於堂下: (수레바퀴 만드는 장인인) 윤편(輪扁)이 당하에서(於~堂下) 바퀴(輪)를 깎다(斲). 輪(바퀴 륜, 수레바퀴) 斲(깎을 착)

釋椎鑿而上 問桓公曰: (윤편이) 망치(椎)와 끌(鑿)을 내려놓고(釋~而) (당상에) 올라가(上) 환공(桓公)에게 묻다(問). 椎(망치 추) 鑿(뚫을 착, 끌) 釋(풀 석, 풀다 → 내려놓다)

敢問 公之所讀者何言邪?: 감히(敢) 묻건대(問) 환공(公)이 읽는(讀) 건(所~者) 어떤(何) 말(言)인가? 즉 읽는 책은 어떤 내용인가? 讀(읽을 독)

公曰 聖人之言也: 환공(公)이 말하다. 성인(聖人)의 말씀(言)이다. 言(말씀 언)

曰 聖人在乎?: (윤편이) 말하다. 그 성인(聖人)은 살아있는가(在)? 在(있을 재 → 살아있다)

公曰 已死矣: 환공(公)이 말하다. 이미(已) 죽다(死).

曰 然則君之所讀者: (윤편이) 말하다. 그러면(然則) 군주(君)가 읽는(讀) 책(所~者). 君(군주 군)

故人之糟魄已夫!: 옛(故) 사람(人)의 찌꺼기(糟魄) 일뿐이다(已夫)! 故(옛 고) 糟魄〔찌꺼기. 糟(지게미 조, 술을 거른 찌꺼기) 魄(찌끼 박, 찌꺼기)〕

桓公曰 寡人讀書: 환공(桓公)이 말하다. 과인(寡人)이 책(書)을 읽다(讀). 書(책 서)

輪人安得議乎!: (그런데) 수레바퀴(輪) 깎는 사람(人)이 어찌(安) 논의(議)를 얻으려는가(得)!

즉 어찌 참견하는가! 議(의논할 의, 논의)

有說則可 無說則死: (네 주장에 적절한) 설명(說)이 있으면(有~則) 괜찮지만(可) (적절한) 설명(說)이 없으면(無~則) 너는 죽는다(死). 說(말할 설, 설명하다) 可(가히 가, 괜찮다)

輪扁曰 臣也以臣之事觀之: 윤편(輪扁)이 말하다. 신(臣)은 신(臣)의 일로(以~事) (그걸) 보다(觀). 즉 신이 하는 일에 근거해 보다. 觀(볼 관)

斲輪 徐則苦而不入: (그 때) 바퀴(輪)를 (너무) 깎아서(斲) 헐거우면(徐~則) 견고하지 못하고(苦), (덜 깎아서 빡빡하면) 들어가지(入) 않는다(不). 徐(천천히할 서 → 헐거워지다) 苦(무를 고, 견고하지 못하다)

不徐不疾: (바퀴가) 헐겁지도(徐) 않고(不) 빡빡하지도(疾) 않도록(不) (깎는 건). 疾(힘쓸 질 → 빡빡하다)

得之於手而應於心 口不能言: 손으로(於~手) 터득하고(得) 마음으로(於~心) 감응할(感) 뿐 입(口)으로 말할 수(能~言) 없다(不). 즉 말로 전할 수 없다. 感─感應(감응)

有數存焉於其間: (그리고 손과 마음) 사이(間) (어디)에(於) (그) 비결(數)이 있다(存). 數(꾀 수 → 비결)

臣不能以喩臣之子: (그래서) 신(臣)은 신(臣)의 자식(子)에게 (그 비결을 말로) 깨우쳐주는(喩~以) 게 불가능하다(不能). 喩(깨우칠 유)

臣之子亦不能受之於臣: 신(臣)의 자식(子) 역시(亦) 신에게서(於~臣) (그 비결을) 전수(受)받는 게 불가능하다(不能). 즉 제 자식도 제게서 그 비결을 전수 받을 수 없다. 受(받을 수 → 전수)

是以行年七十而老斲輪: 이것(是)이 나이(年) 일흔이 된(七十~而) 노인이(老) (직접) 수레바퀴(輪) 깎는(斲) 행동을(以~行) (해야 하는 이유이다). 즉 수레바퀴를 직접 깎아야 하는 이유이다.

古之人與其不可傳也死矣: (그러니 책을 쓴) 옛(古) 사람도(與~人) (자신의 깨달은 바를 다른 사람에게 제대로) 전하지(傳) 못하고(不可) 죽다(死).

然則君之所讀者 故人之糟魄已夫!: 그런즉(然則) 군주(君)가 읽는(讀) 건(所~者) 옛(故) 사람(人)의 찌꺼기(糟魄)일 뿐(已)이다!

천운
天 運

천운(天運) 1

「天其運乎? 地其處乎? 日月其爭於所乎?

孰主張是? 孰維綱是? 孰居無事而推行是?

意者其有機緘而不得已邪? 意者其運轉而不能自止邪?

雲者爲雨乎? 雨者爲雲乎?

孰隆施是? 孰居無事淫樂而勸是?

風起北方, 一西一東, 在上彷徨, 孰噓吸是?

孰居無事而披拂是? 敢問何故?」

巫咸袑曰:「來! 吾語女. 天有六極五常, 帝王順之則治, 逆之則凶.

九洛之事, 治成德備, 監照下土, 天下戴之, 此謂上皇.」

"하늘(天)이 돌고 있나요? 땅(地)이 멈춰 있나요?

해(日)와 달(月)이 하늘의 자리를 놓고 서로 다투나요?

하늘, 땅, 해, 달의 자리를 누가 주재하나요?

하늘, 땅, 해, 달의 질서를 누가 유지하나요?

아무 일도 하지 않는데 누가 하늘, 땅, 해, 달을 밀어서 가나요?

생각컨대 땅이 제 자리에 있는 건 줄이 베틀에 메인 것처럼 부득이 하나요?

생각컨대 하늘이 도는 건 굴러서 돌아가는 것처럼 스스로 멈출 수 없나요?

구름(雲)이 비를 오게 하나요? 비(雨)가 구름을 만드나요?

누가 구름을 일으켜서 비를 내리게 하나요?

아무런 일을 하지 않는데 누가 비를 내리게 하는 과한 즐거움을 즐긴 뒤

이제는 이 즐거움을 싫증 내고 있나요?

바람은 북쪽에서 일어나 한번은 서쪽으로 불고 한번은 동쪽으로 불면서
상공을 이리저리 헤매는데 누가 바람을 내쉬고 들이쉬게 하나요?
아무런 일을 하지 않는데 누가 바람을 부채질하나요?
감히 묻건대 이런 일들이 일어나는 건 무슨 까닭인가요?"
무함소(巫咸袑)가 말했다. "이리 와라! 내가 너에게 말해주겠다.
천하에는 동서남북상하의 육극(六極)과
목(木)화(火)토(土)금(金)수(水)의 오상(五常)이 있는데
제왕도 육극과 오상을 따르면 천하가 잘 다스려지지만
육극과 오상을 거스르면 천하가 흉해지네.
「홍범구주」와 「하도낙서」의 기록을 보면
다스림이 잘 이루어지고 자연스러운 덕이 잘 갖춰져 세상을 환히 비추면
천하가 제왕을 떠받드는데 이런 분을 상고의 황제(上皇)라고 말하네."

注 ───────────────────────────────

天其運乎? 地其處乎?: 하늘(天)이 도는가(運)? 땅(地)이 멈춰 있나(處)? 運(돌 운, 돌다) 處(머무를 처, 정지하다 → 멈춤)

日月其爭於所乎? 해(日)와 달(月)이 (하늘의) 자리를(於~所) 놓고 (서로) 다투나(爭)? 所(곳 소, 자리) 爭(다툴 쟁)

孰主張是?: 이것(是), 즉 하늘, 땅, 해, 달의 자리를 누가(孰) 주재하나(主張)? 主張=主宰(주재) 孰(누구 숙)

孰維綱是?: 이것(是), 즉 하늘, 땅, 해, 달의 질서(綱)를 누가(孰) 유지하나(維)? 綱(다스릴 강 → 질서) 維(유지할 유)

孰居無事而推行是?: (아무) 일(事)을 하지 않음(無)에 머무는데(居~而), 즉 아무 일을 하지 않는데 누가(孰) 이(是)를, 즉 하늘, 땅, 해, 달을 밀어서(推) 가는가(行)? 事(일 사) 居(있을 거, 머물다) 推(밀 추) 行(행할 행)

意者其有機緘而不得已邪?: 생각하건 대(意~者) (땅이 제자리에 있는 건) 줄(緘)이 베틀(機)에 (메여) 있는(有) (것처럼) 부득이(不得已) 하나? 意(생각하건대 의) 機(틀 기, 베틀) 緘(새끼줄 함, 줄)

意者其運轉而不能自止邪?: 생각하건 대(意~者) (하늘이 도는 건) 굴러 돌아가는(運轉~而) (것처럼) 스스로(自) 멈출(止) 수(能) 없나(不)? 運轉(굴러가게 해서 돌림. 運(돌 운) 轉(굴릴 전, 굴러가게 함)) 止(그칠지, 멈추다)

雲者爲雨乎? 雨者爲雲乎?: 구름(雲~者)이 비(雨)를 (오게) 하나(爲)? 비(雨~者)가 구름(雲)을

만드나(爲)? 運(구름 운) 雨(비 우)

孰隆施是?: 누가(孰) 구름(是)을 일으켜서(隆) 비(是)를 내리게(施) 하나? 隆(키울 륭 → 일으키다) 施(베풀 시 → 내리게 하다)

孰居無事淫樂而勸是?: (아무) 일(事)을 하지 않음(無)에 머무는데도(居) 누가(孰) (비를 내리게 하는) 과한 즐거움을 즐기고 나서(淫樂~而) (이제는) 이(是) (즐거움을) 싫증내나(勸)? 事(일 사) 淫樂〔과한 즐거움. 淫(과할 음) 樂(즐거울 락)〕 勸(싫증날 권)

風起北方 一西一東: 바람(風)은 북쪽(北方)에서 일어나(起) 한번(一)은 서쪽(西)으로 (불고), 한번(一)은 동쪽(東)으로 (분다). 起(일어날 기)

在上彷徨: (그러면서) 상공(在上)을 방황한다(彷徨). 즉 이리저리 헤맨다.

孰噓吸是?: 누가(孰) 이(是) (바람을) 내쉬고(噓) 들이쉬게(吸) (하나)? 噓(불 허, 내쉬다) 吸(들이쉴 흡)

孰居無事而披拂是?: (아무) 일(事)을 하지 않음(無)에 머무는데(居~而) 누가(孰) 이것(是), 즉 바람을 부채질하는가(披拂)? 披拂〔초목의 지엽이 바람에 흔들림. 즉 부채질 하다. 披(쓰러질 피) 拂(떨칠 불, 힘 있게 흔듦)〕

敢問何故?: 감히(敢) 묻건(問)대 (이런 일들이 일어나는 건) 무슨(何) 까닭(故)인가? 何(무엇 하) 故(연고 고, 까닭)

巫咸祒曰 來! 吾語女: 무함초(巫咸祒)가 말하다. (이리) 와라(來)! 내(吾)가 네(女)게 말하다(語). 巫咸祒〔무함초. 선진시대 문헌에 자주 등장하는 유명한 무당〕 來(올 래) 女=汝(너 여) 語(말할 어)

天有六極五常: 천하(天)에는 (동서남북상하)의 육극(六極)과 (목화토금수)의 오상(五常)이 있다(有). 六極〔동(東)서(西)남(南)북(北)상(上)하(下)〕 五常〔목(木, 나무)화(火, 불)토(土, 흙)금(金, 금속)수(水, 물)〕

帝王順之則治 逆之則凶: (그런데) 제왕(帝王)도 육극과 오상(之)을 따르면(順~則) (천하가) 잘 다스려지지만(治) 육극과 오상(之)을 거스르면(逆~則) (천하가) 흉해지다(凶). 順(좇을 순, 따르다) 治(잘다스려질 치) 逆(거스를 역) 凶(흉할 흉)

九洛之事: 홍범구주(九)와 하도낙서(洛) 기록(事)을 (보다). ★ 구(九)는 홍범구주(洪範九疇)로 기자(箕子)가 주(周) 무왕에게 답한 9가지 정치 규범이다. 락(洛)은 하도낙서(河圖洛書)로 우임금이 홍수를 다스리자 하늘이 내려준 상서로운 조짐의 부서(符書)이다. 事(일 사 → 기록)

治成德備: (그러면) 다스림(治)이 (잘) 이루어지고(成), (자연스러운) 덕(德)이 (잘) 갖추어지다(備). 治(다스릴 치) 備(갖출 비)

監照下土 天下戴之: (그래서) 온 세상(下土)을 (환히) 비추면(監照) 천하(天下)가 제왕(之)을 떠받들다(戴). 下土〔땅. 즉 세상. 土(흙 토)〕 監照〔비추다. 監(비추어볼 감) 照(비출 조)〕 戴(받들 대,

떠받들다)

此謂上皇: (그런데) 이런(此) 분을 상고의 황제(上皇)라고 말하다(謂). 上皇〔상고(上)의 황제
(皇)〕

천운(天運) 2

商大宰蕩問仁於莊子.

莊子曰:「虎狼, 仁也..」

曰:「何謂也?」

莊子曰:「父子相親, 何爲不仁?」

曰:「請問至仁.」

莊子曰:「至仁無親.」

大宰曰:「蕩聞之, 無親則不愛, 不愛則不孝. 謂至仁不孝, 可乎?」

莊子曰:「不然. 夫至仁尚矣, 孝固不足以言之. 此非過孝之言也, 不及孝之言也.

夫南行者至於郢, 北面而不見冥山, 是何也? 則去之遠也.

故曰:『以敬孝易, 以愛孝難.., 以愛孝易, 以忘親難.., 忘親易, 使親忘我難..,

使親忘我易, 兼忘天下難.., 兼忘天下易, 使天下兼忘我難.』

夫德遺堯舜而不爲也, 利澤施於萬世, 天下莫知也, 豈直太息而言仁孝乎哉!

夫孝悌仁義, 忠信貞廉, 此皆自勉以役其德者也, 不足多也.

故曰:『至貴, 國爵屛焉.., 至富, 國財屛焉.., 至顯, 名譽屛焉. 是以道不渝..』」

상(商)나라 재상(大宰) 탕(蕩)이 장자(莊子)에게 어짊(仁)에 대해 물었다.

장자가 대답했다. "호랑이와 이리는 어진(仁) 동물입니다."

탕이 물었다. "어째서 그렇게 말합니까?"

장자가 말했다.

"호랑이나 이리도 부자간은 친하니 어찌 어질다 하지 않을 수 있나요?"

탕이 말했다. "청컨대 지극한 어짊(至仁)에 대해 묻고자 합니다."

장자가 말했다. "지극한 어짊에는 친함(親)이 없습니다."

탕이 물었다.

"저 탕이 듣건대 친하지 않으면 사랑하지 않고,

사랑하지 않으면 효성스럽지 않다고 합니다.

그러면 지극한 어짊은 불효(不孝)라고 말할 수 있지 않나요?

장자가 말했다.

"그렇지 않습니다. 지극한 어짊은 높이 여길 뿐이어

효(孝)로선 지극한 어짊에 대해 말할 수 없습니다.

이는 지극한 어짊이 효보다 뛰어나다는 말이 아니라

효가 지극한 어짊에 미치지 못한다는 말입니다.

남쪽에 간 상(商)나라 사람이 초나라 영(郢)에 이르러 거기서 북쪽을 바라보면 한(漢)나라 명산(冥山)을 보지 못합니다.

그건 어째서일까요? 초나라 서울인 영까지 너무 멀리 떠나가서입니다.

그래서 말한다.

'공경으로 효(孝)를 행하는 건 쉬워도 사랑으로 효를 행하기란 어렵고,

사랑으로 효를 행하는 건 쉬워도 부모를 잊기란 어렵고,

부모를 잊기는 쉬워도 부모가 나를 잊기란 어렵고,

부모가 날 잊기는 쉬워도 천하를 아울러 잊기란 어렵고

천하를 아울러 잊기는 쉬워도 천하가 아울러 나를 잊기란 어렵다.'

그래서 지극한 어짊에 이른 사람은 그의 덕이 요순임금보다 넘쳐나도

새삼스레 나서 뭔가 이루려고 하지 않지요.

또 그가 베푼 이익과 은덕이 만대에 미쳐도

지극한 어짊에 이른 사람의 공은 천하가 알아주지 않습니다.

그러니 그가 어째서 일부로 크게 탄식하며 어짊과 효를 들먹이겠습니까!

효, 공경, 어짊, 의로움이나 충성, 믿음, 절개, 청렴은

애써 덕을 부리는 것이므로 새삼 칭찬할 만한 게 못됩니다.

그래서 말한다.

'지극한 귀함(至貴)은 나라의 벼슬을 물리치고,

지극한 풍족함(至富)은 나라의 재물을 물리치고,

지극한 영광(至顯)은 명예를 물리친다.'

이럼으로 도는 효, 공경, 어짊, 의로움이나 충성, 믿음, 절개, 청렴과 다르게 늘 변함이 없습니다."

注 ───────────────────────────────

商大宰蕩仁於莊子: 상(商)나라 재상(大宰) 탕(蕩)이 장자에게(於~莊子) 인(仁)에 대해 묻다(問).

莊子曰 虎狼 仁也: 장자(莊子)가 말하다. 호랑이(虎)와 이리(狼)는 어진(仁) (동물이다). 虎(범 호, 호랑이) 狼(이리 랑)

曰 何謂也?: (탕이) 묻다. 어째서(何) (그렇게) 말하나(謂)?

莊子曰 父子相親: 장자(莊子)가 말하다. (호랑이나 이리도) 부자(父子)간은 서로(相) 친하다(親). 親(친할 친)

何爲不仁?: (그러니) 어찌(何) 어질다고(爲~仁) 하지 않는가(不)?

曰 請問至仁: (탕이) 말하다. 청컨대(請) 지극한(至) 어짊(仁)에 대해 묻다(問).

莊子曰 至仁無親: 장자(莊子)가 말하다. 지극한(至) 어짊(仁)에는 친함(親)이 없다(無).

大宰曰 蕩聞之: 태재 (탕이) 묻다. (나) 탕(蕩)은 (이렇게) 듣다(聞). 聞(들을 문)

無親則不愛: 친하지(親) 않으면(無~則) 사랑하지(愛) 않다(不). 愛(사랑 애)

不愛則不孝: 사랑하지(愛) 않으면(不~則) 효성스럽지(孝) 않다(不). 孝(효도 효, 효성스러움)

謂至仁不孝 可乎?: (그러면) 지극한(至) 어짊(仁)은 불효(不孝)라 말해도(謂) 가한가(可)?

莊子曰 不然: 장자(莊子)가 말하다. 그렇지(然) 않다(不).

夫至仁尚矣: 지극한(至) 어짊(仁)은 높이 여길 뿐이다(尙~矣). 尙(숭상할 상, 높이 여김)

孝固不足以言之: (그래서) 효성(孝)으로 본디(固) 어짊(之)을 언급함으로(以~言) 부족하다(不足). 즉 효성으로는 지극한 어짊에 대해 말할 수 없다.

此非過孝之言也: 이(此)는 (지극한 어짊)이 효성(孝)을 지나친다는(過) 말(言)이 아니다(非). 즉 지극한 어짊이 효성보다 뛰어나다는 말이 아니다. 過(지날 과, 지나치다)

不及孝之言也: 효성(孝)이 (지극한 어짊에) 미치지(及) 못한다는(不) 말(言)이다. 及 (미칠 급)

夫南行者至於郢: 저(夫) 남쪽(南)으로 간(行) (상나라) 사람(者)이 (초나라) 영에(於~郢) 이르다(至). 至(이를 지)

北面而不見冥山: (거기서) 북쪽(北)을 바라보면(面) (한나라) 명산(冥山)을 보지(見) 못하다(不). 面(향할 면, 바라보다) ★ 명산(冥山)은 상(商)나라 수도 상구(商丘)를 떠나 초나라 수도 영(郢)까지 이르면 그 중간쯤에 한(韓)나라가 있는데 그곳의 산이다.

是何也? 則去之遠也: 그건(是) 어째서인가(何)? 그러면(則) (초나라 서울 영까지 너무) 멀리(遠) 가서(去)이다. 遠(멀 원) 去(갈 거)

故曰 以敬孝易: 고로(故) 말하다. 공경으로(以~敬) 효성(孝)을 (행하는 건) 쉽다(易). 敬(공경 경) 易(쉬울 이)

以愛孝難: 사랑으로(以~愛) 효성(孝)을 (행하는 건) 어렵다(難). 難(어려울 난)

以愛孝易: 사랑으로(以~愛) 효성(孝)을 (행하는 건) 쉽다(易).

以忘親難: 부모(親)를 잊기는(以~忘) 어렵다(難). 親(어버이 친) 忘(잊을 망)

忘親易 使親忘我難: 부모(親)를 잊기는(以~忘) 쉬워도(易) 부모로 하여금(使~親) 나(我)를 잊게(忘) 하기는 어렵다(難).

使親忘我易: 부모로 하여금(使~親) 나(我)를 잊게(忘) 하기는 쉽다(易).

兼忘天下難: 천하(天下)를 아울러(兼) 잊기는(忘) 어렵다(難). 兼(겸할 겸, 아울러)

兼忘天下易: 천하(天下)를 아울러(兼) 잊기는(忘) 쉽다(易).

使天下兼忘我難: 천하(天下)로 하여금(使) 아울러(兼) 나(我)를 잊게(忘) 하기는 어렵다(難).

夫德遺堯舜而不爲也: (그래서 지극한 어짊에 이른 사람은) 저(夫) 덕(德)이 요순(堯舜)임금 (보다) 남아도(遺~而), 즉 요순임금 보다 넘쳐나도 (새삼스레 나서 무언가 이루려) 하지(爲) 않다(不). 遺(남을 유)

利澤施於萬世: (또 그가 베푼) 이익(利)과 은덕(澤)이 만대를(於~萬世) 베풀다(施). 즉 만대에 미치다. 澤(은혜 택) 施(베풀 시)

天下莫知也: (그래도 지극한 어짊에 이른 사람의 공을) 천하(天下)가 알아주지(知) 않다(莫). 莫(없을 막)

豈直太息而言仁孝乎哉!: (그러니 그가) 어째서(豈) 일부러(直) 크게(太) 탄식하며(息~而) 인(仁)과 효(孝)를 말하는가(言~哉)! 즉 들먹이는가! 直(일부러 직) 太(클 태) 息(숨쉴 식) 豈(어찌 기)

夫孝悌仁義 忠信貞廉: 효성(孝), 공경(悌), 어짊(仁), 의로움(義)과 충성(忠), 믿음(信), 절개(貞), 청렴(廉). 悌(공경 제) 貞(곧을 정) 廉(청렴 염)

此皆自勉以役其德者也: 이(此) 모두(皆)는 스스로(自) 힘써(勉) 그것으로(以) 덕(德)을 부리는(役) 것(者)이다. 즉 애써 덕을 부리다. 勉(힘쓸 면) 役(부릴 역)

不足多也: (그러므로 새삼) 칭찬함(多)이 부족하다(不足). 즉 새삼 칭찬할 만한 게 못되다. 多(아름답게여길 다, 칭찬하다)

故曰 至貴 國爵屛焉: 고로(故) 말하다. 지극한(至) 귀함(貴)은 나라(國)의 벼슬(爵)을 물리치다(屛). 爵(벼슬 작) 屛(물리칠 병) ※ 참고한 『莊子今註今譯』에 '幷(어우를 병)'으로 표기되었는데 오자로 보아 '屛(물리칠 병)'으로 바꾸어서 해석했다.

至富 國財屛焉: 지극한(至) 풍족함(富)은 나라(國)의 재물(財)을 물리치다(屛). 財(재물 재)

至顯 名譽屛焉: 지극한(至) 드러남(顯), 즉 지극한 영광은 명예(名譽)를 물리치다(屛). 顯(나타날 현, 드러나다)

是以道不渝: 이럼으로(是~以) 도(道)는 (孝, 悌, 仁, 義, 忠, 信, 貞, 廉과 달리) 달라지지(渝) 않다(不). 즉 늘 변함이 없다. 渝(달라질 투)

천운(天運) 3

北門成問於皇帝曰:「帝張咸池之樂於洞庭之野, 吾始聞之懼, 復聞之怠, 卒聞之而惑..

蕩蕩默默, 乃不自得.」

帝曰:「汝殆其然哉! 吾奏之以人, 徵之以天, 行之以禮義, 建之以太淸.

四時迭起, 萬物循生.., 一盛一衰, 文武倫經.., 一淸一濁, 陰陽調和, 流光其聲..

蟄蟲始作, 吾驚之以雷霆.., 其卒無尾, 其始無首..

一死一生, 一僨一起.., 所常居窮, 而一不可待. 汝故懼也.

「吾又奏之以陰陽之和, 燭之以日月之明..

其聲能短能長, 能柔能剛, 變化齊一, 不主故常..

在谷滿谷, 在阬滿阬.., 塗卻守神, 以物爲量.

其聲揮綽, 其名高明, 是故鬼神守其幽, 日月星辰行其紀.

吾止之於有窮, 流之於無止.

子欲慮之而不能知也, 望之而不能見也, 逐之而不能及也..

儻然立於四虛之道, 倚於槁梧而吟.

心窮乎所欲知, 目窮乎所欲見, 力屈乎所欲逐, 吾旣不及已夫!

形充空虛, 乃至委蛇. 汝委蛇, 故怠.

「吾又奏之以無怠之聲, 調之以自然之命, 故若混逐叢生, 林樂而無形..

布揮而不曳, 幽昏而無聲.

動於無方居於窈冥.., 或謂之死, 或謂之生.., 或謂之實, 或謂之榮..

行流散徙, 不主常聲.

世疑之, 稽於聖人, 聖也者, 達於情而遂於命也.

天機不張而吾官皆備, 無言而心說, 此之謂天樂.

故有焱氏爲之頌曰:『聽之不聞其聲, 視之不見其形, 充滿天地, 苞裹六極.』

汝欲聽之而無接焉, 而故惑也.

「樂也者, 始於懼, 懼故祟. 吾又次之以怠, 怠故遁.., 卒之於惑, 惑故愚..

愚故道, 道可載而與之俱也.」

북문성(北門成)이 황제(皇帝)에게 물었다.

"황제께서 함지의 음악(咸池之樂)을 동정의 들판(洞庭之野)에서 연주했는데

저는 연주를 처음 듣고선 두렵고(懼), 다시 듣고선 나른해지고(怠),
마지막에 듣고선 정신이 혼미해져(惑) 지금 제 마음이 흔들려 할 말을 잊어
스스로 정신을 차릴 수 없습니다."
황제가 말했다. "자네는 분명 그럴 걸세!
나는 함지의 음악을 처음에는 사람(人)이 정한 규율에 따라 연주하고,
그다음에는 자연(天)의 흐름에 따라 소리를 밝히고,
마지막에는 예의(禮義)를 갖춰 연주했네.
그럼으로써 천지자연의 도리인 태청(太淸)을 세울 수 있었지.
나는 먼저 함지의 음악을 사람(人)이 정한 규율에 따라 연주했네.
그러니까 사계절이 번갈아 일어나듯 소리가 순환하며 생겨났네.
이에 소리가 한 번은 성하고, 한번은 쇠했지.
이때 문무(文武)가 소리의 성함과 쇠함을 위해 일정한 법칙을 담당했네.
또 소리가 한 번은 맑고, 한 번은 탁했네.
이때 음양(陰陽)이 소리의 맑음과 탁함을 잘 조화시켰네.
그러자 연주 소리가 흘러 더욱 빛이 났지.
또 동면하는 벌레들이 꿈틀거리기 시작하자
나는 우레와 같은 천둥소리로 이들을 놀라게 했지.
또 소리가 홀연히 끝나는가 하면 다시 홀연히 시작했네.
그러자 소리가 한 번은 죽고, 한 번은 살고
한 번은 분노해 쓰러지고, 한 번은 다시 일어났지.
연주 소리의 변화가 이처럼 무궁무진해 자네는 도저히 예측할 수 없었네.
그래서 자네가 두려워진(懼) 걸세."
황제가 계속해서 말했다.
나는 함지의 음악을 자연의 흐름, 즉 음양의 조화(陰陽之和)에 따라 연주하
면서 해와 달의 밝음(日月之明)으로 이를 밝혔네.
이에 소리가 짧기도 하고 길기도 하고, 부드럽기도 하고 강하기도 했네.
그런데 소리의 이런 다양한 변화들은 하나로 가지런히 정리되었지.
그리고 소리의 가지런한 정리를 위해 낡은 규범에 얽매이지 않았네.
그래서 골짜기가 있으면 골짜기를 자연스레 채웠고,

구덩이가 있으면 구덩이를 자연스레 메웠네.
이런 식으로 마음의 빈틈을 막고 정신을 지켰기에
연주 기량을 소리의 자연스러움에 맞출 수 있었네.
그러니 소리는 맑게 울리고 리듬은 높게 트여서
귀신은 그윽한 제자리를 지키고, 해와 달과 별도 제 길을 갈 수 있었네.
나는 연주를 끝내야 할 때는 소리를 그치게 하고,
연주를 끝내서 안 될 때는 소리를 흐르게 했네.
그래서 자네가 생각하고 싶어도 알 수 없고, 바라보아도 볼 수 없고,
뒤쫓아 가도 따라갈 수 없었을 거네.
아마 사방이 트인 길에 멍하니 서 있거나
마른 오동나무에 몸을 기대어서 신음 소리를 냈을 거네.
그러니 자네 마음은 알고 싶은 데서 막히고,
자네 눈은 보고 싶은 데서 막히고,
자네 힘은 뻗치고 싶은 데서 다했을 텐데 나로서도 어찌할 수 없었네!
몸이 공허함으로 가득 차면 마음은 이내 흐물흐물해지지.
자네 마음이 흐물흐물해져 나른해진(怠) 걸세.”
황제가 계속해서 말했다.
“나는 함지의 음악을 나른하지 않은 소리로 예의를 갖춰 연주하며
자연 그대로의 리듬으로 조화를 이루었네.
그래서 모든 게 섞여서 한곳에 모인 것처럼 소리가 생겨났지.
그런데 이런 많은 모양의 음악인데도 형체가 없었네.
또 소리가 멀리 퍼져나가도 끝나지 않고,
소리가 아득해져도 사라지지 않았네.
게다가 소리는 모든 방향으로 움직이면서 그윽한 곳에 자리했네.
이를 두고 어떤 사람은 소리가 죽은 거라고 말하고,
어떤 사람은 소리가 살아있는 거라고 말했지.
또 어떤 사람은 소리가 열매를 맺은 거라고 말하고,
어떤 사람은 소리가 열매 없이 꽃핀 거라고 말했지.
사람들의 평가가 이렇게 달라도 소리는 가면서 흐르고

흩어져서 옮겨가며 일정한 소리에 구애를 받지 않았네.
세상은 이를 의아하게 여겨 성인이 누구냐고 물었는데
성인은 만물의 참 모습에 통달하고, 하늘의 운명을 따를 뿐이네.
그러니 성인은 오관(天機)을 사용하지 않아도 외부 자극에 잘 반응하고,
말이 없어도 마음이 기쁘네.
이를 두고 천락(天樂), 즉 자연과 함께 하는 즐거움을 안다고 말하네.
그래서 성인인 유염씨(有焱氏), 즉 신농씨도 함지의 음악 연주를 듣고
이를 기리면서 다음과 같이 말했네.
'함지의 연주는 들으려 해도 들리지 않고 보려 해도 형상이 보이지 않지만
소리와 형상은 천지에 가득 차 세상을 감싼다.'
그래서 자네 정신이 혼미해진(惑) 걸세."
황제는 계속해서 말했다.
"내가 함지의 음악을 처음에는 두려운 분위기로 연주하니까
자네는 두려워 귀에 소리가 가득 찼네.
또 이어서 내가 함지의 음악을 나른한 분위기로 연주하니까
자네는 나른해져 귀에서 소리가 달아났네.
마지막으로 내가 함지의 음악을 혼미한 분위기로 연주하니까
자네는 혼미해져 어리석어졌네.
어리석어져 오히려 도를 터득했으니
자네는 도를 몸에 지닐 수 있어 도를 갖추게 된 거네."

注 ─────────────────────────────────────

北門成問於皇帝曰: 북문성(北門成)이 황제(於~皇帝)를 방문해(問) 말하다.

帝張咸池之樂於洞庭之野: 황제(帝)가 함지 음악(咸池之樂)을 동정(洞庭)의 들판에서(於~野)
베풀다(張). 즉 연주하다. 咸池之樂〔함지(咸池)의 음악(樂). 즉 황제(黃帝)의 악곡(樂曲) 이름〕
張(베풀 장)

吾始聞之懼 復聞之怠: (그런데) 나(吾)는 (연주를) 처음(始) 듣고선(聞) 두렵고(懼), 다시(復) 듣
고선(聞) 나른해지다(怠). 懼(두려워할 구) 復(다시 부) 怠(피곤할 태, 지치다 → 나른해지다)

卒聞之而惑: 마지막(卒)에 듣고선(聞) 정신이 혼미해지다(惑). 卒(마침내 졸 → 마지막) 惑(미혹
할 혹, 혼란해지다 → 혼미해지다)

蕩蕩黙黙 乃不自得: (그래서 지금) 마음이 흔들리고(蕩蕩) 할 말을 잊어(黙黙) 이에(乃) 스스로 (自) (정신을) 차리지(得) 못하다(不). 蕩蕩〔마음이 안정되지 않아 흔들리는 모습. 蕩(움직일 탕)〕 黙黙〔말없이 잠잠한 모양. 黙(잠잠할 묵)〕

帝曰 汝殆其然哉!: 황제(帝)가 말하다. 너(汝)는 마땅히(殆) 그러하다(然)! 즉 자네는 분명 그럴 것이다! 殆(반드시 태, 마땅히)

吾奏之以人: 나(吾)는 (함지의 음악을 처음에는) 사람으로(以~人), 즉 사람이 정한 규율에 따라 연주하다(奏). 奏(연주할 주)

徵之以天: (그 다음에는) 자연으로(以~天), 즉 자연의 흐름에 따라 소리를 밝히다(徵). 徵(밝힐 징)

行之以禮義: (마지막에는) 예의를(以~禮義) (갖춰 연주를) 행하다(行). 行(행할 행)

建之以太淸: (그러자) 태청(以~太淸), 즉 천지자연의 도리를 세우다(建). 太淸〔천지자연 도리. 太(클 태) 淸(맑을 청)〕 建(세울 건)

四時迭起 萬物循生: (먼저 함지의 음악을 사람이 정한 규율에 따라 연주하니까) 사계절(四時)이 번갈아(迭) 일어나듯(起), 만물(萬物), 즉 소리가 순환하며(循) 생겨나다(生). 迭(번갈아 질) 起(일어날 기) 循(돌아다닐 순, 순환하다)

一盛一衰: (이에 소리가) 한번(一)은 성하고(盛) 한번(一)은 쇠하다(衰). 盛(성할 성) 衰(쇠할 쇠)

文武倫經: (이 때) 문무(文武)가 (소리의 성함과 쇠함을 위해) 일정한 법칙(倫經)을 (담당하다). 倫經〔천도와 인륜의 일정한 법칙. 倫(도리 륜) 經(다스릴 경)〕

一淸一濁: (또 소리가) 한번(一)은 맑고(淸) 한번(一)은 탁하다(濁). 淸(맑을 청) 濁(흐릴 탁)

陰陽調和: (이 때) 음양(陰陽)이 (소리의 맑음과 탁함을 잘) 조화(調和)시키다.

流光其聲: (그러자 연주) 소리(聲)가 흘러서(流) (더욱) 빛이 나다(光). 聲(소리 성) 流(흐를 류) 光 (빛날 광)

蟄蟲始作: (또) 동면하는 벌레(蟄蟲)들이 (꿈틀거리기) 시작하다(始作). 蟄蟲〔겨울잠 자는 벌레. 蟄(숨을 칩, 벌레가 땅속에 숨음) 蟲(벌레 충)〕

吾驚之以雷霆: (그러자) 나(吾)는 우레와 같은 천둥소리로(以~雷霆) (이들을) 놀라게(驚) (하다). 雷霆〔우레 같은 천둥소리. 雷(우레 뢰) 霆(천둥소리 정)〕 驚(놀랄 경)

其卒無尾 其始無首: (또 소리가) 마지막(卒)에는 꼬리(尾)가 없고(無) 처음(始)에는 머리(首)가 없다(無). 즉 소리가 홀연히 끝나는가 하면 소리가 다시 홀연히 시작하다. 卒(마칠 졸, 마지막) 尾(꼬리 미) 始(처음 시) 首(머리 수)

一死一生 一僨一起: (그러자 소리가) 한번(一)은 죽고(死) 한번(一)은 살고(生), 한번(一)은 분노해(僨) (쓰러지고) 한번(一)은 (다시) 일어나다. 僨(결낼 분, 분노) 起(일어날 기)

所常居窮 而一不可待: (소리의) 늘(常) (그런) 바(所)가 다함(窮)에 처해도(居~而) 한 번도(一) 대비할(待) 수(可) 없다(不). 즉 연주 소리의 변화가 이처럼 무궁무진해 (네가 도저히) 예측하지

못하다. 居(처할 거) 待(기다릴 대 → 대비함)

汝故懼也: 그래서(故) 너(汝)는 두려워지다(懼). 懼(두려워할 구)

吾又奏之以陰陽之和: 나(吾)는 또(又) (함지의 음악을 자연의 흐름인) 음양(陰陽)의 조화에 따라 (以~和) 연주하다(奏).

燭之以日月之明: (그러면서) 해(日)와 달(月)의 밝음으로(以~明) 밝히다(燭). 燭(촛불 촉 → 밝히다)

其聲能短能長 能柔能剛: (이에) 소리(聲)가 짧기도(能~短) 하고 길기도(能~長) 하고, 부드러워 지기도(能~柔) 하고 강해지기도(能~剛) (하다). 聲(소리 성) 短(짧을 단) 長(길 장) 柔(부드러울 유) 剛(굳셀 강)

變化齊一 不主故常: (그런데 소리의 이런 다양한) 변화(變化)들이 하나(一)로 가지런히(齊) (정리 되었고, 그리고 가지런한 정리를 위해) 옛날(故) 규범(常)에 매이지(主) 않다(不). 齊(가지런할 제) 故 (옛 고) 常(항상 상, 전범 → 규범) 主(주로할 주 → 얽매이다)

在谷滿谷 在阬滿阬: (그래서 마음의) 골짜기(谷)가 있으면(在) 골짜기(谷)를 (자연스레) 채우고 (滿), 구덩이(阬)가 있으면(在) 구덩이를 (자연스레) 메우다(滿). 谷(골짜기 곡) 在(있을 재) 滿(채울 만 → 메우다) 阬(구덩이 갱)

塗却守神 以物爲量: (이런 식으로 마음의) 빈 틈(却)을 막고(塗) 정신(神)을 지켜(守) 그럼으로써 (以) 사물로(以~物), 즉 소리의 자연스러움에 (내 연주의) 기량(量)을 위하다(爲). 즉 소리의 자연 스러움에 내 연주의 기량을 맞추다. 却(틈 각) 塗(매흙질할 도, 흙을 바르다 → 막다) 神(정신 신) 守 (지킬 수) 量(기량 량)

其聲揮綽 其名高明: (그 결과) 소리(聲)는 맑게 울리고(揮綽) 리듬(名)은 높게 탁 트이다(高明). 揮綽[밝게 빛나다 → 맑게 울림. 揮(휘두를 휘, 휘휘 돌리며 움직임) 綽(얌전할 작, 유순하고 정숙)] 高 明[높게 탁 트임. 高(높을 고) 明(밝을 명)]

是故鬼神守其幽: 이 때문에(是故) 귀신(鬼神), 즉 천지창조의 신이 그윽한(幽) (제 자리를) 지키 다(守). 鬼神[천지창조의 신. 鬼(귀신 귀, 만물의 정령) 神(천지만물의 창조자)] 幽(어두울 유 → 그윽한)

日月星辰行其紀: 해(日)와 달(月)과 별(星辰)이 지켜야 할 길(紀)을 가다(行). 즉 제 갈 길을 갈 수 있다. 紀(지켜야할길 기)

吾止之於有窮: 나(吾)는 (연주를) 다함에선(於~有窮) 멈추다(止). 즉 연주를 끝내야 할 때는 소 리를 그치게 하다.

流之於無止: (연주를) 다함이 없음에선(於~無窮) 흐르게(流) 하다. 즉 연주를 끝내서 안 될 때 는 소리를 흐르게 하다.

子欲慮之而不能知也: (그래서) 네(子)가 생각하고 싶어도(欲慮~而) 알(知) 수(能) 없다(不). 子 (당신 자) 慮(생각할 려)

望之而不能見也: 바라보아도(望~而) 볼(見) 수(能) 없다(不). 望(바라볼 망) 見(볼 견)

逐之而不能及也: 뒤쫓아 가도(逐~而) 미칠(及) 수(能) 없다(不). 즉 따라갈 수 없다. 逐(뒤쫓을
축) ※ 참고한『莊子今註今譯』에 '遂(이를 수)'로 표기되었는데 오자로 보아 '逐(뒤쫓을 축)'으
로 바꾸어서 해석했다. 及(미칠 급)

儻然立於四虛之道: (아마도) 사방(四)이 트인(虛) 길에서(於~道) 멍하니(儻然) 서다(立). 虛(빌
허 → 트이다) 儻然〔멍한 모습. 儻(실의할 당)〕

倚於槁梧而吟: (아니면) 마른(槁) 오동나무에(於~梧) (몸을) 기대어(倚~而) 신음소리(吟)을 내
다. 槁(마를 고) 梧(오동나무 오) 倚(의지할 의) 吟(끙끙거릴 음 → 신음소리 내다)

心窮乎所欲知: (그러니 네) 마음(心)은 알고 싶은(欲~知) 데(所)서 막히다(窮). 窮(궁할 궁, 막히다)

目窮乎所欲見: 눈(目)은 보고 싶은(欲~見) 데(所)서 막히다(窮).

力屈乎所欲逐: 힘(力)은 뻗치고 싶은(欲~逐) 데(所)서 다하다(屈). 力(힘 력) 逐(뒤쫓을 축) ※
참고한『莊子今註今譯』에 '遂(이를 수)'로 표기되었는데 오자로 보아 '逐(뒤쫓을 축)'으로 바꾸
어서 해석했다. 屈(다할 굴)

吾旣不及已夫!: 나(吾)도 이미(旣) 미치지(及) 못할(不) 뿐이다(已)! 즉 나로서도 어찌할 수 없
다! 旣(이미 기) 及(미칠 급)

形充空虛 乃至委蛇: 몸(形)이 공허(空虛)함으로 (가득) 차면(充) (마음은) 이내(乃) 흐물흐물함
(委蛇)에 이르다(至). 즉 흐물흐물해지다. 形(몸 형) 充(찰 충) 委蛇〔흐물흐물. 委(꼬불꼬불 위)
蛇(구불구불 갈 이)〕至(이를 지)

汝委蛇 故怠: 네(汝) (마음이) 흐물흐물해지다(委蛇). 고로(故) 나른해지다(怠). 怠(피곤할 태, 지
치다 → 나른해지다)

吾又奏之以無怠之聲: 나(吾)는 또(又) (함지의 음악을 예의를 갖춰서 이제는) 나른하지(怠) 않는
(無) 소리로(以~聲) 연주하다(奏).

調之以自然之命: (그러면서) 자연(自然)의 뜻으로(以~命), 즉 자연 그대로의 리듬으로 조화(調)
를 이루다. 命(운명 명, 하늘의 뜻 → 자연의 뜻) 調(고를 조, 알맞게 조절함 → 조화)

故若混逐叢生: 그래서(故) (모든 게) 섞여(混) (한 곳에) 모인 것처럼(若~叢) (소리가) 생겨나다
(生). 混(섞을 혼) 叢(모일 총)

林樂而無形: (그런데 이런) 많은 모양(林)의 음악인데(樂~而) 형체(形)가 없다(無). 林(많은모양
림) 樂(풍류 악, 음악) 形(형상 형)

布揮而不曳: (또 소리가) 멀리 퍼져나가도(布揮~而) 끝(曳)이 없다(不). 즉 끝나지 않다. 布揮
〔멀리 퍼져 나감. 布(펼 포, 퍼지다) 揮(휘두를 휘, 휘휘 돌리며 움직임)〕曳(끝 예)

幽昏而無聲: (소리가) 아득해져도(幽昏~而) 소리(聲)가 (사라지다) 않다(無). 幽昏〔아득하다. 幽
(그윽할 유) 昏(어두울 혼)〕

動於無方居於窈冥: (게다가 소리는) 방향(方)이 없는 곳으로(於~無), 즉 모든 방향으로 움직이면서(動) 그윽한 곳에(於~窈冥) 자리하다(居). 方(방위 방) 動(움직일 동) 窈冥〔그윽하다. 窈(그윽할 요) 冥(어두울 명)〕居(있을 거, 자리 잡다)

或謂之死 或謂之生: (이를 두고) 혹자(或)는 (소리가) 죽은(死) 거라고 말하다(謂). 혹자(或)는 산(生) 거라고 말하다(謂).

或謂之實 或謂之榮: 혹자(或)는 (소리가) 열매(實)를 맺은 거라고 말하다(謂). 혹자(或)는 (소리가 열매 없이) 꽃(榮) 핀 거라고 말하다(謂). 實(열매 실) 榮(꽃 영)

行流散徙 不主常聲: (사람들의 평가가 이렇게 달라도 소리는) 가면서(行) 흐르고(流), 흩어져(散) 옮겨가면서(徙) 일정한(常) 소리(聲)에 구애받지(主) 않다(不). 流(흐를 류) 散(흩어질 산) 徙(옮길 사, 옮겨가다) 常(항상 상, 전범 → 일정한)

世疑之 稽於聖人: 세상(世)은 (이를) 의아하게(疑) (여겨) 성인을(於~聖人), 즉 성인이 누구냐고 묻다(稽). 疑(의아할 의) 稽(상고할 계, 사물을 고찰 → 묻다)

聖也者 達於情而逐於命也: (그런데) 성인(聖人~者)은 (만물의) 참 모습에(於~情) 통달하고(達~而) (하늘의) 운명을(於~命) 따르다(逐). 情(실상 정, 참 모습) 達(통달할 달) 命(운수 명, 운명) 逐(쫓을 축, 따르다)

天機不張而吾官皆備: (그러니 성인은) 천기(天機)를 펼치지(張) 않아도(不~而) 자신(吾)의 감관(官)을 모두(皆) 갖추다(備). 즉 오관을 사용하지 않아도 외부 자극에 잘 반응하다. 天機〔천기. 즉 몸 → 오관. 機(틀 기)〕張(벌릴 장 → 펼치다) 備(갖출 비)

無言而心說: 말(言)이 없어도(無~而) 마음(心)이 기쁘다(說). 說(기뻐할 열)

此之謂天樂: 이(此)를 두고 천락(天樂), 즉 자연과 함께 하는 즐거움을 (안다고) 말하다(謂). 樂(즐거울 락)

故有焱氏爲之頌曰: 그래서(故) (성인인) 유염씨(有焱氏)도 (함지의 음악 연주를 듣고 이를) 기려서(爲~頌) (다음과 같이) 말하다. 有焱氏〔신농씨(神農氏)를 의미〕頌(기릴 송)

聽之不聞其聲: (함지의 연주는) 들으려(聽) (해도) 소리(聲)가 들리지(聞) 않다(不). 聽(들을 청) 聞(들을 문)

視之不見其形: (함지의 연주는) 보려(視) (해도) 형상(形)이 보이지(見) 않다(不). 視(볼 시) 形(형상 형, 형체)

充滿天地 苞裹六極: (그러나 소리와 형상은) 천지(天地)에 가득 차(充滿) 세상(六極)을 감싸다(苞裹). 充滿〔가득 참. 充(찰 충) 滿(찰 만)〕六極〔동(東)서(西)남(南)북(北)상(上)하(下). 즉 세상〕苞裹〔꾸리다 → 감쌈. 苞(쌀 포) 裹(쌀 과)〕 ※ 참고한 『莊子今註今譯』에 '裏(속 리)'로 표기되었는데 오자로 보아 '裹(쌀 과)'로 바꾸어서 해석했다.

汝欲聽之而無接焉: 네(汝)가 함지의 음악을 들으려(欲~聽) 해도 모이지(接) 않다(無). 즉 들리

지 않다. 接(모일 접)

而故惑也: 그래서(而故) (너의) 정신이 혼미해지다(惑). 惑(미혹할 혹 → 정신이 혼미해지다)

樂也者 始於懼 懼故崇: (내가 함지의) 음악(樂~者)을 처음에는(始) 두려운 (분위기)로(於~懼) (연주하니까 너는) 두려워(懼) 그래서(故) (귀에 소리가) 가득 차다(崇). 崇(채울 숭, 가득 채우다)

吾又次之以怠 怠故遁: 내(吾)가 또(又) 이어서(次) (함지의 음악을) 나른한 (분위기)로(以~怠) (연주하니까 너는) 나른해져(怠) 그래서(故) (귀에서 소리가) 달아나다(遁). 次(이을 차, 이어서) 遁(달아날 둔)

卒之於惑 惑故愚: 마지막(卒)으로 (함지의 음악을) 혼미한 (분위기)로(於~惑) (연주하니까 너는) 혼미해져(惑) 그래서(故) 어리석어지다(愚). 卒(마칠 졸, 마지막) 惑(미혹할 혹, 혼란해지다 → 혼미해지다) 愚(어리석을 우)

愚故道: 어리석어져(愚) 그래서(故) (오히려) 도(道)를 (터득하다).

道可載而與之俱也: (그러니 너는) 도(道)를 지닐(載) 수 있어(可~而) (도를) 함께(與) 갖추다(俱). 載(지닐 재) 俱(갖추어질 구)

천운(天運) 4

孔子西遊於衛. 顔淵問師金日:「以夫子之行爲奚如?」

師金日:「惜乎, 而夫子其窮哉!」

顔淵日:「何也?」

師金日:「夫芻狗之未陳也, 盛以篋衍, 巾以文繡, 尸祝齋戒以將之.

及其已陳也, 行者踐其首脊, 蘇者取而爨之而已.

將復取而盛以篋衍, 巾以文繡, 遊居寢臥其下, 彼不得夢, 必且數眯焉.

今而夫子, 亦取先王已陳芻狗, 聚弟子游居寢臥其下.

故伐樹於宋, 削迹於衛, 窮於商周, 是非其夢邪?

圍於陳蔡之間, 七日不火食, 死生相與隣, 是非其夢邪?」

夫水行莫如用舟, 而陸行莫如用車.

以舟之可行於水也而求推之於陸, 則沒世不行尋常.

古今非水陸與? 周魯非舟車與?

今蘄行周於魯, 是猶推舟於陸也, 勞而無功, 身必有殃.

彼未知夫無方之傳, 應物而不窮者也.」

且子獨不見夫桔槹者乎? 引之則俯, 舍之則仰.

彼, 人之所引, 非引人也, 故俯仰而不得罪於人.

故夫三皇五帝之禮義法度, 不矜於同而矜於治,

故譬三皇五帝之禮義法度, 其猶柤 梨橘柚邪!

其味相反而皆可於口.」

「故禮義法度者, 應時而變者也.

今取猨狙而衣以周公之服, 彼必齕齧挽裂, 盡去而後慊.

觀古今之異, 猶猨狙之異乎周公也.

故西施病心而矉其里, 其里之醜人見之而美之, 歸亦捧心而矉其里.

其里之富人見之, 堅閉門而不出, 貧人見之, 挈妻子而去走.

彼知矉美, 而不知矉之所以美.

惜乎, 而夫子其窮哉!」

공자(孔子)가 서쪽 위(衛)나라를 유람했다.

제자 안연(顏淵)이 노(魯)나라 태사인 사금(師金)을 방문해 물었다.

"제 스승의 이번 여행을 어떻게 생각합니까?"

사금이 말했다. "애석하다. 자네 스승은 곤경에 처하네!"

안연이 물었다. "어째선가요?"

사금이 말했다.

"추구(芻狗), 즉 짚으로 만든 개는 제사상이 차려지기 전에는

귀한 상자에 담겨져 아름다운 비단 보자기에 덮이네.

그리고 제사를 주관하는 사람(尸祝)이 재계함으로써 신전에 받들어지지.

그렇더라도 이렇게 차려서 놓아질 뿐 제사가 끝나면 이내 버려지네.

그래서 길 가는 사람이 추구의 머리와 등을 밟거나

벌초하는 사람이 주어다 그것으로 불을 땔 뿐일세.

물론 추구가 필요한 사람에 의해 집어지면

다시 귀한 상자에 담기고, 화려하게 수놓은 보자기에 덮이겠지.

그렇더라도 누군가 상자 밑에서 유유히 지내다가 누워서 자면

그는 꿈도 꾸지 못하고 반드시 자주 가위눌리게 될 거네.

지금 자네 스승도 선왕들이 이미 차려놓은 추구를 주어다 제자들을 모으고,

그 밑에서 유유히 지내면서 누워서 자네.

그래서 자네 스승은 송나라에선 나무가 베어져 넘어가는 협박을 당하고,
위나라에선 도망을 쳐 종적을 감추고,
상나라와 주나라에선 궁지에 몰렸으니 이게 악몽이 아닌가?
또 진나라와 채나라 사이에선 포위를 당해 이레 동안 익힌 음식을 먹지 못해
사경을 헤맸으니 이것이 악몽이 아닌가?"
사금이 계속해서 말했다.
"물 위를 가면 배를 타는 게 좋고, 땅 위를 가면 수레를 타는 게 좋네.
배로 물 위를 갈 수 있다고 해 땅에서 배를 밀면
평생 걸려도 얼마 가지 못하네.
옛날과 지금의 차이가 바로 물과 땅의 차이가 아니겠는가?
그러면 주(周)나라와 노(魯)나라의 차이도 배와 수레의 차이가 아니겠는가?
주나라 예법이 노나라에서 지금 행해지길 바라는 건
땅에서 배를 미는 것과 같네.
그러니 공자 선생은 공연히 애만 쓰고 아무런 성과가 없을 터이니
틀림없이 몸에 재앙이 닥치네.
공자는 예법을 유연하게 적용해야 하는 걸 누군가에게 전할 때
사물에 순응해야 그것의 막힘이 없다는 점을 여태 깨닫지 못하네."
사금이 계속해서 말했다.
"자네만 저 두레박의 틀을 보지 못하는가?
틀을 당기면 두레박이 내려가고 틀을 놓으면 두레박이 올라오지.
이처럼 두레박은 사람이 놓고 당기는대로 오르고 내리고 하지만
두레박이 사람을 당기고 놓고 하지는 않네.
그래서 두레박이 내려가고 올라와도 사람들에게 허물 잡히는 일이 없지.
그러니 삼황오제의 예의와 법도가 지금 것과 같은지 여부는 중요하지 않고,
그것으로 세상을 어떻게 다스리느냐가 중요하네.
삼황오제의 예의와 법도를 지금 것과 비교하면
마치 돌배와 배, 아니면 귤과 유자의 차이가 아니겠는가!
돌배와 배나 귤과 유자는 그 맛이 서로 달라도 사람들의 입맛에 모두 맞네."
사금이 계속해서 말했다.

"그래서 예의와 법도는 시대에 따라 변해야 하네.

그런데 지금 원숭이를 잡아다 주공(周公)의 옷을 입히면

틀림없이 물어 뜯거나 당겨 찢어서 원숭이는 옷을 다 버려야 만족하네.

옛날과 지금의 차이를 보면 원숭이와 주공이 서로 다른 것과 같네.

그래서 미인 서시(西施)가 가슴을 앓아 근심으로 얼굴을 찌푸리니까

마을 추녀가 찌푸린 걸 보고 아름답다고 여겨서

집으로 돌아와 가슴에 손을 얹은 뒤 근심으로 얼굴을 찌푸렸네.

그런데 그 꼴이 너무나 흉측해서 마을 부자들이 그걸 보고는

문을 굳게 잠근 채 밖으로 나가지 않고,

가난한 사람은 그걸 보고는 아내와 자식을 이끌고 마을을 떠났네.

추녀는 찌푸린 얼굴이 아름다운 건 알아도

찌푸리면 어째서 아름다운지를 몰랐네.

(이처럼 자네 스승도 겉만 흉내 냈을 뿐이니 추녀가 한 짓과 똑같네.)

애석하다. 자네 스승은 곧 곤경에 처할 거네!"

注 ————

孔子西遊於衛: 공자(孔子)가 서쪽(西) 위나라로(於~衛) 유람하다(遊). 遊(놀 유 → 유람하다)

顏淵問師金曰: (제자) 안연(顏淵)이 (노나라 태사인) 사금(師金)을 방문해(問) 말하다.

以夫子之行爲奚如?: (내) 스승의(以~夫子) 이번 여행(行)을 어떻게(奚~如) 여기는가(爲)? 奚 (어찌 해) 如(같을 여)

師金曰 惜乎 而夫子其窮哉!: 사금(師金)이 말하다. 애석하다(惜). (너의) 선생(夫子)은 곤경(窮) 에 처하다! 惜(아까워할 석, 애석히 여김) 窮(궁할 궁, 곤경)

顏淵曰 何也?: 안연(顏淵)이 묻다. 어째서인가(何)?

師金曰 夫芻狗之未陳也: 사금(師金)이 말하다. 저(夫) 추구(芻狗), 즉 짚으로 만든 개는 (제사 상이) 차려지기(陳) 전(未). 芻狗[추구, 짚으로(芻) 만든 개(狗). 芻(짚 추) 狗(개 구)] 陳(늘어놓을 진, 벌여 놓음 → 차림) 未(아닐 미, 아직 ~하지 않다)

盛以筬衍: 귀한 상자에(以~筬衍) 담다(盛). 筬衍[귀한 상자. 筬(젓대 책, 점치는데 쓰는 50개의 대) 衍(넘칠 연)] 盛(담을 성)

巾以文繡: 아름다운(文) 비단 보자기에(以~繡) 덮이다(巾). 文(문채 문, 아름다운 외관) 繡(비단 수) 巾(덮을 건, 덮이다)

尸祝齋戒以將之: (그리고) 시축(尸祝), 즉 제사를 주관하는 사람이 재계함으로(以~齋戒) (신전

에) 받들어지다(將). 尸祝〔제사를 주관하는 사람. 尸(신주 시) 祝(빌 축)〕 齋戒〔재계. 齋(재계할 제) 戒(경계할 계)〕 ※ 참고한 『莊子今註今譯』에 '齊(가지런할 제)'로 표기되었는데 오자로 보아 '齋(재계할 제)'로 바꾸어서 해석했다. 將(받들 장, 받들어지다)

及其已陳也: (그렇더라도 이렇게) 차려서 놓일(陳) 뿐(已)에만 이르지(及) (제사가 끝나면 이내 버려지다). 陳(늘어놓을 진 → 차려놓다) 及(이를 급)

行者踐其首脊: (그래서 길) 가는(行) 사람(者)이 (추구) 머리(首)와 등(脊)을 밟다(踐). 首(머리 수) 脊(등성마루 척, 등) 踐(밟을 천)

蘇者取而爨之而已: (아니면) 벌초하는(蘇) 사람(者)이 주어다(取) 불을 땔(爨) 뿐이다(而已). 蘇(풀 소 → 벌초함) 取(취할 취 → 줍다) 爨(불 땔 찬)

將復取而盛以篋衍: (물론 추구가 필요한 사람에 의해) 집어지면(將取~而) 다시(復) (귀한) 상자에(以~篋衍) 담기다(盛).

巾以文繡: 화려하게 수놓은 보자기에(以~文繡) 덮이다(巾). 文繡〔화려하게 수놓은 직물이나 의복. 文(화려할 문) 繡(자수옷 수)〕 巾(덮을 건)

遊居寢臥其下: (그렇더라도 누군가 상자) 밑(下)에서 유유히(遊) 지내다(居) 누워서(臥) 자다(寢). 遊(놀 유 → 유유히) 居(있을 거) 寢(잠잘 침) 臥(엎드릴 와, 눕다)

彼不得夢 必且數眯焉: (그러면) 그(彼)는 꿈(夢)도 꾸지(得) 못하고(不) 반드시(必) 자주(數) 가위눌리다(眯). 夢(꿈 몽) 數(자주할 삭) 眯(가위눌릴 미)

今而夫子 亦取先王已陳芻狗: 지금(今) (네) 스승(夫子) 또한(亦) 선왕(先王)들이 이미(已) 차려놓은(陳) 추구(芻狗)를 줍다(取). 陳(늘어놓을 진 → 차리다) 芻狗〔짚으로(芻) 만든 개(狗). 芻(짚추) 狗(개 구)〕 取(손에쥘 취)

聚弟子游居寢臥其下: (그리고서) 제자(弟子)를 모으고(聚) 그 밑(下)에서 유유히(游) 지내며(居) 누워서(臥) 자다(寢). 聚(모을 취) 游(놀 유)

故伐樹於宋: 고로(故) (선생은) 송나라에선(於~宋) 나무(樹)가 베어져(伐) (넘어가는 협박을 당하다). 樹(나무 수) 伐(칠 벌, 베다)

削迹於衛: 위나라에선(於~衛) (도망을 쳐서) 종적(迹)을 감추다(削). 迹(자취 적, 종적) 削(지울 삭, 삭제하다 → 감추다)

窮於商周 是非其夢邪?: 상(商)나라와 주나라에선(於~周) 궁지(窮)에 몰리다. (그러니) 이것(是)이 악몽(夢)이 아닌가(非~邪)? 窮(궁할 궁, 곤경) 夢(꿈 몽 → 악몽)

圍於陳蔡之間 七日不火食: (또) 진(陳)나라와 채(蔡)나라 사이에선(於~間) 포위를 당해(圍) 이레(七日) 동안 익힌(火) 음식(食)을 (먹지) 못하다(不). 圍(둘레 위, 두르다 → 포위를 당하다) 火(불화 → 익힌)

死生相與隣 是非其夢邪?: 죽음(死)과 삶(生)이 서로(相) 이웃(隣)하다. 즉 사경을 헤매다. 이

건(是) 악몽(夢) 아닌가(非~邪)? 隣(이웃 린)

夫水行莫如用舟: 물(水) (위를) 가는(行) 데 배(舟)를 사용함(用)과 같은(如) 게 없다(莫). 즉 배를 타는 게 가장 좋다. 舟(배 주)

而陸行莫如用車: 그리고(而) 땅(陸) (위를) 가는(行) 데 수레(車)를 사용함(用)과 같은(如) 게 없다(莫). 즉 수레를 타는 게 가장 좋다. 陸(뭍 륙, 땅)

可行於水也而求推之於陸: (그런데) 물 위를(於~水) 배로(以~舟) 갈 수(可~行) (있다고 해) 땅에서(於~陸) (배를) 미는(推) 것을 구하다(求). 推(밀 추)

則沒世不行尋常: 그러면(則) 세상(世)이 다해도(沒), 즉 평생 걸려도 불과 얼마(尋常) 가지(行) 못하다(不). 沒(다할 몰) 尋常〔약간의 길이 → 불과 얼마를. 尋(얼마 아니 있을 심) 常(늘 상)〕

古今非水陸與?: 옛날(古)과 지금(今)의 (차이가 바로) 물(水)과 땅(陸)의 (차이가) 아닌가(非)? 古(옛 고) 今(이제 금)

周魯非舟車與?: (그러면) 주(周)나라와 노(魯)나라의 (차이도) 배(舟)와 수레(車)의 (차이가) 아닌가(非)?

今蘄行周於魯: 지금(今) 주(周)나라 (예법이) 노나라에서(於~魯) 행해지길(行) 바라다(蘄). 行(행할 행, 행해지다) 蘄(바랄 기)

猶推舟於陸也: (그것은) 땅에서(於~陸) 배(舟)를 미는(推) 것과 같다(猶). 猶(같을 유)

勞而無功 身必有殃: (그러니 공자는 공연히) 애만 쓰고(勞~而) (아무런) 성과(功)가 없을 테니(無) 틀림없이(必) 몸(身)에 재앙(殃)이 닥치다(有). 勞(수고할 로, 애쓰다) 功(공 공, 공적 → 성과) 必(반드시 → 틀림없이) 身(몸 신) 殃(재앙 앙)

(彼未知)夫無方之傳: (공자는) 예법을 유연하게 적용해야 하는(無方) 걸 (누군가에게) 전하다(傳). 無方〔일정한 법도(方)가 없음(無). 이는 예법을 유연하게 적용하는 걸 의미. 方(법 방, 즉 예법)〕轉(전할 전)

(彼未知)應物而不窮者也: (그때) 사물(物)에 순응해야(應~而) (그 막힘이) 다하지(窮) 않는(不) 점(者)을 아직껏 알지(知) 못하다(未). 즉 사물에 순응해야 그것의 막힘이 없다는 점(者)을 아직껏 깨닫지 못하다. 應(순응할 응) 窮(궁할 궁)

且子獨不見夫桔槹者乎?: 너(子)는 홀로(獨) 저(夫) 두레박(槹)의 틀(桔~者)을 보지(見) 못하는가(不)? 獨(홀로 독) 槹(두레박 고) 桔(두레박틀 길, 한쪽 끝엔 두레박, 다른 한쪽 끝엔 돌을 매달아 물을 푸게 만든 장치)

引之則俯 舍之則仰: (틀을) 당기면(引~則) (두레박이) 내려가고(俯) (틀을) 놓으면(舍~則) (두레박이) 올라오다(仰). 引(끌 인 → 당기다) 俯(숙일 부 → 내려가다) 舍(버릴 사 → 놓다) 仰(우러러볼 앙 → 올라오다)

彼 人之所引 非引人也: (이처럼) 저(彼), 즉 두레박은 사람(人)이 (놓고) 당기는(引) 바(所)대로

(오르고 내리고 하지만 두레박이) 사람(人)을 당기고(引) (놓고 하지는) 않다(非).

故俯仰而不得罪於人: 그래서(故) (두레박이) 내려가거나(俯) 올라와도(仰~而) 사람들에게(於~人) 허물(罪)을 잡히는(得) (일이) 없다(不). 罪(허물 죄) 得(얻을 득 → 잡히다)

故夫三皇五帝之禮義法度: 그러니(故) 모름지기(夫) 삼황오제(三皇五帝)의 예의(禮義)와 법도(法度). 三皇〔천황(天皇), 지황(地皇), 인황(人皇) 또는 복희(伏羲), 신농(神農), 황제(黄帝)〕五帝〔복희(伏羲), 신농(神農), 황제(黄帝), 요(堯), 순(舜)〕

不矜於同而矜於治: (지금의 예의와 법도와) 같다는 게(於~同) 중요하지(矜) 않고(不~而), 즉 같은지 여부가 중요하지 않고, (그것으로) 세상을 (어떻게) 다스리느냐(於~治)가 중요하다(矜). 同(같이할 동) 矜(삼갈 긍, 공경하다 → 중요하다) 治(다스릴 치)

故譬三皇五帝之禮義法度: 고로(故) 삼황오제(三皇五帝)의 예의(禮義)와 법도(法度)를 (지금의 것과) 비유하다(譬). 譬(비유할 비)

其猶柤 梨橘柚邪!: (그러면) 마치(猶) 돌배(柤)와 배(梨)나 아니면 귤(橘)과 유자(柚)의 (차이가) 아닌가(邪)! 猶(마치 유) 柤(산사나무 사, 돌배) 梨(배나무 이) 橘(귤나무 귤) 柚(유자나무 유)

其味相反而皆可於口: (돌배와 배나 귤과 유자는) 그 맛(味)이 서로(相) 달라도(反) (사람들의) 입에선(於~口) 모두(皆) 가하다(可). 즉 사람들의 입맛에 모두 맞다. 味(맛 미) 反(뒤집을 반, 반대 → 다르다)

故禮義法度者 應時而變者也: 고로(故) 예의(禮義)나 법도(法度~者)는 시대(時)에 응해(應~而), 즉 시대에 따라 변하다(變~者). 時(때 시, 시대) 應(응할 응) 變(변할 변)

今取猨狙而衣以周公之服: (그런데) 지금(今) 원숭이(猨狙)를 잡아다가(取~而) 주공(周公)의 옷을(以~服) 입히다(衣). 猨狙〔원숭이. 猨(원숭이 원) 狙(원숭이 저)〕取(취할 취 → 잡다)〕服(옷 복) 衣(입을 의, 입히다)

彼必齕齧挽裂: (그러면) 저(彼), 즉 원숭이는 틀림없이(必) 물어뜯거나(齕齧) 당겨서 찢다(挽裂). 齕齧〔물어뜯다. 齕(깨물 흘) 齧(물 설)〕挽裂〔당겨 찢다. 挽(당길 만) 裂(찢을 렬)〕

盡去而後慊: (웃을) 다(盡) 버려야(去~而) 앙심 먹음(慊)을 뒤로 하다(後). 즉 만족하다. 盡(다 진, 모두) 去(버릴 거) 慊(먹을 겸, 불만을 품고 절치함) 後(뒤로 미룰 후)

觀古今之異 猶猨狙之異乎周公也: 옛날(古)과 지금(今)의 차이(異)를 보면(觀) 마치(猶) 원숭이(猨狙)와 주공(周公)이 (서로) 다른(異) 것과 (같다). 異(다를 이) 觀(볼 관)

故西施病心而矉其里: 고로(故) (미인) 서시(西施)가 가슴(心)을 앓아(病~而) 근심으로(里) (얼굴을) 찌푸리다(矉). 病(앓을 병) 里(근심할 리) 矉(찌푸릴 빈)

其里之醜人見之而美之: (그러니까) 마을(里) 추녀(醜人)가 (찌푸린 것을) 보고(見~而) 아름답다고(美) 여기다. 醜(추할 추)

歸亦捧心而矉其里: (집으로) 돌아와(歸) (추녀) 또한(亦) 가슴(心)에 손을 얹은 뒤(捧~而) 근심

으로(里) (얼굴을) 찌푸리다(矉). 歸(돌아올 귀) 捧(받들 봉, 손을 얹다)

其里之富人見之: (그런데 그 꼴이 너무나 흉측해) 마을(里) 부자(富人)들이 (그것을) 보다(見). 里(마을 리) 富(넉넉할 부, 부자)

堅閉門而不出: 문(門)을 굳게(堅) 잠근(閉) 채 (밖으로) 나가지(出) 않다(不). 堅(굳을 견) 閉(닫을 폐, 잠그다) 出 (날 출, 나가다)

貧人見之 挈妻子而去走: 가난한 사람(貧人)들은 (그것을) 보고는(見) 아내(妻)와 자식(子)을 이끌고(挈) (마을을) 떠나다(去走). 貧(가난할 빈) 妻(아내 처) 挈(이끌 설, 데리고 다님) 去走〔달아나다 → 떠나다. 去(갈 거, 떠나감) 走(달릴 주)〕

彼知矉美 而不知矉之所以美: 저(彼), 즉 추녀는 찌푸린(矉) (얼굴이) 아름다운(美) 건 알아도(知) 찌푸리면(矉) (어째서) 아름다운(以~美) 바(所)를 알지(知) 못하다(不).

惜乎 而夫子其窮哉!: 애석하다(惜). (네) 선생(夫子)은 (곧) 곤경에 처하다(窮)!

천운(天運) 5

천운 5-1

孔子行年五十有一而不聞道, 乃南之沛見老聃.

老聃曰:「子來乎? 吾聞子, 北方之賢者也, 子亦得道乎?」

孔子曰:「未得也.」

老子曰:「子惡乎求之哉?」

曰:「吾求之於度數, 五年而未得也.」

老子曰:「子又惡乎求之哉?」

曰:「吾求之於陰陽, 十有二年而未得.」

老子曰:「然. 使道而可獻, 則人莫不獻之於其君., 使道而可進,

則人莫不進之於其親., 使道而可以告人, 則人莫不告其兄弟.,

使道而可以與人, 則人莫不與其子孫.

然而不可者, 無佗也, 中無主而不止, 外無正而不行.

由中出者, 不受於外, 聖人不出., 由外入者, 無主於中, 聖人不隱.

名, 公器也, 不可多取. 仁義, 先王之蘧廬也, 止可以一宿而不可久處, 覯而多責.」

古之至人, 假道於仁, 託宿於義, 以遊逍遙之墟, 食於苟簡之田, 立於不貸之圃.

逍遙, 無爲也., 苟簡, 易養也., 不貸, 無出也. 古者謂是采眞之遊.」

以富爲是者, 不能讓祿., 以顯爲是者, 不能讓名., 親權者, 不能與人柄.

操之則慄, 舍之則悲, 而一無所鑑, 以闚其所不休者, 是天之戮民也.

怨恩取與諫敎生殺, 八者, 正之器也, 唯循大變無所湮者爲能用之.

故曰, 正者, 正也. 其心以爲不然者, 天門弗開矣.」

孔子見老聃而語仁義. 老聃曰:「夫播穅眯目, 則天地四方易位矣.,

蚊虻噆膚, 則通昔不寐矣.

夫仁義憯然乃憤吾心, 亂莫大焉.

吾子使天下無失其朴, 吾子亦放風而動, 總德而立矣, 又奚傑傑然揭仁義,

若負建鼓而求亡子者邪?

夫鵠不日浴而白, 烏不日黔而黑. 黑白之朴, 不足以爲辯., 名譽之觀, 不足以爲廣.

泉涸, 魚相與處於陸, 相呴以濕, 相濡以沫, 不若相忘於江湖!」

공자가 나이 쉰하나가 되도록 도(道)를 듣지 못해서
남쪽에 위치한 패(沛)로 가 노담(老聃)을 만났다.

노담이 물었다. "그대는 어째서 왔나요?
나는 그대를 북방의 현자로 들었는데 이미 도를 얻지 않았나요?"

공자가 답했다. "아직 얻지 못했소이다."

노담이 물었다. "그대는 그동안 도를 어디에서 찾았나요?"

공자가 답했다.

"저는 도를 법도(度數)에서 찾으려 했지만 5년이 지나도록 얻지 못했소."

노담이 물었다. "그대는 또 어디에서 도를 찾았나요?"

공자가 답했다.

"저는 도를 음양의 이치에서 찾으려 했지만 12년이 지나도록 얻지 못했소."

노담이 말했다. "그럴 테지요.

도가 바쳐질 수 있는 거면 사람은 도를 군주에게 바치지 않을 수 없지요.

도가 올려질 수 있는 거면 사람은 도를 부모에게 올리지 않을 수 없지요.

도가 사람에게 알려줄 수 있는 거면 도를 형제에게 알리지 않을 수 없지요.

도가 사람에게 줄 수 있는 거라면 도를 자손에게 주지 않을 수 없지요.

그런데 그럴 수 없는 건 다른 이유가 아닙니다.

마음에 도의 주인 될 만한 게 없으면 도가 머물지 않고,
바깥에 올바름이 없으면 도가 실행되지 않아서입니다.
그래서 성인의 마음에서 나온 도가 바깥에서 받아들여지지 않으면
성인은 도를 드러내지 않습니다.
또 바깥에서 들어온 도가 성인의 마음에 도의 주인 될 만한 게 없으면
성인은 바깥의 도에 기대지 않습니다.
그대가 소중히 하는 명성은 공기(公器)라 혼자 많이 가지려 해선 안 되지요.
또 그대가 소중히 하는 인의(仁義)도 선왕들이 잠시 묵었던 처소이므로
하루쯤 묵기 위해 머무는 건 괜찮지만 오래 머물 수는 없지요.
만약 인의에 오래 머물러 인의와 합쳐지면 책망이 많아집니다.”
노담이 계속해서 말했다.
“옛날 지인(至人)은 인(仁)이란 길을 빌리고, 의(義)라는 숙소에 잠시 머물러
소요의 언덕에서 노닐었습니다.
또 단출한 밭을 일구며 살고, 먹고 남는 게 없을 정도의 밭만 경작했지요.
그래서 소요란 무위이고, 단출한 건 경작하기 쉽고,
먹고 남음이 없는 건 남에게 줄 만큼 생산하지 않는 겁니다.
옛날에는 이런 걸 참됨을 캐는 노닒(采眞之遊)이라 말했습니다.”
노담이 계속해서 말했다.
“부유함(富)을 좋아하면 재산을 남에게 넘겨주지 않고,
드러냄(顯)을 좋아하면 명예를 남에게 넘겨주지 않고,
권세(權)를 가까이하면 남에게 권력을 내주지 않지요.
사람들이 재산, 명예, 권력을 잡으면 빼앗길까 두려워하고,
이것을 잃으면 슬퍼하는데 여기서 교훈을 얻지 못합니다.
그래서 쉴 새 없이 변화하는 사물의 한 단면에만 정신을 파는데
이런 사람은 하늘이 준 형벌을 받은 사람이지요.
원망과 감사, 빼앗음과 베풀어짐, 헐뜯음과 가르침,
태어남과 죽음이라는 이 여덟 가지는 사람을 바로잡는 도구입니다.
오로지 바깥의 큰 변화에 따라 마음이 매몰되지 않는 사람만이
이 여덟 가지 도구를 제대로 사용할 수 있습니다.

그래서 말합니다.

'바로잡음은 곧 자기 마음을 바로잡는 것이다.'

그래서 마음을 바로잡지 않으면 천문(天門),

즉 세상과 접촉하는 감각기관이 제대로 열리지 않는다."

공자가 노담(老聃)을 보고 인의(仁義)에 대해 얘기를 나누었다.

노담이 말했다.

"흩어진 겨가 눈에 들어가서 눈을 제대로 뜨지 못하면

천지사방의 방향이 바뀌어 위치를 잘 분간하지 못하지요.

또 모기나 등에가 살갗을 물면 밤새도록 잠을 자지 못하지요.

인의(仁義)도 겨나 모기처럼 무자비해 내 마음을 어지럽힙니다.

그래서 인의보다 내 마음을 더 크게 어지럽히는 건 없지요.

그러니 천하가 순박함을 잃지 않게 하고, 바람을 따라 자연스레 움직이게

해 그대는 모든 덕을 세워야 합니다.

그런데도 그대는 또 어찌해서 인의(仁義)를 앞장서서 높이 내걸고,

큰 북을 지고 북을 치면서 잃은 자식을 찾는 사람처럼 행동하나요?

두루미는 날마다 목욕하지 않아도 희고,

까마귀는 날마다 검게 물들이지 않아도 검지요.

이런 흑백의 순박한 바탕은 본래부터 그러해 새삼스레 말할 게 못됩니다.

또 명예란 겉모양도 대수로이 여길 게 못됩니다.

샘의 물이 마르면 물고기는 서로 함께 메마른 땅에 머물러서

숨을 내쉼으로 서로를 축축하게 해주거나 침 거품으로 서로를 적셔줍니다.

그러나 강과 호수에서 물고기가 물을 잊고 지내는 것만 못합니다!"

注

孔子行年五十有一而不聞道: 공자(孔子) 나이(年) 쉰하나(五十有一)가 되도록(行~而) 도(道)를 듣지(聞) 못하다(不). 聞(들을 문) ※ 참고한 『莊子今註今譯』에 '問(물을 문)'으로 표기되었는데 오자로 보아 '聞(들을 문)'으로 바꾸어서 해석했다.

乃南之沛見老聃: 이에(乃) 남쪽(南)의 패(沛)로 (가서) 노담(老聃)을 만나보다(見). 乃(이에 내)

老聃曰 子來乎?: 노담(老聃)이 말하다. 너(子)가 (어째서) 왔는가(來)? 來(올 래)

吾聞子 北方之賢者也: 나(吾)는 너(子)를 북방(北方)의 현자(賢者)라고 듣다(聞).

子亦得道乎?: (그런데) 너(子) 역시(亦) (이미) 도(道)를 얻지(得) (않았나)? 得(얻을 득)

孔子曰 未得也: 공자(孔子)가 답하다. (아직) 얻지(得) 못하다(未). 未(아닐 미, 아직 ~하지 못하다)

老子曰 子惡乎求之哉?: 노자(老子)가 말하다. 너(子)는 (그동안 도를) 어디에서(惡) 찾았는가(求)? 惡(어디 오) 求(구할 구, 찾다)

曰 吾求之於度數: (공자) 말하다. 나(吾)는 (도를) 법도에서(於~度數) 찾다(求). 度數〔정한 제도. 즉 법도 度(법도 도) 數(셈 수)〕

五年而未得也: (그러나) 5년(五年)이 (지나도록) 얻지(得) 못하다(未).

老子曰 子又惡乎求之哉?: 노자(老子)가 말하다. 그대(子)는 또(又) 어디에서(惡) (도를) 찾았는가(求)?

曰 吾求之於陰陽: (공자가) 답하다. 나(吾)는 (도를) 음양의 (이치)에서(於~陰陽) 찾다(求).

十有二年而未得: (그러나) 12년(十有二年)이 (지나도록) 얻지(得) 못하다(未).

老子曰 然: 노자(老子)가 말하다. 그렇다(然).

使道而可獻: 도가(使~道) 바쳐질(而~獻) 수(可) 있다. 獻(드릴 헌, 바쳐지다)

則人莫不獻之於其君: 그러면(則) 사람(人)들은 (도를) 군주에게(於~君) 바치지(獻) 않을(不) 수 없다(莫).

使道而可進: (또) 도가(使~道) 올리어질(而~進) 수(可) 있다. 進(올린 진)

則人莫不進之於其親: 그러면(則) 사람(人)들은 (도를) 부모에게(於~親) 올리지(進) 않을(不) 수 없다(莫). 親(어버이 친, 부모)

使道而可以告人: (또) 도가(使~道) 사람(人)들에게 알려줄(而~以告) 수(可) 있다. 告(알릴 고)

則人莫不告其兄弟: 그러면(則) 사람(人)들은 (도를) 형제에게(於~兄弟) 알리지(告) 않을(不) 수 없다(莫).

使道而可以與人: (또) 도가(使~道) 사람(人)들에게 줄(而~以與) 수(可) 있다. 與(줄 여)

則人莫不與其子孫: 그러면(則) 사람(人)들은 (도를) 자손에게(於~子孫) 주지(與) 않을(不) 수 없다(莫).

然而不可者 無佗也: (그런데) 그럴(然~而) 수(可) 없는(不) 것(者)은 다른(佗) (이유가) 아니다(無). 佗(다를 타)

中無主而不止: 마음(中)에 (도의) 주인(主) (될 만한 게) 없으면(無~而) (도가) 머물지(止) 않는다(不). 中(마음 중) 主(주인 주)

外無正而不行: 바깥(外)에 올바름(正)이 없으면(無~而) (도가) 실행되지(行) 않아서이다(不). 正(바를 정, 올바름)

由中出者 不受於外: (그래서 성인) 마음에서(由~中) 나온(出) 도(者)가 바깥에서(於~外) 받아들여지지(受) 않다(不). 由(부터 유) 出(나올 출) 受(받을 수)

聖人不出: (그러면) 성인(聖人)은 (도를) 드러내지(出) 않는다(不). 出(날 출 → 드러내다)

由外入者 無主於中: (또) 바깥에서(由~外) 들어온(入) 도(者)가 (성인의) 마음에(於~中) (도의) 주인(主) (될 만한 게) 없다(無).

聖人不隱: (그러면) 성인(聖人)은 (바깥의 도에) 기대지(隱) 않는다(不). 隱(기댈 은)

名 公器也 不可多取: (네가 소중히 여기는) 명성(名)은 공기(公器)이므로 (혼자) 많이(多) 가지는 (取) (것은) 불가(不可)하다. 名(이름 명, 명성) 器(그릇 기 → 도구) 取(취할 취 → 가지다)

仁義 先王之蘧廬也: (또 네가 소중히 여기는) 인의(仁義)도 선왕(先王)의 주막(蘧廬)이다. 즉 선왕들이 잠시 묵었던 처소이다. 蘧廬[주막. 蘧(주막 거) 廬(주막 려)]

止可以一宿而不可久處: (그래서) 하루(一)쯤 묵기 위해(以~宿) 머무는(止) 건 괜찮지만(可~而) 오래(久) 머무는(處) (것은) 불가(不可)하다. 宿(묵을 숙) 止(멈출 지, 머물다) 久(오랠 구) 處(머무를 처)

覯而多責: (만약 인의에 오래 머물러서 이와) 합쳐지면(覯~而) 책망(責)이 많아진다(多). 覯(합칠 구, 오래 머물다) 責(꾸짖을 책)

古之至人 假道於仁: 옛날(古) 지인(至人)은 인을(於~仁) 길(道)로 빌리다(假). 즉 인이란 길을 빌리다. 假(빌 가, 빌리다)

託宿於義: 의를(於~義) 임시 숙소(宿)로 의탁하다(託). 즉 의라는 숙소에 잠시 머물다. 宿(주막 숙) 託(의탁할 탁)

以遊逍遙之墟: 그럼으로써(以) 소요(逍遙)의 언덕(以~墟)을 노닐다(遊). 逍遙[소요. 逍(거닐 소) 遙(거닐 요) 墟(언덕 허) 遊(놀 유)

食於苟簡之田: (또) 단출한(苟簡) 밭에서(於~田) 먹다(食). 즉 단출한 밭을 일구며 살다. 苟簡〔일을 간단히 해치워 일시를 미봉하다. 즉 단출하다. 苟(구차할 구) 簡(단출할 간)〕田(밭 전)

立於不貸之圃: (남에게) 주지(貸) 못하는(不) 밭에(於~圃) 서다(立). 즉 먹고 남는 게 없을 정도의 밭만 경작하다. 貸(줄 대, 주다) 圃(밭 포) 立(설 립, 서다)

逍遙 無爲也: (그래서) 소요(逍遙)란 하고자 함(爲)이 없는(無) (것이다).

苟簡 易養也: 손바닥만(苟簡) (한 것은) 경작하기(養) 쉽다(易). 養(기를 양 → 경작하다) 易(쉬울 이)

不貸 無出也: 먹고 남는(貸) 게 없는(不) 건 (남에게 줄 만큼) 생산하지(出) 않는(無) (것이다). 出(날 출, 생산하다)

古者謂是采眞之遊: 옛날(古者)에는 이것(是)을 참됨(眞)을 캐는(采) 노닒(遊)이라 말하다(謂). 采(캘 채)

以富爲是者 不能讓祿: 부유함을(以~富) 옳다고 하면(爲是~者), 즉 부유함을 좋아하면 재산(祿)을 (남에게) 넘겨줄(讓) 수 없다(不~能). 富(넉넉할 부, 부유함) 是(옳을 시) 祿(복 록, 행복 → 재산) 讓(넘겨줄 양)

以顯爲是者 不能讓名: 나타냄을(以~顯) 옳다고 하면(爲是~者), 즉 드러냄을 좋아하면 명예

(名)를 (남에게) 넘겨줄(讓) 수 없다(不~能). 顯(나타낼 현) 名(이름 명, 명예)

親權者 不能與人柄: 권세(權)를 가까이하면(親~者) 남(人)에게 권력(柄)을 줄(與) 수 없다(不~能). 權(권세 권) 親(가까이할 친) 柄(권력 병) 與(줄 여)

操之則慄 舍之則悲: (사람들이) 그것(之), 즉 재산, 명예, 권력을 잡으면(操~則) (빼앗길까) 두려워하고(慄), (이것을) 잃으면(舍~則) 슬퍼한다(悲). 操(잡을 조) 慄(두려워할 율) 舍(버릴 사) 悲(슬플 비)

而一無所鑑: 그런데(而) 한 번(一)도 살피는(鑑) 바(所)가 없다(無). 즉 여기에서 교훈을 얻지 못하다. 鑑(볼 감, 살펴보다)

以闚其所不休者: 그래서(以) (사물의) 쉬지(休) 않는(不) 바(所~者)를 엿보다(以~闚). 즉 쉴 새 없이 변화하는 사물의 한 단면에 정신을 팔다. 闚(엿볼 규)

是天之戮民也: 이런(是) (사람은) 하늘(天)의 형벌(戮)을 받는 사람(民)이다. 戮(죄 륙, 형벌)

怨恩取與諫教生殺: 원망(怨)과 감사(恩), 빼앗음(取)과 베풀어짐(與), 헐뜯음(諫)과 가르침(教), 태어남(生)과 죽음(殺). 怨(원망할 원) 恩(감사하게여길 은, 감사) 取(빼앗을 취, 빼앗음) 與(줄 여, 베풀어짐) 諫(헐뜯을 간) 教(가르칠 교) 生(날 생) 殺(죽일 살)

八者 正之器也: 여덟 가지 것(八~者)은 (사람을) 바로 잡는(正) 도구(器)이다. 正(바로잡을 정) 器(그릇 기, 기구 → 도구)

唯循大變無所湮者爲能用之: 오로지(唯) (바깥의) 큰(大) 변화(變)에 따라(循) (마음이) 매몰되는(湮) 바(所) 없는(無) 사람(者)이 이것(之), 즉 여덟 가지 도구를 (제대로) 사용할(爲~用) 수(能) (있다). 變(변할 변) 循(좇을 순) 湮(가라앉을 인, 매몰되다)

故曰 正者 正也: 고로(故) 말하다. 바로 잡음(正~者)은 곧 (자기 마음을) 바로 잡는(正) 것이다.

其心以爲不然者 天門弗開矣: (그래서) 마음(心)이 그렇지(然) 않다고(不) 여기면(以爲~者), 즉 마음을 바로잡지 못하면 세상과 접촉하는 감각기관(天門)이 (제대로) 열리지(開) 않다(弗). 天門[세상과 접촉하는 감각기관] 開(열릴 개)

孔子見老聃而語仁義: 공자(孔子)가 노담(老聃)을 보고(見) 인의(仁義)에 대해 말하다(語). 語(말할 어)

老聃曰 夫播穅眯目: 노담(老聃)이 말하다. 흩어진(播) 겨(穅)가 눈(目)에 들어가 (눈을) 제대로 뜨지 못하다(眯). 播(흩어질 파) 穅(겨 강) 目(눈 목) 眯(눈 잘못 뜰 미, 눈에 티가 들어가서 눈을 제대로 뜨지 못함)

則天地四方易位矣: 그러면(則) 천지사방(天地四方) 방향(位)이 바뀌어(易) (위치를 분간치 못하다). 位(자리 위, 방향) 易(바뀔 역)

蚊虻噆膚 則通昔不寐矣: (또) 모기(蚊)나 등에(虻)가 살갗(膚)을 물다(噆). 그러면(則) 밤새도록(通昔) 잠(寐)을 못자다(不). 蚊(모기 문) 虻(등에 맹) 膚(살갗 부) 噆(깨물 참, 물다) 通昔[밤 새도록. 通(온통 통) 昔(밤 석)] 寐(잠잘 매)

夫仁義憯然乃憤吾心: 모름지기(夫) 인의(仁義)도 (겨나 모기처럼) 무자비해(憯然) 이에(乃) 내(吾) 마음(心)을 어지럽히다(憤). 憯然〔무자비함. 憯(잔혹할 참, 무자비하다)〕乃(이에 내) 吾(나 오) 憤(어지러워질 분, 어지럽히다)

亂莫大焉: (그래서 인의보다 내 마음을 더) 크게(大) 어지럽히는(亂) 게 없다(莫). 亂(어지러울 란)

吾子使天下無失其朴: (그러니) 너(吾子)는 천하가(使~天下) 순박함(朴)을 잃지(失) 않도록(無) (하다). 吾子〔동년배 사람을 친숙한 뜻으로 부르는 말. 즉 자네. 吾(우리 오)〕朴(순박할 박)

吾子亦放風而動: 너(吾子)는 또(亦) 바람(風)을 따라(放~而) (자연스레) 움직이도록(動) (하다). 放(놓을 방 → ~에 따라) 動(움직일 동)

總德而立矣: 모든(總) 덕(德)을 서게 하다(而~立). 總(모두 총)

又奚傑傑然揭仁義: (그런데 너는) 또(又) 어째서(奚) 인의(仁義)를 앞장서서(傑傑然) 높이 내걸다(揭). 傑傑然〔앞장서서. 傑(뛰어날 걸)〕揭(들 게, 높이 내걺)

若負建鼓而求亡子者邪?: 마치(若) 큰 북(建鼓)을 지고(負~而) (북을 치며) 잃은 자식(亡子)을 찾는 사람(求~者)처럼 (행동하지) 않는가(邪)? 建鼓〔꼭대기에 새를 장식한 큰 북. 鼓(북 고)〕負(질 부) 亡子〔죽은 아들. 亡(잃을 망)

夫鵠不日浴而白: 저(夫) 두루미(鵠)는 매일(日) 목욕(浴)을 하지 않아도(不) 희다(白). 鵠(고니 곡, 두루미) 浴(목욕할 욕) 白(흰 백)

烏不日黔而黑: 까마귀(烏)는 날마다(日) 검게 물들이지(黔) 않아도(不) 검다(黑). 烏(까마귀 오) 黔(검어질 검, 검게 물들이다)

黑白之朴 不足以爲辯: (이런) 흑백(黑白)의 순박한(朴) (바탕)은 (본래부터 그러해 새삼스럽게) 말 잘함(爲~辯)으로(以) 부족하다(不足). 즉 새삼스레 말할만한 게 못 된다. 朴(순박할 박) 辯(말잘할 변)

名譽之觀 不足以爲廣: (또) 명예(名譽)란 겉모양(觀)도 넓어짐으로(以~爲廣) 부족하다(不足). 즉 대수로이 여길만한 게 못 된다. 觀(나타낼 관 → 겉모양) 廣(넓어질 광)

泉涸 魚相與處於陸: 샘(泉)의 물이 마르면(涸) 물고기(魚)는 서로(相) 함께(與) (메마른) 땅 위에(於~陸) 머문다(處). 泉(샘 천) 涸(물마를 학) 與(더불어할 여, 함께) 處(머무를 처)

相呴以濕 相濡以沫: 숨을 내쉼으로써(呴~以) 서로(相)를 축축하게(濕) 해주거나 침 거품으로(以~沫) 서로(相)를 적시다(濡). 呴(숨내쉴 구) 濕(축축할 습) 沫(거품 말 → 침) 濡(젖을 유)

不若相忘於江湖!: (그러나 이것은) 강(江)과 호수에서(於~湖) (물과 물고기가) 서로(相)를 잊고(忘) 지내는 것만 같지(若) 않다(不)! 즉 물고기가 물을 잊고 지내는 것만 못하다. 湖(호수 호) 忘(잊을 망)

천운 5-2

孔子見老聃歸, 三日不談, 弟子問曰: 「夫子見老聃, 亦將何規哉?」

孔子曰: 「吾乃今於是乎見龍! 龍, 合而成體, 散而成章, 乘雲氣而養乎陰陽.

予口張而不能嗋, 予又何規老聃哉!」

子貢曰: 「然則人固有尸居而龍見, 淵黙而雷聲, 發動如天地者乎? 賜亦可得而觀

乎?」

以孔子聲見老聃.

老聃方將倨堂而應, 微曰: 「予年運而往矣, 子將何以戒我乎?」

子貢曰: 「夫三皇五帝之治天下不同, 其係聲名一也. 而先生獨以爲非聖人, 如何

哉?」

老聃曰: 「小子少進! 子何以謂不同?」

對曰: 「堯授舜, 舜授禹, 禹用力而湯用兵, 文王順紂而不敢逆, 武王逆紂而不肯

順,

故曰不同.」

老聃曰: 「小子少進! 余語汝三皇五帝之治天下.

皇帝之治天下, 使民心一, 民有其親死不哭而民不非也.

堯之治天下, 使民心親, 民有爲其親殺其殺而民不非也.

舜之治天下, 使民心競, 孕婦十月而生子, 子生五月而能言, 不至乎孩而始誰,

則人始有夭矣.

禹之治天下, 使民心變, 人有心而兵有順, 殺盜非殺人, 自爲重而天下佴,

是以天下大駭, 儒墨皆起.

其作始有倫, 而今乎歸, 女何言哉!

余語汝, 三皇五帝之治天下, 各曰治之, 而亂莫甚焉.

三皇之治, 上悖日月之明, 下睽山川之精, 中墮四時之施, 其知憯於蠆蠆之尾,

鮮規之獸, 莫得安其性命之情者, 而猶自以爲聖人, 不亦可恥乎, 其無恥也?」

子貢蹴蹴然立不安.

공자가 노담을 만나고 돌아와서 사흘 동안 아무 말도 하지 않자

제자들이 의아해서 물었다.

"스승께서 노담 선생을 만나고 또 무엇을 깨우쳐주었습니까?"

공자가 말했다. "아니야. 나는 이제야 용(龍)을 보았네!

그 용이 합쳐지면 몸을 이루고, 흩어지면 아름다운 무늬를 이루면서

구름을 타고 음양 속을 날아다니는데 나는 입이 벌어져 다물 수 없었으니

내가 노담 선생에게 또 무얼 가르쳐 줄 수 있었겠는가!"

자공(子貢)이 말했다.

"그럼 사람 중에 본디 주검처럼 가만히 있다 용처럼 나타나는 사람이 있고,

깊은 침묵 속에 있다 천둥소리를 내면서 천지처럼 활동하는 사람이 있나요?

저도 그런 분을 만나볼 수 있습니까?"

자공은 스승인 공자의 명성으로 노담 선생을 만날 수 있었다.

노담 선생은 마침 대청에 걸터앉아서 자공을 맞이하고 나직이 물었다.

"나도 나이를 웬만큼 먹었는데 자네가 내게 무엇을 깨우쳐주겠다는 건가?"

자공이 말했다.

"삼황오제가 천하 다스린 방법은 달라도 잘 다스려 명성을 얻은 건 같지요.

그런데 유독 선생만 이분들을 성인이 아니라고 여기니 어째서입니까?"

노자가 말했다. "젊은이, 조금 더 가까이 오게!

자넨 어째서 삼황오제가 천하 다스린 방법이 제각각 다르다고 말하지?"

자공이 말했다.

"요임금은 순에게 천하를 물려주고, 순임금도 우에게 천하를 물려주어도

우는 천하를 얻는 데 힘을, 탕도 천하를 얻는 데 군대를 각각 사용했습니다.

또 주(周) 문왕(文王)은 주(紂)에게 복종해서 거역하지 않았지만

주(周) 무왕(武王)은 주(紂)를 거역해서 복종하지 않았습니다.

그래서 다르다고 한 겁니다."

노담이 말했다. "젊은이, 조금 더 가까이 다가오게!

내가 자네에게 삼황오제가 천하를 다스렸던 방법에 대해 말하겠네.

황제(皇帝)가 천하를 다스렸을 때는 백성의 마음을 하나로 묶었네.

그래서 부모가 죽었을 때 곡하지 않은 사람이 있는데도

백성은 곡하지 않은 사람을 비난하지 않았네.

요임금이 천하를 다스릴 때는 백성의 마음을 서로 사랑하도록 만들었네.

그래서 부모가 살해되었을 때 자식이 복수를 위해 살인을 저질렀는데도

백성은 부모를 위해 살인한 자식을 비난하지 않았네.
순임금이 천하를 다스렸을 때는 백성의 마음을 서로 겨루도록 했네.
이에 임산부는 열 달 만에 자식을 낳고, 태어난 자식은 다섯 달 만에 말하고,
방긋 웃기도 전에 누군지 알아보면서 어려서 죽는 일까지 생겨났네.
우임금이 천하를 다스렸을 때는 백성의 마음을 변하게 했네.
그래서 다른 마음을 품고서 무기를 사용해도 그럴듯한 이유를 대고,
도둑을 죽여도 사람을 죽인 게 아니라고 했네.
이처럼 사람들이 자신만 소중히 여기자 천하도 뒤따라 아무 짓이나 했네.
이럼으로 천하가 많이 놀라고, 유가와 묵가도 다투기 위해 모두 일어났네.
이들이 처음 일어날 때는 그래도 지켜야 할 도리를 지켰어도
지금은 다시 혼란스러워졌으니 자네가 내게 무슨 말을 할 수 있겠나!
조금 전 나는 자네에게 삼황오제가 천하 다스렸던 방법에 대해 말했네.
삼황오제 각자는 천하를 다스렸다고 말하지만
실은 천하를 이토록 심하게 어지럽게 만든 적이 없네.
삼황오제의 다스림은 위론 해와 달의 빛을 가리고,
아래론 산과 강의 정기를 외면하고, 가운데론 사철의 베풂을 무너뜨렸네.
그래서 삼황오제의 지혜는 전갈 꼬리보다 무자비해 인적이 드문 데 사는
짐승도 만물이 제각기 지닌 타고난 모습(性命之情)을 지니지 못했네.
그런데도 삼황오제가 스스로 성인이라고 자처하니
이 또한 부끄러움을 모르는 걸 부끄러워하지 않는 게 아닌가?”
자공은 놀라서 불안한 채 편히 서 있지 못했다.

注 ─

孔子見老聃歸 三日不談: 공자(孔子)가 노담(老聃)을 만나(見) 돌아와선(歸) 사흘(三日) 동안 말(談)을 하지 않다(不). 談(말씀 담)

弟子問曰 夫子見老聃 亦將何規哉?: 제자(弟子)가 (의아해서) 묻다(問). 선생(夫子)은 노담(老聃)을 만나서(見) 또(亦) 무엇(何)을 깨우쳐 주었는가(將~規)? 規(간할 규, 잘못된 일을 고치도록 함 → 깨우쳐주다)

孔子曰 吾乃今於是乎見龍!: 공자(孔子)가 말하다. (아니) 난(吾) 이에(乃) 지금(今) 이번에(於~是), 즉 이제야 용(龍)을 보다(見)!

龍 合而成體 散而成章: (그) 용(龍)이 합쳐지면(合) 몸(體)을 이루고(成) 흩어지면(散) 아름다운 무늬(章)를 이루다(成). 合(합할 합) 體(모양 체) 成(이룰 성) 散(헤어질 산, 흩어짐) 章(문채 장, 아름다운 무늬)

乘雲氣而養乎陰陽: (그러면서) 구름(雲氣)을 타고(乘~而) 음양(陰陽) 속을 날다(養). 雲(구름 운) 氣(기운 기) 乘(탈 승) 養(날 양)

予口張而不能嚼: (그런데) 나(予)는 입(口)이 벌어져서(張) 다물(嚼) 수 없다(不能). 張(펼 장, 벌림) 嚼(들이마실 협, 입을 다묾)

予又何規老聃哉!: (그러니) 내(予)가 또(又) 노담(老聃)에게 무얼(何) 가르쳐 줄(規) 수 있는가! 予(나 여) 規(간할 규 → 가르쳐줌)

子貢曰 然則人固有尸居而龍見: 자공(子貢)이 말하다. 그러면(然則) 사람(人) (중에) 본디(固) 주검(尸)처럼 (가만히) 있다가(居~而) 용(龍)처럼 나타나는(見) (사람이) 있다(有). 固(본디 고) 尸(주검 시) 居(있을 거) 見(나타날 현)

淵黙而雷聲 發動如天地者乎?: 깊은(淵) 침묵 속에 있다가(黙~而) 천둥(雷) 소리(聲)를 (내면서) 천지처럼(如~天地) 활동하는(發動) 사람(者)이 (있는가)? 淵(깊을 연) 黙(잠잠할 묵 → 침묵) 雷(우뢰 뢰) 發動〔활동하다. 發일어날 발) 動(움직일 동)〕

賜亦可得而觀乎?: (나) 또한(亦) (그분) 봄(觀)을 얻을(得) 수(可) 있음을 허락하는가(賜)? 즉 볼 수 있는가? 賜(줄 사, 허여함)

遂以孔子聲見老聃: (자공은) 공자(孔子) 명성으로(以~聲) 노담(老聃)을 보는(見)데 이르다(遂). 즉 자공은 스승인 공자의 명성으로 노담을 만나다. 聲(명성 성) 遂(이를 수)

老聃方將倨堂而應 微曰: 노담(老聃)은 마침(方) 대청(堂)에 걸터앉아(倨) (자공을) 맞이하고서(應) 나직이(微) 말하다. 方(바야흐로 방, 마침) 堂(마루 당, 대청) 倨(걸터앉을 거) 應(응할 응 → 맞이하다) 微(작을 미 → 나직이)

予年運而往矣 子將何以戒我乎?: 나(予)도 나이(年)가 굴러(運~而) 가는데(往), 즉 나이를 웬만큼 먹었는데 네(子)가 내(我)게 무엇(何)을 깨우쳐 주는가(以~戒)? 運(구를 운) 往(갈 왕) 戒(깨우칠 계)

子貢曰 夫三皇五帝之治天下不同: 자공(子貢) 말하다. 삼황오제(三皇五帝)가 천하(天下) 다스리는(治) 방법은 같지(同) 않다(不).

其係聲名一也: (그러나 잘 다스려서) 명성(聲名)에 매인(係) 것은 하나(一) 같다. 즉 명성을 얻은 것은 같다. 係(맬 계, 매이다)

而先生獨以爲非聖人 如何哉?: 그런데(而) 유독(獨) 선생(先生)은 (이들을) 성인(聖人)이 아니라고(以~非) 여기니(爲) 어째서인가(如何)?

老聃曰 小子少進!: 노담(老聃)이 말하다. 젊은이(小子), 조금(少) (더) 다가오게(進)! 進(다가올 진)

子何以謂不同?: 너(子)는 어째서(何) (삼황오제가 천하를 다스린 방법이 제각각) 같지(同) 않다고 (以~不) 말하나(謂)?

對曰 堯授舜 舜授禹: 자공이 대답해(對) 말하다. 요(堯)임금은 순(舜)임금에게 (천하를) 물려주고(授) 순(舜)임금은 우(禹)임금에게 (천하를) 물려주다(授). 授(줄 수, 물려주다)

禹用力而湯用兵: (이에 반해) 우(禹)왕은 (천하를 얻는데) 힘(力)을 사용하고(用) 탕(湯)왕은 (천하를 얻는데) 군대(兵)를 사용하다(用). 力(힘 력) 兵(군사 병, 군대)

文王順紂而不敢逆: (또 주나라) 문왕(文王)은 주(紂)에게 복종해(順) 감히(敢) 거역하지(逆) 않다(不). 順(복종할 순) 逆(거스를 역)

武王逆紂而不肯順: (이에 반해 주나라) 무왕(武王)은 주(紂)에게 거역해(逆) 감히(肯) 복종하지(順) 않다(不). 肯(감히 긍)

故曰不同: 그래서(故) 같지(同) 않다(不)고 말하다.

老聃曰 小子少進!: 노담(老聃)이 말하다. 젊은이(小子), 조금(少) (더) 다가오게(進)! 進(나아갈 진 → 다가오다)

余語汝三皇五帝之治天下: 내(余)가 네(汝)에게 삼황오제(三皇五帝)가 천하(天下)를 다스린(治) 방법을 말하다(語). 余(나 여)

皇帝之治天下 使民心一: 황제(皇帝)가 천하(天下)를 다스릴(治) (때는) 백성(民)의 마음(使~心)을 하나로(一) (묶다).

民有其親死不哭而民不非也: (그래서) 백성(民)이 부모(親)가 죽었을(死) 때 곡하지(哭) 않은(不) 자가 있어도(有~而) 백성(民)은 (곡하지 않은 자를) 비난하지(非) 않다(不). 親(어버이 친, 부모) 哭(울 고) 非(헐뜯을 비, 비난하다)

堯之治天下 使民心親: (또) 요(堯)임금이 천하(天下)를 다스릴(治) (때는) 백성(民)의 마음을(使~心) (서로) 사랑하게(親) (만들다). 親(사랑할 친)

民有爲其親殺其殺: (그래서) 백성(民)은 (자신의) 부모(親)가 (누군가에 의해) 살해되었을(殺) 때 (복수를 위해) 살인을(爲~殺) (한 자가) 있다(有). 殺(죽을 살)

而民不非也: 그래도(而) 백성(民)은 (부모를 위해 살인한 자식을) 비난하지(非) 않다(不). 非(꾸짖을 비, 책망하다 → 비난하다)

舜之治天下 使民心競: (또) 순(舜)임금이 천하(天下)를 다스릴(治) (때는) 백성(民)의 마음(使~心)을 서로 겨루게 하다(競). 競(겨룰 경)

孕婦十月而生子: (이에) 임산부(孕婦)는 열 달 (十月) 만에 자식(子)을 낳다(生). 孕婦〔임산부. 孕(아이 밸 잉) 婦(계집 부)〕

子生五月而能言: 자식(子)은 태어난(生) 지, 즉 태어난 자식은 다섯 달(五月) 만에 말할(言) 수(能) 있다.

不至乎孩而始誰: 방긋 웃음(孩)에 이르지(至) 않아도(不~而), 즉 방긋 웃기도 전에 누군지(誰) (알아보기) 시작하다(始). 孩(웃을 해, 어린아이가 방긋방긋 웃는 것) 誰(누구 수)則人始有夭矣: 그러면서(則) 사람(人)이 비로소(始) 어려서 죽는(夭) 일이 생겨나다(有). 始(처음 시, 비로소) 夭(일찍 죽을 요)

禹之治天下 使民心變: (또) 우(禹)임금이 천하(天下)를 다스릴(治) (때는) 백성으로 하여금(使~民) 마음(心)을 변하게(變) 하다. 즉 백성의 마음을 변하게 하다. 變(변할 변)

人有心而兵有順: (그래서) 사람(人)이 (다른) 마음(心)을 품고서(有~而) 무기(兵)를 (사용해도) 그럴듯한 이유(順)가 있다(有). 順(좇을 순, 도리에 따름 → 그럴듯한 이유)

殺盜非殺人: 도둑(盜)을 죽여도(殺) 사람(人)을 죽인(殺) 게 아니다(非). 盜(도둑 도) 非(아닐 비)

自爲重而天下俋: (이처럼 사람들이) 자신(自)만 소중히(重) 여기자(爲~而) 천하(天下)도 뒤따라(俋) (아무 짓이나 하다). 自(스스로 자 → 자신) 重(중히여길 중) ※ 참고한『莊子今註今譯』에 '種(씨 종)'으로 표기되었는데 오자로 보아 '重(중히여길 중)'으로 바꾸어서 해석했다. 俋(이를 이, 뒤따름) ※ 참고한『莊子今註今譯』에 '耳(귀 이)'로 표기되었는데 오자로 보아 '俋(이를 이)'로 바꾸어서 해석했다.

是以天下大駭 儒墨皆起: 이럼으로써(是~以) 천하(天下)가 크게(大) 놀라고(駭), 유가(儒)와 묵가(墨)도 (다투기 위해) 모두(皆) 일어나다(起). 駭(놀랄 해) 皆(모두 개) 起(일어날 기)

其作始有倫 而今乎歸: (이들이) 처음(始) 일어날(作) (때는 그래도) 지켜야 할 도리(倫)를 지키다(有). 그런데(而) 지금(今)은 돌아오다(歸). 즉 다시 혼란스러운 상태가 되다. 始(처음 시) 作(일어날 작) 倫(인륜 륜, 사람이 지켜야 할 도리)

女何言哉!: (그러니) 너(女)가 (내게) 무슨(何) 말(言)을 (할 수 있겠나)! 女(너 여) 何(무엇 하)

余語汝 三皇五帝之治天下: (조금 전) 나(余)는 너(汝)에게 삼황오제(三皇五帝)가 천하(天下)를 다스린(治) (방법에 대해) 말하다(語).

各曰治之 而亂莫甚焉: (삼황오제) 각자(各)는 (천하를) 다스렸다고(曰~而) 말하지만(曰~而) (실은 천하를 이렇게) 심하게(甚) 어지럽히게(亂) (만든 적이) 없다(莫). 甚(심할 심)

三皇之治 上悖日月之明: (또) 삼황오제(三皇) 다스림(治)은 위(上)로는 해(日)와 달(月)의 빛(明)을 가리다(悖). 悖(어그러질 패 → 가리다)

下睽山川之精: 아래(下)로는 산(山)과 강(川)의 정기(精)를 외면하다(睽). 精(정기 정) 睽(외면할 규)

中墮四時之施: 가운데(中)로는 사철(四時)의 베풂(施)을 무너뜨리다(墮). 施(베풀 시) 墮(무너뜨릴 휴)

其知憯於蠣蠆之尾: (그래서 삼황오제의) 지혜(知)는 전갈(蠣蠆) 꼬리보다(於~尾) 무자비하다(憯). 蠣蠆〔전갈. 蠣(굴조개 려) 蠆(전갈 채)〕 尾(꼬리 미) 憯(무자비할 참)

鮮規之獸: (그래서) 경계(規)가 드문(鮮), 즉 인적이 드문 데 사는 짐승(獸). 規(경계 규) 鮮(적을
선 → 드물다) 獸(짐승 수)

莫得安其性命之情者: 이에(安) 만물이 제각기 지닌 타고난(性命) 모습(情~者)을 지니지(得) 못
하다(莫). 安(이에 안) 性(성품 성, 본성) 命(운명 명) 情(뜻 정, 자연스런 모습) 得(얻을 득 → 지니다)

而猶自以爲聖人: 그런데도(而) (삼황오제가) 오히려(猶) 스스로(自) 성인이라고(以~聖人) 여기
다(爲). 猶(오히려 유)

不亦可恥乎? 其無恥也?: 또한(亦) 부끄러움(恥)을 모르는(不~可) 걸 부끄러워하지(恥) 않는
(無) (게 아닌가)? 恥(부끄러워할 치)

子貢蹴蹴然立不安: 자공(子貢)이 놀라서 불안한 채(蹴蹴然) 편히(安) 서지(立) 못하다(不). 蹴
蹴(초초하여 불안한 모양. 蹴(얼굴빛 변할 축)) 安(편안할 안) 立(설 립, 서다)

천운(天運) 6

孔子謂老聃曰:「丘治詩書禮樂易春秋六經, 自以爲久矣, 孰知其故矣.,
以奸者七十二君, 論先王之道而明周召之迹, 一君無所鉤用.
甚矣夫! 人之難說也! 道之難明邪?」
老子曰:「幸矣子之不遇治世之君也!
夫六經, 先王之陳迹也, 豈其所以迹哉! 今子之所言, 猶迹也.
夫迹, 履之所出, 而迹豈履哉!
夫白鶂之相視, 眸子不運而風化., 蟲, 雄鳴於上風, 雌應於下風而風化.,
類自爲雌雄, 故風化. 性不可易, 命不可變, 時不可止, 道不可壅.
苟得於道, 無自而不可., 失焉者, 無自而可.」
孔子不出三月, 復見曰:「丘得之矣. 烏鵲孺魚傅沫, 細要者化, 有弟而兄啼.
久矣夫丘不與化爲人! 不與化爲人, 安能化人!」
老子曰: 可. 丘得之也

공자가 노담(老聃)에게 말했다.

"저는 육경(六經)을 오랫동안 익혀서 그 가르침을 잘 압니다.
이에 72명 군주에게 선왕의 도를 논하고 주공(周公)과 소공(召公)의 업적을
밝혀 저를 써달라고 요청했는데도 어떤 군주도 저를 등용하지 않았습니다.
심할 뿐입니다! 그리고 사람을 설득하는 게 정말로 어렵습니다!

도를 밝히는 게 이렇게 어려운 일인가요?"

노담이 말했다.

"그대가 세상을 다스리는 군주를 만나지 않은 게 다행이오!

육경이란 선왕들이 말한 발자국인데 발자국이 어찌 근본이 되겠습니까!

지금 그대가 말한바 역시 가히 발자국일 뿐입니다.

저 발자국은 신발이 만들어낸 것이니 발자국이 어찌 신발이 되겠습니까!"

백역(白鶂)이란 새는 암수가 서로 바라볼 때 눈동자조차 움직이지 않는데

서로 정을 통해 새끼를 자연스럽게 낳지요.

또 벌레는 수컷이 바람 부는 위쪽에서 울 때 암컷이 바람 부는 아래쪽에서

호응만 해도 새끼를 낳지요.

이처럼 같은 무리는 암수가 저절로 교배되어 새끼를 낳습니다.

타고난 본성은 바뀔 수 없고, 정해진 운명은 변할 수 없고,

시간의 흐름은 멈출 수 없듯이 도의 작용도 막을 수 없지요.

진실로 도를 터득하면 스스로 되지 않는 게 없지만

그것을 놓치는 사람은 스스로 되는 게 없습니다."

공자가 석 달 동안 밖으로 나오지 않다가 노담을 다시 찾아가서 말했다.

"저도 도를 터득했습니다.

까막까치는 알을 낳아서 키우고, 물고기는 물거품으로 새끼를 돌보며,

나나니벌은 배추벌레를 부화시켜 자기 새끼로 만들고,

사람은 동생이 생기면 형은 엄마 젖을 먹지 못해서 울지요.

제가 자연의 이런 조화와 어울리지 못한 사람으로 있었던 게

매우 오래입니다!

자연의 조화와 어울리지 못한 사람이 어찌 남을 교화시킬 수 있겠습니까!"

노담이 말했다. "좋군요. 공자 그대도 이제야 도를 터득했습니다."

注 —————

孔子謂老聃曰: 공자(孔子)가 노담(老聃)에게 말하다(謂).

丘治詩書禮樂易春秋六經: (나) 공자(丘)는 시(詩)·서(書)·례(禮)·악(樂)·역(易)·춘추(春秋)의

육경(六經)을 익히다(治). 治(익힐 치)

自以爲久矣: 스스로(自) 그럼으로써(以) 오랫동안(久) 여기다(爲). 久(오랠 구, 오랫동안)

孰知其故矣: 가르침(故)을 익히(孰) 안다(知). 故(훈고 고 → 가르침) 孰(익을 숙, 익히)

以奸者七十二君 : (이에) 72(七十二)명 군주(君)에게 (나를) 써 달라고(以~奸) (요청하다). 奸(구할 간 → 써달라 하다)

論先王之道 而明周召之迹: 선왕(先王)의 도(道)를 논하고(論) 그리고(而) 주공(周公)과 소공(召公)의 업적(迹)을 밝히다(明). 論(논의할 론) 迹(자취 적, 공적 → 업적) 明(밝힐 명)

一君無所鉤用: (그런데) 한(一) 군주(君)도 쓰임(用)을 위해 끌어당기는(鉤) 바(所) 없다(無). 즉 어떤 군주도 나를 등용하지 않다. 鉤(끌어당길 구) 用(쓸 용)

甚矣夫! 人之難說也!: 심할(甚) 뿐이다(矣)! 사람(人)을 설득하는(說) 게 (정말로) 어렵다(難)! 甚(심할 심) 說(말씀 설 → 설득함)

道之難明邪?: 도(道)를 밝히는(明) 게 (이렇게) 어려운(難) 일인가(邪)?

老子曰 幸矣子之不遇治世之君也!: 노담(老聃)이 말하다. 다행이다(幸). 너(子)가 세상(世) 다스리는(治) 군주(君)를 만나지(遇) 않은(不) 게! 世(세상 세) 幸(다행 행) 遇(만날 우)

夫六經 先王之陳迹也: 저(夫) 육경(六經)이란 선왕(先王)들이 말한(陳) 발자국이다(迹). 陳(말할 진) 迹(자취 적, 발자국)

豈其所以迹哉!: (그런데) 발자국이(以~迹) 어찌(豈) 근본(所)이 되겠소! 所(바 소, 방법 → 근본)

今子之所言 猶迹也: 지금(今) 네(子)가 말한(言) 바(所) (역시) 가히(猶) 발자국(迹)이다. 猶(가히 유)=可

夫迹 履之所出 而迹豈履哉!: 저(夫) 발자국(迹)은 신발(履)이 만드는(出) 바(所)다. 그러니(而) 발자국(迹)이 어찌(豈) 신발(履)인가! 履(신 리, 신발) 出(날 출 → 만들다)

夫白鶂之相視: 저(夫) 백역(白鶂)이란 새는 (암수가) 서로(相) 바라보다(視). 相(서로 상) 視(볼 시)

眸子不運而風化: (그때) 눈동자(眸子)조차 움직이지(運) 않는데(不~而) (서로 정을 통해 자연스레) 새끼를 낳다(風化). 眸子(눈동자. 眸(눈동자 모)) 運(움직일 운) 風化〔바람(風)으로 인해 변화(化)하다 → 정을 통해 자연스레 새끼를 낳다)〕

蟲 雄鳴於上風: (또) 벌레(蟲)는 수컷(雄)이 바람(風) 부는 위쪽에서(於~上) 울다(鳴). 蟲(벌레 충) 雄(수컷 웅) 鳴(울 명)

雌應於下風而風化: (그때) 암컷(雌)이 바람(風) 부는 아래쪽에서(於~下) 호응만(應) 해도 새끼를 낳다(風化). 雌(암컷 자) 應(맞장구칠 웅 → 호응하다)

類自爲雌雄 故風化: (이처럼) 같은 무리(類)는 암수(雌雄)가 저절로(自) 교배되다(爲). 고로(故) 새끼를 낳다(風化). 類(무리 류)

性不可易 命不可變: (타고난) 본성(性)이 바뀌어(易) 질 수(可) 없고(不), (정해진) 운명(命)이 변할(變) 수(可) 없다(不). 易(바뀔 역) 命(운명 명) 變(변할 변)

時不可止 道不可壅: 시간(時) 흐름이 멈출(止) 수(可) 없듯이(不) (이런) 도(道)의 작용도 막을

(壅) 수(可) 없다(不). 壅(막을 옹)

苟得於道 無自而不可: 진실로(苟) 도를(於~道) 터득하면(得) 스스로(自) 되지(可) 않는(不) 게 없다(無). 苟(진실로 구) 可(가히 가, 긍정의 의미 → 되다)

失焉者 無自而可: (그러나 그걸) 놓치는(失) 사람(者)은 스스로(自) 되는 게 없다(無). 失(잃을 실, 놓치다)

孔子不出三月 復見曰: 공자(孔子)가 석(三) 달(月) 동안 나오지(出) 않다가(不) (노담을) 다시(復) 보고(見) 말하다. 復(다시 부)

丘得之矣: 저 공자(丘)도 (도를) 터득하다(得).

烏鵲孺魚傳沫: 까막까치(烏鵲)는 알을 낳아(孺) (키우고), 물고기(魚)는 물거품(沫)으로 (새끼를) 돌보다(傳). 烏鵲[까막까치. 烏(까마귀 오) 鵲(까치 작)] 孺(낳을 유) 魚(물고기 어) 沫(거품 말, 물거품) 傳(돌볼 부)

細要者化: 나나니벌(細要~者)은 (배추벌레를) 부화시켜(化) (자기 새끼로 만들다). 細要[나나니벌. 細(가늘 세) 要(구할 요)]

有弟而兄啼: (사람은) 동생(弟)이 생기면(有) 형(兄)이 (엄마 젖을 먹지 못해) 운다(啼). 弟(동생 제) 啼(울 제) 兄(형 형)

久矣夫丘不與化爲人!: 저(夫) 공자(丘)가 (이런 자연의) 조화와(與~化) (어울리지) 못한(不) 사람으로(爲~人) (있었던 게 매우) 오래이다(久)! 化(조화 화) 久(오랠 구)

不與化爲人 安能化人!: 자연의 조화와(與~化) (어울리지) 못한(不) 사람(爲~人)이 어찌(安) 남(人)을 교화시킬(化) 수(能) 있는가! 化(감화시킬 화, 교화하다) 安(어찌 안)

老子曰 可 丘得之也: 노담(老聃)이 말하다. 좋다(可). 공자(丘)도 (이제야 도를) 터득하다(得). 可(대체로좋을 가) 得(얻을 득)

각의

刻 意

각의(刻意) 1

각의 1-1

刻意常行, 離世異俗, 高論怨誹, 爲亢而已矣.,
此山谷之士, 非世之人, 枯槁赴淵者之所好也.
語仁義忠信, 恭儉推讓爲修而已矣.,
此平世之士, 敎誨之人, 遊居學者之所好也.
語大功, 立大名, 禮君臣, 正上下, 爲治而已矣.,
此朝廷之士, 尊主强國之人, 致功幷兼者之所好也.
就藪澤, 處閒曠, 釣魚閒處, 無爲而已矣.,
此江海之士, 避世之人, 閒暇者之所好也.
吹呴呼吸, 吐故納新, 熊經鳥申, 爲壽而已矣.,
此導引之士, 養形之人, 彭祖壽考者之所好也.
若夫不刻意而高, 無仁義而修, 無功名而治, 無江海而閒, 不導引而壽,
無不忘也, 無不有也,
澹然無極而衆美從之, 此天地之道, 聖人之德也.

뜻을 굳게 지니며(刻意) 행동을 떳떳이 하고(常行),
세상과 떨어져서 세속과 다르게 살아가고,
높은 이상을 거론하면서 세상을 원망하거나 헐뜯고,
자신만 극진히 높일 뿐이다.
이는 산골에 숨어 사는 선비나 세상을 비방하는 사람,

그리고 몸이 말라 비틀어서 초췌해져 못에 투신하는 사람,
즉 굴원(屈原)과 같은 사람이 좋아한다.
인의(仁義)와 충신(忠信)을 말하고,
공손과 겸손이나 양보와 사양을 위해 몸과 마음을 수양할 뿐이다.
이는 태평한 세상의 선비나 가르치는 사람,
그리고 유세하는 데 머무는 학자가 좋아한다.
큰 공을 말하고 큰 명성을 세우거나
군신의 예의를 따르고 상하 질서를 바로잡으며 다스리는 일에 전념한다.
이는 조정의 선비나 군주를 떠받들어 나라를 튼튼히 하는 사람,
그리고 공을 이루어서 영토를 넓히는 사람이 좋아한다.
늪과 못으로 나아가서 한적하게 허송하며 살거나
낚시질하며 한가롭게 살면서 하고자 하는 바가 없다.
이는 자연을 벗 삼아 내 집으로 여기는 선비나 세상을 등진 사람,
그리고 유유자적함을 즐기는 사람이 좋아한다.
깊은 호흡을 하면서 낡은 기운을 토해내 새 기운을 빨아들이고,
곰이 나무에 매달리는 걸 따라 하거나 새가 날 때 기지개 켜는 걸 따라 해
수명을 연장할 뿐이다.
이는 도인술(導引)을 익힌 선비나 몸을 기르는 사람,
그리고 팽조(彭祖)처럼 오래 사는 걸 궁리하는 사람이 좋아한다.
그러나 뜻을 굳게 지니지 않아도 원래 고상한 사람이라면,
인의(仁義)가 없어도 몸과 마음이 잘 닦여진 사람이라면,
공명(功名)이 없어도 나라를 잘 다스리는 사람이라면,
강과 바다가 없어도 마음이 한가로운 사람이라면,
도인술이 아니어도 오래 사는 사람이라면
모든 걸 잊을 수 있고, 모든 걸 가질 수 있다.
그래서 담백하고(澹然) 무한한 경지(無極)에선
온갖 미덕이 이런 사람을 따른다.
그러니 담백함과 무한함이 천지의 도(天地之道)이자
성인의 덕(聖人之德)이다.

注 ──

刻意常行 離世異俗: 뜻(意)을 깎으며(刻), 즉 뜻을 굳게 지니며 행동(行)을 떳떳이(常) 하고, 세상(世)과 떨어져(離) 세상사람(俗)과 다르게(異) (살다). 意(뜻 의) 刻(깎을 각) 常(떳떳할 상) 離(떨어질 리) 俗(세상사람 속) 異(다를 이)

高論怨誹 爲亢而已矣: 높은(高) (이상을) 거론하고(論), (세상을) 원망하거나(怨) 헐뜯고(誹) (그러면서) 자신(己)을 극진히 높일(爲~亢) 뿐이다(而已矣). 高(높을 고) 論(논할 론) 怨(원망할 원) 誹(헐뜯을 비) 亢(극진히 항, 극진히 높이다)

此山谷之士 非世之人: 이(此)는 산골(山谷)에 (숨어 사는) 선비(士)나 세상(世)을 비방하는(非) 사람(人). 山谷〔산골짜기. 谷(골짜기 곡)〕非(비방할 비)

枯槁赴淵者之所好也: (그리고) 몸이 말라 비틀어져 초췌해서(枯槁) 못(淵)에 투신하는(赴) 사람(者), 즉 굴원과 같은 사람이 좋아하는(好) 바(所)다. 枯槁〔몸이 말라 비틀어 초췌함. 枯(마를 고 → 초췌함) 槁(마를 고)〕赴(뛰어들 부, 투신함)

語仁義忠信: 인의(仁義)와 충신(忠信)을 말하다(語).

恭儉推讓爲修而已矣: 공손(恭)과 겸손(儉)이나 양보(推)와 사양(讓)을 위해 몸과 마음을 수양할(爲~修) 뿐이다(而已矣). 恭(공손할 공) 儉(겸손한 모양 검) 推(밀 퇴, 밀어주다 → 양보하다) 讓(사양할 양) 修(닦을 수, 몸과 마음을 수양하다)

此平世之士 教誨之人: 이(此)는 태평한 세상(平世)의 선비(士)나 가르치는(教誨) 사람(人). 平世〔태평한 세상. 平(태평할 평)〕士(선비 사) 教誨〔가르침. 教(가르칠 교) 誨(가르칠 회)〕

遊居學者之所好也: (그리고) 유세하는(遊) 데 머무는(居) 학자(學者)가 좋아하는(好) 바(所)다. 遊(유세할 유) 居(머무를 거)

語大功 立大名: 큰(大) 공(功)을 말하고(語), 큰(大) 명성(名)을 세우다(立). 功(공 공) 名(이름 명 → 명성) 立(설 립, 세우다)

禮君臣 正上下: 군신(君臣)의 예(禮)를 (따르고), 상하(上下) (질서를) 바로 잡다(正). 正(바를 정, 바로 잡다)

爲治而已矣: (나라를) 다스리는(治) (일에 전념할) 뿐이다(而已矣).

此朝廷之士 尊主强國之人: 이(此)는 조정(朝廷)의 선비(士)나 군주(主)를 떠받들어(尊) 나라(國)를 튼튼히(强) (하는) 사람(人). 主(임금 주, 군주) 尊(높일 존, 떠받들다) 國(나라 국) 强(굳셀 강 → 튼튼히 하다)

致功幷兼者之所好也: (그리고) 공(功)을 이루어(致) 병합하려는 자(幷兼~者), 즉 영토를 넓히는 자가 좋아하는(好) 바(所)다. 致(다할 치, 진력하다) 幷兼〔합처(幷) 쌓다(兼). 즉 병합하다. 幷(어우를 병, 합치다) 兼(쌓을 겸)〕好(좋을 호)

就藪澤 處閒曠: 늪(藪)과 못(澤)으로 나아가(就) 한적하게(閒) 허송하며(曠) 살다(處). 藪(늪 수)

澤(못 택) 就(나갈 취) 閒(조용할 한 → 한적함) 曠(헛되이 지낼 광, 허송하다) 處(살 처)

釣魚閒處 無爲而已矣: 물고기(魚)를 낚시질(釣) 하며 한가하게(閒) 살면서(處) 하고자 하는 바가 없을(無爲) 뿐이다(而已矣). 釣(낚시 조, 낚시질하다) 閒(한가할 한)

此江海之士 避世之人: 이(此)는 자연을 벗 삼아 내 집으로 여기는 선비(江海之士)나 세상(世)을 등진(避) 사람(人). 江海之士〔강(江)과 바다(海)의 선비(士). 즉 자연을 벗 삼아 자연을 내 집으로 여기는 선비〕避(피할 피 → 등짐)

閒暇者之所好也: 유유자적함(閒暇)을 (즐기는) 사람(者)이 좋아하는(好) 바(所)다. 閒暇〔유유자적. 閒(한가할 한) 暇(한가할 가)〕

吹呴呼吸: 불고(吹) 내쉬거나(呴) 불고(呼) 들이쉬다(吸). 즉 깊은 호흡하다. 吹(불 취) 呴(내쉴 구) 呼(부를 호, 불다) 吸(들이실 흡)

吐故納新: 낡은(故) (기운을) 토해(吐) 새(新) (기운을) 빨아들이다(納). 故(옛 고 → 낡은) 吐(토할 토) 新(새 신) 納(거두어들일 납, 빨아들임)

熊經鳥申: 곰(熊)이 (나무에 매달리는 것을) 따라 하거나(經) 새(鳥)가 (날 때) 기지개 켜는(申) (걸 따라 하다). 熊(곰 웅) 經(씨줄 경 → 따라 하다) 鳥(새 조) 申(기지개켤 신)

爲壽而已矣: 수명을 연장하기 위할(爲~壽) 뿐이다(而已矣). 壽(목숨 수, 수명)

此導引之士 養形之人: 이(此)는 (기를) 이끌고(導) 끄는(引) 선비(士), 즉 도인술을 익힌 선비나 몸(形)을 기르는(養) 사람(人). 導(이끌 도) 引(끌 인) 養(기를 양)

彭祖壽考者之所好也: 팽조(彭祖)처럼 오래 사는(壽) (걸) 생각하는(考) 자(者)가 좋아하는(好) 바(所)다. 考(상고할 고, 생각하다)

若夫不刻意而高: 만약(若) 뜻(意)을 굳게 지니지(刻) 않아도(不~而) (원래) 고상한(高) (사람이라면). 高(고상할 고)

無仁義而修: 인의(仁義)가 없어도(無~而) (몸과 마음이 잘) 닦여진(修) (사람이라면). 修(닦을 수)

無功名而治: 공명(功名)이 없어도(無~而) (나라를 잘) 다스리는(治) (사람이라면). 治(다스릴 치)

無江海而閒: 강(江)과 바다(海)가 없어도(無~而) (마음이) 한가로운(閒) (사람이라면).

不導引而壽: 도인술(導引)이 아니어도(不~而) 오래 사는(壽) (사람이라면). 壽(오래살 수)

無不忘也 無不有也: 잊지(忘) 않음(不)이 없고(無), 갖지(有) 않음(不)이 없다(無). 즉 모든 걸 잊을 수 있고, 모든 걸 가진다.

澹然無極而衆美從之: (그래서) 담백하고(澹然) 무한한 경지에서는(無極~而) 온갖(衆) 미덕(美)이 (이런 사람을) 따르다(從). 澹(담박할 담. 담백) 無極〔다함(極)이 없음(無). 極(다할 극)〕衆(많을 중 → 온갖) 從(좇을 종, 따르다)

此天地之道 聖人之德也: (그러니) 이것(此), 즉 담백함과 무한함이 천지(天地)의 도(道)이자 성인(聖人)의 덕(德)이다.

각의 1-2

故曰, 夫恬惔寂漠虛無無爲, 此天地之本而道德之質也.

故聖人休焉, 休則平易矣, 平易則恬惔矣.

平易恬惔, 則憂患不能入, 邪氣不能襲, 故其德全而神不虧.

故曰, 聖人之生也天行, 其死也物化., 靜而與陰同德, 動而與陽同波.,

不爲福先, 不爲禍始., 感而後應, 迫而後動, 不得已而後起.

去知與故, 循天之理.

故曰無天災, 無物累, 無人非, 無鬼責.

不思慮, 不豫謀.

光矣而不燿, 信矣而不期, 其寢不夢, 其覺無憂.

其生若浮, 其死若休.

其神純粹, 其鬼不罷.

虛無恬惔, 乃合天德.

故曰, 悲樂者, 德之邪., 喜怒者, 道之過., 好惡者, 心之失.

故心不憂樂, 德之至也.,

一而不變, 靜之至也., 無所於忤, 虛之至也.,

不與物交, 惔之至也., 無所於逆, 粹之至也.

그래서 말한다.

저 염담(恬惔), 적막(寂漠), 허무(虛無), 무위(無爲)는 천지의 근본(本)이고,
도덕의 바탕(質)이다.

그래서 성인도 염담, 적막, 허무, 무위에 머물면서 쉬는데 여기서 쉬면
온화하고 조용해지며, 온화하고 조용해지면 마음이 담담해진다(恬惔).

온화하고 조용해서 마음이 담담해지면 우환(憂患)이 끼어들 수 없고,

사악한 기운(邪氣)도 엄습할 수 없어

성인의 덕(德)이 온전하고, 그의 정신(神)이 훼손되지 않는다.

그래서 말한다.

성인의 삶은 자연의 운행(天行)이고, 그의 죽음은 사물의 변화(物化)이다.

이에 성인이 고요할 때는 음(陰)과 같은 덕이 되고,

움직일 때는 양(陽)과 같은 파동이 된다.

또 성인은 복(福)을 부르려고 앞장서지 않고, 화(禍)도 일으키지 않는다.

또 성인은 느낀 후에 반응하고, 뭔가 닥친 후에 움직여도

더 버틸 수 없을 때는 기어코 일어난다.

또 성인은 교활한 지혜(知)와 거짓(故)을 버리고, 자연의 원리(天理)를 따른다.

그래서 말한다.

성인에게는 자연의 재난이 없고, 사물에 매이지 않고, 사람의 비난도 없고,

귀신의 처벌도 없다.

이에 성인은 사려 하지 않고, 미리 앞서 일을 도모하지 않는다.

또 빛(光)이 있어도 빛나지 않아서 눈부시지 않다.

또 믿음(信)이 있어도 약속을 하지 않는다.

또 잠들 때는 꿈 꾸지 않아서 깨어나서도 걱정거리가 없다.

또 성인의 삶은 물 위에 뜬 것 같아서 물결 따라 움직여 부침이 많고,

그의 죽음은 휴식과도 같다.

또 성인의 정신(神)은 순수하고, 그의 혼령(鬼)은 고달프지 않다.

또 그의 마음은 허무하고(虛無) 담담해(恬惔) 자연의 덕(天德)과 짝한다.

그래서 말한다.

슬프고 즐거운(悲樂) 것은 덕과 어긋나고,

기쁘고 성내는(喜怒) 것은 도를 지나치고,

좋아하고 싫어하는(好惡) 것은 마음을 잃는다.

그래서 마음이 근심하거나 즐겁지 않아야 덕(德)이 지극하다.

또 마음이 한결같아서 변하지 않아야 고요함(靜)이 지극하다.

또 마음이 거슬리는 게 없어야 비움(虛)이 지극하다.

또 마음에 사물과 주고받음이 없어야 담박함(惔)이 지극하다.

또 마음이 자연과 거스르지 않아야 순수함(粹)이 지극하다.

注 ——————————————————————————————

故曰 夫恬惔寂漠虛無無爲: 그래서(故) 말하다. 저 염담(恬惔), 적막(寂漠), 허무(虛無), 무위(無爲). 恬惔〔염담. 욕심이 없고 마음이 담담함. 恬(담담할 념) 惔(편안할 담, 담담함)〕寂漠〔적막. 고요하고 조용함. 寂(고요할 적) 漠(조용할 막)〕

此天地之本而道德之質也: 이(此)는 천지(天地)의 근본이며(本~而), 도덕(道德)의 바탕(質)이다. 本(근본 본) 質(바탕 질)

故聖人休焉: 그래서(故) 성인(聖人)도 (염담, 적막, 허무, 무위에 머물면서) 쉬다(休). 休(쉴 휴)

休則平易矣: (여기서) 쉬면(休~則) 온화하고 조용해질(平易) 뿐(矣)이다. 平易〔성품이 온화하고 조용함. 平(편안할 평) 易(쉬울 이)〕

平易則恬惔矣: 온화하고 조용해지면(平易~則) 마음이 담담해지다(恬惔).

平易恬惔: 온화하고 조용해서(平易) 마음이 담담하다(恬惔).

則憂患不能入: 그러면(則) 우환(憂患)이 끼어들(入) 수(能) 없다(不). 憂患〔우환. 憂(근심 우) 患(근심 환)〕 入(들 입, 끼어들다)

邪氣不能襲: 사악한(邪) 기운(氣)이 엄습할(襲) 수(能) 없다(不). 襲(엄습할 습)

故其德全而神不虧: 그래서(故) (성인의) 덕(德)이 온전하고(全~而) 그의 정신(神)이 훼손되지(虧) 않는다(不). 全(온전할 전) 虧(이지러질 휴 → 훼손됨)

故曰 聖人之生也天行: 그래서(故) 말하다. 성인(聖人)의 삶(生)은 자연(天)의 운행(行)이다. 行(운행 행)

其死也物化: (그의) 죽음(死)은 사물(物)의 변화(化)이다. 化(화할 화, 변화)

靜而與陰同德: (이에 성인이) 고요할(靜~而) 때는 음과(與~陰) 같은(同) 덕(德)이 되다. 靜(고요할 정) 陰(음 음, 음기)

動而與陽同波: 움직일(動~而) 때는 양과(與~陽) 같은(同) 파동(波)이 되다. 動(움직일 동) 陽(양 양, 양기) 波(물결 파 → 파동)

不爲福先 不爲禍始: (또 성인은) 복(福)을 위해(爲) 앞장서지(先) 않고(不), 즉 복을 부르려고 앞장서지 않고, 화(禍)를 위해(爲) 일으키지(始) 않는다(不). 福(복 복) 先(먼저 선) 禍(재화 화, 화) 始(일으킬 시)

感而後應 迫而後動: (또 성인은) 느낀(感) 후(後) 반응하고(應) (뭔가) 닥친(迫) 후(後) 움직이다(動). 感(느낄 감) 迫(닥칠 박)

不得已而後起: (그러나) 부득이(不得已)한 후(後), 즉 더 이상 버틸 수 없을 때는 (기어코) 일어나다(起). 起(일어날 기)

去知與故 循天之理: (또 성인은 교활한) 지혜와(與~知) 거짓(故)을 버리고(去) 자연(天)의 원리(理)를 따르다(循). 故(거짓 고) 去(갈 거, 버림) 理(원리 리) 循(좇을 순, 따르다)

故曰無天災 無物累: 그래서(故) 말한다. (성인에게는) 자연(天)의 재앙(災)이 없고(無), 사물(物)에 묶임(累)도 없다(無). 즉 사물에 매이지 않다. 災(재앙 재)

無人非 無鬼責: 사람(人)의 비난(非)도 없고(無), 귀신(鬼)의 처벌(責)도 없다(無). 非(헐뜯을 비, 비난) 責(처벌 책)

不思慮 不豫謀: (이에 성인은) 사려 하지(思慮) 않고(不), 미리(豫) (앞서 일을) 도모하지(謀) 않는다(不). 思慮〔사려. 즉 곰곰 생각하다. 思(생각할 사) 慮(생각할 려)〕豫(미리 예) 謀(꾀할 모, 도모)

光矣而不燿: (또) 빛(光)이 있어도(而) 빛나지(燿) 않아(不) (눈부시지 않다). 燿(빛날 요)

信矣而不期: (또) 믿음(信)이 있어도(而) 약속하지(期) 않다(不). 信(믿을 신) 期(기약할 기, 약속하다)

其寢不夢 其覺無憂: (또) 잠들(寢) (때는) 꿈꾸지(夢) 않아(不) 깨어나서도(覺) 걱정거리(憂)가 없다(不). 寢(잠잘 침) 夢(꿈 몽, 꿈꾸다) 覺(깨올 교) 憂(근심할 우, 걱정거리)

其生若浮 其死若休: (또 성인의) 삶(生)은 (물 위에) 뜬 것(浮) 같아(若) (물결 따라 움직여서 부침이 많고) 죽음(死)은 휴식(休)과 같다(若). 浮(뜰 부) 若(같을 약) 休(쉴 휴 → 휴식)

其神純粹 其鬼不罷: (또 성인의) 정신(神)은 순수(純粹)하고 그의 혼령(鬼)은 고달프지(罷) 않다(不). 純粹〔순수. 純(천진할 순) 粹(순수할 수)〕鬼(귀신 귀, 음의 신령 → 혼령) 罷(고달플 피)

虛無恬惔 乃合天德: (또 그의 마음은) 허무하고(虛無) 담담해서(恬惔) 자연(天)의 덕(德)과 짝하다(合). 合(짝할 합)

故曰 悲樂者 德之邪: 그래서(故) 말하다. 슬프고(悲) 즐거운(樂) 것(者)은 덕(德)과 어긋나다(邪). 悲(슬플 비) 樂(즐거울 락) 邪(부정할 사, 바르지 못함 → 어긋남)

喜怒者 道之過: 기쁘고(喜) 성내는(怒) 건(者) 도(道)를 지나치다(過). 喜(기쁠 희) 怒(성낼 노) 過(지나칠 과)

好惡者 心之失: 좋아하고(好) 싫어하는(惡) 것(者)은 마음(心)을 잃는다(失). 好(좋을 호) 惡(미워할 오) 失(잃을 실)

故心不憂樂 德之至也: 그래서(故) 마음(心)이 근심하거나(憂) 즐겁지(樂) 않아야(不) 덕(德)이 지극하다(至). 憂(근심할 우)

一而不變 靜之至也: (또 마음이) 한결같아(一~而) 변하지(變) 않아야(不) 고요함(靜)이 지극하다(至). 一(하나 일 → 한결 같다)

無所於忤 虛之至也: (또 마음이) 거슬리는 게(於~忤) 없는(無) 바(所)라야 비움(虛)이 지극하다(至). 忤(거스를 오) 忤(빌 허)

不與物交 惔之至也: (또 마음에) 사물과(與~物) 주고받음(交)이 없어야(不) 담담함(惔)이 지극하다(至). 交(주고받을 교)

無所於逆 粹之至也: (또 마음이 자연과) 거스르지(於~逆) 않는(無) 바(所)라야 순수함(粹)이 지극하다(至). 逆(거스를 역) 粹(순수할 수)

각의 1-3

故曰, 形勞而不休則弊, 精用而不已則竭.

水之性, 不雜則淸, 莫動則平., 鬱閉而不流, 亦不能淸., 天德之象也.

故曰, 純粹而不雜, 靜一而不變, 惔而無爲, 動而以天行, 此養神之道也.

夫有干越之劍者, 柙而藏之, 不敢輕用也, 寶之至也.

精神四達竝流, 無所不極, 上際於天, 下蟠於地.

化育萬物, 不可爲象, 其名爲同帝.

純素之道, 唯神是守., 守而勿失, 與神爲一, 一之精通, 合於天倫.

野語有之曰:「衆人重利, 廉士重名, 賢人尙志, 聖人貴精.」

故素也者, 謂其無所與雜也., 純也者, 謂其不虧其神也. 能體純素, 謂之眞人.

그래서 말한다.

몸이 수고로운데 쉬지 않으면 몸이 지치고,

정기(精)를 쓰면서 멈추지 않으면 정기가 고갈된다.

물의 본성도 다른 게 섞이지 않아야 맑고, 움직이지 않아야 평평한데

막혀서 흐르지 않으면 또한 맑아질 수 없다.

이것이 자연이 지닌 덕의 모습(天德之象)이다.

그래서 말한다.

순수해서 다른 게 섞이지 않고, 고요해서 한결같아 변치 않고,

담담해서 하고자 하는 바가 없고, 움직이면서 자연의 행함을 따르는 게

정신을 기르는 도(養神之道)이다.

오월(于越)에서 만든 명검을 지니면 상자에 보관해 함부로 사용하지 않는데

명검이 보물로 지극해서이다.

성인의 정신은 사방으로 나란히 흘러서 어디든지 도달할 수 있기에

위로는 하늘에 닿고, 아래로는 땅에 서린다.

이런 성인의 정신은 만물을 변화시키고 기르는데 그 모습을 그릴 수 없기에

이름을 하느님(帝)과 같다고 한다.

순수하고 질박한 도(純素之道)만이 정신을 지킨다.

순수하고 질박한 도를 지켜서 이를 잃지 않아야 성인의 정신과 하나가 된다.

또 하나 된 정신은 생명의 근원으로 통해 자연의 이치(天倫)와 일치한다.

이를 두고 한 속담은 말한다.

'보통사람은 이익을 중시하고, 청렴한 선비는 명예를 중시하고,

현명한 사람은 뜻을 숭상하는데 성인은 생명의 근원(情)을 귀하게 여긴다.'

그래서 질박함(素)은 본래의 정신에 다른 게 섞이지 않고,

순수함(純)은 본래의 정신에 훼손됨이 없는 걸 말한다.

이런 순수함과 질박함을 본받을 수 있어야 진인(眞人)이라고 말한다.

注 ─────

故曰 形勞而不休則弊: 그래서(故) 말하다. 몸(形)이 수고로운데(勞~而) 쉬지(休) 않으면(不~則) (몸이) 지치다(弊). 形(몸 형) 勞(수고할 로) 弊(곤할 폐, 피곤함 → 지치다)

精用而不已則竭: 생명의 근원인 정기(精)를 쓰면서(用~而) 멈추지(已) 않으면(不~則) (정기가) 고갈된다(竭). 精(정기 정, 생명의 근원, 만물을 생성하는 음양의 기운) 用(쓸 용) 已(그칠 이, 멈추다) 竭(다할 갈, 고갈되다)

水之性 不雜則清 莫動則平: 물(水)의 본성(性)도 (다른 게) 섞이지(雜) 않아야(不~則) 맑고(清) 움직이지(動) 않아야(莫~則) 평평하다(平). 雜(섞일 잡) 清(맑을 청) 動(움직일 동) 莫(없을 막) 平(평평할 평)

鬱閉而不流 亦不能清: (그런데) 막혀서(鬱閉~而) 흐르지(流) 않으면(不~則) 또한(亦) 맑아질(清) 수(能) 없다(不). 鬱閉(막혀 흐르지 않는 모양. 鬱(막힐 울) 閉(닫을 폐)) 流(흐를 류)

天德之象也: (이것이) 자연(天)이 (지닌) 덕(德)의 모습(象)이다. 象(모양 상, 모습)

故曰 純粹而不雜: 때문에(故) 말하다. 순수해(純粹~而) (다른 게) 섞이지(雜) 않다(不). 純(천진할 순) 粹(순수할 수)

靜一而不變: 고요해(靜~而) 한 결 같아(一~而) 변하지(變) 않다(不). 一(하나 일 → 한결 같다) 變(변할 변)

惔而無爲 動而以天行: 담담해(惔~而) 하고자 하는 바가 없고(無爲) 움직이며(動~而) 자연(天)의 행함을(以~行) (따르다). 惔(편안할 담, 담담함) 行(행할 행)

此養神之道也: 이것(此)이 정신(神)을 기르는(養) 도(道)이다. 神(정신 신) 養(기를 양)

夫有干越之劍者 柙而藏之: 모름지기(夫) 오월(干越)에서 (만든) 명검(劍)을 가지면(有~者) 상자(柙)에 보관하다(藏). 劍(칼 검 → 명검) 柙(우리 합, 상자) 藏(감출 장, 간직하다 → 보관하다)

不敢輕用也 寶之至也: 감히(敢) 가벼이(輕) 사용하지(用) 않다(不). 즉 함부로 사용하지 않는다. (명검이) 보물(寶)로 지극해서이다(至). 輕(가벼울 경) 寶(보배 보, 보물)

精神四達竝流 無所不極: (성인의) 정신(精神)은 사방으로(四達) 나란히(竝) 흘러(流) 이르지(極)

못하는(不) 곳(所)이 없다(無). 즉 어디든지 도달할 수 있다. 四達─四方(사방) 竝(나란히 병) 流(흐를 류) 極(다할 극→이르다)

上際於天 下蟠於地: (그래서) 위(上)론 하늘에(於~天) 닿고(際) 아래(下)론 땅에(於~地) 서리다(蟠). 際(닿을 제) 蟠(서릴 반)

化育萬物 不可爲象: (이런 성인 정신은) 만물(萬物)을 변화시키고(化) 기르는데(育) 모습(象)을 그리는(爲) 게 불가하다(不可).

其名爲同帝: (그래서 그) 이름(名)은 하느님(帝)과 같다(同) 하다(爲). 帝(하느님 제)

純素之道 唯神是守: 순수하고(純) 질박한(素) 도(道)만(唯) 정신(神)을 지키다(守). 素(질박할 소) 守(지킬 수) 是(다만 시)

守而勿失 與神爲一: (순수하고 질박한 도를) 지켜서(守~而) 잃지(失) 않으면(勿) 정신과(與~神) 하나 되다(爲~一). 勿(없을 물)

一之精通 合於天倫: (또) 하나(一) 된 (정신은) 생명의 근원(精)으로 통해(通) 자연(天)의 이치에(於~倫) 합치하다(合). 즉 자연의 이치와 일치하다. 精(정기 정, 생명의 근원) 天倫[자연의 이치. 倫(인륜 륜, 도리)] 合(합할 합)

野語有之曰 衆人重利: (이를 두고) 속담(野語)은 말하다. 보통사람(衆人)은 이익(利)을 중시하다(重). 野語(시골말. 즉 속담. 野(변방 야)] 衆人(보통사람) 利(이익 이) 重(무겁게여길 중, 중시하다)

廉士重名: 청렴한(廉) 선비(士)는 명예(名)를 중시하다(重). 廉(청렴할 렴) 名(이름 명, 명예)

賢人尙志 聖人貴精: 현명한(賢) 사람(人)은 뜻(志)을 숭상하는데(尙) 성인(聖人)은 생명의 근원(精)을 귀히(貴) 여기다. 志(뜻 지) 尙(숭상할 상) 精(정기 정, 생명의 근원) 貴(귀히 여길 귀)

故素也者 謂其無所與雜也: 그래서(故) 질박함(素者)은 (본래 정신에 어떤 다른 것)과(與) 섞인(雜) 바(所) 없음(無)을 말하다(謂).

純也者 謂其不虧其神也: 순수함(純者)은 (본래) 정신(神)에 훼손됨(虧)이 없음(不)을 말하다(謂). 虧(이지러질 휴→훼손되다)

能體純素 謂之眞人: 이런 순수함(純)과 질박함(素)을 본받을(體) 수(能) 있어야 참된(眞) 사람(人)이라 말하다(謂). 體(본받을 체)

선성
繕 性

선성(繕性) 1

繕性於俗學, 以求復其初., 滑欲於俗思, 以求致其明., 謂之蔽蒙之民.

古之治道者, 以恬養知., 知生而無以知爲也, 謂之以知養恬.

知與恬交相養, 而和理出其性.

夫德, 和也., 道, 理也.

德無不容, 仁也., 道無不理, 義也., 義明而物親, 忠也.,

中純實而反乎情, 樂也., 信行容體而順乎文, 禮也.

禮樂偏行, 則天下亂矣.

彼正而蒙己德, 德則不冒, 冒則物必失其性也.

세속에서 유행하는 학문(俗學)으로 타고난 본성을 유지해(繕性)
본래의 자연스러운 상태(初)를 회복하길 바라는 사람이 있다.
세속에서 유행하는 생각(俗思)으로 주체할 수 없는 욕망을 다스려(滑欲)
자연스러운 밝음(明)에 이르기를 바라는 사람이 있다.
이런 사람을 폐몽지민(蔽蒙之民), 즉 눈이 가려진 어리석은 사람이라 말한다.
그런데 옛날에 도를 닦은 사람은 담담한(恬) 마음으로 앎을 함양하고,
앎이 생겨나도 그 앎으로 하고자 함이 없었다.
이런 사람을 두고 앎을 담담하게(恬) 기르는 사람이라고 말한다.
이런 사람은 앎과 담담한 마음을 주고받으며 서로를 길러 나가는데
앎과 마음 사이에 이루어지는 원만함과 적당함(和理)은
타고난 본성에서 비롯된다.
모름지기 덕(德)은 자연스러운 조화(和)이고, 도(道)는 자연의 조리(理)이다.

그래서 덕이 모든 걸 감싸 안아야 어짊(仁)이다.

도가 모든 원리에 맞아야 옳음(義)이다.

옳음을 밝혀 만물과 친해져야 정성을 다함(忠)이다.

마음이 순수하고 진실해서 참모습으로 돌아가야 즐거움(樂)이다.

행동, 용모, 몸이 하는 대로 내버려 둬도 자연의 결(文)을 따라야 예의(禮)이다.

그런데 예의와 즐거움이 한쪽으로 치우쳐 행해지면 천하가 어지러워진다.

인(仁), 의(義), 충(忠), 락(樂), 예(禮)는 저절로 올바르고,

또 그런 올바름이 자신의 덕(德)을 덮는다.

이런 덕은 가려지지 않는데 만약 가려진다면

사물은 반드시 타고난 본성을 잃는다.

注 ─────

繕性於俗學 以求復其初: 세속에서 유행하는 학문으로(於~俗學) (타고난) 본성(性)을 유지해 (繕) 그럼으로써(以) 본래(初)의 (자연스런 상태를) 회복하길(復) 바라는(求) (자가 있다). 俗學(세 속에 유행하는 학문. 俗(속세 속, 세속)) 性(성품 성) 繕(유지할 선) 初(본래 초) 復(회복할 복)

滑欲於俗思 以求致其明: 세속에서 유행하는 생각으로(於~俗思) (주체할 수 없는) 욕망(欲)을 다 스려(滑) 그럼으로써(以) 밝음(明)에 이르기를(致) 바라는(求) (사람이 있다). 俗思(세속에 유행 하는 생각. 思(생각 사)) 欲(욕심 욕) 滑(다스릴 골) 致(이를 치) 明(밝을 명)

謂之蔽蒙之民: (이런 사람을 가리켜서) 눈이 가려진 어리석은(蔽蒙) 사람(民)이라고 말하다(謂). 蔽蒙((눈이) 덮인(蔽蒙), 즉 눈이 가려진 어리석음. 蔽(덮을 폐) 蒙(덮을 몽))

古之治道者 以恬養知: (그런데) 옛날(古)에 도(道)를 닦은(治) 사람(者)은 담담한 (마음)으로(以 ~恬) 앎(知)을 함양하다(養). 治(수양할 치 → 닦다) 恬(조용할 념, 담담한) 養(기를 양 → 함양하다)

知生而無以知爲也: 앎(知)이 생겨나도(生~而) (그) 앎으로(以~知) 하고자 함(爲)이 없다(無).

謂之以知養恬: (이런 사람을 가리켜서) 앎을(以~知) 담담하게(恬) 기르는(養) (사람이라고) 말하다 (謂).

知與恬交相養: (이들은) 앎과(與~知) 담담한(恬) (마음을) 주고받으며(交) 서로(相)를 기르다 (養). 交(주고받을 교)

而和理出其性: 그런데(而) (앎과 담담한 마음 사이에 이루어지는) 원만함과 적당함(和理)은 (타고난) 본성(性)에서 나온다(出). 和理(일처리가 원만하고 적당함. 즉 일 처리의 원만함과 적당함. 和 (화합할 화) 理(조리 이)) 出(날 출)

夫德 和也 道 理也: 모름지기(夫) 덕(德)은 (자연스러운) 조화(和)이며, 도(道)는 (자연의) 조리

(理)이다.

德無不容 仁也: (그래서) 덕(德)은 받아들이지(容) 않는(不) 게 없어야(無) 인(仁)이다. 즉 모든 걸 감싸 안아야 어짊이다. 容(받아들일 용)

道無不理 義也: 도(道)가 원리(理)에 맞지 않는(不) 게 없어야(無) 옳음(義)이다. 즉 모든 원리에 맞아야 옳음이다. 義(옳을 의)

義明而物親 忠也: 옳음(義)을 밝혀(明~而) 만물(物)과 친해져야(親) 정성 다함(忠)이다. 明(밝힐 명) 親(친할 친) 忠(정성을다할 충)

中純實而反乎情 樂也: 마음(中)이 순수하고(純) 진실해서(實~而) 참 모습(情)으로 돌아가야(反) 즐거움(樂)이다. 中(마음 중) 純(순수할 순) 實(참 실, 진실) 情(실정 정, 참 모습) 反(되돌릴 반)

信行容體而順乎文 禮也: 행동(行), 용모(容), 몸(體)이 하는 대로 내버려 둬도(信~而) 자연의 결(文)을 따라야(順) 예의(禮)이다. 容(얼굴 용, 용모) 信(맡길 신, 하는 대로 내버려두다) 文(결 문, 자연의 결) 順(좇을 순)

禮樂偏行 則天下亂矣: (그런데) 예의(禮)와 즐거움(樂)이 (한쪽으로) 치우쳐서(偏) 행해지면(行~則) 천하(天下)가 어지럽다(亂). 偏(치우칠 편) 亂(어지러울 란)

彼正而蒙己德: 저(彼), 즉 인(仁)·의(義)·충(忠)·락(樂)·예(禮)는 (저절로) 올바르고(正~而), (또 그런 올바름이) 자신(己)의 덕(德)을 덮는다(蒙). 彼(저 피) 正(바를 정) 己(자기 기) 蒙(덮을 몽, 덮다)

德則不冒: (이런) 덕이라야(德~則) 가려지지(冒) 않는다(不). 冒(가릴 모, 가려지다)

冒則物必失其性也: (그런데도 만약 덕이) 가려지면(冒~則) 사물(物)은 반드시(必) (타고난) 본성(性)을 잃다(失). 失(잃을 실)

선성(繕性) 2

古之人, 在混芒之中, 與一世而得澹漠焉.

是時也, 陰陽和靜, 鬼神不擾, 四時得節萬物不傷, 群生不夭, 人雖有知, 無所用之, 此之謂至一.

當是時也, 莫之爲而常自然.

逮德下衰, 及燧人伏羲始爲天下, 是故順而不一.

德又下衰, 及神農黃帝始爲天下, 是故安而不順.

德又下衰, 及唐虞始爲天下, 興治化之流, 澆淳散朴, 離道以爲, 險德以行, 然後去性而從於心.

心與心識知, 而不足以定天下, 然後附之以文, 益之以博.

文滅質, 博溺心, 然後民始惑亂, 無以反其性情而復其初.

由是觀之, 世喪道矣, 道喪世矣.

世與道交相喪也, 道之人何由興乎世, 世亦何由興乎道哉!

道無以興乎世, 世無以興乎道, 雖聖人不在山林之中, 其德隱矣.

隱, 故不自隱.

古之所謂隱士者, 非伏身而弗見也, 非閉其言而不出也, 非藏其知而不發也,

時命大謬也.

當時命而大行乎天下, 則反一無迹., 不當時命而大窮乎天下, 則深根寧極而待.,

此存身之道也.

옛날에 도를 닦은 사람은 모든 게 뒤엉키고 어두운 혼돈 상태(混芒)에 있어도
온 세상과 담박한 고요함(澹漠)을 얻었다.

그 당시에는 음양이 조화를 이루어 고요해서 귀신이 소란을 피우지 않았고,
사철도 순조로이 진행되어 만물이 해를 입지 않았다.

그래서 온갖 생물이 천수를 다했고, 사람이 앎이 있더라도 쓸 데가 없었다.

이런 상태를 타고난 본성과 지극한 하나(至一) 됨이라고 말한다.

그 당시에는 사람이 하려는 바가 없어도 늘 저절로 그러했다(自然).

그런데 시간이 흘러 단아한 덕이 아래로 기울자

수인씨(燧人)와 복희씨(伏羲)가 천하를 다스리기 시작했다.

이 때문에 타고난 본성을 좇는데도 타고난 본성과 하나 되지 못했다.

시간이 흘러 덕이 또다시 아래로 기울자

신농(神農)과 황제(黃帝)가 천하를 다스리기 시작했다.

이 때문에 사람이 타고난 본성에 편안해도 본성을 잘 따르지 못했다.

시간이 흘러 덕이 또다시 아래로 기울자

요(唐)임금과 순(虞)임금이 천하를 다스리기 시작했다.

요순이 나라를 잘 다스려 백성을 교화하는 정치의 흐름을 일으켰는데도
순박함(淳), 느슨함(散), 소박함(朴)을 엷게 해 도(道)가 떨어져 나갔고,
이렇게 행함으로써 덕(德)도 얇아졌다.

이럼으로써 도가 떨어져 나갔고, 이렇게 행함으로써 덕도 얇아졌다.

그런 후 백성은 타고난 본성을 버리고, 각자 하고 싶은 대로 따랐다.

그리고 이제는 서로의 마음까지 헤아리게 되었다.

그런데도 천하를 안정시키는 건 더욱 힘들어졌다.

그런 후 백성은 자신의 타고난 본성에 꾸밈(文)을 덧붙이고,

거기에 온갖 많은 앎을 더 보탰다.

그러자 꾸밈이 자연스런 바탕을 없애고, 많은 앎이 본래 마음을 잃게 했다.

그런 후 백성에게 혼란이 시작되어

타고난 본성(性)과 참모습(情)으로 되돌아가 얻어지는 처음(初)으로

끝내 돌아오지 못했다.

이로부터 보면 세상은 도(道)를 잃고, 도는 세상을 잃었다.

이는 세상과 도가 주고받으며 서로를 잃은 것이니

도를 터득한 사람이 세상을 어떻게 일으키고,

세상도 도를 어떻게 일으키겠는가!

도를 터득한 사람이 세상을 일으키지 못하고, 세상도 도를 일으키지 못하면

아무리 성인이 산림 속에 숨어있지 않아도

성인의 덕은 자연스레 숨게 마련이다.

그런데 성인의 덕이 숨는 건 성인이 스스로 자신의 몸을 숨기는 게 아니다.

옛날 사람이 말하는 은사(隱士), 즉 숨은 선비는

몸을 숨긴 채 세상에 나타나지 않는 게 아니고,

입을 다문 채 아무 말도 하지 않는 게 아니고,

앎을 간직한 채 겉에 드러나지 않는 게 아니다.

시운(時命)이 그와 크게 어긋나 드러나지 않을 뿐이다.

그런데 은사가 시운을 만나서 천하에 뜻을 크게 펴면

타고난 본성과 합일의 경지로 되돌아가 흔적을 남기지 않는다.

반면 시운을 만나지 못해 천하에서 버림을 받으면

자신의 뿌리를 깊이 내리고 삶이 다할 때까지 편안히 기다린다.

이것이 은사가 자신의 몸을 보존하는 길이다.

注

古之人 在混芒之中: 옛날(古)에 (도를 닦은) 사람(人)은 모든 게 뒤엉키고 어두운 혼돈 상태(混
芒) 속(中)에 있다(在). 古(옛 고) 混芒(모든 게 뒤엉키고(混) 어두운(芒) (혼돈의) 상태. 混(뒤엉

킬 혼) 芒(어두울 망)〕

與一世而得澹漠焉: (그래도) 온(一) 세상(世)과(與~而) 담박한 고요함(澹漠)을 얻다(得). 一(온
통 일) 澹漠〔담박한(澹) 고요함(漠). 즉 욕심이 적고 마음이 조용함. 澹(담박할 담) 漠(조용할 막,
고요)〕得(얻을 득)

是時也 陰陽和靜: 그(是) 당시(時)에 음양(陰陽)은 조화(和)를 (이루어) 고요하다(靜). 時(때 시,
당시) 和(조화 화) 靜(고요할 정)

鬼神不擾: (그래서) 귀신(鬼神)이 어지럽히지(擾) 않다(不). 즉 귀신이 소란을 피우지 않다. 擾
(어지럽힐 요)

四時得節萬物不傷: 사철(四時)이 법칙(節)을 얻어(得) 만물(萬物)이 다치지(傷) 않다(不). 즉 사
철이 순조로이 진행되어 만물이 해를 입지 않다. 四時(사시)→사철. 節(법도 절, 법칙) 傷(다칠 상)

群生不夭: (그래서) 온갖(群) 생물(生)이 일찍 죽지(夭) 않다(不). 즉 천수를 다하다. 群(무리 군
→ 온갖) 夭(일찍죽을 요)

人雖有知 無所用之: (또) 사람(人)이 아무리(雖) 앎(知)이 있어도(有) 쓸(用) 데(所)가 없다(無).
雖(비록 수 → 아무리 ~해도) 用(쓸 용)

此之謂至一: 이런(此) (상태를 두고 타고난 본성과) 지극한(至) 하나(一) 됨이라 말하다(謂).

當是時也 莫之爲而常自然: (또) 그(是) 당시(時)를 맞아선(當), 즉 그 당시에는 (사람이) 하려는
(爲) 바가 없어도(莫~而) (자연의 변화가 그러하듯) 늘(常) 저절로(自) 그렇다(然). 當(맞을 당) 莫
(없을 막)

逮德下衰: (그런데 시간이 흘러) 단아한(逮) 덕(德)이 아래로(下) 기울다(衰). 逮(단아할 체) 衰(쇠
할 쇠, 기울다)

及燧人伏羲始爲天下: (그러자) 수인(燧人)씨와 복희(伏羲)씨가 천하(天下)를 위해(爲) 시작하는
(始) 데 이르다(及). 즉 천하를 다스리기 시작하다. 及(미칠 급) 燧人(수인)·伏羲(복희)〔중국 전
설상 삼황(三皇)은 수인·복희·여와〕

是故順而不一: 이(是) 때문에(故) (타고난 본성을) 좇는데도(順~而) (타고난 본성과) 하나(一) 되지
못하다(不). 順(좇을 순)

德又下衰: (시간이 흘러) 덕(德)이 또다시(又) 아래로(下) 기울다(衰).

及神農黃帝始爲天下: (그러자) 신농씨(神農)와 황제(黃帝)가 천하(天下)를 위하기(爲) 시작하는
(始) 데 이르다(及). 즉 천하를 다스리기 시작하다. ★ 신농(神農)과 황제(黃帝)는 삼황에 이은
중국 고대 전설상의 오제(五帝) 중 하나이다. 오제는 염제(신농), 황제(헌원), 소호(금천), 전욱(고
양), 제곡(고신)인 데 신농은 첫 번째인 염제를 말하고, 황제는 두 번째인 헌원씨를 말한다.

是故安而不順: 이(是) 때문에(故) (사람이 타고난 본성에) 편안하다 해도(安~而) (타고난 본성을 잘)
따르지(順) 못하다(不). 安(편안할 안)

德又下衰: (시간이 흘러) 덕(德)이 또(又) 아래로(下) 기울다(衰).

及唐虞始爲天下: (그러자) 요(唐)임금과 순(虞)임금이 천하(天下)를 위하기(爲) 시작하는(始) 데 이르다(及). 唐 → 堯(요임금) 虞 → 有虞(유우) → 順(순임금)

興治化之流: (요순임금이) 나라를 잘 다스려 백성을 교화하는(治化) (정치의) 흐름(流)을 일으키다(興). 治化[나라를 다스리고 백성을 교화함. 治(다스릴 치)] 興(일으킬 홍)

澆淳散朴: (그래도) 순박함(淳), 느슨함(散), 소박함(朴)을 엷게(澆) (하다). 淳(순박할 순) 散(느슨할 산) 朴(소박할 박) 澆(엷을 요)

離道以爲, 險德以行: (이럼)으로써(以~爲) 도(道)가 떨어져 나가고(離), (이렇게) 행함으로써(以~行) 덕(德)도 얇아지다(險). 離(떼놓을 리, 떨어져 나가다) 險(얇을 험)

然後去性而從於心: 그런(然) 후(後) (백성은 타고난 본성(性)을 버리고(去~而) (각자의) 마음을 (於~心) 따르다(從). 즉 각자 하고 싶은 대로 따르다. 後(뒤 후) 去(버릴 거) 從(좇을 종, 따르다)

心與心識知: (그리고 이제는) 마음과(與~心) 마음(心)이 (서로) 알고(知) 분별(識)하다. 즉 서로의 마음까지 헤아리다. 識(분별할 식)

而不足以定天下: 그런데도(而) 천하(天下)를 안정시키는(以~定)게 부족(不足)하다. 즉 안정시키는 건 더욱 힘들다. 定(안정될 정)

然後附之以文: 그런(然) 후(後) (백성은 자신의 타고난 본성에) 꾸밈을(以~文) 덧붙이다(附). 文(꾸밀 문) 附(붙을 부, 덧붙이다)

益之以博: (거기에 온갖) 많은 앎을(以~博) (더) 보태다(益). 博(많을 박) 益(더할 익, 보태다)

文滅質 博溺心: (그러자) 꾸밈(文)이 (자연스러운) 바탕(質)을 없애고(滅), 많은(博) (앎이 본래의) 마음(心)을 잃게(溺)하다. 質(바탕 질, 사물의 본질) 滅(없앨 멸, 없애다) 溺(잃을 약, 상실하다)

然後民始惑亂: 그런(然) 후(後) 백성(民)에게 혼란(惑亂)이 시작되다(始). 惑亂[혼란. 惑(미혹할 혹) 亂(어지러울 란)]

無以反其性情而復其初: 타고난 본성(性)과 참 모습(情)으로 되돌아가(以反~而) (얽어지는) 처음(初)으로 (끝내) 돌아오지(以~復) 못하다(無). 反(되돌릴 반 → 되돌아가다) 復(돌아올 복)

由是觀之 世喪道矣: 이로부터(由~是) 보면(觀) 세상(世)은 도(道)를 잃다(喪). 由(~부터 유) 世 (세상 세) 喪(잃을 상)

道喪世矣: 도(道)는 세상(世)을 잃다(喪).

世與道交相喪也: (이는) 세상과(與~世) 도(道)가 주고받으면서(交) 서로(相)를 잃다(喪). 交(주고받을 교)

道之人何由興乎世: (그러니) 도(道)를 (터득한) 사람(人)이라도 세상(世)을 어떻게(何由) 일으키다(興). 何由[어떤 경로를 통해. 즉 어떻게. 何(무엇 하) 由(말미암을 유)] 興(일으킬 홍)

世亦何由興乎道哉!: 세상(世) 또한(亦) 도(道)를 어떻게(何由) 일으키는가(興)!

道無以興乎世 世無以興乎道: 도(道)를 (터득한 사람이) 세상(世)을 일으키지(以~興) 못하고(無) 세상(世)도 도(道)를 일으키지(以~興) 못하다(無).

雖聖人不在山林之中: (그러면) 성인(聖人)이 아무리(雖) 산림(山林) 속(中)에 (숨어) 있지(在) 않다(不). 雖(비록 수 → 아무리 ~해도)

其德隱矣: (그래도 성인의) 덕(德)은 숨게(隱) (마련이다). 隱(숨을 은)

隱 故不自隱: (그런데 성인의 덕이) 숨는(隱) (건 성인이) 스스로(自) (자신의 몸을) 숨기는(隱) 게 아니다(不).

古之所謂隱士者: 옛날(古) (사람이) 말하는(謂) 바(所) 숨는(隱) 선비(士). 古(옛 고)

非伏身而弗見也: 몸(身)을 숨긴 채(伏~而) (세상에) 보이지(見) 않지(弗) 않다(非). 즉 세상에 나타나지 않는 게 아니다. 伏(숨을 복) 見(볼 견, 보이다) 弗(아니 불)

非閉其言而不出也: 말(言)을 닫고(閉~而) 나오지(出) 않는(不) 게 아니다(非). 즉 입을 다문 채 아무 말을 하지 않는 게 아니다. 閉(닫을 폐) 出(날 출)

非藏其知而不發也: 앎(知)을 감추고(藏~而), 즉 앎을 간직한 채 나타나지(發) 않는(不) 게 아니다(非). 藏(감출 장) 發(나타날 발)

時命大謬也: 시운(時命)과 크게(大) 어긋나서(謬) (드러나지 않을 뿐이다). 時命 → 時運(시운) 謬(그릇될 류 → 어긋나다)

當時命而大行乎天下: (그런데 은사가) 시운(時命)을 만나(當~而) 천하(天下)에 크게(大) 행하다(行). 즉 천하에 뜻을 크게 펴다. 當(맞을 당, 만나다)

則反一無迹: 그러면(則) (타고난 본성과) 합일(一)의 (경지로) 되돌아가(反) 흔적(迹)을 (남기지) 않다(無). 迹(자취 적)

不當時命而大窮乎天下: (반면) 시운(時命)을 만나지(當) 못해(不~而) 천하(天下)에서 큰(大) 궁함(窮)을 겪다. 즉 천하에서 버림을 받다. 窮(궁할 궁)

則深根寧極而待: 그러면(則) (자신의) 뿌리(根)를 깊이(深) (내리고), (삶의) 다함(極)을 편안히 하면서(寧~而) 기다리다(待). 즉 삶이 다할 때까지 편안히 기다리다. 根(뿌리 근) 深(깊을 심) 極(다할 극) 寧(편안할 녕) 待(기다릴 대)

此存身之道也: 이것(此)이 (은사가 자신의) 몸(身)을 보존하는(存) 길(道)이다. 存(보전할 존)

선성(繕性) 3

古之存身者, 不以辯飾知, 不以知窮天下, 不以知窮德, 危然虛其所而反其性已, 又何爲哉!

道固不小行, 德固不小識.

小識傷德, 小行喪道.

故曰, 正己而已矣. 樂全之謂得志.

古之所謂得志者, 非軒冕之謂也, 謂其無以益其樂而已矣.

今之所謂得志者, 軒冕之謂也.

軒冕在身, 非性命也, 物之儻來, 寄者也.

寄之, 其來不可圉, 其去不可止.

故不爲軒冕肆志, 不爲窮約趨俗, 其樂彼與此同, 故無憂而已矣.

今寄去則不樂, 由是觀之, 雖樂, 未嘗不荒也.

故曰, 喪己於物, 失性於俗者, 謂之倒置之民.

옛날에 몸을 온전히 보존한 사람은 교묘한 변설로 앎을 꾸며 가리지 않고,
천하를 앎으로 궁구하지 않고, 덕을 앎으로 궁구하지 않았다.
그래서 자신의 자리를 초연히 비우면서 타고난 본성(性)으로 되돌아갈 뿐
이니 또 무얼 할 게 있겠는가!
도(道)는 본디 인의(仁義) 따위의 작은 차원의 행위가 아니고,
덕(德)도 본디 시비(是非) 따위를 논하는 작은 차원의 분별이 아니다.
작은 차원의 분별은 덕을 해치고, 작은 차원의 행위는 도를 잃게 한다.
그래서 말한다.
옛날에 몸을 온전히 보존한 사람은 스스로 올바로 할 뿐이고,
거기서 얻어진 즐거움을 온전히 두는 걸 사람으로 뜻을 이룬다고 말한다.
그러니 옛날에 소위 뜻을 이룬다는 건 벼슬에 오르는 게 아니라
그 이상의 즐거움이 더해질 게 없다는 말이다.
지금 몸을 온전히 보존한 사람이 뜻을 이루는 건 벼슬에 오름을 말한다.
그런데 벼슬이 몸에 있는 건 타고난 운명 때문이 아니라
벼슬자리가 밖에서 뜻밖에 찾아와 잠시 우리 몸에 머물러서다.
그러니 잠시 머무는 벼슬이 온다고 거부할 수도 없고,
떠나간다고 멈추게 할 수도 없다.
그래서 옛날에 몸을 잘 보존한 사람은 벼슬을 얻어도 뜻을 멋대로 하지 않
고, 벼슬을 잃어 곤궁에 빠져도 세속을 따르지 않았다.
그러니 옛날에 몸을 보존한 사람은

자신의 즐거움이 벼슬자리에 있든 없든 간에 똑같아 걱정이 없었다.
그런데 지금 몸을 온전히 보존하는 사람은
벼슬자리에 머물다가 벼슬이 없어지면 이를 즐거워하지 않는다.
이로 미루어 보면 지금 사람은 벼슬자리에 있는 게 아무리 즐거워도
그의 마음은 이미 황폐해져 있다.
그래서 말한다.
벼슬자리에 눈이 어두워 스스로 잃거나 세속에 휘둘려 본성을 잃으면
도치지민(倒置之民), 즉 거꾸로 서 있는 사람이라고 말한다.

注 ──────────────

古之存身者 不以辯飾知: 옛날(古)에 몸(身)을 (온전히) 보존한(存) 사람(者)은 앎(知)을 교묘한 변설로(以~知) 꾸며서 가리지(飾) 않다(不). 身(몸 신) 存(보존할 존) 辯(말 변) 飾(꾸밀 식 → 교묘한 변설로 무지함을 꾸며서 가림)

不以知窮天下 不以知窮德: 천하(天下)를 앎으로(以~知) 궁구하지(窮) 않고(不), 덕(德)을 앎으로(以~知) 궁구하지(窮) 않다(不). 窮(궁구할 구)

危然虛其所而反其性已: (그래서 자신의) 자리(所)를 초연히(危然) 비우면서(虛~而) 타고난 본성(性)으로 되돌아갈(反) 뿐(已)이다. 所(곳 소, 자리) 危然[초연한 모양. 危(바를 위)]虛(빌 허) 反(되돌아갈 반)

又何爲哉!: (그러니) 또(又) 무엇(何)을 할(爲) 게 있는가! 何(무엇 하)

道固不小行: 도(道)는 본디(固) (인의 따위의) 작은(小) (차원의) 행위(行)가 아니다(不). 固(진실로 고, 본디)

德固不小識: 덕(德)은 본디(固) (시비 따위를 논하는) 작은(小) (차원의) 분별(識)이 아니다(不). 識(식견 식, 분별)

小識傷德 小行喪道: 작은(小) (차원의) 분별(識)은 덕(德)을 해치고(傷), 작은(小) (차원의) 행위(行)는 도(道)를 잃게(喪) (한다). 傷(해칠 상) 喪(잃을 상, 잃게 하다)

故曰 正己而已矣: 고로(故) 말하길 (옛날에 몸을 온전히 보존한 사람은) 스스로(己) 올바로(正~而) 할뿐이다(已矣). 己(자기 기 → 스스로)

樂全之謂得志: (또 거기서 얻어지는) 즐거움(樂)을 온전히(全) (누는 걸 사람으로서) 뜻(志)을 이룬다고(得) 말하다(謂). 樂(즐거울 락) 全(온전할 전) 志(뜻 지) 得(얻을 득 → 이루다)

古之所謂得志者 非軒冕之謂也: (그러니) 옛날(古)에 소위(所謂) 뜻(志)을 이루는(得) 건(者) 벼슬(軒冕)에 (오르는 게) 아니다(非). 軒冕[초헌(軺軒)과 면류관(冕). 즉 관직 또는 벼슬. 軒(오를

헌, 높이 올라가다) 冕(면류관 면)〕

謂其無以益其樂而已矣.: 즐거움(樂)을 더함으로써(以~益) 없을(無) 뿐(而已矣)이라고 말하다 (謂). 즉 그 이상의 즐거움이 더해질 게 없다는 말이다. 益(더할 익)

今之所謂得志者 軒冕之謂也: 지금(今) (몸을 온전히 보존하는 사람이) 소위(所謂) 뜻(志)을 이루는(得) 건(者) 벼슬에 오르는(軒冕) 걸 말하다(謂).

軒冕在身 非性命也: (그런데) 벼슬(軒冕)이 몸(身)에 있는(在) 건 타고난 운명(性命) 탓이 아니다(非). 性命〔타고난 운명. 性(성품 성) 命(운수 명)〕

物之儻來 寄者也: 벼슬자리(物)가 (밖에서) 뜻밖에(儻) 찾아와(來) (잠시 우리 몸에) 머문(寄) 탓 (者)이다. 物(재물 물 → 벼슬자리) 儻(우연히 당, 뜻밖에) 來(올 래, 찾아들다) 寄(부쳐있을 기, 머물다)

寄之 其來不可圉 其去不可止: (그러니 잠시 몸에) 머무는(寄) (벼슬이) 온다고(來) 거부(圉) 할 수 없고(不可), 떠나간다고(去) 멈추게(止) 할 수 없다(不可). 圉(막을 어 → 거부) 去(갈 거 → 떠나가다)

故不爲軒冕肆志: 그래서(故) (옛날에 몸을 온전히 보존한 사람은) 벼슬(軒冕)을 얻어도(爲) 뜻(志)을 멋대로(肆) 하지 않다(不). 肆(방자할 사, 멋대로 하다)

不爲窮約趨俗: (벼슬을 잃어)·곤궁(窮)에 빠져도(約) 세속(俗)을 따르지(趨) 않다(不). 窮(궁할 궁 → 곤궁) 約(묶을 약, 묶여짐 → 빠짐) 俗(시속 속 → 세속) 趨(향할 추, 마음이 쏠려 향하여 따르다)

其樂彼與此同: (그러니 옛날에 몸을 온전히 보존한 사람은 자신의) 즐거움(樂)이 벼슬자리에 있든 (彼) 벼슬자리에 없든(此) (간에) 같다(同). 彼(저 피 → 벼슬자리에 있음) 此(이 차 → 벼슬자리에 없음)

故無憂而已矣: 고로(故) 걱정(憂)이 없을(無) 뿐이다(而已矣). 憂(근심할 우, 걱정)

今寄去則不樂,: (그런데) 지금(今) (몸을 온전히 보존하는 사람은 벼슬자리에) 머물다가(寄) (벼슬이) 가면(去~則), 즉 벼슬자리에 머물다가 벼슬이 없어지면 (이를) 즐거워하지(樂) 않다(不). 去(갈 거) 樂(즐거울 락)

由是觀之 雖樂 未嘗不荒也: 이로 말미암아(由~是) 보면(觀) (지금 사람은 벼슬자리에 있는 게) 아무리(雖) 즐거워도(樂) (그의 마음은 이미) 황폐되지(荒) 않은(不) 게 아니다(未~嘗). 즉 이미 황폐해 있다. 荒(거칠 황, 황폐)

故曰 喪己於物 失性於俗者: 그래서(故) 말하길 벼슬자리에(於~物) (눈이 어두워서) 스스로(己) 잃거나(喪) 세속에(於~俗) (휘둘려서 타고난) 본성(性)을 잃으면(失~者). 物(재물 물 → 벼슬)

謂之倒置之民: 거꾸로(倒) 서 있는(置) 백성(民)이라 말하다(謂). 倒置〔거꾸로 (세워) 놓음. 倒 (거꾸로될 도) 置(세울 치 → 서있다)〕

추수
秋 水

추수(秋水) 1

추수 1-1

秋水時至, 百川灌河, 涇流之大, 兩涘渚崖之間不辯牛馬.
於是焉河伯欣然自喜, 以天下之美爲盡在己.
順流而東行, 至於北海, 東面而視, 不見水端,
於是焉河伯始旋其面目, 望洋向若而歎曰:
「野語有之曰:『聞道百以爲莫己若者』, 我之謂也.
且夫我嘗聞少仲尼之聞而輕伯夷之義者, 始吾弗信.,
今我睹者之難窮也, 吾非至於子之門, 則殆矣, 吾長見笑於大方之家.」
北海若曰「井䵷不可以語於海者, 拘於虛也., 夏蟲不可以語於氷者, 篤於時也.,
曲士不可以語於道者, 束於敎也.
今爾出於崖涘, 觀於大海, 乃知爾醜, 爾將可與語大理矣.
天下之水, 莫大於海, 萬川歸之, 不知何時止而不盈.,
眉閭泄之, 不知何時已而不虛., 春秋不變, 水旱不知.
此其過江河之流, 不可爲量數.
而吾未嘗以此自多者, 自以比形於天地而受氣於陰陽,
吾在天地之間, 猶小石小木之在大山也, 方存乎見少, 又奚以自多!
計四海之在天地之間也, 不似礨空之在大澤乎?
計中國之在海內, 不似稊米之在大倉乎?
號物之數謂之萬, 人處一焉., 人卒九州, 穀食之所生, 舟車之所通, 人處一焉.,
此其比萬物也, 不似豪末之在於馬體乎?

五帝之所運, 三王之所爭, 仁人之所憂, 任士之所勞, 盡此矣.
伯夷辭之以爲名, 仲尼語之以爲博, 此其自多也, 不似爾向之自多於水乎?」

가을철 홍수 때가 되면 크고 작은 많은 강의 물이 황하로 모두 흘러들어와
곧게 흐르는 황하 물살의 폭이 자연히 커진다.
그러면 양쪽 물가 벼랑 사이의 간격도 넓어져서
반대편에 있는 소와 말을 서로 구별하지 못한다.
이에 황하의 신 하백(河伯)은 천하의 아름다움이 모두 자기에게 있다고 여겨
스스로 흔연히 기뻐한다.
이제 하백은 황하 물 흐름을 따라 동쪽으로 가다 마침내 북해에 이르렀다.
거기서 동쪽을 바라보니 북해가 어찌 넓은지 북해 물 끝이 보이질 않았다.
이에 하백은 비로소 얼굴을 돌려 세차고 사나운 파도를 바라보면서
북해의 신 약(若)을 향해 한숨을 내쉬며 말했다.
"속담에 '백 가지 작은 도를 듣고서 그것으로 자기보다 나은 사람이 없다고
여기는 사람처럼 어리석은 자가 있다.'고 하는데 저를 두고 한 말 같습니다.
저는 일찍이 공자의 식견이 하찮고, 백이의 절의가 가벼운 거라 들었어도
이제껏 이 말을 믿지 않았습니다.
그런데 지금 선생을 보자 공경스러움이 최고조에 달했으니
제가 선생 문하에 이르지 않았다면 큰일 날 뻔했습니다.
저는 큰 도를 터득한 사람에게 두고두고 웃음거리가 되었겠지요."
북해약(北海若)이 말했다.
"우물 안 개구리에게 바다를 말해도 알지 못하는 건 사는 공간에 갇혀서네.
매미에게 얼음을 말해도 알지 못하는 건 사는 시간에 매몰되어서네.
한쪽으로 치우친 생각을 지닌 선비에게 도를 말해도 알지 못하는 건
스승의 가르침에 묶여서네.
지금 그대는 물가에서 벗어나 큰 바다를 보고 그대의 부끄러움을 알았지.
그러니 그대는 이제야 큰 도리(大理)를 말할 수 있네.
북해의 물보다 더 많은 물은 천하에 없다.
수많은 하천의 물이 북해로 모여 들어와 이것이 언제 그칠지 몰라도

북해의 물은 차는 법이 없다.

또 북해의 가장자리 문에선 물이 새어나가도 이것이 언제부턴지 모르지만 북해의 물은 마르는 법이 없다.

그리고 북해의 물은 봄과 가을로 변하지 않아

가을에 홍수가 나고 봄에 가뭄이 들어도 조금도 영향 받지 않네.

이처럼 북해의 물은 장강과 황하의 물보다 많아서 수량을 헤아릴 수 없다.

그런데도 이 때문에 북해의 물이 많다고 스스로 생각해본 적은 아직 없네.

그건 내가 천지에서 준 형체를 따르고, 음양으로부터 기(氣)를 받아서이네.

나도 드넓은 천지 사이에 있으므로

내 존재는 마치 작은 돌과 작은 나무가 큰 산에 있는 것과 같네.

내 존재를 천지에 견주면 이처럼 작게 나타나는데

나 스스로 또 어찌 뛰어나다고 할 수 있겠는가!

사해도 천지 사이에 있음을 헤아리면 큰 연못의 작은 구멍과 같지 않을까?

중국도 바다 안에 있음을 헤아리면 큰 창고의 곡식 낱알과 같지 않을까?

천하에 사물이라 부르는 수가 만 개 정도라 하는데 사람은 그중 하나이다.

인졸(人卒)은 구주(九州)에서 곡식을 먹고 사는데 구주는 배와 수레를 타고 다녀야 할 정도로 넓다. 그 넓은 곳에 인졸은 그중 하나이다.

그래서 사람을 만물에 견주면 말의 몸에 붙은 터럭의 끝과 같지 않을까?

옛날에 오제(五帝)가 서로 양보해 천자 자리를 물려준 것과

삼왕(三王)에 이르러 왕위를 두고서 서로 다툰 것.

그리고 유가 지식인이 천하를 걱정한 것과 묵가 지식인이 천하를 위해 애쓴 건 모두 하찮은 차이이네.

백이는 왕위를 사양해 명성을 얻고, 공자는 육경을 말해 박학하다 여기네.

그런데 백이나 공자가 스스로 뛰어나다고 한 건

조금 전 그대가 자신을 많은 강의 물 중에 많다고 한 것과 같지 않은가?"

注 ────────────────────────────

秋水時至 百川灌河: 가을철(秋) 홍수(水) 때(時)가 되면(至) (크고 작은) 많은(百) 강(川)들의 (물이) 황하(河)로 (모두) 흘러들다(灌). 秋(가을 추) 水(큰물 수, 홍수) 時(때 시) 至(이를 지 → 되다) 百(일백 백, 수많은) 河 → 黃河(황하) 灌(흘러들 관)

涇流之大: (그래서) 곧게 흐르는(流) (황하) 물살(涇)의 (폭이 자연) 커지다(大). 涇(곧게흐르는물살 경) 流(흐를 류, 흐름)

兩涘渚崖之間不辯牛馬: (그러면) 양(兩)쪽 물가(涘渚) 벼랑(崖) (사이의) 간격(間)도 (넓어져서 반대편에 있는) 소(牛)와 말(馬)을 변별하지(辯) 못하다(不). 涘渚〔물가. 涘(물가 사) 渚(물가 저)〕崖(벼랑 애) 辯(변별할 변)

於是焉河伯欣然自喜: 이에(於~是焉) (황하의 신) 하백(河伯)은 스스로(自) 흔연히(欣然) 기뻐하다(喜). 欣然〔기뻐하는 모양. 흔연히. 欣(기뻐할 흔)〕喜(기쁠 희)

以天下之美爲盡在己: 천하(天下) 아름다움(美)이 모두(盡) 자기(己)에게 있다(在)고 여기다(以~爲). 美(아름다울 미) 盡(다 진, 모두)

順流而東行 至於北海: (이제 하백은 황하의 물) 흐름(流)을 따라(順~而) 동(東)쪽으로 가다가(行) (마침내) 북해에(於~北海) 이르다(至). 順(따를 순)

東面而視 不見水端: (거기서) 동(東)쪽 방면(面)을 바라보니(而~視) (북해가 어찌나 넓은지 북해) 물(水)의 끝(端)이 보이지(見) 않다(不). 面(방면 면) 視(볼 시) 端(끝 단) 見(볼 견)

於是焉河伯始旋其面目: 이에(於是) 하백(河伯)은 비로소(始) 얼굴(面目)을 돌리다(旋). 始(비로소 시) 面目〔얼굴. 面(낯 면, 얼굴) 目(눈 목)〕旋(돌 선, 돌리다)

望洋向若而歎曰: 세차고 사나운 파도(洋)를 바라보면서(望) (북해의 신) 약(若)을 향해(向) 한숨을 내쉬며(歎) 말하다. 洋(큰물결 양 → 세차고 사나운 파도) 望(바라볼 망) 向(향할 향) 歎(한숨쉴 탄)

野語有之曰: 속담(野語)이 말하다. 野語〔대중 사이에 통용되는 말. 즉 속담. 野(민간 야) 語(말씀 어)〕

聞道百以爲莫己若者: 백(百) 가지 (작은) 도(道)를 듣고(聞) 그것으로(以) 자기(己)보다 (나은 사람이) 없다고(莫) 여기는(爲) (사람)처럼(若) (어리석은) 자(者)가 (있다). 聞(들을 문) 莫(없을 막) 若(같을 약)

我之謂也: (이는) 나(我)를 (두고) 말하다(謂).

且夫我嘗聞[2]少仲尼之聞[1]: 나(我)는 일찍이(嘗) 공자(仲尼)의 식견(聞[1])이 하찮다고(少) 듣다(聞[2]). 嘗(일찍 상) 聞[1](견문 문, 식견) 少(적을 소 → 하찮다)

而輕伯夷之義者: 그리고(而) 백이(伯夷)의 절의(義)가 가벼운(輕) 거(者)라고 듣다(聞). 義(옳을 의 → 절의) 輕(가벼울 경)

始吾弗信: (그래도) 나(吾)는 이제껏(始) (이 말을) 믿지(信) 않다(弗). 始(비로소 시 → 이제껏) 信(믿을 신) 弗=不(아니 불)

今我睹者之難窮也: (그런데) 지금(今) 나(我)는 (선생을) 보자(睹~者) 공경스러움(難)이 최고조에 달하다(窮). 睹(볼 도) 難(공경할 난) 窮(극에 달할 궁, 최고조에 달하다)

吾非至於子之門 則殆矣: (그러니) 내(吾)가 선생(子) 문하에(於~門) 이르지(至) 않았더라면(非~

則) 큰일 날 뻔하다(殆). 門(문하 문) 殆(위험할 태 → 큰일 날 뻔하다)

吾長見笑於大方之家: 나(吾)는 큰 도를 터득한 사람에게(於~大方之家) 길게(長) 보아(見), 즉 두고두고 웃음거리(笑)가 되다. 大方之家〔견문이 넓고 대도(大道)를 아는 사람. 家(사람 가)〕笑(웃을 소)

北海若曰: 북해약(北海若)이 말하다.

井蠅不可以語於海者: 우물(井) (안) 개구리(蠅)에게 바다를(於~海) 말해도(以~語) 불가(不可)한 건(者), 즉 모르는 것. 井(우물 정) 蠅(개구리 와)

拘於虛也: (자신이 사는) (공간)에(於~虛) 갇혀서이다(拘). 虛(빌 허 → 공간) 拘(거리낄 구, 얽히다 → 갇히다)

夏蟲不可以語於氷者: 매미(夏蟲)에게 얼음을(於~氷) 말해도(以~語) 불가한(不可) 것(者), 즉 알지 못하는 것. 夏蟲〔여름(夏) 벌레(蟲) → 매미. 夏(여름 하) 蟲(벌레 충)〕氷(얼음 빙)

篤於時也: (자신이 사는) 시간에(於~時) 매몰되어서이다(篤). 篤(단단할 독, 견고하다 → 매몰되다)

曲士不可以語於道者: 한쪽으로 치우친 생각을 지닌 선비(曲士)에게 도를(於~道) 말해도(以~語) 불가(不可)한 건(者), 즉 알지 못하는 건. 曲士〔한쪽으로 치우친 생각을 지닌 선비. 曲(편벽할 곡, 편벽되다)〕

束於敎也: (자신이 배웠던 스승의) 가르침에(於~敎) 묶여서이다(束). 束(묶일 속)

今爾出於崖涘 觀於大海: 지금(今) 너(爾)는 물가에서(於~崖涘) 벗어나(出) 큰(大) 바다를(於~海) 보다(觀). 爾(너 이) 崖涘〔물가. 崖(벼랑 애) 涘(물가 사)〕出(벗어날 출)

乃知爾醜: 이에(乃) 너(爾)의 부끄러움(醜)을 알다(知). 醜(부끄러워할 추)

爾將可與語大理矣: (그러니) 너(爾)는 (이제야) 큰(大) 도리(理)를 말하는(語) 게 가능하다(將~可). 즉 너는 이제야 큰 도리를 말할 수 있다.

天下之水 莫大於海: 천하(天下)의 물(水)은 북해(海)의 물보다 크지(大) 않다(莫). 즉 북해의 물보다 더 많은 물은 천하에 있지 않다.

萬川歸之: 수많은(萬) 하천(川)의 (물이 북해로) 모여 들다(歸). 川(내 천, 하천) 歸(모일 귀)

不知何時止而不盈: (이것이) 어느(何) 시간(時), 즉 언제 그칠지(止) 알지(知) 못하지만(不~而) (북해의 물이) 차는(盈) (법은) 없다(不). 盈(찰 영)

眉閭泄之: (또 북해의) 가장자리 문(眉閭)에선 (물이 새어나가다). 眉閭〔바닷물이 바깥으로 새어나가는 가장자리(眉) 문(閭). 眉(가장자리 미) 閭(이문 려, 문)〕泄(샐 설)

不知何時已而不虛: (이것이) 어느(何) 시간(時)부터, 즉 언제부터인지 이미(已) 알지(知) 못하지만(不~而) (북해의 물이) 비는(虛) (법은) 없다(不). 즉 마르는 법은 없다.

春秋不變 水旱不知: (그리고 북해의 물은) 봄(春)과 가을(秋)로 변하지(變) 않아(不) (가을의) 홍수(水)와 (봄의) 가뭄(旱)을 (전혀) 알지(知) 못하다(不). 즉 가을에 홍수가 나고 봄에 가뭄이 들어

도 조금도 영향을 받지 않는다. 水(홍수 수) 旱(가물 한, 가뭄)

此其過江河之流: 이처럼(此) (북해의 물은) 장강(江)과 황하(河)의 흐르는(流) (물을) 넘치다(過). 즉 물보다 많다. 過(넘칠 과)

不可爲量數: (그래서) 수량으로 잴(爲~量數) 수(可) 없다(不). 즉 수량을 헤아릴 수 없다. 量數 → 數量(수량)

而吾未嘗以此自多者: 그런데도(而) (북해의 신인) 나(吾)는 이 때문에(以~此) (북해의 물이) 많다고(多~者) 스스로(自) (생각해본 적이) 여태 없다(未~嘗). 多(많을 다)

自以比形於天地: (그건) 내(自)가 천지에서(於~天地) (준) 형체를(以~形) 따르다(比). 自(스스로 자, 나) 比(따를 비)

而受氣於陰陽: 그리고(而) 음양으로부터(於~陰陽) 기(氣)를 받아서이다(受). 受(받을 수)

吾在天地之間: 나(吾)도 (드넓은) 천지(天地) 사이(間)에 있다(在). 間(사이 간) 在(있을 재)

猶小石小木之在大山也: (그러므로 내 존재는 마치) 작은(小) 돌(石)과 작은(小) 나무(木)가 큰(大) 산(山)에 있음(在)과 같다(猶). 猶(같을 유)

方存乎見少 又奚以自多!: (내) 존재(存)를 (천지에) 견주면(方) (이처럼) 작게(少) 나타나는데(見) 나 스스로(以~自) 또(又) 어찌(奚) 뛰어나다고(多) (할 수 있는가)! 存(존재 존) 方(견줄 방) 見(나타날 현) 多(뛰어날 다)

計四海之在天地之間也: 사해(四海)도 천지(天地) 사이(間)에 있음(在)을 헤아리다(計). 計(헤아릴 계)

不似礨空之在大澤乎?: (그러면 사해라도) 큰(大) 연못(澤)에 있는(在) 작은 구멍(礨空)과 같지(似) 않을까(不)? 礨空[작은 구멍. 礨(구멍 뢰) 空(빌 공)] 似(같을 사)

計中國之在海內: 중국(中國)도 바다(海) 안(內)에 있음(在)을 헤아리다(計).

不似稊米之在大倉乎?: (그러면 중국이라도) 도성 안 큰 창고(大倉)에 있는(在) 곡식(米)의 낱알(稊)과 같지(似) 않을까(不)? 大倉[도성 안에 있는 큰 창고. 倉(곳집 창, 창고)] 稊(돌피 제, 낱알) 米(쌀 미, 곡식)

號物之數謂之萬: (천하에) 사물(物)이라고 부르는(號) 수(數)가 만(萬)개 (정도라고) 말하다(謂). 號(이름 호)

人處一焉: 사람(人)은 하나(一)에 머물다(處). 즉 사람은 그중 하나이다. 處(머무를 처)

人卒九州 穀食之所生: 인졸(人卒)은 구주(九州)에서 곡식(穀)을 먹고(食) 사는(生) 바(所)다. 人卒[인졸. 卒(무리 졸)] 穀(곡식 곡) 食(먹을 식)

舟車之所通: (그런데 구주는) 배(舟)와 수레(車)로 통하는(通) (넓은) 바(所)다. 즉 배와 수레를 타고 다녀야 할 정도로 넓다. 舟(배 주) 車(수레 거) 通(통할 통)

人處一焉: (그 넓은 곳에) 사람(人)은 하나(一)에 머물다(處). 즉 인졸은 그중 하나이다.

此其比萬物也: (그래서) 이것(此), 즉 사람을 만물(萬物)에 견주다(比). 此(이 차) 比(견줄 비)

不似豪末之在於馬體乎?: (그러면) 말(馬)의 몸에(於~體) (붙어) 있는(在) 터럭(豪)의 끝(末)과 같지(似) 않을까(不)? 豪(터럭 호) 末(끝 말)

五帝之所運: (옛날에) 오제(五帝)가 (서로 양보해 천자 자리를) 물려준(運) 것(所). 五帝〔복희(伏羲), 신농(神農), 황제(黃帝), 요(堯), 순(舜)〕運(옮길 운, 이동하다 → 서로 물려 주다)

三王之所爭: 삼왕(三王)에 (이르러 왕위를 두고 서로) 다툰(爭) 것(所). 爭(다툴 쟁)

仁人之所憂: (그리고) 유가 지식인(仁人)이 (천하를) 걱정한(憂) 것(所). 仁人〔어진(仁) 사람(人). 인격을 갖춘 유가 지식인〕憂(근심할 우)

任士之所勞: 묵가 지식인(任士)이 (천하를 위해) 애쓴(勞) 것(所). 任士〔일을 맡은(任) 선비(士). 즉 유능한 선비로 묵가 지식인을 말함. 任(맡을 임)〕勞(일할 로, 애쓰다)

盡此矣: 모두(盡) 이렇다(此). 모두 하찮은 차이이다. 盡(다 진, 모두)

伯夷辭之以爲名: 백이(伯夷)는 (왕위를) 사양해서(以~辭) 명성을 얻다(爲~名). 辭(사양할 사) 名(이름 명, 명성)

仲尼語之以爲博: 공자(仲尼)는 (육경을) 말해서(以~語) 박학하다고 여겨지다(爲~博). 博(넓을 박, 견문이 넓다 → 박학함)

此其自多也: (그런데) 이들(此), 즉 백이나 공자가 스스로(自) 뛰어나다(多). 多(뛰어날 다)

不似爾向之自多於水乎?: (이건) 조금 전(向) 너(爾)가 자신(自)을 (많은 강의) 물(水) 중에서(於) 많다고(多) 한 것과 같지(似) 않은가(不)? 向(접 때 향, 조금 전) 多(많을 다) 似(같을 사)

추수 1-2

河伯曰:「然則吾大天地而小毫末, 可乎?」

北海若曰:「否, 夫物, 量無窮, 時無止, 分無常, 終始無故.

是故大知觀於遠近, 故小而不寡, 大而不多, 知量無窮.,

證曏今故, 故遙而不悶, 掇而不跂, 知時無止.,

察乎盈虛, 故得而不喜, 失而不憂, 知分之無常也.,

明乎坦塗, 故生而不說, 死而不禍, 知終始之不可故也.

計人之所知, 不若其所不知., 其生之時, 不若未生之時.,

以其至小求窮其至大之域, 是故迷亂而不能自得也.

由此觀之, 又何以知毫末之足以定至細之倪! 又何以知天地之足以窮至大之域!」

河伯曰:「世之議者皆曰:『至精無形, 至大不可圍.』是信情乎?」

北海若曰:「夫自細視大者不盡, 自大視細者不明.

夫精, 小之微也., 垺, 大之殷也., 故異便, 此勢之有也.

夫精粗者, 期於有形者也., 無形者, 數之所不能分也.,

不可圍者, 數之所不能窮也.

可以言論者, 物之粗也., 可以意致者, 物之精也.,

言之所不能論, 意之所不能致者, 不期精粗焉.」

〈是故大人之行, 不出乎害人, 不多仁恩., 動不爲利, 不賤門隷.,

貨財弗爭, 不多辭讓., 事焉不借人, 不多食乎力, 不賤貪汚.,

行殊乎俗, 不多辟異., 爲在從衆, 不賤佞諂.,

世之爵祿不足以爲勸, 戮恥不足以爲辱.,

知是非之不可爲分, 細大之不可爲倪.

聞曰:『道人不聞, 至德不得, 大人無己.』約分之至也.〉

하백이 물었다.

"그러면 저로선 천지(天地)는 크고, 터럭의 끝은 작다고 해도 괜찮습니까?"

북해약이 말했다.

"아니지. 사물은 수량에서 다함이 없고, 시간의 흐름에서 멈춤이 없네.

또 사물의 본분은 끊임없이 변화해 일정치가 않네.

또 사물의 끝과 처음은 고정되지 않아 끊임없이 순환하네.

이 때문에 큰 앎(大知)을 지닌 사람은 사물의 멀고 가까움을 함께 보네.

따라서 사물이 멀리 있어 작게 보이는 걸 적다고 하지 않고,

가까이 있어 크게 보이는 걸 많다고 여기지 않지.

이는 사물의 크기와 관련해 수량이 무궁하다는 걸 알아서네.

큰 앎을 지니면 현재와 과거가 떨어지지 않고 서로 향해 있음을 깨닫네.

따라서 사물이 시간적으로 멀리 떨어져 있어도 답답해하지 않고,

사물이 시간적으로 가까이 있어도 애써 이루려 하지 않네.

이는 사물의 시간이 멈추지 않고 계속해서 흐른다는 걸 알아서이지.

큰 앎을 지닌 사람은 사물의 채움과 비움을 함께 살핀다.

따라서 사물이 채워져도 기뻐하지 않고, 사물이 비어도 슬퍼하지 않네.

이는 사물의 본분이 일정하지 않은 채 늘 바뀐다는 걸 알아서이지.

큰 앎을 지니면 사물이 순탄할 때와 어려울 때를 분명히 하네.

따라서 사물이 태어나도 기뻐하지 않고,

사물이 죽어도 재앙이라 여기지 않네.

이는 사물의 처음과 끝이 끊임없이 순환해

어딘가에 집착하는 게 가능하지 않다는 걸 알아서네.

사물의 이런 특징으로 사람이 아는 바는 알지 못하는 바에 비해 훨씬 작네.

또 사람이 살아있는 시간은 살아있지 않은 시간에 비해 훨씬 짧네.

그런데도 아주 작은 것으로 아주 큰 영역을 애써 구하려고 하면

정신이 헷갈려서 어지러워져 스스로 깨달을 수 없네.

이에 터럭 끝을 안다고 이를 어찌 아주 가는 것의 끝이라고 단정하는가!

또 넓은 천지를 안다고 이를 어찌 아주 큰 거라고 단정하는가!

하백이 물었다.

세상의 모든 논객이 말하길 '지극히 작은 건 형체가 없고,

지극히 큰 건 둘러쌀 수 없을 정도로 크다'고 하는데 정말인가요?

북해약이 말했다.

"작은 입장에서 큰 것을 보면 큰 걸 다 볼 수 없고,

큰 입장에서 작은 것을 보면 작은 게 분명히 드러나지 않네.

작은(精) 건 작은 것 중에 작은(微) 것이고, 큰(垺) 건 큰 것 중에 큰(殷) 것이네.

그래서 크다 작다 하고 구별하긴 편해도 이런 구별은 단지 추세를 따르네.

또 작다 크다 하는 크기의 구별은 형체가 있는 사물에만 해당되지.

형체가 없을 정도로 작은 건 셈으로 구별할 수 없고,

둘러쌀 수 없을 정도로 큰 건 셈으로 헤아릴 수 없네.

그래서 말로 표현할 수 있으면 사물의 큰 면이고,

생각으로 전할 수 있으면 사물의 작은 면이지.

그런데 말로 표현할 수 없고, 생각으로 전할 수 없는 건

작다 크다 하는 범위를 아예 넘어서네."

북해약이 계속해서 말했다.

"이 때문에 대인(大人)은 남을 해치지 않아도 남에게 베푸는 어짊을

칭찬할만하다고 여기지 않네.

또 이득을 위해 움직이지 않아도 이득으로 움직이는 문지기나 종을
천하다고 여기지 않네.
또 재화를 위해 다투지 않아도 재화에 대해 사양하는 것을
칭찬할만하다고 여기지 않네.
또 농사일을 하는 데 남의 힘을 빌리지 않고 자기 힘으로 경작하는 것을
칭찬할만하다 여기지 않아도 탐욕스럽거나 비열한 사람을
천하다고 여기지 않네.
또 그의 행동이 세상 사람의 행동과 달라도 다른 사람의 편벽되고 기이한
행동을 칭찬할만하다고 여기지 않네.
또 많은 사람이 대인을 따라도 알랑거리며 아첨하는 사람을
천하다고 여기지 않네.
그래서 세속의 벼슬과 봉록이 대인을 권장하지 못하고,
형벌과 모욕이 대인을 욕되게 하지 못하네.
이는 생각을 옳음과 그름으로 분별할 수 없고,
사물을 작은 것과 큰 것으로 나눌 수 없음을 알아서이지.
세상의 소문은 말한다.
'도를 터득한 사람(道人)은 알려지지 않고,
지극한 덕을 지닌(至德) 사람은 아무것도 이루지 못하고,
대인(大人)에게는 자기(己)가 없다'
이런 사람은 스스로 본분을 지키는 지극한 경지에 이른 사람이네."

注 ────────────────────────

河伯曰 然則吾大天地而小毫末 可乎?: 하백(河伯)이 말하다. 그러면(然則) 나(吾)로선 천지(天地)는 크고(大) 터럭(毫) 끝(末)은 작다(小) 해도 괜찮은가(可)? 豪(터럭 호) 末(끝 말)

北海若曰 否: 북해약(北海若)이 말하다. 아니다(否). 否(아닐 부)

夫物 量無窮 時無止: 모름지기(夫) 사물(物)은 수량(量)에서 다함(窮)이 없고(無) 시간(時)의 (흐름에서) 멈춤(止)이 없다(無). 量(수량 량) 窮(다할 궁) 止(그칠 지, 멈추다)

分無常: (또 사물의) 본분(分)은 (끊임없이 변화해) 일정함(常)이 없다(無). 즉 일정치 않다. 分(분수 분 → 본분) 常(항상 상, 일정함)

終始無故: (사물의) 끝(終)과 처음(始)은 (고정되지 않아) 변함없음(故)이 없다(無). 즉 끊임없이

순환하다. 故(부사 고, 변함없음)

是故大知觀於遠近: 이(是) 때문에(故) 큰(大) 앎(知)을 (지닌 사람은 사물의) 멀고(遠) 가까움을 (於~近) (함께) 보다(觀). 故(까닭 고) 遠(멀 원) 近(가까울 근)

故小而不寡 大而不多: 따라서(故) (사물이 멀리 있어) 작게 (보이는) 걸(小~而) 적다고(寡) 하지 않고(不) (가까이 있어) 크게 (보이는) 걸(大~而) 많다고(多) 하지 않다(不). 小(작을 소) 寡(적을 과)

知量無窮: (이는 사물의 크기와 관련해) 수량(量)이 무궁하다는(無窮) 걸 알아서이다(知). 無窮〔끝(窮)이 없음(無). 즉 무궁함. 窮(다할 궁)〕

證曏今故: (또 큰 앎을 지닌 사람은 사물의) 현재(今)와 과거(故)가 (떨어지지 않고) 서로 향해 있음을 깨닫다(證曏). 今(이제 금 → 현재) 故(옛 고 → 과거) 證曏〔서로 향해 있음(曏)을 깨닫다(證). 曏(향할 향 → 서로 향하다) 證(깨달을 증)〕

故遙而不悶 掇而不跂: 따라서(故) (사물이 시간적으로) 멀리 떨어져 있어도(遙~而) 답답해하지(悶) 않고(不) (사물이 시간적으로) 가까이 있어도(掇~而) 힘(跂)을 (써 이루지) 않다(不). 즉 애써 이루지 않다. 遙(멀 요) 悶(번민할 민, 마음이 답답함) 掇(짧을 철, 가까움) 跂(힘쓸 지)

知時無止: (이는 사물의) 시간(時)이 멈추지(止) 않고(無), (끊임없이 흐르는 걸 잘) 알아서이다(知).

察乎盈虛: (또 큰 앎을 지닌 사람은 사물의) 채움(盈)과 비움(虛)을 (함께) 살피다(察). 盈(찰 영) 虛(빌 허) 察(살필 찰)

故得而不喜 失而不憂: 따라서(故) (사물의 채움을) 얻어도(得) 기뻐하지(喜) 않고(不) (사물의 채움을) 잃어도(失) 슬퍼하지(憂) 않다(不). 즉 사물이 채워져도 기뻐하지 않고 사물이 비어도 슬퍼하지 않다. 憂(근심할 우, 걱정함)

知分之無常也: (이는 사물의) 본분(分)이 일정하지(常) 않고(無) (늘 바뀌는 것을) 알아서이다(知).

明乎坦塗: (또 큰 앎을 지닌 사람은 사물의) 순탄함(坦)과 어려움(塗)을 분명히 하다(明). 즉 사물이 순탄할 때와 어려울 때를 분명히 하다. 坦(평평할 탄 → 순탄한 상태) 塗(진흙 도, 질척거림 → 어려운 상태) 明(밝을 명 → 분명히 하다)

故生而不說 死而不禍: 따라서(故) (사물이) 태어나도(生) 기뻐하지(說) 않고(不), (사물이) 죽어도(死)을 재앙(禍)으로 (여기지) 않다(不). 說(기쁠 열) 禍(재앙 화)

知終始之不可故也: (이는 사물의) 끝(終)과 처음(始)의 변함없음(故)이 가능하지(可) 않다는(不) 걸 알아서이다(知). 즉 처음과 끝이 끊임없이 순환해서 어딘가에 집착하는 게 가능하지 않다는 걸 알아서이다. 故(부사 고, 변함없음)

計人之所知 不若其所不知: (사물의 이런 특징으로) 사람(人)이 아는(知) 바(所)를 헤아리면(計) (사람이) 알지(知) 못하는(不) 바(所)와 같지(若) 않다(不). 즉 사람이 아는 바는 알지 못하는 것에 비해 훨씬 작다. 計(헤아릴 계)

其生之時 不若未生之時: (또 사람이) 살아 있는(生) 시간(時)을 (헤아리면) 살아 있지(生) 않은

(未) 시간(時)과 같지(若) 않다(不). 즉 사람이 살아 있는 시간은 살아 있지 않는 시간에 비해 훨씬 짧다.

以其至小求窮其至大之域: (그런데도) 아주(至) 작은 것으로(以~小) 아주(至) 큰(大) 영역(域)을 힘써(窮) 구하다(求). 至(지극할 지 → 아주) 域(구역 역 → 영역) 窮(다할 궁 → 힘써) 求(구할 구)

是故迷亂而不能自得也: 이(是) 때문에(故) 정신이 헷갈려서 어지러워(迷亂~而) 스스로 깨달을(自得) 수(能) 없다(不). 迷亂〔정신이 헷갈려 어지러움. 迷(헤맬 미)〕自得〔자기 스스로 깨달음. 得(얻을 득)〕

由此觀之: 이(此)로 말미암아(由) 보면(觀). 由(말미암을 유, ~에서)

又何以知毫末之: 또(又) 어찌(何) (가느다란) 터럭(毫) 끝(末)을 앎으로써(以~知). 毫(터럭 호) 末(끝 미)

足以定至細之倪!: (이를) 아주(至) 가는(細) (것의) 끝(倪)이라 단정함으로(以~定) 족한가(足)! 즉 어찌 단정하는가! 細(가늘 세) 倪(끝 예)

又何以知天地之: 또(又) 어찌(何) (넓은) 천지(天地)를 앎으로써(以~知).

足以窮至大之域!: (이를) 아주(至) 큰(大) 영역(域)이라 궁리함으로(以~窮) 충분한가(足)! 즉 이를 아주 큰 거라고 단정하는가!

河伯曰 世之議者皆曰: 하백(河伯)이 말하다. 세상(世) 논객(議者) 모두(皆) 말하다. 議者〔논하는(議) 사람(者). 논객. 議(논할 의)〕

至精無形 至大不可圍: 지극히(至) 작은(精) 건 형체(形)가 없고(無), 지극히(至) 큰(大) 건 둘러쌀(圍) 수(可) 없을(不) (정도로 크다). 精(작을 정) 圍(둘레 위, 둘러싸다)

是信情乎?: 이것(是)이 믿을만한(信) 모습(情)인가? 즉 정말인가? 情(정황, 정, 모습)

北海若曰 夫自細視大者不盡: 북해약(北海若)이 말하다. 작은(細) 입장에서(自) 큰(大) 것(者)을 보면(視) (큰 걸) 다하지(盡) 못하다(不). 즉 큰 걸 다 볼 수 없다. 細(작을 세) 大(대체 대, 기본적 큰 줄거리) 自(부터 자, ~로부터)

自大視細者不明: 큰(大) (입장)에서(自) 작은(細) 것(者)을 보면(視) (작은 게) 분명히(明) (드러나지) 않다(不). 明(분명할 명)

夫精 小之微也: 모름지기(夫) 작은(精) 건 작은(小) 것 중에 작은(微) 것이다. 精(작을 정) 微(작을 미)

垺 大之殷也: 큰(垺) 건 큰(大) 것 중에 큰(殷) 것이다. 垺(클 부) 殷(클 은)

故異便: 그래서(故) (크다 작다 하며) 차이(異)를 (구별하기는) 편하다(便). 便(편할 편)

此勢之有也: (그래도) 이런(此) (구별은 단지) 추세(勢)가 있다(有). 즉 단지 추세를 따르다. 勢(형세 세, 일이 되어가는 추세)

夫精粗者 期於有形者也: 모름지기(夫) 작다(精) 크다(粗) (하는 크기의) 구별(者)은 형체(形)가

있는(有) 사물에(於~者) 알맞다(期). 즉 형체가 있는 사물에만 해당되다. 精(작을 정) 粗(클 조) 期(알맞을 기)

無形者 數之所不能分也: 형체(形)가 없을(無) (정도로 작은) 건(者) 셈(數)으로 구별(所~分)할 수(能) 없다(不). 數(셀 수, 계산) 分(구별할 분)

不可圍者 數之所不能窮也: 둘러쌀(圍) 수(可) 없을(不) (정도로 큰) 건(者) 셈(數)으로 헤아릴(所~窮) 수(能) 없다(不). 窮(다할 궁, 다하다 → 다 헤아리다)

可以言論者 物之粗也: (그래서) 말로(以~言) 표현할(論) 수(可) 있으면(者) 사물(物)의 큰(粗) (면이다). 論(말할 논 → 표현함)

可以意致者 物之精也: 생각으로(以~意) 전할 수(可) 있으면(致~者) 사물(物)의 작은(精) (면이다). 意(뜻 의, 생각) 致(전할 치) 精(본질 정)

言之所不能論: (그런데) 말(言)로 표현할(論) 수(能) 없는(不) 것(所).

意之所不能致者: 생각(意)으로 전할(致) 수(能) 없는(不) 것(所~者).

不期精粗焉: 작거나(精) 크거나(粗) (하는 것에) 알맞지(期) 않다(不). 즉 작거나 크거나 하는 범위를 아예 넘어서다.

是故大人之行: 이(是) 때문에(故) 대인(大人)의 행동(行).

不出乎害人: 남(人)을 해침(害)이 나오지(出) 않다(不). 즉 남을 해치지 않다. 害(해칠 해)

不多仁恩: (그렇더라도 남에게) 베푸는 어짊(仁恩)을 칭찬할만하다 여기지(多) 않는다(不). 仁恩〔베푸는(恩) 어짊(仁). 恩(은혜 은)〕 多(칭찬할 다)

動不爲利 不賤門隷: (또) 이득(利)을 위해(爲) 움직이지(動) 않다(不). (그렇더라도 이득 때문에) 문지기(門)나 종(隷)을 천하게(賤) (여기지) 않는다(不). 利(이익 리) 動(움직일 동) 門(문 문 → 문지기) 隷(사내종 례, 종) 賤(천할 천)

貨財弗爭 不多辭讓: (또) 재화(貨財)를 (위해) 다투지(爭) 않다(弗). (그렇더라도 재화에 대해) 사양(辭讓)하는 걸 칭찬할만하다 여기지(多) 않는다(不). 爭(다툴 쟁) 辭讓〔사양. 辭(말 사) 讓(사양할 양)〕

事焉不借人 不多食乎力: (또 농사) 일(事) (하는데) 남(人)의 힘을 빌리지(借) 않고(不) 자기 힘(力)으로 경작하는(食) 것을 칭찬할만하다 여기지(多) 않다(不). 借(빌 차) 多(칭찬할 다) 食(경작할 식)

不賤貧汚: (그렇더라도) 탐욕스럽거나(貧) 비열한(汚) (사람을) 천하게(賤) (여기지) 않는다(不). 貧(탐할 탐, 탐욕스런) 汚(더러울 오 → 비열한)

行殊乎俗 不多辟異: (또 대인의) 행동(行)은 세상 사람(俗)의 (행동과) 다르다(殊). (그렇더라도 다른 사람의) 편벽되고(辟) 기이한(異) (행동을) 칭찬할만하다 여기지(多) 않는다(不). 俗(세상사람 속) 殊(다를 수) 辟(편벽할 벽) 異(기이할 이)

爲在從衆 不賤佞諂: (또) 많은(衆) (사람이 대인을 위해) 따름(爲~從)이 있다(在). 즉 많은 사람이 대인을 따르다. (그렇더라도) 알랑거리며 아첨하는(佞諂) 사람을 천하게(賤) (여기지) 않는다(不). 從(따를 종) 佞諂[알랑거리며 아첨함. 佞(아첨할 녕) 諂(아첨할 첨)]

世之爵祿不足以爲勸: (그래서) 세속(世)의 벼슬(爵)과 봉록(祿)이 (대인을) 권함을(以~勸) 하기에(爲) 부족(不足)하다. 즉 대인을 권장하지 못하다. 世(속세 속, 세속) 爵(벼슬 작) 祿(록 록, 봉록) 勸(권할 권, 권장하다)

戮恥不足以爲辱: 형벌(戮)과 모욕(恥)이 (대인을) 욕되게(辱) 함으로(以~爲) 부족(不足)하다. 즉 대인을 욕되게 하지 못하다. 戮(벌 륙, 형벌) 恥(부끄러움 치, 모욕) 辱(욕되게 할 욕)

知是非之不可爲分: (이는 생각을) 옳음(是)과 그름(非)으로 분별하는(爲~分)게 가능하지(可) 않음(不)을 안다(知). 즉 옳음과 그름으로 분별할 수 없음을 안다.

(知)細大之不可爲倪: (사물을) 작은(細) (것과) 큰(大) 것으로 나누는 게(爲~倪) 가능하지(可) 않음(不)을 안다(知). 倪(나눌 예)

聞曰 道人不聞: (세상의) 소문(聞)이 말하길 도(道)를 터득한 사람(人)은 알려지지(聞) 않다(不). 聞(알려질 문)

至德不得: 지극한(至) 덕(德)을 (지닌 사람은 아무것도) 얻지(得) 못하다(不). 즉 아무것도 이루지 못하다.

大人無己: 대인(大人)에게 자기(己)가 없다(無).

約分之至也: (이런 사람들은 스스로) 본분(分)을 지키는(約) 지극한(至) (경지에 이른 사람이다). 分(분수 분 → 본분) 約(약속할 약 → 지키다)

추수 1-3

河伯曰:「若物之外? 若物之內? 惡至而倪貴賤? 惡至而倪小大?」

北海若曰:「以道觀之, 物無貴賤., 以物觀之, 自貴而相賤., 以俗觀之, 貴賤不在己.
以差觀之, 因其所大而大之, 則萬物莫不大., 因其所小而小之., 則萬物莫不小.,
知天地之爲稊米也, 知毫末之爲丘山也, 則差數覩矣.
以功觀之, 因其所有而有之, 則萬物莫不有., 因其所無而無之., 則萬物莫不無.,
知東西之相反 而不可以相無, 則功分定矣.
以趣觀之, 因其所然而然之, 則萬物莫不然., 因其所非而非之. 則萬物莫不非.,
知堯桀之自然而相非, 則趣操覩矣.」
「昔者堯舜讓而帝, 之噲讓而絶., 湯武爭而王, 白工爭而滅.

由此觀之, 爭讓之禮, 堯桀之行, 貴賤有時, 未可以爲常也.

梁麗可以衝城, 而不可以窒穴, 言殊器也.,

騏驥驊騮, 一日而馳千里, 捕鼠不如狸狌, 言殊技也.,

鴟鵂夜撮蚤, 察毫末, 晝出瞋目而不見丘山, 言殊性也.

故曰, 蓋師是而無非, 師治而無亂乎?

是未明天地之理 萬物之情者也.

是猶師天而無地, 師陰而無陽, 其不可行明矣.

然且語而不舍, 非愚則誣也.

帝王殊禪, 三代殊繼.

差其時, 逆其俗者, 謂之簒夫., 當其時, 順其俗者, 謂之義之徒.

黙黙乎河伯! 女惡知貴賤之門, 小大之家!」

하백이 말했다.

"그러면 이런 특성들은 사물의 외면과 같나요? 사물의 내면과 같나요?

또 사물의 귀함과 천함은 어디에서 나눠지나요?

또 사물의 크고 작음은 어디에서 나눠지나요?"

북해약이 말했다.

"도의 관점에선(以道觀之) 모두가 같아 사물엔 귀함과 천함의 구분이 없네.

반면 사물의 관점에선(以物觀之) 자신은 귀하고 상대방은 천하다 여기네.

먼저 세속의 관점(以俗觀之)에선 귀함과 천함이 구분되는데

이런 구분은 사물에 있지 않고 외부에 의해서 덧붙여졌네.

둘째, 차이의 관점(以差觀之)에선 사물이 조금 커서 크다고 하는데

그러면 크지 않은 만물이 세상에 없네.

또 사물이 조금 작아 작다고 하는데 그러면 작지 않은 만물이 세상에 없네.

그러니 천지가 곡식 낱알 정도로 작고, 털끝이 언덕과 산 정도로 큰 걸 알면

우리는 모든 차이의 이치를 볼 수 있네.

셋째, 공의 관점(以功觀之)에선 사물의 공이 있는 바에 따라 있다고 하는데

그러면 공이 있지 않은 만물이 세상에 없네.

반대로 사물의 공이 없는 데 따라 없다고 하는데

그러면 공이 없는 만물이 세상에 없네.

그러니 동쪽과 서쪽이 반대 방향이어도 서로가 없어서는 안 되는 걸 알면
공에 따른 사물의 본분이 마땅히 정해지네.
넷째, 마음이 향하는 바의 관점(以趣觀之)에선 그런 바에 따라 그렇다고 하
는데 그러면 만물은 모두 그러하네.
또 그렇지 않은 바에 따라 그렇지 않다고 하는데
그러면 만물은 모두 그렇지 않네.
그러니 성군 요와 폭군 걸이 서로가 나는 옳고 상대가 그르다고 주장하는
이유를 알면 이는 마음이 향하는 바와 지조가 상대적이라는 걸 보아서네."
북해약이 계속해서 말했다.
"옛날에 요(堯)와 순(舜)은 서로 추대해서 평화적으로 황제에 올랐지만
연나라 재상 자지와 연왕(燕王) 쾌(噲)는 서로 사양하다 왕통이 끊어졌지.
또 은(殷)나라 탕(湯)과 주(周)나라 무(武)는 싸워서 이겨 왕이 되었지만
초(楚)나라 백공(白工)은 쿠데타를 일으켰는데 섭공 자고에 의해 제거되었지.
이로 미뤄 보면 무력 다툼과 사양의 예절, 성군 요와 폭군 걸의 행동은
때에 따라 귀하고 천하게 되어 일정한 표준에 의해서 생각할 수 없네.
대들보와 기둥은 성을 무너뜨릴 수 있어도 구멍을 막을 수 없네.
이는 다른 용도 탓이라고 말하지.
준마는 하루에 천 리를 달려도 쥐를 잡는 데는 살쾡이와 족제비만 못하네.
이는 다른 재주 탓이라고 말하지.
올빼미와 부엉이는 밤에는 벼룩을 잡으면서 털끝까지 살펴도
낮에는 나와서 눈을 부릅떠도 언덕과 산을 보지 못하네.
이는 다른 본성 탓이라고 말하지.
그래서 말한다.
'대개 옳음을 스승 삼아 그름을 무시하고,
평정을 스승 삼아 혼란을 무시하는가?'
이는 천지의 원리(天地之理)와 만물의 참 모습(萬物之情)을 깨닫지 못해서네.
이는 하늘을 스승 삼아 땅을 무시하고,
음기를 스승 삼아 양기를 무시하는 일이네.
그러면 행동이 뜻대로 되지 않지.

그런데도 이런 주장을 버리지 않으면 어리석은 사람이 아니면
남을 속이는 사람이다.
옛날에 오제(五帝)와 삼왕(帝王)은 선양 방식이 달랐고,
하(夏)은(殷)주(周) 삼대에도 왕위 계승 방법이 달랐지.
이때 당시 시류에 어긋나거나 당시 풍속을 거스르면 찬탈자라고 불렀지만
당시 시류에 부합하거나 당시 풍속을 따르면 의로운 무리라고 불렀네.
하백은 잠자코 있게나!
그대가 귀함과 천함이 생겨나는 문과 작음과 큼이 머무는 집을
어찌 알겠는가!"

注 ─────

河伯曰 若物之外? 若物之內?: 하백(河伯)이 말하다. (그러면 이런 특성들은) 사물(物)의 외면
(外)과 같은가(若)? 사물(物)의 내면(內)과 같은가(若)? 若(같을 약)

惡至而倪貴賤?: (또 사물의) 귀함(貴)과 천함(賤)은 어디(惡)에서(至~而) 나누어지나(倪)? 惡
(어디 오) 至(부터 지) 倪(나눌 예)

惡至而倪小大?: (또 사물의) 작음(小)과 큼(大)은 어디(惡)에서(至~而) 나누어지나(倪)?

北海若曰 以道觀之 物無貴賤: 북해약(北海若)이 말하다. 도(道)의 관점에선(以~觀) (모두 같아)
사물(物)에는 귀함(貴)과 천함(賤)의 (구분이) 없다(無). 貴(귀할 귀) 賤(천할 천)

以物觀之 自貴而相賤: (반면) 사물(物)의 관점에선(以~觀) 자신(自)은 귀하고(貴~而) 상대방
(相)은 천하다고(賤) (여기다). 相(서로 상) → 相對(상대)

以俗觀之 貴賤不在己: (먼저) 세속(俗)의 관점에선(以~觀) 귀함(貴)과 천함(賤)이 (구분되는데 이
런 구분은) 자기(己), 즉 사물에 있지(在) 않고(不) (외부에 의해 덧붙여지다).

以差觀之 因其所大而大之: (둘째) 차이(差)의 관점에선(以~觀) 큰(大) 것(所)에 따라(因~而) 크
다(大) (하다). 즉 사물이 조금 커서 크다고 하다. 差(어긋날 차) → 差異(차이)

則萬物莫不大: 그러면(則) 만물(萬物)이 크지(大) 않은(不) 게 없다(莫). 즉 크지 않은 만물이
존재하지 않다. 莫(없을 막)

因其所小而小之: (또) 작은(小) 것(所)에 따라(因~而) 작다(小) (하다). 즉 사물이 조금 작아서
작다고 (하다).

則萬物莫不小: 그러면(則) 만물(萬物)이 작지(小) 않은(不) 게 없다(莫). 즉 작지 않은 만물이
존재하지 않다.

知天地之爲稊米也: (그러니) 천지(天地)가 곡식(米) 낱알 정도로(爲~稊) (작음을) 알다(知). 稊

(돌피 제, 낟알) 米(쌀 미, 곡식)

知毫末之爲丘山也: (또) 털(毫) 끝(末)이 언덕(丘)과 산 정도로(爲~山) (크다는 것을) 알다(知).
丘(언덕 구)

則差數覩矣: 그러면(則) (모든) 차이(差)의 이치(數)를 본다(覩). 數(이치 수) 覩(볼 도)

以功觀之 因其所有而有之: (셋째) 공(功)의 관점에선(以~觀) (공이) 있는(有) 바(所)에 따라(因~
而) 있다(有) (하다). 功(공 공) 有(많을 유)

則萬物莫不有: 그러면(則) 만물(萬物)에게 (공이) 있지(有) 않는(不) 게 없다(莫). 즉 공이 있지
않은 만물이 없다.

因其所無而無之: (반대로 사물의 공이) 없는(無) 바(所)에 따라(因~而) 없다(無) (하다). 無(없을 무)

則萬物莫不無: 그러면(則) 만물(萬物)에게 (공이) 없지(無) 않는(不) 게 없다(莫). 즉 공이 없는
만물이 없다.

知東西之相反: (그러니) 동쪽(東)과 서쪽(西)이 서로(相) 상반 되다(反). 즉 서로 반대 방향이다.
反(상반될 반)

而不可以相無: 그래도(而) 서로(相)가 없음으로(以~無) 불가함(不可)을 알다(知). 즉 없어선 안
되는 걸 안다.

則功分定矣: 그러면(則) 공(功)에 따른 (사물의) 본분(分)이 (마땅히) 정해지다(定). 分(분수 분 →
본분) 定(정할 정)

以趣觀之 因其所然而然之: (넷째) 마음이 향하는(趣) 바의 관점에선(以~觀) 그런(然) 바(所)에
따라(因~而) 그렇다고(然) (하다). 趣(향할 추, 마음이 향하는 바 → 취향) 然(그러할 연)

則萬物莫不然: 그러면(則) 만물(萬物)은 (어떤 것도) 그렇지(然) 않은(不) 게 없다(莫). 즉 모두가
그렇다.

因其所非而非之: (또 그렇지) 않은(非) 바(所)에 따라(因~而) (그렇지) 않다고(非) (하다).

則萬物莫不非: 그러면(則) 만물(萬物)은 어떤 것도 (그렇지) 않은(非) 게 없지(不) 않다(莫). 즉
모두가 그렇지 않다.

知堯桀之自然而相非: (그러니 성군) 요(堯)와 (폭군) 걸(桀)이 자신(自)은 그렇고(然~而) 상대
(相)는 (그렇지) 않다고(非) (하는 것을) 안다(知). 즉 자신은 옳고 상대는 그르다고 주장하는 것
을 알다.

則趣操覩矣: 그러면(則) (이는) 마음이 향하는 바(趣)와 지조(操)가 (상대적이라는 걸) 보아서(覩)
이다. 操(지조 조)

昔者堯舜讓而帝: 옛날(昔者)에 요(堯)와 순(舜)은 (서로) 추대해서(讓~而) (평화적으로) 황제(帝)
에 (오르다). 讓(추대할 양) 帝(임금 제) → 황제(皇帝)

之噲讓而絶: (반면 연나라 재상) 자지(之)와 (연왕) 쾌(噲)는 사양하다가(讓) (왕통이) 끊어지다

(絶). 讓(사양할 사) 絶(끊을 절)

湯武爭而王: (또 은나라) 탕(湯)과 (주나라) 무(武)는 싸워서(爭) (이겨) 왕(王)이 되다. 爭(다툴 쟁,
싸우다)

白工爭而滅: (반면 초나라) 백공(白工)은 싸움을 벌였어도(爭~而), 즉 쿠데타를 일으켰어도 (섭
공 자고에 의해) 제거되다(滅). 滅(멸망할 멸, 제거되다)

由此觀之 爭讓之禮 堯桀之行: 이(此)로부터(由) 보면(觀) 무력 다툼(爭)과 사양(讓)의 예절(禮)
(그리고 성군) 요(堯)와 (폭군) 걸(桀)의 행동(行). 禮(예절 예)

貴賤有時 未可以爲常也: 귀함(貴)과 천함(賤)의 때(時)가 있어(有) 어떤 표준(常)이 되는 것이
(以~爲) 가능한지(可) 않다(未). 즉 때에 따라 귀하고 천하게 되어 일정한 표준에 의해서 생각
할 수 없다. 常(범용 상 → 표준)

梁麗可以衝城: 대들보(梁)와 기둥(麗)은 성(城)을 무너뜨림(以~衝)이 가능하다(可). 즉 성을 무
너뜨릴 수 있다. 梁(들보 양, 대들보) 麗(짝 려, 대들보의 짝 → 기둥) 衝(찌를 충, 들이밀어 뚫다 → 무너
뜨리다)

而不可以窒穴: 그런데(而) 구멍(穴)을 막음(以~窒)이 가능하지(可) 않다(未). 즉 구멍을 막을
수 없다. 穴(구멍 혈) 窒(막을 질)

言殊器也: (이는) 다른(殊) 용도(器) (탓이라고) 말한다(言). 殊(다를 수) 器(그릇 기 → 용도)

騏驥驊騮 一日而馳千里: 준마(騏驥驊騮)는 하루(一日) 천리(千里)를 달리다(馳). 騏驥驊騮〔준
마. 騏(천리마 기) 驥(천리마 기, 푸르고 검은 무늬가 장기판처럼 줄이 진 말) 驊(준마 화) 騮(월따말 류, 털
빛이 굵고 갈기가 검은 말)〕 馳(달릴 치)

捕鼠不如狸狌: (그런데) 쥐(鼠)를 잡는(捕) 데는 살쾡이(狸)와 족제비(狌)와 같지(如) 않다(不).
즉 못하다. 鼠(쥐 서) 捕(사로잡을 포) 狸(삵 리, 살쾡이) 狌(성성이 성, 족제비)

言殊技也: (이는) 다른(殊) 재주(技) (탓이라고) 말한다(言). 技(재주 기)

鴟鵂夜撮蚤 察毫末: 올빼미(鴟)와 부엉이(鵂)는 밤(夜)에는 벼룩(蚤)을 잡으며(撮) 털(毫) 끝
(末)까지 살피다(察). 鴟(올빼미 치) 鵂(수리부엉이 휴, 부엉이) 夜(밤 야) 蚤(벼룩 조) 撮(잡을 촬) 察
(살필 찰)

晝出瞋目而不見丘山: (그런데) 낮(晝)에는 나와서(出) 눈(目)을 부릅떠도(瞋~而) 언덕(丘)과 산
(山) (같이 큰 걸) 보지(見) 못한다(不). 晝(낮 주) 瞋(부릅뜰 진) 丘(언덕 구)

言殊性也: (이는) 다른(殊) 타고난 본성(性) (탓이라고) 말한다(言). 性(성품 성 → 타고난 본성)

故曰 蓋師是而無非: 고로(故) 말한다. 대개(蓋) 옳음(是)을 스승 삼아(師~而) 그름(非)을 무시
하다(無). 蓋(대개 개) 是(옳을 시) 師(스승 사, 스승으로 삼다) 無(무시할 무)

師治而無亂乎?: 평정(治)을 스승 삼아(師~而) 혼란(亂)을 무시하는가(無)? 治(다스릴 치, 평정)
亂(어지러울 난, 혼란)

是未明天地之理 萬物之情者也: 이(是)는 천지(天地)의 원리(理)와 만물(萬物)의 참 모습(情)을 깨닫지(明) 못하다(未). 理(이치 리, 원리) 情(실상 정, 참 모습) 明(깨달을 명)

是猶師天而無地: 이(是)는 마치(猶) 하늘(天)을 스승(師~而) 삼아 땅(地)을 무시하다(無).

師陰而無陽: 음기(陰)를 스승(師~而) 삼아 양기(陽)를 무시하다(無).

其不可行明矣: (그러면) 행동(行)이 이루어지는(明) 게 가능하지(可) 않다(不). 즉 그러면 행동이 뜻대로 안 되다. 明(이룰 명)

然且語而不舍 非愚則誣也: 그런데도(然且) (이런) 주장(語)을 버리지(舍) 않으면(不) (그는) 어리석은(愚) (사람이) 아니면(非~則) (남을) 속이는(誣) 사람이다. 捨(버릴 사) 愚(어리석을 우) 誣(속일 무)

帝王殊禪 三代殊繼: (옛날에) 오제 삼왕(帝王)은 선양(禪) 방식이 다르고(殊), (또) 3대(三代: 夏, 殷, 周)에도 왕위를 잇는(繼) 방식이 다르다. 즉 왕위 계승방식이 다르다. 禪(봉선 선)→禪讓(선양) 繼(이를 계, 잇다)

差其時 逆其俗者 謂之篡夫: (이때 당시) 시류(時)와 어긋나거나(差) (당시) 풍속(俗)을 거스르면(逆) 찬탈자(篡夫)라고 부르다(謂). 時 → 時流(시류) 俗(풍속 속) 逆(거스를 역) 篡夫〔찬탈자. 篡(빼앗을 찬) 夫(지아비 부)〕

當其時 順其俗者 謂之義之徒: (반면 당시) 시류(時)에 부합하거나(當) (당시) 풍속(俗)을 따르면(順) 의로운(義) 무리(徒)라고 부르다(謂). 當(맞을 당, 부합하다) 順(따를 순) 徒(무리 도)

默默乎河伯!: 하백(河伯)은 잠자코(默) (또) 잠자코(默) 있어라! 默(잠잠할 묵)

女惡知貴賤之門 小大之家!: 네(女)가 귀함(貴)과 천함(賤)이 (생겨나는) 문(門)과 작음(小)과 큼(大)이 (머무는) 집(家)을 어찌(惡) 아는가(知)! 女=汝(너 여) 家(집 가) 惡(어찌 오)

추수 1-4

河伯曰:「然則我何爲乎, 何不爲乎? 吾辭受趣舍, 吾終奈何?」

北海若曰:「以道觀之, 何貴何賤, 是謂反衍., 無拘而志, 與道大蹇.

何少何多, 是謂謝施., 無一而行, 與道參差.

嚴嚴乎若國之有君, 其無私德., 繇繇乎若祭之有社, 其無私福.,

泛泛乎其若四方之無窮, 其無所畛域.

兼懷萬物, 其孰承翼? 是謂無方.

萬物一齊, 孰短孰長?

道無終始, 物有死生, 不恃其成., 一虛一盈, 不位乎其形.

年不可擧, 時不可止., 消息盈虛, 終則有始.

是所以語大義之方, 論萬物之理也.

物之生也, 若驟若馳, 無動而不變, 無時而不移.

何爲乎, 何不爲乎? 夫固將自化.」

河伯曰:「然則何貴於道邪?」

北海若曰:「知道者必達於理, 達於理者必明於權, 明於權者不以物害己.

至德者, 火弗能熱, 水弗能溺, 寒暑弗能害, 禽獸不能賊.

非謂其薄之也, 言察乎安危, 寧於禍福, 謹於去就, 莫之能害也.

故曰, 天在內, 人在外, 德在乎天.

知乎人之行, 本乎天, 位乎得., 躑躅而屈伸, 反要而語極.」

河伯曰:「何謂天? 何謂人?」

北海若曰:「牛馬四足, 是謂天., 落馬首, 穿牛鼻, 是謂人.

故曰, 無以人滅天, 無以故滅命, 無以得殉名.

謹守而勿失, 是謂反其眞.」

하백이 물었다.

"그러면 저는 무엇을 하고, 무엇을 하지 말아야 하나요?

사양하고, 받아들이고, 취하고, 버리는 일을 저는 결국 어찌해야 하나요?"

북해약이 말했다.

"도의 관점에선 무엇이 귀하고, 무엇이 천한 게 없네.

이를 도의 반연(反衍), 즉 끝없는 반복이라고 말하네.

그러니 그대의 뜻을 붙들지 말게. 그대의 뜻을 붙들면 도가 크게 고생하네.

도의 관점에선 무엇이 적고, 무엇이 많은 게 없네.

이를 사시(謝施), 즉 도가 사물의 변화를 따르는 거라고 말하네.

그러니 그대의 행동을 하나로 고정하지 말게.

그대의 행동을 하나로 고정하면 도와 크게 어긋나네.

도는 엄중하기가 나라의 군주와 같아서 사사로운 덕을 베풀지 않네.

도는 유유하기가 제사의 토지신과 같아서 사사로운 복을 내리지 않네.

도는 넓고 넓어서 사방의 끝남이 없는 것 같아 아무런 경계를 두지 않네.

도는 이처럼 만물을 고루 포용하는데 만물 중에 누굴 받들고 누굴 도울까?

이를 무방(無方), 즉 어느 곳에도 치우치지 않는 도의 자유라고 말하네.

또 만물은 가지런해서 똑같은데 만물 중에 누굴 짧고 누굴 길다 해야 할까?
도에는 시작과 끝이 없어도 사물에는 삶과 죽음이 있지.
그래서 사물이 현재 이루어진 상태를 믿어서는 안 되네.
한번은 텅 비고 한번은 가득 차 모습이 일정한 자리에 고정되지 않아서네.
또 세월은 되돌릴 수 없고, 시간은 멈추지 않지.
그래서 스러지면 살아나고, 가득 차면 비워지고, 끝나면 다시 시작하네.
이것이 내가 말하는 대의(大義), 즉 큰 의로움의 방도로서
개개 사물이 아닌 만물 전체의 원리로 논하는 일이네.
사물이 생겨나면 그 변화는 말 달리듯 빨라 움직여서 변하지 않는 게 없고,
시간에 따라 옮겨가지 않는 게 없네.
그러니 내가 사물에 대해 무엇을 하고, 무엇을 하지 말아야 할까?
모름지기 사물은 본디 스스로 변화하게 마련이네."
하백이 물었다. "그러면 어째서 도(道)를 귀하게 여겨야 하나요?"
북해약이 말했다.
"도를 알면 반드시 자연의 원리에 통달하고,
자연의 원리에 통달하면 반드시 치우치지 않는 균형에 밝아지고,
치우치지 않은 균형에 밝아지면 사물로 인해 자신이 해를 입지 않네.
그래서 지덕(至德), 즉 지극한 덕을 지니면
불이 그를 태우지 못하고, 물이 그를 빠뜨리지 못하고,
추위나 더위가 그를 해칠 수 없고, 짐승도 그를 해치지 못하네.
이는 지덕을 지니면 불, 물, 추위, 더위, 짐승을 가볍게 여긴단 말이 아니라
편안함과 위태로움을 잘 살피고, 화와 복 중 어느 것에도 마음이 흔들리지
않아서 편안히 지낸다는 말이네.
또 떠나감과 머무름에 신중해서 아무도 그를 해칠 수 없다는 말이네.
그래서 말한다.
'자연적인 건 내면에, 인위적인 건 외면에 있는데 덕은 자연적인 데 있다.'
인위적인 행위를 알고 자연적인 걸 근본으로 삼으면
덕은 올바른 자리를 얻네.
머뭇거리며 나아가지 않아도 나아감과 물러섬이 도의 요점으로 되돌아가면

이것이 궁극의 도를 말하는 거네."

하백이 물었다.

"무엇을 자연적인 거라고 말하고, 무엇을 인위적인 거라고 말합니까?"

북해약이 말했다.

"소와 말에게 각기 네 개의 발이 있는 걸 자연적인 거라고 말하네.

말의 머리에 고삐를 두르고 소의 코에 구멍을 뚫는 걸

인위적인 거라고 말하네.

그래서 말한다.

'인위적인 거로 자연적인 것을 없애지 말고,

타고난 성질을 고의로 없애지 말고,

자연스러운 덕을 명예를 위해 희생시키지 말라'

자연적인 것(天), 타고난 성질(命), 자연스러운 덕(得)을 신중히 지켜

잃지 않는 것을 본성(眞)으로 되돌아가는 거라고 말하네."

注

河伯曰 然則我何爲乎 何不爲乎? : 하백(河伯)이 말하다. 그러면(然則) 나(我)는 무얼(何) 하고
(爲), 무얼(何) 하지(爲) 말아야(不) 하나요? 何(무엇 하)

吾辭受趣舍 吾終奈何? : 나(吾)는 사양하고(辭), 받아들이고(受), 취하고(趣), 버리는(舍) (일에
대해) 나(吾)는 결국(終) 어찌해야(奈何) 하나요? 辭(사양할 사) 受(받을 수) 趣(잡을 취 → 받아들
임) 舍(버릴 사) 終(마침내 종, 결국)

北海若曰 以道觀之 : 북해약(北海若)이 말하다. 도로(以~道) 보면(觀). 즉 도의 관점에선.

何貴何賤 是謂反衍 : 무엇(何)이 귀하고(貴) 무엇(何)이 천한(賤) 게 (없어) 이(是)를 도의 끝없
는 반복(反衍)이라고 말하다(謂). 何(무엇 하) 反衍[반복되어 끝이 없음. 즉 끝없는 변화. 만연
(漫衍)과 같은 의미. 反(되돌릴 반) 衍(넘칠 연)]

無拘而志 與道大蹇 : (그러니 네) 뜻(志)을 붙들지(拘) 말라(無). (네 뜻을 붙들면) 도(道)가 크게
(大) 고생하다(蹇). 志(뜻 지) 拘(잡을 구 → 붙들다) 蹇(고생할 건)

何少何多 : (도의 관점에선) 무엇(何)이 적고(少) 무엇(何)이 많은(多) (게 없다).

是謂謝施 : 이(是)를 (도가) 사물의 변화를 따름(謝施)이라 말한다(謂). 謝施[베풀음(施)을 물리
침(謝) → 사물의 변화를 따름. 謝(물리칠 사) 施(베풀 시)]

無一而行 與道參差 : (그러니 네) 행동(行)을 하나로(一) (고정하지) 말라(無). (네 행동을 하나로 고
정하면) 도(道)와 크게(參) 어긋나다(差). 參(석 삼 → 크다) 差(어긋날 차)

嚴嚴乎若國之有君: (도는) 엄중하고(嚴) 엄중하기가(嚴) 나라(國)의 군주(君)와 같다(若). 嚴 (엄할 엄, 엄중하다)

其無私德: 사사로운(私) 덕(德)을 (베풀지) 않다(無).

繇繇乎若祭之有社: (도는) 유유하고(繇) 유유하기가(繇) 제사(祭)의 토지신(社)과 같다(若). 繇 (유유할 유, 만족하게 여기는 모양) 祭(제사 제) 社(토지의 신 사)

其無私福: 사사로운(私) 복(福)을 (내리지) 않다(無). 福(복 복)

泛泛乎其若四方之無窮: (도는) 넓고(泛) 넓어서(泛) 사방(四方)의 끝남(窮)이 없는(無) 것 같다 (若). 泛(넓을 범) 窮(다할 궁, 끝남)

其無所畛域: 경계(域)를 구분하는(畛) 바(所) 없다(無). 즉 아무런 경계를 두지 않다. 域(지경 역, 경계) 畛(두렁길 진, 경계 짓다)

兼懷萬物 其孰承翼?: (이처럼 도는) 만물(萬物)을 고루(兼) 포용하는데(懷) (만물 중에) 누구(孰) 를 받들고(承) (누구를) 도울까(翼)? 兼懷[여러 가지를 포용함. 兼(겸할 겸, 한결같게 함) 懷(편안히 할 회, 어루만져 편안케 하다)] 承(받들 승) 翼(도울 익)

是謂無方: 이(是)를 어느 곳에 치우치지 않는(無方) (도의 자유라고) 말하다(謂). 無方[어느 곳 (方)에 (치우치지) 않는(無) (자유). 方(방위 방 → 어느 곳)]

萬物一齊 孰短孰長?: (또) 만물(萬物)은 가지런해서 똑같은데(一齊) (만물 중) 누구(孰)를 짧고 (短) 누구(孰)를 길다(長) 하나? 一齊[가지런해 똑같다. 齊(가지런할 제)] 短(짧을 단) 長(길 장)

道無終始 物有死生: 도(道)엔 끝(終)과 시작(始)이 없지만(無) 사물(物)엔 죽음(死)과 삶(生)이 있다(有). 終(끝 종) 始(처음 시)

不恃其成: (그래서 사물이 현재) 이루어진(成) (상태를) 믿어선(恃) 안 된다(不). 成(이룰 성, 이루어 짐) 恃(믿을 시)

一虛一盈 不位乎其形: (사물은) 한 번(一)은 텅 비고(虛) 한 번(一)은 가득 차서(盈) (그) 모습 (形)이 (일정한) 자리(位)에 (고정되지) 않다(不). 虛(빌 허) 盈(찰 영) 形(모양 형, 모습) 位(자리 위)

年不可擧 時不可止: (또) 세월(年)은 되돌릴(擧) 수(可) 없고(不) 시간(時)은 멈출(止) 수(可) 없 다(不). 즉 시간은 멈추지 않는다. 年(세월 년) 擧(들 거, 되돌리다)

消息盈虛 終則有始: (그래서) 스러지면(消) 살아나고(息), 가득 차면(盈) 비워지고(虛), 끝나면 (終~則) (다시) 시작하다(始). 消(사라질 소 → 스러지다) 息(살 식, 살아나다)

是所以語大義之方: 이것(是)이 (내가) 말하는(以~語) 큰(大) 의로움(義)의 방도(方)인 바(所). 方(길 방, 방도)

論萬物之理也: (개개 사물이 아닌) 만물(萬物) (전체의) 원리(理)로서 논하는(論) (일이다).

物之生也 若驟若馳: 사물(物)이 생겨나면(生) (그 변화는 말) 달리는(驟) 것처럼(若), (또) 달리는 (馳) 것처럼(若) (빠르다). 生(날 생 → 생겨나다) 驟(달릴 취) 馳(달릴 치)

無動而不變 無時而不移: (그래서) 움직여서(動) 변하지(變) 않는(不) 게 없고(無) 시간(時)에 (따라) 옮겨가지(移) 않는(不) 게 없다(無). 動(움직일 동) 變(변할 변) 移(옮길 이)

何爲乎 何不爲乎?: (그러니 내가 사물에 대해) 무엇(何)을 하고(爲) 무엇(何)을 하지(爲) 말아야 (不) 하나?

夫固將自化: 모름지기(夫) (사물은) 본디(固) 스스로(自) 변화 한다(將~化). 固(본디 고) 化(바꿀 화, 변화하다)

河伯曰 然則何貴於道邪?: 하백(河伯)이 말하다. 그러면(然則) 어째서(何) 도를(於~道) 귀하게 (貴) (여겨야 하나요?)

北海若曰 知道者必達於理: 북해약(北海若)이 말하다. 도(道)를 알면(知~者) 반드시(必) (자연의) 원리에(於~理) 통달하다(達). 理(이치 리, 원리) 達(통달할 달)

達於理者必明於權: (자연의) 원리에(於~理) 통달하면(達~者) 반드시(必) (치우치지 않는) 균형에 (於~權) 밝아지다(明). 權(저울추 권 → 균형)

明於權者不以物害己: 균형에(於~權) 밝아지면(明~者) 사물로(以~物) (인해) 자신(己)이 해(害) 를 입지 않는다(不). 害(해칠 해)

至德者 火弗能熱 水弗能溺: (그래서) 지극한(至) 덕(德)을 지닌 사람(者)은 불(火)이 (그를) 태 울(熱) 수(能) 없고(弗), 물(水)이 (그를) 빠뜨릴(溺) 수(能) 없다(弗). 熱(탈 열, 태우다) 溺(빠질 익, 빠뜨리다)

寒暑弗能害 禽獸不能賊: 추위(寒)나 더위(暑)가 (그를) 해칠(害) 수(能) 없고(弗), 짐승(禽獸)도 (그를) 해칠(賊) 수(能) 없다(不). 寒(찰 한, 추위) 暑(더울 서, 더위) 禽獸[짐승. 禽(날짐승 금) 獸(짐 승 수)] 賊(도둑 적, 해치다)

非謂其薄之也: (이는 지극한 덕을 지닌 사람이) 그것(之), 즉 불, 물, 추위, 더위, 짐승을 가볍게(薄) (여긴다고) 말하는(謂) 게 아니다(非). 薄(엷을 박, 가벼이 여기다)

言察乎安危 寧於禍福: 편안함(安)과 위태로움(危)을 (잘) 살피고(察) 화(禍)와 복(福) (중 어느 것)에(於)도 (마음이 흔들리지 않아) 편안히 지낸다(寧)는 말이다(言). 安(편안할 안) 危(위태로울 위) 禍(재화 화) 福(복 복) 寧(편안할 녕)

(言)謹於去就 莫之能害也: 떠나감(去)과 머무름에(於~就) 신중해서(謹) (아무도 그를) 해칠(害) 수(能) 없다는(莫) 말이다(言). 去(갈 거 → 떠남) 就(머무를 취) 謹(삼갈 근, 경계하다 → 신중히 하다)

故曰 天在內 人在外: 고로(故) 말하다. 자연적인(天) (것은) 내면(內)에 있고(在), 인위적인(人) (것은) 외면(外)에 있다(在). 天(천연 천, 천생 → 자연적인)

德在乎天: (그런데) 덕(德)은 자연적인(天) (데) 있다(在).

知乎人之行 本乎天: 인위적인(人) 행위(行)를 알고(知) 자연적인(天) (걸) 근본(本)으로 (삼다). 本(근본 본)

位乎得: (그러면) 덕(得)은 (올바른) 자리(位)를 (얻다). 得(덕 득)=德 位(자리 위, 자리하다)

蹢躅而屈伸: 머뭇거리며 나아가지 않는데도(蹢躅~而) 나아감과 물러섬(屈伸). 蹢躅〔망설여 나가지 않는 모양. 蹢(배회할 척, 서성거림) 躅(머뭇거릴 촉)〕屈伸〔벼슬에 나아감과 물러남. 屈(굽을 굴, 굽히다) 伸(펼 신)

反要而語極: (그것이 도의) 요점(要)으로 되돌아가면(反~而) (이것이) 궁극(極)의 (도를) 말하다 (語). 要(요점 요) 反(되돌릴 반) 極(정점 극 → 궁극)

河伯曰 何謂天? 何謂人?: 하백(河伯)이 말하다. 무엇(何)을 자연적인(天) 거라 말하나(謂)? 무엇(何)을 인위적인(人) 거라 말하나(謂)?

北海若曰 牛馬四足 是謂天: 북해약(北海若)이 말하다. 소(牛)와 말(馬)에게 (각기) 네(四) 발 (足)이 있는 것, 이것(是)을 자연적인(天) 거라 말하다(謂).

落馬首 穿牛鼻 是謂人: 말(馬)의 머리(首)에 고삐를 두르고(落) 소(牛)의 코(鼻)에 구멍을 뚫는 (穿) 것, 이것(是)을 인위적인(人) 거라 말하다(謂). 落(두를 락 → 고삐를 두르다) 鼻(코 비) 穿(뚫을 천, 구멍을 뚫다)

故曰 無以人滅天: 고로(故) 말하다. 인위적인 것으로(以~人) 자연적인(天) 것을 없애지(滅) 말라(無). 滅(없앨 멸)

無以故滅命: 타고난 성질(命)을 일부로(以~故) 없애지(滅) 말라(無). 命(운명 명, 천성. 즉 타고난 성질) 故(일부로 고)

無以得殉名: (자연스러운) 덕을(以~得) 명예를 위해 목숨을 버리지(殉名) 말라(無). 즉 희생시키지 말라. 殉名〔명예를 위해 목숨을 버림. 殉(따라죽을 순)〕

謹守而勿失: (자연적인 것, 타고난 성질, 자연스러운 덕을) 신중히(謹) 지켜(守~而) 잃지(失) 않는(勿) (것). 謹(삼갈 근, 신중히) 守(지킬 수) 勿(말 물, 않다)

是謂反其眞: 이(是)를 본성(眞)으로 되돌아가는(反) 거라 말하다(謂). 眞(참 진, 본성)

추수(秋水) 2

夔憐蚿, 蚿憐蛇, 蛇憐風, 風憐目, 目憐心.

夔謂蚿曰:「吾以一足趻踔而行, 予無如矣. 今子之使萬足, 獨奈何?」

蚿曰:「不然. 子不見夫唾者乎? 噴則大者如珠, 小者如霧, 雜而下者不可勝數也. 今予動吾天機, 而不知其所以然.」

蚿謂蛇曰:「吾以衆足行, 而不及子之無足, 何也?」

蛇曰:「夫天機之所動, 何可易邪? 吾安用足哉!」

蛇謂風曰:「予動吾脊脅而行, 則有似也.

今子蓬蓬然起於北海, 蓬蓬然入於南海, 而似無有, 何也?」

風曰:「然. 子蓬蓬然起於北海而入於南海也, 然而指我則勝我, 鰌我亦勝我.

雖然, 夫折大木, 蜚大屋者, 唯我能也, 故以衆小不勝爲大勝也.

爲大勝者, 唯聖人能之.」

캥거루처럼 발 하나인 기(夔)가 발 많은 노래기(蚿)를 부러워하고,

노래기는 발 없이도 움직이는 뱀을 부러워하고,

뱀은 의지하는데 없이도 움직이는 바람을 부러워하고,

바람은 움직이지 않아도 어디든지 갈 수 있는 눈(目)을 부러워하고,

눈은 안에 있으면서 모든 것을 꿰뚫어 보는 마음을 부러워한다.

기가 노래기에게 말했다.

"나는 한 발로 절뚝거리며 다녀 너처럼 마음 내키는 대로 움직이지 못하지.

그런데 너는 지금 많은 발로 움직이니까 얼마나 편리할까?"

노래기가 말했다.

"그렇지 않아. 너는 재채기하는 사람을 보지 못했나?

재채기를 해서 침을 내뿜으면 큰 건 구슬과 같고 작은 건 안개와 같은데

침이 뒤섞여서 흩어져 떨어지면 셀 수 없을 정도로 많네.

나도 지금 천기(天機), 즉 내 몸의 발로 움직이는데 어째서 그런지 모르네."

노래기가 뱀에게 물었다.

"나는 많은 발로 가는데도 발이 없는 너를 따르지 못하니 어째서일까?"

뱀이 말했다.

"내 몸이 자연스럽게 움직이므로 내가 이를 어찌 바꿀 수 있는가?

그러니 발을 사용할 필요가 어찌 있겠는가?"

뱀이 바람에게 물었다.

"지금 나는 내 척추와 갈빗대를 움직여서 다녀 마치 발이 있는 것 같네.

너도 지금 북해에서 휭하고 일어나 남해로 휭하고 들어가는데도

발이 없는 것 같으니 어째서일까?"

바람이 말했다.

"그러하네. 나는 북해에서 휭하고 일어나 남해로 휭하고 들어가네.

그런데 나는 손가락을 넘어뜨리지 못하니 손가락이 나를 이긴 셈이지.
또 나는 미꾸라지를 넘어뜨리지 못하니 미꾸라지도 나를 이긴 셈이지.
아무리 그래도 큰 나무를 부러뜨리거나 큰 지붕을 날려 버리는 건
오직 나만이 할 수 있네.
그래서 많은 작은 것들을 이기지 않음으로써 큰 것을 이기네.
이렇게 큰 것을 이기는 건 오로지 성인(聖人)만이 할 수 있네."

注 ──────

夔憐蚿: (캥거루처럼 발 하나인) 기(夔)는 (발 많은) 노래기(蚿)를 부러워하다(憐). 夔(짐승이름 기,
발이 하나 달린 전설상의 짐승) 蚿(노래기 현) 憐(사랑할 련 → 부러워하다)

蚿憐蛇: 노래기(蚿)는 (발 없이도 움직이는) 뱀(蛇)을 부러워하다(憐).

蛇憐風: 뱀(蛇)은 (의지하는데 없이도 움직이는) 바람(風)을 부러워하다(憐).

風憐目: 바람(風)은 (움직이지 않아도 어디든지 갈 수 있는) 눈(目)을 부러워하다(憐).

目憐心: 눈(目)은 (안에 있으면서 모든 것을 꿰뚫어 보는) 마음(心)을 부러워하다(憐).

夔謂蚿曰: 노래기(夔)가 지네(蚿)에게 말하다(謂).

吾以一足跨踔而行: 나(吾)는 한(一) 발로(以~足) 절뚝거리며(跨踔~而) 다니다(行). 跨踔〔절뚝
거리다. 跨(앙감질할 참, 절뚝거리며 가는 모양) 踔(절름거릴 탁)〕

予無如矣: (그래서) 나(予)는 (너와) 같지(如) 못하다(無). 즉 너처럼 마음 내키는 대로 움직이지
못하다. 予(나 여) 如(같을 여)

今子之使萬足 獨奈何?: (그런데) 너(子)는 지금(今) 많은(萬) 발로(使~足) (움직이니까) 유달리
(獨) 어찌(奈何) (편리할까)? 즉 얼마나 편리할까? 子(당신 자) 獨(유다를 독, 유달리) 奈何〔어찌
한가(奈何). 奈(어찌 내) 何(어찌 하)〕

蚿曰 不然: 노래기(蚿)가 말하다. 그렇지(然) 않다(不).

子不見夫唾者乎?: 너(子)는 저(夫) 재채기(唾) 하는 사람(者)을 보지(見) 못하나(不)? 唾(침뱉
을 타 → 재채기하다)

噴則大者如珠 小者如霧: (재채기해서 침을) 뿜으면(噴~則) 큰(大) 건(者) 구슬(珠)과 같고(如) 작
은(小) 건(者) 안개(霧)와 같다(如). 噴(뿜을 분) 珠(구슬 주) 霧(안개 무)

雜而下者不可勝數也: (침이) 뒤섞여서(雜) (흩어져) 떨어지면(下~者) 그 수(數)를 이길(勝) 수
(可) 없다(不). 즉 셀 수 없을 정도로 많다. 雜(섞일 잡, 뒤섞이다) 勝(이길 승)

今予動吾天機: 나(予)도 지금(今) 나(吾)의 천기(天機), 즉 내 몸의 발로 움직이다(動). 動(움직
일 동)

而不知其所以然: 그런데(而) 그런(以~然) 바(所)를 알지(知) 못하다(不). 즉 어째서 그런지 모

른다.

蚿謂蛇曰 吾以衆足行: 노래기(蚿)가 뱀(蛇)에게 말하다(謂). 나(吾)는 많은(衆) 발로(以~足) 가다(行). 衆(많을 중)

而不及子之無足 何也?: 그런데(而) 너(子)의 발(足) 없음(無)에 이르지(及) 못하니(不) 어째서일까(何)? 즉 발이 없는 너를 따르지 못하니 어째서일까? 及(미칠 급, 이르다) 何(어찌 하)

蛇曰 夫天機之所動: 뱀(蛇)이 말하다. 저(夫) 천기(天機), 즉 내 몸이 (자연스럽게) 움직이는(動) 바(所). 動(움직일 동)

何可易邪?: (이것을 내가) 어찌(何) 바꿀(易) 수(可) 있는가? 易(바꿀 역)

吾安用足哉!: (그러니) 내(吾)가 발(足)을 사용할(用) (필요가) 어찌(安) (있는가?)

蛇謂風曰: 뱀(蛇)이 바람(風)을 가리켜(謂) 말하다.

予動吾脊脅而行 則有似也: (지금) 나(予)는 내(吾) 척추(脊)와 갈빗대(脅)를 움직여서(動) 다니므로(行~則) (마치 발이) 있는(有) 것 같다(似). 脊(등성마루 척, 척추) 脅(옆구리 협, 갈빗대) 似(같을 사)

今子蓬蓬然起於北海: 너(子)도 지금(今) 북해에서(於~北海) 횡하고(蓬蓬然) 일어나다(起). 蓬蓬然〔바람이 부는 대로 움직이는 모양(蓬蓬) 상태(然) → 횡하다. 蓬(흐트러질 봉, 떠돌아다님)〕 起(일어날 기)

蓬蓬然入於南海: 남해로(於~南海) 횡하고(蓬蓬然) 들어가다(入).

而似無有 何也: 그러면서도(而) (발이) 있음(有)이 없음(無)과 같으니(似), 즉 발이 없는 것 같으니 어째서(何)인가? 似(같을 사)

風曰 然: 바람(風)이 말하다. 그렇다(然). 然(그럴 연)

予蓬蓬然起於北海而入於南海也: 나(予)는 북해에서(於~北海) 횡하고(蓬然) 일어나(起~而) 남해로(於~南海) 횡하고(蓬蓬然) 들어가다(入).

然而指我則勝我: 그런데(然~而) 나(我)는 손가락(指)을 (넘어뜨리지 못한) 즉슨(則) (손가락이) 나(我)를 이긴(勝) (셈이다). 勝(이길 승)

鰌我亦勝我: (또) 나(我)는 미꾸라지(鰌)를 (넘어뜨리지 못하니까) 또한(亦) (미꾸라지가) 나(我)를 이긴(勝) (셈이다). 鰌(미꾸라지 추)

雖然 夫折大木 蜚大屋者: 아무리(雖) 그렇더라도(然) 저(夫) 큰(大) 나무(木)를 부러뜨리거나(折) 큰(大) 지붕(屋)을 날리는(蜚) 것(者). 雖(비록 수, 아무리 ~해도) 折(꺾을 절 → 부러뜨리다) 屋(집 옥, 지붕) 蜚(날 비 → 날리다)

唯我能也: 오직(唯) 나(我)만 할 수(能) 있다.

故以衆小不勝爲大勝也: 그래서(故) 많은(衆) 작은(小) (것들을) 이기지(勝) 않음으로써(以~不) 큰(大) (것을) 이기다(爲~勝).

爲大勝者 唯聖人能之: (이렇게) 큰(大) 것을 이기는(爲~勝) 건 오로지(唯) 성인(聖人)만이 (할)

수(能) (있다).

추수(秋水) 3

孔子遊於匡, 衛人圍之數币, 而絃歌不惙.

子路入見, 曰:「何夫子之娛也?」

孔子曰:「來! 吾語女. 我諱窮久矣, 而不免, 命也., 求通久矣, 而不得, 時也.

當堯舜之時而天下無窮人, 非知得也.,

當桀紂之時而天下無通人, 非知失也., 時勢適然.

夫水行不避蛟龍者, 漁父之勇也.,

陸行不避兕虎者, 獵夫之勇也.,

白刃交於前, 視死若生者, 烈士之勇也.,

知窮之有命., 知通之有時, 臨大難而不懼者, 聖人之勇也. 由處矣, 吾命有所制矣.」

無幾何, 將甲者進, 辭曰:「以爲陽虎也, 故圍之. 今非也, 請辭而退.」

공자가 광(匡)으로 놀러 갔을 때 위나라 사람들이 몇 겹으로 둘러 에워쌌는데
공자는 거문고를 타면서 태연히 노래를 불렀다.
자로가 방안에 들어와 공자를 뵙고서 말했다.
"스승께선 어째서 이리도 즐거울 수 있습니까?"
공자가 말했다.
"이리 오게. 내가 자네에게 어째서 그런지 말해 주겠네.
나도 궁핍함을 겪지 않길 바란지 오래여도 면치 못하는 건 하늘의 뜻이네.
내 뜻이 이루어지길 바란지 오래여도 이루지 못한 건 때를 얻지 못해서네.
성군인 요순 시절에 천하에 궁핍한 사람이 없는 건 당연한데
그건 모든 사람이 앎을 얻어서 그런 게 아니네.
폭군인 걸주 시절에 뜻을 이룬 사람이 없는 건 당연한데
그건 모든 사람이 앎을 잃어서 그런 게 아니네.
시세(時勢)에 따라 마땅히 가야 할 방향으로 갔기 때문이네.
물 위를 가면서 교룡을 피하지 않는 건 어부의 용기이고,
땅 위를 가면서 외뿔소와 호랑이를 피하지 않는 건 사냥꾼의 용기이고,

시퍼런 칼날이 눈앞에 다가와도 죽음을 삶처럼 보는 건 열사의 용기이네.
그런데 자신이 궁지에 처하면 하늘의 뜻이라고 아는 것,
뜻을 이루면 시세가 작용한 거라고 아는 것,
큰 어려움이 닥쳐도 이를 두려워하지 않는 건 성인의 용기이네.
자로야, 침착하게 그대로 있게. 나는 운명을 따를 뿐이네."
그로부터 얼마 되지 않아 무장한 군사를 거느린 지휘관이 찾아와 용서를
빌면서 공자에게 말했다.
"선생을 도둑 양호(陽虎)로 알고 포위했는데 그렇지 않다는 걸 이제 알았으니
저는 용서를 빌고 물러갑니다."

注 ————————————————————————————————————

孔子遊於匡 衛人圍之數帀: 공자(孔子)가 광으로(於~匡) 놀러갔을(遊) (때) 위(衛) 나라 사람
(人)들이 (그를) 몇(數) (겹으로) 둘러서(帀) 에워싸다(圍). 遊(놀 유) 數(몇 수) 帀(두를 잡, 두르다)
圍(둘레 위, 에워싸다)

而絃歌不惙: 그런데(而) (공자는) 거문고(絃)를 타면서 노래(歌) (부르는 것을) 그치지(惙) 않다
(不). 태연히 노래를 부르다. 絃(악기 현, 거문고) 歌(노래 가) 惙(그칠 철)

子路入見 曰 何夫子之娛也?: 자로(子路)가 (방안에) 들어와(入) (공자를) 보고(見) 말하다. 스승
(夫子)은 어째서(何) (이리도) 즐거운가(娛)? 入(들 입, 들어오다) 娛(즐거워할 오)

孔子曰 來! 吾語女: 공자(孔子)가 말하다. (이리) 오게(來)! 내(吾)가 자네(女)에게 (왜 그런지)
말하다(語). 來(올 래) 女(너 여)

我諱窮久矣: 나(我)는 궁핍함(窮)을 꺼린지(諱), 즉 궁핍함을 겪지 않길 바란지 오래이다(久).
窮(궁할 궁) 諱(꺼릴 휘) 久(오랠 구)

而不免 命也: 그럼에도(而) (궁핍함을) 면치(免) 못한(不) 건 하늘의 뜻(命)이다. 免(면할 면) 命
(운명 명, 하늘의 뜻)

求通久矣: (내가) 통함(通)을 구한(求)지 오래이다(久). 즉 내 뜻이 이루어지길 바란지 오래이다.

而不得 時也: 그런데도(而) (뜻을) 이루지(得) 못한(不) 건 시세(時) 탓이다. 즉 때를 얻지 못해
서이다. 得(얻을 득 → 이루다) 時(때 시, 시세)

當堯舜之時而天下無窮人: (성군인) 요순(堯舜) 시절에(時~而) 천하(天下)에 궁핍한(窮) 사람
(人)이 없는(無) (건) 당연하다(當). 當(마땅할 당, 당연히)

非知得也: (그것은 모든 사람이) 앎(知)을 얻어서(得) (그런 게) 아니다(非).

當桀紂之時而天下無通人: (폭군인) 걸주(桀紂) 시절엔(時~而) 천하(天下)에 통한(通) 사람(人),

즉 뜻을 이룬 사람이 당연히(當) 없다(無).

非知失也: (그것은 모든 사람이) 앎(知)을 잃어서(失) 그런 게 아니다(非).

時勢適然: 시세(時勢)에 따라 그렇게(然), 즉 마땅히 가야 할 방향으로 가다(適). 適(갈 적)

夫水行不避蛟龍者: 모름지기(夫) 물(水) 위를 가면서(行) 교룡(蛟龍)을 피하지(避) 않는(不) 건(者). 避(피할 피)

漁父之勇也: 어부(漁父)의 용기(勇)이다. 勇(용맹할 용, 용기)

陸行不避兕虎者: 땅(陸) 위를 가면서(行) 외뿔소(兕)와 호랑이(虎)를 피하지(避) 않는(不) 건(者). 兕(외뿔들소 시) 虎(범 호)

獵夫之勇也: 사냥꾼(獵夫)의 용기(勇)이다. 獵夫〔사냥꾼. 獵(사냥 렵) 夫(사내 부)〕

白刃交於前 視死若生者: 시퍼런(白) 칼날(刃)이 (눈) 앞에(於~前) 도래해도(交) 죽음(死)을 마치(若) 삶(生)처럼 보는(視) 건(者). 刃(칼날 인) 交(도래할 교 → 다가오다) 白(흰 백 → 시퍼렇다)

烈士之勇也: 열사(烈士)의 용기(勇)이다.

知窮之有命: (그런데 자신이) 궁지(窮)에 (처하면) 하늘의 뜻(命)이 있음(有)을 알다(知).

知通之有時: 통하면(通), 즉 뜻을 이루면 시세(時)가 있음(有)을 알다(知). 즉 시세가 작용한 것을 알다.

臨大難而不懼者: 큰(大) 어려움(難)에 임해도(臨~而), 즉 큰 어려움이 닥쳐도 두려워하지(懼) 않는(不) 건(者). 難(어려울 난) 臨(임할 림) 懼(두려워할 구)

聖人之勇也: 성인(聖人)의 용기(勇)이다.

由處矣 吾命有所制矣: 자로(由)야, (침착하게 그대로) 있어라(處). 내(吾) 운명(命)은 따르는(制) 바(所) 있다(有). 즉 나는 운명을 따를 뿐이다. 處(살 처, 머물다) 命(운명 명) 制(따를 제)

無幾何 將甲者進 辭曰: (그로부터) 얼마(幾何) (되지) 않아(無) 무장한 군사(甲者)를 거느린(將) (지휘관이) 찾아와서(進) 용서를 빌면서(辭) 말하다. 幾何〔얼마. 幾(거의 기) 何(무엇 하)〕甲者〔갑옷(甲) 입은 사람(者). 즉 무장한 군사. 甲(갑옷 갑)〕將(거느릴 장) 進(다가올 진 → 찾아오다) 辭(청할 사, 용서를 빌다)

以爲陽虎也 故圍之: (선생을 도둑) 양호로(以~陽虎) 여기다(爲). 고로(故) 둘러싸다(圍). 즉 포위하다. 圍(둘러쌀 위)

今非也 請辭而退: 그렇지 않다는(非) (것을) 이제(今) (알아) 청컨대(請) (나는) 용서를 빌며(辭~而) 물러나다(退). 退(물러날 퇴) 辭(청할 사, 용서를 빌다)

추수(秋水) 4

公孫龍問於魏牟曰:「龍少學先王之道, 長而明仁義之行., 合同異, 離堅白然不然,可不可., 困百家之知, 窮衆口之辯., 吾自以爲至達已.

今吾聞莊子之言, 汒焉異之. 不知論之不及與, 知之弗若與?

今吾無所開吾喙, 敢問其方.」

公子牟隱机大息, 仰天而笑曰:「子獨不聞夫埳井之鼃乎?

謂東海之鼈曰:『吾樂與! 出跳梁乎井幹之上, 入休乎缺甃之崖.,

赴水則接腋持頤, 蹶泥則沒足滅跗., 還視虷蟹與蝌蚪., 莫吾能若也.

且夫擅一壑之水, 而跨跱埳井之樂, 此亦至矣, 夫子奚不時來入觀乎!』

東海之鼈左足未入, 而右膝已縶矣.

於是逡巡而却, 告之海曰:『夫千里之遠, 不足以擧其大., 千仞之高, 不足以極其深.

禹之時十年九潦, 而水弗爲加益., 湯之時八年七旱, 而崖不爲加損.

夫不爲頃久推移, 不以多少進退者, 此亦東海之大樂也.』

於是埳井之鼃聞之, 適適然鼈, 規規然自失也.

「且夫知不知是非之竟, 而猶欲觀於莊子之言, 是猶使蚊蝱負山, 商蚷馳河也,

必不勝任矣, 且夫知不知論極妙之言而自適一時之利者, 是非埳井之鼃與?

且彼方跐黃泉而登大皇, 無南無北, 奭然四解, 淪於不測., 無東無西, 始於玄冥,

反於大通.

子乃規規然而求之以察, 索之以辯, 是直用管窺天, 用錐指地也, 不亦小乎!

子往矣!

且子獨不聞夫壽陵餘子之學行於邯鄲與?

未得國能, 又失其故行矣, 直匍匐而歸耳. 今子不去, 將忘子之故, 失子之業.」

公孫龍口呿而不合, 舌擧而不下, 乃逸而走.

공손룡(公孫龍)이 위(魏)나라 공자 모(牟)를 만나서 말했다.

"저 공손룡은 어려선 선왕의 도를 배우고 커선 인의의 행동에 밝았습니다.

또 같음과 다름을 하나로 합치고, 단단함(堅)과 흰(白) 것이나

그러함(然)과 그렇지 않음(不然)을 분리하고, 괜찮은 걸 괜찮지 않다고 해

춘추전국시대 백가(百家)들의 앎을 곤란하게 만들었지요.

그래서 저를 향한 많은 사람들의 논변을 궁지에 빠뜨렸습니다.

그리고 저 스스로 지극한 앎에 이르렀다고 여겼습니다.

그런데 요즘 장자의 말을 듣고 망연자실해져 스스로 이상하다고 여깁니다.

제 주장이 그에게 미치지 않는지, 앎이 그의 수준이 아닌지 알 수 없나요?
요즘 제 주둥이를 함부로 놀리지 않는데 장자의 도가 무언지 여쭙니다."
공자 모가 책상에 기댄 채 한숨을 쉬고 하늘을 우러러보다 웃으며 말했다.
"그대만 움푹 파인 우물 안 개구리 이야기를 듣지 못했나?
우물 안 개구리가 어느 날 동해에 사는 자라에게 말했네.
'나는 여기가 즐겁다.
징검다리를 뛰어 올라가선 우물의 난간 기둥 위에 나타나고,
우물 안 깨진 벽 기슭에 들어가선 쉬었네.
물에 들어가면 양편 겨드랑이를 수면에 대고 턱을 물 위에 받쳤는데
혹 진흙에 넘어져도 발이 발등까지만 빠졌네.
그러니 장구벌레나 게와 올챙이를 두루 둘러봐도 나만 못했네.
우물을 멋대로 차지해서 움푹 파인 우물을 점거하며 웅크리는 즐거움이
최고였네.
선생은 어째서 이따금 와서 여기에 들어와 보지 않는가!'
동해의 자라는 그 말을 듣고 우물 안에 들어갔는데
왼발이 들어가기도 전에 오른발 무릎이 걸리고 말았네.
이에 뒷걸음질 치며 돌아서 물러 나와 자신이 사는 바다 이야기를 해줬네.
'천리 먼 거리도 바다의 크기를 거론하기에 부족하고,
천인 높이도 바다의 깊이를 다하기에 부족하네.
우임금 때 10년 동안 아홉 번 큰비가 내렸어도 바닷물이 불지 않고,
탕임금 때 8년 동안 일곱 번 가뭄이 들었어도 바닷물이 줄지 않았네.
오랜 시간의 흐름에 따라 변하는 일이 없고,
비가 많고 적음에 따라 물이 불거나 줄거나 하는 일 없는 게
동해에 사는 자라의 큰 즐거움이네.'
이에 우물 안 개구리가 이 얘기를 듣고 깜짝 놀라 얼빠진 채 자신을 잃었네."
공자 모가 계속해서 말했다.
"그대의 얇은 시비 경계를 알 만큼 이르지 못했는데
장자의 말을 거울삼으려고 하니
이는 모기에게 산을 지우고, 노래기가 황하를 달려서 건너는 것과 같네.

그러니 그대의 힘으로는 도저히 감당할 수 없지.

또 그대의 앎은 지극히 오묘한 말로 논할 수 없는 수준인데

일시적 이득을 위해 나아간다면 이는 우물 안 개구리 처지와 같지 않은가?

그런데 장자는 황천(黃泉)을 밟고 올라가서 하늘(大皇)에 오른 뒤

남쪽도 없고 북쪽도 없어서 막힘이 없는 사방 어디로나 통하는 데서

우리가 헤아릴 수 없는 경지에 빠져 있네.

그러니 동쪽도 없고 서쪽도 없는 아득한 우주의 근본에서 시작된

큰 통함(大通)으로 돌아와 있네.

그런데도 얼빠진 채 관찰을 통해 도를 구하고 언변으로 앎을 찾으려 하니

이는 곧은 대롱을 써서 하늘을 엿보고, 송곳을 이용해 땅을 찌르는 격이네.

이 역시 소인의 짓거리가 아닌가! 당신은 당장 꺼지게!

그대만 수릉(壽陵)의 젊은이가 조(趙)나라 서울 한단(邯鄲)에서

걸음걸이를 배웠다는 얘기를 듣지 못했는가?

그 젊은이는 한단의 걸음걸이를 배우기도 전에 옛날 걸음걸이까지 잊어

있는 힘을 다해 엎드려 기어서 간신히 집에 돌아왔네.

지금 그대가 장자 말에 이끌려 여기를 떠나지 않다간 배우지도 못할뿐더러

그대가 본래 지녔던 예전의 앎을 잊고, 그대의 일마저 잃을 걸세."

공손룡은 이 말을 듣자 입이 열린 채 닫히질 않고, 올라간 혀가 내려가질

않아 서둘러서 이내 달아났다.

注 ————

公孫龍問於魏牟曰: 공손룡(公孫龍)이 위(魏)나라 공자인 모를(於~牟) 만나서(問) 말하다. ★
공손룡(公孫龍)은 혜시와 같은 논리학파를 대표하는 사상가이다. ★ 모(牟)는 위나라 중산공
자(中山公子)로 중산(中山)에 봉한 공자(公子)이다. 잡편 「양왕」 11에도 등장한다.

龍少學先王之道: (저) 공손룡(龍)은 어려선(少) 선왕(先王)의 도(道)를 배우다(學). 少(어릴 소)
學(배울 학)

長而明仁義之行: 커서는(長~而) 인의(仁義)의 행동(行)에 밝다(明). 長(클 장) 明(밝을 명)

合同異 離堅白自然不然: (또) 같음(同)과 다름(異)을 (하나로) 합치고(合), 단단함(堅)과 흰(白) 것,
그러함(然)과 그렇지(然) 않음(不)을 (서로) 분리하다(離). 異(다를 이) 堅(굳을 견 → 단단함) 白(흰
백) 然(그럴 연) 離(떼놓을 이, 분리하다)

可不可 困百家之知: 괜찮은(可) 것을 괜찮지(可) 않다고(不) (해) 백가(百家)의 앎(知)을 곤란하게(困) 만들다. 可(괜찮다고할 가) 百家[춘추전국시대에 등장한 온갖 사상가들의 주장] 困(곤란하게할 곤)

窮衆口之辯: (그래서 나를 향한) 많은(衆) (사람) 구변(口辯), 즉 논변을 궁지에 빠뜨리다(窮). 窮(궁할 궁 → 궁지) 辯(말잘할 변)

吾自以爲至達已: (그래서) 나(吾) 스스로(自) 지극한(至) 앎에 이르렀다(以~爲達) (여기다). 至(지극할 지) 達(통할 달, 환하게 앎)

今吾聞莊子之言 沱焉異之: (그런데) 나(吾)는 요즘(今) 장자(莊子)의 말(言)을 듣고(聞) 망연자실해져(沱) (나 스스로) 이상하다(異) (여기다). 聞(들을 문) 沱(망연할 망, 망연자실하다) 異(기이할 이, 이상함)

不知論之不及與: (내) 주장(論)이 (그) 보다(與) 미치지(及) 못하다(不). 論(언론 론, 주장) 與(보다 여) 及(미칠 급)

知之弗若與?: (아니면 내) 앎(知)이 (그와) 같은(若) (수준이) 아닌(弗) 지 알지(知) 못하나(不)? 若(같을 약) 弗(아닐 불)

今吾無所開吾喙: 나(吾)는 요즘(今) 내(吾) 주둥이(喙)을 여는(開 바(所) 아니다(無). 즉 주둥이를 함부로 놀리지 않다. 喙(부리 훼, 새나 짐승의 주둥이)

敢問其方: (그러나 장자의 도가) 어떤 것(方)인지 감히(敢) 묻다(問). 方(길 방, 방법 → 어떤 것)

公子牟隱机大息: 공자(公子) 모(牟)가 책상(机)에 기댄 채(隱) 크게(大) 한 숨을 쉬다(息). 机(책상 궤) 隱(기댈 은) 息(숨쉴 식)

仰天而笑曰: 하늘(天)을 우러러보다가(仰~而) 웃으며(笑) 말하다. 仰(우러를 앙) 笑(웃을 소)

子獨不聞夫坎井之鼃乎?: 너(子) 홀로(獨) 움푹 파인(坎) 우물(井) (안) 개구리(鼃) (얘기를) 듣지(聞) 못하는가(不)? 獨(홀로 독) 坎(구덩이 감, 움푹 팬 곳) 井(우물 정) 鼃(개구리 와)

謂東海之鼇曰 吾樂與!: (우물 안 개구리가 어느 날) 동해(東海)에 사는 자라(鼇)에게 말하다. 나(吾)는 (여기가) 즐겁다(樂)! 鼇(자라 오) ※ 참고한 『莊子今註今譯』에 '鱉(금계 별)'로 표기되었는데 오자로 보아 '鼇(자라 오)로 바꾸어서 해석했다.

出跳梁乎井幹之上: 징검다리(梁)를 뛰어 올라가선(跳) 우물(井)의 난간 기둥(幹) 위(上)에 나타나다(出). 梁(징검돌 량) 跳(뛸 도, 뛰어오르다) 幹(줄기 간, 기둥) 出(날 출)

入休乎缺甃之崖: (우물 안) 깨진(缺) 벽(甃) 기슭(崖)에 들어가선(入) 쉬다(休). 缺(이지러질 결, 깨뜨려지다) 甃(벽돌담 추, 우물 벽) 崖(기슭 애) 休(쉴 휴)

赴水則接腋持頤: 물(水)에 나아가면(赴~則), 즉 물에 들어가면 (양편) 겨드랑이(腋)를 수면에 대고(接) 턱(頤)을 물 위에 받치다(持). 赴(나아갈 부) 腋(겨드랑이 액) 接(접할 접 → 수면에 대다) 頤(턱 이) 持(버틸 지 → 물 위에 받치다)

蹶泥則沒足滅跗: (그런데 혹) 진흙(泥)에 넘어지는 경우(蹶~則) 발(足)이 빠져도(沒) 발등(跗)만 보이지 않다(滅). 즉 발이 발등까지만 빠지다. 泥(진흙 니) 蹶(넘어질 궐) 沒(가라앉을 몰, 물에 빠지다) 跗(발등 부) 滅(멸망할 멸, 없어지다 → 보이지 않다)

還視虷蟹與蝌蚪: (그러니) 장구벌레(虷)나 게와(與~蟹) 올챙이(蝌蚪)를 두루 둘러(還) 보다(視). 虷(장구벌레 간) 蟹(게 해) 蝌蚪〔올챙이. 蝌(올챙이 과) 蚪(올챙이 두)〕 還(돌아볼 환 → 두루 둘러보다) 視(볼 시)

莫吾能若也: 나(吾)와 같을(若) 수(能) 없다(莫). 즉 나만 못하다.

且夫擅一壑之水: 저(夫) 한(一) 우물(壑之水)을 멋대로(擅) (차지하다). 壑之水〔골(壑)의 물(水). 즉 우물. 壑(골 학)〕 擅(멋대로 천)

而跨跱埳井之樂: 그래서(而) 움푹 파인(埳) 우물(井)을 점거하며(跨) 웅크리는(跱) 즐거움(樂). 埳(구덩이 감, 움푹 팬 곳) 井(우물 정) 跨(점거할 과) 跱(웅크릴 치)

此亦至矣: 이(此) 역시(亦) 최고(至)이다. 至(지극할 지 → 최고이다)

夫子奚不時來入觀乎!: 선생(夫子)은 어째서(奚) 이따금(時) 와서(來) 들어와(入) 보지(觀) 않는가(不)! 奚(어찌 해) 時(때 시, 때맞추어 → 이따금) 來(올 래) 觀(볼 관)

東海之鼇左足未入: 동해(東海)의 자라(鼇)는 (그 말을 듣고 우물 안에 들어갔는데) 왼(左) 발(足)이 들어가지(入) 않다(未). 鼇(자라 오) ※ 참고한 『莊子今註今譯』에 '鱉(금계 별)'로 표기되었는데 오자로 보아 '鼇(자라 오)'로 바꾸어서 해석했다.

而右膝已繫矣: 그런데(而) 오른(右) (발) 무릎(膝)이 걸리다(繫). 膝(무릎 슬) 繫(맬 집, 매다 → 걸리다)

於是逡巡而却 告之海曰: 이에(於~是) 뒷걸음질을 치며(逡) 돌아서(巡~而) 물러나와(却) (개구리에게 자신이 사는) 바다(海)를 말하다(告). 逡(뒷걸음질 칠 준) 巡(돌 순) 却(물리칠 각, 물러나다) 告(알릴 고, 말하다)

夫千里之遠 不足以擧其大: 저(夫) 천리(千里) 먼(遠) (거리도 바다의) 크기(大)를 거론하기에(以~擧) 부족하다(不足). 遠(멀 원) 擧(물을 거, 말하고 묻다 → 거론하다)

千仞之高 不足以極其深: 천인(千仞) 높이(高)도 (바다의) 깊이(深)를 다하기에(以~極) 부족하다(不足). 仞(길 인, 7~8척 길이) 高(높을 고, 높이) 深(깊을 심, 깊이) 極(다할 극)

禹之時十年九潦: 우(禹)임금 때(時) 10년(十年) 동안 아홉(九) 번이나 큰비가 내리다(潦). 潦(큰비 료, 큰비가 내리다)

而水弗爲加益: 그런데(而) 바닷물(水)이 더(加) (이상) 더해짐(爲~益) 없다(弗). 즉 더 이상 불지 않다. 加(더할 가) 益(더할 익)

湯之時八年七旱: 탕(湯)임금 때(時) 8년(八年) 동안 일곱(七) 번이나 가뭄(旱)이 들다. 旱(가물 한)

而崖不爲加損: 그런데(而) (바다의) 물기슭(崖)이 더(加) (이상) 줄어짐(爲~損)이 없다(不). 즉 바닷물이 더 이상 줄지 않다. 崖(기슭 애, 물기슭) 損(덜 손, 줄다)

夫不爲頃久推移: 저(夫) 오랜(久) (시간의) 흐름(推移)에 따라 기울어짐(爲~頃)이 없다(不). 즉 변하는 일이 없다. 久(오랠 구) 推移〔시간의 흐름. 推(변천할 추) 移(옮길 이)〕 頃(기울 경)

不以多少進退者: (비가) 많고(多) 적음에(以~少) (따라 물이) 불거나(進) 줄거나(退) 하는 일이 없는(不) 것(者). 進(나아갈 진 → 불어나다) 退(물러날 퇴 → 줄어들다)

此亦東海之大樂也: 이(此) 역시(亦) 동해(東海)에 (사는 자라의) 큰(大) 즐거움이다(樂).

於是埳井之䵷聞: 이에(於~是) 움푹 파인(埳) (곳에 사는) 우물(井) 안 개구리(䵷)가 (이) 얘기를 듣다(聞). 䵷(개구리 와)

適適然驚 規規然自失也: 깜짝(適適然) 놀라(驚) 얼빠진 채(規規然) 스스로(自)를 잃어버리다(失). 適適然〔놀란 모양. 즉 깜작. 適(마침 적)〕驚(놀랄 경) 規規然〔얼빠진 모양. 規(어리둥절할 모양 규, 놀라서 얼이 빠진 모양)〕

且夫知不知是非之竟: (너) 앎(知)은 시비(是非) 경계(竟)를 알지(知) 못하다(不). 즉 알 만큼 이르지 못하다. 竟(지경 경, 경계)

而猶欲觀於莊子之言: 그런데(而) 오히려(猶) 장자(莊子)의 말을(於~言) 거울삼으려(欲~觀) 하다. 觀(거울삼을 관)

是猶使蚊虻負山: 이(是)는 모기에게(使~蚊虻) 산(山)을 지움(負)과 같다(猶). 蚊虻〔모기. 蚊(모기 문) 虻(등에 맹)〕負(질 부)

(猶)商蚷馳河也: 노래기(商蚷)가 황하(河)를 달려(馳) (건너는 것과) 같다(猶). 商蚷〔노래기. 蚷(노래기 거)〕馳(달릴 치)

必不勝任矣: (그러니 자네 힘으론) 임무(任)를 필히(必) 이길(勝) 수 없다(不). 즉 도저히 감당할 수 없다. 任(맡길 임)

且夫知不論極妙之言: 또(且) (너의) 앎(知)은 저(夫) 극히(極) 오묘한(妙) 말(言)을 논하는(論) 걸 알지(知) 못하다(不). 즉 극히 오묘한 말로 논할 수 없는 수준이다. 極(다할 극 → 극히) 妙(묘할 묘, 오묘한) 論(논할 논)

而自適一時之利者: 그런데(而) 스스로(自) 일시적인(一時) 이득(利)을 위해 나아가면(適~者). 利(이득 리) 適(나아갈 적)

是非埳井之䵷與?: 이(是)는 무너진(埳) 우물(井) 안의 개구리(䵷)의 (처지와 같지) 않은가(非)?

且彼方趻黃泉而登大皇: 그런데(且) 그(彼) 쪽(方), 즉 장자는 황천(黃泉)을 밟고 올라가(趻~而) 하늘(大皇)에 오르다(登). 黃泉〔황천. 즉 저승. 泉(샘 천)〕趻(밟을 차, 밟고 올라감) 登(오를 등) 大皇〔큰(大) 하늘(皇). 즉 하늘. 皇(하늘 황)〕

無南無北 奭然四解: (그런 뒤) 남(南)쪽도 없고(無) 북(北)쪽도 없어(無) 막힘이 없는(奭然) 사방

(四) 어디로나 통하는(解) 곳. 奭然〔막히지 아니함. 奭(클 석)〕 解(통할 해)

淪於不測: (거기서 우리가) 헤아릴 수(測) 없는(不) (경지)에(於) 빠지다(淪). 測(헤아릴 측) 淪(빠질 륜)

無東無西 始於玄冥: (그러니) 동(東)쪽도 없고(無) 서(西)쪽도 없는(無) 아득한(玄冥) (우주의 근본)에서(於) 시작되다(始). 玄冥〔아득한. 玄(검을 현) 冥(어두울 명)〕 始(시작할 시)

反於大通: (그런) 큰(大) 통함으로(於~通) 돌아와(反) 있다. 通(통할 통) 反(돌아올 반)

子乃規規然而求之以察: 그런데도(乃) 너(子)는 얼빠진 채(規規然) 관찰을(以~察) (통해서 도를) 구하다(求). 規規然〔얼빠진 모양. 規(어리둥절할 모양 규, 놀라서 얼이 빠진 모양)〕 察(살필 찰 → 관찰) 求(구할 구)

索之以辯: 언변으로(以~辯) (앎을) 찾다(索). 乃(이에 내 → 그런데도) 辯(말잘할 변 → 언변) 索(찾을 색)

是直用管窺天: (그러니) 이(是)는 곧은(直) 대롱(管)을 써서(用) 하늘(天)을 엿보다(窺). 直(곧을 직) 管(피리 관, 대롱) 窺(엿볼 규)

用錐指地也: 송곳(錐)을 이용해서(用) 땅(地)을 찌르는(指) (격이다). 錐(송곳 추) 用(쓸 용) 指(곤두설 지 → 찌르다)

不亦小乎! 子往矣!: (이) 역시(亦) 소인(小)의 (짓거리가) 아닌가(不)! 너(子)는 (당장) 꺼지다(往)! 往(갈 왕, 가다 → 꺼지다)

且子獨不聞夫壽陵餘子之學行於邯鄲與?: 너(子)는 홀로(獨) 수릉(壽陵)의 젊은이(餘子)가 (조나라 서울) 한단에서(於~邯鄲) 걸음걸이(行)를 배웠다는(學) 얘기를 듣지(聞) 못했나(不)? 餘子〔나이가 어려 병역과 부역서 빠지는 사람. 즉 젊은이. 餘(빠뜨릴 유)〕 行(갈 행 → 걸음걸이)

未得國能 又失其故行矣: (그 젊은이는) 나라(國), 즉 한단의 (걸음걸이를) 배울(得) 수(能) 있기 전(未)에 또(又) 옛날(故) 걸음걸이(行)를 잊다(失). 得(얻을 득 → 배우다) 國(나라 국, 서울 → 한단) 又(또 우) 故(옛 고) 失(잊을 실)

直匍匐而歸耳: (그래서 있는) 힘을 다해(匍) 엎드려 기어서(匐) 간신히(直) (집에) 돌아왔을(歸) 뿐이다(耳). 匍(힘을다할 포) 匐(길 복, 엎드려 기다) 直(겨우 직 → 간신히) 歸(돌아갈 귀)

今子不去: 지금(今) 너(子)가 (장자의 말에 이끌려서 여기를) 떠나지(去) 않다(不). 去(갈 거, 떠나가다)

將忘子之故 失子之業: (그러다간 배우지도 못할뿐더러) 네(子)가 (본래 지녔던) 예전(故)의 (앎을) 잊고(忘), 너(子)의 일(業) 마저 잃다(失). 故(옛 고, 예전의) 忘(잊을 망) 業(일 업) 失(잃을 실)

公孫龍口呿而不合: 공손룡(公孫龍)은 (이 말을 듣자) 입(口)이 벌려져(呿~而) 합쳐지지(合) 않다(不). 즉 입이 열린 채 닫히지 않다. 呿(입벌릴 거) 合(합할 합)

舌舉而不下: 올라간(舉) 혀(舌~而)는 내려가지(下) 않다(不). 舉(들 거, 오르다) 舌(혀 설) 下(내릴 하)

乃逸而走: 서둘러서(逸~而) 이내(乃) 달아나다(走). 逸(빼를 일 → 서둘러)

추수(秋水) 5

莊子釣於濮水,, 楚王使大夫二人往先焉, 曰:「願以境內累矣!」

莊子持竿不顧, 曰:「吾聞楚有神龜, 死已三千歲矣, 王以巾笥而藏之廟堂之上.

此龜者, 寧其死爲留骨而貴乎? 寧其生而曳尾於塗中乎?」

二大夫曰:「寧生而曳尾塗中.」

莊子曰:「往矣! 吾將曳尾於塗中.」

장자가 복수(濮水)에서 낚시를 하는데

초(楚)나라 왕의 사절로 두 대부(大夫)가 찾아와서 왕의 뜻을 먼저 전했다.

그들이 말했다. "초나라로 들어와 큰일을 맡아 주시길 바랍니다!"

장자는 낚싯대를 쥐고 돌아보지 않은 채 말했다.

"내가 듣자 하니 초나라에 점을 치는 영험한 거북이 있는데

죽은 지 이미 삼천 년이 되었다고 하더군요.

왕은 그 거북을 천으로 싸 상자에 넣어 묘당 위에 소중히 보관한다 들었소.

그런데 이 거북이 뼈만 남아 귀하게 되어서 죽음이 편안하길 바라겠습니까?

아니면 진흙 속에서 꼬리를 끌면서 삶이 편안하길 바라겠습니까?

두 대부가 말했다.

"그야 진흙 속에서 꼬리를 끌면서 삶이 편안하길 바랄 테죠."

장자가 말했다.

"돌아가시오! 나는 진흙 속에서 꼬리를 끌고 다니겠소."

注

莊子釣於濮水: 장자(莊子)가 복수에서(於~濮水) 낚시를 하다(釣). 釣(낚시 조)

楚王使大夫二人往先焉: 초(楚)나라 왕(王)의 사절(使)로 대부(大夫) 두(二) 사람(人)이 찾아와 (往) (왕의 뜻을) 먼저(先) (전하다). 使(사신 사, 사절) 往(갈 왕 → 찾아오다) 先(먼저 선)

曰 願以境內累矣!: (그들이) 말하다. 초나라(境內)로 들어와(以~累) (큰일을 맡아 주길) 바라다 (願). 境內(경계(境)의 안(內). 즉 초나라. 境(지경 경)→境界(경계)〕累(묶을 루 → 들어오다) 願(원할 원)

莊子持竿不顧 曰: 장자는 낚싯대(竿)를 쥐고(持) 돌아보지(顧) 않은(不) 채 말하다. 持(가질 지) 竿(장대 간 → 낚싯대) 顧(돌아볼 고)

吾聞楚有神龜: 내(吾)가 듣자하니(聞) 초(楚)나라에는 (점을 치는) 영험한(神) 거북(龜)이 있다 (有). 神(영험할 신) 龜(거북 구)

死已三千歲矣: (그런데) 죽은(死) 지 이미(已) 삼천(三千) 년(歲)이 (되다). 歲(해 세, 년)

王以巾笥而藏之廟堂之上: 왕(王)은 (그 거북을) 천으로(以~巾) (싸서) 상자(笥)에 (넣어) 묘당(廟堂) 위(上)에 소중히 보관한다고(藏) (듣다). 巾(수건 건, 헝겊 → 천) 笥(상자 사) 藏(감출 장, 간직하다)

此龜者 寧其死爲留骨而貴乎?: (그런데) 이(此) 거북(龜者)이 뼈(骨)만 남아(爲留~而) 귀하게 (貴) (되어서) 죽음(死)이 편안하길(寧) (바라나)? 寧(편안할 녕) 骨(뼈 골) 留(머무를 유 → 남다) 貴 (귀할 귀)

寧其生而曳尾於塗中乎?: (아니면) 진흙(塗) 속에서(於~中) 꼬리(尾)를 끌며(曳) 삶(生)이 편안 하길(寧) (바라나)? 塗(진흙 도) 尾(꼬리 미) 曳(끌 예, 끌다)

二大夫曰 寧生而曳尾於塗中: 두(二) 대부(大夫)가 말하다. (그야) 진흙(塗) 속에서(於~中) 꼬리 (尾)를 끌면서(而~曳) 삶(生)이 편안하길(寧) (바라다).

莊子曰 往矣! 吾將曳尾於塗中: 장자(莊子) 말하다. 돌아가라(往)! 나(吾)는 진흙(塗) 속에서(於 ~中) 꼬리(尾)를 끌고(將~曳) (다니다). 往(갈 왕 → 돌아가다)

추수(秋水) 6

惠子相梁, 莊子往見之. 或謂惠子曰:「莊子來, 欲代子相.」

於是惠子恐, 搜於國中三日三夜.

莊子往見之, 曰:「南方有鳥, 其名爲鵷鶵, 子知之乎?

夫鵷鶵, 發於南海而飛於北海, 非梧桐不止, 非練實不食, 非醴泉不飮.

於是鴟得腐鼠, 鵷鶵過之, 仰而視之曰:『嚇!』今子欲以子之梁國而嚇我邪?」

혜자가 양(梁) 나라 재상으로 있을 때 장자가 그를 찾아가서 만나고자 했다.
그러자 어떤 사람이 혜자에게 말했다.
"장자는 그대를 대신해 양나라 재상이 되려고 여기에 온 겁니다."
이에 혜자가 두려워서 온 나라 안에 장자를 사흘 밤낮이나 찾았다.
장자가 미리 알고 찾아와서 말했다.
"남쪽 지역에 원추(鵷鶵)라는 새가 있는데 자네는 이 새를 아는가?
원추는 남해를 떠나서 북해로 날아가는데 오동나무가 아니면 쉬질 않고,
대나무 열매가 아니면 먹지를 않고, 감로수가 아니면 마시질 않네.

이때 마침 썩은 쥐를 얻어서 그것을 물고 있는 솔개가
그 위를 지나가던 원추를 올려다보며 말했다. '썩 꺼져!'
지금 자네도 양나라 재상으로 내게 '썩 꺼져!'하고 말하고 싶은 게 아닌가?"

注 ————

惠子相梁 莊子往見之: 혜자(惠子)가 양(梁)나라 재상(相)으로 (있을 때) 장자(莊子)가 찾아가서 (往) 보다(見). 相(집정자 상, 재상)

或謂惠子曰: (그러자) 어떤 사람(或)이 혜자(惠子)에게 말하다(謂). 或(혹 혹, 어떤 사람)

莊子來 欲代子相: 장자(莊子)가 너(子)를 대신해(代) 재상(相)이 되려(欲) (여기에) 오다(來). 子 (당신 자) 代(대신할 대) 來(올 래)

於是惠子恐: 이에(於~是) 혜자(惠子)가 두려워하다(恐). 恐(두려울 공)

搜於國中三日三夜: (그래서 장자를) (온) 나라(國) 안에서(於~中) 사흘(三) 낮(日) 사흘(三) 밤(夜) 이나 찾다(搜). 搜(찾을 수)

莊子往見之 曰: 장자(莊子)가 (미리 알고) 와서(往) (혜시를) 보고(見) 말하다. 往(갈 왕 → 가다)

南方有鳥 其名爲鵷鶵: 남쪽(南) 지역(方)에 (어떤) 새(鳥)가 있는데(有) 이름(名)이 원추이다(爲 ~鵷鶵). 즉 원추라는 새가 있다. 方(장소 방, 지역)

子知之乎?: 너(子)는 아는가(知)?

夫鵷鶵 發於南海而飛於北海: 원추(鵷鶵)는 남해를(於~南海) 떠나(發) 북해로(於~北海) 날아가 다(飛). 發(떠날 발) 飛(날 비)

非梧桐不止 非練實不食: (그런데) 오동(梧桐)나무가 아니면(非) 쉬지(止)를 않고(不), 대나무 열매(練實)가 아니면(非) 먹지(食)를 않는다(不). 止(멈출 지 → 쉬다) 練實[대나무 열매. 練(가릴 련) 實(열매 실)]

非醴泉不飮: 감미로운 샘물(醴泉)이 아니면(非) 마시지(飮)를 않는다(不). 醴泉[감미로운(醴) 샘물(泉). 醴(둔술 예, 달다) 泉(샘 천)]

於是鴟得腐鼠 鵷鶵過之: 이에(於~是) (마침) 썩은(腐) 쥐(鼠)를 얻어(得) (그것을 물고 있는) 솔개 (鴟)가 (그) 위를 지나가는(過) 원추(鵷鶵). 腐(썩을 부) 鼠(쥐 서) 鴟(솔개 치) 過(지날 과)

仰而視之曰 嚇!: (그를) 올려다보면서(仰~而) (원추를) 보며(視) 말하다. 썩 꺼져(嚇)! 仰(우러러 볼 앙, 올려다 보다) 嚇(으를 하, 말로 협박하다 → 썩 겨려라)

今子欲以子之梁國而嚇我邪?: (그런데) 지금(今) 너(子)도 양(梁)나라(國) 재상으로(以~子) 내 (我)게 썩 꺼져(嚇)! 하고 (말하고) 싶은(欲) 게 아닌가(邪)? 子(자작 자 → 재상)

추수(秋水) 7

莊子與惠子遊於濠梁之上. 莊子曰:「鯈魚出遊從容, 是魚之樂也.」

惠子曰:「子非魚, 安知魚之樂?」

莊子曰:「子非我, 安知我不知魚之樂?」

惠子曰:「我非子, 固不知子矣., 子固非魚也, 子之不知魚之樂, 全矣.」

莊子曰:「請循其本. 子曰『汝安知魚樂』云者, 旣已知吾知之而問我,

我知之濠上也.」

장자가 혜자와 함께 호(濠)의 해자 위를 거닐었다.

장자가 말했다.

"검푸른 물고기가 나와 노니는데 한가로우니 이것이 물고기의 즐거움이다.

혜자가 말했다.

"그대는 물고기가 아닌데 지금 물고기의 즐거움을 어찌 아는가?"

장자가 말했다.

"그대는 내가 아닌데 내가 물고기의 즐거움을 알지 못한다고

어찌 아는가?"

혜자가 말했다.

"나는 그대가 아니므로 그대가 물고기의 즐거움을 아는 것에 대해

본디부터 모르지.

그대도 본디부터 물고기가 아니므로 물고기의 즐거움을 알지 못하는 게

분명하다."

장자가 말했다.

"처음으로 돌아가자.

그대가 처음에 말하길 '그대는 물고기의 즐거움을 어찌 아느냐'라고 운운

한 건 내가 물고기의 즐거움을 안 걸 이미 알고 내게 물은 거다.

그대는 내가 아닌데도 내 마음을 이렇게 알았던 것처럼

나도 호의 해자 위에서 물고기의 즐거움을 이렇게 알았다."

注 ----------

莊子與惠子遊於濠梁之上: 장자(莊子)가 혜자(惠子)와 함께(與) 호(濠)의 해자(梁) 위를(於~上)

거닐다(遊). 梁(다리 량, 해자)

莊子曰 鯈魚出遊從容: 장자(莊子)가 말하다. 검푸른(鯈) 물고기(魚)가 나와(出) 노니는데(遊) 한가롭다(從容). 鯈(검푸른빛 숙) 魚(고기 어) 出(날 출, 나오다) 容〔한가한 모양. 從(자취 종) 容(얼굴 용)〕

是魚之樂也: (그러니) 이것(是)이 물고기(魚)의 즐거움(樂)이다. 樂(즐거울 락)

惠子曰 子非魚 安知魚之樂?: 혜자(惠子)가 말하다. 너(子)는 물고기(魚)가 아닌데(非) (지금) 물고기(魚)의 즐거움(樂)을 어찌(安) 아는가(知)? 安(어찌 안)

莊子曰 子非我: 장자(莊子)가 말하다. 너(子)는 내(我)가 아니다(非). 非(아닐 비)

安知我不知魚之樂?: (그런데) 내(我)가 물고기(魚)의 즐거움(樂)을 알지(知) 못한다고(不) 어찌(安) 아는가(知)?

惠子曰 我非子: 혜자(惠子)가 말하다. 나(我)는 네(子)가 아니다(非).

固不知子矣: (그러므로) 네(子)가 (물고기의 즐거움을 아는 것에 대해) 본디(固) 알지(知) 못하다(不). 즉 모르다. 固(본디 고)

子固非魚也: 너(子)도 본디(固) 물고기(魚)가 아니다(非).

子之不知魚之樂: (그러므로) 네(子)가 물고기(魚)의 즐거움(樂)을 알지(知) 못하는(不) 것.

全矣: 분명하다(全~矣). 全(완전할 전, 흠이 없음 → 분명함)

莊子曰 請循其本: 장자(莊子)가 말하다. 처음(本)으로 돌아가자(請~循). 本(근원 본, 처음) 循(돌 순, 돌다)

子曰 汝安知魚樂 云者: 네(子)가 (처음에) 말하길 너(汝)는 물고기(漁)의 즐거움(樂)을 어찌(安) 아느냐(知)라고 운운한 것(云~者). 云(이를 운, 남의 말을 간접적으로 말할 때 쓰임)

旣已知吾知之而問我: 내(吾)가 (물고기의 즐거움을) 안(知) 걸 이미(旣) 알고서(知~而) 내(我)게 물은(問) (거다).

我知之濠上也: (너는 내가 아닌데도 내 마음을 이렇게 알았던 것처럼) 나(我)도 호(濠)의 (해자) 위(上)에서 (물고기 즐거움을 이렇게) 알다(知).

지락
至 樂

지락(至樂) 1

天下有至樂無有哉? 有可以活身者無有哉?

今奚爲奚據? 奚避奚處? 奚就奚去? 奚樂奚惡?

夫天下之所尊者, 富貴壽善也., 所樂者, 身安厚味美服好色音聲也.,

所下者, 貧賤夭惡也., 所苦者, 身不得安逸, 口不得厚味, 形不得美服, 目不得好色,

耳不得音聲., 若不得者, 則大憂以懼, 其爲形也, 亦愚哉!

夫富者, 苦身疾作, 多積財而不得盡用, 其爲形也亦外矣.

夫貴者, 夜以繼日, 思慮善否, 其爲形也亦疏矣.

人之生也, 與憂俱生, 壽者惛惛, 久憂不死, 何故也! 其爲形也亦遠矣.

烈士爲天下見善矣, 未足以活身.

吾未知善之誠善邪, 誠不善邪?

若以爲善矣, 不足活身., 以爲不善矣, 足以活人.

故曰:「忠諫不聽, 蹲循勿爭.」

故父子胥爭之以殘其形, 不爭, 名亦不成.

誠有善無有哉?

今俗之所爲與其所樂, 吾又未知樂之果樂邪, 果不樂邪?

吾觀夫俗之所樂, 擧群趣者誙誙然如將不得已, 而皆曰樂者,

吾未知之樂也, 亦未知之不樂也.

果有樂無有哉? 吾以無爲誠樂矣, 又俗之所大苦也.

故曰:「至樂無樂, 至譽無譽.」

天下是非果未可定也.

雖然, 無爲可以定是非.

至樂活身, 唯無爲幾存.

請嘗試言之.

天無爲以之淸, 地無爲以之寧, 故兩無爲相合, 萬物皆化生.

芒乎芴乎, 而無從出乎!

芴乎芒乎, 而無有象乎!

萬物職職, 皆從無爲殖.

故曰天地無爲也而無不爲也, 人也孰能得無爲哉!

천하에 지락(至樂), 즉 진정한 즐거움이 있는가, 없는가?

천하에 몸의 생기를 북돋는(活身) 방법이 있는가, 없는가?

지금 우리는 무엇을 위하고, 무엇을 억누르는가?

우리는 무엇을 피하고, 어느 곳에 머무는가?

우리는 어디로 나아가고, 어디를 떠나는가?

우리는 무엇을 즐기고, 무엇을 미워하는가?

천하가 높이 받드는 건 부유함(富), 귀함(貴), 장수(壽), 길함(善)이다.

천하가 즐기는 건 몸의 편안함, 맛있는 음식, 아름다운 옷,

멋있는 색과 소리이다.

반면에 천하가 아래에 두는 건 가난함(貧), 천함(賤), 요절(夭), 추함(惡)이다.

천하가 괴로워하는 건 몸이 편치 않음, 입이 맛있는 음식을 먹지 못함,

몸이 아름다운 옷을 걸치지 못함, 눈이 멋있는 색을 보지 못함,

귀가 좋은 소리를 듣지 못함이다.

만약 이것들을 얻지 못하면 크게 걱정해서 두려워하는데

이런 것들은 자신의 몸만 위한 거니 이 또한 얼마나 어리석은가!

부자(富者)는 자신의 몸을 해쳐가며 바쁘게 일을 해

많은 재산을 쌓는데도 평생 다 쓰지 못하고 죽는다.

이는 재산이란 외형을 위한 게지 진정한 즐거움과 또한 벗어나 있다.

귀자(貴者)는 밤낮을 가리지 않고 일이 잘 되는지 여부를 골똘히 생각한다.

이는 신분이란 외형을 위한 게지 진정한 즐거움과 또한 동떨어져 있다.

사람이 태어나면 근심과 더불어 살아가는데

장수하는 사람은 정신이 흐릿한 상태에서 오래도록 근심하며 죽지 않으니
이게 무슨 변고인가!

이는 장수라는 외형을 위한 게지 진정한 즐거움과는 또한 멀다.

열사(烈士)는 천하를 위한다는 좋은 평가를 받는데

이런 좋은 평가도 몸에 생기를 북돋는 데 부족하다.

그래서 나는 천하에서 몸에 생기를 북돋는 데 좋다고 하는 게

정말로 좋은 건지 정말로 좋지 않은 건지 모르겠다.

생기를 북돋는 데 좋은 것으로도 몸을 살리는데 부족할 수 있고,

생기를 북돋는 데 좋지 않은 것으로도 몸을 살리는데 충분할 수 있다.

그래서 말한다.

'충심으로 간해도 듣지 않으면 물러나거나 순종해야지 다투어선 안 된다.'

그래서 열사였던 대부 오자서(子胥)는 왕 부차와 다퉈서 몸을 잃었는데

다투지 않았다면 그의 명성도 생겨나지 않았을 거다.

그러니 정말로 좋은 게 있는가, 없는가?

그렇다면 지금 세상 사람이 즐겁다고 말하는 게

정말로 즐거운 건지 정말로 즐겁지 않은 건지 나는 모르지 않는가?

내가 보건대 세상 사람이 즐거워하는 바는 떼를 지어 달려서 죽어도

어쩔 수 없다고 하는 즐거움과 같은데 모두가 이를 즐거운 거라고 말한다.

나는 이런 게 과연 즐거운 건지, 즐겁지 않은 건지 모르겠다.

그렇다면 즐거움이 과연 있는가, 없는가?

나는 하고자 함이 없음(無爲)을 참된 즐거움이라고 여기지만

세상 사람에게 이런 즐거움은 큰 고통이다.

그래서 말한다.

'진정한 즐거움에는 즐거움이 없고, 진정한 명예에는 명예가 없다.'

천하의 일을 두고 시비(是非), 즉 옳고 그름으로 정말로 단정할 수 없다.

그런데도 하고자 함이 없음(無爲)만이 시비를 단정할 수 있다.

진정한 즐거움과 몸의 생기는 오로지 하고자 함이 없음에 그 조짐이 있다.

거기에 대해 한번 말해보자.

하늘은 하고자 함이 없어 맑고, 땅도 하고자 함이 없어 편안하다.

그래서 하늘과 땅이 하고자 함이 없어 서로 하나가 되기에
만물은 모두 변화하면서 생겨난다.
무위(無爲)는 까마득하고 어렴풋하다.
그래서 어디로 나아가고, 어디에서 나타나는지 알 수 없다!
무위는 어렴풋하고 까마득하다. 그래서 형상이 없다!
만물이 많은 건 모두 무위를 좇아서 불어난 결과이다.
그래서 말한다.
'천지(天地)는 무위(無爲), 즉 하고자 함이 없기에 못하는 게 없다.'
그런데 사람 중에 누가 이 무위의 경지를 터득할 수 있는가!

注 ─────────────────

天下有至樂無有哉?: 천하(天下)에 진정한(至) 즐거움(樂)이 없고(無) 있음(有)이 있는가(有)? 즉 진정한 즐거움이 있는가, 없는가? 至(훌륭할 지 → 진정한)

有可以活身者無有哉?: (천하에) 가히(可) 몸(身~者)을 생기 있도록(以~活) 하는 게 없고(無), 있음(有)이 있는가(有)? 즉 몸의 생기를 북돋는 방법이 있는가, 없는가? 活(살 활, 생기가 돌게 하다 → 활력 있게 하다)

今奚爲奚據?: 지금(今) (우리는) 무엇(奚)을 위하고(爲), 무엇(奚)을 억누르는가(據)? 奚(어느 곳 혜 → 무엇) 據(누를 거, 억누르다)

奚避奚處?: (우리는) 무엇(奚)을 피하고(避), 어느 곳(奚)에 머무나(處)? 避(피할 피) 處(살 처, 머무르다)

奚就奚去?: (우리는) 어디로(奚) 나아가고(就), 어디를(奚) 떠나나(去)? 奚(어디 해) 就(나아갈 취) 去(갈 거, 떠나다)

奚樂奚惡?: (우리는) 무엇(奚)을 즐기고(樂), 무엇(奚)을 미워하나(惡)? 奚(무엇 해) 惡(미워할 오)

夫天下之所尊者 富貴壽善也: 저(夫) 천하(天下)가 높이 받드는(尊) 건(所~者) 부유함(富), 귀함(貴), 장수(壽), 길함(善)이다. 尊(높일 존, 높이 받듦) 富(가멸 부, 부유함) 貴(귀할 귀) 壽(장수할 수, 오래 살다) 善(길할 선)

所樂者 身安厚味美服好色音聲也: (천하가) 즐기는(樂) 건(所~者) 몸(身)의 편안함(安), 맛있는 음식(厚味), 아름다운(美) 옷(服), 멋있는(好) 색(色)과 소리(音聲)다. 安(편안할 안) 厚味〔두터운(厚) 맛(味). 즉 맛있는 음식. 厚(두터울 후) 味(맛 미)〕 服(옷 복) 好(좋을 호 → 멋있다) 音聲〔소리. 音(소리 음) 聲(소리 성)〕

所下者 貧賤夭惡也: (반면에 천하가) 아래(下)에 두는 건(所~者) 가난함(貧), 천함(賤), 요절(夭),

추함(惡)이다. 貧(가난할 빈) 賤(천할 천) 天(일찍죽을 요) 惡(추할 오)

所苦者 身不得安逸: (천하가) 괴로워하는(苦) 건(所~者) 몸(身)이 편안함(安逸)을 얻지(得) 못하
는(不) 것. 즉 몸이 편안하지 않는 것. 苦(쓸 고, 괴로워하다) 安逸〔편안하고(安) 편안함(逸). 逸
(편안 일)〕

口不得厚味 形不得美服: 입(口)이 맛있는 음식(厚味)을 먹지(得) 못하는(不) 것, 몸(形)이 아름
다운 옷(美服)을 걸치지(得) 못하는(不) 것. 口(입 구) 形(몸 형)

目不得好色 耳不得音聲: 눈(目)이 멋있는 색(好色)을 보지(得) 못하는(不) 것 (그리고) 귀(耳)가
좋은 소리(音聲)를 듣지(得) 못하는(不) 것이다. 目(눈 목) 耳(귀 이)

若不得者 則大憂以懼: 만약(若) (이런 것들을) 얻지(得) 못하다(不~者). 그러면(則) 크게(大) 걱
정해서(憂~以) 두려워하다(懼). 若(만일 약) 憂(근심할 우, 걱정하다) 懼(두려워할 구)

其爲形也 亦愚哉!: (그런데 이런 것들은 자신의) 몸(形)만을 위한(爲) 것이니 (이) 또한(亦) (얼마
나) 어리석은가(愚)! 愚(어리석을 우)

夫富者 若身疾作: 저(夫) 부자(富者)는 몸(身)을 해쳐가면서(疾) (바쁘게) 일하다(作). 若(어조사
약) 疾(해칠 질) 作(일할 작)

多積財而不得盡用: (그래서) 재산(財)을 많이(多) 쌓는데도(積~而) 쓰임(用) 다함(盡)을 얻지
(得) 못한다(不). 다 쓰지 못하고 죽다. 積(쌓을 적)

其爲形也亦外矣: (이는 재산이란) 외형(形)을 위한(爲) (게지 진정한 즐거움과는) 또한(亦) 벗어나
다(外). 形(형상 형 → 외형) 外(바깥 외, 벗어나다)

夫貴者 夜以繼日: 저(夫) (신분 높은) 귀자(貴者)는 밤(夜)이 낮(日)을 잇다(以~繼). 즉 밤낮을 가
리지 않다. 繼(이를 계)

思慮善否: (일이) 잘되는지(善) 아닌지(否) (골똘히) 생각하다(思慮). 善(잘할 선) 思慮〔생각. 思
(생각 사) 慮(생각 려)〕

其爲形也亦疏矣: (이는 신분이란) 외형(形)을 위한(爲) (게지 지락과는) 또한(亦) 멀리하다(疏). 즉
동떨어져 있다. 疏(멀리할 소)

人之生也 與憂俱生: 사람(人)이 태어나면(生~也) 근심과(與~憂) 더불어(俱) 살아가다(生). 憂
(근심할 우) 俱(함께 구) 生(살 생)

壽者惛惛 久憂不死: (그런데) 장수하는(壽) 사람(者)은 (정신이) 흐릿한(惛惛) 상태에서 오래도
록(久) 근심하면서(憂) 죽지(死) 않는다(不). 壽(장수할 수, 오래 살다) 惛惛〔정신이 흐려 잘 잊어
버리는 모양. 惛(혼모할 혼)〕 久(오랠 구)

何故也!: (그러니) 무슨(何) 변고(故)인가! 何(무엇 하) 故(일 고, 변고)

其爲形也亦遠矣: (이는 장수라는) 외형(形)을 위한(爲) (게지 진정한 즐거움과는) 또한(亦) 멀다(遠).
遠(멀 원)

烈士爲天下見善矣: 열사(烈士)는 천하(天下)를 위해(爲) 좋게(善) 나타나다(見). 즉 천하를 위한다는 좋은 평가를 받는다. 烈士〔지조가 굳어 불의에 굴하지 않는 강직한 사람. 烈(세찰 열)〕 善(좋을 선) 見(나타날 현, 드러나다)

未足以活身: (그런데 이런 좋은 평가가) 몸(身)에 생기를 북돋는(以~活) 데 족하지(足) 않다(未). 즉 부족하다. 未(아닐 미)

吾未知善之誠善邪 誠不善邪?: (그래서) 나(吾)는 (천하에서 몸에 생기를 북돋는데) 좋다는(善) (게) 정말로(誠) 좋은(善) 건지, 정말로(誠) 좋지(善) 않은(不) 건지 알지(知) 못하다(未). 誠(참으로 성, 정말로)

若以爲善矣 不足活身: 만약(若) (생기를 북돋는데) 좋은(善) 것으로도(以~爲) 몸(身)을 살리는(活) 데 부족(不足) (할 수 있다). 足(족하게할 족)

以爲不善矣 足以活人: (생기를 북돋는데) 좋지(善) 않은(不) 것으로도(以~爲) 몸(身)을 살리는 데(以~活) 충분(足) (할 수 있다).

故曰 忠諫不聽 蹲循勿爭: 고로(故) 말하다. 충심으로(忠) 간해도(諫) 듣지(聽) 않으면(不) 물러나거나(蹲) 순종해야지(循) 다퉈선(爭) 안 된다(勿). 忠(충성스러울 충) 諫(간할 간) 蹲(물러날 준) 循(좇을 순) 爭(다툴 쟁) 勿(말 물 → 않다)

故父子胥爭之以殘其形: 고로(故) (열사인) 대부(父) 오자서(子胥)는 (왕 부차와) 다퉈(以~爭) 몸(形)을 잃다(殘). 殘(해칠 잔, 죽다)

不爭 名亦不成: (그런데) 다투지(爭) 않았으면(不) (그의) 명성(名) 또한(亦) 이루어지지(成) 않는다(不). 즉 생겨나지 않는다. 名(이름 명, 명성) 成(이룰 성)

誠有善無有哉?: (그러니) 정말로(誠) 좋음(善)이 없고(無) 있음(有)이 있는가(有)? 즉 정말로 좋은 게 있는가, 없는가?

今俗之所爲與其所樂: (그렇다면) 지금(今) 세상 사람(俗)이 즐거운(樂) 바(所)라고 말하는(爲) 바(與~所). 俗(세상사람 속)

吾又未知樂之果樂邪 果不樂邪?: 또한(又) 즐거움(樂)이 정말로(果) 즐거운지(樂) 정말로(果) 즐겁지(樂) 않은지(不) 나(吾)는 알지(知) 못하지(未) 않는가(邪)? 果(과연 과, 정말로) 未(아닐 미)

吾觀夫俗之所樂: 내(吾)가 보건대(觀) 저(夫) 세상 사람(俗)이 즐거운(樂) 바(所). 觀(볼 관, 보다)

擧群趣者誙誙然如將不得已: (이는) 떼(群)를 지어서(擧) 달려(趣~者) 죽어도(誙誙然) 어쩔 수 없는(不得已) (즐거움과) 같다(如). 群(무리 군, 떼) 擧(일으킬 거 → 지어) 趣(달릴 취) 誙誙然〔자신도 모르게 죽음에 다다른 모양. 즉 죽어도. 誙(죽음으로다다를 경)〕

而皆曰樂者: 그런데(而) 모두(皆)가 (이를) 즐거운(樂) 거(者)라고 말한다.

吾未知之樂也: 나(吾)는 (이런 게 과연) 즐거운(樂) (건지) 알지(知) 못하다(未).

亦未知之不樂也: 또(亦) (이런 것들이) 즐겁지(樂) 않은(不) (건지) 알지(知) 못하다(未).

果有樂無有哉?: (그러면) 과연(果) 즐거움(樂)이 없고(無), (즐거움) 있음(有)이 있는(有) 걸까? 즉 즐거움이 있는가, 없는가?

吾以無爲誠樂矣: 나(吾)는 하고자 함이 없는 무위를(以~無爲) 참된(誠) 즐거움(樂)이라고 여기다.

又俗之所大苦也: (그러나) 또한(又) 세상 사람(俗)에게는 (이런 즐거움은) 큰(大) 고통(苦)이다. 苦(쓸 고 → 고통)

故曰 至樂無樂 至譽無譽: 고로(苦) 말하다. 진정한(至) 즐거움(樂)에는 즐거움(樂)이 없고(無), 진정한(至) 명예(譽)에는 명예(譽)가 없다(無). 譽(기릴 예 → 명예) 至(지극할 지 → 진정한)

天下是非果未可定也: 천하(天下) (일에) 시비(是非)를 정말로(果) 단정할(定) 수(可) 없다(未). 定(정할 정 → 단정하다)

雖然 無爲可以定是非: 그럼에도 불구하고(雖然) 무위(無爲)가 시비(是非)를 단정함이(以~定) 가능하다(可).

至樂活身 唯無爲幾存: 진정한(至) 즐거움(樂)과 몸(身)의 생기(活)는 오로지(唯) 하고자 함이 없음(無爲)에 조짐(幾)이 있다(存). 幾(빌미 기, 조짐)

請嘗試言之: (거기에 대해) 시험 삼아(嘗~試), 즉 한번 말(言)을 청하다(請).

天無爲以之淸: 하늘(天)은 하고자 함이 없어(以~無爲) 맑다(淸). 淸(맑을 청)

地無爲以之寧: 땅(地)도 하고자 함이 없어(以~無爲) 편안하다(寧). 寧(편안할 녕)

故兩無爲相合 萬物皆化生: 그래서(故) 양(兩)쪽, 즉 하늘과 땅이 하고자 함이 없어(無爲) 서로(相) 하나가 되기에(合) 만물(萬物)이 모두(皆) 변화하며(化) 생겨나다(生). 合(합할 합, 하나가 되다) 化(될 화 → 변화하다)

芒乎芴乎: (무위는) 까마득하고(芒~乎) 어렴풋하다(芴~乎). 芒(어두울 망 → 까마득하다) 芴(어두울 홀 → 어렴풋하다)

而無從出乎!: 그래서(而) (어디로) 나아가고(從) (어디에서) 나타나는지(出) 모른다(無)! 從(쫓을 종, 쫓아가다 → 나아가다) 出(날 출, 나타나다)

芴乎芒乎 而無有象乎!: (무위는) 어렴풋하고(芴~乎) 까마득하다(芒~乎). 그래서(而) 형상(象)이 있지(有) 않다(無). 象(형상 상)

萬物職職 皆從無爲殖: 만물(萬物)이 많은(職職) 건 모두(皆) 무위(無爲)를 쫓아(從) 불어난(殖) (결과이다). 職職(번거롭게 많은 모양). 職(일 직)) 殖(번성할 식, 늘어나다)

故曰天地無爲也而無不爲也: 고로(故) 말하다. 천지(天地)는 하고자 함이 없어(無爲) 하지(爲) 못하는(不) (게) 없다(無).

人也孰能得無爲哉!: (그런데) 사람(人) 중에 누가(孰) (이) 무위(無爲)의 경지를 터득할(得) 수(能) 있는가! 孰(누구 숙) 得(얻을 득 → 터득)

지락(至樂) 2

莊子妻死, 惠子弔之, 莊子則方箕踞鼓盆而歌.

惠子曰:「與人居, 長子·老·身死, 不哭, 亦足矣, 又鼓盆而歌, 不亦甚乎!」

莊子曰:「不然. 是其始死也, 我獨何能無概然!

察其始而本無生, 非徒無生也而本無形, 非徒無形也而本無氣.

雜乎芒芴之間, 變而有氣, 氣變而有形, 形變而有生,

今又變而之死, 是相與爲春秋冬夏四時行也.

人且偃然寢於巨室, 而我噭噭然隨而哭之, 自以爲不通乎命, 故止也.」

장자의 아내가 죽자 혜시가 조문했다.

그때 장자는 다리를 뻗고 앉아 웅크리고 질그릇을 두드리며 노래 불렀다.

혜자가 말했다.

"자네는 그 사람과 살면서 자식을 키웠고,

이제는 늙어서 그 사람의 몸이 죽었네.

그런데도 곡하지 않으니 이 또한 다른 사람으로부터 비난받기 충분하네.

게다가 질그릇을 두드리며 노래 부르니 이 또한 심하지 않은가!"

장자가 말했다.

"그렇지 않아. 아내가 먼저 죽었는데 나라고 어찌 슬프지 않은가!

그런데 사람이 태어나기 전을 살펴보면 생명과 지각이란 게 원래 없었네.

다만 생명만 없었던 게 아니라 형체(形)도 원래 없었네.

다만 형체만 없었던 게 아니라 기(氣)도 원래 없었네.

그러다가 어둠 속에서 섞여 있는 게 변해 기(氣)가 생겨났지.

그리고 기가 변해 형체가 생겨났고, 형체가 변해 생명이 생겨났고,

지금 그것이 또 변해 죽음으로 돌아갔네.

이것은 춘하추동 사계절의 운행과 같은 원리이네.

아내는 지금 우주란 큰 방에서 편히 쉬면서 잠들고 있다.

그런데 내가 슬퍼서 엉엉 울면 다른 사람도 따라서 곡할 텐데

이는 나 스스로 하늘의 뜻과 통하지 않는 거라고 여기는 바네.

그래서 곡하지 않고 노래 부른 거네."

莊子妻死 惠子弔之: 장자(莊子)의 아내(妻)가 죽자(死) 혜시(惠子)가 조문하다(弔). 妻(아내 처)
弔(조상할 조, 조문하다)

莊子則方箕踞鼓盆而歌: 장자인즉(則~莊子) 그때(方) 두 다리를 뻗고 앉아(箕) 웅크리고서(踞)
질그릇(盆)을 두드리고(鼓) 노래 부르다(歌). 箕(다리뻗고앉을 기) 踞(웅크릴 거) 盆(동이 분, 물같은
걸 담는 질그릇) 鼓(두드릴 고) 歌(노래 가)

惠子曰 與人居 長子.老.身死: 혜자(惠子)가 말하다. (너는 그) 사람과(與~人) 살면서(居) 자식
(子)을 키우고(長), (이제는) 늙어서(老), (그 사람의) 몸(身)이 죽다(死). 居(살 거) 長(키울 장) 老(늙
을 노)

不哭 亦足矣: (그런데도) 곡(哭)하지 않으니(不) (이) 또한(亦) (다른 사람으로부터 비난받기) 충분
하다(足). 哭(울 곡) 足(족하게할 족, 충분함)

又鼓盆而歌 不亦甚乎!: 게다가(又) 질그릇(盆)을 두드리면서(鼓) 노래(歌) 부르니 (이) 또한
(亦) 심하지(甚) 않은가(不)! 甚(심할 심)

莊子曰 不然: 장자(莊子)가 말하다. 그렇지(然) 않다(不).

是其始死也 我獨何能無槪然!: 이(是)는 (아내가) 먼저(始) 죽은(死) (일인데) 나(我)라고 어찌(何
獨) 슬프지(槪然) 않을(無) 수(能) 있나? 始(먼저 시) 何(어찌 하) 獨(어찌 독) 槪然〔슬퍼하는 모
양. 槪(느낄 개)〕

察其始而本無生: (그런데) 처음(始), 즉 사람이 태어나기 전을 살펴보면(察~而) 생명과 지각
(生)이란 게 원래(本) 없다(無). 始(처음 시) 察(살필 찰) 本(본디 본, 원래) 無生〔생명과 지각. 生
(날 생)〕

非徒無生也而本無形: 다만(徒) 생명(生)만 없는(無) 게 아니라(非~而) 형체(形)도 원래(本) 없
다(無). 徒(다만 도)

非徒無形也而本無氣: 다만(徒) 형체(形)만 없는(無) 게 아니라(非~而) 기(氣)도 원래(本) 없다
(無).

雜乎芒芴之間 變而有氣: (그러다가) 어둠(芒芴) 속(間)에서 섞여있다(雜) (그것이) 변해(變) 기
(氣)가 생겨나다(有). 芒芴〔어둠. 芒(어두울 망) 芴(어두울 홀)〕 間(틈 간, 사이 → 속) 雜(섞일 잡) 變
(변할 변)

氣變而有形 形變而有生: 기(氣)가 변해(變) 형체(形)가 생기고(有), 형체(形)가 변해(變) 생명
(生)이 생기다(有).

今又變而之死: 지금(今) (그것이) 또(又) 변해(變) 죽음(死)이다. 즉 죽음으로 돌아가다.

是相與爲春秋冬夏四時行也: 이것(是)은 춘하추동(春秋冬夏) 사(四) 계절(時)의 운행(行)과 서
로(相) 한편이 되다(爲~與). 즉 사계절의 운행과 같은 원리이다. 行(갈 행 → 운행) 與(편들 여, 한

편이 되다)

人且偃然寢於巨室: 아내(人)는 (지금 우주란) 큰(巨) 방에서(於~室) 편히 쉬며(偃然) 잠들다(寢). 偃然(편히 쉬는 모양. 偃(쓰러질 언)) 寢(잠잘 침)

而我嗷嗷然隨而哭之: 그런데(而) 내(我)가 슬퍼서 엉엉 울면(嗷嗷然) (다른 사람도) 따라서(隨~而) 곡하다(哭). 嗷嗷然(슬피 엉엉 우는 모습. 嗷(엉엉울 교)) 隨(따를 수)

自以爲不通乎命: (그런데 이는) 스스로(自) 하늘의 뜻(命)과 통하지(通) 않는(以~不) (거라) 여기다(爲). 命(운명 명, 하늘의 뜻)

故止也: 그래서(故) (곡을) 중지하고(止), 즉 곡하지 않고 (노래 부르다)

지락(至樂) 3

支離叔與滑介叔觀於冥伯之丘, 崑崙之虛, 黃帝之所休.
俄而柳生其左肘, 其意蹶蹶然惡之.
支離叔曰:「子惡之乎?」
滑介叔曰:「亡, 子何惡! 生者, 假借也., 假之雅生生者, 塵垢也. 死生爲晝夜.
且吾與子觀化而化及我, 我又何惡焉!」

지리숙(支離叔)과 골개숙(滑介叔)이 황제가 쉬던
명백의 언덕(冥伯之岳)과 곤륜산의 터(崑崙之虛)로 구경 갔다.
그런데 갑자기 골개숙 왼쪽 팔꿈치에 혹이 생겨나 골개숙이 흠칫 놀라면서
이를 꺼리는 듯했다.
지리숙이 말했다. "자네는 혹이 생겨난 걸 꺼리는가?"
골개숙이 말했다. "아닐세. 내가 어찌 혹을 꺼리는가!
우리가 태어난 건 천지의 기(氣)를 잠시 빌린 일이지.
잠시 빌려서 살아가니까 우리 삶은 먼지나 때와 같네.
그러니 죽고 사는 건 낮과 밤이 교대하는 것과 같지.
나는 자네와 만물의 변화를 함께 보아온 터인데
그 변화가 내게 미쳤다고 내가 그걸 또 어찌 꺼리겠는가!"

注 ──────────────────────────────────────

支離叔與滑介叔觀於冥伯之丘: 지리숙과(與~支離叔) 골개숙(滑介叔)이 (황제가 쉬던) 명백(冥

伯) 언덕에(於~丘) 구경(觀) (가다). 丘(언덕 구) 觀(볼 관)

崑崙之虛 黃帝之所休: 곤륜산(崑崙)의 터(虛), 즉 황제(黃帝)가 쉬던(休) 곳(所)으로 (구경 가다).
虛(터 허)

俄而柳生其左肘: (그런데) 갑자기(俄~而) (골개숙의) 왼쪽(左) 팔꿈치(肘)에 혹(柳)이 생겨나다
(生). 俄(갑자기 아) 肘(팔꿈치 주) 柳(혹 류)

其意蹶蹶然惡之: (그래서 그는) 흠칫(意) 놀라면서(蹶蹶然) (이를) 꺼리다(惡). 意(억 억, 흠칫)=億
(억 억) 蹶蹶然(놀라 움직이는 모양. 蹶(갑자기 궐) 惡(싫을 오, 꺼려하다)

支離叔曰 子惡之乎?: 지리숙(支離叔)이 말하다. 너(子)는 (혹이 생겨난 걸) 꺼리는가(惡)?

滑介叔曰 亡 予何惡!: 골개숙(滑介叔)이 말하다. 아니다(亡). 내(予)가 어찌(何) (혹을) 꺼리겠
는가(惡)! 亡(아닐 무) 予(나 여)

生者 假借也: (우리가) 태어난(生) 건(者) (천지의 기를) 잠시(假) 빌리다(借). 生(날 생, 태어나다)
假(잠시 가) 借(빌 차)

假之而雅生 生者 塵垢也: 잠시(假) (빌려서) 살아가니까(而~生) (우리의) 삶(生~者)은 먼지(塵)
나 때(垢)와 (같다). 雅(발어사 아) 生(살 생, 살아감) 塵(티끌 진, 먼지) 垢(때 구)

死生爲晝夜: (그러니) 죽고(死) 사는(生) 건 낮(晝)과 밤(夜)이 교대하는(爲) (것과 같다). 晝(낮
주) 夜(밤 야)

且吾與子觀化而化及我: 나(吾)는 너와(與~子) (만물의) 변화(化)를 (함께) 보아온(觀) (터인데 그)
변화(化)가 내(我)게 미치다(及). 及(미칠 급)

我又何惡焉!: (그렇다고) 내(我) (그것을) 또(又) 어찌(何) 꺼리겠는가(惡)!

지락(至樂) 4

莊子之楚, 見空髑髏, 髐然有形, 撽以馬捶因而問之,
曰:「夫子貪生失理, 而爲此乎?
將子有亡國之事, 斧鉞之誅, 而爲此乎!
將子有不善之行, 愧遺父母妻子之醜, 而爲此乎?
將子有凍餒之患, 而爲此乎? 將子之春秋故及此乎?」
於是語卒, 援髑髏, 枕而臥.
夜半, 髑髏見夢曰:「子之談者似辯士. 視子所言, 皆生人之累也, 死則無此矣.
子欲聞死之說乎?」
莊子曰:「然.」

髑髏曰:「死, 無君於上, 無臣於下., 亦無四時之事, 從然以天地爲春秋, 雖南面王樂, 不能過也.」

莊子不信, 曰:「吾使司命復生子形, 爲子骨肉肌膚, 反子父母妻子閭里知識, 子欲之乎?」

髑髏深矉蹙頞曰:「吾安能棄南面王樂而復爲人間之勞乎!」

장자가 초(超)나라로 가다 뼈만 남은 해골을 보았다.

장자는 백골이 되어 형체만 남은 해골을 말채찍으로 툭툭 치면서 물었다.

"선생은 삶을 탐하다 도리를 잃어서 이렇게 되었는가?

나라를 망치게 한 일이 있어 도끼로 주살되어서 이렇게 되었는가!

좋지 않은 행동으로 부모와 처자에 치욕이 남겨질까 부끄러워서

이렇게 되었는가!

얼거나 굶주리는 재앙을 당해 이렇게 되었는가?

나이를 많이 먹어서 이렇게 되었는가?"

장자는 말을 마치자 해골을 끌어다 이를 베개 삼아 누워서 잤다.

한밤중에 해골이 장자의 꿈에 나타나 말했다.

"그대의 말은 마치 변사의 말과 같군.

그런데 그대가 말한 걸 보니까 모두 산 사람의 허물인데

죽으면 그런 게 없네.

그대는 죽음 이야기를 듣고 싶지 않은가?"

장자가 말했다. "그러하네. 죽음 이야기를 한번 말해보게."

해골이 말했다. "죽으니까 위로는 군주가 없고, 아래로는 신하가 없네.

또 사철의 변화도 없어 천지와 나이를 함께 하네.

그러니 왕 노릇이 아무리 즐거워도 이보다 더 즐거울 수 없네."

그런데 장자는 그걸 믿지 못해 말했다.

"내가 생명을 주관하는 신(司命)에게 그대의 몸을 다시 살려내도록 부탁해

뼈, 근육, 살, 피부를 원래대로 되돌리고,

그대를 부모와 처자, 또 고향 친구에게 돌려보내면 그럴 의향이 있는가?"

해골은 눈살을 크게 찌푸리고 콧대를 찡그리면서 말했다.

"내가 어찌 왕 노릇보다 더 나은 즐거움을 버릴 수 있겠는가.
게다가 인간 세상의 수고를 다시 하라니 그런 끔찍한 소리는 하지 말게!"

注 ──

莊子之楚 見空髑髏: 장자(莊子)가 초(楚)나라로 (가다) 뼈만 남은(空) 해골(髑髏)을 보다(見). 空(빌 공 → 뼈만 남은) 髑髏〔해골. 髑(해골 촉) ※ 참고한 『莊子今註今譯』에 '躅(머뭇거릴 촉)'으로 표기되었는데 오자로 보아 '髑(해골 촉)'으로 바꾸어서 해석했다. 髏(해골 루)〕

髐然有形: 백골이 되어(髐然) 형체(形)만 있다(有). 髐(백골모양 효)

撽以馬捶因而問之: (장자가) 해골을 말(馬) 채찍에(以~捶) 의해(因) 치면서(撽) 묻다(問). 捶(채찍 추) 因(인할 인) 撽(칠 교)

夫子貪生失理 而爲此乎?: 선생(夫子)은 삶(生)을 탐해(貪) 도리(理)를 잃어(失~而) 이리(此) 되는가(爲)? 貪(즐길 탐) 理(도리 리)

將子有亡國之事 斧鉞之誅: 너(子)는 나라(國) 망치게(亡) (한) 일(事)이 있어(有) 도끼(斧鉞)로 주살되다(誅). 國(나라 국) 斧鉞〔도끼. 斧(도끼 부) 鉞(도끼 월)〕 誅(벨 주 → 주살하다)

而爲此乎!: 그래서(而) 이리(此) 되는가(爲)!

將子有不善之行: 너(子)는 좋지(善) 않은(不) 행동(行)을 하다(有). 善(좋을 선)

愧遺父母妻子之醜: 부모(父母)와 처자(妻子)에 치욕(醜)이 남겨져(遺) 부끄럽다(愧). 醜(욕 추, 치욕) 遺(남을 유) 愧(부끄러워할 괴)

而爲此乎?: 그래서(而) 이리(此) 되는가(爲)?

將子有凍餒之患 而爲此乎?: 너(子)는 얼거나(凍) 굶주리는(餒) 재앙(患)을 당해(有) 이리(此) 되는가(爲)? 凍(얼 동) 餒(굶주릴 뇌) 患(재앙 환)

將子之春秋故及此乎?: (아니면) 너(子)는 나이(春秋)를 많이 먹은 고로(故) 이(此)에 이르는가(及)? 春秋(춘추. 나이) 及(미칠 급, 이르다)

於是語卒 援髑髏 枕而臥: 이에(於~是), 즉 그리곤 (장자는) 말(語)을 마치자(卒) 해골(髑髏)을 끌어다(援) (이를) 베개(枕)로 삼고 누워서(臥) 자다. 卒(마칠 졸) 援(당길 원 → 끌어다) 枕(베개 침) 臥(누울 와)

夜半 髑髏見夢曰: 야반(夜半), 즉 한밤중에 해골(髑髏)이 (장자의) 꿈(夢)에 나타나(見) 말하다. 夢(꿈 몽) 見(나타날 견)

子之談者似辯士: 네(子) 말(談~者)은 변사(辯士)의 (말과) 같다(似). 談(말씀 담, 말) 辯士〔변사. 辯(말 잘할 변) 士(선비 사)〕 似(같을 사)

視子所言 皆生人之累也: (헌데) 네(子)가 말한(言) 바(所)를 보니(視) 모두(皆) 산(生) 사람(人)의 허물이다(累). 視(볼 시) 累(누 루, 허물)

死則無此矣: (그런데) 죽으면(死~則) 그런(此) 게 없다(無). 此(이 차 → 그런 것)

子欲聞死之說乎?: 너(子)는 죽음(死) 얘기(說)를 듣고(聞) 싶지(欲) (않은가)? 說(말씀 설, 이야기하다) 聞(들을 문) 欲(하고자할 욕)

莊子曰 然: 장자(莊子)가 말하다. 그렇다(然). 즉 (죽음의 얘기를) 한번 말해보다.

髑髏曰 死 無君於上: 해골(髑髏)이 말하다. 죽으니까(死) 위로는(於~上) 군주(君)가 없다(無).

無臣於下: 아래로는(於~下) 신하(臣)가 없다(無).

亦無四時之事: 또(亦) 사철(四時)의 변화(事)도 없다(無). 事(일 사 → 변화)

從然以天地爲春秋: (그래서) 천지로(以~天地) 나이 먹음(爲~春秋)을 좇다(從然). 즉 천지와 나이를 함께 하다. 從然〔좇음. 從(좇을 종)〕

雖南面王樂 不能過也: (그러니) 아무리(雖) 남면(南面)해서 왕(王) 노릇이 즐거워도(樂) (이보다) 더할(過) 수(能) 없다(不). 過(지날 과 → 더함)

莊子不信 曰: (그런데) 장자(莊子)는 (그걸) 믿지(信) 못해서(不) 말하다. 信(믿을 신)

吾使司命復生子形: 내(吾)가 (생명을 주관하는 신인) 사명에게(使~司命) 너(子)의 몸(形)을 다시(復) 살려내게(生) (부탁하다). 形(모양 형, 몸) 復(다시 부)

爲子骨肉肌膚: 너(子)를 위해(爲) 뼈(骨), 근육(肉), 살(肌), 피부(膚)를 (원래 상태로 돌리다). 骨(뼈 골) 肉(육체 육 → 근육) 肌(살 기) 膚(살갗 부)

反子父母妻子閭里知識: 너(子)를 부모(父母)와 처자(妻子) 및 마을(閭里)의 아는(知識) (사람), 즉 고향 친구들에게 돌려보내다(反). 閭里〔마을. 閭(마을 려) 里(마을 리)〕知識〔아는 사람. 知(알지) 識(알 식)〕反(되돌릴 반)

子欲之乎?: (그러면) 너(子)는 (그리) 하고 싶은가(欲)? 즉 그럴 의향이 있는가?

髑髏深矉蹙頞曰: 해골(髑髏)은 (눈살을) 깊이(深), 즉 크게 찌푸리고(矉), 콧대를 찡그리며(蹙頞) 말하다. 深(깊을 심) 矉(찌푸릴 빈) 蹙(찡그릴 축) 頞(콧대 알, 콧대를 찡그림)

吾安能棄南面王樂: 내(吾)가 어찌(安) 남면(南面)하여 왕(王) 노릇(보다 더 나은) 즐거움(樂)을 버릴(棄) 수(能)가 (있는가). 安(어찌 안) 棄(버릴 기)

而復爲人間之勞乎!: 게다가(而) 인간(人間) 세상의 수고(勞)를 다시(復) 하라니(爲) (그런 끔찍한 소리 말라)! 勞(수고할 로)

지락(至樂) 5

顔淵東之齊, 孔子有憂色,

子貢下席而問曰:「小子敢問, 回東之齊, 夫子有憂色, 何邪?」

孔子曰:「善哉汝問! 昔者管子有言, 丘甚善之,曰:『褚小者不可以懷大, 綆短者不可以汲深.』

夫若是者, 以爲命有所成而形有所適也, 夫不可損益.

吾恐回與齊侯言堯舜黄帝之道, 而重以燧人神農之言.

彼將內求於己而不得, 不得則惑, 人惑則死.

「且女獨不聞邪? 昔者海鳥止於魯郊, 魯侯御而觴之于廟, 奏九韶以爲樂,

具太牢以爲膳. 鳥乃眩視憂悲, 不敢食一臠, 不敢飲一杯, 三日而死.

此以己養養鳥也, 非以鳥養養鳥也.

夫以鳥養養鳥者, 宜栖之深林, 遊之壇陸, 浮之江湖, 食之鰌鰷,

隨行列而止, 委蛇而處.

彼唯人言之惡聞, 奚以夫譊譊爲乎!

咸池九韶之樂, 張之洞庭之野, 鳥聞之而飛, 獸聞之而走, 魚聞之而下入,

人卒聞之, 相與還而觀之.

魚處水而生, 人處水而死, 彼必相與異, 其好惡故異也.

故先聖不一其能, 不同其事.

名止於實, 義設於適, 是之謂條達而福持.」

안회(顏淵)가 동쪽 제(齊)나라로 가자 스승 공자가 근심스러운 표정을 지었다.
공자의 제자 자공(子貢)이 자리에서 내려와 공손히 물었다.
"소자가 감히 여쭙니다.
안회가 동쪽 제나라로 가는데 스승께서 근심스러운 표정을 지으시니
어째선가요?
공자가 말했다.
"좋은 질문이다! 옛날 관자(管子)가 한 말이 있는데 나는 그 말을 좋아한다.
관자는 말한다.
'주머니가 작으면 큰 걸 담을 수 없고,
줄이 짧으면 깊은 샘의 물을 뜰 수 없다.'
이 말처럼 하늘의 뜻으로 정해진 쓰임새도 형체로 알맞은 바 있어야 하네.
여기에 덜하거나 더할 수 없지.
나는 안회가 제나라 군주에게 요순임금과 황제의 도를 말하고
여기에 수인씨와 신농씨의 얘기를 덧붙일까봐 두렵네.

그러면 제나라 군주는 자기 마음속으로 안회의 말이 맞는지 근거를 찾다가
결국은 찾지 못할 거네.
군주가 어떤 근거도 찾지 못하면 의혹을 품는데
의혹이 깊어지면 안회가 죽게 되네."
공자가 계속해서 말했다.
"그리고 너만 이런 얘기를 듣지 못했나?
옛날 한 바닷새가 노(魯)나라 서울 성 밖에 날아와 머물렀네.
그러자 노나라 군주는 이 새를 친히 종묘 안으로 데려와 술을 권하고,
새를 즐겁게 하기 위해 구소(九韶)의 음악을 연주하고,
또 큰 우리를 만들어 선물했네.
그러자 새는 이내 눈이 어지러워지면서 근심하고 슬퍼해
감히 고기 한 점을 먹지 못하고, 감히 술 한 잔을 마시지 못했네.
그래서 사흘 만에 죽었네.
이는 노나라 군주가 자신의 양생법으로 새를 보양한 거지
새의 양생법으로 새를 보양한 게 아니네.
새의 양생법으로 새를 보양하는 건 마땅히 깊은 숲속에 살게 하거나
강 언덕에서 노닐게 하는 거네.
또 강과 호수를 떠다니며 미꾸라지와 피라미를 잡아먹고,
무리를 지어 생활하다가 그치면 혼자서 자유롭게 사는 거네.
저 새는 사람의 말소리도 듣기 싫어하는데
하물며 구소 음악의 떠들썩함을 어찌 견디겠는가!
아름다운 함지(咸池) 음악과 구소의 음악을 동정(洞庭)의 들판에서 연주해도
새가 들으면 날아가고, 짐승이 들으면 달아나고,
물고기가 들으면 아래로 숨네.
그런데 인졸(人卒)은 그 음악을 듣기 위해 다투어 몰려들어서 관람하네.
물고기는 물속에 있어야 사는데 사람은 물속에 있으면 죽지.
이처럼 새와 사람은 분명히 서로 다르게 태어났네.
따라서 새와 사람은 좋아하는 것과 싫어하는 것도 다르네.
그래서 옛 성인(聖人)은 사람의 능력에 따라 역할을 다르게 맡겼네.

이름(名)은 실질에 부합하고, 도리(義)는 상황에 맞게끔 수립하면 이는 맥락이 서로 통해 복이 잘 보존된다는 말이네."

注 ─────────────────────────────────────

顏淵東之齊 孔子有憂色: 안연(顏淵)이 동(東)쪽 제(齊)나라로 (가자 스승) 공자(孔子)는 근심스러운(憂) 표정(色)을 짓다(有). 憂(근심할 우) 色(낯 색, 용모 → 표정)

子貢下席而問曰: (공자의 제자) 자공(子貢)이 자리(席)에서 내려와(下) (공손히) 묻다(問). 席(자리 석)

小子敢問 回東之齊: 소자(小子)가 감히(敢) 묻다(問). 안회(回)가 동쪽(東) 제(齊)나라로 (가다). 回=顏回(안회)=顏淵(안연)

夫子有憂色 何邪?: (그런데) 스승(夫子)이 근심스러운(憂) 표정(色)을 지으니까(有) 어째서(何)인가? 何(어찌 하)

孔子曰 善哉汝問!: 공자(孔子)가 말하다. 너(汝)의 질문(問)이 좋다(善)! 즉 좋은 질문이다! 善(좋을 선)

昔者管子有言 丘甚善之: 옛날(昔者) 관자(管子)가 한 말(言)이 있는데(有) 나(丘)는 (그걸) 매우(甚) 좋아하다(善). 甚(심할 심)

曰 褚小者不可以懷大: (관자가) 말하길 주머니(褚)가 작으면(小~者) 큰(大) 걸 품음이(以~懷) 가능하지(可) 않다(不). 즉 주머니가 작으면 큰 걸 담을 수 없다. 褚(주머니 저) 懷(품을 회, 품다)

綆短者不可以汲深: 두레박줄(綆)이 짧으면(短~者) 깊은(深) (샘의) 물을 긷는(以~汲) 게 가능하지(可) 않다(不). 즉 두레박줄이 짧으면 깊은 (샘의) 물을 뜰 수 없다. 綆(두레박줄 경) 深(깊을 심) 汲(길을 급)

夫若是者 以爲命有所成而形有所適也: 이 말(是~者)처럼(若) (쓰임새는) 하늘의 뜻으로(以~爲命) 정해지는(成) 바(所) 있어도(有~而) 형체로서(以~爲形) 알맞은(適) 바(所)가 있어야(有) (한다). 命(운명 명, 하늘의 뜻) 成(이룰 성 → 정해짐) 適(맞을 적)

夫不可損益: (여기에) 덜하거나(損) 더할(益) 수(可) 없다(不). 損(덜 손, 덜다) 益(더할 익, 더하다)

吾恐回與齊侯言堯舜黃帝之道: 나(吾)는 안회(回)가 제(齊)나라 군주에게(與~侯) 요순(堯舜)과 황제(黃帝)의 도(道)를 말하는(言) (게) 두렵다(恐). 侯(제후 후 → 군주) 恐(두려울 공)

而(恐)重以燧人神農之言: 그리고(而) (여기에) 수인씨(燧人)와 신농씨(神農) 얘기를(以~言) 덧붙일까(重) 두렵다(恐). 燧人(수인씨. 삼황(三皇)의 한 사람으로 화식(火食)을 발명) 神農(신농씨. 삼황(三皇)의 한 사람으로 농업을 창안) 重(더할 중 → 덧붙이다)

彼將內求於己而不得: (그러면 제나라 군주는) 자기(己) (마음) 속으로(於~內) (안회의 말이 맞는지 근거를) 찾다가(求) (결국) 얻지(得) 못하다(不). 求(구할 구 → 찾다) 得(얻을 득)

不得則惑 人惑則死: (제나라 군주가 어떤 근거도) 얻지(得) 못하면(不~則) 의혹(惑)을 (품는데) 사람(人)의 의혹(惑)이 (깊어지면 안회가) 죽는다(死). 惑(미혹 혹, 의혹)

且女獨不聞邪?: 그리고(且) 너(女) 혼자(獨) (이런 얘기를) 듣지(聞) 못하는가(不)? 女=汝(너 여) 獨(홀로 독)

昔者海鳥止於魯郊: 옛날(昔~者)에 바다(海) 새(鳥)가 노(魯)나라 서울 성 밖에(於~郊) (날아와) 머물다(止). 昔(옛 석) 鳥(새 조) 郊(성밖 교) 止(멈출 지)

魯侯御而觴之于廟: (그러자) 노(魯)나라 군주(侯)는 (이 새를) 친히(御~而) 종묘(廟) 안으로(于) (데려와서) 술을 권하다(觴). 御(어거할 어 → 친히) 廟(사당 묘) → 宗廟(종묘) 于(어조사 우, ~에) 觴(잔 상, 술을 권하다)

奏九韶以爲樂: (새를) 즐겁게 만들기 위해(以~爲樂) 구소(九韶)의 (음악을) 연주하다(奏). 奏(연주할 주)

具太牢以爲膳: 큰(太) 우리(牢)를 만들어(具) 그걸(以) 선물하다(爲~膳). 太(클 태) 牢(우리 뢰) 具(갖출 구 → 만들다) 膳(드릴 선)

鳥乃眩視憂悲: (그러자) 이내(乃) 새(鳥)는 눈(視)이 어지러워지면서(眩) 근심하고(憂) 슬퍼하다(悲). 眩(아찔할 현, 어지럽다) 憂(근심할 우) 悲(슬플 비)

不敢食一臠 不敢飲一杯: (그래서) 감히(敢) 고기(臠) 한(一) 점을 먹지(食) 못하고(不) 감히(敢) 술 한(一) 잔(杯)을 마시지(飲) 못하다(不). 臠(저민고기 련) 食(밥 식, 먹다) 杯(잔 배) 飲(마실 음)

三日而死: (그래서) 사흘(三日) 만에 죽다(死).

此以己養養鳥也: 이(此)는 (노나라 군주가) 새(鳥)를 자신(己)을 보양하는 (방식)으로(以~養) 보양하다(養). 즉 새를 자신의 양생법으로 보양하다(養). 養(기를 양, 보양하다)

非以鳥養養鳥也: 새(鳥)를 보양하는 (방식)으로(以~養), 즉 새의 양생법으로 보양하는(養) 게 아니다(非).

夫以鳥養養鳥者: 모름지기(夫) 새(鳥)를 보양하는 방법으로(以~養), 즉 새의 양생법으로 새(鳥)를 보양하는(養) 것(者).

宜栖之深林 遊之壇陸: 마땅히(宜) 깊은(深) 숲(林)속에 살게(栖) (하거나) 강 언덕(壇陸)에서 노닐게(遊) (하다). 宜(마땅할 의) 深(깊을 심) 栖(살 서) 壇陸[강 언덕. 壇(터 단) 陸(뭍 륙)] 遊(노닐 유)

浮之江湖 食之鰌鰷: (또) 강(江)과 호수(湖)를 떠다니며(浮) 미꾸라지(鰌)와 피라미(鰷)를 (잡아) 먹다(食). 湖(호수 호) 游(뜰 부) 鰌(미꾸라지 추) 鰷(피라미 조)

隨行列而止 委蛇而處: 행렬(行列)을 따라다니다(隨~而), 즉 무리를 지어 생활하다가 그치면(止) (혼자서) 자유롭게(委蛇) 살다(處). 委蛇[마음이 여유가 있고, 침착한 모양. 즉 자유로운 모습. 委(굽을 위) 蛇(구불구불 갈 이)] 處(살 처)

彼唯人言之惡聞: 저(彼) 새들은 오로지(唯) 사람(人)의 말(言)소리도 듣기(聞) 싫어하다(惡).

惡(싫어할 오)

奚以夫譊譊爲乎！: (그런데 하물며) 저(夫) (구소 음악의) 떠들썩함(譊譊)을(以~爲) 어찌(奚) (견디는 가)！ 奚(어찌 해) 譊譊(떠들썩함. 譊(떠들 뇨))

咸池九韶之樂 張之洞庭之野: 함지(咸池)와 구소(九韶)의 음악(樂)을 동정(洞庭)의 들판(野)에서 베풀다(張). 즉 연주하다. 野(들 야, 벌판) 張(베풀 장)

鳥聞之而飛 獸聞之而走: (그래도) 새(鳥)가 들으면(聞~而) 날아가고(飛), 짐승(獸)이 들으면(聞) 달아나다(走). 飛(날 비) 獸(짐승 수) 走(달아날 주)

魚聞之而下入: 물고기(魚)가 (그 음악을) 들으면(聞~而) 아래(下)로 들어가서(入) (숨다).

人卒聞之 相與還而觀之: (그런데) 인졸(人卒)은 (그 음악을) 듣기(聞) (위해) 서로(相) 함께(與) 돌아와서(還~而), 즉 다투어 몰려들어서 관람하다(觀). 還(돌아올 환) 觀(볼 관 → 관람하다)

魚處水而生 人處水而死: 물고기(魚)는 물(水)속에 있어야(處~而) 사는데(生) 사람(人)은 물(水)속에 있으면(處~而) 죽는다(死).

彼必相與異: (이처럼) 그들(彼), 즉 새와 사람은 분명(必) 서로(相)와(與) 다르다(異). 즉 서로 다르게 태어나다. 異(다를 이)

其好惡故異也: 따라서(故) (새와 사람은) 좋아하는(好) 것과 싫어하는(惡) 것도 다르다(異).

故先聖不一其能 不同其事: 고로(故) 옛날(先) 성인(聖)은 (사람의) 능력(能)을 획일화(一)하지 않고(不), 일(事)도 획일화(一)하지 않다(不). 즉 사람의 능력에 따라 역할을 다르게 맡기다. 先(먼저 선, 옛날) 能(능할 능) → 能力(능력) 一(하나 일 → 획일화하다)

名止於實 義設於適: 이름(名)은 내용에서(於~實) 멈추고(止), 도리(義)는 적당함에서(於~適) 세우다(設). 즉 이름은 실질에 부합하고, 도리는 상황에 맞게끔 수립되다. 實(속 실, 내용) 止(멈출 지) 義(사리 의, 도리) 設(베풀 설, 세우다)

是之謂條達而福持: (그러면) 이것(是)은 (서로) 맥락(條)이 통해(達~而) 복(福)이 (잘) 보존된다는(持) 말이다(謂). 條(조리 조, 맥락) 達(통달할 달) 福(복 복) 持(가질 지, 보존하다)

지락(至樂) 6

列子行食於道從, 見百歲髑髏,

攓蓬而指之曰：「唯予與汝知而未嘗死, 未嘗生也. 若果養乎? 予果歡乎?」

열자(列子)가 길을 가다가 길가에서 식사를 했다.
백 년쯤 됨직한 해골을 보고 쑥 풀을 뽑아서 해골을 가리키며 말했다.
"오직 나와 그대만 일찍이 죽은 일이 없고, 일찍이 태어난 일이 없는 걸 아네.

그렇다면 죽은 그대가 정말로 슬픈가?
아니면 살아있는 내가 정말로 기쁜가?"

注 ————————————————————————————————————

列子行食於道從: 열자(列子)가 길을 가다(行) 길(道)에서(於~從) 식사하다(食). 從(버금 종, 길의 바깥, 즉 길가) 食(밥 식, 식사)

見百歲髑髏: 백세(百歲)로 보이는(見) 해골(髑髏)을 (보다). 즉 백 년쯤 된 해골을 보다. 髑髏〔해골. 髑(해골 촉) 髏(해골 루)〕

攓蓬而指之曰: 쑥(蓬)풀을 뽑아서(攓) (해골을) 가리키며(指) 말하다. 蓬(쑥 봉, 쑥 풀) 攓(뽑을 건) 指(가리킬 지)

唯予與汝知而未嘗死 未嘗生也: 오직(唯) 나와(與~予) 너(汝)만 일찍이(嘗) 죽은(死) (일이) 없고(未), 일찍이(嘗) 태어난(生) (일이) 없음(未)을 안다(知). 嘗(일찍 상)

若果養乎? 予果歡乎?: (그렇다면 죽은) 네(若)가 정말로(果) 슬픈가(養)? (아니면 살아 있는) 내(予)가 정말로(果) 기쁜가(歡)? 若(너 약) 果(과연 과, 정말로) 養(근심할 양, 걱정 → 슬프다) 歡(기뻐할 환)

지락(至樂) 7

種有幾, 得水則爲䘈, 得水土之際則爲䖝蠙之衣, 生於陵屯則爲陵舃,
陵舃得鬱棲則爲烏足. 烏足之根爲蠐螬, 其葉爲胡蝶.
胡蝶胥也化而爲蟲, 生於竈下, 其狀若脫, 其名爲鴝掇.
鴝掇千日爲鳥, 其名爲乾餘骨.
乾餘骨之沫爲斯彌, 斯彌爲食醯.
頤輅生乎食醯., 黃軦生乎九猷., 瞀芮生乎腐蠸.
羊奚比乎不箰, 久竹生靑寧., 靑寧生程, 程生馬, 馬生人, 人又反入於機.
萬物皆出於機, 皆入於機.

생물의 시초인 씨(種)는 조짐의 상태로 있는데
씨가 물을 얻으면 물 때(䘈)가 된다.
물때는 물과 흙이 맞닿는 곳에선 물이끼(䖝蠙之衣)가 되고,
언덕 위에서 자라면 질경이 풀(陵舃)이 된다.

질경이 풀이 썩은 흙에서 자라면 오족(烏足)이란 풀이 된다.

그런데 오족의 뿌리는 나무굼벵이(蠐螬)가 되고,

오족의 잎은 나비(胡蝶)가 된다.

오족의 잎이 나비로 잠깐 변해 벌레가 되어 부뚜막 밑에 생겨나는데

그 형상이 허물을 벗은 것 같아 이름을 구철(鴝掇)이라고 한다.

구철은 천일이 지나면 새가 되는데 이름을 피리새(乾餘骨)라고 한다.

피리새의 침은 사미(斯彌)가 되고,

사미는 술동이에 사는 초파리(食醯)가 된다.

초파리에선 하루살이(頤輅)가 생겨나고,

초파리의 오래된 벌레에선 누런 황황(黃軦)이 생겨난다.

그리고 누런 황황이 변한 반딧불(腐蠸)에서 모기(瞀芮)가 생겨난다.

또 양해(羊奚)라는 풀은 죽순이 나지 않는 대나무(筍)에 붙어살고,

오래된 대나무(久竹)에선 청령(青寧)이 생겨난다.

그런데 청령은 표범(程)을 낳고, 표범은 말(馬)을 낳고,

말은 사람(人)을 낳는다.

그리고 사람은 다시 돌아가 만물이 발동하는 틀(機)에 들어간다.

이리하여 만물은 모두 틀에서 나와 모두 틀로 들어간다.

注 ───

種有幾 得水則爲㡭: (생물의 시초인) 씨(種)는 조짐(幾)의 상태로 있는데(有) (씨가) 물(水)을 얻
으면(得~則) 물때가 되다(爲~㡭). 種(씨 종) 幾(빌미 기, 조짐) ★㡭는 지금은 없어진 말인데 물
을 부옇게 만드는 물때를 의미함.

得水土之際則爲䨲蠙之衣: (물때는) 물(水)과 흙(土)의 만남(際)을 얻는(得) (곳), 즉 물과 흙이
맞닿는 곳에선 물이끼가 되다(爲~䨲蠙之衣). 際(만날 제) 䨲蠙之衣〔물이끼. 䨲(개구리 와) 蠙(물
이끼 빈) 衣(덮을 의)〕

生於陵屯則爲陵舃: (물때는) 언덕 위에서(於~陵屯) 자라면(生~則) 질경이 풀이 되다(爲~陵舃).
陵屯〔언덕. 陵(언덕 릉) 屯(언덕 둔)〕 生(날 생 → 자라나다) 陵舃〔질경이 풀. 陵(어지럽힐 릉) 舃(이
를 석)〕

陵舃得鬱棲則爲烏足: 질경이 풀(陵舃)이 썩은 흙(鬱棲)을 만나면(得~則), 즉 질경이 풀이 썩은
흙에서 자라면 오족이란 풀이 되다(爲~烏足). 鬱棲〔썩은 흙. 鬱(냄새가 날 울) 棲(보금자리 서)〕
烏足〔오족. 烏(검을 오) 足(발 족)〕

烏足之根爲蠐螬: (그런데) 오족(烏足) 뿌리(根)는 나무굼벵이가 되다(爲~蠐螬). 蠐螬〔나무굼벵이. 蠐(굼벵이 제) 螬(굼벵이 조)〕

其葉爲胡蝶: (오족) 잎(葉)은 나비가 되다(爲~胡蝶). 葉(잎 엽, 나뭇잎) 胡蝶〔나비. 胡(창가지 호) 蝶(나비 접)〕

胡蝶胥也化而爲蟲 生於竈下: (오족 잎이) 나비(胡蝶)로 잠깐(胥) 변해(化~而) 벌레가 되어서(爲~蟲) 부뚜막(竈) 밑에(於~下) 생겨나다(生). 胡蝶〔나비. 胡(나비 호) 蝶(나비 접)〕胥(잠깐동안 서) 蟲(벌레 충) 竈(부엌 조, 부뚜막)

其狀若脫 其名爲鴝掇: (그런데) 형상(狀)이 (허물을) 벗은(脫) 것 같아(若) 이름(名)을 구철이라고 하다(爲~鴝掇). 狀(형상 상) 脫(벗을 탈) 鴝掇〔구철. 鴝(수리부엉이 구) 掇(주울 철)〕

鴝掇千日爲鳥 其名爲乾餘骨: 구철(鴝掇)은 천일(千日)이 (지나면) 새가 되는데(爲~鳥 이름(名)을 피리새라고 하다(爲~乾餘骨). 乾餘骨〔건여골. 즉 피리새. 乾(하늘 건) 餘(남을 여) 骨(뼈 골)〕

乾餘骨之沫爲斯彌: 피리새(乾餘骨) 침(沫)은 사미가 되다(爲~斯彌). 沫(거품 말, 물방울 → 침) 斯彌〔사미. 斯(이 사) 彌(두루 미)〕

斯彌爲食醯: 사미는 (술동이에 사는) 초파리가 되다(爲~食醯). 食醯〔식혜, 초파리. 食(먹을 식) 醯(초 혜)〕

頤輅生乎食醯: 초파리에서(乎~食醯) 하루살이(頤輅)가 생겨나다(生). 頤輅〔이로. 즉 하루살이. 頤(턱 이) 輅(수레 로)〕

黃軦生乎九猷: (초파리의) 오래된(九) 벌레에서는(乎~猷) 누런 황황(黃軦)이 생겨나다(生). 黃軦〔누런 황황. 黃(누를 황) 軦(황황 황, 벌레이름)〕九(늙은 구, 오래된) 猷(벌레이름 유)

瞀芮生乎腐蠸: (그리고 누런 황황이 변한) 반딧불(腐蠸)에서는 모기(瞀芮)가 생겨나다(生). 腐蠸〔반딧불이. 腐(썩을 부) 蠸(노린재 권)〕瞀芮〔무예. 즉 모기. 瞀(어두울 무) 芮(풀 뾰족할 날 예)〕

羊奚比乎不箰: (또) 양해(羊奚)(라는 풀은) 죽순(箰)이 (나지) 않는(不) (대나무)와(乎) 나란히 하다(比). 즉 대나무에 붙어살다. 羊奚〔양해. 羊(양 양) 奚(어찌 해)〕箰(죽순 순) 比(나란히 할 비)

久竹生靑寧: 오래된(久) 대나무(竹)에서는 청령(靑寧)이 생기다(生). 久(오랠 구) 竹(대 죽) 靑寧〔청령. 靑(푸를 청) 寧(편안할 녕)〕

靑寧生程 程生馬 馬生人: (그런데) 청령(靑寧)은 표범(程)을 낳고(生) 표범(程)은 말(馬)을 낳고(生) 말(馬)은 사람(人)을 낳는다(生). 程(표범 정)

人又反入於機: (그리고) 사람(人)은 다시(又) 돌아가(反) (만물이 발동하는) 틀에(於~機) 들어간다(入). 機(틀 기)

萬物皆出於機 皆入於機: (이리하여) 만물(萬物)은 모두(皆) 틀에서(於~機) 나와(出) 모두(皆) 틀로(於~機) 들어가다(入).

달생
達 生

달생(達生) 1

達生之情者, 不務生之所無以爲, 達命之情者, 不務命之所無奈何.

養形必先之以物, 物有餘而形不養者有之矣.,

有生必先無離形, 形不離而生亡者有之矣.

生之來不能却, 其去不能止. 悲夫!

世之人以爲養形足以存生., 而養形果不足以存生, 則世奚足爲哉!

雖不足爲而不可不爲者, 其爲不免矣.

夫欲免爲形者, 莫如棄世.

棄世則無累, 無累則正平, 正平則與彼更生, 更生則幾矣.

事奚足棄而生奚足遺?

棄事則形不勞, 遺生則精不虧.

夫形全精復, 與天爲一.

天地者, 萬物之父母也, 合則成體, 散則成始.

形精不虧, 是謂能移., 精而又精, 反以相天.

삶(生)의 참 모습에 환히 밝은(達) 사람은

삶의 유지를 위해서 필요로 하지 않은 바에 힘쓰지 않는다.

운명(命)의 참 모습에 환히 밝은(達) 사람은

운명으로 어찌하지 못하는 바에 힘쓰지 않는다.

몸을 잘 보양하려면 반드시 먼저 먹을 것으로 우선해야 한다.

그런데 먹을 게 남아돌아도 몸을 잘 보양하지 못하는 사람이 있다.

삶을 유지하려면 반드시 목숨이 먼저 몸에서 떨어져선 안 된다.

그런데 목숨이 몸에서 떨어지지 않아도 삶을 잃는 사람이 있다.

삶이 오는 것을 물리칠 수 없고, 삶이 떠나가는 것을 멈출 수 없어 슬프다!

세상 사람은 삶을 유지하는데 몸만 잘 보양해도 충분하다.

그런데 몸을 잘 보양해도 끝내 삶을 유지할 수 없으면

세상에서 몸을 잘 보양하는 게 무슨 소용이 있는가!

몸을 보양하는 방법이 아무리 마땅치 않아도 사람들이 하지 않을 수 없는 건

몸을 보양해야 한다는 생각에서 벗어나지 못해서다.

그런데 몸을 보양해야 한다는 생각에서 정말로 벗어나고 싶으면

세상을 잊는 것만큼 좋은 게 없다.

세상을 잊으면 걱정거리가 없고, 걱정거리가 없으면 마음이 바르고 평안해

지고, 마음이 바르고 평안해지면 마음과 함께 삶이 늘 새로워지고,

삶이 늘 새로워지면 이것이 거지반 몸을 보양하는 길이다.

어째서 세상일(事)을 확실히 버리고, 어째서 삶(生)을 분명히 잊어야 하는가?

세상일을 버리면 몸이 수고롭지 않고,

삶을 잊으면 생명의 근원이 훼손되지 않아서다.

몸이 온전하고 생명의 근원이 본래의 상태로 돌아오면

우리는 자연(天)과 하나가 된다.

천지는 만물의 부모이기에

하늘의 양기와 땅의 음기가 합일하면 몸이 이루어지고,

하늘의 양기와 땅의 음기가 흩어지면 처음으로 돌아간다.

몸과 생명의 근원이 훼손되지 않는 것을 능이(能移),

즉 자연의 변화에 따라 새로워지는 거라고 말한다.

몸과 생명의 근원이 순수하고 또 순수하면

자연의 도를 돕는 상태로 돌아간다.

注 ——

達生之情者: 삶(生)의 참 모습(情)에 환희 밝은(達) 사람(者). 生(살 생, 삶) 情(실상 정, 참 모습)
達(통달할 달 → 환히 밝다)

不務生之所無以爲: 삶(生)의 (유지를) 위해(以~爲) (필요로 하지) 않는(無) 바(所)에 힘쓰지(務)
않다(不). 務(힘쓸 무)

達命之情者: 운명(命)의 참 모습(情)에 환히 밝은(達) 사람(者). 命(운명 명)

不務命之所無奈何: 운명(命)으로 어찌(奈何) 하지 못하는(無) 바(所)를 위해 힘쓰지(務) 않다(不). 奈何〔어찌. 奈(어찌 나) 何(어찌 하)〕

養形必先之以物: 몸(形)을 (잘) 보양하려면(養) 반드시(必) 먼저(先) 물질로(以~物) 우선해야(先) 한다. 즉 먹을 것으로 우선해야 한다. 養(기를 양 → 보양하다) 先(먼저 선)

物有餘而形不養者有之矣: (그런데) 먹을 게(物) 여유(餘)가 있어도(有~而), 즉 남아돌아도 몸(形)을 (잘) 보양하지(養) 못하는(不) 사람(者)이 있다(有). 餘(남을 여 → 여유)

有生必先無離形: 삶(生)을 유지하려면(有) 반드시(必) (목숨이) 먼저(先) 몸(形)에서 떨어져선(離) 안 된다(無). 有(보존할 유 → 유지하다) 離(떼놓을 리, 떨어지다)

形不離而生亡者有之矣: (그런데 목숨이) 몸(形)에서 떨어지지(離) 않아도(無~而) 삶(生)을 잃는(亡) 사람(者)이 있다(有). 亡(잃을 망)

生之來不能却: 삶(生)이 오는(來) (것을) 물리칠(却) 수(能) 없다(不). 來(올 래) 却(물리칠 각)

其去不能止 悲夫!: (삶이) 떠나가는(去) (것을) 멈출(止) 수(能) 없어(不) 슬프다(悲)! 去(갈 거) 悲(슬플 비)

世之人以爲養形足以存生: 세상(世) 사람(人)은 삶(生)을 유지하는데(以~存) 몸(形)만 (잘) 보양해도(以~爲養) 충분하다(足). 足(족할 족, 충분하다)

而養形果不足以存生: 그런데(而) 몸(形)을 (잘) 보양해도(養) 끝내(果) 삶(生)을 유지하는 게(以~存) 부족(不足)하다. 즉 유지할 수 없다. 果(끝내 과)

則世奚足爲哉!: 그러면(則) 세상(世)에서 (몸을 잘 보양) 하는(爲) 게 어찌(奚) 충분한가(足)! 즉 무슨 소용 있는가! 奚(어찌 해)

雖不足爲而不可不爲者: (몸을 보양) 하는(爲) (방법이) 비록(雖) 충분하지(足) 않아도(不~而), 즉 마땅치 않아도 (사람들이) 하지(爲) 않음(不)이 불가(不可) 한 것(者), 즉 하지 않을 수 없는 것.

其爲不免矣: 몸을 (보양해야) 한다는(爲) (생각에서) 벗어나지(免) 못해서이다(不). 免(벗어날 면)

夫欲免爲形者 莫如棄世: (그런데) 몸(形)을 (보양해야) 한다는(爲) (생각에서 정말로) 벗어나고(免) 싶으면(欲~者) 세상(世)을 잊는(棄) 것만큼(如) (좋은 게) 없다(莫). 形(몸 형) 棄(버릴 기, 잊다) 如(같을 여) 莫(없을 막)

棄世則無累: 세상(世)을 잊으면(棄~則) 걱정거리(累)가 없다(無). 累(근심 루, 걱정거리)

無累則正平: 걱정거리(累)가 없으면(無~則) (마음이) 바르고(正) 평안해지다(平). 正(바를 정) 平(평안할 평)

正平則與彼更生: (마음이) 바르고(正) 평안해지면(平~則) 그것(彼), 즉 마음과 함께(與) 삶(生)이 (나날이) 바뀌다(更). 즉 삶이 늘 새로워지다. 更(바뀔 경)

更生則幾矣: 삶(生)이 (늘) 새로워지면(更~則) (몸을 보양하는데) 가까워진다(幾). 즉 거지반 몸

을 보양하는 길이다. 幾(가까울 기)

事奚足棄而生奚足遺?: 어째서(奚) (세상) 일(事)을 확실히(足) 버리고(棄~而), 어째서(奚) 삶(生)을 분명히(足) 잊어야(遺) (하는가)? 事(일 사) 奚(어찌 해) 足(족할 족, 충분히 → 확실히 또는 분명히) 生(살 생, 삶) 遺(잊을 유)

棄事則形不勞: (세상) 일(事)을 버리면(棄~則) 몸(形)이 수고롭지(勞) 않다(不). 勞(수고할 로)

遺生則精不虧: 삶(生)을 잊으면(遺~則) 생명의 근원(精)이 훼손되지(虧) 않아서다(不). 精(정기 정, 생명의 근원) 虧(이지러질 휴, 훼손되다)

夫形全精復 與天爲一: 몸(形)이 온전하고(全), 생명의 근원(精)이 (본래의 상태로) 돌아오면(復) (우리는) 자연과(與~天) 하나(一)가 되다(爲). 全(온전할 전) 復(돌아올 복) 天(천연 천, 천생 → 자연적인)

天地者 萬物之父母也: 천지(天地)란 것(者)은 만물(萬物)의 부모(父母)이다.

合則成體: (그래서 하늘의 양기와 땅의 음기가) 합일하면(合~則) 몸(體)이 이루어지다(成). 體(몸 체)

散則成始: 흩어지면(散~則) 처음(始)의 상태가 이루어지다(成). 즉 처음으로 돌아가다. 散(흩어질 산)

形精不虧 是謂能移: 몸(形)과 생명의 근원(精)이 훼손되지(虧) 않는(不) (것), 이(是)를 능이(能移), 즉 자연의 변화에 따라 새로워지는 거라고 말하다(謂). 移(변할 이)

精而又精 反以相天: (몸과 생명의 근원이) 순수하고(精~而) 또(又) 순수하면(精) 자연의 도를 돕는(以~相天) (상태로) 돌아가다(反). 精(정화 정, 순수함) 相天[자연의 도를 도움. 相(도울 상)

달생(達生) 2

子列子問關尹曰:「至人潛行不窒, 蹈火不熱, 行乎萬物之上而不慄. 請問何以至於此?」

關尹曰:「是純氣之守也, 非知巧果敢之列. 居, 予語汝!

凡有貌象聲色者, 皆物也, 物與物何以相遠? 夫奚足以至乎先? 是形色而已.

則物之造乎不形而止乎無所化, 夫得是而窮之者, 物焉得而止焉!

彼將處乎不淫之度, 而藏乎無端之紀, 遊乎萬物之所終始, 壹其性, 養其氣, 合其德, 以通乎物之所造.

夫若是者, 其天守全, 其神無郤, 物奚自入焉!」

夫醉者之墜車, 雖疾不死. 骨節與人同而犯害與人異, 其神全也,

乘亦不知也, 墜亦不知也, 死生驚懼不入乎其胸中, 是故遻物而不慴.

彼得全於酒而猶若是, 而況得全於天乎? 聖人藏於天, 故莫之能傷也.」

復讐者不折鏌干, 雖有忮心者不怨飄瓦, 是以天下平均.

故無攻戰之亂, 無殺戮之刑者, 由此道也.

不開人之天, 而開天之天, 開天者德生, 開人者賊生.

不厭其天, 不忽於人, 民幾乎以其眞!

자식뻘 되는 열자(列子)가 관윤(關尹)을 만나 물었다.

"지인(至人)은 물속에 잠겨서 수영을 해도 숨이 막히지 않고,

불을 밟아도 뜨거워하지 않고, 가장 높은 곳에 올라도 두려워하지 않는데

어째서 그럴 수 있는지 말씀해 주실 수 있나요?"

관윤이 말했다.

"이는 순수한 기(氣)를 지켜서이지 앎과 재주거나 과감해서 그런 게 아니네.

자 앉게. 내가 너에게 어째서 그런지 말해 주겠네!

무릇 얼굴과 형상에 소리와 색채를 지니면 이 모든 것들이 사물이지.

그런데 사물과 사물 사이에 어째서 큰 차이가 생겨날까?

또 사물 중에 어째서 어떤 사물이 우선할까?

이런 차이와 우선함은 오로지 모양과 색깔에 의해 결정될 뿐이네.

그런즉 사물은 모양 없는 상태에 머물면서

변하는 바 없는 상태에서 만들어지네.

이런 이치를 깨닫고 깊이 궁구하면

우리 마음이 사물의 모양과 색깔에 의해 어찌 방해받을 수 있겠는가!

지인(至人)은 분수에 지나치지 않는 수준에 머물면서

끝없이 변화하는 사람으로서 도리를 몸에 지닌 채

만물이 끝나고 시작되는 곳에서 유유히 노니네.

또 타고난 본성(性)을 고르게 하고, 기(氣)를 보양하고, 덕(德)을 모아서

만물이 만들어지는 근원과 통하네.

이런 사람은 천성을 온전히 지키고, 정신도 빈틈이 없는데

만물이 어찌 마음대로 끼어들 수 있겠는가!"

관윤이 계속해서 말했다.

"술 취한 사람이 수레에서 떨어지면 비록 다치더라도 죽지 않네.
뼈와 관절이 다치는 건 다른 사람과 같아도 상처의 정도가 다른 건
술로 의식을 잃어서 무심해져 정신이 온전해진 탓이지.
수레를 탄 것도 알지 못하고 떨어진 것도 알지 못해
삶과 죽음이나 놀라움과 두려움이 그의 마음에 끼어들지 않았네.
이 때문에 사물과 부딪쳐도 두려움이 없었네.
그가 술에 취해서도 이런 온전함을 얻어 죽지 않았는데
하물며 그가 자연에서 온전함을 얻으면 어떠하겠는가?
성인은 자신의 몸을 자연에 감추기에 누구도 그를 다치게 할 수 없네."
복수하려는 사람은 막야(鎮鎁)와 간장(干將)과 같은 명검을
부러뜨리지 않는다.
또 아무리 마음이 사나운 사람이라도 회오리바람으로
지붕에서 저절로 떨어지는 기왓장을 원망하지 않는다.
이럼으로써 천하가 평평해지고 고르게 된다.
그래서 남을 공격하거나 싸우는 혼란을 없애고,
사람을 마구 죽이는 형벌을 없애려면 이 길을 따라야 한다.
그러니 인위적으로 자연을 열지 말고, 자연스럽게 자연을 열어야 한다.
이처럼 자연스럽게 자연을 열면 덕이 생겨나는데
인위적으로 자연을 열면 그르침이 생겨난다.
또 자연적인 것을 싫어하지 말고, 인위적인 것을 소홀히 여기지 않아야
백성이 진실해져 도(道)에 가까워진다!

注 ——————

子列子問關尹曰: 자식(子) (뻘 되는) 열자(列子)가 관윤(關尹)을 만나서(問) 말하다.

至人潛行不窒 蹈火不熱: 지인(至人)은 물속에 잠겨서 수영해도(潛行) (숨이) 막히지(窒) 않고
(不), 불(火)을 밟아도(蹈) 뜨거워(熱) (하지) 않는다(不). 潛行〔물속에 잠겨 수영함. 潛(가라앉을
잠)〕窒(막힐 질) 火(불 화) 蹈(밟을 도) 熱(더울 열)

行乎萬物之上而不慄: 만물보다(乎~萬物) 높은(上) 곳에 올라가도(行~而), 즉 가장 높은 곳에
올라가도 두려워하지(慄) 않는다(不). 乎(전치사 호, ~보다) 上(윗 상 → 높음) 行(갈 행 → 올라가다)
慄(두려워할 률)

請問何以至於此?: (그런데) 어째서(何) 이에(於~此) 이를(以~至) 수 있는지 청해(請) 물을까(問)?

關尹曰 是純氣之守也: 관윤(關尹)이 말하다. 이(是)는 순수한(純) 기(氣)를 지켜서이다(守). 純(순수할 순) 守(지킬 수)

非知巧果敢之列: 앎(知)과 재주(巧)이거나 (아니면) 과감(果敢)해서가 아니다(非). 巧(재주 교)

居 予語汝!: (자) 앉게(居). 내(予)가 네(汝)게 (어째서 그런지를) 말하다(語)! 居(앉을 거)

凡有貌象聲色者 皆物也: 무릇(凡) 얼굴(貌)과 형상(象)에 소리(聲)와 색채(色)를 지니면(有~者) (이) 모두(皆)가 사물(物)이다. 凡(무릇 범) 貌(얼굴 모) 象(모양 상, 형상)

物與物何以相遠?: (그런데) 사물과(與~物) 사물(物)이 어째서(何) 서로(以~相) 멀까(遠)? 즉 어째서 큰 차이가 있을까? 遠(멀 원)

夫奚足以至乎先?: 또(夫) (사물 중에서) 어째서(奚) (어떤 게) 우선함(先)에 이르는데(至) 족한가(足)? 즉 우선할까? 先(우선 선)

是形色而已: 이런(是) (차이와 우선함은 오로지) 모양(形)과 색깔(色)에 (의해서 결정될) 뿐이다(已). 形(모양 형)

則物之造乎: 그런즉(則) 사물(物)은 만들어지다(造). 造(지을 조, 만들어지다)

不形而止乎 無所化: 모양(形) 없는(不~而) (상태에) 머물면서(止) 변하는(化) 바(所) 없는(無) (상태에서 만들어지다). 化(화할 화, 변하다)

夫得是而窮之者: 이런(是) (이치를) 깨닫고(得~而) 깊이 궁구하면(窮~者). 得(깨달을 득) 窮(궁구할 궁)

物焉得而止焉!: (우리 마음이) 사물(物)에 (모양과 색깔의) 얽힘을(得~而) 멈출(止) 수 있지 않은가(焉)! 즉 우리 마음이 사물의 모양과 색깔에 의해 어찌 방해받을 수 있는가!

彼將處乎不淫之度: 그(彼), 즉 지인은 (분수에) 지나치지(淫) 않는(不) 수준(度)에 머문다(處). 淫(지나칠 음) 度(정도 도→수준) 處(머물 처)

而藏乎無端之紀: 그리고(而) 끝없이 변화하는(無端) (사람으로서) 도리(紀)를 몸에 지니다(藏). 無端〔시작도 끝도 없음. 즉 끝없이 변화함. 端(끝 단, 또는 처음 단)〕紀(인륜 기, 사람이 지켜야할 도리) 藏(품을 장, 몸에 지니다)

遊乎萬物之所終始: (그런 채) 만물(萬物)이 끝나고(終) 시작되는(始) 곳(所)에서 (유유히) 노닌다(遊).

壹其性 養其氣 合其德: (또) 타고난 본성(性)을 고르게(壹) 하고, 기(氣)를 보양하고(養), 덕(德)을 모으다(合). 性(성품 성→타고난 본성) 壹(고를 일, 균형이 있다) 養(기를 양, 보양하다) 合(모을 합)

以通乎物之所造: 그럼으로써(以) 만물(物)이 만들어지는(造) 바(所), 즉 근원과 통하다(通).

夫若是者 其天守全 其神無郤: 모름지기(夫) 이런(若~是) 사람(者)은 천성(天)을 온전히(全) 지키며(守) 정신(神)도 틈(郤)이 없다(無). 즉 빈틈이 없다. 天(천성 천) 全(온전할 전) 神(정신 신) 郤

(틈 각)

物奚自入焉!: (그런데) 만물(物)이 어찌(奚) 마음대로(自) 끼어들 수(入) 있는가! 自(스스로 자 → 마음대로)

夫醉者之墜車 雖疾不死: 모름지기(夫) (술) 취한(醉) 사람(者)이 수레(車)에서 떨어지면(墜) 비록(雖) 다쳐도(疾) 죽지(死) 않는다(不). 醉(취할 취) 車(수레 차) 墜(떨어질 추) 疾(병 질, 병이 나다 → 다치다)

骨節與人同而犯害與人異: 뼈(骨)와 관절(節)이 (다치는 건) 다른 사람과(與~人) 같아도(同~而) 상처(犯害)의 (정도가) 다른 사람과(與~人) 다르다(異). 骨(뼈 골) 節(마디 절, 관절) 犯害〔상처. 害 (해칠 해) 犯(범할 범)〕異(다를 이)

其神全也: (그건 술로 의식을 잃어 무심해져) 그(其) 정신(神)이 온전해서다(全). 全(온전할 전)

乘亦不知也 墜亦不知也: 수레를 탄(乘) 것 또한(亦) 알지(知) 못하고(不) 떨어진(墜) 것 또한 (亦) 알지(知) 못하다(不). 乘(탈 승, 수레를 타다) 墜(떨어질 추)

死生驚懼不入乎其胸中: (그래서) 삶(生)과 죽음(死)이나 놀라움(驚)과 두려움(懼)이 (그의) 마음 (胸中)에 끼어들지(入) 못하다(不). 驚(놀랄 경) 懼(두려워할 구) 胸中〔마음. 胸(가슴 흉)〕入(들 입, 들어가다 → 끼어들다)

是故遻物而不慴: 이(是) 때문에(故) 사물(物)과 부딪쳐도(遻~而) 두려움(慴)이 없다(不). 遻(만날 오 → 부딪치다) 慴(두려워할 습)

彼得全於酒而猶若是: 그(彼)가 술에(於~酒) (취해도 이런) 온전함(全)을 얻어(得~而) 오히려(猶) 이(是)와 같다(若). 猶(오히려 유)

而況得全於天乎?: 그런데(而) 하물며(況) (그가) 자연에서(於~天) 온전함(全)을 얻으면(得) (어 떠한가)?

聖人藏於天: 성인(聖人)은 (자신의 몸을) 자연에(於~天) 감추다(藏). 藏(감출 장)

故莫之能傷也: 고로(故) (누구도 성인을) 다치게(傷) 할 수(能) 없다(莫). 傷(다칠 상)

復讐者不折鏌干: 복수하려는(復讐) 자(者)는 막야(鏌)와 간장(干)과 (같은 명검을) 부러뜨리지 (折) 않는다(不). 折(꺾을 절, 부러뜨리다)

雖有忮心者不怨飄瓦: (또) 아무리(雖) 마음(心)이 사나운(忮) 사람(者)이라도 회오리바람(飄) 으로 (지붕에서 저절로 떨어지는) 기왓장(瓦)을 원망하지(怨) 않는다(不). 忮(흉악할 기, 사납다) 飄 (회오리바람 표) 瓦(기와 와) 怨(원망할 원)

是以天下平均: 이럼으로써(是~以) 천하(天下)가 평평해지고(平) 고르게(均) 되다. 平(평평할 평) 均(고를 균)

故無攻戰之亂: 고로(故) (남을) 공격하거나(攻) 싸우는(戰) 혼란(亂)을 없애다(無). 戰(싸울 전) 攻(칠 공, 공격함) 亂(어지러울 난)

無殺戮之刑者: 사람을 마구 죽이는(殺戮) 형벌(刑)을 없애다(無). 殺戮[사람을 마구 죽임. 殺(죽일 살) 戮(죽일 륙)] 刑(형벌 형)

由此道也: (그러려면) 이런(此) 길(道)을 본으로 하다(由). 즉 이 길을 따라야 한다. 由 (말미암을 유, 본으로 삼다)

不開人之天 而開天之天: (그러니) 인위적으로(人) 자연(天)을 열지(開) 말고(不) 자연스럽게(天) 자연(天)을 열다(開). 開(열 개)

開天者德生 開人者賊生: (이처럼 자연스럽게) 자연(天)을 열면(開~者) 덕(德)이 생겨나고(生) (인위적으로) 자연(天)을 열면(開~者) 그르침(賊)이 생겨난다(生). 賊(그르칠 적, 그르침)

不厭其天 不忽於人: (또) 자연적인(天) (것)을 싫어하지(厭) 말고(不) 인위적인(人) (것)을(於) 소홀히 여기지(忽) 않다(不). 厭(싫어할 염) 忽(소홀히여길 홀)

民幾乎以其眞!: (그래야) 백성(民)이 진실해져(以~眞) (도에) 가까워지다(幾)! 幾(가까울 기)

달생(達生) 3

仲尼適楚, 出於林中, 見痀僂者承蜩, 猶掇之也.
仲尼曰:「子巧乎! 有道邪?」
曰:「我有道也. 五六月累丸二而不墜, 則失者錙銖., 累三而不墜, 則失者十一.,
累五而不墜, 猶掇之也.
吾處身也, 若厥株拘., 吾執臂也, 若槁木之枝.,
雖天地之大, 萬物之多, 而唯蜩翼之知.
吾不反不側, 不以萬物易蜩之翼, 何爲而不得!」
孔子顧謂弟子曰 用志不分 及凝於神 其痀僂丈人之謂乎

공자(仲尼)가 초(楚)나라를 가다가 숲속을 지나는데
한 꼽추가 매미를 줍듯이 잡는 걸 보았다.
공자가 물었다.
"선생은 매미를 잡는 솜씨가 훌륭한데 특별한 방법이 있나요?"
꼽추가 대답했다. "내게 특별한 방법이 있지요.
대여섯 달 동안 둥근 걸 두 개 포개놓고 그것들이 떨어지지 않으면
매미를 잡지 못하는 경우가 적지요.
또 둥근 걸 세 개 포개놓고 그것들이 떨어지지 않으면

매미를 잡지 못하는 경우가 열에 한 번뿐이지요.
또 둥근 걸 다섯 개 포개놓고 떨어지지 않으면 매미를 줍듯이 잡습니다.
그리고 내 몸가짐은 매미가 달라붙은 나무 굽음과 같아 잘 구별되지 않고,
내 매미채는 마른나무 가지처럼 가볍게 움직이지요.
천지가 아무리 크고 만물이 아무리 많아도 오로지 매미의 날개만 보지요.
다른 생각을 하지 않고, 매미 날개 외에는 어떤 것도 마음에 두지 않지요.
그러니 어째서 매미를 잡지 못할 수 있겠나요!"
공자가 돌아보면서 제자들에게 말했다.
뜻을 모아 생각을 흩트리지 않으면 이내 정신을 집중하는데
저 꼽추 어른을 두고 하는 말이다.

注 ────────────────────

仲尼適楚 出於林中: 공자(仲尼)가 초(楚)나라 가다(適) 숲(林) 속을(於~中) 지나다(出). 適(갈 적) 林(수풀 림) **見痀僂者承蜩**: (그런데) 한 곱추(痀僂~者)가 매미(蜩) 잡는(承) 걸 보다(見). 痀 僂〔곱사등이. 痀(곱사등이 구) 僂(구부릴 루, 곱사등이)〕蜩(매미 조) 承(건질 증, 건지다 → 잡다)

猶掇之也: 마치(猶) 줍듯이(掇) (잡다). 猶(마치 유, 마치 ~와 같다) 掇(주울 철)

仲尼曰 子巧乎! 有道邪?: 공자(仲尼)가 말하다. 선생(子)은 (매미를 잡는) 솜씨(巧)가 (훌륭하다)! (특별한) 방법(道)이 있는가(有)? 子(당신 자) 巧(재주 교, 솜씨) 道(방법 도)

曰 我有道也: (곱추가) 말하다. 내(我)게 (특별한) 방법(道)이 있다(有).

五六月累丸二而不墜: 대여섯(五六) 달(月) 동안 둥근(丸) (것을) 두(二) 개 포개놓고(累~而) (그 것들이) 떨어지지(墜) 않다(不). 丸(알 환, 둥근 것) 累(포갤 루, 포개다) 墜(떨어질 추)

則失者錙銖: 그러면(則) (매미를 잡지) 못하는(失) 경우(者)가 적다(錙銖). 失(잃을 수 → 못 잡다) 錙銖〔치와 수. 매우 작은 분량 → 적다. 錙(저울눈 치) 銖(무게단위 수)〕

累三而不墜 則失者十一: (또 둥근 것을) 세(三) 개 포개놓고(累~而) (그것들이) 떨어지지(墜) 않 으면(不~則) (매미를 잡지) 못하는(失) 경우(者)가 열(十)에 하나(一)이다.

累五而不墜 猶掇之也: (또 둥근 것을) 다섯(五) 개 포개놓고(累~而) 떨어지지(墜) 않으면(不~則) (매미를) 마치(猶) 줍듯이(掇) 잡다. 掇(주울 철)

吾處身也 若厥株拘: (그리고) 내(吾) 몸가짐(處身)은 (매미가 달라붙은) 그(厥) 나무(株)의 굽음 (拘)과 같아서(若) (구별되지 않다). 處身(처신, 몸가짐) 厥(그 궐, 그것) 株(그루 주, 나무) 拘(굽을 구) 若(같을 약)

吾執臂也 若槁木之枝: (또) 내(吾) 매미채(執臂)는 마른(槁) 나무(木) 가지처럼(若~枝) (가볍게

움직이다). 執臂〔팔(臂)이 잡은(執) 것. 즉 매미채. 執(잡을 집) 臂(팔 비)〕槁(마를 고) 枝(가지 지)

雖天地之大 萬物之多: 아무리(雖) 천지(天地)가 크고(大) 만물(萬物)이 많다(多). 雖(비록 수 →
아무리 ~해도)

而唯蜩翼之知: 그래도(而) (나는) 오로지(唯) 매미(蜩) 날개(翼)만 안다(知). 즉 매미의 날개만
보다. 蜩(매미 조) 翼(날개 익)

吾不反不側: 나(吾)는 다른 생각을 않는다(不反不側). 不反不側〔다른 마음과 생각을 품지 않음
↔ 반측(反側, 다른 마음과 생각을 품음)〕

不以萬物易蜩之翼: 매미(蜩)의 날개(翼)를 (다른) 사물로(以~萬物) 바꾸지(易) 않는다(不). 매미
날개 외에는 마음에 어떤 것도 두지 않다. 易(바꿀 역)

何爲而不得!: 그러니(何爲) (어째서 매미를) 잡지(得) 못하는가(不)! 得(얻을 득 → 잡다)

孔子顧謂弟子曰: 공자(孔子)가 돌아보면서(顧) 이르며(謂) 제자(弟子)들에게 말하다. 顧(돌아
볼 고)

用志不分 及凝於神: 뜻(志)을 모아서(用) (생각을) 흩트리지(分) 않으면(不) 이내(及) 정신을(於
~神) 집중하다(凝). 用(쓸 용, 쓰다 → 모으다) 分(나눌 분 → 흩트리다) 凝(집중할 응)

其痀僂丈人之謂乎: (그런데 저) 꼽추(痀僂) 어른(丈人)을 두고 말하다(謂). 痀僂〔곱사등이. 痀
(곱사등이 구) 僂(구부릴 루)〕丈(어른 장)

달생(達生) 4

顏淵問仲尼曰:「吾嘗濟乎觴深之淵, 津人操舟若神. 吾問焉, 曰:『操舟可學邪?』
曰:『可. 善游者數能. 若乃夫沒人, 則未嘗見舟而便操之也.』
吾問焉而不吾告, 敢問何謂也?」
仲尼曰:「善游者數能, 忘水也. 若乃夫沒人之未嘗見舟而便操之也, 彼視淵若陵,
視舟之覆猶其車却也.
覆却萬方陳乎前而不得入其舍, 惡往而不暇!
以瓦注者巧, 以鉤注者憚, 以黃金注者殙.
其巧一也, 而有所矜, 則重外也. 凡外重者內拙.」

안회(顏淵)가 공자에게 물었다.
"제가 예전에 상심(觴深)이란 못을 건널 때
그곳에 사공의 배 젓는 솜씨가 신기에 가까웠습니다.

그래서 저는 그에게 물었습니다. '배 젓는 걸 배울 수 있나요?'

그가 말했습니다.

'배울 수 있지요. 헤엄만 잘 하면 배 젓는 걸 배우는 데 충분합니다.

만약 잠수까지 한다면 배를 본 적이 없어도 배 젓는 걸 익힐 수 있지요.'

저는 그에게 그 까닭을 물었지만 알려주지 않으니

지금 스승께 그가 어째서 그렇게 말하는지 감히 여쭈어도 되겠습니까?"

공자가 말했다.

"헤엄만 잘 하면 배 젓는 걸 배우는데 충분한 건 물을 잊어서이네.

만약 잠수까지 한다면 배를 본 적이 없어도 배 젓는 것을 익힐 수 있는 건

연못을 언덕으로 보고, 배 뒤집힌 걸 수레가 뒤로 빠진 것처럼 보아서네.

그러니 배가 뒤집히거나 뒤로 물러나는 온갖 사태가 눈앞에 펼쳐져도

마음이 전혀 이를 개의치 않네.

이쯤 되면 배를 어찌 저어도 여유가 생기지 않을까?

기와를 걸고 내기를 하면 활이 잘 맞고,

허리띠를 걸고 내기를 하면 덜 맞고,

황금을 걸고 내기를 하면 활이 잘 맞지 않네.

활 쏘는 재주는 같아도 소중히 여기는 바가 있으면

활 쏘는 사람은 소중히 여기는 사물의 외면에 기우네.

모든 사람이 사물의 외면에 기울면 마음이 옹졸해지네."

注

顏淵問仲尼曰: 안회(顏淵)가 공자(仲尼)에게 묻다(問).

吾嘗濟乎觴深之淵: 내(吾)가 예전에(嘗) 상심(觴深)이란 못(淵)을 건너다(濟). 嘗(일찍이 상, 예전에) 濟(건널 제)

津人操舟若神: (그때 그곳에) 사공(津人)의 배(舟) 젓는(操) 솜씨가 신기와 같다(若~神). 즉 신기에 가깝다. 津人〔뱃사공. 津(나루 진)〕 舟(배 주) 操(잡을 조 → 젓다) 神(신기할 신 → 신기)

吾問焉 曰 操舟可學邪?: (그래서) 나(吾)는 (그에게) 묻다(問). 배(舟) 젓는(操) 걸 배울(學) 수(可) 있는가?

曰 可 善游者數能: (그가) 말하다. 가능하다(可). 즉 배울 수 있다. 헤엄(游)을 잘하면(善~者) (배 젓는 걸 배우는데) 충분하다(數~能). 游(헤엄칠 유) 數能〔재주(數)가 능하다(能). 즉 충분하다.

數(재주 수) 能(능할 능)]

若乃夫沒人: 만약(若) 이에(乃) 저(夫) 잠수하는(沒) 사람(人)이다. 沒(가라앉을 몰, 잠수)

則未嘗見舟而便操之也: 그러면(則) 배(舟)를 본(見) 적 없어도(未嘗~而) 배 젓는(操) 걸 익히다(便). 便(익힐 편, 익히다)

吾問焉而不吾告: 나(吾)는 (그에게 그 까닭을) 물었지만(問~而) 내(吾)게 알려주지(告) 않다(不). 告(알릴 고, 알려주다)

敢問何謂也?: (그래서 지금 스승께) 어째서(何) (그가 그렇게) 말하는지(謂)) 감히(敢) 물어도(問) (되는가)?

仲尼曰 善游者數能 忘水也: 공자(仲尼)가 말하다. 헤엄(游)만 잘하면(善~者) (배 젓는 걸 배우는 데) 충분한(數能) 건 물(水)을 잊어서(忘)이다. 忘(잊을 망)

若乃夫沒人之未嘗見舟而便操之也: 만약(若) 이에(乃) 저(夫) 잠수하는(沒) 사람(人)이라면 배(舟)를 본(見) 적이 없어도(未嘗~而) 배 젓는(操) 걸 익히다(便). 操(잡을 조, 배를 젓다)

彼視淵若陵: (그것은) 그(彼)가 연못(淵)을 언덕처럼(若~陵) 보다(視). 陵(큰언덕 릉)

視舟之覆猶其車却也: 배(舟)가 뒤집히는(覆) 것을 마치(猶) 수레(車)가 뒤로 물러나는(却) (것으로) 보다(視). 覆(뒤집힐 복) 猶(같을 유) 却(물러날 각, 뒤로 물러나다)

覆却萬方陳乎前而不得入其舍: (그러니 배가) 뒤집히거나(覆) (뒤로) 물러나는(却) 온갖(萬方) (사태가) 눈앞(前)에 펼쳐져도(陳~而) 마음(舍)이 (전혀) 개입하지(得~入) 않다(不). 즉 마음이 전혀 개의치 않다. 萬方(모든 → 온갖. 萬(일만 만, 많은 걸 의미) 方(방향 방)] 陳(늘어설 진 → 펼쳐지다) 舍(집 사 → 마음)

惡往而不暇!: (이쯤 되면 배를) 어찌(惡) 저어도(往~而) 여유(暇)가 (생기지) 않는가(不)! 往(갈 왕 → 배를 젓다) 暇(겨를 가, 여유)

以瓦注者巧: 기와를(以~瓦) 걸고 내기하면(注~者) (활이) 잘 맞다(巧). 瓦(기와 와) 注(걸 주 → 걸고 내기함) 巧(좋을 교 → 잘 맞다)

以鉤注者憚: 허리띠를(以~鉤) 걸고 내기하면(注~者) (활이) 덜 맞다(憚). 鉤(띠쇠 구, 허리띠) 憚(꺼릴 탄, 꺼리다 → 덜 맞다)

以黃金注者殙: 황금을(以~黃金) 걸고 내기하면(注~者) (활이) 맞지 않다(殙). 殙(흐릴 혼, 어리석다 → 맞지 않다)

其巧一也: 그(其) 재주(巧)는 하나이다(一). 즉 활 쏘는 재주는 같다.

而有所矜 則重外也: 그러나(而) 소중히 여기는 바(所~矜)가 있으면(有~則) (활 쏘는 사람은 소중히 여기는 사물의) 외면(外)에 기울다(重). 矜(숭상할 긍, 소중히 여기다) 重(무겁게 여길 중 → 기울다)

凡外重者內拙: 모든(凡) (사람이 사물의) 외면(外)에 기울면(重~者) 마음(內)이 옹졸해지다(拙). 凡(모두 범) 內拙[마음이 옹졸함. 內(안 내 → 마음) 拙(졸할 졸, 옹졸함)]

달생(達生) 5

田開之見周威公. 威公曰:「吾聞祝腎學生, 吾子與祝腎游, 亦何聞焉?」

田開之曰.「開之操拔篲以侍門庭, 亦何聞於夫子!」

威公曰:「田子無讓, 寡人願聞之.」

開之曰:「聞之夫子曰:『善養生者, 若牧羊然, 視其後者而鞭之.』」

威公曰:「何謂也?」

田開之曰:「魯有單豹者, 巖居而水飲, 不與民共利, 行年七十而猶有嬰兒之色.,

不幸遇餓虎, 餓虎殺而食之.

有張毅者, 高門縣薄, 無不走也, 行年四十而有內熱之病以死.

豹養其內而虎食其外, 毅養其外而病攻其內, 此二子者, 皆不鞭其後者也.」

仲尼曰:「無入而藏, 無出而陽柴立其中央. 三者若得, 其名必極.

夫畏塗者, 十殺一人, 則父子兄弟相戒也, 必盛卒徒而後敢出焉, 不亦知乎!

人之所取畏者, 袵席之上, 飲食之間., 而不知爲之戒者, 過也!」

전개지(田開之)가 주(周)나라 위공(威公)을 만났을 때 위공이 그에게 물었다.
"내가 듣기에 축신(祝腎)이 양생의 도를 배웠다고 하는데
그대는 축신과 어울리면서 또 무엇을 들었는가?"
전개지가 대답했다.
"저는 빗자루를 잡고 청소만 해 집 문간과 뜰을 쓸며 축신 선생을 모셨을 뿐
선생에게 또 어찌 특별히 들은 게 있나요!"
위공이 말했다.
"전개지 선생은 사양하지 말고 과인이 듣고 싶으니 제발 들려주게."
전개지가 대답했다.
"축신 선생은 '삶을 잘 보양하는 건 양 치는 일과 같아서
무리에서 처진 양을 보면 채찍질하는 일이다.'라고 합니다."
위공이 물었다. "그게 무슨 말인가?"
전개지가 대답했다.
"노나라에 선표(單豹)는 바위굴에 살며 골짜기 물만 마시고 지냈습니다.
그는 이득을 위해서 세상 사람과 다투지 않아

나이가 일흔에 이르렀는데도 어린애와 같은 얼굴색을 지녔습니다.

그런데 불행히도 굶주린 호랑이를 만나 호랑이에게 잡혀 먹혔습니다.

또 노나라에 장의(張毅)는 벼슬이 높건 낮건 가리지 않고

벼슬하는 사람 집을 두루 돌아다니며 사귀지 않은 사람이 없었는데

나이 마흔에 열병에 걸려 죽었습니다.

이러니 선표는 안을 잘 보양했어도 밖은 호랑이에게 잡혀 먹혔고,

장의는 밖은 잘 보양했어도 안을 병에게 공격당한 셈입니다.

이 두 사람은 안이든 밖이든 간에 뒤처지는 쪽에 채찍질을 하지 않았지요."

그러자 공자가 옆에서 거들면서 말했다.

"안에 들어가면 숨지 말아야 하고, 밖으로 나오면 드러나지 않아야

비로소 잡목처럼 한가운데 서 있을 수 있습니다.

그러니 안, 바깥, 가운데 조화를 모두 얻어야 명성이 반드시 최고가 됩니다.

모름지기 무서운 길은 열사람 중에 한 명꼴로 죽습니다.

그래서 무서운 길을 갈 때는 부자와 형제도 서로 경계하며

반드시 많은 하인을 동반한 뒤 조심하며 길에 들어섭니다.

그러나 이것도 제대로 된 지혜가 아닙니다!

사람들이 정작 두려워해야 하는 건

남녀의 색욕에 관한 일이나 먹고 마시는 평범한 일인데

그것을 경계할 줄 모르면 잘못입니다!"

注

田開之見周威公 威公曰: 전개지(田開之)가 주(周)나라 위공(威公)을 만나자(見) 위공(威公)이 (그에게) 말하다.

吾聞祝腎學生: 내(吾)가 듣기에(聞) 축신(祝腎)이 양생(生)의 도를 배우다(學). 生→養生(양생)

吾子與祝腎游 亦何聞焉?: 그대(吾子)는 축신과(與~祝腎) 어울리면서(游) 또(亦) 무엇(何)을 듣는가(聞)? 游(놀 유, 어울리다)

田開之曰 開之操拔篲以侍門庭: 전개지(田開之)가 말하다. (저) 개지(開之)는 빗자루(篲)를 잡고(操) 청소해(拔) 그럼으로써(以) 문간(門)과 뜰(庭)을 (쓸며) (축신 선생을) 모시다(侍). 篲(비 수, 빗자루) 操(잡을 조) 拔(덜어버릴 발→청소하다) 庭(뜰 정) 侍(모실 시)

亦何聞於夫子!: 선생에게(於~夫子) 또(亦) 어찌(何) (특별히) 들은(聞) 게 (있나)!

威公曰 田子無讓 寡人願聞之: 위공(威公)이 말하다. 전개지 선생(田子)은 사양하지(讓) 말고 (無) 과인(寡人)은 원컨대(願) 듣고(聞) 싶다. 讓(사양할 양) 寡(적을 과, 왕이 신하 앞에 자신을 낮추는 표현)

開之曰 聞之夫子曰: 전개지(開之)가 말하다. (축신) 선생(夫子)께 들은(聞) 걸 말하다.

善養生者 若牧羊然: 삶(生)을 잘(善) 보양하는(養) 건(者) 양(羊) 치는(牧) 그런(然) 것과 같다(若). 養(기를 양, 보양함) 牧(칠 목)

視其後者而鞭之: (그래서 무리에서) 처진(後) 양(者)을 보면(視) 채찍질하다(鞭). 後(뒷 후, 처지다) 鞭(채찍 편, 채찍질하다)

威公曰 何謂也?: 위공(威公)이 말하다. (그게) 무슨(何) 말인가(謂)?

田開之曰 魯有單豹者: 전개지(田開之)가 말하다. 노(魯)나라에 선표(單豹)라는 사람(者)이 있다(有).

巖居而水飲: (그는) 바위(巖) 굴에 살면서(居) (골짜기) 물(水)만 마시고(飲) (지내다). 巖(바위 암) 居(있을 거, 살다) 飲(마실 음)

不與民共利: (세상) 사람과(與~民)는 이득(利)을 함께 하지(共) 않다(不). 즉 이득을 위해 다투지 않다. 利(이득 이) 共(함께할 공)

行年七十而猶有嬰兒之色: (그래서) 나이(年)가 일흔(七十)에 이르러도(行~而) 마치(猶) 어린아이(嬰兒)와 같은 얼굴색(色)을 지니다(有). 行(갈 행, 나아가다 → 이르다) 嬰兒[어린애. 嬰(갓난아이 영) 兒(아이 아)] 色(빛 색)

不幸遇餓虎 餓虎殺而食之: (그런데) 불행히도(不幸) 굶주린(餓) 호랑이(虎)를 만나(遇) (그) 굶주린(餓) 호랑이(虎)에게 먹히다(食). 餓(주릴 아, 굶주리다) 遇(만날 우) 食(밥 식, 먹다)

有張毅者 高門縣薄: (또 노나라에) 장의(張毅)란 사람(者)이 있는데(有) 높은 벼슬 집(高門)이건 낮은 벼슬 집(縣薄)이건. 즉 벼슬이 높건 낮건 가리지 않고 벼슬하는 사람의 집. 高門[높은(高) 문(門). 즉 높은 벼슬 집] 縣薄[낮은(薄) 것을 매달음(縣). 즉 낮은 벼슬 집. 縣(매달 현) 薄(낮을 박)]

無不走也: 이르지(走) 않는(不) 데가 없다(無). 즉 두루 돌아다니면서 사귀지 않는 사람이 없다. 走(다다를 주, 이르다)

行年四十而有內熱之病以死: (그런데) 나이(年) 40(四十)에 이르자(行) 내열(內熱) 병(病)이 있어(有) 그것으로(以) 죽다(死).

豹養其內而虎食其外: (이러니) 선표(豹)는 안(內)을 잘 보양해도(養~而) 바깥(外)을 호랑이(虎)에게 먹히다(食).

毅養其外而病攻其內: 장의(毅)는 바깥(外)을 잘 보양해도(養~而) 안(內)을 병(病)에게 공격 당하다(攻). 攻(공격할 공 → 공격당함)

此二子者 皆不鞭其後者也: 이(此) 두(二) 사람(子) 모두(皆) (안이든 밖이던) 뒤쳐지는(後) 쪽(者)에 채찍질하지(鞭) 않다(不).

仲尼曰 無入而藏 無出而陽: (그러자) 공자(仲尼)가 (옆에서 거들며) 말하다. (안에) 들어가면(入~而) 숨지(藏) 말아야(無) 하고, (밖으로) 나오면(出~而) 드러나지(陽) 않아야(無) 한다. 藏(감출 장, 숨다) 陽(볕 양 → 드러남)

柴立其中央: (그래야) 잡목(柴)처럼 한가운데(中央) 서 있을(立) (수 있다). 柴(섶 시, 산야에 절로 나는 잡목) 立(설 립, 서 있다)

三者若得 其名必極: (그러니 안, 바깥, 중앙) 세(三) 개(者)의 조화를 (모두) 얻어야(得~若) 명성(名)이 반드시(必) 최고(極)가 (되다). 若(만일 약)

夫畏塗者 十殺一人: 모름지기(夫) 무서운(畏) 길(塗~者)은 열(十) (사람 중에) 한(一) 사람(人) (꼴로) 죽는다(殺). 畏(두려워할 외, 무서운) 塗(길 도) 殺(죽일 살)

則父子兄弟相戒也: 그러면(則) (무서운 길을 갈 때는) 부자(父子)와 형제(兄弟)도 서로(相) 경계하다(戒). 戒(경계할 계)

必盛卒徒而後敢出焉: (그러면서) 반드시(必) 많은(盛) 하인(卒) 무리(徒)를 (동반한) 뒤(後) 조심하며(敢) (길에) 나서다(出). 즉 들어서다. 盛(성할 성, 많은 모양) 徒(무리 도) 敢(감히 감 → 조심하며)

不亦知乎!: (그러나 이것) 또한(亦) (제대로 된) 지혜(知)가 아니다(不)!

人之所取畏者: 사람(人)이 두려움(畏)을 취해야(取) 할 바(所~者). 즉 정작 두려워해야 하는 것. 畏(두려워할 외) 取(취할 취)

袵席之上 飲食之間: 남녀의 색욕에 관한 일(袵席之上)과 먹고 마시는(飲食之間) (평범한 일이다). 袵席之上〔침실(袵席) 위(上). 즉 남녀의 색욕에 관한 일. 袵(요 임, 누울 때 바닥에 까는 것) 席(자리 석)〕飲食之間〔마시고(飲) 먹는(食) 사이(間). 즉 먹고 마시는 일. 飲(마실 음)〕

而不知爲之戒者 過也!: 그런데(而) (그걸) 경계할(戒) 줄(爲) 알지(知) 못하면(不~者) 잘못이다(過)! 過(잘못할 과)

달생(達生) 6

祝宗人玄端以臨牢筴, 說彘曰:
「汝奚惡死? 吾將三月㹖汝, 十日戒, 三日齊,
藉白茅, 加汝肩尻乎彫俎之上, 則汝爲之乎?」
爲彘謀, 曰不如食以糠糟而錯之牢筴之中, 自爲謀,
則苟生有軒冕之尊, 死得於豚楯之上, 聚僂之中則爲之.
爲彘謀則去之, 自爲謀則取之, 所異彘者何也?

제사를 주관하는 사람이 예복을 입고 가축우리에 다가가

돼지를 달래면서 말했다.

"네가 어찌 죽음을 싫어하는가?

나는 너를 석 달 동안 잘 기르고, 열흘 동안 부정한 일을 멀리하고,

사흘 동안 마음을 가지런히 할 거다.

또 자리를 희디흰 띠 풀로 깔고서 그 위에 네 어깨와 엉덩이를 놓은 뒤

예쁘게 꾸민 적대 위에 오르게 하려는데

정말로 그렇게 되고 싶지 않은가?"

돼지를 위한 사람의 지모는 겨나 술 찌꺼기 같은 하찮은 음식을 먹어도

우리 안에서 편히 지내는 걸 가장 좋다고 말한다.

그런데 자신을 위한 지모는 적어도 살아선 높은 벼슬을 하고,

죽어선 화려하게 장식된 관 속에 눕는 일이다.

입신출세를 바라면 정말로 그렇게 되기를 원한다.

돼지를 위한 사람의 지모는 좋은 대우를 물리치는 데 반해

정작 자신을 위한 사람의 지모는 높은 지위를 취한다.

그런데도 사람이 돼지와 다른 바는 어째서인가?

注 ───────

祝宗人玄端以臨牢筴 說彘曰: 제사를 주관하는 사람(祝宗人)이 예복을(以~端玄) (입고) 가축우리(牢筴)에 다가가(臨) 돼지(彘)를 달래며(說) 말하다. 玄端〔제후가 입는 검은 옷〕牢筴〔가축우리. 牢(우리 뢰) 筴(대쪽 책 → 우리)〕臨(임할 림, 다가가다) 說(달랠 세, 남에게 솔깃하도록 말함) 彘(돼지 체)

汝奚惡死?: 너(汝)가 어찌(奚) 죽음(死)을 싫어하는가(惡)! 汝(너 여) 惡(미워할 오, 싫어하다)

吾將三月豢汝: 나(吾)는 너(汝)를 석(三) 달(月) 동안 (잘) 기르다(將~豢). 豢(기를 환)

十日戒 三日齊: 열흘(十日) 동안 부정한 일을 멀리하고(戒), 사흘(三日) 동안 마음을 가지런히 하다(齊). 戒(경계할 계, 주의하다) 齊(가지런히 할 제)

藉白茅 加汝肩尻乎彫俎之上: (또 자리를) 희디흰(白) 띠 풀(茅)로 깔고서(藉), (그 위에) 네(汝) 어깨(肩)와 엉덩이(尻)를 놓은 뒤 예쁘게 꾸민(彫) 적대(俎) 위(上)에 더하다(加). 즉 오르게 하다. 茅(띠 모, 띠풀) 藉(깔 개, 자리 깔다) 肩(어깨 견) 尻(꽁무니 고, 엉덩이) 彫(꾸밀 조) 俎(적대 조) 加(더욱 가, 더하다)

則汝爲之乎?: 그러면(則) 너(汝)는 (정말로 그렇게) 되고(爲) (싶지 않은가)?

爲彘謀 曰不如食以糠糟而錯之牢筴之中: 돼지(彘)를 위한(爲) (사람의) 지모(謀)는 말한다. 겨(糠)나 술 찌꺼기(糟) (같은 하찮은 음식)을(以) 먹어도(食~而) 우리(牢筴) 안(中)에서 편히(錯) (지내는) 것보다(如) (좋은 게) 없다(不). 즉 가장 좋다. 謀(꾀 모 → 지모) 糠(겨 강) 糟(전국 조, 술 찌꺼기) 錯(편안할 조)

自爲謀 則苟生有軒冕之尊: (그런데) 자신(自)을 위한(爲) 지모(謀)는 적어도(苟) 살아선(生) 높은 벼슬(軒冕之尊)을 하다(有). 苟(다만 구 → 적어도) 軒冕之尊[초헌(軒)과 면류관(冕)의 지위 높음(尊). 즉 높은 벼슬. 軒(초헌 헌) 冕(면류관 면) 尊(높을 존, 지위가 높음)]

死得於豚楯之上: 죽어선(死) 화려하게 장식된 관 속에(於~豚楯之上) 얻는(得) (일이다). 즉 높는 일이다. 豚楯之上[화려하게 장식된 관의 위. 豚(숨을 돈) 楯(책상 준)]

聚僂之中則爲之: 입신출세(聚僂之中)를 바라면(則) (정말로 그렇게) 되기(爲)를 원한다. 聚僂之中[굽신거림(僂) 모임(聚)의 안(中). 즉 입신출세를 바람. 聚(모일 취) 僂(굽을 루, 굽 신 거림)]

爲彘謀則去之: 돼지(彘)를 위한(爲) (사람의) 지모란(謀~則) (좋은 대우를) 물리치는(去) (거다). 去(갈 거, 물리치다)

自爲謀則取之: (반면 정작) 자신(自)을 위한(爲) (사람의) 지모인즉(謀~則) (높은 지위를) 취한다(取).

所異彘者何也?: (그런데도 사람이) 돼지(彘)와 다른(異) 바(所~者)는 어째서인가(何)? 彘(돼지 체)

달생(達生) 7

桓公田於澤, 管仲御, 見鬼焉.

公撫管仲之手曰:「仲父何見?」對曰:「臣無所見.」

公反, 誒詒爲病, 數日不出.

齊士有皇子告敖者曰:「公則自傷, 鬼惡能傷公!

夫忿滀之氣, 散而不反, 則爲不足.,

上而不下, 則使人善怒., 下而不上, 則使人善忘., 不上不下, 中身當心, 則爲病.」

桓公曰:「然則有鬼乎?」

曰:「有. 沈有履, 灶有髻. 戶內之煩壤, 雷霆處之.,

東北方之下者, 倍阿鮭龍躍之., 西北方之下者, 則泆陽處之.

水有罔象, 丘有峷, 山有夔, 野有彷徨, 澤有委蛇.」

公曰:「請問, 委蛇之狀何如?」

皇子曰:「委蛇, 其大如轂, 其長如轅, 紫衣而朱冠.

其爲物也, 惡聞雷車 之聲, 則捧其首而立. 見之者殆乎覇.」

桓公覸然而笑曰:「此寡人之所見者也..」

於是正衣冠與之坐, 不終日而不知病之去也.

제(齊)나라 환공(桓公)이 늪에서 사냥을 할 때 관중(管仲)이 그를 모셨다.

환공은 이때 귀신을 보았다.

환공이 관중의 손을 어루만지며 물었다.

"중부(仲父)인 관중은 무얼 보지 못했소?"

관중이 대답했다. "신은 아무것도 보지 못했습니다."

환공이 궁에 돌아와 정신을 잃은 뒤 병에 걸려 며칠 밖에 나가지 못했다.

황자고오(皇子告敖)라는 제나라 선비가 앓고 있는 환공을 찾아와 말했다.

"환공이라면 스스로 다치신 게지 어찌 귀신이 환공을 다치게 할 수 있나요!

사람에게 성냄의 기(氣)가 흩어져서 돌아오지 않으면

정신이 충실하지 못합니다.

또 사람의 기가 올라가서 내려오지 않으면 사람은 성을 잘 냅니다.

또 사람의 기가 내려가서 올라오지 않으면 사람은 잘 잊습니다.

또 사람의 기가 올라가거나 내려가지 않고 몸 한복판에서 가슴과 맞닿으면 병이 납니다."

환공이 물었다. "그러면 귀신이 있는가?"

황자오고가 대답했다. "있습니다.

진흙에는 리(履)라는 귀신이 있고, 부뚜막에는 계(髻)라는 귀신이 있고,

집안 쓰레기통에는 뇌정(雷霆)이라는 귀신이 삽니다.

집 동북쪽 구석에는 배아(倍阿)와 해룡(鮭龍)이라는 귀신이 날뛰며,

집 서북쪽 구석에는 일양(泆陽)이라는 귀신이 삽니다.

물에는 망상(罔象)이라는 귀신이 있고, 언덕에는 신(峷)이라는 귀신이 있고,

산에는 기(夔)라는 귀신이 있고, 들에는 방황(彷徨)이라는 귀신이 있고,

늪에는 위사(委蛇)라는 귀신이 있습니다."

환공이 물었다. "그러면 위사라는 귀신의 모양은 어떻게 생겼소?"

황자오고가 대답했다.

"위사(委蛇)는 그 크기가 수레바퀴만 하고, 길이는 수레 끌채만 하고, 자줏빛 옷에 붉은 관을 쓰는데 그 됨됨이가 천둥소리와 수레 소리를 싫어해 이 소리만 들으면 머리를 들고 일어납니다. 그런데 이것을 본 사람은 거의 패자가 됩니다."

환공은 그제야 껄껄 웃으면서 미소를 지며 말했다.

"그것이 과인이 본 거요."

이에 환공은 의관을 바로잡고 황자오고와 함께 앉은 지 하루도 채 안 되어 어느새 병이 사라졌다.

注 ─────────────────────────────────

桓公田於澤 管仲御 見鬼焉: (제나라) 환공(桓公)이 늪에서(於~澤) 사냥을 하다(田). (그때) 관중(管仲)이 (그를) 모시다(御). (환공은 이 때) 귀신(鬼)을 보다(見). 澤(늪 택) 御(어거할 어, 왕을 모시다) 鬼(귀신 귀)

公撫管仲之手曰 仲父何見?: 환공(公)이 관중(管仲)의 손(手)을 어루만지며(撫) 말하다. 중부(仲父)인 (관중은) 무얼(何) 보지(見) (못하나)? 撫(어루만질 무)

對曰 臣無所見: (관중이) 대답해(對) 말하다. 신(臣)은 본(見) 바(所)가 없다(無). 즉 아무것도 못 보다.

公反 誒詒爲病 數日不出: 환공(公)이 (궁에) 돌아와(反) 정신을 잃은(誒詒) (뒤) 병에 걸려서(爲~病) 며칠(數日)간 (밖에) 나가지(出) 못하다(不). 誒詒〔정신을 잃어 어리둥절한 모양. 誒(느른할 희) 詒(게으를 태, 나태한 모양)〕

齊士有皇子告敖者曰: 황자고오(皇子告敖)라는 제(齊)나라 선비(士)가 있어(有) (앓고 있는 환공을 찾아와서) 말하다.

公則自傷 鬼惡能傷公!: 환공 (정도)라면(公~則) 스스로(自) 다친(傷) 게지 귀신(鬼)이 어찌(惡) 환공(公)을 다치게(傷) 할 수 있는가(能)! 傷(다칠 상)

夫忿滀之氣 散而不反 則爲不足: 저(夫) 성냄(忿滀)의 기(氣)가 흩어져서(散~而) 돌아오지(反) 않으면(不~則) (정신이) 충실하지(足) 못하다(爲~不). 忿滀〔성냄. 忿(성낼 분) 滀(발끈할 축, 성내는 모양)〕散(흩을 산)

上而不下 則使人善怒: (또 사람의 기가) 올라가서(上~而) 내려오지(下) 않으면(不~則) 사람은(使~人) 잘(善) 성내다(怒). 上(윗 상 → 오르다) 下(아래 하 → 내려오다) 善 怒(성낼 노)

下而不上 則使人善忘: (또 사람의 기가) 내려가서(下~而) 올라오지(上) 않으면(不~則) 사람은(使~人) 잘(善) 잊는다(忘). 忘(잊을 망)

不上不下 中身當心 則爲病: (또 사람의 기가) 올라가지(上) 않거나(不) 내려가지(下) 않고(不)

몸(身)의 한복판(中)에서 가슴(心)과 맞닿으면(當~則) 병이 나다(爲~病). 中身〔몸의 한 복판. 中(중심 중) 身(몸 신)〕當(맞을 당, 맞닿다)

桓公曰 然則有鬼乎?: 환공(桓公)이 말하다. 그러면(然則) 귀신(鬼)이 있는가(有)? 鬼(귀신 귀)

曰 有 沈有履 灶有髻: (황자오고가) 말하다. 있다(有). 진흙(沈)에는 리(履)라는 (귀신이) 있고 (有), 부뚜막(灶)에는 계(髻)이란 (귀신이) 있다(有). 沈(진흙 침) 灶(부엌 조, 부뚜막)

戶內之煩壤 雷霆處之: 집(戶) 안(內) 쓰레기통(煩壤)에는 뇌정(雷霆)이란 (귀신이) 처한다(處). 戶(집 호) 煩壤〔쓰레기통. 煩(번거로울 번) 壤(땅 양, 장소)〕處(살 처)

東北方之下者 倍阿鮭龍躍之: (집) 동북(東北) 쪽(方) 구석(下者)에는 배아(倍阿)와 해롱(鮭龍) 이라는 (귀신이) 날뛰다(躍). 躍(뛸 약, 날뛰다)

西北方之下者 則泆陽處之: (집) 서북(西北) 쪽(方) 구석(下者)에는 이른바(則) 일양(泆陽)이라 는 (귀신이) 산다(處).

水有罔象 丘有宰 山有夔: 물(水)에는 망상(罔象)이라는 (귀신이) 있고(有), 언덕(丘)에는 신(宰) 이라는 (귀신이) 있고(有), 산(山)에는 기(夔)라는 (귀신이) 있다(有). 宰(도깨비이름 신)

野有彷徨 澤有委蛇: 들(野)에는 방황(彷徨)이라는 (귀신이) 있고(有), 늪(澤)에는 위사(委蛇)라 는 (귀신이) 있다(有). 澤(늪 택) 委蛇〔전설상의 뱀. 委(물길모이는곳 위) 蛇(뱀 사)〕

公曰 請問 委蛇之狀何如?: 환공(公)이 말하다. 청해(請) 묻건대(問) 위사(委蛇)라는 귀신 모양 (狀)이 어떻소(何如)? 狀(형상 상)

皇子曰 委蛇 其大如轂 其長如轅: 황자오고(皇子)가 말하다. 위사(委蛇)는 크기(大)가 수레바퀴 (轂)만 하고(如), 길이(長)는 수레 끌채(轅)만 하다(如). 轂(바퀴 곡, 수레바퀴) 轅(끌채 원, 수레 끌채)

紫衣而朱冠: 자줏빛(紫) 옷(衣)에 붉은(朱) 관(冠)을 쓰다. 紫(자주빛 자) 朱(붉을 주)

其爲物也 惡聞雷車: (그런데 그) 됨됨이(爲~物)가 천둥(雷) (소리)와 수레(車) 소리(聞)를 싫어하 다(惡). 雷(우레 뢰, 천둥) 惡(미워할 오, 싫어하다)

之聲 則捧其首而立: (그래서 이 소리만) 들으면(聲~則) 머리(首)를 들고(捧) 일어나다(立). 首(머 리 수) 捧(들 봉, 들다)

見之者殆乎霸: (그런데 이것을) 본(見) 사람(者)은 패자(霸)에 가깝다(殆). 즉 거의 패자가 되다. 殆(가까울 태)

桓公囅然而笑曰: 환공(桓公)은 (그제야) 껄껄 웃으면서(囅然~而) 미소를 지며(笑) 말하다. 囅 (웃을 진, 껄걸 웃다) 笑(웃을 소, 미소 짓다)

此寡人之所見者也: 그것(此)이 과인(寡人)이 본(見) 바(所~者)이다.

於是正衣冠與之坐: 이에(於~是) (환공은) 의관(衣冠)을 바로잡고(正), (황자오고와) 함께(與) 앉 다(坐). 坐(앉을 좌)

不終日而不知病之去也: 하루(日)도 끝나지(終) 않아(不) 병(病)이 지난(去) 지 알지(知) 못하다 (不). 즉 하루도 채 안 되어 병이 어느새 사라지다. 去(갈 거)

달생(達生) 8

紀渻子爲王養鬪鷄.

十日而問:「鷄可鬪已乎?」曰:「未也, 方虛憍而恃氣.」

十日又問, 曰:「未也. 猶應嚮景.」

十日又問, 曰:「未也. 猶疾視而盛氣.」

十日又問, 曰:「幾矣. 鷄雖有鳴者, 已無變矣, 望之似木鷄矣,

其德全矣, 異鷄無敢應, 見者反走矣.」

기성자(紀渻子)가 왕을 위해서 싸움닭을 길렀다.

열흘이 지나자 왕이 물었다. "닭이 싸울 준비를 끝냈나?"

기성자가 말했다. "아직은 아닙니다.

지금은 쓸데없이 허세를 부리고, 자기 혈기만 믿고 의지합니다."

다시 열흘이 지나자 왕이 물었다.

기성자가 말했다. "아직은 아닙니다.

오히려 다른 닭의 울음소리를 듣거나 그림자만 보아도 덤벼듭니다."

다시 열흘이 지나자 왕이 물었다.

기성자가 말했다. "아직은 아닙니다.

오히려 상대를 노려보는 병이 있고, 혈기도 왕성합니다."

다시 열흘이 지나자 왕이 물었다.

기성자가 말했다. "이제 거의 다 됐습니다.

다른 닭이 울음소리를 내면서 아무리 싸움을 걸어와도 미동조차 안 합니다.

또 멀리서 바라보면 나무로 깎은 닭과 같아서 이제야 덕이 온전해졌습니다.

그래서 다른 닭이 감히 덤벼들지 못하고 보기만 해도 달아납니다."

注 ────────────────────────────────

紀渻子爲王養鬪鷄: 기성자(紀渻子)가 왕(王)을 위해서(爲) 싸움(鬪) 닭(鷄)을 기르다(養). 鬪(싸움 투) 鷄(닭 계) 養(기를 양)

十日而問 鷄可鬪已乎?: 열흘(十日)이 지나자 (왕이) 묻다(問). 닭(鷄)이 싸울(鬪) 수 있는가(可)? 즉 싸울 준비를 끝냈나?

曰 未也 方虛憍而恃氣: (기성자가) 말하다. 아직은 아니다(未~也). (지금은 쓸데없이) 허세(虛憍)

를 부리고(方~而) 자기 혈기(氣)만 믿고 의지하다(恃). 虛憍〔실력이 없으면서 교만함. 즉 허세 憍(교만할 교)〕方(본뜰 방, 모방하다 → 부리다) 氣 → 血氣(혈기) 恃(믿을 시, 믿고 의지하다)

十日又問: (다시) 열흘(十日)이 (지나자 왕이) 묻는다(問).

曰 未也 猶應嚮景: (기성자가) 말한다. 아직은 아니다(未). 오히려(猶) (다른 닭의) 울음소리(嚮)를 (듣거나) 그림자(景)만 (보아도) 덤벼든다(應). 猶(오히려 유) 嚮(울림 향, 소리 → 울음소리) 景(그림자 영) ★ 그림자를 뜻하는 한자말은 원래 영(影)이다. 그런데 影에서 오른쪽의 '彡'가 빠지면 '景'이 된다. 이것도 그림자를 의미한다. 내편 「제물론」7에서도 이런 시도를 한 바 있다.

十日又問: (다시) 열흘(十日)이 (지나자 왕이) 묻는다(問).

曰 未也 猶疾視而盛氣: (기성자가) 말한다. 아직은 아니다(未). 오히려(猶) (상대를) 노려보는 (視) 병(疾)이 있고 혈기(氣)도 왕성하다(盛). 視(볼 시, 노려보다) 疾(병 질) 氣(기운 기 → 혈기) 盛(성할 성, 왕성함)

十日又問: (다시) 열흘(十日)이 (지나자 왕이) 묻는다(問).

曰 幾矣 鷄雖有鳴者 已無變矣: (기성자가) 말한다. 이젠 거의(幾) 되다. (다른) 닭(鷄)이 울음소리(鳴)를 내며(有), 아무리(雖) (싸움을 걸어와도) 변하지(變) 않다(無). 즉 미동조차 안 하다. 幾(거의 기) 鳴(울 명, 울음소리) 變(변할 변)

望之似木鷄矣 其德全矣: (또 멀리서) 바라보면(望) 나무(木)로 (깎은) 닭과 같다(似~鷄). (그래서 이제야) 덕(德)이 온전해지다(全). 望(바라볼 망) 似(같을 사)

異鷄無敢應 見者反走矣: (그래서) 다른(異) 닭(鷄)이 감히(敢) 덤벼들지(應) 못하고(無) 보면(見~者) 반대로(反) 달아나다(走). 즉 보기만 해도 달아나다. 應(대응할 응 → 덤벼들다) 走(달아날 주)

달생(達生) 9

孔子觀於呂梁, 縣水三十仞, 流沫四十里, 黿鼉魚鱉之所不能游也.
見一丈夫游之, 以爲有苦而欲死也, 使弟子竝流而拯之.
數百步而出, 被髮行歌而游於塘下.
孔子從而問焉, 曰:「吾以子爲鬼, 察子則人也. 請問, 蹈水有道乎?」
曰:「亡, 吾無道. 吾始乎故, 長乎性, 成乎命. 與齊俱入, 與汨偕出,
從水之道而不爲私焉. 此吾所以蹈之也.」
孔子曰:「何謂始乎故, 長乎性, 成乎命?」
曰:「吾生於陵而安於陵, 故也., 長於水而安於水, 性也., 不知吾所以然而然, 命也.」

공자가 여량(呂梁)에 놀러 갔을 때 서른 길 높이서 떨어지는 폭포가 있었다.
그 폭포의 물보라만도 40리에 뻗쳐 흩날렸다.
그 폭포 물에서 자라나 악어는 물론, 물고기와 금계도 헤엄칠 수 없었다.
공자는 이런 급류에서 한 사나이가 몸을 날려서 헤엄치는 걸 보았다.
괴로운 일로 죽는 거라고 여기고 제자에게 흐르는 물길을 따라가서
건지도록 명했다.
그런데 그 사나이는 수백 보 깊이의 물속을 당당히 헤엄쳐서 나왔다.
그리고는 머리를 풀어헤친 뒤 노래를 부르며 둑 아래에서 수영을 했다.
공자가 그를 따라가서 물었다.
"나는 그대가 귀신인 줄 알았는데 가까이서 보니 사람이군요.
청해 묻건대 물속에서 헤엄치는데도 특별한 도(道)가 있나요?"
그 사나이가 대답했다. "없습니다. 제게는 어떤 특별한 도가 없습니다.
저는 예부터 주어진 습관(故)에서 시작해 이걸 타고난 본성(性)으로 늘리고,
마침내 하늘의 명(命)으로 이루었을 뿐입니다.
전 소용돌이와 함께 물속에 들어가 솟구치는 물과 함께 물 위로 나오기에
물의 도를 따를 뿐 제 힘을 쓰지 않습니다.
이것이 제가 물속에서 헤엄치는 방법입니다."
공자가 물었다.
"예부터 주어진 습관에서 시작해 이것을 타고난 본성으로 늘리고,
마침내 하늘의 명으로 이룬다는 건 무슨 말인가요?"
그 사나이가 대답했다.
"전 구릉서 태어났기에 구릉을 편히 여기는 건 예부터 주어진 습관입니다.
그 뒤 물을 가까이해 예부터 주어진 습관을 통해 늘리면서
물을 편히 여기게 된 게 타고난 본성이 되었습니다.
그런데 저는 그렇게 된 까닭을 알지 못하므로 그것이 하늘의 명(命)입니다."

注 ────────────────────────────

孔子觀於呂梁: 공자(孔子)가 여량에(於~呂梁) 구경(觀) 가다. 즉 놀러가다. 觀(볼 관, 구경 가다)
縣水三十仞: (그 때 떨어지는 폭포) 수직(縣)의 물(水)이 서른(三十) 길(仞)이다. 縣(드리운수직선
현→높이) 仞(길 인)

流沫四十里: 그 물보라(流沫)는 40(四十) 리(里)이다. 즉 폭포의 물보라가 40리에 뻗쳐서 흩날리다. 流沫〔거센 물결이 부딪쳐서 거품을 내며 흐름. 즉 흩날리는 물보라. 流(흐를 류) 沫(물방울 말)〕

黿鼉魚鱉之所不能游也: (그 폭포 물에선) 자라(黿)나 악어(鼉)는 (물론이고), 물고기(魚)와 금계(鱉)도 헤엄칠(游) 수(能) 없는(不) 바(所)다. 黿(자라 원) 鼉(악어 타) 鱉(금계 별) 游(헤엄칠 유)

見一丈夫游之: (공자는 이런 급류에서) 한(一) 사나이(丈夫)가 (몸을 날려) 헤엄치는(游) 걸 보다(見). 丈夫〔장성한 남자. 丈(사나이 장)〕

以爲有苦而欲死也: 괴로운(苦) 일이 있어(有~而) 죽으려고(欲~死) 한 거로 여기다(以~爲). 苦(어려울 고, 괴로움)

使弟子竝流而拯之: 흐르는(流) (물길을) 따라(竝~而) 건지도록(拯) 제자에게(使~弟子) (부탁하다). 竝(나란히할 병, 물길과 나란히 하다 → 물길을 따라가다) 拯(건질 증)

數百步而出: (그런데 그 사나이는) 수백(數百) 보(步) (깊이의 물속을 당당히 헤엄쳐서) 나오다(出).

被髮行歌而游於塘下: (그리고는) 머리(髮)를 풀어헤친(被) (뒤) 노래(歌)를 부르며(行~而) 둑(塘) 아래에서(於~下) 수영하다(游). 髮(머리털 발) 被(흐트러뜨릴 피 → 풀어헤치다) 行(행할 행 → 노래를 부르다) 塘(못 당, 둑)

孔子從而問焉 曰: 공자(孔子)가 (그를) 따라가서(從) 묻다(問). 從(좇을 종, 따르다)

吾以子爲鬼 察子則人也: 나(吾)는 그대(子)가 귀신(鬼)인 줄 알았는데(以~爲) 그대(子)를 가까이서 보니(察~則) 사람(人)이다. 察(살필 찰 → 가까이서 보다)

請問 蹈水有道乎?: 청해(請) 묻건대(問) 물(水) 속에서 헤엄치는데도(蹈) (특별한) 도(道)가 있는가(有)? 蹈(밟을 도 → 물속에서 헤엄치다)

曰 亡 吾無道: 대답했다. (그 사나이가) 말하다. 없다(亡). 나(吾)에게는 (어떤 특별한) 도(道)가 없다(無). 亡(없을 망)

吾始乎故 長乎性: 나(吾)는 예부터 주어진 습관(故)에서 시작해(始) (이것을) 타고난 본성(性)으로 늘리다(長). 故(옛 고, 옛날에 주어진 습관) 長(길 장, 늘리다)

成乎命: (마침내) 하늘의 명(命)으로 이루다(成). 命(운명 명 → 하늘의 명) 成(이룰 성)

與齊俱入 與汨偕出: (나는) 소용돌이와(與~齊) 함께(俱) (물속에) 들어가서(入) 솟구치는 물과(與~汨) 함께(偕) (물 위로) 나오다(出). 齊(배꼽 제, 배꼽은 소용돌이치는 형상) 俱(함께 구, 같이) 汨(물결 골, 파도 → 솟구치는 물) 偕(함께 해)

從水之道而不爲私焉: (그러기에) 물(水)의 도(道)를 따를 뿐(從~而) 내(私) (힘을 쓰지) 않다(不~爲). 從(좇을 종) 道(사리 도)

此吾所以蹈之也: 이것(此)이 내(吾)가 (물속에서) 헤엄치는(以~蹈) 바(所)다. 蹈(밟을 도 → 헤엄치다)

孔子曰 何謂始乎故: 공자(孔子)가 말하다. (예부터 주어진) 습관(故)에서 시작한다는(始) (건) 무슨(何) 말인가(謂)?

長乎性 成乎命?: (또 이것을) 타고난 본성(性)으로 늘리고(長), (마침내) 하늘의 명(命)으로 이룬다는(成) 건 (무슨 말인가)?

曰 吾生於陵而安於陵 故也: (그 사나이가) 말하다. 나(吾)는 구릉에서(於~陵) 태어나(生~而) 구릉을(於~陵) 편히(安) 여기는 건 예부터 (내게) 주어진 습관(故)이다. 陵(큰언덕 릉, 구릉)

長於水而安於水 性也: (그 뒤) 물을(於~水) (가까이해 예부터 주어진 습관을 물을 통해) 늘리면서(長~而) 물을(於~水) 편히(安) (여기게 된 건) 타고난 본성(性)이 (되다).

不知吾所以然而然 命也: (그런데) 나(吾)는 그렇게(然) 된 까닭(以~所)을 알지(知) 못하므로(不~而) 그런(然) 게 하늘의 뜻(命)이다.

달생(達生) 10

梓慶削木爲鐻, 鐻成, 見者驚猶鬼神.

魯侯見而問焉, 曰:「子何術以爲焉?」

對曰:「臣工人, 何術之有! 雖然, 有一焉.

臣將爲鐻, 未嘗敢以耗氣也, 必齊以靜心.

齊三日, 而不敢懷慶賞爵祿., 齊五日, 不敢懷非譽巧拙.,

齊七日, 輒然忘吾有四枝形體也.

當是時也, 無公朝, 其巧專而滑消., 然後入山林, 觀天性, 形軀至矣.,

然後成見鐻, 然後加手焉., 不然則已.

則以天合天, 器之所以疑神者, 其由是與!」

노(魯)나라에 재경(梓慶)이란 목수가 북 틀을 만들기 위해

나무를 깎아서 북 틀을 완성 시켰다.

그 북 틀을 본 사람들은 한결같이 놀라서 귀신의 솜씨와 같다고 말했다.

노나라 제후가 그 북 틀을 보고 재경에게 물었다.

"그대는 북 틀을 어떤 방법으로 만들었는가?"

재경이 대답했다. "신은 목수에 지나지 않는데 달리 무슨 방법이 있나요!"

비록 그렇더라도 한 가지는 있습니다.

신이 북 틀을 만들 때 함부로 기(氣)를 소모하지 않고,

반드시 재계해 마음을 고요히 합니다.

사흘을 재계하면 상을 받거나 벼슬과 봉록을 얻는단 생각을 품지 않습니다.

닷새를 재계하면 세상 비난과 칭찬, 잘하고 못한단 생각을 품지 않습니다.

이레를 재계하면 마음이 동요되지 않은 채

팔다리와 몸을 지닌다는 걸 잊습니다.

이때쯤 되면 조정의 시선은 아랑곳하지 않고 오로지 기술에 전념하므로

제 마음을 어지럽히는 것들이 자연히 사라집니다.

그런 후 산림에 들어가 자연스런 성질과 모습이 훌륭한 나무를 찾습니다.

그런 후 완성될 북 틀의 모양을 마음속에 떠올립니다.

그런 후 비로소 작업에 착수합니다.

물론 완성될 북 틀의 모양이 떠오르지 않으면 일에 착수하지 않습니다.

그러면 나무의 자연스러운 본성과 저의 자연스러운 본성이 합쳐집니다.

제가 만든 북 틀이 귀신의 솜씨와 같다는 건 이로부터 말미암습니다!”

注 ────────────────

梓慶削木爲鐻 鐻成: (노나라에) 재경(梓慶)이란 (목수가) 북 틀(鐻)을 (만들기) 위해(爲) 나무(木)를 깎아서(削) 북 틀(鐻)을 완성시키다(成). 鐻(악기걸이 거, 북 틀) 削(깎을 삭)

見者驚猶鬼神: (그 북 틀을) 본(見) 사람(者)들은 (한결같이) 놀라(驚) 귀신(鬼神)의 (솜씨와) 같다(猶)고 (말한다). 驚(놀랄 경) 猶(마치 유, 마치 ~와 같다))

魯侯見而問焉 曰: 노(魯)나라 제후(侯)가 (그 북 틀을) 보고서(見~而) (재경에게) 묻다(問).

子何術以爲焉?: 너(子)는 어떤(何) 방법으로(以~術) (그 북 틀을) 만드나(爲)? 術(방법 술)

對曰 臣工人 何術之有!: (재경이) 답하다(對). 신(臣)은 공인(工人)인데, 즉 목수에 지나지 않는데 (달리) 무슨(何) 방법(術)이 있는가(有)!

雖然 有一焉: 비록(雖然) (그렇더라도) 한(一) 가지는 있다(有).

臣將爲鐻 未嘗敢以耗氣也: 신(臣)이 북 틀(鐻)을 만들(爲) 때 함부로(敢) 기(氣)를 소모하지(以~耗) 않는다(未嘗). 敢(감히 감 → 함부로) 耗(줄 모, 소비하다 → 소모하다)

必齊以靜心: 반드시(必) 재계해서(齊) 마음(心)을 고요히(以~靜) 하다. 齊(재계할 제) 靜(고요할 정)

齊三日 而不敢懷慶賞爵祿: 사흘(三日)을 재계하면(齊~而) 상(慶賞)을 받거나 벼슬(爵)과 봉록(祿)을 (얻는다는 생각을) 감히(敢) 품지(懷) 않는다(不). 慶賞〔상. 慶(상 경) 賞(상줄 상)〕爵(작위 작, 벼슬) 祿(봉록) 懷(품을 회)

齊五日 不敢懷非譽巧拙: 닷새(五日)를 재계하면(齊) 세상의 비난(非)과 칭찬(譽), 잘하고(巧) 못한다는(拙) 생각을 감히(敢) 품지(懷) 않는다(不). 非(비난할 비) 譽(기릴 예, 칭찬) 巧(공교할 교, 잘함) 拙(졸할 졸, 못함)

齊七日 輒然忘吾有四枝形體也: 이레(七日)를 재계하면(齊) 마음이 동요되지 않은 채(輒然) 내(吾) (자신이) 팔다리(四枝)와 몸(形體)을 지니는(有) 걸 잊는다(忘). 輒然(움직이지 않는 모양. 즉 마음이 동요되지 않음. 輒(움직이지않는모양 첩)) 四枝(사지, 팔다리) 形體(형체, 몸) 忘(잊을 망)

當是時也 無公朝: 이(是) 때(時)를 당하면(當), 즉 이때쯤 되면 조정(公朝)의 (시선은 아랑곳하지) 않다(無). 公朝〔조정. 公(조정 공) 朝(조정 조)〕

其巧專而滑消: (오로지) 기술(巧)에 전념하므로(專~而) (내 마음을) 어지럽히는(滑) (게 자연히) 사라지다(消). 巧(솜씨 교, 기술) 專(전일할 전, 집중하다 → 전념하다) 滑(어지러워질 골, 어지럽히다) 消 (사라질 소)

然後入山林 觀天性 形軀至矣: 그런 후(然後) 산림(山林)에 들어가(入) 자연스러운(天) 성질 (性)과 모습(形軀)이 훌륭한(至) (나무를) 찾다(觀). 形軀〔몸. 즉 모습. 形(모양 형) 軀(몸 구)〕至 (훌륭할 지, 좋은) 觀(살펴볼 관 → 찾다)

然後成見鐻: 그런 후(然後) 완성될(成) 북틀(鐻)을 (마음속에) 따져서 헤아리다(見). 즉 완성될 북 틀의 모양을 마음속에 떠올리다. 成(이룰 성, 완성) 見(따져헤아릴 견)

然後加手焉: 그런 후(然後) (작업에) 착수하다(加手). 加手〔어떤 일에 손을 대 시작하다. 즉 착 수하다. 加(더할 가) 手(손 수)〕

不然則已: (물론) 그렇지(然), 즉 완성될 북 틀의 모양이 떠오르지 않으면(不~則) 그것뿐이다 (已). 즉 일에 착수하지 않는다.

則以天合天: 그러면(則) (나무의) 자연스러운 본성과(以~天) (나의) 자연스러운(天) 본성이 합 쳐지다(合). 合(합칠 합)

器之所以疑神者: (내가 만든) 북 틀(器)이 귀신(神者)의 솜씨와 같은(以~疑) 바(所). 器(그릇 기 → 북틀) 疑(같을 의)

其由是與!: 이(是)로부터 말미암는다(由)! 由(말미암을 유, 이유)

달생(達生) 11

東野稷以御見莊公, 進退中繩, 左右旋中規.

莊公以爲文弗過也, 使之鉤百而反.

顏闔遇之, 入見曰:「稷之馬將敗.」

公密而不應.

少焉, 果敗而反. 公曰:「子何以知之?」

曰:「其馬力竭矣. 而猶求焉, 故曰敗.」

동야직(東野稷)이 말 부리는 솜씨를 장공(莊公)에게 자랑해 보였다.

그가 끄는 말이 수레를 모니까 수레의 나아감과 물러남이 줄 친 듯 곧았고,

좌우로 도는 게 컴퍼스로 그린 것처럼 정확했다.

장공은 옷에 장식한 아름다운 무늬도 이보다 더 정확할 수 없다고 여기고

둥근 원을 백 번 돌고 오라고 명령했다.

장공의 신하인 안합(顏闔)이 동야직을 만나고 돌아와 장공을 뵙고 아뢰었다.

"동야직의 말이 쓰러질 겁니다."

장공은 침묵하며 아무런 대꾸도 하지 않았다.

얼마 후 수레를 끌던 말이 정말로 쓰러지자 동야직이 돌아왔다.

장공이 안합에게 물었다. "그대는 어찌해서 이렇게 될 줄 알았는가?"

안합이 대답했다.

"말의 힘이 다했는데 오히려 계속해서 달리도록 요구했으니

쓰러진다고 말한 겁니다."

注 ──────

東野稷以御見莊公: 동야직(東野稷)이 말 부리는 솜씨를(以~御) 장공(莊公)에게 (자랑스레) 보이다(見). 御(부릴 어, 말같은 걸 부리는 솜씨) 見(보일 견)

進退中繩: (그가 끄는 말이 수레를 모니까 수레의) 나아감(進)과 물러남(退)이 (마치) 줄(繩) (친 듯) 곧다(中). 進(나아갈 진) 退(물러날 퇴) 繩(줄 승) 中(곧을 중 → 정확하다)

左右旋中規: 좌우(左右)로 도는(旋) 게 컴퍼스(規)로 (그린 것처럼) 정확하다(中). 旋(돌 선) 規(원을그릴 규, 컴퍼스)

莊公以爲文弗過也: 장공(莊公)은 옷에 장식한 (아름다운) 무늬(文)도 (이를) 지나칠(過) 수 없다(以~弗) 여기다(爲). 즉 이보다 더 정확할 수 없다고 여기다. 文(무늬 문) 過(지날 과)

使之鉤百而反: (그래서) 둥근 원(鉤)을 백(百) 번 돌고 오라고(使~反) (명령하다). 鉤(그림쇠 구 → 둥근 원) 反(돌아올 반)

顏闔遇之 入見曰: (장공 신하) 안합(顏闔)이 (동야직을) 만나고(遇) (돌아와 장공에게) 들어가(入) 보고(見) 말하다. 遇(만날 우)

稷之馬將敗: 동야직(稷)의 말(馬)이 쓰러지다(將~敗). 將(장차 장, 장차 ~하려하다) 敗(망가질 패,

부서지다 → 쓰러지다)

公密而不應: 장공(公)은 침묵하면서(密~而) (아무런) 대꾸(應)도 하지(不) 않다. 密(조용할 밀 → 침묵하다) 應(응할 응, 대응하다 → 대꾸하다)

少焉 果敗而反: 얼마(少) 후 (수레를 끌던 말이) 정말로(果) 쓰러지자(敗~而) (동야직이) 돌아오다 (反). 果(과연 과 → 정말로)

公曰 子何以知之?: 장공(公)이 (안합에게) 말하다. 그대(子)는 어찌(何) 함으로써(以) (그걸) 아는가(知)?

曰 其馬力竭矣: (안합이) 말하다. 말(馬)의 힘(力)이 다하다(竭). 竭(다할 갈)

而猶求焉 故曰敗: 그런데(而) 오히려(猶) (계속해서 달릴 걸) 요구하다(求). 고로(故) 쓰러진다고 (敗) 말하다. 求(빌 구, 요구하다)

달생(達生) 12

工倕旋而蓋規矩, 指與物化而不以心稽, 故其靈臺一而不桎.
忘足, 屨之適也., 忘要, 帶之適也., 忘是非, 心之適也.,
不內變, 不外從, 事會之適也. 始乎適而未嘗不適者, 忘適之適也.

공수(工倕)가 손가락으로 도면에 동그라미를 그리면
컴퍼스나 굽은 자는 공수가 그린 동그라미를 덮어씌울 만큼 정확했다.
공수가 손가락으로 그린 동그라미의 정확함은
공수의 손가락이 사물과 함께 변화해 사물이 마음에 머물지 않아서다.
그래서 그의 마음은 사물과 하나 되어 사물에 의해 속박받지 않는다.
사람이 발을 잊는 건 신이 발에 맞아서이고,
허리를 잊는 건 허리띠가 허리에 맞아서이고,
시비(是非)를 잊는 건 옳고 그름이 마음에 맞아서이다.
그러니 마음이 변치 않거나 마음이 바깥의 사물을 좇지 않는다면
마음으로 그린 동그라미는 실제 동그라미 모양과 같아지게 마련이다.
마음으로 그린 동그라미가 실제 동그라미 모양과 같아지면
공수는 그제서야 동그라미를 손으로 그리기 시작한다.
그런데 그가 그린 동그라미가 실제 동그라미 모양과 같지 않은 적이
여태 한 번도 없었다.

이는 손으로 그린 동그라미가 실제 동그라미 모양과 같아졌는데도
같다는 사실조차 공수가 잊어서이다.

注 ————————————————————————————————

工倕旋而蓋規矩: 공수(工倕)가 (도면에 손가락으로) 동그라미를 그리면(旋~而) 컴퍼스(規)나 곱은 자(矩)는 (공수가 그린 동그라미를) 덮어씌울(蓋) (만큼 정확하다). 旋(동그라미 선) 規(걸음쇠 규, 컴퍼스) 矩(곱자 구) 蓋(덮을 개)

指與物化而不以心稽: (공수가 손가락으로 그린 동그라미의 정확함은 공수의) 손가락(指)이 사물(物)과 함께(與) 변화해서(化~而) (사물이) 마음(心)에 머물지(以~稽) 않아서(不)이다. 指(손가락 지) 化(화할 화, 변화하다) 稽(머무를 계)

故其靈臺一而不桎: 그래서(故) 그의 마음(靈臺)은 (사물과) 하나가 되어(一~而) (사물에 의해) 속박받지(桎) 않다(不). 靈臺[마음. 靈(정신 령) 臺(돈대 대)] ※ 참고한 『莊子今註今譯』에 '壹(하나 일)'로 표기되었는데 오자로 보아 '臺(돈대 돈)'로 바꾸어서 해석했다. 桎(속박할 질)

忘足 履之適也: (사람이) 발(足)을 잊는(忘) 건 신(履)이 (발에) 맞아서이다(適). 足(발 족) 履(신구) 適(맞을 적)

忘要 帶之適也: 허리(要)를 잊는(忘) 건 허리띠(帶)가 (허리에) 맞아서이다(適). 要(허리 요) 帶(허리띠 대)

忘是非 心之適也: 시비(是非)를 잊는(忘) 건 (옳고 그름이) 마음(心)에 맞아서이다(適).

不內變 不外從: (그러니) 마음(內)이 변치(變) 않거나(不) (마음이) 바깥(外)의 (사물을) 좇지(從) 않는다(不). 內(안 내 → 마음) 從(좇을 종)

事會之適也: (그러면 하는) 일(事)이 일치함(會)에 같아지다(適). 즉 마음으로 그린 동그라미는 실제 동그라미의 모양과 같아지다. 事(일 사) 會(부합할 회, 일치하다) 適(같을 적)

始乎適而未嘗不適者: (마음으로 그린 동그라미가 실제 동그라미의 모양과) 같아지면(適) (공수는 그제야 동그라미를 손으로 그리기) 시작하는데(始~而) (그가 손으로 그린 동그라미가 실제 동그라미의 모양과) 같지(適) 않은(不) (적이) 여태 없는(未嘗) 것(者).

忘適之適也: (이는 공수가 손으로 그린 동그라미가 실제 동그라미의 모양과) 같아졌는데도(適) 같다는 (適) (사실조차 공수가) 잊어서다(忘).

달생(達生) 13

有孫休者, 踵門而詫子扁慶子曰:「休居鄉不見謂不修, 臨難不見謂不用., 然而田原不遇歲, 事君不遇世, 賓於鄉里, 逐於州部, 則胡罪乎天哉? 休惡遇此命也?」

扁子曰:「子獨不聞夫至人之自行邪?

忘其肝膽, 遺其耳目, 芒然彷徨乎塵垢之外, 逍遙乎無事之業, 是謂爲而不恃,
長而不宰.

今汝飾知以驚愚, 修身以明汚, 昭昭乎若揭日月而行也.

汝得全而形軀, 具而九竅, 無中道夭於聾盲跛蹇而比於人數, 亦幸矣,
又何暇乎天之怨哉! 子往矣!」

孫子出. 扁子入, 坐有間, 仰天而歎. 弟子問曰:「先生何爲歎乎?」

扁子曰:「向者休來, 吾告之以至人之德, 吾恐其驚而遂至於惑也.」

弟子曰:「不然. 孫子之所言是邪? 先生之所言非邪? 非固不能惑是.

孫子所言非邪? 先生所言是邪? 彼固惑而來矣, 又奚罪焉!」

扁子曰:「不然. 昔者有鳥止於魯郊, 魯君說之, 爲具太牢而饗之, 奏九韶以樂之,
鳥乃始憂悲眩視, 不敢飲食.

此之謂以己養養鳥也.

若夫以鳥養養鳥者, 宜棲之深林, 浮之江湖, 食之以委蛇, 委蛇而處, 則安平陸而
已矣.

今休, 款啓寡聞之民也, 吾告以至人之德, 譬之若載鼷以車馬, 樂鴳以鐘鼓也.

彼又惡能無驚乎哉!」

노나라에 손휴(孫休)라는 사람이 편경자(扁慶子) 집을 직접 방문해 말했다.
"벼슬에서 물러나 시골에서 살면서 수양이 덜 되었다거나
어려운 일을 당해도 쓰임이 없다는 말을 듣지 않았습니다.
그런데 농사를 지어도 풍작을 못 이루고,
군주를 섬겨도 제대로 대우를 받지 못했는데
이제는 시골 마을에서 버림을 받아 고을에서 쫓겨나는 신세가 되었습니다.
그러니 제가 하늘에 어떤 죄를 지었나요?
저 손휴는 어째서 이런 운명을 만났습니까?
편경자가 말했다.
"그대만 지인(至人)의 자연스런 행동에 대해 들어보지 못했나요?
지인은 자신의 간과 쓸개를 잊고 눈 귀도 잃어

세상 밖을 망연히 방황하고, 하고자 함이 없는 무위로 소요하지요.
또 무언가 이루고도 기대지 않고, 사물을 자라게 하고도 주관하지 않지요.
그런데 지금 당신은 앎을 잘 포장해서 어리석은 사람을 놀라게 하고,
몸을 수양한답시고 남의 더러운 행동을 밝히고,
해와 달을 내걸고서 거창하게 행동하는 사람처럼 자기를 내세웁니다.
당신은 몸을 온전히 지녀 이목구비를 모두 갖춘 데다
살면서 농아, 맹인, 절름발이가 안 되고 보통사람 축에 낀 것도 다행입니다.
그런데 또 어째서 하늘을 원망할 겨를이 있나요? 썩 꺼지시오."
손휴가 나가자 편경자가 방에 들어와 잠시 앉았다가
하늘을 우러르면서 탄식했다.
제자가 물었다. "선생님은 어째서 탄식하고 계십니까?"
편경자가 말했다.
"조금 전 손휴가 왔을 때 나는 그에게 지인의 덕을 알려주었는데
그가 놀라서 정신이 헷갈리는 데까지 이를까봐 두려워서네."
제자가 말했다. "그렇지 않습니다.
손휴가 말한 바가 혹 옳지 않은가요?
또 스승이 말씀하신 바가 혹 그르지 않은가요?
그러면 본디 그른 게 옳은 걸 헷갈리게 할 수 없지요.
손휴가 말한 바가 혹 그르지 않은가요?
또 스승이 말씀하신 바가 옳지 않은가요?
그러면 손휴는 본디 정신이 헷갈려서 왔으니 그게 어찌 스승의 잘못입니까!
편경자가 말했다.
"그렇지 않아. 옛날에 어떤 새가 노(魯)나라의 서울 성 밖에 날아와 앉았네.
노나라 군주가 기뻐해 큰 우리를 만들어서 잔치를 베풀고,
아름다운 구소(九韶)의 음악을 연주해 새를 즐겁게 했네.
그러자 새는 처음부터 근심하고 슬퍼해 그것으로 눈이 어지러워져
함부로 마시거나 먹지 못했네.
이를 두고 자신을 보양하는 방식으로 새를 보양한다고 말하네.
만약 새를 보양하는 방식으로 새를 보양한다면

마땅히 깊은 숲속에 살게 하거나 강이나 호수에 떠 있게 하거나
진흙 속의 미꾸라지를 먹으면서 여유롭게 살도록 하는 거지.
그러면 이것이 새로서 편안함이네.
지금 손휴는 우둔하고 견문이 부족한 사람이다.
그런데 내가 그에게 지인의 덕을 알려준 건 생쥐를 수레나 말에 태우거나
메추라기를 종소리와 북소리로 즐겁게 하는 것과 같네.
그러니 그가 또 어찌 놀라지 않을 수 있는가!"

有孫休者 踵門而詫子扁慶子曰: (노나라에) 손휴(孫休~者)라는 (사람이) 있는데(有) (편경자) 집을 직접 방문해서(踵門~而) 알리고(詫) 편경자(扁慶子)에게 말하다. 踵門〔집을 직접 방문하다. 踵(이를 종)〕詫(알릴 타)

休居鄉不見謂不修: 벼슬에서 물러나(休居) 시골(鄉)에서 (살면서) 수양(修)이 (되지) 않았다는 (不) 말(謂)을 들어보지(見) 못하다(不). 즉 수양이 덜 되었다는 말을 들어보지 못하다. 休居〔벼슬에서 물러나 집에 있음. 休(쉴 휴) 居(살 거)〕鄉(시골 향) 修(닦을 수, 몸과 마음을 수양함)

臨難不見謂不用: 어려운(難) (일을) 당해도(臨) 쓰임(用)이 없다(不)는 말(謂)을 (들어) 보지(見) 않다(不). 臨(암할 임 → 당하다) 用(쓸 용, 소용 → 쓰임새)

然而田原不遇歲: 그런데(然~而) 농사를 지어도(田原) (좋은) 세월(歲)을 만나지(遇) 못하다(不). 즉 풍작을 이루지 못하다. 田原〔농사를 짓다. 田(밭갈 전) 原(들 원, 넓고 평탄한 토지)〕歲(해 세 → 세월) 遇(만날 우)

事君不遇世: 군주(君)를 섬겨도(事) 세상(世)을 만나지(遇) 못하다(不). 즉 제대로 대우를 받지 못하다. 事(섬길 사) 世(세상 세)

賓於鄉里 逐於州部: (이제는) 시골(鄉) 마을에서(於~里) 버림을 받아(賓) 고을에서(於~州部) 쫓겨나는(逐) (신세가 되다). 賓(버릴 빈, 버림을 받다) 逐(쫓길 축)

則胡罪乎天哉?: 그런즉(則) (내가) 하늘(天)에 어떤(胡) 죄(罪)를 지었는가? 胡(어찌 호 → 어떤) 罪(벌 죄)

休惡遇此命也?: (나) 손휴(休)는 어째서(惡) 이런(此) 운명(命)을 만났는가(遇)? 此(이 차) 命(운명 명) 遇(만날 우)

扁子曰 子獨不聞夫至人之自行邪?: 편경자(扁子)가 말하다. 그대(子)는 홀로(獨)는 저(夫) 지인(至人)의 자연스러운(自) 행동(行)에 (대해서) 들어본(聞) (적이) 없는가(不)? 子(너 자) 行(행할 행, 행동)

忘其肝膽 遺其耳目: (지인은 자신의) 간(肝)과 쓸개(膽)를 잊고(忘) 귀(耳)와 눈(目)도 잃다(遺). 膽(쓸개 담) 遺(잃을 유)

芒然彷徨乎塵垢之外: (그리고) 세상의 밖(塵垢之外)을 망연히(芒然) 방황(彷徨)하다. 塵垢之外〔티끌(塵)과 먼지(垢)의 바깥. 즉 하찮은 세상의 밖. 塵(티끌 진) 垢(때 구, 먼지)

逍遙乎無事之業: (그러면서) 일한 게 없는 일(無事之業), 즉 하고자 함이 없는 무위로 소요(逍遙)하다. 無事之業〔일을 한 게 없는 일. 즉 하고자 함이 무위. 業(일 업)〕

是謂爲而不恃: 이(是)를 일러(謂) (뭔가) 이루고도(爲~而) 기대지(恃) 않다(不). 恃(믿을 시, 믿고 의지하다 → 기대다)

長而不宰: (사물을) 자라게 하고도(長~而) 주관하지(宰) 않다(不). 長(길 장 → 자라게 하다) 宰(주관할 재, 맡아 다스리다)

今汝飾知以驚愚: (그런데) 너(汝)는 지금(今) 앎(知)을 잘 포장해(飾) 그것으로써(以) 어리석은(愚) (사람을) 놀라게 하다(驚). 汝(너 여) 飾(꾸밀 식 → 잘 포장하다) 愚(어리석을 우) 驚(놀랄 경)

修身以明汚: 몸(身)을 수양해(修) 그것으로써(以) (남의) 더러운(汚) (행실을) 밝히다(明). 修(닦을 수) 汚(더러울 오)

昭昭乎若揭日月而行也: (또) 마치(若) 해(日)와 달(月)을 내걸고서(揭~而) (거창하게) 행동하는(行) (사람처럼) 자기를 내세우다(昭昭). 揭(들 게, 내걸다) 昭昭〔내세우다. 昭(밝을 소, 환히 나타나게 하다)〕

汝得全而形軀 具而九竅: 너(汝)는 몸(形軀)을 온전히(全) 지녀(得~而) 아홉(九) 개 구멍(竅)을 갖추다(具). 즉 이목구비를 갖추다. 形軀〔몸. 形(모양 형, 몸) 軀(몸 구)〕竅(구멍 규) 具(갖출 구)

無中道夭於聲盲跛蹇: (그런데다) 도중(中道)에, 즉 살면서 소리가(於~聲) 일찍 죽고(夭), 즉 농아가 안 되고, 맹인(盲)이 안 되고, 절름발이(跛蹇) 안 되다(無). 夭(일찍죽을 요) 盲(소경 맹) 跛蹇〔절름발이. 跛(절뚝발이 파) 蹇(절뚝발이 건)〕

而比於人數 亦幸矣: 그리고(而) 일반인(人)의 수에(於~數) 견주다(比). 즉 보통사람의 축에 끼다. (이) 또한(亦) 다행이다(幸). 數(셀 수) 比(견줄 비) 幸(다행 행)

又何暇乎天之怨哉!: (그런데) 또(又) 어째서(何) 하늘(天)을 원망할(怨) 겨를(暇)이 있는가! 怨(원망할 원) 暇(겨를 가)

子往矣!: 너(子)는 가게(往)! 즉 썩 꺼지게! 往(갈 왕)

孫子出 扁子入: 손휴(孫子)가 나가자(出) 편경자(扁子)가 (방에) 들어오다(入).

坐有間 仰天而歎: 잠시(有間) 앉았다가(坐) 하늘(天)을 우러르며(仰) 탄식하다(歎). 坐(앉을 좌) 仰(우러를 앙) 歎(탄식할 탄)

弟子問曰 先生何爲歎乎?: 제자(弟子)가 물어(問) 말하다. 선생(先生)은 어찌하여(何) 탄식하는가(爲~歎)?

扁子曰 向者休來: 편경자(扁子)가 말하다. 조금 전(向~者) 손휴(休)가 오다(來). 向(접 때 향 →
조금 전)

吾告之以至人之德: (그 때) 나(吾)는 (그에게) 지인(至人) 덕을(以~德) 알리다(告). 告(알릴 고)

吾恐其驚而遂至於惑也: (그런데) 나(吾)는 (그가) 놀라(驚~而) 정신이 헷갈리는 데(於~惑)까지
(至) 이를까(遂) 두려워서다(恐). 驚(놀랄 경) 惑(미혹할 혹, 정신이 헷갈리다) 至(이를 지) 遂(이를 수)
恐(두려울 공)

弟子曰 不然: 제자(弟子)가 말하다. 그렇지(然) 않다(不).

孫子之所言是邪?: 손휴(孫子)가 말하는(言) 바(所)가 (혹) 옳지(是) 않을까(邪)? 是(옳을 시)

先生之所言非邪?: (또) 선생(先生)이 말하는(言) 바(所)가 (혹) 그르지(非) 않을까(邪)? 非(아닐
비 → 그르다)

非固不能惑是: (그러면) 본디(固) 그릇된(非) 게 옳은(是) 걸 헷갈리게(惑) 할 수(能) 없다(不).
固(본디 고)

孫子所言非邪?: (아니면) 손휴(孫子)가 말하는(言) 바(所)가 (혹) 그르지(非) 않을까(邪)?

先生所言是邪?: (또) 선생(先生)이 말하는(言) 바(所)가 (혹) 옳지(是) 않을까(邪)?

彼固惑而來矣 又奚罪焉!: (그럼) 그(彼)는 본디(固) 정신이 헷갈려서(惑) 왔으니(來) (그게) 어
찌(又奚) (선생) 잘못(罪)인가!

扁子曰 不然: 편경자(扁子)가 말하다. 그렇지(然) 않다(不).

昔者有鳥止於魯郊: 옛날(昔者) (어떤) 새(鳥)가 있는데(有) 노(魯)나라 (서울) 성 밖에(於~郊) (날
아와) 멈추다(止). 郊(성밖 교)

魯君說之 爲具太牢而饗之: 노(魯)나라 군주(君)가 기뻐해(說) 큰(太) 우리(牢)를 만들어(爲~
具) 잔치를 베풀다(饗). 說(기뻐할 열) 太(클 태) 牢(우리 뢰) 具(갖출 구) 饗(잔치할 향)

奏九韶以樂之: (아름다운) 구소(九韶) 음악을 연주해(奏) 그것으로써(以) (새를) 즐겁게 하다
(樂). 奏(연주할 주)

鳥乃始憂悲眩視 不敢飮食: 그러자(乃) 새(鳥)는 처음부터(始) 근심하고(憂) 슬퍼해(悲) 눈(視)
이 어지러워져(眩) 함부로(敢) 마시거나(飮) 먹지(食) 못하다(不). 憂(근심할 우) 悲(슬플 비) 眩
(아찔할 현, 어지럽다)

此之謂以己養養鳥也: 이(此)를 자신(己)을 보양하는(養) (방식)으로(以) 새(鳥)를 보양한다고
(養) 말한다(謂). 養(기를 양)

若夫以鳥養養鳥者: 만약(若) 저(夫) 새(鳥)를 보양하는(養) (방식)으로(以) 새(鳥)를 보양한다면
(養~者).

宜棲之深林 浮之江湖: 마땅히(宜) 깊은(深) 숲(林)속에 살게(棲) 하거나 강(江)이나 호수(湖)에
떠 있게(浮) 하다. 宜(마땅할 의) 深(깊을 심) 棲(살 서) 浮(뜰 부, 떠 있다)

食之以委蛇 委蛇而處: (진흙 속의) 미꾸라지를(以~委蛇) 먹으면서(食) 여유롭게(委蛇~而) 살게 (處) (하는 거다). 委蛇[미꾸라지. 또는 여유 있고 침착한 모양. 委(굽을 위) 蛇(뱀 사)] 處(살 처)

則安而已矣: 그러면(則) (이것이 새로서의) 편안할(安) 뿐이다(而已矣). 平(편안할 평)

今休 款啓寡聞之民也: 지금(今) 손휴(休)는 우둔하고(款啓) 견문(聞)이 부족한(寡) 사람(民)이다. 款啓[작은 구멍을 통한다는 뜻으로 문견이 적음. 즉 우둔하다. 款(빌 관) 啓(열 계)] 聞(들을 문 → 견문) 寡(적을 과, 부족하다)

吾告以至人之德: (그런데) 내(吾)가 (그에게) 지인(至人)의 덕을(以~德) 알린(告) 것.

譬之若載鼷以車馬: 마치(若) 생쥐(鼷)를 수레(車)나 말에(以~馬) 태우는(載) 것에 비유하다 (譬). 鼷(생쥐 혜) 譬(비유할 비)

樂鴳以鐘鼓也: 메추라기(鴳)를 종(鐘)소리와 북소리로(以~鼓) 즐겁게(樂) 하는 것(과 같다). 鴳 (메추라기 안) 鐘(쇠북 종) 鼓(북 고)

彼又惡能無驚乎哉!: (그러니) 그(彼)가 또(又) 어찌(惡) 놀라지(驚) 않을(無) 수(能) 있는가!

산목
山 木

산목(山木) 1

莊子行於山中, 見大木, 枝葉盛茂, 伐木者止其旁而不取也.

問其故, 曰:「無所可用.」

莊子曰:「此木以不材得終其天年!」

出於山, 舍於故人之家. 故人喜, 命豎子殺雁而烹之.

豎子請曰:「其一能鳴, 其一不能鳴, 請奚殺?」

主人曰:「殺不能鳴者.」

明日, 弟子問於莊子曰:「昨日山中之木, 以不材得終其天年.,

今主人之雁, 以不材死., 先生將何處?」

莊子笑曰:「周將處乎材與不材之間. 材與不材之間, 似之而非也, 故未免乎累.

若夫乘道德而浮遊則不然.

無譽無訾, 一龍一蛇, 與時俱化, 而無肯專爲.,

一上一下, 以和爲量, 浮遊乎萬物之祖.,

物物而不物於物, 則胡可得而累邪! 此神農黃帝之法則也.

若夫萬物之情, 人倫之傳, 則不然.

合則離, 成則毁., 廉則挫, 尊則議, 有爲則虧, 賢則謀, 不肖則欺, 胡可得而必乎哉!

悲夫! 弟子志之, 其唯道德之鄉乎!」

장자가 산속을 지나다 가지와 잎이 무성한 큰 나무를 보았는데
벌목꾼이 이 나무 옆에 멈춰 섰어도 나무를 베려 하지 않았다.
장자가 벌목꾼에게 그 이유를 묻자 그가 말했다. "쓸모가 없어서입니다."
장자가 제자들에게 말했다. "이 나무는 쓸모가 없어 천수를 다하네!"

장자가 산에서 내려와 친구 집에 머물렀다.
친구는 장자를 기쁘게 반기며 동자에게 거위를 잡아 삶아오도록 명령했다.
동자가 주인에게 물었다.
"한 놈은 잘 울고 한 놈은 잘 울지 않는데 어떤 놈을 잡을까요?"
주인이 말했다. "울지 않는 놈을 잡아라."
다음 날 제자가 방문해서 장자에게 물었다.
"어제 산속의 나무는 쓸모가 없어 천수를 다할 수 있었는데
지금 이 집 주인의 거위는 쓸모가 없어 죽었습니다.
선생님은 어떤 쪽을 지지하나요?"
장자가 웃으면서 말했다. "나는 쓸모있음과 쓸모없음의 중간에 머무네.
그런데 쓸모있음과 쓸모없음의 중간은 그럴듯해도 실은 아니기에
근심에서 벗어날 수 없네.
그렇더라도 도덕을 타고 자유로이 노닐면 이런 근심에서 벗어날 수 있지.
또 도덕을 타고 자유로이 노닐면 칭찬도 없고 비난도 있을 수 없네.
또 도덕을 타고 자유로이 노닐면 세상에 나가고 들어오는 게 자유로워
시간과 함께 변화하네. 그래서 어느 한 시점에 머물지 않네.
또 도덕을 타고 자유로이 노닐면 한 번은 올라갔다 한 번은 내려오네.
그럼으로써 천지 만물과의 조화를 표준으로 삼네.
그래서 만물이 시작하는 데서 떠돌며 노니네.
사물을 사물로 부리면 사물에 의해 매이지 않아
근심이 절대로 스며들 수 없다!
이것은 신농씨(神農)와 황제(黃帝)의 법칙이다.
그런데 만물의 부자연스런 모습과 인위적인 윤리의 전해짐은 그렇지 않네.
합하면 떨어지고, 이루어지면 훼손되고, 곧으면 꺾이고,
높이 받들어지면 책잡히고, 하고자 함이 있으면 부족함이 생겨나고,
현명하면 모함을 받고, 어리석으면 속임을 당하니 어찌 근심이 사라지는가!
정말로 슬픈 일이다! 제자들은 명심해라.
오로지 도덕의 마을에서 노니는 사람만이 화를 면할 수 있다는 사실을!"

莊子行於山中 見大木 枝葉盛茂: 장자(莊子)가 산속을(於~山中) (지나)가다(行) 가지(枝)와 잎 (葉)이 무성한(盛茂) 큰(大) 나무(木)를 보다(見). 枝(가지 지) 葉(잎 엽) 盛茂[무성히 우거짐. 盛 (성할 성) 茂(우거질 무)]

伐木者止其旁而不取也: (그런데) 벌목꾼(伐木~者)이 (이 나무) 옆(旁)에 멈춰 섰어도(止~而) (나 무를) 베려(取) 하지 않다(不). 伐木[나무(木)를 베다(伐). 즉 벌목. 伐(벨 벌)] 旁(곁 방, 옆) 止(멈 출지 → 멈춰 서다) 取(취할 취, 잡음 → 베다)

問其故曰 無所可用: (장자가 벌목꾼에게) 이유(故)를 묻자(問) (그가) 말하다. 쓸(用) 수 있는(可) 바(所)가 없다(無). 즉 쓸모가 없다. 故(연고 고, 이유) 用(쓸 용)

莊子曰 此木以不材得終其天年!: 장자(莊子)가 (제자에게) 말하다. 이(此) 나무(木)는 쓸모(材) 가 없어(以~不) 천수(天年)의 다함(終)을 얻다(得)! 즉 천수를 다하다! 材(재목 재 → 쓸모) 天年 =天壽(천수) 終(끝날 종 → 다하다)

出於山 舍於故人之家: (장자가) 산에서(於~山) 내려와(出) 친구(故人) 집에(於~家) 머물다(舍). 出(나올 출 → 내려옴) 故人[친

구. 故(옛 고)] 舍(머무를 사)

故人喜 命豎子殺雁而烹之: 친구(故人)는 (장자를) 기쁘게(喜) (반기면서) 동자(豎子)에게 명해 (命~而) 거위(雁)를 잡아(殺) 삶도록하다(烹). 喜(기뻐할 희) 豎子[동자. 豎(아이 수, 심부름하는 아이)] 雁(거위 안) 殺(죽일 살 → 잡다) 烹(삶을 팽)

豎子請曰 其一能鳴: 동자(豎子)가 청해(請) 말하다. 하나(一)는 잘(能) 울다(鳴). 能(능할 능 → 잘) 鳴(울 명)

其一不能鳴: 하나(一)는 잘(能) 울지(鳴) 않다(不).

請奚殺?: 청컨대(請) 어느(奚) 걸 죽일까(殺)? 奚(어느 곳 헤) 殺(죽일 살)

主人曰 殺不能鳴者: 주인(主人)이 말하다. 울(鳴) 줄(能) 못하는(不) 놈(者)을 죽이다(殺).

明日 弟子問於莊子曰: 다음 날(明日) 제자(弟子)가 방문해서(問) 장자에게(於~莊子) 말하다. 明日[다음(明) 날(日). 明(새벽 명)]

昨日山中之木 以不材得終其天年: 어제(昨日) 산(山) 속(中)의 나무(木)는 쓸모(材)가 없어(以~ 不) 천수(天年)의 다함(終)을 얻다(得). 昨日[어제. 昨(어제 작)]

今主人之雁 以不材死: (그런데) 지금(今) (이 집) 주인(主人)의 거위(雁)는 쓸모(材)가 없어(以~ 不) 죽다(死). 主(주인 주)

先生將何處?: 선생(先生)은 어느(何) 쪽에 처하는가(處)? 즉 어떤 쪽을 지지하나? 何(어느 하) 處(머무를 처, 처하다)

莊子笑曰 周將處乎材與不材之間: 장자(莊子)가 웃으면서(笑) 말하다. (나) 장주(周)는 쓸모

(材) (있음)과 (與) 쓸모(材) 없음(不)의 중간(間)에 머문다(處). 笑(웃을 소) 間(사이 간 → 중간)

材與不材之間 似之而非也: (그런데) 쓸모(材) (있음)과 (與) 쓸모(材) 없음(不)의 중간(間)은 그럴 듯해도(似~而) (실은) 아니다(非). 似(같을 사, 그럴듯하다)

故未免乎累: 고로(故) 근심(累)을 면하지(免) 못하다(未). 즉 근심에서 벗어날 수 없다. 累(근심 루) 免(면할 면)

若夫乘道德而浮遊則不然: (그렇더라도) 만약(若) 도덕(道德)을 타고서(乘~而) 자유로이(浮) 노닐면(遊~則) 그렇지(然) 않다(不). 즉 이런 근심에서 벗어날 수 있다. 乘(탈 승) 浮(뜰 부 → 자유 로이) 遊(놀 유)

無譽無訾: (또 도덕을 타고서 자유로이 노닐면) 칭찬(譽)도 없고(無) 비난(訾)도 없다(無). 譽(기릴 예, 칭찬) 訾(헐뜯을 자, 비난)

一龍一蛇: (또 도덕을 타고서 자유로이 노닐면) 세상에 나가고 들어오는 게 자유롭다(一龍一蛇). 一龍一蛇〔세상에 나가고 들어오는 게 자유롭다. 龍(용 룡) 蛇(뱀 사)〕

與時俱化 而無肯專爲: (그래서) 시간과(與~時) 함께(俱) 변화한다(化) 그런데도(而) 바로 그때 (肯) 전일하지(專~爲) 않다(無). 어느 한 시점에 머물지 않는다. 俱(함께 구) 肯(마침 긍, 바로 그 때) 專(전일할 전)

一上一下 以和爲量: (또 도덕을 타고서 자유로이 노닐면) 한번(一)은 올라갔다(上) 한번(一)은 내 려온다(下). 그럼으로써(以) (천지 만물과의) 조화를(以~和) 표준(量)으로 삼다(爲). 量(표준 량)

浮遊乎萬物之祖: (그래서) 만물(萬物)이 시작하는(祖) (데서) 떠돌며(浮) 노닐다(遊). 祖(시조 조 → 시작하다) 浮(떠돌 부)

物物而不物於物: 사물(物)을 사물(物)로 (부릴) 뿐(~而) 사물을(於~物) 견주지(物) 않다(不). 즉 사물에 의해 매이지 않다. 物(견줄 물)

則胡可得而累邪!: 그런즉(則) 어찌(胡) 근심(累)을 얻을(得) 수가(可)! 즉 근심이 절대로 스며 들 수 없다! 胡(어찌 호)

此神農黃帝之法則也: 이것(此)이 신농씨(神農)와 황제(黃帝)의 법칙(法則)이다.

若夫萬物之情 人倫之傳 則不然: (그런데) 저(夫) 만물(萬物)의 (부자연스러운) 모습(情)과 인위 적인 윤리(人倫)의 전해짐(傳)은 그렇지(然) 않다(不). 若(어조사 약) 情(실상 정, 모습) 傳(전할 전, 전해짐) 然(그럴 연)

合則離 成則毀: 합하면(合~則) 떨어지고(離), 이루어지면(成~則) 훼손되다(毀). 合(합할 합) 離 (떨어질 이) 毀(무너질 훼, 훼손되다)

廉則挫 尊則議: 곧으면(廉~則) 꺾이고(挫), 높이 받들어지면(尊~則) 책잡히다(議). 廉(곧을 렴) 挫(꺾을 좌) 尊(높을 존, 높이 받들다) 議(책잡을 의)

有爲則虧 賢則謀: 하고자 함이 있으면(有爲~則) 부족함이 생기고(虧), 현명하면(賢~則) 모함

을 받는다(謀). 虧(이지러질 휴 → 부족함이 생김) 謀(속일 모 → 모함을 받다)

不肖則欺: 어리석으면(不肖~則) 속임을 당하다(欺). 不肖〔미련함, 어리석음. 肖(닮을 초)〕欺
(속일 기)

胡可得而必乎哉!: 어찌(胡) (근심 면함을) 얻을(得) 수 없이(可~而) 반드시(必) (그렇게 되다)! 즉
근심이 사라지는가!

悲夫! 弟子志之: (정말로) 슬픈(悲) 일이다! 제자(弟子)들은 명심해라(志). 悲(슬플 비) 志(뜻들
지, 지향하다 → 명심하다)

其唯道德之鄉乎!: 오로지(唯) 도덕(道德)의 마을(鄉)에서 (노니는 사람만이 화를 면할 수 있다는 사
실을)! 鄉(마을 향)

산목(山木) 2

市南宜僚見魯侯, 魯侯有憂色.

市南子曰:「君有憂色, 何也?」

魯侯曰:「吾學先王之道, 修先君之業., 吾敬鬼尊賢, 親而行之, 無須臾離居,
然不免於患, 吾是以憂.」

市南子曰:「君之除患之術淺矣! 夫豊狐文豹, 棲於山林, 伏於巖穴, 靜也.,
夜行晝居, 戒也., 雖飢渴隱約, 猶且胥疏於江湖之上而求食焉, 定也.,
然且不免於罔羅機辟之患.

是何罪之有哉? 其皮爲之災也. 今魯國獨非君之皮邪?

吾願君刳形去皮, 洒心去欲, 而遊於無人之野. 南越有邑焉, 名爲建德之國.

其民愚而朴, 少私而寡欲., 知作而不知藏, 與而不求其報.,

不知義之所適, 不知禮之所將., 猖狂妄行, 乃蹈乎大方., 其生可樂, 其死可藏.

吾願君去國捐俗, 與道相輔而行.」

君曰:「彼其道遠而險, 又有江山, 我無舟車, 奈何?」

市南子曰:「君無形倨, 無留居, 以爲君車.」

君曰:「彼其道幽遠而無人. 吾誰與爲鄰. 吾無糧, 我無食, 安得而至焉?」

市南子曰:「少君之費, 寡君之欲, 雖無糧而乃足.

君其涉於江而浮於海, 望之而不見其崖, 愈往而不知其所窮.

送君者皆自崖而反, 君自此遠矣!

故有人者累, 見有於人者憂.

故堯非有人, 非見有於人也.

吾願去君之累, 除君之憂, 而獨與道遊於大莫之國.

方舟而濟於河, 有虛船來觸舟, 雖有偏心之人不怒..

有一人在其上, 則呼張歙之..

一呼而不聞, 再呼而不聞, 於是三呼邪, 則必以惡聲隨之.

向也不怒而今也怒, 向也虛而今也實.

人能虛己以遊世, 其孰能害之!」

시남의료(市南宜僚)가 노(魯)나라 군주를 보자 군주는 근심스런 낯빛이었다.

시남자(市南子)가 물었다. "근심스런 낯빛이신데 어쩐 일입니까?"

노나라 군주가 말했다.

"난 선왕의 훌륭한 도를 배우고 선군(先君)이 이룬 업적을 배워 몸을 닦았네.

또 귀신을 경배하고 어진 사람을 높이 받들면서 이들과 친하게 지냈고,

이들과 함께 행동하면서 잠시도 떨어지지 않았네.

그런데도 재앙에서 벗어나지 못해 근심하고 있네."

시남자가 말했다. "재앙을 덜어내는 군주의 방법이 마땅치 않습니다!

살찐 여우나 아름다운 외관을 지닌 표범이

산림에 머물면서 바위굴에 숨어 사는 건 고요함을 지키기 위함이고,

이들이 밤에만 활동하고 낮에 조용히 들어앉아 있는 건 조심하기 위함이고,

아무리 굶주리고 목이 말라도 함부로 행동하지 않으면서

멀리 떨어진 강과 호수에서 먹이를 구하는 건 안정을 지키려고 해서지요.

그런데도 여우나 표범이 그물과 덫이란 재앙을 피해 나가지 못하니

이것이 어찌 그들에게 잘못이 있어서입니까?

오로지 그들의 가죽이 재앙의 원인입니다.

그런데 군주에게 지금 노나라는 유난히 이런 가죽과 같은 존재가 아닐까요?

그래서 저는 군주께서 자신의 몸을 갈라 나라라는 가죽을 벗고,

마음을 씻어 하고자 함을 버린 뒤 아무도 없는 들판에서 노니길 바랍니다.

남월(南越) 땅에 한 고을이 있는데 건덕국(建德國)이라고 합니다.

그곳 백성은 우매해도 순박하고, 탐하는 마음이 작아 하고자 함이 적지요.

일할 줄만 알지 만든 걸 간직할 줄 모르고, 베풀어도 보답을 바라지 않지요.
옳음에 알맞게 하는 바가 뭔지 모르고, 예의대로 하는 바가 뭔지 모릅니다.
그래서 내키는 대로 생각하고 허망하게 행동하므로
대방(大方), 즉 자연의 큰길을 실천합니다.
그래서 살아선 삶을 마음껏 즐기고, 죽으면 몸을 편안히 묻습니다.
저는 군주께서 나라를 잊고 세상을 버린 뒤
도(道)와 손잡고 그곳에 가길 바랍니다.
노나라 군주가 말했다.
"건덕국으로 가는 길은 멀고 험한 데다 강과 산이 겹겹이어서
내게는 배와 수레가 없으니 내가 어찌해서 그곳에 갈 수 있겠는가?"
시남자가 대답했다.
"군주는 거만한 모습을 버리고, 높은 지위에 있다는 생각을 없앤 뒤
그런 자세와 마음을 군주의 수레로 삼으십시오."
노나라 군주가 말했다.
"건덕국으로 가는 길은 정말로 먼데다 가는 길을 아는 사람도 없는데
나는 누구와 길동무를 해야 할까?
또 내게는 양식도 없고 밥도 없는데 어찌 그곳에 도달할 수 있겠는가?"
시남자가 대답했다.
"군주 비용을 줄이고 군주가 바라는 바를 줄이면
양식이 부족해도 충분합니다.
군주가 강을 일단 건너서 바다에 배를 띄우면 바라봐도 끝이 보이지 않고,
가도 가도 끝나는 곳을 알지 못합니다.
군주를 전송하는 사람 모두가 강기슭을 떠나서 집으로 돌아가면
군주는 이때부터 세상과 자연히 멀어집니다!
그래서 군주에게 사람이 있으면 나라를 지켜야 한다는 걱정이 있고,
군주가 드러나는 위치에 있으면 근심이 있습니다.
그래서 요임금도 사람을 다스리지 않았고,
사람들에게 드러나려고 하지 않았습니다.
저는 군주의 이런 걱정을 없애고, 군주의 이런 근심을 제거하길 바랍니다.

그리고 도와 홀로 벗이 되어서 대막국(大莫國)에서 노닐길 바랍니다.

만약 이편에서 배를 타고 강을 건널 때 빈 배가 와서 부딪치면

아무리 좁은 마음을 지닌 사람이라도 화를 내지 않습니다.

그런데 배 위에 한 사람이라도 있으면 숨을 크게 들이쉬고 활시위를 당기

며 당장 비키라고 소리칩니다.

한 번 소리쳐서 듣지 못하면 다시 소리치고,

그래도 듣지 못하면 세 번째로 소리칩니다. 그러면 욕설이 반드시 따릅니다.

아까는 화를 내지 않다가 지금 화내는 건

아까는 빈 배였는데 지금은 사람이 타고 있어서지요.

자기를 텅 비울 수 있어 세상을 노닐 수 있다면

어느 누가 그를 해치겠습니까!

注 ─────────────────────────────────

市南宜僚見魯侯: 시남의료(市南宜僚)가 노(魯)나라 군주(侯)를 보다(見). ★ 시남의료(市南宜僚)는 저자거리(市) 남쪽(南)에 사는 의료(宜僚)를 의미하는데 가공 인물이다. 잡편 「서무귀」 10에도 등장한다. 侯(제후 후 → 군주)

魯侯有憂色: (그때) 노(魯)나라 군주(侯)가 근심스러운(憂) 낯빛(色)을 하다(有). 憂(근심할 우)

市南子曰 君有憂色 何也?: 시남자(市南子)가 말하다. 군주(君)가 근심스러운(憂) 낯빛(色)을 하는데(有) 어쩐(何) 일인가?

魯侯曰 吾學先王之道: 노(魯)나라 군주(侯)가 말하다. 나(吾)는 선왕(先王)의 (훌륭한) 도(道)를 배우다(學). 先(먼저 선)

修先君之業: 선군(先君)이 (이룬) 업적(業)을 배워 몸을 닦다(修). 業(업 업 → 업적) 修(닦을 수, 배워 몸을 닦다)

吾敬鬼尊賢: (또) 나(吾)는 귀신(鬼)을 경배하고(敬), 어진(賢) (사람을) 높이 받들다(尊). 鬼(귀신 귀) 敬(공경할 공 → 경배)

親而行之 無須臾離居: (그러면서 이들과) 친하게(親~而) (지내고 이들과 함께) 행동하면서(行) 잠시도(須臾) (그들과) 있음(居)이 떨어지지(離) 않다(無). 즉 그들과 잠시도 떨어지지 않다. 無須臾(잠깐. 즉 잠시. 須(잠깐 수) 臾(잠깐 유)) 離(떨어질 이) 居(있을 거)

然不免於患 吾是以憂: 그런데도(然) 재앙에서(於~患) 벗어나지(免) (못하니까) 나(吾)는 이래서(是~以) 근심하다(憂). 患(재앙 환) 憂(근심할 우)

市南子曰 君之除患之術淺矣!: 시남자(市南子)가 말하다. 재앙(患)을 덜어내는(除) 군주(君)의

방법(術)이 마땅치 않다(淺)! 除(덜 제, 덜어내다) 術(꾀 술, 방법) 淺(얕을 천, 깊지 않다 → 마땅치 않다)

夫豊狐文豹: 저(夫) 살찐(豊) 여우(狐)나 아름다운 외관(文)을 (지닌) 표범(豹). 豊(풍성할 풍, 살찐) 狐(여우 호) 文(문채 문, 아름다운 외관) 豹(표범 표)

棲於山林 伏於巖穴 靜也: 산림에(於~山林) 머물면서(棲), 바위(巖) 굴에(於~穴) 숨어(伏) (사는 건) 고요함(靜)을 (지키기 위함이다). 棲(살 서, 머물다) 巖(바위 암) 穴(구덩이 혈, 굴) 伏(숨을 복) 靜(고요할 정)

夜行晝居 戒也: (이들이) 밤(夜)에만 활동하고(行) 낮(晝)에는 (조용히) 들어앉아(居) (있는) 건 경계하기(戒) (위함이다). 즉 조심하기 위함이다. 夜(밤 야) 晝(낮 주) 居(있을 거, 거주하다 → 들어앉다) 戒(경계할 계)

雖飢渴隱約: 아무리(雖) 굶주리고(飢) 목이 말라도(渴) 숨어(隱) 굽히다(約). 즉 함부로 행동하지 않다. 雖(비록 수, 아무리 ~해도) 飢(주릴 기) 渴(목마를 갈) 隱(숨을 은) 約(굽힐 약)

猶且胥疏於江湖之上而求食焉: 오히려(猶) 멀리 떨어진(胥疏) 강(江)과 호수(湖) 상에서(於上~而) 먹이(食)를 구하다(求). 胥疏[서로 멀리 떨어짐. 胥(멀 서) 疏(멀 소)] 湖(호수 호) 食(먹이 식)

定也: (그것은) 안정(定) 때문이다. 즉 안정을 지키기 위함이다. 定(안정될 정)

然且不免於罔羅機辟之患: 그런데도(然且) (여우나 표범이) 그물(罔羅)과 덫(機辟)이란 재앙에서(於~患) 벗어나지(免) 못하다(不). 즉 재앙을 피해 나가지 못하다. 罔羅[그물. 罔(그물 망) 羅(그물 라)] 機辟[덫. 機(덫 기) 辟(그물 벽)]

是何罪之有哉?: 이것(是)이 어찌(何) (여우나 표범에게) 허물(罪)이 있어서인가(有)? 즉 잘못이 있어서인가? 罪(허물 죄)

其皮爲之災也: (오로지 그들의) 가죽(皮)이 재앙(災)의 원인이 되다(爲). 皮(가죽 피) 災(재앙 재)

今魯國獨非君之皮邪?: (그런데) 군주(君)에게 지금(今) 노나라(魯國)는 유난히(獨) (이런) 가죽(皮)과 같은 존재가 아닌가(非)?

吾願君刳形去皮: (그래서) 나(吾)는 군주(君)가 (자신의) 몸(形)을 갈라서(刳) (나라라는) 가죽(皮)을 벗기를(去) 바라다(願). 形(몸 형) 刳(가를 고) 去(버릴 거 → 벗다)

洒心去欲: 마음(心)을 씻어(洒) 하고자 함(欲)을 버리다(去). 洒(씻을 세) 欲(하고자할 욕)

而遊於無人之野: 그리고(而) 사람(人)이 없는(無), 즉 아무도 없는 들판에서(於~野) 노닐다(遊). 野(들 야, 들판)

南越有邑焉 名爲建德之國: 남월(南越) 땅에 (한) 고을(邑)이 있는데(有) 건덕국이라고(爲~建德國) 이름(名)하다. 邑(고을 읍)

其民愚而朴 少私而寡欲: (그곳) 백성(民)은 우매해도(愚~而) 순박하고(朴) 탐하는(私) (마음이) 적어(少~而) 하고자 함(欲)도 적다(寡). 愚(어리석을 우, 우매함) 朴(순박할 박) 私(탐할 사) 少(적을 소) 寡(적을 과)

知作而不知藏: (또) 일할(作) 줄만 알지(知~而) (만든 걸) 간직할(藏) 줄 알지(知) 못하다(不). 作(일할 작) 藏(간직할 장)

與而不求其報: (남에게) 베풀어도(與~而) 보답(報)을 바라지(求) 않다(不). 與(줄 여 → 베풀다) 報(갚을 보 → 보답) 求(바랄 구)

不知義之所適: 옳음(義)에 알맞게(適) (하는) 바(所)가 (무언지) 알지(知) 못하다(不). 義(옳을 의) 適(맞을 적, 사리에 알맞음)

不知禮之所將: 예의(禮)가 행해지는(將) 바(所), 즉 예의대로 하는 바가 (무언지) 알지(知) 못하다(不). 禮(예의 예) 將(행할 장)

猖狂妄行: (그래서) 내키는 대로 생각하고(猖狂) 허망하게(妄) 행동하다(行). 猖狂〔분별없이 함부로 날뜀 → 내키는 대로 생각하다. 猖(날뛸 창) 狂(미칠 광)〕妄(허망할 망)

乃蹈乎大方: 이에(乃) 큰(大) 방향(方)을 실천하다(蹈). 즉 자연의 큰 길을 실천하다. 蹈(밟을 도, 실천하다)

其生可樂 其死可藏: (그래서) 살아서는(生) (삶을) 가능한(可) 즐기고(樂), 즉 마음껏 즐기고, 죽으면(死) (몸을) 가능한(可) 묻다(藏). 즉 몸을 편하게 묻다. 樂(즐길 락) 藏(묻을 장)

吾願君去國捐俗: 나(吾)는 군주(君)가 나라(國)를 잊고(去) 세상(俗)을 버리길(捐) 바란다(願). 俗(세상 속) 捐(버릴 연)

與道相輔而行: (그런 뒤) 도와(與~道) 서로(相) 도와서(輔), 즉 도와 손잡고 (건덕국으로) 가다(行). 輔(도울 보)

君曰 彼其道遠而險: (노나라) 군주(君)가 말하다. 저(彼), 즉 건덕국 (가는) 길(道)은 멀고(遠) 험하다(險). 遠(멀 원) 險(험할 험)

又有江山: 게다가(又) 강(江)과 산(山)이 겹겹이다(有). 又(또 우 → 게다가)

我無舟車 奈何?: (그런데) 내(我)게는 배(舟)와 수레(車)가 없으니(無) (내가) 어찌해서(奈何) (그곳에 갈 수 있나)? 舟(배 주) 車(수레 차) 奈何〔어찌해서. 奈(어찌 내) 何(어찌 하)〕

市南子曰 君無形倨: 시남자(市南子)가 말하다. 군주(君)는 모습(形)의 거만함(倨)을 없애다(無). 즉 거만한 모습을 버리다. 形(형상 형, 모습) 倨(거만할 거)

無留居: (높은) 머무름(留)에 있던(居) 것, 즉 높은 지위에 있다는 생각을 없애다(無). 留(머무를 류) 居(있을 거)

以爲君車: 그것으로써(以), 즉 그 자세와 마음을 군주(君)의 수레로 삼다(爲~車).

君曰 彼其道幽遠而無人: (노나라) 군주(君)가 말하다. 저(彼), 즉 건덕국 (가는) 길(道)은 아득히(幽) 먼데다(遠~而) (가는 길을 아는) 사람(人)이 없다(無). 幽(그윽할 유, 아득하다)

吾誰與爲鄰: (그런데) 나(吾)는 누구와(與~誰) 이웃을(爲~鄰) (할까). 즉 누구와 길동무를 할까? 誰(누구 수) 鄰(이웃 린)

吾無糧 我無食 安得而至焉?: (또) 내(吾)게는 양식(糧)도 없고(無), 내(我)게는 밥(食)도 없는데(無) 어찌(安) (그곳에) 도달(至)을 얻을 수(得) 있는가? 즉 어찌 그곳에 도달할 수 있는가? 糧(양식 량) 食(밥 식) 安(어찌 안) 至(이를 지)

市南子曰 少君之費 寡君之欲: 시남자(市南子)가 말하다. 군주(君) 비용(費)을 줄이고(少), 군주(君)가 바라는(欲) (바를) 줄이다(寡). 費(쓸 비 → 비용) 少(작을 소) 欲(바랄 욕, 바램) 寡(적을 과 → 줄이다)

雖無糧而乃足: 비록(雖) 양식(糧)이 없어도(無~而), 즉 부족해도 이에(乃) 충분하다(足). 乃(이에 내) 足(충분할 족)

君其涉於江而浮於海: 군주(君)가 (일단) 강을(於~江) 건너서(涉~而) 바다에(於~海) (배를) 띄우다(浮). 涉(건널 섭) 浮(뜰 부)

望之而不見其崖: (그러면) 바라보아도(望~而) 끝(崖)이 보이지(見) 않다(不). 望(바랄볼 망) 崖(경계 애, 한계 → 끝)

愈往而不知其所窮: (또) 자꾸만(愈) 가도(往~而), 즉 가도 가도 끝나는(窮) 곳(所)을 알지(知) 못하다(不). 愈(더할 유, 자꾸 더해지다 → 자꾸만) 往(갈 왕) 窮(다할 궁 → 끝나다)

送君者皆自崖而反: 군주(君)를 전송하는 사람(送者) 모두(皆)가 강기슭(崖)으로부터(自~而) (떠나 집으로) 돌아가다(反). 送(보낼 송, 전송함) 皆(모두 개) 自(~로부터 자) 崖(물가 애, 강기슭)

君自此遠矣!: (그러면) 군주(君)는 이때부터(自~此) (세상과 자연히) 멀어지다(遠)!

故有人者累: 고로(故) (군주에게) 사람(人)이 있으면(有~者) (나라를 지켜야 한다는) 걱정(累)이 있다. 累(누 루, 걱정)

見有於人者憂: (군주가) 사람(人)에게 나타남(見)이 있으면(有~者), 즉 군주가 드러나는 위치에 있으면 근심(憂) 있다. 見(나타낼 현) 憂(근심 우)

故堯非有人 非見有於人也: 고로(故) 요(堯)임금도 사람(人)을 다스리지(有) 않고(非), 사람들에게(於~人) 드러냄(見)을 얻으려(有) 하지 않다(非). 즉 사람들에게 드러나려 하지 않다.

吾願去君之累 除君之憂: 나(吾)는 군주(君)의 (이런) 걱정(累)을 없애고(去), 군주(君)의 (이런) 근심(憂)을 제거하길(除) 바란다(願). 除(덜 제, 제거하다)

而獨與道遊於大莫之國: 그리고(而) 도와(與~道) 홀로(獨) (벗이 되어) 대막국(大莫國)에서 노닐다(遊). 莫(아득할 막)

方舟而濟於河: (만약 이) 편(方)에서 배를 타고(舟~而) 강을(於~河) 건너다(濟). 方(방위 방, 방향 → 편) 河(강 하) 濟(건널 제)

有虛船來觸舟: (그때) 빈(虛) 배(船)가 와서(來) 부딪치는(觸) 배(舟)가 있다(有). 虛(빌 허) 船(배 선) 來(올 래) 觸(부딪힐 촉)

雖有偏心之人不怒: (그러면) 아무리(雖) 좁은(偏) 마음(心)을 지닌(有) 사람(人)이라도 화내지

(怒) 않는다(不). 雖(비록 수 → 아무리 ~해도) 偏(좁을 편) 怒(성낼 노)

有一人在其上: (그런데) 그(其) 위(上)에, 즉 배 위에 한(一) 사람(人)이라도 있다(在).

則呼張歙之: 그러면(則) 숨을 크게 들이 쉬고(歙) 활시위를 당기면서(張) (당장 비키라고) 소리치다(呼). 歙(숨들이쉴 흡, 말하기 전 숨을 크게 들이쉬다. 즉 당장 비키라고 소리치다) 張(당길 장, 활시위를 당기다) 呼(부르짖을 호, 소리치다)

一呼而不聞 再呼而不聞: 한 번(一) 소리쳐서(呼) 듣지(聞) 못하면(不) 다시(再) 소리치고(呼), 그래도(而) 듣지(聞) 못하다(不).

於是三呼邪 則必以惡聲隨之: 이에(於~是) 세 번(三) 소리치다(呼). 그러면(則) 반드시(必) 욕설이(以~惡聲) 따르다(隨). 惡聲[욕설. 惡(추할 오) 聲(소리 성)] 隨(따를 수)

向也不怒而今也怒: 아까(向)는 화내지(怒) 않다가(不) 지금(今) 화내는(怒) 건. 向(접 때 향, 아까) 怒(성낼 노, 화내다)

向也虛而今也實: 아까(向)는 빈(虛) 배였는데 지금(今)은 (사람이 타고) 있어서다(實). 實(찰 실 → 있다)

人能虛己以遊世: 사람(人)이 자기(己)를 능히(能) (텅) 비움으로써(以~虛) 세상(世)을 노닐다(遊).

其孰能害之!: (그러면 어느) 누가(孰) (그를) 해칠(害) 수(能)가! 孰(누구 숙) 害(해칠 해)

산목(山木) 3

北宮奢爲衛靈公賦斂以爲鐘, 爲壇乎郭門之外, 三月而成上下之縣.

王子慶忌見而問焉, 曰:「子何術之設?」

奢曰:「一之間, 無敢設也. 奢聞之, 『旣彫旣琢, 復歸於朴.』

侗乎其無識, 儻乎其怠疑., 萃乎芒乎, 其送往而迎來., 來者勿禁, 往者勿止., 從其强梁, 隨其曲傅, 因其自窮, 故朝夕賦斂而毫毛不挫, 而況有大塗者乎!」

북궁사(北宮奢)가 위(衛)나라 영공(靈公)을 위해서

백성을 동원해 제각각 일을 할당시킨 뒤 종을 만들었다.

북궁사는 성곽 문밖에 제단을 만든 뒤

여기에 위아래 세로로 매달린 종 틀을 석 달 만에 완성 시켰다.

왕의 아들 경기(慶忌)가 이를 보고 북궁사에게 물었다.

"그대는 어떤 방법으로 이렇게 빨리 종 틀을 세웠는가?"

북궁사가 말했다.

"처음 며칠 동안 어떤 방법도 감히 세우지 않았습니다.

제가 듣건대 '몸과 마음을 다해 새기고, 몸과 마음을 다해 쪼아야

순박함으로 다시 돌아간다.'라고 합니다.

그래서 저는 어떤 것도 의식하지 않아 미련한 사람처럼,

의심을 거의 하지 않아 좋 만드는 생각을 버린 사람처럼,

또 몸은 야윈 사람처럼 마음은 어두운 사람처럼 행동했습니다.

그리고 가는 사람을 잘 보내고, 오는 사람을 따뜻이 맞이했습니다.

그래서 사람이 와도 막지 않고, 사람이 가도 붙들지 않았습니다.

또 고집스러운 사람을 따르고, 유순한 사람도 따르면서

스스로 있는 힘을 다할 수 있게 각자 놓아두었습니다.

그래서 아침저녁으로 작업량을 할당할 정도로 엄격히 일을 시켰는데도

백성은 터럭만큼 욕을 보지 않았습니다.

제가 이 정도이니 하물며 큰 도를 터득한 분(大塗者)이야 어떻겠습니까!"

注 ────────────────────────────────

北宮奢爲衛靈公賦斂以爲鐘: 북궁사(北宮奢)가 위영공(衛靈公)을 위해(爲) (백성을 동원해서 일을 제각각) 할당시킨 뒤(以~賦斂) 종을 만들다.(爲~鐘). 賦斂〔할당해 거둠. 즉 할당시킴. 賦(매길 부, 할당하여 거둠) 斂(거둘 렴)〕

爲壇乎郭門之外: (북궁사는) 성곽(郭) 문(門) 밖(外)에 제단(壇)을 만들다(爲). 郭(성곽 곽) 壇(단 단)=祭壇(제단)

三月而成上下之縣: (그런 뒤) 위(上) 아래(下) (세로로) 매달린(縣) (종 틀을) 석 달 만에(三月~而) 완성시키다(成). 縣(매달 현)

王子慶忌見而問焉 曰: 왕(王)의 아들(子)인 경기(慶忌)가 (이를) 보고(見~而) (북궁사에게) 묻다(問).

子何術之設?: 너(子)는 어떤(何) 방법(術)으로 (이렇게 빨리 종 틀을) 세웠나(設)? 術(길 술, 방법) 設(베풀 설, 세우다)

奢曰 一之間 無敢設也: 북궁사(奢)가 말하다. (처음) 며칠간(一之間) (어떤 방법도) 감히(敢) 세우지(設) 않다(無). 日間(며칠간)

奢聞之 旣彫旣琢: 북궁사(奢) 듣기에(聞) (몸과 마음을) 다해서(旣) 새기고(彫) (몸과 마음을) 다해서(旣) 쪼다(琢). 旣(다할 기) 彫(새길 조) 琢(쫄 탁)

復歸於朴: (그래야) 순박함으로(於~朴) 다시(復) 돌아가다(歸). 朴(순박할 박) 復(다시 부) 歸(돌아

갈 귀)

侗乎其無識: (그래서 저는 어떤 것도) 의식하지(識) 않아서(無) 미련한(侗) (사람처럼 행동하다). 識 (알 식, 의식하다) 侗(미련할 통)

儻乎其怠疑: 의심(疑)을 게을리(怠) 해, 즉 의심을 거의 하지 않아서 (종 만드는) 생각을 버린(儻) (사람처럼). 疑(의심할 의) 怠(게을리할 태) 儻(실의할 당, 뜻을 잃은 모양 → 종 만들려는 생각을 버리다)

萃乎芒乎: (몸은) 야윈(萃) (사람처럼 마음은) 어두운(芒) (사람처럼 행동하다). 萃(야윌 췌) 芒(어두울 망)

其送往而迎來: (그리고) 가는(往) (사람을 잘) 보내고(送~而) 오는(來) (사람을 따뜻이) 맞이하다 (迎). 往(갈 왕) 送(보낼 송) 來(올 래) 迎(맞이할 영)

來者勿禁 往者勿止: (그래서) 와도(來~者) 막지(禁) 않고(勿) 가도(往~者) 붙들지(止) 않다(勿). 禁(금할 금) 勿(말 물, ~ 않다) 止(그만둘 지 → 붙들다)

從其强梁: (또) 고집스런(强梁) 사람을 따르다(從). 强梁〔강경하고 힘 있음. 즉 고집스러움. 强 (굳셀 강) 梁(강할 량)〕 從(좇을 종)

隨其曲傅: 유순한(曲傅) 사람을 따르다(隨). 曲傅〔유순함. 曲(완곡할 곡) 傅(뒤따를 부)〕 隨(따를 수)

因其自窮: (그러면서 각자) 스스로 있는 힘을 다하게(自窮) 놓아두다(因). 自窮〔스스로 있는 힘을 다함. 窮(다할 궁)〕 因(좇을 인 → ~ 놓아두다)

故朝夕賦敛而毫毛不挫: 그래서(故) 아침(朝) 저녁(夕)으로 (작업량을) 할당할 (정도로 일을 엄격히) 시켰는데도(賦敛~而) (백성을 터럭(毫毛)만큼 욕보이지(挫) 않다(不). 毫毛〔터럭. 毫(가는 털 호) 毛(털 모)〕 挫(욕보일 좌)

而況有大塗者乎!: (제가 이 정도이니) 하물며(況) 큰(大) 도(塗)를 터득한(有) 분(者)이야 (어떠한 가)! 況(하물며 황) 塗(길 도)

산목(山木) 4

孔子圍於陳蔡之間, 七日不火食.

大公任往弔之日:「子幾死乎?」

日:「然.」

「子惡死乎?」

日:「然.」

任日:「子嘗言不死之道. 東海有鳥焉, 其名日意怠.

其爲鳥也, 翂翂翐翐, 而似無能., 引援而飛, 迫脅而棲., 進不敢爲前, 退不敢爲後.,

食不敢先嘗, 必取其緒.

是故其行列不斥, 而外人卒不得解, 是以免於患.

直木先伐, 甘井先竭.

子其意者飾知以驚愚, 修身以明汙, 昭昭乎如揭日月而行, 故不免也.

昔吾聞之大成之人曰:『自伐者無功, 功成者墮, 名成者虧.』

孰能去功與名而還與衆人!

道流而不明居, 德行而不名處., 純純常常, 乃比於狂., 削迹捐勢, 不爲功名.

是故無責於人, 人亦無責焉. 至人不聞, 子何喜哉?

孔子曰:「善哉!」

辭其交遊, 去其弟子, 逃於大澤., 依裘褐, 食杼與栗.,

入獸不亂群, 入鳥不亂行.

鳥獸不惡, 而況人乎!

공자(孔子)가 진(陳)나라와 채(蔡)나라 사이에서 포위되었을 때
일주일 동안 데운 음식을 먹지 못했다.
대공(大公) 임(任)이 찾아와 공자를 위로하면서 말했다.
"선생은 거의 죽을 뻔했소."
공자가 대답했다. "그렇습니다."
임이 말했다. "그런데 선생은 죽는 걸 싫어합니까?"
공자가 대답했다. "그렇습니다."
임이 말했다. "그럼 제가 죽지 않는 도(不死之道)에 대해 말할까요?
동해에 사는 새가 하나 있는데 이름을 의태(意怠)라고 합니다.
그 새로 말하면 느릿느릿 더디게 날아서 마치 무능한 새와 같습니다.
날 때는 다른 새의 도움을 받고, 머물 때는 새떼 속에 끼어 있고,
날아갈 때는 다른 새보다 감히 앞서지 않고,
내려올 때도 다른 새보다 감히 뒤처지지 않습니다.
음식 먹을 때는 다른 새보다 먼저 맛보지 않고, 반드시 차례대로 먹습니다.
이 때문에 이 새는 새들의 행렬에서 따돌림을 받지 않고,
바깥 사람으로부터도 해를 입지 않아 재앙을 면할 수 있었습니다.
곧은 나무는 먼저 베어지고, 단 샘물은 먼저 마릅니다.

선생이 뜻을 두는 건 앎을 꾸며서 어리석은 사람을 놀라게 하고,

몸을 닦아서 남의 잘못된 행실을 밝히고,

해와 달을 들고 가는 것처럼 자신의 행동을 세상에 밝게 드러내는 겁니다.

그래서 선생은 재앙을 면치 못합니다.

제가 옛날에 크게 이룬 분에게 들은 바를 말하겠습니다.

'스스로 공을 뽐내는 사람은 공이 없고, 공을 이룬 사람은 무너지고,

명성을 이룬 사람은 이지러진다.'

그러니 누가 공명(功名)을 버리고 보통사람으로 돌아올 수 있겠나요!

크게 이룬 분은 터득한 도(道)가 천하에 널리 퍼져도

자기 공이라고 밝히지 않고,

자신의 덕(德)이 세상 어느 곳에 행해져도 그 명성에 머물지 않습니다.

이런 사람은 진지하고 평범해서 자신을 광인(狂)에 견줍니다.

그래서 자신의 흔적을 지우고, 권세를 버리고,

공명을 따로 추구하지 않습니다.

이 때문에 남을 책망하지 않고, 남 또한 그를 책망하지 않습니다.

이처럼 지인(至人)은 세상에 알려지지 않는 법인데

선생께선 어찌해서 공명(功名) 쌓는 걸 기뻐하나요?"

공자가 말했다. "좋은 말씀입니다."

그리고는 공자는 사람들과의 교유를 물리치고,

그의 제자들도 모두 돌려보낸 뒤 한적한 호수로 가 피신했다.

거기서 가죽옷과 굵은 베로 만든 옷을 입고, 도토리와 밤을 먹으면서

무심 무욕하게 살았다.

이에 공자가 짐승들 사이에 들어가도 짐승이 놀라서 무리를 흩트리지 않고,

새 떼 속에 들어가도 새가 놀라서 날던 행렬을 흩트리지 않았다.

새와 짐승도 이처럼 두려워하고 미워하지 않는데

하물며 사람이야 더 말할 나위가 있겠는가!

注 ─────

孔子圍於陳蔡之間: 공자(孔子)가 진(陳)나라와 채(蔡)나라 사이에서(於~間) 포위되다(圍). 圍
(에울 위, 포위되다)

七日不火食: (그때) 일주일(七日) 동안 데운 음식(火食)을 (먹지) 못하다(不). 火食〔데운(火) 음식(食). 火(불 화 → 데우다)〕

大公任往弔之曰: 대공(大公) 임(任)이 찾아와(往) (공자를) 위로하면서(弔) 말하다. 弔(위문할 조, 위로하다)

子幾死乎?: 선생(子)은 거의 죽다(幾死). 즉 죽을 뻔하다. 幾死〔거의(幾) 죽다(死). 幾(가까울 기, 거의 ~되려하다)〕

曰 然: (공자가) 말하다. 그러하다(然). 然(그럴 연)

子惡死乎?: (임이 말하다. 그런데) 선생(子)은 죽는(死) 걸 싫어하나(惡)? 惡(싫을 오)

曰 然: (공자가) 말하다. 그러하다(然).

任曰 予嘗言不死之道: 임(任)이 말하다. 내(予)가 시험 삼아(嘗) 불사(不死)의 도(道)를 말하다(言). 予(나 여) 嘗(시험할 상)

東海有鳥焉 其名曰意怠: 동해(東海)에 (사는) 새(鳥)가 (하나) 있는데(有) 이름(名)을 의태(意怠)라고 한다. 鳥(새 조)

其爲鳥也 翂翂翐翐 而似無能: (그) 새(鳥)로 말하면(爲) 느릿느릿(翂翂) 더디게(翐翐) 날아 그래서(而) (마치) 무능한 (새와) 같다(似~無能). 翂翂〔느릿느릿 나는 모양. 翂(천천히 날 분)〕 翐翐〔더디게 나는 모양. 翐(날 질)〕似(같을 사)

引援而飛 迫脅而棲: 날(飛) 때는 (다른 새의) 도움(援)을 받고(引~而), 머물(棲) 때는 (새떼 속에) 끼어 있다(迫脅~而). 援(도움 원) 引(당길 인 → 받다) 飛(날 비) 迫脅〔서로 가까이하다 → 끼어 있다. 迫(가까이할 박) 脅(겹 협)〕棲(살 서, 머무르다)

進不敢爲前: 날아갈(進) 때는 (다른 새보다) 감히(敢) 앞서지(爲~前) 않는다(不). 敢(감히) 進(나아갈 진 → 날다)

退不敢爲後: 내려올(退) 때도 (다른 새보다) 감히(敢) 뒤처지지(爲~後) 않는다(不). 退(물러날 퇴 → 내려오다)

食不敢先嘗 必取其緖: (또) 음식(食)을 (먹을 때는) (다른 새보다) 감히(敢) 먼저(先) 맛보지(嘗) 않고(不), 반드시(必) 차례대로(緖) 먹는다(取). 嘗(맛볼 상) 緖(차례 서) 取(취할 취 → 먹다)

是故其行列不斥: 이(是) 때문에(故) (이 새는 새들의) 행렬(行列)에서 따돌림을 받지(斥) 않는다(不). 斥(물리칠 척 → 따돌림 받다)

而外人卒不得害: 그리고(而) 바깥(外) 사람(人卒)으로부터도 해(害)를 입지(得) 않는다(不). 害(해칠 해) 得(얻을 득 → 입다)

是以免於患: 이럼으로써(是~以) 재앙을(於~患) 면하다(免). 患(재앙 환) 免(면할 면)

直木先伐 甘井先竭: 곧은(直) 나무(木)는 먼저(先) 베어지고(伐), 단(甘) 샘물(井)은 먼저(先) 마르다(竭). 直(곧을 직) 伐(칠 벌, 베어지다) 甘(달 감) 井(우물 정) 竭(다할 갈, 다하다 → 마르다)

子其意者飾知以驚愚: 선생(子)이 뜻(意)을 두는 건(者) 앎(知)을 꾸며(飾) 그럼으로써(以) 어리석은(愚) 사람을 놀라게 하다(驚). 意(뜻 의, 뜻을 두다) 知(알 지) 飾(꾸밀 식) 愚(어리석을 우) 驚(놀랄 경, 놀라게 하다)

修身以明汙: 몸(身)을 닦아(修) 그럼으로써(以) 남의 잘못된 행실(汙)을 밝히다(明). 汙(더러울 오, 마음이나 행실이 더러움)

昭昭乎如揭日月而行: 해(日)와 달(月)을 들고(揭) 가는(行) 것처럼(如) (자신의 행동을 세상에) 밝게 드러내다(昭昭). 揭(들 게) 昭昭(밝은 모양 → 밝게 드러내다. 昭(밝을 소)〕

故不免也: 그래서(故) (선생은 재앙을) 면치(免) 못하다(不).

昔吾聞之大成之人曰: 내(吾)가 옛날(昔)에 크게(大) 이룬(成) 분(人)에게 들은(聞) 바를 말하다. 昔(옛 석)

自伐者無功: 스스로(自) (공을) 뽐내는(伐) 사람(者)은 공(功)이 없다(無). 伐(자랑할 벌, 뽐내다)

功成者墮: 공(功)을 이룬(成) 사람(者)은 무너진다(墮). 墮(무너뜨릴 휴)

名成者虧: 명성(名)을 이룬(成) 사람(者)은 이지러진다(虧). 名(이름 명, 명성) 虧(이지러질 휴)

孰能去功與名而還與衆人!: (그러니) 누가(孰) 공과(與~功) 명성(名)을 버릴(去) 수 있어(能~而) 일반인(衆人)으로 돌아올(還) 수가(與)! 孰(누구 숙) 去(버릴 거) 衆人〔일반인. 衆(보통의 중)〕 還(돌려보낼 환) 與(어조사 여)

道流而不明居: (크게 이룬 분은 터득한) 도(道)가 (천하에 널리) 퍼져도(流~而) (자기 공) 밝힘(明)에 머물지(居) 않다(不). 즉 자기 공이라 밝히지 않는다. 流(흐를 류, 번져서 널리 퍼짐) 明(밝힐 명) 居(머물 거)

德行而不名處: (자신의) 덕(德)이 (세상 어느 곳에나) 행해져도(行~而) (그) 명성(名)에 머물지(處) 않는다(不). 行(행할 행)

純純常常: (이런 사람은) 진지하고(純純) 평범하다(常常). 純純〔진지한 모양. 純(전일할 순)〕 常常〔평범한 모양. 常(범상 상)〕

乃比於狂: 이에(乃) (자신을 아무 생각 없이 마음대로 행동하는) 광인에(於~狂) 견준다(比). 狂(미칠 광, 뜻이 커 상규를 벗어남. 즉 아무런 생각 없이 마음대로 행동하는 광인) 比(견줄 비)

削迹捐勢 不爲功名: (그래서 자신의) 흔적(迹)을 지우고(削), 권세(勢)를 버리며(捐), 공명(功名)을 (따로 추구하지) 않는다(不~爲). 迹(자취 적, 흔적) 削(지울 삭) 勢(세력 세, 권세) 捐(버릴 연)

是故無責於人 人亦無責焉: 이(是) 때문에(故) 남을(於~人) 책망하지(責) 않고(無), 남(人) 또한(亦) (그를) 책망하지(責) 않는다(無). 責(책망 책)

至人不聞 子何喜哉?: (이처럼) 지인(至人)은 (세상에) 알려지지(聞) 않는(不) (법인데) 선생(子)은 어찌해서(何) (공명 쌓는 것을) 기뻐하나(喜)? 聞(알려질 문) 喜(기쁠 희)

孔子曰 善哉!: 공자(孔子)가 말하다. 좋은(善) (말이다)!

辭其交遊 去其弟子: (그리곤 공자는 사람들과의) 교유(交遊)를 물리치고(辭), (또) 제자(弟子)와 떨어지다(去). 즉 제자들을 돌려 보낸다. 交遊[서로 사귀어 놀거나 교유함. 交(사귈 교) 遊(놀 유)] 辭(사양할 사 → 물리치다) 去(떨어질 거)

逃於大澤: (그런 뒤) 큰(大) 연못으로(於~澤), 즉 한적한 호수로 피신하다(逃). 澤(못 택, 연못) 逃(피할 도)

依裘褐 食杼與栗: (거기서) 가죽옷(裘)과 굵은 베로 만든 옷(褐)을 입고(依) 도토리와(與~杼) 밤(栗)을 먹으며(食) (무심 무욕하게 살다). 裘(갖옷 구, 가죽옷) 褐(베옷 갈, 굵은 베로 만든 옷) 依(의지할 의 → 입다) 杼(상수리나무 서) 栗(밤나무 율)

入獸不亂群: (이에 공자가) 짐승(獸)들 사이에 들어가도(入) (짐승들이 놀라서) 무리(群)를 흩트리지(亂) 않는다(不). 獸(짐승 수) 群(무리 군) 亂(어지럽힐 란 → 흩뜨리다)

入鳥不亂行: 새(鳥) 떼 속에 들어가도(入) (새들이 놀라서 날던) 행렬(行)을 흩트리지(亂) 않는다(不). 行(갈 행 → 행렬)

鳥獸不惡 而況人乎!: 새(鳥)와 짐승(獸)도 (이처럼 그를 두려워하거나 미워하지(惡) 않는데(不) 하물며(況) 사람이야(人) (더 말할 나위 있는가)! 惡(미워할 오)

산목(山木) 5

孔子問子桑雽曰:「吾再逐於魯, 伐樹於宋, 削迹於衛, 窮於商周, 圍於陳蔡之間.
吾犯此數患, 親交益疏, 徒友益散, 何與?」
子桑雽曰:「子獨不聞假人之亡與? 林回棄千金之璧, 負赤子而趨.
或曰:『爲其布與? 赤子之布寡矣., 爲其累與? 赤子之累多矣.,
棄千金之璧, 負赤子而趨, 何也?』
林回曰:『彼以利合, 此以天屬也.』
夫以利合者, 迫窮禍患害相棄也., 以天屬者, 迫窮禍患害相收也.
夫相收之與相棄亦遠矣.
且君子之交淡若水, 小人之交甘若醴., 君子淡以親, 小人甘以絶.
彼無故以合者, 則無故以離.」
孔子曰:「敬聞命矣!」
徐行翔佯而歸, 絶學捐書, 弟子無揖於前, 其愛益加進.
異日, 桑雽又曰:「舜之將死, 乃命禹曰:『汝戒之哉! 形莫若緣, 情莫若率.
緣則不離, 率則不勞., 不離不勞, 則不求文以待形., 不求文以待形, 固不待物.』」

공자가 상호(桑雽) 선생을 만나서 말했다.

"저는 노나라에서 두 번 쫓겨났고,

송나라에선 옆에 있는 나무가 넘어져서 그 밑에 깔려 죽을 뻔했고,

위나라에선 종적을 감추었고, 상나라와 주나라 사이에선 궁지에 몰렸고,

진나라와 채나라 사이에선 사람들에게 포위된 적이 있었습니다.

이런 환란을 대여섯 번 겪자 친한 사람과 두터운 정도 점차 소원해지고,

제자와 벗들도 차츰 흩어졌는데 어째선 가요?"

상호 선생이 말했다.

"선생만 은나라 사람의 달아난 얘기를 듣지 못했나요?

은나라 사람 임회(林回)는 값이 천금이나 되는 옥(璧)을 버리고

대신 핏덩이 갓난애를 업고 달렸습니다.

그러자 누군가 물었지요.

'값으로 치면 핏덩이 갓난애 값은 얼마 되지 않고,

짐의 부담스러움으로 치면 핏덩이 갓난애의 거추장스러움이 훨씬 큰 데

천금의 옥을 버리고 핏덩이 갓난애를 업고 달린 건 어째선가요?'

그러자 임회가 말했지요.

'옥은 나와 이익으로 결합 되었어도 핏덩이 갓난애는 천륜으로 맺어졌소.'

이익으로 결합 된 건 궁지에 몰리거나 환난이 닥치면 서로를 버리지만

천륜으로 맺어진 건 궁지에 몰리거나 환난이 닥쳐도 서로를 거둬줍니다.

서로를 거둬주는 것과 서로를 버리는 것 사이는 또한 멀지요.

또 군자의 사귐은 물처럼 담박해도 소인의 사귐은 단술처럼 달콤합니다.

군자의 사귐은 담박해 친밀하지만 소인의 사귐은 달콤해 끊어지지요.

또 아무 이유 없이 맺어진 사귐이라면 아무 이유 없이 떨어져 나갑니다."

공자가 말했다. "들은 가르침을 잘 받들겠습니다!"

그리고는 천천히 흐느적거리며 집에 돌아와서 배움을 끊고 책도 버렸다.

제자들도 공자 앞에서 읍(揖)하지 않았는데 사제간 사랑은 점점 깊어갔다.

훗날 상호 선생이 공자에게 다시 말했다.

"순(舜)임금이 죽어갈 때 우(禹)에게 명했다. '그대는 주의하라!

몸은 자연스러운 변화를 좇는 게, 마음은 타고난 본성을 좇는 게 가장 좋다.

자연스러운 변화를 좇으면 자연과 하나가 되고,

타고난 본성을 좇으면 마음에 번거로움이 없다.

자연과 하나가 되고, 마음에 번거로움이 없으면

인의라는 겉치레(文)를 찾아 몸에 지닐 필요가 없다.

이런 겉치레를 찾아 몸에 지닐 필요가 없어 본디 사물을 대비하지 않는다.'"

注 ────

孔子問子桑雽曰: 공자(孔子)가 상호(桑雽) 선생(子)을 만나서(問) 말하다. 子(임 자, 높임말로서 선생의 뜻)

吾再逐於魯: 저(吾)는 노나라에서(於~魯) 두(再) 번 쫓겨나다(逐). 再(두 재) 逐(쫓길 축, 쫓기다)

伐樹於宋: 송나라에선(於~宋) (옆에 있는) 나무(樹)가 넘어져서(伐) (그 밑에 깔릴 뻔하다). 樹(나무 수) 伐(벨 벌 → 넘어지다)

削迹於衛: 위나라에선(於~衛) 종적을 감추다(削迹). 削迹〔발자국을 없애다 → 종적을 감춤. 削(빼앗을 삭) 迹(자취 적)〕

窮於商周: 상(商)나라와 주나라 사이에선(於~周) 궁지(窮)에 몰리다. 窮(궁할 궁, 궁지)

圍於陳蔡之間: 진(陳)나라와 채나라 사이에선(於~蔡) (사람들에게) 포위된(圍) (적이 있다). 圍(에울 위, 포위되다)

吾犯此數患: 내(吾)가 이런(此) 환난(患)을 대여섯(數) 번이나 만나다(犯). 즉 겪다. 患(재난 환, 환난) 數(대여섯 수) 犯(만날 범)

親交益疏: 친한 사람과 두터운 정(親交)도 점점(益) 소원해지다(疏). 親交〔친한 사람과의 두터운 정. 親(친할 친) 交(사귈 교)〕益(점점 익, 차츰) 疏(멀어질 소)

徒友益散 何與?: 제자(徒)와 벗(友)도 차츰(益) 흩어졌는데(散) 어째서인가(何~與)? 徒(무리 도 → 제자) 友(벗 우) 散(흩을 산)

子桑雽曰 子獨不聞假人之亡與?: 상호(桑雽) 선생(子)이 말하다. 선생(子)은 홀로(獨) 은(殷)나라 사람(人)의 달아난(亡) (얘기를) 듣지(聞) 못했는가(不)? 殷(나라 은) ※ 참고한 『莊子今註今譯』에 '假(거짓 가)'로 표기되었는데 오자로 보아 '殷(나라 은)'으로 바꾸어서 해석했다. 亡(달아날 망) 與(그럴까 여, 의문사)

林回棄千金之璧: (은나라 사람) 임회(林回)는 (값이) 천금(千金)이나 되는 옥(璧)을 버리다(棄). 璧(옥 벽) 棄(버릴 기)

負赤子而趨: (대신) 핏덩이 갓난애(赤子)를 업고서(負~而) 달리다(趨). 赤子〔핏덩이 갓난애. 赤(붉을 적)〕負(짊어질 부) 趨(달릴 추)

或曰 爲其布與?: (그러자) 누군가(或)가 말하다. 값으로(爲~布) (치면) 布(돈 포 → 값)

赤子之布寡矣: 핏덩이 갓난애(赤子) 값(布)은 적다(寡). 즉 얼마 되지 않다. 寡(적을 과)

爲其累與?: 짐의 부담스러움으로(爲~累) (치면) 累(부담 루, 짐 → 짐의 부담스러움)

赤子之累多矣: 핏덩이 갓난아이(赤子)의 거추장스러움(累)이 (훨씬) 크다(多). 多(많을 다 → 크다)

棄千金之璧 負赤子而趨 何也?: (그런데) 천금(千金) 옥(璧)을 버리고(棄) 갓난애(赤子)를 업고(負) 달린(趨) 건 어째서인가(何)?

林回曰 彼以利合 此以天屬也: (그러자) 임회(林回) 말하다. 저(彼) (옥은 나와) 이익으로 결합 되었는데(以~利合) 이(此) (갓난애는) 천륜으로(以~天) 맺어지다(屬). 利合〔이익으로 결합되다. 合(합할 합, 짝함)〕天 → 天倫(천륜) 屬(이을 촉 → 맺어짐)

夫以利合者: 모름지기(夫) 이익으로(以~利) 결합되어진(合) 것(者).

迫窮禍患害相棄也: 궁지와 환난(窮禍患害)이 닥치면(迫), 즉 궁지에 몰리거나 환난이 닥치면 서로(相)를 버리다(棄). 窮禍患害〔궁지와 환난. 窮(궁할 궁) 禍(재앙 화) 患(재앙 환) 害(해칠 해)〕迫(닥칠 박) 棄(버릴 기)

以天屬者: (그러나) 천륜으로(以~天) 맺어진(屬) 것(者)

迫窮禍患害相收也: 궁지와 환난(窮禍患害)이 닥쳐도(迫) 서로(相)를 거두어(收) (주다). 收(거둘 수)

夫相收之與相棄亦遠矣: 서로(相)를 거둬(收) (주는 것)과(與) 서로(相)를 버리는(棄) (것 사이는) 또한(亦) 멀다(遠). 遠(멀 원)

且君子之交淡若水: (또) 군자(君子)의 사귐(交)은 물처럼(若~水) 담박하다(淡). 交(사귈 교) 淡(담박할 담)

小人之交甘若醴: (그러나) 소인(小人)의 사귐(交)은 단술처럼(若~醴) 달콤하다(甘). 醴(단술 례) 甘(달 감 → 달콤하다)

君子淡以親: 군자(君子)의 (사귐은) 담박해(淡), 그럼으로써(以) 친밀해지다(親). 親(친할 친 → 친밀) 淡(담박할 담)

小人甘以絶: (그러나) 소인(小人)의 (사귐은) 달콤해(甘), 그럼으로써(以) 끊어지다(絶). 絶(끊을 절)

彼無故以合者 則無故以離: (또) 저(彼) (아무) 이유(故) 없이(以~無) 맺어진(合) 사귐(者). 그러면(則) (아무) 이유(故) 없이(無), 그럼으로써(以) 떨어져(離) (나가다). 故(연고 고, 이유) 離(떼놓을 리, 떨어지다)

孔子曰 敬聞命矣!: 공자(孔子)가 말하다. 들은(聞) 가르침(命)을 (잘) 받들다(敬)! 命(가르침 명) 敬(공경할 경 → 받들다)

徐行翔佯而歸: (그리곤) 천천히(徐行) 흐느적거리며(翔佯~而) (집에) 돌아오다(歸). 徐行〔천천히 감. 徐(천천히 할 서) 行(갈 행)〕翔佯〔빙빙 걸어 노닐다. 즉 흐느적거리다. 翔(빙빙돌 상) 佯(노닐 양)〕

絕學捐書: (그리고) 배움(學)을 끊고(絶) 책(書)도 버리다(捐). 學(배우 학) 絶(끊을 절) 書(책 서)
捐(버릴 연)

弟子無揖於前: (그러자) 제자(弟子)들도 (공자) 앞에서(於~前) 읍하지(揖) 않다(無) 揖(읍할 읍,
공수하고 절함)

其愛益加進: (그런데 사제간) 사랑(愛)은 점점(益) 더(加) 깊어가다(進). 愛(사랑 애) 加(더할 가)
進(나아갈 진 → 깊어가다)

異日 桑雽又曰: 훗날(異日) 상호(桑雽) 선생이 (공자에게) 다시(又) 말하다. 異日〔훗날. 異(다를
이)〕 又(또 우)

舜之將死 乃命禹曰: 순(舜)임금이 죽어갈(將~死) 때 이에(乃) 우(禹)에게 명하다(命). 將(장차
장, 차차) 乃(이에 내) 命(명할 명)

汝戒之哉!: 너(汝)는 주의하라(戒)! 戒(경계할 계, 주의하다)

形莫若緣: 몸(形)은 (자연스러운 변화를) 좇는(緣) 것처럼(若) (좋은 게) 없다(莫). 緣(좇을 연) 若
(같을 약)

情莫若率: 마음(情)은 (타고난 본성을) 좇는(率) 것처럼(若) (좋은 게) 없다(莫). 情(뜻 정 → 마음)
率(좇을 솔)

緣則不離: (자연스러운 변화를) 좇으면(緣~則) (자연과) 떨어지지(離) 않다(不). 즉 자연과 하나가
되다. 離(떠놓을 리, 떨어지다)

率則不勞: (타고난 본성을) 좇으면(率~則) (마음에) 번거로움(勞)이 없다(不). 勞(수고롭게할 로, 괴
로움)

不離不勞: 자연과 하나가 되고(不離), 마음에 번거로움이 생겨나지 않다(不勞).

則不求文以待形: 그러면(則) (인의라는) 겉치레(文)를 찾아(求), 그럼으로써(以) 몸(形)을 대비
하지(待) 않다(不). 즉 몸에 지닐 필요가 없다. 文(문채 문, 아름다운 외관 → 겉치레) 待(기다릴 대,
대비하다)

不求文以待形: (인의라는) 겉치레(文)를 찾아(求), 그럼으로써(以) 몸(形)을 대비하지(待) 않다
(不). 즉 몸에 지닐 필요가 없다.

固不待物: (그러므로) 본디(固) 사물(物)을 대비하지(待) 않다(不). 즉 사물에 의존하는 법이 없
다. 待(기다릴 대, 대비함)

산목(山木) 6

莊子衣大布而補之, 正緳係履而過魏王.
魏王曰:「何先生之憊邪?」

莊子曰:「貧也, 非憊也. 士有道德不能行, 憊也.,

衣弊履穿, 貧也, 非憊也., 此所謂非遭時也.

王獨不見夫騰猿乎? 其得枏梓豫章也, 攬蔓其枝而王長其間, 雖羿逢蒙不能眄睨也.

及其得柘棘枳枸之間也, 危行側視, 振動悼慄.,

此筋骨非有加急而不柔也, 處勢不便, 未足以逞其能也.

今處昏上亂相之間, 而欲无憊, 奚可得邪? 此比干之見剖心徵也夫!」

장자가 옷을 남루하게 입고 낡은 신발을 삼으로 만든 끈으로 바로잡아
묶은 채 위(魏)나라 왕을 찾아갔다.
위나라 왕이 말했다. "선생은 어째서 이렇게 고달프게 되었소?"
장자가 대답했다. "나는 가난할 뿐이지 고달픈 게 아니오.
선비는 도덕을 지니는데 이를 잘 행할 수 없으면 그때 고달프지요.
남루한 옷을 입고 구멍 난 신발을 신는 건 가난할 뿐 고달픈 게 아닙니다.
또 내 몸이 지쳐 보이는 걸 두고 말하면 그건 때(時)를 만나지 못해서지요.
위나라 왕만 나무에 오르는 원숭이를 어째서 보지 못하나요?
원숭이가 녹나무, 가래나무, 예나무처럼 큰 나무에 올라가서
가지를 잡고 몸을 날려서 가지 사이에서 의기양양하며 다닐 때는
예(羿)와 그 제자 봉문(逢蒙) 같은 활의 명수도 원숭이를 쏘아 맞힐 수 없지요.
산뽕나무, 가시나무, 탱자나무, 호깨나무처럼 가시 많은 나무 사이를
지날 땐 원숭이도 곁을 보며 조심스럽게 행동하고,
부들부들 떨거나 두려워하면서 떨지요.
이는 원숭이 힘줄과 뼈가 급한 상황을 만나 부드러움을 잃어서가 아니라
처한 상황이 편치 않아서입니다.
가시 많은 나무에선 원숭이도 자신의 능력을 잘 드러내 보이지 못합니다.
그러니 지금 같이 어지러운 세상을 만나면 어찌 고달프지 않을 수 있나요?
이는 충신 비간(比干)이 가슴이 갈라진 걸 봐도 증거로 충분하지 않나요!

注 ──

莊子衣大布而輔之: 장자(莊子)가 남루한 옷(大布)을 입고(衣~而), (그것에) 의지하다(輔). 大布
〔큰 포. 즉 큰 마로 만든 남루한 옷. 布(베 포)〕輔(도울 보 → 의지하다)

正纆係履而過魏王: (낡은) 신발(履)을 삼으로 만든 끈(纆)으로 바로잡아(正) 묶은 채(係~而) 위(魏)나라 왕(王)을 찾아가다(過). 履(신 리) 纆(띠 혈 → 삼으로 만든 끈) 正(바를 정, 바로 잡다) 係(맬 계 → 묶다) 過(지날 과, 건너가다 → 찾아감)

魏王曰 何先生之憊邪?: 위(魏)나라 왕(王)이 말하다. 선생(先生)은 어째서(何) (이렇게) 고달프게(憊) (되었나)? 憊(고달플 비)

莊子曰 貧也 非憊也: 장자(莊子)가 말하다. (나는) 가난할(貧) 뿐이지 고달픈(憊) 게 아니다(非). 貧(가난할 빈)

士有道德不能行 憊也: 선비(士)는 도덕(道德)을 지니는데(有) (이를 잘) 행할(行) 수(能) 없으면(不) (그때) 고달프다(憊). 士(선비 사)

衣弊履穿 貧也 非憊也: 남루한(弊) 옷(衣)을 입고 구멍 난(穿) 신발(履)을 신는 건 가난할(貧) 뿐이지 고달픈(憊) 게 아니다(非). 弊(해질 폐 → 남루한) 衣(옷 의) 穿(구멍 천) 履(신 리)

此所謂非遭時也: (또 내) 이런(此) 바(所), 즉 내 몸이 지쳐 보이는 걸 두고 말하면(謂) (그건) 때(時)를 만나지(遭) 못해서다(非). 時(때 시) 遭(만날 조)

王獨不見夫騰猿乎?: (위나라) 왕(王)은 홀로(獨) 저(夫) 나무에 오르는(騰) 원숭이(猿)를 (어째서) 보지(見) 못하나(不)? 騰(오를 등) 猿(원숭이 원)

其得柟梓豫章也: (원숭이가) 녹나무(柟), 가래나무(梓), 예나무(豫)처럼 큰 나무(章)에 오르다(得). 柟(녹나무 남) 梓(가래나무 재) 章(그루 장, 큰 나무) 得(얻을 득 → 오르다)

攬蔓其枝而王長其間: 가지(枝)를 잡고(攬) 몸을 날려서(蔓~而) (가지) 사이(間)를 의기양양하게(王長) (다닌다). 枝(가지 지) 攬(잡을 람) 蔓(뻗을 만 → 몸을 날리다) 王長〔우두머리 노릇하며 의기양양하다. 王(우두머리 왕) 長(우두머리 장)〕

雖羿逢蒙不能眄睨也: (그때는) 예(羿)와 (그의 제자) 봉문(逢蒙)과 (같은 활의 명수도 원숭이를 쏘아) 맞출(眄睨) 수(能) 없다(不). 眄睨〔맞추다. 眄(곁눈질할 면, 곁눈으로 봄) 睨(노려볼 예)〕

及其得柘棘枳枸之間也: 반면(乃) 산뽕나무(柘), 가시나무(棘), 탱자나무(枳) 호깨나무(枸)처럼 (가시가 많은 나무) 사이(間)를 지나다(得). 柘(산뽕나무 자) 棘(가시나무 극) 枳(탱자나무 지) 枸(호깨나무 구) 得(얻을 득 → 지나다)

危行側視 振動悼慄: (그때는 원숭이도) 곁(側)을 보며(視) 조심스럽게 행동하면서(危行) 부들부들(動) 떨거나(振) 두려워하면서(慄) 떨다(悼). 危行〔조심스럽게 행동함. 危(위태로울 위)〕 側(곁 측) 視(볼 시) 動(움직일 동, 요동함 → 부들부들) 振(떨 진) 慄(두려워할 률) 悼(떨 도)

此筋骨非有加急而不柔也: 이(此)는 (원숭이의) 힘줄(筋)과 뼈(骨)가 급한 상황(加急)을 만나서(有~而) 부드러움(柔)을 잃은(不) (탓이) 아니다(非). 筋(힘줄 근) 骨(뼈 골) 加急〔급한 상황. 加(더할 가) 急(급할 급)〕 柔(부드러울 유)

處勢不便: 처한(處) 상황(勢)이 편하지(便) 않아서다(不). 處(처할 처) 勢(형세, 상황) 便(편할 편)

未足以逞其能也: (가시가 많은 나무에선 원숭이도 자신의) 능력(能)을 드러내 보이는(逞) 게 만족스럽지(足) 못하다(未). 즉 제대로 드러내 보이지 못하다. 逞(펼칠 령, 드러내 보이다)

今處昏上亂相之間: (그러니) 지금(今) (같이) 어지러운 세상(昏上亂相) 사이(間)에 처하다(處). 즉 어지러운 세상을 만나다. 昏上亂相〔어지러운 세상. 昏(어지러울 혼) 亂(어지러울 란)〕

而欲無憊 奚可得邪?: (그러면) 고달픔(憊)이 없게(無) 함(欲)을 어찌(奚) 얻을(得) 수 있나(可)? 즉 어찌 고달프지 않을 수 있나?

此比干之見剖心徵也夫!: 이(此)는 (충신) 비간(比干)이 가슴(心)이 갈라진(剖) 걸 보아도(見) (그) 증거(徵)로 (충분하지) 않은가! 剖(갈라질 부) 徵(증거 징)

산목(山木) 7

孔子窮於陳蔡之間, 七日不火食, 左據槁木, 右擊槁枝, 而歌焱氏之風, 有其具而無其數,

有其聲而無宮角, 木聲與人聲, 犁然有當於人之心.

顏回端拱還目而窺之.

仲尼恐其廣己而造大也, 愛己而造哀也,

曰:「回, 無受天損易, 無受人益難. 無始而非卒也, 人與天一也.

夫今之歌者其誰乎?」

回曰:「敢問無受天損易.」

仲尼曰:「飢渴寒暑, 窮桎不行, 天地之行也, 運物之泄也, 言與之偕逝之謂也.

爲人臣者, 不敢去之. 執臣之道猶若是, 而況乎所以待天乎!」

「何謂無受人益難?」

仲尼曰:「始用四達, 爵祿竝至而不窮, 物之所利, 乃非己也, 吾命其在外者也.

君子不爲盜, 賢人不爲竊, 吾若取之何哉!

故曰:『鳥莫知於鷾鴯.』

目之所不宜處, 不給視., 雖落其實, 棄之而走. 其畏人也, 而襲諸人間, 社稷存焉爾.」

「何謂無始而非卒?」

仲尼曰:「化其萬物而不知其禪之者, 焉知其所終? 焉知其所始? 正而待之而已耳.」

「何謂人與天一邪?」

仲尼曰：「有人，天也.，有天，亦天也. 人之不能有天，性也，聖人晏然體逝而終矣!」

공자(孔子)가 진나라와 채나라 사이에서 궁지에 몰렸을 때
일주일 동안 데운 음식을 먹지 못했다.
공자는 왼손은 마른나무에 걸치고, 오른손은 마른 나뭇가지를 두드리며
신농씨 노래를 태연히 불렀다.
연주할 도구는 있어도 장단이 없고, 소리는 있어도 오음의 가락이 없는데
나뭇가지 두들기는 소리와 공자의 노래 부르는 소리는
사람들의 심금을 울렸다.
안회는 손을 맞잡고 몸가짐을 바로 했어도 노래를 부르는 스승이 못마땅해
눈동자를 굴리면서 애써 공자를 외면했다.
공자는 안회가 스스로를 크게 과장해 못마땅한 모습을 부풀릴까 두려워서
아니면 자신을 가엾게 여겨 슬퍼할까 두려워서 말했다.
"회야, 자연이 주는 손해를 받아들이지 않는 건 쉽지만
사람이 만든 이득을 받아들이지 않는 건 어렵다.
그리고 모든 일은 처음도 없고 끝도 없고,
나아가 사람도 자연과 그 근본에선 하나로 같다.
지금 노래 부르는 사람이 누구인가?"
안회가 말했다.
"자연이 주는 손해를 받아들이지 않는 게 쉬운 것에 대해 감히 여쭙니다."
공자가 대답했다.
"굶주림, 목마름, 추위, 더위, 곤궁함, 형벌, 오도 가도 못함은
자연이 주는 일종의 손해이다.
그런데 이것들은 천지의 운행과 돌고 도는 만물의 발로로서 나타난다.
그래서 자연이 주는 손해를 받아들이지 않는 게 쉽다는 말은
우리가 굶주림, 목마름, 추위, 더위, 곤궁함, 형벌, 오도 가도 못함과는
어쩔 수 없이 함께 가야 한다는 걸 말한다.
또 신하가 되면 왕을 함부로 버려선 안 된다.
신하로서 도를 지키는 것도 가히 이와 같은데

하물며 하늘의 뜻을 기다리는 사람이야 더 말할 나위가 있겠는가!

안회가 물었다.

"사람이 만든 이득을 받아들이지 않는 게 어렵다는 건 무슨 말인가요?"

공자가 말했다.

"처음 세상에 나아갈 때는 생활을 유지하기 위해 무슨 일이든 해야 한다.

그 후 벼슬과 녹봉이 함께 보태지면 생활이 궁핍해지지 않는다.

이는 벼슬과 녹봉이 내게 가져다준 이득 탓이다.

이에 생활이 궁핍하지 않게 된 건 원래부터 지녔던 게 아니어서

내 운명(命)은 바깥에 의해 지배된 셈이다.

군자는 도둑질하지 않고, 현인은 물건을 훔치질 않는데

내가 어찌 벼슬과 녹봉 같은 걸 취해 내 운명을 스스로 이렇게 정하겠는가.

그래서 말한다.

'새 중에는 제비가 가장 지혜롭다.'

눈여겨보아 둥지 칠만한 마땅한 곳이 아니면 살피지 않고,

입에 물었던 먹이가 떨어져도 이를 버리고 그대로 달아난다.

그런데 제비는 사람을 이처럼 두려워해도 결국 사람 사는 데로 돌아온다.

이는 사직을 두면 절대로 옮기지 않는 것과 같은 이치이다."

안회가 물었다.

그러면 모든 일은 처음도 없고, 끝도 없다는 건 무슨 말인가요?"

공자가 말했다.

"만물이 변해도 만물을 바꾸는 존재가 누구인지 모르니까

만물의 변화가 끝나는 곳을 어찌 알고, 만물이 시작되는 곳을 어찌 아는가?

우리는 몸과 마음을 바르게 해 단지 그 변화를 기다릴 뿐이다."

안회가 물었다.

"어째서 사람도 자연과 그 근본이 하나로 같다고 말하나요?"

공자가 말했다.

"사람이 생겨나는 건 자연(天)에 의한 거고,

자연이 생겨나는 것도 자연의 조화에 의한 거다.

사람이 자연의 도에 순응하지 않는 건 인위적인 본성에 사로잡혀서다.

성인은 세월이 흐르는 대로 그의 몸을 편안히 맡긴 채 삶을 마치지 않는가!

注 ───

孔子窮於陳蔡之間: 공자(孔子)가 진(陳)나라와 채(蔡)나라 사이에서(於~間) 궁지에 몰리다 (窮). 窮(궁할 궁 → 궁지)

七日不火食: (그 때) 일주일(七日) 동안 데운 음식(火食)을 먹지 못하다(不). 火食〔데운(火) 음 식(食). 火(불 화 → 데우다)〕

左據槁木 右擊槁枝: (공자는) 왼손(左)은 마른(槁) 나무(木)에 걸치고(據) 오른손(右)은 마른 (槁) 나뭇가지(枝)를 두드리다(擊). 槁(마를 고) 據(의거할 거, 의지하다 → 걸치다) 枝(가지 지) 擊(치 격, 두드리다)

而歌焱氏之風: (그러면서) 신농씨(焱氏)의 노래(風)를 (태연히) 부르다(歌). 焱氏〔신농씨. 焱(개 달리는모양 표)〕風(노래 풍) 歌(노래할 가)

有其具而無其數: (연주할) 도구(具)는 있어도(有~而) 장단(數)이 없다(無). 具(갖출 구 → 도구) 數(셈 수 → 장단)

有其聲而無宮角: 소리(聲)는 있어도(有~而) 오음(宮角)의 가락이 없다(無). 聲(소리 성) 角宮 〔궁(宮)·상(商)·각(角)·치(徵)·우(羽) 오음〕

木聲與人聲: (그런데도) 나뭇가지(木) (두들기는) 소리와(與~聲) 사람(人), 즉 공자의 (노래 부르 는) 소리(聲).

犂然有當於人之心: (그것이) 전율하듯(犂然) 사람(人)의 마음에(於~心) 마땅함(當)이 있다(有). 즉 사람들의 심금을 울리다. 犂然〔전율하는 모양. 犂(떨 류, 두려워 떠는 모양)〕當(마땅할 당)

顏回端拱還目而窺之: 안회(顏回)는 손을 맞잡고 몸가짐을 바로 해도(端拱~而) (노래 부르는 스 승이 못마땅해) 눈동자(目)를 굴리면서(還) (공자를) 엿보다(窺). 즉 공자를 애써 외면하다. 端拱 〔손을 맞잡고(拱) 몸가짐 바로 하다(端). 端(바로잡을 단) 拱(두손맞잡을 공)〕目(눈 목, 눈동자) ※ 참고한 『莊子今註今譯』에 '木(나무 목)'으로 표기되었는데 오자로 보아 '目(눈 목)'으로 바꾸어 서 해석했다. 還(굴릴 환, 눈동자를 움직이다) 窺(엿볼 규)

恐其廣己而造大也: (공자는 안회의 이런 모습을 보고 안회가) 자기(己)를 크게(大) 과장해(廣~而) (못마땅해하는 모습을) 부풀릴까(造) 두려워서(恐) (말하다). 廣(넓힐 광 → 과장하다) 造(지을 조, 만듦 → 부풀리다) 恐(두려울 공)

愛己而造哀也 曰: (아니면) 자기(己)를 가엽게 여겨(愛~而) 슬픔(哀)을 만들까(造), 즉 슬퍼할까 (두려워서) 말하다. 愛(가엽게여길 애) 哀(슬플 애)

回. 無受天損易: 회(回)야. 자연(天)이 (주는) 손해(損)를 받아들이지(受) 않는(無) 건 쉽다(易). 損(잃을 손, 손해) 受(받을 수, 받아들이다) 易(쉬울 이)

無受人益難: (그러나) 사람(人)이 (만든) 이익(益)을 받아들이지(受) 않는(無) 건 어렵다(難). 益(이로울 익, 이득) 難(어려울 난)

無始而非卒也: (그리고 모든 일은) 처음(始)도 없고(無~而) 끝(卒)도 없다(無). 始(처음 시) 卒(마칠 졸, 끝남)

人與天一也: 사람도(與~人) 자연(天)과 (그 근본에선) 하나(一)로 (같다).

夫今之歌者其誰乎?: 지금(今) 노래 부르는(歌) 사람(者)이 누구인가(誰)? (꼭 나라고 할 수 없지 않은가?) 誰(누구 수)

回曰 敢問無受天損易: 안회(回)가 말하다. 자연(天)이 주는 손해(損)를 받아들이지(受) 않는(無) 게 쉽다(易)는 것에 대해 감히(敢) 묻다(問). 問(물을 문)

仲尼曰 飢渴寒暑: 공자(仲尼) 말하다. 굶주림(飢), 목마름(渴), 추위(寒), 더위(暑). 飢(굶주릴 기) 渴(갈증 갈) 寒(찰 한) 暑(더울 서)

窮桎不行: 곤궁함(窮), 형벌(桎), 오도 가도 못함(不行)은 (일종의 자연이 주는 손해에 속한다) 窮(곤궁 곤) 桎(차꼬 질, 형틀 → 형벌) 不行〔(오도)가도 못함. 行(갈 행)〕

天地之行也 運物之泄也: (그런데 이것들은) 천지(天地)의 운행(行)과 (돌고 도는(運) 만물(物)의 발로(泄)로 나타나다. 行 → 運行(운행) 運(돌 운, 돌다) 泄(일어날 설 흥기하다 → 발로)

言與之偕逝之謂也: (그래서) 이 말(言), 즉 자연이 주는 손해를 받아들이지 않는 게 쉽다는 말은 (굶주림, 목마름, 추위, 더위, 곤궁함, 형벌, 오도 가도 못하는 것)과 (우리가 어쩔 수 없이) 함께(偕) 가야(逝) 하는 걸 말한다(謂). 偕(함께 해) 逝(갈 서)

爲人臣者 不敢去之: (또) 신하(人臣)가 되면(爲~者) (왕을) 함부로(敢) 버려선(去) 안 된다(不). 人臣(신하) 去(버릴 거)

執臣之道猶若是: 신하(臣)로서 도(道)를 지키는(執) 것도 가히(猶) 이(是)와 같다(若). 執(잡을 집 → 지키다) 猶(가히 유) 若(같을 약)

而況乎所以待天乎!: 하물며(而~況) 하늘(天)의 (뜻을) 기다리는(以~待) 사람(所)이야 (더 말할 나위 있는가)!

何謂無受人益難?: (안회가 말하다) 사람(人)이 (만든) 이득(益)을 받아들이지(受) 않는(無) 게 어려운(難) 건 무슨(何) 말인가?

仲尼曰 始用四達: 공자(仲尼)가 말하다. 처음(始) 쓰임(用)은 사통팔달(四達)이다. 즉 처음 세상에 나아갈 때는 생활을 유지하기 위해 무슨 일이든 해야 한다. 用(쓰임 용) 四達〔四通八達(사통팔달) → 어디서나 순조롭다〕

爵祿並至而不窮: (그 후) 벼슬(爵)과 녹봉(祿)이 나란함(並)에 이르면(至~而), 즉 벼슬과 녹봉이 함께 보태지면 (생활이) 궁핍하지(窮) 않다(不). 並(나란히할 병) 至(이를 지) 窮(궁할 궁, 궁핍하다)

物之所利: (그런데 이는) 사물(物), 즉 벼슬과 녹봉이 (내게 가져다준) 이득(利)인 바(所)다.

乃非己也: 이에(乃) (생활이 궁핍하지 않게 된 건) 자기(己) (스스로 지닌 게) 아니다(非). 즉 원래부터 지닌 게 아니다.

吾命其在外者也: (그러므로) 내(吾) 운명(命)은 밖(外)에 있는(在) 것(者)이다. 즉 바깥에 의해 지배되다. 命(운명 명) 在(있을 재)

君子不爲盜 賢人不爲竊: 군자(君子)는 도둑질(爲~盜) (하지) 않고(不), 현인(賢人)은 (물건을) 훔치질(爲~竊) 않는다(不). 盜(훔칠 도) 竊(훔칠 절)

吾若取之何哉: (그런데) 내(吾)가 어찌(何) (벼슬과 녹봉) 같은(若) 걸 취해(取) (스스로 내 운명을 이렇게 정하겠는가). 取(취할 취)

故曰 鳥莫知於鷾鴯: 그래서(故) 말하다. 새(鳥) 중에 제비보다(於~鷾鴯) (더) 지혜로운(知) 게 없다(莫). 즉 제비가 가장 지혜롭다. 鷾鴯〔제비. 鷾(제비 의) 鴯(제비 이)〕知(지혜 지) 莫(없을 막, ~함이 없다) ※ 참고한 『莊子今註今譯』에 이 문장이 통째로 생략되어서 이 문장을 보태어 해석했다.

目之所不宜處: 눈여겨보아(目) 마땅히(宜) 처할(處) 곳(所) 아니다(不). 즉 둥지 칠만한 마땅한 곳이 아니다. 目(눈여겨볼 목) 宜(마땅할 의) ※ 참고한 『莊子今註今譯』에 이 문장이 통째로 생략되어서 이 문장을 보태어 해석했다.

不給視: (그러면 아예) 살핌(視)을 주지(給) 않다(不). 즉 살피지 않는다. 視(볼 시, 살핌) 給(줄 급)

雖落其實 棄之而走: 아무리(雖) (입에 물은) 먹이(實)가 떨어져도(落) (이를) 버리고서(棄~而) (그대로) 달아나다(走). 實(열매 실 → 먹이) 落(떨어질 락) 棄(버릴 기) 走(달아날 주) 雖(비록 수 → 아무리 ~해도)

其畏人也 而襲諸人間: (제비가) 사람(人)을 (이처럼) 두려워해도(畏~而) (결국) 사람을(諸~人間) 종전대로 따르다(襲). 즉 결국 사람 사는 데로 돌아오다. 畏(두려워할 외) 襲(인할 습, 종전대로 따르다)

社稷存焉爾: (이는) 사직(社稷)을 두게(存) (되면 절대로 옮기지 않는 것과) 같은(爾) (이치이다). 社稷〔사직. 즉 토지 및 오곡의 신. 社(땅귀신 사, 토지의 신) 稷(곡신 직, 오곡의 신)〕存(있을 존, 두다) 爾(같이 이, 이와 같다)

何謂無始而非卒?: (안회가 묻다. 그러면 모든 일은) 처음(始)도 없고(無~而) 끝(卒)도 없다는(非) 건 무슨(何) 말인가(謂)?

仲尼曰 化其萬物而不知其禪之者: 공자(仲尼)가 말하다. 만물(萬物)이 변해도(化~而) (만물을) 바꾸는(禪) 존재(者)가 (누군지) 알지(知) 못하다(不). 禪(바뀔 선, 바꿔 놓다)

焉知其所終? 焉知其所始?: (그러니까 만물의) 변화가 끝나는(終) 곳(所)을 어찌(焉) 알며(知) 만물의 변화가 시작하는(始) 곳(所)을 어찌(焉) 아는가(知)? 焉(어찌 언) 終(끝날 종)

正而待之而已耳: (우리는 몸과 마음을) 바르게 해서(正~而) (단지 그 변화를) 기다릴(待) 뿐이다(已

耳). 待(기다릴 대)

何謂人與天一邪?: (안회가 말하다) 어째서(何) 사람도(與~人) 자연(天)과 (그 근본이) 하나(一)로 (같다고) 말하는가(謂~邪)? 邪(그런가 야)

仲尼曰 有人 天也 有天 亦天也: 공자(仲尼)가 말하다. 사람(人)이 생겨나는(有) (건) 자연(天)에 의한 거고(也), 자연(天)이 생겨나는(有) 것 또한(亦) 자연(天)의 (조화에 의한) 거다(也).

人之不能有天 性也: 사람(人)이 자연(天)의 도에 있을(有) 수(能) 없는(不) (건), 즉 사람이 자연에 도에 순응하지 못하는 건 (인위적인) 본성(性)에 (사로잡혀서) 이다(也).

聖人晏然體逝而終矣!: 성인(聖人)은 (그의) 몸(體)을 세월이 흐르는(逝) 대로 편안히(晏然~而) 맡긴 채 삶을 마치지(終) 않는가! 逝(갈 서, 세월이 가다, 즉 세월이 흐르다) 終(끝낼 종, 삶을 마치다) 晏然(편안한 상황. 晏(편안할 안)]

산목(山木) 8

莊周遊於雕陵之樊, 覩一異鵲自南方來者, 翼廣七尺, 目大運寸, 感周之顙而集於栗林.

莊周曰:「此何鳥哉, 翼殷不逝, 目大不覩?」

蹇裳躩步, 執彈而留之.

覩一蟬, 方得美蔭而忘其身., 螳蜋執翳而搏之, 見得而忘其形., 異鵲從而利之, 見利而忘其眞.

莊周怵然曰:「噫! 物固相累, 二類召也!」

捐彈而反走, 虞人逐而誶之.

莊周反入, 三月不庭. 藺且從而問之:「夫子何爲頃間甚不庭乎?」

莊周曰:「吾守形而忘身, 觀於濁水而迷於淸淵.

且吾聞諸夫子曰:『入其俗, 從其令.』

今吾遊於雕陵而忘吾身, 異鵲惑吾顙, 遊於栗林而忘眞, 栗林虞人以吾爲戮,
吾所以不庭也.」

장주가 조릉(雕陵)이란 밤나무 숲 근처를 노닐다가
이상한 까치 한 마리가 남쪽에서 날아오는 걸 보았다.
까치의 날개 길이는 일곱 척이고, 눈의 크기는 세로로 한 치나 되었다.
그 까치는 장자의 이마를 스치고 지나갈 정도로 낮게 날아서

밤나무 숲에 이르러 앉았다.

장주가 속으로 말했다.

"저건 어떤 새일까. 날개가 저렇게 커도 높이 날지 못하고,
눈이 저렇게 커도 사람을 제대로 보지 못하니까?"

장주는 바지를 걷어 올리고 바삐 걸어서 다가가 활을 쥐고 새를 노렸다.

그때 한 마리 매미를 보았는데 마침 시원한 나무 그늘에 매달려
자신의 몸을 까마득하게 잊었다.

또 사마귀는 나무 잎사귀로 자신의 몸을 가린 채 매미 잡는 데만 정신이 팔려
자신의 몸을 까마득하게 잊었다.

또 이상한 까치는 쫓아가 사마귀를 잡는 데만 정신이 팔려
자신이 처한 상황을 까마득하게 잊었다.

장주는 이것을 보고 두려운 생각이 들어 중얼거리면서 말했다.

"아! 만물은 말할 것도 없이 서로 묶여 이익과 손해를 함께 불러들이는구나!"

장주는 활을 버리고 되돌아 나와 달아나는데
밤나무 숲 산지기가 밤 따러 온 도둑인 줄 알고 쫓아와 장주를 힐책했다.

장주는 돌아와 집안에 들어와서 석 달이나 마음이 언짢았다.

제자인 인저(藺且)가 쫓아와서 물었다.

"스승께서 요즘 마음이 심히 유쾌하지 않은데 어째서인가요?"

장주가 말했다. "나는 외형을 지키느라 내 몸을 잊었네.

그동안 흐린 물을 보느라 맑은 연못을 이해하지 못하고 헤매며 다녔네.

그런데 나는 모든 선생에게 들었지.

'그 세상에 들어가선 그 세상의 법도를 따라야 한다.'

그런데 나는 지금 조릉에서 노닐다가 내 몸을 까마득히 잊었네.

이상한 까치가 내 이마를 스치고 지나가 그 까치를 잡으려고 했는데
밤나무 숲에선 새와 곤충이 서로 노닌다는 숲의 진실을 깜박하고 잊었네.

(매미는 사마귀가 노리고, 사마귀는 새가 노리고, 새는 사람이 노리는 점을 잊다)

그리고 밤나무 숲을 지키는 산지기는 나를 도둑으로 알고서 욕 보였네.

이것이 내가 마음이 유쾌하지 않은 까닭이네."

莊周遊於雕陵之樊: 장주(莊周)가 조릉(雕陵)이란 (밤나무 숲) 근처를(於~樊) 노닐다(遊). 樊(결
번, 근처)

覩一異鵲自南方來者: 이상한(異) 까치(鵲) 한(一) 마리가 남(南) 쪽(方)으로부터(自) 날아오는
(來) 걸(者) 보다(覩). 異(괴이할 이, 이상한) 鵲(까치 작) 方(쪽 방) 自(부터 자, ~로부터) 來(올 래, 날아
오다) 覩(볼 도)

翼廣七尺 目大運寸: (까치의) 날개(翼) 길이(廣)는 일곱(七) 척(尺)이고, 눈(目) 크기(大)는 세로
(運)로 한 치(寸)이다. 翼(날개 익) 廣(넓을 광, 크기 → 길이) 大(크기 대) 運(세로 운)

感周之顙而集於栗林: (그 까치는) 장자(周)의 이마(顙)를 스치고 지나갈(感~而) (정도로 낮게 날
아) 밤나무(栗) 숲에(於~林) 이르러서(集) (앉다). 顙(이마 상) 感(닿을 감 → 스치고 지나다) 栗(밤나
무 률) 集(이를 집, 이르다)

莊周曰 此何鳥哉: 장주(莊周)가 (속으로) 말하다. 이것(此)은 무슨(何) 새(鳥)일까. 鳥(새 조)

翼殷不逝 目大不覩?: 날개(翼)가 (저렇게) 커도(殷) (높이) 날지(逝) 못하고(不), 눈(木)이 (저렇
게) 커도(大) (사람을) 보지(覩) 못하니(不)? 殷(클 은) 逝(날 서)

蹇裳躩步: (장주는) 바지(裳)를 걷어 올리고서(蹇) 바삐(躩) 걸어(步) (다가가다). 裳(아랫도리 상,
바지) 蹇(걷을 건, 걷어 올리다) 躩(바삐갈 곽) 步(걸음 보, 걷다)

執彈而留之: 활(彈)을 쥐고(執~而) (새를) 노리다(留). 彈(활 탄) 執(잡을 집) 留(집착할 류 → 노리다)

覩一蟬: (그때) 한(一) 마리 매미(蟬)를 보다(覩). 蟬(매미 선) 覩(볼 도)

方得美蔭而忘其身: (그런데) 마침(方) 시원한(美) (나무) 그늘(蔭)에 매달려(得~而) (자신의) 몸
(身)을 (까마득히) 잊다(忘). 方(바야흐로 방, 마침) 美(좋을 미 → 시원한) 蔭(그늘 음) 得(얻을 득 → 매
달리다) 身(몸 신) 忘(잊을 망)

螳螂執翳而搏之: (또) 사마귀(螳螂)는 예(翳)를 잡고(執~而), 즉 나무 잎사귀로 자신의 몸을 가
린 채 (매미를) 잡다(搏). 螳螂〔사마귀. 螳(사마귀 당) 螂(사마귀 랑)〕翳(깃일산 예, 몸가리개) 執(잡
을 집) 搏(잡을 박)

見得而忘其形: 얻음(得)을 보고(見~而), 즉 정신이 팔려 (자신의) 몸(身)을 (까마득히) 잊다(忘).

異鵲從而利之: (또) 이상한(異) 까치(鵲)는 쫓아가서(從~而) (사마귀를) 탐하다(利). 즉 사마귀를
잡다. 從(쫓아갈 종) 利(탐할 리)

見利而忘其眞: 탐함(利)을 보지만(見~而) 진실(眞)을 잊다. 즉 정신이 팔려 자신이 처한 상황
을 까마득히 잊다.

莊周怵然曰: 장주(莊周)가 (이것을 보고) 두려운(怵然) (생각이 들어 중얼거리며) 말하다. 怵然〔두
려운 모양. 怵(두려워할 출)〕

噫! 物固相累: 아(噫)! 만물(物)은 말할 것 없이(固) 서로(相) 묶이다(累). 噫(탄식할 희, 아) 固

(진실로 고, 말할것 없이) 累(묶일 루)

二類召也!: (그래서) 두(二) 종류(類), 즉 이익과 손해를 (함께) 불러들이다(召)! 類(무리 류, 종류)
召(부를 소)

捐彈而反走: (장주는) 활(彈)을 버리고(捐~而) 되돌아(反) 달아나다(走). 즉 되돌아서 나와 달아
나다. 捐(버릴 연) 走(달아날 주)

虞人逐而誶之: (그런데) 밤나무 숲 산지기(虞人)가 (장주가 밤 따러 온 도둑인 줄 알고) 쫓아와서(逐
~而) (장주를) 힐책하다(誶). 虞人[산림이나 소택을 맡은 벼슬 虞(근심할 우)] 逐(쫓을 축) 誶(꾸
짖을 수, 힐책하다)

莊周反入 三月不庭: 장주(莊周)는 돌아와(反) (집안에) 들어와서(入) 석달(三月)이나 마음이 유
쾌하지(庭) 않다(不). 즉 언짢다. 庭(마음이쾌할 정)

藺且從而問之: (제자인) 인저(藺且)가 쫓아와서(從) 묻다(問). 從(쫓아올 종)

夫子何爲頃間甚不庭乎?: 선생(夫子)은 요즈음(頃間) (마음이) 심히(甚) 유쾌하지(庭) 않은데
(不) 어째서인가(何~爲)? 頃間[요즈음. 頃(요사이 경) 間(사이 간)] 甚(심할 심)

莊周曰 吾守形而忘身: 장주(莊周) 말하다. 나(吾)는 외형(形)을 지키느라(守~而) 내 몸(身)을
잊다(忘). 形→外形(외형) 守(지킬 수)

觀於濁水而迷於淸淵: (그동안) 흐린(濁) 물을(於~水) 보느라(觀~而) 맑은(淸) 연못을(於~淵) (이
해하지 못하고) 헤매면서(迷) (다니다). 濁(흐릴 탁) 觀(볼 관) 淸(맑을 청) 淵(못 연) 迷(헤맬 미 → 이
해하지 못하다)

且吾聞諸夫子曰: 그런데(且) 나(吾)는 모든(諸) 선생(夫子)들에게 듣다(聞). 諸(모든 제)

入其俗 從其令: 그 세상(俗)에 들어가선(入) (그 세상의) 법도(令)를 따라야(從) (한다). 俗(세상
사람 속 → 세상) 令(법 령, 법도) 從(쫓을 종)

今吾遊於雕陵而忘吾身: (그런데) 나(吾)는 지금(今) 조릉에서(於~雕陵) 노닐다가(遊~而) 내(吾)
몸(身)을 (까마득히) 잊다(忘).

異鵲惑吾顙: 이상한(異) 까치(鵲)가 내(吾) 이마(顙)를 스치고 지나가(惑) (그 까치를 잡으려 하
다). 惑(감응할 감, 감촉되어 통하다 → 스치고 지나다) ※ 참고한『莊子今註今譯』에 '惑(미혹할 혹)'
으로 표기되었는데 오자로 보아 '感(감응할 감)'으로 바꾸어서 해석했다.

遊於栗林而忘眞: (그런데) 밤(栗)나무 숲에선(於~林) (새와 곤충이 서로) 노닌다는(遊~而) (숲의)
진실(眞)을 (깜박) 잊어서다(忘). 즉 매미는 사마귀가 노리고, 사마귀는 새가 노리고, 새는 사람
이 노린다는 사실을 잊다.

栗林虞人以吾爲戮: (그리고) 밤(栗)나무 숲(林)을 지키는 산지기(虞人)는 나(吾)를 도둑으로 알
고 욕을 보이다(爲~戮). 戮(욕보일 륙)

吾所以不庭也: (이것이) 내(吾)가 마음이 유쾌하지(庭) 않는(不) 까닭(所以)이다.

산목(山木) 9

陽子之宋, 宿於逆旅. 逆旅人有妾二人, 其一人美, 其一人惡, 惡者貴而美者賤.

陽子問其故, 逆旅小子對曰:「其美者自美, 吾不知其美也.,

其惡者惡, 吾不知其惡也.」

陽子曰:「弟子記之! 行賢而去自賢之行, 安往而不愛哉!」

양자(陽子)가 송(宋)나라 여관에 묵었다.

그런데 여관 주인에게 처가 둘 있었는데

한 사람은 미인이고, 한 사람은 추녀였다.

어쩐 일인지 추녀는 귀한 대접을 받고, 미인은 천대를 받았다.

양자가 이상하게 여겨 그 이유를 물었더니 여관 주인이 말했다.

"예쁜 아내는 스스로 아름답다고 여겨 저는 그녀가 예쁜 줄 모릅니다.

추한 아내는 스스로 추하다고 여겨 저는 그녀가 추한 줄 모릅니다."

양자가 말했다. "제자들은 이 점을 명심해라.

어진 행동을 하면서 스스로 어진 행동이라는 생각에서 벗어날 수 있으면

어디를 간들 사랑받지 못하는 경우는 있을 수 없다!"

注 ―――――

陽子之宋 宿於逆旅: 양자(陽子) 송(宋)나라 여관에(於~逆旅) 묵었다(宿). 逆旅〔여관. 逆(거스를 역) 旅(나그네 려)〕 宿(묵을 숙)

逆旅人有妾二人: (그런데) 여관(逆旅) 주인(人)에게 처(妾)가 두(二) 사람(人) 있다(有). 人=主人(주인) 妾(처 첩)

其一人美 其一人惡: 한(一) 사람(人)은 미인(美)이고 (다른) 한(一) 사람(人)은 추녀(惡)이다. 惡(추할 오)

惡者貴而美者賤: (어쩐 일인지) 추녀(惡者)는 귀한(貴) (대접을 받고), 미인(美者)은 천대(賤)를 (받다). 賤(천할 천, 천대)

陽子問其故: 양자(陽子)가 (이상하게 여겨 그) 이유(故)를 묻다(問). 故(연고 고, 까닭)

逆旅小子對曰: 여관(逆旅) 주인(小子)이 상대해(對) 말하다.

其美者自美: 예쁜(美) 아내(者)는 스스로(自) 아름답다(美) (여기다). 自(스스로 자)

吾不知其美也: (그래서) 나(吾)는 (그녀의) 아름다움(美)을 알지(知) 못하다(不). 즉 나는 그녀가 예쁜 줄 모른다.

其惡者惡: (반대로) 추한(惡) 아내(者)는 추하다(惡) (여기다).

吾不知其惡也: (그래서) 저(吾)는 (그녀의) 추함(惡)을 알지(知) 못하다(不). 즉 나는 그녀가 추한 줄 모른다.

陽子曰 弟子記之!: 양자(陽子)가 말하다. 제자(弟子)들은 (이 점을) 명심하라(記)! 記(기억할 기 → 명심하다)

行賢而去自賢之行: 어진(賢) 행동(行)을 하면서 스스로(自) 어진(賢) 행동(行)이란 (생각에서) 벗어날(去) (수 있다). 賢(어질 현) 去(갈 거 → 벗어나다)

安往而不愛哉!: (그러면) 어디(安) 간들(往) 사랑받지(愛) 못하는(不) (경우란 있을 수 없다)! 安 (어디에 안) 往(갈 왕)

전자방
田 子 方

전자방(田子方) 1

田子方侍坐於魏文侯, 數稱谿工.

文侯曰:「谿工, 子之師邪?」

子方曰:「非也, 無擇之里人也., 稱道數當, 故無擇稱之.」

文侯曰:「然則子無師邪?」

子方曰:「有.」

曰:「子之師誰邪?」

子方曰:「東郭順子.」

文侯曰:「然則夫子何故未嘗稱之?」

子方曰:「其爲人也眞, 人貌而天虛, 緣而葆眞, 淸而容物.

物無道, 正容以悟之, 使人之意也消. 無擇何足以稱之!」

子方出, 文侯儻然終日不言, 召前立臣而語之曰:

「遠矣, 全德之君子! 始吾以聖知之言仁義之行爲至矣,

吾聞子方之師, 吾形解而不欲動, 口鉗而不欲言.

吾所學者直土梗耳, 夫魏眞爲我累耳!」

전자방(田子方)이 위(魏)나라 문후(文侯)를 모시며 앉아 있을 때
문후에게 계공(谿公)을 자주 칭찬했다.
문후가 물었다. "계공은 그대의 스승이 아닌가?"
전자방이 대답했다. "아닙니다. 제 고향 사람입니다.
그런데 그가 도를 말하면 이치에 딱 맞아 그를 칭찬했던 겁니다."
문후가 물었다. "그러면 그대의 스승은 없는가?"

전자방이 대답했다. "있습니다."

문후가 물었다. "그대의 스승은 누군가?"

전자방이 대답했다. "동곽순자(東郭順子)입니다."

문후가 물었다.

"선생은 어째서 동곽순자를 내게 한 번도 칭찬하지 않았는가?"

전자방이 대답했다.

"그분의 사람됨은 한마디로 참됩니다.

사람의 모습을 지녀도 자연처럼 무심하고,

자연에 순응해도 자신의 참된 모습을 드러내지 않고,

마음이 맑은데도 도량이 넓어 사람을 잘 포용합니다.

다른 사람이 도리에 어긋난 생각을 하면 자신의 모습을 바르게 해

그것으로 깨닫게 해서 도리에 어긋난 생각을 저절로 없어지게 만듭니다.

그러니 저처럼 보잘 것 없는 사람이 동곽순자를 어찌 칭찬할 수 있나요!"

전자방이 나가자 문후가 낙담한 채 온종일 말이 없다가

마침내 앞에 서 있는 신하를 불러서 말했다.

"동곽순자처럼 덕이 온전한 군자는 내가 헤아릴 수 없을 만큼 깊고도 멀다!

처음에 나는 총명한 앎의 말(聖知之言)로 인의의 행동을 지극하다 여겼는데

전자방 스승의 얘기를 듣고 나니까 내 몸이 풀어져 움직이려고 하지 않고,

입을 꽉 다물고 말하고 싶지 않네.

그리고 지금껏 내가 배운 것도 흙으로 빚은 것처럼 공허할 뿐이네.

내가 다스리는 위(魏)나라는 내게는 참된 본성을 해치는 걱정거리이다!"

注 —

田子方侍坐於魏文侯: 전자방(田子方)이 위(魏)나라 문후를(於~文侯) 모시며(侍) 앉아 있다(坐).

★ 전자방(田子方)은 호가 무택(無擇)인데 공자의 제자 자하(子夏)에 이어서 위나라 문후의 스승이 되었다. 원래는 유학자였는데 후에 도가 쪽으로 많이 기울었다. 侍(모실 시)

數稱谿工: (그때 문후에게) 계공(谿工)을 자주(數) 칭찬하다(稱). 數(자주 삭) 稱(칭찬할 칭)

文侯曰 谿工 子之師邪?: 문후(文侯)가 말하다. 계공(谿工)은 너(子)의 스승(師)이 아닌가(邪)? 師(스승 사)

子方曰 非也 無擇之里人也: 전자방(子方)이 말하다. 아니다(非) 고향(無擇之里) 사람(人)이다.

★ 무택지리(無擇之里)는 전자방 고향 사람을 의미한다. 전자방 호가 무택(無擇)이었기 때문이다. 擇(가릴 택)

稱道數當 故無擇稱之: (그런데 그가) 도(道)를 말하면(稱) 이치(數)에 (딱) 맞다(當). 그래서(故) 무택(無擇)은 칭찬하다(稱). 數(이치 수) 當(맞을 당)

文侯曰 然則子無師邪?: 문후(文侯)가 말하다. 그러면(然~則) 너(子)는 스승(師)이 없지(無) 않은가(邪)?

子方曰 有: 전자방(子方)이 말하다. 있다(有).

曰 子之師誰邪?: (문후가) 말하다. 너(子)의 스승(師)은 누구인가(誰)? 誰(누구 수)

子方曰 東郭順子: 전자방(子方)이 말하다. 동곽순자(東郭順子)이다. ★ 동곽순자(東郭順子)는 동쪽 성곽에 사는 순자라는 의미이다. 내편 「제물론」 1에 남곽자기(南郭子綦)가 등장하는데 이와 비슷하게 표현했다. 郭(성곽 곽)

文侯曰 然則夫子何故未嘗稱之?: 문후(文侯)가 말하다. 그러면(然~則) 선생(夫子)은 어찌한(何) 고로(故) (동곽순자를 내게 한 번도) 칭찬하지(稱) 않는가(未嘗)? 未嘗〔아직 ~하지 않다 未(아닐 미) 嘗(시험할 상)〕

子方曰 其爲人也眞: 전자방(子方)이 말하다. (그분의) 사람됨(爲~人)은 (한마디로) 참되다(眞). 眞(참 진)

人貌而天虛: 사람(人)의 모습(貌)을 지녀도 자연(天)처럼 비어 있다(虛). 즉 자연처럼 무심하다. 貌(모양 모, 모습) 虛(빌 허)

緣而葆眞: (자연에) 순응해도(緣~而) (자신의) 참된(眞) (모습)을 드러내지 않는다(葆). 緣(좇을 연, 순응하다) 葆(감출 보 → 드러내지 않다)

淸而容物: (마음이) 맑은데도(淸~而) 도량이 넓어 사람을 잘 포용하다(容物). 淸(맑을 청) 容物〔도량이 넓어서 사람을 잘 포용함. 容(받아들일 용, 포용하다)〕

物無道 正容以悟之: (다른) 사람(物)이 도리(道)에 어긋난(無) (생각을 하면 자신의) 모습(容)을 바르게 해(正) 그것으로써(以) 깨닫게(悟) (하다). 道(도리 도) 容(모습 용) 悟(깨달을 오)

使人之意也消: (다른) 사람으로 하여금(使~人) (도리에 어긋난) 생각(意)을 (저절로) 사라지게 한다(消). 意(뜻 의) 消(사라질 소)

無擇何足以稱之!: (그러니) 무택(無擇)이 (동곽순자를) 칭찬하는데(以~稱) 어찌(何) 충분한가(足)! 즉 나 같이 보잘 것 없는 사람이 어찌 동곽순자를 칭찬할 수 있는가!

子方出 文侯儻然終日不言: 전자방(子方)이 나가자(出) 문후(文侯)가 낙담한 채(儻然) (온) 종일(終日) 말(言)이 없다(不). 儻然〔실의한 모양. 즉 낙담한 모습. 儻(실의할 당)〕

召前立臣而語之曰: (마침내) 앞에(前) 서 있는(立) 신하(臣)를 불러서(召) 말하다(語之曰). 臣(신하 신) 召(부를 소)

遠矣 全德之君子!: (동곽순자처럼) 덕(德)이 온전한(全) 군자(君子)는 (내가 헤아릴 수 없을 만큼 깊고) 멀(遠) 뿐이다(矣)!

始吾以聖知之言仁義之行爲至矣: 처음에(始) 나(吾)는 총명한 앎(聖知)의 말로(以~言) 인의(仁義)의 행동(行)을 지극하다고 여길(爲~至) 뿐이다(矣). 聖知〔총명할 앎. 聖(총명할 성)〕

吾聞子方之師 吾形解而不欲動: (그런데) 나(吾)는 전자방(子方) 스승(師) (얘기를) 들으니까(聞) 내(吾) 몸(形)이 풀어져서(解~而) 움직이려(欲~動) 하지 않는다(不). 師(스승 사) 形(몸 형) 解(풀해, 풀어지다) 動(움직일 동)

口鉗而不欲言: 입을 꽉 다물고서(口鉗~而) 말하고 싶지(欲~言) 않다(不). 口鉗〔입을 꽉 다물다. 鉗(다물 겸, 입을 다물다)〕

吾所學者直土梗耳: (그리고 지금껏) 내(吾)가 배운(所~學) 것(者)도 흙으로 빚은 것처럼 공허할(直土梗) 뿐이다(耳). 直土梗〔흙(土)으로 바로잡은(直) 인형(梗). 흙으로 빚은 것처럼 공허한 것. 直(바로잡을 직) 梗(인형 경)〕 耳(뿐 이)

夫魏眞爲我累耳!: (내가 다스리는) 위(魏)나라는 내게는(爲~我) 참된(眞) (본성을) 해치는 걱정거리(累)일 뿐이다(耳)! 累(걱정 루)

전자방(田子方) 2

溫伯雪子適齊, 舍於魯. 魯人有請見之者,

溫伯雪子曰.「不可. 吾聞中國之君子, 明乎禮義而陋於知人心, 吾不欲見也.」

至於齊, 反舍於魯, 是人也又請見.

溫伯雪子曰:「往也蘄見我, 今也又蘄見我. 是必有以振我也.」

出而見客, 入而歎. 明日見客, 又入而歎.

其僕曰:「每見之客也, 必入而歎, 何耶?」

曰:「吾固告子矣:『中國之民, 明乎禮義而陋乎知人心.』

昔之見我者, 進退一成規一成矩, 從容一若龍一若虎,

其諫我也似子, 其道我也似父, 是以歎也.」

仲尼見之而不言. 子路曰:「吾子欲見溫伯雪子久矣, 見之而不言, 何邪?」

仲尼曰:「若夫人者, 目擊而道存矣, 亦不可以容聲矣.」

온백설자(溫伯雪子)가 제(齊)나라로 가다 노(魯)나라에 머물 적에
노나라 사람이 그를 만나길 청했다.

온백설자가 말했다.

"허락할 수 없다. 내가 듣기로는 노나라 군자는 예의는 밝지만
사람의 본심을 아는 데는 서툴러 만나고 싶지가 않다."

온백설자가 제(齊)나라로 갔다 돌아오는 길에 노나라에 다시 머물렀는데
지난번 그 사람이 또다시 만나길 청했다.

온백설자가 말했다.

"지난번 갈 때도 나를 만나길 바라고, 이번에도 나를 만나길 바라니
반드시 나를 일깨울만한 말이 있을 거다."

이에 온백설자가 나가서 손님을 만났는데 방에 들어와 한숨을 쉬었다.
다음날 온백설자가 다시 손님을 만났는데 다시 방에 들어와 한숨을 쉬었다.
이를 본 온백설자 하인이 말했다.

"손님을 만날 때마다 방에 들어와 반드시 한숨을 쉬는 데 어째선가요?"

온백설자가 말했다. "내가 너에게 이미 말하지 않았느냐.
'노나라 사람은 예의는 밝아도 사람의 본심을 아는 데는 서툴다.'
조금 전 나를 만난 사람은 나아감과 물러남이 자로 잰 듯 정확하고,
조용한 모습은 혹 용 같고, 혹 호랑이 같다.
또 그분이 나를 나무랄 때는 아버지가 자식을 대하듯 하고,
나를 인도할 때는 자식이 아버지를 대하듯 한다.
그런데 진심이 아니고 겉으로 꾸민데 지나지 않아 나를 한숨 쉬게 했네."

언젠가 공자가 온백설자를 만났을 때 그에게 아무 말도 꺼내지 않았다.
자로(子路)가 물었다.

"스승께선 오래전부터 온백설자를 만나고 싶어 했는데
정작 만나보고선 아무 말도 하지 않으시니 어째선가요?"

공자는 대답했다.

"온설백자 같은 분은 얼핏 보아도 도를 갖추고 있다는 걸 아는데
또 어떤 모양(글)과 음성(말)이 그에게 더 필요하겠는가."

注 ──

溫伯雪子適齊 舍於魯: 온백설자(溫伯雪子)가 제(齊)나라로 가다(適) 노나라에(於~魯) 머물다
(舍). 適(갈 적) 舍(머무를 사)

魯人有請見之者: (그 때) 노나라(魯) 사람(人)이 (그를) 만나길(見) 청한(請) 자(者)가 있다(有).

溫伯雪子曰 不可: 온백설자(溫伯雪子)가 말하다. 불가하다(不可). 즉 허락할 수 없다.

吾聞中國之君子: 내(吾)가 듣기로(聞) 노나라(中國) 군자(君子). ★ 여기서 중국(中國)은 노나라를 지칭한다. 이는 춘추전국시대에 노나라가 가운데 위치해서이다.

明乎禮義而陋於知人心: 예의(禮義)는 밝으나(明而) 사람(人)의 본심(心)을 아는 데는(於~知) 서툴다(陋). 陋(좁을 루, 견문이 좁다 → 서툴다)

吾不欲見也: (그래서) 나(吾)는 만나고 싶지(欲~見) 않다(不).

至於齊 反舍於魯: (온설백자가) 제나라에(於~齊) 이르렀다(至), 즉 갔다가 돌아오는(反) (길에) 노나라에(於~魯) (다시) 머물다(舍). 反(돌아올 반) 舍(머물 사)

是人也又請見: (그런데 지난번) 그(是) 사람(人)이 또(又) (다시) 만나기를(見) 청하다(請).

溫伯雪子曰 往也蘄見我: 온백설자(溫伯雪子) 말하다. (지난번) 갈(往) (때도) 나(我)를 만나길(見) 바라다(蘄). 往(갈 왕) 蘄(바랄 기)

今也又蘄見我: 이번에(今) 또(又) 나(我)를 만나길(見) 바란다(蘄).

是必有以振我也: 이처럼(是) (만나자고 하니) 반드시(必) 나(我)를 일깨울만한(以~振) (말이) 있다(有). 振(떨친 진, 깜짝 놀라게 함 → 일깨우다)

出而見客 入而歎: (이에 온설백자가) 나가서(出~而) 손님(客)을 만나다(見). (그런데 방으로) 들어와서(入~而) 탄식하다(歎). 즉 한숨을 쉬다. 歎(탄식할 탄)

明日見客 又入而歎: 다음날(明日) (온설백자가 다시) 손님(客)을 만나다(見). (그런데 방에) 다시(又) 들어와서(入) 탄식하다(歎).

其僕曰 每見之客也: (이를 본 온설백자) 종(僕)이 말하다. (선생님이) 손님(客)을 매번(每) 만나다(見). 每(매양 매)

必入而歎 何耶?: (그때마다) (방에) 들어와서(入~而) 반드시(必) (한숨을 쉬다). 어째서(何) 인가?

曰 吾固告子矣: (온백설자가) 말하다. 내(吾)가 너(子)에게 이미(固) 말하지(告) 않았느냐(矣)! 固(본디 고 → 이미) 告(말할 고)

中國之民: 노나라(中國) 사람(民).

明乎禮義而陋乎知人心: (그는) 예의(禮義)는 밝아도(明~而) 사람(人)의 본심(心)을 아는 데는(於~知) 서툴다(陋).

昔之見我者: 조금 전(昔) 나(我)를 만난(見) 사람(者). 昔(접때 석)

進退一成規一成矩: 나아감(進)과 물러남(退)이 자로 잰 듯 정확하다(一成規一成矩). 進(나아갈 진) 退(물러날 퇴) 一成規一成矩(혹(一) 그림쇠(規)로 이루고 혹(一) 곱자(矩)로 이루다. 즉 자로 잰 듯 정확하다. 規(그림쇠 규, 원재는 자) 矩(곱자 구, 네모 재는 자))

從容一若龍一若虎: 조용한 모양(從容)은 혹(一) 용(龍)과 같고(若) 혹(一) 호랑이(虎)와 같다

(若). 從容〔조용한 모양. 從(자취 종) 容(모양 용)〕

其諫我也似子: (또 그분이) 나(我)를 나무랄(諫) (때는) (아버지가) 자식(子)을 (대하)듯 하다(似). 諫(간할 간 → 나무람) 似(같을 사)

其道我也似父,: 나(我)를 인도할(道) (때는) (자식이) 아버지(父)를 (대하)듯 하다(似). 道(이끌 도, 인도하다)

是以歎也: (그런데 진심이 아니고 겉으로 꾸민데 지나지 않아) 이것(是)이 (나를) 한숨 쉬게(以~歎) (하다).

仲尼見之而不言: (언젠가) 공자(仲尼)가 (온백설자를) 만날(見) (때) 공자는 (온설백자에게) 아무 말(言)도 (꺼내지) 않다(不).

子路曰 吾子欲見溫伯雪子久矣: 자로(子路)가 말하다. 선생(吾子)은 오래전부터(久) 온백설자(溫伯雪子)를 만나고(見) 싶어하다(欲). 吾子(동년배 사람을 친숙한 뜻을 나타내어 부르는 말) 久(오랠 구)

見之而不言 何邪?: (그런데 정작) 만나보고선(見) 아무 말(言)도 하지 않으니(不) 어째서(何) 인가요?

仲尼曰 若夫人者 目擊而道存矣: 공자(仲尼)가 말하다. (온설백자) 선생 같은(若~夫人) 분(者)은 얼핏 보아도(擊目~而) 도(道)를 갖추고(存) (있음을 알다). 擊目〔얼핏 보다(擊). 目(눈 목) 擊(닿을 격, 시선이 미치다)〕

亦不可以容聲矣: (그런데) 또(亦) (어떤) 모양(容)과 음성이(以~聲) 불가하다(不可). 즉 더 이상 필요 없다. 容(모양 용 → 글을 의미) 聲(소리 성 → 말을 의미)

전자방(田子方) 3

顏淵問於仲尼曰:「夫子步亦步, 夫子趨亦趨, 夫子馳亦馳., 夫子奔逸絕塵,
而回瞠若乎後矣!」

仲尼曰:「回, 何謂邪?」

曰:「夫子步, 亦步也., 夫子言, 亦言也., 夫子趨, 亦趨也., 夫子辯, 亦辯也.,
夫子馳, 亦馳也., 夫子言道, 回亦言道也.,

及奔逸絕塵而回瞠若乎後者, 夫子不言而信, 不比而周, 無器而民滔乎前,
而不知所以然而已矣.」

仲尼曰:「惡! 可不察與! 夫哀莫大於心死, 而人死亦次之.

日出東方而入於西極, 萬物莫不比方, 有首有趾者, 待是而後成功,

是出則存, 是入則亡.

萬物亦然, 有待也而死, 有待也而生.

吾一受其成形, 而不化以待盡, 效物而動, 日夜無隙, 而不知其所終., 薰然其成形,

知命不能規乎其前, 丘以是日徂.」

「吾終身與汝交一臂而失之, 可不哀與!

女殆著乎吾所以著也. 彼已盡矣, 而女求之以爲有, 是求馬於唐肆也.

吾服女也甚忘, 女服吾也亦甚忘.

雖然, 女奚患焉! 雖忘乎故吾, 吾有不忘者存.」

안회(顔回)가 공자를 찾아뵙고 물었다.
"스승이 걸으면 저도 걷고, 스승이 뛰면 저도 뛰고,
스승이 달리면 저도 달립니다.
그러나 스승이 먼지도 남기지 않을 정도로 빨리 질주하면
뒤에서 눈만 휘둥그레 뜬 채 정신없이 바라 볼 뿐입니다!"
공자가 말했다. "안회야, 그게 무슨 말이냐?"
안회는 말했다.
"스승이 걸으면 저도 걷는 건 스승이 말하면 저도 똑같이 말하는 겁니다.
스승이 뛰면 저도 뛰는 건 스승이 말을 잘하면 저도 말을 잘하는 겁니다.
스승이 달리면 저도 달리는 건 스승이 도를 말하면
저도 도를 말하는 겁니다.
스승이 매우 빨리 질주하면 제가 뒤에서 휘둥그레 뜬 채 정신없이 본다는 건
스승이 말 안 해도 신뢰를 얻고, 남과 친해지지 않아도 친함이 두루 미치고,
스승이 벼슬과 명예가 없어도 사람들이 스승 앞에 모여드는데
어째서 그런 까닭을 알지 못한다는 겁니다."
공자가 대답했다. "아! 자네가 나를 제대로 살피지 못했네!
모름지기 마음이 죽는 것보다 더 큰 슬픔은 없네.
그래서 사람의 몸이 죽는 것도 그다음으로 슬픈 일이네.
해는 동쪽에서 떠올라 서쪽 끝으로 지는데
세상 만물 중에 이런 방향을 따르지 않는 게 없지.

머리가 있고 발이 있는 존재는 해를 기다린 후에 뜻한 바를 이루므로
해가 나오면 일하고, 해가 지면 쉬네.
만물도 이러하므로 사람도 때가 되면 죽고, 때가 되면 태어나네.
그러니 나도 일단 온전한 사람의 몸을 받고 태어난 이상
몸을 스스로 변화시키지 말고 그럼으로써 자연히 죽기를 기다려야 하네.
나는 만물을 본받아서 쉬지 않고 움직이는데
움직임이 끝나는 바를 알지 못하네.
또 얼떨결에 온전한 몸을 갖추고 태어나서
내 운명을 미리 알 수 없음을 잘 아네.
이럼으로써 나 공구는 매일 자연의 변화를 따라가네."
공자가 계속해서 말했다.
"내가 평생 자네와 허물없이 가깝게 지냈어도 언젠간 서로 잊게 마련이네.
그러니 가히 슬프지 않은가!
자네는 나의 드러난 면만 가까이해 이를 따라 하려는데
그건 이미 지나간 거네.
그런데도 지금 있기라도 한 듯 겉으로 드러난 면만 자네가 구하려 하면
이는 텅 빈 시장에서 말을 구하는 격이네.
내가 너를 기억하는 건 순간이고, 너도 나를 기억하는 건 순간이지.
그렇다고 자네가 걱정할 필요는 없네!
비록 예전의 나를 잊었어도 끝없이 새롭게 태어나는 내가 있으니까
나는 자네에게 잊히지 않는 존재라네."

注 ―――

顔淵問於仲尼曰: 안회(顔回)가 (공자를) 방문해서(問) 공자에게(於~仲尼) 말하다.

亦夫子步步 夫子趨亦趨: 스승(夫子)이 걸으면(步) (나) 또한(亦) 걷고(步), 스승(夫子)이 뛰면
(趨) (나) 또한(亦) 뛰다(趨). 步(걸을 보) 趨(달릴 추 → 뛰다)

夫子馳亦馳: 스승(夫子)이 달리면(馳) (나) 또한(亦) 달리다(馳). 馳(달릴 치)

夫子奔逸絶塵: (그러나) 스승(夫子)이 먼지(塵)도 남기지 않을(絶) (정도로 빨리) 질주하다(奔逸).
塵(티끌 진, 먼지) 絶(끊을 절 → 남기지 않다) 奔逸〔매우 빨리 달림. 즉 질주하다. 奔(달릴 분) 逸(달
아날 일)〕

而回瞠若乎後矣!: 그러면(而) 안회(回)는 뒤에서(乎~後) 마치(若) 눈만 휘둥그레 뜬 채 정신없이 볼(瞠) 뿐이다(矣)! 瞠(똑바로볼 당, 놀라서 눈을 휘둥그레 하고 정신없이 보다)

仲尼曰 回 何謂邪?: 공자(仲尼)가 말하다. 안회(回)야, (그게) 무슨(何) 말인가(謂)?

曰 夫子步 亦步也: (안회가) 말하다. 선생(夫子)이 걸으면(步) (나) 또한(亦) 걷는다는 건(步~也).

夫子言 亦言也: 스승(夫子)이 말하면(言) (나) 또한(亦) (똑같이) 말하는 것(言~也)이다.

夫子趨 亦趨也: 스승(夫子)이 뛰면(趨) (나) 또한(亦) 뛴다는 건(趨~也).

夫子辯 亦辯也: 스승(夫子)이 말을 잘하면(辯) (나) 또한(亦) 말을 잘하는 것(辯~也)이다. 辯(말잘할 변)

夫子馳 亦馳也: 스승(夫子)이 달리면(馳) (나) 또한(亦) 달린다는 건(馳~也).

夫子言道 回亦言道也: 스승(夫子)이 도(道)를 말하면(言) (나) 안회(回) 또한(亦) 도(道)를 말하는 것(言~也)이다.

及奔逸絶塵而回瞠若乎後者: 더구나(乃) (스승이) 먼지(塵)도 남기지(絶) (않을 정도로 빨리) 질주하면(奔逸~而) (나) 안회(回)는 뒤에서(乎~後) 마치(若) 눈을 휘둥그레 뜬 채 정신없이 본다는(瞠) 건(者). 乃(더구나 내)

夫子不言而信 不比而周: 스승(夫子)이 말(言)을 안 해도(不~而) (사람들의) 신뢰(信)를 얻고, (스승이 남과) 친해지지(比) 않아도(不~而) (친함이) 두루 미치다(周). 信(믿을 신 → 신뢰) 比(친할 비, 친해지다) 周(두루미칠 주)

無器而民滔乎前: (스승이) 벼슬과 명예(器)가 없어도(無~而) 사람(民)들이 (스승) 앞(前)에 모이다(滔). 器(그릇 기, 벼슬과 명예를 의미) 滔(모일 도)

而不知所以然而已矣: 그런데(而) (어째서) 그런(然)지 (그) 까닭(所以)을 알지(知) 못할(不) 뿐이다(已矣)는 (거다). 所以(까닭)

仲尼曰 惡! 可不察與!: 공자(仲尼)가 말하다. 아(惡)! (네가 나를 제대로) 살필(察) 수(可) 없다(不). 즉 제대로 살피지 못하다! 察(살필 찰)

夫哀莫大於心死: 모름지기(夫) 슬픔(哀)은 마음(心)이 죽는(死) 것보다(於) (더) 크지(大) 않다(莫). 즉 마음이 죽는 것보다 더 큰 슬픔은 없다. 哀(슬플 애) 死(죽을 사) 莫(없을 막)

而人死亦次之: 그래서(而) 사람(人) (몸이) 죽는(死) 것 또한(亦) 다음이다(次). 즉 몸이 죽는 것도 그다음으로 슬픈 일이다. 次(버금 차)

日出東方而入於西極: 해(日)는 동(東) 쪽(方)에서 떠올라(出~而) 서쪽(西) 끝으로(於~極) 지다(入). 方(방향 방, 쪽) 出(날 출, 떠오르다) 極(끝 극) 入(들 입, 들어가다 → 지다)

萬物莫不比方: (그런데 세상) 만물(萬物)들 (중에 이런) 방향(方)을 따르지(比) 않는(不) 건 없다(莫). 方(방위 방, 방향) 比(따를 비)

有首有趾者 待是而後成功: 머리(首)가 있고(有) 발(趾)이 있는(有) 존재(者)는 이(是) (해를) 기

다린(待) 후에(而~後) 뜻한 바를 이루다(成功). 首(머리 수) 趾(발지) 成功〔뜻한 바를 이루다. 成(이룰 성) 功(일 공)〕

是出則存 是入則亡: (그러므로) 이(是) (해가) 나오면(出~則) (일이) 있고(存), 이(是) 해가 들어가면(入~則) (일이) 없다(亡). 즉 해가 나오면 일하고 해가 지면 쉰다. 存(있을 존) 亡(없을 망)

萬物亦然: 만물(萬物) 또한(亦) 이러하다(然).

有待也而死 有待也而生: (그러므로 사람도) 올 때를 기다리다(有待也~而) 죽고(死) 갈 때를 기다리다(有待也~而) 산다(生). 즉 때가 되면 죽고 때가 되면 태어난다. 有待也〔올 때를 기다림. 有(어조사 유) 待(기다릴 대) 也(어조사 야)〕

吾一受其成形: (그러니) 내(吾)가 일단(一) 온전한(成) (사람의) 몸(形)을 받고(受) (태어나다). 成(이루어질 성 → 온전한) 受(받을 수)

而不化以待盡: 그러면(而) (몸을 스스로) 변화시키지(化) 않고(不) 그럼으로써(以) (자연히) 다해지길(盡) 기다리다(待). 즉 자연히 죽기를 기다려야 (한다). 盡(다될 진, 다해지다) 待(기다릴 대)

效物而動 日夜無隙: (나는) 만물(物)을 본받아서(效~而) 낮(日) 밤(夜)으로 틈(隙)이 없이(無) 움직이다(動). 즉 밤낮으로 쉬지 않고 움직이다. 效(본받을 효) 隙(틈 극) 動(움직일 동)

而不知其所終: 그런데(而) (움직임이) 끝나는(終) 바(所)를 알지(知) 못하다(不).

薰然其成形: 얼떨결에(薰然) 온전한(成) (사람의) 형태(形)를 (갖추고 태어나다). 薰然〔술이 취해 얼떨결함. 薰(술취한 모양 훈)〕

知命不能規乎其前: (내) 운명(命)을 사전(前)에 구하는(規) 게 불가능하다는(不能) 걸 (잘) 알다(知). 즉 내 운명을 미리 알 수 없는 걸 잘 안다. 規(구할 규)

丘以是日徂: 이럼으로써(以~是) 공구(丘)는 매일(日) 앞으로 나아가다(徂). 즉 자연의 변화를 따라가다. 徂(갈 조, 앞으로 나아가다)

吾終身與汝交一臂而失之: 내(吾)가 평생(終身) 너와(與~汝) 한 팔(一臂)이 엇갈려도(交~而), 즉 너와 허물없이 가깝게 지내도 (언젠가는 서로) 잊게(失) (마련이다). 一臂〔한 팔. 臂(팔 비)〕交(엇갈릴 교) 失(잊을 실)

可不哀與!: (그러니) 가히(可) 슬픔(哀)이 아니지(不) (않는가)! 즉 슬프지 아니한가! 哀(슬플 애)

女殆著乎吾所以著也: 너(女)는 나(吾)의 드러난(以~著) 바(所)만 가까이해(殆) (이를) 드러내다(著). 즉 이를 따라하다. 著(분명할 저, 드러내다) 殆(가까울 태, 가까이하다)

彼已盡矣: (그런데) 그건(彼) 이미(已) 지나간(盡) (거다). 盡(다할 진 → 지나가다)

而女求之以爲有: (그런데도 지금) 있기라도 한 듯(以~爲有) (겉으로 드러난 면만) 네(女)가 구하려고(求) (하다).

是求馬於唐肆也: (그러면) 이(是)는 텅 빈 시장에서(於~唐肆) 말(馬)을 구하는(求) (격). 즉 당치 않은 곳에서 찾으므로 구하려고 해도 구할 수 없다는 비유. 唐肆〔텅 빈 시장. 唐(공허할 당) 肆

(가게 사, 물건을 파는 저자거리)〕

吾服女也甚忘: 내(吾)가 너(女)를 기억하는(服) 건 금 새(甚) 잊다(忘). 즉 순간일 뿐이다. 服(생각할 복 → 기억하다) 甚(심할 심 → 금 새) 忘(잊을 망)

女服吾也亦甚忘: 네(女)가 나(吾)를 기억하는(服) 것 또한(亦) 금 새(甚) 있다(忘). 즉 순간일 뿐이다.

雖然 女奚患焉!: 그렇다고(雖然) 네(女)가 어찌(奚) 걱정하는가(患)! 즉 걱정할 필요는 없다! 奚(어찌 해) 患(근심 환, 걱정)

雖忘乎故吾 吾有不忘者存: 비록(雖) 예전(故)의 나(吾)를 잊었어도(忘) (끝없이 새롭게 태어나는) 내(吾)가 있으니까(有) (나는 너에게) 잊히지(忘) 않는(不) 존재(存)이다. 雖(비록 수) 故(옛 고, 예전의)

전자방(田子方) 4

孔子見老聃, 老聃新沐, 方將被髮而乾, 慹然似非人.

孔子便而待之, 少焉見, 曰:「丘也眩與, 其信然與? 向者先生形體掘若槁木, 似遺物離人而立於獨也.」

老聃曰:「吾遊心於物之初.」

孔子曰:「何謂邪?」

曰:「心困焉而不能知, 口辟焉而不能言, 嘗爲汝議乎其將.

至陰肅肅, 至陽赫赫., 肅肅出乎天, 赫赫發乎地.,

兩者交通成和而物生焉, 或爲之紀而莫見其形.

消息滿虛, 一晦一明, 日改月化, 日有所爲, 而莫見其功.

生有所乎萌, 死有所乎歸, 始終相反乎無端而莫知乎其所窮. 非是也, 且孰爲之宗!」

孔子曰:「願聞其方.」

曰:「草食之獸不疾易藪, 水生之蟲不疾易水, 行小變而不失其大常也,

喜怒哀樂不入於胸次. 夫天下也者, 萬物之所一也.

得其所一而同焉, 則四肢百體將爲塵垢, 而死生終始將爲晝夜而莫之能滑,

而況得喪禍福之所介乎!

棄隸者若棄泥塗, 知身貴於隸也, 貴在於我而不失於變.

且萬化而未始有極也, 夫孰足以患心! 已爲道者解乎此.」

孔子曰:「夫子德配天地, 而猶假至言以修心, 古之君子, 孰能脫焉?」

老聃曰:「不然. 夫水之於汋也, 無爲而才自然矣.

至人之於德也, 不修而物不能離焉, 若天之自高, 地之自厚, 日月之自明, 夫何修焉!」

孔子出, 以告顏回曰:「丘之於道也, 其猶醯雞與! 微夫子之發吾覆也,

吾不知天地之大全也.」

공자(孔子)가 노담(老聃)을 만나러 갔을 때 노담은 머리를 감고 풀어헤친 채
햇빛에 한창 말리고 있었다.
그런데 그 모습이 꼼짝도 안 한 채 움직이지 않아 전혀 사람 같지가 않았다.
공자가 쉬면서 기다리다가 조금 후에 노담을 만나서 물었다.
"제 눈이 어른어른한 건가요? 아니면 본 그대로가 사실인가요?
조금 전 선생의 몸은 우뚝 솟은 마른 나무와 같았고,
외물을 잊고 사람을 떠나서 홀로 서 있는 듯했습니다."
노담이 말했다. "내 마음은 만물의 시초에서 노닐었소."
공자가 물었다. "그게 무슨 말인가요?"
노담이 말했다.
"도를 찾으려고 하면 고생만 할 뿐 알 수 없고,
도를 말하려고 하면 입이 다물어져 말할 수 없지요.
그렇더라도 그대를 위해 도의 대강이나마 말하겠소.
가장 성한 음기(陰氣)는 싸늘하고, 가장 성한 양기(陽氣)는 뜨겁지요.
그런데 싸늘한 음기는 하늘에서 나오고, 뜨거운 양기는 땅에서 일어납니다.
양기와 음기가 섞여 서로가 통해 조화를 이루면 거기서 만물이 생겨납니다.
누군가가 이것을 주관하지만 우리는 주관하는 존재의 모습을 볼 수 없지요.
또 사철에는 소멸과 생성이 있고, 만물에는 채움과 비움이 있고,
하루에는 한 번의 어둠과 한 번의 밝음이 있어
나날이 바뀌고 다달이 변화해 쉬지 않고 진행됩니다.
그렇지만 이를 주관하는 존재의 공(功)은 드러나지 않습니다.
사물이 태어날 때는 싹튼 곳이 있고, 죽을 때는 돌아가는 곳이 있습니다.

사물의 시작과 끝은 끊임없이 되풀이되는데 사물이 다하는 바를 모릅니다.
그러니 도가 아니고선 누가 또 만물의 근원(宗)이 될 수 있나요!"
공자가 말했다. "도를 아는 방법을 들려주길 바랍니다."
노담이 말했다.
"초식동물은 숲이 바뀌는 걸, 수중생물은 물이 바뀌는 걸 꺼리지 않아
작은 변화가 있어도 자신들의 본성을 잃지 않습니다.
그러니 기쁨과 노여움, 슬픔과 즐거움이 이들 마음속에 들어오지 못하지요.
모름지기 천지(天地)는 만물이 하나가 되어 깃든 곳입니다.
그 하나 된 바를 깨닫고 만물과 스스로 일체가 되도록 하면
사지와 몸을 티끌처럼 여기고,
죽음과 삶, 끝과 시작을 밤낮이 바뀌는 것처럼 여겨
우리 마음이 흐려질 수 없지요.
그런데 하물며 세속적인 얻음과 손실, 재앙과 행복이
여기에 끼어들 틈이 어찌 있겠습니까!
몸에 붙어있는 걸 버릴 때는 마치 흙덩이 털듯 하는 건
몸에 붙어있는 어떤 것보다 내 몸이 귀하다는 걸 알아서지요.
그러니 내게 귀한 도가 있으면 외부의 어떤 변화에도 잃지 않습니다.
또 만물의 변화는 한 번도 끝난 적이 없이 계속되므로
이런 도를 체득하면 대체 누가 내 마음을 괴롭히겠습니까!
이미 도를 체득한 사람은 이런 사실을 잘 알고 있습니다."
공자가 말했다.
"선생의 덕(德)은 자연과 짝을 이룹니다.
그런데도 지극한 말(至言)까지 빌려 오히려 마음을 닦고 계십니다.
옛날 군자(君子) 중에 선생보다 누가 더 뛰어날 수 있겠습니까?"
노담이 말했다. "그렇지 않아요.
물이 저절로 솟아오르는 것은 물이 일부로 그렇게 하는 게 아니라
하고자 함이 없는(無爲) 바탕이 스스로 그렇게 따르도록 하는 겁니다.
지인(至人)의 덕(德)도 이와 같습니다.
덕을 닦지 않는데도 만물이 지인을 사모해 그에게서 떠나지 않습니다.

또 하늘은 저절로 높고, 땅은 저절로 두텁고, 해와 달은 저절로 밝은데
하늘과 땅이나 해와 달이 새삼 무엇을 닦을 필요가 있나요!"
공자가 물러 나와 안회(顏回)에게 말했다.
"도에 대한 나의 이해는 항아리 속을 세상 전부로 아는
초벌레의 생각과 같지 않았을까!
노담 선생이 내 항아리 뚜껑을 열어주지 않았다면
천지가 충분히 갖추어져서 완전하다는 걸 난 여전히 깨닫지 못했을 거네."

注 ───────────────────────────────────────

孔子見老聃 老聃新沐: 공자(孔子)가 노담(老聃)을 만나러(見) (갔을 때) 노담(老聃)은 머리를 감
다(新沐). 新沐〔머리 감다. 新(새롭게할 신) 沐(머리감을 목)〕

方將被髮而乾: 머리(髮)를 풀어헤친 채(被~而) (햇빛에) 한창(方) 말리다(將~乾). 髮(터럭 발, 머
리털) 被(흐트러뜨릴 피, 풀어 뜨리다) 方(바햐흐로 방, 한창) 乾(말릴 건)

慹然似非人: (그런데 그 모습이) 꼼짝도 안한 채 움직이지 않아(慹然) (전혀) 사람(人) 같지(似)가
않다(非). 慹然〔꼼짝도 않은 채 움직이지 아니한 모습. 慹(꼼짝않을 접)〕

孔子便而待之 少焉見 曰: 공자(孔子)가 쉬면서(便) 기다리다가(待) 조금(少) 후 (노담을) 만나
보고(見) 말하다. 便(쉴 편)

丘也眩與 其信然與?: 나 공구(丘) 눈이 아찔한가(眩)? (아니면) 몸(信)이 그러한가(然~與)? 즉
눈이 어른어른한 건가? 아니면 본 그대로가 사실인가? 眩(아찔한 현, 현기증 나다 → 어른어른하
다) 信(몸 신)=身

向者先生形體掘若槁木: 조금 전(向者) 선생(先生)의 몸(形體)은 우뚝 솟은(掘) 마른 나무(槁木)
와 같다(若). 向者〔접 때 → 조금 전. 向 (접때 향)〕 形體(형체)=몸. 掘(우뚝솟을 굴) 槁木〔마른
(槁) 나무(木). 즉 말라서 죽은 나무. 槁(마를 고)〕

似遺物離人而立於獨也: 외물(物)을 잊고(遺) 사람(人)을 떠나서(離~而) 홀로(於~獨) 서 있는
(立) 것 같다(似). 遺(잊을 유) 離(떠날 이)

老聃曰 吾遊心於物之初: 노담(老聃)이 말하다. 내(吾) 마음(心)이 만물(物)의 시초에서(於~初)
노닐다(遊). 遊(노닐 유)

孔子曰 何謂邪?: 공자(孔子)가 말하다. (그게) 무슨(何) 말인가(謂)?

曰 心困焉而不能知: (노담이) 말하다. (도를 찾으려고 하면) 고생만 할 뿐(困~而) 알(知) 수(能) 없
다(不). 困(곤할 곤, 고생하다)

口辟焉而不能言: (도를) 말하려고(口) (하면) 입이 다물어져(辟~而) 말할(言) 수(能) 없다(不).
口(입밖에낼 구, 말하다) 辟(닫을 벽, 다물다)

嘗爲汝議乎其將: (그렇더라도) 너(汝)를 위해(爲) 대강(將)이나마 논하다(嘗~議). 汝(너 여) 將 (클 장 → 대강) 議(논할 의)

至陰肅肅 至陽赫赫: 가장 성한 음기(至陰)는 싸늘하고(肅肅) 가장 성한 양기(至陽)는 뜨겁다 (赫赫). 至陰(가장 성한 음기) 肅肅(엄정한 모양 → 싸늘하다. 肅(엄숙할 숙, 장엄하고 정숙하다)) 至陽(가장 성한 양기) 赫赫(뜨거운 모양. 赫(빛날 혁))

肅肅出乎天 赫赫發乎地: (그런데) 싸늘한(肅肅) (음기는) 하늘(天)에서 나오고(出), 뜨거운(赫赫) (양기는) 땅(地)에서 일어나다(發). 發(일어날 발)

兩者交通成和而物生焉: 양자(兩者), 즉 양기와 음기가 섞여서(交) (서로) 통해(通) 조화(和)를 이루면(成~而) (거기서) 만물(物)이 생겨나다(生). 交(섞일 교) 通(통할 통) 和(화합할 화, 조화하다)

或爲之紀而莫見其形: 누군가(或)가 (이것을) 주관하지만(爲~紀而) (우리는 주관하는 존재의) 모습 (形)을 보지(見) 못하다(莫). 紀(다스릴 기 → 주관하다)

消息滿虛 一晦一明: (사철에는) 소멸(消)과 생성(息)이 있고 (만물에는) 채움(滿)과 비움(虛)이 있고 (하루에는) 한번(一)의 어둠(晦)과 한번(一)의 밝음(明)이 있다. 즉 밤과 낮이 서로 교차한 다. 消(사라질 소) 息(자랄 식, 생성) 滿(찰 만) 虛(빌 허) 晦(밤 회, 어둠)

日改月化 日有所爲 而莫見功: (그래서) 나날이(日) 바뀌고(改) 다달이(月) 변화해(化) 매일(日) 하는(爲) 바(所)가 있지만(有), 즉 쉬지 않고 진행되지만 (이를 주관하는 존재의) 공(功)을 보지(見) 못한다(莫). 즉 주관하는 존재의 공이 드러나지 않는다. 日 (나날 일) 月 (다달 월, 다달이)

生有所乎萌 死有所乎歸: (사물이) 태어날(生) 때는 싹튼(萌) 곳(所)이 있고(有) 죽을(死) 때는 돌아가는(歸) 곳(所)이 있다(有). 萌(싹 맹, 싹틈) 歸(돌아갈 귀)

始終相反乎無端而莫知乎其所窮: (또 사물의) 시작(始)과 끝(終)이 끊임없이(無端) 되풀이되는 데도(相反~而) (우리는 사물이) 다하는(窮) 바(所)를 알지(知) 못하다(莫). 無端(처음과 끝(端)이 없음. 즉 끊임이 없다. 端(첫 단, 또는 끝 단)) 相反(서로(相) 반대(反)가 되다. 즉 되풀이 되다) 窮 (다할 궁)

非是也 且孰爲之宗!: (그러니) 이것(是), 즉 도가 아니고선(非) 누가(孰) 또(且) (만물의) 근원 (宗)이 되는가(爲)! 宗(마루 종, 근원)

孔子曰 願聞其方: 공자(孔子)가 말하다. 원컨대(願) (도를 알 수 있는) 방법(方)을 들려주다(聞). 方(길 방, 방법)

曰 草食之獸不疾易藪: (노담이) 말하다. 풀(草)을 먹는(食) 짐승(獸), 즉 초식동물은 숲(藪)이 바 뀌는(易) 걸 꺼리지(疾) 않는다(不). 草(풀 초) 食(먹을 식) 獸(짐승 수) 藪(수풀 수, 숲) 易(바꿀 역) 疾(근심할 질, 걱정하다 → 꺼리다)

水生之蟲不疾易水: 물(水)에 사는(生) 벌레(蟲), 즉 수중생물은 물(水)이 바뀌는(易) 걸 꺼리지 (疾) 않는다(不). 蟲(벌레 충)

行小變而不失其大常也: 행해짐(行)이 조금(小) 바뀌어도(變~而), 즉 작은 변화가 있어도 (자신들의) 본성(大常)을 잃지(失) 않는다(不). 行(행해질 행) 變(변할 변) 大常〔본성. 常(항상 상, 상례)〕

喜怒哀樂不入於胸次: (그러니) 기쁨(喜)과 노여움(怒)이나 슬픔(哀)과 즐거움(樂)이 (이들) 마음(胸) 속에(於~次) 들어오지(入) 못한다(不). 胸(가슴 흉 → 마음) 次(사이 차, 속)

夫天下也者 萬物之所一也: 모름지기(夫) 천지(天下也~者)는 만물(萬物)이 하나(一)가 되어 (깃드는) 곳(所)이다.

得其所一而同焉: (그) 하나(一)된 바(所)를 깨닫고(得) (스스로 만물과) 일체가 되도록(同) 하다. 得(얻을 득) 同(같을 동, 일체가 되다)

則四肢百體將爲塵垢: 그러면(則) 사지(四肢)나 몸(百體)을 티끌(塵垢)처럼 여기다(爲~將). 四肢〔두 팔과 두 다리. 肢(사지 지)〕百體〔백(百)개 기관으로 구성된 몸(體). 즉 몸〕塵垢〔티끌. 塵(티끌 진() 垢(때 구, 티끌)〕

而死生終始將爲晝夜而莫之能滑: 그리고(而) 죽음(死)과 삶(生)이나 끝(終)과 시작(始)을 낮(晝)과 밤(夜)이 (바뀌는 것처럼) 여겨(將爲~而) (우리 마음이) 흐려질(滑) 수(能) 없다(莫). 終(끝 종) 晝(낮 주) 夜(밤 야) 滑(흐리게할 골)

而況得喪禍福之所介乎!: 그런데(而) 하물며(況) (세속적인) 얻음(得)과 손실(喪)이나 재앙(禍)과 행복(福)이 (여기에 어찌) 끼어들(介) 바(所)가 (있는가)! 況(하물며 황) 得(얻을 득) 喪(잃을 상, 손실) 禍(재앙 화) 福(복 복, 행복) 介(낄 개)

棄隸者若棄泥塗L: (몸에) 붙어있는(隸) 걸(者) 버릴(棄) (때) 마치(若) 흙덩이(泥塗) 버리듯(若~棄) 하다. 즉 흙덩이 털듯이 하다. 隸(붙을 례) 棄(버릴 기) 泥塗〔흙덩이. 泥(진흙 니) 塗(진흙 도)〕

知身貴於隸也: (그건 몸에) 붙어 있는(隸) 것보다(於) (내) 몸(身)이 귀한(貴) 걸 알아서다(知). 於(어조사 어, ~보다) 貴(귀할 귀)

貴在於我而不失於變: (그러니) 내게(於~我) 귀한(貴) (도가) 있으면(在~而) (외부의) 어떤 변화에도(於~變) 잃지(失) 않는다(不).

且萬化而未始有極也: (또) 만물(萬)의 변화(化)는 애초부터(始) 다함(極)이 있지(有) 않다(未). 즉 한 번도 끝난 적이 없이 계속된다. 始(처음 시 → 애초부터) 極(다할 극)

夫孰足以患心!: (그러므로 이런 도를 체득하면) 대체(夫) 누가(孰) (내) 마음(心)을 괴롭힘으로써(以~患) 충분한가(足), 즉 누가 내 마음을 괴롭힐 수 있는가! 患(근심 환, 걱정 → 괴롭히다)

已爲道者解乎此: 이미(已) 도(道)를 체득한(爲) 사람(者)은 이런(此) (사실을 잘) 안다(解). 解(풀 해, 이해하다 → 알다)

孔子曰 夫子德配天地: 공자(孔子)가 말하다. 선생(夫子)의 덕(德)은 자연(天)과 짝을 이루다(配). 配(짝지을 배)

而猶假至言以修心: 그런데도(而) 지극한(至) 말(言)을 빌려서(以~假) 오히려(猶) 마음(心)을 닦

다(修). 猶(오히려 유) 假(빌릴 가)

古之君子 孰能脫焉?: 옛날(古) 군자(君子) 중에 누가(孰) (선생을) 벗어날(脫) 수(能)가? 즉 누가 이보다 뛰어날 수 있는가? 脫(벗어날 탈)

老聃曰 不然: 노담(老聃)이 말하다. 그렇지(然) 않다(不).

夫水之於汋也: 모름지기(夫) 물(水)이 저절로 솟아오르는(於~汋) 것(也). 汋(샘솟을 작, 물이 저절로 솟아오르다)

無爲而才自然矣: (물이 일부러 그렇게 하는 게 아니라) 하고자 함이 없는(無爲~而) 바탕(才)이 스스로(自) 그렇게(然) (따르게 하다). 才(바탕 재)

至人之於德也: 지인(至人)의 덕도(於~德) (이와 같다). 修(닦을 수)

不修而物不能離焉: (덕을) 닦지(修) 않는데도(不~而) 만물(物)은 (그를 사모해) 떠날(離) 수(能) 없다(不). 즉 떠나지 못하다.

若天之自高 地之自厚: 또(若) 하늘(天)은 저절로(自) 높고(高), 땅(地)은 저절로(自) 두텁다(厚). 若(또 약) 厚(두터울 후)

日月之自明: 해(日)와 달(月)은 저절로(自) 밝다(明).

夫何修焉!: 그런데(夫) (하늘과 땅이나 해와 달이 새삼) 무엇(何)을 닦을(修) (필요가 있는가)!

孔子出 以告顏回曰: 공자(孔子)가 물러 나와(出) 안회(顏回)에게 고해(以~告) 말하다.

丘之於道也 其猶醯鷄與!: 도에(於~道) (대한 나) 공구(丘)의 (이해는) 마치(猶) (항아리 속을 세상 전부로 아는) 초벌레(醯鷄)의 (생각과) 같지 않은가(與)! 醯鷄〔초·간장·된장·술 따위에 잘 생겨나는 초파리. 醯(초 혜) 鷄(닭 계)〕與(그럴까 여, 의문사)

微夫子之發吾覆也: (노담) 선생(夫子)이 내(吾) (항아리 뚜껑의) 뒤집음(覆)을 일으키지(發) 않다(微). 즉 뚜껑을 열어주지 않다. 覆(뒤집을 복→열다) 發(일으킬 발) 微(아닐 미, 않다)

吾不知天地之大全也: (그러면) 나(吾)는 천지(天地)가 충분히 갖추어져 완전하다는(大全) 것을 (여전히) 알지(知) 못하다(不). 大全〔충분히 갖추어져 완전함. 全(온전할 전)〕

전자방(田子方) 5

莊子見魯哀公. 哀公曰:「魯多儒士, 少爲先生方者.」

莊子曰:「魯少儒.」

哀公曰:「擧魯國而儒服, 何謂少乎?」

莊子曰:「周聞之, 儒者冠圜冠者, 知天時., 履句屨者, 知地形., 緩佩玦者, 事至於斷.

君子有其道者, 未必爲其服也., 爲其服者., 未必知其道也.

公固以爲不然, 何不號於國中曰:『無此道而爲此服者, 其罪邪!』」
於是哀公號之五日, 而魯國無敢儒服者, 獨有一丈夫儒服而立乎公門.
公卽召而問以國事, 千轉萬變而不窮.
莊子曰:「以魯國而儒者一人耳, 可謂多乎?」

장자가 노(魯)나라 애공(哀公)을 만났을 때 애공이 말했다.
"노나라에는 유자(儒者)가 많은데 장자 선생의 방술을 따르는 사람은 적소."
장자가 말했다. "노나라에는 유자가 오히려 적습니다."
애공이 말했다.
"온 노나라 사람이 유복을 입는데 어째서 유자가 적다고 말하나요?"
장자가 말했다.
"제가 들은 바에 따르면 유자가 둥근 갓을 쓰는 건 천시(天時)를 알고,
네모난 신을 신는 건 지리(地理)를 알고,
허리띠에 차는 옥을 늘어뜨리는 건 일을 맞이할 때 결단성을 뜻하지요.
그런데 군자에게 도가 있으면 이런 옷을 반드시 입을 필요가 없고,
이런 옷을 입는다고 반드시 도를 안다고 하지 않지요.
애공께서 제 말이 본디 틀렸다고 여기시면
온 나라 안에 다음과 같은 포고를 어찌 안 하시나요.
'유가의 도를 모르고 유복을 입으면 처벌한다!'
애공이 포고하고 닷새가 지나자 노나라에는 유복 입는 자가 없어졌는데
한 장부만 홀로 유복을 입고 궁전 문 앞에 떡하고 서 있었다.
애공이 즉시 그를 불러들여 국사(國事)에 대해 묻자
그의 답변이 변화무쌍해 막히는 데가 없었다.
장자가 말했다.
"노나라에 유자는 한 사람뿐입니다. 그러니 어찌 많다고 말할 수 있나요?"

注 ───

莊子見魯哀公 哀公曰: 장자(莊子)가 노(魯)나라 애공(哀公)을 만날(見) 때 애공(哀公)이 말하다.
魯多儒士 少爲先生方者: 노(魯)나라에 유자(儒士)가 많지만(多) (장자) 선생(先生)의 방도(方者)
를 위하는(爲) 자(者), 즉 따르는 사람은 적다(少). 方(길 방, 방도)

莊子曰 魯少儒: 장자(莊子)가 말하다. 노(魯)나라에 유자(儒)가 (오히려) 적다(少).

哀公曰 擧魯國而儒服 何謂少乎?: 애공(哀公)이 말하다. 온(擧) 노나라(魯國) 사람이 유복(而~
儒服)을 입는데 어째서(何) (유자가) 적다고(小) 말하나(謂)? 擧(모두 거, 온)

莊子曰 周聞之: 장자(莊子)가 말하다. 제(周)가 들은(聞) (바에 따르면).

儒者冠圜冠者 知天時: 유자(儒者)가 둥근(圜) 갓(冠) 쓰는(冠) 건(者) 천시(天時)를 알다(知). 圜
(둥글 원) 冠(갓 관, 또는 갓쓸 관)

履句屨者 知地形: 네모난(句) 신(屨)을 신는(履) 건(者) 지리(地形)를 알다(知). 句(구 구 → 네모
남) 屨(신 구) 履(신을 이)

緩佩玦者 事至於斷: 허리띠에 차는 옥(佩玦)을 늘어뜨리는(緩) 건(者) 일(事)을 맞이할(於~至)
(때) 결단성(斷) (있음을 뜻한다). 佩玦[허리띠에 차는 옥. 佩(노리개 패, 띠에 차는 장식용 옥) 玦(패
옥 결, 허리에 차는 옥)] 緩(늘어질 완 → 늘어뜨림) 至(이를 지, 도래함 → 맞이하다) 斷(결단 단 → 결단성)

君子有其道者 未必爲其服也: (그런데) 군자(君子)에게 도(道)가 있으면(有~者) 반드시(必) 옷
(服)을 입지(爲) 않는다(未). 服(옷 복)

爲其服者 未必知其道也: (이런) 옷(服)을 입는다고(爲~者) 반드시(必) 도(道)를 안다고(知) (하
지) 않는다(未).

公固以爲不然 何不號於國中曰: 애공(公)께서 (내 말이) 본디(固) 그렇지(然) 않다고(不) 여기면
(以~爲), 즉 틀렸다고 여기면 (온) 나라(國) 안에(於~中) 어찌(何) (다음과 같은) 포고를 하지(號)
않는가(不). 號(명령할 호 → 포고하다)

無此道而爲此服者 其罪邪!: 이(此) (유가의) 도(道)를 모르고(無) 이(此) 유복(服)을 입으면(爲~
者) 처벌한다(罪)! 罪(죄줄 죄)

於是哀公號之五日 而魯國無敢儒服者: 이에(於~是) 애공(哀公)이 포고하고(號) 닷새(五日)가
(지나자) 노(魯)나라(國)에는 감히(敢) 유복(儒服)을 입은 자(者)가 없다(無).

獨有一丈夫儒服而立乎公門: (그런데) 홀로(獨) 한(一) 장부(丈)가 저(夫) 유복(儒服)을 입고서
(有~而) 애공(公)의 (궁전) 문(門) 앞에 (떡하고) 서다(立). 丈(어른 장, 장부)

公卽召而問以國事: 애공(公)이 즉시(卽) (그를) 불러들여서(召) 국사(以~國事)를 묻다(問). 召
(부를 소)

千轉萬變而不窮: (그의 답변이) 변화무쌍해(千轉萬變~而) 다함(窮)이 없다(不). 즉 막히는 데가
없다. 千轉萬變[천(千)번 전하고(傳) 만(萬) 번 변하다(變). 즉 변화무쌍하다. 傳(전할 전) 變(변
할 변)] 窮(다할 궁)

莊子曰 以魯國而儒者一人耳: 장자(莊子)가 말하다. 노나라에선(以~魯國) 유자(儒者)는 한(一)
사람(人) 뿐이다(耳).

可謂多乎?: (그러니 어찌) 많다고(多) 말할(謂) 수(可) 있는가?

전자방(田子方) 6

百里奚爵祿不入於心, 故飯牛而牛肥, 使秦穆公忘其賤, 與之政也.
有虞氏死生不入於心, 故足以動人.

백리해(百里奚)는 벼슬과 녹봉에 마음을 두지 않아
그가 소에게 먹이를 주면 살이 쪘다.
그래서 진(秦) 목공(穆公)이 그의 천한 신분을 염두에 두지 않고
그에게 정사를 맡겼다.
순임금(有虞氏)은 왕이 되기 전에 부모가 자신을 늘 죽이려 했다.
그런데도 죽음과 삶을 마음에 두지 않아 다른 사람을 감동케 하는데
전혀 부족함이 없었다.

注 ──────────────

百里奚爵祿不入於心: 백리해(百里奚)는 벼슬(爵)과 녹봉(祿) (따위에) 마음을(於~心) 들이지
(入) 않다(不). 즉 마음을 두지 않다. ★ 백리해(百里奚)는 춘추시대 중엽 진(秦)나라 현인으로
대부를 지낸 사람이다. 爵(벼슬 작) 祿(봉 녹, 녹봉)

故飯牛而牛肥: 그래서(故) (그가) 소(牛)에게 먹이를 주면(飯) 소(牛)가 살이 찌다(肥). 飯(먹일
반) 肥(살찔 비)

使秦穆公忘其賤 與之政也: 진(秦)나라 목공(穆公)은 (그의) 천한(賤) (신분을) 염두에 두지 않
고(使~忘) 그(之)에게 정사(政)를 맡기다(與). 賤(천할 천) 忘(잊을 망, 염두에 두지 않다) 政(정사 정)
與(줄 여, 부여하다 → 맡기다)

有虞氏死生不入於心: 유우씨(有虞氏), 즉 순임금은 (왕이 되기 전에 부모가 자신을 늘 죽이려 했는데
도) 죽음(死)과 삶(生)을 마음에(於~心) 들이지(入) 않다(不). 즉 마음에 두지 않는다.

故足以動人: 고로(故) 남(人)을 감동케 하는데(以~動) 족하다(足). 즉 조금도 부족함이 없다.
動(움직일 동 → 감동시키다)

전자방(田子方) 7

宋元君將畫圖, 衆史皆至, 受揖而立., 舐筆和墨, 在外者半.
有一史後至者, 儃儃然不趨, 受揖不立, 因之舍.
公使人視之, 則解衣般礴臝.

君曰:「可矣, 是眞畵者也.」

송(宋)나라 원군(元君)이 자신의 도록에 들어갈 그림을 그리도록 명하자
많은 화공이 모두 모여들었다.
화공들이 명령을 받자 절하고 일어나서 붓을 빨고 먹을 가는데
이들이 너무 많아 궐 바깥에 있는 사람만도 반이 되었다.
그런데 한 화공이 늦게 도착해 천천히 행동하면서 서둘지 않다가
명령을 받자 이내 절한 뒤에는 일어서지 않고 머물던 숙소로 돌아갔다.
원군이 사람을 시켜 그를 살펴보게 했더니 옷을 벗고 다리를 뻗은 채
벌거숭이 상태로 즐기면서 그림을 그렸다.
이 말을 듣고 원군이 말했다. "됐다. 그가 참된 화공이다."

注 ───────────────────────────────────────

宋元君將畵圖 衆史皆至: 송(宋)나라 원군(元君)이 (자신의 도록에 들어갈) 그림(圖)을 그리도록
하자(將~畵) 많은(衆) 화공(史)들이 모두(皆) 모여들다(至). 圖(그림 도) 畵(그림 화) 史(화사 사, 화
공) 皆(모두 개) 至(이를 지 → 모여들다)

受揖而立 舐筆和墨: (화공들은 명령을) 받자(受) 절하고(揖~而) 일어나서(立) 붓(筆)을 빨고(舐)
먹(墨)을 갈다(和). 受(받을 수) 揖(읍 읍 → 절하다) 筆(붓 필) 舐(핥을 지, 빨다) 墨(먹 묵) 和(섞을 화
→ 갈다)

在外者半: (그런데 이들이 너무 많아 궐) 바깥에 있는(在外) 자(者)도 반(半)이다. 在外〔바깥에 있
음. 在(있을 재) 外(밖 외)〕

有一史後至者 儃儃然不趨: (그런데) 한(一) 화공(史)이 늦게(後) 도착해(至者) 천천히(儃儃然)
(행동하며) 서둘지(趨) 않다(不). 至(이를 지 → 도착) 儃儃然〔찬찬하고 느린 모양. 儃(찬찬할 단)〕
趨(달릴 추 → 서두르다)

受揖不立 因之舍: (그러다 명령을) 받자(受) 절한(揖) (뒤에는 이내) 일어서지도(立) 않고(不) 숙소
(舍)로 돌아가다(因). 舍(집 사, 숙소) 因(의지할 인 → 돌아가다)

公使人視之: 원군(公)이 사람을 시켜(使~人) (그를) 살펴보도록 하다(視). 視(볼 시, 살펴보다)

則解衣般礴臝: 그러자(則) 옷(衣)을 벗고(解) 다리를 뻗은(礴) 채 벌거숭이(臝) (상태로) 즐기며
(般) (그림을 그리다). 衣(옷 의) 解(벗을 해) 礴(다리뻗고있을 박) 臝(벌거숭이 라) 般(즐길 반)

君曰 可矣 是眞畵者也: (이 말을 듣고) 원군(君)은 말하다. 괜찮다(可). 즉 됐다. 그(是)가 참된
(眞) 화공이다(畵~者).

전자방(田子方) 8

文王觀於臧, 見一丈人釣, 而其釣莫釣., 非持其釣有釣者也, 常釣也.

文王欲擧而授之政, 而恐大臣父兄之弗安也., 欲終而釋之, 而不忍百姓之無天也.

於是旦而屬之大夫曰:「昔者寡人夢見良人, 黑色而頯, 乘駁馬而偏朱蹄,

號曰:『寓而政於臧丈人, 庶幾乎民有瘳乎!』」

諸大夫蹴然曰:「先君王也.」

文王曰:「然則卜之.」

諸大夫曰:「先君之命, 王其無它, 又何卜焉!」

遂迎臧丈人而授之政.

典法無出, 偏令無出.

三年, 文王觀於國, 則列士壞植散群, 長官者不成德, 斔斛不敢入於四竟.

列士壞植散群, 則尙同也., 長官者不成德, 則同務也.,

斔斛不敢入於四竟, 則諸侯無二心也.

文王於是焉以爲大師, 北面而問曰.「政可以及天下乎?」

臧丈人昧然而不應, 泛然而辭, 朝令而夜遁, 終身無聞.

顏淵問於仲尼曰:「文王其猶未邪? 又何以夢爲乎?」

仲尼曰:「默, 汝無言! 夫文王盡之也, 而又何論刺焉! 彼直以循斯須也.」

문왕(文王)이 장(臧)이란 고장을 시찰하다 낚시하는 한 노인을 보았는데
물고기가 낚여 있지 않았다.

노인은 낚시에 뜻을 두지 않고, 낚싯대만 드리우는 예사로운 낚시를 했다.

문왕은 그 노인을 기용해서 정사를 맡기고 싶었는데
자신의 대신과 가족들이 불안해할 일이 염려되었다.

그렇다고 그 노인을 끝내 포기하기에는 백성이 하늘처럼 여길만한 사람을
잃는 것 같아 견딜 수 없었다.

이에 문왕은 다음 날 아침 대부(大夫)들을 모두 모아놓고 말했다.

"어젯밤 과인이 꿈에서 살빛이 검고 구레나룻을 기른 양인을 보았는데
그는 한쪽 발굽이 붉은 얼룩말을 타고 있었소.

문왕이 큰 소리로 말했다.

"정사를 장(臧)의 노인에게 맡기면 백성의 고통은 거의 사라진다!'"

그러자 대부들이 조심스레 말했다.

"그분은 앞서 군왕이었던 고공단보(古公亶父)입니다."

문왕이 말했다.

"그러면 그 노인에게 정사를 맡겨도 좋은지 점을 한번 쳐 보자."

모든 대부가 말했다.

"선왕의 명령은 문왕의 명령과 다르지 않은데 또 어찌해서 점을 칩니까!"

이에 문왕은 의도한 대로 장(臧)의 노인을 기용해서 맞이해 정사를 맡겼다.

노인은 전칙(典法)을 새로 만들지 않고, 치우친 정령(偏令)도 고치지 않았다.

삼 년이 지나서 문왕이 나라를 돌아보니까

조정 관리(列士)는 마음의 빗장을 허물어 당파를 해산하고,

장관(長官)은 자신의 덕을 이루었다고 바깥으로 드러내지 않고,

제후(諸侯)는 공인되지 않은 도량형을 나라 안에 감히 들여놓지 않았다.

관리가 마음의 빗장을 허물어 당파를 해산하자 의견이 모이는 걸 숭상했다.

장관이 덕을 이루고도 드러내지 않자 아랫사람과 업무를 똑같이 분담했다.

제후가 공인되지 않은 도량형을 나라 안에 들여놓지 않자

제후는 두 마음을 품지 않았다.

이에 문왕은 노인을 태사(太師)로 삼아 신하 자리에 앉아서 물었다.

"선생의 훌륭한 정사를 천하에 두루 미치게 할 수 있을까요?"

장의 노인은 모른다는 투로 대답하지 않았어도

데면데면한 채 사양하는 듯했다.

그런데 노인은 문왕의 이런 명령을 아침에 듣고 밤에 도망을 쳐

몸을 감춘 뒤 소식을 끊었다.

안연(顏淵)이 공자를 찾아뵙고 말했다.

"문왕은 덕이 있다고 할 수 없지요.

어째서 꿈속의 인물을 빌릴 필요가 있나요?"

공자가 말했다. "너는 잠자코 아무 말 하지 말라!

문왕은 의당 해야 할 일을 다 했다. 그러니 또 무얼 비난할 수 있는가!

그는 일부로 사람들이 따르기 좋아하도록

임시적 방편을 마땅히 따랐을 뿐이다."

文王觀於臧 見一丈人釣: 문왕(文王)이 장이란 고장을(於~臧) 시찰하다(觀) 낚시하는(釣) 한 (一) 노인(丈人)을 보다(見). 觀(볼 관 → 시찰하다) 釣(낚시 조) 丈(어른 장 → 노인)

而其釣莫釣: 그런데(而) 낚시질(釣)이 낚시질(釣)이 아니다(莫). 즉 물고기가 낚여 있지 않다.

非持其釣有釣者也: (노인은) 낚시(釣)에 뜻을 두지(持) 않은(非) (채) 낚싯대(釣~者)만 (드리우고) 있다(有). 持(지닐 지, 뜻을 둠)

常釣也: 예사로운(常) 낚시(釣)를 (하다). 常(범상할 상, 예사롭다)

文王欲擧而授之政: 문왕(文王)은 (그 노인을) 기용해서(擧~而) 정사(政)를 맡기고 싶다(欲~授). 擧(올려쓸 거, 기용) 政(정사 정) 授(줄 수 → 맡김)

而恐大臣父兄之弗安也: 그런데(而) (그의) 대신(大臣)과 가족(父兄)이 불안해(弗安) (할 일이) 염려되다(恐). 父兄〔아버지(父)와 형(兄). 즉 가족〕 弗安=不安(불안) 恐(두려울 공 → 염려되다)

欲終而釋之: (그렇다고 그 노인을) 끝내(終~而) 포기하다(欲~釋). 終(끝낼 종) 釋(놓을 석, 손을 떼다 → 포기하다)

而不忍百姓之無天也: 그러기에는(而) 백성(百姓)이 하늘(天)처럼 (여길만한 사람을) 잃는(無) (것 같아) 견딜(忍) 수가 없다(不). 無(없을 무 → 잃다) 忍(참을 인, 견디다)

於是旦而屬之大夫曰: 이에(於~是) (문왕은 다음 날) 아침(旦) 대부(大夫)들을 모아놓고(屬) 말하다. 旦(아침 단) 屬(모을 촉)

昔者寡人夢見良人: 어젯밤(昔者) 과인(寡人)이 꿈(夢)에 양인(良人)을 보다(見). 昔者〔어제. 昔(저녁 석)〕良(좋을 량)

黑色而頯: (살빛은) 검은(黑) 색이고(色~而) 구레나룻(頯)을 기르다. 頯(구레나룻 염)

乘駁馬而偏朱蹄: (그는) 한쪽(偏)이 붉은(朱) 발굽(蹄)인 얼룩(駁) 말(馬)을 타다(乘). 즉 한쪽 발굽이 붉은 얼룩말을 타다. 偏(하나 편) 朱(붉을 주) 蹄(굽 제) 駁(얼룩얼룩 박) 乘(탈 승)

號曰 寓而政於臧丈人: (문왕은) 큰 소리로(號) 말하다. 정사(政)를 장(臧)의 노인에게(於~丈人) 맡기다(寓). 號(부르짖을 호) 寓(맡길 우)

庶幾乎民有瘳乎!: (그러면) 백성(民)이 고통으로부터 벗어남(有~瘳)이 거의 가깝다(庶幾)! 즉 백성의 고통이 거의 사라지다! 瘳(병나을 추 → 고통으로부터 벗어남) 庶幾〔거의 가까움. 庶(가까울 서) 幾(거의 기)〕

諸大夫蹴然曰 先君王也: (그러자) 대부(大夫)들이 조심스레(蹴然) 말하다. (그는) 앞서(先)의 군왕(君王), 즉 고공단보(古公亶父)이다. 諸(모든 제) 蹴然〔삼가는 모양. 즉 조심하다. 蹴(삼갈 축)〕

文王曰 然則卜之: 문왕(文王)이 말하다. 그러면(然~則) (그 노인에게 정사를 맡겨도 좋은지) 점을 치다(卜). 卜(점 복, 점치다)

諸大夫曰 先君之命 王其無它: 모든(諸) 대부(大夫)가 말하다. 선왕(君王)의 명령(命)은 문왕

(王)의 (명령과) 다르지(它) 않다(不). 它(다를 타)

又何卜焉!: (그런데) 어찌해서(何) 또(又) 점 치는가(卜)! 又(또 우) 何(어찌 하)

逐迎臧丈人而授之政: (이에 문왕은 그가 의도한 대로) 장(臧)의 노인(丈人)을 기용해서(逐) 맞이해(迎~而) 정사(政)를 맡기다(授). 逐(천거할 수, 기용하다) 迎(맞이할 영) 授(줄 수 → 맡기다)

典法無出 偏令無出: (그 노인은) 전칙(典法)을 (새로) 만들지(出) 않고(無) 치우친(偏) 정령(令)도 고치지(出) 않다(無). 典法(전칙. 典(법 전) 法(법 법)) 出(날 출 → 만들다 또는 고치다) 偏(치우칠 편) 令(법 령, 정령)

三年 文王觀於國: 삼년(三年)이 (지나서) 문왕(文王)이 나라를(於~國) 돌아보다(觀).

則列士壞植散群: 그런 즉(則) 조정 관리(列士)는 (마음의) 빗장(植)을 허물어서(壞) 당파(群)를 해산하다(散). 列士(줄지은(列) 선비(士). 즉 조정 관리. 列(줄지을 렬)) 植(세울 식, 그곳에 근거를 둠 → 빗장) 壞(무너뜨릴 괴 → 허물다) 群(무리 군 → 당파) 散(헤칠 산 → 해산하다)

長官者不成德: 벼슬(官)의 으뜸인(長) 자(者), 즉 장관은 (자신의) 덕(德)을 이루었다고(成) (바깥으로 드러내지) 않다(不).

鈇斛不敢入於四竟: (제후는 공인되지 않은) 도량형(鈇斛)을 감히(敢) 사방(四) 경계에(於~竟), 즉 나라 안에 들어오지(入) 않다(不). 鈇斛(도량형. 鈇(용량의 단위 유) 斛(휘 곡, 열 말의 용량)) 竟(지경 경, 경계)

列士壞植散群 則尙同也: 조정 관리(列士)가 (마음의) 빗장(植)을 허물어서(壞) 당파(群)를 해산하다(散). 그러자(則) (조정 관리는) 같아짐(同)을 숭상하다(尙). 즉 의견이 모이는 걸 숭상하다. 同(같을 동) 尙(숭상할 상)

長官者不成德 則同務也: 장관(長官)이 덕(德)을 이루고도(成) (드러내지) 않다(不). 그러자(則) (장관은 아랫사람과) 업무(務)를 같이(同) (분담하다). 務(일 무, 업무)

鈇斛不敢入於四竟 則諸侯無二心也: (제후가 공인되지 않은) 도량형(鈇斛)을 감히(敢) 사방(四) 경계에서(於~竟) 들어오지(入) 않다(不). 그러자(則) 제후(諸侯)는 두(二) 마음(心)을 (품지) 않다(無).

文王於是焉以爲大師 北面而問曰: 이에(於~是) 문왕(文王)은 (노인을) 태사(大師)로 삼아(以~爲) 북면(北面)하고, 즉 신하 자리에 앉아서 (그에게) 물어(問) 말하다.

政可以及天下乎?: (선생님의 훌륭한) 정사(政)를 천하(天下)에 (두루) 미치게(以~及) 할 수 있는가(可)? 及(미칠 급)

臧丈人昧然而不應: 장(臧) 노인(丈人)은 모른다는 투(昧然)로 응답하지(應) 않다(不). 昧然(아무것도 모르는 투. 昧(어두울 매))

泛然而辭: (그런데) 데면데면한 채(泛~然) 사양하는(辭) 듯하다. 泛(뜨를 범) 辭(사양할 사)

朝令而夜遁 終身無聞: (그런데 노인은) 아침(朝)에 (문왕의 이런) 명령을 듣고(令~而) 밤(夜)에 도

망쳐(遁) 몸(身)을 감춘(終) 뒤 소식(聞)이 없다(無). 遁(달아날 둔) 終(끝날 종 → 감추다)

額淵問於仲尼曰 文王其猶未邪?: 안연(顔淵)이 공자를(於~仲尼) 만나(問) 말하다. 문왕(文王)은 가히(猶) (덕이) 있다고 할 수 없지요(未~邪)? 猶(가히 유)

又何以夢爲乎?: 또(又) 어째서(何) 꿈(夢) (속 인물을 빌릴 필요가) 있나요((以~爲)? 夢(꿈 몽)

仲尼曰 黙 汝無言!: 공자(尼)가 말하다. 너(汝)는 잠자코(黙) (아무) 말(言)도 말아라(無)! 黙(잠잠할 묵, 잠자코)

夫文王盡之也: 모름지기(夫) 문왕(文王)은 (의당 해야 할 일을) 다 하다(盡). 盡(다할 진)

而又何論刺焉!: 그러니(而) 또(又) 무엇(何)을 비난하는가(論刺)! 論刺[비난하다. 論(논할 론) 刺(헐뜯을 자)]

彼直以循斯須也: 그(彼)는 일부로(直) (사람들이 따르기 좋아하게 임시적 방편을) 마땅히(須) 따랐다(以~循). 直(일부로 직) 須(모름지기 수, 마땅히) 循(좇을 순 → 따르다)

전자방(田子方) 9

列禦寇爲伯昏無人射, 引之盈貫, 措杯水其肘上, 發之, 適矢復沓, 方矢復寓.
當是時, 猶象人也.
伯昏無人曰:「是射之射, 非不射之射也. 嘗與汝登高山, 履危石, 臨百仞之淵,
若能射乎?」
於是無人遂登高山, 履危石, 臨百仞之淵, 背逡巡, 足二分垂在外, 揖禦寇而進之.
禦寇伏地, 汗流至踵.
伯昏無人曰:「夫至人者, 上闚青天, 下潛黃泉, 揮斥八極, 神氣不變.
今汝怵然有恂目之志, 爾於中也殆矣夫!」

열어구(列禦寇)가 백혼무인(伯昏無人)에게 활 쏘는 솜씨를 자랑해 보였다.
시위를 끌어 힘껏 잡아당기자 물 잔이 기울어서 물이 쏟아지지 않을 정도로
손이 좌우로 정확히 수평이 되었다.
그리고 잇달아 활을 쏘자 화살이 과녁의 한복판에 거듭 적중했는데
쏜 화살이 마치 나란히 날아가는 듯했다.
이때 열어구의 모습은 마치 본을 떠서 만든 인형과 같았다.
백혼무인이 말했다.
"자네의 활 솜씨는 뛰어나지만 그건 쏜다는 걸 의식하는 활 솜씨이지

쏜다는 걸 의식하지 않는 활 솜씨가 아니네.

한 번 자네와 함께 높은 산에 올라가 아슬아슬한 바위를 밟고

백 길 아래 연못을 내려다보면서 활을 쏠 수 있겠는가?"

이에 백혼무인은 높은 산에 올라가 거기에 이르러서

아슬아슬한 바위를 밟고 백 길 아래 연못을 내려다보았다.

그리고 등을 돌려 뒷걸음을 친 뒤 돌아서서

발의 삼분의 이를 바위 밖 공중에 매달린 채 읍하고서

열자에게 앞으로 나오도록 했다.

열어구가 땅 위에 엎드려 엉금엉금 기어가자 식은땀이 비 오듯 흘러내려

그의 발꿈치까지 적셨다.

백혼무인이 말했다.

"지인(至人)은 위로는 푸른 하늘(靑天)을 끝까지 엿보고,

밑으로는 황천(黃泉) 바닥까지 가라앉네.

지인은 사방팔방으로 자유로이 다녀도 신묘한 기운이 조금도 변하지 않네.

그런데 지금 자네는 두려움에 떨면서 눈을 꿈쩍꿈쩍하는 생각이 있으니

활을 쏘아서 과녁에 정확히 맞추기가 어렵네!"

注 ────

列禦寇爲伯昏無人射: 열어구(列禦寇)가 백혼무인(伯昏無人)을 위해(爲) 활을 쏘다(射). 즉 자신의 활 쏘는 솜씨를 자랑해 보이다. ★ 백혼무인(伯昏無人)은 내편 「덕충부」 2에도 등장한다. 열어구(列禦寇)는 열자(列子)이다. 射(쏠 사)

引之盈貫 措杯水其肘上: (시위를) 끌어(引) 힘껏 잡아당기자(盈貫) 물(水) 잔(杯)을 팔꿈치(肘) 위(上)에 올려놓을(措) (정도로 손이 좌우로 정확히 수평이 되다). 즉 물 잔이 기울어서 물이 쏟아지지 않을 정도로 손이 좌우로 정확히 수평이 되다. 引(끌 인) 盈貫〔활을 힘껏 당김. 盈(가득찰 영) 貫(당길 만)〕杯(잔 배) 肘(팔꿈치 주) 措(둘 조 → 올려놓다)

發之 適矢復沓: (그리고 잇달아 활을) 쏘자(發) 화살(矢)이 (과녁의 한복판에) 적중하고(適) 다시(復) (그 위에) 겹쳐지다(沓). 즉 화살이 과녁의 한복판에 거듭 적중하다. 發(쏠 발) 矢(화살 시) 適(맞을 적, 적중하다) 復(다시 복) 沓(겹칠 답)

方矢復寓: (그런데) 쏜 화살(矢)이 연이어(復) 부침(寓)에 견주다(方). 즉 쏜 화살이 나란히 날아가는 듯하다. 復(되풀이할 복, 연이어) 寓(부칠 우) 方(견줄 방)

當是時 猶象人也: 이 때(當是時) (모습은) 본 떠 만든 인형(象人) 같다(猶). ★ 상인(象人)은 허

수아비 인형인데 본 떠 만든 인형을 뜻한다. 猶(같을 유)

伯昏無人曰 是射之射: 백혼무인(伯昏無人)이 말하다. (너의 활 솜씨는 뛰어나지만) 이처럼(是) 활 쏘는(射) 건 (쏘는 걸 의식하는) 활솜씨(射)이다.

非不射之射也: 쏜다는(射) (걸 의식하지) 않는(不) 활 솜씨(射)가 아니다(非).

嘗與汝登高山 履危石: 시험 삼아(嘗), 즉 한 번 자네와(與~汝) 높은(高) 산(山)에 올라가(登) 아슬아슬한(危) 바위(石)를 밟다(履). 登(오를 등) 危(위태할 위, 위험한 → 아슬아슬한) 石(돌 석, 바위) 履(밟을 리)

臨百仞之淵 若能射乎?: (거기서) 백 길(百仞) (아래) 연못(淵)을 내려다보며(臨) 너(若)는 (나와 함께) 활을 쏠(射) 수(能) 있는가? 百仞〔백 길. 仞(길 인, 8척)〕淵(못 연) 臨(임할 림 → 내려다보다) 若(너 약)

於是無人遂登高山: 이에(於~是) 백혼무인(無人)은 높은(高) 산(山)에 올라가(登) (거기에) 이르다(遂). 遂(이를 수)

履危石 臨百仞之淵: 아슬아슬한(危) 바위(石)를 밟고(履) 백 길(百仞) (아래) 연못(淵)을 내려다보다(臨).

背逡巡 足二分垂在外: (그리고) 등을 돌려(背) 뒷걸음을 친(逡) (뒤) 돌아서서(巡) 발(足)의 삼 분의 이(二分)를 (바위) 밖(在外) 공중에 매달리다(垂). 背(등질 배, 등을 지다 → 등을 돌리다) 逡(뒷걸음칠 준) 巡(돌 순) 垂(드리울 수 → 매달림)

揖禦寇而進之: 읍하고(揖) 열자(禦寇)에게 앞으로 나오도록(進) 하다. 揖(읍할 읍) 進(나아갈 진 → 앞으로 나오도록 하다)

禦寇伏地 汗流至踵: 열어구(禦寇)가 땅(地) 위에 엎드려서(伏) (엉금엉금 기어가자) 땀(汗)이 (비 오듯) 흘러내려(流) 발꿈치(踵)까지 이르다(至). 즉 팔꿈치까지 적시다. 伏(엎드릴 복) 汗(땀 한) 流(흐를 류) 踵(발꿈치 종)

伯昏無人曰 夫至人者: 백혼무인(伯昏無人)이 말하다. 저(夫) 지인(至人~者).

上闚靑天 下潛黃泉: (또 지인은) 위(上)로는 푸른(靑) 하늘(天)을 (끝까지) 엿보고(闚) 밑(下)으로 는 황천(黃泉)의 (바닥까지) 가라 앉다(潛). 闚(엿볼 규) 潛(가라앉을 잠)

揮斥八極 神氣不變: (또) 사방팔방(八極)으로 자유로이 다녀도(揮斥) 신묘한(神) 기운(氣)이 (조금도) 변하지(變) 않다(不). 揮斥〔자유분방함. 즉 자유로이 다님. 揮(휘두를 휘) 斥(방자할 탁, 제멋대로 굴다)〕

今汝怵然有恂目之志: (그런데) 지금(今) 너(汝)는 두려움에 떨면서(怵然) 눈(目)을 꿈쩍꿈쩍하 는(恂) 생각(志)이 있다(有). 怵然〔두려워하며 떠는 모습. 怵(두려워할 출)〕恂(꿈적거릴 준, 눈이 꿈쩍꿈쩍함) 志(뜻 지, 생각)

爾於中也殆矣夫!: (그러니) 너(爾)가 (활을 쏘아) 과녁에(於~中) (정확히) 맞추기란 어렵다(殆)!

爾(너 이) 殆(위태로올 태 → 어렵다)

전자방(田子方) 10

肩吾問於孫叔敖曰:「子三爲令尹而不榮華, 三去之而無憂色.
吾始也疑子, 今視者之鼻間栩栩然, 子之用心獨奈何?」
孫叔敖曰:「吾何以過人哉! 吾以其來不可却也, 其去不可止也,
吾以爲得失之非我也, 而無憂色而已矣.
我何以過人哉! 且不知其在彼乎, 其在我乎? 其在彼邪?
亡乎我., 在我邪? 亡乎彼.
方將躊躇, 方將四顧, 何暇至乎人貴人賤哉!」
仲尼聞之曰:「古之眞人, 知者不得說, 美人不得濫, 盜人不得劫, 伏戲黃帝不得友.
死生亦大矣, 而無變乎己, 況爵祿乎!
若然者, 其神經乎大山而無介, 入乎淵泉而不濡, 處卑細而不憊, 充滿天地,
旣以與人, 己愈有.」

견오(肩吾)가 방문해서 손숙오(孫叔敖)에게 물었다.
"선생은 초나라 재상(令尹)을 세 번씩 지냈어도 이를 영화로 여기지 않고,
재상 자리에서 세 번씩 물러났어도 걱정하는 빛이 없습니다.
저는 처음에 선생을 의심했는데 지금 보니 편안한 심기를 하고 있으니
어떤 특별한 마음가짐을 지니고 있나요?"
손숙오가 말했다. "제가 어찌 남보다 나은 데가 있겠습니까!
저는 오는 자리도 물리치지 못하고, 가는 자리도 멈추게 할 수 없습니다.
이에 재상이 되거나 물러나는 건 제게 달려 있지 않다고 보아
근심스러운 낯빛이 없을 뿐입니다.
그러니 제가 어째서 남보다 나은 데가 있겠습니까!
편안한 심기가 재상에 있었던 탓인지
아니면 처음부터 제게 있었던 탓인지 알 수 없지요?
편안한 심기가 재상에 있었던 탓일까요?
그러면 재상 자리에 있었던 탓이니 저를 염두에 두어선 안 되지요.

편안한 심기가 제게 있었던 탓일까요?

그러면 제게 있었던 탓이니 재상 자리를 염두에 두어선 안 되지요.

저는 이제 유유자적하며 사방을 막 돌아보려고 하는데

사람이 귀하니 천하니 하는데 어찌 마음을 쓸 겨를이 있겠습니까!"

공자가 이 말을 듣고 제자들에게 말했다.

"옛날 진인(眞人)은 어떤 지인(知者)도 그를 설득하지 못하고,

어떤 미인(美人)도 그를 유혹하지 못하고,

어떤 도둑도 그를 겁주지 못한다.

심지어 복희씨(伏戲)나 황제(黃帝)조차 그와 벗할 수 없다.

죽음과 삶도 큰일이지만 이것도 진인의 마음을 변화시키지 못하는데

하물며 벼슬과 봉록이야 더 말할 게 있겠는가!

진인은 그의 정신이 큰 산에 의해 방해 받지 않고,

깊은 못에 들어가도 젖지 않고, 낮은 지위에 처해도 미리 대비하질 않네.

진인은 재상 자리가 천지에 충만하다고 여겨 이 자리를 남에게 주어도

자신에게 더 많이 갖추어진다고 보네."

注 ─────────

肩吾問於孫叔敖曰: 견오(肩吾)가 방문해(問) 손숙오에게(於~孫叔敖) 말하다. ★ 견오(肩吾)는 여기서 태산(泰山)의 신을 의미하는 전설상의 인물로 등장한다. 내편 「소요유」 3, 내편 「대종사」 3, 내편 「응제왕」 2에 각각 등장한 바 있다. 손숙오(孫叔敖)는 춘추시대 중엽 초(楚)나라의 유명한 명재상으로 청백리의 표상이다. 잡편 「서무귀」 10에도 등장한다.

子三爲令尹而不榮華: 선생(子)은 (초나라) 재상(令尹)을 세 번(三)이나 지내도(爲~而) (이를) 영화(榮華)로 (여기지) 않다(不).

三去之而無憂色: (또) 세 번(三)이나 (자리에서) 물러나도(去) 걱정하는(憂) 빛(色)이 없다(無). 去(갈 거, 물러나다) 憂(근심할 우)

吾始也疑子 今視者之鼻間栩栩然: 처음에(始) 나(吾)는 선생(子)을 의심했는데(疑) 지금(今) 보니(視~者) 코(鼻) 사이(間)로 (숨쉬니) 즐거운 모습이다(栩栩然). 즉 편안한 심기이다. 疑(의심할 의) 鼻(코 비) 栩栩然〔기쁜 모양. 栩(기뻐할 허)〕

子之用心獨奈何?: (그러니) 선생(子)은 어떻게(奈何) 특별히(獨) 마음(心)을 쓰는가(用), 즉 어떤 특별한 마음가짐을 지니는가?

孫叔敖曰 吾何以過人哉!: 손숙오(孫叔敖)가 말하다. 내(吾) 어찌(何) 남(人)보다 지나침이(以~

過)! 즉 나은 데가! 過(지나칠 과)

吾以其來不可却也: 나(吾)는 오는(以~來) (자리를) 물리칠(却) 수(可) 없다(不). 却(물리칠 각)

其去不可止也: 가는(去) (자리도) 멈추게(止) 할 수(可) 없다(不). 去(갈 거) 止(멈출 지)

吾以爲得失之非我也: (이에) 나(吾)는 (자리를) 얻고(得) 잃음(失)을 위해(以~爲) 내(我)가 (마음대로 하지) 못한다(非). 즉 재상이 되거나 물러나는 게 내게 달려 있지 않다.

而無憂色而已矣: 그래서(而) 근심스러운(憂) 낯빛(色)이 없을(無) 뿐이다(而已矣). 憂(근심할 우)

我何以過人哉!: (그러니) 내(我)가 어째서(何) 남(人)보다 나은 데(以~過)가 있겠는가! 何(어찌 하)

且不知其在彼乎 其在我乎?: 단(且) (편안한 심기가) 재상 자리(彼)에 있던(在) (탓인지), (아니면 처음부터) 내(我)게 있던(在) (탓인지) 알지(知) 못하지(不) (않는가)?

其在彼邪? 亡乎我: (편안한 심기가) 재상 자리(彼)에 (있던 탓일까)? (그러면 편안한 심기가 재상 자리에 있던 탓이니) 나(我)를 염두에 두지 말아야 한다(忘). 즉 염두에 둬선 안 된다. 忘(잊을 망, 염두에 두지 않다)

在我邪? 亡乎彼: (편안한 심기가 처음부터) 내(我)게 (있던 탓일까)? (그러면 편안한 심기가 내게 있던 탓이니) 재상 자리(彼)를 염두에 두지 말아야 한다(忘).

方將躊躇 方將四顧: 이제(方) (나는) 유유자적하며(將~躊躇) 사방(四)을 막(方) 돌아보려고 하다(將~顧). 方(바야흐로 방, 이제 막) 躊躇〔주저함. 머뭇거리고 나아가지 못함 → 유유자적함. 躊(머뭇거릴 주) 躇(머뭇거릴 저)〕顧(돌아볼 고)

何暇至乎人貴人賤哉!: 사람(人)이 귀하니(貴) 사람(人)이 천하니(賤) 하는 데다 어찌(何) (마음을 쓸) 겨를(暇)이 있겠는가! 暇(틈 가)

仲尼聞之曰 古之眞人: 공자(仲尼)가 (이 말을) 듣고(聞) (제자들에게 말하다). 옛날(古)의 진인(眞人).

知者不得說: (그는 어떤) 지자(知者)도 (그를) 설득하지(得說) 못한다(不). 得說(득설) → 說得(설득)

美人不得濫: (어떤) 미인(美人)도 (그를) 유혹할(濫) 수(得) 없다(不). 濫(탐할 람 → 유혹하다)

盜人不得劫: (어떤) 도둑(盜人)도 (그를) 겁줄(劫) 수(得) 없다(不). 劫(으를 겁, 겁주다)

伏戲黃帝不得友: (심지어) 복희씨(伏戲)나 황제(黃帝)조차 (그와) 벗(友) 삼을(得) 수 없다(不).

死生亦大矣 而無變乎己: 죽음(死)과 삶(生) 또한(亦) 큰(大) 일인데 (이것도 진인의 마음을) 변화시키지(變) 못한다(無).

況爵祿乎!: (그런데) 하물며(況) 벼슬(爵)과 봉록(祿) 따위야! 爵(벼슬 작) 祿(봉 녹, 녹봉)

若然者 其神經乎大山而無介: 이런 인물(若然~者), 즉 진인은 그 신경(神經)이 큰(大) 산에(山~而) 끼이지(介) 않다(無). 즉 그의 정신이 큰 산에 의해 방해받지 않는다. 神經〔감각·지각 운동을 전달하는 기관. 神(정기 신) 經(길 경)〕介(끼일 개)

入乎淵泉而不濡: 깊은(淵) 못(泉)에 들어가도(入) 젖지(濡) 않는다(不). 淵(깊을 연) 泉(샘 천, 못)

濡(젖을 유)

處卑細而不備: 낮은(卑細) 지위에 처해도(處) 대비하지(備) 않는다(不). 卑細(낮음. 卑(낮을 비)
細(작을 세))備(갖출 비, 준비)

充滿天地 旣以與人 己愈有: (진인은 재상 자리가) 천지(天地)에 충만하다(充滿) (여겨서 이 자리를)
이미(旣) 남(人)에게 주어도(以~與) 자신(己)은 있음(有)이 더하다(愈). 즉 오히려 더 많이 갖추
어지다. 與(줄 여) 愈(더할 유)

전자방(田子方) 11

楚王與凡君坐, 少焉, 楚王左右曰凡亡者三.

凡君曰:「凡之亡也, 不足以喪吾存.

夫『凡之亡不足以喪吾存』, 則楚之存不足以存存.

由是觀之, 則凡未始亡而楚未始存也.」

초(楚)나라 왕이 범(凡)나라 군주와 잠깐 마주 앉은 사이에
초왕의 좌우 시자들이 범나라가 망한다는 사실을 세 번 강조해 말했다.
범나라 군주가 말했다.
"범나라가 망해도 나의 존재(存)를 잃게 하는 데 부족합니다.
범나라가 망해도 나의 존재를 잃게 하는데 부족하면
초나라의 존재도 그 존재를 참된 존재라고 할 수 없지요.
이로 미루어 보면 범나라는 처음부터 망한 게 아니고,
초나라도 처음부터 존재한 게 아니지 않소."

注 ───

楚王與凡君坐: 초왕(楚王)이 범(凡)나라 군주(君)와(與) 마주 앉다(坐). 坐(앉을 좌)

少焉 楚王左右曰凡亡者三: 잠깐(少) 사이에 초왕(楚王) 좌우(左右) (시자가) 범(凡)나라가 망한
(亡) 걸(者) 세 번(三)이나 (강조해) 말하다.

凡君曰 凡之亡也: 범(凡)나라 군주(君)가 말하다. 범(凡)나라의 패망(亡).

不足以喪吾存: 나(吾)의 존재(存)를 잃도록 하는 데는(以~喪) 부족하다(不足). 存(있을 존 → 존
재) 喪(죽을 상 → 잃게 하다)

夫 凡之亡不足以喪吾存: 저(夫) 범(凡)나라가 패망해도(亡) 나(吾)의 존재(存)를 잃게 하는데
(以~喪) 부족하다(不足).

則楚之存 不足以存存: 그러면(則) 초(楚)나라 존재(存)도 존재(存)를 (참된) 존재라(以~存) 하기에 부족하다(不足). 즉 참된 존재라고 할 수 없다. 存(있을 존 → 존속)

由是觀之 則凡未始亡而楚未始存也: 이(是)로 미루어(由) 보아(觀) 그러면(則) 범(凡)나라는 처음부터(始) 패망한(亡) 게 아니고(未), 초(楚)나라도 처음부터(始) 존재한(存) 게 아니다(未).

지북유
知 北 遊

지북유(知北遊) 1

知北遊於玄水之上, 登隱弅之丘而適遭無爲謂焉.

知謂無爲謂曰:「子欲有問乎若., 何思何慮則知道? 何處何服則安道?
何從何道則得道?」

三問而無爲謂不答也, 非不答, 不知答也.

知不得問, 反於白水之南, 登狐闋之上, 而睹狂屈焉.

知以之言也問乎狂屈.

狂屈曰.「唉! 子知之, 將語若, 中欲言而忘其所欲言.」

知不得問, 反於帝宮, 見黃帝而問焉.

黃帝曰:「無思無慮始知道, 無處無服始安道, 無從無道始得道.」

知問黃帝曰:「我與若知之, 彼與彼不知也, 其孰是邪?」

黃帝曰:「彼無爲謂眞是也, 狂屈似之., 我與汝終不近也.

夫知者不言, 言者不知, 故聖人行不言之敎.

道不可致, 德不可至. 仁可爲也, 義可虧也, 禮相僞也.

故曰:『失道而後德, 失德而後仁, 失仁而後義, 失義而後禮.
禮者, 道之華而亂之首也.』

故曰:『爲道者日損, 損之又損之以至於無爲, 無爲而無不爲也.』

今已爲物也, 欲復歸根, 不亦難乎! 其易也, 其唯大人乎!

「生也死之從, 死也生之始, 孰知其紀!

人之生, 氣之聚也., 聚則爲生, 散則爲死. 若死生爲從, 吾又何患!

故萬物一也, 是其所美者爲神奇, 其所惡者爲臭腐., 臭腐復化爲神奇,
神奇復化爲臭腐.

故曰：『通天下一氣耳.』聖人故貴一.」

知謂黃帝曰：「吾問無爲謂, 無爲謂不應我, 非不我應, 不知應我也.

吾問狂屈, 狂屈中欲告我而不我告, 非不我告, 中欲告而忘之也.

今予問乎若, 若知之, 奚故不近?」

黃帝曰：「彼其眞是也, 以其不知也., 此其似之也, 以其忘之也.,

予與若終不近也, 以其知之也.」

狂屈聞之, 以黃帝爲知言.

지(知)가 북쪽 현수(玄水) 가를 노닐다가 은분(隱弅)이란 언덕에 올랐을 때
때마침 무위위(無爲謂)를 만났다.

지가 무위위에게 말했다. "내가 너에게 묻고 싶은 게 있다.

내가 무엇을 생각하고, 어떻게 사려 해야 도를 아는가?

또 어떻게 처신하고, 무엇을 위해 일해야 도에 편히 머무는가?

또 무엇을 따르고, 어떤 방법을 써야 도를 터득하는가?"

지(知)가 세 가지를 물었는데 무위위가 대답하지 않았다.

그런데 대답하지 않은 게 아니라 대답할 줄 몰랐다.

지가 물음에 대한 답을 얻지 못하고 백수(白水) 남쪽으로 돌아서 가다가

호결(狐闋)이란 언덕에 오르자 광굴(狂屈)을 만났다.

지는 앞서 한 질문을 광굴에게 똑같이 물었더니 광굴이 대답했다.

"그래! 나는 도를 알지. 그런데 내가 너에게 도를 말하려 하니까

말하는 도중에 말하려는 걸 그만 잊었네."

지가 물음에 대한 답을 얻지 못하고 황제의 궁으로 돌아와

황제를 만난 뒤에 앞서 한 질문을 또다시 던졌다.

황제가 대답했다.

"무엇을 생각하지 말고 어떻게 사려 하지 않아야 비로소 도를 알고,

어떻게 처신하지 않고 무얼 위해 일하지 않아야 비로소 도에 편히 머물고,

무엇을 따르지 않고 어떤 방법을 쓰지 않아야 비로소 도를 아네."

지(知)가 황제에게 물었다.

"나와 황제는 도를 아는 데 반해 무위위와 광굴은 도를 알지 못하니까

누가 과연 도를 제대로 아는가?"

황제가 대답했다.

"저 무위위가 참으로 옳고, 광굴은 참으로 옳음과 거의 같은데

이에 반해 나와 너는 끝내 도에 가까이 있지 않네."

도를 아는 사람은 말하지 않고, 말하는 사람은 도를 알지 못하네.

그래서 성인(聖人)은 말로 표현하지 않는 가르침(不言之敎)을 행하네.

도(道)는 말로 이르지 못하고, 덕(德)도 인위로서 이르지 못하네.

그런데 인(仁)은 덕에 가까워 실천에 옮겨도 되지만

의(義)는 분별에 흐르기 쉬워 사용을 줄여야 하네.

그리고 예(禮)는 형식을 존중하므로 서로를 속이네.

그래서 말한다.

'도를 잃은 뒤에 덕이 중시되고, 덕을 잃은 뒤에 인이 중시되고,

인을 잃은 뒤에 의가 중시되고, 의를 잃은 뒤에 예가 중시된다.

그래서 예는 도의 겉치레이자 혼란의 우두머리이다.'

또 그래서 말한다.

'도를 닦는 사람은 매일 버린다.

버리고 또 버림으로써 무위(無爲)의 경지에 이르는데

무위의 경지에 이르러야 모든 게 잘 이루어진다.'

지금 사람으로서 이미 존재하는데 사람의 근본으로 다시 돌아가려면

이 또한 어려운 일이 아닌가!

오로지 큰 덕을 지닌 사람만이 사람의 근본으로 돌아가는 걸 쉽게 하네!

황제가 계속해서 말했다.

"삶은 죽음이 그 뒤를 따르고, 죽음은 삶의 시작인데

반복되는 삶과 죽음의 법도를 누가 관장하는지 어찌 아는가?

사람의 삶은 기(氣)가 모여서 이루어진다.

그래서 기가 모이면 삶이 되고, 기가 흩어지면 죽음이 된다.

이처럼 죽음과 삶이 끝없이 되풀이되는데 내가 또 어찌 걱정하겠는가!

그래서 만물은 차별이 없는 하나이네.

그런데 아름다운 걸 신기하다고 하고, 추한 걸 더럽고 썩는다고 한다.

그렇지만 더럽고 썩은 게 다시 변해 신기한 게 되고,

신기한 게 다시 변해 더러워지고 썩는다.

그래서 말한다.

'천하는 하나의 기(氣)로 통할 뿐이다.'

성인은 이 때문에 하나의 기를 귀하게 여기네."

지(知)가 황제에게 말했다.

"내가 무위위에게 도를 물어도 그가 대답하지 않은 건

대답하지 않은 게 아니라 내게 어떻게 대답하는지 알지 못해서네.

내가 광굴에게 도를 물어도 그가 알리는 걸 도중에 그만둔 건

알리지 않은 게 아니라 내게 알리는 걸 도중에 잊어서네.

또 지금 내가 황제에게 도를 물으니까 황제는 도를 안다고 대답하는 데

황제 그대는 어째서 도에 가까이 있지 않다고 말하나?"

황제가 말했다.

"무위위는 참으로 옳아 도를 알지 못했네.

광굴은 옳음에 가까워 도를 잊었네.

그러나 나와 그대는 끝내 옳음에 가깝지 않아 도를 안다고 한 거네."

광굴은 이 말을 듣고 황제가 도리에 맞는 말(知言)을 하는 분이라 여겼다.

注

知北遊於玄水之上: 지(知)가 북쪽(北)의 현수(玄水) 위를(於~上), 즉 현수 가를 노닐다(遊). 遊 (노닐 유)

登隱弅之丘而適遭無爲謂焉: 은분(隱弅)이란 언덕(丘)에 올랐을 때(登~而) (때마침) 무위위(無 爲謂)를 만나다(適遭). 丘(언덕 구) 登(오를 등) ★ 무위위(無爲謂)는 무위(無爲)라 이르는(謂) 사 람이란 의미를 지닌 가공 인물이다. 適遭(때마침 만나다. 遭(만날 조, 우연히 만나다) 適(만날 적)]

知謂無爲謂曰: 지(知)가 무위위(無爲謂)에게 말하다.

予欲有問乎若: 내(予)가 너(若)에게 묻고 싶은(欲~問) 게 있다(有). 予(나 여) 若(너 약)

何思何慮則知道?: 어떻게(何) 생각하고(思) 어떻게(何) 사려를 해야(慮~則) 도(道)를 아는가 (知)? 何(어느 하, 어떠한) 思(생각 사) 慮(생각할 려, 사려하다)

何處何服則安道?: (또) 어떻게(何) 처신하고(處) 어떻게(何) 일해야(服~則) 도(道)에 편히(安) (머무는가)? 處(대처할 처 → 처신하다) 服(일 복, 일하다) 安(편안할 안)

何從何道則得道?: (또) 무엇(何)을 따르고(從) 어떤(何) 방법을 써야(道~則) 도(道)를 터득하는

가(得)? 何(어찌 하, 무엇 또는 어떤) 從(좇을 종, 따르다) 道(길 도, 방법) 得(얻을 득 → 터득)

三問而無爲謂不答也: (지가) 세 가지(三)를 물어도(問~而) 무위위(無爲謂)는 대답하지(答) 않다(不). 問(물을 문) 答(대답할 답)

非不答 不知答也: (그런데) 대답하지(答) 않은(不) 게 아니라(非) 대답(答)을 알지(知) 못하다(不). 즉 대답할 줄 모르다.

知不得問 反於白水之南: 지(知)가 물음(問)에 (대한 답을) 얻지(得) 못하고(不) 백수(白水) 남쪽으로(於~南) 돌아서 가다(反).

登狐闋之上 而睹狂屈焉: 호결(狐闋)이란 언덕 위(上)에 오르자(登~而) 광굴(狂屈)을 만나다(睹). 睹(볼 도, 보다 → 만나다)

知以之言也問乎狂屈: 지(知)는 (앞서 한) 말을(以~言) 광굴(狂屈)에게 (똑같이) 묻다(問).

狂屈曰 唉! 予知之: 광굴(狂屈)이 말하다. 그래(唉)! 나(予)는 그것(之), 즉 도를 안다(知). 唉(그래 애) 予(나 여)

將語若 中欲言而忘其所欲言: (그런데 내가) 너(若)에게 말하려고(將~語) 하니까 말하는(欲~言) 도중(中)에 말하려던(欲~言) 바(所)를 잊다(忘). 將(장차 장, ~하려 하다) 語(말할 어) 欲(하고자 할 욕)

知不得問 反於帝宮: 지(知)가 물음(問)에 (답을) 얻지(得) 못하고서(不) 황제(帝)의 궁으로(於~宮) 돌아오다(反). 帝=黃帝(황제) 宮(집 궁) 反(돌아올 반)

見黃帝而問焉: 황제(黃帝)를 만나보고(見~而) (앞서 한) 질문(問)을 (또다시 던지다). 見(볼 견)

黃帝曰 無思無慮始知道: 황제(黃帝)가 말하다. (무엇을) 생각하지(思) 말고(無) (무엇을) 사려하지(慮) 않아야(無) 비로소(始) 도(道)를 안다(知). 始(비로소 시)

無處無服始安道: (어떻게) 처신하지(處) 않고(無) (무엇을 위해) 일하지(服) 않아야(無) 비로소(始) 도(道)에 편히(安) (머문다).

無從無道始得道: (무엇을) 따르지(從) 말고(無), (어떤) 방법(道)을 (쓰지) 않아야(無) 비로소(始) 도(道)를 얻다(得). 즉 알다.

知問黃帝曰: 지(知)가 황제(黃帝)에게 묻다(問).

我與若知之: 나와(與~我) 너(若), 즉 황제는 (도를) 안다(知).

彼與彼不知也: (이에 반해) 그와(與~彼) 그(彼), 즉 무위위와 광굴은 (도를) 알지(知) 못한다고(不) (한다). 彼(저 피)

其孰是邪?: (그러니) 누가(孰) 옳은가(是)? 즉 누가 과연 도를 제대로 아는가? 孰(누구 숙) 是(옳을 시)

黃帝曰 彼無爲謂眞是也: 황제(黃帝)가 말하다. 저(彼) 무위위(無爲謂)가 참으로(眞) 옳다(是). 眞(참 진)

狂屈似之: 광굴(狂屈)은 (참으로 옳음과 거의) 같다(似). 似(같을 사)

我與汝終不近也: (이에 반해) 나와(與~我) 너(汝), 즉 지는 끝내(終) (도와) 가까이(近) (있지) 않다(不). 汝(너 여) 終(마침내 종 → 끝내) 近(가까울 근)

夫知者不言 言者不知: (도를) 아는(知) 사람(者)은 말하지(言) 않고(不) 말하는(言) 사람(者)은 (도를) 알지(知) 못하다(不).

故聖人行不言之教: 그래서(故) 성인(聖人)은 말(言)로 표현하지 않는(不) 가르침(教)을 행한다(行). 教(가르침 교)

道不可致 德不可至: 도(道)는 (말로) 이를(致) 수 없고(不可) 덕(德)도 (인위로) 이를(至) 수 없다(不可). 致(이를 치) 至(이를 지)

仁可爲也: (그런데) 인(仁)은 (덕에 가까워 실천에) 옮겨도(爲) 된다(可). 可(가히 가, 가능하다 → 된다)

義可虧也: 의(義)는 (분별에 흐르기 쉬워 사용을) 줄여야(虧) 된다(可). 虧(덜 휴, 줄이다)

禮相僞也: 예(禮)는 (형식을 존중하므로) 서로(相)를 속이다(僞). 僞(거짓 위, 속이다)

故曰 失道而後德: 고로(故) 말하다. 도(道)를 잃고(失~而) 그런 뒤(後)에 덕(德)이 (중시되다).

失德而後仁: 덕(德)을 잃고(失~而) 그런 뒤(後) 인(仁)이 (중시되다)

失仁而後義: 인(仁)을 잃고(失~而) 그런 뒤(後) 의(義)가 (중시되다)

失義而後禮: 의(義)를 잃고(失~而) 그런 뒤(後) 예(禮)가 (중시되다)

禮者 道之華而亂之首也: (그래서) 예(禮~者)는 도(道)의 겉치레이자(華~而) 혼란(亂)의 우두머리(首)이다. 華(겉치레 화) 亂(어지러울 란 → 혼란) 首(우두머리 수 → 시발점)

故曰 爲道者日損: (또) 고로(故) 말하다. 도를 위하는 사람(爲~道者)은 매일(日) 버리다(損). 損(덜 손 → 버리다)

損之又損之以至於無爲: 버리고(損) 또(又) 버려(損) 그럼으로써(以) 무위(無爲)의 (경지)에(於) 이르다(至).

無爲而無不爲也: (그런데) 무위의 (경지에) 이르러야(無爲~而) 되지(爲) 않는(不) (게) 없다(無). 즉 모든 게 잘 이루어진다.

今已爲物也: 지금(今) 이미(已) 사물(物)이 되다(爲). 즉 지금 이미 사람으로 존재하다.

欲復歸根 不亦難乎!: (그런데 사람의) 근본(根)으로 다시(復) 돌아가려면(欲~歸) (이) 또한(亦) 어려운(難) (일이) 아닌가(不)! 根(뿌리 근, 근본) 復(다시 부) 歸(돌아갈 귀) 難(어려울 난)

其易也 其唯大人乎!: (사람의 근본으로 돌아가는 것을) 쉽게(易) (하는 사람은) 오직(唯) 큰(大) (덕을 지닌) 사람(人)이다! 즉 오로지 큰 덕을 지닌 사람만이 사람의 근본으로 돌아가는 걸 쉽게 한다! 易(쉬울 이) 唯(오직 유)

生也死之從 死也生之始: 삶(生)은 죽음(死)이 (그) 뒤를 따르고(徒), 죽음(死)은 삶(生)의 시작이다(始). 從(좇을 종, 따르다) ※ 참고한 『莊子今註今譯』에 '徒(무리 도)'로 표시되었는데 오자

로 보아 '從(좇을 종)'으로 바꾸어서 해석했다.

孰知其紀!: (그런데 반복되는 삶과 죽음의) 법도(紀)를 누가(孰) (관장하는지 어찌) 아는가(知)! 紀
(법 기, 법도)

人之生 氣之聚也: 사람(人)의 삶(生)은 기(氣)가 모여서(聚) (이루어진다). 聚(모일 취)

聚則爲生 散則爲死: (그래서 기가) 모이면(聚~則) 삶(生)이 되고(爲) (기가) 흩어지면(散~則) 죽
음(死)이 된다(爲). 散(흩을 산)

若死生爲從 吾又何患!: 이처럼(若) 죽음(死)과 삶(生)이 (끝없이) 되풀이되는데(爲~徒) 내(吾)
가 또(又) 어찌(何) 걱정하는가(患)! 若(이같을 약) 從(좇을 종, 따름) ※ 참고한 『莊子今註今譯』
에 '徒(무리 도)'로 표시되었는데 오자로 보아 '從(좇을 종)'으로 바꾸어서 해석했다. 患(근심할
환 → 걱정하다)

故萬物一也: 그래서(故) 만물(萬物)은 (차별이 없는) 하나이다(一).

是其所美者爲神奇: (그런데) 아름다운(美) 걸(所~者) 신기하다고(神奇) 한다. 奇(기이할 기)

其所惡者爲臭腐: (또) 추한(惡) 걸(所~者) 더럽고(臭) 썩는다고(腐) 한다. 惡(추할 오) 臭(더러울
취) 腐(썩을 부)

臭腐復化爲神奇: (그렇지만) 더럽고(臭) 썩은(腐) 게 다시(復) 변해(化) 신기한(神奇) 게 되다
(爲). 復(다시 부)

神奇復化爲臭腐: 신기한(神奇) 게 다시(復) 변해(化) 더럽고(臭) 썩는다(爲~腐).

故曰 通天下一氣耳: 그래서(故) 말하다. 천하(天下)는 하나(一)의 기(氣)로 통할(通) 뿐이다(耳). 通(통할 통) 耳(뿐 이)

聖人故貴一: 성인(聖人)은 (이런) 고로(故) 하나(一)의 (기를) 귀하게 여기다(貴). 貴(귀히여길 귀)

知謂黃帝曰: 지(知)가 황제(黃帝)에게 말하다(謂).

吾問無爲謂 無爲謂不應我: 내(吾)가 무위위(無爲謂)에게 (도를) 물어도(問) 무위위(無爲謂)가
내(我)게 대답하지(應) 않다(不). 應(응할 응 → 대답하다)

非不我應 不知應我也: (그건) 내(我)게 대답하지(應) 않은(不) 게 아니라(非) 내(我)게 (어떻게)
대답하는지(應) 알지(知) 못해서이다(不).

吾問狂屈 狂屈中欲告我而不我告: 내(吾)가 광굴(狂屈)에게 (도를) 물어도(問) 광굴(狂屈)이 내
(我)게 알리는(欲~告) 걸 도중(中)에 내게(我~而) 알리지(告) 않다(不). 즉 도중에 그만 두다. 告
(알릴 고)

非不我告 中欲告而忘之也: 내(我)게 알리지(告) 않은(不) 게 아니라(非) 내(我)게 알리는(欲~
告) 걸 도중(中)에 잊어서이다(忘).

今予問乎若 若知之: (또) 지금(今) 내(予)가 황제(若)에게 (도를) 물으니까(問) 너(若)는 (도를)
안다고(知) (하다).

奚故不近?: (그런데) 어찌한(奚) 고로(故) (그대는 도에) 가까이(近) (있지) 않다고(不) (말하나)?

黃帝曰 彼其眞是也: 황제(黃帝)가 말하다. 저(彼), 즉 무위위는 참으로(眞) 옳다(是).

以其不知也: 그럼으로써(以) (도를) 알지(知) 못하다(不).

此其似之也 以其忘之也: (또) 저(此) (광굴은 옳음에) 가깝다(似). 그럼으로써(以) (도를) 잊다(忘).

予與若終不近也 以其知之也: (그러나) 나와(與~予) 너(若)는 끝내(終) (옳음에) 가깝지(近) 않다(不). 그럼으로써(以) (도를) 안다고(知) (한다). 終(끝날 종 → 끝내)

狂屈聞之 以黃帝爲知言: 광굴(狂屈)은 (이 말을) 듣다(聞). 그럼으로써(以) 황제(黃帝)가 도리에 맞는 말(知言)을 (하는) 사람으로 여기다(爲). 聞(들을 문) 知言〔식견이 있는 말. 즉 도리에 맞는 말. 知(슬기 지)〕

지북유(知北遊) 2

天地有大美而不言, 四時有明法而不議, 萬物有成理而不說.
聖人者, 原天地之美而達萬物之理, 是故至人無爲, 大聖不作, 觀於天地之謂也.
合彼神明至精, 與彼百化, 物已死生方圓, 莫知其根也, 扁然而萬物自古以固存.
六合爲巨, 未離其內.., 秋毫爲小, 待之成體.
天下莫不沈浮, 終身不顧.., 陰陽四時運行 各得其序.
惛然若亡而存, 油然不形而神, 萬物畜而不知.
此之謂本根, 可以觀於天矣.

천지는 큰 아름다움(大美)을 지녀도 말(言)이 없고,
사계절은 밝은 법칙(明法)을 지녀도 논하지(議) 않고,
만물은 완성된 이치(成理)가 있어도 설명하지(說) 않는다.
성인은 천지의 아름다움(天地之美)에 의거해도 만물의 이치에 통달해 있다.
이 때문에 지인(至人)은 하고자 함이 없고
큰 성인(大聖)은 억지로 만들지 않아
천지의 아름다움과 만물의 완성된 이치를 함께 본다고 말한다.
지금 천지의 신령스런 밝음(神明)과 순수한 정기(至精)는 만물과 변화해
어떤 사물은 죽이거나 살렸고, 어떤 사물은 네모지거나 둥글게 만들었다.
그래도 어째서 그런지 그 근본을 알지 못한 채
만물은 오랫동안 스스로 그러함으로써 변함없이 두루 존재해 왔다.

세상이 커서 만물이 그 안에서 떠나지 못해도,

또 가을철 짐승의 털이 아무리 가늘어도

만물은 거기에 기대야 형체를 이룬다.

천하 만물은 부침하지 않는 게 없어 끝까지 같은 모습을 지니지 못하고,

음양과 사시 운행이 각자 순서를 지켜 혼연해 없는 것 같아도 작용이 있다.

구름이 뭉게뭉게 일어나듯이 모양이 없어도 사물 모양은 변화무쌍하다.

만물이 음양과 사시의 운행에 따라 일어나도 어째서 그런지 알지 못한다.

이런 음양과 사시의 운행을 천지의 근본 뿌리라고 말하는데

이 근본 뿌리를 앎으로써 자연스러움(天)을 볼 수 있다.

注 ────────────────────────────────────

天地有大美而不言: 천지(天地)는 큰(大) 아름다움(美)을 지녀도(有~而) 말(言)이 없다(不).

四時有明法而不議: 사계절(四時)은 밝은(明) 법칙(法)을 지녀도(有~而) 논하지(議) 않다(不). 四時=四季(사계) 議(논할 의) 明法〔밝혀서 드러내는 법칙. 明(밝힐 명) 法(법 법, 법칙)〕

萬物有成理而不說.: 만물(萬物)은 완성된(成) 이치(理)가 있어도(有~而) 설명하지(說) 않다 (不). 成(이루어질 성, 완성되다) 理(이치 리) 說(말할 설, 설명하다)

聖人者 原天地之美而達萬物之理: 성인(聖人~者)은 천지(天地)의 아름다움(美)에 의거해도(原 ~而) 만물(萬物)의 이치(理)에 통달하다(達). 原(의거할 원) 達(통달할 달)

是故至人無爲 大聖不作: 이(是) 때문에(故) 지인(至人)은 무위(無爲)하고, 즉 하고자 함이 없고, 큰(大) 성인(聖)은 (억지로 무언 가) 만들지(作) 않다(不). 作(만들 주)

觀於天地之謂也: 천지(天地)의 (아름다움과 만물의 완성된 이치)를(於) (함께) 본다고(觀) 말한다 (謂). 觀(볼 관)

彼神明至精: 지금(今) 천지(彼)의 신명(神明), 즉 신령스러운 밝음과 순수한 정기(至精). 神明 〔신령스럽고 사리에 밝음. 神(신 신) 明(밝은 명)〕 至精〔지극한 정기. 즉 순수한 정기. 至(지극할 지) 精(정기 정)〕

與彼百化: (그것은) 저(彼) 온갖(百) (만물)과(與) 변화하다(化). 百(일백 백, 모든 → 온갖)

物已死生方圓: (그래서 어떤) 사물(物)은 이미(已) 죽이거나(死) 살리고(生), (어떤 사물은) 네모지 거나(方) 둥그렇게(圓) (만든다). 已(이미 이) 方(모 방, 네모) 圓(둥글 원)

莫知其根也: (그래도 어째서 그런지 그) 근본(根)을 알지(知) 못하다(莫). 根(근본 근) 莫(없을 막)

扁然而萬物自古以固存: (그런 채) 만물(萬物)은 오랫동안(古) 스스로(自) 그러함으로써(以) 변 함없이(固) 두루(扁然~而) 존재한다(存). 古(옛 고 → 오랫동안) 固(항상 고 → 변함없이) 扁然〔수가

많은 모양 → 두루. 扁(납작할 편)〕

六合爲巨 未離其內: 세상(六合)이 커서(爲~巨) (만물이 그) 안(內)에서 떠나지(離) 못한다(未). 六合〔동서남북상하의 여섯 방향. 즉 세상을 의미〕 巨(클 거) 離(떠날 이)

秋毫爲小 待之成體: (또) 가을철(秋) 짐승의 가는 털(毫)이 (아무리) 가늘어도(爲~小) (만물은 거기에) 기대야만(待) 형체(體)를 이룬다(成). 毫(가는털 호) 小(작을 소 → 가늘다) 待(기댈 대) 體(몸 체 → 형체)

天下莫不沈浮: 천하(天下) (만물은 이런저런 모습으로) 부침하지(沈浮) 않는(不) 게 없다(莫). 즉 변화하지 않는 게 없다. 沈浮〔부침. 沈(가라앉을 침) 浮(뜰 부)〕莫(없을 막)

終身不顧: (그러므로) 끝까지(終) 자신(身)을 돌보지(顧) 못한다(不). 즉 끝까지 같은 모습을 지니지 못한다. 終(마침내 종, 끝까지) 身(자기 신) 顧(돌볼 고)

陰陽四時運行 各得其序: 음양(陰陽)과 사시(四時) 운행(運行)이 각자(各)의 순서(序)를 지키다(得). 序(차례 서, 순서) 得(얻을 득 → 지키다)

惛然若亡而存: (그래서) 혼연해(惛然) 없는(亡) 것 같아도(若~而) (작용이) 있다(存). 惛然〔혼연. 惛(흐릿할 혼)〕若(같을 약) 亡(없을 망) 存(있을 존)

油然不形而神: (구름이) 뭉게뭉게(油然) (일어나는 것처럼) 모양(形)이 없어도(不~而) (사물의 모양은) 변화무쌍하다(神). 油然〔구름이 뭉게뭉게 일어나는 모양. 油(구름일 유)〕形(모양 형) 神(신기할 신, 변화무쌍하다)

萬物畜而不知: 만물(萬物)은 (음양과 사시의 운행에 따라) 일어나도(畜~而) (어째서 그런지) 알지(知) 못한다(不). 畜(일어날 축)

此之謂本根: 이(此)를, 즉 음양과 사시의 운행을 (천지의) 근본(本) 뿌리(根)라고 말한다(謂). 本(근본 본) 根(뿌리 근)

可以觀於天矣: (그런데 이 근본 뿌리를) 알음으로써(以) 자연스러움을(於~天) 볼(觀) 수(可) (있다). 觀(볼 관)

지북유(知北遊) 3

齧缺問道乎被衣, 被衣曰:「若正汝形, 一汝視, 天和將至.,
攝汝知, 一汝度, 神將來舍.
德將爲汝美, 道將爲汝居, 汝瞳焉如新生之犢而無求其故!」
言未卒, 齧缺睡寐.
被衣大說, 行歌而去之, 曰:「形若槁骸, 心若死灰, 眞其實知, 不以故自持.
媒媒晦晦, 無心而不可與謀. 彼何人哉!」

설결(齧缺)이 피의(被衣)에게 도(道)에 대해 묻자 피의가 말했다.
"자네는 모습을 바르게 하고, 시선을 한 곳에 집중하라.
그러면 자연의 화기(天和)가 모여든다.
또 앎을 거두고, 태도를 하나로 모아라.
그러면 올바른 정신이 도래해 몸에 깃들고,
덕(德)이 자네를 훌륭하게 만들어 도가 자네와 함께 있게 될 거네.
자네는 갓 태어난 송아지처럼 명청히 바라봐도 까닭을 알려 하지 마라!"
피의의 말이 채 끝나지 않았는데 설결이 그만 잠이 들었다.
이에 피의가 크게 기뻐해서 노래를 부르며 거기를 떠나면서 말했다.
"설결의 몸은 마른 신체(槁骸)와 같고, 마음은 죽은 재(死灰)와 같다.
또 그의 참된 지혜는 진실하기에 어떤 것에도 자신을 기대지 않는다.
또 설결은 어리석고 컴컴할 정도로 무심해 무언가를 함께 도모할 수 없다.
그는 대체 어떤 사람인가!"

注 ----

齧缺問道乎被衣 被衣曰: 설결(齧缺)이 피의(被衣)에게 도(道)에 대해 묻자(問) 피의(被衣)가 말하다. ★ 설결과 피의의 관계는 외편 『천지』5에 자세히 등장하는데 여기서 설결의 스승이 왕예(王倪)이고, 왕예의 스승이 피의이다. 그러니 설결은 피의의 제자의 제자인 셈이다. 참고로 설결의 제자는 허유(許由)이고, 허유의 제자는 황제이다.

若正汝形 一汝視: 너(若)는 너(汝) 모습(形)을 바르게 하고(正), 너(汝)의 시선(視)을 한 곳에 집중하라(一). 若(너 약) 汝(너 여) 正(바를 정) 視(볼 시 → 시선) 一(하나로할 일 → 한 곳에 집중하다)

天和將至: (그러면) 자연의 화기(天和)가 모인다(將~至). 天和〔자연의 화기. 和(화합할 화 → 화기)〕至(이를 지, 다다르다 → 모여들다)

攝汝知 一汝度: (또) 너(汝)의 앎(知)을 거두고(攝) 너(汝)의 태도(度)를 하나로(一) 모아라. 攝(걷을 섭, 거두다) 度(풍채 도, 태도)

神將來舍: (그러면 올바른) 정신(神)이 도래해서(將~來) (몸에) 깃들다(舍). 神(정신 신) 來(올 래, 도래함) 舍(머무를 사 → 깃들다)

德將爲汝美: 덕(德)이 장차(將) 너(汝)를 훌륭히 만들다(爲~美). 美(잘할 미, 훌륭히 하다)

道將爲汝居: (그래서) 도(道)가 장차(將) 너(汝)와 함께 있게 되다(爲~居). 居(있을 거)

汝瞳焉如新生之犢: 너(汝)가 갓(新) 태어난(生) 송아지처럼(如~犢) 명청히 바라보다(瞳). 新(새 신 → 갓) 犢(송아지 독) 瞳(명청히바로보는모양 동, 명청히 보다)

而無求其故!: 그래도(而) (왜 그런지) 까닭(故)을 구하지(求) 말라(無)! 즉 알려ㄴ 하지 마라!
故(연고 고, 까닭)

言未卒 齧缺睡寐: (피의의) 말(言)이 (채) 끝나지(卒) 않는데(未) 설결(齧缺)은 (그만) 잠들다(睡
寐). 卒(끝낼 졸) 睡寐(잠들다. 睡(잘 수) 寐(잠잘 매))

被衣大說 行歌而去之: (이에) 피의(被衣)가 크게(大) 기뻐해(說) 노래(歌)를 부르면서(行~而)
(거기를) 떠나다(去). 說(기쁠 열) 行(행할 행 → 부르다) 去(갈 거 → 떠나다)

曰 形若槁骸 心若死灰: (그러면서) 말하다. (설결의) 몸(形)은 마른(槁)와 신체(骸) 같고(若),
마음(心)은 죽은(死) 재(灰)와 같다(若). 形(몸 형) 槁(마를 고) 骸(몸 해, 신체) 灰(재 회)

眞其實知: (또 그의) 참된 지혜(實知)는 진실하다(眞). 實知(참된 지혜. 實(참 실))

不以故自持: 그런 고로(以~故) 자신(自)을 (어떤 것에도) 기대지(持) 않다(不). 持(기댈 지)

媒媒晦晦: (또 설결은) 어리석고(媒媒) 컴컴하다(晦晦). 媒媒(사리에 어두운 모양. 媒(어두울
매)) 晦晦(캄캄한 모양. 晦(어두울 회))

無心而不可與謀: (그 정도로) 무심해(無心~而) (뭔가를) 함께(與) 도모(謀) 할 수(可) 없다(不).
謀(꾀할 모 → 도모하다)

彼何人哉!: 그(彼)는 (대체) 어떤(何) 사람(人)인가! 何(무엇 하)

지북유(知北遊) 4

舜問乎丞曰:「道可得而有乎?」

曰:「汝身非汝有也, 汝何得有夫道?」

舜曰:「吾身非吾有也, 孰有之哉?」

曰:「是天地之委形也., 生非汝有, 是天地之委和也., 姓名非汝有, 是天地之委順
也.,

孫子非汝有, 是天地之委蛻也.

故行不知所往, 處不知所持, 食不知所味.

天地之强陽氣也, 又胡可得而有邪!」

순임금이 스승 승(丞)에게 물었다.

"도(道)를 얻어 몸에 지니는 게 가능한가요?"

승이 말했다.

"자네 몸도 자네가 지닌 게 아닌데 어찌 도를 지닐 수 있겠는가?"

순임금이 말했다.

"제 몸을 제가 지닌 게 아니라면 누가 제 몸을 지니나요?"

승이 말했다.

"자네 몸은 천지가 자네에게 형체를 맡긴 거네.

자네 목숨도 자네가 지닌 게 아니라

천지의 조화로운 기운이 자네에게 맡긴 거네.

자네 성명(姓名)도 자네가 지닌 게 아니라

천지가 순리에 따라 자네에게 맡긴 거네.

자네 자손도 자네가 지닌 게 아니라

천지가 허물 벗은 것을 자네에게 맡긴 거네.

그래서 인생의 길을 가면서도 가는 곳을 모르고,

살면서도 사는 까닭을 모르고,

먹으면서도 맛있는 바를 모르네.

몸, 목숨, 성명, 자손은 천지의 강한 양기(陽氣)에 의해 이루어진 건데

그대가 또 어찌 지닐 수 있겠는가?"

注 ──

舜問乎丞曰 道可得而有乎?: 순(舜)임금이 (스승) 승(丞)에게 묻다(問). 도(道)를 얻어(得) 지니는(有) (게) 가능한가(可)?

曰 汝身非汝有也: (승이) 말하다. 너(汝)의 몸(身)도 네(汝)가 지니는(有) 게 아니다(非).

汝何得有夫道?: (그런데) 네(汝)가 모름지기(夫) 도(道)를 지니는(有) 걸 어찌(何) 얻을(得) 수 있는가? 즉 지닐 수 있는가?

舜曰 吾身非吾有也: 순(舜)임금이 말하다. 내(吾) 몸(身)이 내(吾)가 지닌(有) 게 아니다(非).

孰有之哉?: (그러면) 누가(孰) (내 몸을) 지니나(有)?

曰 是天地之委形也: (승이) 말하다. 이것(是), 즉 (너의 몸은) 천지(天地)가 (너에게) 형체(形)를 맡기다(委). 委(맡길 위)

生非汝有: 너의 목숨(生)도 네(汝)가 지닌(有) 게 아니다(非). 生(목숨 생)

是天地之委和也: 이것(是), 즉 목숨도 천지(天地)가 (음양의) 조화로운(和) (기운으로 너에게) 맡기다(委). 和(조화 화, 조화로운)

姓名非汝有: 너의 성명(姓名)도 네(汝)가 지닌(有) 게 아니다(非).

是天地之委順也: 이것(是), 즉 너의 성명도 천지(天地)가 순리(順)에 따라 (너에게) 맡기다(委).

順(따를 순 → 순리)

孫子非汝有: 너의 자손(孫子)도 네(汝)가 지닌(有) 게 아니다(非). 孫子〔자손. 孫(손자 손) 子(아들 자)〕

是天地之委蛻也: 이것(是), 즉 자손도 천지(天地)가 허물 벗는(蛻) 것을 (너에게) 맡기다(委). 蛻(허물벗을 태)

故行不知所往: 그래서(故) (인생의 길을) 가면서도(行) 가는(往) 곳(所)을 알지(知) 못하다(不). 往(갈 왕)

處不知所持: 살면서도(處) 의지하는(持) 바(所), 즉 사는 이유를 알지(知) 못하다(不). 處(살 처) 持(기댈 지, 의지하다)

食不知所味: 먹으면서도(食) 맛(味) 있는 바(所)를 알지(知) 못하다(不). 味(맛 미)

天地之强陽氣也: (이것들, 즉 몸·목숨·성명·자손은) 천지(天地)의 강한(强) 양기(陽氣)에 (의해 이루어지다).

又胡可得而有邪!: (그대가) 또(又) 어찌(胡) 지닐(得而~有) 수(可) (있는가)? 胡(어찌 호)

지북유(知北遊) 5

孔子問於老聃曰:「今日晏閒, 敢問至道.」

老聃曰:「汝齋戒, 疏瀹而心, 澡雪而精神, 掊擊而知!

夫道, 窅然難言哉! 將爲汝言其崖略.」

「夫昭昭生於冥冥, 有倫生於無形, 精神生於道, 形本生於精, 而萬物以形相生,

故九竅者胎生, 八竅者卵生.

其來無迹, 其往無崖, 無門無房, 四達之皇皇也.

邀於此者, 四肢强, 思慮恂達, 耳目聰明, 其用心不勞, 其應物無方.

天不得不高, 地不得不廣, 日月不得不行, 萬物不得不昌, 此其道與!」

「且夫博之不必知, 辯之不必慧, 聖人以斷之矣.

若夫益之而不加益, 損之而不加損者, 聖人之所保也.

淵淵乎其若海, 巍巍乎其若山, 終則復始也, 運量萬物而不匱.

則君子之道, 彼其外與!

萬物皆往資焉而不匱, 此其道與!」

「中國有人焉, 非陰非陽, 處於天地之間, 直且爲人, 將反於宗.

自本觀之, 生者, 暗醷物也. 雖有壽夭, 相去幾何?

須臾之說也. 奚足以爲堯桀之是非!

果蓏有理, 人倫雖難, 所以相齒.

聖人遭之而不違, 過之而不守.

調而應之, 德也., 偶而應之, 道也., 帝之所興, 王之所起也.

「人生天地之間, 若白駒之過郤, 忽然而已.

注然勃然, 莫不出焉., 油然漻然, 莫不入焉.

已化而生, 又化而死, 生物哀之, 人類悲之.

解其天弢, 墮其天袭, 紛乎宛乎, 魂魄將往, 乃身從之, 乃大歸乎!

不形之形, 形之不形, 是人之所同知也, 非將至之所務也, 此衆人之所同論也.

彼至則不論, 論則不至. 明見無值, 辯不若黙.

道不可聞, 聞不若塞. 此之謂大得.」

공자(孔子)가 노담(老聃)을 만나서 말했다.

"오늘은 한가로운 것 같으니 지극한 도(至道)에 대해 묻고자 합니다."

노담이 말했다.

"그대는 재계하고 마음을 깨끗이 한 뒤 정신을 맑게 해

앎을 깨부숴야 합니다!

도(道)는 깊숙이 먼 곳에 있어서 말로 표현하기 어렵소!

그렇더라도 그대를 위해 대강이나마 잠시 말해보겠소."

노담이 계속해서 말했다.

"사물이 환히 빛나도 그윽한 데서 생겨나고,

사물을 분별할 수 있어도 형체가 없는 데서 생겨나지요.

또 정신은 도(道)에서 생겨나고, 몸은 정기(精)에서 생겨나도

만물은 형체를 지님으로써 서로 생겨나지요.

그래서 몸에 아홉 개 구멍을 가진 동물은 태아에서 생겨나고,

몸에 여덟 개 구멍을 가진 동물은 알에서 생겨나지요.

또 지극한 도는 와도 흔적이 없고, 죽어도 어디로 가는지 끝이 없고,

출입하는 문도 없고, 머무는 방도 없지요.

그렇지만 지극한 도는 사방으로 통해 탁 트여 있지요.

그래서 지극한 도를 맞이한 사람은 사지가 튼튼하고,

사려는 이치에 통하고, 눈귀는 밝고, 마음을 써도 수고롭지 않고,

사물과 응해도 모가 나지 않아 융통자재하지요.

하늘이 이 도를 얻지 못하면 높아지지 않고,

땅도 이 도를 얻지 못하면 넓어지지 않고,

해와 달도 이 도를 얻지 못하면 운행하지 못하고,

만물도 이 도를 얻지 못하면 창성하지 못하지요.

이것이 지극한 도(道)의 작용입니다!"

노담이 계속해서 말했다.

"도에 대한 박식함은 반드시 참된 앎이 아니고,

도에 대한 능변은 반드시 참된 슬기로움이 아니지요.

그래서 도를 터득한 성인(聖人)은 박식과 능변을 끊고 살아갑니다.

만약 박식과 능변을 보탠다 해도 도에는 더 보태지지 않고

박식과 능변을 던다 해도 도에서 더 덜어지지 않지요.

그러니 박식과 능변으로 더하지도 덜하지도 않은 경지가

성인이 지켜나가는 경지입니다.

그리고 도는 바다처럼 깊고도 깊고, 산처럼 높고도 높지요.

또 도가 끝나면 다시 시작해 만물을 운용하므로 그 작용이 그치지 않지요.

이것이 도를 터득한 군자(君子)의 길입니다.

그러니 군자의 길이 거기로부터 어떻게 벗어날 수 있겠습니까!

모든 만물은 이따금 도를 밑천 삼아 생겨나도

도의 작용이 그치는 법은 없습니다.

이것이 지극한 도(道)입니다!"

노담이 계속해서 말했다.

"중국(中國), 즉 온 나라에 사람들이 두루 사는데

이들은 음(陰)도 아니고 양(陽)도 아닌 채 천지간에 머물지요.

이들은 잠시 사람으로 간신히 되었어도

태어나기 이전의 근원으로 되돌아가게 마련입니다.

도의 근본에서 보면 삶이란 기가 일시적으로 모인 것에 지나지 않지요.

삶에선 장수와 요절의 구분이 있어도 서로 간에 차이가 얼마나 되겠소!

이는 무한한 세월에 비하면 잠깐에 지나지 않는다는 말입니다.

그러니 어찌 요임금은 옳고, 걸왕은 그르다고 할 수 있겠습니까!

또 나무 열매와 풀 열매도 자연의 원리를 모두 갖추고 있습니다.

사람으로 지켜야 할 도리가 아무리 어려워도 서로 똑같이 준수해야 합니다.

성인은 이런 세상과 만나면 거역하지 않고서 지나갈 뿐 붙들지 않습니다.

이런 세상과 조절하면서 순응하는 게 지극한 덕(德)이고,

이런 세상과 짝하면서 순응하는 게 지극한 도(道)입니다.

이것이 제왕(帝王)이 흥하는 바이고, 왕(王)이 일어나는 바이지요."

노담이 계속해서 말했다.

"사람이 천지간에 사는 시간은 준마가 틈새를 지나가는 것처럼
순간일 뿐이지요.

사물은 물 흐르듯 갑작스럽게 죽고, 그 모양은 뭉게구름처럼 바뀌면서
생겨나지요.

이처럼 사물은 이미 변화하면서 생겨나고, 다시 변화하면서 죽습니다.

그런데 살아있는 사물은 이 변화를 애달파하고,

사람은 이 변화를 슬퍼합니다.

죽음과 태어남은 자연에서 받은 활집을 풀거나 옷 주머니에서 떨어지는
일이다.

그러니 죽음과 태어남은 형체가 흩어지거나 형체가 다시 완연해지는 현상
이지요.

혼백(魂魄)이 형체를 떠나면 몸도 이내 혼백을 좇는데

이것이 대귀(大歸), 즉 사물이 근본으로 돌아가는 죽음입니다!

그래서 형태 없음의 형태(不形之形)나 형태의 형태 없음(形之不形)이나

사람들은 이를 모두 같다고 압니다.

그러니 도에 이르려는 사람은 이 차이를 밝히기 위해 애쓸 바는 아닙니다.

이는 많은 사람이 똑같이 말하는 바입니다.

누군가 도에 이르면 도를 언급하지 않습니다.

그런데도 도를 언급하면 이는 도에 이르지 못한 겁니다.

또 도를 뚜렷이 보면 도를 지닐 수 없는데

도를 뚜렷이 본다고 말하면 이는 도에 대해 침묵을 지키는 것만 못합니다. 도란 귀로 들을 수 없는데 들었다고 말하면 이는 귀를 막는 것만 못합니다. 이것을 큰 얻음(大得), 즉 진정한 깨달음이라고 말합니다."

注 ─────

孔子問於老聃曰: 공자(孔子)가 노담을(於~老聃) 만나서(問) 말하다.

今日晏閒 敢問至道: 오늘(今日)은 한가하니(晏閒) 지극한(至) 도(道)에 대해 감히(敢) 묻다. 晏閒〔한가함. 晏(늦을 안) 閒(틈 한)〕

老聃曰 汝齋戒 疏瀹而心: 노담(老聃)이 말하다. 너(汝)는 재계하고서(齋戒) 마음(心)을 깨끗이 하다(疏瀹~~而). 齋戒〔재계. 齋(재계할 재)〕 ※ 참고한『莊子今註今譯』에 '齊(가지런할 제)'로 표시되었는데 오자로 보아 '齋(재계할 재)'로 바꾸어서 해석했다. 疏瀹〔깨끗하게 함. 疏(썻을 소) 瀹(썻을 약)〕

澡雪而精神 掊擊而知!: 정신(精神)을 맑게 하고(澡雪~而) 앎(知)을 깨부수어야(掊擊~而) (한다)! 澡雪〔맑게 하다. 澡(썻을 조) 雪(썻을 설)〕知(알지, 앎) 掊擊〔공격하다 → 깨부수다. 掊(칠 부) 擊(칠 격)〕

夫道 窅然難言哉!: 도(道)는 깊숙이 먼(窅然) (곳에 있어서) 말(言)로 (표현하기) 어렵다(難)! 窅然〔깊숙이 먼 모양. 窅(으슥할 요)〕

將爲汝言其崖略.: 너(汝)를 위해(爲) 잠시(將) (그) 대강(崖略)이나마 말하다(言). 將(잠시 장) 崖略〔대략. 崖(낭떠러질 애) 略(간략할 략)〕

夫昭昭生於冥冥: 저(夫) (사물이) 환히 빛나도(昭昭) 그윽한 데서(於~冥冥) 생겨나다(生). 昭(밝을 소, 환히 빛남) 冥(그윽할 명)

有倫生於無形: (사물을) 분별할 수 있어도(有倫) 형체(形)가 없는 데서(於~無) 생겨나다(生). 有倫〔분별할 수 있음. 倫(가릴 륜)〕

精神生於道 形本生於精: (또) 정신(精神)이 도에서(於~道) 생겨나고(生), 육체(形本), 즉 몸이 정기에서(於~精) 생겨나다(生). 形本〔육체. 形(모양 형) 本(바탕 본)〕 精(정기 정)

而萬物以形相生: 그래도(而) 만물(萬物)은 형체를 지님으로써(以~形) 서로(相) 생겨나다(生).

故九竅者胎生: 그래서(故) (몸에) 아홉(九) 구멍(竅)을 가진 동물(者)은 태아(胎)에서 생기다(生). 竅(구멍 규) 胎(태아 태)

八竅者卵生: (몸에) 여덟(八) 구멍(竅)을 가진 동물(者)은 알(卵)에서 생기다(生). 卵(알 란)

其來無迹 其往無崖: (또 지극한 도는) 와도(來) 흔적(迹)이 없고(無), 죽어도(往) (어디로 가는지) 끝(崖)이 없다(無). 來(올 래) 迹(자취 적, 흔적) 崖(벼랑 애, 끝)

無門無旁: (지극한 도는 출입) 문(門)이 없고(無) 머무는 방(旁)도 없다(無). 房(방 방) ※ 참고한

『莊子今註今譯』에 '旁(두루 방)'으로 표시되었는데 오자로 보아 '房(방 방)'으로 바꾸어서 해석했다.

四達之皇皇也: (그렇지만 지극한 도는) 사방(四)으로 통해서(達) 탁 트여 있다(皇皇). 達(통할 달) 皇皇(사방으로 탁 트인 모양. 皇(클 황)〕

邀於此者 四肢强: (그래서) 이를(於~此), 즉 지극한 도를 맞이한(邀) 사람(者)은 사지(四肢)가 튼튼하다(强). 邀(맞이할 요) 强(굳셀 강)

思慮恂達 耳目聰明: 사려(思慮)는 이치에 통하고(恂達), 눈귀(耳目)는 밝다(聰明). 思慮〔사려. 思(생각할 사) 慮(생각할 려)〕恂達〔이치에 통함. 恂(통달할 순) 達(통달할 달)〕恂(미쁠 순, 신의가 있고 진실함) 達(통할 달 → 트이다) 聰明〔총명. 즉 밝음. 聰(귀밝을 총) 明(눈밝을 명)〕

其用心不勞 其應物無方: 마음(心)을 써도(用) 수고롭지(勞) 않고(不), 사물(物)과 응해도(應) 모(方)가 않아(無) (융통자재하다). 勞(수고할 로) 用(쓸 용) 方(모 방)

天不得不高: 하늘(天)도 (이 도를) 얻지(得) 못하면(不) 높아지지(高) 않는다(不).

地不得不廣: 땅(地)도 (이 도를) 얻지(得) 못하면(不) 넓어지지(廣) 않는다(不).

日月不得不行: 해(日)와 달(月)도 (이 도를) 얻지(得) 못하면(不) 운행하지(行) 못하다(不). 行= 運行(운행)

萬物不得不昌: 만물(萬物)도 (이 도를) 얻지(得) 못하면(不) 창성하지(昌) 않다(不). 昌(창성할 창)

此其道與!: 이것(此)이 (지극한) 도(道)의 (작용이다)! 與(어조사 여)

且夫博之不必知: 저(夫) (도에 대한) 박식함(博)은 반드시(必) (참된) 앎(知)이 아니다(不). 博(넓을 박, 견문이 넓다 → 박식함)

辯之不必慧: (도에 대한) 능변(辯)은 반드시(必) (참된) 슬기로움(慧)이 아니다(不). 辯(말잘할 변, 능변) 慧(슬기로울 혜)

聖人以斷之矣: (그래서 도를 터득한) 성인(聖人)은 (박식과 능변을) 끊고서(以~斷) (살아간다). 斷(끊을 단)

若夫益之而不加益: 만약(若) 저(夫) (박식과 능변을) 보태어도(益~而) (도에) 더(加) (이상) 보태지지(益) 않다(不). 若(만약 약) 益(더할 익) 加(더할 가)

損之而不加損者: (박식과 능변을) 덜어도(損) (도에 대해) 더(加) (이상) 덜해지지(損) 않다(不). 損(덜 손)

聖人之所保也: (그러니 박식과 능변으로 더하지도 덜하지도 않는 경지가 바로) 성인(聖人)이 지키는(保) 바(所)다. 保(지킬 보)

淵淵乎其若海: (그리고 도는) 바다처럼(若~海) 깊고도 깊다(淵淵). 淵(깊을 연)

巍巍乎其若山: 산처럼(若~山) 높고도 높다(巍巍). 巍(높을 외)

終則復始也: (또 도가) 끝나면(終~則) 다시(復) 시작하다(始). 終(끝날 종) 復(다시 부) 始(시작할 시)

運量萬物而不匱: (그래서) 만물(萬物)을 운용하므로(運量~而) 다함(匱)이 없다(不). 즉 그 작용이 그치지 않다. 運量 → 運用度量[(만물을) 운용(運用)하고 (그 안을) 채우다(量). 즉 만물을 운용하다. 運(돌 운) 量(잴 량)] 匱(다할 궤, 다하다)

則君子之道: 그러면(則) (이것이 도를 터득한) 군자(君子)의 길(道)이다.

彼其外與!: (그러니) 그것(彼), 즉 군자의 길이 (거기로부터 어떻게) 벗어나(外) 있는가! (벗어나 있지 않다) 外(벗어날 외)

萬物皆往資焉而不匱: 만물(萬物)은 모두(皆) 이따금(往) (도를) 밑천 삼아(資~而) (생겨나도 도의 작용이) 그치지(匱) 않는다(不). 往(이따금 왕) 資(밑천으로 삼을 자) 匱(다할 궤, 다하다 → 그치다)

此其道與!: 이것(此)이 (지극한) 도(道)이다!

中國有人焉: 중국(中國), 즉 온 나라에 사람(人)들이 (두루 살고) 있다(有).

非陰非陽 處於天地之間: (그런데 이들은) 음(陰)도 아니고(非) 양(陽)도 아닌(非) (채로) 천지(天地) 사이에(於~間) 머물다(處). 處(머물 처)

直且爲人 將反於宗: (이들은) 잠시(且) 사람(人)으로 간신히(直) 되었지만(爲) (태어나기 이전의) 근원으로(於~宗) 되돌아가다(將~反). 且(또 차, 잠시) 直(겨우 직 → 간신히) 宗(마루 종, 근본 → 근원) 反(돌이킬 반, 되돌아가다)

自本觀之 生者 暗醋物也: 도의 근본에서(自~本) 보면(觀) 삶이란(生~者) 기가 (일시적으로) 모인(暗醋) 것(物)에 (지나지 않는다). 暗醋[식초(醋)을 마시면 입이 저절로 다물어지는데(暗) 이것이 기가 모이는 모양. 暗(입다물 음) 醋(식초 초)]

雖有壽夭 相去幾何?: (삶에서는) 아무리(雖) 장수(壽)와 요절(夭)의 (구분이) 있어도(有) 서로(相) (간에) 차이(去)가 얼마인가(幾何)? 雖(비록 수, 아무리 ~해도) 壽(오래살 수) 夭(일찍죽을 요) 去(떨어질 거 → 차이) 幾何[얼마. 幾(가까울 기) 何(어찌 하)]

須臾之說也: (이는 무한한 세월에 비하면) 잠깐에 지나지 않는다는(須臾) 말(說)이다. 須臾[잠시. 즉 잠깐에 지나지 않다. 須(잠깐 수) 臾(잠깐 유)] 說(말 설)

奚足以爲堯桀之是非!: (그러니) 어찌(奚) 요(堯)는 옳고(是), 걸(桀)은 그르다(非) (게(以~爲) 충분한가(足)! 즉 요임금은 옳고, 걸왕을 그르다고 할 수 있는가! 奚(어찌 해) 足(족할 족, 충분함)

果蓏有理: (또) 나무 열매(果)와 풀 열매(蓏)도 (자연의) 원리(理)를 (모두) 갖추다(有). 果(나무열매 과) 蓏(풀열매 라) 理(이치 리, 원리)

人倫雖難: 사람(人)으로 지켜야 할 도리(倫)가 아무리(雖) 어렵다(難). 雖(비록 수, 아무리 ~해도) 倫(인륜 륜 → 사람으로 지켜야 할 도리)

所以相齒: (그래도) 서로(相)가 동렬에 섬으로써(以~齒) (준수해야 하는) 바(所)다. 즉 서로 똑같이 준수해야 한다. 齒(나란히설 치, 동렬에 서다)

聖人遭之而不違: 성인(聖人)은 (이런 세상과) 만나면(遭~而) 거역하지(違) 않는다(不). 遭(만날

조) 違(어길 위, 거역함)

過之而不守: 지나갈 뿐(過~而) 붙들지(守) 않는다(不). 過(지날 과) 守(지킬 수, 소중히 보존하고 보호하다 → 붙들다)

調而應之 德也: (이런 세상과) 조절하면서(調~而) 순응하는(應) 게 (지극한) 덕(德)이다. 調(고를 조, 조절하다) 應(순응할 응)

偶而應之 道也: (이런 세상과) 짝하면서(偶~而) 순응하는(應) 게 (지극한) 도(道)이다. 偶(짝 우)

帝之所興 王之所起也: (이것이) 제왕(帝)이 흥하는(興) 바(所)이고, 왕(王)이 일어나는(起) 바(所)다. 帝=帝王(제왕) 興(흥할 흥) 起(일어날 기)

人生天地之間: 사람(人)이 천지(天地) 간(間)에 사는(生) (시간). 間(틈 간)

若白駒之過郤: 준마(白駒)가 틈새(郤)를 지나가는(過) 것과 같다(若). 白駒〔흰(白) 말(駒). 즉 준마〕郤(틈 극) 過(지날 과)

忽然而已: 일순간(忽然)일 뿐이다(已). 忽然〔일순간. 忽(홀연 홀)〕

注然勃然 莫不出焉: (사물은) 물 흐르는 듯(注然) 갑작스럽게(勃然) 나가지(出) 않는(不) 게 없다(莫). 즉 물 흐르듯 갑작스럽게 죽다. 注然〔물 흐르듯. 注(흐를 주)〕勃然〔갑작스런 모양. 勃(갑작스러울 발)〕

油然漻然 莫不入焉: (사물의 모양은) 뭉게구름처럼(油然) 바뀌며(漻然) 들어오지(入) 않는(不) 게 없다(莫). 즉 바뀌며 생겨나다. 油然〔구름이 뭉게뭉게 이는 모양. 油(구름일 유)〕漻然〔변화하는 모양. 漻(변할 료)〕

已化而生 又化而死: (이처럼 사물은) 이미(已) 변화하면서(化~而) 생겨나고(生), 다시(又) 변화하면서(化~而) 죽는다(死). 化(화할 화, 변화하다)

生物哀之 人類悲之: (그런데) 산(生) 것(物)은 (이 변화를) 애달파하고(哀), 사람(人)의 무리(類)는 (이 변화를) 슬퍼하다(悲). 物(일 물, 사물 → 존재) 哀(슬플 애) 類(무리 류) 悲(슬플 비)

解其天弢 墮其天袠: (죽음과 태어남은) 자연(天)에서 받은 활집(弢)을 풀거나(解) 자연(天)에서 받은 옷 주머니(袠)에서 떨어지는(墮) (일이다). 弢(활집 도) 解(풀 해) 袠(의랑 질, 옷 주머니) 墮(떨어질 타)

紛乎宛乎: (그러니 죽음과 태어남은 형체가) 흩어지거나(紛) (형체가 다시) 완연해지는(宛) (현상이다). 紛(어지러울 분, 흩어지다) 宛(완연 완, 완연해지다)

魂魄將往 乃身從之: 혼백(魂魄)이 (형체를) 떠나면(往) 몸(身)도 이내(乃) (혼백을) 좇다(從~將). 魂魄〔혼백. 魂(넋 혼, 영혼의 양에 속하는 부분) 魄(넋 백, 영혼의 음에 속하는 부분)〕往(갈 왕 → 떠나다)

乃大歸乎!: (그런데 이것이) 근본으로 돌아가는 것, 즉 죽음(大歸)이다! 大歸〔근본으로 돌아감. 곧 죽음. 歸(돌아올 귀)〕

不形之形 形之不形: (그래서) 형태(形) 없음(不)의 형태(形)와 형태(形)의 형태(形) 없음(不).

是人之所同知也: 이것(是)은 사람들(人)이 (모두) 같다고(同) 아는(知) 바(所)이다. 同(같이할 동, 같이)

非將至之所務也: (그러니 도에) 이르려는(將~至) (사람은 이 차이를 밝히기 위해서) 힘쓸(務) 바(所)는 아니다(非). 務(힘쓸 무)

此衆人之所同論也: 이(此)는 많은(衆) 사람들(人)이 똑같이(同) 말하는(論) 바(所)다. 論(말할 론, 말하다, 언급하다)

彼至則不論: 누군가(彼) (도에) 이르면(至~則) (도를) 언급하지(論) 않는다(不).

論則不至: (그런데도 도를) 언급하면(論~則) (이는 도에) 이르지(至) 못한(不) (거다).

明見無值: (또 도를) 뚜렷이(明) 보면(見) (도를) 지닐(值) 수 없다(無). 明(밝힐 명 → 뚜렷이) 値(가질 치, 쥐어 가짐)

辯不若默: (그런데도 도를 뚜렷이 본다고) 말하면(辯) (이는 도에 대해) 침묵(默)을 (지키는 것과) 같지 않다(不). 默(잠잠할 묵, 침묵함)

道不可聞 聞不若塞: (또) 도(道)란 (귀로) 듣는(聞) 게 불가하다(不可). (그런데도 도를) 들었다고(聞) (말하면 이는) 귀를 막는(塞) 것과 같지(若) 않다(不). 聞(들을 문) 塞(막을 색)

此之謂大得: 이것(此)을 큰(大) 얻음이라(得), 즉 큰 깨달음이라 말한다(謂). 得(얻을 득)

지북유(知北遊) 6

東郭子問於莊子曰:「所謂道, 惡乎在?」

莊子曰:「無所不在.」

東郭子曰:「期而後可.」

莊子曰:「在螻蟻.」

曰:「何其下邪?」

曰:「在稊稗.」

曰:「何其愈下邪?」

曰:「在瓦甓.」

曰:「何其愈甚邪?」

曰:「在屎溺.」

東郭子不應. 莊子曰:「夫子之問也, 固不及質. 正獲之問於監市履狶也, 每下愈況. 汝唯莫必, 無乎逃物. 至道若是, 大言亦然. 周遍咸三者, 異名同實, 其指一也.

「嘗相與游乎無何有之宮, 同合而論, 無無所終窮乎!

嘗相與無爲乎! 澹而靜乎! 漠而淸乎! 調而閒乎!

寥已吾志, 無往焉而不知其所至, 去而來而不知其所止, 吾已往來焉而不知其所終.,

彷徨乎馮閎, 大知入焉而不知其所窮.

物物者與物無際, 而物有際者, 所謂物際者也., 不際之際, 際之不際者也.

謂盈虛衰殺, 彼爲盈虛非盈虛, 彼爲衰殺非衰殺, 彼爲本末非本末,

彼爲積散非積散也.」

동곽자(東郭子)가 장자(莊子)에게 물었다.

"이른바 도(道)는 어디에 있습니까?"

장자가 말했다. "도는 어디에든 있지요."

동곽자가 말했다. "좀 더 구체적으로 말씀해 주세요."

장자가 말했다. "도는 땅강아지나 개미에게도 있지요."

동곽자가 말했다. "어찌 그런 낮은 데에 있습니까?"

장자가 말했다. "도는 피나 쭉정이에도 있지요."

동곽자가 말했다. "어찌 더욱 낮은 데에 있습니까?"

장자가 말했다. "도는 기와나 벽돌에도 있지요."

동곽자가 말했다. "어찌 더욱 심하게 낮은 데에 있습니까?"

장자가 말했다. "도는 똥이나 오줌에도 있지요."

동곽자는 더 이상 대꾸하지 않았다.

장자가 말했다.

"선생의 질문은 본디 도의 본질을 제대로 파악하지 못한 질문입니다.

시장 관리인에게 돼지를 밟아 살찐 정도를 알아맞히라고 하면

엉덩이나 다리 같은 아랫부분을 밟아야 살찐 정도를 알아맞힐 수 있지요.

그렇더라도 그대는 도가 오로지 어느 특정 사물에만 있다고 믿지 마세요.

도는 사물을 떠나서 있을 수 없습니다.

지극한 도(至道)가 이와 같고, 큰 말(大言)도 그러합니다.

도의 포괄성(周), 편재성(遍), 총체성(咸).

이 셋은 이름이 달라도 실제론 같아 가리키는 의미는 하나로 같습니다."

장자가 계속해서 말했다.

"한 번 무하유(無何有)의 궁에서 서로 함께 노닐면서

만물과 하나가 되어 모든 게 무궁하다는 걸 말해봅시다!

한 번 하고자 함이 없는 무위(無爲)의 경지에 서로 함께 들어가 봅시다!

거기는 담담하고 고요하지요! 조용하고 맑지요!

만물과 잘 어울리면서도 한가하지요!

그 무위의 경지에 들어가면 내 생각은 하늘처럼 넓고 텅 빌 뿐이어서

내 마음이 가는 데가 없어도 어디든지 이를 수 있고,

내 마음이 여기저기 가고 오고 해도 어디든지 머물 수 있지요.

그렇더라도 나는 가고 오고 할 뿐 마지막으로 향하는 곳을 알지 못합니다.

나는 텅 비고 드넓은 세상에서 방황하므로

이런 텅 비고 드넓은 세상을 큰 앎으로 들여다봐도

그 세상의 한계를 모릅니다.

장자가 계속해서 말했다.

"사물을 사물로 있게 하는 것(物物者),

즉 도는 사물과 떨어져 있지 않고 사물 속에 스며있지요.

그런데도 사물과 사물 사이에 구별이 있는 건 소위 상대적인 구별이지요.

그러므로 사물들끼리 사이가 없는 사이(不際之際)는

사물들끼리 사이가 있는 게 없다는 사이(際之不際)입니다.

사물이 찼다가 비워지고 번성했다가 시드는 모습에 대해 한번 말해보지요.

한쪽에서 차고 다른 한쪽에서 비워져도

만물이 하나란 입장에선 정말로 차고 정말로 비워지는 게 아니지요.

한쪽에서 번성하고 다른 한쪽에서 시들어도

크고 먼 입장에선 정말로 번성하고 정말로 시드는 게 아니지요.

한쪽에서 시작하고 다른 한쪽에서 끝나도

무한한 순환의 입장에선 정말로 시작하고 정말로 끝나는 게 아니지요.

한쪽에서 쌓이고 다른 한쪽에서 흩트려져도

도의 입장에선 상대적이기에 정말로 쌓이고 흩트려지는 게 아니지요."

注 ─────────────

東郭子問於莊子曰: 동곽자(東郭子)가 장자에게(於~莊子) 묻다(問).

所謂道 惡乎在?: 소위(所謂) 도(道)가 어디(惡) 있는가(在)? 惡(어찌 오, 어디) 在(있을 재)

莊子曰 無所不在: 장자(莊子)가 말하다. (도는) 없는(無) 데(所)가 있지(在) 않다(不). 즉 도는 어디에든 있다.

東郭子曰 期而後可: 동곽자(東郭子)가 말하다. 구체적으로 범위를 정한(期) 후(後) 가능한가(可)? 즉 좀 더 구체적으로 말해 주길. 期(정할 기 → 구체적으로 범위를 정하다)

莊子曰 在螻蟻: 장자(莊子)가 말하다. (도는) 땅강아지(螻)나 개미(蟻)에게도 있다(在). 螻(땅강아지 루) 蟻(개미 의)

曰 何其下邪?: 동곽자(東郭子)가 말하다. 어찌(何) (그런) 낮은(下) 데 (있나요?)

曰 在稊稗: 장자(莊子)가 말하다. (도는) 피(稊)나 쭉정이(稗)에도 있다(在). 稊(돌피 제) 稗(피 패, 쭉정이)

曰 何其愈下邪?: 동곽자(東郭子)가 말하다. 어찌(何) 더욱(愈) 낮은(下) 데 (있나요?) 愈(더욱 유)

曰 在瓦甓: 장자(莊子)가 말하다. (도는) 기와(瓦)나 벽돌(甓)에도 있다(在). 瓦(기와 와) 甓(벽돌 벽)

曰 何其愈甚邪?: 동곽자(東郭子)가 말하다. 어찌(何) 더욱(愈) 심하게(甚) (낮은 데 있나요?) 甚(심할 심)

曰 在屎溺: 장자(莊子)가 말하다. (도는) 똥(屎)이나 오줌(溺)에도 있다(在). 屎(똥 시) 溺(오줌 뇨)

東郭子不應 莊子曰: 동곽자(東郭子)가 (더 이상) 대꾸하지(應) 않자(不) 장자(莊子)가 말하다. 應(응할 응 → 대꾸하다)

夫子之問也 固不及質: 선생(夫子) 질문(問)은 본디(固) (도의) 본질(質)에 미치지(及) 못한다(不). 즉 도의 본질을 제대로 파악하지 못한 질문이다. 固(본디 고, 본디부터) 質(바탕 질, 본질) 及(미칠 급)

正獲之問於監市履狶也: 시장(市) 관리인에게(於~監) 돼지(狶)를 밟아서(履) (살찐 정도를) 정확히(正) 알아맞히도록(獲) 묻다(問). 市(저자 시, 시장) 監(감찰 감, 감독 → 관리인) 履(밟을 리) 狶(돼지 희) 獲(맞힐 획)

每下愈況: (엉덩이와 다리 같은) 아래(下) (부분을) 매번(每) (밟아야 살찐 정도를) 더욱(愈況) (알아맞히다). 每(매양 매, 늘) 愈況(더욱. 愈(더욱 유) 況(더욱 황) ·

汝唯莫必: (그렇더라도) 너(汝)는 (도가) 오로지(唯) (어느 특정 사물에만 있다고) 믿지(必) 말라(莫). 唯(오직 유) 必(기필할 필, 꼭 그렇게 될 줄 믿음 → 꼭 어느 사물에만 있다고 믿음) 莫(없을 막, ~하지 않다)

無乎逃物: (도는) 사물(物)을 떠나서(逃) (있을 수) 없다(無). 逃(떠날 도)

至道若是 大言亦然: 지극한(至) 도(道)도 이(是)와 같고(若) 큰(大) 말(言) 역시(亦) 그렇다(然). 若(같을 약) 然(그러할 연)

周遍咸三者: (도의) 포괄성(周), 편재성(遍), 총체성(咸) 삼자(三者). 周(두루 주 → 포괄) 偏(두루 편 → 편재) 咸(다 함, 모두 → 총체)

異名同實 其指一也: (이 셋은) 이름(名)은 달라도(異) 실제(實)로는 같아서(同) 가리키는(指) (의

미는) 하나로(一) 같다. 異(다를 이) 實(실제 실) 指(가리킬지)

嘗相與游乎無何有之宮: 한번(嘗) (너와 아무것도 존재하지 않는) 무하유(無何有) 궁(宮)에서 서로(相) 함께(與) 노닐다(游). 嘗(맛볼 상, 시험 삼아 → 한번 ~해 보자) 相(서로 상, 같이) 宮(집 궁) 游(놀 유)

同合而論 無所終窮乎!: (그러면서 만물과) 하나로(同) 합해져서(合~而) 다함(窮)이 끝나는(終) 바(所)가 없다는(無) 걸 말하다(論)! 즉 만물과 하나가 되어서 모든 게 무궁하다는 걸 말해 보자! 同(한가지 동) 合(합할 합) 窮(다할 궁) 論(말할 론)

嘗相與無爲乎!: 한번(嘗) 하고자 함이 없는 무위(無爲)의 (경지에) 서로(相) 함께(與) 들어가 보자!

澹而靜乎!: (거기는) 담담하고(澹~而) 고요하다(靜)! 澹(담박할 담, 담담함) 靜(고요할 정)

漠而清乎!: 조용하고(漠~而) 맑다(清)! 漠(조용할 막) 清(맑을 청)

調而閒乎!: (만물과) 잘 어울리면서도(調~而) 한가하다(閒)! 調(고를 조, 잘 어울리다) 閒(한가할 한)

寥已吾志: (그 무위의 경지에 들어가면) 내(吾) 생각(志)은 하늘처럼 넓고 텅 빌(寥) 뿐이다(已). 志(뜻 지, 생각) 寥(횅할 료, 하늘처럼 넓고 텅 비다)

無往焉而不知其所至: (내 마음이) 가는(往) (데가) 없어도(無~而) 이르는(至) 데(所)를 알지(知) 못하다(不). 즉 어디든지 이를 수 있다. 往(갈 왕)

去而來而不知其所止: (내 마음이 여기저기) 가고(去~而) 와도(來~而) 머무는(止) 데(所)를 알지(知) 못하다(不). 즉 어디든지 머물 수 있다. 去(갈 거) 來(올 래)

吾已往來焉而不知其所終: (그렇더라도) 나(吾)는 가고(往) 오고(來) 할뿐(已~而) 끝나는(終) 바(所)를 알지(知) 못하다. 즉 마지막으로 향하는 곳을 알지 못한다.

彷徨乎馮闳: (나는) 텅 비고 드넓은(馮闳) (경지)에서 방황하다(彷徨). 馮闳〔텅 비고 드넓음. 馮(성할 빙, 크다) 闳(넓을 굉)〕 彷徨〔방황. 彷(배회할 방) 徨(노닐 황)〕

大知入焉而不知其所窮: (그러므로 이런 큰 허무의 세상을) 큰(大) 앎(知)으로 들여다본다 해도(入~而) (그 세상이) 다하는(窮) 바(所)를 알지(知) 못하다(不). 즉 그 세상의 한계를 모른다. 入(들어갈 입 → 들여다보다)

物物者與物無際: 사물(物)을 사물(物)로 있게 하는 것(者), 즉 도는 사물과(與~物) 어떤 사이(際)가 없다(無). 즉 사물과 떨어져 있지 않고 사물 속에 스며있다. 際(사이 제)

而物有際者 所謂物際者也: 그런데도(而) 사물(物)과 (사물) 사이(際)에 (구별이) 있는(有) 건(者) 소위(所謂) 상대적 구별(物際)이라는 것(者)이다. 物際〔사물(物) 간에 사이(際)가 있음. 즉 상대적 구별〕

不際之際 際之不際者也: (그러므로 사물들끼리) 사이(際)가 없는(不) 사이(際)는 (사물들끼리) 사이(際)가 (있는 게) 없다는(不) 사이(際)이다.

謂盈虛衰殺: (사물이) 찼다가(盈) 비워지고(虛) 번성했다가(衰) 시드는(殺) (모습에 대해 한번) 말하다(謂). 盈(찰 영) 虛(비울 허) 裒(모을 부, 모아짐 → 번성함) ※ 참고한『莊子今註今譯』에 '衰(쇠할 쇠)'로 표시되었는데 오자로 보아 '裒(모을 부)'로 바꾸어서 해석했다. 殺(마를 살, 시듦)

彼爲盈虛非盈虛: 한쪽(彼)에서 차고(盈) (다른 한쪽에서) 비워져도(爲~虛) (만물이 하나란 입장에선 정말로) 차고(盈) 비워지는(虛) 게 아니다(非).

彼爲衰殺非衰殺: 한쪽(彼)에서 번성하고(裒) (다른 한쪽에서) 시들어도(爲~殺) (크고 먼 입장에선 정말로) 번성하고(裒) 시드는(殺) 게 아니다(非). 裒(모을 부, 모아짐 → 번성함) ※ 참고한『莊子今註今譯』에 '衰(쇠할 쇠)'로 표시되었는데 오자로 보아 '裒(모을 부)'로 바꾸어서 해석했다.

彼爲本末非本末: 한쪽(彼)에서 시작하고(本) (다른 한쪽에서) 끝나도(爲~末) (무한한 순환이란 입장에선 정말로) 시작하고(本) (정말로) 끝나는(末) 게 아니다(非). 本(근원 본, 시작) 末(끝 말)

彼爲積散非積散也: 한쪽(彼)에서 쌓이고(積) (다른 한쪽에서) 흩트려져도(爲~散) (도의 입장에선 상대적이기에 정말로) 쌓이고(積) (정말로) 흩트려지는(散) 게 아니다(非). 積(쌓일 적) 散(흩을 산 → 흩트려지다)

지북유(知北遊) 7

婀荷甘與神農同學於老龍吉.

神農隱几闔戶晝暝, 婀荷甘日中奓戶而入曰:「老龍死矣!」

神農隱几擁杖而起, 嚗然放杖而笑, 曰:「天知予僻陋慢訑, 故棄予而死. 已矣! 夫子無所發予之狂言而死矣夫!」

弇堈弔聞之曰:「夫體道者, 天下之君子所繫焉.

今於道, 秋毫之端萬分未得處一焉, 而猶知藏其狂言而死, 又況夫體道者乎!

視之無形, 聽之無聲, 於人之論者, 謂之冥冥, 所以論道, 而非道也.」

아함감(婀荷甘)과 신농(神農)이 노용길(老龍吉) 선생에게 함께 배웠다.

어느 날 신농이 문을 닫고 책상에 기댄 채 낮잠을 자는데

아함감이 한낮에 문을 열고 들어와 말했다. "노용 선생이 돌아가셨소."

그러자 신농이 책상에 기댄 채 지팡이를 잡고 일어서면서

지팡이를 획 하고 던지면서 웃으며 말했다.

"하늘 같은 노용 선생이 내가 비뚤고 속 좁고 오만하고 방종하다는 걸 알아 나를 버리고 돌아가셨다. 그뿐이다!

선생은 나를 일으켜 세울만한 광언(狂言), 즉 아무렇게 뱉어도 지극한 말을

내게 들려주지 않고 돌아가셨다!"

엄강조(弇堈弔)가 그 얘기를 전해 듣고 말했다.

"도를 체득하는 일은 천하의 군자(君子)들이 매달리는 바다.

지금 신농은 가을철 짐승 터럭 끝 만분의 일도 도에 머물지 않는데

노용 선생이 광언을 품고 죽은 걸 오히려 안다.

그러니 도를 체득한 사람이야 하물며 또 어떠하겠는가!

도는 보아도 형체가 없고, 들어도 소리가 없다.

사람 중에 누군가 도를 명명(冥冥)이라고 말하지만

도를 말하면 그것은 진실한 도가 아니다."

注 _____

妸荷甘與神農同學於老龍吉: 아함감(妸荷甘)과(與) 신농(神農)이 노용길 (선생)에게(於~老龍吉)
함께(同) 배우다(學).

神農隱几闔戶晝暝: (어느 날) 신농(神農)이 문(戶)을 닫고(闔) 책상(几)에 기댄 채(隱) 낮(晝)에
잠을 자다(暝). 戶(문 호) 闔(닫을 합) 几(안석 궤, 책상) 隱(기댈 은) 晝(낮 주) 暝(눈감을 명, 잠자다)

妸荷甘日中奓戶而入曰: (그런데) 아함감(妸荷甘)이 한 낮(日中)에 문(戶)을 열고(奓) 들어와서
(入) 말하다. 奓(열 차)

老龍死矣!: 노용(老龍) 선생이 죽다(死)!

神農隱几擁杖而起: (그러자) 신농(神農)이 책상(几)에 기댄 채(隱) 지팡이(杖)를 잡고(擁) 일어
서다(起). 杖(지팡이 장) 擁(안을 옹, 손에 쥐다) 起(일어날 기)

曝然放杖而笑 曰: (그러더니) 지팡이(杖)를 획 하고(曝然) 던지면서(放~而) 웃으며(笑) 말하다.
曝(지팡이던지는소리 팍, 획) 放(버릴 방 → 던지다) 笑(웃을 소)

天知予僻陋慢訑: 하늘(天) (같은 노용 선생이) 내(予)가 비뚤어지고(僻), 속 좁고(陋), 오만하고
(慢), 방종한(訑) 걸 안다(知). 予(나 여) 僻(치우칠 벽, 비뚤어지다) 陋(좁을 루) 慢(거만할 만) 訑(방종
할 탄)

故棄予而死 已矣!: 고로(故) (결국) 나(予)를 버리고(棄) 죽다(死). 그뿐이다(已)! 棄(버릴 기)

夫子無所發予之狂言而死矣夫!: 선생(夫子)은 나(予)를 일으켜 세울만한(所~發) 광언(狂言)을
들려주지 않고서(無~而) 죽었을 뿐(已)이다! 發(일으킬 발 → 일으켜 세우다) 狂言(이치에 맞지
않는 말. 여기선 아무렇게나 내뱉는 지극한 말이란 의미를 지님. 狂(미칠 광, 뜻이 커서 상규를 벗
어남)〕

弇堈弔聞之曰: 엄강조(弇堈弔)가 (그 얘기를 전해) 듣고(聞) 말하다.

夫體道者 天下之君子所繫焉: 모름지기(夫) 도(道)를 체득하는 일(體~者)은 천하(天下)의 군자(君子)들이 매달리는(繫) 바(所)다. 體(행할 체 → 체득하다) 繫(매달릴 계 → 따르다)

今於道 秋毫之端萬分未得處一焉: 지금(今) (신농은) 가을철(秋) (짐승) 터럭(毫) 끝(端)의 만분(萬分)의 일(一)도 도에(於~道) 머무름(處)을 얻지(得) 못하다(未). 즉 도에 머물지 않다. 毫(가는 털 호) 端(끝 단) 處(머무를 처)

而猶知藏其狂言而死: 그런데(而) (노용 선생이) 광언(狂言)을 품고(藏) 죽은(死) 걸 오히려(猶) 안다(知). 藏(감출 장 → 품다) 猶(오히려 유)

又況夫體道者乎!: (그러니) 저(夫) 도(道)를 체득한(體) 사람(者)이야 하물며(況) 또(又) (어떠한가)! 況(하물며 황)

視之無形 聽之無聲: (도는) 보아도(視) 형체(形)가 없고(無) 들어도(聽) 소리(聲)가 없다(無). 視(볼 시) 聽(들을 청)

於人之論者 謂之冥冥: (사람) 중에(於~人) (누군가 도를) 말하면(論~者) 명명(冥冥)이라고 말한다(謂). 論(말할 논)

所以論道 而非道也: (그러나) 도(道)를 말하는(論~以) 건(所) (진실한) 도(道)가 아니다(非).

지북유(知北遊) 8

於是泰淸問乎無窮曰:「子知道乎?」

無窮曰:「吾不知.」

又問乎無爲. 無爲曰:「吾知道.」

曰:「子之知道, 亦有數乎?」

曰:「有.」

曰:「其數若何?」

無爲曰:「吾知道之可以貴, 可以賤, 可以約, 可以散, 此吾所以知道之數也.」

泰淸以之言也問乎無始曰:「若是, 則無窮之弗知與無爲之知, 孰是而孰非乎?」

無始曰:「不知深矣, 知之淺矣., 弗知內矣, 知之外矣.」

於是泰淸仰而歎曰:「弗知乃知乎! 知乃不知乎! 孰知不知之知?」

無始曰:「道不可聞, 聞而非也., 道不可見, 見而非也., 道不可言, 言而非也.

知形形之不形乎! 道不當名.」

無始曰:「有問道而應之者, 不知道也. 雖問道者, 亦未聞道. 道無問, 問無應.

無問問之, 是問窮也., 無應應之, 是無內也.

以無內待問窮, 若是者, 外不觀乎宇宙, 內不知乎大初, 是以不過乎崑崙,
不遊乎太虛.」

이에 태청(泰淸)이 무궁(無窮)에게 물었다. "그대는 도를 아는가?"
무궁이 말했다. "나는 도를 모르오."
다시 무위(無爲)에게 물으니까 무위가 말했다. "나는 도를 아네."
태청이 말했다. "그대가 아는 도에는 이치(數)가 있는가?"
무위가 말했다. "이치가 있네."
태청이 물었다. "그 이치란 무엇과 같나?"
무위가 말했다.
"내가 아는 도는 귀하면 왕이 되고, 천하면 종이 되고,
묶이면 삶이 되고, 흩어지면 죽음이 되네.
이게 내가 아는 도의 이치(數)이네."
태청은 이 얘기를 무시(無始)에게 말하면서 물었다.
"이와 같다면 무궁은 도를 모르고, 무위는 도를 아는 것 같은데
누가 옳고 누가 그른가?"
무시가 말했다.
"모르는 무궁이 도에 대해 아는 바가 깊고,
아는 무위가 도에 대해 아는 바가 얕네.
무궁이 모르는 건 도의 안쪽이고, 무위가 아는 건 도의 바깥쪽이다."
이에 태청은 하늘을 우러르며 한숨을 쉬고 말했다.
"알지 못하는 게 바로 아는 거다!
그리고 아는 게 바로 알지 못하는 거다!
그런데 누가 과연 알지 못함의 앎(不知之知)을 아는가?"
무시가 말했다.
"도는 들을 수 없어 들었다면 도가 아니고, 볼 수 없어 보았다면 도가 아니고,
말할 수 없어 말했다면 도가 아니네.
이것이 형체를 형상화한 건 형체가 아니라는 것을 아는 일이다!
그러니 도에 이름을 붙이는 건 마땅치가 않다."

무시가 계속해서 말했다.

"도를 물었을 때 응답한 사람은 도를 알지 못한다.

또 아무리 도를 물어보는 사람이라도 도를 듣지 못한다.

도는 물을 수도 없고, 물어도 응답할 수 없다.

물을 수 없는데 도를 물으면 속이 빈 물음이고,

응답할 수 없는데 응답하면 마음에 참된 도가 없어서이다.

마음에 참된 도를 얻지 못해 물을 수도 없고 응답할 수도 없는 걸 응대하면

이런 사람은 밖으론 우주의 오묘함을 보지 못하고,

안으론 태초의 현묘한 이치를 알지 못하네.

이럼으로써 곤륜(崑崙) 같은 높고 먼 산에 이르지 못하고

태허(太虛) 같은 절대의 자유로운 세상에서 노닐지 못하네."

注 ─────────────────────────────────────

於是泰淸問乎無窮曰 子知道乎?: 이에(於~是) 태청(泰淸)이 무궁(無窮)에게 묻다(問). 너(子)는 도(道)를 아는가(知)? 子(너 자)

無窮曰 吾不知: 무궁(無窮)이 말하다. 나(吾)는 (도를) 알지(知) 못하다(不).

又問乎無爲 無爲曰 吾知道: 또시(又) 무위(無爲)에게 물으니(問) 무위(無爲)가 말하다. 나(吾)는 도(道)를 안다(知).

曰 子之知道 亦有數乎?: (태청이) 말하다. 너(子)가 아는(道) 도(知)에는 또한(亦) 이치(數)가 있는가(有)? 數(이치 수)

曰 有: (무위가) 말하다. (이치가) 있다(有).

曰 其數若何?: (태청이) 말하다. 그 이치(數)란 무엇(何) 것과 같은가(若)? 若(같을 약)

無爲曰 吾知道之可以貴: 무위(無爲)가 말하다. 내(吾)가 아는(知) 도(道)는 귀함으로써(以~貴) (왕이) 되는 게 가능하다(可). 즉 귀하면 왕이 된다. 貴(귀할 귀)

可以賤 可以約 可以散: 천함으로써(以~賤) 가능하고(可), 묶음으로써(以~約) 가능하고(可), 흩어짐으로써(以~散) 가능하다(可). 즉 천하면 종이 되고, 묶이면 삶이 되고, 흩어지면 죽음이 되다. 賤(천할 천) 約(묶을 약) 散(흩을 산)

此吾所以知道之數也: 이것(此)이 내(吾)가 도(道)의 이치(數)라고 아는(以~知) 바(所)다. 즉 내가 아는 도의 이치이다.

泰淸以之言也問乎無始曰: 태청(泰淸)은 (이 얘기를) 말하고선(以~言) 무시(無始)에게 묻다(問).

若是 則無窮之弗知與無爲之知: 이처럼(若~是) 그러면(則), 즉 이와 같다면 무궁(無窮)은 (도

를) 알지(知) 못하고(弗), 무위(無爲)는 (도를) 아는(知) (것 같다). 弗=不(아니 불)

孰是而孰非乎?: (그런데) 누가(孰) 옳고(是) 누가(孰) 그른가(非)? 孰(누구 숙) 是(옳을 시) 非(아닐 비)

無始曰 不知深矣 知之淺矣: 무시(無始) 말하다. 알지(知) 못하는(不) (무궁이 도에 대해 아는 바가) 깊고(深), 아는(知) (무위가 도에 대해 아는 바가) 얕다(淺). 深(깊을 심) 淺(얕을 천)

弗知內矣 知之外矣: (무궁이) 알지(知) 못하는(弗) 건 (도의) 안쪽(內)이고, (무위가) 아는(知) 건 (도의) 바깥(外)이다(矣).

於是泰淸仰而歎曰: 이에(於~是) 태청(泰淸)은 우러르며(仰) 한숨을 쉬고(歎) 말하다. 仰(우러를 앙) ※ 참고한 『莊子今註今譯』에 '中(가운데 중)'으로 표시되었는데 오자로 보아 '仰(우러를 앙)'으로 바꾸어서 해석했다. 歎(한숨쉴 탄)

弗知乃知乎!: 알지(知) 못함(弗)이 이에(乃) 아는(知) 거다! 즉 알지 못하는 게 바로 아는 거다! 乃(이에 내)

知乃不知乎!: (그리고) 앎(知)이 이에(乃) 알지(知) 못하는(不) 거다! 즉 아는 게 바로 알지 못하는 거다!

孰知不知之知?: (그런데) 누가(孰) (과연) 알지(知) 못함(不)의 앎(知)을 아는가(知)? 孰(누구 숙)

無始曰 道不可聞 聞而非也: 무시(無始)가 말하다. 도(道)는 들을(聞) 수(可) 없어(不) 들으면(聞~而) (도가) 아니다(非).

道不可見 見而非也: 도(道)는 볼(見) 수(可) 없어(不) 보면(見~而) (도가) 아니다(非).

道不可言 言而非也: 도(道)는 말할(言) 수(可) 없어(不) 말하면(言~而) (도가) 아니다(非).

知形形之不形乎!: (이것이) 형체(形)를 형상화한(形) 건 형체(形)가 아니라는(不) 것을 아는(知) (일이다)! 形(모양 형, 형체 → 형상)

道不當名: (그러니) 도(道)에 이름(名)을 붙이는 건 마땅치(當) 않다(不). 當(마땅할 당)

無始曰 有問道而應之者 不知道也: 무시(無始)가 말하다. 도(道)를 물을(問) 때(有~而) 응답한(應) 사람(者)은 도(道)를 알지(知) 못하다(不). 應(응할 응, 응답하다)

雖問道者 亦未聞道: (또) 아무리(雖) 도(道)를 묻는(問) 사람(者)이라도 또한(亦) 도(道)를 듣지(聞) 못하다(未). 雖(비록 수, 아무리 ~해도) 未(아닐 미)

道無問 問無應: 도(道)는 물을(問) 수도 없고(無), 물어도(問) 응답할(應) 수 없다(無).

無問問之 是問窮也: 물을(問) 수 없는데(無) (도에) 대해 물으면(問) 이것(是)은 속이 빈(窮) 물음(問)이다. 窮(빌 궁, 속이 비다)

無應應之 是無內也: 응답할(應) 수 없는데(無) (도에) 대해 응답하면(應) 이것(是)은 마음(內)에 (참된 도가) 없어서이다(無).

以無內待問窮: 마음(內)에 (도를) 못 얻어(無~以) 물을(問) (수도 응답할 수도) 없는(窮) 걸 응대

하다(待). 待(대접할 대 → 응대)

若是者 外不觀乎宇宙: 이 같은(若~是) 사람(者)은 밖(外)으론 우주(宇宙)의 (오묘함)을 보지(觀) 못하다(不).

內不知乎大初: 안(內)으론 태초(大初)의 (현묘한 이치를) 알지(知) 못하다(不).

是以不過乎崑崙: 이럼으로써(以~是) 곤륜(崑崙) (같은 높고 먼 산에) 이르지(過) 못하다(不). 過 (지날 과 → 이르다)

不遊乎太虛: 태허(太虛) (같은 절대의 자유로운 세상에서) 노닐지(遊) 못하다(不).

지북유(知北遊) 9

光曜問乎無有曰:「夫子有乎? 其無有乎?」

無有弗應也. 光曜不得問, 而孰視其狀貌, 窅然空然, 終日視之而不見,

聽之而不聞, 搏之而不得也.

光曜曰:「至矣! 其孰能至此乎! 予能有無矣, 而未能無無也., 及爲無有矣,

何從至此哉!」

광요(光曜)가 무유(無有)에게 물었다.

"선생은 있음(有)이요? 있지 않음(無有)이요?"

무유는 이에 대해 아무런 응답을 하지 않았다.

광요는 더 물을 수 없어 무유(無有)의 모습만 도탑게 쳐다보았는데

공허한 채 텅 빈 것 같았다.

그리고 온종일 그를 쳐다봐도 보이지 않고, 귀를 기울여도 들리지 않고,

모습을 잡으려 해도 잡히지 않았다.

광요가 말했다.

"이것이 지극한(至) 경지로구나. 누가 과연 이런 경지에 이를 수 있는가!

나는 지금까지 무(無)의 경지가 있는 건 알았지만

무(無) 그 자체가 없는 절대의 경지가 있는지 알지 못했다.

그런데 무(無)와 유(有)를 위해서 함께 하는 나 같은 사람이

어찌 그런 경지에 이를 수 있겠는가!"

注 ────────

光曜問乎無有曰 夫子有乎? 其無有乎?: 광요(光曜)가 무유(無有)에 묻다(問). 선생(夫子)은 있음(有)이요? 있지(有) 않음(無)이오?

無有弗應也: 무유(無有)는 (이에 대해 아무런) 응답(應)을 (하지) 않다(弗).

光曜不得問 而孰視其狀貌: 광요(光曜)는 물음(問)을 (더) 얻을(得) 수 없자(不~而) 모습(狀貌)만 도탑게(孰) 보다(視). 狀貌〔모습. 狀(형상 상) 貌(얼굴 모)〕 孰(도타울 숙, 친절하고 정중하게)

窅然空然: (그런데) 공허한 채(窅然) 텅 빈 것 같다(空然). 窅然〔공허한 모양. 窅(어리둥절할 면)〕 空(빌 공)

終日視之而不見: (그리고 온) 종일(終日) (그를) 쳐다봐도(視~而) 보이지(見) 않다(不).

聽之而不聞 搏之而不得也: 귀를 기울여 들어도(聽~而) 들리지(聞) 않고(不), 모습을 잡으려 해도(搏~而) 잡히지(得) 않다(不). 搏(잡을 박) ※ 참고한 『莊子今註今譯』에 '博(넓을 박)'으로 표시되었는데 오자로 보아 '搏(잡을 박)'으로 바꾸어서 해석했다.

光曜曰 至矣!: 광요(光曜)가 말하다. (이것이) 지극한(至) (경지구나)!

其孰能至此乎!: 누가(孰) (과연) 이런(此) (경지에) 이를(至) 수(能) 있는가!

予能有無矣: 나(予)는 (지금까지) 무(無)의 (경지가) 있는(有) 건 알 수(能) 있다.

而未能無無也: 그러나(而) 무(無) (그 자체가) 없는(無) (절대의 경지가 있는지) 알지(能) 못하다(未).

及爲無有矣: (그런데) 무(無)와 유(有)를 위해(爲) 함께 하다(及). 及(더불 급, 함께 하다)

何從至此哉!: (나 같은 사람이) 어찌(何) 그런(此) (경지에) 이름(至)을 좇는가(從)! 즉 이를 수 있는가! 從(좇을 종)

지북유(知北遊) 10

大馬之捶鉤者, 年八十矣, 而不失豪芒.
大馬曰:「子巧與? 有道與?」
曰:「臣有守也. 臣之年二十而好捶鉤, 於物無視也, 非鉤無察也.
是用之者, 假不用者也以長得其用, 而況乎無不用者乎! 物孰不資焉!」

초나라 대마(大馬)의 띠쇠(鉤)를 두드려서 만드는 사람이
나이가 팔십인데도 털끝만큼의 실수가 없었다.
대사마가 물었다.
"그대는 정말로 솜씨가 있지 않은가? 여기에 무슨 특별한 방법이 있는가?"
장인이 말했다.

688 외편

"신은 별다른 방법이 있지 않고 지키는 바만 있습니다.

신은 스무 살 때부터 띠쇠 두드리는 걸 좋아해

다른 사물은 거들떠보지 않고, 띠쇠가 아니면 살피지 않았습니다.

이것이 띠쇠를 두드릴 때 다른 사물에 마음을 두지 않음으로

이 기술을 오래도록 쓸 수 있는 방도입니다.

그런데 하물며 다른 사물에 마음을 쓰지 않는 게 없는 사람은

더 말할 나위가 없겠지요!

그러니 사람 중에 누가 이런 쓰임을 자신의 밑천으로 삼지 않겠습니까!"

注 ──

大馬之捶鉤者: (초나라) 대마(大馬)의 띠쇠(鉤)를 두드려(捶) (만드는) 자(者). ★ 대마(大馬)는 대사마(大司馬)로 지금의 국방장관에 해당하는 벼슬이다. 鉤(갈고리 구, 띠쇠) 捶(종아리칠 추, 때리다)

年八十矣 而不失豪芒: 나이(年)가 팔십인데도(八十~而) 털끝만큼(豪芒)의 실수(失)가 없다(不). 年(해 년 → 나이) 豪芒(털끝만큼. 매우 작음의 비유. 豪(털 호) 芒(까끄라기 망)) 失(허물 실 → 실수)

大馬曰 子巧與? 有道與?: 대사마(大馬)가 말하다. 너(子)는 (정말로) 솜씨가 있지(巧) (않은가)? (여기에 무슨 특별한) 방법(道)이 있는가(有)? 巧(공교할 교, 솜씨가 있다) 道(방법 도)

曰 臣有守也: (장인이) 말하다. 신(臣)은 (별다른 방법이 있지 않고) 지키는(守) 바만 있다. 守(지킬 수)

臣之年二十而好捶鉤: 신(臣)은 나이(年) 스무 살 때부터(二十~而) 띠쇠(鉤) 두드리는(捶) (걸) 좋아하다(好). 好(좋을 호)

於物無視也: (그래서 다른) 사물에는(於~物) 시선(視)을 (주지) 않다(無). 즉 거들떠보지 않다. 視(볼 시 → 시선)

非鉤無察也: 띠쇠(鉤)가 아니면(非) 살피지(察) 않다(無). 察(살필 찰)

是用之者: 이것(是)이 띠쇠를 두드리는 기술(之)을 사용할(用) 때(者). 즉 띠쇠를 두드릴 때.

假不用者也以長得其用: (딴 사물에 마음을) 쓰지(用~者) 않음(不)을 빌려(假) 그럼으로써(以) 오래도록(長) (기술을) 쓰는(用) 걸 얻다(得). 즉 다른 사물에 마음을 두지 않음으로써 이 기술을 오래도록 쓸 수 있다. 假(빌릴 가) 長(오랠 장)

而況乎無不用者乎!: 그런데(而) 하물며(況) (다른 사물에 마음을) 쓰지(用) 않는(不) 게 없는(無) 사람(者)이야 (더 말할 나위 없다)!

物孰不資焉!: (그러니) 만물(物), 즉 사람 (중에) 누가(孰) (이런 쓰임을 자신의) 밑천으로 삼지(資)

않는가(不)! 資(밑천으로삼을 자)

지북유(知北遊) 11

再求問於仲尼曰:「未有天地可知邪?」

仲尼曰:「可. 古猶今也.」

再九失問而退, 明日復見, 曰:「昔者吾問『未有天地可知乎?』

夫子曰:『可. 古猶今也.』昔日吾昭然, 今日吾昧然, 敢問何謂也?」

仲尼曰:「昔之昭然也, 神者先受之., 今之昧然也, 且又爲不神者求邪!

無古無今, 無始無終. 未有子孫而有子孫, 可乎?」

再九未對. 仲尼曰:「已矣, 未應矣! 不以生生死, 不以死死生. 死生有待邪?

皆有所一體.

有先天地生者物邪? 物物者非物. 物出不得先物也, 猶其有物也. 猶其有物也, 無已.

聖人之愛人也終無已者, 亦乃取於是者也.」

염구(再求)가 스승인 공자(仲尼)에게 물었다.

"천지(天地)가 생겨나기 이전의 일을 알 수 있나요?"

공자가 말했다.

"알 수 있지. 그건 옛날이나 지금이나 똑같다."

염구는 더 묻지 않고 물러나서 다음 날 스승을 다시 찾아뵈었다.

"어제 '천지가 생기기 이전의 일을 알 수 있나요?'라고 스승께 물었는데

'알 수 있다면서 옛날이나 지금이나 똑같다.'라고 말씀했습니다.

어제는 제가 이 말의 의미를 분명히 알았는데

오늘은 이 말이 흐릿해져 알 수 없으니 어째서 그런지 여쭈고자 합니다."

공자가 말했다.

"어제 이 말의 의미를 분명히 알았던 건 자네가 마음을 텅 비워

자네의 신묘한 작용이 내 말의 뜻을 먼저 받아들여서지.

그런데 오늘 이 말의 의미가 흐릿한 건 다시 신묘한 작용이 아닌 마음으로

내 말의 뜻을 찾으려 해서네!

한번 생각해보게. 옛날이 없으면 지금이 없고, 처음이 없으면 끝이 없네.
그러니 앞 세대 자손이 아직 있지 않은데
후대 자손이 있는 게 어찌 가능하겠는가?"
염구가 아무런 대답을 하지 못하자 공자가 말했다.
"그만둬라. 굳이 대답하지 않아도 좋다!
도는 태어남에 치우친 나머지 죽어야 할 걸 살리지 않고,
죽음에 치우친 나머지 살려야 할 걸 죽이지 않네.
게다가 죽음과 태어남은 서로 의지하고 있지 않은가?
그래서 죽음과 태어남 모두는 하나의 몸통이네.
천지보다 앞서 생겨난 게 있는데 그게 어찌 사물이겠는가?
사물을 사물로 존재하게끔 해 주는 것(物物者), 즉 도는 사물이 아니지.
사물은 사물보다 앞선 도의 단계에선 나올 수 없네.
그리고 사물은 도의 작용으로서 마땅히 생겨나네.
이처럼 사물은 도의 작용으로 마땅히 생겨나므로 끝없이 생겨나네.
성인이 사람을 사랑하는 걸 영원히 멈추지 않는 일도 여기서 본받은 거네."

注 ──

冉求問於仲尼曰: 염구(冉求)가 (스승인) 공자(仲尼)에게 묻다(問). ★ 염구(冉求)는 공자의 제자로 염유(冉有) 또는 유자(有子)라고 불린다.

未有天地可知邪?: 천지(天地)가 생겨나기(有) 이전(未) (일)을 알(知) 수(可) 있는가? 有(있을 유 → 생겨나다) 未(아닐 미 → 이전)

仲尼曰 可 古猶今也: 공자(仲尼)가 말하다. (알) 수(可) 있다. 옛날(古)과 지금(今)은 같다(猶). 古(옛 고) 今(이제 금) 猶(같을 유)

冉九失問而退 明日復見: 염구(冉九)는 질문(問)을 놓치고(失), 즉 더 묻지 않고 물러나다(退). (그리고) 다음 날(明日) 다시(復) (스승을 찾아와) 만나다(見). 失(놓칠 실) 退(물러날 퇴) 明日〔내일 → 다음날〕復(다시 부)

昔者吾問 未有天地可知乎?: 어제(昔者) 제(吾)가 묻다(問). 천지(天地)가 생기기(有) 이전(未)의 (일을) 알(知) 수(可) 있는가? 昔者〔어제. 昔(접때 석)〕

夫子曰 可 古猶今也: 선생(夫子)은 (이 물음에 대해) 말하다. (알) 수(可) 있다. 옛날(古)이나 지금(今)이나 같다(猶).

昔日吾昭然 今日吾昧然: 어제(昔日)는 내(吾)가 (이 말의 의미를) 분명히(昭然) (알았는데) 오늘

(今日)은 내(吾)가 흐릿해져서(眛然) (모른다). 昔日〔어제. 昔(접때 석)〕昭然〔밝은 모양 → 분명. 昭(밝을 소)〕眛然〔흐릿함. 眛(어두울 매)〕

敢問何謂也?: 감히(敢) 묻건대(問) 어째서(何) 그러합니까(謂)?

仲尼曰 昔之昭然也 神者先受之: 공자(仲尼)가 말하다. 어제(昔日) (이 말의 의미를) 분명히(昭然) (안 건 네가 마음을 텅 비워 너의) 신묘한(神) 작용(者)이 (내 말의 뜻을) 먼저(先) 받아들여서이다 (受). 神(신묘할 신) 先(먼저 선) 受(받을 수)

今之眛然也 且又爲不神者求邪!: (그런데) 오늘(今) (이 말의 의미가) 흐릿한(眛然) 건 또(且) 다시(又) 신묘한(神) 작용(者)이 아닌(爲~不) (마음으로 내 말의 뜻을) 찾으려(求) 해서이다! 且(또 차) 又(또 우) 求(구할 구, 찾다)

無古無今 無始無終: (한번 생각해 봐라) 옛날(古)이 없으면(無) 지금(今)이 없고(無), 처음(始)이 없으면(無) 끝(終)이 없다(無).

未有子孫而有子孫 可乎?: (그러니 앞 세대) 자손(子孫)이 (아직) 있지(有) 않은데(未~而) (후대) 자손(子孫)이 있는(有) 게 (어찌) 가능한가(可)?

冉九未對: 염구(冉九)가 (아무런) 대답(對)을 하지 못하다(未).

仲尼曰 已矣 未應矣!: 공자(仲尼)가 말하다. 그만 둬라(已). 대답하지(應) 마라(未)! 즉 대답하지 않아도 좋다! 應(응할 응, 대답함)

不以生生死: (도는) 낳는 작용으로(以~生) 죽는(死) 것에 태어남(生)을 (주지) 않다(不). 즉 태어남에 치우쳐서 죽어야 할 걸 살리지 않는다.

不以死死生: 죽이는 작용으로(以~死) 태어남(生)에 죽음(死)을 (주지) 않는다(不). 즉 죽음에 치우쳐서 살아야 할 걸 죽이지 않는다.

死生有待邪?: (게다가) 죽음(死)과 태어남(生)은 (서로) 의지하고(待) 있지(有) 않은가(邪)? 待 (기댈 대, 의지하다)

皆有所一體: (그래서) 모두(皆), 즉 죽음과 태어남은 하나(一)의 몸(體)인 바(所)가 있다(有). 즉 하나의 몸통이다.

有先天地生者物邪?: 천지(天地)보다 앞서(先) 생겨난 게(生~者) 있는데(有) (그게 과연) 사물 (物)인가? (물론 아니다)

物物者非物: 물물자(物物者), 즉 사물(物)을 사물(物)로 (존재하게끔 하는) 도(者)는 사물(物)이 아니다(非).

物出不得先物也: 사물(物)은 사물(物)보다 앞선(先) (도의 단계에서) 나올(出) 수(得) 없다(不). 出(날 출, 나오다)

猶其有物也: (그리고) 사물(物)은 (도의 작용으로) 마땅히(猶) 생겨난다(有). 猶(마땅히 유)

猶其有物也 無已: (이처럼) 사물(物)은 (도의 작용으로) 마땅히(猶) 생겨나(有) (끝이) 없을(無) 뿐

이다(已). 즉 끝없이 생겨난다.

聖人之愛人也終無已者: 성인(聖人)이 사람(人)을 사랑하는(愛) 걸 끝(終) 없이(無) (계속하는)
건(者). 즉 영원히 멈추지 않는 건. 愛(사랑 애) 終(끝 종)

亦乃取於是者也: 또한(亦) 이에(乃) 여기에서(於~是者) 본받다(取). 取(취할 취 → 본뜨다)

지북유(知北遊) 12

顔淵問乎仲尼曰：「回嘗聞諸夫子曰：『無有所將, 無有所迎.』回敢問其遊.」
仲尼曰：「古之人, 外化而內不化., 今之人, 內化而外不化.
與物化者, 一不化者也., 安化安不化, 安與之相靡, 必與之莫多.
狶韋氏之囿, 黃帝之圃, 有虞氏之宮, 湯武之室.
君子之人, 若儒墨者師, 故以是非相䪠也, 而況今之人乎!
聖人虛物不傷物. 不傷物者, 物亦不能傷也. 唯無所傷者, 爲能與人相將迎.
山林與! 皐壤與! 使我欣欣然而樂與!
樂未畢也, 哀又繼之. 哀樂之來, 吾不能禦, 其去弗能止.
悲夫, 世人直爲物逆旅耳!
夫知遇而不知所不遇, 能能而不能所不能.
無知無能者, 固人之所不免也.
夫務免乎人之所不免者, 豈不亦悲哉!
至言去言, 至爲去爲. 齊知之所知, 則淺矣.」

안연(顔淵)이 스승인 공자(仲尼)에게 물었다.
"저는 일찍이 여러 스승으로부터 말씀을 들었습니다.
'보내는(將) 바도 없고, 맞이하는(迎) 바도 없어야 한다.'
제가 어찌하면 이런 경지에서 노닐 수 있는지 감히 여쭙니다."
공자가 말했다.
"옛날 사람은 겉이 변해도 안은 변하지 않았다.
지금 사람은 안이 변해도 겉은 변하지 않는다.
그런데 사물과 함께 겉만 변하는 사람은 하나도 변하지 않는 사람이다.
그래서 옛날 사람은 겉이 변해도 편히 받아들였고

겉이 변하지 않아도 편히 받아들였다.
또 변화에 순응하는 걸 편히 받아들이면서
그 변화로부터 크게 벗어나지 않았다.
이에 희위씨(豨韋氏)는 동산을 만들어서 살고,
황제(黃帝)는 논밭을 일구면서 살고,
유우씨(有虞氏)는 궁을 지어서 살고,
탕왕(湯)과 무왕(武)은 집을 지어서 살았다.
(즉 희위씨, 황제, 유우씨, 탕왕과 무왕은 각자 형편대로 살았다.)
그런데 후에 등장한 군자(君子)란 사람들이 유가와 묵가를 스승으로 삼아
옳고 그름으로 서로를 공격했다.
그러니 지금 사람이야 하물며 더 말할 나위가 있겠는가!
(지금 사람은 과거 사람보다 서로를 더 심하게 공격해 겉보다 안이 더 변한다)
성인(聖人)은 사물을 비워도 사물을 해치지 않는다.
사물을 해치지 않아야 사물도 성인을 해칠 수 없다.
사물을 해치지 않는 사람이라야 다른 이를 서로 잘 보내고 서로 잘 맞이한다.
산림과 함께 노니는 것! 늪지대와 함께 노니는 것!
이런 노넒은 내게 흔쾌한 즐거움을 주지 않는가!
그러나 이런 즐거움이 채 끝나기도 전에 또다시 슬픔이 이어진다.
슬픔과 즐거움이 오는 걸 나로선 막을 수 없고,
슬픔과 즐거움이 떠나는 것도 나로선 막을 수 없다.
슬프다. 세상 사람은 사물을 위해 겨우 잠시 머물다 가는 여관일 뿐이어서!
사람은 앎이 미치는 데는 알아도 앎이 미치지 않는 데는 알지 못한다.
사람 능력이 미치는 일은 할 수 있어도 능력이 미치지 않는 일은 할 수 없다.
그런데 알지 못하거나 할 수 없는 건 사람으로서 더 피해 나갈 수 없다.
사람이 피해 나갈 수 없는데 피해 나가려고 애쓰면
이 또한 어찌 슬프지 않은가!
지극한 말(至言)은 말을 물리치며, 지극한 행함(至爲)은 행함을 물리친다.
그러니 앎으로 사물을 가지런히 하는 것을 아는 거라고 여기면
얕은 앎이다."

顔淵問乎仲尼曰: 안연(顔淵)이 (스승인) 공자(仲尼)에게 묻다(問).

回嘗聞諸夫子曰: (저) 안회(回)는 일찍이(嘗) 여러(諸) 선생(夫子)으로부터 (말씀을) 듣다(聞). 嘗(일찍 상) 諸(모든 제, 여러)

無有所將 無有所迎: 보내는(將) 바(所)도 있지(有) 않고(無) 맞이하는(迎) 바(所)도 있지(有) 않아야(無) (한다). 將(보낼 장) 迎(맞이할 영)

回敢問其遊: (저) 회(回)가 (어찌하면 이런 경지에서) 노닐(遊) 수 (있는지) 감히(敢) 묻다(問). 遊 (노닐 유)

仲尼曰 古之人 外化而內不化: 공자(仲尼)가 말하다. 옛날(古) 사람(人)은 겉(外)이 변해도(化~而) 안(內)은 변하지(化) 않다(不).

今之人 內化而外不化: 지금(今) 사람(人)은 안(內)이 변해도(化~而) 겉(外)은 변하지(化) 않다(不).

與物化者 一不化者也: (그런데) 사물(物)과 함께(與) (겉만) 변하는(化) 사람(者)은 하나도(一) 변하지(化) 않은(不) 사람(者)이다.

安化安不化: (그래서 옛날 사람은 겉이) 변해도(化) 편히(安) (받아들이고, 겉이) 변하지(化) 않아도(不) 편히(安) (받아들이다).

安與之相靡 必與之莫多: (또 변화와) 함께(與) 편히(安) 서로(相) 쓰러질(靡) 뿐 반드시(必) 함께(與) 많이(多) (변하지) 않다(莫). 즉 변화에 순응하는 걸 편히 받아들이면서도 그 변화에서 크게 벗어나지 않다. 靡(쓰러질 미, 바람이 불면 그 바람에 거역해 자세를 바로잡지 않고 바람에 따라 쓰러짐. 즉 순응함)

豨韋氏之囿 黃帝之圃: (이에) 희위씨(豨韋氏)는 동산(囿)(을 만들어 살고) 황제(黃帝)는 논밭(圃) (을 일구며 살다). 囿(동산 유) 圃(밭 포)

有虞氏之宮 湯武之室: 유우씨(有虞氏)는 궁(宮)(을 지어 살고), 탕왕(湯)과 무왕(武)은 집(室)(을 지어 살다). 즉 희위씨, 황제, 유우씨, 탕왕과 무왕은 각자의 형편에 따라 살다. 宮(집 궁) 室(집 실)

君子之人 若儒墨者師: (그런데 후에 등장한) 군자(君子)란 사람(人)들이 유가(儒)와 묵가(墨)란 사람(者)을 스승(師)으로 따르다(若). 若(좇을 약, 따르다)

故以是非相鼇也: 고로(故) 옳고(是) 그름으로(以~非) 서로(相)를 공격하다(鼇). 鼇(공격할 제)

而況今之人乎!: 그러니(而) 하물며(況) 지금(今) 사람들(人)이야 (더 말할 나이가 있는가)! 況(하물며 황)

聖人虛物不傷物: 성인(聖人)은 사물(物)을 비워도(虛) 사물(物)을 해치지(傷) 않는다(不). 虛 (빌 허) 傷(해칠 상)

不傷物者 物亦不能傷也: 사물(物)을 해치지(傷) 않아야(不~者) 사물(物) 또한(亦) (성인을) 해

치게(傷) 할 수(能) 없다(不).

唯無所傷者 爲能與人相將迎: 오로지(唯) (사물을) 해치는(傷) 바(所) 없는(無) 사람(者)이라야 (다른) 사람을(與~人) 서로(相) 보내고(將) 맞이할(迎) 수(爲~能) 있다. 將(보낼 장) 迎(맞이할 영)

山林與! 皐壤與!: 산림과(與~山林) (함께 노니는 것)! 늪지대와(與~皐壤) (함께 노니는 것)! 皐壤〔늪지대. 皐(늪 고) 壤(땅 양)〕

使我欣欣然而樂與!: (이런 노닒은) 나에게(使~我) 혼쾌한(欣欣然~而) 즐거움(樂)을 주다(與). 欣欣然〔혼쾌히. 欣(기뻐할 흔)〕 樂(즐거울 락) 與(줄 여)

樂未畢也 哀又繼之: (그러나 이런) 즐거움(樂)이 끝나기도(畢) 전(未)에 또(又) (다시) 슬픔(哀)이 이어진다(繼). 畢(마칠 필, 끝나다) 未(아닐 미, ~하지 못하다) 哀(슬플 애) 繼(이을 계)

哀樂之來 吾不能禦: 슬픔(哀)과 즐거움(樂)이 오는(來) 걸 나(吾)로선 막을(禦) 수(能) 없다(不). 來(올 래) 禦(막을 어)

其去弗能止: (슬픔과 즐거움이) 떠나는(去) (것도 나로선) 막을(止) 수(能) 없다(弗). 去(갈 거, 떠나다) 止(막을 지) 弗=不(아니 불)

悲夫 世人直爲物逆旅耳!: 슬프다(悲夫). 세상(世) 사람(人)은 겨우(直) 사물을 위해(爲~物) (잠시 머물다 가는) 여관(逆旅)일 뿐이어서다(耳)! 悲(슬플 비) 夫(감탄사 부) 直(겨우 직) 逆旅〔여관. 逆(맞을 역) 旅(여행할 려)〕

夫知遇而不知所不遇: (사람은) 아는(知) (데는) 만나도(遇~而) 알지(知) 못하는(不) (데는) 만나지(遇) 못하는(不) 바(所)다. 즉 앎이 미치는 데는 알아도 앎이 미치지 못하는 데는 모른다. 遇(만날 우, 우연히 만나다)

能能而不能所不能: (사람은) 능력(能)이 (미치는 일은) 할 수 있어도(能~而) 능력(能)이 (미치지) 못하는(不) (일은) 할 수(能) 없는(不) 바(所)다. 能(능할 능→능력)

無知無能者: (그런데) 알지(知) 못하거나(無) 할 수(能) 없는(無) 것(者).

固人之所不免也: (이는) 본디(固) 사람(人)으로 면하지(免) 못하는(不) 바(所)다. 즉 사람으로서 더 피해 나갈 수 없다. 免(면할 면)

夫務免乎人之所不免者: 모름지기(夫) 사람(人)이 (피해 나감)을 면하지(免) 못하는(不) 바(所)를 면하려고(免) 힘쓰면(務~者). 즉 피해 나갈 수 없는데도 애써 피해 나가려고 애쓰면. 務(힘쓸 무)

豈不亦悲哉!: (이) 또한(亦) 어찌(豈) 슬프지(悲) 않은가(不)! 豈(어찌 기)

至言去言 至爲去爲: 지극한(至) 말(言)은 말(言)을 물리치며(去) 지극한(至) 행함(爲)은 행함(爲)을 물리치다(去). 去(물리칠 거)

齊知之所知 則淺矣: (그러니) 앎(知)으로 (사물을) 가지런히(齊) 하는 것을 아는(知) 바(所)라고 하면(則), 즉 앎으로 사물을 파악하는 것을 아는 거라고 여기면 (이는) 얕은(淺) (앎일) 뿐(矣)이다. 齊(가지런히할 제) 淺(얕을 천)

잡편

雜篇

경상초
庚 桑 楚

경상초(庚桑楚) 1

老聃之役, 有庚桑楚者, 偏得老聃之道, 以北居畏壘之山, 其臣之畫然知者去之, 其妾之挈然仁者遠之.,

擁腫之與居, 鞅掌之爲使. 居三年, 畏壘大壤.

畏壘之民相與言曰:「庚桑子之始來, 吾洒然異之. 今吾日計之而不足, 歲計之而有餘.

庶幾其聖人乎!

子胡不相與尸而祝之, 社而稷之乎?」

庚桑子聞之, 南面而不釋然.

弟子異之. 庚桑子曰:「弟子何異乎予? 夫春氣發而百草生, 正得秋而萬寶成.

夫春與秋, 豈無得而然哉? 天道已行矣!

吾聞至人, 尸居環堵之室, 而百姓猖狂不知所如往.

今以畏壘之細民而竊竊焉欲俎豆予于賢人之間, 我其杓之人邪!

吾是以不釋於老聃之言.」

弟子曰:「不然. 夫尋常之溝, 巨魚無所還其體, 而鯢鰌爲之制.,

步仞之丘, 巨獸無所隱其軀, 而孽狐爲之祥.

且夫尊賢授能, 先善與利. 自古堯舜以然, 而況畏壘之民乎! 夫子亦聽矣!」

庚桑子曰:「小子來! 夫函車之獸, 介而離山, 則不免於罔罟之患.,

吞舟之魚, 碭而失水, 則蟻能苦之.

故鳥獸不厭高, 魚鱉不厭深. 夫全其形生之人, 藏其身也, 不厭深眇而已矣.」

「且夫二子者, 又何足以稱揚哉! 是其於辯也, 將妄鑿垣牆而殖蓬蒿也.

簡髮而櫛, 數米而炊, 竊竊乎又何足以濟世哉!

舉賢則民相軋, 任知則民相盜. 之數物者, 不足以厚民.
民之於利甚勤, 子有殺父, 臣有殺君, 正晝爲盜, 日中穴阫.
吾語女, 大亂之本, 必生於堯舜之間, 其末存乎千世之後.
千世之後, 其必有人與人相食者也!」

노담의 제자 중에 경상초(庚桑楚)는 오로지 노담 선생의 도를 터득하고,
외루(畏壘)산 아래에 살면서 이 지방을 다스렸다.
그는 신하 중에서 아는 것을 분명히 말하는 똑똑한 사람을 물리치고,
첩 중에서 어짊을 뽐내는 여자를 멀리하고,
법도에 반드시 들어맞지 않는 유연한 사고를 지닌 사람과 정사를 논하고,
외형은 상관하지 않고, 오로지 열심히 일하는 사람을 신하로 부렸다.
삼 년이 지나자 외루 지방에 큰 풍년이 들어 백성이 함께 얘기를 나누었다.
"경상초 선생이 처음 왔을 때 우리는 놀라서 그를 이상하게 여겼다.
지금 우리가 한 일을 날마다 헤아리면 별 게 아닌데
일 년을 헤아리니까 넉넉하다.
경상초는 성인(聖人)일 거다!
우리는 어째서 그를 제사를 주관하는 시축과 사직으로 떠받들지 않는가?"
경상초가 이 얘기를 듣고 석연치 않은 표정으로 남쪽을 향해 앉았다.
제자들이 스승의 이런 모습을 보고 이상하다고 여기니까 경상초가 말했다.
"너희들은 내가 뭐가 이상하다는 거냐?
봄기운이 일어나면 모든 풀이 생겨나고, 가을이 되면 온갖 열매가 열리는
데 이곳의 봄과 가을도 어찌 안 그럴 수 있느냐?
큰 풍년이 드는 건 자연의 도가 이미 그런 방향으로 작용해서다!
내가 듣건대 지인(至人)이 아주 작은 방에 숨어서 조용히 지내면
백성은 어디로 갈 바를 알지 못해 미쳐서 날뛴다고 한다.
지금 외루 지방 백성은 나도 모르게 나를 현인 틈에 두고 떠받드려 한다.
그런데 나는 다른 사람의 표본이 될 만한 인물이 아니지 않느냐!
시축과 사직으로 떠받들어지는 건 노담 말씀과도 어긋나므로 기쁘지 않다."
경상초 제자가 말했다. "그렇지 않습니다.

보통의 도랑에선 큰 물고기는 몸을 돌리지 못해도
송사리나 미꾸라지는 움직입니다.
한 길 높이의 언덕에선 큰 짐승은 몸을 숨길만한 데가 없어도
여우는 여기를 좋아합니다.
현인을 높이 받들고, 능력 있는 사람에게 벼슬을 주고,
착함과 이익을 앞세우는 건 자고로 요순시절에도 그러했습니다.
하물며 외루 지방 백성이야 선생님을 떠받들지 않을 수 없지요!
선생님도 그들의 요구를 들어주십시오!"
경상초가 말했다. "제자들은 와서 들어라!
수레를 삼킬만한 큰 짐승도 혼자서 산을 이탈하면
그물의 재앙을 피하지 못한다.
배를 삼킬만한 큰 물고기도 펄떡 뛰어서 물 밖에 나오면
개미가 그를 괴롭힌다.
그래서 새와 짐승은 높은 데를 마다하지 않고,
물고기와 자라는 깊은 데를 마다하지 않는다.
몸과 생명을 온전히 지키는 사람도 몸을 감출 때는
깊거나 먼 것을 마다하지 않는다."
경상초가 계속해서 말했다.
"요순(堯舜) 임금은 또 어찌해서 칭찬할 점이 있겠느냐!
이들이 사람을 분별해서 기용한 건
담장을 함부로 파서 거기에 쑥을 심어 무성하게 자라나도록 한 일이다.
이들은 머리카락을 골라 빗질하고, 쌀을 세어 밥을 지어서
작은 데에 얽매였는데 또 어찌 세상을 건지는 데 충분하겠느냐!
현명한 사람을 기용하면 백성이 서로 삐걱거리고,
지혜로운 사람에게 일을 맡기면 백성이 서로 도둑질 한다.
이런 식 사람 기용은 백성의 생활을 도탑게 하는 데 부족하다.
이런 식 인재 선발은 백성을 이익 추구하는 데만 빠뜨려
자식 중에 아비를 죽이고, 신하 중에 군주를 죽이고, 한낮에 도둑질이 생겨
나고, 대낮에 구멍을 뚫어서 남의 집 담장을 뚫고 들어가는 일이다.

내가 너희에게 이르니 큰 혼란의 근본은 분명히 요순시대에 이미 생겨났다.
그런데 그 폐해는 천세 후에도 여전히 남으므로
천세 후에는 사람과 사람이 서로 잡아먹는 사태가 반드시 벌어진다!"

注 ————————————————————————————————————

老聃之役 有庚桑楚者: 노담(老聃)의 제자(役) 중에 경상초(庚桑楚)란 사람(者)이 있다(有). 役
(제자 역)

偏得老聃之道 以北居畏壘之山: 오로지(偏) 노담(老聃) 선생의 도(道)를 터득하고(得) 외루(畏
壘) 산(山)을 북쪽으로 해(以~北) 살다(以). 즉 외루산 아래에 살면서 이 지방을 다스리다. 偏
(오로지 편) 得(얻을 득 → 터득하다) 居(살 거)

其臣之畫然知者去之: (그는) 신하(臣) 중에서 아는(知) 걸 분명히 말하는(畫然) (똑똑한) 사람
(者)을 물리치다(去). 臣(신하 신) 畫然〔생각과 주장을 분명히 함. 畫(가를 획, 가르다 → 분명히
함)〕去(물리칠 거)

其妾之挈然仁者遠之: 첩(妾) 중에서 어짊(仁)을 뽐내는(挈然) 여자(者)도 멀리하다(遠). 妾(처
첩, 아내) 挈然〔자기자랑을 하는 모습. 즉 뽐내는 모습. 挈(영리할 계)〕遠(멀 원, 멀리하다)

擁腫之與居: 법도에 꼭 들어맞지 않는(擁腫) (유연한 사고를 지닌) 사람과(與) 정사를 논하다(居).
擁腫〔쓸데없이 부풀어 오름. 나무에선 옹이를 의미하는데 여기선 법도에 꼭 들어맞지 않음을 의미. 擁(낄
옹) 腫(부스럼 종)〕居(살 거 → 정사를 함께 논하다)

鞅掌之爲使: 외형은 상관하지 않고 (오로지) 열심히 일하는(鞅掌) 사람을 (신하로서) 부리다(爲
~使). 鞅掌〔물건을 등에 지고 손에 들다. 즉 외형은 따지지 않고 열심히 일하는 모습. 鞅(질 앙,
물건을 등에 짐) 掌(손바닥 장)〕使(부릴 사)

居三年 畏壘大壤: 삼년(三年)이 지나자(居) 외루(畏壘) (지방에) 큰(大) 풍년이 들다(壤). 壤(풍
년들 양) 居(지날 거)

畏壘之民相與言曰: (그래서) 외루(畏壘) (지방) 백성(民)들이 서로(相) 함께(與) 얘기하며(言) 말
하다.

庚桑子之始來 吾洒然異之: 경상초(庚桑子) (선생)이 처음(始) 왔을(來) 때 우리(吾)가 놀라서(洒
然) (그를) 이상하게 여기다(異). 洒然〔놀란 상태. 洒(놀라는모양 산)〕異(이상허여길 이)

今吾日計之而不足: 지금(今) 우리(吾)가 (한 일을) 날마다(日) 헤아리면(計~而) 충분치(足) 않다
(不). 즉 별 게 아니다. 計(헤아릴 계)

歲計之而有餘: (그런데) 일 년(歲)을 헤아리니까(計~而) 넉넉하다(有~餘). 歲(해 세, 일 년) 餘(남
을 여, 넉넉함)

庶幾其聖人乎!: (경상초는) 거의(庶幾) 성인(聖人)이다! 즉 성인일 거다! 庶幾〔거의 되려 함.

庶(가까울 서) 幾(빌미 기, 조짐)〕

子胡不相與尸而祝之: (그러니) 우리(子)가 어째서(胡) (그분을 제사를 주관하는) 시축으로(與~尸而祝) 서로(相) (떠받들지) 않는가(不). 胡(어찌 호) 尸祝〔제사를 주관하는 사람. 尸(위패 시) 祝(빌축)〕 與(위할 여)=爲

社而稷之乎?: 사직(社而稷)으로 (떠받들지 않는가)? 社稷〔사직. 토지의 주신(社)과 곡식의 주신(稷). 社(제사지낼 사) 稷(곡신 직)〕

庚桑子聞之 南面而不釋然: 경상초(庚桑子)가 (이 얘기를) 듣고(聞) 석연치(釋然) 않은(不) (표정으로) 남쪽을 향해 앉다(南面). 釋然〔미심쩍은 것이 풀리는 모양. 釋(풀릴 석, 의심이나 오해가 사라짐)〕

弟子異之 庚桑楚曰: 제자(弟子)들이 (스승의 이런 모습을 보고) 이상하다고 여기니까(異) 경상초(庚桑楚)가 말하다. 異(이상히여길 이)

弟子何異乎予?: 제자(弟子)들은, 즉 너희들은 내(予)가 무엇(何)이 이상하다는(異) (건가)? 予(나 여) 何(무엇 하)

夫春氣發而百草生: 저(夫) 봄(春) 기운(氣)이 일어나면(發~而) 모든(百) 풀(草)이 생겨나다(生). 發(일어날 발) 百(백 백, 모든)

正得秋而萬寶成: 가을(秋)이 바름(正)을 얻으면(得~而), 즉 한가을이 되면 만(萬) 가지 보배(寶)를 이루다(成). 즉 온갖 열매가 열리다. 正(바를 정) 寶(보배 보)

夫春與秋 豈無得而然哉?: (그런데 이곳의) 저(夫) 봄과(春~與) 가을(秋)도 어찌(豈) 아무 얻음(得)이 없이(無) 그런가(然)? 즉 어찌 안 그럴 수가 있는가? 豈(어찌 개)

天道已行矣!: (큰 풍년이 드는 건) 자연(天)의 도(道)가 이미(已) (그런 방향으로) 작용해서다(行)! 行(행해질 행, 작용하다)

吾聞至人 尸居環堵之室: 내(吾)가 듣건대(聞) 지인(至人)이 아주 작은(環堵) 방(室)에 시체(尸)처럼 산다(居). 즉 아주 작은 방에 숨어서 조용히 지내다. 環堵〔사방의 길이가 1도(堵)인 방. 즉 협소한 방. 環(두를 환) 堵(담 도, 거처) 尸(주검 시, 시체)

而百姓猖狂不知所如往: 그러면(而) 백성(百姓)은 (어디로) 갈(如往) 바(所)를 알지(知) 못해(不) 미쳐 날뛰다(猖狂). 如往〔가다. 如(갈 여) 往(갈 왕)〕 猖狂〔미쳐 날뜀. 猖(미칠 창) 狂(미칠 광)〕

今以畏壘之細民: 지금(今) 외루(畏壘) 지방의 빈천한(細) 백성은(以~民). 細民〔빈천한 백성. 細(천할 세)〕

而竊竊焉欲俎豆予于賢人之間: 나도 모르게(竊竊) 나(予)를 현인(賢人) 틈에(于~間) 두고 떠받들려고 한다(欲~俎豆). 予(나 여) 于(어조사 우)=於 間(틈 간) 竊竊〔몰래 이야기하는 모양. 즉 나도 모르게. 竊(몰래 절)〕 俎豆〔제사 때 음식을 담는 제기. 즉 떠받들다. 俎(도마 조) 豆(제기 이름 두)〕

我其杓之人邪!: (그런데) 나(我)는 (다른 사람의) 표본이 될 만한(杓) 인물(人)이 (아니지) 않겠는가(邪)! 杓(북두자루 표 → 표본이 됨)

吾是以不釋於老聃之言: 이(是), 즉 시축이나 사직으로 떠받들어지는 것도 (스승) 노담(老聃) 말씀과(於~言) (어긋나므로) 나(吾)는 기쁘지(以~釋) 않다(不). 釋(기뻐할 역)

弟子曰 不然: (경상초) 제자(弟子)가 말하다. 그렇지(然) 않다(不).

夫尋常之溝 巨魚無所還其體: 보통(尋常) 도랑(溝)에선 큰(巨) 물고기(魚)는 몸(體)을 돌리는(還) 바(所)가 없다(無). 즉 몸을 돌리지 못한다. 尋常〔평범. 즉 보통. 尋(여덟자 심. 평범한 수치) 常(늘 상) 溝(도랑 구) 還(돌아올 환)

而鯢鰌爲之制: 그런데(而) 송사리(鯢)나 미꾸라지(鰌)는 거기서(之) 오로지 한다(爲~制). 즉 움직인다. 鯢(송사리 예) 鰌(미꾸라지 추) 制(오로지할 제)

步仞之丘: 몇 걸음(步)의 길이(仞), 즉 한 길 높이의 (낮은) 언덕(丘). 步(걸음 보) 仞(길이 인, 한 길) 丘(언덕 구)

巨獸無所隱其軀: (거기에선) 큰(巨) 짐승(獸)은 그(其) 몸(軀)을 숨길(隱) 곳(所)이 없다(無). 巨(클 거) 獸(짐승 수) 軀(몸 구) 隱(숨길 은)

而蘖狐爲之祥: 그러나(而) 교활한(蘖) 여우(狐)는 (여기를) 좋다한다(爲~祥). 蘖(요괴 얼 → 교활함) 狐(여우 호) 祥(상서로울 상, 좋다)

且夫尊賢授能: 저(夫) 현인(賢)을 높이 받들고(尊) 능력 있는(能) (사람에게 벼슬) 주다(授). 尊(높일 존) 授(줄 수)

先善與利: 착함과(與~善) 이익(利)을 앞세우는(先) 것. 利(이익 이)

自古堯舜以然: 자고(自古)로 요순(堯舜) (시절에도) 그렇다(以~然).

而況畏壘之民乎!: 그런데(而) 하물며(況) 외루(畏壘) (지방) 백성(民)이야 (선생님을 떠받들지 않을 수 없다)!

夫子亦聽矣!: 선생님(夫子)은 역시(亦) (그들의 요구를) 들어(聽) (주어라)! 聽(들을 청)

庚桑子曰 小子來!: 경상초(庚桑楚)가 말하다. 제자(小子)들은 와서(來) (들어라)! 小子(스승이 제자를 사랑스럽게 부른 말)

夫函車之獸 介而離山: 저(夫) 수레(車)를 삼킬만한(函) (큰) 짐승(獸)도 혼자서(介) 산(山)을 이탈하다(離). 函(휩쌀 함, 포용하다 → 삼키다) 介(홀로 개, 짐승이 짝이 없이 단독인 모양) 離(떨어져 리 → 이탈하다)

則不免於罔罟之患: 그러면(則) 그물(罔)과 올가미(罟)의 재앙을(於~患) 피하지(免) 못한다(不). 罔(그물 망) 罟(그물 고, 올가미) 患(재앙 환) 免(면할 면 → 피하다)

吞舟之魚 碭而失水: 배(舟)를 삼킬만한(吞) (큰) 물고기(魚)도 (펄떡) 뛰어서(碭~而) 물(水)을 잃다(失). 즉 물 밖에 나오다. 舟(배 주) 吞(삼킬 탄) 碭(뛸 탕, 도약하다) 失(잃을 실)

則蟻能苦之: 그러면(則) 개미(蟻)가 (그를) 괴롭힐(苦) 수(能) 있다. 蟻(개미 의) 苦(괴롭힐 고)

故鳥獸不厭高: 그래서(故) 새(鳥)와 짐승(獸)은 높은(高) (데를) 마다하지(厭) 않다(不). 鳥(새
조) 厭(싫어할 염 → 마다하다)

魚鼈不厭深: 물고기(魚)와 자라(鼈)는 깊은(深) (데를) 마다하지(厭) 않다(不). 鼈(자라 별) 深(깊
을 심)

夫全其形生之人: (마찬가지로) 저(夫) 몸(形)과 생명(生)을 온전히(全) (지키는) 사람(人). 形(몸
형) 生(날 생, 생명) 全(온전할 전)

藏其身也 不厭深眇而已矣: (그의) 몸(身)을 감출(藏) 때는 깊거나(深) 먼(眇) 걸 마다하지(厭)
않을(不~而) 뿐이다(已矣). 藏(감출 장) 深(깊을 심) 眇(멀 묘, 요원하다)

且夫二子者 又何足以稱揚哉!: 저(夫) (요순) 두 사람(二子~者)은 또(又) 어째서(何) 칭찬함이
(以~稱揚) 충분한가(足)! 즉 어찌해서 칭찬할 점이 있는가! 稱揚(찬양함. 稱(칭찬할 칭) 揚(칭찬
할 양)) 足(충분할 족)

是其於辯也: 이들(是)이 (사람을) 분별해서(於~辯) (기용한 것). 辯(분별할 변)

將妄鑿垣牆: 담장(垣牆)을 함부로(妄) 파다(將~鑿). 妄(허망할 망 → 함부로) 垣牆(垣(담 원) 牆
(담장)) 鑿(뚫을 착 → 파다)

而殖蓬蒿也: 그리고(而) (거기에) 쑥(蓬蒿)을 (심어서 무성하게) 자라나도록(殖) (한 일이다). 蓬蒿
(쑥. 蓬(쑥 봉) 蒿(쑥 호)) 殖(자라게할 식)

簡髮而櫛 數米而炊: (이들은) 머리카락(髮)을 골라서(簡~而) 빗질하고(櫛) 쌀(米)을 세어서(數~
而) 밥을 짓다(炊). 髮(터럭 발, 머리털) 簡(가릴 간, 고르다) 櫛(빗질할 지) 米(쌀 미) 數(셀 수) 炊(밥지
을 취)

竊竊乎: (이럼으로써) 작은 데 얽매이다(竊竊). 竊竊(작은 재능을 자랑하는 모양. 즉 작은 데 얽
매인 모양. 竊(명백할 절))

又何足以濟世哉!: (그런데) 또(又) 어찌(何) 세상(世)을 건지는데(以~濟) 충분한가(足)! 何(어찌
하) 世(세상 세) 濟(건질 제)

舉賢則民相軋: 현명한(賢) 사람을 기용하면(舉~則) 백성(民)이 서로(相) 삐걱거린다(軋). 舉
(올릴 거, 기용하다) 軋(삐걱거릴 알)

任知則民相盜: 지혜로운(知) 사람에게 일을 맡기면(任~則) 백성(民)이 서로(相) 도둑질 한다
(盜). 任(맡길 임) 盜(훔칠 도)

之數物者 不足以厚民: 이(之) 몇 가지(數) 것(物~者), 즉 이런 식의 사람 기용은 백성(民)의 (생
활을) 도탑게(以~厚) (하는데) 부족하다(不足). 數(몇 수) 厚(두터울 후, 돈후함 → 도탑게)

民之於利甚勤: (이런 식의 인재 선발은) 백성(民)이 이익을(於~利) (추구하는데) 심히(甚) 부지런하
게(勤) (만든다). 즉 백성을 이익 추구하는 데만 빠뜨리다. 甚(심할 심) 勤(부지런할 근)

有殺父: (그래서 자식 중에) 아버지(父)를 죽이다(有~殺).

臣有殺君: 신하(臣) 중에 군주(君)를 죽이다(有~殺).

晝爲盜: 한낮(晝)에 도둑질이 생겨나다(爲~盜). 晝(낮 주)

日中穴阫: 대낮(日)에 구멍(穴)을 뚫어 (남의 집) 담장(阫)을 뚫고 들어가다(中). 穴(구멍 혈) 阫
(담장 배) 中(가운데 중)

吾語女 大亂之本 必於堯舜之間: 내(吾)가 너희(女)에게 이르니(語) 큰(大) 혼란(亂)의 근본(本)
은 틀림없이(必) 요순(堯舜) 사이에(於~間), 즉 요순시대에 (생겨나다). 亂(어지러울 난, 혼란) 必
(반드시 필, 틀림없이) 間(사이 간)

其末存乎千世之後: (그런데 그 폐해는) 천세(千世) 뒤(後)에도 (여전히) 남아(末) 있다(存). 後(뒤
후) 末(남길 말, 남아 있다) 存(있을 존)

千世之後 其必有人與人相食者也!: (그래서) 천세(千世) 후(後)에는 반드시(必) 사람과(與~人)
사람(人)이 서로(相) (잡아) 먹는(食) 사태(者)가 있다(有)! 즉 반드시 벌어지다! 食(먹을 식)

경상초(庚桑楚) 2

南榮趎蹴然正坐曰:「若趎之年者已長矣, 將惡乎託業以及此言邪?」

庚桑子曰:「全汝形, 抱汝生無使汝思慮營營. 若此三年, 則可以及此言矣.」

南榮趎曰:「目之與形, 吾不知其異也, 而盲者不能自見., 耳之與形, 吾不知其異也,
而聾者不能自聞., 心之與形, 吾不知其異也, 而狂者不能自得.

形之與形亦辟矣, 而物或間之邪, 欲相求而不能相得?

今謂趎曰:『全汝形, 抱汝生, 勿使汝思慮營營.』趎勉聞道耳矣!」

庚桑子曰:「辭盡矣. 奔蜂不能化藿蠋, 越雞不能伏鵠卵, 魯雞固能矣.

雞之與雞, 其德非不同也, 有能與不能者, 其才固有巨小也. 今吾才小, 不足以化子.
子胡不南見老子!」

南榮趎贏糧, 七日七夜至老子之所.

老子曰:「子自楚之所來乎?」

南榮趎曰:『唯.」

老子曰:「子何與人偕來之衆也?」

南榮趎懼然顧其後.

老子曰:「子不知吾所謂乎?」

南榮趎俯而慙, 仰而歎曰:「今者吾忘吾答, 因失吾問.」

老子曰:「何謂也?」

南榮趎曰:「不知乎? 人謂我朱愚. 知乎? 反愁我軀. 不仁則害人, 仁則反愁我身., 不義則傷彼, 義則反愁我己. 我安逃此而可? 此三言者, 趎之所患也, 顧因楚而問之.」

老子曰:「向吾見若眉睫之間, 吾因以得汝矣, 今汝又言而信之.

若規規然若喪父母, 揭竿而求諸海也. 女亡人哉, 惘惘乎!

汝欲反汝情性而無由入, 可憐哉!」

南榮趎請入就舍, 召其所好, 去其所惡, 十日自愁, 復見老子.

老子曰:「汝自洒濯, 熟哉鬱鬱乎! 然而其中津津乎猶有惡也.

夫外韄者不可繁而捉, 將內揵., 內韄者不可繆而捉, 將外揵.

外內韄者, 道德不能持, 而況放道而行者乎!」

南榮趎曰:「里人有病, 里人問之, 病者能言其病, 然其病病者, 猶未病也.

若趎之聞大道, 譬猶飲藥以加病也, 趎願聞衛生之經而已矣.」

老子曰:「衛生之經, 能抱一乎? 能勿失乎? 能無卜筮而知吉凶乎? 能止乎? 能已乎?

能舍諸人而求諸己乎? 能翛然乎? 能侗然乎? 能兒子乎?

兒子終日嗥而嗌不嗄, 和之至也., 終日握而手不掜, 共其德也.,

終日視而目不瞚, 偏不在外也.

行不知所之, 居不知所爲, 與物委蛇, 而同其波. 是衛生之經已.」

南榮趎曰:「然則是至人之德已乎?」

曰:「非也. 是乃所謂冰解凍釋者, 能乎?

夫至人者, 相與交食乎地而交樂乎天, 不以人物利害相攖, 不相與爲怪, 不相與爲謀,

不相與爲事, 翛然而往, 侗然而來. 是謂衛生之經已.」

曰:「然則是至乎?」

曰:「未也. 吾固告汝曰:『能兒子乎?』

兒子動不知所爲, 行不知所之, 身若槁木之枝而心若死灰.

若是者, 禍亦不至, 福亦不來. 禍福無有, 惡有人災也!」

경상초 제자 남영주(南榮趎)가 움찔해 자세를 고친 뒤 똑바로 앉아 말했다.

"저는 나이를 먹을 만큼 먹었는데 학업에 어떻게 정진해야
선생님이 말씀한 경지에 이를 수 있나요?"
경상초가 말했다.
"몸을 온전히 유지하고, 목숨을 잘 부지하고, 생각을 이리저리 굴리지 말게.
이렇게 삼 년을 하면 내가 말한 경지에 충분히 이르네."
남영주가 말했다.
"눈의 생김새가 보통사람과 다르지 않아도 맹인은 원래 볼 수 없고,
귀의 생김새가 보통사람과 다르지 않아도 농아는 원래 들을 수 없고,
심장 생김새가 보통사람과 다르지 않아도 광인은 원래 깨달을 수 없습니다.
제 생김새가 선생님 생김새와 비슷해도 깨우침에서 차이가 나는 건
외물이 혹 저를 가로막고 있어서가 아닌가요.
그래서 가르침을 주고받아도 뭔가가 가로막아 제가 그렇게 하지 못하나요?
지금 선생님은 제게 말씀했습니다.
'몸을 온전히 하고, 목숨을 잘 부지하고, 생각을 이리저리 굴리지 말게.'
저는 선생님으로부터 도에 대해 힘써 들어왔어도 귀에 겨우 들릴 뿐입니다!"
경상초가 말했다.
"나는 자네에게 가르침으로 할 수 있는 말은 모두 꺼냈는데 이를 어찌하나.
작은 벌은 콩잎을 갉아 먹는 큰 벌레를 자기 새끼로 부화할 수 없지.
월나라 닭은 고니알을 부화 못해도 노나라 닭은 고니알을 부화할 수 있지.
월나라 닭과 노나라 닭을 서로 비교하면 이들이 지닌 덕은 같아도
알의 부화가 노나라 닭은 가능하고, 월나라 닭은 불가능한 건
타고난 재능이 본디 크고 작음에서 차이가 있어서네.
(즉 노나라 닭은 크기에서 크고, 월나라 닭은 크기에서 작아서다)
지금 내 재능은 작은 벌과 월나라 닭처럼 작아 자네를 감화시키지 못하네.
자네는 남쪽으로 가 어째서 노자(老子) 선생을 찾아뵙지 않는가!"
남영주는 그 말을 쫓아 자신이 먹을 양식을 등에 짊어지고
칠일 밤낮을 걸려 노자가 있는 곳에 이르렀다.
노자가 말했다. "자네는 경상초가 보내서 왔는가?"
남영주가 대답했다. "예, 그렇습니다."

노자가 물었다. "자네는 어째서 사람들과 함께 무리를 지어 왔는가?"

남영주가 깜짝 놀라 뒤를 돌아보았다.

노자가 물었다. "자네는 내가 묻는 바를 이해하지 못하나?"

남영주가 고개를 숙여서 부끄러워하다 하늘을 우러러 탄식하며 말했다.

"지금 저는 어떤 대답을 해야 할지 잊어버려 뭘 물어야 할지 잊었습니다."

노자가 물었다. "그게 무슨 말인가?"

남영주가 말했다.

"제가 아는(知) 게 없나요? 그러면 사람들은 저를 우둔하다 말합니다.

제가 아는 게 있나요? 그러면 제 몸은 오히려 괴로워집니다.

제가 어질지(仁) 않으면 남을 해치는데 어질면 제 몸은 오히려 괴롭습니다.

제가 의롭지(義) 않으면 남을 다치게 하는데 의로우면 제 몸은 괴롭습니다.

저는 어찌해야 이런 모순에서 벗어날 수 있나요?

이 셋, 즉 앎(知), 어짊(仁), 의로움(義)은 제가 걱정하는 바입니다.

경상초 선생과의 인연을 빌려서 이 점에 대해 여쭈고자 합니다."

노자가 말했다.

"조금 전 나는 자네의 눈썹 사이를 보고 자네가 어떤 사람인지 알았는데

지금 자네의 말을 듣고 보니 내 추측이 맞았다고 확신하네.

노심초사하는 모습이 마치 부모를 잃은 듯해

장대 하나로 모든 바다의 깊이를 재려고 한다.

자네는 넋이 나간 사람이다. 그래서 정신을 놓은 채 멍한 모습이다!

자네는 참 모습(情)으로 되돌아가려고 하는데 참 모습으로 들어가지 못한다!

그러니 실로 가련하다!"

남영주는 즉시 자청해 학사(舍)로 들어가 좋은 걸 추구하고 나쁜 걸 버렸다.

이렇게 열흘을 수행하자 스스로 시름에 빠졌다.

다시 노자 선생을 뵈었더니 노자가 말했다.

"자네는 자발적으로 묵은 때를 씻어 기가 성한 상태에서 많은 걸 깨달았네!

그런데도 자네 마음에는 나쁜 생각이 여전히 흘러넘치네.

자네 마음이 밖으로 매이면 생각이 번거로워져 마음을 잡을 수 없다.

그러니 마음을 안에서 닫아야 한다.

자네 마음이 안으로 매이면 생각이 동여 매어져서 마음을 잡을 수 없다.
그러니 마음을 밖에서 닫아야 한다.
마음이 안팎으로 모두 매이면 도덕을 지닐 수 없다.
그런데 하물며 도(道)에 따라 행동하는 사람이 어찌 되겠느냐!"
남영주가 말했다.
마을 사람이 병들어 다른 마을 사람이 병문안을 갔을 때 그 환자가 자신의
병이 뭔지 말할 수 있으면 그가 앓는 병은 당연히 큰 병이 아니지요.
저 주가 선생에게 큰 도를 듣는 건 제가 어떤 병에 걸렸는지 정확히 모르고
약만 먹고 오히려 병을 키우는 것에 비유할 수 있지요.
그래서 저는 생명을 지키는 길(衛生之經)에 대해 듣기를 원할 뿐입니다."
노자가 말했다.
"생명을 지키는 길이 도를 끌어안을 수 있을까?
생명을 지키는 길이 도를 잃지 않게 할 수 있을까?
생명을 지키는 길이 점을 치지 않아도 길흉을 미리 알 수 있을까?
생명을 지키는 길이 멈추게 할 수 있을까? 아니면 그치게 할 수 있을까?
생명을 지키는 길이 다른 사람에게서 찾는 걸 버리고
자기에게서 찾도록 할 수 있을까?
생명을 지키는 길이 모든 걸 자연에 홀연히 맡길 수 있을까?
생명을 지키는 길이 미련할 정도로 성실할 수 있을까?
생명을 지키는 길이 어린애가 되도록 할 수 있을까?
어린애가 종일 울어도 목이 안잠기는 건 자연의 도와 화합에 이르러서네.
어린애가 종일 주먹을 쥐어도 손이 저리지 않는 건 덕과 함께 해서네.
어린애가 종일 눈뜬 채로 있어도 눈을 깜빡거리지 않는 건
바깥에 집착하는 대상이 없어서네.
어린애가 가도 가는 곳을 모르고 멈춰도 무얼 하는지 모르는 건
다른 사물과 함께 순순히 순순히 따르면서 자연의 물결대로 흘러가서네.
이것이 생명을 지키는 길(衛生之經), 즉 양생의 도이네."
남영주가 물었다. "그러면 이것이 지인(至人)의 덕(德)인가요?"
노자가 말했다. "아직은 아니네.

얼음을 녹이듯 마음속에 얼은 걸 풀 수 있는 사람이면 지인이 되지 않을까?
지인(至人)은 서로 땅을 함께 일구며 먹고, 자연의 운행을 벗하며 즐기고,
사람과 사물이 이해(利害) 따위로 서로 어지럽히지 않고,
남과 의심스러운 짓을 서로 하지 않고, 남과 모의를 서로 하지 않고,
남과 일을 서로 만들지 않네.
또 홀연히 떠난 뒤에 힘들어도 미련할 정도로 다시 찾아오네.
이것이 생명을 지키는 길(衛生之經)이네."
남영주가 물었다. "그러면 이것이 지극함(至)인가요?"
노자가 말했다. "아직은 아니네.
내가 자네에게 '어린애가 될 수 있을까?'라고 아까 물었네.
어린애는 움직이면서 자기가 하는 바를 모르고,
어린애는 가면서 자기가 가는 곳을 모른다.
그래서 몸은 말라 죽은(槁木) 나뭇가지 같고, 마음은 죽은 재(死灰) 같네.
이런 사람은 재앙(禍)에 이르지 않지만 행복(福)도 찾아오지 않네.
이처럼 재앙과 행복이 있지 않은데 사람 재해(人災)가 어찌 있을 수 있나!"

注 ────

南榮趎蹴然正坐曰: (경상초의 제자) 남영주(南榮趎)가 움찔해(蹴然) (자세를 고친 뒤) 똑바로(正) 앉아서(坐) 말하다. ★ 남영주(南榮趎)는 경상초 제자로 분한 가공 인물이다. 蹴然〔얼굴빛을 바꾸며 삼가는 모양. 즉 움찔한 모습. 蹴(얼굴빛변할 축) 坐(앉을 좌)

若趎之年者已長矣: (저) 주(趎)의 나이(年~者)는 이미(已) 길다(長). 즉 나이를 먹을 만큼 먹다. 若(어조사 약) 長(길 장)

將惡乎 託業以及此言邪?: 어쩌나(將~惡). (어떻게) 학업에 정진해야(託業) 그럼으로써(以) 이(此) 말(言)의 (경지에 비로소) 이르나(以)? 즉 선생이 말하는 그런 경지에 비로소 이르나? 惡(어찌 오) 託業〔학업(業)에 의탁함(託). 즉 학업에 정진함. 託(의지할 탁, 의탁하다) 業(학업 업)〕此(이차) 言(말씀 언) 及(미칠 급, 이르다)

庚桑子曰 全汝形: 경상초(庚桑子)가 말하다. 너(汝)의 몸(形)을 온전히(全) (유지하다). 汝(너 여) 形(몸 형) 全(온전히할 전)

抱汝生無使汝思慮營營: 너(汝)의 목숨(生)을 잘 부지하고(抱) 너(汝)의 생각(思慮)을 이리저리 (營營) 쓰게(使) 않다(無). 즉 이리저리 굴리지 않다. 生(날 생, 목숨) 抱(품을 포 → 잘 부지함) 思慮〔생각. 思((생각할 사) 慮(생각할 려)〕營營〔여기저기 왕래하는 모양. 즉 이리 저리. 營(꾀할

영)〕 使(부릴 사, 사용하다)

若此三年 則可以及此言矣: 이처럼(若~此) 삼년(三年)을 하면 그럼으로써(以) 이 말(此~言)의 (경지에) 충분히(可) 이르다(及).

南榮趎曰 目之與形: 남영주(南榮趎)가 말하다. 눈(目)의 생김새(形). 與(위할 여)=爲. 形(모양 형 → 생김새)

吾不知其異也: 나(吾)는 다르다는(異) 걸 알지(知) 못하다(不). 즉 보통사람과 다르지 않다. 異 (다를 이)

而盲者不能自見: 그래도(而) 맹인(盲者)은 원래(自) 볼(見) 수(能) 없다(不). 盲(눈멀 맹) 自(원 래 자)

耳之與形 吾不知其異也: 귀(耳)의 생김새(形)가 나(吾)는 (보통사람과) 다르다는(異) 걸 알지 (知) 못하다(不). 즉 귀의 생김새가 보통사람과 다르지 않다.

而聾者不能自聞: 그래도(而) 농아(聾者)는 원래(自) 들을(聞) 수(能) 없다(不). 聾(귀머러기 농)

心之與形 吾不知其異也: 심장(心)의 생김새(形)가 나(吾)는 (보통사람과) 다르다는(異) 걸 알지 (知) 못하다(不). 즉 심장의 생김새가 보통사람과 다르지 않다.

而狂者不能自得: 그래도(而) 미친(狂) 사람(者)은 원래(自) (깨달음을) 얻을(得) 수(能) 없다(不). 狂(미칠 광)

形之與形亦辟矣: (내) 생김새와(與~形) (선생의) 생김새(形)를 (놓고 보면) 또한(亦) 비유할만하 다(辟). 즉 내 생김새가 선생님 생김새와 비슷하다. 辟(비유할 비)

而物或間之邪: 그래도(而) (깨우침에서 차이가 나는 건) 혹(或) 외물(物)이 가로막고(間) 있어서가 아닌가(邪). 或(혹 혹, 혹시) 間(막을 간, 가로 막다)

欲相求而不能相得?: (그래서 가르침을) 서로(相) (주고받는 것을) 얻으려 해도(欲求~而) (뭔가 가로 막고 있어 내가 가르침을) 서로(相) (주고받는 것을) 얻을(得) 수(能) 없는가(不)? 즉 가르침을 주고 받아도 뭔가가 가로막아 내가 그렇게 하지 못하지 않는가? 求(구할 구, 얻다)

今謂趎曰 全汝形: 지금(今) (선생님은 저) 주(趎)에게 말하다(謂). 너(汝)의 몸(形)을 온전히(全) (하다).

抱汝生 勿使汝思慮營營: 너(汝)의 목숨(生)을 잘 부지하고(抱), 너(汝)의 생각(思慮)을 이리저 리(營營) 굴리지(使) 말라(無)

趎勉聞道耳矣!: (저) 주(趎)는 (선생님으로부터) 도(道)에 대해 힘써(勉) 들어왔지만(聞) 귀(耳) 뿐 이다! 즉 겨우 귀에 들릴 뿐이다! 勉(힘쓸 면)

庚桑子曰 辭盡矣: 경상초(庚桑子)가 말하다. (나는 네게 가르침으로 할 수 있는) 말(辭)은 (모두) 다 했는데(盡) (이를 어쩌나). 盡(다할 진)

奔蜂不能化藿蠋: 작은 벌(奔蜂)은 콩잎을 갉아 먹는 큰 벌레(藿蠋)를 (자기 새끼로) 부화할(化)

수(能) 없다(不). 奔蜂〔작은 벌. 奔(달릴 분) 蜂(벌 봉)〕藿蠋〔콩잎을 갉아 먹는 벌레. 藿(콩 곽)
蠋(나비애벌레 촉)〕化(될 화 → 부화시키다)

越鷄不能伏鵠卵: 월(越)나라의 닭(鷄)은 고니(鵠) 알(卵)을 부화할(伏) 수(能) 없다(不). 鷄(닭
계) 鵠(고니 곡) 卵(알 란) 伏(품을 부 → 부화하다)

魯鷄固能矣: (그런데) 노(魯)나라 닭(鷄)은 본디(固) 할 수(能) 있다. 즉 고니 알을 부화할 수 있
다.

鷄之與鷄 其德非不同也: (월나라) 닭과(與~鷄) (노나라) 닭(鷄)을 (비교하면 이들이 지닌) 덕(德)이
같지(同) 않은(不) 게 아니다(非). 즉 같다.

有能與不能者: (그런데 알의 부화가 노나라 닭은) 가능하고(有能) (월나라 닭은) 불가능한(不能) 건
(者).

其才固有巨小也: (타고난) 재능(才)이 본디부터(固) 크고(巨) 작음(小)에서 (차이가) 있어서다
(有). 즉 노나라 닭은 크고 월나라 닭은 작아서다. 才(재능 재) 巨(클 거)

今吾才小 不足以化子: 지금(今) 내(吾) 재능(才)은 (작은 벌이나 월나라 닭처럼) 작아(小) 너(子)를
감화시키는데(以~化) 부족하다(不足). 化(감화시킬 화)

子胡不南見老子!: 너(子)는 어째서(胡) 남쪽(南)으로 (가) 노자(老子) (선생을) 찾아보지(見) 않
는가(不)! 胡(어찌 호)

南榮趎贏糧 七日七夜至老子之所: 남영주(南榮趎)는 (그 말을 좇아서 자신이 먹을) 양식(糧)을 등
에 짊어지고(贏) 칠일 밤낮(七日七夜)을 걸려 노자(老子)가 있는 곳(所)에 이르다(至). 糧(양식
량) 贏(질 영, 등에 짊어지다)

老子曰 子自楚之所來乎?: 노자(老子)가 말하다. 너(子)는 경상초(楚) 있는 곳에서(自~所) 왔나
(來)? 즉 경상초가 보내서 왔는가? 自(부터 할 자, ~로부터) 所(바 소) 來(올 래)

南榮趎曰 唯: 남영추(南榮趎)가 말하다. 예(唯). 唯(대답할 유, 예)

老子曰 子何與人偕來之衆也?: 노자(老子)가 말하다. 너(子)는 어째서(何) 사람들과(與~人) 함
께(偕) 무리(衆)를 (지어서) 왔는가(來)? 偕(함께 해) 衆(무리 중)

南榮趎懼然顧其後: 남영주(南榮趎)가 (깜짝) 놀라서(懼然) 뒤(後)를 돌아보다(顧). 懼然〔놀라는
모습. 懼(두려워할 구)〕顧(돌아볼 고)

老子曰 子不知吾所謂乎?: 노자(老子)가 말하다. 너(子)는 내(吾)가 묻는(謂) 바(所)를 알지(知)
못하나(不)? 즉 이해하지 못하나?

南榮趎俯而慙 仰而歎曰: 남영주(南榮趎)가 고개를 숙여(俯~而) 부끄러워하다가(慙) 하늘을 우
러러(仰) 탄식하며(歎) 말하다. 俯(구푸릴 부 → 고개를 숙이다) 慙(부끄러워할 참) 仰(우러를 앙) 歎
(탄식할 탄)

今者吾忘吾答 因失吾問: 지금(今~者) 나(吾)는 내(吾)가 (어떤) 대답(答)을 (해야 할지) 잊어버리

다(忘). (그래서 그로) 인해(因) 내(吾)가 (무엇을) 물어야(問) (할지도) 잃다(失). 答(대답할 답) 忘(잊을 망) 因(인할 인) 問(물을 문) 失(잃을 실)

老子曰 何謂也?: 노자(老子)가 말하다. (그게) 무슨(何) 말인가(謂)?

南榮趎曰 不知乎?: 남영주(南榮趎) 말하다. (내가) 아는(知) 게 없는가(不)?

人謂我朱愚: (그러면) 사람(人)들은 나(我)를 (두고) 우둔하다고(朱愚) 말하다(謂). 朱愚〔우둔함. 朱(둔할 주) 愚(어리석을 우)〕

知乎? 反愁我軀: (내가) 아는(知) (게 있는가)? (그러면) 내(我) 몸(軀)은 오히려(反) 괴롭다(愁). 軀(몸 구) 反(오히려 반) 愁(시름 수 → 괴롭다)

不仁則害人: (내가) 어질지(仁) 않으면(不~則) 남(人)을 해치다(害). 害(해칠 해)

仁則反愁我身: (내가) 어질면(仁~則) 오히려(反) 내(我) 몸(軀)은 괴롭다(愁).

不義則傷彼: (내가) 의롭지(義) 않으면(不~則) 남(彼)을 다치게 하다(傷). 傷(다치게 할 상)

義則反愁我己: (내가) 의로우면(義~則) 내(我) 몸(軀)은 괴롭다(愁).

我安逃此而可?: 나(我)는 어찌해야(安) (이런 모순에서) 달아날(逃) 수가 있는가? 즉 벗어날 수가 있는가? 安(어찌 안) 逃(달아날 도)

此三言者 趎之所患也: 이(此) 셋(三)을 말한(言) 것(者), 즉 앎(知), 어짊(仁), 의로움(義)은 (저) 주(趎)가 걱정하는(患) 바(所)다.

顧因楚而問之: 경상초(楚) (선생의) 인연(因)을 빌려서(顧~而) (이 점을) 묻다(問). 因(인연 인) 顧(빌릴 고)

老子曰 向吾見若眉睫之間: 노자(老子)가 말하다. 조금 전(向) 나(吾)는 너(若)의 눈썹(眉睫) 사이(間)를 보다(見). 向(접때 향, 조금 전) 若(너 약) 眉睫〔눈썹. 眉(눈썹 미) 睫(속눈썹 첩)〕

吾因以得汝矣: 나(吾)는 자네(汝)를 이해함으로(以~得) 말미암다(因). 즉 네가 어떤 사람인지 알다. 因(말미암을 인)

今汝又言而信之: 지금(今) 또(又) 너(汝)의 말을 듣고(言~而) (내 추측이 맞는 걸) 확신하다(信). 信(믿을 신 → 확신하다)

若規規然若喪父母: 너(若)의 노심초사하는 모습(規規然)이 마치(若) 부모(父母)를 잃은(喪) 듯하다. 規規然〔노심초사하며 얼빠진 모습. 즉 허둥지둥하는 모습〕喪(잃을 상)

揭竿而求諸海也: (그래서) 장대(竿) (하나를 달랑) 들고서(揭~而) 모든(諸) 바다(海)의 (깊이를) 구하다(求). 즉 장대 하나로 모든 바다의 깊이를 재다. 竿(장대 간) 揭(들 게) 諸(모든 제) 求(구할 구 → 깊이를 재다)

女亡人哉 惘惘乎!: 女亡人哉 惘惘乎!: 너(女)는 넋이 나간 사람(亡人)이다. (그래서) 정신을 놓은 채 멍한 모습을 하고 있다(惘惘)! 亡(잃을 망) 惘惘〔정신을 놓은 채 멍하니 있는 모습. 惘(멍할 망)〕

汝欲反汝情性而無由入!: 너(汝)는 너(汝)의 참 모습(情)으로 되돌아가려고 하는데도(欲反~而) 오히려(由) (참 모습에) 들어가지(入) 못하다(無)! 즉 돌아가지 못하다! 情(실상 정, 참 모습) 反(되돌아갈 반) 由(오히려 유)

可憐哉: (그러니) 가히(可), 즉 실로 가련하다(憐). 憐(불쌍히여길 련, 가련하다)

南榮趎請入就舍: 남영주(南榮趎)는 즉시(就) 자청해(請) (선생의) 학사(舍)로 들어가다(入). 就(곧 취, 즉시) 舍(집 사 → 학사)

召其所好 去其所惡: (거기서) 좋다는(好) 바(所)를 추구하고(召) 나쁘다는(惡) 바(所)를 버리다(去). 好(좋을 호) 召(부를 소, 불러들이다 → 추구하다) 惡(악할 악 → 나쁨) 去(버릴 거)

十日自愁: (이렇게) 열흘(十日)을 (수행하자) 스스로(自) 시름에 빠지다(愁). 自(스스로 자) 愁(시름 수)

復見老子 老子曰: (그래서) 다시(復) 노자(老子)를 보니까(見) 노자(老子)가 말하다. 復(다시 부)

汝自洗濯 熟哉鬱鬱乎!: 너(汝)는 (너의 묶은 때를) 자발적으로(自) 씻어(洗濯) 기가 성한 상태(鬱鬱)에서 푹 익다(熟)! 즉 많은 것을 깨닫다! 自(스스로 자, 자발적으로) 洗濯〔씻음. 洗(씻을 세) 濯(씻을 탁)〕 ※ 참고한『莊子今註今譯』에 '酒(술 주)'로 표시되었는데 오자로 보아 '洗(씻을 세)로 바꾸어서 해석했다. 鬱鬱〔기(氣)가 성한 모양. 鬱(우거질 울)〕 熟(익을 숙)

然而其中津津乎猶有惡也: 그런데도(然~而) (네) 마음(中)에는 나쁜(有~惡) (생각이) 여전히(猶) 흘러넘치다(津津). 津津〔넘쳐흐르는 모양. 津(넘칠 진)〕

夫外韄者不可繁而捉: (네 마음이) 저(夫) 밖(外)으로 매이면(韄~者) (생각이) 번거로워져(繁) (마음을) 잡을(捉) 수(可) 없다(不). 外(밖 외) 韄(묶을 획, 억매이다) 繁(번거로울 번) 捉(잡을 착)

將內揵: (그러니) 안(內)에서 (마음을) 닫아야 한다(將~揵). 揵(닫을 건)

內韄者不可繆而捉: (네 마음이) 안(內)으로 매이면(韄~者) (생각이) 동여 매어져(繆) (마음을) 잡을(捉) 수(可) 없다(不). 繆(동여맬 무)

將外揵: (그러니) 밖(外)에서 (마음을) 닫아야 하다(將~揵).

外內韄者 道德不能持: 밖(外)과 안(內)으로 모두 매이면(韄~者) 도덕(道德)을 지닐(持) 수(能) 없다(不)! 韄(묶을 획, 억매이다) 持(지닐지)

而況放道而行者乎!: 그런데(而) 하물며(況) (어찌) 도(道)에 따라(放~而) 행동하는(行) 사람(者)이 되겠는가! 放(향할 방 → 따라)

南榮趎曰 里人有病 里人問之: 남영주(南榮趎)가 말하다. (한) 마을(里) 사람(人)이 병(病)이 들어(有) (다른) 마을(里) 사람(人)이 (병문안으로) 방문하다(問).

病者能言其病: (그때) 환자(病者)가 (자신의) 병(病)이 (무언지) 말할(言) 수(能) 있다.

然其病病者 猶未病也: 그러면(然) 환자(病)가 앓는 병(病~者)은 마땅히(猶) (큰) 병(病)이 아니다(未). 猶(마땅히 유) 未(아닐 미)

若趎之聞大道: (저) 주(趎)가 (선생에게) 큰(大) 도(道)를 듣다(聞). 聞(들을 문)

譬猶飲藥以加病也: (그건 내가 어떤 병에 걸렸는지 정확히 모르고서) 약(藥)만 먹고(以~飲) 병(病)을 오히려(猶) 키우는(加) (것에) 비유하다(譬). 猶(오히려 유) 藥(약 약) 飲(마실 음 → 먹다) 加(더할 가 → 키우다) 譬(비유할 비)

趎願聞衛生之經而已矣: (이에) (저) 주(趎)는 생명(生)을 지키는(衛) 길(經)에 대해 듣기(聞)를 원할(願) 뿐이다(已矣). 衛生〔생명(生)을 보존하다(衛). 衛(지킬 위) 生(날 생)〕★ 위생(衛生)은 내편「양생주」의 양생(養生)과 거의 같은 뜻으로 보아도 무방하다. 經(길 경, 도리)

老子曰 衛生之經: 노자(老子)가 말하다. 생명(生)을 지키는(衛) 길(經).

能抱一乎?: (그것은) 하나(一), 즉 도를 끌어안을 수(能~抱) (있을까)? 抱(안을 포, 끌어안다)

能勿失乎?: (생명을 지키는 길이 도를) 잃지(失) 않게 할 수(能~勿) (있을까)? 失(잃을 실) 勿(말 물, 아니다)

能無卜筮而知吉凶乎?: (생명을 지키는 길이) 점(卜筮)을 치지 않아도(無~而) 길흉(吉凶)을 (미리) 알 수(能~知) (있을까)? 卜筮〔점. 卜(점 복) 筮(점대 책, 점치는데 쓰이는 도구)〕

能止乎? 能已乎?: (생명을 지키는 길이) 멈추게 할 수(能~止) (있을까)? 그치게 할 수(能~已) (있을까)? 已(그칠 이)

能舍諸人而求諸己乎?: (생명을 지키는 길이 다른) 사람에게서(諸~人) (찾는 걸) 버리고(舍~而) 자기(諸~己)에게서 찾게 할 수(能~求) (있을까)? 舍(버릴 사)

能翛然乎?: (생명을 지키는 길이 모든 걸) 자연(然)에 홀연히(翛) (맡길) 수(能) (있을까)? 翛〔홀연히. 翛(빠를 유)〕

能侗然乎?: (생명을 지키는 길이) 미련할 정도로 성실할 수(能~侗然) (있을까)? 侗然〔미련할 정도로 성실함. 侗(미련할 통)〕

能兒子乎?: (생명을 지키는 길이) 어린아이(兒子)가 (되도록 할) 수(能) (있을까)? 兒子〔어린애. 兒(아이 아) 子(아들 자)〕

兒子終日嗥而嗌不嗄: 어린애(兒子)가 종일(終日) 울어도(嗥~而) 목(嗌)이 잠기지(嗄) 않다(不). 嗥(짖을 호, 울다) 嗌(목구멍 익, 목) 嗄(목 잠길 사)

和之至也: (그건 자연의 도와) 화합(和)에 이르기(至) (때문이다).

終日握而手不掜: (어린애가) 주먹을 종일(終日) 쥐어도(握~而) 손(手)이 저리지(掜) 않다(不). 握(쥘 악, 주먹을 쥐다) 掜(땅길 예, 손의 심줄이 켕기다 → 손이 저리다)

共其德也: (그건 자연의) 덕(德)과 함께(共) (해서다). 共(함께 공)

終日視而目不瞚: (어린애가) 종일(終日) 보아도(視~而), 즉 눈뜬 채로 종일 있어도 눈(目)을 깜빡거리지(瞚) 않다(不). 瞚(눈깜짝거릴 순)

偏不在外也: (그건) 집착하는(偏) (대상이) 바깥(外)에 있지(在) 않아서다(不). 偏(외곳으로 편 →

집착하다)

行不知所之 居不知所爲: (어린애가) 가도(行) (자기가 가는) 곳(所)을 알지(知) 못하고(不) 멈추어도(居) (무엇을) 할(爲) 지(所)를 알지(知) 못하다(不). 行(갈 행) 居(머무를 거 → 멈추다)

與物委蛇 而同其波: (그것은 다른) 사물(物)과 함께(與) (변화를) 순순히 따르고(委蛇) 그러면서(而) (자연의) 물결(波)과 같이하다(同). 즉 자연의 물결대로 흘러가다. 委蛇〔뱀이 꿈틀거리며 가는 모양 → 순순히 따르다. 委(맡길 위, 자유로이하게 함) 蛇(구불구불 갈 이)〕

是衛生之經已: 이것(是)이 생명(生)을 지키는(衛) 길(經), 즉 양생의 도이다.

南榮趎曰 然則是至人之德已乎?: 남영주(南榮趎)가 말하다. 그러면(然~則) 이것(是)이 지인(至人)의 덕(德)인가?

曰 非也: 노자(老子)가 말하다. (아직은) 아니다(非).

是乃所謂氷解凍釋者 能乎?: 이(是~乃)에 소위(所謂) 얼음(氷)을 녹이듯(解) (마음속에) 얼어있는(凍) 걸 풀(釋) (수 있는) 사람(者)이라면 (지인이 되는 데) 가능할까(能)? 是(이에 시) 乃(이에 내) 氷(얼음 빙) 解(풀 해 → 녹이다) 凍(얼 동)

夫至人者 相與交食乎地而交樂乎天: 저(夫) 지인(至人者)은 땅(地)을 서로 함께(相~與) 일구면서(交) 먹고(食), 자연(天)의 (운행을) 벗하면서(交) 즐긴다(樂). 交(합할 교 → 일구다, 또는 벗 교, 사귀다)

不以人物利害相攖: 사람(人)과 사물(物)이 이해(利害)로 서로(相)를 어지럽히지(以~攖) 않다(不). 攖(어지럽힐 영)

不相與爲怪: (남)과(與) 의심스러운 짓을 서로(相) 하지(爲~怪) 않다(不). 怪(의심스러울 괴)

不相與爲謀: (남)과(與) 모의를 서로(相) 하지(爲~謀) 않다(不). 謀(꾀할 모, 모의를 하다)

不相與爲事: (남)과(與) 일을 서로(相) 만들지(爲~事) 않다(不).

翛然而往 侗然而來: (또) 홀연히(翛然~而) 떠난(往) 뒤에 (힘들어도) 미련할 정도로(侗然~而) (다시) 찾아오다(來). 侗然〔미련한 상태. 侗(미련할 통)〕往(갈 왕 → 떠나다) 來(올 래)

是謂衛生之經已: 이것(是)이 생명(生)을 지키는(衛) 길(經), 즉 양생의 도이다.

曰 然則是至乎?: (남영주가) 말하다. 그러면(然~則) 이것(是)이 지극함(至)인가?

曰 未也: 노자(老子)가 말하다. 아직(未)은 (아니다).

吾固告汝曰 能兒子乎?: 내(吾)가 이미(固) 너(汝)에게 고해(告) 말하다. 어린애(兒子)가 (될 수) (能) (있을까)?

兒子動不知所爲: 어린애(兒子)는 움직이면서(動) (자기가) 하는(爲) 바(所)를 알지(知) 못하다(不). 動(움직일 동)

行不知所之: 가지만(行) (자기가 가는 곳을) 알지(知) 못하다(不). 行(갈 행)

身若槁木之枝而心若死灰: 몸(身)은 말라 죽은(槁木) 나뭇가지(枝)와 같고(若~而) 마음(心)은

죽은(死) 재(灰)와 같다(若). 槁木[마른(槁) 나무(木). 즉 말라죽은 나무. 槁(마를 고)] 死灰[죽은 (死) 재(灰). 즉 불꺼진 재. 灰(화재 재)]

若是者 禍亦不至 福亦不來: 이런 사람(若是者)은 재앙(禍)에 또한(亦) 이르지(至) 않아도(不) 행복(福) 또한(亦) (찾아) 오지(來) 않는다(不). 禍(재앙 화)

禍福無有 惡有人災也!: (이처럼) 재앙(禍)과 행복(福)이 있지(有) 않은데(無) 사람(人)의 재해 (災)가 어찌(惡) (있을 수) 있는가(有)! 災(재앙 재 → 재해)

경상초(庚桑楚) 3

宇泰定者, 發乎天光. 發乎天光者, 人見其人, 物見其物.
人有修者, 乃今有恒., 有恒者, 人舍之天助之.
人之所舍, 謂之天民., 天之所助, 謂之天子.

마음이 편안하고 안정되면 안에서 자연 그대로의 빛(天光)을 뿜는다.
자연 그대로의 빛을 뿜으면 사람은 사람 본연의 참 모습을 드러내고,
사물은 사물 본연의 참 모습을 드러낸다.
사람이 마음의 수양을 이루면 그때부터 늘 변하지 않는 마음을 지닌다.
변하지 않는 마음을 지니면 사람들은 그에게 와서 머물고,
자연이 그를 돕는다.
사람들이 와서 머무는 사람을 가리켜
자연의 이치를 따르는 사람(天民)이라고 말하고,
자연이 돕는 사람을 가리켜 자연의 아들(天子)이라고 말한다.

注 ─────

宇泰定者 發乎天光: 마음(宇)이 편안하고(泰) 안정되면(定~者) (안에서) 천광(天光), 즉 자연 그 대로의 빛을 뿜다(發). 宇[마음. 중용(中庸)의 성(誠, 순수한 마음)과 같은 개념] 泰(편안할 태, 느 긋하고 태연함) 定(안정될 정) 發(쏠 발 → 뿜다)

發乎天光者: 천광(天光), 즉 자연 그대로의 빛을 뿜으면(發~者).

人見其人: 사람(人)은 사람(人) (본연의 참 모습을) 드러내다(見). 見(나타낼 현 → 드러내다)

物見其物: 사물(物)은 사물(物) (본연의 참 모습을) 드러내다(見).

人有修者 乃今有恒: 사람(人)이 (마음의) 수양을 이루면(有修~者) 이제부터(乃~今), 즉 그때부 터 늘 변하지 않는(恒) (마음을) 지니다(有). 修(닦을 수 → 수양함) 恒(늘 항, 늘 변하지 않고 그대로)

有恒者 人舍之天助之: 늘 변하지 않는 마음을 지니면(有恒~者) 사람(人)들은 (그에게 와서) 머물고(舍), 자연(天)은 (그를) 돕다(助). 舍(머무를 사) 助(도울 조)

人之所舍 謂之天民: 사람(人)들이 (와서) 머무는(舍) 사람(所)을 (가리켜) 자연(天)의 (이치를 따르는) 사람(民)이라 말하다(謂).

天之所助 謂之天子: 자연(天)이 돕는(助) 사람(所)을 (가리켜) 자연(天)의 아들(子)이라 말하다(謂).

경상초(庚桑楚) 4

學者, 學其所不能學也., 行者, 行其所不能行也., 辯者, 辯其所不能辯也.
知止乎其所不能知, 至矣., 若有不卽是者, 天鈞敗之.

학자(學者), 즉 배우는 사람은 배울 수 없는 바를 배우고,
행자(行者), 즉 배운 바를 실천에 옮기는 사람은
실천할 수 없는 바를 실천하고,
변자(辯者), 즉 배운 바를 말로 전하는 사람은 말할 수 없는 바를 말한다.
알 수 없는 데서 앎(知)이 그쳐야 지극한(至) 앎이다.
학자, 행자, 변자에 의지해 지극한 앎을 따르지 않으면
천균(天鈞), 즉 자연의 균형이 학자, 행자, 변자를 망가뜨릴 것이다.

注 ----------

學者 學其所不能學也: 학자(學者)는 배울(學) 수(能) 없는(不) 바(所)를 배우다(學). 學(배울 학)

行者 行其所不能行也: 행자(行者), 즉 배운 바를 실천에 옮기는 사람은 실천할(行) 수(能) 없는(不) 바(所)를 실천하다(行).

辯者 辯其所不能辯也: 변자(辯者), 즉 배운 바를 말로 전하는 사람은 말할(辯) 수(能) 없는(不) 것(所)을 말하다(辯). 辯(말할 변)

知止乎其所不能知 至矣: 알(知) 수(能) 없는(不) 데(所)서 앎(知)이 그쳐야(止) 지극한(至) (앎이다).

若有不卽是者: 만약(若) 이것(是), 즉 학자, 행자, 변자에 의지해 (지극한 앎을) 따르지(卽) 않음이(不) 있으면(有~者). 若(만일 약) 卽(의지하여따를 즉)

天鈞敗之: 천균(天鈞), 즉 자연의 균형이 (학자, 행자, 변자를) 망가뜨리다(敗). 天鈞〔하늘(天)의 고름(鈞). 鈞(고를 균)〕 ★ '균(鈞)'은 '균(均)'의 의미와 비슷해도 균(均)이 물리적 균형에서 그친

다면 균(鈞)은 시비를 조화시켜 사물에 구애되지 않는 하늘의 고름을 의미한다. 균(鈞)은 원래 '녹로' 균(鈞)에서 비롯되었다. 녹로는 그릇을 만드는 데 쓰이는 바퀴 모양의 연장인데 이를 회전시키면 온갖 그릇을 고르게 만들 수 있어 여기서 균(鈞)의 의미가 전해졌다. 이 균(鈞)의 개념은 내편「제물론」4에서도 등장한 바 있다. 敗(손상할 패, 해치다 → 망가뜨리다)

경상초(庚桑楚) 5

備物以將形, 藏不虞以生心, 敬中以達彼, 若是而萬惡至者, 皆天也,
而非人也, 不足以滑成, 不可內於靈臺.
靈臺者有持, 而不知其所持, 而不可持者也.
不見其誠己而發, 每發而不當, 業入而不舍, 每更爲失.
爲不善乎顯明之中者, 人得而誅之., 爲不善乎幽闇之中者, 鬼得而誅之.
明乎人, 明乎鬼者, 然後能獨行.
券內者, 行乎無名., 券外者, 志乎期費.
行乎無名者, 唯庸有光., 志乎期費者, 唯賈人也,
人見其跂, 猶之魁然.
與物窮者, 物入焉., 與物且者, 其身之不能容, 焉能容人!
不能容人者無親, 無親者盡人.
兵莫憯於志, 鏌鋣爲下., 寇莫大於陰陽, 無所逃於天地之間.
非陰陽賊之, 心則使之也.

적절한 환경을 갖춰서 몸을 기르고,
한적한 데 숨어 생각을 멈춰서 마음을 살리고,
몸 안을 신중히 해서 바깥과 막힘이 없게 통하도록 한다.
이처럼 하는데도 온갖 나쁜 것들이 몰려오면
이는 모두 자연(天)의 탓이지 사람(人)의 탓이 아니다.
그런데 어떤 나쁜 것도 나름 이룬(成) 우리 마음을 어지럽히지 못한다.
나쁜 것들이 우리 마음속 깊은 곳인 영대(靈臺)에 들어올 수 없어서다.
영대는 흔들리지 않음을 간직한다.
그런데 영대는 흔들리지 않음을 간직하는 바를 알지 못한다.

그리고 흔들리지 않음을 간직하는 것조차 의식하지 않는다.
이렇게 참되고 거짓 없는 자신의 마음을 보지 못하고 일을 벌이면
벌인 일마다 도와 매번 어긋난다.
또 벌인 일이 마음에 들어와 우리가 잡다한 생각을 버리지 못하면
하는 일마다 매번 고치다가 결국은 본연의 것을 잃는다.
밝음 속에서 좋지 못한 일을 하면 사람들은 그것을 볼 수 있어
그에게 벌을 준다.
또 어둠 속에서 좋지 못한 일을 하면 귀신이 그것을 볼 수 있어
그에게 벌을 준다.
그러니 사람에게 떳떳하고 귀신에게 떳떳한 후라야
남의 힘을 빌리지 않고 혼자서 제 갈 길을 갈 수 있다.
사람이 안으로 힘쓰면 이름이 나지 않게 행동하는데
밖으로 힘쓰면 이름을 빛내려는데 뜻이 있다.
이름이 나지 않게 행동하면 비록 평범하게 행동해도 빛이 나는데
이름을 빛내려는 데 뜻이 있으면 그는 단지 장사치일 뿐이다.
이런 사람은 발돋음을 해 스스로 크게 보이려는 것을 사람들이 아는데도
그렇게 된 자신을 오히려 크다고 여긴다.
재물에 무심하면 재물이 모이는데
재물에 구차하면 자신도 받아들이지 못한다.
그러니 재물에 구차한 사람이 어찌 다른 사람을 받아들일 수 있는가!
다른 사람을 받아들일 수 없으면 친한 사람이 없고,
친한 사람이 없으면 다른 사람과의 관계도 끊어진다.
무기 중에 싸우려는 의지보다 상대를 더 비통하게 만드는 무기는 없다.
그래서 명검으로 소문난 막야(鏌鋣)도 싸우려는 의지에 미치지 못한다.
남을 해치는 것 중에 음양(陰陽)의 기운보다 더 큰 게 없다.
그래서 우리는 천지 사이에서 음양의 기운으로부터 달아날 데가 없다.
그런데 음양의 기운이 사람을 해치는 게 아니고,
사람의 마음이 사람을 해친다.

備物以將形: (적절한) 환경(物)을 갖춰(備) 그럼으로써(以) 몸(形)을 기르다(將). 物(외경 물, 외계의 환경) 備(갖출 비) 將(기를 장)

藏不虞以生心: (한적한 데) 숨어(藏) 생각하는(虞) 걸 하지 않음으로(不~以) 마음(心)을 살리다(生). 藏(숨을 장) 虞(생각할 우) 生(살릴 생, 살리다)

敬中以達彼: (몸) 안(中)을 신중히 해(敬) 그럼으로써(以) 저(彼) (바깥과 막힘이 없이) 통하게(達) (하다). 敬(삼갈 경, 신중히 하다) 達(통할 달, 막힘이 없이 통하다)

若是而萬惡至者: 이처럼(若是) 하는데도(而) 온갖(萬) 나쁜(惡) (것들이) 몰려오면(至~者). 萬(많을 만 → 온갖) 惡(나쁠 오) 至(이를 지 → 몰려오다)

皆天也 而非人也: (이는) 모두(皆) 자연(天)의 탓이지(~而) 사람(人)의 (탓이) 아니다(非). 皆(다 개, 모두)

不足以滑成: (그런데 어떤 나쁜 것도 나름대로) 이룬(成) (우리의) 마음을 어지럽히기에(以~滑) 부족하다(不足). 즉 어지럽힐 수 없다. 成(이룰 성) 滑(어지러울 골)

不可內於靈臺: (나쁜 것들이 마음속 깊은 곳인) 영대에(於~靈臺) 들이는(內) 게 불가(不可)하다. 즉 영대에까지 들어올 수 없어서다. 靈臺〔마음 속 깊은 곳. 靈(정신 령) 臺(돈대 대)〕 內(들일 내)

靈臺者有持: 영대(靈臺~者)는 (흔들리지 않음을) 간직하다(有~持). 持(가질 지, 지니다 → 간직하다)

而不知其所持: 그런데(而) (영대는 흔들리지 않음을) 간직하는(持) 바(所)를 알지(知) 못하다(不).

而不可持者也: 그리고(而) (흔들리지 않음을) 간직하는 것(持~者)조차 (의식)하지(可) 못한다(不).

不見其誠己而發: (이렇게) 참되고 거짓 없는 마음(誠)의 자신(己)을 보지(見) 못하고(不~而) 일을 벌이다(發). 誠(정성 성, 참되고 거짓이 없음) 發(일으킬 발, 일을 벌이다)

每發而不當: (그러면) 벌인 일(發)마다 매번(每) (도와) 마땅치(當) 않다(不). 즉 매번 도와 어긋난다. 當(마땅할 당)

業入而不舍: (또 벌인) 일(業)이 (마음에) 들어와(入~而) (잡다한 생각을) 버리지(舍) 못하다(不). 舍(버릴 사)

每更爲失: (그러면 하는 일마다) 매번(每) 고쳐(更) (결국은 본연의 것을) 잃다(爲~失). 更(고칠 경) 失(잃을 실)

爲不善乎顯明之中者: 밝음(顯明) 속(中)에서 좋지(善) 못한(不) (일을) 하면(爲~者). 顯明〔명백하게 밝음. 顯(밝을 현) 明(밝을 명)〕

人得而誅之: 사람(人)들이 (그걸 보는 것을) 얻어(得), 즉 그걸 볼 수 있어 (그에게) 벌주다(誅). 誅(죄줄 주, 벌주다)

爲不善乎幽闇之中者: 어둠(幽闇) 속(中)에서 좋지(善) 못한(不) (일을) 하면(爲~者). 幽闇〔어두움. 幽(어두울 유) 闇(어두울 암)〕

鬼得而誅之: 귀신(鬼)이 (그걸 보는 것을) 얻어(得), 즉 그걸 볼 수 있어 (그에게) 벌주다(誅). 鬼 (귀신 귀)

明乎人 明乎鬼者: (그러니) 사람(人)에게 떳떳하고(明) 귀신(鬼者)에게 떳떳하다(明). 明(나타날 명, 떳떳하게 나타나다)

然後能獨行: 그런(然) 뒤(後) (남의 힘을 빌리지 않고) 혼자서(獨) (제 갈 길을) 갈(行) 수(能) 있다. 獨(홀로 독)

券內者 行乎無名: (사람이) 안(內)으로 힘쓰면(券~者) 이름이 나지(名) 않게(無) 행동하다(行). 券(연약할 권 → 힘쓰다) 名(이름날 명)

券外者 志乎期費: (그러나) 밖(外)으로 힘쓰면(券~者) (이름을 과도하게) 쓰는(費) 데 뜻(志)이 있다. 즉 이름을 빛내려는데 뜻이 있다. 費(쓸 비) 志(뜻 지)

行乎無名者 唯庸有光: 이름이 나지(名) 않게(無) 행동하면(行~者) 비록(唯) 평범하게(庸) (행동해도) 빛(光)이 난다(有). 唯(비록 ~해도 유) 庸(범상할 용, 평범함) 光(빛날 광)

志乎期費者 唯賈人也: (그런데 이름을 과도하게) 쓰는(費) 데 뜻이 있으면(志~者), 즉 이름을 빛내려는데 뜻이 있으면 (그는) 오로지(唯) 장사치이다(賈人). 唯(오직 유) 賈(장수 고, 장사치)

人見其跂 猶之魁然: (이런 사람은) 발 돋음을 해(跂) (스스로 크게 보이려는 것을) 사람(人)들이 아는데도(見) (그렇게 된 자신을) 오히려(猶) 크다고(魁然) 여기다. 跂(발 돋음할 기) 見(알 견) 魁然 〔장대한 모양. 즉 큰 모양. 魁(클 괴)〕

與物窮者 物入焉: 재물에(與~物) 무심하면(窮~者) 재물(物)이 모이다(入). 物(재물 물) 窮(다할 궁, 끝나다 → 무심하다)

與物且者 其身之不能容: (그런데) 재물에(與~物) 구차하면(且~者) 자신(身)도 받아들일 수(能~容) 없다(不). 且(구차스러울 차) 容(받아들일 용)

焉能容人!: (그러니 재물에 구차한 사람이) 어찌(焉) 다른 사람(人)을 받아들일 수(能~容) 있는가! 焉(어찌 언)

不能容人者無親: 다른 사람(人)을 받아들일 수(能~容) 없으면(不~者) 친한(親) (사람이) 없다 (無). 親(친할 친)

無親者盡人: 친한(親) (사람이) 없으면(無~者) 다른 사람(人)과의 (관계도) 끊어지다(盡). 盡(다할 진 → 관계가 끊어지다)

兵莫憯於志: 무기(兵) 중에 (싸우려는) 의지보다(於~志) (상대를 더) 비통하게(憯) 만드는 (무기는) 없다(莫). 兵(무기 병) 志(뜻 지, 의지) 憯(비통할 참)

鏌鋣爲下: (그래서 명검으로 소문난) 막야(鏌鋣)도 (이보다) 아래이다(爲下). 즉 싸우려는 의지에 미치지 못하다.

寇莫大於陰陽: (남을) 해치는(寇) 것 중에 음양의 (기운)보다(於~陰陽) (더) 큰(大) 게 없다(莫).

寇(해칠 구)

無所逃於天地之間: (그래서 우리는) 천지(天地) 사이에서(於~間) (음양의 기운으로부터) 달아날
(逃) 데(所)가 없다(無). 逃(달아날 도)

非陰陽賊之: (그런데) 음양(陰陽)의 기운이 (사람을) 해치는(賊) (게) 아니다(非). 賊(해칠 적)

心則使之也: (사람의) 마음(心)이 곧(則) (사람을) 해치도록(使) 한다. 使(하여금 사 → 하게끔)

경상초(庚桑楚) 6

道通.
其分也成也, 其成也毁也.
所惡乎分者, 其分也以備., 所以惡乎備者, 其有也以備.
故出而不反, 見其鬼., 出而得, 是謂得死.
滅而有實, 鬼之一也.
以有形者象無形者而定矣.
出無本, 入無竅.
有實而無乎處, 有長而無乎本剽, 有所出而無竅者有實.
有實而無乎處者, 宇也. 有長而無本剽者, 宙也.
有乎生, 有乎死, 有乎出, 有乎入, 入出而無見其形, 是謂天門.
天門者, 無有也, 萬物出乎無有.
有不能以有爲有, 必出乎無有, 而無有一無有.
聖人藏乎是.

도(道) 안에선 모든 게 하나로 통한다.
그래서 이편에서 나누어짐(分)은 저편에서 이루어짐(成)이고,
이편에서 이루어짐은 저편에서 허물어짐(毁)이다.
그런데 나누어지는(分) 것을 미워하는 까닭은
나누어질 때마다 갖추어짐을 끊임없이 바라서이다.
또 갖추어지는(備) 것을 미워하는 까닭은 갖추어짐을 끊임없이 바라서이다.
그래서 태어나도 본성으로 되돌아오지 않으면 우리는 귀신으로 나타난다.
또 태어나서 본성을 얻으면 이는 죽음을 맞이한다고 말한다.

또 없어져야 하는데 여전히 행적이 있으면 그것은 귀신과 같다.

형체가 있는 몸은 형체가 없는 도를 본받아야 안정이 된다.

도를 본받아서 안정되면 태어날 때는 근원이 없고,

죽을 때는 들어갈 구멍이 없다.

또 행적이 있어도 머물지 않는다.

또 오래 머물어도 시작과 끝이 없다.

또 태어난 바가 있어도 돌아갈 구멍이 없고 행적은 있다.

행적이 있어도 머물지 않으면 한없이 넓은 공간(宇)에 머무는 일이다.

오래 머물어도 시작과 끝이 없으면 영원한 시간(宙)에 머무는 일이다.

태어남(生)이 있고, 죽음(死)이 있고, 들어옴(出)이 있고, 나감(入)이 있다.

이처럼 들어오고 나감이 있어도 모습을 볼 수 없으므로

이를 가리켜서 자연의 문(天門)을 들락거리는 거라고 말한다.

자연의 문에는 아무것도 없고, 만물은 아무것도 없는 상태에서 나온다.

만물이 있는 건 본래부터 있어서가 아니라

반드시 아무것도 없는 데서 나온다.

그런데 아무것도 없는 데는 하나같이 아무것도 있지 않은 곳이다.

성인은 이런 아무것도 없는 곳에서 몸과 마음을 간직한다.

注

道通: 도(道) (안에선 모든 게 하나로) 통한다(通). 通(통할 통)

其分也成也 其成也毀也: (그래서 이편에서) 나누어짐(分)은 (저편에서) 이루어짐(成)이고, (이편에서) 이루어짐(成)은 (저편에서) 허물어짐(毀)이다. 分(나눌 분, 나누어짐) 成(이룰 성, 이루어짐) 毀(헐 훼, 허물어짐)

所惡乎分者 其分也以備: (그런데) 나누어지는(分) 걸 미워하는(惡) 까닭(所)은 나누어질(分) (때마다) 갖춰지길(備) (바라서이다). 惡(미워할 오) 備(갖출 비)

所以惡乎備者 其有(也)以備: (또) 갖추어지는(備) 걸 미워하는(惡) 까닭(所以)은 갖춰짐으로(以~備) 있음(有)을 (요구해서다). 즉 갖추어짐을 끊임없이 바라서이다. 所以(까닭)

故出而不反 見其鬼: 그래서(故) (우리가 세상에) 나와도(出~而), 즉 우리가 태어나도 (본성으로) 되돌아오지(反) 않으면(不) (우리는) 귀신(鬼)으로 나타나다(見). 出(날 출) 反(되돌아올 반) 鬼(귀신 귀) 見(나타날 현)

出而得 是謂得死: (또) 태어나서(出~而) (본성을) 얻으면(得) 이(是)는 죽음(死)을 맞이한다고 (得) 말하다(謂). 得(얻을 득)

滅而有實 鬼之一也: (또) 없어져야 하는데(滅~而) (여전히) 행적(實)이 있으면(有) (그건) 귀신 (鬼)과 같다(一). 滅(멸망할 멸, 없어지다) 實(행적 실) 一(같을 일)

以有形者象無形者而定矣. 형체(形~者)가 있는(有) (몸)으로(以) 형체(形~者)가 없는(無) (도를) 본받아야(以~象) 안정된다(而~定). 즉 형체가 있는 몸은 형체가 없는 도를 본받아야 안정되다. 象(본받을 상)

出無本 入無竅: (도를 본받아서 안정되면) 나올(出) 때는, 즉 태어날 때는 근원(本)이 없고(無) 들 어갈(入) 때는, 즉 죽을 때는 (들어갈) 구멍(竅)이 없다(無). 本(근원 본) 竅(구멍 규)

有實而無乎處: (또) 행적(實)이 있어도(有~而) 머물지(處) 않는다(無). 處(살 처, 머무르다)

有長而無乎本剽: (또) 오래 머물어도(有長~而) 시작(本)과 끝(剽)이 없다(無). 長(오랠 장) 本(근 원 본, 시작) 剽(끝 표)

有所出而無竅者有實: (또) 태어난(出) 바(所)가 있어도(有~而) (돌아갈) 구멍(竅~者)이 없고(無) 행적(實)은 있다(有).

有實而無乎處者 宇也: 행적(實)이 있어도(有~而) 머물지(處) 않으면(無~者) 한없이 넓은 공간 (宇)에 (머무는 일이다). 宇(집 우 또는 하늘 우, 한없이 넓은 공간)

有長而無本剽者 宙也: (또) 오래(長) 머물어도(有~而) 시작(本)과 끝(剽)이 없으면(無~者) 영원한 시간(宙)에 (머무는 일이다). 宙(집 주, 무한의 시간)

有乎生 有乎死 有乎出 有乎入: 태어남(生)이 있고(有), 죽음(死)이 있고(有) 들어옴(出)이 있고 (有) 나감(入)이 있다(有).

入出而無見其形 是謂天門: (이처럼) 들어오고(入) 나감이 있어도(出~而) 모습(形)을 볼(見) 수 없으므로(無) 이(是)를 가리켜 자연(天)의 문(門)을 (들락거리는 거라고) 말하다(謂).

天門者 無有也: 자연(天)의 문(門~者)에는 (아무것도) 있지(有) 않음(無)이다. 즉 없다.

萬物出乎無有: 만물(萬物)도 (아무것도) 있지(有) 않는(有~無), 즉 없는 상태에서 나오다(出).

有不能以有爲有: (만물이) 있는(有) 건 (만물이) 있음으로(以~有) 있음이란(爲~有) 게 가능할(能) 수 없다(不). 즉 만물이 있는 건 본래부터 있어서가 아니다.

必出乎無有: 반드시(必) 아무것도 없는(有無) (데서) 나오다(出)

而無有一無有: 그런데(而) 있는(有) 게 없는(有~無), 즉 아무것도 없는 데는 하나같이(一) 아무 것도 있지(有) 않는(無) 곳이다.

聖人藏乎是: 성인(聖人)은 이런(是) (아무것도 없는 곳에서 몸과 마음을) 간직하다(藏). 藏(간직할 장)

경상초(庚桑楚) 7

古之人, 其知有所至矣. 惡乎至?

有以爲未始有物者, 至矣, 盡矣, 弗可以加矣.

其次, 以爲有物矣, 將以生爲喪也, 以死爲反也, 是以分已.

其次, 曰始無有, 旣而有生, 生俄而死., 以無有爲首, 以生爲體, 以死爲尻,

孰知有無死生之一守者, 吾與之爲友.

是三者雖異, 公族也.

昭景也, 著戴也, 甲氏也, 著封也, 非一也.

옛날 사람 중에 앎(知)이 지극한 바 있다.

어째서 그의 앎이 지극할까?

사물의 존재를 처음부터 의식하지 않아서이다.

너무나 지극하고 최고인지라 그의 앎에 더 이상의 것을 보탤 수 없다.

그다음으로 앎이 지극한 사람은

사물의 존재만 의식해 삶을 잃음으로, 죽음을 되돌아감이라 여긴다.

이런 사람에게는 삶과 죽음의 분별이 기필코 이런 식으로만 있을 뿐

사물을 처음부터 이것저것으로 구분하지 않는다.

그다음으로 앎이 지극한 사람은

처음에는 삶과 죽음이 단절되지 않는다고 의식하는데

얼마 안 있어 태어남이 있고, 태어남이 있자 죽음이 있다는 걸 깨닫는다.

그래서 아무것도 없는 걸 머리(首)로 여기고, 태어남을 몸통(體)으로 여기고,

죽음을 엉덩이(尻)라고 여긴다.

이렇게 있음과 없음, 죽음과 태어남을 구분하지 않고 하나로 지키는 걸 누가 알까. 나는 그와 벗이 되겠다.

이 셋의 상태, 즉 사물의 존재 자체를 아예 의식하지 않는 상태,

사물의 존재를 의식해도 삶을 잃음이라 죽음을 되돌아감이라 여기는 상태,

태어남이 있자 곧 죽음이 있다고 여기는 상태는

비록 달라도 다 같이 제후의 일족(公族)이다.

(즉 다 같이 훌륭한 앎의 상태이다.)

초나라 소(昭)씨와 경(景)씨 성은 사람들이 떠받드는 직책을 나타내고,
갑(甲)씨 성은 소유한 봉지를 나타낸다 해도
이들은 하나같이 제후의 일족이 아닌가!

注 ────────────────────────────────

古之人 其知有所至矣. 옛날(古) 사람(人) 중에 앎(知)이 지극한(至) 바(所)가 있다(有). 古
(옛 고) 知(알 지, 앎)

惡乎至: 어째서(惡) (그들의 앎이) 지극한(至) (건가)? 惡(어찌 오)

有以爲未始有物者: 처음부터(始) 사물(物~者)이 있지(有) 않다고(未) (하는) 여김이(以~爲) 있
어서다(有). 즉 사물의 존재를 처음부터 의식하지 않아서이다. 始(일찍 시, 일찍부터 → 애초부터)

至矣 盡矣 弗可以加矣: (너무나) 지극하고(至) 최고인지라(盡) (그의 앎에 더 이상의 것을) 보탤
(加) 수(可) 없다(弗). 盡(극에달할 진, 최고에 이르다) 加(더할 가)

其次 以爲有物矣: 그(其) 다음(次)으로 (앎이 지극한 사람은) 사물(物)이 있다(有) 여기다(以~爲).
즉 사물의 존재만 의식한다.

將以生爲喪也: (그래서) 이에(將) 삶을(以~生) 잃음이라고 여기다(爲~喪). 將(이에 장) 喪(잃을 상)

以死爲反也: 죽음을(以~死) 되돌아감이라고 여기다(爲~反). 反(되돌아갈 반)

是以分已: 이런(是) (사람에게는 삶과 죽음의) 분별이(以~分) 기필코(已) (이런 식으로만 있다). 已
(기필코 이)

而未始有封也: 그런데(而) (사물을) 처음부터(始) (이것/저것) 구분(封)이 있지(有) 않다(未). 즉
이것저것으로 구분하지 않는다. 封(봉할 봉, 영주에게 땅을 주는 걸 뜻하므로 구분으로 해석)

其次曰始無有: 그(其) 다음(次)으로 (앎이 지극한 사람은) 처음에는(始) (삶과 죽음이 단절되어) 있
음(有)을 (의식하지) 않는다(無) 말하다. 즉 삶과 죽음이 단절되지 않았다고 의식하다.

旣而有生 生俄而死: (그런데) 얼마 안 있어(旣~而) 태어남(生)이 있고(有), 태어남(生)이 있자
곧(俄~而) 죽음(死)이 (있다는 걸 깨닫는다). 旣(이윽고 기, 얼마 안 있어) 俄(갑자기 아, 돌연히 → 곧)

以無有爲首 以生爲體 以死爲尻: (그래서 아무것도) 있지(有) 않음을(以~無) 머리로 여기고(爲~
首), 태어남을(以~生) 몸통으로 여기고(爲~體), 죽음을(以~死) 엉덩이로 여기다(爲~尻). 體(몸
체) 尻(꽁무니 고 → 엉덩이)

孰知有無死生之一守者: (이렇게) 있음(有)과 없음(無), 죽음(死)과 태어남(生)을 (구분하지 않고)
하나로(一) 지키는(守) 것(者)을 누가(孰) 아는가(知). 守(지킬 수) 孰(누구 숙)

吾與之爲友: 나(吾)는 그와(與~之) 벗이 되다(爲~友). 友(벗 우)

是三者雖異 公族也: 이(是) 셋(三~者)의 상태는 비록(雖) 달라도(異) (다 같이) 제후의 일족(公
族)이다.

昭景也 著戴也: (초나라) 소(昭)씨와 경(景)씨 (성은 사람들이) 떠받드는(戴) (직책을) 나타내다

(著). 戴(받들 대) 著(나타낼 저)

甲氏也 著封也: 갑씨(甲氏) 성은 (소유한) 봉지(封)를 나타내다(著). 封(봉할 봉, 봉지)

非一也: (그래도 이들은) 하나(一)같이 (제후의 일족이) 아닌가(非)!

경상초(庚桑楚) 8

有生, 黬也, 披然曰移是.

嘗言移是, 非所言也. 雖然, 不可知者也.

臘者之有膍胲, 可散而不可散也., 觀室者周於寢廟, 又適其偃焉, 爲是擧移是.

請嘗言移是.

是以生爲本, 以知爲師, 因以乘是非., 果有名實, 因以己爲質,

使人以爲己節, 因以死償節.

若然者, 以用爲知, 以不用爲愚, 以徹爲名, 以窮爲辱.

移是, 今之人也, 是蜩與學鳩同於同也.

사람은 일체의 구분과 차별이 없는 어둠 속에서 태어났어도

성장해 나아가면서 전체상황을 파악해

시비판단의 기준을 바꾼다(移是)고 말한다.

그런데 이시(移是), 즉 전체상황을 파악해 시비판단의 기준을 바꾸는 것에

대해 말을 꺼내도 그건 말할 수 있는 게 아니다.

아무리 그렇더라도 정말로 말할 수 있는지 모른다.

연말 섣달 납일에 지내는 제사에

천엽과 엄지발가락이 붙은 소를 통째로 잡아 제물로 쓴다.

이때 먹지 못하는 부위인 천엽과 엄지발가락을 떼어내도 상관없는데

소 모양이 온전치 못하다고 해 이를 떼어내지 않는다.

또 집 구경하는 사람은 거실과 묘당을 두루 살펴보고 그 집 뒷간까지 가 본다.

이렇게 하는 게 전체상황을 파악해 시비판단 수준을 높이는 거라 착각한다.

이시(移是), 즉 전체상황을 파악해 시비판단 기준을 바꾸는 것을 말해보자.

이시를 따르는 사람은 스스로 삶의 경험을 근본으로 삼고,

스스로 앎을 스승으로 삼아 시비를 가린다.

이시를 따르는 사람은 명목과 실질이 본래 하나로 있어

이로 인해 자신을 실질이라 여긴다.

이시를 따르는 사람은 자신을 절개 있는 인물이라고 사람들이 여기도록 해

이로 인해 죽음으로써 절개에 보답한다.

이시를 따르는 사람은 쓸모 있음을 지혜롭다고, 쓸모 없음을 어리석다고,

세상이 자신을 알아주는 걸 명예로, 알아주지 않는 걸 치욕으로 여긴다.

그러니 이시(移是)는 지금 사람들에게

매미와 어린 비둘기가 대붕을 비웃던 것과 같은 수준이다.

注 ─────────

有生 黬也: (사람은 일체의) 구분과 차별이 없는 어둠 속(黬)에서 태어나다(生). 黬(검은점 염 → 무차별의 어둠 속)

披然曰移是: (그러나) 성장해 나아가면서(披然) 이시(移是), 즉 전체상황을 파악해 시비판단의 기준을 바꾼다고 말하다. 披然〔(오므라진 게 벌려지며) 성장해 나아감. 披(펼 피, 오므라진 것을 벌리다)〕 移是〔옳음(是)을 변하게(移) 함. 즉 전체상황에 따라 시비판단의 기준을 바꿈. 移(변할 이) 是(옳을 시)〕

嘗言移是 非所言也: (그런데) 전체상황을 파악해 시비판단의 기준을 바꾸는 것(移是)에 대해 말을 꺼내도(嘗~言) (그건) 말하는(言) 바(所)가 아니다(非). 즉 말할 수 있는 게 아니다.

雖然 不可知者也: 아무리 그렇더라도(雖然) (정말로 말할 수 있는지) 알(知) 수(可) 없는(不) 거다(者~也). 즉 모른다.

臘者之有膍胲: 연말 섣달 납일에 지내는 제사(臘~者)엔 천엽(膍)과 엄지발가락(胲)이 (붙어) 있는(有) (소를 통째로 잡아 제물로 쓰다). 臘(납향 랍, 연말 섣달 납일에 지내는 제사) 膍(천엽 비, 소나 양 따위 새김질하는 밥통) 胲(엄지발가락 해)

可散而不可散也: (이때 먹지 못하는 부위인 천엽과 엄지발가락을) 떼어내도(散) 괜찮지만(可~而) (소 모양이 온전치 못하다고 해 이를) 떼어내는(散) 게 불가(不可)하다. 즉 떼어내지 않는다. 散(내칠 산, 떼어내다)

觀室者周於寢廟: (또) 집(室) 구경하는(觀) 사람(者)은 거실(寢)과 묘당을(於~廟) 두루(周) (살펴 보다). 室(집 실) 周(두루 주) 寢(방 침, 거실) 廟(사당 묘, 묘당)

又適其偃焉: 심지어(又) (그 집) 뒷간(偃)을 가(適) (보다). 又(또 우 → 심지어) 偃(변소 언, 뒷간) 適(갈 적)

爲是擧移是: 이것(是)이 이시(移是), 즉 전체상황을 파악해 시비판단의 수준을 높이는 거라 착각하다(爲~擧). 擧(들 거 → 높이다)

請常言移是: (그런데) 청컨대(請) 이시(移是)에 대해 제대로(常) (한번) 말해 보자(言). 請(청하건 대 청) 常(떳떳할 상 → 제대로)

是以生爲本 以知爲師: 이것(是), 즉 이시를 따르는 사람은 (스스로) 삶의 (경험)을(以~生) 근본 으로 삼고(爲~本), (스스로) 앎을(以~知) 스승으로 삼다(爲~師).

因以乘是非: (이로) 인해(因) 그럼으로써(以) 시비(是非)를 헤아리다(乘). 즉 시비를 가리다. 因 (인할 인) 乘(헤아릴 승)

果有名實 因以己爲質: (이시를 따르는 사람은) 명목(名)과 실질(實)이 본래(果) (하나로) 있어(有) (이로) 인해(因) 자신을(以~己) 실질이라 여기다(爲~質). 果(과연 과, 본래) 名(이름 명, 명목) 質(바 탕 질, 사물의 본질. 즉 실질)

使人以爲己節: (이시를 따르는 사람은) 자신(以~己)을 절개(節) 있는 인물로 사람들로 하여금(使 ~人) 여기게(爲) 하다. 節(절개 절)

因以死償節: (이로) 인해(因) 죽음으로써(以~死) 절개(節)를 갚다(償). 즉 죽음으로써 절개에 보 답하다. 償(갚을 상)

若然者 以用爲知: (이시를 따르는) 사람(若然~者)은 쓸모 있음을(以~用) 지혜롭다고 여기다(爲~ 知). 用(쓸 용 → 쓸모)

以不用爲愚: 쓸모(用) 없음을(以~不) 어리석다고 여기다(爲~愚). 愚(어리석을 우)

以徹爲名: 세상이 (자신을) 알아주는(以~徹) 걸 명예로 여기다(爲~名). 徹(통할 철, 세상에 통하다 → 세상이 알아주다) 名(이름 명 → 명예)

以窮爲辱: 세상이 알아주지 않는(以~窮) 걸 치욕으로 여기다(爲~辱). 窮(궁할 궁 → 세상이 알아 주지 않다) 辱(욕되게할 욕 → 치욕)

移是 今之人也: (그러니) 이시(移是)는 지금(今) 사람(人)들에게. 今(이제 금, 지금)

是蜩與學鳩同於同也: 이(是)는 매미(蜩)와 어린 비둘기(學鳩)가 (대붕을 비웃던 것과) 같음에서 (於~同) 같다(同). 즉 같은 수준이다. 蜩(매미 조) 學鳩〔막 날갯짓을 배우는 어린 비둘기. 學(학 생 학, 어린) 鳩(비둘기 구)〕

경상초(庚桑楚) 9

蹍市人之足, 則辭以放驁, 兄則以嫗, 大親則已矣.
故曰, 至禮有不人, 至義不物, 至知不謀, 至仁無親, 至信辟金.

시장에서 낯선 이의 발을 밟으면 자신의 무례한 행동에 대해 용서를 빌고,

형이 동생의 발을 밟으면 미안하다며 동생을 어루만지고,

부모가 자식의 발을 밟으면 그뿐이다.

그래서 말한다.

'최고의 예의(至禮)는 상대방을 남으로 대하지 않고,

최고의 의로움(至義)은 죽음으로부터 자유롭고,

최고의 앎(至知)은 무언가를 도모하지 않고,

최고의 어짊(至仁)은 새삼스레 친근함이 없고,

최고의 신용(至信)은 금을 저당 잡히지 않는 일이다.

注

蹍市人之足 則辭以放鶩: 시장(市)에서 (낯선) 사람(人)의 발(足)을 밟으면(蹍~則) (자신의) 무례한 행위에(以~放鶩) 대해 용서를 빌다(辭). 市(시장 시) 蹍(밟을 전) 放鶩〔무례함. 放(멋대로할 방) 鶩(오만할 오)〕辭(청할 사, 용서를 빌다)

兄則以嫗: 형(兄)이 (동생의 발을 밟다). 그러면(則) 따뜻함으로(以~嫗) (말하다). 즉 미안하다며 어루만지다. 嫗(따스히할 구)

大親則已矣: 부모(大親)가 (자식의 발을 밟다). 그러면(則) (그) 뿐이다(已). 大親〔부모. 親(어버이 친)〕

故曰 至禮有不人: 고로(故) 말하다. 지극한(至) 예의(禮), 즉 최고의 예의는 (상대방을) 남(人)으로 (대하지) 않음(不)이 있다(有). 禮(예도 예, 예절)

至義不物: 지극한(至) 의로움(義)은 죽음(物)을 (구별하지) 않다(不). 즉 최고의 의로움은 죽음으로부터 자유롭다. 物(죽을 물)

至知不謀: 지극한(至) 앎(知), 즉 최고의 앎은 (무언가를) 도모하지(謀) 않는다. 謀(꾀할 모, 도모하다)

至仁無親: 지극한(至) 어짊(仁), 즉 최고의 어짊은 (새삼스레) 친근함(親)이 없다(不). 親(친할 친, 친근함)

至信辟金: 지극한(至) 믿음(信), 즉 최고의 믿음은 금(金)을 물리치다(辟). 즉 금을 저당 잡히지 않는다. 信(믿을 용) 辟(물리칠 벽)

경상초(庚桑楚) 10

徹志之勃, 解心之謬, 去德之累, 達道之塞.

貴富顯嚴名利六者, 勃志也.

容動色理氣意六者, 謬心也.

惡欲喜怒哀樂六者, 累德也.

去就取如知能六者, 塞道也.

此四六者不盪胸中則正, 正則靜, 靜則明, 明則虛, 虛則無爲而無不爲也.

道者, 德之欽也., 生者, 德之光也.

性者, 生之質也. 性之動, 謂之爲., 爲之僞, 謂之失.

知者, 接也., 知者, 謨也., 知者之所不知, 猶睨也.

動以不得已之謂德, 動而非我之謂治, 名相反而實相順也.

생각이 발끈하고 일어서는 것을 버리고, 마음의 속박을 풀고,

덕에 누가 되는 행위를 버리고, 도를 막고 있는 것을 뚫는다.

귀함(貴), 부유함(富), 저명함(顯), 존경받음(嚴), 명예(名), 이익(利)의 여섯 개는

사람의 생각을 발끈하고 일어서게 한다.

용모(容), 동작(動), 낯빛(色), 거동(理), 생기(氣), 생각(意)의 여섯 개는

사람의 마음을 속박한다.

미움(惡), 의욕(欲), 기쁨(喜), 성냄(怒), 슬픔(哀), 즐거움(樂)의 여섯 개는

사람의 덕에 누가 된다.

버림(去), 이룸(就), 취함(取), 따름(如), 앎(知), 능력(能)의 여섯 개는

사람의 도를 막는다.

네 종류의 여섯 개가 사람의 마음을 동요하게 하지 않으면

사람의 태도가 올바르고,

사람의 태도가 올바르면 행동이 고요해지고,

행동이 고요해지면 정신이 밝아지고,

정신이 밝아지면 마음을 텅 비우고,

마음을 텅 비우면 무위(無爲)에 이르는데 그러면 모든 걸 다할 수 있다.

도(道)는 덕(德)이 숭상하는 바이고, 생명(生)은 덕의 빛(光)이다.

그리고 타고난 본성(性)은 생명(生)의 바탕(質)이다.

타고난 본성(性)이 움직이면 무언가 하는 거라고 말한다.

그러나 무언가 하는 일이 거짓되면 본성을 잃는 거라고 말한다.

지혜는 사물과의 접촉을 통해 생겨난다.

지혜는 계책을 세우는 일인데 지혜를 통해 알지 못하는 바는

사물을 흘겨보아 전체를 다 보지 못하는 것과 같다.

그리고 본성이 부득이하게 움직이는 것을 덕(德)이라고 말하고,

움직여도 내 뜻이 담겨있지 않은 것을 참 다스림이라고 말한다.

덕과 다스림은 이름 상으론 서로 반대여도 실상은 자연에 서로 순응한다.

注 —————————

徹志之勃 解心之謬: 생각(志)이 발끈하고 일어서는(勃) 걸 버리고(徹), 마음(心)과 어긋나는 (謬) 걸 풀다(解). 즉 마음을 속박하는 걸 풀다. 志(뜻 지 → 생각) 勃(일어날 발, 발끈하고 일어나는 모양) 徹(버릴 철) 謬(어긋날 류) 解(풀 해)

去德之累 達道之塞: 덕(德)에 누가 되는(累) (행위를) 버리고(去), 도(道)를 막고(塞) (있는) 걸 뚫다(達). 累(누끼칠 루, 누가 되다) 去(버릴 거) 塞(막을 색) 達(통할 달, 뚫다)

貴富顯嚴名利六者 勃志也: 귀함(貴), 부유함(富), 저명함(顯), 존경받음(嚴), 명예(名), 이익(利) 의 여섯 개(六~者)는 (사람의) 생각(志)을 발끈하고 일어서게 한다(勃). 顯(나타날 현, 드러남 → 저명) 嚴(바위 암 → 존경 받음)

容動色理氣意六者 謬心也: 용모(容), 동작(動), 낮빛(色), 거동(理), 생기(氣), 생각(意)의 여섯 개(六~者)는 (사람의) 마음(心)을 속박한다(謬). 理(거동 리) 氣(기운 기 → 생기) 意(뜻 의, 생각)

惡欲喜怒哀樂六者 德也: 미움(惡), 의욕(欲), 기쁨(喜), 성냄(怒), 슬픔(哀), 즐거움(樂)의 여섯 개(六~者)는 (사람의) 덕(德)에 (누를 끼치다).

去就取如知能六者 塞道也: 버림(去), 이룸(就), 취함(取), 따름(如), 앎(知), 능력(能)의 여섯 개 (六~者)는 (사람의) 도(道)를 막는다(塞). 去(버릴 거) 就(이룰 취) 取(취할 취) 如(좇을 여, 따름)

此四六者不盪胸中則正: 이(此) 네(四) (종류) 여섯(六) 개(者)가 가슴(胸) 속(中), 즉 사람 마음 을 동요하게(盪) (하지) 않으면(不~則) (사람 태도가) 올바르다(正). 胸(가슴 흉) 盪(움직일 탕, 동요 시키다)

正則靜 靜則明: (사람 태도가) 올바르면(正~則) (행동이) 고요해지고(靜), (행동이) 고요해지면(靜 ~則) (정신이) 밝아지다(明).

明則虛: (정신이) 밝아지면(明) (마음을) 텅 비우다(虛).

虛則無爲而無不爲也: (마음을) 텅 비우면(虛~則) 하고자 함(爲)에 이르는데(無~而) (그러면) 하지(爲) 못하는(不) 게 없다(無).

道者 德之欽也: 도(道~者)는 덕(德)이 숭상하는(欽) (바다). 欽(공경할 흠, 숭상하다)

生者 德之光也: 생명(生~者)은 덕(德)의 빛(光)이다.

性者 生之質也: (그리고 타고난) 본성(性~者)은 생명(生)의 바탕(質)이다. 性(바탕 성, 타고난 본성) 質(바탕 질)

性之動 謂之爲: (타고난) 본성(性)이 움직이면(動) (무언가) 하는(爲) (거라고) 말하다(謂).

爲之僞 謂之失: (그러나 무언가) 하는(爲) 일이 거짓되면(僞) (본성을) 잃는(失) (거라고) 말하다(謂). 僞(거짓 위)

知者 接也: 지혜(知~者)는 (사물과의) 접촉(接)을 통해서 (생겨난다. 接(사귈 접 → 접촉)

知者 謨也: 지혜(知~者)는 계책을 세우는(謨) (일이다). 謨(꾀할 모, 계책을 세우다)

知者之所不知 猶睨也: (그런데) 지혜(知~者)를 (통해) 알지(知) 못하는(不) 바(所)는 (사물을) 흘겨보아(睨) (전체를 다 보지 못하는 것과) 같다(猶). 睨(흘겨볼 예) 猶(같을 유)

動以不得已之謂德: (그리고 본성이) 부득이하게(以~不得已) 움직이는(動) 걸 덕(德)이라고 말하다(謂). 動(움직일 동)

動而非我之謂治: 움직여도(動~而) 내(我) (뜻이 담아있지) 않은(非) 걸 (참) 다스림(治)이라고 말하다(謂).

名相反而實相順也: (덕과 다스림은) 이름(名) 상으론 서로(相) 반대여도(反~而) 실상(實相)은 (자연에) 서로(相) 순응하다(順).

경상초(庚桑楚) 11

羿工乎中微而拙乎使人無己譽.
聖人工乎天而拙乎人.
夫工乎天而俍乎人者, 唯全人能之.
唯蟲能蟲, 唯蟲能天.
全人惡天? 而況吾天乎人乎!

활쏘기의 명인 예(羿)는 작은 과녁을 맞히는 데는 뛰어나도
사람들이 자신을 칭찬하지 않도록 하는 데는 서툴다.
성인은 자연스러운(天) 것에는 뛰어나도 인위적인(人) 것에는 서툴다.
자연스러운 것도 뛰어나고, 인위적인 것도 잘하면

이것은 오로지 온전한 사람(全人)만이 할 수 있다.

동물은 오로지 동물 노릇만 하므로 동물은 오로지 자연스러울 수 있다.

온전한 사람(全人)도 어찌 자연적인 것을 싫어하겠는가?

그런데 하물며 자연적인 것과 인위적인 것을 구별하는 우리는

자연적인 것에는 서툴고, 인위적인 것에는 뛰어나지 않는가?

注 ―――――――――――――――――――――――――――――――――――――

羿工乎中微: (활쏘기의 명인인) 예(羿)는 작은(微) (과녁을) 맞히는(中) (데) 뛰어나다(工). 微(작을 미) 中(맞힐 중, 과녁에 맞힘) 工(교묘할 공 → 뛰어나다)

而拙乎使人無己譽: 그러나(而) 사람들이(使~人) 자기(己)를 칭찬하지(譽) 않도록(無) 하는 데 서툴다(拙). (그래서 그는 유명해지다) 譽(기릴 예, 기리다 → 칭찬하다) 拙(졸할 졸, 서툴다)

聖人工乎天而拙乎人: 성인(聖人)은 자연스러운(天) (것에는) 뛰어나도(工) 인위적인(人) (것에는) 서툴다(拙).

夫工乎天而俍乎人者: 무릇(夫) 자연스러운(天) (것도) 뛰어나고(工), 인위적인(人) (것도) 잘하면(俍~者). 俍(잘할 량)

唯全人能之: (이것은 오로지(唯) 온전한(全) 사람(人)만이 할 수(能) (있다). 唯(오직 유) 全(온전할 전)

唯蟲能蟲 唯蟲能天: 동물(蟲)은 오로지(唯) 동물(蟲) 노릇만 하므로(能) 동물(蟲)만이 오로지(唯) 자연스러울(天) 수(能) 있다. 蟲(벌레 충, 동물의 총칭)

全人惡天?: 온전한(全) 사람(人)이 (어찌) 자연적인(天) (것을) 싫어하겠는가(惡)? 惡(미워할 오, 싫어하다)

而況吾天乎人乎!: 그런데(而) 하물며(況) 자연적인(天) 것과 인위적인(人) 것을 (구별하는) 우리(吾)는 (자연적인 것에는 서툴고 인위적인 것에는 뛰어나지 않겠는가)!

경상초(庚桑楚) 12

一雀適羿, 羿必得之, 威也., 以天下爲之籠, 則雀無所逃.

是故湯以胞人籠伊尹, 秦穆公以五羊之皮籠百里奚.

是故非以其所好籠之而可得者, 無有也.

활쏘기 명인 예(羿)에게 한 마리 새가 날아들면 예는 반드시 그 새를 잡는데 그건 사정권 안에 들어와서다.

천하를 새장으로 삼으면 사람도 더 달아날 데가 없다.
이런고로 상나라 탕(湯)임금은 이윤(伊尹)을 요리사란 관직으로
새장에 가두고,
진(秦)나라 목공(穆公)은 백리해(百里奚)를 다섯 장 양가죽으로
새장에 가두었다.
이런고로 사람들이 좋아하는 걸 미끼로 삼지 않으면 새장에 가둘 수 없다.

注

一雀適羿 羿必得之 威也: (활쏘기 명인) 예(羿)에게 한 마리(一) 새(雀)가 날아가면(適) 예(羿)는 반드시(必) 그 새를 잡을 수(得) 있는데 위협할(威) 수 있어서다. 즉 사정권 안에 들어와서다. 雀(참새 작, 새) 適(갈 적, 가다 → 날아감) 得(얻을 득 → 잡다) 威(으를 위, 위협하다)

以天下爲之籠 則雀無所逃: 천하를(以~天下) 새장(籠)으로 삼으면(爲~則) 새(雀)는 달아날(逃) 데(所)가 없다(無). 籠(새장 롱) 逃(달아날 도)

是故湯以胞人籠伊尹: 이런(是) 고로(故) (상나라) 탕(湯)임금은 이윤(伊尹)을 요리사란 (관직)으로(以~胞人) 새장(籠)에 (가두다). 胞人(요리사. 胞(부엌 포)]

秦穆公以五羊之皮籠百里奚: 진(秦)나라 목공(穆公)은 백리해(百里奚)를 다섯(五) (장) 양가죽으로(以~羊皮) 새장(籠)에 가두다. 羊皮(양가죽. 羊(양 양) 皮(가죽 피)]

是故非以其所好籠之而可得者 無有也: 이런(是) 고로(故) (사람들이) 좋아하는(好) 것(所)을 (미끼로 삼지) 않으면(非~而) 그것으로(以) 새장에 가두는(籠) 게 가능한(可得) 게(者) 없다(無). 즉 새장에 가둘 수 없다.

경상초(庚桑楚) 13

兀者扡畵, 外非譽也.., 胥靡登高而不懼, 遺死生也.
夫復謵不餽而忘人, 忘人, 因以爲天人矣.
故敬之而不喜, 侮之而不怒者, 唯同乎天和者爲然.
出怒不怒, 則怒出於不怒矣.., 出爲無爲, 則爲出於無爲矣.
欲靜則平氣, 欲神則順心, 有爲也欲當, 則緣於不得已, 不得已之類, 聖人之道.

형벌로 발뒤꿈치가 잘린 사람이 몸치장에 신경 쓰지 않는 건
그의 마음이 비난과 칭찬으로부터 자유로워서다.

사역하는 종이 높은 곳에 올라도 두려워하지 않는 건

그의 생각이 죽음과 삶을 잊어서다.

음식과 선물을 보내 남에게 관심을 보이도록 하지 않는데 익숙해지는 건

남과 자기와의 구별을 잊어서다.

이처럼 남과 자기와 구별을 잊음으로써 천인(天人), 즉 자연의 인간이 된다.

그래서 천인은 누군가 그를 공경해도 기뻐하지 않고

업신여겨도 성내지 않는다.

이는 오로지 자연의 조화와 합치되었기에 그렇다.

천인이 성낼 경우를 당해도 성내지 않는 건

성내지 않음에서 성냄이 나타나서다.

천인이 뭔가 해야 하는 경우를 당해도 하고자 함이 없는(無爲) 건

하고자 함이 없는 데서 하려는 게 나타날 뿐이어서다.

고요해지고 싶으면 기(氣)를 평온히 지녀야 하고,

정신이 상쾌해지고 싶으면 천성을 따라야 한다.

하고자 함이 있음(有爲)이 합당하게 되기를 원하면

어쩔 수 없음(不得已)을 따라야 한다.

이런 어쩔 수 없음의 부류가 성인(聖人)의 도이다.

注 ────────

兀者扡畵: (형벌로) 발뒤꿈치가 잘린(兀) 사람(者)이 몸치장 도구(畵)를 버리는(扡) 것. 즉 몸치장에 신경을 쓰지 않는 것. 兀(발뒤꿈치벨 올) ※ 참고한 『莊子今註今譯』에 '介(끼일 개)'로 표시되었는데 오자로 보아 '兀(발뒤꿈치벨 올)'로 바꾸어서 해석했다. 畵(그림 화 → 몸치장 도구) 扡(버릴 치) ※ 참고한 『莊子今註今譯』에 '侈(사치할 치)'로 표시되었는데 오자로 보아 '扡(버릴 치)'로 바꾸어서 해석했다.

外非譽也: (그의 마음이) 비난(非)과 칭찬(譽)으로부터 멀다(外). 즉 자유로워서이다. 非(꾸짖을 비 → 비난) 譽(기릴 예, 칭찬) 外(외댈 외, 멀다)

胥靡登高而不懼: 사역하는 종(胥靡)이 높은(高) 곳에 올라도(登~而) 두려워하지(懼) 않는(不) 것. 胥靡(사역하는 종. 胥(아전 서) 靡(쓰러질 미)) 登(오를 등) 懼(두려워할 구)

遺死生也: (그의 생각이) 죽음(死)과 삶(生)을 잊어서이다(遺). 遺(잊을 유)

夫復謵不餽而忘人: 음식과 선물을 보내(餽) (굳이 남에게 관심을 보이도록 하지) 않는데(不) 익숙해지면(謵復~而) 남(人)과 (자기와 구별을) 잊어서이다(忘). 餽(보낼 궤, 음식과 선물을 보내다 → 관심

보이다) 復習〔익숙해짐. 復(다시 부) 習(익힐 습)〕

忘人 因以爲天人矣: (이처럼) 남(人)과 (자기와의 구별을) 잊다(忘). 이로써(因) 자연의 인간, 즉 천인(天人)이 되다(以~爲).

故敬之而不喜: 고로(故) (천인은 누군가) 공경해도(敬~而) 기뻐하지(喜) 않는다(不). 敬(공경할 경)

侮之而不怒者: 업신여겨도(侮) 성내지(怒) 않는(不) 건(者). 侮(업신여길 모) 怒(성낼 노)

唯同乎天和者爲然: (이는) 오로지(唯) 자연(天)의 조화(和~者)와 합치되어서(同) 그러하다(爲 ~然).

出怒不怒 則怒出於不怒矣: (천인은) 성냄(怒)이 나와도(出), 즉 성낼 경우를 당해도 성내지(怒) 않는 건(不~則) 성내지(怒) 않음에서(於~不) (곧) 성냄(怒)이 나타날(出) 뿐이어서이다(矣). 出 (날 출, 나타나다)

出爲無爲 則爲出於無爲矣: (천인이) 뭔가 (해야) 하는(爲) 경우를 당해도(出) 하고자 함이 없는 건(無爲~則) 하고자 함이 없는 데서(於~無爲) 하려는(爲) 게 나타날(出) 뿐이어서이다(矣).

欲靜則平氣: 고요해지고(靜) 싶으면(欲~則) 기(氣)를 평온하게(平) (지녀야 한다). 靜(고요할 정) 平(편안할 평, 평온함)

欲神則順心: 정신(神)이 (상쾌해지고) 싶으면(欲~則) 천성을 따라야(順心) 한다. 神(정신 신) 順 心〔천성을 따르다. 順(순응할 순)〕

有爲也欲當 則緣於不得已: 하고자 함이 있음(有爲)이 합당하게(當) (되기를) 바라면(欲~則) 부 득이 함을(於~不得已) 따라야(緣) (한다). 當(알맞을 당 → 합당함) 緣(좇을 연, 따르다)

不得已之類 聖人之道: (이런) 부득이(不得已)의 부류(類)가 성인(聖人)의 도(道)이다. 類(무리 류, 부류)

서무귀

徐 無 鬼

서무귀(徐無鬼) 1

徐無鬼因女商見魏武侯, 武侯勞之曰:「先生病矣! 苦語山林之勞, 故乃肯見於寡人.」

徐無鬼曰:「我則勞於君, 君有何勞於我! 君將盈耆欲, 長好惡, 則性命之情病矣.,

君將黜耆欲, 掔好惡, 則耳目病矣.

我將勞君, 君有何勞於我!」

武侯超然不對. 少焉, 徐無鬼曰:「嘗語君, 吾相狗也. 下之質執飽而止, 是狸德也.,

中之質若視日, 上之質若亡其一.

吾相狗, 又不若吾相馬也. 吾相馬, 直者中繩, 曲者中鉤, 方者中矩, 圓者中規,

是國馬也, 而未若天下馬也.

天下馬有成材, 若卹若失, 若喪其一, 若是者, 超軼, 絕塵, 不知其所.」

武侯大悅而笑.

徐無鬼出, 女商曰:「先生獨何以說吾君乎?

吾所以說吾君者, 橫說之則以詩書禮樂, 從說之則以金板六弢,

奉事而大有功者不可爲數,

而吾君未嘗啓齒. 今先生何以說吾君, 使吾君說若此乎?」

徐無鬼曰:「吾直告之吾相狗馬耳.」

女商曰:「若是乎?」

曰:「子不聞夫越之流人乎? 去國數日, 見其所知而喜.,

去國旬月, 見所嘗見於國中者喜.,及期年也, 見似人者而喜矣.,

不亦去人滋久, 思人滋深乎?

夫逃虛空者, 藜藋柱乎鼪鼬之逕, 踉位其空, 聞人足音跫然而喜矣,

又況乎昆弟親戚之謦欬其側者乎! 久矣夫, 莫以眞人之言謦欬吾君之側乎!」

서무귀(徐無鬼)가 여상(女商)의 소개로 위(魏)나라 무후(武侯)를 만났을 때
무후가 서무귀를 위로하며 말했다.
"선생은 지쳤다! 얼굴에 드리운 고통이 산속의 힘든 생활을 말해주는데
이에 과인을 만나려고 하는 거지요."
서무귀가 말했다.
"제가 군주를 위로해야지 어찌 군주께서 저를 위로하도록 해서 되겠습니까!
지금 군주는 기호(耆欲)에 탐닉하고 호오(好惡) 감정을 키워서
타고난 본성의 참 모습이 병들어 가고 있습니다.
기호의 편견을 버리고 호오의 감정을 버리면 귀와 눈에 생긴 병이 낫습니다.
그러니 제가 군주를 위로해야지 군주가 저를 위로할 게 어찌 있겠습니까!"
무후는 초연한 채 서무귀의 말에 응대하지 않았다.
잠시 후 서무귀가 말했다.
"제가 군주께 개를 감정하는 방법에 대해 말씀드리지요.
바탕이 낮은 개는 배가 부르면 먹는 걸 그치는데 이는 이리의 본성입니다.
바탕이 중간인 개는 배가 부르면 해를 쳐다보며 뜻이 충만한 것 같습니다.
바탕이 높은 개는 배가 부르면 스스로를 잃어
정신이 움직이지 않는 것 같습니다.
그런데 제가 개를 감정하는 능력은 말을 감정하는 능력에 미치지 못합니다.
제가 말을 감정하건대
먹줄처럼 앞으로 똑바로 가고, 갈고리처럼 제대로 굽어서 가고,
곱자처럼 각이 정확히 져서 가고, 그림쇠를 댄 것처럼 둥글게 잘 도는 말은
나라 안에서 쳐주는 국마(國馬)는 될지언정 천하마(天下馬)는 되지 못합니다.
천하마는 훌륭한 재질을 지녀도 불쌍하고 가련한 채 뭔가 잃은 듯하고,
스스로 잃어 정신이 움직이지 않는 듯하지요.
그런데 이런 말이 빨리 달리면 나는 듯이 질주해
어디로 사라졌는지 모릅니다."
무후가 크게 기뻐하며 웃었다.

서무귀가 나오자 여상이 그에게 물었다.

"선생 혼자 어떤 말로 제 군주를 웃게 했습니까?

저는 군주께 횡설(橫說)이면 시경(詩經), 서경(書經), 예경(禮經), 악경(樂經)을,

종설(從說)이면 금판(金板)과 육도(六弢)을 줄곧 말해왔습니다.

또 일을 받들면서 큰 공을 세운 건 이루 헤아릴 수 없을 정도로 많습니다.

그런데 제 군주는 치아를 드러내며 환히 웃어 본 적이 없습니다.

지금 선생은 어떤 말로 제 군주를 설득해 이처럼 기쁘게 만들었습니까?"

서무귀가 대답했다.

"저는 개와 말을 감정했던 제 경험을 군주에게 직접 말했을 뿐입니다."

여상이 물었다. "그랬군요?"

서무귀가 말했다.

"그대는 월(越)나라로 귀양 간 사람의 얘기를 혹 듣지 못했나요?

나라를 떠난 지 며칠이 되면 알던 사람만 보아도 기뻐하고,

나라를 떠난 지 한 달이 되면 나라 안에서 만난 사람만 보아도 기뻐하고,

나라를 떠난 지 일 년에 이르면 비슷하게 생긴 사람만 보아도 기뻐합니다.

이는 사람과 떠난 지 점점 오래되면 사람이 점점 그리워서가 아닐까요?

인적이 끊긴 곳으로 달아나서 사는 사람이

족제비가 다닐만한 좁은 길조차 무성하게 자란 잡초가 가로막고 있어도,

또 빈 골짜기를 비슬비슬 걸으면서 외롭게 자리하고 있어도

사람의 발소리가 저벅저벅 들리기만 해도 기뻐합니다.

하물며 형제나 일가친척의 기침 소리가 곁에서 들리면 얼마나 기쁠까요!

진인(眞人)의 말이 기침 소리가 될 수 있도록

제가 군주 곁에 없었던 시간이 너무 오래되었습니다!

注 ───

徐無鬼因女商見魏武侯: 서무귀(徐無鬼)가 여상(女商)으로 인해(因), 즉 여상의 소개로 위(魏)나라 무후(武侯)를 만나다(見). ★ 徐無鬼는 위(魏)나라의 은자이고 女商은 위(魏)나라의 재상이다. 見(볼 견→만나다)

武侯勞之曰 先生病矣!: (그 때) 무후(武侯)가 (서무귀를) 위로하며(勞) 말하다. (서무귀) 선생(先生)은 지치다(病)! 勞(위로할 로) 病(피로할 병→지치다)

苦語山林之勞: (얼굴에 드리운) 고통(苦)이 산속(山林)의 힘든(勞) (생활을) 말하다(語). 苦(괴로움 고 → 고통) 勞(수고할 로, 힘듦)

故乃肯見於寡人: 고로(故) 이에(乃) 감히(肯) 과인을(於~寡人) 만나다(見). 乃(이에 내) 肯(감히 긍)

徐無鬼曰 我則勞於君: 서무귀(徐無鬼)가 말하다. 나인즉(我~則), 즉 내가 군주를(於~君) 위로하다(勞).

君有何勞於我!: 어찌(何) 군주(君)가 나를(於~我) 위로함(勞)이 있는가(有)! 즉 위로하도록 해서 되는가!

君將盈耆欲 長好惡: (지금) 군주(君)는 기호(耆欲)에 탐닉하고(將~盈) 호오(好惡)의 (감정을) 키우다(將~長). 耆欲(기호와 욕망. 耆(즐길 기)〕盈(찰 영, 가득 채우다) 長(기를 장, 키우다)

則性命之情病矣: 그런즉(則) 타고난 본성의 참 모습(性命之情)이 병들어(病) (갈) 뿐이다(矣). 性命之情〔타고난(命) 본성(性)의 참 모습(情). 命(운명 명, 타고남) 性(바탕 성, 타고난 본성) 情(실상 정, 참 모습)〕

君將黜耆欲 擎好惡,則耳目病矣: 기호(耆欲)의 (편견을) 버리고(將~黜) 호오(好惡)의 (감정을) 버리면(擎~則) 군주(君)는 귀(耳)와 눈(目)에 병(病)이 (낫다). 黜(버릴 출) 擎(버릴 견)

我將勞君 君有何勞於我!: (그러니) 내(我)가 군주(君)를 위로하지(將~勞) 군주(君)가 날(於~我) 위로할(勞) 게 어찌(何) 있나(有)!

武侯超然不對: 무후(武侯)는 초연한 채(超然) (서무귀 말에) 응대하지(對) 않다(不). 超然〔초연 → 세상을 초연해 (못들은 척함). 超(넘을 초)〕

嘗少焉 徐無鬼曰 語君 吾相狗也: 잠시 후(嘗少) 서무귀(徐無鬼)가 말하다. 내(吾)가 개(狗)를 감정하는(相) (방법에 대해) 군주(君)에게 말하다(語). 狗(개 구) 相(가릴 상 → 감정하다)

下之質執飽而止: 바탕(質)이 낮은(下) (개는) 배부름(飽)과 벗하면(執~而), 즉 배가 부르면 (그제야) 먹는 걸 그치다(止). 質(바탕 질) 飽(배부를 포) 執(벗할 집)

是狼德也: 이(是)는 살쾡이(狼)의 본성(德)이다. 狼(이리 랑, 개와 비슷한 사나운 짐승) ※ 참고한 『莊子今註今譯』에 '狸(살쾡이 리)'로 표시되었는데 오자로 보아 '狼(이리 랑)'으로 바꾸어서 해석했다. 德(본성 덕)

中之質若視日: 바탕(質)이 중간(中)인 (개는) 해(日)를 쳐다보면서(視) (뜻이 충만한 것) 같다(若). 視(볼 시) 若(같을 약)

上之質若亡其一: 바탕(質)이 높은(上) (개는) 마치(若) 하나(一)를 잃다(忘). 즉 스스로 잃어 정신이 움직이지 않다. 亡(잃을 망)

吾相狗 又不若吾相馬也: (그런데) 내(吾)가 개(狗)를 감정하는(相) (능력은) 또(又) 내(吾)가 말(馬)을 감정하는(相) (능력만) 같지(若) 않다(不). 즉 개를 감정하는 능력은 말을 감정하는 능력에 미치지 못하다.

吾相馬 直者中繩 曲者中鉤: 내(吾)가 말(馬)을 감정하건대(相) (앞으로) 똑바로 가면(直~者) 먹줄(繩)에 들어맞고(中), 구부러지게 가면(曲~者) 갈고리(鉤)에 들어맞다(中). 즉 먹줄처럼 앞으로 똑바로 가고, 갈고리처럼 제대로 굽어서 간다. 繩(먹줄 승) 中(맞을 중, 들어맞다) 鉤(갈고리 구)

方者中矩 圓者中規: 각이 지게 가면(方~者) 곱자(矩)에 들어맞고(中), 둥글게 돌면(圓~者) 그림쇠(規)에 들어맞다(中). 즉 곱자처럼 각이 정확하게 져서 가고, 그림쇠를 댄 것처럼 둥글게 돈다. 矩(곱자 구) 圓(둥글 원) 規(그림쇠 규)

是國馬也 而未若天下馬也: 이런(是) (말은) 국마(國馬), 즉 나라 안에서 쳐주는 말이다. 그런데(而) 아직 천하마(天下馬)와 같지(若) 않다(未). 즉 천하를 대표하는 말이 아니다.

天下馬有成材: 천하마(天下馬)는 훌륭한(成) 재질(材)을 지니다(有). 成(좋을 성, 훌륭한) 材(재목 재 → 재능)

若卹若失 若喪其一: (그런데도) 불쌍하고 가련한 채(若~卹) (뭔가) 잃은(失) 듯하고(若), 하나(一)를 잃은 듯(若~喪) 하다. 즉 스스로를 잃어 정신이 움직이지 않은 듯하다. 卹(진휼할 휼, 불쌍하고 가련하다) 失(잃을 실) 喪(잃을 상)

若是者 超軼 絶塵: (그런데) 이(是) 같은(若) 말(者)이 빨리(超) 달리면(軼) 나는 듯이 질주하다(絶塵). 超(빠를 초) 軼(앞지를 일 → 달리다) 絶塵〔걸음이 빨라 나는 것 같아 먼지가 조금도 나지 않음) 絶(끊을 절) 塵(티끌 진)〕

不知其所: (어디로 사라지는) 바(所)를 알지(知) 못하다(不). 즉 어디로 사라지는지 모르다.

武侯大悅而笑: 무후(武侯)가 크게(大) 기뻐하며(悅~而) 웃다(笑). 悅(기쁠 열) 笑(웃을 소)

徐無鬼出 女商曰: 서무귀(徐無鬼)가 나오자(出) 여상(女商)이 (그에게) 말하다.

先生獨何以說吾君者乎?: 선생(先生) 홀로(獨) 어떤(何) 말로(以~說) 내(吾) 군주(君)를 (웃게 만드나)? 何(어찌 하, 무엇 → 어떤) 說(말할 설)

吾所以說吾君者: 내(吾)가 (그동안) 내(吾) 군주(君)에게 말한(以~說) 바(所~者).

橫說之則以詩書禮樂: 횡설이면(則~橫說) 시경(詩經), 서경(書經), 예경(禮經), 악경을(以~樂經).

從說之則以金板六弢: 종설이면(則~從說) 금판(金板)과 육도와 같은 병서를(以~六弢) (줄곧 말하다).

奉事而大有功者不可爲數: (또) 일(事)을 받들면서(奉~而) 큰(大) 공(功)을 세운(有) 건(者) 헤아리는(爲~數) 게 가하지(可) 않다(不). 즉 이루 헤아릴 수 없을 정도로 많다. 奉(받들 봉)

而吾君未嘗啓齒: 그런데(而) 내(吾) 군주(君)는 치아(齒)를 드러내며(啓) (환히 웃은 적이) 없다(未嘗). 齒(이 치, 치아) 啓(열릴 계 → 드러내다)

今先生何以說吾君: 지금(今) 선생(先生)은 어떤(何) 말로(以~說) 내(吾) 군주(君)를 (설득하다).

使吾君說若此乎?: 내(吾) 군주가(使~君) 이처럼(若~此) 기뻐하는가(說)? 說(기뻐할 열)

徐無鬼曰 吾直告之吾相狗馬耳: 서무귀(徐無鬼)가 말하다. 나(吾)는 내(吾)가 개(狗)와 말(馬)을

감정했던(相) (경험을 군주에게) 직접(直) 말했을(告) 뿐이다(耳). 直(곧을 직 → 직접) 告(알릴 고 → 말하다)

女商曰 若是乎?: 여상(女商)이 말하다. 이와 같이(若是) (말인가)? 즉 그러군요? 若是〔이와 같이. 若(같을 약)〕

曰 子不聞夫越之流人乎?: (서무귀가) 말하다. 너(子)는 월(越)나라로 귀양 간 사람(流人)의 (얘기를) 들은(聞) 적이 (혹시) 없는가(不)? 流人〔귀양살이 하는 사람. 流(귀양보낼 류)〕

去國數日 見其所知而喜: 나라(國)를 떠난(去) 지 며칠(數日)이 (되면) 알던(知) 사람(所)만 보아도(見~而) 기뻐하다(喜). 去(갈 거, 떠나가다) 見(볼 견) 喜(기쁠 희)

去國旬月 見所嘗見於國中者喜: 나라(國)를 떠난(去) 지 한 달(月)이 (되면) 나라(國) 안에서(於~中) 만난(嘗~見) 사람(所)만 보아도(見) 기뻐하다(喜). 嘗(맛볼 상 → 만나다)

及期年也 見似人者而喜矣: (나라를 떠난 지) 일 년(年)에 이르면(乃) 비슷함(似)에 부합하는(入) 사람(者), 즉 비슷하게 생긴 사람만 보아도(見~而) 기뻐하다(喜). 似(같을 사, 비슷한) 入(부합할 입)

不亦去人滋久 思人滋深乎?: (이) 또한(亦) 사람(人)과 떠난(去) 지 점점 더(滋) 오래되면(久) 사람(人)을 점점 더(滋) 깊이(深) 그리워해서가(思) 아닌가(不)? 滋(점점더 자, 더욱 더) 久(오랠 구) 深(깊을 심) 思(생각 사, 그리워하다)

夫逃虛空者: 저(夫) 텅 빈(虛空), 즉 인적이 끊긴 곳(者)으로 달아나(逃) (사는) 사람(者). 虛(빌 허) 空(빌 공) 逃(달아날 도)

藜藋柱乎鼪鼬之逕: 족제비(鼪鼬)가 (다닐만한) 좁은 길(逕)조차 (무성하게 자란) 잡초(藜藋)가 가로막고 있다(柱). 藜藋〔잡초. 藜(명아주 려) 藋(명아주 조)〕 鼪鼬〔족제비. 鼪(족제비 생) 鼬(족제비 유)〕 逕(소로 경, 좁은 길) 柱(막을 주, 가로막다)

踉位其空: (또) 빈(空) (골짜기를) 비슬비슬 걸으면서 (외롭게) 자리하고 있다(踉位). 踉位〔비슬비슬 거리며(踉) 자리하다(位). 踉(비틀거릴 량, 비슬비슬 걸음) 位(자리할 위)〕

聞人足音跫然而喜矣: (그렇더라도) 사람(人)의 발(足) 소리(音)가 저벅저벅(跫然) 들리기만 해도(聞) 기뻐할(喜) 뿐이다(矣). 足(발 족) 音(소리 음) 跫然〔저벅저벅. 跫(발자국소리 공)〕

又況乎昆弟親戚之謦欬其側者乎!: 또(又) 하물며(況) 형제(昆弟)나 (일가) 친척(親戚) 기침소리(謦欬)가 곁(側)에서 (들리)면(者) (얼마나 기쁠까)! 昆弟〔형제. 昆(형 곤) 弟(아우 제)〕 謦欬〔기침소리. 謦(기침 경) 欬(기침 해)〕

久矣夫: (너무) 오래되다(久~矣).

莫以眞人之言謦欬吾君之側乎!: 진인(眞人)의 말이(以~言) 기침소리(謦欬)가 (될 수 있도록 내가) 내(吾) 군주(君) 곁(側)에 없었던(莫) (게)! 久(오랠 구) 側(곁 측)

서무귀(徐無鬼) 2

徐無鬼見武侯曰:「先生居山林, 食杼栗厭葱韭, 以賓寡人, 久矣夫!

今老邪? 其欲干酒肉之味邪? 其寡人亦有社稷之福邪?」

徐無鬼曰:「無鬼生於貧賤, 未嘗敢飮食君之酒肉, 將來勞君也.」

君曰:「何哉, 奚勞寡人?」

曰:「勞君之神與形.」

武侯曰:「何謂邪?」

徐無鬼曰:「天地之養也一, 登高不可以爲長, 居下不可以爲短.

吾獨爲萬乘之主, 以苦一國之民, 以養耳目鼻口, 夫信者不自許也.

夫神者, 好和而惡姦., 夫姦, 病也, 故勞之. 唯君所病之, 何也?」

武侯曰:「欲見先生久矣. 吾欲愛民而爲義偃兵, 其可乎?」

徐無鬼曰:「不可. 愛民, 害民之始也., 爲義偃兵, 造兵之本也.,

君自此爲之, 則殆不成.

凡成美, 惡器也., 君雖爲仁義, 幾且僞哉! 形固造形, 成固有伐, 變固外戰.

君亦必無盛鶴列於麗譙之間, 無徒驥於錙壇之宮, 無藏逆於得, 無以巧勝人,

無以謀勝人, 無以戰勝人.

夫殺人之士民, 兼人之士地, 以養吾私與吾神者, 其戰不知孰善? 勝之惡乎在?

君若勿已矣, 修胸中之誠, 以應天之情而勿攖. 夫民死已脫矣, 吾將惡乎用夫偃兵

哉!」

서무귀(徐無鬼)가 무후(武侯)를 만나자 무후가 서무귀에게 말했다.
"선생은 산림 속에 살면서 도토리와 밤을 먹고, 파와 부추를 물리도록 먹으
면서 과인을 내친 지 오래되었소!
지금 나를 찾아왔으니 그대가 늙어서인가?
아니면 그대가 술과 고기를 맛보려는 건가?
그렇지 않으면 과인이 또 사직(社稷)을 일으킬만한 복이 있어서인가?"
서무귀가 말했다.
"저는 빈천하게 태어나 군주가 드시는 술과 고기를 마시거나 먹는 것을
감히 생각해 본 적이 없습니다. 군주를 위로해 드리려고 찾아온 겁니다."

무후가 말했다. "무엇으로 과인을 어찌 위로하겠는가?"

서무귀가 대답했다. "군주의 정신과 육체를 위로하려고 합니다."

무후가 말했다. "그게 무슨 말인가?"

서무귀가 대답했다.

"천지가 만물을 키울 때는 누구에게나 한결같아

높은 데 있어 길게 자라게 하고, 낮은 데 있어 짧게 자라게 하지 않습니다.

그러니 군주만 천자 자리에 올라 백성을 괴롭혀서 귀, 눈, 코, 입을 만족하

려고 하면 군주 본연의 믿음도 이를 스스로 용납하지 않을 테지요.

본연의 믿음은 조화를 이루는 걸 좋아하지

자기 입장만 고집하는 걸 싫어합니다.

자기 입장만 고집하는 건 병이므로 저는 군주의 이점을 위로하려고 합니다.

그런데 오직 군주만 이런 병을 지니는 건 어째서인가요?"

무후가 말했다. "난 선생을 오래전부터 만나보고 싶어 했소.

내가 백성을 사랑해 의로움으로 싸움을 그만두려 하는데 괜찮겠는가?"

서무귀가 대답했다. "안 됩니다.

백성을 사랑하는 건 백성을 해치는 근원이고,

의로움으로 싸움을 멈추는 건 전쟁을 일으키는 근본입니다.

군주 스스로 백성을 사랑하고 싸움을 멈추면 이는 거의 성공하지 못합니다.

대개 아름다움을 이루는 것 자체가 추함을 담는 그릇(器)입니다.

군주가 아무리 인의(仁義)를 위한다고 해도 위선으로 거의 끝납니다!

형식은 본디 거짓된 형식을 지어내고, 성공은 본디 공적을 자랑하고,

재앙은 본디 나라 밖에서 싸움을 불러들입니다.

그러니 군주도 화려한 문루 사이에서 성대한 학렬 진을 사열해선 안 되고,

제사를 지내는 치단의 궁궐(錙壇之宮)에 친위병을 몰래 배치해선 안 됩니다.

이처럼 자연스런 덕에 거스르는 생각을 품어서는 안 되고,

재주로 남을 이기려고 해선 안 되고, 계략으로 남을 이기려고 해서 안 되고,

싸움으로 남을 이기려고 해선 안 됩니다.

군주가 다른 나라 선비와 백성을 죽이고, 다른 나라 땅을 빼앗아 차지해서

자신의 사욕과 정신만 키운다면 싸움이 비록 인의를 위한다고 해도

상처 입고 괴로워하는 백성을 생각하면

어느 쪽이 옳은지 어찌 알지 못하나요?

그러면 승리가 무슨 의미가 있겠습니까?

만약 군주가 백성을 위한다는 마음을 포기하지 않으면

마음의 순수함을 닦아 자연의 참 모습에 순응하면서

자연의 참 모습을 어지럽히지 말아야 합니다.

그러면 백성은 이미 죽음의 공포에서 벗어나 있을 테니

군주께서 싸움을 멈추려고 애쓸 일이 어찌 있겠습니까!"

注 ----

徐無鬼見武侯曰: 서무귀(徐無鬼)가 무후(武侯)를 만나자(見) (무후가 서무귀에게) 말하다. 見(만나볼 견)

先生居山林 食杼栗厭葱韭: 선생(先生)은 산림(山林) 속에 살면서(居) 도토리(杼)와 밤(栗)을 먹고(食), 파(葱)와 부추(韭)를 물리도록(厭) (먹다). 居(살 거) 杼(상수리나무 서) ※ 참고한 『莊子今註今譯』에 '茅(띠 모)'로 표시되었는데 오자로 보아 '杼(상수리나무 서)'로 바꾸어서 해석했다. 栗(밤 율) 葱(파 총) 韭(부추 구) 厭(물릴 염)

以賓寡人 久矣夫!: 그럼으로써(以) 과인(寡人)을 내친(賓)지 오래되다(久~矣)! 賓(물리칠 빈 → 내치다) 久(오랠 구)

今老邪? 其欲干酒肉之味邪?: 지금(今) (나를 찾으니 네가) 늙어서인가(老~邪)? (네가) 술(酒)과 고기(肉) 맛(味)을 구하려는가(欲干~邪)? 즉 맛보려 하는가? 老(늙을 노) 酒(술 주) 肉(고기 육) 味(맛 미) 干(구할 간)

其寡人亦有社稷之福邪?: (그렇지 않으면) 과인(寡人)이 또(亦) 사직(社稷)을 (일으킬만한) 복(福)이 있어선가(有~邪)? 福(복 복)

徐無鬼曰 無鬼生於貧賤: 서무귀(徐無鬼)가 말하다. 무귀(無鬼)는 빈천한 데서(於~貧賤) 태어나다(生). 貧(가난할 빈) 賤(천할 천)

未嘗敢飮食君之酒肉: (그래서) 군주(君)가 (먹는) 술(酒)과 고기(肉)를 마시거나(飮) 먹는(食) 걸 감히(敢) (생각)하지 않다(未~嘗). 飮(마실 음) 食(먹을 식) 未嘗〔~하지 않다. 未(아닐 미) 嘗(일찍 상)〕

將來勞君也: 군주(君)를 위로하려고(勞) 찾아오다(將~來). 勞(위로할 로) 來(올 래)

君曰 何哉 奚勞寡人?: 군주(君) (무후)가 말하다. 무엇(何)으로 과인(寡人)을 어찌(奚) 위로하는가(勞)?

曰 勞君之神與形: (서무귀가) 말하다. 군주(君)의 정신과(與~神) 육체(形)를 위로하다(勞). 神
(정신 신) 形(형체 형, 몸 → 육체)

武侯曰 何謂邪?: 무후(武侯)가 말하다. (그게) 무슨(何) 말인가(謂)?

徐無鬼曰 天地之養也一: 서무귀(徐無鬼)가 말하다. 천지(天地)가 (만물을) 키울(養) 때 (누구에게
나) 한결같다(一). 養(기를 양)

登高不可以爲長: (그래서) 높은(高) 데 올라도(登) 길게 자라게 하는 게(以~爲長) 불가하다(不
可). 즉 높은 데 있다고 길게 자라게 하지 않다. 登(오를 등) 長(길 장)

居下不可以爲短: 낮은(下) 데 있다고(居) 짧게 자라게 하는 게(以~爲短) 불가하다(不可). 즉 낮
은 데 있다고 짧게 자라게 하지 않다. 短(짧을 단)

吾獨爲萬乘之主: (그러니) 자기(吾), 즉 군주 혼자(獨) 만승(萬乘)의 주인(主)이 되다(爲). 즉 천
자 자리에 오르다. 吾(나 오, 자신) 獨(홀로 독) 萬乘(만(萬)개의 마차(乘). 즉 천자의 자리. 乘(탈
것 승, 마차)〕

以苦一國之民: 그럼으로써(以) 일국(一國)의 백성(民)을 괴롭히다(苦). 苦(괴롭힐 고)

以養耳目鼻口: 그럼으로써(以) (자신의) 귀(耳), 눈(目), 코(鼻), 입(口)을 키우다(養). 즉 만족하
게 하다.

夫信者不自許也: (그러면 군주) 본연의 믿음(信~者)도 (이를) 스스로(自) 허락하지(許) 않다(不).
즉 용납하지 않다. 信(믿을 신 → 믿음) 許(허락할 허)

夫神者 好和而惡姦: 본연의 믿음(信~者)은 조화를 이루는(和) 걸 좋아하지(好~而) 자기 입장
만 고집하는(姦) 걸 싫어하다(惡). 和(화합할 화, 조화를 이루다) 姦(제것으로할 간 → 자기 입장만 고
집하다) 惡(싫을 오)

夫姦 病也 故勞之: 무릇(夫) 자기 입장만 고집하는(姦) 건 병(病)이다. 고로(故) (나는 군주의 이
점을) 위로하다(勞).

唯君所病之 何也?: (그런데) 오직(唯) 군주(君)만 (이런) 병(病)을 (지니는) 바(所)는 어째서(何)인
가? 病(병 병)

武侯曰 欲見先生久矣: 무후(武侯)가 말하다. 선생(先生)을 만나보려고(欲~見) 한 지 오래다
(久). 즉 오래전부터 만나보고 싶다.

吾欲愛民而爲義偃兵: 내(吾)가 백성(民)을 사랑해(欲愛~而) (이런) 의로움으로(爲~義) 싸움(兵)
을 그만두려고(欲~偃) (하다). 愛(사랑 애) 兵(싸움 병, 전쟁) 偃(쉴 언)

其可乎? 徐無鬼曰 不可: 괜찮은가(可)? 서무귀(徐無鬼)가 말하다. 불가(不可)하다.

愛民 害民之始也: 백성(民)을 사랑하는(愛) (건) 백성(民)을 해치는(害) 근원(始)이다. 害(해칠
해) 始(근본 시, 근원)

爲義偃兵 造兵之本也: 의로움으로(爲~義) 싸움(兵)을 멈추는(偃) (건) 전쟁을 일으키는(造兵)

근본(本)이다. 偃(멈출 언) 造兵〔전쟁을 일으킴. 造(이룰 조 → 일으키다) 兵(군사 병, 전쟁)〕

君自此爲之 則殆不成: 군주(君)가 스스로(自) 이런(此) (걸) 행하면(爲~則), 즉 백성을 사랑하고 싸움을 멈추면 거의(殆) 성공하지(成) 못하다(不). 殆(거의 태) 成(성공 성)

凡成美 惡器也: 대개(凡) 아름다움(美)을 이루는(成) 게 추함(惡)을 담는 그릇(器)이다. 凡(모두 범, 대개) 成(이룰 성) 惡(추할 오) 器(그릇 기)

君雖爲仁義 幾且僞哉!: 군주(君)가 아무리(雖) 인의(仁義)를 위한다(爲) (해도) 거의(幾) 위선(僞)으로 (끝난다)! 幾(거의 기) 僞(거짓 위 → 위선) 雖(비록 수 → 아무리 ~해도)

形固造形: 형식(形)은 본디(固) (거짓된) 형식(形)을 짓다(造). 固(본디 고) 造(지을 조)

成固有伐: 성공(成)은 본디(固) (공적을) 자랑하다(有~伐). 伐(자랑할 벌)

變固外戰: 재앙(變)은 본디(固) (나라) 밖(外)에서 싸움(戰)을 불러들인다. 變(재앙 변) 戰(싸울 전)

君亦必無盛鶴列於麗譙之間: (그러니) 군주(君) 또(亦) 화려한(麗) 문루(譙) 사이에서(於~間) (군대의) 성대한(盛) 학렬(鶴列) 진을 (사열해선) 절대(必) 안되다(無). 麗(고울 려 → 화려한) 譙(문루 초) 盛(성할 성 → 성대한) 必(반드시 필 → 절대) 鶴列〔학(鶴)이 늘어선(列) (진). 鶴(학 학, 두루미) 列(늘어설 렬)〕

無徒驥於錙壇之宮: (제사를 지내는) 치단(錙壇)의 궁궐에(於~宮) 친위병(徒驥)을 (몰래 배치해선) 안 된다(無). 錙壇〔치단 → 제단의 이름. 錙(중량이름 치) 壇(단 단)〕 徒驥〔친위병. 徒(보병 도) 驥(기병 기)〕

無藏逆於得: (이처럼 자연스러운) 덕에(於~得) 거스르는(逆) (생각을) 품어선(藏) 안 되다(無). 得(덕 득) 逆(거스를 역) 藏(품을 장)

無以巧勝人: 재주로(以~巧) 남(人)을 이기려(勝) 해선 안 되다(無). 巧(재주 교) 勝(이길 승)

無以謀勝人: 계략으로(以~謀) 남(人)을 이기려(勝) 해선 안 되다(無). 謀(꾀 모, 계략)

無以戰勝人: 싸움으로(以~戰) 남(人)을 이기려고(勝) 해선 안 되다(無). 戰(싸울 전)

夫殺人之士民 兼人之士地: 무릇(夫) (군주는) 남(人)의 (나라) 선비(士)와 백성(民)을 죽이고(殺), 남(人)의 (나라) 토지(土地)를 빼앗아 차지하다(兼). 兼(겸할 겸, 합치다 → 빼앗아 차지하다)

以養吾私與吾神者: 그럼으로써(以) 자신(吾)의 사욕(私)과(與) 자신(吾)의 정신(神)을 키우면(養~者). 吾(나 오, 자신) 養(기를 양)

其戰不知孰善?: 싸움(戰)이 (아무리 인의를 위한다 해도 상처 입고 괴로워하는 백성을 생각하면) 어느(孰) 쪽이 옳은지(善) (왜) 알지(知) 못하나(不)? 善(착할 선, 옳다)

勝之惡乎在?: 승리(勝)의 (의미가) 어찌(惡) 있는가(在)? 즉 승리가 무슨 의미가 있는가?

君若勿已矣: 만약(若) 군주(君)가 (백성을 위하는 마음을) 포기하지(已) 않다(勿). 已(그칠 이 → 포기하다) 勿(말 물, ~않다)

修胸中之誠: (그러면) 가슴(胸) 속(中), 즉 마음의 순수함(誠)을 닦다(修). 胸(가슴 흉) 誠(참 성, 순

수한 마음) 修(닦을 수)

以應天之情而勿攖: 그럼으로써(以) 자연(天)의 참 모습(情)에 순응하면서(應~而) (자연의 참 모습을) 어지럽히지(攖) 말아야(勿) 한다. 攖(어지럽힐 영)

夫民死已脫矣: (그러면) 저(夫) 백성(民)은 이미(已) 죽음(死)의 (공포로부터) 벗어나다(脫~矣). 脫(벗어날 탈)

吾將惡乎用夫偃兵哉!: (그러니까) 내(吾)가, 즉 군주가 싸움(兵)을 멈추려고(偃) 애쓸(用) (일이) 어찌(將~惡) 있는가! 偃(쉴 언, 그만둠)

서무귀(徐無鬼) 3

黃帝將見大隗乎具茨之山, 方明爲御, 昌寓驂乘, 張若謵朋前馬, 昆閽滑稽後車., 至於襄城之野, 七聖皆迷, 無所問塗.
適遇牧馬童子, 問塗焉, 曰:「若知具茨之山乎?」
曰:「然.」
「若知大隗之所存乎?」曰:「然.」
黃帝曰:「異哉小童! 非徒知具茨之山, 又知大隗之所存. 請問爲天下.」
小童曰:「夫爲天下者, 亦若此而已矣, 又奚事焉!
予少而自遊於六合之內, 予適有瞀病, 有長者教予曰:『若乘日之車而遊於襄城之野.』
今予病少痊, 予又且復遊於六合之外. 夫爲天下亦若此而已. 予又奚事焉!」
黃帝曰:「夫爲天下者, 則誠非吾子之事. 雖然, 請問爲天下.」
小童辭. 黃帝又問.
小童曰:「夫爲天下者, 亦奚以異乎牧馬者哉! 亦去其害馬者而已矣!」
黃帝再拜稽首, 稱天師而退.

황제가 대외(大隗)를 만나고자 구자산(具茨山)에 오를 때
방명(方明)이 수레를 몰고, 창우(昌寓)가 옆에 따라붙고,
장약(張若)과 습붕(謵朋)이 앞에서 말을 인도하고,
곤혼(昆閽)과 골계(滑稽)가 수레의 뒤를 따랐다.
이윽고 양성의 들판에 이르자
일곱 명 성인(聖)들이 모두 길을 잃었는데 길을 물을 데가 없었다.
마침 말을 치는 사내애를 만나서 길을 물었다. "너는 구자산을 아느냐?"

어린 목동이 대답했다. "예."

황제가 말했다. "그러면 너는 대외가 계신 곳도 아느냐?"

목동이 대답했다. "예. 알고 있습니다."

황제가 말했다.

"이상한 어린 목동이다! 구자산만 아는 게 아니라 대외가 있는 곳도 알다니.
그러면 천하를 다스리는 방법에 대해 물어보자."

어린 목동이 말했다.

"천하를 다스리는 일도 이와 같을 뿐인데 달리 새삼스러울 게 있습니까!
저는 어려서 세상 안에서 스스로 유유히 노닐다
눈이 침침해지는 병에 걸렸습니다.
그때 나이 드신 어떤 분이 제게 가르쳐주었습니다.
'해 수레를 타고, 양성의 들판(襄城之野)에서 노닐어라.'
그 덕분으로 지금 제 병이 조금 나아져 세상 밖에서 다시 노닐려고 합니다.
천하 다스림도 침침해진 눈을 고치는 것 같으니 새삼스러울 게 있나요!"

이 말을 들은 황제가 말했다.

"천하 다스림이 정녕 자네 일이 아니라도 다스리는 방법을 묻고 싶다."

어린 목동이 아무 말이 없자 황제가 또다시 물었다.

어린 목동이 말했다.

"천하 다스리는 일도 말을 기르는 것과 어찌 다르겠습니까!
이 또한 말의 본성을 해치는 것을 내던져지는 일입니다!"

이에 황제는 두 번 절하고 머리를 조아린 뒤
어린 목동을 하늘 같은 스승(天師)이라고 부르면서 물러갔다.

注 ────────────────────────────────────

黃帝將見大隗乎具茨之山: 황제(黃帝)가 대외(大隗)를 만나고자(將~見) 구자산(具茨之山)에 (오
르다). ★ 대외(大隗)는 무위자연의 도를 의인화한 가공의 인물이고, 구차지산(具茨之山)은 장
자의 고향인 하남성(河南城) 상구(商丘) 부근에 있는 산이다.

方明爲御 昌寓驂乘: 방명(方明)이 수레를 몰고(爲~御), 창우(昌寓)가 옆에 따라 붙다(驂乘). ★
방명(方明)은 사방을 환히 밝히는 밝은 지혜란 의미를 지닌 가공의 인물이고, 창우(昌寓)는 천
하를 창성하게 한다는 의미를 지닌 가공의 인물이다. 御(마부 어, 말을 부리다 → 수레를 몰다) 驂

乘〔대열의 후위로 높은 사람을 옆에 모시고 탐 → 옆에 따라 붙다. 驂(겸마 참) 乘(탈 승)〕

張若謂朋前馬: 장약(張若)과 습붕(謂朋)이 앞(前)에서 말(馬)을 (인도하다). ★ 장약(張若)은 가지가 무성한 큰 신목(神木)이란 의미를 지닌 가공의 인물이고, 습붕(謂朋)은 하늘을 높이 나는 붕새의 의미를 지닌 가공의 인물이다.

昆閽滑稽後車: 곤혼(昆閽)과 골계(滑稽)가 수레(車) 뒤(後)를 (따르다). ★ 곤혼(昆閽)은 깊고 신비한 지혜의 의미를 지닌 가공의 인물이고, 골계(滑稽)는 익살과 기지의 의미를 지닌 가공의 인물이다. 車(수레 차) 後(뒤 후)

至於襄城之野 七聖皆迷 無所問塗: (이윽고) 양성(襄城)의 들판에(於~野) 이르자(至) 일곱(七)명 성인(聖)이 모두(皆) (길을) 잃었는데(迷) 길(塗)을 물을(問) 데(所)가 없다(無). 皆(모두 개) 迷(헤맬 미, 길 잃음) 塗(길 도)

適遇牧馬童子 問塗焉 曰: 마침(適) 말(馬)을 치는(牧) 어린애(童子)를 만나(遇) 길(塗)을 물어(問) 말하다. 適(마침 적) 牧(칠 목) 童子〔어린아이. 童(어릴 동)〕 遇(만날 우)

若知具茨之山乎? 曰 然: 너(若)는 구자산(具茨之山)을 아느냐(知)? (어린애)가 말하다. 네(然). 若(너 약) 然(그럴 연 → 네)

若知大隗之所存乎? 曰 然: (그러면) 너(若)는 대외(大隗)가 있는(存) 곳(所)을 아느냐(知)? (어린애)가 말하다. 네(然).

黃帝曰 異哉小童!: 황제(黃帝)가 말하다. 이상한(異) 어린(小) 목동(童)이다. 異(괴이할 이, 이상한) 童(아이 동 → 목동)

非徒知具茨之山: 구자산(具茨之山)만 다만(徒) 아는(知) 게 아니다(非). 徒(다만 도)

又知大隗之所存: 또(又) 대외(大隗)가 있는(存) 곳(所)도 알다(知).

請問爲天下: (그렇다면) 청컨대(請) 천하(天下)를 위하는(爲), 즉 천하를 다스리는 방법도 묻다(問).

小童曰 夫爲天下者 亦若此而已矣: 어린(小) 목동(童)이 말하다. 저(夫) 천하(天下)를 다스리는(爲) 일(者)은 또한(亦) 이(此)와 같을(若) 뿐이다(而已矣). 若(같을 약)

又奚事焉!: (그런데) 또(又) 어떤(奚) 일(事)이 (있는가)! 즉 달리 새삼스러울 게 있는가!

予少而自遊於六合之內: 나(予)는 어려서(少~而) 세상(六合) 안에서(於~內) 스스로(自) 유유히 노닐다(遊). 予(나 여) 少(젊을 소, 어리다) 六合〔동서남북과 위아래의 육합을 포함하는 세상〕遊(놀 유, 유유히 노닐다)

予適有瞀病: (그러다) 나(予)는 (눈이) 침침해진(瞀) 병(病)에 우연히(適) 걸리다(有). 瞀(침침할 무) 適(마침 적, 우연히)

有長者教予曰: (그 때) 나이 많음(長)이 있는(有) 분(者), 즉 나이 드신 분이 내(予)게 가르쳐(教) 말하다. 長(나이먹을 장)

若乘日之車而遊於襄城之野: 너(若)는 해(日)의 수레(車)를 타고서(乘~而) 양성(襄城)의 들판에서(於~野) 노닐어라(遊). 若(너 약) 日(해 일) 乘(탈 승) 野(들 야)

今予病少痊: (그 덕으로) 지금(今)은 내(予) 병(病)이 조금(少) 나아지다(痊). 痊(병나을 전)

予又且復遊於六合之外: (그래서) 나(予)는 (이제) 또(又) 세상(六合) 밖에서(於~外) 다시(復) 노닐려하다(且~遊). 予(나 여) 外(밖 외) 復(다시 부) 且(장차 차)=將

夫爲天下亦若此而已: 저(夫) 천하(天下)를 다스리는(爲) 일 또한(亦) 이(此)와 같을(若) 뿐이다(而已矣). 즉 침침해진 눈을 고치는 것과 같다.

予又奚事焉!: (그러니) 내(予)가 또(又) 어떤(奚) 일(事)이 있는가)! 즉 또 달리 새삼스러울 게 있는가!

黃帝曰 夫爲天下者: (이 말을 들은) 황제(黃帝)가 말하다. 저(夫) 천하(天下)를 다스리는(爲) 일(者).

則誠非吾子之事: 정녕(誠) 당신(吾子)의 일(事)이 아닌 즉(則~非). 誠(참으로 성 → 정녕) 吾子(상대방을 친하게 부르는 경칭)

雖然 請問爲天下: 그런데도(雖然) 청컨대(請) 천하(天下)를 다스리는(爲) 걸 묻다(問)

小童辭 黃帝又問: 어린(小) 목동(童)이 (아무) 말이 없자(辭) 황제(黃帝)가 또(又) 묻다(問). 辭(사양할 사 → 말을 않다)

小童曰 夫爲天下者: 어린(小) 목동(童)이 말하다. 천하(天下)를 다스리는(爲) 일(者).

亦奚以異乎牧馬者哉!: 또(亦) 말(馬)을 기르는(牧) 것(者)과 어찌(奚) 다른가(以~異)? 牧(기를 목) 異(다를 이)

亦去其害馬者而已矣!: (이) 역시(亦) 말(馬)의 (본성을) 해치는(害) 걸(者) 내던져지는(去) 것뿐이다(而已矣)! 害(해칠 해) 去(버릴 거, 내던져지다)

黃帝再拜稽首 稱天師而退: (이에) 황제(黃帝)는 두 번(再) 절하고(拜) 머리(首)를 조아린(稽) (뒤 어린 목동을) 하늘(天)과 같은 스승(師)이라 부르며(稱) 물러나다(退). 拜(절 배) 首(머리 수) 稽(조아릴 계) 師(스승 사) 稱(일컬을 칭)

서무귀(徐無鬼) 4

知士無思慮之變則不樂, 辯士無談說之序則不樂, 察士無凌誶之事則不樂,
皆囿於物者也.
招世之士興朝, 中民之士榮官, 筋力之士矜難, 勇敢之士奮患, 兵革之士樂戰, 枯槁之士宿名, 法律之士廣治,
禮敎之士敬容, 仁義之士貴際.

農夫無草萊之事則不比, 商賈無市井之事則不比.

庶人有旦暮之業則勸, 百工有器械之巧則壯.

錢財不積則貪者憂, 權勢不無則夸者悲.

勢物之徒樂變, 遭時有所用, 不能無爲也.

此皆順比於歲, 不易於物者也.

馳其形性, 潛之萬物, 終身不反, 悲夫!

앎을 지닌 선비(知士)는 자신의 지모를 쓸 변고가 없으면 즐겁지 않고,

말 잘하는 선비(辯士)는 자신이 말할 기회가 없으면 즐겁지 않고,

일을 잘 살피는 선비(察士)는 남의 잘못을 따질 일이 없으면 즐겁지 않다.

그런데 이들은 모두 사물에 얽매여 있는 사람이다.

세상에서 환영받는 선비(招世之士)는 조정에서 일하는 것을 귀히 여기고,

백성을 잘 다스리는 선비(中民之士)는 벼슬로 영화를 즐기는 걸 귀히 여기고,

힘센 선비(筋力之士)는 어려운 일을 당해 실력을 뽐내는 것을 귀히 여기고,

용감한 선비(勇敢之士)는 재앙을 당해 기운을 떨치는 것을 귀히 여기고,

병법에 밝은 선비(兵革之士)는 싸움 즐기는 것을 귀히 여기고,

자기주장을 굽히지 않는 선비(枯槁之士)는 명분에 머무는 것을 귀히 여기고,

법률에 밝은 선비(法律之士)는 치세의 법망을 넓히는 것을 귀히 여기고,

예교를 받드는 선비(禮敎之士)는 용모를 높이 받드는 것을 귀히 여기고,

인의를 숭상하는 선비(仁義之士)는 사람의 만남을 귀히 여긴다.

농부는 잡초를 뽑을 일이 있어야 즐겁고,

상인(商賈)은 장사할 일이 있어야 즐겁고,

서민은 아침저녁으로 할 일이 있어야 부지런하고,

온갖 장인(百工)은 기계에 관한 재주가 있어야 씩씩하게 일한다.

탐욕스러운 사람(貪者)은 돈과 재물이 쌓이지 않으면 근심하고,

뽐내기 좋아하는 사람(夸者)은 권세가 높지 않으면 슬퍼한다.

그런데 권세와 재물을 좇는 무리(勢物之徒)는 변고를 즐긴다.

그래서 이들은 때를 만나야 쓰일 데가 있다.

그러니 하고자 함이 없는(無爲) 채로 가만히 있지 못한다.

이들은 모두 세월의 추이에 따라 이루어지는 사물의 변화에
자신 생각과 태도를 바꾸지 못한 사람들이다.
자기 몸(形)과 타고난 본성(性)을 고달프게 하고, 바깥 만물에 몰두함으로써
평생 타고난 본성으로 되돌아가지 못하니 슬프다!

注 —

知士無思慮之變則不樂: 앎(知)을 지닌 선비(士)는 머리를 쏠(思慮), 즉 자신의 지모를 쏠 변고
(變)가 없으면(無~則) 즐겁지(樂) 않다(不). 思慮〔사려. 머리를 쓰다. 思(생각 사) 慮(생각 려)〕 變
(변할 변 → 변고)

辯士無談說之序則不樂: 말을 잘하는(辯) 선비(士)는 (자신이) 말할(談說) 기회(序)가 없으면(無
~則) 즐겁지(樂) 않다(不). 辯(말잘할 변) 談說〔말씀. 談(말씀 담) 說(말씀 설)〕序(서술할 서 → 말할
기회)

察士無凌誶之事則不樂: 일을 잘 살피는(察) 선비(士)는 남의 잘못을 따질(凌誶) 일(事)이 없으
면(無~則) 즐겁지(樂) 않다(不). 察(살필 찰) 凌誶〔남의 잘못을 따지다. 凌(업신여길 릉) 誶(꾸짖
을 수)〕

皆圉於物者也: (그런데 이들은) 모두(皆) 사물에(於~物) 얽매여(圉) (있는) 사람(者)들이다. 圉(얽
매일 유)

招世之士與朝: 세상에서 환영받는 선비(招世之士)는 조정(朝)에 함께(與) 하다. 즉 조정에서
일하는 것을 (귀히 여기다). 招世之士〔세상에서 환영받는 선비. 招(부를 초)〕朝(조정 조) 與(더불
어 여, 함께)

中民之士榮官: 백성(民)을 잘 다스리는(中) 선비(士)는 벼슬(官)로 영화로움(榮)을 (즐기는 것을
귀히 여기다). 中(맞힐 중, 맞히다 → 잘 다스림) 官(벼슬 관) 榮(영화 영)

筋力之士矜難: 힘센(筋力) 선비(士)는 어려운(難) 일을 (당해서) 실력을 뽐내는(矜) (것을 귀히 여
기다). 筋力〔체력 → 힘세다. 筋(힘 근) 力(힘력)〕矜(자랑할 긍 → 뽐내다)

勇敢之士奮患: 용감(勇敢)한 선비(士)는 재앙(患)을 (당해서) 기운을 떨치는(奮) (것을 귀히 여기
다). 患(재앙 환) 奮(떨칠 분)

兵革之士樂戰: 병법(兵革)에 밝은 선비(士)는 싸움(戰) 즐기는(樂) (것을 귀히 여기다). 兵革〔무
기와 갑주. 즉 병법. 兵(싸움 병) 革(갑옷투구 혁)〕

枯槁之士宿名: 자기주장을 굽히지 않는 선비(枯槁之士)는 명분(名)에 머무는(宿) (것을 귀히 여
기다). 枯槁之士〔야위고 까칠하면서까지 자기주장을 굽히지 않는 선비. 枯(마를 고) 槁(마를
고)〕名(이름 명 → 명분) 宿(멈출 숙)

法律之士廣治: 법률(法律)에 밝은 선비(士)는 치세(治)의 (법망을) 넓히는(廣) (것을 귀히 여기다).

廣(넓힐 광)

禮敎之士敬容: 예교(禮敎)를 받드는 선비(士)는 용모(容)를 높이 받드는(敬) (것을 귀히 여기다).
容(얼굴 용) 敬(높이받들 경)

仁義之士貴際: 인의(仁義)를 (숭상하는) 선비(士)는 (사람과의) 만남(際)을 귀히(貴) (여기다). 際
(만날 제) 貴(귀할 귀)

農夫無草萊之事則不比: 농부(農夫)는 풀숲(草萊)에서 (잡초 뽑을) 일(事)이 없으면(無~則) (이와)
견줄(比) 수 없다(不). 즉 잡초를 뽑을 일이 있어야 즐겁다. 草萊〔풀 숲. 草(풀 초) 萊(잡초 래)〕
比(견줄 비)

商賈無市井之事則不比: 상인(商賈)은 저자거리(市井)의 일(事), 즉 장사할 일이 없으면(無~則)
이와 견주지(比) 못하다(不). 즉 장사할 일이 있어야 즐겁다. 商賈〔장수. 즉 상인. 商(장사 상)
賈(장사 고)〕市井〔저잣거리. 市(저자 시) 井(반듯할 정, 구획이 반듯하여 정제된 지역)〕

庶人有旦暮之業則勸: 서민(庶人)은 아침(旦) 저녁(暮)으로 할 일(業)이 있어야(有~則) 부지런
하다(勸). 旦(아침 단) 暮(저물 모, 저녁) 勸(힘쓸 권 → 부지런해지다) 庶人〔서민. 庶(무리 서, 서민)〕

百工有器械之巧則壯: 온갖 장인(百工)은 기계(器械)에 관한 재주(巧)가 있어야(有~則) 씩씩하
게(壯) (일한다). 百工〔온갖 장인. 工(장인 공)〕巧(재주 교) 壯(씩씩할 장)

錢財不積則貪者憂: 탐욕스러운(貪) 사람(者)은 돈(錢)과 재물(財)이 쌓이지(積) 않으면(不~則)
근심한다(憂). 貪(탐할 탐) 錢(돈 전) 財(재물 재) 積(쌓일 적) 憂(근심할 우)

權勢不尤則夸者悲: 뽐내기(夸) (좋아하는) 사람(者)은 권세(權勢)가 더욱(尤) (있지) 않으면(不~
則), 즉 높지 않으면 슬퍼한다(悲). 夸(자랑할 과 → 뽐내다) 尤(더욱 우) 悲(슬플 비)

勢物之徒樂變: (그런데) 권세와 재물을 좇는(勢物) 무리(徒)는 변고(變)를 즐긴다(樂). 勢物〔권
세와 재물을 좇음. 勢(기세 세)〕徒(무리 도) 變(변할 변, 변고)

遭時有所用: (그래서 이들은) 때(時)를 만나야(遭) 쓰일(用) 데(所)가 있다(有). 遭(만날 조)

不能無爲也: (그러니) 무위(無爲) 할 수(能) 없다(不). 즉 하고자 함이 없는 채 가만히 있지 못
하다.

此皆順比於歲: 이들(此)은 모두(皆)는 세월(歲)의 (추이)에(於) 따라(順比) (이루어지다). 歲(해 세
→ 세월) 順比〔따름. 順(좇을 순) 比(따를 비)〕

不易於物者也: 사물(物)의 (변화)에(於) (자신 생각과 태도를) 바꾸지(易) 못하는(不) 사람(者)들이
다. 易(바꿀 역)

馳其形性 潛之萬物: 자기 몸(形)과 (타고난) 본성(性)을 고달프게(馳) 하고, 바깥의 만물(萬物)
에 몰두하다(潛). 馳(달릴 치 →고달프게 하다) 潛(가라앉을 잠, 빠지다 → 몰두하다)

終身不反 悲夫!: (그러므로) 평생(終身) (타고난 본성으로) 되돌아가지(反) 못하니(不) 슬프다(悲)!
反(되돌아갈 반) 悲(슬플 비)

莊子曰:「射者非前期而中, 謂之善射, 天下皆羿也, 可乎?」

惠子曰:「可.」

莊子曰:「天下非有公是也, 而各是其所是, 天下皆堯也, 可乎?」

惠子曰:「可.」

莊子曰:「然則儒墨楊秉四, 與夫子爲五, 果孰是邪? 或者若魯遽者邪?

其弟子曰:『我得夫子之道矣, 吾能冬爨鼎而夏造氷矣.』

魯遽曰:『是直以陽召陽, 以陰召陰, 非吾所謂道也. 吾示子乎吾道.』

於是爲之調瑟, 廢一於堂, 廢一於室, 故宮宮動, 故角角動, 音律同矣.

夫或改調一弦, 於五音無當也, 鼓之, 二十五弦皆動, 未始異於聲, 而音之君已.

且若是者邪?」

惠子曰:「今夫儒墨楊秉, 且方與我以辯, 相拂以辭, 相鎮以聲,

而未始吾非也, 則奚若矣?」

莊子曰:「齊人蹢子於宋者, 其命閽也不以完, 其求鈃鍾也以束縛,

其求唐子也而未始出域, 有遺類矣!

夫楚人寄而蹢閽者., 夜半於無人之時而與舟人鬪, 未始離於岑而足以造於怨也..」

장자가 말했다.

"활 쏘는 자가 따로 마음먹지 않았는데 활이 예기치 않게 과녁에 적중했다.

이를 두고 활을 잘 쏘는 사람이라고 말하면

천하 모든 사람이 전설상의 명궁 예(羿)와 같아질 텐데 가능한 말인가?"

혜자가 말했다. "가능한 말이다."

장자가 말했다.

"천하에 공인된 옳음이 없는데 각자 옳은 바를 옳다고 한다.

그러면 천하 모든 사람이 요임금처럼 성인이 될 텐데 가능한 말인가?

혜자가 말했다. "가능한 말이다."

장자가 말했다.

"그러면 유가(儒家), 묵가(墨家), 양주(楊朱), 공손룡(公孫龍) 학파 넷이 있고,

여기에 혜자까지 더하면 다섯인데 누구의 주장이 과연 옳을까?

혹 이것은 노거(魯遽)가 제자에게 보여준 것과 같은 경우인가?

노거의 제자가 노거에게 말했다.

'저는 스승의 도를 터득해 겨울에 나무가 없어도 솥에 불을 때고,

여름에 얼음을 만들 수 있습니다.'

노거가 말했다.

'그것은 곧바로 양(陽)으로 양의 기운인 불을 부르고,

음(陰)으로 음의 기운인 얼음을 부르는 게지 내가 말하는 도가 아니다.

내가 자네에게 나의 도를 보여주겠다.'

이에 거문고 두 개를 조율한 뒤 하나는 대청에 놓고, 하나는 방에 놓았다.

대청의 거문고 궁음 현을 튕기니까 방의 거문고 궁음 현이 움직였다.

또 대청의 거문고 각음 현을 튕기니까 방의 거문고 각음 현이 움직였다.

그러면서 음률이 모두 같아졌다.

다시 한 현의 음조를 고쳐서 다섯 음 중 어느 것에 해당하지 않게 현을 튕기니까 25개 현 모두가 움직이면서 똑같은 소리를 냈다.

소리가 애초부터 다르지 않은 건 조정한 현의 음이 다른 음을 지배해서다.

자네도 이런 식으로 모든 학파의 주장을 압도하려 하지 않는가?"

혜자가 말했다.

"유가, 묵가, 양주, 공손룡은 나와 논쟁을 벌여 말로 흔들고, 소리쳐 압박했어도 그들은 내가 그르다는 걸 처음부터 밝히지 못했네.

그러니 이런 경우가 노거의 경우와 어찌 같은가?"

장자가 말했다.

"어떤 제(齊)나라 사람이 자식을 송나라로 내쫓았는데

문지기에게 자식을 관대히 대하지 말도록 명하고,

거기에 더해 목이 긴 작은 종을 구해 자식을 신체적으로 속박했네.

또 잃은 자식을 찾을 때는 자기가 사는 지역 바깥을 한 번도 나가지 않았네.

이런 처신은 일반 상식과도 크게 어긋나므로 버려야 할 유형이다!

어떤 초(楚)나라 사람이 남의 집에 묵으며 그 집 문지기와 싸운 적이 있네.

이에 아무도 없는 시간인 한밤중에 도망을 치다 이번에는 사공과 싸웠네.

그런데 물가 언덕을 떠나기도 전에 사공과는 원수 사이가 되었네."

注 ───

莊子曰 射者非前期而中: 장자(莊子)가 말하다. 활 쏘는 사람(射~者)이 (따로 마음을 먹지 않았는데 활이) 예기치(前) 않게(非~而) 과녁에 적중하다(中). 射(쏠 사) 前(미리 전, 사전에 → 예기하다) 中(맞을 중, 과녁에 적중하다)

謂之善射 天下皆羿也 可乎?: (이를 두고) 활 잘 쏘는(善射) 사람이라고 말하면(謂) 천하(天下)의 모든(皆) (사람이 전설상의 명궁) 예(羿)와 (같아질 텐데 이것이) 가능한(可) (말인가)? 善射〔활을 잘 쏘는 사람. 善(잘할 선)〕

惠子曰 可: 혜자(惠子)가 말하다. 가능한(可) (말이다).

莊子曰 天下非有公是也: 장자(莊子) 말하다. 천하(天下)에 공인된(公) 옳음(是)의 있음(有)이 없다(非). 즉 공인된 옳음이 없다. 公(공변될 공 → 공인된) 是(옳을 시)

而各是其所是: 그런데도(而) 각자(各) 옳은(是) 바(所)를 옳다고(是) 하다.

天下皆堯也 可乎?: (그러면) 천하(天下) 모든(皆) 사람이 요(堯)임금(처럼 성인이 될 텐데) 가능한(可) (말일까)?

惠子曰 可: 혜자(惠子)가 말하다. 가능한(可) (말이다).

莊子曰 然則儒墨楊秉四 與夫子爲五: 장자(莊子)가 말하다. 그러면(然則) 유가(儒) 묵가(墨) 양주(楊) 공손룡(秉) (학파) 넷(四)이 있고, (여기에) 선생(夫子), 즉 혜자를 더하면(與) 다섯이 되다(爲~五). 與(더불어 여)

果孰是邪?: 누구(孰)의 (주장이) 과연(果) 옳은가(是)? 孰(누구 숙)

或者若魯遽者邪?: 혹(或者) (이것은) 노거(魯遽)가 (보여준) 것(者)과 같은(若) (경우인가)? ★ 노거(魯遽)는 주(周)나라 초기의 인물로 알려지는데 분명치 않다. 여기선 자기가 옳다는 입장을 지닌 인물의 예로 등장한다. 若(같을 약)

其弟子曰 我得夫子之道矣: (노거의) 제자(弟子)가 말하다. 나(我)는 (노거) 선생(夫子)의 도(道)를 터득하다(得). 得(얻을 득)

吾能多爨鼎而夏造氷矣: (그래서) 나(吾)는 겨울(冬)에 (나무가 없어도) 솥(鼎)에 불을 때고(爨), 여름(夏)에 얼음(氷)을 만들(造) 수(能) 있다. 冬(겨울 동) 鼎(솥 정) 爨(불땔 찬) 夏(여름 하) 氷(얼음 빙) 造(지을 조, 만들다)

魯遽曰 是直以陽召陽: 노거(魯遽)가 말하다. 그것(是)은 곧바로(直) 양으로(以~陽) 양(陽)의 (기운인 불을) 부르다(召). 直(바로 직, 곧바로) 召(부를 소)

以陰召陰: 음으로(以~陰) 음(陰)의 (기운인 얼음을) 부르다(召).

非吾所謂道也: 내(吾)가 말하는(謂) 바(所)의 도(道) 아니다(非).

吾示子乎吾道: 내(吾)가 너(子)에게 나(吾)의 도(道)를 보이다(示). 示(보일 시)

於是爲之調瑟: 이에(於~是) 거문고(瑟) (두 개)를 조율하다(調~爲). 瑟(큰거문고 슬) 調(고를 조

→ 조율하다)

廢一於堂 廢一於室: (그런 뒤) 하나(一)는 대청에(於~堂) 내치고(廢) (다른) 하나(一)는 방에(於~室) 내치다(廢). 堂(집 당, 큰 방 → 대청) 廢(폐할 폐, 내치다) 室(집 실, 방)

故宮宮動: 그래서(故) (대청에서 거문고) 궁음(宮) (현을 튕기니까 방에서 거문고) 궁음(宮) (현이) 움직이다(動). 宮(궁상각치우 오음 중 첫 번째 음) 動(움직일 동)

故角角動: 그래서(故) (대청에서 거문고) 각음(角) (현을 튕기니까 방에서 거문고) 각음(角) (현이) 움직이다(動). 角(궁상각치우 오음 중 세 번째 음)

音律同矣: (그러면서) 음률(音律)이 (모두) 같아지다(同~矣).

夫或改調一弦 於五音無當也: 다시(夫) 또(或) 한 현(一弦)의 음조(調)를 고쳐서(改) 다섯(五) 음(音) (중 어느 것)에(於) 해당하지(當) 않게(無) (현을 튕기다). 夫(다시 부) 惑(또 혹) 弦(줄 현) 調(가락 조 → 음조) 改(고칠 개) 當(맞을 당 → 해당함)

鼓之 二十五弦皆動: (그리고 현을) 뜯으니(鼓) 25(二十五) 개 현(弦) 모두(皆)가 움직여서(動) (소리를 내다). 鼓(탈 고 → 튕기다)

未始異於聲 而音之君已: (이들) 소리가(於~聲) 일찍이(始) 다르지(異) 않은(未) (건 조정한 현의 음이 다른) 음(音)을 지배해서다(君~已). 聲(소리 성) 始(일찍이 시, 일찍부터 → 애초부터) 異(다를 이)

且若是者邪?: (너도) 이(是)와 같지(若~者) 않은가(邪)? 즉 너도 이런 식으로 모든 학파의 주장을 압도하려고 하지 않는가?

惠子曰 今夫儒墨楊秉: 혜자(惠子)가 말하다. 지금(今) 저(夫) 유가(儒), 묵가(墨), 양주(楊), 공손룡(秉).

且方與我以辯 相拂以辭: 이제(方) 나와(與~我) 논쟁을 벌여(以~辯) 말로(以~辭) 서로(相)를 흔들다(拂). 方(이제 방) 辯(변론할 변, 시비를 따짐 → 논쟁을 벌임) 辭(말 사) 相(서로 상) 拂(떨칠 불, 흔들다)

相鎮以聲: 소리쳐(以~聲) 서로(相)를 압박하다(鎮).

而未始吾非也: 그런데도(而) (그들은) 내(吾)가 그르다는(非) 걸 애초부터(始) (밝히지) 못하다(未). 聲(소리칠 성) 鎮(누를 진, 압박하다) 始(일찍이 시)

則奚若矣?: 그러니(則) (이런 경우가 노거의 경우와) 어찌(奚) 같은가(若)? 奚(어찌 해) 若(같을 약)

莊子曰 齊人蹢子於宋者: 장자(莊子)가 말하다. (어떤) 제(齊)나라 사람(人)이 자식(子)을 송나라로(於~宋) 내쫓다(蹢~者). 蹢(던질 척, 내던지다 → 내쫓다)

其命閽也不以完: (그런데 자식을) 관대히(以~完) (대하지) 말도록(不) 문지기(閽)에게 명하다(命). 完(너그러울 관) 閽(문지기 혼)

其求鈃鍾也以束縛: (거기에 더해) 목이 긴 작은 종(鈃鍾)을 구해(求) 그것으로써(以) (자식을 신체적으로까지) 속박하다(以~束縛). 鈃鍾[목이 긴 작은 종. 鈃(술그릇 견 → 목이 길다) 鍾(종 종)] 束縛

〔속박. 束(묶을 속) 縛(묶을 박)〕

其求唐子也而未始出域: (또) 잃은(唐) 자식(子)을 찾을 때도(求~而) (자기가 사는) 지역(域) (바깥을 한 번도) 나간(出) 적이 없다(未~始). 唐(잃어버릴 당) 子(아들 자) 求(구할 구, 찾다) 域(지경 역, 지역)

有遺類矣!: (이런 처신은 일반 상식과 크게 어긋나므로) 버려야 할(遺) 유형(類)이다(矣)! 遺(버릴 유) 類(무리 류 → 유형)

夫楚人寄而蹢閽者: 저(夫) (어떤) 초(楚)나라 사람(人)이 (남의 집에) 묵으면서(寄) (그 집) 문지기(閽)와 싸운(蹢) 적(者)이 (있다). 寄(부쳐있을 기, 묵다) 閽(문지기 혼) 蹢(굽 척, 마소 따위의 동물의 발톱 → 싸우다)

夜半於無人之時而與舟人鬪: (이에) 사람(人)이 없는(無) 시간인(於~時) 한밤중(夜半)에 (도망을 가다 이번에는) 사공과(與~舟人) 싸우다(鬪). 夜半〔한(半) 밤중(夜). 半(반 반, 한창) 夜(밤 야)〕 舟人〔뱃사공. 舟(배 주)〕 鬪(싸움 투)

未始離於岑而足以造於怨也: (그런데 배가 물가) 언덕을(於~岑) 떠나기(離)도 전에(未~始) (사공의) 원한을(於~怨) 만들기(造)에 족하다(以~足). 즉 사공과 원수 사이가 되다. 岑(언덕 잠) 離(떠날 리) 怨(원망할 원 → 원한)

서무귀(徐無鬼) 6

莊子送葬, 過惠子之墓, 顧謂從者曰:「郢人堊漫其鼻端, 若蠅翼, 使匠石斲之.
匠石運斤成風, 聽而斲之, 盡堊而鼻不傷, 郢人立不失容.
宋元君聞之, 召匠石曰:『嘗試爲寡人爲之.』
匠石曰:『臣則嘗能斲之. 雖然, 臣之質死久矣.』
自夫子之死也, 吾無以爲質矣, 吾無與言之矣.」

장자가 혜자의 장례식에 가서 고인을 전송하고 돌아오는 길에
혜자 무덤을 지나면서 따르는 사람들을 뒤돌아보며 말했다.
"초나라 수도 영(郢)의 한 미장이가 백회를 자신의 코끝에
파리 날개처럼 얇게 바르고, 장석(匠石)에게 이를 깎도록 했지.
이에 장석이 바람 소리가 일도록 도끼를 휘두르자
미장이는 이 소리를 들으면서 코끝의 백회가 깎이는 걸 똑똑히 보았네.
백회가 깨끗이 깎였어도 미장이 코는 조금도 다치지 않았고,
영 지역 미장이도 얼굴을 꼿꼿이 세우고 낯빛을 잃지 않았네.

송(宋)나라 군주인 원군(元君)이 이 얘기를 듣고 장석을 불러다 말했네.
'과인을 상대로 한번 그처럼 해 보아라.'
장석이 말하길 '신이 예전에는 그렇게 깎을 수 있었습니다.
아무리 그랬어도 이젠 신과 짝이 될 상대가 오래전에 죽어 할 수 없습니다.'
나도 혜시가 죽어 짝이 될 상대가 없어 이젠 나도 함께 말할 사람이 없다.”

注 ─────────

莊子送葬 過惠子之墓: 장자(莊子)가 (혜자의) 장례(葬) (식에 가서 고인을) 전송하고(送) (돌아오는 길에) 혜자(惠子) 무덤(墓)을 지나다(過). 葬(장사지낼 장) 送(보낼 송 → 전송함) 墓(무덤 묘) 過(지날 과)

顧謂從者曰: (그러면서) 따르는(從) 사람(者)들을 뒤돌아보며(顧) 말하다(謂). 從(좇을 종, 따르다) 顧(돌아볼 고)

郢人堊漫其鼻端 若蠅翼: (초나라 수도) 영(郢)의 (한) 미장이(人)가 백회(堊)를 (자신의) 코(鼻) 끝(端)에 파리(蠅) 날개처럼(若~翼) 얇게(漫) (바르다). 堊(백토 악, 백회) 鼻(코 비) 端(끝 단) 蠅(파리 승) 翼(날개 익) 漫(질펀할 만, 땅이 넓고 평평한 모양 → 얇게)

使匠石斲之: 장석에게(使~匠石) (이를) 깎도록(斲) 하다. 匠(장인 장) 斲(깎을 착)

匠石運斤成風, 聽而斲之: (이에) 장석(匠石)이 바람(風) 소리가 일도록(成) 도끼(斤)를 휘두르자(運) (미장이는 이 소리를) 들으면서(聽~而) (코끝의 백회가) 깎이는(斲) (걸 똑똑히 보다). 成(이룰 성 → 일다) 斤(도끼 근) 運(돌 운 → 휘두름) 聽(들을 청)

盡堊而鼻不傷: 백회(堊)가 다(盡), 즉 깨끗이 (깎여도 미장이) 코(鼻)는 (조금도) 다치지(傷) 않다(不). 盡(다할 진) 傷(다칠 상)

郢人立不失容: 영인(郢人), 즉 영 지역의 미장이도 (얼굴을 꼿꼿이) 세우고(立) 낯빛(容)을 잃지(失) 않다(不). 立(세울 립) 容(모습 용 → 낯빛)

宋元君聞之 召匠石曰: 송(宋)나라 군주 원군(元君)이 (이 얘기를) 듣고(聞) 장석(匠石)을 불러다 말하다. 聞(들을 문)

嘗試爲寡人爲之: 과인(寡人)을 상대로(爲) 시험 삼아(嘗試) (그처럼) 하다(爲).

匠石曰 臣則嘗能斲之: 장인(匠) 석(石)은 말하다. 신(臣)이라면(則) (예전에는 그렇게) 깎을(斲) 수(能) 있었다.

雖然 臣之質死久矣: 아무리(雖然) (그래도 이제는) 신(臣)과 짝(質)이 (될 상대가) 오래(久) 전에 죽어(死) (할 수 없다). 雖(비록 수 → 아무리 ~해도) 質(짝 질) 久(오래 구)

自夫子之死也 吾無以爲質矣: 나(自)도 선생(夫子), 즉 혜시가 죽어(死) 나(吾)도 짝(質)이 될(以~爲) (상대가) 없다(無).

吾無與言之矣: (그래서) 나(吾)는 함께(與) 말할(言) 사람이 없다(無).

管仲有病, 桓公問之曰:「仲父之病病矣, 可不諱云!

至於大病, 則寡人惡乎屬國而可?」

管仲曰:「公誰欲與?」

公曰:「鮑叔牙.」

曰:「不可. 其爲人, 潔廉善士也, 其於不己若者不比之, 又一聞人之過, 終身不忘.

使之治國, 上且鉤乎君, 下且逆乎民. 其得罪於君也, 將弗久矣!」

公曰:「然則孰可?」

對曰:「勿已, 則隰朋可. 其爲人也, 上忘而下不畔, 愧不若黃帝而哀不己若者.

以德分人謂之聖, 以財分人謂之賢. 以賢臨人, 未有得人者也., 以賢下人,

未有不得人者也. 其於國有不聞也, 其於家有不見也. 勿已, 則隰朋可.」

관중(管仲)이 병이 나자 제(齊)나라 환공(桓公)이 그를 방문해서 물었다.

"중부(仲父)의 병이 중하다.

앞으로 어떤 사태가 벌어질지 모르니 속마음을 털어놓지 않을 수 없다!

그대가 몹시 위급해지면 과인은 누구에게 나라를 어찌 맡겨야 괜찮겠소?"

관중이 말했다. "환공께선 누구에게 맡기려고 하십니까?"

환공이 대답했다. "포숙아(鮑叔牙)가 어떨까 하오."

관중이 말했다.

"그건 안 됩니다. 포숙아의 사람됨은 깨끗하고 청렴하고 착한 선비입니다.

그러나 자기보다 못한 사람과 친하게 지내지 않을뿐더러

남의 잘못을 한 번 들으면 평생 잊지 못합니다.

그래서 그가 나라를 다스리면 위로는 군주를 거역하고,

아래로는 백성의 뜻을 거스릅니다.

그러면 포숙아가 군주의 미움을 살날도 멀지 않겠지요!

환공이 물었다. "그러면 누가 좋겠소?"

관중이 대답했다.

"굳이 사람을 찾는다면 습붕(隰朋)이 괜찮을 겁니다.

습붕의 사람됨은 위로는 군주를 잊으면서 아래로는 백성을 배반하지 않고,

황제보다 못한 걸 부끄러워하며, 자기보다 못한 사람을 불쌍히 여깁니다.
그리고 덕(德)을 남에게 나누어주면 이를 총명함(聖)이라고,
재물(財)을 남에게 나누어주면 이를 어짊(賢)이라고 말합니다.
어질다고 해서 군림하려 들면 사람들이 따르지 않지만
어질어도 남의 밑에 들어가면 사람들이 저절로 따릅니다.
습붕은 나랏일에 대해서도, 집안일에 대해서도 못 본 척하고 넘어갑니다.
그러니 굳이 사람을 쓴다면 습붕이 괜찮습니다.

注 ──

管仲有病 桓公問之曰: 관중(管仲)이 병(病)이 나자(有) (제) 환공(桓公)이 (그를) 방문해서(問) 말하다. 病(병 병)

仲父之病病矣: 중부(仲父)의 병(病)이 중하다(病~矣). 病(더칠 병, 병이 중하다)

可不諱云!: (앞으로 어떤 사태가 벌어질지 모르니 속마음을) 말하는(云) 걸 꺼려할(諱) 수(可) 없다(不)! 仲父〔관중을 존경해 부르는 이름〕 諱(꺼릴 휘)

至於大病: (그대가) 큰(大) 병에(於~病) 이르다(至).

則寡人惡乎屬國而可?: 그러면(則), 즉 몹시 위급해지면 과인(寡人)은 (누구에게) 나라(國)를 어찌(惡) 맡겨야(屬) 괜찮은가(可)? 屬(맡길 촉) 可(가할 가, 괜찮다)

管仲曰 公誰欲與?: 관중(管仲)이 말하다. 환공(公)은 누구(誰)에게 맡기려는가(欲~與)? 誰(누구 수) 與(줄 여 → 맡기다)

公曰 鮑叔牙: 환공(公)이 말하다. 포숙아(鮑叔牙)가 (어떨까).

曰 不可: (관중이) 말하다. 불가(不可)하다.

其爲人 潔廉善士也: (포숙아의) 사람됨(爲人)은 깨끗하고(潔) 청렴하고(廉) 착한(善) 선비(士)이다. 潔(깨끗할 결) 廉(청렴할 렴)

其於不己若者不比之: (그러나) 자기보다(於~己) 못한(不) 것 같은(若) 사람(者)과 친하게(比) (지내지) 않다(不). 比(친할 비)

又一聞人之過 終身不忘: 또(又) 남(人)의 잘못(過)을 한(一) 번 들으면(聞) 평생(終身) 잊지(忘) 않다(不). 過(잘못 과) 忘(잊을 망)

使之治國 上且鉤乎君: (그래서) 그가(使~之) 나라(國)를 다스리면(治) 위(上)론 군주(君)를 거역하다(且~鉤). 鉤(칼 구 → 거역함)

下且逆乎民: 아래(下)로는 백성(民)을 배반하다(且~逆). 즉 백성의 뜻을 거스르다. 逆(거스를 역, 배반하다)

其得罪於君也 將弗久矣!: (그러면 포숙아가) 군주에게(於~君) 죄(罪)를 얻는(得) 게 오래지(久)

않다(將~弗). 즉 군주의 미움을 살날이 멀지 않다! 得(얻을 득 → 짓다)

公曰 然則孰可?: 환공(公)이 말하다. 그렇다면(然則) 누가(孰) 좋겠소(可)?

對曰 勿已 則隰朋可: (관중이 이에) 대해(對) 말하다. 굳이(勿已) (사람을 찾는다)면(則) 습붕(隰朋)이 괜찮다(可). ★ 습붕(隰朋)은 포숙아(鮑叔牙)와 달리 가공의 인물이다. 참고로 「서무귀」 3에선 발음이 같은 습붕(謵朋)이란 가공 인물이 등장한다.

其爲人也 上忘而下不畔: (습붕의) 사람됨(爲人)은 위(上)론 (군주를) 잊으면서(忘~而) 아래(下)론 (백성을) 배반하지(畔) 않다(不). 즉 함께 행동하다. 忘(잊을 망) 畔(배반할 반)

愧不若黃帝而哀不己若者: (자신의 능력이) 황제(黃帝) 보다(若) 못한(不) 걸 부끄러워하면서(愧~而) 자신(己)과 같지(若) 않은(不) 사람(者)을 불쌍히(哀) 여기다. 즉 자기보다 못한 사람을 불쌍히 여기다. 愧(부끄러워할 괴) 哀(슬플 애)

以德分人謂之聖: (그리고) 덕을(以~德) 남(人)에게 나누어주면(分) (이를) 총명함(聖)이라고 말하다(謂). 分(나눌 분) 聖(총명할 성)

以財分人謂之賢: 재물을(以~財) 남(人)에게 나누어주면(分) 어짊(賢)이라고 말하다(謂). 賢(어질 현)

以賢臨人 未有得人者也: 어짊으로(以~賢) 남(人)에게 군림하면(臨) 사람(人)의 얻음(得) 있음(有)이 없다(未). 즉 어질다고 해서 군림하려 들면 사람이 따르지 않다. 臨(임할 림, 위에서 아래를 내려다보다 → 깔보다)

以賢下人 未有不得人者也: (그러나) 어짊으로(以~賢) 남(人)의 밑(下)에 (들어가면) 사람(人~者) 얻지(得) 않음(不)의 있음(有)이 없다(未). 즉 어질어도 남의 밑에 들어가면 사람들이 저절로 따르다.

其於國有不聞也: (또 습붕은) 나랏일에(於~國) (대해) 듣지(聞) 않음((不)이 있다(有). 즉 못 들은 척하고 넘어간다.

其於家有不見也: 집안일에(於~家) (대해) 보지(見) 않음((不)이 있다(有). 즉 못 본 척하고 넘어간다.

勿已 則隰朋可: (그러니) 굳이(勿已) (사람을) 쓴다면(則) 습붕(隰朋)이 괜찮다(可).

서무귀(徐無鬼) 8

吳王浮於江, 登乎狙之山.

衆狙見之, 恂然棄而走, 逃於深蓁.

有一狙焉, 委蛇攫抓, 見巧乎王.

王射之, 敏給搏捷矢.

王命相者趨射之, 狙執死.

王顧謂其友顏不疑曰:「之狙也, 伐其巧, 恃其便以敖予, 以至此殛也! 戒之哉!

嗟乎, 無以汝色驕人哉!」

顏不疑歸而師董梧以鋤其色, 去樂辭顯, 三年而國人稱之.

오(吳)나라 왕이 강을 헤엄쳐 건너가서 원숭이가 많이 사는 산에 올랐다.

원숭이 무리는 오왕을 보자 하던 일을 별안간 내던진 뒤 달려서

깊은 숲속으로 달아났다.

그런데 한 마리만 나뭇가지를 움켜쥐고 이리저리 왔다 갔다 하면서

온갖 재주를 왕에게 내보였다.

오왕이 활을 쏘자 그 원숭이는 왕이 쏜 빠른 화살을 재빨리 잡았다.

시종에게 명해 활을 계속해 쏘게 하자 원숭이는 마침내 화살에 맞아 죽었다.

오왕은 동행한 그의 친구 안불의(顏不疑)에게 뒤돌아보며 말했다.

"그 원숭이는 자기 재주를 자랑하며 그의 날램을 믿고 내게 오만하게 굴다

이런 죽음에 이르렀네! 그러니 오만함을 경계해야 하네!

아아! 자네도 잘난 얼굴을 하고 남에게 교만하게 굴어선 안 되네!

안불의는 돌아와서 동오(董梧)를 스승으로 모신 뒤

장대한 낯빛을 없애고 풍류를 버리고 높은 지위도 사퇴했다.

그렇게 삼 년이 지나자 온 나라 사람들이 그를 칭송했다.

注 ──────────────────────────────────

吳王浮於江 登乎狙之山: 오(吳)나라 왕(王)이 강을(於~江) 헤엄쳐(浮) (건너가서) 원숭이(狙)가 (많이 사는) 산(山)에 오르다(登). 浮(뜰 부, 물 위에 뜸 → 헤엄치다) 狙(원숭이 저)

衆狙見之 恂然棄而走: 원숭이(狙) 무리(衆)는 (오왕을) 보자(見) (하던 일을) 별안간(恂然) 내던진 뒤(棄~而) 달아나다(走). 恂然(별안간. 恂(갑자기 순)) 棄(버릴 기 → 내던지다)

逃於深蓁: 달려서(走) 깊은(深) 숲으로(於~蓁) 달아나다(逃). 走(달릴 주) 深(깊을 심) 蓁(숲 진) 逃(달아날 도)

有一狙焉 委蛇攫抓: (그런데) 한(一) 마리 원숭이(狙)가 있다(有). 나뭇가지(抓)를 움켜쥐고(攫) 이리저리 왔다 갔다 하다(委蛇). 抓(움킬 조) 攫(움킬 확, 움켜짐) 委蛇(뱀(蛇)이 꿈틀거리는(委) 모양. 즉 구불구불하게 이리저리 왔다 갔다 함. 委(따를 위) 蛇(구불구불갈 이))

見巧乎王: (그러면서) (온갖) 재주(巧)를 왕(王)에게 보여주다(見). 巧(재주 교)

王射之 敏給搏捷矢: 오왕(王)이 활을 쏘자(射) (그 원숭이는 왕이 쏜) 빠른(捷) 화살(矢)을 재빨리(敏給) 잡다(搏). 射(쏠 사) 捷(빠를 첩) 矢(화살 시) 敏給〔재빨리. 敏(민첩할 민) 給(민첩할 급)〕搏(잡을 박)

王命相者趨射之: 왕(王)은 시종(相者)에게 명해(命) (활을) 계속해서(趨) 쏘게(射) 하다. 相者〔예식을 행할 때 주인을 돕는 사람. 즉 시종. 相(도울 상)〕趨(빠를 촉, 빨리 → 계속해서)

狙執死: (그러자) 원숭이(狙)는 (마침내) 화살에 맞아(執) 죽다(死). 執(잡을 집, 체포하다 → 화살에 맞다)

王顧謂其友顏不疑曰: 오왕(王)은 (동행한 그의) 친구(友) 안불의(顏不疑)에게 뒤돌아보며(顧) 말하다(謂). 友(벗 우) 顧(돌아볼 고)

之狙也 伐其巧: 그(之) 원숭이(狙)는 (자기) 재주(巧)를 자랑하다(伐). 伐(자랑할 벌)

恃其便以敖予: (그의) 날램(便)을 믿고(恃) 내(予)게 오만하게(以~敖) 굴다. 便(익을 편, 숙달됨 → 날램) 恃(믿을 시) 予(나 여) 敖(거만할 오, 오만함)

以至此殛也!: 그럼으로써(以) 이런(此) 죽음(殛)에 이르다(至)! 殛(죽일 극)

戒之哉!: (그러니 오만함을) 경계한다(戒)! 戒(경계할 계)

嗟乎 無以汝色驕人哉!: 아아(嗟), 너(汝)도 (잘난) 얼굴(色)을 하고 남(人)에게 교만하게(以~驕) 굴어선 안 된다(無). 嗟(탄식할 차, 아아!) 汝(너 여) 色(낯 색, 용모) 驕(교만할 교)

顏不疑歸而師董梧以鉏其色: 안불의(顏不疑)는 돌아와서(歸~而) 동오(董梧)를 스승(師)으로 모시고 그럼으로써(以) 장대한(梧) 얼굴빛(色)을 없애다(鉏). 師(스승 사) 梧(클 오, 장대함) 鉏(없애버릴 서)

去樂辭顯: 풍류(樂)를 버리고(去) 높은 지위(顯)를 사퇴하다(辭). 樂(풍류 락) 去(버릴 거) 顯(드러날 현 → 높은 지위) 辭(사퇴할 사)

三年而國人稱之: (그렇게) 삼(三) 년(年)이 (지나자 온) 나라(國) 사람(人)들이 (그를) 칭송하다(稱). 稱(칭찬할 칭, 칭송하다)

서무귀(徐無鬼) 9

南伯子綦隱几而坐, 仰天而噓.

顏成子入見曰:「夫子, 物之尤也. 形固可使若槁骸, 心固可使若死灰乎?」

曰:「吾嘗居山穴之中矣. 當是時也, 田禾一覩我, 而齊國之衆三賀之.

我必先之, 彼故知之,, 我必賣之, 彼故鬻之.

若我而不有之, 彼惡得而知之? 若我而不賣之, 彼惡得而鬻之?

嗟乎! 我悲人之自喪者, 吾又悲夫悲人者, 吾又悲夫悲人之悲者, 其後而日遠矣.」

남백자기(南伯子綦)가 탁자에 기대앉아 하늘을 우러르며

한숨을 길게 내쉬었다.

안성자(顔成子)가 들어와서 이를 보고 말했다.

"선생님은 다른 사람보다 특히 더 훌륭하신 분입니다.

형체는 정말로 마른 몸(槁骸)처럼 어찌 이리될 수 있나요?"

마음은 정말로 불 꺼진 재(死灰)처럼 어찌 이리될 수 있나요?"

남백자기가 말했다.

"나는 일찍이 산속 굴 안에서 산 적이 있네.

그때 제나라 군주였던 전화(田禾)가 나를 한 번 만나보았지.

그런 뒤 제나라의 많은 사람들은 이 일을 두고 전화를 세 번씩 축하했네.

이건 필히 내가 세상에 명성이 나 전화가 먼저 나를 알아보고 만난 일이다.

아니면 필히 내가 내 능력을 팔려고 해 전화가 나를 사려고 만난 일이다.

나를 팔 생각이 없으면 전화가 나를 산다는 생각을 내가 어찌 알 수 있는가?

나를 팔 생각이 없으면 전화가 어찌 알아 나를 산다는 생각을 할 수 있는가?

아아! 나는 어떤 사람이 자신을 잃으면(自喪) 이를 불쌍하게 여겼다.

또 나는 자신을 잃은 사람을 불쌍히 여기는 사람도 불쌍하게 여겼다.

또 나는 자신을 잃은 사람을 불쌍히 여기는 걸 불쌍히 여기는 사람도

불쌍하게 여겼다.

그런데 그 후 내가 자신을 잃으니까 이런 생각의 굴레에서 나날이 멀어졌네."

注 ————

南伯子綦隱几而坐: 남백자기(南伯子綦)가 탁자(机)에 기대(隱~而) 앉다(坐). 机(책상 궤 → 탁자)
隱(기댈 은) 坐(앉을 좌) ★ 남백자기(南伯子綦)에서 남백(南伯)은 남쪽에 사는 한 일가를 의미하
고 자기(子綦)는 사람 이름이므로 남쪽에 사는 일가 중 자기란 사람을 뜻한다. 내편 「제물론」
1에선 남곽자기(南郭子綦)로, 내편 「대종사」 4에선 남백자규(南伯子葵)로, 잡편 「우언」 4에선
동곽자기(東郭子綦)로 각각 등장하는데 같은 사람이라고 보인다. 한편 초(楚)나라 대표적 사상
가라는 설도 있다. 출신은 초나라 소왕(昭王) 서제(庶弟)로 초나라 장왕(楚莊王)의 사마(司馬)를
지낸 바 있다. 도덕이 높고 빈 마음을 항상 유지해 장자가 늘 흠모했고, 또 그를 빌어서 자기
의견을 말했다.

仰天而噓: 하늘(天)을 우러르며(仰~而) 한숨을 길게 내쉬다(噓). 仰(우러를 앙) 噓(내불 허, 한숨

을 길게 내쉬다)

顔成子入見曰: 안성자(顔成子)가 들어와(入) (이를) 보고(見) 말하다. ★ 안성자(顔成子)는 안성(顔成)이 성이고 자(子)는 높여 부르는 이름이다. 안성은 얼굴빛(顔)이 좋은(成) 선생이란 의미이다. 내편「제물론」1에선 안성자유(顔成子游)로 등장하는데 안성자유든 안성자든 간에 공자 제자인 안회(顔回)를 의미한다.

夫子 物之尤也: 선생(夫子)은 (다른 사람보다) 특히(尤) (훌륭한) 물건이다(物). 즉 훌륭한 인물이다. 尤(더욱 우)

形固可使若槁骸: 형체(形)는 정말로(固) 마른 몸처럼(若~槁骸) (어찌 이렇게) 되는가(可~使)? 形(형체 형) 固(참으로 고 → 정말로) 槁骸〔마른(槁) 몸(骸). 骸(몸 해)〕 ★ 내편「제물론」1에선 고해(槁骸) 대신 고목(槁木), 즉 마른 나무로 등장한다.

心固可使若死灰乎?: 마음(心)은 정말로(固) 불 꺼진 재처럼(如~死灰) (어찌 이렇게) 되는가(可~使)? 死灰〔죽은(死) 재(灰). 즉 불 꺼진 재. 死(죽을 사) 灰(재 회)〕

曰 吾嘗居山穴之中矣: (자기가) 말하다. 나(吾)는 일찍이(嘗) 산(山) (속) 굴(穴) 안에서(中) 산(居) (적이) 있다. 嘗(일찍 상) 穴(굴 혈)

當是時也 田禾一覩我: 그(是) 때(時)를 맞아(當), 즉 그때 (제나라 군주인) 전화(田禾)가 나(我)를 한 번(一) (만나) 보다(覩). 當(맞을 당) 覩(볼 도)

而齊國之衆三賀之: 그런 뒤(而) 제나라(齊國) 많은(衆) (사람은 이 일을 두고 전화를) 세 번(三)씩이나 축하하다(賀). 衆(많을 중) 賀(하례할 하, 축하)

我必先之 彼故知之: (이건) 필히(必) 내(我)가 (세상에 명성이 나서 이) 때문에(故) 그(彼)가, 즉 전화가 먼저(先) (나를) 알아보고(知) (만난 일이다). 必(반드시 필, 틀림없이) 故(고로 고 → 때문에) 彼(저 피)

我必賣之 彼故鬻之: (아니면 이건) 필히(必) 내(我)가 (내 능력을) 팔려고(賣) (해 이) 때문에(故) 그(彼)가, 즉 전화가 (나를) 사려고(鬻) (만난 일이다). 賣(팔 매) 鬻(살 육)

若我而不有之 彼惡得而知之?: 만약(若) 내(我)가 (나를 팔 생각이) 있지(有) 않으면(而~不) 전화(彼)가 (나를 사겠다는 생각을 내) 어찌(惡) 얻어서(得~而) 아는가(知)? 즉 나를 사겠다는 생각을 내 어찌 알 수 있는가? 得(얻을 득)

若我而不賣之 彼惡得而鬻之?: 만약(若) 내(我)가 (나를) 팔(賣) (생각이 있지) 않으면(而~不) 전화(彼)가 어찌(惡) 얻어, 즉 알아(得~而) (나를) 사겠다는(鬻) (생각을 할 수 있는가)?

嗟乎! 我悲人之自喪者: 아(嗟)! 나(我)는 사람(人)이 자신(自)을 잃으면(喪~者) (이를) 불쌍히(悲) (여기다). 自喪〔자신(自)을 잃음(喪). 喪(잃을 상)〕 ★ 내편「제물론」1에선 오상아(吾喪我), 즉 '내가 나를 잊다'라는 표현으로 등장하는데 오상아의 '오상'과는 다른 의미로 '자상'이 사용된다. 悲(슬퍼할 비 → 불쌍히)

吾又悲夫悲人者: 또(又) 나(吾)는 저(夫) (자신을 잃은) 사람(人)을 불쌍히 여기는(悲) 사람(者)도 불쌍히 여기다(悲).

吾又悲夫悲人之悲者: 또(又) 나(吾)는 저(夫) (자신을 잃은) 사람(人)을 불쌍히 여기는(悲) 걸 불쌍히 여기는(悲) 사람(者)도 불쌍히 여기다(悲).

其後而日遠矣: (그런데 그) 후(後) (막상 내가 자신을 잃으니까 이런 생각의 굴레에서) 나날이(日) 멀어지다(遠~矣). 遠(멀어질 원)

서무귀(徐無鬼) 10

仲尼之楚, 楚王觴之, 孫叔敖執爵而立, 市南宜僚受酒而祭曰: 「古之人乎! 於此言已.」

曰: 「丘也聞不言之言矣, 未之嘗言, 於此乎言之.

市南宜僚弄丸而兩家之難解, 孫叔敖甘寢秉羽而郢人投兵. 丘願有喙三尺!」

「彼之謂不道之道, 此之謂不言之辯, 故德總乎道之所一.

而言休乎知之所不知, 至矣.

道之所一者, 德不能同也., 知之所不能知者, 辯不能擧也., 名若儒墨而凶矣.

故海不辭東流, 大之至也., 聖人并包天地, 澤及天下, 而不知其誰氏.

是故生無爵, 死無諡, 實不聚, 名不立, 此之謂大人.

狗不以善吠爲良, 人不以善言爲賢, 而況爲大乎!

夫爲大不足以爲大, 而況爲德乎!

夫大莫若天地, 然奚求焉而大備矣.

知大備者, 無求, 無失, 無棄, 不以物易己也.

反己而不窮, 循古而不摩, 大人之誠.」

공자가 초(楚)나라를 방문했을 때 초 왕이 공자를 위해 주연을 베풀었다.

그때 손숙오(孫叔敖)가 술잔을 들고 서 있었고,

시남의료(市南宜僚)는 술을 받아 땅에 부으면서 고수레를 지냈다.

초나라 왕이 말했다. "옛날 사람이라면! 이런 경우에 한 말씀 합니다."

공자가 말했다.

"저 구는 말 없는 말(不言之言)의 교훈을 들어 여태 말한 적이 없으나

이번 기회에 한번 말해보겠습니다.

시남의료는 적의 군대 앞으로 홀로 나아가 어린애처럼 구슬 놀이를 해
송나라와의 전쟁을 해결했고,
손숙오는 초나라 수도 영(郢) 사람들이 반란을 일으키자 늘어지게 잠잔 뒤
깃 부채를 들어 춤추는 여유를 보여주면서 무기를 스스로 버리게 했습니다.
초나라 왕 수하에는 이런 훌륭한 신하들이 있어 국난을 무난히 해결했는데
저는 그냥 석 자 주둥이만 놀리겠습니다!"
공자가 계속해서 말했다.
"저 시남의료의 행동을 두고 도 아닌 도(不道之道)라고 말하고,
이 손숙오의 말을 두고 말 없는 말(不言之辯)이라고 합니다.
그래서 덕(德)은 도와 하나 된 곳에 모여야 지극하고,
말(言)은 앎이 미치지 않는 곳에 머물러야 최고입니다.
그런데 도는 하나 된 곳에 모여도 덕은 하나 된 곳에 모이지 않습니다.
제대로 된 앎은 알 수 없는 곳에 머물러 말을 통해 이를 거론할 수 없습니다.
유가와 묵가처럼 인애니 겸애니 하면서 명분을 두고 다투는 건
보기에도 흉합니다.
바다는 동쪽으로 흐르는 모든 강물을 받아들이는데 변함이 없어
정말로 크지요.
성인(聖人)도 바다처럼 천지를 아우르며 감싸고 그의 은덕이 천하에 미쳐도
사람들은 그가 누군지 알지 못합니다.
이 때문에 성인은 살아선 아무 벼슬이 없고,
죽어서도 시호가 주어지지 않습니다.
재물을 모으거나 명예를 추구하거나 하지 않는데
이런 사람을 대인(大人)이라 합니다.
잘 짖는다고 좋은 개가 아니고,
말을 잘한다고 현명한 사람이 되는 게 아닙니다.
그런데 하물며 말 잘하는 게 대인(大人)이 되는 것과 무슨 상관이 있습니까!
대인이 억지로 되려고 하면 대인이 될 수 없습니다.
그런데 하물며 덕이 충만하게 되려고 하면 더 말할 나위가 없지요!
모름지기 큰 것 치고 천지(天地)만큼 더 큰 건 천하에 없습니다.

그런데 천지가 무엇을 탐내 굳이 크게 갖추려고 하겠습니까?
큰 갖춤을 알면 탐내는 것도 없고, 잃는 것도 없고, 버릴 것도 없기에
사물에 이끌려서 자기의 본성을 바꾸지 않습니다.
자기의 본성으로 돌아가는데도 다하지 않고,
옛 방법을 따르는데도 가까이하지 않는 게
대인(大人)의 진실한 모습입니다."

注 ————————————————————————————

仲尼之楚 楚王觴之: 공자(仲尼)가 초(楚)나라를 (방문했을 때) 초왕(楚王)이 (공자를 위해) 주연을 베풀다(觴). 觴(잔 상, 술잔 → 주연을 베풀다)

孫叔敖執爵而立: (그 때) 손숙오(孫叔敖)가 술잔(爵)을 들고(執~而) 서다(立). ★ 손숙오(孫叔敖)는 춘추시대 초나라 장왕 때 명재상으로 청백리의 표상이다. 외편「전자방」10에도 등장한다. 爵(잔 작, 술잔) 執(잡을 집 → 들다) 立(설 립, 서다)

市南宜僚受酒而祭曰: 시남의료(市南宜僚)는 술(酒)을 받아(受~而) (땅에 부으면서) 고수레(祭)를 지내는데 (초나라 왕이) 말하다. 市南宜僚〔초나라의 용감한 사람〕受(받을 수) 祭(제사 제 → 고수레)

古之人乎! 於此言已: 옛날(古) 사람(人)이면! 이런 경우에(於~此) (한) 말씀 하다(言~已).

曰 丘也聞不言之言矣: (공자가) 말하다. (저) 구(丘)는 말(言) 없는(不) 말(言)의 (교훈을) 듣다(聞~矣). 聞(들을 문)

未之嘗言 於此乎言之: 일찍이(嘗), 즉 여태 말한(言) 적 없으나(未) 이번 기회에(於~此) 말하다(言). 嘗(일찍 상)

市南宜僚弄丸而兩家之難解: 시남의료(市南宜僚)는 (적의 군대 앞으로 홀로 나아가 어린애처럼) 구슬(丸) 놀이를 해(弄~而) 양가(兩家)의 어려움(難), 즉 송나라와의 전쟁을 해결하다(解). ★ 시남의료(市南宜僚)는 저자거리(市) 남쪽(南)에 사는 의료(宜僚)를 의미하는데 가공 인물이다. 외편「산목」2와 잡편「칙양」6에도 등장한다. 丸(알 환, 장난감 구슬) 弄(놀 롱 → 놀이) 解(풀 해 → 해결하다)

孫叔敖甘寢秉羽而郢人投兵: 손숙오(孫叔敖)는 (초나라 수도) 영(郢) 지역 사람(人)들이 (반란을 일으켰을 때) 늘어지게(甘) 잠잠(寢) 뒤 깃 부채(羽)를 들어(秉~而) (춤추는 여유까지 보여주면서 스스로) 무기(兵)를 버리게(投) 하다. 甘(느슨할 감, 늘어지다) 寢(잠잘 침) 羽(깃 우 → 깃 부채) 秉(잡을 병 → 들다) 投(던질 투 → 버리다)

丘願有喙三尺!: (초나라 왕의 수하에는 이런 훌륭한 신하들이 있었기에 국난을 무난히 해결했는데) 구(丘)는 석(三) 자(尺) 주둥이(喙)를 (놀리길) 원하다(願)! 喙(부리 훼, 새나 짐승의 주둥이)

彼之謂不道之道: 저(彼), 즉 시남의료의 행동을 (두고서) 도(道) 아닌(不) 도(道)라고 말하다 (謂).

此之謂不言之辯: 이(此), 즉 손숙오의 말을 (두고서) 말(言) 없는(不) 말(辯)이라고 말하다(謂). 辯(말할 변)

故德總乎道之所一: 그래서(故) 덕(德)은 도(道)와 하나(一) 된 곳(所)에 모여야(總) (지극하다). 總(모일 총)

而言休乎知之所不知 至矣: 그리고(而) 말(言)은 앎(知)으로 알지(知) 못하는(不) 곳(所)에 쉬어 야(休) 지극하다(至). 즉 앎이 미치지 않는 곳에 머물러야 최고이다. 休(쉴 휴) 至(다할 지 → 지 극하다)

道之所一者 德不能同也: (그런데) 도(道)는 하나(一者) 된 곳(所)에 (모여도) 덕(德)은 (이) 같을 (同) 수(能) 없다(不). 즉 덕은 하나 된 곳에 모이지 못하다.

知之所不能知者 辯不能擧也: (또 제대로 된) 앎(知者)은 알(知) 수(能) 없는(不) 곳(所)에 (머물러) 말(辯)을 (통해 이를) 거론할(擧) 수(能) 없다(不). 擧(일으킬 거 → 거론하다)

名若儒墨而凶矣: (그러니) 유가(儒)나 묵가처럼(若~墨) (인애니 겸애니 하면서) 명분(名)을 두고 (다투는 것은 보기에도) 흉하다(凶~矣). 名(이름 명 → 명분) 凶(흉할 흉)

故海不辭東流 大之至也: 고로(故) 바다(海)는 동쪽(東)으로 흐르는(流) (모든 강물을) 사양하지 (辭) 않으면서(不), 즉 받아들이면서 (변함이 없기에) 크다는(大) 것의 지극함(至이다). 즉 정말로 크다. 辭(사양할 사)

聖人幷包天地 澤及天下: 성인(聖人)도 (바다처럼) 천지(天地)를 아우르며(幷) 감싸고(包), (그의) 은덕(澤)이 천하(天下)에 미치다(及). 幷(아우를 병) 包(쌀 포, 감싸다) 澤(은덕 택) 及(미칠 급)

而不知其誰氏: 그러나(而) (사람들은 그가) 누구(誰~氏)인지 알지(知) 못하다(不). 誰(누구 수)

是故生無爵 死無諡: 이(是) 때문에(故) (성인은) 살아선(生) (아무) 벼슬(爵)이 없고(無), 죽어서 도(死) 시호(諡)가 주어지지 않는다(無). 爵(벼슬 작) 諡(시호 시)

實不聚 名不立: (성인은) 재물(實)을 모으지(聚) 않고(不) 명예(名)를 추구하지(立) 않는다(不). 實(재물 실) 聚(모을 취) 名(이름 명, 명예) 立(세울 립 → 추구하다)

此之謂大人: (그런데) 이런(此) 사람을 대인(大人)이라고 말하다(謂).

狗不以善吠爲良: 개(狗)는 잘(善) 짖는다고(以~吠) 좋은(良) (개가) 되는(爲) (게) 아니다(不). 狗(개 구) 善(잘할 선) 吠(짖을 폐) 良(좋을 량)

人不以善言爲賢: 사람(人)은 말(言) 잘한다고(以~善) 현인(賢)이 되는(爲) (게) 아니다(不).

而況爲大乎!: 그런데(而) 하물며(況) (말 잘하는 게) 대인(大)이 되는(爲) (것과 무슨 상관이 있는가)!

夫爲大不足以爲大: 대인(大)이 (억지로) 되려고(爲) (하면) 대인(大)이 되는(以~爲) 데 부족(不 足)하다. 즉 대인이 될 수 없다.

而況爲德乎!: 그런데(而) 하물며(況) 덕(德)이 (충만하게) 되려고(爲) (하면 더 말할 나위 없다)! 즉 덕이 충만할 수 없다.

夫大莫若天地: 모름지기(夫) 큰(大) (것 치고) 천지만큼(若~天地) (더 큰 건 천하에) 없다(莫). 若 (같을 약 → ~만큼)

然奚求焉而大備矣: 그런데(然) (천지가 무얼) 탐내(求~而) 굳이(奚) 크게(大) 갖추는가(備)? 求 (탐낼 구) 奚(어찌 해 → 굳이) 備(갖출 비)

知大備者 無求: 큰(大) 갖춤(備)을 알면(知~者) 탐내는(求) (것도) 없다(無).

無失 無棄: 잃는(失) (것도) 없고(無) 버리는(棄) (것도) 없다(無). 失(잃을 실) 棄(버릴 기)

不以物易己也: (그래서) 사물로(以~物), 즉 사물에 이끌려서 자기(己)의 (본성을) 바꾸지(易) 않는다(不). 易(바꿀 역)

反己而不窮: 자기(己)의 (본성으로) 돌아가는데도(反~而) 다하지(窮) 않다(不). 窮(다할 궁)

循古而不摩 大人之誠: (또) 옛(古) 방법을 따르는데도(循~而) 가까이하지(摩) 않는(不) 게 대인 (大人)의 진실한(誠) 모습이다. 循(좇을 순, 따르다) 摩(가까이할 마) 誠(참 성, 진실한)

서무귀(徐無鬼) 11

子綦有八子, 陳諸前, 召九方歅曰: 「爲我相吾子, 孰爲祥?」

九方歅曰: 「梱也爲祥.」

子綦瞿然喜曰: 「奚若?」

曰: 「梱也將與國君同食以終其身.」

子綦索然出涕曰: 「吾子何爲以至於是極也!」

九方歅曰: 「夫與國君同食, 澤及三族, 而況父母乎! 今夫子聞之而泣, 是禦福也. 子則祥矣, 父則不祥.」

子綦曰: 「歅, 汝何足以識之, 而梱祥邪? 盡於酒肉入於鼻口矣, 而何足以知其所自來?

吾未嘗爲牧而牂生於奧, 未嘗好田而鶉生於実, 若勿怪, 何邪?

吾所與吾子遊者, 遊於天地.

吾與之邀樂於天, 吾與之邀食於地., 吾不與之爲事, 不與之爲謀, 不與之爲怪.,

吾與之乘天地之誠而不以物與之相攖, 吾與之一委蛇而不與之爲事所宜.

今也然有世俗之償焉!

凡有怪徵者, 必有怪行, 殆乎, 非我與吾子之罪, 幾天與之也! 吾是以泣也.」

無幾何而使梱之於燕, 盜得之於道, 全而鬻之則難, 不若刖之則易,
於是乎刖而鬻之於齊, 適當渠公之街, 然身食肉而終.

남백자기는 여덟 명의 자식을 두었는데 어느 날 자식들을 앞에 늘어서게
한 뒤 구방인(九方歅)을 불러 물었다.
"나를 위해 내 자식들 관상을 봐주시오. 누가 복(祥)을 갖고 태어났는지?"
구방인이 말했다. "곤(梱)이 복을 갖고 태어났습니다."
남백자기는 놀라서 기뻐하며 물었다. "어떤 복인가요?"
구방인이 말했다. "곤은 나라의 군주와 함께 식사하며 일생을 마칩니다."
남백자기가 두려워서 눈물을 흘리며 물었다.
"내 자식이 어찌함으로써 이런 참혹한 지경에 이릅니까!"
구방인이 말했다.
"군주와 함께 식사할 수 있으면 그 은덕이 온 집안에 미칠 텐데
하물며 부모님이야 더 말할 나위 있겠습니까!
지금 선생께서 제 얘기를 듣고 눈물을 흘리면서 우는 건 복을 차는 일입니다.
자식이 복을 갖고 태어났는데 아버지는 복이 아니라 여기니 안타깝네요."
남백자기가 말했다.
"구방인, 그대가 무얼 안다고 내 자식이 복을 갖고 태어났다고 말하나요?
술과 고기를 실컷 먹으면 그 향내와 맛이 코와 입으로 들어가는데
그 음식이 어디서 왔는지 압니까?
내가 가축을 기르지 않아도 암컷 양은 집 서남쪽 모퉁이에서 생겨나고,
사냥을 즐기지 않아도 메추라기는 집 동남쪽 모퉁이에서 생겨납니다.
그대는 이를 기이하게 여기지 않으니 어째선가요?
내가 내 자식과 함께 노니는(遊) 복은 천지 사이에서 노니는 복입니다.
그 복은 자식과 함께 하늘에서 즐거움을 맞이하고,
땅에서 먹을거리를 찾는 겁니다.
그 복은 내가 자식과 인위적으로 일하지 않고, 일을 꾸미지 않고,
기이한 짓을 하지 않는 겁니다.
그 복은 내가 자식과 천지의 진실함에 올라타서

사물로 인해 자식의 마음이 흔들리는 일이 없도록 하는 겁니다.

그 복은 내가 자식과 자연스러움을 한결같이 순순히 좇으며,

그리고 일의 옳고 그른 바를 따지지 않는 겁니다.

그런데 지금 내 자식 운세에 세속의 보상(世俗之償)이 있다니 안타깝네요!

대개 기이한 징조가 있으면 반드시 기이한 행동이 나타나 위태롭지요.

그건 나와 내 자식의 죄는 아니고 하늘이 준 죄일 거요!

그래서 내가 울은 겁니다."

얼마 안 되어 곤이 연(燕)나라에 사신으로 갔는데

도적들이 길에서 그를 붙잡았다.

온전한 몸으로 팔면 도망칠 우려가 있어 발꿈치를 베어서 파는 게 좋다고

해 곤은 발꿈치를 베이고 제나라에 팔렸다.

우연히 제나라 왕가의 우두머리 하인이 되어

고기를 평생 먹으면서 삶을 마쳤다.

注 ————————————————————————————————————

子綦有八子 陳諸前 召九方歅曰: (남백) 자기(子綦)는 여덟(八) 명의 자식(子)을 두었는데(有) (어느 날 자식들을) 모두(諸) 앞에(前) 늘어서게(陳) (한 뒤) 구방인(九方歅)을 불러서(召) 말하다. 諸(모두 제) 陳(늘어설 진) 召(부를 소)

爲我相吾子 孰爲祥?: 나(我)를 위해(爲) 내(吾) 자식(子)들의 관상(相)을 봐 달라. 누가(孰) 복 (祥)이 있는가(爲)? 즉 복을 갖고 태어났는가? 相(볼 상, 점 → 관상) 祥(복 상)

九方歅曰 梱也爲祥: 구방인(九方歅)이 말하다. 곤(梱)이 복(祥)을 (갖고) 태어나다(爲).

子綦瞿然喜曰 奚若?: (남백)자기(子綦)는 놀라(瞿然) 기뻐하며(喜) 말하다. 어떤(奚) 복입니까? 瞿然〔놀라는 모습. 瞿(놀랄 구)〕

曰 梱也將與國君同食以終其身: (구방인이) 말하다. 곤(梱)은 장차(將) 나라(國) 군주와(與~君) 함께(同) 식사(食)를 하며, 그럼으로써(以) 몸(身)을 마치다(終). 즉 일생을 마치다. 將(장차 장) 同(같이할 동, 함께) 終(끝낼 종, 마침)

子綦索然出涕曰: (남백)자기(子綦)는 두려워(索然) 눈물(涕)을 흘리면서(出) 말하다. 索然〔두 려워하는 모습. 索(두려워할 삭)〕 涕(눈물 체) 出(날 출 → 흘리다)

吾子何爲以至於是極也!: 내(吾) 자식(子)이 어찌해(何爲) 그럼으로써(以) 이런(是) 극단에(於~ 極) 이르나(至)! 즉 참혹한 지경에 이르는가! 何爲〔어찌하여. 何(어찌 하)〕 極(극처 극 → 극단)

九方歅曰 夫與國君同食: 구방인(九方歅)이 말하다. 저(夫) 나라(國) 군주와(與~君) 함께(同) 식

사(食)를 하다.

澤及三族: (그러면 그) 은덕(澤)이 삼족(三族), 즉 온 집안에 미치다(及). 澤(은혜 택, 은덕) 及(미칠 급)

而況父母乎!: 그런데(而) 하물며(況) 부모(父母)야 (더 말할 나위가 있는가)!今夫子聞之而泣 是禦福也: 지금(今) 선생(夫子)이 (내 얘기를) 듣고(聞) (눈물을 흘리며) 우는(泣) 이것(是)은 복(福)을 가두는(禦) (일이다). 즉 복을 차는 일이다. 泣(울 읍) 禦(가두리 어, 가두다)

子則祥矣 父則不祥: 자식(子)이라면(則) 복(祥)을 (타고 태어났는데) 아버지(父)이라면(則) 복(祥)이 아니라(不) (여기니 안타깝다).

子綦曰 歟, 汝何足以識之: (남곽)자기(子綦)가 말하다. 구방인(歟) 자네(汝)가 어찌(何) 아는 게(以~識) 충분한가(足). 즉 무얼 아는가. 何(어찌 하) 識(알 식) 足(충분할 족)

而梱祥邪?: 그리고(而) 곤(梱)이 복(祥)을 갖고 (태어났다는 건가)?

盡於酒肉入於鼻口矣: 술(酒)과 고기를(於~肉) 남김없이(盡), 즉 실컷 (먹으면 그 향내와 맛이) 코(鼻)와 입으로(於~口) 들어가다(入). 酒(술 주) 肉(고기 육) 盡(다할 진, 남김없이) 鼻(코 비) 入(들 입)

而何足以知其所自來?: 그런데(而) (그 음식이) 어디서부터(自) 오는(來)지 어찌(何) 아는 것으로써(以~知) 충분한가(足)? 즉 그 음식이 어디서 오는지 아는가? 自(부터 자, ~로부터) 來(올 래) 何(어찌 하)

吾未嘗爲牧而牂生於奧: 내(吾)가 (가축을) 기르지(爲~牧) 않아도(未嘗~而) 암컷 양(牂)은 집 서남쪽 모퉁이에서(於~奧) 생기다(生). 牧(기를 목) 牂(암양 장, 암컷 양) 奧(후미 욱 → 서남쪽 모퉁이) 生(날 생)

未嘗好田而鶉生於宎: 사냥(田)을 즐기지(好) 않아도(未嘗~而) 메추라기(鶉)가 집 동남쪽 모퉁이에서(於~宎) 생기다(生). 好(좋아할 호 → 즐기다) 田(사냥할 전) 鶉(메추라기 순) 宎(구석 요 → 동남쪽 모퉁이)

若勿怪 何邪?: 네(若)가 (이를) 기이하게(怪) (여기지) 않으니(勿) 어째서(何)인가? 若(너 약) 怪(기이할 괴) 勿(없을 물)

吾所與吾子遊者 遊於天地: 내(吾)가 내(吾) 자식(子)들과 함께(與) 노니는(遊) 복(所~者)은 천지 사이에서(於~天地) 노니는(遊) 복이다.

吾與之邀樂於天: (그 복은) 내(吾)가 (자식과) 함께(與) 하늘에서(於~天) 즐거움(樂)을 맞이하는(邀) (복이다). 邀(맞이할 요)

吾與之邀食於地: (그 복은) 내(吾)가 (자식과) 함께(與) 땅에서(於~地) 먹을거리(食)를 맞이하는(邀) (복이다). 즉 찾는 복이다.

吾不與之爲事: (그 복은) 내(吾)가 (자식과) 함께(與) (인위적으로) 일하지(爲~事) 않는(不) (복이다).

不與之爲謀: (그 복은 내가 자식과) 함께(與) (일을) 꾸미지(爲~謀) 않는(不) (복이다). 謀(꾀할 모 →

꾸미다)

不與之爲怪: (그 복은 내가 자식과) 함께(與) 기이한(怪) (짓을 하지) 않는(不) (복이다).

吾與之乘天地之誠: (그 복은) 내(吾)가 (자식과) 함께(與) 천지(天地)의 진실함(誠)에 올라타다 (乘). 誠(참 성, 진실함) 乘(탈 승)

而不以物與之相攖: 그리고(而) 그럼으로써(以) 사물(物)이 자식들(之)과 함께(與) 서로(相) 휘 감기지(以~攖) 않게(不) 하는 (복이다). 즉 사물로 인해 자식들의 마음이 흔들리는 일이 없도록 하는 (복이다). 攖(휘감길 영, 휘감기다)

吾與之一委蛇: (그 복은) 내(吾)가 (자식과) 함께(與) (자연스러움을) 한결(一) 같이 순순히 좇다(委 蛇). 委蛇〔순순히 좇는 모양. 委(굽을 위) 蛇(구불구불갈 이)〕

而不與之爲事所宜: 그리고(而) 자식들(之)과 함께(與) 일(爲~事)의 옳고(宜) (그른) 바(所)를 (따 지지) 않는(不) (복이다). 宜(옳을 의)

今也然有世俗之償焉!: 그런데(然) 지금(今)은 (내 자식의 운세에) 세속(世俗)의 보상(償)이 있다 니(有) (안타깝다)! 償(보상 상)

凡有怪徵者 必有怪行 殆乎: 대개(凡) 기이한(怪) 징조(徵)가 있으면(有~者) 반드시(必) 기이한 (怪) 행동(行)이 나타나(有) 위태롭다(殆). 凡(대개 범) 徵(조짐 징) 殆(위태할 태)

非我與吾子之罪 幾天與之也!: (그건) 나와(與~我) 내(吾) 자식(子)의 죄(罪)는 아니고(非) 아마 도(幾) 자연(天)이 준(與) (좌다)! 幾(기미 기, 아마도) 與(줄 여)

吾是以泣也: 이래서(是) 나(吾)는 울다(以~泣). 泣(울 읍)

無幾何而使梱之於燕: 얼마(幾何) 안 돼(無~而) 곤(梱)이 연나라(於~燕)에 사신(使)으로 가다. 幾何〔얼마. 幾(가까울 기) 何(어찌 하)〕 使(사신갈 사)

盜得之於道: (그런데) 도적(盜)들이 길에서(於~道) (그를) 얻다(得). 즉 그를 붙잡다.

全而鬻之則難: 온전한(全) (몸으로) 팔면(鬻~則) 어려움(難) 있다. 즉 도망칠 우려가 있다. 全 (온전할 전) 鬻(팔 죽) 難(어려울 난)

不若刖之則易: (그런 이유로) 발꿈치를 베어서(刖) (파는 것) 만큼(若) 쉽지(易) 않다(不). 즉 발꿈 치를 베어서 파는 게 좋다. 刖(벨 월, 발꿈치를 자르다) 易(쉬울 이)

於是乎刖而鬻之於齊: 이에(於~是) (곤은) 발꿈치를 베이고(刖) 제나라에(於~齊) 팔리다(鬻).

適當渠公之街: 우연히(適當) (제나라) 왕실(公之街)의 우두머리 하인(渠)이 (되다). 適當〔우연 히 만남. 適(만날 적) 當(맞을 당)〕 公之街〔왕실. 公(공작 공) 街(거리 가)〕 渠(우두머리 거 → 우두머 리 하인)

然身食肉而終: 그리하여(然) 자신(身)은, 즉 곤은 (평생) 고기(肉)를 먹으면서(食) (삶을) 마치다 (終).

서무귀(徐無鬼) 12

齧缺遇許由, 曰:「子將奚之?」

曰:「將逃堯.」

曰:「奚謂邪?」

曰:「夫堯畜畜然仁, 吾恐其爲天下笑. 後世其人與人相食與!

夫民, 不難聚也., 愛之則親, 利之則至, 譽之則勸, 致其所惡則散.

愛利出乎仁義, 損仁義者寡, 利仁義者衆.

夫仁義之行, 唯且無誠, 且假夫禽貪者器.

是以一人之斷制利天下, 譬之猶一覕也.

夫堯知賢人之利天下也, 而不知其賊天下也, 夫唯外乎賢者知之矣!」

설결(齧缺)이 허유(許由)를 만나자 말했다.

"선생은 지금 어디로 가려는 겁니까?"

허유가 말했다. "요(堯)임금으로부터 달아나려고 합니다."

설결이 말했다. "무슨 말인지요?"

허유가 말했다.

"요임금이 어짊을 힘써 행하는데 이게 천하의 비웃음이 될까 두렵습니다.

이대로 가면 후세에는 사람과 사람이 서로 잡아먹는 사태가 벌어질 겁니다!

백성이 모여드는 건 결코 어려운 일이 아니지요.

백성을 사랑하면 친해지고, 이익을 주면 모여들고, 칭찬하면 일에 힘씁니다.

반면 백성에게 싫은 일을 맡기면 흩어집니다.

그런데 백성을 사랑하고 이롭게 하는 마음은 인의(仁義)에서 나옵니다.

그래서 인의를 버리는 사람은 적은데도 인의를 활용하는 사람은 많습니다.

그런데 인의에 입각해 있다는 요임금의 행동에는 진실성이 전혀 없고,

게다가 날짐승처럼 탐욕스런 자에겐 인의가 잠시 무기가 될 수 있습니다.

이로써 요임금 혼자 인의를 판단해 인의가 천하에 이롭다고 규정한 겁니다.

이는 사물의 한 면만 얼핏 보고 사물 전체를 파악하는 일에

비유한 것과 같지요.

요임금은 어진 사람이 천하를 이롭게 하는 건 아는데

어진 사람이 천하를 그르치게 하는 건 알지 못합니다.
그런데 오직 어짊(賢)을 잊은 사람만이 그런 사실을 압니다!"

注 ─────────────────────────

齧缺遇許由 曰 子將奚之?: 설결(齧缺)이 허유(許由)를 만나자(遇) 말하다. 선생(子)은 (지금) 어디로(奚) (가려는가)(將)? 奚(어디 해)

曰 將逃堯: (허유가) 말하다. 요(堯)임금으로부터 달아나려고(將~逃) 하다. 逃(달아날 도)

曰 奚謂邪?: (설결이) 말하다. 무슨(奚) 말인가(謂)? 奚(무엇 해)

曰 夫堯畜畜然仁: (허유가) 말하다. 요(堯)임금이 힘써(畜畜然) 어짊(仁)을 (행하다). 畜畜然〔힘써 일하는 모양. 畜(쌓을 축)〕

吾恐其爲天下笑: (그런데) 나(吾)는 (이것이) 천하(爲~天下)의 비웃음(笑)이 될까 두렵다(恐). 笑(웃을 소, 비웃음) 恐(두려울 공)

後世其人與人相食與!: (이대로 가면) 후세(後世)에는 사람과(與~人) 사람(人)이 서로(相) 잡아먹는(食) (사태가 벌어지다)! 食(먹을 식)

夫民 不難聚也: 저(夫) 백성(民)이 모여드는(聚) 건 어려운(難) (일이) 아니다(不). 聚(모일 취) 難(어려울 난)

愛之則親 利之則至: (백성을) 사랑하면(愛~則) 친해지고(親), (백성에게) 이익을 주면(利~則) 모여들다(至). 愛(사랑 애) 親(친할 친) 利(이익 리)

譽之則勸 致其所惡則散: (백성을) 칭찬하면(譽~則) (일에) 힘쓰다(勸). (반면 백성이) 싫어하는(惡) 바(所)를 맡기면(致~則) 흩어지다(散). 譽(기릴 예, 칭찬하다) 勸(힘쓸 권) 致(맡길 치) 散(흩어질 산)

愛利出乎仁義: (그런데 백성을) 사랑하고(愛) 이롭게(利) (하는 마음은) 인의에서부터(乎~仁義) 나오다(出). 出(날 출)

損仁義者寡 利仁義者衆: (그래서) 인의(仁義)를 버리는(損) 사람(者)은 적은데도(寡) 인의(仁義)를 활용하는(利) 사람(者)은 많다(衆). 損(덜 손, 줄이다 → 버리다) 寡(적을 과) 利(이용할 이, 활용하다) 衆(많을 중)

夫仁義之行 唯且無誠: 그러나 저(夫) 인의(仁義)에 (입각해 있는 요임금의) 행동(行)에는 진실성(誠)이 전혀(唯) 없다(無). 誠(참 성, 진실) 唯(오직 유 → 전혀)

且假夫禽貪者器: 게다가(且) 날짐승(禽)처럼 탐욕스러운(貪) 자(者)에게는 (인의가) 잠시(假) 무기(器)가 (된다). 且(또 차) 假(잠시 가) 禽(날짐승 금) 貪(탐할 탐, 탐욕스러움) 器(그릇 기, 기구 → 무기)

是以一人之斷制利天下: 이로써(是~以) (요임금) 한(一) 사람(人)이 (인의를) 판단해(斷) (인의가) 천하(天下)에 이롭다고(利) 규정한(制) (일이다). 斷(결단할 단, 판단하다) 制(정할 제 → 규정하다)

譬之猶一覕也: (이는 사물의) 한(一) 면만 얼핏 보고(覕) (사물 전체를 파악한 일에) 비유한(譬) (것과) 같다(猶). 譬(비유할 비) 覕(언뜻볼 별, 얼핏 보다) 猶(같을 유)

夫堯知賢人之利天下也: 저(夫) 요(堯)임금은 어진(賢) 사람(人)이 천하(天下)를 이롭게(利) (하는 건) 알다(知). 賢(어질 현)

而不知其賊天下也: 그런데(而) (어진 사람이) 천하(天下)를 그르치게(賊) (하는 건) 알지(知) 못한다(不). 賊(그르칠 적)

夫唯外乎賢者知之矣!: (그런데) 저(夫) 오직(唯) 어짊(賢)을 잊은(外) 사람(者)만이 (그런 사실을) 알(知) 뿐이다(矣). 外(잊을 외)

서무귀(徐無鬼) 13

有暖姝者, 有濡需者, 有卷婁者,.
所謂暖姝者, 學一先生之言, 則暖暖姝姝而私自說也, 自以爲足矣,
而未知未始有物也, 是以謂暖姝者也.
濡需者, 豕蝨是也, 擇疏鬣者以爲廣宮大囿, 奎蹄曲隈, 乳間股脚,
此以爲安室利處, 不知屠者之一旦鼓臂布草操煙火, 而己與豕俱焦也.
此以域進, 此以域退, 此其所謂濡需者也.
卷婁者, 舜也.
羊肉不慕蟻, 蟻慕羊肉, 羊肉羶也.
舜有羶行, 百姓悅之, 故三徙成都, 至鄧之虛而十有萬家.
堯聞舜之賢, 擧之童土之地, 曰冀得其來之澤.
舜擧乎涷(童)土之地, 年齒長矣, 聰明衰矣, 而不得休歸, 所謂卷婁者也.
是以神人惡衆至, 衆至則不比, 不比則不利也.
故無所甚親, 無所甚疏, 拘德煬和以順天下, 此謂眞人.
於蟻棄知, 於魚得計, 於羊棄意.
以目視目, 以耳聽耳, 以心復心.
若然者, 其平也繩, 其變也循.
古之眞人, 以天待人, 不以人入天.
古之眞人, 得之也生, 失之也死,, 得之也死, 失之也生.

훤주자(暖姝者), 유수자(濡需者), 권루자(卷婁者).

소위 훤주자는 한 스승의 이론(言)을 배우면 얌전히 그걸 따르면서
이를 자기 이론으로 기쁘게 받아들이며 스스로 흡족해한다.
그러나 애초부터 사물이 존재하지 않는다는 사실을 모른다.
이런 사람을 두고 남의 말에 사로잡혀 거기에 만족하는 훤주자라 부른다.
유수자는 돼지 몸에 붙은 이(蝨)처럼 거칠고 긴 털 난 데만을 골라
거기를 자신의 넓은 집과 큰 동산으로 여긴다.
또 가랑이와 발굽이 갈라진 후미진 곳이나 젖 사이와 사타구니를
자신의 편안한 집과 좋은 거처로 여긴다.
어느 날 백정이 자신의 팔로 두드린 마른 풀을 지펴서 만든 불로
연기를 피우면 이를 알지 못해 돼지 털에 붙은 이는 돼지와 함께 타 죽는데
이는 한정된 곳만 들락거려서이다.
이런 사람을 두고 다른 사람 권위의 그늘에 머물러 자기를 자랑하면서
잠깐 사이의 안일에 만족하는 소위 유수자라 부른다.
권루자는 순(舜)임금과 같다.
양고기는 개미를 그리워하지 않아 모여들지 않는데
개미는 양고기를 그리워해 모여든다. 이는 양고기의 누린내 탓이다.
순(舜)도 누린내 나는 행동이 있어 백성이 그를 기뻐하며 따른다.
그래서 순이 세 번씩 옮겨도 그때마다 백성이 모여들어 도읍을 이루었다.
심지어 등(鄧)이란 허허벌판에 이르렀어도 십여만 호의 민가가 형성되었다.
요임금은 순이 어질다는 얘기를 듣고 그를 등용해 불모의 땅을 맡기면서
말했다. '이 불모의 땅에 와서 은덕을 베풀기 바란다.'
불모의 땅을 일으킬 때 순은 나이도 늙고 총명함도 쇠했는데
집으로 돌아가 쉴 수가 없었다.
이를 두고 세상일에 애쓰며, 심신을 고달프게 하는 소위 권루자라 말한다.
이로써 신인(神人)은 많은 사람이 모여드는 걸 싫어한다.
그래서 신인은 많은 사람이 모여들어도 이들과 친하지 않고,
또 이들과 친하지 않아 이득(利)도 얻지 못한다.
그래서 사람들과 새삼 친하지 않고, 새삼 소원하지 않다.
타고난 덕을 잘 껴안아 이를 자연의 조화로움에 활활 태워 천하를 좇는다.

이런 사람을 가리켜 진인(眞人)이라 한다.

진인은 개미를 보며 양고기 찾는 따위의 앎은 버려도

물고기를 보면서 자유로이 헤엄치는 꾀를 배우고,

양을 보면서 노린내를 풍겨 개미 모으는 것처럼

누군가를 유혹하려는 생각을 버린다.

진인(眞人)은 눈으로 비치는 대로 보고, 귀로 들리는 대로 듣고,

마음으로 움직이는 대로 하지만 이내 본심으로 돌아온다.

진인은 마음이 먹줄처럼 평평해도 자연의 변화처럼 자연스레 변화한다.

옛날 진인은 사람을 자연(天)으로 사람을 대하고,

자연적인 것에 인위적인 것을 끼어놓지 않았다.

옛날 진인은 자연의 도를 얻으면 살고, 자연의 도를 잃으면 죽었다.

그리고 인위의 도를 얻으면 죽고, 인위의 도를 잃으면 살았다.

注 ————

有暖姝者: 훤주자(暖姝者). 暖姝〔유순하고 애교 있는 모양. 즉 남 말에 사로잡혀 거기에 만족하는 걸 의미. 暖(유순한 모양 훤) 姝(순순히 따를 주)〕

有濡需者: 유수자(濡需者). 濡需〔눈앞의 안일만을 구차하게 취함. 즉 다른 사람 권위의 그늘에서 자기를 자랑해 잠깐 동안의 안일에 만족하는 상태. 濡(입을 유, 은덕을 입음) 需(구할 수)〕

有卷婁者: 권루자(卷婁者). 卷婁〔과로하여 고달픔. 즉 세상일에 애쓰며 심신을 고달프게 하다. 卷(두루마리 권) 婁(끌 루)〕

所謂暖姝者 學一先生之言: 소위(所謂) 훤주자(暖姝者)는 한(一) 스승(先生)의 이론(言)을 배우다(學). 言(말씀 언 → 이론)

則暖暖姝姝而私自說也: 그러면(則) 유순해 거역하지 않고(暖暖姝姝~而) 자기(私) 스스로(自) 기뻐하다(說). 즉 얌전히 그걸 따르며 이를 자기 이론으로 기쁘게 받아들이다. 暖暖姝姝〔유순하여 거역하지 않는 모양. 暖(유순한 모양 훤) 姝(순순히따를 주)〕私(사사 사, 자기) 說(기쁠 열)

自以爲足矣: 스스로(自) 그것으로써(以) 충분하다(足) 여길(爲) 뿐이다(矣). 즉 스스로 흡족해 한다.

而未知未始有物也: 그러나(而) 애초부터 사물이 존재하지 않음(未始有物)을 알지(知) 못하다(未). 未始有物〔애초부터(始) 사물(物)이 존재하지(有) 않다(未). 始(처음 시 → 애초부터) 物(사물 물 → 학설)〕未(아닐 미, 아직 ~하지 않다) ★ 미시유물(未始有物)이란 표현은 내편 「제물론」5에 등장해서 이 글의 주제로 사용된 바 있다.

是以謂暖姝者也: 이런(是) (사람을) 가리켜(以~謂) 남의 말에 사로잡혀 거기에 만족하는 훤주자(暖姝者)라고 말한다.

濡需者 豕蝨是也: 유수자(濡需者)는 돼지(豕) (몸에 붙은) 이(蝨)와 같다(是). 豕(돼지 시) 蝨(이 슬)

擇疏鬣者以爲廣宮大囿: 거칠고(疏) 긴 털(鬣) 난 데(者)만 골라(擇) 그럼으로써(以) (거기를 자신의) 넓은(廣) 집(宮)과 큰 동산(大囿)으로 여기다(爲). 疏(거칠 소) 鬣(수염 렵, 긴 털) 擇(가릴 택, 고르다) 廣(넓을 광) 宮(집 궁) 囿(동산 유)

奎蹏曲隈 乳間股脚: (또) 가랑이(奎)와 발굽(蹏)이 갈라진(曲) 후미진 곳(隈)이나 젖(乳) 사이(間)와 사타구니(股脚). 奎(가랑이 규) 蹏(굽 제, 말굽) 曲(굽을 곡 → 갈라짐) 隈(후미진곳 외) 乳(젖 유) 股脚〔사타구니. 股(넓적다리 고) 脚(다리 각)〕

此以爲安室利處: 이것을(此~以) 편안한(安) 집(室)과 좋은(利) 거처(處)로 여기다(以~爲). 室(집 실) 利(이로울 리, 좋음)

不知屠者之一旦鼓臂布草操煙火: 어느 날(一旦) 백정(屠者)이 (자신의) 팔(臂)로 두드린(鼓) 마른 풀(草)을 지펴서(布) (만든) 불(火)로 연기(煙)를 피워도(操) (돼지 털에 붙은 이는) 알지(知) 못한다(不). 屠者〔백정. 屠(잡을 도)〕 一旦〔어느 날. 旦(아침 단)〕 臂(팔 비) 鼓(두드릴 고) 布(펼 포) 煙(연기 연) 操(부릴 조 → 피우다)

而己與豕俱焦也: 그래서(而) 자신과(與~己) 돼지(豕)가 함께(俱) 타(焦) (죽다). 俱(함께 구) 焦(탈 초)

此以域進 此以域退: 이(此)는 사는 곳으로(以~域) 나아가고(進) 사는 곳으로(以~域) 물러나다(退). 즉 한정된 곳만 들락거린 탓이다. 域(곳 역) 進(나아갈 진) 退(물러날 퇴)

此其所謂濡需者也: 이런(此) (사람을) 두고 다른 사람 권위의 그늘에 (머물며 자기를 자랑하면서) 잠깐 사이의 안일에 만족하는 소위(所謂) 유수자(濡需者)라 부른다.

卷婁者 舜也: 권루자(卷婁者)는 순(舜) (임금과 같다).

羊肉不慕蟻 蟻慕羊肉: 양고기(羊肉)는 개미(蟻)를 그리워하지(慕) 않아(不) (모여들지) 않아도(不) 개미(蟻)는 양고기(羊肉)를 그리워해(慕) (모여든다). 蟻(개미 의) 慕(그리워할 모)

羊肉羶也: (이는) 양고기(羊肉) 누린내(羶) (탓이다). 羶(누린내 전)

舜有羶行 百姓悅之: 순(舜)도 누린내(羶) 나는 행동(行)이 있어(有) 백성(百姓)이 (그를) 기뻐하며 따른다(悅). 悅(기쁠 열, 기뻐하며 따르다)

故三徙成都: 그래서(故) (순이) 세(三) 번씩 옮겨도(徙) (그때마다 백성이 모여들어) 도읍(都)을 이루다(成). 徙(걸어다닐 도 → 옮기다) 都(도읍 도) 成(이룰 성)

至鄧之虛而十有萬家: (심지어) 등(鄧)이란 허허벌판(虛)에 이르렀어도(至~而) 십여만(十有萬) (호의) 민가(家)가 (형성되다). 虛(빌 허 → 허허벌판) 至(이를 지) 家(가옥 가)

堯聞舜之賢 擧之童土之地: 요(堯)임금은 순(舜)이 어질다는(賢) (얘기를) 듣고(聞) (그를) 등용

해(孩) 불모(童土)의 땅(地)을 맡기다. 賢(어질 현) 舉(올릴 거 → 등용하다) 童土〔불모. 童(민둥민둥할 동, 산에 나무가 없음) 土(흙 토)〕

曰冀得其來之澤: (그러면서) 말하다. 이 (불모의 땅에) 와서(來) 은덕(澤)을 베풀기(得) 바란다(冀) 來(올 래) 澤(은덕 택) 得(얻을 득, 이루다 → 베풀다) 冀(바랄 기)

舜擧乎童土之地: 순(舜)이 불모(童土)의 땅(地)을 일으키다(擧). 擧(일으킬 거)

年齒長矣 聰明衰矣: (그때는) 나이(年齒)도 늙고(長), 총명함(聰明)도 쇠해지다(衰). 年齒〔나이. 齒(이 치)〕長 (길 장, 오래도록 → 늙다) 衰(쇠할 쇠)

而不得休歸: (그런데 집으로) 돌아가(歸) 쉴(休) 수(得) 없다(不). 歸(돌아갈 귀) 休(쉴 휴)

所謂卷婁者也: (이를 두고) 소위(所謂) 권루자(卷婁者), 즉 세상일에 애쓰며 심신을 고달프게 하는 사람이라고 부른다.

是以神人惡衆至: 이로써(是~以) 신인(神人)은 많은 사람(衆)들이 모여드는(至) 걸 싫어한다(惡). 衆(무리 중, 뭇 사람) 至(이를 지) 惡(싫어할 오)

衆至則不比: (그래서 신인은) 많은 사람(衆)들이 모여들어도(至~則) (이들과) 친하지(比) 않다(不). 比(친할 비)

不比則不利也: (또 이들과) 친하지(比) 않은즉(不~則) 이득(利)도 없다(不). 즉 친하지 않아서 이득도 얻지 못한다. 利(이로울 리)

故無所甚親 無所甚疏: 그래서(故) (사람들과) 심히(甚) 친한(親) 바(所) 없고(無) 심히(甚) 멀리할(疏) 바(所) 없다(無). 즉 새삼 친하지도 않고 새삼 소원하지도 않다. 甚(심할 심) 親(친할 친) 疏(멀리할 소)

拘德煬和以順天下: 타고난 덕(德)을 (잘) 껴안아서(拘) (이를 자연의) 조화로움(和)에 활활 태워(煬) 그럼으로써(以) 천하(天下)를 좇는다(順). 拘(껴않을 구) 煬(땔 양, 불을 활활 땜) 順(좇을 순)

此謂眞人: 이런(此) (사람을 가리켜) 참된(眞) 사람(人)이라고 말한다. 此(이 차)

於蟻棄知 於魚得計: (진인은) 개미를(於~蟻) (보며 양고기 찾는 따위의) 앎(知)을 버려도(棄) 물고기를(於~漁) (보며 자유로이 헤엄치는) 꾀(計)를 얻는다(得). 즉 배우다. 棄(버릴 기) 計(꾀 계)

於羊棄意: 양을(於~羊) (보며 노린내를 풍겨 개미 모으는 것처럼 누군가 유혹하려는) 생각(意)을 버린다(棄). 意(뜻 의, 생각)

以目視目 以耳聽耳: (진인은) 눈으로(以~目) 눈(目)에 (비치는 대로) 보고(視), 귀로(以~耳) 귀(耳)에 (들리는 대로) 듣다(聽). 目(눈 목) 視(볼 시) 耳(귀 이) 聽(들을 청)

以心復心: 마음으로(以~心) 마음(心)이 (움직이는 대로 하지만 이내 본심으로) 돌아온다(復). 復(돌아갈 복)

若然者 其平也繩: 이런 사람(若然者), 즉 이런 진인은 (마음의) 평평함(平)이 먹줄(繩)이다. 즉 마음이 먹줄처럼 평평하다. 平(평평할 평) 繩(먹줄 승)

其變也循: (그래도) 변화함(變)은 (자연을) 따르다(循). 즉 마음은 자연의 변화처럼 자연스레 변화한다. 變(변할 변) 循(좇을 순)

古之眞人 以天待人: 옛날(古) 진인(眞人)은 자연으로(以~天) 사람(人)을 대하다(待). 待(대접할 대)

不以人入天: 인위적인 것으로(以~人) 자연적인(天) 것에 끼어들지(入) 않다(不). 즉 자연적인 것에 인위적인 것을 끼어놓지 않는다. 入(들 입 → 끼어들다)

古之眞人 得之也生 失之也死: 옛날(古) 진인(眞人)은 (자연의 도를) 얻으면(得) 살고(生) (자연의 도를) 잃으면(失) 죽는다(死).

得之也死 失之也生: (그러나 인위의 도를) 얻으면(得) 죽고(死) (인위의 도를) 잃으면(失) 산다(生).

서무귀(徐無鬼) 14

서무귀 14-1

藥也, 其實菫也, 桔梗也, 鷄癰也, 豕零也, 是時爲帝者也, 何可勝言!

句踐也以甲楯三千棲於會稽.

唯種也能知亡之所以存, 唯種也不知其身之所以愁.

故曰, 鴟目有所適, 鶴脛有所節, 解之也悲.

故曰, 風之過河也有損焉, 日之過河也有損焉.

請只風與日相與守河, 而河以爲未始其攖也, 恃源而往者也.

故水之守土也審, 影之守人也審, 物之守物也審.

故目之於明也殆, 耳之於聰也殆. 心之於殉也殆.

凡能其於府也殆, 殆之成也不給改.

禍之長也茲萃, 其反也緣功, 其果也待久.

而人以爲己寶, 不亦悲乎!

故有亡國戮民無已, 不知問是也.

약초란 실제로 씀바귀, 도라지, 가시연, 저령 따위 등이다.
이것들은 그때그때 병세에 따라 제대로 쓰여야 최고의 약효를 발휘한다.
그러니 어느 게 다른 것보다 약효가 낫다고 어찌 말할 수 있겠는가!
월왕 구천은 전투에 패해 병사 3천 명을 뽑아서 회계산으로 들어가 살았다.

이때 대부 문종(種)만이 망한 구천이 다시 일어나리란 걸 알았다.
그런데 문종만 자기 몸을 보존하는 바를 몰라 구천이 다시 일어서자
시름겨워했다.
그래서 말한다.
'올빼미 눈은 적당한 바 있고, 학 다리도 적절한 바 있어 자르면 슬퍼한다.'
또 그래서 말한다.
'바람이 황하를 지나면 황하의 물이 줄고,
햇볕이 황하를 쬐어도 황하의 물이 준다.'
물론 황하가 바람과 해에게 자신의 물을 지켜달라고 청하지만
황하가 거기에 매달리지 않는 건 자신의 풍부한 수원을 믿고 흘러서이다.
그래서 물은 흙을 떠나지 않아 물을 지키고,
그림자는 사람을 떠나지 않아 그림자를 지키고,
사물은 사물과 떨어지지 않아 사물을 지킨다.
그래서 눈의 시력이 밝으면 위태롭고, 귀의 청력이 밝으면 위태롭고,
마음이 무언가에 탐닉하면 위태롭다.
대체로 사람이 모든 능력을 지니면 위태로운데
이런 위태로움이 성하면 고쳐지지 않는다.
마찬가지로 화(禍)가 커지면 무성하게 많아지는데
무성하게 많아진 화가 본래의 모습으로 돌아가려면 공을 쌓아야 한다.
그리고 이 공의 성과를 얻으려면 오래 기다려야 한다.
사람들은 눈귀의 총명함과 앎을 자신의 보물이라고 여기니
이 또한 슬프지 아니한가!
그래서 나라도 망하고, 백성을 죽이는 일도 그치지 않는데
그 원인이 어디에서 오는지조차 물으려고 하지 않는다.

注

藥也 其實菫也 桔梗也 鷄雝也 豕零也: 약초(藥)란 실제로(實) 씀바귀(菫), 도라지(桔梗), 가시연(鷄雝), 저령(豕零) (따위 등이다). 菫(바곳 근, 씀바귀) 桔梗(도라지. 桔(도라지 길) 梗(가시나무 경)) 鷄雝(계두라 불리는 한약 재. 가시연. 鷄 (닭 계) 雝(벽옹 옹)) 豕零(시령이란 한약재. 저령. 豕(돼지 시) 零(비올 령))

是時爲帝者也: 이것(是)들은 그때그때(時) (병세에 따라 제대로 쓰여야) 최고의 약효를 발휘하는 (爲~帝) 것(者)이다. 帝(임금 제 → 최고의 약효를 발휘하다)

何可勝言!: (그러니 어느 게) 다른 것보다 (약효가) 낫다고(勝) 어찌(何) 말할(言) 수(可) 있는가! 勝(나을 승 → 다른 것보다 낫다)

句踐也以甲楯三千棲於會稽: (월왕) 구천(句踐)은 (전투에 패해) 병사(甲) 3천(三千) 명을 뽑아(以~楯) 회계산에(於~會稽) (들어가) 살다(棲). 楯(뽑을 순) 棲(살 서)

唯種也能知亡之所以存: 오로지(唯) (대부) 문종(種)은 망한(亡) 바(所)를 (알아) 구천이 다시 일어날 것을(以~存) 안다(能~知). 種[(월(越)나라 대부인 문종(文種)] 亡(망할 망) 存(있을 존, 존재하다 → 다시 일어나다)

唯種也不知其身之所以愁: (그런데) 오로지(唯) 문종(種)이 (자신의) 몸(身)을 (보존하는) 바(所)를 알지(知) 못해(不) (구천이 다시 일어나자) 시름겨워하다(以~愁). 愁(시름겨울 수)

故曰鴟目有所適: 고로(故) 말한다. 올빼미(鴟) 눈(目)은 적당한(適) 바(所) 있다(有). 즉 낮에는 못 봐도 밤에는 잘 보는 적당한 바 있다. 鴟(올빼미 치) 適(맞을 적 → 적당함)

鶴脛有所節 解之也悲: 학(鶴) 다리(脛)는 적절한(適) 바(所) 있어(有) (다리를) 자르면(解) 슬퍼하다(悲). 鶴(학 학) 脛(정강이 경 → 아랫다리) 解(가를 해, 자르다) 悲(슬플 비)

故曰風之過河也有損焉: (또) 그래서(故) 말한다. 바람(風)이 황하(河)를 지날(過) (때 황하의 물이) 준다(有~損). 河 → 黃河(황하) 損(덜 손)

日之過河也有損焉: 해(日)가 황하(河)를 지나도(過) (황하의 물이) 준다(有~損). 즉 햇볕이 황하를 쬐어도 황하의 물이 준다.

請只風與日相與守河: 물론(只) (황하가) 바람과(與~風) 해(日)에게 서로(相與) 황하(河)의 (물을) 지켜 달라고(守) 청하다(請). 只(다만 지 → 물론) 守(지킬 수)

而河以爲未始其攖也: 그러나(而) 황하(河)가 그걸 위해서(以~爲)만 매달리지(攖) 않는(未~始) (것). 攖(걸릴 영, 매달리다)

恃源而往者也: (자신의 풍부한) 수원(源)을 믿고(恃~而) 흐르는(往) 것(者) (때문이다). 源(근원 원 → 수원) 恃(믿을 시) 往(갈 왕 → 흐르다)

故水之守土也審: 그래서(故) 물(水)이 흙(土)을 지키는(守) (데) 한 묶음이다(審). 즉 물은 흙을 떠나지 않아 물을 지킨다. 審(묶을 심, 한 묶음)

影之守人也審: 그림자(影)가 사람(人)을 지키는(守) (데) 한 묶음이다(審). 즉 그림자는 사람을 떠나지 않아 그림자를 지킨다.

物之守物也審: 사물(物)은 사물(物)을 지키는(守) (데) 한 묶음이다(審). 즉 사물은 사물과 떨어지지 않아 사물을 지킨다.

故目之於明也殆: 그래서(故) 눈(目)이 밝음에(於~明) 있으면 위태롭다(殆). 즉 눈의 시력이 밝

으면 위태롭다. 殆(위태할 태)

耳之於聰也殆: 귀(耳)가 밝음에(於~聰) 있으면 위태롭다(殆). 즉 귀의 청력이 밝으면 위태롭다.

心之於殉也殆: (또) 마음(心)이 구함에(於~殉) 있으면 위태롭다(殆). 즉 마음이 무언가에 탐닉하면 위태롭다. 殉(구할 순, 구함)

凡能其於府也殆: 대개(凡) (사람의) 능력(能)이 곳집에(於~府) 있으면 위태롭다(殆). 즉 사람이 모든 능력을 지니면 위태롭다. 府(곳집 부, 재화를 넣어두는 창고)

殆之成也不給改: (그런데 이런) 위태로움(殆)이 성한 건(成~也) 고침(改)을 주지(給) 못하다(不). 즉 위태로움이 성하면 고치지 못하다. 成(우거질 성 → 성하다) 改(고칠 개) 給(줄 급, 공여함)

禍之長也玆萃: (마찬가지로) 화(禍)가 커지면(長) 무성하게 많아지다(玆萃). 禍(재앙 화) 長(클 장, 커지다) 玆萃〔무성하게 많아지다. 玆(검을 자) 萃(모일 췌)〕

其反也緣功: (무성하게 많아진 화가 본래의 모습으로) 돌아가는 건(反~也) 공(功)을 좇아야(緣) 한다. 즉 본래의 모습으로 돌아가려면 공을 쌓아야 한다. 緣(좇을 연)

其果也待久: (그리고 이 공의) 성과를 얻는 건(果~也), 즉 이 공의 성과를 얻으려면 (오래) 기다려야(待) 한다. 果(과실 과 → 성과) 待(기다릴 대)

而人以爲己寶 不亦悲乎!: 그런데(而) 사람(人)들은 (눈귀의 총명함과 앎을) 자기(己)의 보물이라(爲~寶) (여김)으로(以) (이) 또한(亦) 슬프지(悲) 아니한가(不)! 己(자기 기) 寶(보배 보, 보물) 亦(또 역) 悲(슬플 비)

故有亡國戮民無已: 그래서(故) 나라(國)에도 망함(亡)이 있고(有), 즉 나라도 망하고 백성(民)을 죽이는(戮) (일도) 그치지(已) 않는다(無). 亡(망할 망) 戮(죽일 륙) 已(그칠 이)

不知問是也: (그런데) 이(是) (원인이 어디에서 오는지조차) 물으려는(問) (걸) 알지(知) 못하다(不). 즉 물으려 하지 않는다.

서무귀 14-2

故足之於地也踐, 雖踐, 恃其所不蹍而後善博也,,

人之於知也少, 雖少, 恃其所不知而後知天之所謂也.

知大一, 知大陰, 知大目, 知大均, 知大方, 知大信, 知大定, 至矣.

大一通之, 大陰解之, 大目視之, 大均緣之, 大方體之, 大信稽之, 大定持之.

盡有天循有照, 冥有樞, 始有彼.

則其解之也似不解之者, 其知之也似不知之也, 不知而後知之.

其問之也, 不可以有崖, 而不可以無崖.

頡滑有實, 古今不代, 而不可以虧, 則可不謂有大揚摧乎!

闔不亦問是已. 奚惑然爲!
以不惑解惑, 復於不惑, 是尙大不惑.

그래서 발이 땅을 밟는 지면이 아무리 좁아도
밟지 않는 넓은 지면이 있음을 믿고 난 후 사람들은 익숙하게 길을 넓힌다.
마찬가지로 사람의 앎이 아무리 작아도
알지 못하는 넓은 앎이 있음을 믿고 난 후 사람들은 자연의 도를 안다.
그러니 만물의 근원이 하나라는 대일(大一)을 알고,
만물의 상태가 크게 고요해서 움직임이 없는 대음(大陰)을 알고,
만물을 분별없이 하나로 보는 대목(大目)을 알고,
자연의 조화가 차별 없이 균등하게 작용하는 대균(大均)을 알고,
세상에서 거스를 수 없는 일정한 법도인 대방(大方)을 알고,
근원적인 믿음인 대신(大信)을 알고,
흔들림이 없는 대정(大定)을 알아야 우리는 지극한 앎에 이른다.
혼돈 상태인 대일(大一)은 모든 사물을 서로 통하게 하고,
대일 이후 고요한 상태인 대음(大陰)은 모든 사물 간의 대립을 풀도록 하고,
대음 이후 만물이 움직여서 여러 명칭이 생겨나는 대목(大目)은
사물을 보게 하고,
대목 이후 만물을 고루 자라게 하는 대균(大均)은 있는 그대로 따르게 하고,
대균 이후 만물이 천지에 가득 찬 상태인 대방(大方)은 천하를 체득케 하고,
대방 이후 만물에 구체적 실질을 주는 대신(大信)은 천하를 헤아리게 하고,
대신 이후 만물에 제각각의 올바른 위치와 분수를 갖추게 하는 대정(大定)은
천하를 간직하게 한다.
이 일곱 개가 다 하는 곳에 자연(天)의 도가 있고,
이 자연의 도를 따라야 앎이 저절로 밝아진다.
그윽한 어둠 속에는 만물을 주관하는 작용인 추(樞)가 있고,
아득한 태초에는 만물을 생성케 하는 자연의 도가 있다.
그러니 사람 앎으로 자연의 도를 깨닫는 건 실은 깨닫지 못하는 것과 같다.
마찬가지로 사람 앎으로 자연의 도를 아는 건 실은 알지 못하는 것과 같다.

그러니 자신의 앎이 없어진 뒤라야 비로소 자연의 도를 안다.
자연의 도를 누가 물으면 무어라 한정 지을 수 없는데
자연의 도에는 한정이 있다.
또 자연의 도는 어지럽고 어수선해 실재하고,
옛날부터 지금까지 오랜 시간 바뀌지 않아 자연의 도는 이지러지지 않는다.
그런즉 대체적인 윤곽이 있다고 말할 수 있지 않은가!
이에 또 대해 어찌 아니 묻지 않을 뿐이다.
어찌 미혹(惑)에 그렇게 빠져드는가!
미혹되지 않은 앎으로 미혹을 풀고서 미혹되지 않은 상태로 돌아오는 게
크게 미혹되지 않음을 높이 받드는 일이다.

注

故足之於地也踐: 고로(故) 발(足)이 땅을(於~地) (밟는 지면이) 좁다(踐). 踐(얕을 천 → 좁다)

雖踐 恃其所不蹍而後善博也: 아무리(雖) 좁아도(踐) 밟지(蹍) 않는(不) (넓은 지면이) 있는 바(所)를 믿고(恃~而) 그런 후(後) (사람들은) 익숙하게(善) (길을) 넓힌다(博). 雖(비록 수 → 아무리~해도) 蹍(밟을 전) 恃(믿을 시) 善(잘 선, 익숙하다) 博(넓힐 박)

人之於知也少: (마찬가지로) 사람(人)이 앎에서(於~知) 작다(少). 즉 사람의 앎이 작다. 小(작을 소)

雖少 恃其所不知而後知天之所謂也: 아무리(雖) 작아도(小) 알지(知) 못하는(不) (넓은 앎이) 있는 바(所)를 믿고(恃~而) 그런 후(後) (사람들은) 자연(天)이 말하는(謂) 바(所) 안다(知). 즉 자연의 도를 안다.

知大一 知大陰: (그러니 만물의 근원이 하나라는) 대일(大一)을 알고(知) (만물의 상태가 크게 고요해 움직임이 없는) 대음(大陰)을 알다(知).

知大目 知大均: (만물을 분별없이 하나로 보는) 대목(大目)을 알고(知) (자연의 조화가 차별 없이 균등하게 작용하는) 대균(大均)을 알다(知).

知大方 知大信: (세상에서 거스를 수 없는 일정한 법도인) 대방(大方)을 알고(知) (근원적인 믿음인) 대신(大信)을 알다(知). 方(길 방 → 방도) 信(믿을 신)

知大定 至矣: (흔들림이 없는) 대정(大定)을 알아야(知) (우리는) 지극함(至) (앎에 이른다).

大一通之: (혼돈의 상태인) 대일(大一)은 (모든 사물을 서로) 통하게(通) (하다). 通(통할 통)

大陰解之: (대일 이후의 고요한 상태인) 대음(大陰)은 (모든 사물 간의 대립을) 풀게(解) (하다). 解(풀 해)

大目視之: (대음 이후 만물이 움직여 여러 명칭이 생겨나는) 대목(大目)은 (사물을) 보게(視) 하다. 視(볼 시)

大均緣之: (대목 이후 만물을 고루 자라게 하는) 대균(大均)은 (있는 그대로) 따르게(緣) 하다. 緣(좇을 연)

大方體之: (대균 이후 만물이 천지에 가득 찬 상태인) 대방(大方)은 (천하를) 체득하게(體) 하다. 體(체득할 체)

大信稽之: (대방 이후 만물에 구체적인 실질을 주는) 대신(大信)은 (천하를) 헤아리게(稽) 하다. 稽(헤아릴 계)

大定持之: (대신 이후 만물에 제각각의 올바른 위치와 분수를 갖추게 하는) 대정(大定)은 (천하를) 간직하게(持) 하다. 持(가질 지, 간직하다)

盡有天循有照: (이 일곱 개가) 다하는(盡) (곳에) 자연(天)의 (도)가 있고(有), (이 자연의 도를) 따라야(循) (앎의) 밝아진다(有~照). 循(좇을 순, 따르다) 照(빛 조, 밝아짐)

冥有樞: (또) 그윽한 어둠(冥) 속에는 만물을 주관하는 작용인 추(樞)가 있다(有). 冥(어두울 명, 그윽한 어둠) 樞(지도리 추) ★ 물레의 추(樞)는 물레의 한 가운데 있으면서 어떤 변화에도 중심을 잡으며 추를 바깥으로 떨어뜨리지 않는다. 만약 떨어뜨리면 물레가 작동하지 않아서다. 그래서 추는 물레의 가장 중요한 부분이다.

始有彼: (아득한) 태초(始)에는 만물을 생성케 하는 저것(彼), 즉 자연의 도가 있다(有). 彼(저 피)

則其解之也似不解之者: 그런즉(則) (사람의 앎으로 자연의 도를) 깨닫는(解) 건 실은 깨닫지(解) 못하는(不) 것과 같다(似). 解(깨달을 해) 似(같을 사)

其知之也似不知之也: (마찬가지로 사람의 앎으로 자연의 도를) 아는(知) 건 실은 알지(知) 못하는(不) 것과 같다(似).

不知而後知之: (그래서 자신의) 앎(知)이 없어진(不) 후(後)라야 (비로소 자연의 도를) 안다(知).

其問之也 不可以有崖: (자연의 도를 누가) 물으면(問) 경계(崖)가 있음이(以~有) 불가(不可)하다. 즉 뭐라 한정 지을 수 없다. 問(물을 문) 崖(경계 애)

而不可以無崖: 그런데(而) 경계(崖)가 없음이(以~無) 불가(不可)하다. 즉 자연의 도에는 한정이 있다.

頡滑有實: (또 자연의 도는) 어지럽고 어수선해(頡滑) 실재함(實)이 있다(有). 즉 실재한다. 頡滑〔착란(錯亂)함. 어지럽고 어수선함. 頡(날아올라갈 힐) 滑(미끄러울 활)〕

古今不代: 옛날(古)부터 지금(今)까지 (오랜 시간) 바뀌지(代) 않는다(不). 古(옛 고) 今(이제 금) 代(바꿀 대)

而不可以虧: 그래서(而) (자연의 도를) 이지러지게(以~虧) (할) 수(可) 없다(不). 즉 자연의 도는 이지러지지 않는다. 虧(이지러질 휴)

則可不謂有大揚搉乎!: 그런즉(則) 대체적인(大) 윤곽(揚搉)이 있다고(有) 말하지(謂) 않을(不) 수(可) 있는가! 즉 대체적인 윤곽이 있다고 말할 수 있다! 大(대강 대, 대체적인) 揚搉〔윤곽. 揚

(나타날 양) 推(헤아릴 각)〕

闔不亦問是已: 이(是)에 대해 또(亦) 어찌 아니(闔) 묻지(問) 않을(不) 뿐이다(已). 闔(어찌아니할 합)

奚惑然爲!: 어찌(奚) 미혹(惑)에 그렇게(然) 빠져드는가(爲)! 奚(어찌 해) 惑(미혹될 혹)

以不惑解惑 復於不惑: 미혹되지(惑) 않은(不) (앎)으로(以) 미혹(惑)을 풀고(解) 미혹되지(惑) 않은(不) (상태)로(於) 돌아오다(復). 惑(미혹할 혹) 解(풀 해, 모르거나 의심스러운 점을 풀다) 復 (돌아올 복)

是尙大不惑: 이것(是)이 크게(大) 미혹되지(惑) 않음(不)을 높이 받드는(尙) (일이다). 尙(숭상할 상→높이 받들다)

칙양
則　陽

칙양(則陽) 1

則陽游於楚, 夷節言之於王, 王未之見, 夷節歸.

彭陽見王果曰:「夫子何不譚我於王?」

王果曰:「我不若公閲休.」

彭陽曰:「公閲休奚爲者邪?」

曰:「冬則擭鱉於江, 夏則休乎山樊. 有過而問者, 曰:『此予宅也.』

夫夷節已不能, 而況我乎! 吾又不若夷節.

夫夷節之爲人也, 無德而有知, 不自許, 以之神其交, 固顛冥乎富貴之地,

非相助以德, 相助消也.

夫凍者假衣於春, 暍者反冬乎冷風.

夫楚王之爲人也, 形尊而嚴., 其於罪也, 無赦如虎., 非夫佞人正德, 其孰能橈焉!」

「故聖人, 其窮也使家人忘其貧, 其達也使王公忘爵祿而化卑.

其於物也, 與之爲娛矣., 其於人也, 樂物之通而保己焉.,

故或不言而飮人以和, 與人竝立而使人化, 父子之宜.

彼其乎歸居, 而一閒其所施. 其於人心者, 若是其遠也. 故曰待公閲休.」

칙양(則陽)이 초(楚)나라에 놀러 갔다.

이절(夷節)은 초나라 왕에게 칙양이 왔다는 사실을 보고했는데

왕은 그를 만나볼 생각이 없어 이절은 빈손으로 돌아와야 했다.

칙양이 어느 날 초나라의 현인 왕과(王果)를 만나보고 물었다.

"선생은 어째서 나를 초나라 왕에게 추천하지 않나요?"

왕과가 말했다. "나보다 공열휴(公閲休)가 그대를 추천하는 게 나을 거요."

칙양이 물었다. "공열휴는 어떤 사람인가요?"

왕과가 말했다.

"그는 겨울엔 강에서 작살로 찔러 자라를 먹고, 여름엔 산자락에서 쉬지요.

누군가 공열휴 곁을 지나다 물으면 '여기가 내 집이요.'라고 대답합니다.

이절도 왕을 설득시키지 못했는데 하물며 내가 왕을 어찌 설득시키나요?

나는 또한 이절보다 못합니다.

이절의 인간 됨은 자신의 덕이 부족해도 앎이 있고,

스스로 내세우지 않아 사람의 사귐을 소중히 여기고,

부귀를 누리는 데는 본디부터 정신이 헷갈려 갈팡질팡하고,

은혜를 베풀어 돕는 정도가 아니라 돕는다는 생각 자체를 사라지게 하지요.

추위에 몸이 얼어붙은 사람은 봄이란 옷을 입고,

더위를 먹은 사람은 겨울로 돌아가서 찬바람을 그리워합니다.

초나라 왕의 인간 됨은 몸이 존귀해도 마음은 엄격하지요.

그래서 죄를 다스리는 데는 호랑이처럼 사정없이 처리합니다.

그러니 아첨하는 사람이나 올바른 덕을 지닌 사람이 아니면

누가 감히 초나라 왕의 생각을 꺾을 수 있나요!"

왕과가 계속해서 말했다.

"그래서 성인이 곤궁할 때는 집안 식구에게 가난하다는 사실을 잊게 하고,

성인이 잘 나갈 때는 왕과 귀족들에게 자신들의 벼슬과 봉록을 잊게 해

스스로 낮추도록 변화시킵니다.

또 사물을 대할 때는 사물과 즐거워하고,

사람을 대할 때는 사람과 소통을 즐깁니다.

그래도 성인은 자신의 본성을 지킵니다.

그래서 성인이 혹 아무 말을 하지 않아도 화합으로 사람을 품고,

사람들과 나란히 서 있어도 그들은 부자(父子) 간에 합당한 친밀감을 느끼

도록 서로 변화시키지요.

공열휴는 이런 성인의 덕을 지녀서 은둔해 살아도 한순간에 덕을 베풉니다.

그가 다른 사람들에게 마음 쓰는 건 보통사람이 마음 쓰는 것과 크게 달라

공열휴에게 부탁드리라고 말한 겁니다."

則陽游於楚: 칙양(則陽)이 초나라에(於~楚) 놀러가다(游). 游(놀 유)

夷節言之於王: 이절(夷節)은 (초나라) 왕에게(於~王) (칙양이 왔다는 사실을) 말하다(言).

王未之見 夷節歸: (그런데) 왕(王)이 (그를) 만나 볼(見) (생각이) 없어(未) 이절(夷節)은 (빈손으로) 돌아오다(歸). 未(아닐 미) 歸(돌아올 귀)

彭陽見王果曰: 칙양(彭陽)이 (어느 날 초나라의 현인인) 왕과(王果)를 만나보고(見) 말하다. 見(볼 견)

夫子何不譚我於王?: 선생(夫子)은 어째서(何) 나(我)를 왕에게(於~王) 추천하지(譚) 않는가(不)? 譚(이야기 담 → 추천하다)

王果曰 我不若公閱休: 왕과(王果)가 말하다. 나(我)는 (너를 추천하는데) 공열휴(公閱休)와 같지 않다(不~若). 즉 나보다 공열휴가 너를 추천하는 게 낫다.

彭陽曰 公閱休奚爲者邪?: 칙양(彭陽)이 말하다. 공열휴(公閱休)는 어떤(奚) 사람(爲~者)인가?

曰 冬則擉鱉於江: (왕과가) 말하다. (공열휴는) 겨울이면(冬~則) 강에서(於~江) 작살로 찔러(擉) 자라(鱉)를 (먹다). 擉(찌를 착) 鱉(자라 별)

夏則休乎山樊: 여름이면(夏~則) 산(山) 자락(樊)에서 쉬다(休). 樊(울 번, 울타리 → 자락) 休(쉴 휴)

有過而問者 曰 此予宅也: (누군가 공열휴 곁을) 지나가다(過~而) (그에게) 물으면(問~者) 말하다. 이곳(此)이 내(予) 집(宅)이다. 過(지날 과) 予(나 여) 宅(집 택)

夫夷節已不能 而況我乎!: 이절(夷節)도 이미(已) (왕을 설득시키지) 못하는데(不能) 하물며(況) 내(我)가 (어찌 왕을 설득시키나)!

吾又不若夷節: 나(吾) 또한(又) 이절(夷節)과 같지(若) 않다(不). 즉 나는 또한 이절보다도 못하다.

夫夷節之爲人也 無德而有知: 저(夫) 이절(夷節)의 인간 됨(爲人)은 덕(德)이 부족해도(無~而) 앎(知)이 있다(有). 無(없을 무 → 부족하다)

不自許 以之神其交: 스스로 내세우지(自許) 않아(不) 그럼으로써(以) (사람의) 사귐(交)을 소중히 여기다(神). 自許(자부(自負). 스스로의 가치나 능력을 믿고 자랑으로 여김. 즉 스스로를 내세움. 許(허여할 허)) 交(사귈 교) 神(소중히여길 신)

固顚冥乎富貴之地: 부귀(富貴)의 영역(地), 즉 부귀를 누리는 데는 본디부터(固) 정신이 헷갈려서 갈팡질팡하다(顚冥). 地(마음의활동영역 지) 顚冥(미혹함. 顚(미혹할 전, 정신이 헷갈려 갈팡질팡하다) 冥(어두울 명)

非相助以德 相助消也: 은혜를(以~德) (베풀어) 서로 돕는(相助) (정도가) 아니라(非) 서로 돕는다는(相助) (생각 자체를) 사라지게(消) (하다). 德(은혜 덕) 相助(서로 돕다. 相(서로 상) 助(도울 조)) 消(사라질 소)

夫凍者假衣於春: (추위에 몸이) 얼은(凍) 사람(者)은 봄에(於~春) 옷(衣)을 빌리다(假). 즉 봄이란 옷을 입는다. 凍(얼 동) 假(빌 가)

暍者反冬乎冷風: 더위를 먹은(暍) 사람(者)은 겨울(冬)로 돌아가(反) 찬(冷) 바람(風)을 (그리워하다). 暍(더위먹을 갈) 冬(겨울 동) 冷(찰 랭)

夫楚王之爲人也 形尊而嚴: (한편) 저(夫) 초(楚)나라 왕(王)의 인간 됨(爲人)은 몸(形)은 존귀해도(尊~而) (마음은) 엄하다(嚴). 尊(높을 존 → 존귀함) 嚴(엄할 엄)

其於罪也 無赦如虎: (그래서) 죄에는(於~罪) 호랑이처럼(如~虎) 용서(赦)가 없다(無). 즉 죄를 다스리는 데는 호랑이처럼 사정없이 처리하다. 赦(용서할 사)

非夫佞人正德 其孰能橈焉!: (그러니) 아첨하는(佞) 사람(人)이나 올바른(正) 덕(德)을 지닌 (사람이) 아니면(非) 누가(孰) (감히 초왕의 생각을) 꺾을(橈) 수(能) 있는가! 佞(아첨할 녕) 孰(누구 숙) 橈(꺾일 요, 꺾다)

故聖人 其窮也使家人忘其貧: 고로(故) 성인(聖人)이 곤궁할(窮) (때는) 집안 식구에게(使~家人) 가난하다는(貧) (사실을) 잊게 한다(忘). 窮(곤궁할 궁) 家人〔한 집안 사람. 즉 집안 식구. 家(집 가)〕貧(가난할 빈) 忘(잊을 망)

其達也使王公忘爵祿而化卑: (성인이) 잘 나갈(達) (때는) 왕(王)과 귀족으로 하여금(使~公) (자신들의) 벼슬(爵)과 봉록(祿)을 잊게 해(忘~而) (스스로) 낮추도록(卑) 변화시키다(化). 達(달할 달, 영화 누림 → 잘 나감) 爵(벼슬 작) 祿(녹 록, 녹봉) 卑(낮출 비) 化(화할 화, 변화하다)

其於物也 與之爲娛矣: (또) 사물을(於~物) (대할 때는 사물과) 함께(與) 즐거워하다(娛). 娛(즐거워할 오)

其於人也 樂物之通而保己焉: 사람을(於~人) (대할 때는) 사물(物)과 소통(通)을 즐겨도(樂~而) (성인은) 자신(己)의 (본성을) 지킨다(保). 通(소통할 통) 樂(즐길 락) 保(지킬 보)

故或不言而飮人以和: 그래서(故) (성인은) 혹(或) (아무) 말(言)도 하지 않아도(不~而) 화합으로(以~和) 사람(人)을 품다(飮). 和(화합할 화) 飮(머금을 음, 품다)

與人竝立而使人化父子之宜: 사람(人)들과(與) 나란히(竝) 서 있어도(立~而) 그들로 하여금(使~人) 부자(父子) (간에) 합당한(宜) (친밀감을 느끼게끔 서로) 변화시키다(化). 竝(나란히할 병) 宜(마땅할 의 → 합당한)

彼其乎歸居 而一閒其所施: 그(彼), 즉 공열휴는 (이런 성인의 덕을 지녀) 은둔해서(歸) 살아도(居~而) (덕을) 베푸는(施) 바(所)가 한(一) 순간(閒)이다. 즉 한순간에 덕을 베푼다. 歸(돌아갈 귀 → 은둔하다) 施(베풀 시) 閒(틈 한 → 순간)

其於人心者 若是其遠也: (그가 다른) 사람에게(於~人) 마음 쓰는(心) 게(者) (다른 사람들의 그것과) 멀어진(遠) 건 이(是)와 같다(若). 즉 사람들에게 마음 쓰는 건 보통사람들이 마음 쓰는 것과 크게 다르다. 遠(멀 원)

故曰待公閱休: 고로(故) 말하다. 공열휴(公閱休)에게 기대다(待), 즉 공열휴에게 부탁하다. 待
(기댈 대)

칙양(則陽) 2

聖人達綢繆, 周盡一體矣, 而不知其然, 性也.
復命搖作而以天爲師, 人則從而命之也.
憂乎知, 而所行恒無幾時, 其有止也, 若之何!
生而美者, 人與之鑑, 不告則不知其美於人也.
若知之, 若不知之, 若聞之, 若不聞之, 其可喜也終無已, 人之好之亦無已, 性也.
聖人之愛人也, 人與之名, 不告則不知其愛人也.
若知之, 若不知之, 若聞之, 若不聞之, 其愛人也終無已, 人之安之亦無已, 性也.

성인(聖人)은 서로 복잡하게 얽힌 세상사에 통달하고,
사물을 두루 꿰뚫어 보면서 사물과 일체가 될 뿐이다.
그런데도 성인은 자신이 그런 줄 몰라 이것이 성인의 타고난 본성(性)이다.
성인은 조용히 움직이거나 크게 움직이거나 상관없이
자연의 뜻(命)으로 돌아가 자연(天)을 스승으로 삼는다.
그런데 사람들은 그를 따르면서 성인이라 명한다.
무언가를 아는 건 근심에 속한다.
그리고 사람이 아는 데 따라 행동하는 건 얼마 가지 못하고 늘 멈추는데
이런 멈춤을 어찌하겠는가!
누군가 태어날 때부터 아름다우면 사람들은 그에게 거울을 줘 비춰보게 해
스스로 아름다운 걸 알도록 한다.
다른 사람들이 자신의 아름다움을 이처럼 알려주지 않으면
자신이 남보다 아름다운 걸 알지 못한다.
만약 자신이 아름답다는 사실을 알든 모르던 상관없이
또 만약 자신이 아름답다는 말을 듣든 듣지 않았던 상관없이
사람들은 자신의 아름다움에 대해 기뻐함을 멈추지 않는 건 어쩔 수 없고,
자신의 아름다움을 좋아하는 걸 멈추지 않는 것도 어쩔 수 없다.

이것이 사람의 타고난 본성(性)이다.

성인(聖人)이 사람을 사랑하는 것도 사람들이 그렇게 명명한 일이다.

그래서 사람들이 성인에게 이런 사실을 알려주지 않으면

성인도 자신이 사람을 사랑한다는 사실을 알지 못한다.

만약 성인이 사람을 사랑한다는 사실을 알든 모르던 상관없이,

또 만약 성인이 사람을 사랑한다는 말을 듣든 듣지 않았던 상관없이

사람에 대한 성인의 사랑은 끝나지 않는다.

또 사람들이 성인의 사랑함을 좋아하는 것도 끝나지 않는다.

이것이 성인의 타고난 본성(性)이다.

注 ────────────────────────────────────

聖人達綢繆: 성인(聖人)은 (복잡하게) 서로 얽힌(綢繆) (세상사에) 통달하다(達). 綢繆〔서로 얽힘. 綢(명주 주) 繆(얽을 무)〕達(통달할 달)

周盡一體矣: (사물을) 두루(周) 꿰뚫어 보며(盡) (사물과) 일체(一體)가 될 뿐이다(矣). 周(두루 주) 盡(다할 진 → 꿰뚫어보다)

而不知其然 性也: 그런데도(而) (성인은 자신이) 그런(然) 줄 알지(知) 못하다(不). (이것이 성인의) 본성(性)이다.

復命搖作而以天爲師: (성인은) 조용히 움직이거나(搖) 크게 움직이거나(作~而) (관계없이) 자연의 뜻(命)으로 돌아가(復) 자연을(以~天) 스승으로 삼는다(爲~師). 復(돌아갈 복) 搖(움직일 요 → 조용히 움직임) 作(움직일 작 → 크게 움직임) 師(스승 사)

人則從而命之也: (그런데) 사람이면(人~則) (그를) 따르면서(從~而) (성인이라고) 명(命)하다. 從(좇을 종) 命(명할 명)

憂乎知: (뭔가를) 아는(知) (건) 근심(憂)에 (속한다). 憂(근심할 우)

而所行恒無幾時: 그리고(而) (아는 데 따라) 행동하는(行) 바(所)는 얼마 가지(幾時) 못하고(無) 늘(恒) (멈춘다). 幾時〔얼마 되지. 幾(거의 기) 時(때 시)〕恒(항상 항, 늘)

其有止也 若之何!: (그런데 이런) 멈춤(止) 있음(有)을 이에(若) 어찌하는가(何)! 즉 이런 멈춤을 어찌겠는가! 若(이에 약)

生而美者 人與之鑑: (누군가) 태어날 때부터(生~而) 아름다우면(美~者) 사람(人)들은 (그에게) 거울(鑑)을 주어서(與) (비춰보도록 해 스스로 아름다운 걸 알게끔 한다). 鑑(거울 감) 與(줄 여)

不告則不知其美於人也: (다른 사람이 이처럼 자신의 아름다움을) 알려주지(告) 않으면(不~則) (자신이) 남보다(於~人) 아름다운(美) (사실을) 알지(知) 못하다(不). 告(알릴 고)

若知之 若不知之: 만약(若) (자신이 아름답다는 사실을) 알든(知) 만약(若) 알지(知) 못하든(不) (상관없이). 若(만일 약)

若聞之 若不聞之: (또) 만약(若) (자신이 아름답다는 말을) 듣든(聞) 만약(若) 듣지(聞) 않았든(不) (상관없이).

其可喜也終無已: (사람들은 자신의 아름다움에 대해) 가히(可) 기뻐하는(喜) 데 끝남(終)이 없을(無) 뿐이다(已). 즉 자신의 아름다움에 대해 기뻐하는 걸 멈추지 않는 건 어쩔 수 없다. 喜(기쁠 희) 終(끝날 종) 已(따름 이)

人之好之亦無已 性也: (또) 사람(人)들은 (자신의 아름다움을) 좋아하는(好) 것 또한(亦) (끝남이) 없을(無) 뿐이다(已). 즉 자신의 아름다움을 좋아하는 걸 멈추지 않는 것도 어쩔 수 없다. 이것은 (사람의 타고난) 본성(性)이다.

聖人之愛人也 人與之名: 성인(聖人)이 사람(人)을 사랑한다는(愛) (점도) 사람(人)들이 (그렇게) 이름(名)을 준(與) (거다). 즉 사람들이 그렇게 명명한 일이다.

不告則不知其愛人也: (그래서 사람들이 성인에게 이런 사실을) 알려주지(告) 않으면(不~則) (성인도 자신이) 사람(人)을 사랑하는(愛) 걸 알지(知) 못하다(不).

若知之 若不知之: 만약(若) (성인이 사람을 사랑한다는 점을) 알든(知) 만약(若) (사람을 사랑한다는 사실을) 알지(知) 못하든(不) (상관없이).

若聞之 若不聞之: (또) 만약(若) (성인이 사람을 사랑한다는 말을) 듣든(聞) 만약(若) (사람을 사랑한다는 말을) 듣지(聞) 않았든(不) (상관없이).

其愛人也終無已: (성인이) 사람(人)을 사랑하는(愛) 건 끝남(終)이 없을(無) 따름이다(已). 즉 사람에 대한 성인의 사랑은 끝나지 않을 뿐이다.

人之安之亦無已 性也: (또) 사람(人)들이 (성인의 사랑함을) 좋아하는(好) 것 또한(亦) (끝남이) 없을(無) 따름이다(已). 즉 성인의 사랑함을 좋아하는 것도 끝나지 않는다. (이것이 성인의) 본성(性)이다.

칙양(則陽) 3

舊國舊都, 望之暢然., 雖使丘陵草木之緡, 入之者十九, 猶之暢然.
況見見聞聞者也, 以十仞之臺縣衆閒者也!

고향을 떠난 사람은 고국의 옛 도읍을 멀리서 바라만 봐도 반갑다.
구릉과 초목의 무성함으로 비록 가려져서
옛 도읍의 십분의 일만 보여도 여전히 반갑다.

하물며 전에 자주 보고 자주 들었던 열 길 높이의 누대가 폐허가 된 채
공중에 드리어져 많은 사람들 사이로 간신히 보여도
반갑기는 매한가지이다!

注 ——

舊國舊都 望之暢然.: (고향을 떠난 사람은) 옛(舊) 나라(國), 즉 고국의 옛(舊) 도읍(都)을 (멀리서)
바라만 보아도(望) 반갑다(暢然). 舊(옛 구) 都(도읍 도) 望(바라볼 망) 暢然(반가움. 暢(화창할 창,
마음이 밝아지다))

雖使丘陵草木之緡: 구릉(丘陵)과 초목(草木)의 무성함으로(使~緡) 비록(雖) (가려지다). 緡(성할
민, 무성하다)

入之者十九 猶之暢然: (그래서) 묻힌(入) 도읍(者)이 10분의 9(十九)나 되어 (잘 보이지 않아도),
즉 옛 도읍 십분의 일만 보여도 여전히(猶) 반갑다(暢). 入(들어갈 입 → 묻히다) 猶(그대로 유 →
여전히)

況見見聞聞者也: 하물며(況) (전에) 보고(見) (또) 보고(見), (전에) 듣고(聞) (또) 듣다(聞). 즉 자
주 보고 자주 듣다.

以十仞之臺縣衆閒者也!: 이것(以), 즉 열(十) 길(仞) (높이의) 누대(臺)가 (폐허가 된 채 공중에) 드
리워져(縣) 많은(衆) 사람 사이(閒)로 (간신히 보여도 반갑기는 매한가지이다)! 以(이 이, 이것) 仞(길
인) 臺(돈대 대, 누대) 閒(사이 간) 縣(매달 현)

칙양(則陽) 4

冉相氏得其環中以隨成, 與物無終無始, 無幾無時.
日與物化者, 一不化者也, 闔嘗舍之!
夫師天而不得師天, 與物皆殉, 其以爲事也若之何?
夫聖人未始有天, 未始有人, 未始有始, 未始有物,
與世偕行而不替, 所行之備而不洫, 其合之也若之何?
湯得其司御門尹登恒爲之傅之, 從師而不囿, 得其隨成.
〈爲之司其名, 之名嬴法,. 得其兩見, 仲尼之盡慮, 爲之傅之.〉
容成氏日:「除日無歲, 無內無外.」

염상씨(冉相氏)는 환중(環中)을 얻어 사물의 변화를 그대로 좇아 도를 이뤘다.
그래서 염상씨는 사물과 끝도 시작도 없이 지냈고,

나이도 시간도 없이 지냈다.

이처럼 사물의 변화를 매일 따르는 사람은 조금만치 변하지 않는 사람이다.

그런데 사람들은 어째서 이런 경지에 머물려고 시도하지 않을까!

사람이 자연을 스승으로 삼으려 해도 삼지 못하는 건 외물에 사로잡혀서다.

그런데도 사람들이 외물에 사로잡히는 걸 일삼는 건 어째서인가?

성인은 애초부터 자연이란 의식도 없고, 인간이란 의식도 없다.

성인은 애초부터 처음이란 의식도 없고, 사물이란 의식도 없다.

성인은 세상 안에서 행동해도 아무런 거리낌 없고,

행동이 제대로 갖추어져도 분수에 넘치지 않는다.

성인의 행동이 이처럼 자연과 합일하는 건 어째서인가?

상나라 탕(湯)임금은 사어(司御)이자 문윤(門尹)의 관직에 있던 등항(登恒)을
얻어 그를 스승으로 삼았다.

탕은 스승 등항을 따르면서도 스승에게 얽매이지 않고,

환중을 얻어 만물의 변화를 좇아서 도의 완성을 이루었다.

한편 등항은 탕임금을 위해 세부적이거나 실무적 일을 담당했다.

그런데 세부적이거나 실무적인 일은 군더더기 법도(法)에 해당한다.

이에 탕은 원칙적인 일은 자신에게서 의견을 얻고,

세부적이거나 실무적인 일은 스승에게서 의견을 얻었다.

공자는 원칙적 일은 물론, 세부적이고 실무적 일까지 자신에게서 얻는 걸
극진하다고 여겨 다른 사람의 스승이 되었다.

이를 두고 용성씨(容成氏)가 말한다.

"하루가 없으면 일 년이 없고, 안(內)이 없으면 밖(外)이 없다."

注

冉相氏得其環中以隨成: (옛 성왕인) 염상씨(冉相氏)는 환중(環中)을 얻어(得) 그럼으로써(以)
(사물의 변화를 그대로) 좇아(隨) (도를) 이루다(成). ★ 염상씨(冉相氏)는 삼황(三皇) 이전에 있었
던 무위(無爲)의 황제이다. 環(고리 환, 원) ★ 환중(環中)은 빈 상태에서 한가운데를 유지하는
것이다. 물레의 추가 단적인 예다. 옛날 성왕은 진공(眞空)의 도를 터득하고 환중(環中)의 묘를
체득한다는 말이 있다. 환중은 내편 「제물론」 3에 처음 등장한 말이다. 得(얻을 득 → 터득함)
隨(따를 수) 成(이룰 성)

與物無終無始 無幾無時: (그래서 염상씨는) 사물과(與~物) 끝(終)도 없고(無) 시작(始)도 없이 (無) (지내고), 나이(幾)도 없고(無) 시간(時)도 없이(無) (지내다). 幾(나이 기)

日與物化者 一不化者也: (이처럼) 사물의 변화를(與~物化) 매일(日) (따르는) 사람(者)은 하나도 (一) 변하지(化) 않는(不) 사람(者)이다.

闔嘗舍之!: (그런데 사람은) 어째서(闔) (이런 경지에) 머물려고(舍) 시도하지(嘗) (않을까)! 闔(어찌아닐할 합) 嘗(시험삼아 상) 舍(머무를 사)

夫師天而不得師天: (사람이) 저(夫) 자연(天)을 스승으로 삼으려 하면서도(師~而) 자연(天)을 스승(師)으로 삼지(得) 못하다(不).

與物皆殉: (그건) 모두(皆) 사물과(與~物) 따라 죽어서(殉)이다. 즉 외물에 사로잡혀서다 殉(따라죽을 순)

其以爲事也若之何?: (그런데 사람들이 외물에 사로잡히는 것을) 일삼는(以~爲事) 건 어째서인가(若之何)? 若之何〔어찌하여. 何(어찌 하) 若(어찌 약)〕

夫聖人未始有天 未始有人: 저(夫) 성인(聖人)은 자연(天)이 있다는(有) (의식을) 처음(始)부터 않고(未), 인간(人)이 있다는(有) (의식을) 처음(始)부터 않다(未). 즉 성인은 애초부터 자연이란 의식도 없고, 인간이란 의식도 없다. 始(시작할 시) 未(아닐 미 → 않다, 없다)

未始有始 未始有物: (성인은) 처음(始)이 있다는(有) (의식을) 처음부터(始) 않고(未), 사물(物)이 있다는(有) (의식을) 처음부터(始) 않다(未). 즉 성인은 애초부터 처음이란 의식도 없고, 사물이란 의식도 없다.

與世偕行而不替: (성인은) 세상(世)과 함께(偕) 행동해도(行~而), 즉 세상 안에서 행동해도 (아무런) 거리낌(替)이 없다(不). 偕(함께 해) 替(폐할 체 → 거리낌)

所行之備而不洫: 행하는(行) 바(所), 즉 행동이 (제대로) 갖추어져도(備~而) 분수에 넘치지(洫) 않다(不). 備(갖출 비 → 완비) 洫(외람할 혁, 분수에 넘치다)

其合之也若之何?: (그런데 성인의 행동이 자연과) 합일하는(合) 건 어째서인가(若之何)? 合(합할 합 → 합일하다)

湯得其司御門尹登恒爲之傅之: (상나라) 탕(湯)임금은 사어(司御)이자 문윤(門尹)의 관직에 있었던 등향(登恒)을 얻어(得) (그를) 스승(傅)으로 삼다(爲). 傅(스승 부)

從師而不囿: (탕은) 스승(師) (등향)을 따르면서도(從~而) (스승에게) 얽매이지(囿) 않다(不). 從(좇을 종) 囿(얽매일 유)

得其隨成: (또 환중을 얻어 만물의 변화를) 좇아서(隨) (도의) 이루어짐(成)을 얻다(得). 즉 도의 완성을 이루다. 隨(따를 수, 좇다)

爲之司其名: (한편 등향은 탕임금을 위해) (爲) 명분(名), 즉 세부적이거나 실무적 일을 담당하다 (司). ★ 명(名)은『논어』「자로」에 등장하는 '정명(正名)'과 관련이 있다. 명분의 의미를 지닌

다고 보아 세부적이거나 실무적인 일로 해석했다. 司(맡을 사)

之名贏法: (그런데) 세부적이거나 실무적 일(名)은 군더더기(贏) 법도(法)에 (해당한다). 贏(나머지 영 → 군더더기)

得其兩見: (이에 탕은) 양(兩)쪽, 즉 원칙적인 일은 자신에게서, 세부적이거나 실무적인 일은 스승에게서 (각각) 의견(見)을 얻다(得).

仲尼之盡慮 爲之傅之: (한편) 공자(仲尼)는 이것(之), 즉 원칙적 일은 물론이고, 세부적이거나 실무적 일까지 (자신에게서 얻는 것을) 극진히(盡) 생각해(慮) (다른 사람의) 스승(傅)이 되다(爲). 盡(다할 진 → 극진히) 慮(생각할 려) 傅(스승 부)

容成氏曰 除日無歲 無內無外: (이를 두고 옛 성왕인) 용성씨(容成氏)가 말하다. 하루(日)가 없으면(除) 한 해(歲)가 없고(無), 안(內)이 없으면(無) 밖(外)이 없다(無). ★ 용성씨(容成氏)는 황제(黃帝) 또는 황제의 신하 아니면 노자의 스승이라는 세 가지 설이 있다. 이 중에서 황제 때 역법을 제정한 신하였다는 설이 우세하다. 除(덜 제, 없애다) 歲(해 세)

칙양(則陽) 5

魏瑩與田侯牟約, 田侯牟背之.

魏瑩怒, 將使人刺之.

犀首公孫衍聞而恥之曰:「君爲萬乘之君也, 而以匹夫從讐!

衍請受甲二十萬, 爲君 攻之, 虜其人民, 係其牛馬, 使其君內熱發於背.

然後拔其國. 忌也出走, 然後抶其背, 折其脊.」

季子聞而恥之曰:「築十仞之城, 城者旣十仞矣, 則又壞之, 此胥靡之所苦也.

今兵不起七年矣, 此王之基也. 衍亂人, 不可聽也.」

華子聞而醜之曰:「善言伐齊者, 亂人也., 善言勿伐者, 亦亂人也., 謂伐之與不伐亂人也者, 又亂人也.」

君曰:「然則若何?」曰:「君求其道而已矣!」

惠子聞之而見戴晉人.

戴晉人曰:「有所謂蝸者, 君知之乎?」

曰:「然.」

「有國於蝸之左角者曰觸氏, 有國於蝸之右角者曰蠻氏, 時相與爭地而戰, 伏尸數萬, 逐北旬有五日而後反.」

君曰:「噫! 其虛言與?」

日:「臣請爲君實之. 君以意在四方上下有窮乎?」

君曰:「無窮.」

日:「知遊心於無窮, 而反在通達之國, 若存若亡乎?」

君曰:「然.」

日:「通達之中有魏, 於魏中有梁, 於梁中有王. 王與蠻氏有辨乎」

君曰:「無辯.」

客出而君惝然若有亡也.

客出, 惠子見.

君曰:「客, 大人也, 聖人不足以當之.」

惠子曰:「夫吹筦也, 猶有嗃也., 吹劍首者, 吷而已矣.

堯舜, 人之所譽也., 道堯舜於戴晉人之前, 譬猶一吷也.」

위(魏)나라 혜왕과 제(齊)나라 위왕이 동맹을 약속했는데
위왕이 이 약속을 어겼다.
위혜왕이 화가 나서 자객을 동원해 제위왕을 찔러 죽이려 했다.
서수(犀首)인 위나라 대신 공손연(公孫衍)이 이 말을 듣고 부끄러워서 말했다.
"군주는 만승의 군왕이신데 필부가 사용하는 방법으로 복수하다니요!
공손연에게 무장한 군사 20만 명을 주시면 주군을 위해 제나라를 쳐
인민을 사로잡고, 우마를 끌고 오겠습니다.
또 제나라 군주를 화병이 나게 해 등에서 내열(內熱)이 터지도록 한 뒤
제나라를 뽑아버리겠습니다.
또 제나라 장수인 전기(忌)가 도성을 나와서 달아나도록 한 뒤 쫓아가
그의 등을 매질해서 등뼈를 부러뜨리겠습니다."
신하인 계자(季子)가 이 말을 듣고 부끄러워서 말했다.
"열 길 높이의 성을 쌓을 때 성이 열 길 높이까지 이미 다 올라갔는데
이를 다시 헐어버리면 이는 형벌에 해당하는 엄청난 고생입니다.
지금 군주께서 군사를 일으키지 않은 지 어언 7년이나 되어서
이것이 왕업을 이루는 밑거름(基)이 되었습니다.
전쟁하자는 공손연은 나라를 어지럽히는 자이니 그 말을 들어선 안 됩니다."
다른 신하 화자(華子)가 이 말을 듣고 부끄러워서 말했다.

"번드런 말로 제나라를 쳐야 한다는 공손연도 나라를 어지럽히는 자이고,
번드런 말로 제나라를 쳐서 안 된다는 계자도 나라를 어지럽히는 자입니다.
또 제나라를 쳐야 한다는 사람과 쳐선 안 된다는 사람을 싸잡아서
나라를 어지럽히는 자라고 말하는 저도 나라를 어지럽히는 자입니다."
위혜왕이 의아해서 물었다. "그러면 어찌해야 하나?"
화자가 대답했다. "군주는 도(道)를 구할 뿐입니다!"
재상인 혜자가 이 얘기를 듣고 왕에게 대진인(戴晉人)을 만나보게 주선했다.
대진인이 말했다. "군주께선 달팽이를 아십니까?"
위혜왕이 말했다. "아네."
대진인이 말했다.
"달팽이 왼쪽 뿔에 나라가 있는데 촉씨(觸氏)라고 말하고,
달팽이 오른쪽 뿔에 나라가 있는데 만씨(蠻氏)라고 말합니다.
때때로 이들이 땅을 두고 서로 다투면 싸워서 죽은 주검이 몇만이 되고,
또 달아나는 적을 추격하다가 보름 후에 돌아옵니다."
위혜왕이 물었다. "흠! 그건 빈말이 아닌가?"
대진인이 말했다.
"그럼 신이 군주를 위해서 한 가지 사실을 예로 들어 청해 말하겠습니다.
군주께선 우주의 사방과 천지의 위아래에 끝이 있다고 생각합니까?"
위혜왕이 말했다. "끝이 없네."
대진인이 말했다.
"그러면 혜왕께서는 마음을 무궁한 경지에서 노니는 걸 알고 난 뒤
사람의 흔적이 미치는 나라로 다시 돌아온다면
스스로 있는 듯 없는 듯한 미미한 존재라고 여기는 게 아닐까요?"
위혜왕이 말했다. "그러하네."
대진인이 말했다.
"사람의 흔적이 미치는 곳 가운데에 위(魏)나라가,
그 위나라 가운데에 양(梁)나라가, 그 양나라 가운데에 왕이 있습니다.
그러면 왕과 만씨(蠻氏)의 구분이 있을 수 있나요?"
위혜왕이 말했다. "구분이 없네."

대진인이 나가는데 위혜왕은 창연한 모습으로 멍하니 넋이 나간 것 같았다.

손님인 대진인이 나가자마자 혜자(惠子)가 위혜왕을 만나보았다.

위혜왕이 말했다.

"그 손님은 대인(大人)이다. 성인(聖人)도 그를 당해내지 못할 거다."

혜자가 말했다.

"피리를 불면 피리소리가 나듯이 검수를 휘두르면

획 하는 바람소리가 날 뿐입니다.

요순임금은 사람들이 기리는 성인이어도

대진인 앞에서 요순임금을 언급하는 건

획 하고 한번 휘두르는 바람소리일 뿐입니다."

注 ────────────

魏瑩與田侯牟約 田侯牟背之: 위(魏)나라 혜왕과(與~瑩) 제나라 위왕(田侯牟)이 (서로 동맹을) 약속(約)을 했는데 위혜왕(田侯牟)이 (약속을) 어기다(背). ★ 위형(魏瑩)은 위혜왕(魏惠王) 내지 양혜왕(梁惠王)이고, 전후모(田侯牟)는 제(齊)나라 위왕(威王)이다. 約(맺을 약, 약속) 背(등질 배 → 어기다)

魏瑩怒 將使人刺之: 위혜왕(魏瑩)이 화가나(怒) 사람(人), 즉 자객으로 하여금(使) (위왕을) 찔러 죽이려고(將~刺) 하다. 怒(성낼 노, 화나다) 刺(찌를 자)

犀首公孫衍聞而恥之曰: (이름이) 서수(犀首)인 (위나라 대신) 공손연(公孫衍)이 (이 말을) 듣고(聞) 부끄러워서(恥) (군주에게) 말하다. 恥(부끄러워할 치)

君爲萬乘之君也: 군주(君)는 만승(萬乘)의 군왕이다(爲~君).

而以匹夫從讐!: 그런데(而) 필부(匹夫)가 사용하는 방법으로(以~從) 복수를 하다니(讐)! 從(좇을 종, 따르다 → 사용하는 방법) 讐(갚을 수, 복수하다)

衍請受甲二十萬 爲君 攻之: 공손연(衍)이 청컨대(請) 무장한 병사(甲) 20(二十) 만(萬) 명을 주면(受) 주군(君)을 위해서(爲) (제나라)를 치다(攻). 甲 → 甲士(갑사, 무장한 병사) 受(줄 수) 攻(칠 공)

虜其人民 係其牛馬: (그래서 제나라) 인민(人民)을 사로잡고(虜), 우마(牛馬)를 끌고 오다(係). 虜(사로잡을 로) 係(끌 게, 끌고 오다)

使其君內熱發於背: (또) 제나라 군주를(使~君) (화병이 나게 해) 등에서(於~背) 내열(內熱)이 터지다(發). 背(등 배) 發(일으킬 발 → 터지다)

然後拔其國: 그런(然) 다음(後) 제나라(國)를 뽑아버리다(拔). 拔(뺄 발, 뽑다)

忌也出走: (또 제나라 장수인) 전기(忌)가 (도성을) 나와(出) 달아나도록(走) 하다. 走(달아날 주)

然後抶其背 折其脊: 그런(然) 후(後) (쫓아가서 그의) 등(背)을 매질해(抶) 등뼈(脊)를 부러뜨리다(折). 抶(매질할 질) 脊(등뼈 척) 折(꺾을 절)

季子聞而恥之曰: (신하인) 계자(季子)가 (이 말을) 듣고(聞) 부끄러워서(恥) 말하다.

築十仞之城 城者既十仞矣: 열(十)길(仞) (높이의) 성(城)을 쌓을(築) (때) 성(城~者)이 이미(既) 열(十)길(仞) (높이까지 올라가다). 仞(길 인) 築(쌓을 축) 既(이미 기)

則又壞之 此胥靡之所苦也: 그런즉(則) (이를) 다시(又) 헐어버리면(壞) 이(此)는 고역을 과하는 형벌(胥靡)의 고생(所~苦)이다. 즉 형벌에 해당하는 엄청난 고생에 속한다. 壞(무너질 괴, 헐어버리다) 胥靡〔고역을 과하는 형벌. 胥(서로 서) 靡(쓰러질 미)〕

今兵不起七年矣 此王之基也: 지금(今) (군주는) 군사(兵)를 일으키지(起) 않은지(不) (어언) 7년(七年)이 되어서 이것(此)이 왕업(王)을 이루는 밑거름(基)이 (되다). 兵(군사 병) 起(일으킬 기) 王(왕 왕 → 왕업) 基(근본 기 → 밑거름)

衍亂人 不可聽也: (전쟁하자는) 공손연(衍)은 (나라를) 어지럽히는(亂) 사람(人)이니 (그 말을) 듣는(聽) 건 불가(不可)하다.

華子聞而醜之曰: (다른 신하) 화자(華子)가 (이 말을) 듣고(聞) 부끄러워서(恥) 말하다. ★ 화자(華子)는 전국시대 도가 계열의 학자로 위(魏)나라 현신이다. 잡편 「양왕」 4 에선 자화자(子華子)로 나온다.

善言伐齊者 亂人也: 번드러운(善) 말(言)로 제(齊)나라를 쳐야 한다는(伐) 사람(者)인 (공손연은 나라를) 어지럽히는(亂) 사람(人)이다. 亂(어지럽힐 란) 善(착할 선 → 번드럽다) 伐(칠 벌)

善言勿伐者 亦亂人也: 번드러운(善) 말(言)로 제(齊)나라를 쳐선(伐) 안 된다는(勿) 사람(者)인 (계자) 또한(亦) (나라를) 어지럽히는(亂) 사람(人)이다. 勿(없을 물)

謂伐之與不伐亂人也者: (또 제나라를) 쳐야 한다는(伐) (사람)과(與) 쳐선(伐) 안 된다는(不) (사람을 싸잡아 나라를) 어지럽히는(亂) 사람(人)이라고 말하는(謂) (저 같은) 사람(者).

又亂人也: 또한(又) (나라를) 어지럽히는(亂) 사람(人)이다.

君曰 然則若何?: 위혜왕(君)이 (의아해서) 말하다. 그러면(然則) 어찌해야(若何) 하는가?

曰 君求其道而已矣!: 화자(華子)가 말하다. 군주(君)는 도(道)를 구할(求) 뿐이다(而已矣)! 求(구할 구)

惠子聞之而見戴晉人: (재상인) 혜자(惠子)가 (이 얘기를) 듣고(聞) (위혜왕에게) 대진인(戴晉人)을 만나보게(見) (주선하다).

戴晉人曰 有所謂蝸者 君知之乎?: 대진인(戴晉人)이 말하다. 군주(君)는 소위(所謂) 달팽이(蝸者)를 아는가(知)? 蝸(달팽이 와)

曰 然: (위혜왕이) 말하다. 그러하다(然). 즉 안다. 然(그러할 연)

有國於蝸之左角者曰觸氏: 달팽이(蝸) 왼쪽(左) 뿔에(於~角者) 나라(國)가 있는데(有) 촉씨(觸氏)라 말하다. 角(뿔 각)

有國於蝸之右角者曰蠻氏: 달팽이(蝸) 오른쪽(右) 뿔에(於~角者) 나라(國)가 있는데(有) 만씨(蠻氏)라 말하다.

時相與爭地而戰 伏尸數萬: 때때로(時) (이들이) 땅(地)을 두고 서로(相與) 다투면(爭~而) 싸워서(戰) (죽은) 주검(伏尸)이 몇(數) 만(萬)이 되다. 時(때 시 → 때때로) 爭(다툴 쟁) 戰(싸울 전) 伏尸〔주검. 伏(엎드릴 복, 눕다) 尸(주검 시)〕數(두어 수 → 몇)

逐北旬有五日而後反: 달아나는(北) (적을) 추격하다가(逐) 보름(旬有五日~而) 후(後)에 돌아오다(反). 北(달아날 배) 逐(쫓을 축) 旬有五日〔보름. 열흘(旬)과 오일(五日). 旬(열흘 순)〕

君曰 噫! 其虛言與?: 위혜왕(君)이 말하다. 흠(噫)! (그건) 빈(虛) 말(言)이 아닌가? 虛(빌 허)

曰 臣請爲君實之: (대진인이) 말하다. (그럼) 신(臣)이 군주(君)를 위해(爲) (한 가지) 사실(實)을 예로 들어 청해(請) 말하다.

君以意在四方上下有窮乎?: 군주(君)는 (우주) 사방(四方)과 (천지) 위아래(上下)에 끝(窮)이 있다(有)고 여기나(以~意)? 窮(끝 궁)

君曰 無窮: 위혜왕(君)이 말하다. 끝(窮)이 없다(無).

曰 知遊心於無窮: (대진인이) 말하다. (그러면 혜왕은) 마음(心)을 무궁한 경지에서(於~無窮) 노니는(遊) (것을) 알다(知). 遊(노닐 유)

而反在通達之國: 그런 뒤(而) (사람) 흔적이 미치는(通達) 나라(國)로 (다시) 돌아오다(反). 通達〔통행함 → 즉 사람의 흔적이 미치다. 通(왕래할 통) 達(통할 달)〕反(돌아올 반)

若存若亡乎?: (그러면 혜왕은 스스로) 존재하는 듯(若~存) 없는 듯(若~亡)한 (미미한 존재로 여기는 게 아닐까)? 亡(없을 망)

君曰 然: 위혜왕(君)이 말하다. 그러하다(然). 然(그러할 연)

曰 通達之中有魏: (대진인이) 말하다. 사람의 흔적이 미치는(通達) (곳) 가운데(中)에 위(魏)나라가 있다(有).

於魏中有梁 於梁中有王: (그) 위(魏)나라 가운데(於~中)에 양(梁)나라가 있고(有), 양(梁)나라 가운데(於~中)에 왕(王)이 있다(有).

王與蠻氏有辨乎: (그렇다면) 왕과(與~王) 만씨(蠻氏)의 구분(辨)이 있는가(有)? 辨(분별할 변, 구분)

君曰 無辯: 위혜왕(君)이 말하다. 구분(辨)이 없다(無).

客出而君惝然若有亡也: 손님(客)인 (대진인이) 나가는데도(出~而) 위혜왕(君)은 창연한(惝然) 모습으로 뭔가 잃음(亡)이 있는(有) 것 같다(若). 즉 멍하니 넋이 나간 것 같다. 客(손 객, 손님) 惝然〔창연. 즉 기대에 어그러져 낙망하는 모습. 惝(낙심할 창)〕亡(없을 망)

客出 惠子見: 손님(客)인 (대진인이) 나가자(出) 혜자(惠子)가 (위혜왕을) 만나 보다(見).

君曰 客 大人也 聖人不足以當之: 위혜왕(君)이 말하다. (그) 손님(客)은 대인(大人)이다. 성인(聖人)도 (그를) 당해내는데(以~當) 부족하다(不足). 즉 당해내지 못하다. 當(당할 당)

惠子曰 夫吹筦 猶有嗃也: 혜자(惠子)가 말하다. 피리(筦)를 불면(吹) 가히(猶) 피리소리(嗃)가 있다(有). 즉 피리소리가 나다 筦(피리 관) 吹(불 취) 猶(가히 유) 嗃(피리소리 효)

吹劍首者 吷而已矣: (마찬가지로) 검수(劍首)를 불면(吹), 즉 검수를 휘두르면 휙 하는 바람소리(吷)가 날 뿐이다(而已矣). 劍首〔검수(劍首). 즉 칼의 손잡이에 뚫린 구멍. 劍(칼 검) 首(머리 수)〕吷(획소리 혈)

堯舜 人之所譽也: 요순(堯舜) 임금은 사람(人)들이 기리는(譽) 인물(所)이다. 譽(기릴 예)

道堯舜於戴晉人之前 譬猶一吷也: (그러나) 대진인(戴晉人) 앞에서(於~前) 요순(堯舜)임금을 말하는(道) 건 (검수에서 휙 하고) 한 번(一) 휘두르는 바람소리(吷)와 같다(猶). 道(말할 도) 猶(같을 유)

칙양(則陽) 6

孔子之楚, 舍於蟻丘之漿.

其隣有夫妻臣妾登極者, 子路曰:「是稷稷何爲者邪?」

仲尼曰:「是聖人僕也. 是自埋於民, 自藏於畔.

其聲銷, 其志無窮, 其口雖言, 其心未嘗言, 方且與世違而心不屑與之俱.

是陸沈者也, 是其市南宜僚邪?」

子路請往召之.

孔子曰:「已矣! 彼知丘之著於己也, 知丘之適楚也, 以丘爲必使楚王之召己也, 彼且以丘爲佞人也.

夫若然者, 其於佞人也羞聞其言, 而況親見其身乎! 而何以爲存?」

子路往視之, 其室虛矣.

공자(孔子)가 초(楚)나라로 가는 도중 의구산(蟻丘) 옆 주막에 머물렀다.

그때 머물렀던 주막의 이웃집 주인이 자신의 처첩과 용마루에 올랐는데 제자인 자로(子路)가 물었다.

"저기 용마루에 올라가 모여 있는 사람들은 무얼 하는 사람인가요?"

공자(仲尼)가 말했다. "그들은 성인(聖人)의 무리이네.

그들은 자신의 몸을 민간에 파묻고 농사일을 하면서 자신들을 감추며 사네.
그래서 그들의 명성이 혹 줄더라도 뜻은 다함이 없고,
입이 아무리 말하더라도 마음은 한 번도 말한 적이 없네.
그들은 이제 세속을 막 등지고 살아가므로
그들의 마음은 세속과 함께 하는 걸 그리 달갑게 여기지 않네.
이들은 육침(陸沈), 즉 몸은 뭍에 있어도 마음은 물에 가라앉은 사람이네.
그런데 그 이웃집 주인은 초나라 현자인 시남의료(市南宜僚)가 아닐까?"
자로가 가서 그를 불러오겠다고 청하자 공자가 말했다. "그만두게!
그는 내가 자기를 세상에 천거하려는 걸 잘 안다.
또 내가 초나라에 가서 초나라 왕에게 그를 반드시 부르게 하려는 걸 안다.
그러니 그는 나를 아첨하고 다니는 사람쯤으로 여길 거네.
이런 사람은 아첨꾼으로부터 어떤 말을 듣는 걸 수치스러워할 텐데
하물며 자신을 직접 만나보는 걸 반길 리 있겠는가!
또 찾아간들 그가 어째서 집에 있겠는가?"
자로가 그를 찾아가 보았는데 그의 집은 이미 텅 비어 있었다.

注 ──

孔子之楚 舍於蟻丘之漿: 공자(孔子)가 초(楚)나라로 (가는 도중) 의구(蟻丘)산 옆 주막(漿)에 머물다(舍). 漿(마실것 장 → 주막) 舍(머물 사)

其隣有夫妻臣妾登極者: (그때 머문 주막의) 이웃(隣) (집) 주인(夫)이 처(妻)와 신첩(臣妾)과 함께 용마루(極~者), 즉 지붕 위 마루에 오르다(登). 隣(이웃 린) 夫(지아비 부 → 주인) 妻(아내 처) 臣妾(신첩. 臣(신하 신) 妾(첩 첩)) 極(용마루 극, 마룻대. 즉 지붕 위 마루) 登(오를 등)

子路曰 是稷稷何爲者邪?: (제자인) 자로(子路)가 말하다. 저기(是) (용마루에 올라가서) 모여 있는 (稷稷) (사람들은) 무엇(何)하는 사람(爲~者)들인가? 稷稷(모여 있는 모양. 稷(모여드는 모양 총))

仲尼曰 是聖人僕也: 공자(仲尼)가 말하다. 그들(是)은 성인(聖人)의 무리(僕)이다. 是(이 시, 이들) 僕(무리 복)

是自埋於民 自藏於畔: 그들(是)은 자신(自)의 (몸을) 민간에(於~民) 파묻고(埋) 농사일을(於~畔) 하면서 자신(自)들을 감추며(藏) (산다). 埋(묻을 매, 파묻히다) 畔(두둑 반, 논밭 사이의 경계 → 농사일) 藏(감출 장)

其聲銷 其志無窮: (그래서 그들의) 명성(聲)이 (혹) 줄어도(銷) 뜻(志)은 다함(窮)이 없다(無). 聲

(명성 성) 銷(줄어들 소)

其口雖言 其心未嘗言: (그들의) 입(口)이 아무리(雖) 말해도(言) 마음(心)은 (한 번도) 말한(言) 적이 없다(未). 雖(비록 수 → 아무리 ~해도)

方且與世違而心不屑與之俱: (그들은) 이제 막(方) 세속(世)을 등지고 살아가므로(違~而) (그들의) 마음(心)은 세속과(與) 함께 하는(俱) 걸 (그리) 달갑게 여기지(屑) 않다(不). 違(어길 위 → 등지다) 俱(함께 구, 함께 하다) 屑(달갑게여길 설)

是陸沈者也: 이런(是) (사람들은) 육침(陸沈), 즉 몸은 뭍에 있어도 마음은 물에 가라앉은 사람(者)이다. 陸沈〔(몸은) 뭍(陸)에 (있지만 마음은 물에) 가라앉음(沈). 내편「인간세」의 심재(心齋)와 비슷한 개념. 陸(뭍 륙) 沈(가라앉을 침)〕

是其市南宜僚邪?: (그런데) 그(是)는, 즉 그 이웃집 주인은 (초나라 현자인) 시남의료(市南宜僚)가 아닐까? ★ 시남의료(市南宜僚)는 저자거리(市) 남쪽(南)에 사는 의료(宜僚)를 의미하는데 가공인물이다. 외편「산목」2와 잡편「서무귀」10에도 등장한다.

子路請往召之 孔子曰 已矣!: 자로(子路)가 가서(往) (그를) 불러온다고(召) 청하자(請) 공자(孔子)가 말하다. 그만두어라(已)! 往(갈 왕) 召(부를 소) 已(그칠 이)

彼知丘之著於己也: 그(彼)는 공구(丘)(내)가 자기를(於~己) (세상에) 천거하려는(著) 걸 (잘) 안다(知). 著(나타날 저 → 천거하다)

知丘之適楚也: (또) 공구(丘)(내)가 초(楚)나라에 가다(適). 適(갈 적)

以丘爲必使楚王之召己也: 그럼으로써(以) 초나라 왕(使~楚王)에게 반드시(必) 그(己)를 부르게 하려는(爲~召) (것을) 안다(知).

彼且以丘爲佞人也: (그러니) 그(彼)는 (나) 공구(丘)를 아첨하고 다니는(佞) 사람(人)으로 여기다(爲). 佞(아첨할 녕)

夫若然者 其於佞人也羞聞其言: 저(夫) 이런(然若) 사람(者)은 아첨꾼으로부터(於~佞人) (어떤) 말(言)을 듣는(聞) 걸 수치스러워하다(羞). 羞(부끄러워할 수, 수치스럽다)

而況親見其身乎!: 그런데(而) 하물며(況) 직접(親) 자신(身)을 만나보는(見) 걸 (반길 리 있는가)! 親(몸소 친 → 직접)

而何以爲存?: (또 찾아간들 그가) 어째서(何~以) (집에) 있는가(爲~存)? 存(있을 존)

子路往視之 其室虛矣: 자로(子路)가 (그를) 찾아가(往) 보지만(視) (그의) 집(室)은 (이미) 텅 비어있을(虛) 뿐이다(矣). 往(갈 왕)

칙양(則陽) 7

長梧封人問子牢曰:「君爲政焉勿鹵莽, 治民焉勿滅裂.

昔予爲禾, 耕而鹵莽之, 則其實亦鹵莽而報予., 芸而滅裂之, 其實亦滅裂而報予.

予來年變齊, 深其耕而孰耰之, 其禾繁以滋, 予終年厭飧.」

莊子聞之日:「今人之治其形, 理其心, 多有似封人之所謂,

遁其天, 離其性, 滅其情, 亡其神, 以衆爲.

故鹵莽其性者, 欲惡之孽, 爲性萑葦蒹葭, 始萌以扶吾形, 尋擢吾性.,

竝潰漏發, 不擇所出, 漂疽疥癰, 內熱溲膏是也.」

장오(長梧) 지방을 담당하는 영주가 찾아와서

공자 제자인 자뢰(子牢)에게 말했다.

"군주가 대충 정사를 펴선 안 되고, 건성으로 백성을 다스려선 안 되지요.

예전에 제가 벼농사를 위해 대충 논을 갈았더니 수확이 시원치 않았습니다.

또 김매는 걸 건성으로 했더니 마찬가지로 수확이 시원치 않았습니다.

그래서 저는 다음 해에 그간 계속해 왔던 방법을 바꾸었지요.

논을 가는 걸 깊이 하고, 김매는 걸 철저히 했더니 벼 이삭이 무성히 열려

한해가 다 가도록 쌀을 배불리 먹었습니다."

장자(莊子)가 이 얘기를 듣고 말했다.

"요즘 사람이 몸과 마음을 다스리는 건 영주가 말한 바와 비슷한 게 많아.

요즘 사람이 몸과 마음을 다스리는 건 자연(天)으로부터 달아나고,

타고난 본성(性)으로부터 떨어지고, 참 모습(情)을 없애고,

자연의 신령스러움(神)을 잃게 하는데 이는 하고자 하는 게 많아서이지.

사람들이 자신의 타고난 본성(性)을 대충 대하면

욕심과 증오의 재앙(欲惡之孽)이 생겨나

타고난 본성이 무성한 억새와 갈대의 숲에 의해서 가려지네.

처음에는 억새와 갈대의 싹만 터서 그것이 내 몸을 붙들지만

얼마 되지 않아 내 타고난 본성을 뽑아버리네.

이제 둑이 나란히 무너져 물이 새어 넘쳐흘러서 온 곳에서 터질 텐데

그러면 등창, 옴, 악창이 떠다니네.

내열(內熱)이 나고 오줌이 탁해지는 것은 이 때문이네."

長梧封人問子牢曰: 장오(長梧) (지방을 담당하는) 영주(封人)가 찾아와(問) (공자 제자인) 자뢰(子牢)에게 말하다. 封人〔봉역을 맡은 벼슬아치. 즉 영주. 封(봉할 봉)〕

君爲政焉勿鹵莽: 군주(君)가 정사를 펴면(爲~政) 대충대충(鹵莽) 않는다(勿). 즉 대충대충 정사를 펴지 않는다. 政(정사 정) 鹵莽〔꼼꼼하지 않음 → 대충대충 함. 鹵(거칠 로) 莽(거칠 망)〕勿(말 물, 말아라)

治民焉勿滅裂: 백성(民)을 다스리면(治) 건성건성(滅裂) 않는다(勿). 즉 건성건성 백성을 다스리지 않는다. 滅裂〔거칠고 조잡함 → 건성건성 함. 滅(다할 멸) 裂(찢을 렬)〕

昔予爲禾 耕而鹵莽之: 예전에(昔) 내(予)가 벼농사 위해(爲~禾) 논을 갈 때(耕~而) 대충대충(鹵莽) 하다. 즉 논을 대충대충 갈다. 昔(옛 석) 禾(벼 화) 耕(밭갈 경)

則其實亦鹵莽而報予: 그런즉(則) 결실(實) 또한(亦) 대충대충(鹵莽)인 채로 내(予)게 보답하다(報). 즉 수확이 시원치 않다. 予(나 여) 報(갚을 보 → 보답하다)

芸而滅裂之: (또) 김매는 걸(芸~而) 건성건성(滅裂) 하다. 芸(김맬 운)

其實亦滅裂而報予: 결실(實) 또한(亦) 건성건성(滅裂)인 채로 내(予)게 보답하다(報). 즉 수확이 시원치 않다.

予來年變齊: (그래서) 나(予)는 다음 해(來年)에는 (그간) 계속해(齊) (왔던 방법을) 바꾸다(變). 來(올 래 → 다음) 齊(같을 제 → 계속한) 變(바꿀 변)

深其耕而孰耰之: 논을 가는(耕) 걸 깊이 하고(深~而) 흙을 파서 덮는(耰) 걸 도탑게 하다(孰). 즉 김매는 걸 철저히 하다. 耕(밭갈 경) 深(깊을 심) 耰(갈 우, 농구로 흙을 파 덮다) 孰(도타울 숙)

其禾蘩以滋: 벼(禾) 이삭(蘩)이 무성하게 열리다(以~滋). 禾(벼 화) 蘩(산흰쑥 번 → 이삭) 滋(우거질 자, 무성하게 열리다)

予終年厭飧: 나(予)는 한 해(年)가 끝나도록(終) (쌀을) 물리게(厭) 먹다(飧). 즉 쌀을 배불리 먹다. 終(끝날 종) 厭(물릴 염) 飧(먹을 손)

莊子聞之曰 今人之治其形 理其心: 장자(莊子)가 (이 이야기를) 듣고(聞) 말하다. 요즘(今) 사람(人)들이 (자신의) 몸(形)을 다스리고(治) 마음(心)을 다스리다(理). 今(이제 금 → 요즘) 形(몸 형) 治(다스릴 치) 理(다스릴 리)

多有似封人之所謂: (그것은) 영주(封人)가 말한(謂) 바(所)와 비슷한(似) 게 많다(多). 似(같을 사)

遁其天 離其性: (요즘 사람들이 자신의 몸과 마음을 다스리는 건) 자연(天)으로부터 달아나고(遁), (타고난) 본성(性)으로부터 떨어지다(離). 遁(달아날 둔) 離(떼놓을 리, 떨어지다)

滅其情 亡其神: (참) 모습(情)을 없애고(滅), (자연의) 신령스러움(神)을 잃다(亡). 情(실상 정, 참 모습) 滅(멸할 멸) 亡(잃을 망)

以衆爲: (이는) 하고자 하는(爲) 게 많아서다(以~衆). 衆(많을 중)

故鹵莽其性者 欲惡之孽: 고로(故) (사람들이 자신의 타고난) 본성(性)을 대충대충(鹵莽) (대하면) 욕심(欲)과 증오(惡)의 재앙(孽)이 생겨나다. 欲(욕심 욕) 惡(미워할 오) 孽(재앙 얼)

爲性萑葦蒹葭: 타고난 본성(性)이 무성한 억새(萑葦)와 갈대(蒹葭)의 (숲에 의해) 가려지다(爲). 萑葦〔충분히 자란 억새. 萑(물억새 환) 葦(갈대 위)〕蒹葭〔갈대. 蒹(물억새 겸) 葭(갈대 가)〕

始萌以扶吾形: 처음(始)에는 (억새와 갈대의) 싹만 터(萌) 그것으로(以) 내(吾) 몸(形)을 붙들다 (扶). 萌(싹틀 맹) 扶(붙들 부)

尋擢吾性: (그러나) 얼마 되지 않아(尋) 내(吾) 타고난 본성(性)을 뽑아버리다(擢). 尋(얼마아니 있을 심) 擢(뽑을 탁)

竝潰漏發 不擇所出: (이제) 나란히(竝) 둑이 무너져서 물이 새어(潰漏) 넘쳐흘러(發) 터져 나오는(出) 데(所)를 가리지(擇) 않다(不). 즉 온 곳에서 터져 나오다. 竝(나란히할 병) 潰漏〔둑이 무너져(潰) 물이 샘(漏). 潰(무너질 궤) 漏(샐 루)〕發(일어날 발 → 넘쳐흐르다) 擇(가릴 택)

漂疽疥癰: (그러면) 등창(疽), 옴(疥), 악창(癰) 등이 떠다니다(漂). 疽(등창 저) 疥(옴 개) 癰(악창 옹) 漂(떠다닐 표)

內熱溲膏是也: 내열(內熱)이 나고 오줌(溲)이 기름 지는(膏) 것, 즉 오줌이 탁해지는 것은 이(是) (때문이다). 溲(오줌 수) 膏(기름질 고)

칙양(則陽) 8

柏矩學於老聃, 日:「請之天下遊.」

老聃日:「已矣! 天下猶是也.」

又請之, 老聃日:「汝將何始?」

日:「始於齊.」

至齊, 見辜人焉, 推而强之, 解朝服而幕之,

號天而哭之日:「子乎子乎! 天下有大菑, 子獨先離之, 日莫爲盜! 莫爲殺人!

榮辱立, 然後覩所病, 貨財聚, 然後覩所爭.

今立人之所病, 聚人之所爭, 窮困人之身使無休時, 欲無至此, 得乎!

「古之君人者, 以得爲在民, 以失爲在己., 以正爲在民, 以枉爲在己.,

故一形有失其形者, 退而自責. 今則不然.

匿爲物而過不識, 大爲難而罪不敢, 重爲任而罰不勝, 遠其塗而誅不至.

民知力竭, 則以僞繼之, 日出多僞, 士民安取不僞!

夫力不足則僞, 知不足則欺, 財不足則盜. 盜竊之行, 於誰責而可乎?」

백구(柏矩)가 노담에게 배우는데 어느 날 말했다.

"천하를 유람하고 싶습니다."

노담이 말했다. "그만두어라! 천하도 이와 같다."

백구가 다시 천하의 유람을 청하자 노담이 물었다.

"자네는 어디에서부터 유람을 시작하려는가?"

백구가 말했다. "제(齊)나라로부터 시작하려고 합니다."

백구가 제나라에 이르러 책형을 당해서 죽은 죄인을 보자

그를 밀어 애써 반듯하게 눕힌 뒤

자신의 조복을 벗어서 덮어주고선 아, 하늘(天)이여 하고 통곡하며 말했다.

"그대가 먼저 당했네! 그대가 먼저 당했네!

천하에 큰 재앙이 있어 그대가 혼자서 천하를 먼저 떠났네.

그러면서 말하길 그대는 도둑질을 한 게 아니지 않은가!

또 그대는 살인을 한 게 아니지 않은가!

영광과 치욕의 구분이 확립된 후에 병폐가 나타나는 것을 본다.

또 재화가 모인 후에 다툼이 생겨나는 것을 본다.

지금 군주는 영광과 치욕의 구분을 확립하고,

다투어서 가지려는 재화를 모아놓고 한시도 쉬지 않고 사람을 괴롭힌다.

이런 지경에 이르고 싶지 않은데 어떻게 이것이 가능하겠는가!"

백구가 계속해서 말했다.

"옛날 군주는 이익은 백성에게 있게 하고, 손실은 자신에게 있게 하고,

올바른 건 백성에게 있게 하고, 잘못된 건 자신에게 있게 했다.

그래서 백성 중 한 명이라도 잘못이 있어 자연이 내린 몸을 잃기라도 하면

군주 자리에서 물러나 스스로 책임을 졌다.

그런데 지금은 그렇지 않다.

물건을 숨겨 놓고서 이를 알지 못하면 어리석다고 하고,

매우 어려운 일을 시켜놓고서 이를 해내지 못하면 벌을 주고,

무거운 일을 맡겨놓고서 이를 감당하지 못하면 죄를 주고,

먼 길을 가게 하고서 이르지 못하면 베어서 죽인다.

그리고 백성의 지력(知力)이 다하면 거짓으로 거짓을 이어가니까

거짓이 나날이 많아진다.

그러니 선비든 백성이든 간에 어찌 거짓을 택하지 않을 수 있겠는가!

선비와 백성은 힘(力)이 부족하면 거짓을 택하고,

앎(知)이 부족하면 남을 속이고, 재물(財)이 부족하면 재물을 훔친다.

그러니 천하에서 일어나는 도둑질에 대해 누구를 책망해야 할까?

注 ──

柏矩學於老聃 曰 請之天下遊: 백구(柏矩)가 노담에게(於~老聃) 배우는데(學) 말하다. 천하(天下)의 유람(遊)을 청하다(請).

老聃曰 已矣! 天下猶是也: 노담(老聃)이 말하다. 그만두어라(已矣)! 천하(天下)도 이(是)와 같다(猶). 猶(같을 유)

又請之 老聃曰 汝將何始?: (노담이) 또(又) (천하 유람을) 청하자(請) 노담(老聃)이 말하다. 너(汝)는 어디서(何) 시작하나(始)?

曰 始於齊: (백구가) 말하다. 제나라에서부터(於~齊) 시작하다(始).

至齊 見辜人焉: (백구가) 제(齊)나라에 이르러(至) (책형을 당해 죽은) 죄인(辜人)을 보다(見). 至(이를 지) 辜(허물 고, 죄인)

推而强之 解朝服而幕之: (그러자 그를) 밀어(推~而) 힘써(强) (반듯이 눕힌 뒤 자신의) 조복(朝服)을 벗어(解~而) 덮어주다(幕). 推(밀 추) 强(힘쓸 강) 解(풀 해, 벗다) 幕(덮을 막)

號天而哭之曰 子乎子乎!: 아(號), 하늘이여(天~而) 통곡하며(哭) 말하다. 네(子)가 (먼저 당하다)! 네(子)가 (먼저 당하다)! 號(부르짖을 호) 哭(울 곡, 통곡하다)

天下有大菑 子獨先離之: 천하(天下)에 큰(大) 재앙(菑)이 있어(有) 네(子)가 혼자(獨) (천하를) 먼저(先) 떠나다(離). 菑(재앙 재) 獨(홀로 독) 先(먼저 선) 離(떼놓을 리)

曰莫爲盜! 莫爲殺人!: (그러면서) 말하길 (너는) 도둑질(盜) 한(爲) 게 아니지(莫) (않는가)! (또 너는) 살인(殺人)을 한(爲) 게 아니지(莫) (않는가)! 盜(훔칠 도)

榮辱立 然後覩所病: 영광(榮)과 치욕(辱)의 (구분이) 확립된(立) 후에(然~後) 병폐(病)가 (나타나는) 걸(所) 보다(覩). 病(병 병 → 병폐) 覩(볼 도)

貨財聚 然後覩所爭: 재화(貨財)가 모인(聚) 후(然~後) 다툼(爭)이 (생겨나는) 걸(所) 보다(覩). 聚(모일 취) 爭(다툴 쟁)

今立人之所病: 지금(今) (군주는) 사람(人)이 병폐(病)가 될 만한 바(所)를 확립하다(立). 즉 영광과 치욕의 구분을 확립하다. 立(세울 립 → 확립하다)

聚人之所爭: 사람(人)들이 다투어(爭) (가지려는) 바(所)를 모아놓다(聚). 즉 다투어 가지려는 재화를 모아 놓는다.

窮困人之身使無休時: (그리고) 한 시(時)도 쉬지(休) 않고(使~無) 사람(人)의 몸(身)을 곤궁케(窮困) 하다. 즉 사람의 몸을 괴롭히다. 休(쉴 휴) 窮困[궁곤=곤궁(困窮). 窮(궁할 궁) 困(곤할 곤)]

欲無至此 得乎!: 이런(此) 지경에 이르고(至) 싶지 않다(欲~無). (그러나 어떻게) 얻을(得) 수 있는가! 즉 이게 어떻게 가능한가!

古之君人者 以得爲在民: 옛날(古) 군주(君人)인 자(者)는 이익(得)은 백성(民)에게 있음(在)을 위하다(以~爲). 得(얻을 득, 이익)

以失爲在己: 손실(失)은 자신(己)에게 있음(在)을 위함으로(以~爲). 즉 이익은 백성에게 손실은 자기에게. 失(잃을 실, 손실)

以正爲在民 以枉爲在己: 바른(得) 건 백성(民)에게 있음(在)을 위해(以~爲) 잘못된(枉) 건 자신(己)에게 있음(在)을 위함으로(以~爲). 枉(원죄 왕 → 잘못)

故一形有失其形者: 고로(故) (백성 중) 한(一) 사람(形)이라도 (잘못이 있어 자연이 내린) 몸(形~者)에 잃음(失)이 있다(有).

退而自責: (그러면 군주 자리에서) 물러나(退) 스스로(自) 책임을 지다(責). 退(물러날 퇴) 責(책임 책)

今則不然: (그런데) 지금에는(今~則) 그렇지(然) 않다(不).

匿爲物而愚不識: 물건(爲~物)을 숨겨 놓고(匿~而) (이를) 알지(識) 못하면(不) 어리석다고(愚) 한다. 匿(숨길 익) 愚(어리석을 우)

大爲難而罪不敢: 아주(大) 어려운(爲難~而) (일을 시켜 놓고) 감히(敢) 해내지 못하면(不) 벌(罪)을 준다. 難(어려울 난) 罪(벌 죄)

重爲任而罰不勝: 무거운(重) 일을 맡겨 놓고(爲任~而) 감당하지(勝) 못하면(不) 죄(罰)를 준다. 勝(견딜 승 → 감당하다) 罰(죄 벌)

遠其塗而誅不至: 먼(遠) 길을 가게하고(塗~而) 이르지(至) 못하면(不) 베어서(誅) 죽인다. 遠(멀 원) 塗(길 도) 至(이를 지) 誅(벨 주)

民知力竭 則以僞繼之: (그리고) 백성(民)의 지력(知力)이 다하다(竭). 그런즉(則) 거짓으로(以~僞) (거짓을) 이어가다(繼). 竭(다할 갈) 僞(거짓 위) 繼(이를 계)

日出多僞: 거짓(僞)이 나날이(日) 많이(多) 나오다(出). 즉 많아지다. 多(많을 다) 出(날 출, 나오다)

士民安取不僞!: (그러니) 선비(士)든 백성(民)이든 (간에) 어찌(安) 거짓(僞)을 택하지(取) 않는가(不)! 安(어찌 안) 取(취할 취 → 택하다)

夫力不足則僞 知不足則欺: (선비나 백성은) 힘(力)이 부족하면(則~不足) 거짓(僞)을 (택하고) 앎(知)이 부족하면(則~不足) (남을) 속이다(欺). 僞(거짓 위) 欺(속일 기)

財不足則盜: 재물(財)이 부족하면(則~不足) (재물을) 훔치다(盜). 盜(훔칠 도)

盜竊之行 於誰責而可乎?: (그러니 천하에서 일어나는) 훔치는(盜竊) 행위(行), 즉 도둑질에 대해

누구를(於~誰) 책망해야(責) 할까(可)? 盜竊〔훔침. 盜(훔칠 도) 竊(훔칠 절)〕 誰(누구 수) 責(꾸짖을 책, 책망하다)

칙양(則陽) 9

蘧伯玉行年六十而六十化, 未嘗不始於是之而卒詘之以非也,
未知今之所謂是之非五十九非也.
萬物有乎生而莫見其根, 有乎出而莫見其門.
人皆尊其知之所知而莫知恃其知之所不知而後知, 可不謂大疑乎!
已乎已乎! 且無所逃.
此所謂然與, 然乎?

위나라 현자 거백옥(蘧伯玉)은 나이 60에 이를 때까지 생각을 60번 바꾸었다.
처음 옳다고 한 것도 나중에 아니라고 하면서 자신의 생각을 늘 굽혔으니
지금 옳다고 말한 것도 59년 동안 옳지 않다고 했는지 모른다.
만물은 생겨남이 있어도 만물은 근원을 보지 못하고,
만물은 죽음이 있어도 만물은 죽음으로 나가는 문을 보지 못한다.
사람들은 모두 자신의 앎으로서 알 수 있는 건 높이 받들지만
자신의 앎으로서 알 수 없는 것에 기댄 후에
진정으로 안다는 사실에 대해선 알지 못한다.
이것이 큰 미혹(大疑)이 아니라고 말할 수 있는가!
그만두자. 그만두자! 나도 거기로부터 자유롭지 못하니.
그런데 지금 이렇게 말하고 있어도 이것도 정말로 그럴까?

注 ──────────

蘧伯玉行年六十而六十化: (위나라 현자) 거백옥(蘧伯玉)은 나이(年) 육십(六十)이 가도록(行) 육십(六十)번 (생각을) 바꾸다(化). 즉 나이 60에 이를 때까지 생각을 60번 바꾸다.
未嘗不始於是之而卒詘之以非也: 처음에(始) 옳다고 한 것도(於是~而) 나중(卒)에 아니라면서(以~非) (자신 생각을) 굽히지(詘) 않은(不) 적이 없다(未嘗). 즉 자신 생각을 늘 굽혔다. 始(처음 시) 卒(마칠 졸 → 나중) 詘(굽힐 굴) ※ 참고한 『莊子今註今譯』에 '泄(물흘러나올 출)'로 표시되었는데 오자로 보아 '詘(굽힐 굴)'로 바꾸어서 해석했다.

未知今之所謂是之非五十九非也: (그러니) 지금(今) 옳다고(是) 말한(謂) 바(所)도 오십구(五十九)년 동안 (옳지) 않다고(非) 안했는지(非) 알지(知) 못하다(未). 즉 옳지 않다고 했는지 모른다.

萬物有乎生而莫見其根: 만물(萬物)은 생겨남(生)이 있어도(有~而) (만물은) 근원(根)을 보지(見) 못하다(莫). 根(뿌리 근, 근원)

有乎出而莫見其門: 나감(出), 즉 죽음이 있어도(有~而) (만물은) 나가는 문(門)을 보지(見) 못하다(莫). 出(날 출)

人皆尊其知之所知: 사람(人)들은 모두(皆) (자신의) 앎(知)으로 알(知) (수 있는) 건(所) 높이 받든다(尊). 皆(다 개, 모두) 尊(높이받들 존)

而莫知恃其知之所不知而後知: 그러나(而) (자신의) 앎(知)으로 알(知) (수) 없는(不) 것(所)에 기댄(恃) 후(後) (진정으로) 안다는(知~而) 건 알지(知) 못하다(莫). 恃(믿을 시, 의뢰하다 → 기대다) 後(뒤 후, 나중)

可不謂大疑乎!: (이것이) 큰(大) 미혹(疑)이 아니라고(不) 말할(謂) 수(可) (있는가)! 疑(미혹될 의)

已乎已乎!: 그만두자(已乎) 그만두자(已乎)! 已(그칠 이, 그만두다)

且無所逃: (나도) 도망갈(逃) 곳(所)이 없다(無). 즉 나도 거기로부터 자유롭지 못하다.

此所謂然與 然乎?: (그런데 지금) 이(此)를 그렇다(然) 말하는(謂) 바(所)가 그러한가(然)? 즉 지금 이렇게 말하지만 정말로 그럴까?

칙양(則陽) 10

仲尼問於太史大弢, 伯常騫, 狶韋曰:
「夫衛靈公飲酒湛樂, 不聽國家之政., 全獵畢弋, 不應諸侯之際.,
其所以爲靈公者何邪?」
大弢曰:「是因是也.」
伯常騫曰:「夫靈公有妻三人, 同濫而浴. 史鰌奉御而進所, 搏幣而扶翼.
其慢若彼之甚也, 見賢人若此其肅也, 是其所以爲靈公也.」
狶韋曰:「夫靈公也死, 卜葬於故墓不吉, 卜葬於沙丘而吉.
掘之數仞, 得石槨焉, 洗而視之, 有銘焉, 曰:『不馮其子, 靈公奪而埋之.』
夫靈公之爲靈也久矣, 之二人何足以識之!」

공자(仲尼)는 태사(太史)라는 사관 직책에 있는
대도(大弢), 백상건(伯常騫), 희위(狶韋) 세 사람에게 물었다.

"위령공(衛靈公)이 술을 즐겨 마셔서 쾌락에 탐닉해 국정을 돌보지 않고,

사냥과 낚시에 온통 빠져 제후들의 회맹에도 응하지 않았지요.

그런데도 그가 영공(靈公)이란 시호를 얻게 된 건 어째선 가요?"

대도가 말했다. "그럴만한 이유가 있습니다."

이어서 백상건이 말했다.

"영공은 세 명의 아내가 있었는데

그들과 함께 욕조에서 목욕할 정도로 생활이 문란했습니다.

그런데 대부 사추(史鰌)가 어명을 받들기 위해 어전 앞에 나아가면

영공은 예물을 움켜쥐고 자신을 보좌하는 사추를 친절히 붙들어주었습니다.

영공의 오만함은 세 아내와 벌이는 심한 문란함과 같아도

사추와 같은 현자(賢人)를 보면 공손히 행동했습니다.

이것이 영공이란 시호를 얻게 된 까닭이지요."

희위(狶韋)가 말했다.

"영공이 죽어서 신하들이 점을 치니까

조상들이 묻힌 무덤에 장사지내면 불길하다는 점괘가 나왔습니다.

다시 점을 치니까 모래 언덕에 장사지내면 길하다는 점괘가 나왔습니다.

그래서 모래 언덕을 몇 길 파 내려갔더니 석곽이 발견되었습니다.

석곽을 씻어서 살펴보니 새긴 글자가 있는데 그 새긴 글자가 말합니다.

'자손에게 의지하지 못하는 영공(靈公)이 이곳을 차지해서 묻힐 거다.'

그러니 영공이 자신의 시호를 영(靈)이라 한 건 이미 오래된 일입니다.

그러니 대도와 백상건이 영공이란 시호가 이미 정해져 있다는 사실을

어찌 제대로 알겠습니까!

注 ─────────────────────────────────

仲尼問於太史大弢 伯常騫 狶韋曰: 공자(仲尼)는 태사(太史)라는 (사관의 직책에 있는) 대도(大弢), 백상건(伯常騫), 희위에게 (於~狶韋) 말하다. 太史〔역사를 편찬하는 일을 담당하는 관리〕

夫衛靈公飮酒湛樂: 위(衛)나라 영공(靈公)은 술(酒)을 (즐겨) 마셔(飮) 쾌락(樂)에 탐닉하다(湛). 酒(술 주) 飮(마실 음) 湛(즐길 담, 탐닉)

不聽國家之政: 국가(國家)의 정사(政)를 듣지(聽) 않다(不). 즉 돌보지 않다. 政(정사 정) 聽(들을 청)

全獵畢弋 不應諸侯之際: 사냥(全獵), 그물질(畢), 주살(弋), 즉 사냥과 낚시에 온통(全) 빠져 제후(諸侯)들의 회맹(際)에도 응하지(應) 않다(不). 獵(사냥 렵) 畢(그물 필) 弋(주살 익) 全(온통 전) 際(사귈 제 → 회맹)

其所以爲靈公者何邪?: (그런데도 그가) 영공(靈公)이란 (시호를) 얻게 된(以~爲) 건(所) 어째서(何) (인가)?

大弢曰 是因是也: 대도(大弢)가 말하다. 그런(是) 것으로 인해(因) 그렇다(是). 즉 그럴만한 이유가 있다.

伯常騫曰 夫靈公有妻三人: (이어서) 백상건(伯常騫)이 말하다. 저(夫) 영공(靈公)은 3명(三人) 아내(妻)가 있다(有). 妻(아내 처)

同濫而浴: (그들과) 같이(同) 욕조(濫)에서 목욕할(浴) (정도로 생활이 문란하다). 同(같을 동) 濫(목욕탕 함) 浴(목욕할 욕)

史鰌奉御而進所: (그런데 대부) 사추(史鰌)가 어명(御)을 받들기 위해(奉~而) 어전(所) (앞에 힘들어하며) 나아가다(進). 御(경칭 어, 왕에 관한 것 → 어명) 奉(받들 봉) 進(나아갈 진)

搏幣而扶翼: (그러면 영공은) 예물(幣)을 움켜쥐고(搏~而) (자신을) 보좌하는(翼) (사추를 친절히) 붙들어(扶) (주다). 幣(폐백 폐, 예물) 搏(칠 박, 움켜쥐다) 翼(도울 익, 보좌함) 扶(붙들 부)

其慢若彼之甚也: (영공의) 오만함(慢)은 저(彼), 즉 세 아내와 벌이는 심한(甚) (문란함과) 같다(若). 慢(거만할 만, 오만) 甚(심할 심)

見賢人若此其肅也: (그런데 사추와 같은) 현자(賢人)를 보면(見) 공손함(肅)이 이(此)와 같다(若). 즉 현자를 보면 공손하게 행동하다. 肅(공손할 숙) 此(이 차)

是其所以爲靈公也: 이것(是)이 영공(靈公)이란 (시호를) 얻게 된(以~爲) 바(所)이다.

狶韋曰 夫靈公也死: 희위(狶韋)가 말하다. 저(夫) 영공(靈公)이 죽다(死).

卜葬於故墓不吉: (그래서 신하들이) 점(卜)을 치니까 조상들이 묻힌(故) 무덤에(於~墓) 장사지내면(葬) 불길(不吉)하다는 (점괘가 나오다). 卜(점 복) 故(옛 고 → 조상들이 묻힌) 墓(무덤 묘) 葬(장사지낼 장)

卜葬於沙丘而吉: (다시) 점(卜)을 치니까 모래(沙) 언덕에(於~丘) 장사지내면(葬~而) 길(吉)하다는 (점괘가 나오다). 沙(모래 사) 丘(언덕 구)

掘之數仞 得石槨焉: (그래서 모래 언덕을) 몇(數) 길(仞) 파(掘) (내려가니) 석곽(石槨)을 얻다(得). 즉 석곽이 발견되다. 仞(길 인) 掘(팔 굴, 땅 파다)

洗而視之 有銘焉: (석관을) 씻어서(洗) 살펴보니(視) 새긴 글자(銘)가 있다(有). 洗(씻을 세) 銘(새길 명, 새긴 글자)

曰 不馮其子 靈公奪而埋之: (그런데 새긴 글자가) 말하다. 자손(子)에게 의지하지(馮) 못하는(不) 영공(靈公)이 (이곳을) 차지해(奪) 묻히다(埋). 馮(기댈 빙, 의지함) 奪(빼앗을 탈 → 차지하다) 埋(묻

을 매) ※ 참고한 『莊子今註今譯』에 '里(마을 리)'로 표시되어 오자라고 보아 '埋(묻을 매)'로 바꾸어서 해석했다.

夫靈公之爲靈也久矣: (그러니) 저(夫) 영공(靈公)이 (자신의 시호를) 영(靈)이라고 한(爲) 건 (이미) 오래되다(久). 久(오랠 구)

之二人何足以識之!: (그러니) 두(二) 사람(人), 즉 대도와 백상건이 (영공이란 시호가 이미 정해졌다는 사실을) 알기에(以~識) 어찌(何) 충분한가(足)! 즉 어찌 제대로 아는가! 識(알 식)

칙양(則陽) 11

칙양 11-1

少知問於太公調曰:「何謂丘里之言?」

太公調曰:「丘里者, 合十姓百名而以爲風俗也, 合異以爲同, 散同以爲異.

今指馬之百體而不得馬, 而馬係於前者, 立其百體而謂之馬也.

是故丘山積卑而爲高, 江河合小而爲大, 大人合并而爲公.

是以自外入者, 有主而不執., 由中出者, 有正而不距.

四時殊氣, 天不賜, 故歲成., 五官殊職, 君不私, 故國治.,

文武殊能, 大人不賜, 故德備., 萬物殊理, 道不私, 故無名.

無名故無爲, 無爲而無不爲.

時有終始, 世有變化.

禍福淳淳, 至有所拂者而有所宜., 自殉殊面, 有所正者有所差.

比於大澤, 百材皆度., 觀於大山, 木石同壇. 此之謂丘里之言.」

少知曰:「然則謂之道, 足乎?」

太公調曰:「不然. 今計物之數, 不止於萬, 而期曰萬物者, 以數之多者號而讀之也.

是故天地者, 形之大者也., 陰陽者, 氣之大者也., 道者爲之公.

因其大而號以讀之, 則可也, 已有之矣, 乃將得比哉?

則若以斯辯, 譬猶狗馬, 其不及遠矣!」

소지(少知)가 태공조(太公調)에게 물었다.

"마을의 공론(丘里之言)은 무엇을 말하나요?"

태공조가 말했다.

"마을은 수십 개 성을 가진 수백 명 사람들이 모여서 풍속을 이룬 곳이네. 이런 곳은 다른 것을 합해서 같게 하고, 같은 것을 흩뜨려서 다르게 하네. 지금 말(馬)을 수백 개 부위로 나눈 뒤 이를 가리켜서 말이라 할 수 없어도 눈앞에 묶인 말은 수백 개 부위가 모여서 이루어졌는데 말이라 부르네. 이 때문에 언덕과 산은 낮은 데서 흙을 쌓아 높아지고, 장강과 황하는 작은 물줄기들이 합쳐져 커진 것처럼 대인(大人)도 많은 사사로움(私)을 하나로 해 공평무사함(公)을 이루네. 이럼으로 성인은 바깥에서 들어오는 의견에 대해 주관을 지니며 판단해도 자신의 주관을 고집하지 않네. 또 안에서 나오는 자신의 의견이 정당해도 다른 사람 의견을 막지 않네. 사계절은 기후가 달라도 자연이 어느 한쪽을 편들지 않아 일 년을 구성하지. 춘관, 하관, 추관, 동관, 중관의 다섯 벼슬(五官)은 서로 직무가 달라도 군주가 이들을 사사로움으로 대하지 않아 나라가 잘 다스려지네. 문무(文武)는 각자의 소임이 달라도 대인(大人)이 어느 한쪽을 편들지 않아 문무의 덕(德)이 모두 잘 갖추어지네. 만물은 이치(理)가 달라도 도(道)는 사사로움(私)이 없어 이름(名)이 없네. 도는 이름이 없기에 하고자 함이 없고(無爲), 하고자 함이 없어도 하지 못하는 게 없네(無不爲). 때(時)에는 끝과 시작이 있고 세상(世)에는 변화가 있네. 화(禍)와 복(福)은 서로 변하면서 흘러 거슬리는 것 속에 좋은 게 있지. 사람은 자기 생각에 따라 서로 다른 방향을 추구하기에 맞는 것 속에 틀린 게 있지. 큰 못에 비유하면 수백 종류 물고기가 타고난 소질에 맞춰 사는 일이고, 큰 산에 비춰보면 나무와 돌이 함께 산의 기반을 이루는 일이네. 이런 것을 마을의 공론이라고 부르네."

소지가 말했다. "그러면 이를 도(道)라고 말해도 되나요?"

대공조가 말했다.

"그렇지 않지. 지금 사물의 수를 세면 만에서 그치지 않을 정도로 많네.

그런데 우리가 만물(萬物)이라고 이름을 정한 건

만이란 숫자를 많다고 부르면서 그 수를 말한 탓이지.

이런 고로 천지(天地)라는 건 형체가 있는 것 중에 가장 크고,

음양(陰陽)이라는 건 기(氣)가 있는 것 중에 가장 크네.

그리고 도(道)라는 건 이 모두를 감쌀 만큼 공평무사하네.

이에 기인해 크다고 부르면서 그 수를 세면 괜찮다.

그런데 도란 이름을 가지면 사물과 같은 차원에서 비교될 수 없지 않은가?

그러면 도란 개와 말을 구분해서 비유하듯

다른 것과 변별하기 위한 이름과 같네.

그래도 도란 이름은 그것이 지시하는 의미와 너무 동떨어진 게 아닌가!"

注 ――――――――――――――――――――――――――――――――――――――

少知問於大公調曰: 소지(少知)가 태공조에게(於~太公調) 물어(問) 말하다.

何謂丘里之焉?: 마을의 공론(丘里之言)은 무엇(何)을 말하나(謂)? 丘里之言〔시골사람 말 →
마을의 공론. 丘(마을 구) 里(마을 리)〕

太公調曰 丘里者: 태공조(大公調)가 말하다. 마을(丘里)이란 건(者).

合十姓百名而以爲風俗也: 수십(十)개 (다른) 성(姓)을 가진 수백(百)명 사람들이 모여(合~而)
그럼으로써(以) 풍속을 이루다(爲~風俗).

合異以爲同 散同以爲異: (이런 곳은) 다른(異) (걸) 합해(合) 그럼으로써(以) 같게 하고(爲~同),
같은(同) (걸) 흩뜨려(散) 그럼으로써(以) 다르게 하다(爲~異). 異(다를 이) 合(합할 합) 同(같을
동) 散(흩을 산)

今指馬之百體而不得馬: 지금(今) 말(馬)을 수백(百)개 부위(體)로 (나눈 뒤 이를) 가리켜서(指~
而) 말(馬)이라 할 수(得) 없다(不). 體(몸 체, 몸의 각 부분→부위) 指(가리킬 지)

而馬係於前者: 그래도(而) (눈) 앞에(於~前者) 묶인(係) 말(馬). 係(맬 계, 잡아매다 → 묶이다)

立其百體而謂之馬也: (그것은) 수백(百)개 부위(體)가 (모여서) 이루어졌는데(立) 말(馬)이라
부른다(謂). 立(설 립, 이루어짐)

是故丘山積卑而爲高: 이런 고로(故) 언덕(丘)과 산(山)은 낮은(卑)데서 (흙을) 쌓아(積) 높아지
다(爲~高). 卑(낮을 비) 積(쌓일 적)

江河合小而爲大: 장강(江)과 황하(河)는 작은(小) (물줄기들이) 합쳐져(合) 커지다(爲~大). 江
→ 長江(장강) 河 → 黃河(황하) 合(합칠 합)

大人合幷而爲公: (이처럼) 대인(大人)도 (많은) 사사로움(私)을 하나로 해(合幷~而) 공평무사함

(公)을 이루다(爲). 私(사사 사, 사사로움) 合幷〔둘 이상이 하나로 합치다. 幷(어우를 병)〕公(공변될 공, 공평무사함)

是以自外入者: 이럼으로써(是以) (성인은) 바깥에서(自~外) 들어오는(入) 의견(者). 自(부터 자) 入(들 입)

有主而不執: (이에 대해) 주관(主)을 지니며(有~而) (판단해도 자신의 주관을) 고집하지(執) 않는다(不). 主(주인 주 → 주관) 執(고집할 집)

由中出者 有正而不距: (또) 안에서(由~中) 나오는(出) (자신) 의견(者)이 정당함(正)을 지녀도(有~而), 즉 정당해도 (다른 사람 의견을) 막지(距) 않는다(不). 距(막을 거)

四時殊氣 天不賜 故歲成: 사계절(四時)은 기후(氣)가 달라도(殊) 자연(天)이 (어느 한쪽을) 편들지(賜) 않아(不~故) 한 해(歲)를 이룬다(成). 즉 일 년을 구성한다. 氣(기상 기 → 기후) 殊(다를 수) 賜(편들 사)

五官殊職 君不私 故國治: 오관(五官), 즉 춘관, 하관, 추관, 동관, 중관의 다섯 벼슬은 직무(職)가 (서로) 달라도(殊) 군주(君)가 (이들을) 사사로움(私)으로 (대하지) 않아(不~故) 나라(國)가 잘 다스려지다(治). 職(직책 직, 직무) 私(사사로울 사) 治(다스릴 치, 잘 다스리다)

文武殊能 大人不賜 故德備: 문무(文武)는 (각자) 소임(能)이 달라도(殊) 대인(大人)이 (어느 한쪽을) 편들지(賜) 않아(不~故) (문무의) 덕(德)이 (모두 잘) 갖추어지다(備). 備(갖출 비) 能(능할 능 → 소임)

萬物殊理 道不私 故無名: 만물(萬物)은 이치(理)가 달라도(殊) 도(道)는 사사로움(私)이 없어(不~故) 이름(名)이 없다(無). 理(이치 이)

無名故無爲 無爲而無不爲: (도는) 이름(名)이 없기에(無~故) 하고자 함(爲)이 없고(無), 하고자 함이 없어도(無爲) 하지(爲) 못함(不)이 없다(無).

時有終始 世有變化: 때(時)엔 끝(終)과 시작(始)이 있고(有) 세상(世)엔 변화(變化)가 있다(有). 時(때 시) 終(끝 종) 始(처음 시)

禍福淳淳: 화(禍)와 복(福)은 (서로) 변하며 흐른다(淳淳). 禍(재앙 화) 福(복 복) 淳淳〔흘러 움직이는 모양. 淳(순박할 순)〕

至有所拂者而有所宜: (그러므로) 거슬리는(拂) 바(所~者) 있음(有)에 이르러도(至~而) 좋은(宜) 바(所) 있다(有). 즉 거슬리는 것 속에 좋은 게 있다. 拂(거스를 불) 至(이를 지) 宜(마땅할 의, 형편이 좋음)

自殉殊面: (사람은 각자) 자기(自) (생각에 따라 서로) 다른(殊) 방향(面)을 추구하다(殉). 殊(다를 수) 面(쪽 면, 방향) 殉(구할 순 → 추구)

有所正者有所差: (그러므로) 옳은(正者) 바(所)가 있어도(有) (그 안에) 어긋난(差) 바(所)가 있다(有). 즉 맞는 것 속에 틀린 부분이 있다. 差(어긋날 차)

比於大澤 百材皆度: (이를) 큰(大) 못에 (於~澤) 비유하면(比) 수백(百) 개 재질(材)이 다(皆) 알맞은 한도(度)를 지니다. 즉 수백 종류 물고기가 각자 타고난 소질에 맞추어서 살다. 材(바탕 재, 재질) 皆(다 개) 度(정도 도, 알맞은 한도)

觀於大山 木石同壇: (이를) 큰(大) 산에 (於~山) (비춰) 보면(觀) 나무(木)와 돌(石)이 함께(同) (산의) 기반(壇)을 이루는 (일이다). 壇(단 단 → 기반)

此之謂丘里之言: 이런(此) (것을) 마을의 공론(丘里之言)이라 말하다(謂).

少知曰 然則謂之道 足乎?: 소지(少知)가 말하다. 그러면(然則) (이를) 도(道)라고 말해도(謂) 족한가(足)? 足(족할 족)

太公調曰 不然: 대공조(大公調)가 말하다. 그렇지(然) 않다(不).

今計物之數 不止於萬: 지금(今) 사물(物)의 수(數)를 세면(計) (그 수는) 만에서 (於~萬) 그치지(止) 않을(不) (정도로 많다). 計(셀 계)

而期曰萬物者: 그런데(而) (우리가 그것을) 만물(萬物~者)이라고 (이름을) 정하는(期) 건. 期(정할 기)

以數之多者號而讀之也: (만이란) 숫자를(以~數) 많다고(多者) 부르면서(號~而) (그) 수를 말한(讀) (탓이다). 號(부를 호) 讀(말할 독)

是故天地者 形之大者也: 이런(是) 고로(故) 천지(天地)란 건(者) 형체(形)가 (있는 것 중에 가장) 큰(大) 것(者)이다.

陰陽者 氣之大者也: 음양(陰陽)이란 건(者) 기(氣)가 (있는 것 중에 가장) 큰(大) 것(者)이다.

道者爲之公: (그리고) 도(道)란 건(者) (이 모두를 감쌀 만큼) 공평무사하다(爲~公).

因其大而號以讀之 則可也: (이에) 기인해서(因) 크다고(大) 부르며(號) 그럼으로써(以) 수를 세면(讀~則) 괜찮다(可).

已有之矣 乃將得比哉?: (그렇지만 도라는 이름을) 이미(已) 가지면(有) 이에(乃) (사물과 같은 차원에서) 비교될(將~比) 수(得) (없지 않나)? 已(이미 이) 比(견줄 비, 비교되다)

則若以斯辯 譬猶狗馬: 그러면(則) (도란) 개(狗)와 말(馬)을 (구분해서) 비유하는 것처럼(譬~猶) (다른 것과) 변별하기(辯) (위한 이름과) 같다(若). 猶(같을 유, ~처럼) 譬(비유할 비) 斯(어조사 사) 辯(변별할 변)

其不及遠矣!: (그렇더라도 도란 이름은 그것이 지시하는 의미와 너무) 먼(遠) 곳에 이르지(及) 않는가(不)! 즉 너무 동떨어진 게 아닌가! 遠(멀 원) 及(미칠 급, 이르다)

칙양 11-2

少知曰: 「四方之內, 六合之裏, 萬物之所生惡起?」

大公調曰：「陰陽相照，相蓋相治.，四時相代，相生相殺.

欲惡去就，於是橋起.，雌雄片合，於是庸有.

安危相易，禍福相生，緩急相摩，聚散以成.

此名實之可紀，精微之可志也.

隨序之相理，橋運之相使，窮則反，終則始.，此物之所有.

言之所盡，知之所至，極物而已.

覩道之人，不隨其所廢，不原其所起，此議之所止.」

少知曰：「季眞之莫爲，接子之或使，二家之議，孰正於其情，孰徧於其理？」

大公調曰：「鷄鳴狗吠，是人之所知.，雖有大知，不能以言讀其所自化，

又不能以意測其所將爲.

斯而析之，精至於無倫，大至於不可圍，或之使，莫之爲，未免於物，而終以爲過.

或使則實，莫爲則虛.

有名有實，是物之居，無名無實，在物之虛.

可言可意，言而愈疏.

未生不可忌，已死不可徂.

死生非遠也，理不可覩.

或之使，莫之爲，疑之所假.

吾觀之本，其往無窮.，吾求之末，其來無止.

無窮無止，言之無也，與物同理.，或使莫爲，言之本也，與物終始.

道不可有，有不可無.

道之爲名，所假而行.

或使莫爲，在物一曲，夫胡爲於大方？

言而足，則終日言而盡道.，言而不足，則終日言而盡物.

道物之極，言默不足以載.，非言非默，議有所極.」

소지(少知)가 말했다.

"사방의 안(四方之內)과 세상의 안(六合之內)에서 만물이 생겨나는 바는
어째서 일어나나요?"

태공조(大公調)가 말했다.

"음양이 서로를 비추고, 서로를 덮고, 서로를 다스리자

이에 사철이 서로 교대하면서 서로를 낳고, 서로를 죽인 탓이지.

또 욕망하거나 증오하고, 버리거나 취하다가 이에 갑자기 뭔가 일어나

암수가 결합하면서 쓰임이 생겨난 탓이지.

그래서 안위(安危), 즉 편안함과 위험함은 서로 번갈아 가면서 바뀌고,

화복(禍福), 즉 재앙과 축복은 서로 맞물려서 생겨나고,

완급(緩急), 즉 늦어짐과 빨라짐은 서로 접근을 하고,

취산(聚散), 즉 기의 모임과 흩어짐으로 삶과 죽음을 이루지.

이런 내용들은 이름과 실질의 계통을 세워서

대충 적거나 세세하게 서술할 수 있네.

그리고 만물은 순서에 따라 서로를 다스리고,

빠른 움직임에 따라 서로를 부리고,

마지막에 이르면 되돌아와 처음과 끝이 돌고 도네.

이것이 만물이 지닌 운명이다.

만물의 운명은 말로 다 표현할 수 있고, 앎으로 이를 수가 있네.

그러나 만물에 대해 아는 바는 만물의 끝단이어서 제대로 아는 게 아니네.

도를 깨달은 사람은 만물이 끝나는 곳을 따라가지 않고

만물이 일어나는 곳도 캐묻지 않아 더 이상의 논의를 진행하지 않네."

소지(少知)가 말했다.

"계진(季眞)의 막위설(莫爲)과 접자(接子)의 혹사설(或使) 중

어느 게 실정에 더 부합하고, 어느 게 사리에 더 두루 맞나요?"

태공조가 말했다.

"닭이 울고 개가 짖는 건 사람들이 아는 바네.

그렇더라도 큰 앎(大知)을 지닌 사람은 닭이 어째서 울고 개가 어째서 짖는지

그 자연작용을 말로 설명할 수 없고,

또 닭과 개가 우는 게 무엇을 하려는 건지 마음으로 헤아릴 수 없네.

그런데 이를 분석해 그 분석이 한없는 미세함에 이르거나

반대로 그 분석이 한없이 큰 데 이르러도

혹사설이든 막위설이던 그 어떤 것도 사물의 구애됨에서 벗어나지 못해

결국은 둘 다 잘못을 저지를 수밖에 없네.

혹사설이라면 자연을 주재하는 존재자가 실재하고,

막위설이라면 자연을 주재하는 존재자가 비어있지.

이름(名)이 있고, 실체(實)가 있으면 사물이 실재하고,

이름이 없고, 실체가 없으면 사물의 실재는 비어있지.

도는 말할 수 있고, 생각할 수 있어도 말할수록 도에서 더욱 멀어지네.

아직 태어나지 않은 건 꺼려할 수 없고, 이미 죽은 건 물릴 수 없네.

죽고 사는 게 눈앞에 펼쳐져도 생명 변화의 원리는 앎으로 엿볼 수 없네.

혹사설이든 막위설이던 이 모두는 그럴 거라는 생각에 지나지 않지.

내가 생명 변화의 근본(本)을 살펴보면 아무리 올라가도 끝이 없고,

내가 생명 변화의 끝(末)을 구하면 아무리 내려가도 멈추지 않네.

생명 변화가 끝이 없고 멈춤이 없어 말로 표현할 수 없는 경지를 이해해야

만물과 함께 만물 생성변화의 원리를 엿볼 수 있네.

그런데 혹사설과 막위설은 말을 근본으로 해 만물과 함께 부침하네.

도(道)는 있는 것도 아니고, 없는 것도 아니네.

도(道)는 이름을 빌려서 그렇게 부르는 것에 지나지 않지.

혹사설과 막위설은 만물의 일단만 말할 뿐인데

이것들을 큰 도(大方)에 어찌 적용해 큰 도를 설명할 수 있겠는가?

말로 표현할 수 있으면 종일 말해 도(道)를 규명할 수 있고,

말로 표현할 수 없어도 종일 말하면 사물(物) 정도는 규명할 수 있지.

그런데 도(道)는 사물의 궁극에 해당하므로

말이나 침묵으로 그 의미를 싣는 게 충분하지 않네.

그러니 말도 아니고 침묵도 아닌 경지에 이르러야

도를 제대로 논할 수 있네."

注 ─────────────────────────────────

少知曰 四方之內 六合之裏: 소지(少知)가 말하다. 사방(四方)의 안(內)과 육합(六合)의 안(裏).

즉 세상 안. 裏(속 리, 안)

萬物之所生惡起?: (거기서) 만물(萬物)이 생겨나는(生) 바(所)는 어째서(惡) 일어나는가(起)?

惡(어찌 오) 起(일어날 기)

大公調曰 陰陽相照 相蓋相治: 태공조(大公調)가 말하다. 음양(陰陽)이 서로(相)를 비추고(照),

(음양이) 서로(相)를 덮고(蓋), (음양이) 서로(相)를 다스리다(治). 相(서로 상) 照(비출 조) 蓋(덮을
개) 治(다스릴 치)

四時相代 相生相殺: (그러자 이에) 사시(四時), 즉 사철이 서로(相) 교대하면서(代) 서로(相)를
낳고(生) 서로(相)를 죽인(殺) (탓이다). 殺(죽일 살)

欲惡去就 於是橋起: (또) 욕망하거나(欲) 증오하고(惡) 버리거나(去) 취하다(就). (그러다가) 이
에(於~是) (뭔가가) 갑자기 일어나다(橋起). 欲(욕심 욕, 욕망) 惡(미워할 오, 증오하다) 橋起[갑자
기 일어남. 橋(빠를 교) 起(일어날 기)]

雌雄片合 於是庸有: (그래서) 암수(雌雄)가 결합하다(片合). 이에(於~是) 쓰임(庸)이 있는(有)
(탓이다). 즉 쓰임이 생겨난 탓이다. 雌雄[자웅. 암수. 雌(암컷 자) 雄(수컷 웅)] 片合[조각(片)이
결합하다(合). 즉 (암수가) 결합하다. 片(조각 편) 庸(쓸 용, 쓰임)

安危相易: (그래서) 안위(安危), 즉 편안함과 위험함은 서로(相) (번갈아 가며) 바뀌다(易). 安(편
안할 안) 危(위태로울 위) 易(바뀔 역)

禍福相生: 화복(禍福), 즉 재앙과 축복은 서로(相) (맞물려서) 생겨나다(生). 禍(재앙 화) 福(복 복,
축복)

緩急相摩: 완급(緩急), 즉 늦어짐과 빨라짐은 서로(相) 접근하다(摩). 緩(느릴 완) 急(빠를 급) 摩
(가까이갈 마 → 접근함)

聚散以成: 취산(聚散), 즉 기의 모임과 흩어짐으로(以), (삶과 죽음을) 이루다(成). 聚(모일 취) 散
(흩어질 산)

此名實之可紀: 이런(此) (내용은) 이름(名)과 실질(實)의 계통을 세워 (대충) 적을(紀) 수(可) 있
다. 紀(적을 기, 계통을 세워 적다)

精微之可志也: (아니면) 세세한(精微) (서술도) 가능하다(可). 精微[세세한. 精(자세할 정) 微(작
을 미)]

隨序之相理: (그리고 만물은) 순서(序)에 따라(隨) 서로(相) 다스리다(理). 序(차례 서, 순서) 隨(따
를 수) 理(다스릴 리)

橋運之相使: 빠른(橋) 움직임(運)에 따라 서로(相) 부리다(使). 橋(빠를 교) 運(돌 운 → 움직임)
使(하여금 사, 부리다)

窮則反 終則始: (또) 마지막(窮)에 이르면(則) 되돌아와(反) 처음과 끝이 돌고 돈다(終則始). 窮
(다할 궁 → 마지막) 終則始[처음(始)과 끝(終)이 돌고 돈다. 始(처음 시) 終(끝날 종)]

此物之所有: 이것(此)이 만물(物)이 지닌(有) 바(所), 즉 운명이다.

言之所盡 知之所至: (만물의 운명은) 말(言)로 다할(盡) 수 있는 바(所)고, 즉 말로 다 표현할 수
있고 앎(知)으로 이를(至) 수 있는 바(所)다. 盡(다할 진, 있는 대로 다 나타내다 → 다 표현하다)

極物而已: (그러나 우리가 만물에 대해 아는 바는) 만물(物)의 끝단(極)일 뿐이어서(而已) (제대로 아

는 게 아니다).

覩道之人 不隨其所廢: 도(道)를 깨달은(覩) 사람(人)은 (만물이) 끝나는(廢) 곳(所)을 따라가지(隨) 않는다(不). 覩(볼 도 → 깨닫다) 廢(폐할 폐 → 끝나다) 隨(따를 수, 따라가다)

不原其所起: (만물이) 일어나는(起) 곳(所)도 캐묻지(原) 않는다(不). 原(추구할 원, 근본을 캐다 → 근본을 캐묻다)

此議之所止: 이것(此)이 논의(議)가 멈추는(止) 바(所)이다. 즉 논의를 더 진행하지 않는다. 議(의논할 의, 논의)

少知曰 季眞之莫爲 接子之或使: 소지(少知)가 말하다. 계진(季眞)의 막위(莫爲)설과 접자(接子)의 혹사(或使)설. 莫(없을 막) ★ 계진(季眞)과 접자(接子)는 춘추전국시대 제(齊)나라의 현인이다. 이들은 함께 제나라 직하학사(稷下學舍)에 머물렀다.

二家之議 孰正於其情: 두(二) 사람(家) 논의(議) 가운데 어느(孰) 게 (더) 실정에(於~情) 맞나(正)? 즉 더 부합하는가? 家(사람 가) 孰(누구 숙) 情(실상 정, 실정)

孰偏於其理?: 어느(孰) 게 사리에(於~理) (더) 두루(偏) (맞는가)? 理(이치 리) 偏(두루 편)

大公調曰 鷄鳴狗吠: 태공조(大公調)가 말하다. 닭(鷄)이 울고(鳴) 개(狗)가 짖다(吠). 鷄(닭 계) 鳴(울 명) 狗(개 구) 吠(짖을 폐)

是人之所知: 이건(是) 사람들(人)이 아는(知) 바(所)다.

雖有大知 不能以言讀其所自化: 아무리 그래도(雖) 큰(大) 앎(知)을 지닌(有) (사람은) 스스로(自) 되어가는(化) 바(所), 즉 닭이 어째서 울고 개가 어째서 짖는지 그 자연작용을 말(以~言)로 설명할(讀) 수(能) 없다(不). 讀(해설할 독, 설명하다)

又不能以意測其所將爲: 또(又) 장차(將) (닭과 개가 우는 게 무얼) 하려는(爲) 바(所)를 마음으로(以~意) 헤아릴(測) 수(能) 없다(不). 意(뜻 의 → 마음) 測(잴 측, 헤아리다)

斯而析之 精至於無倫: (그런데 이를) 분석해서(析) (그 분석의) 미세함(精)이 결(倫)의 없음에(於~無) 이르다(至). 즉 한없는 미세함에 이르다. 析(분별할 석 → 분석하다) 精(작을 정, 미소함 → 미세함) 倫(결 륜)

大至於不可圍: (반대로 그 분석의) 큼(大)이 감쌀(圍) 수(可) 없음에(於~不) 이르다(至). 즉 한없이 크게 이르다. 圍(두를 위, 감싸다)

或之使 莫之爲: (그래도) 혹사설(或使)이든 막위(莫之爲)설이든 (간에 그 어떤 것도).

未免於物 而終以爲過: 사물에(於~物) (구애됨에서) 벗어나지(免) 못해(未~而) 결국(終) 그럼으로써(以) (둘 다) 잘못을 저지르다(爲~過). 免(면할 면 → 벗어나다) 終(마칠 종, 마침내 → 결국) 過(잘못 과)

或使則實 莫爲則虛: 혹사설(或使)이면(則) (자연을 주재하는 존재자가) 실재하고(實), 막위설(莫爲)이면(則) (자연을 주재하는 존재자가) 비어있다(虛). 實(참 실) 虛(빌 허)

有名有實 是物之居: 이름(名)이 있고(有) 실체(實)가 있다(有). (그러면) 이것(是)은 사물(物)이 실재한다(居). 居(있을 거 → 실재하다)

無名無實 在物之虛: 이름(名)이 없고(無) 실체(實)가 없다(無). (그러면 이것은) 사물(物)의 실재(在)가 비어있다(虛).

可言可意 言而愈疏: (도는) 말할(言) 수(可) 있고 생각할(意) 수(可) (있지만) 말할수록(言~而) (도에서) 더욱(愈) 멀어지다(疏). 愈(더욱 유) 疏 (멀어질 소)

未生不可忌 已死不可徂: 아직 태어나지(生) 않은(未) 건 꺼려할(忌) 수(可) 없고(不) 이미(已) 죽은(死) 건 물릴(徂) 수(可) 없다(不). 忌(꺼릴 기 → 기피하다) 徂(갈 조, 물러가다 → 물리다)

死生非遠也 理不可覩: 죽고(死) 사는(生) (게 주위에서) 멀리(遠) (떨어지지) 않아도(非), 즉 눈앞에 펼쳐져도 (생명 변화의) 원리(理)는 (우리 앎으로) 엿볼(覩) 수(可) 없다(不). 遠(멀 원) 理(이치 이, 원리) 覩(볼 도, 엿보다)

或之使 莫之爲 疑之所假: 혹사설(或之使)이든 막위설(莫之爲)이든 (간에 이 모두는) 의심하고(疑) 빌린(假) 바(所)다. 즉 그럴 거라는 생각에 지나지 않는다. 疑(의심할 의) 假(빌릴 가)

吾觀之本 其往無窮: 내(吾)가 (생명 변화의) 근본(本)을 살펴보면(觀) (아무리) 올라가도(往) 끝(窮)이 없다(無). 往(갈 왕)

吾求之末 其來無止: 내(吾)가 (생명 변화의) 끝(末)을 구하면(求) (아무리) 내려가도(來) 멈춤(止)이 없다(無). 末(끝 말) 來(올 래 → 내려감)

無窮無止: (생명 변화가) 끝(窮)이 없고(無) 멈춤(止)이 없다(無). 窮(다할 궁, 끝나다) 止(멈출 지)

言之無也 與物同理: (그래서) 말(言)로 표현할 수 없는(無) (경지를 이해해야) 만물과(與~物) 함께(同) (만물 생성변화의) 원리(理)를 엿볼 수 있다. 同(같이할 동, 함께 하다)

或使莫爲: (그런데) 혹사설(或使)과 막위설(莫爲).

言之本也 與物終始: 말(言)을 근본(本)으로 하므로 만물과 함께(與~物) 끝나고(終) 시작한다(始). 즉 만물과 함께 부침하다.

道不可有 有不可無: 도(道)는 있다고(有) 할 수(可) 없고(不), 없다고(無) 할 수(可) 없다(不). 즉 있는 것도 아니고, 없는 것도 아니다.

道之爲名 所假而行: 도(道)는 이름(爲~名)을 빌려서(假) 행하는(行) 바(所)다. 즉 그렇게 부르는데 지나지 않는다. 假(빌릴 가)

或使莫爲 在物一曲: 혹사설(或使)과 막위설(莫爲)은 만물(在物)의 한(一) 면(曲)만 (말하다). 즉 만물의 일단만 말할 뿐이다. 曲(구석 곡 → 면)

夫胡爲於大方?: (그런데) 저(夫) (이것들을) 큰 도에(於~大方) 어찌(胡) 적용해 (큰 도를) 설명하는가(爲)? 胡(어찌 호) 大方=大道(대도)

言而足 則終日言而盡道: 말로(言~而) 족히(足) (표현하다). 즉 표현할 수 있다. 그러면(則) (하

루) 종일(終日) 말하면(言~而) 도(道)를 다한다(盡). 즉 규명할 수 있다. 盡(다할 진, 있는 대로 다 나타내다 → 규명하다)

言而不足 則終日言而盡物: 말로(言~而)로 족히(足) (표현하지) 못하다(不). 즉 표현할 수 없다. 그렇더라도(則) (하루) 종일(終日) 말하면(言~而) 사물(物) (정도를) 다하다(盡). 즉 사물 정도는 규명할 수 있다.

道物之極 言黙不足以載: (그런데) 도(道)는 사물(物)의 궁극(極)에 (해당하므로) 말(言)과 침묵(黙)으로 (그 의미를) 싣는 게(以~載) 충분하지(足) 않다(不). 載(실을 재)

非言非黙 議有所極: (그러니) 말(言)도 아니고(非) 침묵(黙)도 아닌(非) (경지에 이르러야 도의) 논함(議)이 궁극의 경지(所~極)에 있다(有). 즉 도를 제대로 논할 수 있다. 議(의논할 논)

외물
外 物

외물(外物) 1

外物不可必, 故龍逢誅, 比干戮, 箕子狂, 惡來死, 桀紂亡.
人主莫不欲其臣之忠, 而忠未必信, 故伍員流于江, 萇弘死于蜀,
藏其血三年而化爲碧.
人親莫不欲其子之孝, 而孝未必愛, 故孝己憂而曾參悲.
木與木相摩則燃, 金與火相守則流.
陰陽錯行, 則天地大絯, 於是乎有雷有霆, 水中有火, 乃焚大槐.
有甚憂兩陷而無所逃, 螢蟪不得成, 心若懸於天地之間, 慰暋沈屯.
利害相摩, 生火甚多, 衆人焚和, 月固不勝火, 於是乎有僓然而道盡.

바깥 일(外物)은 사람들이 생각하는 것처럼 이치에 반드시 들어맞지 않는다.
그래서 관용봉(龍逢)은 충신이어도 폭군 걸에게 베어져서 죽고,
비간(比干)은 간하다 폭군 주에게 처참하게 죽고,
기자(箕子)는 미친 척하며 살아야 했다.
간신 오래(惡來)도 주군과 함께 죽고, 폭군 걸(桀)과 주(紂)도 결국 패망했다.
어떤 군주든 간에 신하가 충성하길 바라지만
충신도 군주로부터 반드시 신뢰를 얻는 건 아니다.
그래서 오자서(伍員)는 충신인데도 죽임을 당해 시체가 강물에 떠내려갔고,
주나라 장홍(萇弘)은 아무런 죄가 없이 촉(蜀) 땅에서 죽었는데
그의 시체를 묻고 삼 년이 지나자 피가 변해서 푸른 옥이 되었다.
어떤 부모든 간에 자식이 효도하길 바라지만
효자라고 부모로부터 반드시 사랑을 받는 건 아니다.

그래서 은나라 효자 효기(孝己)는 계모로 근심 속에서 지냈고,
대단한 효자 증삼(曾參)은 아버지 미움을 사 슬픔으로 지냈다.
자연 세계도 인간세계와 마찬가지여서
나무와 나무가 서로 마찰하면 불이 붙고, 쇠도 불 속에 오래 있으면 녹는다.
그래서 음양이 엇갈리게 섞이면 천지도 많이 놀라
천둥이 치고 번개가 발생해 빗속에 벼락이 떨어져서 큰 홰나무를 태운다.
이런 자연 세계처럼 사람을 큰 근심에 이르게 하는 두 개 함정이 있는데
사람이 거기에 빠지면 달아날 데 없고, 불안정해져 아무것도 이룰 수 없어
마음은 천지간에 매달린 것처럼 우울함과 답답함에 빠져 고생한다.
나무 끼리 마찰하듯이 이해가 서로 마찰해 생겨난 불같은 욕망은 너무 거세
많은 사람의 온화한 마음을 불사른다.
그 결과 마음이 달처럼 맑고 고요해도
본디 사람의 불같은 욕망을 이기지 못해 도(道)가 허물어지듯이 사라진다.

注 ───────────────────────────

外物不可必: 외물(外物), 즉 바깥의 일은 (사람이 생각하는 것처럼) 반드시(必) 괜찮은(可) (건) 아
니다(不). 즉 이치에 반드시 들어맞지 않는다. 必(반드시 필 → 꼭) 可(대체로좋을 가, 괜찮다)

故龍逢誅: 그래서(故) 관용봉(龍逢)은 (충신이어도 폭군 걸에게) 베어져서(誅) (죽다). ★ 관용봉
(龍逢)은 하(夏)나라 폭군 걸(桀)의 충성스러운 신하였는데 걸에게 간하다 죽임을 당했다. 誅
(벨 주, 베이다)

比干戮: 비간(比干)은 (간하다 폭군 주에게 처참히) 죽임을 당하다(戮). ★ 비간(比干)은 은(殷)나
라 주(紂)왕의 신하였는데 주왕에게 간하다 심장이 칼로 도려내어 죽었다. 戮(죽일 륙, 죽임을
당하다)

箕子狂: 기자(箕子)는 미친 척하며(狂) (살다). ★ 기자(箕子)는 은나라 폭군 주(紂)왕의 숙부였
는데 주왕에게 간하다 들어주지 않자 보복당할 게 두려워 미친 척하며 살았다. 狂(미칠 광)

惡來死: (간신) 오래(惡來)도 (주군과 함께) 죽다(死). ★ 악래(惡來)는 폭군 주(紂)에게 아첨했던
신하인데 무왕이 주를 칠 때 함께 죽임을 당했다.

桀紂亡: (폭군) 걸주(桀紂)도 (결국) 패망하다(亡). 亡(망할 망)

人主莫不欲其臣之忠: (어떤) 군주(人主)든 (간에) 신하(臣)가 충성하길(忠) 바라지(欲) 않는(不)
(게) 아니다(莫). 즉 충성하길 바란다. 忠(충성 충) 莫(없을 막)

而忠未必信: 그렇지만(而) 충신(忠)도 (군주로부터) 반드시(必) 신뢰(信)를 (얻는 건) 아니다(未).

必(반드시 필) 信(믿을 신, 신뢰)

故伍員流于江: 그래서(故) (오나라) 자서(伍員)는 (충신인데 죽임을 당해 시체가) 강물에(于~江) 떠내려가다(流). ★ 자서(伍員)는 오(吳)나라 왕 부차에게 간하다 죽임을 당했는데 그의 시체는 강에 버려졌다. 于(어조사 우)=於 流(흐를 류 → 떠내려가다)

萇弘死于蜀: (주나라) 장홍(萇弘)은 (아무 죄 없이) 촉에서(于~蜀) 죽다(死). ★ 장홍(萇弘)은 주(周)나라 영왕(靈王)의 신하였는데 촉(蜀) 땅으로 추방되자 이를 참지 못해 배를 갈라서 자결했다.

藏其血三年而化爲碧: (그의 시체를) 묻고(藏) 삼 년이 지나자(三年~而) 피(血)가 변해(化) 푸른 옥(碧)이 되다(爲). 藏(묻을 장) 血(피 혈) 碧(푸를 벽, 푸른 옥돌)

人親莫不欲其子之孝: (어떤) 부모(人親)든 (간에) 자식(子)이 효도하길(孝) 바라지(欲) 않는(不) (게) 아니다(莫). 즉 효도하길 바란다. 親(어버이 친, 부모) 孝(효도 효)

而孝未必愛: 그런데(而) 효자(孝)라고 (부모로부터) 반드시(必) 사랑(愛)을 (받는 게) 아니다(未). 愛(사랑 애)

故孝己憂而曾參悲: 그래서(故) (은나라 효자) 효기(孝己)는 (계모로) 근심 속에서 지내고(憂~而), (대단한 효자) 증삼(曾參)은 (아버지의 미움을 사) 슬픔(悲)으로 지내다. ★ 효기(孝己)는 은나라 고종 무정(武丁)의 태자로 효자의 본보기이다. 憂(근심할 우) 悲(슬플 비)

木與木相摩則然: (자연 세계도 인간세계와 마찬가지여서) 나무와(與~木) 나무(木)가 서로(相) 마찰하면(摩~則) 불이 붙는다(然). 摩(비빌 마, 문지르다 → 마찰함) 然(탈 연 → 불이 붙음) ※ 참고한 『莊子今註今譯』에 '然(그러할 연)'으로 표시되어 오자라고 보아 '燃(탈 연)'으로 바꾸어서 해석했다.

金與火相守則流: 쇠와(與~金) 불(火)이 서로(相) 오래 있으면(守~則) 흐른다(流). 즉 쇠가 불 속에 오래 있으면 녹는다. 守(오래있을 수)

陰陽錯行 則天地大絯: (그래서) 음양(陰陽)이 엇갈리게 섞이면(錯行~則) 천지(天地)가 많이(大) 놀라다(絯). 錯行[번갈아감 → 엇섞이다. 錯(어긋날 착) 行(갈 행)] 絯(놀랄 해)

於是乎有雷有霆: 이에(於~是) 천둥(雷)이 치고(有) 번개(霆)가 발생하다(有). 雷(우뢰 뢰, 천둥) 霆(번개 정)

水中有火 乃焚大槐: (그래서) 빗(水) 속(中)에 벼락(火)이 떨어져서(有) 이에(乃) 큰(大) 홰나무(槐)를 불태우다(焚). 水(물 수 → 비) 火(불 화 → 벼락) 槐(홰나무 괴) 焚(불사를 분, 불태우다)

有甚憂兩陷而無所逃: (이런 자연계처럼 사람을) 큰(甚) 근심(憂)에 (이르게 하는) 두(兩) 개 함정이 있는데(陷~而) (사람이) 거기에 빠지면 달아날(逃) 데(所)가 없다(無). 甚(심할 심 → 크게) 憂(근심할 우) 兩(두 양) 陷(함정 함) 逃(달아날 도)

螴蜳不得成: (또) 불안정해져서(螴蜳) (아무것도) 이룰(成) 수(得) 없다(不). 螴蜳[불안정한 모

양. 蹷(불안정할 진) 蟁(설렐 돈)〕

心若懸於天地之間: (그래서) 마음(心)은 천지(天地) 간에(於~間) 매달린(縣) 것처럼(若). 縣(매달 현) 若(같을 약)

慰暋沈屯: 우울함과 답답함(慰暋)에 빠져서(沈) 고생하다(屯). 慰暋〔우울하고 답답함. 慰(우울해질 위) 暋(번민할 민)〕 沈(빠질 침) 屯(어려울 둔, 고생하다)

利害相摩 生火甚多: (나무 끼리 마찰하듯) 이해(利害)가 서로(相) 마찰해(摩) 생겨난(生) 불(火)(같은 욕망은) 몹시(甚) 많다(多). 즉 너무 거세다.

衆人焚和: (그래서) 많은(衆) 사람(人)들의 온화한(和) (마음을) 불사르다(焚). 和(온화할 화) 焚(불사를 분, 태우다)

月固不勝火: (그 결과 마음이) 달(月)처럼 (맑고 고요해도) 본디(固) (사람의) 불(火)(같은 욕망을) 이기지(勝) 못하다(不). 勝(이길 승)

於是乎有僓然而道盡: 이에(於~是) 도(道)가 허물어지듯(有~僓然) 다하다(盡). 즉 사라지다. 僓(허물어질 퇴, 붕괴되다)

외물(外物) 2

莊周家貧, 故往貸粟於監河侯.

監河侯曰:「諾. 我將得邑金, 將貸子三百金, 可乎?」

莊周忿然作色曰:「周昨來, 有中道而呼者. 周顧視車轍中, 有鮒魚焉.

周問之曰:『鮒魚來! 子何爲者邪?』

對曰:「我, 東海之波臣也. 君豈有斗升之水而活我哉?」

周曰:『諾. 我且南遊吳越之土, 激西江之水而迎子, 可乎?』

鮒魚忿然作色曰:『吾失我常與, 我無所處. 吾得斗升之水然活耳, 君乃言此, 曾不如早索我於枯魚之肆!』」

장주(莊周)는 집이 가난해 황하를 관리 감독하는 제후 감하후(監河侯)에게 양식을 꾸러 갔다.
감하후가 말했다.
"좋소, 봉토에서 세금 거둘 때 3백 량의 금을 선생에게 빌려주면 되겠소?"
장주는 화가 난 얼굴빛을 한 뒤 말했다.
"내가 어제 오는 길에 누가 불러서 뒤돌아보니까

수레바퀴가 만든 자국 안에 붕어 한 마리가 있었습니다.
나는 숨이 헐떡거리는 붕어를 찾아가
'이리 와 봐라! 너는 어째서 이러고 있느냐'라고 물었지요.
붕어는 내게 말했습니다.
'나는 동해의 파도를 관장하는 신하인데
선생은 어째서 한 말이나 한 되의 물로 나를 살려주지 않는가요?'
나는 그 말을 듣고 말했습니다.
'아아 네. 내가 남쪽 오월(吳越) 땅으로 놀러 가 장강의 물줄기를 끌어와서
그대를 맞이할까 하는데 그럼 되겠소?'
그러자 붕어는 화가 난 얼굴빛을 한 뒤 말했습니다.
'나는 지금 늘 있어야 할 물을 잃어 머무를 데가 없게 된 겁니다.
한 말이나 한 되의 물만 있어도 살아날 텐데
그렇게 말하니 내일 일찌감치 새벽 건어물 가게에서 나를 찾으시오!'"

注 ————————————————————————————

莊周家貧: 장주(莊周)는 집(家)이 가난하다(貧). 貧(가난할 빈)

故往貸粟於監河侯: 그래서(故) 황하를 관리 감독하는 제후 감하후에게(於~監河侯) 양식(粟)을 꾸러(貸) 가다(往). 監河侯〔황하(河)를 관리 감독하는(監) 제후(侯)〕粟(조 속, 쩧지 않는 곡식) 貸 (빌릴 대)

監河侯曰諾: 감하후(監河侯)가 말하다. 예(諾). 즉 좋다. 諾(예 낙)

我將得邑金: 내(我)가 봉토에서 세금(邑金)을 얻다(得~將). 즉 세금을 거두다. 邑金〔세금. 邑 (고을 읍) 金(돈 금)〕

將貸子三百金 可乎?: (그때) 3백금(三百金), 즉 3백 량의 금을 선생(子)에게 빌려주다(將~貸). (그러면) 되는가(可)?

莊周忿然作色曰: 장자(莊周)가 화난(忿然) 얼굴빛(色)을 짓고(作) 말하다. 忿然〔화난 상태. 忿 (성낼 분)〕作(지을 작)

周昨來 有中道而呼者: (나) 주(周)가 어제(昨) 오는(來) 길(道) 도중에(中~而) (누가) 부르다(乎). 昨(어제 작) 乎(부를 호)

周顧視車轍中 有鮒魚焉: (그래서 나) 주(周)가 뒤돌아(顧) 보니까(視) 수레(車) 바퀴자국(轍)이 (만든 곳) 안(中)에 붕어(鮒魚) (한 마리)가 있다(有). 顧(돌아볼 고) 轍(바퀴자국 철) 鮒魚〔붕어. 鮒 (붕어 부) 魚(고기 어)〕

周問之曰 鮒魚來!: (나) 주(周)가 (숨이 헐떡이는 붕어를) 찾아가(問) 말하다. 붕어(鮒魚)야 이리 와라(來)!

子何爲者邪?: 너(子)는 어째서(何) 이런 상황이 되나(爲~者)?

對曰 我 東海之波臣也: (붕어가) 답해(對) 말하다. 나(我)는 동해(東海)의 파도(波)를 (관장하는) 신하(臣)이다. 波(물결 파, 파도) 臣(신하 신)

君豈有斗升之水而活我哉?: 선생(君)은 어째서(豈) 한 말(斗), (아니) 한 되(升)의 물로(水~而) 나(我)를 살려주지(活) 않는가? 豈(어찌 기) 斗(말 두) 升(되 승) 活(살릴 활. 죽음에서 구해주다)

周曰 諾: (나) 주(周)는 말하다. (아아) 예(諾). 諾(예 낙, 부름에 응해 대답하는 말)

我且南遊吳越之土: 내(我)가 잠깐(且) 남쪽(南)의 오월(吳越) 땅(土)에 놀러 가다(遊). 且(잠깐 차) 土(흙 토, 땅) 遊(놀 유)

激西江之水而迎子 可乎?: 서강(西江), 즉 장강의 물(水) 줄기를 끌어와서(激) 너(子)를 맞이하다(迎). 가능한가(可)? 즉 그만하면 되는가? 激(물결부딪혀흐를 격 → 물줄기를 끌어오다) 迎(맞이할 영)

鮒魚忿然作色曰: (그러자) 붕어(鮒魚)가 화난(忿然) 얼굴빛(色)을 짓고(作), 즉 화가 난 얼굴빛을 한 뒤 말하다.

失我常與 我無所處: 나(我)는 (지금) 늘(常) (있어야 물을) 잃어(失) 머무를(處) 데(所)가 없게(無) (되다). 處(머무를 처)

吾得斗升之水然活耳: 나(吾)는 한 말(斗), (아니) 한 되(升)의 물(水)만 얻으면(得~然) 살아나다(活). 然(則(그렇다면 즉)

君乃言此: (그런데) 선생(君)은 이에(乃) 그런(此) 말(言)을 (하다).

曾不如早索我於枯魚之肆!: (내일) 일찍감치(曾) 새벽(早) 건어물(枯魚) 가게에서(於~肆) 나(我)를 찾는(索) 것과 같지(如) 않은 가(不)! 즉 나를 찾는 게 낫다!: 曾(일찍 증) 早(새벽 조) 枯魚〔건어물. 枯(마를 고)〕肆(가게 사) 索(찾을 색)

외물(外物) 3

任公子爲大鉤巨緇, 五十犗以爲餌, 蹲乎會稽, 投竿東海,

旦旦而釣, 期年不得魚.

已而大魚食之, 牽巨鉤, 錎沒而下, 騖揚而奮鬐, 白波若山, 海水震蕩,

聲侔鬼神, 憚赫千里.

任公子得若魚, 離而腊之, 自浙河以東, 蒼梧已北, 莫不厭若魚者.

已而後世輇才諷說之徒, 皆驚而相告也.

夫揭竿累, 趨灌瀆, 守鯢鮒, 其於得大魚難矣.

飾小說以干縣令, 其於大達亦遠矣.

是以未嘗聞任氏之風俗, 其不可與經於世亦遠矣.

옛날에 임공자(任公子)가 큰 낚싯바늘과 굵고 검은 줄을 준비한 뒤
거세한 50마리 소 불알을 미끼 삼아
회계산(會稽山)에 쭈그리고 앉아 동해(東海)를 향해서 낚싯대를 던졌다.
임공자는 매일 낚시질했어도 일 년이 다되도록 물고기 한 마리 잡지 못했다.
일 년이 조금 지나자 큰 물고기가 미끼를 물어 큰 낚싯바늘을 끌고서
물속으로 들어갔다가 위로 힘껏 솟구쳐 등지느러미를 크게 흔들었다.
그러자 산더미만 한 흰 파도가 일어나 바닷물이 크게 흔들려서 움직였다.
이때 바닷물이 움직이는 소리가 귀신 울음소리와 같아
천 리 바깥의 사람들까지 깜짝 놀랐다.
임공자는 이 물고기를 잡아 포를 떠서 말렸다.
절강에서부터 동쪽으로, 창오에서부터 북쪽에 이르는 넓은 지역 사람들이
이 포를 물리도록 실컷 먹었다.
얼마 되지 않아 세상에서 자신의 재주를 저울질하면서 변죽을 울리며 말하
는 무리들이 모두 놀라서 이 얘기를 서로에게 즉각 알렸다.
그런데 낚싯대를 포개 들고 시냇가로 달려가서 송사리나 붕어 정도 낚는
사람이면 큰 물고기를 잡기 어렵다.
자잘한 얘기를 그럴듯하게 꾸며서 현령 정도 자리를 구하는 사람이면
크게 출세하는 것과 거리가 멀다.
이럼으로써 임공자 풍격(風俗)을 아직 듣지 못한 사람이라면
세상을 다스리는 경륜과는 거리가 멀 뿐이다.

注 ──────────

任公子爲大鉤巨緇: (옛날에) 임공자(任公子)가 큰(大) 낚싯바늘(鉤)과 굵고(巨) 검은 줄(緇)을
준비하다(爲). 任公子〔임(任)나라 공자. 임나라 군주의 아들〕鉤(갈고랑이 구 → 낚싯바늘) 巨(틀
거 → 굵은) 緇(검은 끈 치, 검은 줄)

五十犠以爲餌: (그런 뒤) 거세한 오십(五十) 마리 소(犠) (불알)을(以) 미끼(餌)로 삼다(爲). 犠(불 깐소 개, 거세한 소) 餌(먹이 이 → 미끼)

蹲乎會稽 投竿東海: 회계산(會稽)에 쭈그리고 앉아(蹲) 동해(東海)를 (향해서) 낚싯대(竿)를 던지다(投). 蹲(쭈그리고앉을 준) 竿(장대 간 → 낚싯대) 投(던질 투)

旦旦而釣 期年不得魚: (임공자가) 매일(旦旦~而) 낚시질(釣)해도 일 년(期年)이 (다되도록) 물고기(魚) (한 마리) 잡지(得) 못하다(不). 旦旦[매일. 旦(아침 단)] 釣(낚시 조) 期年[만 1년. 期(기약할 기)] 得(얻을 득 → 잡다)

已而大魚食之: (일 년이 지난 후) 조금 있다가(已~而) 큰(大) 물고기(魚)가 (미끼를) 물다(食). 已(조금있다 이) 漁(물고기 어) 食(먹을 식 → 물다)

牽巨鉤 錎沒而下: 큰(巨) 낚싯바늘(鉤)을 끌고(牽) 아래로(而~下) 빠져서(錎) 가라앉다(沒). 즉 물속으로 들어가다. 牽(끌 견) 錎(빠질 함) 沒(가라앉을 몰)

騖揚而奮鬐: 질주해서(騖) 뛰어올라(揚), 즉 위로 힘껏 솟구쳐 등지느러미(鬐)를 (크게) 흔들다(奮). 騖(달릴 무, 질주하다) 揚(오를 양, 뛰어오름) 鬐(갈기 기, 물고기의 등지느러미) 奮(떨칠 분, 세게 흔들다)

白波若山 海水震蕩: (그러니까) 산더미만 한(若~山) 흰(白) 파도(波)가 (일어나) 바닷물(海水)이 (크게) 흔들려서 움직이다(震蕩). 波(물결 파, 파도) 震蕩[(크게) 흔들려서 움직이다. 震(움직일 진) 蕩(움직일 탕)]

聲侔鬼神 憚赫千里: (이때 바닷물이 움직이는) 소리(聲)가 귀신의 울음소리와 같아(侔~鬼神) 천리(千里) (바깥의 사람까지) 깜짝 놀라다(憚赫). 侔(같을 모) 憚赫[깜짝 놀라게 함. 憚(놀랄 탄) 赫(나타날 혁)]

任公子得若魚 離而腊之: 임공자(任公子)는 (이) 물고기(魚)를 잡아(得) 포를 떠서(離) 말리다(腊). 離(떼어놓을 리 → 포를 뜨다) 腊(말릴 석)

自淛河以東 蒼梧已北: 절강에서부터(自~淛河) 동쪽으로(以~東) 창오(蒼梧)에서(부터) 북(北)쪽에. ※ 참고한 『莊子今註今譯』에 절강을 뜻하는 제하(制河)는 절하(淛河)의 오기로 보아 '제(制)'를 '절(淛)'로 바꾸어서 해석했다.

莫不厭若魚者: (이르는 넓은 지역 사람들이) 물고기(魚)를 (먹으면서) 물리지(厭) 않은(不) (사람) 없다(莫). 즉 이 포를 물리도록 실컷 먹다. 厭(물릴 염)

已而後世輇才諷說之徒: 얼마 되지 않은(已~而) 후(後) 세상(世)에서 (자신의) 재주(才)를 저울질하며(輇) 변죽을 울리면서(諷) 말하는(說) 무리(徒). 才(재주 재) 輇(저울질할 전) 諷(변죽울릴 풍) 說(말씀 설) 徒(무리 도)

皆驚而相告也: 모두(皆)가 놀라서(驚) (이 얘기를 즉각) 서로(相)에게 알리다(告). 皆(모두 개) 驚(놀랄 경) 相(서로 성)

夫揭竿累: 그런데(夫) 낚싯대(竿)를 포개(累) 들다(揭). 累(포개 루, 포개다) 揭(들 게)

趨灌瀆 守鯢鮒: (그리고) 시냇가(灌瀆)로 달려가(趨) 송사리(鯢)나 붕어(鮒) (정도)를 낚다(守). 灌瀆[도랑. 즉 시내. 灌(물멜 관) 瀆(도랑 독)〕趨(달릴 추) 鯢(잔고기 예, 송사리) 鮒(붕어 부) 守 (지킬 수→낚다)

其於得大魚難矣: (그런 사람이면) 큰(大) 물고기(魚)를 잡는 (일)에선(於~得) 어려운(難) (일이다). 難(어려울 난)

飾小說以干縣令: 자잘한(小) 얘기(說)를 (그럴듯하게) 꾸며(飾) 그럼으로써(以) 현령(縣令) (정도 자리를) 구하다(干). 小(작을 소→자잘한) 飾(꾸밀 식) 干(구할 간)

其於大達亦遠矣: (그런 사람이면) 크게(大) 출세함에선(於~達) 또한(亦) 멀(遠) 뿐이다(矣). 즉 크 게 출세하는 것과 거리가 멀다. 達(달할 달, 영화를 누림→크게 출세함)

是以未嘗聞任氏之風俗: 이로써(是~以) 임공자(任氏)의 풍격(風俗)을 아직 듣지(聞) 못하다(未 ~嘗). 風俗〔풍격. 風(바람 풍) 俗(풍속 속)〕

其不可與經於世亦遠矣: (그런 사람이면) 세상을(於~世) 다스릴(經) 수(可) 없음(不) 또한(亦) 멀 (遠) 뿐이다(矣). 즉 세상을 다스리는 경륜과 멀다. 經(다스릴 경) 遠(멀 원)

외물(外物) 4

儒以詩禮發冢, 大儒臚傳曰:「東方作矣! 事之何若?」

小儒曰:「未解裙襦, 口中有珠.」

「詩固有之曰:『靑靑之麥, 生於陵陂, 生不佈施, 死何含珠爲?』

接其鬢, 壓其顪, 而以金椎控其頤, 徐別其頰, 無傷口中珠.」

유자(儒)가 시경『(詩經)』과『예기(禮記)』를 들먹이면서 무덤을 팠다.
함께 간 대유(大儒)가 무덤 위에서 아래를 향해 말했다.
"동녘이 밝아온다. 일이 어찌 되어 가는가?"
소유(小儒)가 무덤 안에서 말했다.
"시의를 아직 다 벗기지 못했는데 입안에 구슬(珠)이 물려 있습니다."
대유(大儒)가 말했다. "『시경』은 본디부터 말한다.
'푸릇푸릇한 보리가 무덤가에서 자라도
살아서 베풀지 못한 사람이 죽어서 어찌 구슬을 입에 머금겠는가?'
그러니 송장의 귀털을 잡고 턱수염을 아래로 당겨서 쇠망치로 턱을 쳐

볼을 천천히 벌린 뒤 입속의 구슬이 다치지 않도록 꺼내라."

注 ─────────────────────────────────────

儒以詩禮發冢: 유자(儒)가 『시경(詩)』과 『예기(禮)』를(以) (들먹이면서) 무덤을 파다(發冢). 儒=
儒者(유자) 發冢〔무덤을 파다. 冢(무덤 총) 發(들출 발)〕

大儒臚傳曰: (함께 간) 대유(大儒)가 (무덤) 위에서 아래를 향해(臚傳) 말하다. 臚傳〔위에서 아
래를 향하다. 臚(순서대로 늘어놓을 려) 傳(전할 전)〕

東方作矣! 事之何若?: 동녘(東方)이 밝아온다(作)! 일(事)이 어찌(何若) (되어 가는가)? 作(일어
날 작 → 밝아오다)

小儒曰 未解裙襦: 소유(小儒)가 (무덤 안에서) 말하다. (송장의) 치마(裙) 저고리(襦), 즉 시의를
(아직 다) 벗기지(解) 못하다(未). 裙(치마 군) 襦(저고리 유) 解(풀 해 → 벗기다)

口中有珠: (그런데) 구슬(珠)이 입(口) 안(中)에 (물려) 있다(有). 珠(구슬 주)

詩固有之曰: (대유가 말하다) 『시경(詩)』은 본디부터(固) 말하다.

靑靑之麥 生於陵陵: 푸릇푸릇한(靑靑) 보리(麥)가 무덤가에(於~陵陵) (자라다). 靑靑〔푸릇푸릇
한 모양. 靑(푸를 청)〕麥(보리 맥) 陵陵〔무덤가. 陵(무덤 릉)〕

生不佈施 死何含珠爲?: (그래도) 살아서(生) 베풀지(佈施) 못한(不) (사람이) 죽어서(死) 어찌
(何) 구슬(珠)을 (입에) 머금겠는가(含~爲)? 佈施〔베풀다. 佈(펼 포) 施(베풀 시)〕含(머금을 함)

接其鬢 壓其顪: (그러니 송장의) 귀털(鬢)을 잡고서(接) 턱수염(顪)을 아래로 당기다(壓). 鬢(살
쩍 빈, 귀 털) 接(잡을 접) 顪 → 顪(턱수염 훼) 壓(누를 압, 내리 누르다 → 아래로 당기다)

而以金椎控其頤 徐別其頰: 그리고(而) 턱(頤)을 쇠망치로(以~金椎) 쳐(控) 볼(頰)을 천천히(徐)
벌리다(別). 金椎〔쇠망치. 金(쇠붙이 금) 椎(몽치 추)〕頤(턱 이) 控(칠 강, 때리다) 徐(천천히 서) 頰
(뺨 협, 볼) 別(가를 별 → 벌리다)

無傷口中珠: (그런 뒤) 입(口) 속(中)의 구슬(珠)이 다치지(傷) 않도록(無) (꺼내라). 口(입 구) 中
(안 중, 속) 珠(구슬 주) 傷(상처 상, 다치다)

외물(外物) 5

老萊子之弟子出取薪, 遇仲尼, 反以告,

曰:「有人於彼, 修上而趨下, 末僂而後耳, 視若營四海, 不知其誰氏之子?」

老萊子曰:「是丘也. 召而來.」

仲尼至. 曰:「丘! 去汝躬矜與汝容知, 斯爲君子矣.」

仲尼揖而退, 蹵然改容而問曰:「業可得進乎?」

老萊子曰:「夫不忍一世之傷而驁萬世之患, 仰固窶邪, 亡其略弗及邪?

惠以歡爲驁, 終身之醜, 中民之行進焉耳, 相引以名, 相結以隱.

與其譽堯而非桀, 不如兩忘而閉其所非譽.

反無非傷也, 動無非邪也.

聖人躊躇, 以興事, 以每成功.

奈何哉其載焉終矜爾!」

노래자(老萊子)의 한 제자가 땔나무를 구하러 밖으로 나갔다가
도중에 우연히 공자를 만나고 돌아와서 말했다.
"저기 어떤 사람이 상체는 길고, 하체는 짧고, 등은 꼽추에다 귀는 머리 뒤
에 있는데 그의 눈길은 온 세상을 다스리는 것 같았습니다.
그가 어느 분의 자식인지 알지 않으시나요?"
노래자가 말했다. "그는 공구(丘)이다. 불러오너라."
노래자가 공자에게 이르자 노래자가 말했다.
"공구여! 그대 몸에 배어있는 뽐냄과 얼굴에 드러나는 아는 척을 버리면
군자가 될 수 있네."
공자가 읍하고 물러난 뒤 송구스러운 듯 용모를 바로잡고 물었다.
"그러면 제 학업에 진전이 있겠습니까?"
노래자가 말했다.
"그대는 한 시대(一世)의 아픔에 대해선 참지 못하는데
인의가 일으키는 만세(萬世)의 재앙에 대해선 의아할 정도로 침묵하네.
이는 본디 그대의 작은 기량을 스스로 우러러보아서가 아닌가?
아니면 경륜이 없어 아직 훌륭함에 미치지 못해서가 아닌가?
그대는 인의의 은혜를 베풀어 사람을 기쁘게 하는 것을
자신의 출중함이라 여기는데 이것은 그대에게 평생의 치욕이네.
보통사람의 행동은 쉽게 움직이므로 명성(名)으로 서로를 끌어당기고,
은밀한 사사로움(隱)으로 서로의 관계를 맺네.
그대는 요(堯)임금을 기리면서 걸(桀) 왕을 비난하기보다
차라리 요와 걸 모두를 잊고서 비난하고 칭송하는 바를 멈추는 게 좋네.
인의의 은혜가 본성에 반하면 누구나 상처를 입고,

인의의 은혜가 사사로움으로 움직이면 누구나 그릇되네.
성인(聖人)은 뭔가 주저함으로써 일을 흥하게 하고,
일을 흥하게 함으로써 일을 늘 성공시키네.
인의(仁義)를 몸에 싣고 다니면서 뽐냄으로 마감하려는 그대를
내가 어찌할 수 있겠는가!"

注 ──────────────────────

老萊子之弟子出取薪: 노래자(老萊子)의 (한) 제자(弟子)가 땔나무(薪)를 구하려(取) (밖으로) 나가다(出). 薪(땔나무 신) 取(취할 취 → 구하다)

遇仲尼 反以告 曰: (도중에 우연히) 공자(仲尼)를 만나고(遇) 돌아와서(反) 고해(以~告) 말하다. 遇(만날 우)

有人於彼 修上而趨下: 저기에(於~彼) (어떤) 사람(人)이 있는데(有) 상체(上)는 길고(修~而) 하체(下)는 짧다(趨). 修(길 수) 趨(짧을 촉)

末僂而後耳: 등(末)은 (약간) 꼽추에(僂~而) 귀(耳)는 머리 뒤(後) 편에 있다. 末(등 말) 僂(구부릴 루 → 꼽추)

視若營四海: (그런데 그의) 눈길(視)은 온 세상(四海)을 다스리는(營) 것 같다(若). 視(볼 시 → 눈길) 營(다스릴 영)

不知其誰氏之子?: (그가) 어느(誰) 분(氏) 자식(子)인지 알지(知) 않는가(不)? 誰(누구 수) 氏(씨댁, 분)

老萊子曰 是丘也 召而來: 노래자(老萊子)가 말하다. 그(是)가 공자(丘)이다. 불러(召) 와라(來). 召(부를 소) 來(올 래)

仲尼至 曰 丘!: 공자(仲尼)가 (노래자에게) 이르자(至) (노래자가) 말하다. 공구(丘)여! 至(이를 지)

去汝躬矜與汝容知: 너(汝)의 몸(躬)에 (배어있는) 뽐냄과(與~矜) 너(汝)의 얼굴(容)에 (드러나는) 아는(知) (척)을 버리다(去). 汝(너 여) 躬(몸 궁) 矜(자랑할 긍 → 긍지) 容(얼굴 용) 去(버릴 거)

斯爲君子矣: 그러면(斯) 군자(君子)가 되다(爲). 斯(곧 사, 하면 곧)

仲尼揖而退 蹙然改容而問曰: 공자(仲尼)가 읍하고(揖~而) 물러선(退) (뒤) 송구스러운 듯(蹙然) 용모(容)를 바로잡고서(改) 물어(問) 말하다. 揖(읍 읍) 退(물러날 퇴) 蹙然〔송구스러운 모습. 蹙(잔걸음할 축)〕容(얼굴 용, 용모) 改(고칠 개, 바로잡음)

業可得進乎?: (그러면 내) 학업(業)에 진전(進)을 얻을(得) 수 있는가(可)? 進(나아갈 진 → 진전)

老萊子曰 夫不忍一世之傷: 노래자(老萊子)가 말하다. (너는) 한(一) 시대(世)의 상처(傷), 즉 한 시대의 아픔에 대해선 참지(忍)를 못하다(不). 世(때 세, 시대) 傷(상처 상) 忍(참을 인)

而驚萬世之患: 그런데(而) (인의가 일으키는) 만세(萬世)의 재앙(患)에 대해선 의아할 정도로(驚)

(침묵하다). 患(재앙 환) 驚(의아해할 경)

仰固窶邪: (이는) 본디(固) (너의) 작은(窶) (기량을 스스로) 우러러보아서가(仰) 아닌가(邪)? 窶
(기량이작을 구) 仰(우러를 앙, 우러러보다) ※ 참고한 『莊子今註今譯』에 '抑(누를 억)'으로 표시되
었는데 오자로 보아 '仰(우러를 앙)'으로 바꾸어서 해석했다.

亡其略弗及邪?: (아니면) 경륜(略)이 없어(亡) (훌륭함에) 미치지(及) 못해서가(弗) 아닌가(邪)?
略(다스릴 략, 경륜) 亡(잃을 망, 없다) 及(미칠 급) 弗(아니 불)

惠以歡爲驁: (너는 인의의) 은혜를 베풀어(惠) 그럼으로써(以) (사람을) 기쁘게(歡) (하는 걸 자신
의) 출중함(驁)으로 여기다(爲). 惠(베풀 혜, 은혜를 베풀다) 歡(기쁠 환 → 환심) 驁(뛰어날 오, 출중
함) ※ 참고한 『莊子今註今譯』에 '驁(흉폭할 오)'로 표시되었는데 오자로 보아 '驁(뛰어날 오)'
로 바꾸어서 해석했다.

終身之醜: (그런데 이것은 너에게) 평생(終身)의 치욕(醜)이다. 醜(추할 추 → 치욕)

中民之行進焉耳: 보통사람(中民)의 행동(行)은 움직이기(進) 쉽다(耳). 즉 쉽게 움직이다. 進
(나아갈 진, 움직이다) 耳(쉬울 이)

相引以名 相結以隱: (그래서) 명성으로(以~名) 서로(相)를 끌어당기고(引), 은밀한(以~隱) (사
사로움으로) 서로(相)의 (관계를) 맺다(結). 名(이름 명, 명성) 引(끌 인, 끌어당기다) 隱(은밀할 은) 結
(맺을 결)

與其譽堯而非桀: (너는) 요(堯)임금을 기리면서(譽~而) 걸(桀)왕을 비난하기(非) 보다(與). 譽
(기릴 예) 非(비난할 비) 與(보다 여)

不如兩忘而閉其所非譽: (차라리) 양쪽(兩), 즉 요와 걸 (모두를) 잊고(忘) 비난하고(非) 칭송하
는(譽) 바(所)를 멈추는(閉) 것과 같지(如) 않다(不). 즉 멈추는 게 좋다. 閉(닫을 폐 → 멈추다)

反無非傷也: (인의의 은혜가 본성에) 반하면(反) 상처(傷)를 (입지) 않는(非) (사람이) 없다(無). 즉
누구나 상처를 입다. 傷(상처 상)

動無非邪也: (인의의 은혜가 사사로움으로) 움직이면(動) 그릇되지(邪) 않는(非) (사람이) 없다(無).
즉 누구나 그릇되다. 邪(어긋날 사 → 그릇됨)

聖人躊躇 以興事 以每成功: 성인(聖人)은 (뭔가) 주저하면서(躊躇) 그럼으로써(以) 일(事)을 흥
하게 하고(興), 그럼으로써(以) (일을) 늘(每) 성공(成功)시킨다. 躊躇[주저하다. 躊(머뭇거릴 주)
躇(머뭇거릴 저)] 興(일어날 흥) 每(매양 매, 늘)

奈何哉其載焉終矜爾!: (인의를 몸에) 싣고(載) (다니며) 뽐냄(矜)으로 마감하려는(終) 너(爾)를
(내가) 어찌할(奈何) 건가! 載(실을 재) 終(끝 종 → 마감하다) 爾(너 이) 奈何[어찌할까. 奈(어찌
내) 何(어찌 하)]

외물(外物) 6

宋元君夜半而夢人被髮窺阿門, 曰:「予自宰路之淵, 予爲淸江使河伯之所,
漁者余且得予.」

元君覺, 使人占之, 曰:「此神龜也.」

君曰:「漁者有余且乎?」

左右曰:「有.」

君曰:「令余且會朝.」

明日, 如此朝, 君曰:「漁何得?」

對曰:「且之網得白龜焉, 其圓五尺.」

君曰:「獻若之龜.」

龜至, 君再欲殺之, 再欲活之, 心疑, 卜之,

曰:「殺龜以卜, 吉.」乃刳龜以卜, 七十二鑽而无遺筴.

仲尼曰:「神龜能見夢於元君, 而不能避余且之網., 知能七十二鑽而無遺筴,
不能避刳腸之患.

如是, 則知有所困, 神有所不及也.

雖有至知, 萬人謀之.

魚不畏網而畏鵜鶘.

去小知而大知明, 去善而自善矣.

嬰兒生無石師而能言, 與能言者處也.」

송(宋)나라 원군(元君)이 밤중에 꿈을 꾸었는데
머리를 풀어헤친 사람이 쪽문으로 엿보면서 말했다.
"나는 재로(宰路)의 연못에서 왔는데
청강(淸江)의 사신으로 황하의 신 하백(河伯)이 있는 곳으로 가다가
고기잡이 여저(余且)에게 잡혔네."
원군이 꿈에서 깨어나 사람을 시켜 그 꿈을 점치니까 점치는 사람이 말했다.
"그는 신령스런 거북(神龜)입니다."
원군이 말했다. "고기잡이 중에 여저란 사람이 있는가?"
좌우 신하들이 말했다. "있습니다."

원군이 말했다. "지금 여저를 불러 내일 조회 때 나오도록 하라."

다음 날 여저가 조정에 나오자 원군이 말했다.

"물고기 중에 무엇을 잡았는가?"

여저가 대답했다.

"제 그물에 흰 거북이 걸렸는데 거북의 등 둘레가 다섯 자나 됩니다."

원군이 명했다. "그대의 거북을 내게 바쳐라."

거북이 조정에 도착하자

원군은 거북을 다시 죽일지 다시 살릴지 결단을 내리지 못했다.

다시 점을 치게 하자 점치는 사람이 말했다.

"거북을 죽여서 죽인 거북으로 점을 치면 길합니다."

이에 거북의 배를 가르고 죽은 거북으로 점을 치니까

일흔두 번 점을 쳤는데도 한 번도 점괘가 틀리지 않았다.

공자(仲尼)가 말했다.

"신령스런 거북의 능력은 원군의 꿈에 자신이 나타날 줄 아는 정도였는데

여저의 그물은 피할 수 없었다.

거북의 앎은 일흔두 번 점을 쳐도 한 번도 점괘가 틀리지 않을 정도였는데

자신의 배가 갈라지는 사태를 피하지 못해 창자가 꺼내지는 재앙을 만났다.

이러면 앎(知)이 있는 사람이라도 곤경에 빠지는 경우가 있고,

신령스런(神) 사람이라도 미치지 못하는 바가 있다.

아무리 지극한 앎(至知)이 있어도 만 명의 사람이 힘을 모으면

지극한 앎을 지닌 사람을 얼마든지 속일 수 있다.

작은 물고기는 그물을 두려워하지 않지만 큰 물새는 그물을 두려워한다.

그러니 작은 앎(小知)을 버려야 큰 앎(大知)이 밝아지고,

바르게 살아야 한다는 생각을 버려야 스스로 바르게 된다.

갓난애가 태어나면 좋은 선생이 없어도 말할 수 있는데

이는 말할 줄 아는 사람과 함께 지내서이다."

注

宋元君夜半而夢人被髮窺阿門 曰: 송(宋)나라 원군(元君)이 밤중에(夜半~而) 꿈(夢)을 꾸는데 머리를 풀어헤친(被髮) 사람(人) 이 쪽문(阿門)으로 엿보면서(窺) 말하다. 夜半[밤(夜)의 절반

(牛). 즉 한밤중〕 夢(꿈 몽) 被髮〔머리를 풀어 뜨림. 被(흐트러뜨릴 피) 髮(터럭 발, 머리카락)〕 阿門
〔쪽문. 阿→曲(구석 곡)〕 窺(엿볼 규)

予自宰路之淵: 나(予)는 재로(宰路)라는 연못에서(自~淵) (오다).

予爲淸江使河伯之所: 나(予)는 청강(淸江)의 사신으로(爲~使) (황하의 신) 하백(河伯)이 있는 곳
(所)으로 (가다). 使(사신 사)

漁者余且得予: 고기잡이(漁者) 여저(余且)가 나(予)를 얻다(得). 즉 고기잡이 여저에게 잡히다.

元君覺 使人占之曰: 원군(元君)이 꿈에서 깨어나(覺) 사람을 시켜(使~人) 점을 치니까(占) (점
치는 사람이) 말하다. 覺(깨어날 각) 占(점칠 점)

此神龜也: 그(此)는 신구(神龜), 즉 신령스러운 거북이다. 神(영묘할 신, 신령스런) 龜(거북 구)

君曰 漁者有余且乎?: 원군(君)이 말하다. 고기잡이(漁者) (중에) 여저(余且)가 있는가(有)?

左右曰 有: 좌우(左右) (신하가) 말하다. 있다(有).

君曰 令余且會朝: 원군(君)이 말하다. 지금(令) 여저(余且)를 (불러 내일) 조회(會朝) 때 (나오도록
하라). 會朝〔아침모임. 즉 조회 會(모일 회) 朝(아침 조)〕

明日 如此朝: 다음 날(明日) 여저(如)가 이(此)에 입조(朝)하다. 즉 조정에 나오다.

君曰 漁何得?: 원군(君)이 말하다. 물고기(漁) (중에) 무엇(何)을 얻었는가(得)? 漁(고기 어, 물고
기) 何(무엇 하)

對曰 且之網得白龜焉: (여저가) 대답해(對) 말하다. 저(且)의 그물(網)에 흰(白) 거북(龜)이 걸리
다(得). 且=余且(여 저, 즉 나) 網(그물 망)

其圓五尺: (거북의 등) 둘레(圓)가 다섯 자(五尺)나 (되다). 圓(둥글 원 → 둘레) 尺(자 척)

君曰 獻若之龜: 원군(君)이 말하다. 너(若)의 거북(龜)을 (내게) 바쳐라(獻). 若(너 약) 獻(바칠 헌)

龜至 君再欲殺之 再欲活之 心疑: 거북(龜)이 (조정에) 도착하자(至) 원군(君)은 거북(之)을 다
시(再) 죽일 것인지(欲~殺) 다시(再) 살릴 것인지(欲~活) 마음(心)이 확실치 않다(疑). 즉 결단을
내리지 못하다. 再(다시 재) 殺(죽일 살) 活(살릴 활) 疑(의심스러울 의, 확실치 아니함)

卜之 曰 殺龜以卜 吉: (다시) 점을 치게(卜) 하자 (점치는 사람이) 말하다. 거북(龜)을 죽여(殺) 그
것으로써(以) 점을 치면(卜) 길하다(吉). 卜(점 복, 점을 치다) 吉(길할 길)

乃刳龜以卜: 이에(乃) 거북(龜)의 (배를) 가르고(刳) (죽은 거북)으로(以) 점을 치다(卜). 刳(가를
고)

七十二鑽而無遺筴: 일흔두(七十二) 번이나 거북 껍데기를 태워 그 균열로 길흉을 점쳐도(鑽~
而) 점대가(遺~筴) (맞지 못하는 게) 없다(無). 즉 일흔두 번이나 점을 쳐도 한 번도 점괘가 틀
리지 않다. 鑽(거북껍데기태울 찬) 遺(하여금 유) 筴(점대 책, 점치는데 쓰이는 50개의 가는 대)

仲尼曰 神龜能見夢於元君: 공자(仲尼)가 말하다. 신령스러운(神) 거북(龜)의 능력(能)은 (자신
이) 원군에게(於~元君) 꿈(夢)으로 나타날 줄 알다(見). 즉 원군의 꿈에 자신이 나타날 줄을 아

는 정도이다. 能(능할 능→능력) 見(볼 견→알다)

而不能避余且之網: 그런데(而) 여저(余且)의 그물(網)은 피할(避) 수(能) 없다(不). 避(피할 피)

知能七十二鑽而無遺筴: (거북)의 지혜(知)는 일흔두(七十二) 번이나 점을 쳐도(鑽~而) 점괘가 (遺~筴) (한 번도 틀릴) 수(能) 없는(無) (정도이다).

不能避 剕之患: (그런데 자신의 배가) 갈라지는(剕) (사태를) 피하지(避) 못해(不~能) 창자(腸)가 (꺼내지는) 재앙(患)을 (만나다). 患(재앙 환) 腸(창자 장)

如是 則知有所困: 이러면(如是~則) 지혜(知)가 (있는 사람이라도) 곤경(困)에 (빠지는) 경우(所)가 있다(有). 困(괴로울 곤, 곤경)

神有所不及也: 신령스러운(神) (사람도) 미치지(及) 못하는(不) 바(所)가 있다(有). 及(미칠 급)

雖有至知 萬人謀之: 아무리(雖) 지극한(至) 앎(知)이 있어도(有) 만(萬) (명의) 사람(人)이 (힘을 모으면 지극한 앎을 지닌 사람을 얼마든지) 속이다(謀). 謀(속일 모) 雖(비록 수→아무리 ~해도)

魚不畏網而畏鵜鶘: (작은) 물고기(魚)는 그물(網)을 두려워하지(畏) 않지만(不~而) 큰 물새(鵜 鶘)는 (그물을) 두려워(畏) 한다. 網(그물 망) 畏(두려워할 외) 鵜鶘(사다 새, 큰 물새. 鵜(두견이 제) 鶘(사다새 호)〕

去小知而大知明: (그러니) 작은(小) 앎(知)을 버려야(去~而) 큰(大) 앎(知)이 밝아지다(明). 去 (버릴 거) 明(밝을 명, 밝아지다)

去善而自善矣: 바르게(善) (살아야 한다는 생각을) 버려야(去~而) 스스로(自) 바르게(善) 되다. 善(비를 선)

嬰兒生無石師而能言: 갓난애(嬰兒)가 태어나면(生) 좋은 선생(石師)이 없어도(無~而) 말할(能 ~言) 수 있다. 嬰兒〔어린아이. 嬰(갓난아이 영) 兒(아이 아)〕 石師〔훌륭한 스승. 즉 좋은 선생. 石(굳을 석) 師(스승 사)〕

與能言者處也: (그런데 이는) 말할(能~言) 줄 아는 사람(者)과 함께(與) 지내서이다(處). 處(머무 를 처, 지내다)

외물(外物) 7

惠子謂莊子曰:「子言無用.」

莊子曰:「知無用而始可與言用矣. 天地非不廣且大也, 人之所用容足耳.

然則厠足而墊之致黃泉, 人尚有用乎?」

惠子曰:「無用.」

莊子曰:「然則無用之爲用也亦明矣.」

혜자가 장자에게 말했다. "자네의 말은 쓸모가 없네."

장자가 말했다.

"쓸모없음(無用)을 알아야 비로소 쓸모를 말할 수 있네.

천지사방이 넓고 커도 사람이 걸을 때 필요한 공간은

발이 밟고 있는 작은 땅뿐이네.

그러면 발이 밟고 있는 땅만 남기고 나머지는 황천까지 깊이 깎아도

사람은 자신의 발이 밟고 있는 땅의 쓰임만 높이 받들까?"

혜자가 말했다. "그러면 발이 밟고 있는 땅도 쓸모가 없지."

장자가 말했다. "그러면 쓸모없음의 쓰임(無用之爲用) 또한 분명해지네."

注 ____

惠子謂莊子曰 子言無用: 혜자(惠子)가 장자(莊子)에게 일러(謂) 말하다. 너(子)의 말(言)은 쓸모(用)가 없다(無). 用(쓸 용)

莊子曰 知無用而始可與言用矣: 장자(莊子)가 말하다. 쓸모(用) 없음(無)을 알아야(知~而) 비로소(始) 쓸모(用)를 말(言)할 수(可) 있다. 始(비로소 시)

天地非不廣且大也: 천지(天地) (사방)이 넓고(廣) 크지(大) 않는(不) 게 아니다(非). 즉 넓고 크다. 廣(넓을 광)

人之所用容足耳: (그러나) 사람(人)이 (걸을 때) 쓰는(用) 바(所)는 발(足)을 담는(容) (조그만 땅)뿐이다(耳). 즉 사람이 걸을 때 필요한 공간은 발이 밟는 조그만 땅뿐이다. 容(담을 용) 耳(뿐 이)

然則厠足而墊之致黃泉: 그러면(然~則) 발(足)을 세울(厠~而) (땅만) 남기고, 즉 발이 밟는 땅만 남기고, (남은 땅은) 황천(黃泉)에 이르기(致)까지 (깊이) 파다(墊). 즉 깎다. 厠(세울 측) 黃泉[땅 밑(黃)의 샘(泉). 泉(샘 천)] 致(이를 치) 墊(팔 점)

人尙有用乎?: (그래도) 사람(人)은 (발이 밟는 땅의) 쓰임(有~用)만 높이 받드는가(尙)? 尙(숭상할 상, 높이 받들다)

惠子曰 無用: 혜자(惠子)가 말하다. (그러면 발이 밟는 땅도) 쓸모(用)가 없다(無).

莊子曰 然則無用之爲用也亦明矣: 장자(莊子)가 말하다. 그러면(然~則) 쓸모(用) 없음(無)의 쓰임(爲~用) 또한(亦) 분명해지다(明). 明(나타날 명, 명료해지다 → 분명하다)

외물(外物) 8

莊子曰:「人有能遊, 且得不遊乎? 人而不能遊, 且得遊乎?

夫流遁之志, 決絶之行, 噫, 其非至知厚德之任與!

覆墜而不反, 火馳而不顧, 雖相與爲君臣, 時也, 易世而無以相賤.

故曰至人不留行焉.」

「夫尊古而卑今, 學者之流也. 且以狶韋氏之流觀今之世, 夫孰能不波?

唯至人乃能遊於世而不僻, 順人而不失己. 彼敎不學, 承意不彼.」

장자(莊子)가 말했다.

"사람이 노닐(遊) 수 있는데도 불구하고 노닐지 못하는 사람이 있는가?

사람이 노닐 수 없는데도 불구하고 노닐 수 있는 사람이 있는가?

현실에서 도피하려는 마음과 사람과의 왕래를 끊는 행동.

흠, 이것들은 지극한 앎과 덕을 두텁게 쌓은 사람의 행동이 아니라네!

사욕을 추구하느라 엎어져서 떨어지면 본성으로 돌아가지 못하고

불을 이고 정신없이 달리면 스스로 돌아보지 못하네.

서로 번갈아 가며 아무리 군주가 되고 아무리 신하가 된다 해도 한때뿐이다.

그래서 세상이 바뀌면 누가 누구를 천(賤)하다 할 수 없네.

그래서 말한다. '지인(至人)은 행동에 매이지 않는다.'"

장자가 계속해서 말했다.

"옛 풍속을 존중하면서 지금 풍속을 낮추어 보는 게 학자들의 유행이다.

그렇더라도 희위씨(狶韋氏) 시대의 관점에서 지금 세상을 보면

누구든지 다 흔들리지 않겠는가?

오직 지인(至人)만이 세상을 노니는데 그는 어느 한쪽에 치우치지 않는다.

그래서 지인은 사람을 따르더라도 자기의 본성을 잃지 않는다.

또 지인은 세상의 가르침을 배우지 않아도 세상 사람의 뜻을 받들며

세상 사람을 배척하지 않네."

注

莊子曰 人有能遊: 장자(莊子)가 말하다. 사람(人)이 노닐(遊) 수(能) 있다(有). 遊(놀 유)

且得不遊乎?: 그러함에도 불구하고(且) 노닐지(遊) 못하는(不) (사람이) 있는가(得)? 且(그러함에도불구하고 차)

人而不能遊: 사람(人)이 노닐(遊) 수(能) 없다(不).

且得遊乎?: 그러함에도 불구하고(且) 노님(遊)을 얻는(得) (사람이 있는가)? 즉 노닐 수 있는 사람이 있는가?

夫流遁之志: 숨어서(遁) 달아나는(流) 마음(志). 즉 현실에서 도피하는 마음. 遁(숨을 둔) 流(달아날 류)

決絶之行: 영원히 결별하는(決絶) 행동(行). 즉 사람과 왕래를 끊는 행동. 決絶〔영구히 이별. 決(감연히 결) 絶(끊을 절)〕

噫 其非至知厚德之任與!: 흠(噫), (이것들은) 지극한(至) 앎(知)과 덕(德)을 두텁게(厚) 쌓은(任) (사람의 행동이) 아니다(非)! 任(맡을 임 → 쌓다)

覆墜而不反: (사욕을 추구하느라) 엎어져서(覆) 떨어지면(墜~而) (본성에) 돌아가지(反) 못하다(不). 覆(뒤집힐 복, 엎어지다) 墜(떨어질 추)

火馳而不顧: 불(火)을 (이고 정신없이) 달리면(馳~而) (스스로) 돌아보지(顧) 못하다(不). 馳(달릴 치) 顧(돌아볼 고)

雖相與爲君臣 時也: 서로(相) 함께(與) (번갈아 가면서) 아무리(雖) 군주(君)가 (되고) 신하(臣)가 되어도(爲) 한때(時) (뿐이다). 時(때 시) 雖(비록 수 → 아무리 ~해도)

易世而無以相賤: (그래서) 세상(世)이 바뀌면(易~而) 서로(相) 천하지(以~賤) 않다(無). 즉 누가 누구를 천하다고 할 수 없다. 世(세상 세) 易(바뀔 역) 賤(천할 천)

故曰至人不留行焉: 고로(故) 말하다. 지극한(至) 사람(人)은 행동(行)에 매이지(留) 않다(不). 留(머무를 류 → 매이다)

夫尊古而卑今 學者之流也: 옛(古) (풍속을) 존중하면서(尊~而) 지금(今) (풍속을) 낮추어(卑) (보)는 게 학자(學者)의 유행(流)이다. 尊(존중할 존) 流(흐를 류 → 유행)

且以狶韋氏之流觀今之世: 그렇더라도(且) 희위씨(狶韋氏) (시대의) 관점에서(以~流) 지금(今) 세상(世)을 보다(觀). 流(흐를 류 → 관점) 觀(볼 관)

夫孰能不波?: 누가(孰) 흔들리지(波) 않을(不) 수(能) 있는가(不)? 즉 누구든지 다 흔들리지 않겠는가? 波(흔들릴 파)

唯至人乃能遊於世而不僻: 오직(唯) 지인(至人)만이 이에(乃) 세상을(於~世) 노닐 수 있는데(能 遊~而) (그는 어느 한쪽에) 치우치지(僻) 않다(不). 僻(치우칠 벽)

順人而不失己: (그래서 지인은) 사람(人)을 따르더라도(順~而) 자기(己)의 (본성을) 잃지(失) 않다(不). 順(좇을 순, 따르다) 失(잃을 실)

彼敎不學 承意不彼: (또 지인은) 저(彼), 즉 세상의 가르침(敎)을 배우지(學) 않아도(不) (세상 사람의) 뜻(意)을 받들며(承) 세상 사람(彼)을 (배척하지) 않는다(不). 承(받들 승)

외물(外物) 9

目徹爲明, 耳徹爲聰, 鼻徹爲顫, 口徹爲甘, 心徹爲知, 知徹爲德.

凡道不欲壅, 壅則哽, 哽而不止則跈, 跈則衆害生.

物之有知者恃息, 其不殷, 非天之罪.

天之穿之, 日夜無降, 人則顧塞其竇.

胞有重閬, 心有天遊. 室無空虛, 則婦姑勃豀, 心無天遊, 則六鑿相攘.

大林丘山之善於人也, 亦神者不勝.

눈이 잘 보이는 걸 명(明)이라 하고, 귀가 잘 들리는 걸 총(聰)이라 하고,
냄새를 잘 맡는 걸 전(顫)이라 하고, 맛을 잘 아는 걸 감(甘)이라 하고,
마음이 잘 통하는 걸 앎(知)이라 하고, 앎이 잘 통하는 걸 덕(德)이라 한다.
대체로 도는 막히지 않아야 한다.
막히면 목이 메는데 목이 메는 게 그치지 않으면 발버둥을 치고,
발버둥을 치면 재앙이 많이 생겨난다.
사물이 지각작용을 하면 사물의 생명은 호흡으로 유지된다.
그런데 호흡이 왕성해지지 않는 건 자연(天)의 죄가 아니다.
자연은 사람의 몸에 구멍을 뚫어서 막힘이 없이 통하게 하는 걸
낮이고 밤이고 멈추지 않는다.
사람이 도리어 자신의 구멍을 막는다.
뱃속의 태(胞) 안에도 여러 겹의 넓은 공간이 있고,
마음에도 자연스럽게 노닐 공간이 있다.
그런데 집안에 쉴만한 공간이 없으면 며느리와 시어머니는 서로 반목한다.
마찬가지로 마음에 자연스럽게 노닐 공간이 없으면
여섯 정감, 즉 눈, 귀, 코, 입, 마음, 앎이 만들어내는 정감을 서로 거스른다.
세상을 피해서 숨어 사는 사람에게 큰 숲, 구릉, 산이 좋은 건
그의 정신(神)이 이런 여섯 정감을 이기지 못해서이다.

注 ───

目徹爲明 耳徹爲聰: 눈(目)이 잘 보이는(徹) (걸) 명이라 하고(爲~明), 귀(耳)가 잘 들리는(徹)
걸 총이라 한다(爲~聰). 目(눈 목) 徹(통할 철 → 잘 보이다 또는 잘 들리다) 耳(귀 이) 聰(귀밝을 총)

鼻徹爲顫 口徹爲甘: 코(鼻)가 냄새를 잘 맡는(徹) 걸 전이라 하고(爲~顫), 입(口)이 예민해 맛을 잘 아는(徹) 걸 감이라 한다(爲~甘). 鼻(코 비) 徹(통할 철 → 잘 맡다 또는 맛을 잘 알다) 顫(누린내 전) 甘(달 감)

心徹爲知 知徹爲德: 마음(心)이 통하는(徹) 걸 앎이라 하고(爲~知) 앎(知)이 통하는(徹) 걸 덕이라 한다(爲~德). 徹(통할 철)

凡道不欲壅: 대체로(凡) 도(道)는 막히지(欲~壅) 않아야(不) (한다). 凡(대개 범) 壅(막힐 옹) 欲(하고자 할 욕 → 바라다)

壅則哽 哽而不止則跈: 막히면(壅~則) 목이 메는데(哽), 목이 메는(哽~而) 게 그치지(止) 않으면(不~則) 발버둥을 친다(跈). 哽(목멜 경) 跈(밟을 전 → 발버둥을 치다)

跈則衆害生: 발버둥을 치면(跈) 많은(衆) 재앙(害)들이 생겨나다(生). 衆(많을 중) 害(해 해, 재앙)

物之有知者恃息: 사물(物)이 지각(知) 작용을 하면(有~者) (사물의) 생명은 호흡(息)으로 유지되다(恃). 知(알 지 → 지각작용) 息(숨쉴 식, 호흡) 恃(믿을 시, 의뢰하다 → 생명을 유지하다)

其不殷 非天之罪: (그런데 호흡이) 왕성해지지(殷) 않는(不) (건) 자연(天)의 죄(罪)가 아니다(非). 殷(성할 은, 왕성) 罪(허물 죄)

天之穿之 日夜無降: 자연(天)은 (사람의 몸에 구멍을) 뚫어(穿) (막힘없이 통하게 하는 것을) 낮(日)이고 밤(夜)이고 멈추지(降) 않는다(無). 穿(뚫을 천) 降(떨어질 항 → 멈추다)

人則顧塞其寶: 사람이(人~則) 도리어(顧) (자신의) 구멍(寶)을 막다(塞). 顧(도리어 고) 寶(구멍 두) 塞(막을 색)

胞有重閬: (뱃속의) 태(胞)안에도 여러 겹(重)의 넓은 공간(重閬)이 있다(有). 胞(배 포, 어머니 태) 重閬〔넓은 공간. 重(겹칠 중) 閬(횅뎅그렁할 랑, 넓은)〕

心有天遊: 마음(心)에도 자연스럽게(天) 노닐(遊) 공간이 있다(有).

室無空虛 則婦姑勃谿: (그런데) 집안(室)에 공간(空虛)이 없으면(無~則) 며느리(婦)와 시어머니(姑)가 서로 싸우며 반목하다(勃谿). 婦(부인 부 → 며느리) 姑(시어미 고) 勃谿〔서로 싸우며 반목하는 모양. 勃(다툴 발) 谿(배반하여다툴 혜)〕

心無天遊 則六鑿相攘: (마찬가지로) 마음(心)에 자연스럽게(天) 노닐(遊) (공간이) 없으면(無~則) 여섯(六) 정감(鑿), 즉 눈, 귀, 코, 입, 마음, 앎이 만들어내는 정감을 서로(相) 거스르다(攘). 鑿(정감 착, 마음. 생각)〕攘(거스를 양)

大林丘山之善於人也: (세상을 피해 숨어 사는) 사람에게(於~人) 큰(大) 숲(林)과 구릉(丘)과 산(山)이 좋은(善) 것. 林(수풀 림)

亦神者不勝.: 또한(亦) (그의) 정신(神~者)이 (여섯 정감을) 이기지(勝) 못해서이다(不). 勝(이길 승)

외물(外物) 10

德溢乎名, 名溢乎暴, 謀稽乎諃, 知出乎爭,
柴生乎守, 官事果乎衆宜.
春雨日時, 草木怒生, 銚鎒於是乎始修,
草木之到植者過半而不知其然.

덕(德)은 명성을 추구하는 데서 무너지고,
명성(名)은 자신을 드러내는 데서 망가진다.
계략(略)은 다급하면 떠올라지고, 지혜는 다툼에서 나오고,
나무울타리는 관청을 지키는 데서 생겨난다.
관(官)이 하는 일은 많은 사람의 마음과 부합되어야 비로소 성과가 나타난다.
봄비 내리는 철이면 초목(草木)이 무섭게 자라나고,
이때부터 밭을 갈고, 김매는 일이 비로소 시작된다.
그리고 이때 초목의 태반이 다시 살아나서 자라는데
어째서 그런지를 알지 못한다.

注 ────────────────

德溢乎名 名溢乎暴: 덕(德)은 명성(名)을 (추구하는 데서) 무너지고(溢), 명성(名)은 (자신을) 드러내는(暴) 데서 망가지다(溢). 溢(넘칠 일 → 무너지다 또는 망가지다) 暴(불끈일어날 폭 → 드러내다)

謀稽乎諃 知出乎爭: 계략(謀)은 다급하면(諃) 떠올라지고(稽), 지혜(知)는 다툼(爭)에서 나온다(出). 謀(꾀할 모, 계략) 諃(말급할 현 → 다급하다) 稽(머무를 계 → 떠오르다) 爭(다툴 쟁)

柴生乎守: 나무울타리(柴)는 (관청을) 지키는(守) 데서 생겨난다(生). 柴(울짱 책, 목책, 즉 나무울타리) 守(지킬 수)

官事果乎衆宜: 관(官)이 (하는) 일(事)은 많은 사람(衆)의 마음과 부합되어야(宜) (비로소) 성과(果)가 나타난다. 宜(마땅할 의, 마땅히 ~해야 하다 → 부합하다) 果(실과 과 → 성과)

春雨日時 草木怒生: 봄비(春雨) 내리는 철(日時)이면 초목(草木)이 무섭게(怒) 자라난다(生). 怒(성낼 노 → 무섭게) 生(날 생 → 자라나다)

銚鎒於是乎始修: 이때부터(於~是) 밭을 갈고(銚) 김매는(鎒) 일이 비로소(始) 다스리다(修). 즉 시작되다. 銚(가래 조, 큰 가래 → 밭을 갈다) 鎒(김맬 누) 始(비로소 시) 修(다스릴 수)

草木之到植者過半而不知其然: (그리고 이때) 초목(草木)의 태반(過半)이 다시 살아나서 자라는 (到植) 데(者~而) (어째서) 그런지(然) 알지(知) 못하다(不). 過半〔반(半)을 지나다(過). 즉 태반이

다. 過(지날 과)〕 到植〔자라남(植)에 이르다(到). 즉 다시 살아나 자라다. 植(심을 식 → 자라나다) 到(이를 도, 이르게 하다)〕

외물(外物) 11

靜然可以補病, 眥搣可以休老, 寧可以止遽.
雖然, 若是, 勞者之務也, 佚者之所未嘗過而問焉.
聖人之所以駴天下, 神人未嘗過而問焉..
賢人所以駴世, 聖人未嘗過而問焉..
君子所以駴國, 賢人未嘗過而問焉..
小人所以合時, 君子未嘗過而問焉.

몸이 안정되어야 병을 고칠 수 있고,
눈꼬리 지압은 늙음을 그치게 할 수 있고,
편안함은 조급한 마음을 멈추게 할 수 있다.
아무리 그래도 이런 방법들은 심신을 수고롭게 하는 사람들이 힘쓰지
조용히 은둔해서 지내는 사람들은 이런 방법에 대해 관심을 두지 않는다.
성인이 천하를 놀라게 해 바로잡는 일을 신인(神人)은 관심을 두지 않는다.
현인(賢人)이 천하를 놀라게 해 바로잡는 일을 성인은 관심을 두지 않는다.
군자(君子)가 나라를 놀라게 해 바로잡는 일을 현인은 관심을 두지 않는다.
소인(小人)이 시세에 영합하는 일을 군자(君子)는 관심을 두지 않는다.

注 ─────────

靜然可以補病: 안정(靜然)으로 병(病) 고침이(以~補) 가하다(可). 즉 몸이 안정되어야 병을 고칠 수 있다. 靜(고요할 정, 안정) 補(고칠 보)

眥搣可以休老: 눈꼬리(眥)를 문지름(搣)으로 늙는(老) 걸 그치는(以~休) 게 가하다(可). 즉 눈꼬리 지압은 늙음을 그치게 할 수 있다. 眥(눈꼬리 제) ※ 참고한 『莊子今註今譯』에 '眥(헐뜯을 자)'로 표시되었는데 오자로 보아 '眥(눈꼬리 제)'로 바꾸어서 해석했다. 搣(문지를 멸. 여기서 '滅'의 삼수변을 제외하도록!) 老(늙을 노 → 노쇠함) 休(그칠 휴, 그치다)

寧可以止遽: 편안함(寧)으로 조급한(遽) 마음을 멈추는(以~止) 게 가하다(可). 즉 편안함은 조급한 마음을 멈추게 할 수 있다. 寧(편안할 녕) 遽(급히 거 → 조급한 마음)

雖然 若是 勞者之務也: 비록 그렇더라도(雖然) 이런(若~是) 방법들은 (심신을) 수고롭게(勞) 하는 사람(者)들이 힘쓴다(務). 勞(수고할 로) 務(힘쓸 무)

佚者之所未嘗過而問焉: (조용히) 은둔해서(佚) (지내는) 사람(者)들이 (하는) 바(所)를 지나치기에(過~而) 묻지(問) 않는다(未嘗). 즉 이런 것에 관심을 두지 않는다. 佚(숨을 일, 은둔함) 過(지날 과, 지나치다)

聖人之所以駴天下: 성인(聖人)이 천하(天下)를 놀라게 해(以~駴) (바로잡는) 일(所). 駴(놀랠 해)

神人未嘗過而問焉: (그것을) 신인(神人)은 지나쳐서(過~而) 묻지(問) 않는다(未嘗). 즉 관심을 두지 않는다.

賢人所以駴世: 현인(賢人)이 천하(天下)를 놀라게 해(以~駴) (바로잡는) 일(所).

聖人未嘗過而問焉: (그것을) 성인(聖人)은 지나쳐서(過~而) 묻지(問) 않는다(未嘗). 즉 관심을 갖지 않는다.

君子所以駴國: 군자(君子)가 나라(國)를 놀라게 해(以~駴) (바로잡는) 일(所).

賢人未嘗過而問焉: (그것을) 현인(賢人)은 지나쳐서(過~而) 묻지(問) 않는다(未嘗). 즉 관심을 두지 않는다.

小人所以合時: 소인(小人)이 시세(時)와 짝하는(以~合) 일(所). 즉 시세에 영합하는 일. 時(때 시 → 시세) 合(짝할 합)

君子未嘗過而問焉: (그것을) 군자(君子)는 지나치므로(過~而) 묻지(問) 않는다(未嘗). 즉 관심을 두지 않는다.

외물(外物) 12

演門有親死者, 以善毁爵爲官師, 其黨人毁而死者半.
堯與許由天下, 許由逃之,, 湯與務光, 務光怒之紀他聞之,
帥弟子而踆於窾水, 諸侯弔之, 三年, 申徒狄因以踣河.

송나라 성문인 연문(演門) 근처에 부모를 여읜 사람이 있었다.
그는 상을 잘 치러서 몸이 야위기까지 해 관사란 벼슬이 그에게 내려졌다.
이에 마을 사람들도 몸이 야윌 정도로 상을 치렀는데
죽는 사람이 반이나 되었다.
요(堯)임금이 허유(許由)에게 천하를 물려주려 하자 허유가 달아났다.
탕(湯)임금이 무광(務光)에게 천하를 물려주려 하자 무광이 성을 냈다.
무광의 제자인 기타(紀他)가 이 사실을 들었다.

그래서 자기에게 차례가 주어질 거라고 여기고
관수로 가 쭈그려 앉아서 기다렸다.
한 제후는 기타가 정말로 강에 투신할까 걱정되어 삼 년 동안 문안했다.
신도적(申徒狄)도 이로 인해 높은 명망을 얻으려고 황하에 몸을 던졌다.

注 ─

演門有親死者: (송나라 성문인) 연문(演門) (근처에) 부모(親)를 여읜(死) 사람(者)이 있다(有). 死
(죽을 사 → 여읜)

以善毀爵爲官師: (그는 상을) 잘 치러(以~善) (몸이) 야위기까지(毀) (해) 관사(爲~官師) 벼슬(爵)
이 (그에게) 내려지다(毀). 毀(야월 훼) 爵(벼슬 작)

其黨人毀而死者半: (이에) 마을 사람(黨人)들도 몸이 야윌 정도로(毀~而) (상을 치렀는데) 죽는
(死) 자(者)가 반(半)이 (되다). 黨人〔향당의 사람. 즉 마을 사람. 黨(마을 당)〕

堯與許由天下 許由逃之: 요(堯)임금이 허유(許由)에게 천하(天下)를 물려주려(與) 하자 허유
(許由)가 달아나다(逃). 與(줄 여 → 물려주다) 逃(달아날 도)

湯與務光 務光怒之紀他聞之: 탕(湯) 임금이 무광(務光)에게 (천하를) 물려주려(與) 하자 무광
(務光)이 성을 냈다(怒). (무광의 제자인) 기타(紀他)가 (이 사실을) 듣다(聞). 怒(성낼 노)

帥弟子而踆於竅水: (그래서) 스승(帥) (무광의) 제자(弟子)는 (자기에게 차례가 주어질 거로 여기고)
관수로(於~竅水) 가서 쭈그려 앉아(踆) (기다리다). 踆(쭈그리고앉을 준)

諸侯弔之 三年: (한) 제후(諸侯)는 (기타가 정말로 강에 투신할까 걱정이 되어 그에게) 삼년(三年)을
문안하다(弔). 弔(문안 조)

申徒狄因以踣河: 신도적(申徒狄)도 (이로) 인해(因) (높은 명망을 얻으려고) 황하(河)에 몸을 던지
다(以~踣). 因(말미암을 인) 踣(넘어질 북 → 몸을 던지다)

외물(外物) 13

荃者所以在魚 得魚而忘荃
蹄者所以在兔 得兔而忘蹄
言者所以在意 得意而忘言
吾安得夫忘言之人 而與之言哉!

통발은 물고기를 잡는 수단이므로 물고기를 잡으면 통발을 잊는다.
올가미는 토끼를 잡는 수단이므로 토끼를 잡으면 올가미를 잊는다.

말은 뜻을 전하기 위한 수단이므로 뜻을 깨달으면 말은 잊는다.
나는 어찌해서 말을 잊은 사람을 만나 그와 함께 말을 나눌 수 있는가!

注 ————————————————————————————

荃者所以在魚: 통발(荃者)은 물고기(漁)를 잡는(以~在) 바(所)다. 즉 물고기를 잡는 수단이다.
荃(통발 전) 在(있을 재 → 잡다)

得魚而忘荃: (그러므로) 물고기(漁)를 잡으면(得~而) 통발(荃)을 잊는다(忘). 得(얻을 득 → 잡다)
忘(잊을 망)

蹄者所以在兎: 올가미(蹄者)는 토끼(兎)를 잡는(以~在) 바(所)다. 즉 토끼를 잡는 수단이다. 蹄
(올무 제, 올가미) 兎(토끼 토)

得兎而忘蹄: (그러므로) 토끼(兎)를 잡으면(得) 올가미(蹄)를 잊는다(忘).

言者所以在意: 말(言者)은 뜻(意)을 전함이 있는(以~在) 바(所)다. 뜻을 전하기 위한 수단이다.
意(뜻 의)

得意而忘言: (그러므로) 뜻(意)을 깨달으면(得) 말(言)은 잊는다(忘). 得(깨달을 득)

吾安得夫忘言之人: 나(吾)는 어찌해서(安) 저(夫) 말(言)을 잊은(忘) 사람(人)을 만나다(得). 安
(어찌 안)

而與之言哉: 그리고(而) (그와) 함께(與) 말(言)을 (나눌 수 있겠는가)!

우언
寓言

우언(寓言) 1

寓言十九, 重言十七, 卮言日出, 和以天倪.

寓言十九, 藉外論之.

親父不爲其子媒.

親父譽之, 不若非其父者也., 非吾罪也, 人之罪也.

與己同則應, 不與己同則反., 同於己爲是之, 異於己爲非之.

重言十七, 所以已言也, 是爲耆艾, 年先矣, 而無經緯本末以期年耆者, 是非先也.

人而無以先人, 無人道也., 人而無人道, 是之謂陳人.

卮言日出, 和以天倪, 因以曼衍, 所以窮年.

不言則齊, 齊與言不齊, 言與齊不齊也, 故曰言無言.

言無言, 終身言, 未嘗言., 終身不言, 未嘗不言.

有自也而可, 有自也而不可., 有自也而然, 有自也而不然.

惡乎然? 然於然.

惡乎不然, 不然於不然.

惡乎可? 可於可.

惡乎不可? 不可於不可.

物固有所然, 物固有所可, 無物不然, 無物不可.

非卮言日出, 和以天倪, 孰得其久!

萬物皆種也, 以不同形相禪, 始卒若環, 莫得其倫, 是謂天均.

天均者天倪也.

우언(寓言)은 내 글에 열 개 중 아홉이고,

중언(重言)은 내 글에 열 개 중 일곱이고,

치언(巵言)은 내 글에 수시로 나오는데 자연의 결(天倪)로 조화를 이룬다.

우언은 내 글에 열 개 중 아홉인데 바깥의 얘기를 빌려서 말하는 방식이다.

예를 들어 아버지는 자식의 중매를 서지 않는데

애비가 자식을 칭찬하는 게 애비 아닌 사람이 칭찬하는 것보다 못해서다.

이는 애비에게 허물이 있어서가 아니라

이렇게 하지 않으면 믿지 못하는 사람들에게 허물이 있어서다.

사람들은 자기와 생각이 같으면 따르고, 자기와 생각이 다르면 반대한다.

또 자기와 같은 걸 옳다고 여기고, 자기와 다른 걸 틀렸다고 여긴다.

중언은 내 글에 열 개 중 일곱인데 논쟁을 끝내기 위한 수단이다.

이는 중언이 어른의 말이기에 논쟁을 끝낼 수가 있다.

어른은 나이가 많은 사람이다.

그런데 나이만 많이 먹었을 뿐 어른의 말도 사리와 본말에 맞지 않으면

그는 참된 어른이 아니다.

어른인데도 덕을 지니지 못하면 사람의 도리(人道)를 갖춘 사람이 아니다.

어른인데도 사람의 도리를 갖추지 못하면 시대에 뒤진 쓸모없는 사람이다.

치언은 내 글에 자주 나온다.

치언은 자연의 결(天倪)로 조화를 이루며

끊임없이 이어지는 자연의 흐름(曼衍)에 시비를 맡겨서 천수를 누린다.

말(言)로 표현하지 않으면 세상 만물은 모두 같다.

세상 만물이 모두 같은데 세상 만물이 같지 않다고 말하는(言) 건

같은 세상 만물을 두고 사람들이 같지 않다고 말하기 때문이다.

고로 말한다, '무언(無言)으로 말하라. 즉 말을 하되 시비를 가리지 말라.

말을 하되 시비를 가려서 말하지 않으면 평생 말을 해도 말한 게 아니다.

말하지 않아도 시비가 있으면 평생 말하지 않아도 말하지 않은 게 아니다.

사물의 이름은 스스로 괜찮다고 여기니까 괜찮고(可),

스스로 괜찮지 않다고 여기니까 괜찮지 않다(不).

또 사물의 이름은 스스로 그렇다고 여기니까 그렇고(然),

스스로 그렇지 않다고 여기니까 그렇지 않다(不).

어째서 사물의 이름이 그러한가? 그러해서 그렇다.

어째서 사물의 이름이 그렇지 않은가? 그렇지 않아서 그렇지 않다.

어째서 사물의 이름이 괜찮은가? 괜찮아서 괜찮다.

어째서 사물의 이름이 괜찮지 않은가? 괜찮지 않아서 괜찮지 않다.

이처럼 사물의 이름은 본디부터 그런 바 있고, 본디부터 괜찮은 바 있다.

또 사물의 이름은 본디부터 그렇지 않은 바 없고,

본디부터 괜찮지 않은 바 없다.

치언은 내 글에 수시로 나오는데 자연의 결로 조화를 이루지 못했다면

어찌 이토록 오래갈 수 있었겠는가!

만물은 모두 씨가 있어 다른 모습으로 서로 변화하고,

처음과 끝은 마치 고리와 같아 그 순서를 알 수 없다.

이를 천균(天均), 즉 자연의 고른 균형이라고 말한다.

천균에 머무는 건 천예(天倪), 즉 자연의 결을 따르는 일이다.

注 ───────────────────────────────

寓言十九: (우화 형식을 빌려 말하는) 우언(寓言)은 (내 글에) 열 개(十) (중) 아홉(九)이다.

重言十七: (옛날 성인의 말씀에 무게를 얹어 전하는) 중언(重言)은 (내 글에) 열 개(十) (중) 일곱(九)
이다.

巵言日出: (잔이 비면 술이 차듯 사물에 저절로 응하는) 치언(巵言)은 (내 글에) 수시로(日) 나오다
(出). 日 (나날 일 → 수시로)

和以天倪: (그런데) 천예로(以~天倪), 즉 자연의 결로 조화(和)를 이루다. 天倪〔자연(天)의 결
(倪). 즉 인위에 따른 분별지가 아닌 자연 그대로의 구별. 倪(나눌 예 → 결)〕 ★ 내편 「제물론」
6에도 '和之以天倪'라는 표현이 등장함.

寓言十九 藉外論之: 우언(寓言)은 (내 글에) 열 개(十) (중) 아홉(九)인데 바깥(外)의 (얘기를) 빌
려(藉) 말하는(論) (방식이다). 外(밖 외) 藉(빌릴 자) 論(말할 론)

親父不爲其子媒: (예를 들어) 친아버지(親父)는 자식(子)의 중매를(爲~媒) (서지) 않는다(不). 媒
(중매 매)

親父譽之 不若非其父者也: (그런데) 친아버지(親父)가 (자식을) 칭찬하는(譽) 게 아버지(父) 아
닌(非) 사람(者)이 (칭찬하는 것과) 같지(若) 않아서다(不). 즉 아버지 아닌 사람이 칭찬하는 것보
다 못해서다. 譽(기릴 예, 칭찬하다)

非吾罪也 人之罪也: (이는) 자신(吾), 즉 아버지에게 허물(罪)이 (있어서가) 아니라(非) (이렇게 하
지 않으면 믿지 못하는) 사람(人)에게 허물(罪)이 (있어서다). (그러니 우언으로 말해야 이런 물의가 따르

지 않는다) 吾(나 오, 자신) 罪(허물 죄)

與己同則應 不與己同則反: (사람들은) 자기와(與~己) (생각이) 같으면(同~則) 따르고(應), 자기와(與~己) (생각이) 같지(同) 않으면(不~則) 반대한다(反). 應(응할 응 → 따르다) 反(거스를 반 → 반대하다)

同於己爲是之 異於己爲非之: (또) 자기와(於~己) 같은(同) 걸 옳다고(是) 여기고(爲), 자기와(於~己) 다른(異) 걸 틀리다고(非) 여기다(爲). (그러니 우언으로 말해야 시비가 해소된다.) 是(옳을 시) 異(다를 이) 非(아닐 비 → 틀리다)

重言十七 所以已言也: 중언(重言)은 (내 글에) 열 개(十) (중) 일곱(九)인데 논쟁(言)을 끝내기(以~已) (위한) 수단(所)이다. 已(그칠 이, 끝내다)

是爲耆艾: 이(是)는 (중언이) 어른(耆艾)의 (말)이므로(爲) (논쟁을 끝낼 수 있는 까닭이다). 耆艾[늙은이 → 어른. 耆(늙은이 기) 艾(늙은이 애)]

年先矣: (어른은) 나이(年)가 앞서(先) 있다. 즉 나이가 많은 사람이다.

而無經緯本末以期年耆者: 그런데(而) (어른이) 사리(經緯)와 본말(本末)이 맞지 않음으로써(無~以) 나이(年)만 많이 먹기를(耆) 기다리면(以期~者). 즉 나이만 많이 먹었을 뿐 어른의 말이 사리와 본말에 맞지 않으면. 經緯[사리. 經(날 경)緯(씨 위)] 期(기다릴 기) 耆(늙은이 기)

是非先也: 이(是)는 나이(年)가 앞서는(先) 게 아니다(非). 즉 참된 어른이 아니다.

人而無以先人 無人道也: 어른인데도(人~而) 다른 사람(人)보다 앞서지(以~先) 못하면(無) 사람(人)으로서 도리(道)가 없다(無). 즉 어른인데도 덕을 지니지 못하면 사람의 도리를 갖춘 사람이 아니다.

人而無人道 是之謂陳人: 어른인데도(人~而) 사람(人)의 도리(道)를 (갖추지) 못하면(無) 그(是)는 시대에 뒤떨어진 쓸모없는 사람(陳人)이다. 陳人[시대에 뒤떨어진 쓸모없는 사람. 陳(묵을 진)]

巵言日出 和以天倪: 치언(巵言)은 (내 글에) 수시로(日) 나와(出) 자연의 결로(以~天倪) 조화(和)를 이루다.

因以曼衍: 끊임없이 이어지는 자연의 흐름에(以~曼衍) (시비를) 맡기다(因). 曼衍[한없는(曼) 흐름(衍) → 끊임없이 이어지는 자연의 흐름. 曼(길 만, 짧지 않음 → 끊임없이 이어지다) 衍(흐를 연 → 자연의 흐름)] 因=任(맡길 임, 맡기다)

所以窮年: (고로) 타고난 수명(以~窮年), 즉 천수를 누리는 바(所)다. 窮年[타고난 수명(年)을 다함(窮). 천수 누림. 窮(다할 궁)]

不言則齊: 말(言)로 (표현하지) 않으면(不~則) (세상 만물은 모두가) 같다(齊). 齊(가지런할 제, 같다)

齊與言不齊: (세상 만물이) 모두(與) 같은(齊) 데 (세상 만물을) 같지(齊) 않다고(不) 말하는(言) 것. 與(모두 여)

言與齊不齊也: (그것은) 같은(與~齊) (세상 만물을 두고 사람들이) 같지(齊) 않다고(不) 말하기(言) (때문이다).

故曰言無言: 고로(故) 말한다(曰). 무언(無言)으로 말하라(言). 즉 말을 하되 시비를 가리지 말라.

言無言 終身言 未嘗言: 말을 하되 (시비를 가려서) 말하지 않으면(言無言) 평생(終身) 말해도(言) 아무 말(言)을 하지 않았다(未嘗). 즉 말한 게 아니다. 終身[평생. 終(끝낼 종) 身(몸 신)]

終身不言 未嘗不言: (말하지 않아도 시비가 있으면) 평생(終身) 말하지(言) 않아도(不) 말(言)하지 않은(不) 게 아니다(未嘗).

有自也而可 有自也而不可: (사물의 이름은) 스스로(自~而) (괜찮다고 여기니까) 괜찮고(可), 스스로(自~而) (괜찮지 않다고 여기니까) 괜찮지(可) 않다(不). 可(대체로좋을 가. 괜찮다)

有自也而然, 有自也而不然: (또 사물의 이름을) 스스로(自) (그렇다고 여기니까) 그렇고(然), 스스로(自) (그렇지 않다고 여기니까) 그렇지(然) 않다(不).

惡乎然? 然於然: 어째서(惡) (사물의 이름이) 그러한가(然)? 그럼에(於~然) 그러하다(然). 즉 그러해서 그렇다.

惡乎不然? 不然於不然: 어째서(惡) (사물의 이름이) 그렇지(然) 않은가(不)? 그렇지(然) 않음에(於~不) 그렇지(然) 않다(不). 즉 그렇지 않아서 그렇지 않다.

惡乎可? 可於可: 어째서(惡) (사물의 이름이) 괜찮은가(可)? 괜찮음에(於~可) 괜찮다(可). 즉 괜찮아서 괜찮다.

惡乎不可? 不可於不可: 어째서(惡) (사물의 이름이) 괜찮지(可) 않은가(不)? 괜찮지 않음에(於~不可) 괜찮지(不可) 않다. 즉 괜찮지 않아서 괜찮지 않다.

物固有所然 物固有所可: (이처럼) 사물(物)의 (이름은) 본디(固)부터 그런바(所~然) 있고(有), 사물(物)의 (이름은) 본디(固)부터 괜찮은 바(所~可) 있다(有). 固(본디 고)

無物不然 無物不可: (또) 사물(物)의 (이름은 본디부터) 그렇지(然) 않은(不) (바) 없고(無), 사물(物)의 (이름은 본디부터) 괜찮(可) 않은(不) (바) 없다(無).

非巵言日出 和以天倪: 치언(巵言)은 (내 글에) 수시로(日) 나오는데(出) 자연의 결과(以~天倪) 조화(和)를 이루지 못하다(非).

孰得其久!: (그러면) 어찌(孰) (그토록) 오래갈(久) 수 있겠는가(得)! 孰(어느 숙 → 어찌) 久(오랠 구. 오래 가다)

萬物皆種也 以不同形相禪: 만물(萬物)은 모두(皆) 씨(種)가 (있어) 그럼으로써(以) 같지(同) 않은(不), 즉 다른 모습(形)으로 서로(相) 변화하다(禪). 皆(모두 개) 種(씨 종) 禪(바뀔 선. 변화하다)

始卒若環 莫得其倫: (또) 처음(始)과 끝(卒)은 (마치) 고리(環)와 같아(若) 순서(倫)를 알(得) 수 없다(莫). 始(처음 시) 卒(끝 졸) 環(고리 환) 倫(차례 륜. 순서)

是謂天均: 이(是)를 자연(天)의 고른 균형(均)이라고 말한다(謂). 均(고르게할 균. 차별 없이 평등함) ★ 내편 「제물론」 4에선 '天均' 대신 '天鈞'이라고 표현한다.

天均者天倪也: 자연의 고른 균형에 (머무는) 건(者) 자연의 결(天倪)을 (따르는 일이다).

우언(寓言) 2

莊子謂惠子曰:「孔子行年六十而六十化, 始時所是, 卒而非之,
未知今之所謂是之非五十九非也.」
惠子曰:「孔子勤志服知也.」
莊子曰:「孔子謝之矣, 而其未之嘗言.
孔子云: 『夫受才乎大本, 復靈以生, 鳴而當律, 言而當法, 利義陳乎前,
而好惡是非直服人之口而已矣.
使人乃以心服, 而不敢蘁立, 定天下之定.』
已乎已乎! 吾且不得及彼乎!」

장자가 혜자에게 말했다.
"공자는 나이 60에 이를 때까지 생각이 60번 변했네.
그래서 처음에 옳다고 한 걸 끝에 가선 그르다고 했네.
그러니 공자가 나이 60이 되어서 지금 옳다고 말한 게
나이 59일 때는 그르다고 했던 게 아닌지 모르겠네."
혜자가 말했다.
"공자는 그의 뜻을 부지런히 닦고 앎을 추구하는 데 힘썼네."
장자가 말했다.
"공자는 진즉 그런 태도와 결별했네.
그리고 공자는 그런 사실에 대해 여태 말한 적이 없었네.
공자가 말하길
'자신은 큰 근본(大本)에서 몸을 부여받아 그 속에 총명함을 품고 태어났다.
그래서 울어도 법도(律)에 맞고, 말해도 법칙(法)에 맞는다.
그러니 사적 이득(利)과 공적 의로움(義)을 사람들 앞에 늘어놓고서
호오(好惡)와 시비(是非)를 따지는 건 사람의 입만 수고롭게 할 뿐이다.
사람들이 마음으로 따라서 누구도 감히 거슬러서 일어서지 않게 해야

천하의 안정이 이루어진다.'

혜자가 말했다.

그만! 그만! 우리는 아직 저 공자에게 미칠 수 없다!"

注 ————

莊子謂惠子曰 孔子行年六十而六十化: 장자(莊子)가 혜자(惠子)를 일컬어(謂) 말하다(曰). 공자(孔子)는 나이(年) 60(六十)에 갈(行) 때까지, 즉 이를 때까지 (생각이) 60(六十) 번이나 변하다(化). 行(갈 행)

始時所是 卒而非之: (그래서) 처음(始) 시절(時)에 옳다고(是) 한 걸(所) 끝(卒)에 가선 그르다고(非) 하다. 卒(마칠 졸 → 끝) 非(아닐 비, 그름)

未知 今之所謂是 之非五十九非也: (그러니 공자 나이 60이 되어) 지금(今) 옳다고(是) 말한(謂) 바(所) 그게(之) 59(五十九)세일 (때는) 그르다고(非) (했던 게) 아닌지(非) 이직(未) 모른다(知).

惠子曰 孔子勤志服知也: 혜자(惠子)가 말하다. 공자(孔子)는 (그의) 뜻(志)을 부지런히 닦고(勤) 지식(知)을 추구하는(服) 데 (힘쓴다). 勤(부지런할 근) 服(좇을 복 → 추구하다)

莊子曰 孔子謝之矣: 장자(莊子)가 말하다. 공자(孔子)는 (진즉 그런 태도와) 결별하다(謝~矣). 謝(끊을 사, 결별하다)

而其未之嘗言: 그리고(而) (공자는 그런 사실에 대해) 말한(言) 적이 아직 없다(未嘗).

孔子云 夫受才乎大本: 공자(孔子)가 말하길(云) (자신은) 큰(大) 근본에서(乎~本) 몸(才)을 부여받다(受). 才(바탕 재 → 몸) 乎(전치사 호, ~에서) 受(받을 수, 부여받다)

復靈以生: (그 속에) 총명함(靈)을 품고(復) 태어나다(以~生). 靈(총명할 령, 사리에 통달함) 復(회복할 복 → 품다)

鳴而當律 言而當法: (그래서) 울어도(鳴~而) 법도(律)에 맞고(當) 말해도(言~而) 법칙(法)에 맞다(當). 鳴(울 명) 律(법 율, 법도) 當(맞을 당)

利義陳乎前: (그러니 사적) 이득(利)과 (공적) 의로움(義)을 (사람들) 앞(前)에 늘어놓다(陳). 陳(늘어놓을 진)

而好惡是非直服人之口而已矣: 그리고(而) 좋고(好) 싫고(惡), 옳고(是) 그른(非) 것을 따지는(直) 건 사람(人)의 입(口)만 수고롭게(服) 할 뿐이다(而已矣). 直(바로잡을 직 → 따지다) 服(일 복 → 수고롭게 하다)

使人乃以心服 而不敢蘁立: 사람들이(使~人) 이에(乃) 마음(心)으로 따라서(以~服) 그리고(而) (누구도) 감히(敢) 거슬러서(蘁) 일어서지(立) 않게(不) 하다. 服(따를 복) 蘁(거스를 오, 순종하지 않음) 立(설 립 → 일어서다)

定天下之定: (그래야) 천하(天下)의 안정(定)이 이루어지다(定). 定(안정될 정, 또는 정할 정, 정해지

다 → 이루어지다)

已乎已乎! 吾且不得及彼乎!: (혜자가 말하다.) 그만(已乎) 그만(已乎)! 우리(吾)는 (아직) 저(彼)
(공자)에 미칠(及) 수(得) 없다(不)! 已(그칠 이) 及(미칠 급)

우언(寓言) 3

曾子再任而心再化, 曰:「吾及親仕, 三釜而心樂.,
後仕, 三千鍾而不洎親, 吾心悲.」
弟子問於仲尼曰:「若參者, 可謂無所縣其罪乎?」
曰:「旣已縣矣. 夫無所縣者, 可以有哀乎?
彼視三釜三千鍾, 如觀鳥雀蚊虻相過乎前也.」

증자(曾子)는 벼슬을 두 번 지냈는데 마음도 두 번 바뀌었다.
이에 대해 증자가 말했다.
"나는 부모님이 살아계실 때 벼슬을 하니까
삼부(三釜)의 작은 녹을 받았어도 마음이 즐거웠다.
뒤에 벼슬을 했을 때 삼천종(三千鍾)의 많은 녹을 받았어도
부모와 함께하지 못해 내 마음이 슬펐다."
공자의 한 제자가 이 말을 듣고 공자를 찾아가서 물었다.
"증삼(參)이라면 허물(罪)에 연루될 일이 없지요?"
공자가 말했다.
"이미 허물에 연루되었네.
허물에 연루된 바가 없다면 어째서 그에게 슬픔이 생겨날 수 있는가?
또 허물에 연루된 바가 없다면
그는 삼부의 작은 녹이나 삼천종의 많은 녹과 관계없이
참새처럼 작은 새, 모기, 등애가 자신 앞에서 차례로 지나치는 걸 보듯이
이것들을 보았어야 했네."

注

曾子再任而心再化: 증자(曾子)는 두 번(再) 벼슬을 지냈는데(任~而) 마음(心)이 두 번(再) 바뀌
다(化). 任(맡길 임, 관직을 수여받음 → 벼슬을 하다) 化(화할 화, 바뀌다)

曰 吾及親仕 三釜而心樂: (이에 대해 증자는) 말하다. 나(吾)는 부모님(親)과 함께(及) 할 때, 즉 부모님이 살아계실 때 벼슬(仕)을 하니까 삼부의 작은 녹을 받아도(三釜~而) 마음(心)이 즐거웠다(樂). 親(어버이 친) 及(더불 급, 함께) 仕(벼슬할 사) 釜(가마 부 → 1부(釜)는 12리터쯤 분량) 樂(즐거울 락)

後仕 三千鍾而不洎親 吾心悲: 뒤에(後) 벼슬(仕)을 (할 때는) 삼천종의 많은 녹을 받아도(三千鍾~而) 부모(親)와 함께하지(洎) 못해(不) 내(吾) 마음(心)이 슬프다(悲). 鍾(종 종, → 1종은 50리터쯤 분량) 洎(및 계) 悲(슬플 비)

弟子問於仲尼曰: (공자의 한) 제자(弟子)가 (그 말을 듣고) 공자를(於~仲尼) 찾아가서(問) 말하다.

若參者 可謂無所縣其罪乎?: 증삼(參)과 같다면(若~者), 즉 증삼이라면 잘못(罪)에 연루될(縣) 바(所)가 없는가(可~無)? 參→曾參(증삼)=曾子(증자) 罪(허물 죄, 잘못) 縣(매달 현 → 연루되다)

曰 旣已縣矣: (공자가) 말하다. 이미(旣已) (잘못에) 연루되어(縣) 있다(矣). 旣(이미 기) 已(이미 이)

夫無所縣者 可以有哀乎?: 저(夫) (잘못에) 연루된(縣) 바(所)가 없으면(無~者) 슬픔(哀)이 (어찌) 있을(以~有) 수(可)가? 哀(슬플 애)

彼視三釜三千鍾: 그(彼)가 (잘못에 연루된 바가 없으면) 삼부(三釜)의 (작은 녹이나) 삼천종(三千鍾)의 (많은 녹과 관계없이 이걸) 보다(視).

如觀鳥雀蚊虻相過乎前也: (그러면) 참새처럼 작은 새(鳥雀)나 모기와 등에(蚊虻)가 (자신의) 앞(前)에 차례로(相) 지나치는(過) 걸 보는(觀) 것처럼(如) (여기다). 鳥雀〔참새 같은 작은 새. 鳥(새 도) 雀(참새 작)〕 蚊虻〔모기와 등에. 하찮은 것. 蚊(모기 문) 虻(등에 맹) 相(서로 상 → 차례로) 過(지날 과) 觀(볼 관)

우언(寓言) 4

顏成子游謂東郭子綦, 曰:

「自吾聞子之言, 一年而野, 二年而從, 三年而通, 四年而物, 五年而來, 六年而鬼入, 七年而天成, 八年而不知死, 不知生, 九年而大妙.」

안성자유(顏成子游)가 자신의 스승인 동곽자기(東郭子綦)에게 말했다.

"저는 선생님 말씀을 듣고 일 년이 지나자 꾸밈이 없어져 질박해졌고(野), 이년이 지나자 자연스러움을 따랐고(從), 삼년이 지나자 자연스러움과 통했고(通), 사년이 지나자 천지자연의 온갖 사물(物)과 함께 변화했고, 오년이 지나자 천지자연의 정기가 저에게 왔고(來),

육년이 지나자 귀신(鬼)처럼 천지자연의 모든 일을 아는 경지에 들어갔고,
칠년이 지나자 타고난 자연성(天)을 이루었고,
팔년이 지나자 삶(生)과 죽음(死)을 의식하지 않았고,
구년이 지나자 큰 깨달음(大妙)에 이르렀습니다."

註

顏成子游謂東郭子綦 曰: 안성자유(顏成子游)가 (자신의 스승인) 동곽자기(東郭子綦)에게 일러 (謂) 말하다.

自吾聞子之言 一年而野: 나(吾)는 선생(子)의 말씀(言)을 듣고(聞) 일년(一年)이 지나자 (꾸밈이 없어져) 질박해지다(野). 野(질박할 야)

二年而從: 이년이 지나자(二年~而) (자연스러움을) 따르다(從). 從(좇을 종, 따르다)

三年而通: 삼년이 지나자(三年~而) (자연스러움과) 통하다(通). 通(통할 통)

四年而物: 사년이 지나자(四年~而) (천지자연의 온갖) 사물(物)과 (함께 변화하다).

五年而來: 오년이 지나자(五年~而) (천지자연의 정기가 내게로) 오다(來). 來(올 래)

六年而鬼入: 육년이 지나자(六年~而) 귀신(鬼)처럼 (천지자연의 모든 일을 아는 경지에) 들어가다 (入). 鬼(귀신 귀)

七年而天成: 칠년이 지나자(七年~而) (타고난) 자연성(天)을 이루다(成). 天(하늘 천, 자연 → 자연성)

八年而不知死: 팔년이 지나자(八年~而) 죽음(死)을 알지(知) 못하다(不). 즉 삶과 죽음을 의식 하지 않다.

不知生 九年而大妙: 구년이 지나자(九年~而) 큰(大) 오묘함(妙)에 이르다. 즉 큰 깨달음에 이 르다.

우언(寓言) 5

生有爲, 死也.
勸公, 以其死也, 有自也., 而生陽也, 無自也.
而果然乎? 惡乎其所適? 惡乎其所不適?
天有曆數, 地有人據, 吾惡乎求之?
莫知其所終, 若之何其無命也?
莫知其所始, 若之何其有命也?

有以相應也, 若之何其無鬼邪?

無以相應也, 若之何其有鬼邪?

사람이 살면서 인위적으로 행동하면(有爲) 죽은 거나 마찬가지이다.

그래서 살아가는 데 공적인(公) 차원을 더 권한다.

또 죽음은 스스로 그러함이지만 삶이 약동하는 덴 스스로 그러함이 없다.

그런데 과연 그럴까?

허! 이 중에서 어느 게 맞을까? 허! 이 중에서 어느 게 맞지 않을까?

하늘에는 천체 운행의 규칙이 있고, 땅에선 사람들이 터를 잡고 살아간다.

그런데 어째서 그런지 이유를 우리가 어찌 아는가?

우리는 삶이 끝나는 곳을 알지 못한다.

그런데 어째서 생명(命)이 없어지는 걸 우리가 어찌 아는가?

우리는 삶이 시작하는 곳을 알지 못한다.

그런데 어째서 생명이 생겨나는 걸 우리가 어찌 아는가?

천지와 사물은 서로 호응한다.

그런데 어째서 귀신(鬼)이 없다는 걸 우리가 어찌 아는가?

천지와 사물은 서로 호응하지 않는다.

그런데 어째서 귀신이 있다는 걸 우리가 어찌 아는가?

注 ────────────────────────────────────

生有爲 死也: (사람이) 살면서(生) 하고자 함(有爲)이 있으면, 즉 인위적으로 행동하면 죽은(死) (거나 마찬가지이다). 生(살 생) 死(죽을 사)

勸公: (그래서 살아가는 데 있어) 공적인(公) (차원을 더) 권한다(勸). 公(공변될 공 → 공적) 勸(권할 권)

以其死也 有自也: 또(以) 죽음(死)에는 스스로(自) (그러함이) 있다(有). 즉 죽음은 스스로 그러함이다. 自(스스로 자) 以(또 이)

而生陽也 無自也: 그러나(而) 삶(生)이 약동하는(陽) 데는 스스로(自) (그러함이) 없다(無). 陽 (양기 양 → 약동하다)

而果然乎?: 그런데(而) 과연(果然) (그럴까)?

惡乎其所適?: 허(惡)! (이 중에서 어느 게) 맞는(適) 바(所)일까? 惡(허 오, 탄식사) 適(맞을 적)

惡乎其所不適?: 허(惡)! (이 중에서 어느 게) 맞지(適) 않는(不) 바(所)일까?

天有曆數 地有人據: 하늘(天)에는 천체 운행의 규칙(曆數)이 있고(有), 땅(地)에는 사람(人)이

의거함(據)이 있다(有). 즉 땅에선 사람들이 터를 잡고 산다. 曆數〔책력 → 천체 운행의 규칙. 曆(책력 력) 數(이치 수)〕據(의거할 거)

吾惡乎求之?: (그런데 어째서) 그런지(之) 이유를 우리(吾)가 (어찌) 구하는가(求)? 즉 어찌 아는가?

莫知其所終: (우리는 삶이) 끝나는(終) 곳(所)을 알지(知) 못하다(莫). 終(끝날 종) 莫(없을 막)

若之何其無命也?: (그런데) 어째서(若之何) 생명(命)이 없어지는(無) (걸 우리가 어찌 아는가)? 若之何〔어찌하여. 즉 어째서. 若(이에 약) 何(어찌 하)〕命(목숨 명, 생명)

莫知其所始: (우리는 삶이) 시작하는(始) 곳(所)을 알지(知) 못하다(莫).

若之何其有命也?: (그런데) 어째서(若之何) 생명(命)이 생겨나는(有) (걸 우리가 어찌 아는가)? 始(처음 시, 시작하다)

有以相應也: (천지와 사람은) 서로(相) 호응함이(以~應) 있다(有). 즉 서로 호응한다. 應(응할 응, 호응하다)

若之何其無鬼邪?: (그런데) 어째서(若之何) 귀신(鬼)이 없다는(無) (걸 우리가 어찌 아는가)?

無以相應也: (천지와 사람은) 서로(相) 호응함이(以~應) 없다(無). 즉 서로 호응하지 않는다. 若之何其有鬼邪?: (그런데) 어째서(若之何) 귀신(鬼)이 있는(有) (걸 우리가 어찌 아는가)?

우언(寓言) 6

罔兩問於景曰:「若向也俯而今也仰, 向也括撮而今也被髮,
向也坐而今也起, 向也行而今也止, 何也?」
景曰:「搜搜也, 奚稍問也! 予有而不知其所以.
予, 蜩甲也, 蛇蛻也, 似之而非也.
火與日, 吾屯也,, 陰與夜, 吾代也.
彼吾所以有待邪? 而況乎以无有待者乎!
彼來則我與之來, 彼往則我與之往, 彼强陽則我與之强陽. 强陽者又何以有問乎!」

옅은 그림자 망량(罔兩)이 짙은 그림자 경(景)에게 물었다.
"당신은 조금 전 몸을 굽혔는데 지금은 젖혀 있고,
조금 전 머리를 한데 묶었는데 지금은 흩트리고 있고,
조금 전 앉았는데 지금은 일어나 있고,
조금 전 걸었는데 지금은 멈춰 있다. 어째서인가?"

짙은 그림자 경(景)이 말했다.

"쓸데없는 질문이네. 어째서 그리 하찮은 걸 묻는가?

나는 지금 그림자로 있어도 그 까닭을 알지 못하네.

나라는 그림자는 매미껍질이나 뱀의 허물과 같네.

나는 매미껍질이나 뱀의 허물을 닮았어도 형체가 없으니 그들과 다르지.

그리고 불(火)과 해(日)의 빛에선 나라는 그림자는 나타나도

그늘(陰)과 밤(夜)에선 나라는 그림자는 사라지네.

이처럼 나타나고 사라지는 나도 뭔가에 기대고 있어 그런 게 아닌가!

그러니 하물며 나도 기대는 바가 어째서 없겠는가!

그림자를 만드는 본체가 오면 나도 함께 따라오고,

그림자를 만드는 본체가 가면 나도 함께 따라가네.

그것이 강한 햇빛(强陽)이라면 나도 함께 강한 그림자를 만들지.

그러니 강한 햇빛에 대해 내가 또 물을 게 어찌 있겠는가!"

注 ──

罔兩問於景曰: (그림자의 그림자, 즉 옅은 그림자) 망량(罔兩)이 (짙은 그림자) 경에게(於~景) 묻다 (問). 罔兩〔그림자 가장자리에 생기는 엷은 그림자. 罔(도깨비, 어두울 망)〕景〔그림자를 뜻하는 한자말은 영(影)〕★ 영(影)에서 오른쪽의 '彡'가 빠지면 景이 된다. 그래서 장자는 본 그림자를 '景'으로 의인화를 시도했는데 이런 시도는 내편 「제물론」7에도 등장한다.

若向也俯而今也仰: 너(若)는 조금 전(向) 몸을 굽혔는데(俯~而) 지금(今)은 젖히다(仰). 若(너 약) 向(접 때 향, 조금 전) 俯(구푸릴 부, 몸을 굽히다) 仰(우러를 앙 → 몸을 젖히다)

向也括撮而今也被髮: 조금 전(向) (머리를) 한데 묶었는데(括撮~而) 지금(今)은 흐트리다(被髮). 括撮〔한데로 묶다. 括(묶을 괄) 撮(모을 촬, 한데 모으다)〕被髮〔머리(髮)를 흐트러뜨리다(被). 髮(터럭 발) 被(흐트러뜨릴 피)〕

向也坐而今也起: 조금 전(向) 앉았는데(坐) 지금(今)은 일어나다(起). 坐(앉을 좌) 起(일어날 기)

向也行而今也止 何也?: 조금 전(向) 걸었는데(行) 지금(今)은 멈추다(止). 어째서(何)인가? 行(갈 행, 걸어가다) 止(멈출 지)

景曰 搜搜也: 경(景)이 말하다. 쓸데없는(搜搜) (질문이다). 搜搜〔싸늘한 모양 → 쓸데없음. 搜(청냉한모양 수 → 쓸데없음)

奚稍問也!: 어째서(奚) 그리 하찮은(稍) 걸 묻는가(問)! 奚(어찌 해) 稍(작을 초 → 하찮은)

予有而不知其所以: 나(予)는 (지금 그림자로) 있어도(有~而) (그) 까닭(所以)을 알지(知) 못하다

(不). 予(나 여) 所以(까닭)

予 蜩甲也 蛇蛻也: 나(予)라는 (그림자는) 매미(蜩) 껍질(甲)과 뱀(蛇)의 허물(蛻) (같다). 蜩(매미 조) 甲(껍질 갑) 蛇(뱀 사) 蛻(허물 태)

似之而非也: (나는) 그것(之), 즉 매미껍질과 뱀의 허물을 닮았어도(似~而) (형체가 없으니 그것들은) 아니다(非). 즉 그들과 다르다. 似(같을 사, 닮다)

火與日 吾屯也: (그리고) 불과(與~火) 해(日)의 (빛에선) 나(吾)라는 (그림자는) 나타난다(屯). 屯 (찰 준, 차다 → 나타나다)

陰與夜 吾代也: 그늘과(與~陰) 밤(夜)에는 나(吾)라는 (그림자는) 사라진다(代). 陰(응달 음) 代 (번갈아들 대, 교체되다 → 사라지다)

彼吾所以有待邪?: (이처럼) 그것들(彼), 즉 나타나고 사라지는 나(吾)도 (무언가에) 기대고(待) 있어(所以~有) (그런 게) 아닌가(邪)? 待(기다릴 대 → 기대다) 邪(어조사 사, 의문·부정을 나타내는 조사)

而況乎以無有待者乎!: 그러니(而) 하물며(況) 기대는 게(待~者) 있음(有)이 없는가(以~無)! 즉 나도 기대는 바가 어째서 없는가!

彼來則我與之來: 그것(彼), 즉 그림자를 만드는 본체가 오면(來~則) 나(我)도 함께(與) (따라) 오다(來). 來(올 래)

彼往則我與之往: 그것(彼), 즉 그림자를 만드는 본체가 가면(往~則) 나(我)도 함께(與) (따라) 가다(往). 往(갈 왕)

彼強陽則我與之強陽: 그것(彼)이 강한 햇빛이면(強陽~則) 나(我)도 함께(與) 강한 그림자(強陽)를 (만든다). 強陽〔강한 햇빛내지 강한 그림자. 強(강할 강) 陽(양기 양)〕

強陽者又何以有問乎!: (그러니) 강한 햇빛(強陽~者)에 대해 (내가) 또(又) 물을(問) 게 어째서 (何) 있는가(有)!

우언(寓言) 7

陽子居南之沛, 老聃西遊於秦, 邀於郊, 至於梁而遇老子.

老子中道仰天而歎曰:「始以汝爲可敎, 今不可也.」

陽子居不答.

至舍 ,進盥漱巾櫛, 脫屨戶外,

膝行而前曰:「向者弟子欲請夫子夫子行不閒, 是以不敢. 今閒矣, 請問其過.」

老子曰:「而睢睢盱盱, 而誰與居? 大白若辱, 盛德若不足.」

陽子居蹴然變容曰:「敬聞命矣!」

其往也, 舍者迎將, 其家公執席, 妻執巾櫛, 舍者避席, 煬者避竈.

其反也, 舍者與之爭席矣.

양자거(陽子居)가 노담(老聃)을 만나러 남쪽 패(沛) 땅에 갔을 때
노담은 서쪽 진(秦)나라를 유람하고 있었다.
양자거가 성 밖으로 마중을 나가서 양(梁) 땅에 이르자 노담을 만났다.
노담은 길 가운데서 하늘을 우러러 탄식하면서 말했다.
"처음에는 내가 그대를 가르칠 수 있다고 여겼는데
지금 그대를 보니 안 되겠네."
양자거는 대답도 못 한 채 노자의 숙소에 이르러서
세숫대야와 양치질 물, 그리고 수건과 빗을 노자에게 올린 뒤
문밖에 신을 벗어 놓고서 무릎으로 걸어나가 노자 앞에서 여쭈었다.
"조금 전 저는 선생께 여쭈려고 했는데 선생께서 이리로 가시기에
여쭐 틈이 없어 감히 여쭈지 못했습니다.
지금 한가로우신 것 같으니 제 허물에 대해 여쭈고자 합니다."
노담이 말했다.
"자네는 눈을 부릅뜨고 상대방을 쳐다보는데
누가 자네와 함께 지내려고 하겠는가?
정말로 깨끗한 사람은 때가 묻은 것 같고,
성덕(盛德)을 지닌 사람은 덕이 부족한 듯하네."
양자거가 숙연해져 얼굴빛을 바꾸며 말했다.
"삼가 가르침을 받들겠습니다!"
전에는 양자거 집의 나그네들이 양자거를 일일이 마중하고 전송했으며,
또 양자거가 집안의 어른 노릇을 해 자리를 항상 먼저 차지했고,
그의 아내조차 수건과 빗을 먼저 차지했다.
게다가 함께 머무는 나그네가 그를 보면 자리를 피했고,
밥을 지어 먹던 사람도 그를 보면 부엌에 들어가지 못했다.
양자거가 노담의 가르침을 받고 돌아가자
나그네들과 자리를 양보할 정도로 서로 어울리면서 살았다.

陽子居南之沛 老聃西遊於秦: 양자거(陽子居)가 (노담을 만나기 위해) 남쪽(南) 패(沛) 땅에 (갔을 때) 노담(老聃)은 서쪽(西) 진나라를(於~秦) 유람하다(遊). ★ 양자거(陽子居)는 양주(楊朱)이다. 그는 노자 장자와 더불어 도가를 대표하는 인물이다.

邀於郊 至於梁而遇老子: (양자거가) 성 밖으로(於~郊)로 마중 나가(邀) 양 땅에(於~梁) 이르자 (至~而) 노자(老子)를 만나다(遇). 郊(성밖 교) 邀(맞을 요, 마중 나가다) 遇(만날 우)

老子中道仰天而歎曰: 노자(老子)는 길(道) 가운데(中) 하늘(天)을 우러러(仰~而) 탄식해(歎) 말하다. 仰(우러를 앙) 歎(탄식할 탄)

始以汝爲可教 今不可也: 처음(始)엔 내(以~汝)가 (너를) 가르칠(教) 수(可) 있다 여겼으나(爲) 지금(今) (그대를 보니) 불가하다(不可). 教(가르칠 교)

陽子居不答 至舍: 양자거(陽子居)가 대답(答)도 못한(不) 채 (노자의) 숙소(舍)에 이르다(至). 答(대답할 답) 舍(집 사 → 숙소)

進盥漱巾櫛: 세숫대야(盥)와 양치물(漱)과 수건(巾)과 빗(櫛)을 (노자에게) 올리다(進). 盥(대야 관, 세숫대야) 漱(양치질할 수 → 양치물) 巾(수건 건) 櫛(빗 즐) 進(나아갈 진 → 올리다)

脫屨戶外 膝行而前曰: (그리고) 문(戶) 밖(外)에 신(屨)을 벗고(脫) 무릎(膝)으로 걸어가(行~而) (노자) 앞에서(前) 말하다. 戶(문 호) 屨(신 구) 脫(벗을 탈) 膝(무릎 슬) 行(갈 행 → 걸어가다)

向者弟子欲請夫子夫子行不閒: 조금 전(向者) (저) 제자(弟子)가 선생(夫子)께 청하려고(欲~請) (했는데) 선생(夫子)이 (이리로) 가(行) (청할) 틈(閒)이 없다(不). 向者〔조금 전. 向(접 때 향)〕 閒(틈 한)

是以不敢: 이로 인해(是以) 감히(敢) (여쭈지) 못하다(不).

今閒矣 請問其過: 지금(今)은 한가한(閒) (것 같아 나의) 허물(過)을 청해(請) 묻다(問). 閒(틈 한 → 한가하다) 過(허물 과)

老子曰 而睢睢盱盱: 노자(老子)가 말하다. 너(而)는 (눈을) 부릅뜨고(睢睢) (상대방을) 쳐다보다(盱盱). 而(너 이) 睢睢〔부릅뜨다. 睢(부릅떠볼 휴)〕 盱盱〔쳐다보다. 盱(쳐다볼 우)〕

而誰與居?: 그런데(而) 누가(誰) (너와) 함께(與) 지내려고(居) (하는가)? 誰(누구 수) 與(더불어 여) 居(있을 거, 지내다)

大白若辱: 아주(大), 즉 정말로 깨끗한(白) (사람은) 때가 묻은(辱) 것 같다(若). 白(흰 백 → 깨끗하다) 辱(욕되게 할 욕 → 때 묻다)

盛德若不足: 성한(盛) 덕(德)을 지닌 (사람은 덕이) 부족(不足)한 것 같다(若). 盛(성할 성)

陽子居蹵然變容曰: 양자거(陽子居)는 숙연한 채(蹵然) 얼굴(容) 빛을 바꾸면서(變) 말하다. 蹵然〔삼가는 모양. 蹵(얼굴빛 변할 축)〕 容(얼굴 용) 變(변할 변 → 바꾸다)

敬聞命矣!: 삼가(敬) 가르침(命)을 듣다(聞)! (그 후 양자거가 크게 바뀌다) 命(명할 명 → 가르침) 敬

(삼갈 경)

其往也 舍者迎將: 전(往)에는 (양자거의 집에) 머무는 나그네(舍者)가 (양자거를 일일이) 마중하고 (迎) 전송하다(將). 往(옛 왕, 과거 → 전) 舍者〔여관에 머무는 나그네. 舍(머무를 사)〕迎(맞이할 영, 마중하다) 將(보낼 장, 전송하다)

其家公執席 妻執巾櫛: (또 양자거가) 집안의 어른(家公) (노릇을 해 항상) 자리(席)를 (먼저) 차지하고(執), 그 처(妻)도 수건(巾)과 빗(櫛)을 (먼저) 차지하다(執). 家公〔아버지 경칭 → 집안 어른. 家(집 가)〕席(자리 석) 執(잡을 집 → 차지함)

舍者避席 煬者避竈: (게다가) 함께 머무는 나그네(舍者)가 (양자거를 보면) 자리(席)를 피하고 (避), 밥을 지어 먹던 사람(煬者)도 (양자거를 보면) 부엌(竈)을 피하다(避). 즉 부엌에 들어가지 못하다. 避(피할 피) 煬者〔밥을 짓는 사람. 煬(땔 양)〕竈(부엌 조)

其反也 舍者與之爭席矣: (양자거가 노자의 가르침을 받고) 돌아가자(反) 머무는 나그네와(與~舍者) 자리(席)를 다투다(爭). 즉 자리를 서로 양보하다. (즉 그만큼 겸손해지다) 爭(다툴 쟁)

양왕
讓王

양왕(讓王) 1

堯以天下讓許由, 許由不受.

又讓於子州支父, 子州支父曰:「以我爲天子, 猶之可也.

雖然, 我適有幽憂之病, 方且治之, 未暇治天下也.」

夫天下至重也, 而不以害其生, 又況他物乎!

唯無以天下爲者, 可以託天下也.

舜讓天下於子州支伯. 子州支伯曰:

「予適有幽憂之病, 方且治之, 未暇治天下也.」

故天下大器也, 而不以易生, 此有道者之所以異乎俗者也.

舜以天下讓善卷, 善卷曰:「余立於宇宙之中, 冬日衣皮毛, 夏日衣葛絺.,

春耕種, 形足以勞動., 秋收斂, 身足以休食.,

日出而作, 日入而息, 逍遙於天地之間而心意自得.

吾何以天下爲哉! 悲夫, 子之不知余也!」

遂不受. 於是去而入深山, 莫知其處.

舜以天下讓其友石戶之農, 石戶之農曰:「捲捲乎后之爲人, 葆力之士也!」

以舜之德爲未至也, 於是夫負妻戴, 攜子以入於海, 終身不反也.

요(堯)임금이 천하를 허유(許由)에게 물려주려고 하자 그가 받지 않았다.

요임금이 다시 자주지보(子州支父)에게 물려주려고 하자 그가 말했다.

"나를 천자로 삼는 건 괜찮소. 그렇더라도 마침 신경쇠약증을 앓고 있소.

지금 치료 중이니 천하를 다스릴 겨를이 없소"

천하(天下)가 지극히 소중해도 내 생명을 천하로 해쳐선 안 되고,

하물며 내 생명을 천자(天子) 자리가 해쳐선 안 된다!

오로지 천하를 다스리려고 하지 않는 사람에게 천하를 맡기는 게 좋다.

이에 순(舜)이 자주지백(子州支伯)에게 천하를 물려주려고 하자 그가 말했다.

"나는 신경쇠약증을 앓고 지금 치료 중이니 천하를 다스릴 겨를이 없소."

천하는 본디 큰 그릇이어도 자신의 생명을 천하로 바꾸어선 안 된다.

이것이 도를 터득한 사람과 세속 사람과 다른 점이다.

순이 천하를 선권(善卷)에게 물려주려고 하자 선권이 말했다.

"나는 광대한 우주 한가운데 서서

겨울철이면 털가죽 옷을 입고, 여름철이면 칡 베옷을 입지요.

봄이면 밭을 갈고 씨를 뿌리는데 내 몸은 이런 노동하기에 충분하고,

가을이면 농사지은 걸 거둬들여서 내 몸 하나 쉬고 먹는 데 충분합니다.

또 해가 뜨면 나가서 일하고, 해가 지면 들어와 쉬면서

하늘과 땅 사이를 소요하는 데도 즐거운 마음과 뜻을 스스로 얻습니다.

그러니 내가 어찌 천하를 위하겠소!

순임금이 나를 이해하지 못하는 게 슬픕니다!"

이윽고 선권이 천하를 물려받지 않고 그곳을 떠나 깊은 산 속에 들어가니

그가 사는 곳을 아무도 알지 못했다.

순이 천하를 친구인 석호지농(石戶之農)에게 물려주려고 하자 그가 말했다.

"임금은 애를 많이 써야 하므로 억척스럽게 일하는 장부여야 한다!"

석호지농도 순임금의 덕이 지극하지 않다고 여겼다.

이에 석호지농은 등에 짐을 지고, 그의 처는 머리에 짐을 이고,

자식들을 이끌고서 바다 위 섬으로 들어가 평생 돌아오지 않았다.

注 ————

堯以天下讓許由 許由不受: 요(堯)임금이 천하를(以~天下) 허유(許由)에게 물려주려(讓) (하자)

허유(許由)가 받지(受) 않다(不). 讓(넘겨줄 양)

又讓於子州支父 子州支父曰: (요임금이) 다시(又) 자주지보에게(於~子州支父) 물려주려(讓) (하

자) 자주지보(子州支父)가 말하다. 又(또 우 → 다시) ★ 자주지부(子州支父)는 은둔자로 알려진

전설상의 인물로 도를 터득한 사람이다.

以我爲天子 猶之可也: 나를(以~我) 천자(天子)로 삼는(爲) 건 가하다(猶之可). 즉 괜찮다. 猶

(가히 유)=可

雖然 我適有幽憂之病: 아무리 그래도(雖然) 나(我)는 마침(適) 신경쇠약증(幽憂之病)이 있다
(有). 雖(비록 수 → 아무리 ~해도) 適(마침 적) 幽憂之病〔마음이 울적한 병. 즉 우울병 → 시경쇠
약증. 幽(어두울 유) 憂(근심할 우)〕

方且治之: 지금(方) 또(且) 신경쇠약증(之)을 치료하는(治) 중이다. 方(이제 방, 지금) 且(또 차)
治(다스릴 치, 바로잡다 → 치료하다)

未暇治天下也: 천하(天下)를 다스릴(治) 겨를(暇)이 없다(未). 暇(겨를 가) 未(아닐 미, 아직 ~하지
않다)

夫天下至重也 而不以害其生: 저(夫) 천하(天下)가 지극히(至) 소중해도(重~而) (내) 생명(生)을
(천하)로(以) 해쳐선(害) 안 된다(不). 至(지극할 지) 重(중히여길 중 → 소중) 害(해칠 해)

又況他物乎!: 또(又) 하물며(況) (내 생명을 다른) 사물(物), 즉 천자 자리가 (해쳐선 안 된다)!

唯無以天下爲者: 오로지(唯) 천하를(以~天下) (다스리려) 하지(爲) 않는(無) 사람(者)에게.

可以託天下也: 천하(天下)를 맡기기(以~托)게 (가장) 좋다(可). 託(의탁할 탁, 맡김)

舜讓天下於子州支伯 子州支伯曰: (이에) 순(舜)임금이 천하를 자주지백에게(於~子州支伯) 물
려주려(讓) (하자) 자주지백(子州支伯)이 말하다. ★ 자주지백(子州支伯)은 앞의 자주지부(子州
支父)처럼 은둔자로 알려진 전설상의 인물이다.

予適有幽憂之病 方且治之: 나(予)는 마침(適) 신경쇠약증(幽憂之病)을 앓고(有) 지금(方) 또
(且) 신경쇠약증(之)을 치료(治) 중이다.

未暇治天下也: 천하(天下)를 다스릴(治) 겨를(暇)이 없다(未).

故天下大器也 而不以易生: 본디(故) 천하(天下)는 큰(大) 그릇이어도(器~而) (내) 생명(生)을
(천하)로(以) 바꾸어선(以~易) 안 된다(不). 故(본디 고) 器(그릇 기) 易(바꿀 역)

此有道者之所以異乎俗者也: 이것(此)이 도(道)가 있는(有) 사람(者)인 바(所), 그것으로(以) 세
속적인(俗) 사람(者)과 다르다(異). 즉 도를 터득한 사람과 세속 사람과 다른 점이다. 俗(풍속
속 → 세속)

舜以天下讓善卷 善卷曰: 순(舜)임금이 천하를(以~天下) 선권(善卷)에게 물려주려(讓) (하자) 선
권(善卷)이 말하다. ★ 선권(善卷)은 도를 터득한 은자로 역시 가공의 인물이다.

余立於宇宙之中: 나(余)는 (광대한) 우주(宇宙) 한가운데에(於~中) 서다(立). 余(나 여)

冬日衣皮毛 夏日衣葛絺: 겨울철(冬日)이면 털가죽(皮毛) 옷을 입고(衣), 여름철(夏日)이면 칡
베(葛絺) 옷을 입다(衣). 冬(겨울 동) 皮毛〔털가죽. 皮(가죽 피) 毛(털 모)〕 衣(입을 의) 夏(여름 하)
葛絺〔칡베. 葛(칡 갈) 絺(칡베 치)〕

春耕種 形足以勞動: 봄(春)이면 밭을 갈고(耕), 씨를 뿌리는데(種) (내) 몸(形)은 (이런) 노동하
기에(以~勞動) 충분하다(足). 耕(밭갈 경) 種(뿌릴 종) 形(몸 형, 육체) 足(충분할 족)

秋收斂 身足以休食: 가을(秋)이면 농사지은 걸 거둬들여(收斂) (내) 몸(身) (하나) 쉬고(休) 먹기에(以~食) 충분하다(足). 收斂〔거둬들임. 收(거둘 수) 斂(거둘 렴)〕 休(쉴 휴)

日出而作 日入而息: (또) 해(日)가 뜨면(出~而) (나가) 일하고(作) 해(日)가 지면(入~而) (들어와) 쉬다(息). 作(일할 작) 息(쉴 식)

逍遙於天地之間而心意自得: 하늘(天)과 땅(地) 사이를(於~間) 소요하는데(逍遙~而) (즐거운) 마음(心)과 뜻(意)을 저절로(自) 얻다(得).

吾何以天下爲哉!: (그러니) 내(吾)가 어찌(何) 천하를(以~天下) 위하는가(爲)!

悲夫 子之不知余也!: 슬프다(悲). 당신(子), 즉 순임금이 나(余)를 이해하지(知) 못하는(不) 게! 悲(슬플 비) 知(알 지 → 이해하다)

遂不受: 이윽고(遂) (선권은 천하를) 물려받지(受) 않다(不). 遂(드디어 수 → 이윽고) 受(받을 수)

於是去而入深山 莫知其處: 이에(於~是) (그곳을) 떠나(去) 깊은(深) 산(山) 속에 들어가니(入) (아무도 그가) 사는(處) 곳을 알지(知) 못하다(莫). 去(갈 거) 深(깊을 심) 處(살 처)

舜以天下讓其友石戶之農 石戶之農曰: 순(舜)임금이 천하를(以~天下) 친구(友)인 석호지농(石戶之農)에게 물려주려(讓) (하자) 석호지농(石戶之農)이 말하다.

捲捲乎后之爲人: 임금(后)이란 사람(爲人)은 애를 많이 쓰다(捲捲). 后(임금 후) 捲捲〔힘들여 수고하는 모습. 捲(힘쓸 권)〕

葆力之士也!: (그러므로) 억척스럽게 일하는 사나이(葆力之士)이여야! 葆力之士〔억척스럽게 일하는(葆力) 사나이(士). 葆(더부룩이날 보, 초목이 무성한 모습), 士(선비 사, 남아)〕

以舜之德爲也: (이럼)으로써(以) (석호지농도) 순(舜)임금의 덕(德)이 지극하지(至) 않다고(未) 여기다(爲).

於是夫負妻戴 攜子以入於海: 이에(於~是) 지아비(夫), 즉 석호지농은 (등에 짐을) 지고(負), 처(妻)는 (머리에 짐을) 이고(戴), 자식(子)을 이끌고(攜) 그럼으로써(以) 바다 (위의 섬)으로(於~海) 들어가다(入). 負(질 부) 戴(일 대, 머리위에 임) 攜(끌 휴)

終身不反也: 평생(終身) 돌아오지(反) 않다(不). 反(되돌아올 반)

양왕(讓王) 2

大王亶父居邠, 狄人攻之,, 事之以皮帛而不受, 事之以犬馬而不受,
事之以珠玉而不受, 狄人之所求者土地也.
大王亶父曰:「與人之兄居而殺其弟, 與人之父居而殺其子, 吾不忍也.
子皆勉居矣! 爲吾臣與爲狄人臣奚以異!
且吾聞之, 不以所用養害所養.」

因杖筴而去之. 民相連而從之, 遂成國於岐山之下.

夫大王亶父, 可謂能尊生矣.

能尊生者, 雖貴富不以養傷身, 雖貧賤不以利累形.

今世之人居高官尊爵者, 皆重失之, 見利輕亡其身, 豈不惑哉!

주나라 문왕의 조부인 고공단보(大王亶父)가 분(邠) 지역에 살 때
서쪽 오랑캐 융적(狄) 사람들이 쳐들어왔다.
고공단보는 전쟁을 피하려고 가죽과 비단으로 그들을 달랬지만 거부되고,
또 전쟁을 피하려고 개와 말로 그들을 달랬지만 거부되고,
또 전쟁을 피하려고 진주와 구슬로 그들을 달랬지만 거부되었다.
서쪽 오랑캐 융적 사람들이 바라는 것은 오로지 땅이었다.
이에 고공단보가 말했다.
"다른 사람의 형과 사는데 그의 아우를 죽이거나
다른 사람의 부친과 사는데 그의 자식을 죽이는 일은 나는 차마 못하겠다.
그대들은 힘써 모두 여기서 살도록 하라!
내 신하가 되는 것과 융적 사람의 신하가 되는 것과 어찌 다르겠는가!
또 내가 듣건대 백성을 먹여 살리는 수단인 땅을 갖고
먹여 살려야 하는 대상인 백성을 해쳐선 안 된다고 했다."
이로 인해 고공단보는 지팡이를 짚고 그곳을 떠났다.
그런데 백성이 서로 줄지어 고공단보를 따라가니
마침내 기산(岐山) 아래에 이르러 새 나라를 세웠다.
그래서 고공단보는 생명을 존중할 줄 안다고 말할 수 있다.
생명을 존중할 줄 아는 사람은 자신이 아무리 부유하고 귀해도
몸을 잘 보양함으로써 자신을 다치게 하지 않는다.
또 생명을 존중할 줄 아는 사람은 자신이 아무리 가난하고 천해도
이득으로 몸에 누를 끼치지 않는다.
그런데 지금 세상 사람들은 높은 벼슬과 존귀한 지위에 처하면
모두가 벼슬과 지위를 잃을까 봐 걱정한다.
그래서 이득을 보기만 하면 자신을 가벼이 망치고 마니
이것이 어찌 미혹됨이 아니겠는가!

注 ——————————

大王亶父居邠 狄人攻之: (주나라 문왕의 조부인) 고공단보(大王亶父)가 분(邠) (지역에) 살 때(居) (서쪽 오랑캐) 융적(狄) 사람(人)이 쳐들어오다(攻). ★ 태왕단보(大王亶父)는 춘추시대 주나라 문왕의 조부인 고공단보(古公亶父)를 뜻한다. 狄(오랑캐 적) 攻(칠 공)

事之以皮帛而不受: (고공단보는) 일(事), 즉 전쟁을 (피하려고) 가죽(皮)과 비단으로(以~帛) (그들을 달래도) 받아들여지지(受) 않다(不). 즉 거부되다. 皮(가죽 피) 帛(비단 백) 受(받아들일 수)

事之以犬馬而不受: (또) 일(事), 즉 전쟁을 (피하려고) 개(犬)와 말로(以~馬) (그들을 달래도) 받아들여지지(受) 않다(不). 즉 거부되다. 犬(개 견)

事之以珠玉而不受: (또) 일(事), 즉 전쟁을 (피하려고) 진주(珠)와 구슬로(以~玉) (그들을 달래도) 받아들여지지(受) 않다(不). 즉 거부되다. 珠(구슬 주, 진주) 玉(옥 옥, 구슬)

狄人之所求者土地也: (서쪽 오랑캐) 융적(狄人) (사람들이) 바라는(求) 것(所~者)은 (오로지) 땅(土地)이다.

大王亶父曰 與人之兄居而殺其弟: 고공단보(大王亶父) 말하다. 다른 사람(人)의 형과(與~兄) 사는데(居~而) (그의) 아우(弟)를 죽이다(殺).

與人之父居而殺其子 吾不忍也: 다른 사람(人)의 아버지와(與~父) 사는데(居~而) (그의) 자식(子)을 죽이는(殺) (일은) 나(吾)는 견딜(忍) 수 없다(不). 즉 나는 차마 못한다. 忍(참을 인)

子皆勉居矣!: 그대(子)들은 힘써(勉) (여기서) 모두(皆) 살도록(居) (하라)! 勉(힘쓸 면) 皆(모두 개)

爲吾臣與爲狄人臣奚以異!: 내(吾) 신하(臣)가 되는(爲) (것)과(與) 융적(狄) 사람(人)의 신하(臣)가 되는(爲) (것과) 어찌(奚) 다른가(以~異)!

且吾聞之 不以所用養害所養: 또(且) 내(吾)가 듣건대(聞) (백성을) 보양하는(養) 데 쓰이는(用) 바로(以~所) 보양해야(養) 할 바(所)를 해쳐선(害) 안 된다(不). 즉 백성을 먹여 살리는 수단인 땅을 갖고서 먹여 살려야 하는 대상인 백성을 해쳐선 안 된다. 養(기를 양 → 보양)

因杖筴而去之: (이로) 인해(因) (고공단보는) 지팡이(杖)를 짚고서(筴~而) (그곳을) 떠나다(去). 杖(지팡이 장) 筴(낄 협 → 짚다)

民相連而從之 遂成國於岐山之下: 백성(民)이 서로(相) 줄지어(連~而) (고공단보를) 따라가니(從) 마침내(遂) 기산(岐山) 아래에(於~下) (이르러) 나라(國)를 세우다(成). 連(이을 연, 열을 지어) 從(좇을 종, 따르다) 遂(드디어 수, 마침내) 成(이룰 성 → 세우다)

夫大王亶父 可謂能尊生矣: (그래서) 고공단보(大王亶父)는 생명(生)을 존중할 줄(能~尊) (안다고) 말할 수 (可~謂) 있다. 尊(높일 존 → 존중)

能尊生者 雖貴富不以養傷身: 생명(生)을 존중할(能~尊) 줄 (아는) 자(者)는 (자신이 아무리(雖) 부귀해도(貴富) (몸을 잘) 보양함으로써(以~養) 자신(身)을 다치게(傷) 하지 않는다(不). 傷(다칠

상) 雖(비록 수 → 아무리 ~해도)

雖貧賤不以利累形: (또 생명을 존중할 줄 아는 사람은 자신이) 아무리(雖) 가난하고(貧) 천해도(賤) 이득으로(以~利) 몸(形)에 누끼치지(累) 않는다(不). 貧(가난할 빈) 賤(천할 천) 累(누끼칠 루) 利(이득 이) 形(몸 형)

今世之人居高官尊爵者: 지금(今) 세상(世) 사람(人)은 높은(高) 벼슬(官)과 존귀한(尊) 지위(爵)에 처하면(居~者). 官(벼슬 관) 爵(벼슬 작)

皆重失之: 모두(皆)가 (벼슬과 지위를) 잃는(失) 것을 중히 여긴다(重). 즉 잃을까 봐 걱정한다. 重(중히여길 중)

見利輕亡其身 豈不惑哉!: (그래서) 이득(利)을 보기만(見) (하면) 자신(身)을 가벼이(輕) 망치고(亡) (마니까 이것이) 어찌(豈) 미혹됨(惑)이 아닌가(不)! 輕(가벼울 경) 亡(망칠 망) 豈(어찌 기) 惑(미혹할 혹)

양왕(讓王) 3

越人三世弑其君, 王子搜患之, 逃乎丹穴.
而越國無君, 求王子搜不得, 從之丹穴.
王子搜不肯出, 越人薰之以艾. 乘以王輿.
王子搜援綏登車, 仰天而呼曰:「君乎! 君乎! 獨不可以舍我乎!」
王子搜非惡爲君也, 惡爲君之患也.
若王子搜者, 可謂不以國傷生矣, 此固越人之所欲得爲君也.

월(越)나라 사람들이 삼대에 걸쳐 자신들의 군주를 죽였다.
그러자 왕자 수(搜)는 걱정이 되어 남산의 단혈(丹穴)로 달아났다.
그런데 월나라에 군주 자리가 비자 신하들은 왕자 수를 찾아 나섰다.
그러나 쉽게 찾지 못하다가 단혈에서 간신히 그를 찾아 따르기로 했다.
왕자 수가 단혈에서 그들과 동의해서 나오려 하지 않자
월나라 사람들은 쑥을 태워서 굴에 연기를 피워 나오도록 했다.
그리고 그를 왕으로 대접해 수레에 태웠다.
수는 수레 손잡이 줄을 잡고 마차에 올라 하늘을 우러르며 부르짖었다.
"내가 군주라니, 내가 군주라니!
나를 어째서 홀로 내버려 두지 않는가!"

그런데 왕자 수는 군주가 되기 싫었던 게 아니라
군주 노릇을 함으로써 생겨나는 재앙이 싫었던 거다.
수 같은 사람이라면 나랏일로 생명을 다치지 않는 사람이라 말할 수 있다.
이것이 월나라 사람들이 그를 찾아내 군주로 삼으려 했던 본디 이유이다.

注 ————

越人三世弑其君: 월(越)나라 사람(人)들이 삼 대(三世)에 (걸쳐서 자신들의) 군주(君)를 죽이다
(弑). 弑(죽일 시)

王子搜患之 逃乎丹穴: (그러자) 왕자(王子) 수(搜)는 그게(之) 걱정(患)이 되어 (남산) 단혈(丹穴)
로 달아나다(逃). 患(근심 환, 걱정) 逃(달아날 도)

而越國無君: 그런데(而) 월(越)나라(國)에 군주(君)가 없게(無) 되다. 즉 군주 자리가 비다.

求王子搜不得: (신하들은) 왕자(王子) 수(搜)를 찾아(求) (나서다). 求(구할 구 → 찾다)

從之丹穴: (그러나 쉽게) 얻지(得) 못하다가(不) 단혈(丹穴)에서 그(之)를 (간신히 찾아) 따르기로
(從) 하다. 從(좇을 종, 따르다)

王子搜不肯出: 왕자(王子) 수(搜)가 단혈에서 (그들과) 동의해서(肯) 나오려고(出) 하지 않다
(不). 肯(동의할 긍)

越人薰之以艾: 월(越)나라 사람(人)들은 쑥을(以~艾) 태워(薰) (굴에 연기를 피워 나오게 하다)

乘以王輿: (그리고) 왕으로(以~王) (대접해 그를) 수레(輿)에 태우다(乘). 艾(쑥 애) 薰(태울 훈) 輿
(수레 여) 乘(탈 승, 태움)

王子搜援綏登車 仰天而呼曰: 왕자(王子) 수(搜)는 수레 손잡이 줄(綏)을 잡고(援) 마차(車)에
올라서(登) 하늘(天)을 우러르며(仰~而) 부르짖다(呼). 綏(수레손잡이줄 수) 援(당길 원) 登(오를
등) 仰(우러를 앙) 呼(부르짖을 호)

君乎! 君乎!: (내가) 군주(君)라니! 군주(君)라니!

獨不可以舍我乎!: 나(我)를 홀로(獨) 내버려 두는(以~舍) 게 불가(不可)한가? 즉 나를 어째서
홀로 내버려 두지 않는가! 舍(버릴 사)

王子搜非惡爲君也 惡爲君之患也: (그런데) 왕자(王子) 수(搜)는 군주(君)가 되기(爲) 싫은(惡)
게 아니라(非) 군주(君)을 함으로(爲) (생겨나는) 재앙(患)이 싫은(惡) 거다. 惡(싫을 오) 患(근심
환 → 재앙)

若王子搜者 可謂不以國傷生矣: 왕자(王子) 수(搜) 같은 사람이면(若~者) 나랏일로(以~國) 생
명(生)을 다치지(傷) 않는(不) (사람이라) 말할 수(可~謂) 있다. 傷(다칠 상)

此固越人之所欲得爲君也: 이것(此)이 월(越)나라 사람(人)들이 (그를) 찾아내어(欲~得) 군주
(君)로 삼으려고(爲) 한 본디(固)의 이유(所)다.

양왕(讓王) 4

韓魏相與爭侵地.

子華子見昭僖侯, 昭僖侯有憂色.

子華子曰:「今使天下書銘於君之前,

書之言曰:『左手攫之則右手廢, 右手攫之則左手廢, 然而攫之者必有天下.』

君能攫之乎?」

昭僖侯曰:「寡人不攫也.」

子華子曰:「甚善! 自是觀之, 兩臂重於天下也, 身又重於兩臂.

韓之輕於天下亦遠矣, 今之所爭者, 其輕於韓又遠. 君固愁身傷生以憂戚之不得也!」

僖侯曰:「善哉! 敎寡人者衆矣, 未嘗得聞此言也.」

子華子可謂知輕重矣.

한(韓)나라와 위(魏)나라가 서로 다투며 상대방 땅을 침략했다.

자화자(子華子)가 위나라 소희후(昭僖侯)를 보니까 근심하는 빛이 역력했다.

자화자가 말했다.

"지금 세상 사람들이 군주 앞에서 서약서를 쓰는데

그 내용이 다음과 같습니다.

'왼손으로 서약서를 잡으면 오른손이 없어지고,

오른손으로 서약서를 잡으면 왼손이 없어진다.

그런데 서약서를 양손으로 잡으면 반드시 천하를 차지한다.'

그러면 군주께서는 서약서를 양손으로 잡을 수 있겠습니까?"

소희후가 말했다. "과인은 양손으로 잡지 않을 것이오."

자화자가 말했다.

"매우 훌륭한 선택입니다!

이로써 보면 두 팔은 천하보다 더 소중하고, 몸은 두 팔보다 더 소중합니다.

그리고 한나라는 천하보다 훨씬 더 하찮습니다.

그런데 지금 다투는 땅은 한나라보다 훨씬 더 하찮습니다.

군주께선 지금 몸을 굳이 고통스럽게 하고 생명을 다치게 해 그 땅을 얻지 못할까 봐 번민하고 계십니다."

소희후가 말했다.

"훌륭하다! 그동안 과인을 가르친 사람은 많았어도
이런 훌륭한 말은 여태 듣지 못했다."

그러니 자화자는 일의 가볍고 무거움을 제대로 알았다고 할 수 있다.

注 ────────────────────────────────

韓魏相與爭侵地: 한(韓)나라와 위(魏)나라가 서로(相) 함께(與) 다투며(爭) (상대방 땅을) 침략하다(侵). 爭(다툴 쟁) 侵(침노할 침)

子華子見昭僖侯 昭僖侯有憂色: 자화자(子華子)가 (위나라) 소희후(昭僖侯)를 보니까(見) 소희후(昭僖侯)가 근심하는(憂) 빛(色)이 (역력)하다(有). ★ 자화자(子華子)는 전국시대 도가 계열의 학자로 위(魏)나라 현신이다. 잡편「칙양」5에선 화자(華子)로 나온다.

子華子曰 今使天下書銘於君之前: 자화자(子華子)가 말하다. 지금(今) 세상 사람이(使~天下) 군주(君) 앞에서(於~前) 서약서(書)를 쓰다(銘). 書(장부 서 → 서약서) 銘(새길 명 → 쓰다)

書之言曰 左手攫之則右手廢: 서약서(書) 내용(言)이 (다음과 같다). 왼손(左手)으로 서약서(之)를 잡으면(攫~則) 오른손(右手)이 없어지다(廢). 左(왼 좌) 手(손 수) 攫(붙잡을 확, 잡다) 右(오른쪽 우) 廢(폐할 폐 → 없어지다)

右手攫之則左手廢: 오른손(右手)으로 서약서(之)를 잡으면(攫~則) 왼손(左手)이 없어지다(廢).

然而攫之者必有天下: 그런데(然而) 서약서(之)를 (양손으로) 잡으면(攫~者)은 반드시(必) 천하(天下)를 차지하다(有).

君能攫之乎?: (그렇다면) 군주(君)는 서약서(之)를 (양손으로) 잡을 수(能~攫) 있는가?

昭僖侯曰 寡人不攫也: 소희후(昭僖侯)가 말하다. 과인(寡人)은 (양손으로) 잡지(攫) 않다(不).

子華子曰 甚善!: 자화자(子華子)가 말하다. 매우(甚) 훌륭한(善) (선택이다)! 甚(심할 심 → 매우) 善(훌륭할 선)

自是觀之 兩臂重於天下也: 이로부터(自~是) 보면(觀) 두(兩) 팔(臂)은 천하보다(於~天下) 소중하다(重). 自(로부터 자) 臂(팔 비)

身又重於兩臂: 몸(身)은 또한(又) 두(兩) 팔보다(於~臂) 소중하다(重).

韓之輕於天下亦遠矣: (그리고) 한(韓)나라는 천하보다(於~天下) 또한(亦) 훨씬(遠) 하찮다(輕). 遠(멀 원 → 훨씬) 輕(가벼울 경 → 하찮은)

今之所爭者 其輕於韓又遠: (그런데) 지금(今) 다투는(爭) 땅(所~者)은 한나라보다(於~韓) 또한(亦) 훨씬(遠) 하찮다(輕).

君固愁身傷生以憂戚之不得也!: 군주(君)는 (지금) 몸(身)을 굳이(固) 고통스럽게(愁) 하고 생

명(生)을 다치게(傷) 하다. 그럼으로써(以) (그 땅을) 얻지(得) 못할까(不) (봐) 번민하다(憂戚)!
愁(근심 수 → 고통스러운) 憂戚〔번민. 憂(근심할 우) 戚(걱정할 척)〕
僖侯曰善哉!: 소희후(昭僖侯)가 말하다. 훌륭하다(善)!
敎寡人者衆矣 未嘗得聞此言也: (그동안) 과인(寡人)을 가르친(敎) 자(者)는 많아도(衆) 이런
(此) (훌륭한) 말(言)을 여태 들을(聞) 수(得) 없다(未~嘗). 衆(많을 중) 未嘗(아직 ~하지 않다)
子華子可謂知輕重矣: (그러니) 자화자(子華子)는 일의 가볍고(輕) 무거움(重)을 (제대로) 알았다
고(知) 말할 수(可~謂) 있다. 重(무거울 중)

양왕(讓王) 5

魯君聞顔闔得道之人也, 使人以幣先焉.
顔闔守陋閭, 苴布之衣而自飯牛.
魯君之使者至, 顔闔自對之.
使者曰:「此顔闔之家與?」
顔闔對曰:「此闔之家也.」
使者致幣, 顔闔對曰:「恐聽謬而遺使者罪, 不若審之.」
使者還, 反審之, 復來求之, 則不得已.
故若顔闔者, 眞惡富貴也.
故曰, 道之眞以治身, 其緒餘以爲國家, 其土苴以治天下.
由此觀之, 帝王之功, 聖人之餘事也, 非所以完身養生也.
今世俗之君子, 多危身棄生以殉物, 豈不悲哉!
凡聖人之動作也, 必察其所以之與其所以爲.
今且有人於此, 以隨侯之珠彈千仞之雀, 世必笑之.
是何也?
則其所用者重而所要者輕也.
夫生者, 豈特隨侯珠之重哉!

노(魯)나라 군주는 안합(顔闔)이 도를 터득했다는 말을 듣고
사람을 시켜 예물을 들고서 먼저 찾아가 뵙도록 했다.
안합은 작은 마을을 관장하며 삼베옷을 입고 소에게 몸소 먹이를 주었다.
노나라 군주의 사신이 그를 찾아오자 안합이 몸소 이들을 맞이했다.

사신이 물었다. "여기가 안합의 집인가요?"

안합이 대답했다. "여기가 안합의 집입니다."

사신이 예물을 전하자 안합이 말했다.

"아마 잘못 듣고 사신을 보낸 것 같은데 한 번 확인해 보는 게 좋습니다."

사신이 돌아가 신중히 확인하고 재차 와서 그를 찾았지만 찾을 수 없었다.

본디 안합 같은 사람은 부귀를 진실로 싫어한다.

그래서 말한다.

'진실한 도(道)로 자기 몸을 다스리고,

진실한 도의 나머지로 국가를 돌보고, 그 찌꺼기로 천하를 다스린다.'

이로 말미암아 보면 제왕에게 이룸은 성인에게는 그 밖의 일처럼 하찮다.

그래서 제왕의 일은 몸을 보존하고 생명을 돌보기 위한 게 아니다.

지금 세속의 군자는 대부분 몸을 위태롭게 하고,

생명을 버리고 사물을 추구하니 어찌 슬프지 아니한가!

그래서 모든 성인의 동작과 그것을 수행하는 목적과

그 목적을 수행하기 위한 수단을 반드시 살펴야 한다.

지금 어떤 사람이 수후의 구슬(隨侯之珠)로 천길 위를 나르는 참새를 쏘면

세상 사람은 반드시 그를 비웃는다. 그것은 어째서일까?

이는 사용하는 수단은 소중한데 그것으로 구하는 바가 하찮아서다.

마찬가지로 소중함으로 치면 사람 생명이 수후의 구슬과 어찌 비교되는가!

注 ————————

魯君聞顔闔得道之人也: 노(魯)나라 군주(君)는 안합(顔闔)이란 사람(人)이 도(道)를 터득했다는(得) 말을 듣다(聞). ★ 안합(顔闔)은 노(魯)나라 출신 은자이다. 내편 「인간세」 3에 등장한 바 있는데 거기서 위(衛)나라 영공(靈公) 태자의 스승이었다. 그 태자가 괴외(蒯聵)로 자신의 자식인 출공(出公)을 내쫓고 장공(莊公)이 된 사람이다.

使人以幣先焉: 사람(人)을 시켜(使) 예물을(以~幣) (들고) 먼저(先) (찾아가 보도록 하다). 幣(예물 폐) 先(먼저 선)

顔闔守陋閭 苴布之衣而自飯牛: 안합(顔闔)은 작은 마을(陋閭)을 관장하며(守), 삼베(苴布) 옷(衣)을 (입고) 소(牛)에게 몸소(自) 먹이를 주다(飯). 陋閭〔작은 마을. 陋(좁을 루 → 작은) 閭(마을 려)〕守(지킬 수. 관장하다) 苴布〔삼으로 짠 거친 베. 苴(삼씨 저) 布(베 포)〕飯(먹일 반)

魯君之使者至 顏闔自對之: 노(魯)나라 군주(君)의 사신(使者)이 (그를) 찾아오자(至) 안합(顏闔)이 몸소(自) 이들(之)을 응대하다(對). 즉 맞이하다. 使者〔사명을 띤 사람. 즉 사신. 使(사신 사)〕至(이를 지 → 찾아옴) 自(스스로 자, 몸소) 對(대답할 대 → 응대)

使者曰 此顏闔之家與?: 사신(使者)이 말하다. 여기(此)가 안합(顏闔)의 집(家)인가? 此(이 차 → 여기)

顏闔對曰 此闔之家也: 안합(顏闔)이 응해(對) 말하다. 여기(此)가 안합(顏闔)의 집(家)이다.

使者致幣 顏闔對曰: 사신(使者)이 예물(幣)을 전하자(致) 안합(顏闔)이 응해(對) 말하다. 致(전할 치)

恐聽謬而遺使者罪 不若審之: 아마(恐) 잘못(謬) 듣고(聽~而) 사신(使者)을 보낸(遺) (것 같은데 이런) 잘못(罪)은 확인함(審)만 같지(若) 않다(不). 즉 한 번 확인해 보는 게 좋다. 恐(아마 공, 아마도) 謬(잘못 류) 遺(보낼 유) 審(살필 심 → 확인하다)

使者還 反審之 復來求之 則不得已: 사신(使者)이 돌아가(還) 신중히(反) 확인하고(審) 재차(復) 와서(來) (그를) 찾은(求) 즉(則) 이미(已) 찾을 수(得) 없다(不). 還(돌아갈 환) 反(되짚할 반, 신중) 復(다시 부) 求(구할 구 → 찾다)

故若顏闔者 眞惡富貴也: 본디(故) 안합같은(若~顏闔) 사람(者)은 진실로(眞) 부귀(富貴)를 싫어하다(惡). 故(본디 고) 惡(싫어할 오)

故曰 道之眞以治身: 고로(故) 말하다. 진실한(眞) 도(道), 그것으로(以) 자기 몸(身)을 다스리다(治). 身(몸 신) 治(다스릴 치)

其緒餘以爲國家 其土苴以治天下: (진실한 도의) 나머지(緒餘), 그것으로(以) 국가(國家)를 돌보고(爲), (그) 찌꺼기(土苴), 그것으로(以) 천하(天下)를 다스리다(治). 緒餘〔나머지. 緒(나머지 서) 餘(남을 여)〕土苴〔쓰레기. 즉 찌꺼기. 土(뿌리 두) 苴(고목 차)〕

由此觀之 帝王之功: 이(此)로 말미암아(由) 보면(觀) 제왕(帝王)에게 이룸(功).

聖人之餘事也: (그것은) 성인(聖人)에게는 그 밖의 일(餘事) (처럼 하찮다). 功(이룰 공, 이룸) 餘事〔그 밖의 일. 餘(나머지 여) 事(일 사)〕

非所以完身養生也: (그래서 제왕의 일은) 몸(身)을 보존하고(完) 생명(生)을 보양하는(養) 바(所) 그것으로써(以) 아니다(非). 즉 생명을 돌보기 위한 게 아니다. 完(보존할 완) 養(기를 양 → 보양하다)

今世俗之君子 多危身棄生以殉物: 지금(今) 세속(世俗) 군자(君子)는 대부분(多) 몸(身)을 위태롭게(危) 하고, 생명(生)을 버리면서(棄), 그것으로써(以) 사물(物)을 추구하다(殉). 危(위태할 위) 棄(버릴 기) 殉(구할 순 → 추구함)

豈不悲哉!: (그러니) 어찌(豈) 슬프지(悲) 않은가(不)! 豈(어찌 개) 悲(슬플 비)

凡聖人之動作也: (그래서) 모든(凡) 성인(聖人)의 동작(動作). 凡(모두 범)

必察其所以之與其所以爲: (또) 그것(以~之)을 수행하는 목적과(與~所) 그것(以~之)을 수행하기 위한(爲) 수단(所)을 반드시(必) 살펴야(察) (한다). 즉 수행하는 목적과 그 목적을 수행하기 위한 수단을 반드시 살펴야 한다. 察(살필 찰)

今且有人於此: 지금(今) 여기에(於~此) (어떤) 사람(人)이 있다(有).

以隨侯之珠彈千仞之雀: (그 사람이 소중한) 수후의 구슬로(以~隨侯之珠) 천(千)길(仞) (위의) 참새(雀)를 쏘다(彈). 仞(길 인) 雀(참새 작) 彈(쏠 탄)

世必笑之 是何也?: (그러면) 세상(世) (사람은) 반드시(必) 그(之)를 비웃다(笑). 이것(是)은 어째서(何)인가? 笑(웃을 소, 비웃다)

則其所用者重而所要者輕也: (이런) 즉(則) 사용하는(用) 수단(所~者)은 소중한 데(重者~而) (그것으로) 구하는(要) 바(所~者)가 하찮아서이다(輕). 重(중히여길 중 → 소중) 要(구할 요) 輕(가벼울 경 → 하찮다)

夫生者 豈特隨侯珠之重哉!: (마찬가지로) 생명(生者)이 어찌(豈) 수후의 구슬(隨侯之珠)의 소중함(重)보다 (더) 특별한가(特)! 즉 소중함으로 치면 사람의 생명이 수후의 구슬과 어찌 비교되는가! 特(유다를 특, 특별함)

양왕(讓王) 6

子列子窮, 容貌有飢色.

客有言之於鄭子陽者曰:

「列禦寇, 蓋有道之士也, 居君之國而窮, 君無乃爲不好士乎?」

鄭子陽卽令官遺之粟.

子列子見使者, 再拜而辭.

使者去, 子列子入, 其妻望之而拊心曰:

「妾聞爲有道者之妻子, 皆得佚樂, 今有飢色.

君過而遺先生食, 先生不受, 豈不命邪!」

子列子笑謂之曰:「君非自知我也. 以人之言而遺我粟, 至其罪我也又且以人之言, 此吾所以不受也.」

其卒, 民果作難而殺子陽.

열자(子列子)는 가난해서 얼굴에 굶주린 빛을 했다.

한 나그네가 정(鄭)나라 재상인 자양(子陽)에게 열자의 가난함에 대해 말했다.

"열자는 대체로 도를 터득한 선비인데

제후국이란 큰 나라에 사는데 가난하니 군주는 선비를 좋아하지 않나요?"

정나라 재상 자양은 관리에게 즉시 명령을 내려 그에게 곡식을 보냈다.

열자는 사자를 보고 두 번 절하면서 이를 정중히 사양했다.

사자가 돌아가고 열자도 집 안으로 들어갔는데

그의 아내가 남편을 원망하며 가슴을 치면서 말했다.

"당신 아내가 듣건대 도를 터득한 사람의 처자들은

모두 편안하고 즐거운 생활을 하는데 지금 우리만 굶주린 빛을 합니다.

그래서 군주가 지나는 길에 들려서 당신에게 식량을 보냈는데

당신이 이를 받지 않으니 도대체 군주의 명령을 거부하는 겁니까!"

열자가 웃으며 말했다.

"군주 스스로 나를 알아본 게 아니지요.

남의 말만 듣고 내게 양식을 보낸 것이니

내게 죄주는 데 이르러서도 또 역시 남의 말만 듣고 할 것이오.

이것이 내가 양식을 받지 않은 까닭이오."

마침내 정나라 백성이 난을 일으키자 군주는 정말로 자양을 죽였다.

注 ─────────

子列子窮 容貌有飢色: 열자(子列子)가 가난해서(窮) 얼굴(容貌)에 굶주린(飢) 빛(色)이 있다(有). 窮(궁할 궁, 가난한 상태) 容貌[얼굴. 容(얼굴 용) 貌(얼굴 모)] 飢(주릴 기) 色(빛 색) ★ 자열자(子列子)는 곧 열자로 노자, 장자와 더불어 도가 3인방을 구성한다. 내편 「소요유」 5와 「응제왕」 5 그리고 외편 「지락」 6에 각각 등장한다.

客有言之於鄭子陽者曰: 한 나그네(客)가 정(鄭)나라 (재상인) 자양에게(於~子陽) (열자의 가난함에 대해) 말하다(有~言).

列禦寇 蓋有道之士也: 열어구(列禦寇), 즉 열자는 대체로(蓋) 도(道)를 터득한(有) 선비(士)이다. 蓋(대개 개, 대체로) 士(선비 사)

居君之國而窮: (그런데) 군주(君)의 나라(國), 즉 제후국이란 큰 나라에 사는데도(居~而) 가난하다(窮). 居(살 거) 유

君無乃爲不好士乎?: (그러니) 군주(君)는 이에(乃) 선비(士)를 좋아하지(好) 않는(爲~不) 게 아닌가(無)? 好(좋아할 호)

鄭子陽卽令官遺之粟: 정(鄭)나라 (재상 자양(子陽)은 관리(官)에게 즉시(卽) 명령(令)을 (내려 그

에게) 곡식(粟)을 보내다(遺). 卽(곧 즉) 官(벼슬 관, 벼슬아치) 令(영 령, 명령) 粟(조 속, 곡식) 遺(보
낼 유)

子列子見使者 再拜而辭: 열자(子列子)는 사자(使者)를 보고(見) 두(再) 번 절하며(拜~而) (이를
정중히) 사양하다(辭). 拜(절 배) 辭(사양할 사)

使者去 子列子入: 사자(使者)가 돌아가고(去) 열자(子列子)도 (집안으로) 들어가다(入). 去(갈 거)

其妻望之而拊心曰: (그런데 그의) 아내(妻)가 남편(之)을 원망하며(望~而) 가슴(心)을 치며(拊)
말하다. 妻(아내 처) 望(원망 망) 拊(칠 부)

妾聞爲有道者之妻子: (너의) 아내(妾)가 듣건대(聞) 도(道)를 터득한(有) 사람(者)의 처자(妻子)
가 되다(爲).

皆得佚樂 今有飢色: (그러면) 모두(皆) 편안하고(佚) 즐거운(樂) (삶을) 얻는데(得) (우리만) 지금
(今) 굶주린(飢) 빛(有~色)을 (하다). 皆(다 개) 佚(편안할 일) 樂(즐거울 락) 飢(주릴 기)

君過而遺先生食: (그래서) 군주(君)가 (지나는 길에) 들려(過~而) 선생(先生)에게 식량(食)을 보
내다(遺). 過(들를 과)

先生不受 豈不命邪!: (그런데) 선생(先生)이 받지(受) 않으니(不) 도대체(豈) (군주의) 명령(命)을
(받아들이지) 않는가(不)! 즉 거부하는가! 受(받을 수) 命(명령할 명)

子列子笑謂之曰 君非自知我也: 열자(子列子)가 웃으며(笑) 말하다(謂). 군주(君) 스스로(自) 나
(我)를 알아본(知) 게 아니다(非).

以人之言而遺我粟: 남(人)의 말로(以言~而), 즉 남의 말만 듣고 내(我)게 양식(粟)을 보내다
(遺). 遺(보낼 유)

至其罪我也又且以人之言: (그러니) 내(我)게 죄주는(罪) 것에 이르러서도(至) 또(又) 역시(且)
남(人)의 말(以~言)로, 즉 남의 말만 듣고 하다.

此吾所以不受也: 이것(此)이 내(吾)가 (양식을) 받지(受) 않은(以~不) 이유(所)이다.

其卒 民果作難而殺子陽: 마침내(卒) (정나라) 백성(民)이 난(難)을 일으켰는데(作~而) (군주가)
정말로(果) 자양(子陽)을 죽이다(殺). 卒(마침내 졸) 果(과연 과, 정말로) 亂(병란 난, 변란) 作(일으킬
작) 殺(죽일 살)

양왕(讓王) 7

楚昭王失國, 屠羊說走而從於昭王.

昭王反國, 將賞從者, 及屠羊說.

屠羊說曰:「大王失國, 說失屠羊,, 大王反國, 說亦反屠羊.

臣之爵祿已復矣, 又何賞之有哉!」

王曰：「强之！」

屠羊說曰：「大王失國，非臣之罪，故不敢伏其誅.

大王反國，非臣之功，故不敢當其賞.」

王曰：「見之！」

屠羊說曰：「楚國之法，必有重賞大功而後得見，

今臣之知不足以存國而勇不足以死寇.

吳軍入郢，說畏難而避寇，非故隨大王也.

今大王欲廢法毀約而見說，此非臣之所以聞於天下也.」

王謂司馬子綦曰：「屠羊說居處卑賤而陳義甚高，子其爲我延之以三旌之位.」

屠羊說曰：「夫三旌之位，吾知其貴於屠羊之肆也，

萬鍾之祿，吾知其富於屠羊之利也，然豈可以貪爵祿而使吾君有妄施之名乎！

說不敢當，願復反吾屠羊之肆.」

遂不受也.

초(楚)나라 소왕(昭王)이 오나라와의 싸움에서 나라를 잃고 도망치자

양 백정 열(說)도 달아나서 소왕을 따라갔다.

그 후 소왕이 나라에 돌아와 피난길에 따라나섰던 사람들에게 상을 줄 때

백정 열도 그 차례가 되었다.

이때 백정 열이 말했다.

"대왕께서 나라를 잃으셨을 때 저도 백정 자리를 잃었습니다.

대왕께서 나라로 되돌아오시니 저도 백정 자리로 되돌아왔습니다.

이에 신의 벼슬과 녹봉은 이미 회복되었으니 또 무슨 상이 필요하겠습니까!"

소왕이 말했다. "그에게 억지로라도 상을 주어라!"

그러자 백정 열이 말했다.

"대왕께서 나라를 잃으셨던 것은 신의 잘못이 아니기에

신은 목이 베이는 형벌을 당하지 않았습니다.

대왕께서 나라로 되돌아오셨던 것도 신의 공이 아니기에

신이 그 상을 받는 건 타당하지 않습니다."

소왕이 말했다. "그를 한번 만나보자!"

그러자 백정 열이 말했다.

"초나라의 법도는 반드시 큰 공을 세운 사람에게 큰 상이 내려진 후
왕을 뵐 수 있습니다.
그런데 지금 신의 앎은 나라를 보존하기에 부족하고,
신의 용기는 적군을 죽여서 싸우기에 부족합니다.
오나라 군대가 초나라 수도 영(郢)에 쳐들어왔을 때
저는 재앙이 두려워서 적을 피했기에 대왕을 따라간 게 아닙니다.
지금 대왕께서 법도를 무시하고 규약을 어기면서 저를 접견하시려고 하니
이런 일은 신이 일찍이 천하에서 들어본 적이 없습니다."
소왕이 사마(司馬) 자기(子綦)에게 말했다.
"백정 열(說)이 비록 비루하고 천한데 거처한다고 해도
의로움(義)을 밝히는 데는 아주 높은 식견을 지니고 있소.
사마는 나를 위해 그를 삼공의 지위로 모시도록 하시오."
백정 열이 이 말을 듣고 말했다.
"저 삼공의 지위가 백정의 마구간 자리보다 귀하다는 건 저도 잘 압니다.
삼공이 받는 만종의 녹봉이 백정의 이득보다 많다는 건 저도 잘 압니다.
그러면 제가 이런 벼슬과 녹봉을 탐해 군주에게 벼슬과 녹봉을
함부로 베푼다는 오명을 어찌 남기게 할 수 있나요!
저는 높은 자리가 마땅치 않으니 백정의 마구간 자리로 다시 돌아가렵니다."
그리고 끝내 상을 받지 않았다.

注 ────────────────────────────────────

楚昭王失國 屠羊說走而從於昭王: 초(楚)나라 소왕(昭王)이 (오나라와 싸움에서) 나라(國)를 잃
고(失) (도망치자) 양(羊) 백정(屠) 열(說)도 달아나서(走~而) 소왕을(於~昭王) 따라가다(從). 屠
(백정 도) 走(달아날 주) 從(좇을 종)

昭王反國 將賞從者 及屠羊說: (그 후) 소왕(昭王)이 나라(國)에 돌아와서(反) (피난길에) 따라
(從) (나섰던) 사람(者)들에게 상을 줄(將~賞) 때 양(羊) 백정(屠)의 열(說)에 미치다(及). 즉 백정
열도 그 차례가 되다. 反(돌아올 반) 及(미칠 급)

屠羊說曰 大王失國 說失屠羊: (이때) 양(羊) 백정(屠) 열(說)이 말하다. 대왕(大王)이 나라(國)
를 잃을(失) 때 열(說)도 양(羊) 백정(屠) (자리를) 잃다(失). 失(잃을 실)

大王反國 說亦反屠羊: 대왕(大王)이 나라(國)로 되돌아오니(反) 열(說)은 또(亦) 양(羊) 백정

(屠) (자리로) 되돌아오다(反).

臣之爵祿已復矣: (이에) 신(臣)의 벼슬(爵)과 녹봉(祿)은 이미(已) 회복되다(復). 爵(벼슬 작) 祿 (녹 록, 녹봉) 復(회복할 복)

又何賞之有哉!: (그러니) 또(又) 무슨(何) 상(賞)이 (필요가) 있는가(有)!

王曰 强之!: 소왕(王)이 말하다. 그(之)에게 억지로라도(强) (상을 주어라)! 强(억지로 강)

屠羊說曰 大王失國 非臣之罪: 양(羊) 백정(屠) 열(說)이 말하다. 대왕(大王)이 나라(國)를 잃은 (失) (것은) 신(臣)의 잘못(罪)이 아니다(非). 罪(허물 죄, 잘못)

故不敢伏其誅: 때문에(故) 감히(敢) 베임(誅)의 (형벌에) 엎드리지(伏) 않다(不). 즉 형벌을 당하지 않다. 誅(벨 주) 伏(엎드릴 복)

大王反國 非臣之功: 대왕(大王)이 나라(國)로 되돌아온(反) (것도) 신(臣)의 공(功)이 아니다(非).

故不敢當其賞: 때문에(故) 감히(敢) 상(賞)에 마땅하지(當) 않다(不). 즉 그 상을 받는 건 타당하지 않다. 當(마땅할 당)

王曰 見之!: 왕(王)이 말하다. (한 번) 그(之)를 만나보자(見)!

屠羊說曰 楚國之法: (그러자) 양(羊) 백정(屠) 열(說)이 말하다. 초나라(楚國) 법도(法). 法(법 법 → 법도)

必有重賞大功而後得見: 큰(大) 공(功)을 (세운 사람에게) 반드시(必) 큰(重) 상(有~賞)이 (내려진) (而) 후(後)에 (왕을) 볼(見) 수(得) 있다. 重(무거울 중 → 큰)

今臣之知不足以存國而勇不足以死寇: (그런데) 지금(今) 신(臣)의 앎(知)은 나라(國)를 보존하기에(以~存) 부족하고(不足~而), 용기(勇)는 적(寇)을 죽여서(以~死) (싸우기에) 부족하다(不足). 存(보전할 존) 勇(용맹 용) 寇(원수 구 → 적)

吳軍入郢 說畏難而避寇: 오(吳)나라 군대(軍)가 (초나라 수도) 영(郢)에 쳐들어왔을(入) 때 열(說)은 재앙(難)이 두려워서(畏~而) 적(寇)을 피하다(避). 入(들 입, 들어오다 → 쳐들어오다) 難(재앙 난) 畏(두려울 외) 避(피할 피)

非故隨大王也: 때문에(故) 대왕(大王)을 따라간(隨) 게 아니다(非). 隨(따를 수)

今大王欲廢法毀約而見說: 지금(今) 대왕(大王)은 법도(法)를 무시하고(欲~廢) 규약(約)을 어기면서(毀~而) 열(說)을 보다(見). 廢(폐할 폐, 중지하다 → 무시하다) 約(맺을 약 → 규약) 毀(헐 훼, 무너뜨리다 → 어기다)

此非臣之所以聞於天下也: (그러니) 이런(此) (일은) 신(臣)이 (일찍이) 천하에서(於~天下) 들어(以~聞) (본) 바(所)가 없다(非).

王謂司馬子綦曰: 소왕(王)이 사마(司馬)인 자기(子綦)에게 말하다(謂). 司馬[군사를 담당하는 최고 벼슬]

屠羊說居處卑賤而陳義甚高: 양(羊) 백정(屠) 열(說)이 비루하고(卑) 천한데(賤) 거처해도(居處

~而) 의로움(義)을 밝히는(陳) 데는 매우(甚) 높은(高) (식견을 지니다). 卑(낮을 비 → 비루함) 賤
(천할 천) 陳(말할 진, 말하여 밝힘) 高(높을 고)

子其爲我延之以三旌之位: 너(子)는 나(我)를 위해(爲) (그를) 삼공(三旌)의 지위로(以~位) 높이
다(延). 즉 모시다. 延(늘일 연)

屠羊說曰 夫三旌之位: 양(羊) 백정(屠) 열(說)이 (이 말을 듣고) 말하다. 저(夫) 삼공(三旌)의 지
위(位).

吾知其貴於屠羊之肆也: 양(羊) 백정(屠)의 마구간 (자리)보다(於~肆) 귀하다는(貴) (것을) 나
(吾)는 (잘) 안다(知). 肆(마구간 사) 貴(귀할 귀)

萬鍾之祿: (삼공이 받는) 만종(萬鍾)의 녹봉(祿). 祿(복 록, 녹봉)

吾知其富於屠羊之利也: 양(羊) 백정(屠)의 이득보다(於~利) 많다는(富) (것을) 나(吾)는 (잘) 안
다(知). 富(많을 부)

然豈可以貪爵祿: 그러면(然) 어찌(豈) 가히(可) (이런) 벼슬(爵)과 녹봉(祿)을 탐해(以~貪). 然
(그러면 연) 豈(어찌 개) 貪(탐할 탐)

而使吾君有妄施之名乎!: 그리고(而) 내(吾)가 군주(君)로 하여금(使) (벼슬과 녹봉을) 함부로(妄)
베푼다는(施) 오명(名)을 (어찌) 남기게(有) (할 수 있는가)! 妄(허망할 망, 거짓되고 망령됨 → 함부로)
施(베풀 시) 名(이름 명 → 오명)

說不敢當: 열(說)은 (높은 삼공의 지위와 같은 자리가) 감히(敢) 마땅하지(當) 않다(不). 當(마땅할 당)

願復反吾屠羊之肆: (그러니) 나(吾)는 양(羊) 백정(屠)의 마구간(肆) (자리)로 다시(復) 돌아가기
를(反) 바란다(願). 復(다시 부) 願(원할 원)

遂不受也: (그리곤) 끝내(遂) (상을) 받지(受) 않다(不). 遂(드디어 수, 마침내 → 끝내)

양왕(讓王) 8

原憲居魯, 環堵之室, 茨以生草., 蓬戶不完, 桑以爲樞.,

而甕牖二室, 褐以爲塞., 上漏下濕, 匡坐而弦歌.

子貢乘大馬, 中紺而表素, 軒車不容巷, 往見原憲.

原憲華冠縱履, 杖藜而應門.

子貢曰:「嘻! 先生何病?」

原憲應之曰:「憲聞之, 無財謂之貧, 學道而不能行謂之病. 今憲, 貧也, 非病也.」

子貢逡巡而有愧色.

原憲笑曰:「夫希世而行, 比周而友, 學以爲人, 敎以爲己, 仁義之慝,與馬之飾, 憲不忍爲也.」

공자의 제자 원헌(原憲), 즉 자사(子思)가 노(魯)나라에 살 때
집은 사방 한 칸 정도로 작고, 지붕은 자라난 풀로 뒤덮였다.
쑥으로 만든 싸리문은 온전하지 않았고, 뽕나무 줄기를 문 지도리로 삼았다.
그리고 깨진 항아리를 박아서 그 입으로 창을 낸 방 두 개가 있었고,
창은 거친 베로 가리었다.
위에선 비가 새고 아래 바닥은 축축했는데
원헌은 바르게 앉아 줄(弦)을 뜯으면서 노래했다.
한편 공자의 또 다른 제자 자공(子貢)은 큰 말이 끄는 수레를 타면서
수레의 안은 감색으로 장식하고, 수레의 겉은 흰색으로 만들었다.
이 큰 수레가 원헌의 집 입구 골목을 들어가지 못해
자공이 걸어가서 원헌을 만났다.
원헌은 자작나무 껍질로 만든 갓을 쓰고, 닳아서 뒤축이 없는 신을 신고,
명아주로 만든 지팡이를 짚고 문에서 자공을 마중했다.
자공이 놀라서 말했다. "아아! 선생께선 무슨 병이 있나요?"
원헌이 응해 말했다.
"나 원헌이 듣건대 재물이 없는 것을 가난하다고 말하고,
도를 배우고도 이를 실행하지 못하는 것을 병이라고 말하지요.
지금 나 원헌은 가난한 것이지 병이 든 게 아니요."
자공은 우물쭈물 뒷걸음치면서 부끄러운 얼굴빛을 띠었다.
원헌이 웃으며 말했다.
"세상의 평판을 바라면서 행동하고, 친하게 어울리는 사람만 벗하고,
배움으로 남을 위하고, 가르침으로 자신을 위하고,
인의의 간특함과 수레와 말의 화려한 장식은 원헌이 차마 못하는 짓이요."

注 ────────────────────────────────

原憲居魯 環堵之室 茨以生草: (공자의 제자) 원헌(原憲), 즉 자사(子思)가 노(魯)나라에 살(居)
때 (집은) 사방 한 칸 정도의 작은(環堵) 집(室)이고, 지붕(茨)은 자라난(生) 풀로(以~草)로 (뒤덮)
이다). 環堵〔사방 길이가 모두 1도(堵)인 협소한 방. 環(두를 환) 堵(담 도)〕室(집 실) 茨(일 자, 풀

이나 띠로 된 지붕) 草(풀 초)

蓬戶不完 桑以爲樞: 쑥(蓬)으로 (만든) 싸리문(戶)은 온전하지(完) 않고(不), 뽕나무(桑) (줄기)로(以) 문지도리(樞)를 삼다(爲). 蓬(쑥 봉) 戶(지게 호, 문짝 → 싸리문) 完(온전할 완) 桑(뽕나무 상) 樞(지도리 추, 문지도리)

而甕牖二室 褐以爲塞: 그리고(而) 깨진 항아리를 박아서 그 입으로 창(甕牖)을 낸 방(室) 두(二) (개가 있고), (창은) 거친 베(褐) 그것으로(以) 막다(爲~塞). 즉 창은 거친 베로 가리다. 甕牖〔깨진 항아리를 박아 그 입으로 만든 창. 甕(항아리 옹) 牖(들창 유, 벽을 뚫어낸 격자 창)〕 褐(거친옷 갈 → 거친 베) 塞(막을 색)

上漏下濕 匡坐而弦歌: 위(上)에서는 비가 새고(漏) 아래(下) (바닥)은 축축한데(濕) (원헌은) 바르게(匡) 앉아서(坐~而) 줄(弦)을 뜯으며 노래하다(歌). 漏(샐 루) 濕(축축할 습) 匡(바를 광) 坐(자리 좌 → 앉다) 弦(줄 현) 歌(노래 가)

子貢乘大馬 中紺而表素: (한편 공자의 또 다른 제자) 자공(子貢)은 큰(大) 말(馬)이 (끄는 수레를) 타면서(乘) 수레 안(中)은 감색(紺)으로 장식하고(~而) (수레) 겉(表)은 흰색(素)으로 (만들다). 乘(탈 승) 紺(감색 감) 表(겉 표) 素(흰빛 소)

軒車不容巷 往見原憲: (이) 큰 수레(軒車)가 (원헌의 집 입구) 골목(巷)을 들어가지(容) 못해(不) (자공은) 걸어가서(往) 원헌(原憲)을 만나다(見). 軒車〔큰 수레. 軒(수레 헌) 車(수레 차)〕 巷(복도 항 → 골목) 容(받아들일 용 → 들어감) 往(갈 왕)

原憲華冠縰履: 원헌(原憲)은 자작나무 껍질로 만든 갓(華冠)을 (쓰고) 닳아서 뒤축이 없는 신(縰履)을 (신다). 華冠〔자작나무 껍질로 만든 갓(冠). 冠(갓 관)〕 縰履〔다 닳아 뒤축도 없는 신. 縰(많을 쇄, 수가 많은 모양) 履(신 리)〕

杖藜而應門: 명아주(藜)로 만든 지팡이를 짚고(杖~而) 문(門)에서 (자공을) 마중하다(應). 藜(명아주 려) 杖(지팡이 장, 지팡이 짚다) 應(응할 응 → 마중하다)

子貢曰 嘻! 先生何病?: 자공(子貢)이 말하다. 아아(嘻)! 선생(先生)은 무슨(何) 병(病)이 (있나)? 嘻(한숨쉴 희) 何(무엇 하)

原憲應之曰 憲聞之 無財謂之貧: 원헌(原憲)이 응해(應) 말하다. 원헌(憲)이 듣건대(聞) 재물(財)이 없는(無) (것을) 가난하다고(貧) 말하다(謂). 財(재물 재) 貧(가난할 빈)

學道而不能行謂之病: 도(道)를 배우고도(學~而) 실행할 수(能~行) 없는(不) (것을) 병(病)이라고 말하다(謂).

今憲 貧也 非病也: 지금(今) 원헌(憲)은 가난한(貧) (게 지) 병(病)이 든 게 아니다(非).

子貢逡巡而有愧色: 자공(子貢)은 우물쭈물(逡) 뒷걸음치면서(巡~而) 부끄러운(愧) 낯빛(色)을 띠다(有). 逡巡〔우물쭈물 뒷걸음치다. 逡(기다릴 준) 巡(돌 순)〕 色(낯빛 색) 愧(부끄러워할 괴)

原憲笑曰 夫希世而行: 원헌(原憲)이 웃으며(笑) 말하다. 세상(世)의 (평판을) 바라며(希~而) 행

동하다(行). 笑(웃을 소) 希(바랄 희)

比周而友: 친하게 어울리는(比周~而) 사람만 벗하다(友). 比周(친하게 어울리는 일. 比(무리 비, 아첨하며 사귀는 일) 周(두루 주, 정도로 사귀는 일)) 友(벗 우, 벗하다)

學以爲人 敎以爲己: 배움(學), 그것으로(以) 남(人)을 위하고(爲), 가르침(敎), 그것으로(以) 자신(己)을 위하다(爲).

仁義之慝 與馬之飾: 인의(仁義)의 간특함과(與~慝) (수레와) 말(馬)의 (화려한) 장식(飾). 慝(악할 특 → 간특함) 飾(꾸밀 식 → 장식)

憲不忍爲也: 원헌(憲)이 차마(忍) 하지(爲) 못하는(不) (짓이다). 忍(차마못할 인)

양왕(讓王) 9

曾子居衛, 縕袍無表, 顔色腫噲, 手足胼胝.
三日不擧火, 十年不製衣, 正冠而纓絶, 捉衿而肘見, 納屨而踵決.
曳縰而歌商頌, 聲滿天地, 若出金石.
天子不得臣, 諸侯不得友.
故養志者忘形, 養形者忘利, 致道者忘心矣.

증자(曾子)가 위(衛)나라에 있을 때 그가 입던 솜옷이 낡아 겉이 없었고,
그의 얼굴빛은 초췌했고, 손과 발에는 굳은살이 박이거나 갈라졌다.
사흘 동안 더운밥을 먹지 못했고, 십 년 동안 옷을 만들지 못했고,
갓을 바로 하면 갓끈이 끊어졌고, 옷깃을 여미면 팔꿈치가 나와 보였고,
신을 신으면 발뒤꿈치가 터져 보였다.
그러나 그가 헌 신을 끌면서 『시경』의 상송(商頌)을 노래하면
소리가 천지에 가득 차 마치 금석 악기에서 나오는 소리와 같았다.
천자(天子)도 그를 신하로 삼을 수 없고, 제후(諸侯)도 그를 벗할 수 없다.
그래서 뜻을 기르면 몸을 잊고, 몸을 기르면 이득을 잊고,
도에 이르면 마음을 잊는다.

注 ─────

曾子居衛 縕袍無表: 증자(曾子)가 위(衛)나라에 있을(居) 때 (그가 입던) 솜옷(縕袍)이 (낡아) 겉(表)이 없다(無). 居(있을 거) 縕袍(솜옷. 縕(헌솜 온) 袍(솜옷 포))

顔色腫噲 手足胼胝: 얼굴(顔) 빛(色)은 초췌하고(腫噲), 손(手)과 발(足)에는 굳은살이 박이거나 갈라지다(胼胝). 腫噲〔초췌한 모양. 腫(부르틀 종) 噲(야윌 쾌)〕胼胝〔수족의 피부가 딴딴해지거나 갈라짐. 胼(못박일 변) 胝(굳은살 지)〕

三日不擧火 十年不製衣: 사흘(三日) 동안 불(火)을 때지(擧) 못하고(不), 즉 더운밥을 먹지 못하고, 십년(十年) 동안 옷(衣)을 만들지(製) 못하다(不). 擧(불붙일 거, 불을 때다) 製(지을 제, 만들다)

正冠而纓絶 捉衿而肘見: 갓(冠)을 바로하면(正~而) 갓끈(纓)이 끊어지고(絶), 옷깃(衿)을 여미면(捉~而) 팔꿈치(肘)가 (나와) 보이다(見). 冠(갓 관) 纓(갓끈 영) 絶(끊을 절) 衿(옷깃 금) 捉(잡을 착 → 여미다) 肘(팔꿈치 주)

納履而踵決: 신(履)에 (발을) 들이면(納~而), 즉 신을 신으면 발뒤꿈치(踵)가 터져(決) (보이다). 履(신 구) 納(들일 납) 踵(발꿈치 종) 決(터질 결)

曳縦而歌商頌: (그러나 그가) 헌 신(縦)을 끌면서(曳~而) (시경)의 상송(商頌)을 노래하다(歌). 縦(머리쓰개 쇄 → 헌 신) 曳(끌 예) 商頌〔시경 삼송(三頌) 중 하나〕歌(노래 가)

聲滿天地 若出金石: 소리(聲)가 천지(天地)에 가득 차(滿) 마치 금석(金石) 악기에서 나오는(出) 소리와 같다(若). 滿(찰 만)

天子不得臣 諸侯不得友: 천자(天子)도 (그를) 신하(臣)로 삼을 수(得) 없고(不), 제후(諸侯)도 (그를) 벗할 수(得~友) 없다(不).

故養志者忘形: 그래서(故) 뜻(志)을 기르면(養~者) 몸(形)을 잊다(忘). 志(뜻 지) 養(기를 양) 形(몸 형) 忘(잊을 망)

養形者忘利: (몸을) 기르면(養~者) 이득(利)을 잊다(忘).

致道者忘心矣: 도(道)에 이르면(致~者) 마음(心)을 잊다(忘). 致(이를 치)

양왕(讓王) 10

孔子謂顔回曰:「回, 來! 家貧居卑, 胡不仕乎?」

顔回對曰:「不願仕. 回有郭外之田五十畝, 足以給飦粥.,

郭內之田十畝, 足以爲絲麻.,

鼓琴足以自娛, 所學夫子之道者足以自樂也. 回不願仕.」

孔子愀然變容曰:「善哉! 回之意. 丘聞之, 知足者 不以利自累也.,

審自得者 失之而不懼.

行修於內者 無位而不怍 丘誦之久矣. 今於回而後見之 是丘之得也.」

공자(孔子)가 안회(顔回)에게 말했다.

"회(回)야 이리 와라!
집이 가난하고 지위도 낮은데 어째서 벼슬을 하지 않느냐?"
안회가 대답했다.
"벼슬하기를 원치 않습니다.
저는 성곽 밖에 밭 오십 묘가 있어 거기서 죽을 공급받기 충분하고,
성곽 안에도 밭 십 묘가 있어 거기서 무명과 삼을 공급받기 충분합니다.
또 거문고를 연주해 스스로 즐거워하기에 족하고,
스승으로부터 배운 도는 스스로 즐겁게 살아가기에 족합니다.
그래서 저는 벼슬하기를 원치 않습니다."
공자는 수심에 잠긴 채 얼굴빛을 바꾸며 말했다.
"훌륭하다! 회 자네의 뜻이.
내가 들건대 만족할 줄 알면 이득에 스스로 묶이지 않고,
스스로 얻음을 깨달으면 벼슬을 잃어도 두렵지 않고,
마음에 수행이 이루어지면 지위가 없어도 부끄러워하지 않는다.
나는 이런 점을 마음에 새긴 지 오래였어도
뒤늦게나마 지금 이것이 자네에게서 실행되고 있음을 본다.
이것이 나의 수확이다."

注 ────

孔子謂顔回曰 回 來!: 공자(孔子)가 안회(顔回)에게 말하다(謂). 회(回)야 (이리) 와라(來)!

家貧居卑 胡不仕乎?: 집(家)이 가난하고(貧) 지위(居)도 낮은데(卑) 어째서(胡) 벼슬을 하지(仕) 않느냐(不)? 居(살 거 → 지위) 卑(낮을 비) 胡(어찌 호) 仕(벼슬할 사)

顔回對曰 不願仕: 안회(顔回)가 (이에) 대해(對) 말하다. 벼슬하기(仕)를 원치(願) 않다(不). 願(원할 원)

回有郭外之田五十畝: 안회(回)는 성곽(郭) 밖(外)에 밭(田) 오십(五十) 묘(畝)가 있다(有). 郭(성곽 곽) 畝(이랑 묘)

足以給飦粥: (그러므로) 이것으로(以) 죽(飦粥)을 공급받기(給) 충분하다(足). 飦粥〔죽. 飦(죽 전) 粥(죽 죽)〕給(댈 급, 공급하다 → 공급받다) 足(넉넉할 족, 충분하다)

郭內之田十畝 足以爲絲麻: 성곽(郭) 안(內)에도 밭(田) 십(十) 묘(畝)가 있어 이것으로(以) 무명(絲)과 삼(麻)을 (공급)받기(爲) 충분하다(足). 田(밭 전) 絲(명주 사 → 무명) 麻(삼 마)

鼓琴足以自娛: (또) 거문고(琴)를 연주해(鼓) 이럼으로써(以) 스스로(自) 즐거워하기에(娛) 족

하다(足). 琴(거문고 금) 鼓(두드릴 고, 연주하다) 娛(즐거워할 오)

所學夫子之道者足以自樂也: 선생(夫子)으로부터 배운(學) 바(所)의 도(道~者)는 스스로(自) 즐거워하기에(樂) 족하다(足).

回不願仕: (그래서) 안회(回)는 벼슬하기(仕)를 원치(願) 않다(不).

孔子愀然變容曰: 공자(孔子)는 수심에 잠긴 채(愀然) 얼굴(容) (빛을) 바꾸며(變) 말하다. 愀然 〔수심에 잠겨 안색이 달라지는 모양. 愀(근심할 초)〕變(변할 변)

善哉! 回之意: 훌륭하다(善)! 회(回) (너의) 뜻(意). 善(좋을 선 → 훌륭한)

丘聞之 知足者 不以利自累也: 공구(丘)가 듣건대(聞) 만족할(足) 줄 알면(知~者) 이득에(以~利) 스스로(自) 묶이지(累) 않는다(不). 足(충분하다고여길 족, 만족하다) 累(묶일 루)

審自得者 失之而不懼: 스스로(自) 얻음(得)을 깨달으면(審~者) 벼슬(之)을 잃어도(失~而) 두렵지(懼) 않다(不). 審(깨달을 심) 懼(두려워할 구)

行修於內者 無位而不怍: 마음에(於~內) 수행이 이루어지면(修行~者)는 지위(位)가 없어도(無~而) 부끄러워하지(怍) 않는다(不). 怍(부끄러워할 작) 位(자리 위, 지위)

丘誦之久矣 今於回而後見之: 공구(丘)는 (이런 점을) 마음에 새긴(誦) 지 오래인데도(久) 뒤늦게나마(而~後) 안회에게서(於~回) 지금(今) (이것이 실행되고 있음을) 보다(見). 誦(외울 송 → 마음에 새기다) 久(오랠 구) 後(뒤 후 → 늦게)

是丘之得也: 이것(是)이 (나) 공구(丘)의 수확(得)이다. 得(얻을 득 → 수확)

양왕(讓王) 11

中山公子牟謂瞻子曰:「身在江海之上, 心居乎魏闕之下, 奈何?」

瞻子曰:「重生. 重生則輕利.」

中山公子牟曰:「雖知之, 未能自勝也.」

瞻子曰:「不能自勝則從之, 神無惡乎?

不能自勝而强不從者, 此之謂重傷. 重傷之人, 無壽類矣.」

魏牟, 萬乘之公子也, 其隱巖穴也, 難爲於布衣之士.,

雖未至乎道, 可謂有其意矣!

위(魏)나라 중산공자(中山公子) 모(牟)가 첨자(瞻子)에게 말했다.
"몸은 강과 바닷가에 숨어있는데 마음은 위나라 궁궐 아래 있으니
이를 어찌해야 하나요?"
첨자가 말했다.

"생명을 소중히 하십시오. 생명을 소중히 하면 이득을 가벼이 여깁니다."
중산공자 모가 말했다.
"이를 아는데도 스스로 이겨내지 못합니다."
첨자가 말했다.
"스스로 이겨내지 못하면 그냥 따르십시오.
그러면 정신(神)의 고통은 사라지지 않을까요?
스스로 이겨내지 못하는데 억지로나마 이를 따르지 않으면
이를 두고 자신을 거듭 해치는 거라고 말합니다.
자신을 거듭 해치는 사람은 오래 사는 사람의 부류가 아닙니다."
위나라 중산공자 모는 만승의 나라 공자(萬乘之公子)이기에
그가 바위굴에 숨어 살면 평범한 선비(布衣之士)보다 이를 행하기 더 어렵다.
비록 모는 도(道)에 이르지 못했어도
도를 터득하려는 뜻은 지녔다고 가히 말할 수 있다!

注 ─────────

中山公子牟謂瞻子曰: (위나라) 중산공자(中山公子) 모(牟)가 첨자(瞻子)에게 말하다(謂). ★ 중산공자(中山公子)는 위(魏)나라 중산(中山)에 봉한 공자(公子)라는 의미이다. 외편 「추수」 4에 모(牟)로 등장한 바 있다. 瞻子〔첨자. 즉 첨하(瞻何)라고 불리는 현인〕

身在江海之上: 몸(身)은 강(江)과 바닷가(海) 위(上)에 있다(在). 즉 강과 바다에 숨어 있다. 身(몸 신) 江(강 강) 海(바다 해)

心居乎魏闕之下 奈何?: (그런데) 마음(心)은 위(魏)나라 궁궐(闕) 아래(下) 있으니(居) (이를) 어찌해야(奈) 하나? 闕(대궐 궐, 궁궐) 奈(어찌 내)

瞻子曰 重生 重生則輕利: 첨자(瞻子)가 말하다. 생명(生)을 소중히(重) 하라. 생명(生)을 소중히 하면(重~則) 이득(利)을 가벼이(輕) (여기다). 生(목숨 생, 생명) 重(중히여길 중 → 소중히 하다) 輕(가벼울 경)

中山公子牟曰 雖知之 未能自勝也: 중산공자(中山公子) 모(牟)가 말하다. (이를) 비록(雖) 알아도(知) 스스로(自) 이겨내지(能~勝) 못하다(未). 勝(이길 승) 未(아닐 미, 못하다)

瞻子曰 不能自勝則從之: 첨자(瞻子)가 말하다. 스스로(自) 이겨내지(能~勝) 못하면(不~則) (그냥) 따라야(從) 한다. 從(좇을 종, 따르다)

神無惡乎?: (그러면) 정신(神)이 미워하는(惡) (일은) 없어지지(無) (않을까)? 즉 정신의 고통은 사라지지 않을까? 惡(미워할 오)

不能自勝而强不從者: 스스로(自) 이겨내지(能~勝) 못하는데(不~而) 억지로(强)나마 (이를) 따르지(從) 않으면(不~者). 强(억지로할 강)

此之謂重傷: 이(此)를 두고 (자신을) 거듭(重) 해치는(傷) 거라고 말한다(謂). 重(거듭할 중) 傷(해칠 상)

重傷之人 無壽類矣: (자신을) 거듭(重) 해치는(傷) 사람(人)은 오래 사는(壽) 부류(類)가 아니다(無). 壽(오래살 수) 類(무리 류)

魏牟 萬乘之公子也: 위(魏)나라 (중산모자) 모(牟)는 만승(萬乘) (나라) 공자(公子)이다.

其隱巖穴也 難爲於布衣之士: (그래서 그가) 바위(巖) 굴(穴)에 숨어살면(隱) 평범한 선비보다(於~布衣之士) (이를) 행하기(爲)가 (더) 어렵다(難). 巖(바위 암) 穴(구멍 혈, 굴) 隱(숨을 은) 布衣之士〔삼베(布) 옷(衣)을 입은 선비(士). 즉 평범한 선비. 布(베 포) 士(선비 사)〕難(어려울 난)

雖未至乎道 可謂有其意矣!: (모가) 비록(雖) 도(道)에는 이르지(至) 못해도(未) 가히(可) (도를 터득하려는) 뜻(意)은 지닌다고(有) 말하다(謂)!

양왕(讓王) 12

孔子窮於陳蔡之間, 七日不火食, 藜羹不糝, 顏色甚憊, 而猶弦歌於室.

顏回擇菜於外, 子路子貢相與言曰:

「夫子再逐於魯, 削迹於衛, 伐樹於宋, 窮於商周, 圍於陳蔡,

殺夫子者無罪, 藉夫子者無禁.

弦歌鼓琴, 未嘗絕音, 君子之無恥也若此乎?」

顏回無以應, 入告孔子.

孔子推琴喟然而歎曰:「由與賜, 細人也. 召而來, 吾語之.」

子路子貢入.

子路曰:「如此者可謂窮矣!」

孔子曰,,「是何言也! 君子通於道之謂通, 窮於道之謂窮.

今丘抱仁義之道以遭亂世之患, 其何窮之爲!

故內省而不窮於道, 臨難而不失其德, 大寒旣至, 霜雪旣降, 吾是以知松柏之茂也.

陳蔡之隘, 於丘其幸乎!」

孔子削然反琴而弦歌, 子路扢然執干而舞.

子貢曰:「吾不知天之高也, 地之下也.」

古之得道者, 窮亦樂, 通亦樂.

所樂非窮通也, 道德於此, 則窮通爲寒暑風雨之序矣.
故許由娛於潁陽而共伯得志乎共首.

공자(孔子)가 진(陳)나라와 채(蔡)나라 사이에서 궁지에 몰렸을 때
일주일 동안 불로 데운 음식을 먹지 못했고,
쌀알도 없는 명아주 국을 먹어서 얼굴빛이 매우 고달팠다.
그런데도 공자는 오히려 방에서 현을 뜯으며 노래했다.
안회가 밖에서 나물을 뜯는데 자로와 자공이 서로 대화를 나누면서 말했다.
"우리 선생은 노나라에서 두 번 추방되고, 위나라에선 종적을 감추고,
송나라에선 나무가 베어져 깔릴 뻔하고, 상나라와 주나라에선 궁지에
몰리고, 이제는 진나라와 채나라 사이에서 포위 당했다.
그러니 누군가 우리 선생을 죽여도 죄가 되지 않고,
누군가 우리 선생을 업신여겨도 이를 막는 사람이 없다.
그런데도 현을 뜯으며 노래하고, 거문고를 타며 음악을 그치지 않으니
군자가 이처럼 부끄러움을 몰라도 되겠는가?"
안회는 이에 응하지 않다가 방에 들어가서 이 내용을 공자에게 아뢰었다.
공자는 거문고를 옆으로 밀어놓고 탄식하며 한탄스러운 듯 말했다.
"자로와 자공은 비천한 인간이다. 불러와라. 내가 그들에게 말하겠다."
자로와 자공이 들어오자 자로가 먼저 말했다.
"이런 지경이면 궁지에 몰렸다고 말할 수 있습니다!"
공자가 말했다.
"그게 무슨 말이냐!
군자는 도에 통하면 통한다고 말하고, 도에 궁하면 궁하다고 말한다.
지금 나는 인의의 도를 품었는데
어지러운 세상의 환난을 만났다고 해서 이것이 어찌 궁함인가!
그래서 안으로 살펴도 도(道)에 궁함이 없어야 하고,
어려움을 당해도 덕(德)을 잃지 않아야 한다.
큰 추위가 닥치고 서리와 눈이 내려야
소나무와 잣나무의 무성한 푸르름을 안다.

진나라와 채나라 사이에서 생긴 이번 포위됨은 오히려 나에게 다행이다!"

공자는 거문고를 다시 가져다가 차분히 현을 뜯으며 노래했다.

그러자 자로가 벌떡 일어나 방패를 들고 춤을 췄다.

자공도 감격해서 말했다.

"나는 하늘(天)이 얼마나 높은지 땅(地)이 얼마나 낮은지 알지 못했다."

옛날에 도를 터득한 사람은 궁함도 즐기고 통함도 즐겼다.

그런데 이들이 정말로 즐긴 건 궁함과 통함 그 자체가 아니다.

도덕이 여기 있으면 궁함과 통함은

추위와 더위 또는 바람과 비가 번갈아 오는 것처럼 순서에 따른 거다.

따라서 허유(許由)는 영양(潁陽)에 숨었어도 즐거워했고,

공백(共伯)은 공수산(共首)에 숨었어도 뜻을 얻었다.

注 ────

孔子窮於陳蔡之間 七日不火食: 공자(孔子)가 진(陳)나라와 채(蔡)나라 사이에서(於~間) 궁지(窮)에 (몰렸을 때) 이레(七日) 동안 불(火)로 (데운) 음식(食)을 (먹지) 못하다(不). 窮(궁할 궁, 궁지에 빠짐) 火(불 화) 食(밥 식, 음식)

藜羹不糝 顏色甚憊: 쌀알(糝)도 없는(不) 명아주(藜) 국(羹)을 (먹어) 얼굴(顏) 빛(色)이 매우(甚) 고달프다(憊). 糝(쌀알 삼) 藜(명아주 려) 羹(국 갱) 顏(얼굴 안) 色(낯빛 색) 甚(심할 심) 憊(고달플 비)

而猶弦歌於室: 그런데도(而) (공자는) 오히려(猶) 방에서(於~室) 현(弦)을 (뜯으며) 노래하다(歌). 猶(오히려 유) 弦(줄 현) 歌(노래 가)

顏回擇菜於外: 안회(顏回)가 밖에서(於~外) 나물(菜)을 뜯다(擇). 菜(나물 채) 擇(가릴 택 → 뜯다)

子路子貢相與言曰: (그런데) 자로(子路)와 자공(子貢)이 서로(相) 함께(與) 말(言)을 (나누다).

夫子再逐於魯 削迹於衛: (우리) 선생(夫子)은 노나라에서(於~魯) 두 번(再) 추방되고(逐), 위나라에선(於~衛) 종적을 감추다(削迹). 逐(내쫓을 축, 쫓아내다 → 추방되다) 削迹〔종적을 감춤. 削(지울 삭) 迹(자취 적)〕

伐樹於宋 窮於商周: 송나라에서(於~宋) 나무(樹)가 베어져(伐) (깔려 죽을 뻔하고), 상(商)나라와 주나라에서(於~周) 궁지(窮)에 빠지다. 樹(나무 수) 伐(벨 벌, 베이다)

圍於陳蔡: (이제는) 진(陳)나라와 채나라 사이에서(於~蔡) 포위를 당하다(圍). 圍(에워싸일 위, 포위를 당하다)

殺夫子者無罪: (그러니 누군가 우리) 선생(夫子)을 죽이면(殺~者) 죄(罪)가 되지 않다(無). 殺(죽일 살) 罪(죄 죄)

藉夫子者無禁: (누군가 우리) 선생(夫子)을 업신여기면(藉~者) (이를) 막는(禁) (사람이) 없다(無). 藉(업신여길 적) 禁(금할 금 → 막다)

弦歌鼓琴 未嘗絶音: (그런데도) 현(弦)을 뜯으며 노래하고(歌), 거문고(琴)를 타고(鼓) 음악(音)을 그치지(絶) 않다(未嘗). 琴(거문고 금) 弦(현 현) 鼓(탈 고) 絶(끊을 절) 未嘗(~하지 아니하다)

君子之無恥也若此乎?: (그러니) 군자(君子)가 부끄러움(恥)이 이처럼(若~此) 없을(無) (수가)? 즉 군자가 부끄러움을 이처럼 몰라도 되는가? 恥(부끄러워할 치)

顔回無以應 入告孔子: 안회(顔回)는 (이에) 응하지(以~應) 않고(無) (방에) 들어가(入) (이 내용을) 공자(孔子)에게 말하다(告).

孔子推琴喟然而歎曰: 공자(孔子)는 거문고(琴)를 (옆으로) 밀어놓고(推) 탄식하며(喟然~而) 한탄스러운(歎) 듯 말하다. 推(밀 추) 喟然〔탄식하는 모양. 喟(한숨 위)〕 歎(탄식할 탄 → 한탄스러움)

由與賜 細人也: 자로와(與~由) 자공(賜)은 비천한(細) 인간(人)이다. 細(천할 세, 비천한)

召而來 吾語之: 불러서(召~而) 와라(來). 내(吾)가 (그들에게) 말하다(語). 召(부를 소) 來(올 래)

子路子貢入 子路曰: 자로(子路)와 자공(子貢)이 들어와서(入) 자로(子路)가 (먼저) 말하다.

如此者可謂窮矣!: 이(此) 같으면(如~者), 즉 이런 지경이면 궁지(窮)에 몰렸다고 말할 수(可~謂) 있다! 窮(궁할 궁, 궁지에 빠짐)

孔子曰 是何言也!: 공자(孔子)가 말하다. 그게(是) 무슨(何) 말(言)인가? 何(무엇 하 → 무슨)

君子通於道之謂通: 군자(君子)는 도에(於~道) 통하면(通) 통한다고(通) 말하다(謂). 通(통할 통)

窮於道之謂窮: (또) 도에(於~道) 궁하면(窮) 궁하다고(窮) 말하다(謂). 窮(궁할 궁)

今丘抱仁義之道以遭亂世之患: 지금(今) 공구(丘)는 인의(仁義)의 도(道)를 품고(抱), 그럼으로써(以) 어지러운(亂) 세상(世)의 재앙(患)을 만나다(遭). 抱(안을 포, 품다) 亂(어지러울 난) 患(재앙 환) 遭(만날 조)

其何窮之爲!: (그렇다고 이것이) 어찌(何) 궁함인가(爲~窮)!

故內省而不窮於道: 그래서(故) 안(內)으로 살펴도(省~而) 도에(於~道) 궁함(窮)이 없다(不). 省(살필 성) 窮(궁할 궁)

臨難而不失其德: 어려움(難)을 당해도(臨~而) 덕(德)을 잃지(失) 않는다(不). 難(어려울 난) 臨(임할 임 → 당하다) 失(잃을 실)

大寒旣至 霜雪旣降: 큰(大) 추위(寒)가 이미(旣) 이르고(至), 즉 큰 추위가 닥치고 서리(霜)와 눈(雪)이 이미(旣) 내리다(降). 寒(찰 한 → 추위) 旣(이미 기) 至(이를 지) 霜(서리 상) 雪(눈 설) 降(내릴 강)

吾是以知松柏之茂也: 나(吾)는 이(是) (때), 그것으로(以) 소나무(松)와 잣나무(柏)의 무성함(茂), 즉 나무의 푸름을 안다(知). 松(소나무 송) 柏(잣나무 백) 茂(우거질 무, 무성함) ★ 지송백지무(知松柏之茂)는 『논어』「자한」편 "시절이 추워진 연후에 송백이 뒤늦게 시드는 걸 안다(歲

寒然後知松柏之後彫也)"와 유사한 표현이다.

陳蔡之隘 於丘其幸乎!: 진(陳)나라와 채(蔡)나라 (사이에서 생긴 이번) 포위됨(隘)은 (오히려) 공구에게(於~丘) 다행(幸)이다! 隘(막을 액 → 포위됨) 幸(다행 행)

孔子削然反琴而弦歌: (그리고) 공자(孔子)는 거문고(琴)를 다시(反~而) (가져다가) 차분히(削然) 현(弦)을 (뜯으며) 노래하다(歌). 削然(차분히. 削(약해질 삭)]

子路抗然執干而舞: (그러자) 자로(子路)는 벌떡 일어나(抗然) 방패(干)를 들고(執~而) 춤추다(舞). 抗然(떨치고 일어나는 모양. 抗(기뻐할 흥)] 干(방패 간) 執(잡을 집 → 들다) 舞(춤출 무)

子貢曰 吾不知天之高也 地之下也: 자공(子貢)도 (감격해서) 말하다. 나(吾)는 하늘(天)이 (얼마나) 높은지(高) 땅(地)이 (얼마나) 낮은지(下) 알지(知) 못하다(不).

古之得道者 窮亦樂 通亦樂: 옛날(古)에 도(道)를 터득한(得) 사람(者)은 궁함(窮)을 또(亦) 즐기고(樂), 통함(通)을 또(亦) 즐기다(樂). 즉 궁함도 즐기고, 통함도 즐기다. 得(얻을 득 → 터득) 窮(곤궁할 궁) 樂(즐길 락) 通(통할 통)

所樂非窮通也: (그런데 이들이 정말로) 즐긴(樂) 바(所)는 궁함(窮)과 통함(通) (그 자체가) 아니다(非).

道德於此: 도덕(道德)이 여기에(於~此) (있다).

則窮通爲寒暑風雨之序矣: 그러면(則) 궁함(窮)과 통함(通)은 추위(寒)와 더위(暑) (또는) 바람(風)과 비(雨)가 (번갈아 오는 것처럼) 순서에(爲~序) (따른 것이다). 此(이 차 → 여기) 寒(찰 한 → 추위) 暑(더울 서 → 더위) 風(바람 풍) 雨(비 우) 序(차례 서, 순서)

故許由娛於潁陽: 때문에(故) 허유(許由)는 영양에(於~潁陽) (숨어도) 즐거워하다(娛). ★ 영양(潁陽)은 영수(潁水)의 볕(陽)을 지시하는데 영수의 북쪽이란 의미이다. 볕이 들려면 남향이어야 하므로 그 위치는 영수라는 강의 북쪽에 해당한다. 娛(즐거워할 오)

而共伯得志乎共首: 그리고(而) 공백(共伯)은 공수(共首) 산에 (숨어도) 뜻(志)을 얻다(得). ★ 공백(共伯)은 주왕(周王)의 손자로 왕위에 오르건 물러나건 마음이 일절 움직이지 않은 훌륭한 인물이다.

양왕(讓王) 13

舜以天下讓其友北人無擇, 北人無擇曰：
「異哉后之爲人也, 居於畎畝之中而遊堯之門！
不若是而已, 又欲以其辱行漫我. 吾羞見之.」
因自投清冷之淵.

순임금이 천하를 친구인 북인무택(北人無擇)에게 넘기려고 하자
북인무택이 말했다.
"순임금의 사람됨이 이상하다.
그는 농사를 짓다가 만족하지 못하고, 지금은 요(堯)임금 문하에서 노닌다!
그런데 이에 그치지 않고, 욕된 행동으로 나를 또 더럽히려고 하니
나는 그를 만나는 것조차 부끄럽다."
이로 말미암아 북인무택은 푸르고 찬 못에 스스로 몸을 던져서 죽었다.

注 ────────

舜以天下讓其友北人無擇 北人無擇曰: 순(舜)임금이 천하(天下)를 친구(友)인 북인무택(北人無擇)에게 넘기려고(以~讓) (하자) 북인무택(北人無擇)이 말하다. 讓(넘겨줄 양)

異哉 后之爲人也: (순)임금(后)의 사람됨(爲人)이 이상하다(異). 后(임금 후) 爲人(사람됨) 異(이상히여길 이)

居於畎畝之中而遊堯之門!: (그는) 전답(畎畝) 가운데서(於~中) 살다(居~而), 즉 농사를 짓다(만족하지 못하고 지금) 요(堯)임금 문하(門)에서 노닐다(遊)! 畎畝〔밭도랑과 밭이랑. 즉 전답. 畎(밭도랑 견) 畝(밭이랑 무)〕 門(문 → 문하) 遊(놀 유)

不若是而已 又欲以其辱行漫我: (그런데) 이(是)에 그치지(已) 않고(不~而) 욕된(辱) 행동으로(以~行) 또(又) 나(我)를 더럽히려(欲~漫) 하다. 已(그칠 이) 辱(욕되게할 욕) 漫(더럽힐 만)

吾羞見之: 나(吾)는 그(之)를 만나는(見) (것조차) 부끄럽다(羞). 羞(부끄러워할 수)

因自投清冷之淵: (이로) 말미암아(因) (북인무택은) 푸르고(清) 찬(冷) 못(淵)에 스스로(自) (몸을) 던져(投) (죽다). 清(푸를 청) 冷(찰 랭) 淵(못 연) 投(뛰어들 투)

양왕(讓王) 14

湯將伐桀, 因卞隨而謀, 卞隨曰:「非吾事也.」

湯曰:「孰可?」

曰:「吾不知也.」

湯又因務光而謀: 務光曰:「非吾事也.」

湯曰:「孰可?」

曰:「吾不知也.」

湯曰:「伊尹如何?」

曰：「强力忍垢, 吾不知其他也.」

湯遂與伊尹謀伐桀, 剋之, 以讓卞隨.

卞隨辭曰：「后之伐桀也謀乎我, 必以我爲賊也., 勝桀而讓我, 必以我爲貪也.

吾生乎亂世, 而無道之人再來漫我以其辱行, 吾不忍數聞也.」

乃自投稠水而死.

湯又讓瞀光曰：「知者謀之, 武者遂之, 仁者居之, 古之道也. 吾子胡不立乎?」

務光辭曰：「廢上, 非義也., 殺民, 非仁也., 人犯其難, 我享其利, 非廉也.

吾聞之曰, 非其義者, 不受其祿, 無道之世, 不踐其土. 況尊我乎! 吾不忍久見也.」

乃負石而自沈於 廬水.

탕(湯)임금이 걸(桀)왕을 정벌하려고 변수(卞隨)와 상의하자 변수가 말했다.

"제 일이 아닙니다."

탕임금이 물었다. "그럼 누가 좋겠소?"

변수가 답했다. "저는 모릅니다."

탕임금이 이 일을 또 무광(務光)과 상의하자 무광이 말했다.

"제 일이 아닙니다."

탕임금이 물었다. "그럼 누가 좋겠소?"

무광이 답했다. "저는 모릅니다."

탕임금이 물었다. "이윤(伊尹) 같은 사람이면 어떻겠소?"

무광이 말했다.

"그는 무리하게 치욕은 애써 참고 견디어도 그 이상은 제가 모릅니다."

탕 임금은 결국 이윤과 상의하고 마침내 걸을 쳐서 승리해

천하를 변수에게 물려주려고 하니까 변수가 사양하면서 말했다.

"임금께서 걸을 칠 때 저와 상의한 건 저를 분명히 도둑이라 여겨서입니다.

또 걸과 싸워서 이겨 천하를 제게 물려주려고 한 건

저를 분명히 탐욕스러운 인간이라 여겨서입니다.

어지러운 세상에 태어났는데도 무도(無道)한 사람이 저를 두 번씩 찾아와

욕된 행동으로 저를 더럽히니 그런 말을 차마 여러 번 듣지 못하겠습니다."

그리고 이내 주수(稠水)에 스스로 몸을 던져서 죽었다.

탕 임금이 또 무광(務光)에게 천하를 넘겨주려고 말했다.

"지혜로우면(知者) 계책을 세우고, 용맹스러우면(武者) 용맹을 실천하듯이
어질면(仁者) 어짊에 머무는 게 옛날의 도이지요.
그런데 어진 그대가 어째서 천자 자리에 오르지 않나요?"
무광이 사양하며 말했다.
"임금을 폐하는 건 의로운 게 아니고, 백성을 죽이는 건 어진 게 아닙니다.
또 남이 어려운 일을 이뤘는데 제가 그 이득을 누리면 청렴하지 못합니다.
제가 들은 걸 말하겠습니다.
'의롭지 않으면 녹봉을 안 받고, 무도(無道)한 세상에선 흙을 안 밟는다.'
그런데 하물며 탕 임금이 저를 높이 떠받드니 어찌해야 하나요!
저는 차마 이런 것을 오래 보지 못하겠습니다."
그리고 이내 돌을 등에 지고 여수(廬水)에 스스로 빠져서 죽었다.

注 ────────────────────────────────

湯將伐桀 因卞隨而謀: 탕(湯)임금이 걸(桀)을 정벌하려는(將~伐) (일로) 인해(因) 변수(卞隨)와
상의하다(謀). 謀(꾀할 모, 상의) ★ 변수(卞隨)는 은둔자로 가공의 인물이다. 이름을 풀이하면
'법(卞)을 따르다(隨)'이다.

卞隨曰 非吾事也: (그러자) 변수(卞隨)가 말하다. 내(吾) 일(事)이 아니다(非). 吾(나 오) 事(일 사)

湯曰 孰可?: 탕(湯)임금이 말하다. (그럼) 누가(孰) 가한가(可)? 즉 누가 좋은가?

曰 吾不知也: (변수가) 말하다. 나(吾)는 알지(知) 못한다(不).

湯又因務光而謀: 탕(湯)임금이 그 일로) 인해(因) 또(又) 무광(務光)과 상의하다(謀). ★ 무광
(務光)은 하(夏)나라 때 사람으로 은(殷)나라 탕(湯)왕의 양위 제안을 거절하고 몸에 돌을 지고
여수(廬水)에 빠져 죽은 인물이다. 내편 「대종사」 1과 잡편 「외물」 12 등에도 등장한다.

務光曰 非吾事也: 무광(務光)이 말하다. 내(吾) 일(事)이 아니다(非).

湯曰 孰可?: 탕(湯)임금이 말하다. (그럼) 누가(孰) 가한가(可)?

曰 吾不知也: (무광이) 말하다. 나(吾)는 알지(知) 못한다(不).

湯曰 伊尹如何?: 탕(湯)임금이 말하다. 이윤(伊尹) 같으면(如) 어떤가(何)? 如(같을 여)

曰 强力忍垢: (무광이) 말하다. (그는) 무리하게(强) 힘(力) (써) 치욕도 참고 견디다(忍垢). 强(억
지로 강, 무리하게) 力(힘 력) 忍垢[치욕을 참고 견디다. 忍(참을 인) 垢(수치 구, 치욕)]

吾不知其他也: (그런데 그 밖의) 다른(他) 것은 나(吾)는 알지(知) 못하다(不). 즉 그 이상은 모른
다. 他(다른 타)

湯遂與伊尹謀伐桀 剋之: 탕(湯) 임금은 (결국) 이윤과(與~伊尹) 상의하고(謀) 마침내(遂) 걸(桀)

을 치다(伐). 遂(마침내 수) 伐(칠 벌)

以讓卞隨 卞隨辭曰: (그리고 승리)해(以) (천하를) 변수(卞隨)에게 물려주려고(讓) (하니까) 변수(卞隨)가 사양하며(辭) 말하다. 讓(물려줄 양) 辭(사양할 사)

后之伐桀也謀乎我: 임금(后)이 걸(桀)을 칠(伐) 때 나(我)와 상의하다(謀). 后(임금 후)

必以我爲賊也: (그건) 나(我)를 분명히(必) 도둑이라(以~賊) 여겨서이다(爲). 必(반드시 필 → 분명) 賊(도둑 적)

勝桀而讓我: (또) 걸(桀)과 싸워서 이겨(勝~而) (천하를) 나(我)에게 물려주다(讓). 勝(이길 승)

必以我爲貪也: (그건) 나(我)를 분명히(必) 탐욕스러운(以~貪) (인간이라) 여겨서다(爲). 貪(탐할 탐 → 탐욕스런)

吾生乎亂世: 내(吾)가 어지러운(亂) 세상(世)에 태어나다(生). 生(날 생, 태어나다)

而無道之人再來漫我以其辱行: 그렇더라도(而) 무도(無道)한 사람(人)이 두 번(再) (씩 찾아) 와(來) 욕된(辱) 행동으로(以~行) 나(我)를 더럽히다(漫). 再(다시 재) 辱(욕되게 할 욕) 漫(더럽힐 만)

吾不忍數聞也: (그러니) 나(吾)는 (그런 말을) 차마(忍) 여러 번(數) 듣지(聞) 못하다(不). 忍(차마 못할 인) 數(자주 삭, 여러 번)

乃自投稠水而死: (그리고) 이내(乃) 주수(稠水)에 스스로(自) (몸을) 던져서(投~而) 죽다(死). 投(던질 투)

湯又讓瞀光曰: 탕(湯)임금이 또(又) 무광(瞀光)에게 (천하를) 물려주려고(讓) 말하다.

知者謀之 武者遂之: 지혜로우면(知~者) 계책(謀)을 세우고 용맹스러우면(武~者) (용맹을) 실천하다(遂). 謀(꾀할 모, 계책) 武(굳셀 무, 용맹함) 遂(이룰 수, 실천하다)

仁者居之 古之道也: (그런 것처럼) 어질면(仁~者) 어짊(之)에 머무는(居) 게 옛날(古)의 도(道)이다. 居(있을 거, 머물다)

吾子胡不立乎?: (그런데 어진) 그대(吾子)가 어째서(胡) (천자) 자리에 오르지(立) 않는가(不)? 胡(어찌 호) 立(세울 립, 지위에 오르다)

瞀光辭曰 廢上 非義也: 무광(瞀光)이 사양하며(辭) 말하다. 임금(上)을 폐하는(廢) 건 의로운(義) (일이) 아니다(非). 廢(폐할 폐)

殺民 非仁也: 백성(民)을 죽이는(殺) 건 어진(仁) (일이) 아니다(非).

人犯其難 我享其利 非廉也: (또) 남(人)이 어려운(難) 일을 이루었는데(犯) 내(我)가 (그) 이득(利)을 누리면(享) 청렴하지(廉) 않다(非). 難(어려울 난) 犯(범할 범 → 이루다) 利(이익 이, 이득) 享(누릴 향) 廉(청렴할 렴)

吾聞之曰 非其義者 不受其祿: 내(吾)가 들은(聞) 것(之)을 말하다. 의롭지(義) 않으면(非~者) (나라의) 녹봉(祿)을 받지(受) 않다(不). 祿(복 록, 녹봉) 受(받을 수)

無道之世 不踐其土: 무도(無道)한 세상(世)에선 흙(土)을 밟지(踐) 않는다(不). 土(흙 토) 踐(밟을 천)

況尊我乎!: (그런데) 하물며(況) (탕임금이) 나(我)를 높이 떠받드니(尊) (어찌해야)! 尊(높일 존, 높이 떠받들다)

吾不忍久見也: 나(吾)는 (이런 것을) 오래(久) 보는(見) 걸 참지(忍) 못하다(不). 즉 차마 오래 보지 못하다. 久(오랠 구) 忍(참을 인)

乃負石而自沈於 廬水: (그리고) 이내(乃) 돌(石)을 등에 지고(負~而) 여수에(於~廬水) 스스로(自) 빠져서(沈) (죽다). 負(질 부) 沈(빠질 침)

양왕(讓王) 15

昔周之興, 有士二人處於孤竹, 曰伯夷叔齊.

二人相謂曰:「吾聞西方有人, 似有道者, 試往觀焉.」

至於岐陽, 武王聞之, 使叔旦往見之, 與之盟曰:「加富二等, 就官一列.」

血牲而埋之.

二人相視而笑曰:「唏, 異哉! 此非吾所謂道也.

昔者神農之有天下也, 時祀盡敬而不祈喜., 其於人也, 忠信盡治而無求焉.

樂與政爲政, 樂與治爲治, 不以人之壞自成也, 不以人之卑自高也, 不以遭時自利也.

今周見殷之亂而遽爲政, 上謀而行貨, 阻兵而保威, 割牲而盟以爲信,

揚行以說衆, 殺伐以要利, 是推亂以易暴也.

吾聞古之士, 遭治世不避其任, 遇亂世不爲苟存.

今天下闇, 周德衰, 其竝乎周以塗吾身也, 不如避之以絜吾行.」

二子北至於首陽之山, 遂餓而死焉.

若伯夷叔齊者, 其於富貴也, 苟可得已, 則必不賴.

高節戾行, 獨樂其志, 不事於世, 此二士之節也.

옛날 주(周)나라가 일어날 때 고죽(孤竹)에 두 사람의 선비가 살았는데 백이(伯夷)와 숙제(叔齊)를 말한다.

백이와 숙제 두 사람은 서로 말했다.

"서방에 누군가 도를 터득한 사람인 듯하다 말하니 한번 가서 만나보자."

이들이 기산(岐) 남쪽에 이르자 무왕(武王)은 이 소식을 듣고

아우 숙단(叔旦)에게 마중 나가서 만나보도록 했다.

숙단은 백이와 숙제에게 맹세하며 말했다.

"녹봉(富)은 이등급이고, 벼슬(官)은 일등자리입니다."

이렇게 일방적으로 약속하고는 짐승을 죽여 피로 맹세해

맹세문을 땅에 묻었다.

두 사람은 서로 쳐다보고 웃으며 말했다.

"아, 이상하다! 이것은 우리가 말하는 도가 아닌데.

옛날에 신농(神農)씨가 천하를 차지했을 때

철 따라 정성을 다해 제사를 공경히 지냈어도 복을 빌지 않았다.

또 충성과 믿음을 다해 사람을 다스렸어도 백성으로부터 얻는 게 없었다.

신농씨는 백성과 함께 바로잡음을 즐기는 걸 정치(爲政)라고 하고,

백성과 함께 다스림을 즐기는 걸 정사(爲治)라고 했다.

신농씨는 남의 실패로 자신의 성공을 바라지 않았고,

남을 낮춰서 자신을 높이지 않았고, 시세를 만나도 이득을 챙기지 않았다.

지금 주나라는 은(殷)나라의 혼란스러움을 보고

갑자기 좋은 정치를 하려고 든다.

그래서 계략을 숭상해 돈을 뿌리고, 군대에 의지해 위세를 지키고,

짐승을 희생시켜 배를 갈라 피로 맹세해 믿음을 표시하고,

자신의 행동을 널리 알려 많은 사람을 기쁘게 하고,

남을 죽이고 다른 나라를 쳐 이득을 추구한다.

이는 난정(亂)을 밀어내고 폭정(暴)으로 이를 대체하는 일이다.

듣건대 옛 선비는 잘 다스려지는 세상을 만나면 맡은 일을 피하지 않아도

혼란스러운 세상을 만나면 구차하게 살지 않았다.

지금 천하는 혼탁하고 주나라의 덕은 쇠해 내 몸을 주나라와 나란히 더럽

히느니 차라리 주나라를 피해 내 행동을 깨끗이 하는 편이 낫다."

이에 백이와 숙제 두 사람은 수양산 북쪽에 이르러서 마침내 굶어 죽었다.

백이와 숙제라면 부귀를 구차하게 얻을 수 있었을 텐데

부귀 추구하는 걸 그쳐 무왕의 벼슬자리 제안을 필연코 받아들이지 않았다.

이들은 높은 절개와 갈고 닦은 행동으로 홀로 자신들의 뜻을 즐기고,

세상에 나와서 일을 굳이 하지 않았다.

이것이 두 선비의 절개(節)이다.

注 ──

昔周之興 有士二人處於孤竹: 옛날(昔) 주(周)나라가 일어날(興) 때 고죽에(於~孤竹) 두 사람(二人)의 선비(士)가 살다(處). 興(일어날 흥) 處(살 처)

曰伯夷叔齊: 백이(伯夷)와 숙제(叔齊)를 말하다.

二人相謂曰 吾聞西方有人: 두 사람(二人)은 서로(相) 말하다(謂). 내(吾)가 듣길(聞) 서방(西方)에 (어떤) 사람(人)이 있다(有).

似有道者 試往觀焉: (그는) 도(道)를 터득한(有) 사람(者)인 듯하니(似) 시험 삼아(試) 가서(往) (만나) 보자(觀). 似(같을 사, ~인 듯 보이다) 試(시험할 시) 往(갈 왕) 觀(볼 관)

至於岐陽 武王聞之: (이들이) 기(岐)산 남쪽에(於~陽) 이르자(至) 무왕(武王)은 (이 소식을) 듣다(聞). 至(이를 지) 聞(들을 문)

使叔旦往見之: (무왕의 아우) 숙단(叔旦)으로 하여금(使) 마중 가서(往) 만나보게(見) 하다. 往(갈 왕)

與之盟曰 加富二等 就官一列: (숙단은) 이들에게(與~之) 맹세하며(盟) 말하다. 녹봉(富)은 이등(二等) 급에 더하고(加), 벼슬(官)은 일등자리(一列)를 이루다(就). 즉 녹봉은 이등급, 벼슬은 일등급이다. 盟(맹세할 맹) 富(부 부 → 녹봉) 加(더할 가) 就(이룰 취)

血牲而埋之: (이렇게 일방적으로 약속하고는 짐승을) 희생시켜(牲~而) 피(血)로 (맹세해) 맹세문(之)을 땅에 묻다(埋). 牲(희생 생) 血(피 혈) 埋(묻을 매)

二人相視而笑曰 嘻 異哉!: 두 사람(二人)은 서로(相) 쳐다보고(視~而) 웃으며(笑) 말하다. 아(嘻) 이상하다(異)! 異(괴이할 이)

此非吾所謂道也: 이것(此)은 우리(吾)가 말하는(謂) 바(所)의 도(道)가 아니다(非).

昔者神農之有天下也: 옛날(昔者)에 신농(神農)씨가 천하(天下)를 차지하다(有). 昔者(옛 날) 有(있을 유 → 차지하다)

時祀盡敬而不祈喜: (그때) 철(時) 따라 (정성을) 다해(盡) 제사(祀)를 공경히(敬~而) (지냈어도) 복(喜)을 빌지(祈) 않다(不). 時(때 시 → 철) 盡(다할 진) 祀(제사 사) 敬(공경할 경) 喜(기쁠 희 → 복) 祈(빌 기)

其於人也 忠信盡治而無求焉: (신농씨는) 충성(忠)과 믿음(信)을 다해(盡) 사람을(於~人) 다스려도(治~而) (백성에게) 얻는(求) 게 없다(無). 忠(충성 충) 信(믿을 신) 求(구할 구 → 얻다)

樂與政爲政 樂與治爲治: (신농씨는 백성과) 함께(與) 바로잡음(政)을 즐기는(樂) 것을 위정(爲政), 즉 정치라고 하고, (백성과) 함께(與) 다스림(治)을 즐기는(樂) 것을 위치(爲治), 즉 정사라고 하다. 政(바로잡을 정) 治(다스릴 치)

不以人之壞自成也: (신농씨는) 남(人)의 무너짐으로(以~壞) 자신(自)을 이루지(成) 않다(不). 즉

남의 실패로 자신의 성공을 바라지 않는다. 壞(무너질 괴) 自(스스로 자, 자신)

不以人之卑自高也: 남(人)을 낮춰서(以~卑) 자신(自)을 높이지(高) 않다(不). 卑(낮을 비 → 낮추다) 高(높을 고 → 높이다)

不以遭時自利也: 때(時)를 만남으로(以~遭) 자신(自)의 이득(利)을 (챙기지) 않다(不). 즉 시세를 만나도 자신의 이득을 챙기지 않는다. 遭(만날 조)

今周見殷之亂而遽爲政: 지금(今) 주(周)나라는 은(殷)나라의 혼란스러움(亂)을 보고(見~而) 갑자기(遽) (좋은) 정치(政)를 하려고(爲) (든다). 亂(어지러울 란 → 혼란스러움) 遽(드디어 거, 갑자기) 政(정사 정치)

上謀而行貨: (그래서) 계략(謀)을 숭상해(上~而) 돈(貨)을 행하다(行). 즉 돈을 뿌리다. 謀(꾀할 모, 계략) 上(숭상할 상) 貨(재화 화, 돈)

阻兵而保威: 군대(兵)에 의지해(阻~而) 위세(威)를 지키다(保). 兵(군사 병) 阻(의거할 조, 의지하다) 威(위엄 위 → 위세) 保(지킬 보)

割牲而盟以爲信: (짐승을) 희생시켜(牲) (배를) 갈라(割~而) (그 피로) 맹세해(盟), 그것으로(以) 믿게 하다(爲~信). 즉 믿음을 표시하다. 牲(희생 생) 割(가를 할)

揚行以說衆: (자신의) 행동(行)을 널리 알려(揚) 그것으로(以) 많은(衆) (사람)을 기쁘게(說) 하다. 行(행할 행, 행동) 揚(나타낼 양, 드러내다 → 널리 알리다) 衆(무리 중, 많은) 說(기쁠 열)

殺伐以要利: (남을) 죽이고(殺) (다른 나라를) 쳐서(伐) 그것으로써(以) 이득(利)을 추구하다(要). 伐(칠 벌) 要(구할 요, 추구하다)

是推亂以易暴也: 이(是)는 난정(亂)을 밀어내고(推) 그것으로써(以) 폭정(暴)으로 바꾸다(易). 즉 난정을 밀어내고 폭정으로 이를 대체하는 일이다. 亂(혼란스러울 란 → 난정) 推(밀 추) 暴(난폭할 폭 → 폭정) 易(바꿀 역)

吾聞古之士 遭治世不避其任: 내(吾)가 듣건대(聞) 옛날(古) 선비(士)는 잘 다스려지는(治) 세상(世)을 만나면(遭) 맡은(任) (일을) 피하지(避) 않다(不). 古(옛 고) 治(잘다스려질 치) 遭(만날 조) 任(맡길 임) 避(피할 피)

遇亂世不爲苟存: 혼란스런(亂) 세상(世)을 만나면(遇) 구차하게(苟) 살지(爲~存) 않다(不). 遇(만날 우) 苟(구차할 구) 存(살 존)

今天下闇 周德衰: 지금(今) 천하(天下)는 혼탁하고(闇) 주(周)나라 덕(德)은 쇠하다(衰). 闇(어두울 암, 혼탁해지다) 衰(쇠할 쇠)

其竝乎周以塗吾身也: (그래서) 내(吾) 몸(身)을 주(周)나라와 나란히 해(竝) 그럼으로써(以) 더럽히다(塗). 즉 내 몸을 주나라와 나란히 더럽히다. 竝(나란히할 병) 塗(더럽힐 도)

不如避之以絜吾行: (차라리 주나라를) 피해(避) 그것으로써(以) 내(吾) 행동(行)을 깨끗이 하는(絜) 것과 같지(如) 않다(不). 즉 깨끗이 하는 편이 낫다. 避(피할 피) 絜(깨끗이할 결)

二子北至於首陽之山 遂餓而死焉: (이에 백이와 숙제) 두(二) 사람(子)은 수양산(首陽之山) 북쪽에(於~北) 이르러(至) 마침내(遂) 굶어(餓~而) 죽다(死). 遂(드디어 수, 마침내) 餓(주릴 아, 굶다)

若伯夷叔齊者 其於富貴也 苟可得已: 만약(若) 백이(伯夷)와 숙제라면(叔齊~者) 부귀를(於~富貴) 구차하게(苟) 얻을 수(可~得) (있었을 텐데 부귀 추구하는 것을) 그치다(已). 若(만일 약) 苟(구차할 구) 已(그칠 이)

則必不賴: 그런즉(則) (무왕의 벼슬자리 제안을) 필연코(必) 얻지(賴) 않다(不). 즉 받아들이지 않다. 賴(얻을 뢰)

高節戾行 獨樂其志: (이들은) 높은(高) 절개(節)와 같고 닦은(戾) 행동(行)으로 홀로(獨) (그들의) 뜻(志)을 즐기다(樂). 節(절개 절, 지조) 戾(갈 려, 연마함. 즉 갈고 닦음) 獨(홀로 독)

不事於世: 세상에(於~世) (나와 굳이) 일하지(事) 않다(不).

此二士之節也: 이것(此)이 두(二) 선비(士)의 절개(節)이다. 節(절개 절)

도척
盜 跖

도척(盜跖) 1

도척 1-1

孔子與柳下季爲友, 柳下季之弟, 名曰盜跖.

盜跖從卒九千人, 橫行天下, 侵暴諸侯, 穴室樞戶, 驅人牛馬, 取人婦女, 貪得忘親,
不顧父母兄弟, 不祭先祖.

所過之邑, 大國守城, 小國入保, 萬民苦之.

孔子謂柳下季曰:「夫爲人父者, 必能詔其子., 爲人兄者, 必能敎其弟.

若父不能詔其子, 兄不能敎其弟, 則無貴父子兄弟之親矣.

今先生, 世之才士也, 弟爲盜跖, 爲天下害, 而弗能敎也, 丘竊爲先生羞之.

丘請爲先生往說之.」

柳下季曰:「先生言爲人父者必能詔其子, 爲人兄者必能敎其弟, 若子不聽父之詔,
弟不受兄之敎, 雖今先生之辯, 將奈之何哉!

且跖之爲人也, 心如涌泉, 意如飄風, 强足以距敵, 辯足以飾非,

順其心則喜, 逆其心則怒, 易辱人以言. 先生必無往.」

孔子不聽, 顔回爲馭, 子貢爲右, 往見盜跖.

盜跖乃發休卒徒於太山之陽, 膾人肝而餔之.

孔子下車而前, 見謁者曰:「魯人孔丘, 聞將軍高義, 敬再拜謁者.」

謁者入通, 盜跖聞之大怒, 目如明星, 髮上指冠, 曰:「此夫魯國之巧僞人孔丘非邪?

爲我告之:『爾作言造語, 妄稱文武, 冠枝木之冠, 帶死牛之脅, 多辭繆說,

不耕而食, 不織而衣, 搖脣鼓舌, 擅生是非, 以迷天下之主, 使天下學士不反其本,

妄作孝弟而徼倖於封侯富貴者也.

子之罪大極重, 疾走歸! 不然, 我將以子肝益晝餔之膳!」

孔子復通曰:「丘得幸於季, 願望履幕下.」

謁者復通, 盜跖曰:「使來前!」

孔子趨而進, 避席反走, 再拜盜跖.

盜跖大怒, 兩展其足, 案劍瞋目, 聲如乳虎,

曰:「丘來前! 若所言, 順吾意則生, 逆吾心則死.」

孔子曰:「丘聞之, 凡天下人有三德: 生而長大, 美好無雙, 少長貴賤見而皆說之,

此上德也., 知維天地, 能辯諸物, 此中德也., 勇悍果敢, 聚衆率兵, 此下德也.

凡人有此一德者, 足以南面稱孤矣.

今將軍兼此三者, 身長八尺二寸, 面目有光, 脣如激丹, 齒如齊貝, 音中黃鍾,

而名曰盜跖, 丘竊爲將軍恥不取焉.

將軍有意聽臣, 臣請南使吳越, 北使齊魯, 東使宋衛, 西使晉楚,

使爲將軍造大城數百里, 立數十萬戶之邑, 尊將軍爲諸侯,

與天下更始, 罷兵休卒, 收養昆弟, 共祭先祖.

此聖人才士之行, 而天下之願也.」

공자는 유하계(柳下季)와 친구 사이인데 그에게 도척(盜跖)이란 아우가 있다.
도척은 졸개 구천 명을 거느리고 천하에 횡행하면서
제후의 영토를 침범해 사람들을 못살게 굴고,
남의 집 담에 구멍을 뚫어 문을 부숴 소와 말을 훔치고 부녀자를 겁탈하고,
이득을 탐하느라 친구를 잊고, 부모와 형제를 돌보지 않고,
심지어 조상에게도 제사를 지내지 않았다.
도척이 지나는 고을 중에 큰 나라는 성을 굳게 지켜야 했고,
작은 나라는 난을 피해서 성안에 들어와 보호를 받으면서
온 백성이 고초를 겪어야 했다.
공자가 유하계에게 말했다.
"저 사람의 아비 된 사람은 분명 자식을 훈계할 수 있고,
형 된 사람은 분명 아우를 가르칠 수 있지요.
그런데 아비가 자식을 훈계할 수 없고, 형이 아우를 가르칠 수 없으면
부자간이나 형제간이나 그 친함이 고귀하지 않지요.

지금 유하계 선생은 세상에서 재덕이 있는 선비(才士)로 알려져 있습니다.
도척이란 아우가 천하에 해를 끼치는데 형 된 처지에서 가르칠 수 없으면
저 공구는 마음속으로 선생의 수치라고 여깁니다.
그래서 공구가 선생을 대신해서 찾아가 동생을 타일러보고자 청합니다."
유하계가 말했다.
"선생이 말하길 아비 된 사람은 분명 자식을 훈계할 수 있고,
형 된 사람은 분명 아우를 가르칠 수 있다고 합니다.
그런데 자식이 아비 훈계를 듣지 않고, 아우가 형 가르침을 받지 않으면
지금 선생이 행하는 가르침도 장차 좋은 결과를 어찌 기대할 수 있나요!
또 도척의 사람됨은 그 마음이 솟아오르는 샘물과 같고,
생각은 회오리바람과 같고, 완력은 어떤 적도 막아내고,
말 잘함은 자기 잘못을 덮어 숨기기에 충분합니다.
누군가 자신의 마음을 따르면 기뻐하지만
누군가 자신의 마음을 거스르면 성내고 사람을 말로 함부로 욕되게 합니다.
그러니 선생께선 절대로 가지 마십시오."
그런데도 공자는 친구의 말을 듣지 않고
안회(顏回)를 마부로, 자공(子貢)을 호위무사로 삼아 도척을 만나보러 갔다.
도척은 그때 막 태산(太山)의 남쪽 기슭에서 자신의 부하 군졸과 쉬며,
사람의 간(肝)을 회로 썰어서 먹고 있었다.
공자는 수레에서 내려 앞으로 나아가 도척 부하 알자(謁者)를 만나 말했다.
"노(魯)나라 사람 공구가 도척 장군의 높은 뜻을 듣고 이에 공경하면서
알자에게 두 번 절하오."
알자가 들어가 이 사실을 전하니까 도척은 이 말을 듣고 크게 성을 내
눈은 샛별처럼 번뜩이고, 머리카락은 치솟아 갓을 찔렀다.
도척이 말했다.
"이 사람은 노나라 사람으로 남을 교묘하게 속이는 공구가 아닌가?
나 대신 그에게 전하라.
'그대는 말을 만들고 얘기를 지은 뒤 문왕 무왕을 칭하며 망령되이 말하고,
나뭇가지 장식이 붙은 갓을 쓰고, 죽은 소 가죽으로 만든 허리띠를 두르고,

말을 많이 늘어놓으며 잘못된 주장을 지껄이고,

농사를 짓지 않는데도 잘 먹고, 길쌈하지 않는데도 옷을 잘 해 입고,

입술을 놀리고, 혓바닥을 굴리며, 다툼의 기준을 멋대로 정해

군주를 미혹시킨다.

또 천하에 학문하는 선비를 타고난 본성으로 되돌리지 못하고,

효제(孝悌)를 함부로 말하면서 제후로부터 부귀를 요행히 누리려고 한다.

그대의 죄는 너무나 무겁다. 빨리 뛰어서 되돌아가라!

그렇지 않으면 나는 그대의 간을 점심 반찬에 보태겠다!'"

그러자 공자는 다시 알자에게 말했다.

"나는 도척의 형님인 유하계로부터 신임을 받는 친한 사이이다.

장군의 군막에서 신발이라도 보게 해주시오."

알자가 다시 아뢰니 도척이 말했다. "내 앞으로 데려와라!"

공자는 종종걸음으로 나아가 자리를 피해서 뒤로 물러나

도척에게 두 번 절했다.

도척은 그를 보자 크게 노해 발을 쩍 벌리고 칼을 어루만지면서

눈을 부릅뜨고 새끼를 거느린 호랑이와 같은 소리로 말했다.

"공자여, 앞으로 나오시오.

그대의 말이 내 뜻을 따르면 살지만 내 마음을 거스르면 죽는다."

공자가 말했다.

"제가 듣건대 천하 사람에게는 대체로 세 종류의 덕이 있다고 합니다.

타고나길 키가 크고 늠름하며, 용모는 비길 데 없이 아름답고,

젊은이든 늙은이든, 귀한 사람이든 천한 사람이든 그를 보면 모두 기뻐하는 게 상덕(上德)입니다.

앎은 천지에 두루 능통해서 모든 사물의 도리를 깨닫게 할 수 있는 게

중덕(中德)입니다.

날래면서 사납고, 또 과감하면서 많은 사람을 모아 부하로 거느리는 게

하덕(下德)입니다.

보통사람은 이 중 하나의 덕만 갖춰도 남면해 군주라 칭하기에 충분하지요.

그런데 지금 장군은 세 종류의 덕을 함께 겸비하고 있습니다.

신장은 8척 2촌으로 매우 크고, 얼굴과 눈에는 빛이 나고, 입술은 진한 붉은 색이고, 치아는 가지런한 조개껍데기와 같고,

목소리는 황종(黃鐘)의 음에 들어맞지요.

그런데도 도척이라 불리니 나는 이것이 장군에게 부끄럽다고 여겨

개인적으로 받아들이지 못합니다.

장군께서 신하의 말을 들으려는 생각이 있으면

신하인 저는 남으론 오나라와 월나라, 북으론 제나라와 노나라,

동으론 송나라와 위나라, 서로는 진나라와 초나라 사신으로 가길 청합니다.

그리고 이들 나라에 대해 장군을 위해 수백 리 사방의 큰 성을 쌓게 하고,

수십만 호 고을을 세우도록 한 뒤 장군을 높여 제후로 삼도록 할 것입니다.

이와 함께 천하를 일신해 싸움을 없애고 군사를 쉬도록 할 것입니다.

장군 형제들도 거두어 보양해서 조상에게 함께 제사 지내도록 할 겁니다.

이것이 성인과 재사(才士)의 행동이면서 동시에 천하의 바람입니다."

注 ───────────

孔子與柳下季爲友: 공자(孔子)는 유하계와(與~柳下季) 친구 사이이다(爲~友). 友(벗 우, 친구)

柳下季之弟 名曰盜跖: 유하계(柳下季)에겐 아우(弟)가 (있는데) 이름(名)을 도척(盜跖)이라 말하다. 즉 도척이란 아우가 있다.

盜跖從卒九千人 橫行天下: 도척(盜跖)은 졸개(卒) 구천 명(九千人)을 거느리며(從) 천하(天下)를 횡행하다(橫行). 從(委계할 종 → 거느리다)

侵暴諸侯: 제후(諸侯)의 (영토를) 침범해(侵) (사람들을) 못살게 굴다(暴). 侵(침범할 침) 暴(모질게 굴 폭 → 못살게 굴다)

穴室樞戶: (남의) 집(室) (담)에 구멍(穴)을 뚫어 문(戶)을 부수다(樞). 穴(구멍 혈) 戶(지게 호 → 문) 樞(칠 추 → 부수다)

驅人牛馬 取人婦女: (그래서 다른) 사람(人)의 소(牛)와 말(馬)을 훔치거나(驅) (다른) 사람(人)의 부녀자(婦女)를 겁탈하다(取). 驅(몰 구, 몰아냄 → 훔침) 取(취할 취 → 겁탈하다)

貪得忘親: 이득(得)을 탐하느라(貪) 친구(親)를 잊는다(忘). 得(이득 득) 貪(탐할 탐) 親(친할 친 → 친구) 忘(잊을 망)

不顧父母兄弟 不祭先祖: 부모(父母)와 형제(兄弟)를 돌아보지(顧) 않고(不) (심지어) 조상(先祖)에게도 제사(祭) 지내지 않는다(不). 顧(돌아볼 고) 先祖(선조)=조상 祭(제사 제)

所過之邑 大國守城: (도척이) 지나는(所~過) 고을(邑) 중에서 큰 나라(大國)는 성(城)을 (굳게)

지켜야(守) (한다). 過(지날 과) 邑(고을 읍) 守(지킬 수)

小國入保 萬民苦之: 작은(小) 나라(國)는 (난을 피해 성안에) 들어와(入) 보호받는(保) (등) 온 백성(萬民)이 고초(苦)를 겪다. 入(들 입) 保(지킬 보→보호 받다) 苦(괴로워할 고, 고초)

孔子謂柳下季曰: 공자(孔子)가 유하계(柳下季)에게 말하다(謂).

夫爲人父者 必能詔其子: 저(夫) 사람(人)의 아비 된(爲~父) 사람(者)은 분명(必) 자식(子)을 훈계할(詔) 수(能) 있다. 必(반드시 필→분명) 詔(가르칠 조→훈계하다)

爲人兄者 必能教其弟: 사람(人)의 형 된(爲~兄) 사람(者)은 분명(必) 아우(弟)를 가르칠(教) 수(能) 있다. 兄(형 형) 弟(아우 제) 教(가르칠 교)

若父不能詔其子 兄不能教其弟: (그런데) 아비(父)가 자식(子)을 훈계할(詔) 수(能) 없고(不) 형(兄)이 아우(弟)를 가르칠(教) 수(能) 없다(不).

則無貴父子兄弟之親矣: 그럼(則) 부자(父子) (간이나) 형제(兄弟) (간이나 그) 친함(親)이 고귀하지(貴) 않을(無) 뿐이다(矣). 親(친할 친) 貴(귀할 귀→고귀하다)

今先生 世之才士也: 지금(今) (유하계) 선생(先生)은 세상(世)의 재덕이 있는 선비(才士)로 (알려지다). 才士〔재덕이 있는 선비. 才(자질 재, 바탕)

弟爲盜跖 爲天下害 而弗能教也: 도척이란(爲~盜跖) 아우(弟)가 천하에(爲~天下) 해를 끼치는데(害~而) (형 된 처지에서) 그를 가르칠(教) 수(能) 없다(弗). 害(해칠 해, 해를 끼치다)

丘竊爲先生羞之: (그러면) 공구(丘)는 마음속으로(竊) 선생을 위한(爲~先生) 수치라고(羞) (여기)다. 즉 선생의 수치라고 여기다. 竊(몰래 절→마음속으로) 羞(부끄럼 수, 수치)

丘請爲先生往說之: 공구(丘)가 선생(先生)을 대신해서(爲) 가(往) 동생(之)을 타일러보고자(說) 청하다(請). 往(갈 왕) 說(말할 설, 타이름)

柳下季曰 先生言爲人父者必能詔其子: 유하계(柳下季)가 말하다. 선생(先生)이 말하길(言) 사람(人)의 아비 된(爲~父) 사람(者)은 분명(必) 자식(子)을 훈계할(詔) 수(能) 있다.

爲人兄者必能教其弟: 사람(人)의 형 된(爲~兄) 사람(者)은 분명(必) 아우(弟)를 가르칠(教) 수(能) 있다.

若子不聽父之詔 弟不受兄之教: (그런데) 자식(子)이 아비(父)의 훈계(詔)를 듣지(聽) 않고(不), 아우(弟)가 형(兄)의 가르침(教)을 받지(受) 않다(不).

雖今先生之辯 將奈之何哉!: (그러면) 아무리(雖) 지금(今) 선생(先生)이 (행하는) 가르침(辯)이라도 장차(將) (좋은 결과를) 어찌(奈之何) (기대할 수 있나)! 辯(효유할 변, 가르쳐 깨닫도록 함) 奈之何〔어찌. 奈(어찌 내) 何(어찌 하)〕 雖(비록 수→아무리 ~해도)

且跖之爲人也 心如涌泉 意如飄風: 또(且) 도척(跖)(의) 사람됨(爲人)은 마음(心)이 솟아오르는(涌) 샘물(泉)과 같고(如), 생각(意)은 회오리(飄) 바람(風)과 같다(如). 涌(샘솟을 용) 泉(샘 천) 飄(회오리바람 표) 風(바람 풍)

强足以矩敵: 완력(强)은 적(敵)을 왜소하게 만들기에(以~矩) 족하다(足). 즉 어떤 적도 막아내다. 强(굳셀 강 → 완력) 矩(짧게할 왜, 왜소하게 만듦) ※ 참고한 『莊子今註今譯』에 '矩(곱자 구)'로 표시되었는데 오자로 보아 '矩(짧게할 왜)'로 바꾸어서 해석했다.

辯足以飾非: 말 잘함(辯)은 (자기) 잘못을 덮어 숨기기에(以~飾非)에 충분하다(足). 辯(말잘할 변) 飾非〔잘못을 덮어 숨김. 飾(위장할 식) 非(허물 비)〕足(충분할 족)

順其心則喜 逆其心則怒: (자신의) 마음(心)을 따르면(順~則) 기뻐하지만(喜) (자신의) 마음(心)을 거스르면(逆~則) 성내다(怒). 順(따를 순) 喜(기쁠 희) 逆(거스를 역) 怒(성낼 노)

易辱人以言: (그러면서) 사람(人)을 말로(以~言) 함부로(易) 욕되게 하다(辱). 易(쉬울 이 → 함부로) 辱(욕되게할 욕)

先生必無往: (그러니) 선생(先生)은 절대로(必) 가지(往) 마시오(無). 必(반드시 필 → 절대로)

孔子不聽 顏回爲馭: (그런데도) 공자(孔子)는 (친구 말을) 듣지(聽) 않고(不) 안회(顏回)를 마부로 삼다(爲~馭). 馭(말부릴 어)

子貢爲右 往見盜跖: 자공(子貢)을 오른편에 앉혀(爲~右), 즉 호위무사로 삼아 도척(盜跖)을 만나보러(見) 가다(往).

盜跖乃發休卒徒於太山之陽: 도척(盜跖)은 (그때) 막(乃) 드러나서(發) 태산(太山)의 남쪽 (기슭)에서(於~陽) 부하 군졸(卒徒)과 쉬다(休). 發(드러날 발) 卒徒〔부하 군졸. 卒(군사 졸) 徒(무리 도)〕

膾人肝而餔之: (그러면서) 사람(人)의 간(肝)을 회(膾)로 (썰어) 먹다(餔). 肝(간 간) 膾(회 회) 餔(먹을 포)

孔子下車而前 見謁者曰: 공자(孔子)는 수레(車)에서 내려(下) 앞으로(前) 나아가 (도척 부하) 알자(謁~者)를 만나(見) 말하다. 車(수레 거) 下(내릴 하) 前(앞 전) 謁(아뢸 아)

魯人孔丘 聞將軍高義: 노나라 사람(魯人) 공구(孔丘)가 (도척) 장군(將軍)의 높은(高) 뜻(義)을 듣다(聞). 高(높을 고) 義(뜻 의) 聞(들을 문)

敬再拜謁者: (이에) 공경한다면서(敬) 알자(謁者)에게 두 번(再) 절하다(拜). 敬(공경할 경) 再(두 재, 다시) 拜(절 배)

謁者入通 盜跖聞之大怒: 알자(謁者)가 들어가(入) (이 사실을) 전하니(通) 도척(盜跖)은 (그 말을) 듣고(聞) 크게(大) 성내다(怒). 通(말할 통 → 전하다) 怒(성낼 노)

目如明星 髮上指冠: (그래서) 눈(目)은 샛별처럼(如~明星) (번뜩이고), 머리카락(髮)은 치솟아서(上) 갓(冠)을 찌르다(指). 明星〔샛별. 明(밝을 명) 星(별 성)〕髮(터럭 발, 머리카락) 冠(갓 관) 指(향할 지 → 찌르다)

曰 此夫魯國之巧僞人孔丘非邪?: (도척이) 말하다. 이(此) (사람은) 노(魯)나라(國) (사람으로) 남(人)을 교묘하게(巧) 속이는(僞) 공구(孔丘)가 아닌가(非~邪)? 此(이 차) 巧(교묘히 교) 僞(거짓 위, 속이다)

爲我告之: 나(我) 대신(爲) (그에게) 전하라(告). 告(알릴 고 → 전하다)

爾作言造語 妄稱文武: 너(爾)는 말(言)을 만들고(作) 얘기(語)를 지은(造) (뒤) 문왕(文)과 무왕(武)을 칭하면서(稱) 망령되이(妄) (말하다). 爾(너 이) 作(지을 작, 만들다) 語(말씀 어) 造(지을 조) 稱(일컬을 칭) 妄(허망할 망, 거짓되고 망령됨)

冠枝木之冠 帶死牛之脅: 나뭇(木) 가지(枝) 장식이 붙은 갓(冠)을 쓰고(冠), 죽은(死) 소(牛) (가죽으로 만든) 허리띠(脅)를 두르다(帶). 枝(가지 지) 冠(관 관, 또는 갓쓸 관) 脅(옆구리 협 → 허리띠) 帶(두를 대)

多辭繆說: 말(辭)을 많이(多) (늘어놓으며) 잘못된 주장(繆說)을 (지껄이다). 辭(말 사) 繆說〔잘못된 주장. 繆(틀릴 무) 說(말씀 설)〕

不耕而食 不織而衣: 농사를 짓지(耕) 않는데도(不~而) (잘) 먹고(食), 길쌈하지(織) 않는데도(不~而) 옷을 (잘 해) 입다(衣). 耕(밭갈 경 → 농사를 짓다) 織(짤 직 → 길쌈하다)

搖脣鼓舌 擅生是非: 입술(脣)을 놀리고(搖) 혓바닥(舌)을 굴리며(鼓) 멋대로(擅) 다툼(是非)의 (기준을) 정하다(生). 脣(입술 순) 搖(흔들 요 → 놀리다) 舌(혀 설) 鼓(칠 고 → 굴리다) 擅(멋대로 천) 生(만들 생)

以迷天下之主: 그럼으로써(以) 천하(天下)의 주인(主), 즉 군주를 미혹시키다(迷). 迷(미혹할 미)

使天下學士不反其本: (또) 천하(天下)에서 학문하는(學) 선비를(使~士) (타고난) 본성(本)으로 되돌리지(反) 못하다(不). 本(밑 본 → 본성) 反(되돌릴 반)

妄作孝弟而僥倖於封侯富貴者也: 함부로(妄作) 효제를 말하면서(孝弟~而) 제후로부터(於~封侯) 부귀(富貴~者)를 요행히(僥倖) (누리려고 하다). 妄作〔함부로. 妄(허망할 망) 作(지을 작)〕 孝弟〔효제. 孝(효도 효) 弟(공경할 제)〕 封侯(봉후)=諸侯(제후) 僥倖〔요행. 僥(바랄 요) 倖(다행 행)〕

子之罪大極重 疾走歸!: 너(子)의 죄(罪)는 너무(大極) 무겁다(重). 빨리 뛰어서(疾走) 돌아가라(歸)! 大極〔크게(大) 다함(極). 즉 너무나. 極(다할 극)〕 重(무거울 중) 疾走〔빨리 뛰다. 疾(빠를 질) 走(달릴 주)〕 歸(돌아갈 귀)

不然 我將以子肝益晝餔之膳!: 그렇지(然) 않으면(不) 나(我)는 네(子) 간을(以~肝) 점심(晝餔) 반찬(膳)에 보태다(將~益)! 晝餔〔점심. 晝(낮 주) 餔(먹을 포)〕 膳(반찬 선) 益(더할 익, 보태다)

孔子復通曰 丘得幸於季: 공자(孔子)는 다시(復) (알자에게) 말하다(通). 공구(丘)는 (도척의 형인) 유하계로부터(於~季) 신임을 받는 친근한(得幸) (사이이다). 復(다시 부) 得幸〔신임을 얻어 친근하다. 幸(괼 행, 총애함)〕

願望履幕下: 원컨 대(願望) 장군의 군막(幕下)에서 신발(履)이라도 (보게 해 달라). 幕(막 막, 장군 군막) 願望〔원함. 願(원할 원) 望(바랄 망)〕 履(신 리)

謁者復通 盜跖曰 使來前!: 알자(謁者)가 다시(復) 말하니(通) 도척(盜跖)이 말하다. (내) 앞으로(前) 오게 하라(使~來)! 來(올 래)

孔子趨而進 避席反走: 공자(孔子)는 종종걸음(趨)으로 나아가(進) 자리(席)를 피해(避) 뒤(反)로 물러나다(走). 趨(추창할 추, 종종걸음) 進(나아갈 진) 席(자리 석) 避(피할 피) 反(거꾸로 반) 走(다다를 주 → 물러나다)

再拜盜跖: (그런 뒤) 도척(盜跖)에게 두 번(再) 절하다(拜).

盜跖大怒 兩展其足: 도척(盜跖)은 (그를 보자) 크게(大) 노해(怒) 발(足)을 짝(兩)으로 벌리다(展). 兩(짝 량) 展(펼 전, 벌림)

案劍瞋目: (그리고) 칼(劍)을 어루만지면서(案) 눈(目)을 부릅뜨다(瞋). 劍(칼 검) 案(어루만질 안) 瞋(부릅뜰 진)

聲如乳虎 曰 丘來前!: 새끼를 거느린 호랑이와 같은(如~乳虎) 소리(聲)로 말하다. 공자(丘)여, 앞(前)으로 와라(來)! 乳虎〔새끼를 거느린 호랑이. 乳(어머니 유) 虎(범 호)〕 聲(소리 성) 前(앞 전)

若所言 順吾意則生: 네(若)가 말하는(言) 바(所)가 내(吾) 뜻(意)을 따르면(順~則) 산다(生). 順(좇을 순, 따르다)

逆吾心則死: (그렇지만) 내(吾) 마음(心)을 거스르면(逆~則) 죽는다(死). 逆(거스를 역)

孔子曰 丘聞之 凡天下人有三德: 공자(孔子)가 말하다. 공자(丘)가 듣건대(聞) 천하(天下) 사람(人)에겐 대체로(凡) 세(三) (종류의) 덕(德)이 있다(有). 凡(대개 범)

生而長大 美好無雙: 타고나길(生~而) 키가 크고 늠름하며(長大) (용모는) 비길 데(雙) 없이(無) 아름답다(美好). 長大〔키가 큼 → 키 크고 늠름함〕 雙(견줄 쌍 → 비기다) 美好〔용모가 아름다움. 美(아름다울 미) 好(아름다울 호)〕

少長貴賤見而皆說之 此上德也: 젊은이든(少) 늙은이든(長), 귀한(貴) (사람이든) 천한(賤) (사람이든 그를) 보면(見~而) 모두(皆) 기뻐하는(說) 이것(此)이 상덕(上德)이다. 貴(귀할 귀) 賤(천할 천) 說(기뻐할 열)

知維天地 能辯諸物 此中德也: 앎(知)은 천지(天地)(를 이해하는데) 기초가 되고(維), 즉 앎은 천지에 두루 능통해서 모든(諸) 사물(物)의 (도리를) 깨닫도록 만들(辯) 수(能) (있는) 이것(此)이 중덕(中德)이다. 維(바 유, 기초가 되는 것) 諸(모든 제) 辯(호유할 변, 가르쳐 깨닫게 함)

勇悍果敢 聚衆率兵 此下德也: 날래면서 사납고(勇悍) (또) 과감하면서(果敢) 많은 사람(衆)을 모아서(聚) 부하(兵)로 거느리는(率) 이것(此)이 하덕(下德)이다. 勇悍〔날래면서 사나움. 勇(날랠 용) 悍(사나울 한)〕 聚(모을 취) 率(거느릴 솔)

凡人有此一德者 足以南面稱孤矣: 보통사람(凡人)은 이(此) (중) 하나(一)의 덕(德)만 갖추어도(有~者) 남면해(以~南面) 군주(孤)라 칭하기에(稱) 충분할(足) 뿐이다(矣). 凡人〔보통사람. 凡(범상할 범, 보통)〕 孤(나 고, 왕후 또는 군주의 겸칭) 足(충분할 족) 稱(일컬을 칭)

今將軍兼此三者: (그런데) 장군(將軍)은 지금(今) 이(此) 세 종류(三者)의 (덕을) 겸비하다(兼) 兼(겸할 겸, 겸비하다)

身長八尺二寸: 신장(身長)은 8척(八尺) 이촌(二寸)으로 (매우 크다).

面目有光 脣如激丹: 얼굴(面)과 눈(目)에는 빛(光)이 있고(有), 입술(脣)은 붉은색 같다(如~激丹). 즉 진한 붉은색이다. 面(낯 면, 얼굴) 目(눈 목) 光(빛 광) 激丹[진한 붉음. 激(과격할 격) 丹(붉은 단)]

齒如齊貝 音中黃鍾: 치아(齒)는 가지런해(齊) 조개껍데기와 같고(如~貝), 목소리(音)는 황종(黃鍾)의 음에 들어맞는다(中). 齒(이 치) 齊(가지런할 제) 貝(조개 패) 音(소리 음) 中(맞을 중, 들어맞다)

而名曰盜跖 丘竊爲將軍恥不取焉: 그런데도(而) 도척(盜跖)이라고 불리니(名~曰) 공구(丘)는 (이것이) 장군에게(爲~將軍) 부끄럽다고(恥) (여겨) 개인적으로(竊) 받아들이지(取) 못하다(不). 恥(부끄러워할 치) 竊(사사로이 절 → 개인적으로) 取(취할 취, 받아들이다)

將軍有意聽臣: 장군(將軍)이 신하(臣)의 (말을) 들으려는(聽) 생각(意)이 있다(有). 意(뜻 의, 생각)

臣請南使吳越 北使齊魯: (그러면) 신하(臣)인 (저는) 남(南)으론 오(吳)나라와 월(越)나라, 북(北)으론 제(齊)나라와 노(魯)나라 사신으로 가길(使) 청하다(請). 使(사신갈 사)

東使宋衛 西使晉楚: 동(東)으론 송(宋)나라와 위(衛)나라, 서(西)론 진(晉)나라와 초(楚)나라 사신으로 가길(使) 청하다(請).

使爲將軍造大城數百里: (그리고 이들 나라)에게(使) 장군을 위해(爲~將軍) 수(數) 백리(百里) (사방의) 큰(大) 성(城)을 짓게(造) (하다). 즉 쌓게 하다. 造(지을 조)

立數十萬戶之邑: 수십만(數十萬) 호(戶)의 고을(邑)을 세우도록(立) (하다). 立(세울 립)

尊將軍爲諸侯: 장군(將軍)을 높여(尊) 제후(諸侯)로 삼게(爲) (하다). 尊(높일 존)

與天下更始 罷兵休卒: (이와) 함께(與) 천하(天下)를 일신해(更始) 싸움(兵)을 없애고(罷) 군사(卒)를 쉬게 하다(休). 更始[고쳐 다시 함 → 일신하다. 更(다시 갱) 始(처음 시)] 兵(싸움 병) 罷(그칠 파 → 없애다) 卒(군사 졸) 休(쉴 휴)

收養昆弟 共祭先祖: (또 장군) 형제(昆弟)들을 거두어서(收) 보양해(養) 조상(先祖)에게 함께(共) 제사 지내도록(祭) (하다). 昆弟[형제. 昆(형 곤) 弟(아우 제)] 收(거둘 수) 養(기를 양 → 보양하다) 共(함께 공)

此聖人才士之行 而天下之願也: 이것(此)이 성인(聖人)과 재사(才士)의 행동이면서(行~而) (동시에) 천하(天下)의 바람(願)이다. 願(원할 원)

도척 1-2

盜跖大怒曰:「丘來前! 夫可規以利而可諫以言者, 皆愚陋恒民之謂耳.

今長大美好, 人見而悅之者, 此吾父母之遺德也. 丘雖不吾譽, 吾獨不自知邪?」

「且吾聞之, 好面譽人者, 亦好背而毁之.

今丘告我以大城衆民, 是欲規我以利而恒民畜我也, 安可久長也!

城之大者, 莫大乎天下矣. 堯舜有天下, 子孫無置錐之地,,

湯武立爲天子, 而後世絕滅,, 非以其利大故邪?」

「且吾聞之, 古者禽獸多而人少, 於是民皆巢居以避之, 晝拾橡栗, 暮栖木上,

故命之日 有巢氏之民.

古者民不知衣服, 夏多積薪, 冬則煬之, 故命之日知生之民.

神農之世, 臥則居居, 起則于于, 民知其母, 不知其父, 與麋鹿共處,

耕而食, 織而衣, 無有相害之心, 此至德之隆也.

然而黃帝不能致德, 與蚩尤戰於涿鹿之野, 流血百里. 堯舜作, 立群臣,

湯放其主, 武王殺紂. 自是以後, 以强陵弱, 以衆暴寡. 湯武以來, 皆亂人之徒也.

「今子修文武之道, 掌天下之辯, 以敎後世, 縫衣淺帶, 矯言僞行, 以迷惑天下之主,

而欲求富貴焉, 盜莫大於子.

天下何故不謂子爲盜丘, 而乃謂我爲盜跖?

子以甘辭說子路而使從之, 使子路去其危冠, 解其長劍,

而受敎於子, 天下皆曰孔丘能止暴禁非.

其卒之也, 子路欲殺衛君而事不成, 身菹於衛東門之上, 是子敎之不至也. 子自謂

才士聖人邪?

則再逐於魯, 削跡於衛, 窮於齊, 圍於陳蔡, 不容身於天下.

子敎子路菹此患, 上無以爲身, 下無以爲人, 子之道豈足貴邪?

「世之所高, 莫若黃帝, 黃帝尙不能全德, 而戰涿鹿之野, 流血百里.

堯不慈, 舜不孝, 禹偏枯, 湯放其主, 武王伐紂, 文王拘羑里,

此六子者, 世之所高也, 孰論之, 皆以利惑其眞而强反其情性, 其行乃甚可羞也.」

「世之所謂賢士, 莫若伯夷叔齊. 伯夷叔齊辭孤竹之君而餓死於首陽之山, 骨肉不葬.

鮑焦飾行非世, 抱木而死. 申徒狄諫而不聽, 負石自投於河, 爲魚鼈所食.

介子推至忠也, 自割其股以食文公, 文公後背之, 子推怒而去, 抱木而燔死.

尾生與女子期於梁下, 女子不來, 水至不去, 抱梁柱而死.

此四子者, 無異於磔犬流豕操瓢而乞者, 皆離名輕死, 不念本養壽命者也.」

「世之所謂忠臣者, 莫若王子比干伍子胥.

子胥沈江, 比干剖心, 此二子者, 世謂忠臣也, 然卒爲天下笑.

自上觀之, 至于子胥比干, 皆不足貴也.

도척이 크게 노하며 말했다. "공구여, 앞으로 나오시오!

이득으로 행동을 바로잡을 수 있고, 말로 간할 수 있는 건

모두 어리석고 비천한 일반 평민에만 해당 된다고 말할 뿐이다.

지금 키가 크고 늠름하며 용모가 아름다워서 사람들이 나를 보며 기뻐하면

이는 내 부모님이 물려준 덕이다.

공구가 아무리 나를 기리지 않아도 나만 어째서 이런 사실을 모르겠는가?"

도척이 계속해서 말했다.

"또 면 전에서 남을 기리는 걸 좋아하면 등 뒤에서 헐뜯길 좋아한다 들었다.

지금 공구는 내게 큰 성과 많은 백성을 갖도록 해주겠다고 말하는데

이는 이득으로 내 행동을 바로잡으려는 일이다.

그러니 공구가 나를 맹목적으로 따르는 백성으로 취급해 길들이려 하니

이것이 어찌 오래 갈 수 있는가!

성(城)이 아무리 커도 천하보다 크지 않다.

요순임금이 천하를 소유했어도 그 자손은 지금 송곳조차 꽂을 땅이 없다.

탕임금과 무왕도 일어나서 천자가 되었지만 그들의 후손은 끊어졌다.

이것은 그들의 이익이 너무 컸기 때문이 아닌가?"

또 옛날에는 짐승은 많고 사람이 적어

백성은 모두 나무 위 높은 데 집을 짓고 짐승을 피하면서 살았다고 들었다.

또 낮에는 도토리와 밤을 줍고 저녁에는 나무 위에 올라가 잤다고 들었다.

그래서 이때 사람들을 가리켜 유소씨(有巢氏)의 백성이라고 말한다.

옛날에는 백성이 옷을 해 입을 줄 모르고,

여름에는 장작을 많이 쌓아놓고 겨울이면 그걸 태워서 불을 땠다.

그래서 이들을 가리켜 자연과 함께 살아갈 줄 아는 백성이라고 말한다.

신농(神農)씨 시대에는 누우면 안정되고 일어서면 유유자적했다.

백성은 어머니는 알아도 아버지는 몰랐다.

또 고라니와 사슴이 함께 어울려서 살고, 밭을 갈아서 식량을 거두고,

길쌈을 해 옷을 해 입고, 서로 해치려는 마음도 없었다.

이때가 지극한 덕의 융성함(至德之隆)이 이루어진 시기이다.

그런데 황제(黃帝)가 덕을 쌓지 못해 탁록의 들판에서 치우(蚩尤)와 싸움을

벌여 사람의 피가 무려 백 리에 걸쳐서 흘렀다.

요순이 왕이 되어 많은 신하를 임명하고, 탕 임금은 군주를 내쫓고,

무왕(武王)은 주(紂)를 살해했다.

이후로부터 강한 자가 약한 자를 짓밟고, 다수가 소수를 모질게 했다.

그러니 탕 임금과 무왕 이후의 모든 군주는 혼란을 일삼는 무리이다.

도척이 계속해서 말했다.

"지금 공구는 문왕과 무왕의 도를 닦아 천하의 논변을 장악해서

후세 사람들을 가르친다고 나서며,

넓고 큰 옷과 느슨하게 맨 허리띠를 차고, 거기에 헛된 말과 거짓된 행동으

로 천하의 군주들을 미혹시키고, 부귀를 추구하려고 드니

도둑치고 공구보다 더 큰 도적이 없다.

그런데 천하가 어찌해서 그대를 도적 공구(丘)라 부르지 않고

거꾸로 나를 도적 척(跖)이라 부르는가?

그대는 달콤한 말로 자로(子路)를 달랜 뒤 그대를 따르게 했다.

그리고 자로에게 용감한 사람의 상징인 높은 관을 벗기게 하고 긴 칼을 풀

게 해서 그대의 가르침을 받도록 했다.

이에 천하 모든 사람은 공구가 자로에게 한 행동을 보고

그의 사나움을 막고 잘못을 막게 했다고 말했다.

그러나 자로는 위나라 군주를 죽이려다 실패해

결국은 위나라 동문 위에서 사형을 당한 뒤 그의 몸은 소금에 절어졌다.

이것은 그대의 가르침이 지극하지 못해서이다.

그런데도 그대는 스스로 재사(才士)나 성인(聖人)을 자처하지 않는가?

그런즉 노나라에서 두 번 추방되고, 위나라에선 종적을 감추고,

제나라에선 궁지에 몰리고, 진나라와 채나라 사이에선 포위를 당해

이 넓은 천하에 그대의 얼굴과 몸을 둘 곳이 없다.

또 그대 가르침은 자로에게 소금에 절어지게 하는 재앙을 맞이하도록 했다.

이는 위로는 자신의 몸을 지키지 못하고, 아래로는 다른 사람을 지키지 못

한 거니 그대의 도가 어찌 소중하다고 할 수 있는가?

도척이 계속해서 말했다.

"세상에서 높이 받드는 사람 중에 황제(黃帝)만 한 사람이 없다.

그런데도 황제는 덕이 오히려 온전하지 못해 탁록의 들판에서 싸움을 벌여

사람의 피가 백 리에 걸쳐서 흐르게 했다.

또 요임금은 자애롭지 못했고, 순임금은 효를 다하지 못했고,

우임금은 열심히 일해 반신불수가 되었고,

탕 임금은 주군을 내쫓았고, 무왕은 주를 쳤고, 문왕은 유리(羑里)에 갇혔다.

그런데도 이 여섯 사람은 세상이 높이 받드는 사람이다.

깊이 생각하면 이 여섯 사람 행동 모두는 이득으로 진실을 미혹시키고,

자연스런 모습과 타고난 본성을 억지로 어겨 크게 미워할 만한 행동이다."

도척이 계속해서 말했다.

"세상에서 말하는 어진 선비 중에 백이(伯夷) 숙제(叔齊)만 한 사람이 없다.

이들은 고죽국 군주를 사양하고 수양산에서 굶어 죽었는데

아무도 이들을 장사지내주지 않았다.

포초(鮑焦)는 그의 행동을 훌륭히 꾸며서 세상을 비난하다 나무를 껴안고

죽었다.

신도적(申徒狄)은 군주에게 간하다 군주가 들어주지 않자

돌을 등에 지고 자신의 몸을 황하에 던져 물고기와 자라의 먹이가 되었다.

개자추(介子推)는 지극한 충신이어서 스스로 자신의 넓적다리 살을 떼어

문공(文公)을 먹여 살렸는데 그가 배신하자 개자추는 화를 내고 문공을 떠

난 뒤 나무를 껴안고 불에 타 죽었다

미생(尾生)은 여자(女子)와 다리 밑에서 다시 만나길 기약했지만 오지 않자

물이 불어서 찼는데도 떠나지 않다가 다리 기둥을 껴안고 죽었다.

이 네 사람은 악귀를 쫓기 위해 찢어진 개, 제사를 끝내고 강물에 버려진

돼지, 바가지 들고 구걸하는 거지와 하등 다를 바 없다.

이들 모두는 명분에 얽매여 죽음을 가벼이 하거나

근본만 염두에 둔 채 수명을 보양하지 않은 사람이다."

도척이 계속해서 말했다.

"세상에서 말하는 충신 중에 비간(比干)과 오자서(伍子胥)만 한 사람이 없다.

그러나 오자서는 처형을 당해 시체가 강에 던져져서 가라앉았고,

왕자 비간은 가슴이 갈라져서 죽었다.

이 두 사람은 세상에서 말하는 충신인데 결국 천하의 웃음거리가 되었다.

앞에서 말한 황제, 백이와 숙제, 포초, 신도적, 개자추, 미생에서부터

오자서와 비간에 이르기까지 이들 모두가 소중히 여겨지기엔 부족하다."

注 ───

盜跖大怒曰 丘來前!: 도척(盜跖)이 크게(大) 노하며(怒) 말하다. 공구(丘)여, 앞(前)으로 와라(來)!

夫可規以利而可諫以言者: 이득으로(以~利) (행동을) 바로잡을(規) 수 있고(可~而), 말로(以~言) 간할(諫) 수(可) 있는 것(者). 規(바로잡을 규) 諫(간할 간)

皆愚陋恒民之謂耳: (이는 모두(皆) 어리석고(愚) 비천한(陋) 일반 평민(恒民)에게만 (해당이 된다고) 말할(謂) 뿐이다(耳). 陋(낮을 루, 비천한) 恒民=平常之民(평상지민 → 일반평민)

今長大美好 人見而悅之者: 지금(今) 키가 크고 늠름하며(長大) 용모가 아름다워(美好) 사람(人)들이 (나를) 보며(見~而) 기뻐한다면(說~者).

此吾父母之遺德也: 이것(此)은 내(吾) 부모(父母)가 물려준(遺) 덕(德)이다. 遺(남길 유 → 물려주다)

丘雖不吾譽 吾獨不自知邪?: 공구(丘)가 아무리(雖) 나(吾)를 기리지(譽) 않아도(不) 나(自) 홀로(獨) (어쩌) (이런 사실을) 알지(知) 못하나(不~邪)? 雖(비록 수 → 아무리 ~해도) 譽(기릴 예) 獨(홀로 독)

且吾聞之 好面譽人者: 또(且) 내(吾)가 듣건대(聞) 면 전(面)에서 남(人)을 기리는(譽) 걸 좋아하면(好~者). 面(낯 면 → 면전) 好(좋아할 호)

亦好背而毁之: 또한(亦) 등(背) (뒤)에서 헐뜯길(毁) 좋아한다(好). 背(등 배) 毁(헐 훼, 험담을 함)

今丘告我以大城衆民: 지금(今) 공구(丘)는 내(我)게 큰(大) 성(城)과 많은(衆) 백성(民)을 (갖게) 해주겠다고(以) 말하다(告).

是欲規我以利: (그런데) 이(是)는 이득으로(以~利) 내(我) (행동을) 바로잡으려는(欲~規) (거다).

而恒民畜我也: 그러니(而) (공구가) 나(我)를 맹목적으로 따르는 백성(民畜)으로 (취급해) 길들이다(恒). 規(바를 규, 바로잡다) 民畜〔맹목적으로 따르는 백성. 畜(따를 축)〕 恒(항상할 항, 변하지 않고 그렇게 함 → 길들이다)

安可久長也!: (그러니 이것이) 어찌(安) 오래갈(久長) 수(可) 있는가! 安(어찌 안) 久長〔오래고 김. 久(오랠 구) 長(길 장)〕

城之大者 莫大乎天下矣: 성(城)이 (아무리) 커도(大~者) 천하(天下)보다 크지(大) 않다(莫).

堯舜有天下 子孫無置錐之地: 요(堯)와 순(舜)임금이 천하(天下)를 소유했어도(有) (그의) 자손

(子孫)은 (지금) 송곳(錐)조차 꽂을(置) 땅(地)이 없다(無). 錐(송곳 추) 置(둘 치 → 꽂다)

湯武立爲天子 而後世絶滅: 탕(湯) 임금과 무(武)왕도 일어나서(立) 천자(天子)가 되었어도(爲) (그들의) 후손(後世)은 끊어지다(絶滅). 立(설 립, 일어남) 後世[자손, 後(뒤 후) 世(세대 세)] 絶滅 [아주 멸망 → 끊어짐. 絶(끊어질 절) 滅(멸망할 멸)]

非以其利大故邪?: (이것은 이들의) 이득(利)이 (너무) 큼(大)으로서(以) 아닌가(非~故邪)? 즉 이득이 너무 크기 때문이 아닌가?

且吾聞之 古者禽獸多而人少: 또(且) 내(吾)가 듣건대(聞) 옛날(古者)에는 짐승(禽獸)은 많고(多 ~而) 사람(人)이 적다(少). 古(옛 고) 禽獸[짐승. 禽(날짐승 금) 獸(짐승 수)]

於是民皆巢居以避之: 이에(於~是) 백성(民)은 모두(皆) (나무 위) 높은(巢) 데 집을 짓고(以~居) (짐승을) 피하면서(避) (살다). 巢(높을 소) 居(집 거) 避(피할 피)

畫拾橡栗 暮栖木上: (또) 낮(畫)에는 도토리(橡)와 밤(栗)을 줍고(拾), 저녁(暮)에는 나무(木) 위 (上)에 (올라가서) 자다(栖). 畫(낮 주) 橡(상수리나무 상, 도토리) 栗(밤 율) 拾(주울 습) 暮(저물 모, 저녁) 栖(살 서)

故命之曰 有巢氏之民: 그래서(故) (이때 사람들을) 명해(命) 말하길 유소씨(有巢氏)의 백성(民)이다. ★ 유소씨(有巢氏)는 새가 보금자리를 만들고 사는 걸 보고 사람에게 집 짓는 것을 가르쳤다는 전설적인 성인이다.

古者民不知衣服: 옛날(古者)에는 백성(民)이 옷(服)을 (해) 입을(衣) 줄 알지(知) 못하다(不). 服 (옷 복) 衣(입을 의)

夏多積薪 冬則煬之: 여름(夏)에는 장작(薪)을 많이(多) 쌓아놓고(積) 겨울이면(則~冬) (그것을) 태워 불을 때다(煬). 夏(여름 하) 積(쌓을 적) 薪(땔나무 신) 冬(겨울 동) 煬(땔 양)

故命之曰知生之民: 그래서(故) (이들을) 명해(命) 말하길 살아갈(生) 줄 아는(知) 백성(民)이다. 生(살 생, 살아가다)

神農之世 臥則居居: 신농(神農)씨 시대(世)에는 누우면(臥~則) 안정이 되다(居居). 臥(누울 와) 居居[안정된 모양. 居(안정된모양 거)]

起則于于: 일어서면(起~則) 유유히 자적하다(于于). 起(일어날 기) 于于[보행하는 모양 → 유유히 자적하다. 于(할 우)]

民知其母 不知其父: 백성(民)은 어머니(母)는 알아도(知) 아버지(父)를 알지(知) 못하다(不).

與麋鹿共處: (또) 고라니(麋)와 사슴과(與~鹿) 함께(共) (어울려서) 살다(處). 麋(큰사슴 미, 고라니) 鹿(사슴 록) 處(살 처)

耕而食 織而衣: 밭을 갈아(耕~而) 식량을 거두고(食~而) 길쌈을 해(織~而) 옷을 (해) 입다(衣). 耕(밭갈 경) 食(밥 식 → 식량) 織(짤 직, 베를 짜다 → 길쌈하다) 衣(옷 의 → 옷을 입다)

無有相害之心: 서로(相) 해치려는(害) 마음(心) 있음(有)이 없다(無). 害(해칠 해)

此至德之隆也: 이(此) (때가) 지극한(至) 덕(德)의 융성함(隆)이 (이루어진 시기이다). 隆(성할 륭 → 융성함)

然而黃帝不能致德: 그런데(然而) 황제(黃帝)가 덕(德)에 이를(致) 수(能) 없다(不). 즉 덕을 쌓지 못하다. 致(이를 치)

與蚩尤戰於涿鹿之野 流血百里: 탁록(涿鹿)의 들판에서(於~野) 치우와(與~蚩尤) 싸움을 벌여(戰) (사람의) 피(血)가 (무려) 백리(百里)에 (걸쳐서) 흐르다(流).

堯舜作 立群臣: 요순(堯舜)이 일어나(作), 즉 요순이 왕이 되어 많은(群) 신하(臣)를 임명하다(立). 作(일어날 작) 群(많을 군) 立(세울 립, 자리에 앉히다)

湯放其主 武王殺紂: 탕(湯) 임금은 군주(主)를 내쫓고(放), 무왕(武王)은 주(紂)를 죽이다(殺). 主(군주 주) 放(내칠 방) 殺(죽일 살)

自是以後 以强陵弱: 이(是) 후로(以~後)부터(自) 강함으로(以~强) 약함(弱)을 짓밟다(陵). 즉 강한 자가 약한 자를 짓밟다. 自(로부터 자) 陵(짓밟을 릉)

以衆暴寡: 많음으로써(以~衆) 적음(寡)을 모질게 굴다(暴). 즉 다수가 소수를 모질게 하다. 寡(적을 과) 暴(모지게굴 폭)

湯武以來 皆亂人之徒也: (그러니) 탕(湯) 임금과 무(武)왕 이후(以來)의 모든(皆) (군주는) 혼란(亂)을 (일삼는) 무리(人~徒)이다. 亂(어지러울 란 → 혼란) 徒(무리 도)

今者修文武之道 掌天下之辯: 지금(今者) (공구는) 문(文)왕과 무(武)왕의 도(道)를 닦아(修) 천하(天下)의 논변(辯)을 장악하다(掌). 修(닦을 수) 辯(말 잘할 변 → 논변) 辯(논할 변 → 논변) 掌(말을 장 → 장악)

以敎後世: 그럼으로써(以) 후세(後世) (사람을) 가르친다고(敎) (나서다).

縫衣淺帶 矯言僞行: (그리고) 넓고 큰 옷(縫衣)과 느슨하게 맨 허리띠(淺帶)를 (매고), (거기에) 헛된(矯) 말(言)과 거짓된(僞) 행동(行). 縫衣〔넓고 큰 옷. 縫(꿰멜 봉) 衣(옷 의)〕 淺帶〔허리띠를 느슨하게 맴. 淺(얕을 천) 帶(띠 대)〕 矯(속일 교) 僞(거짓 위)

以迷惑天下之主: 그것으로(以) 천하(天下)의 군주(主)들을 미혹시키다(迷惑). 迷惑〔정신이 헷갈려 헤맴. 迷(헤맬 미) 惑(미혹할 혹)〕

而欲求富貴焉: 그리고(而) 부귀(富貴)를 추구하려고(欲~求) (든다).

盜莫大於子: 도적(盜)이 너보다(於~子) (더) 크지(大) 않다(莫). 즉 도적치고 너보다 더 큰 도적이 없다. 盜(도적 도)

天下何故不謂子爲盜丘: (그런데) 천하(天下)가 어찌한(何) 고로(故) 너(子)를 도적(盜) 공구(爲~丘)라 부르지(謂) 않는다(不).

而乃謂我爲盜跖?: 그리고(而) 거꾸로(乃) 나(我)를 도적(盜) 척(爲~跖)이라고 부르는가(謂)? 乃(이에 내 → 거꾸로)

子以甘辭說子路而使從之: 너(子)는 달콤한(甘) 말(辭)로 자로(子路)를 달랜 뒤(以說~而) (너를) 따르게 하다(從~使). 甘(달 감) 辭(말 사) 說(말랠 세) 從(좇을 종, 따르다)

使子路去其危冠 解其長劍: 자로(子路)로 하여금(使) (용감한 사람의 상징인) 높은 관(危冠)을 벗기고(去) 긴(長) 칼(劍)을 풀어 놓게(解) 하다. 使(하여금 사) 危冠〔높은 관. 危(높을 위) 冠(갓관)〕去(제거할 거, 벗기다) 劍(칼 검) 解(풀 해)

而受敎於子: 그리고(而) 너에게(於~子) 가르침(敎)을 받도록(受) (하다). 敎(가르침 교) 受(받을 수)

天下皆曰孔丘能止暴禁非: 이에) 천하(天下) 모든(皆) (사람이) 말하다. 공구(孔丘)가 (자로에게 한 행동을 보고 그의) 사나움(暴)을 막고(止) 잘못(非)을 금할(禁) 수(能) 있게 하다. 즉 잘못을 막게 하다. 暴(사나울 폭) 止(그칠 지 → 막다) 非(아닐 비 → 잘못된) 禁(금할 금)

其卒之也 子路欲殺衛君而事不成: (그러나) 자로(子路)는 결국(卒) 위(衛)나라 군주(君)를 죽이려다(欲~殺) 그리고(而) 일(事)을 성공시키지(成) 못하다(不). 卒(마침내 졸 → 결국)

身菹於衛東門之上: 위(衛)나라 동문(東門) 위에서(於~上) (사형을 당한 뒤 그의) 몸(身)은 (소금에) 절여지다(菹). 菹(절임 저)是子敎之不至也: 이것(是)은 너(子)의 가르침(敎)이 지극하지(至) 못해서이다(不).

子自謂才士聖人邪?: (그런데도) 너(子)는 스스로(自) 재사(才士)나 성인(聖人)을 자처하지(謂) 않는가(邪)? 謂(말할 위 → 자처하다)

則再逐於魯 削跡於衛 窮於齊: 그런즉(則) 노나라에서(於~魯) 두 번(再) 추방되고(逐), 위나라에선(於~衛) 종적을 감추고(削跡), 제나라에선(於~齊) 궁지에 몰리다(窮). 逐(내쫓을 축, 쫓아내다 → 추방되다) 削跡〔종적을 감춤. 削(지울 삭) 跡(자취 적)〕窮(궁할 궁 → 궁지)

圍於陳蔡 不容身於天下: 진(陳)나라와 채나라 (사이)에선(於~蔡) 포위를 당해(圍) (이 넓은) 천하에(於~天下) (자신의) 얼굴(容)과 몸(身)을 (둘 곳이) 없다(不). 圍(에울 위, 둘러쌈 → 포위를 당하다) 容(얼굴 용) 身(몸 신)

子敎子路菹此患: (또) 너(子)의 가르침(敎)은 자로(子路)에게 소금에 절여지게(菹) 하는 이런 (此) 재앙(患)을 (맞이하게 하다). 患(재앙 환)

上無以爲身 下無以爲人: (이는) 위(上)로는 (자신의) 몸(身)을 지키지(爲) 못하고(無~以) 아래 (下)로는 다른 사람(人)을 지키지(爲) 못한(無~以) (것이다).

子之道豈足貴邪?: (그러니) 너(子)의 도(道)가 어찌(豈) 소중할(貴) 수(足) 있는가(邪)? 豈(어찌 개) 貴(귀할 귀 → 소중한)

世之所高 莫若黃帝: 세상(世)에서 높이(高) (받드는) 사람(所) 중에 황제(黃帝) 같은(若) (이가) 없다(莫). 즉 황제만 한 사람이 없다. 高(높을 고) 若(같을 약)

黃帝尙不能全德: (그런데도) 황제(黃帝)는 덕(德)이 오히려(尙) 온전할(全) 수(能) 없다(不). 즉 온전하지 못하다 尙(오히려 상)

而戰涿鹿之野 流血百里: 그래서(而) 탁록(涿鹿)의 들판(野)에서 싸움(戰)을 (벌여 사람의) 피(血)가 백리(百里)에 (걸쳐서) 흐르게(流) (하다). 野(들 야) 戰(싸울 전) 血(피 혈) 流(흐를 류)

堯不慈 舜不孝 禹偏枯: (또) 요(堯)임금은 자애롭지(慈) 못하고(不), 순(舜)임금은 효도(孝)를 (다하지) 못하고(不), 우(禹)임금은 (열심히 일해) 반신불수(偏枯)가 되다. 慈(사랑할 자 → 자애) 孝(효도 효) 偏枯〔반신불수. 偏(반신불수 편) 枯(마를 고)〕

湯放其主 武王伐紂: 탕(湯)임금은 주군(主)을 내쫓고(放), 무왕(武王)은 주(紂)를 치다(伐). 放(내칠 방 → 내쫓다) 伐(칠 벌)

文王拘羑里: 문왕(文王)은 유리(羑里)의 (땅에) 갇히다(拘). 拘(잡힐 구 → 갇히다)

此六子者 世之所高也: (그런데도) 이(此) 여섯 사람(六子~者)은 세상(世)이 높이(高) (받드는) 사람(所)이다.

孰論之: 깊이 생각하다(孰論). 孰論=熟論〔깊이 생각해 의논함. 孰(익을 숙) 論(말할 논)〕

皆以利惑其眞: (그러면 이 여섯 사람) 모두(皆)는 이득으로(以~利) 진실(眞)을 미혹시키다(惑).

而强反其情性: 그리고(而) 자연스러운 모습과 타고난 본성(情性)을 억지로(强) 어기다(反). 情性〔자연스러운 모습과 타고난 본성. 情(실상 정, 자연스러운 모습) 性(성품 성, 타고난 본성)〕 强(억지로 강)

其行乃甚可羞也: 이에(乃) (이들의) 행동(行)은 크게(甚) 미워할(羞) 만하다(可). 즉 크게 미워할 만한 행동이다. 甚(심할 심 → 크게) 羞(미워할 수)

世之所謂賢士 莫若伯夷叔齊: 세상(世)에서 말하는(所謂) 어진(賢) 선비(士) (중에) 백이(伯夷)와 숙제(叔齊) 같은(若) (이가) 없다(莫). 즉 백이와 숙제만한 사람이 없다.

伯夷叔齊辭孤竹之君而餓死於首陽之山: 백이(伯夷)와 숙제(叔齊)는 고죽국(孤竹) 군주(君)를 사양하고(辭~而) 수양산에서(於~首陽之山) 굶어죽다(餓死). 辭(사양할 사) 餓死〔굶어죽다. 餓(주리 아) 死(죽을 사)〕

骨肉不葬: (그런데 아무도 이들의) 시체(骨肉)를 장사지내지(葬) 않다(不). 骨肉〔뼈(骨)와 살(肉) → 시체〕 葬(장사지낼 장)

鮑焦飾行非世 抱木而死: 포초(鮑焦)는 (그의) 행동을 훌륭하게 꾸며(飾行) 세상(世)을 비난하다(非) 나무(木)를 껴안고서(抱~而) 죽다(死). 飾行〔행동을 꾸밈. 행실이 훌륭하게 보이는 것처럼 보이게 함. 飾(꾸밀 식)〕 非(헐뜯을 비, 비난하다) 抱(안을 포, 껴안다)

申徒狄諫而不聽: 신도적(申徒狄)은 (군주에게) 간하다(諫) (군주가) 들어주지(聽) 않다(不). 諫(간할 간)

負石自投於河 爲魚鼈所食: (그러자) 돌(石)을 (등에) 지고(負) 황하에(於~河) 자신(自)의 몸을 던져(投) 물고기(魚)와 자라(鼈)의 먹이(所~食)가 되다(爲). 負(질 부) 投(던질 투) 魚(고기 어) 鼈(자라 별) 食(밥 식 → 먹이)

介子推至忠也 自割其股以食文公: 개자추(介子推)는 지극한(至) 충신(忠)이다. (그래서) 스스로(自) (자신의) 넓적다리(股) (살을) 떼어(割) 그럼으로써(以) 문공(文公)을 먹이다(食). 股(넓적다리 고) 割(가를 할 → 떼다) 食(먹을 식)

文公後背之 子推怒而去: (그런데) 문공(文公)이 등(背)을 뒤(後)로 하자, 즉 배신하자 개자추(子推)는 화를 내고(怒) 떠나다(去). 背(등 배) 後(뒤 후) 怒(성낼 노, 화내다) 去(갈 거, 떠나다)

抱木而燔死: 나무(木)를 껴안고서(抱~而) 불에 타(燔) 죽다(死). 抱(안을 포, 껴안다) 燔(불사를 번 → 불에 타다)

尾生與女子期於梁下 女子不來: 미생과(與~尾生) 여자(女子)는 다리(梁) 밑에서(於~下) (다시 만나길) 기약했는데(期) 여자(女子)가 오지(來) 않다(不). 梁(다리 양) 下(아래 하, 밑) 期(기약할 기) 來(올 래)

水至不去 抱梁柱而死: (그러자) 물(水)이 (불어) 찼는데도(至) 떠나지(去) 않다가(不) 다리(梁) 기둥(柱)을 껴안고서(抱~而) 죽다(死). 至(이를 지 → 차다) 柱(기둥 주)

此四子者 無異於磔犬流豕操瓢而乞者: 이(此) 네 사람(四子~者)은 (악귀를 쫓기 위해) 찢어진(磔) 개(犬), 강물에 버려진(流) 돼지(豕), 바가지(瓢)를 들고(操~而) (구걸하는 거지)와(於) (하등) 다르지(異) 않다(無). 磔(찢을 책) 犬(개 견) 流(내칠 류 → 버려지다) 豕(돼지 시) 瓢(박 표, 바가지) 操(잡을 조 → 들다)

皆離名輕死 不念本養壽命者也: (이들) 모두(皆)는 명분(名)에 얽매여(離) 죽음(死)을 가벼이(輕) (하거나) 근본(本)만 염두(念)에 둔 채 수명(壽命)을 보양하지(養) 않은(不) 사람(者)이다. 離(붙을 리 → 얽매임) 輕(가벼울 경) 念(생각할 념)

世之所謂忠臣者 莫若王子比干伍子胥: 세상(世)에서 말하는(所謂) 충신(忠臣~者) (중에) 왕자(王子) 비간(比干)과 오자서(伍子胥) 같은(若) (사람이) 없다(莫). 즉 비간과 오자서만 한 사람이 없다. 莫(없을 막)

子胥沈江 比干剖心: (그러나) 오자서(子胥)는 (처형당해 시체가) 강(江)에 (던져져) 가라앉고(沈), (왕자) 비간(比干)은 가슴(心)이 갈라지다(剖). 沈(가라앉을 침) 剖(가를 부)

此二子者 世謂忠臣也: 이(此) 두 사람(二子~者)은 세상(世)에서 말하는(謂) 충신(忠臣)이다.

然卒爲天下笑: 그런데(然) 결국(卒) 천하(天下) 웃음거리(笑)가 되다(爲). 然(그런데 연) 卒(마침내 졸 → 결국) 笑(웃을 소, 웃음거리)

自上觀之: 위(上)로부터(自) 보면(觀), 즉 앞에서 말한 황제, 백이·숙제, 포초, 신도적, 개자추, 미생에서부터.

至于子胥比干 皆不足貴也: 오자서(子胥)나 비간(比干)에 이르기까지(至) (이들이) 모두(皆) 소중하다(貴) (여겨지기엔) 부족하다(不足). 至(이를 지) 于(어조사 우)

도척 1-3

「丘之所以說我者, 若告我以鬼事, 則我不能知也.,

若告我以人事者, 不過此矣, 皆吾所聞知也.

「今吾告子以人之情, 目欲視色, 耳欲聽聲, 口欲察味, 志氣欲盈.

人上壽百歲, 中壽八十, 下壽六十, 除病瘦死喪憂患, 其中開口而笑者,

一月之中不過四五日而已矣.

天與地無窮, 人死者有時, 操有時之具而托於無窮之間, 忽然無異騏驥之馳過隙也.

不能說其志意, 養其壽命者, 皆非通道者也.」

「丘之所言, 皆吾之所棄也, 亟去走歸, 無復言之!

子之道, 狂狂汲汲, 詐巧虛僞事也, 非可以全眞也, 奚足論哉!」

孔子再拜趨走, 出門上車, 執轡三失, 目芒然無見, 色若死灰, 據軾低頭, 不能出氣.

歸到魯東門外, 過遇柳下季.

柳下季曰:「今者闕然數日不見, 車馬有行色, 得微往見跖邪?」

孔子仰天而歎曰:「然.」

柳下季曰:「跖得無逆汝意若前乎?」

孔子曰:「然. 丘所謂無病而自灸也, 疾走料虎頭, 編虎須, 幾不免虎口哉!」

도척이 계속해서 말했다.

"공구가 달콤한 말로 나를 달래려는 바가 뭔지 모르지만
내게 귀신에 관한 일(鬼事)을 말하면 나는 알 수 없다.
그러나 사람에 관한 일(人事)을 말하면 여기를 벗어나지 못할 거다.
사람에 관한 모든 일은 내가 들어서 잘 아는 바다.

도척이 계속해서 말했다.

"이제 나는 그대에게 사람의 참 모습(情)에 대해 말하겠다.
눈은 좋은 색을 보려 하고, 귀는 좋은 소리를 들으려 하고,
입은 좋은 맛을 살피려 하고, 의기는 만족을 채우려 한다.
그런데 사람이 가장 오래 사는 게 백살이고, 중간으로 오래 사는 게 80살이
고, 아래로 오래 사는 게 60살이다.
게다가 병들고, 여위고, 죽고, 상제 노릇 하고, 걱정하고, 근심하는 시간을

빼면 입을 열고 웃고 지내는 시간은 한 달로 치면 불과 사오일이다.
하늘과 땅은 무궁해도 사람은 때가 되면 죽게 마련이어
사람은 유한한 몸을 부려 무궁한 공간에 의탁하는 존재이다.
그러니 사람이 사는 시간은
준마가 좁은 틈 사이를 달려서 홀연히 지나가는 것과 다르지 않다.
자신의 뜻을 기쁘게 하지 못하거나 수명을 제대로 보양하지 못하면
이 모두는 도에 통하지 못해서이다.
또 공구가 말하는 모든 것들은 이미 내가 버린 것들이니
빨리 여기를 떠나 줄달음쳐 돌아가서 다시는 그런 얘기를 꺼내지 마라!"
도척이 계속해서 말했다.
"그대의 도는 본성을 잃어 급급하고,
또 사기와 허위의 일이므로 참됨을 온전히 보전하지 못한다.
그러니 어찌 언급할 가치가 있는가!"
공자는 허겁지겁 두 번 절하고 종종걸음으로 달려서 문을 나와
수레에 오른 뒤 말고삐를 잡으려고 했지만 세 번이나 놓쳤다.
눈은 망연해져 보이는 게 없었고, 안색은 잿빛과 같았다.
머리는 수레의 앞턱 가로나무에 기대어 떨어뜨린 채
숨도 제대로 내쉬지 못했다.
집으로 돌아오다 노(魯)나라 동문 밖을 지나면서 유하계를 우연히 만났다.
유하계가 말했다.
"요즘 뜸해 며칠 보질 못했네.
수레와 말이 길떠난 행색이 있으니 몰래 도척을 만나고 온 게 아닌가?"
공자는 하늘을 우러러보고 탄식하며 대답했다. "그러하네."
유하계가 말했다.
"척이란 녀석은 전에 말한 것처럼 자네의 뜻을 거스르지 않았는가?"
공자가 말했다.
"그러하네. 나는 이른바 병이 없는데도 스스로 걱정거리를 만들었네.
빨리 달려서 호랑이 머리를 잡아당기고, 또 호랑이 수염을 땋았으니
하마터면 호랑이 밥 신세를 면치 못할뻔했네."

丘之所以說我者: 공구(丘)가 나(我)를 (달콤한 말로) 달래려는(以~說) 바(所~者)가 (무엇인지 모른 다). 說(달랠 세)

若告我以鬼事 則我不能知也: 만약(若) 내(我)게 귀신(鬼) 일을(以~事者) 말하면(告~則) 난(我) 알(知)수 없다(不能). 鬼(귀신 귀)

若告我以人事者 不過此矣: (그러나) 만약(若) 내(我)게 사람(人) 일을(以~事者) 말하면(告~則) 여기(此)를 벗어나지(過) 못할(不) 뿐이다(矣). 過(지날 과 → 벗어나다)

皆吾所聞知也: (사람에 관한) 모든(皆) (일은) 내(吾)가 들어(聞) (잘) 아는(知) 바(所)다. 聞(들을 문)

今吾告子以人之情: 이제(今) 나(吾)는 너(子)에게 사람(人)의 참 모습(以~情) 대해 말하다(告). 情(실상 정, 참 모습)

目欲視色 耳欲聽聲: 눈(目)은 (좋은) 색(色)을 보려 하고(欲~視), 귀(耳)는 (좋은) 소리(聲)를 들 으려 하다(欲~聽).

口欲察味 志氣欲盈: 입(口)은 (좋은) 맛(味)을 살피려 하고(欲~察), 의기(志氣)는 (만족을) 채우 려 하다(欲~盈). 察(살필 찰) 志氣=意氣(의기) 盈(찰 영 → 채우다)

人上壽百歲 中壽八十 下壽六十: (그런데) 사람(人)이 가장(上) 오래 사는(壽) 게 백세(百歲)이 고, 중간(中)으로 오래 사는(壽) 게 팔십(八十) (세)이고, 아래로(下) 오래 사는(壽) 게 육십(六十) 세이다. 上(위 상 → 가장) 壽(오래살 수)

除病瘦死喪憂患: (게다가) 병들고(病), 야위고(瘦), 죽고(死), 상제 노릇하고(喪), 걱정하고(憂), 근심하는(患) (시간을) 제외하다(除). 瘦(파리할 수, 몸이 야윔) 喪(상복 입을 상, 상제 노릇함) 憂(근심 우, 걱정) 患(근심 환) 除(덜 제 → 제외하다)

其中開口而笑者: (그러면 그) 가운데(中) 입(口)을 열고(開~而) 웃고(笑) (지내는) 시간(者). 開 (열 개)

一月之中不過四五日而已矣: 한(一) 달(月) 가운데(中), 즉 한 달로 치면 불과(不過) 사오(四五) 일(日)이다.

天與地無窮 人死者有時: 하늘과(與~天) 땅(地)은 무궁(無窮)해도 사람(人)이 죽는(死) 건(者) 때(時)가 있다(有). 즉 사람은 때가 되면 죽게 마련이다. 時(때 시)

操有時之具而托於無窮之間: (그래서 사람은) 때(時)가 있는(有) 몸(具), 즉 유한한 몸을 부려서 (操~而) 무궁한(無窮) 공간에(於~間) 의탁하는(托) 존재이다. 時(때 시) 具(갖출 구 → 몸) 操(부릴 조) 間(사이 간 → 공간) 托(의탁할 탁)

忽然無異騏驥之馳過隙也: (그러니 사람이 사는 시간은) 준마(騏驥)가 좁은 틈(隙) (사이를) 달려서 (馳) 홀연히(忽然) 지나가는(過) 것과 다르지(異) 않다(無). 騏驥(준마. 騏(준마 기) 驥(준마 기)) 隙(틈 극) 馳(달릴 치) 過(지날 과)

不能說其志意 養其壽命者: (자신의) 뜻(志意)을 기쁘게(說) (하지) 못하거나(不) 수명(壽命)을 (제대로) 보양할(養) 수(能) 없다면(不~者). 說(기뻐할 열)

皆非通道者也: (이) 모두(皆)는 도(道~者)에 통하지(通) 못해서이다(非). 通(통할 통)

丘之所言 皆吾之所棄也: (또) 공구(丘)가 말하는(言) 바(所) 모두(皆)는 (이미) 내(吾)가 버린(棄) 것(所)이다. 棄(버릴 기)

亟去走歸 無復言之!: (그러니 여기를) 빨리(亟) 떠나(去) 줄달음쳐(走) 돌아가서(歸) (다시는) 말(言)을 되풀이하지(復) 말라(無)! 즉 다시는 그런 얘기를 꺼내지 말라! 亟(빠를 극) 走(달릴 주) 歸(돌아갈 귀) 復(되풀이할 복)

子之道 狂狂汲汲: 너(子)의 도(道)는 본성을 잃어(狂狂) 급급하다(汲汲). 狂狂〔본성을 잃다. 狂(미칠 광)〕 汲汲〔쉬지 않고 힘쓰는 모양. 汲(분주할 급)〕

詐巧虛僞事也: (또) 사기(詐巧)와 허위(虛僞)의 일(事)이다. 詐巧〔사기. 詐(속일 사) 巧(교묘할 교)〕

非可以全眞也: (그러므로) 참됨(眞)을 온전히(以~全) (보전할) 수(可) 있는 게 아니다(非). 眞(참 진, 참됨) 全(온전할 전)

奚足論哉!: (그러니) 의논하기에(論) 어찌(奚) 충분한가(足)! 즉 언급할 가치가 어찌 있는가! 奚(어찌 해) 論(논할 논)

孔子再拜趨走 出門上車: 공자(孔子)는 (허겁지겁) 두 번(再) 절하고(拜) 종종걸음으로(趨) 달려서(走) 문(門)을 나와(出) 수레(車)에 오르다(上). 趨(추창할 추, 종종걸음으로 빨리 걷다) 走(달릴 추)

執轡三失: 말고삐(轡)를 잡으려(執) (하다) 세 번(三)이나 놓치다(失). 轡(고삐 비) 執(잡을 집) 失(잃을 실 → 놓치다)

目芒然無見 色若死灰: 눈(目)은 망연해져(芒然) 보이지(見) 않고(無) 안색(色)은 잿빛처럼(若~死灰) (되다). 死灰〔잿빛. 灰(재 회)〕

據軾低頭 不能出氣: 머리(頭)는 수레 앞턱 가로나무(軾)에 기대어(據) 떨어뜨린(低) (채) 숨(氣)도 (제대로) 내쉴(出) 수(能) 없다(不). 軾(수레앞턱가로나무 식) 據(의거할 거, 의지) 頭(머리 두) 低(숙일 저 → 떨어뜨리다) 氣(숨 기) 出(날 출 → 내쉬다)

歸到魯東門外 過遇柳下季: (집으로) 돌아옴(歸)에 이르러(到), 즉 집으로 돌아오다 노(魯)나라 동문(東門) 밖(外)을 지나면서(過) 유하계(柳下季)를 (우연히) 만나다(遇). 歸(돌아올 귀) 到(이를 도) 過(지날 과) 遇(만날 우, 우연히 만나다)

柳下季曰 今者闕然數日不見: 유하계(柳下季)가 말하다. 요즘(今者) 뜸해(闕然) 며칠(數日) 보지(見) 못하다(不). 闕然〔모자라 완전하지 않은 모양 → 뜸하다. 闕(궐할 궐. 모자람)〕

車馬有行色 得微往見跖邪?: 수레(車)와 말(馬)이 길 떠난 행색(行色)이 있으니(有) 몰래(微) 가서(往) 도척(跖)을 만날(見) 수(得) 있던 게 아닌가(邪)? 行色〔길을 떠날 무렵의 상황이나 분위기. 行(갈 행)〕 微(은밀할 미 → 몰래)

孔子仰天而歎曰 然: 공자(孔子)는 하늘(天)을 우러러보고(仰) 탄식하며(歎) 말하다. 그렇다 (然). 仰(우러를 앙) 歎(한숨쉴 탄)

柳下季曰 跖得無逆汝意若前乎?: 유하계(柳下季)가 말하다. (도둑) 척(跖)이란 (녀석이) 전(前)에 (말한 것)처럼(若) 너(汝)의 뜻(意)을 거스를(逆) 수(得) 있지 않는가(無)? 汝(너 여) 逆(거스를 역)

孔子曰 然: 공자(孔子)가 말하다. 그렇다(然).

丘所謂無病而自灸也: 공구(丘)는 이른바(所謂) 병(病)이 없는데도(無~而) 스스로(自) 걱정거리를 만들다(灸). 無病自灸〔병이 없는데 스스로 걱정거리를 마들다. 灸(뜸 구, 뜸질하다)〕

疾走料虎頭 編虎須: 빨리 달려(疾走) 호랑이(虎) 머리(頭)를 잡아당기고(料), (또) 호랑이(虎) 수염(須)을 땋다(編). 疾走〔질주. 달려감. 疾(빠를 질) 走(달릴 주)〕 虎(범 호, 황랑이) 頭(머리 두) 料(잡아당길 료) 須(수염 수) 編(땋을 편)

幾不免虎口哉!: (그러니) 하마터면(幾) 호랑이 밥(虎口) (신세를) 면치(免) 못할(不) (뻔하다)! 幾 (거의 기, 하마터면) 虎口〔호구, 호랑이 밥. 대단히 위험한 경우를 비유. 口(입 구)〕 免(면할 면)

도척(盜跖) 2

도척 2-1

子將問於滿苟得曰:「蓋不爲行? 無行則不信, 不信則不任, 不任則不利.

故觀之名, 計之利, 而義眞是也.

若棄名利, 反之於心, 則夫士之爲行, 不可一日不爲乎!」

滿苟得曰:「無恥者富, 多言者顯. 夫名利之大者, 幾在無恥而言.

故觀之名, 計之利, 而言眞是也.

若棄名利, 反之於心, 則夫士之爲行, 拘其天乎!」

子將曰:「昔者桀紂貴爲天子, 富有天下,

今謂臧聚曰, 汝行如桀紂, 則有怍色, 有不服之心者, 小人所賤也.

仲尼墨翟, 窮爲匹夫, 今謂宰相曰, 子行如仲尼墨翟, 則變容易色稱不足者, 士誠貴也.

故勢爲天子, 未必貴也., 窮爲匹夫, 未必賤也., 貴賤之分, 在行之美惡.」

滿苟得曰:「小盜者拘, 大盜者爲諸侯, 諸侯之門, 仁義存焉.

昔者桓公小白殺兄入嫂, 而管仲爲臣., 田成子常殺君竊國, 而孔子受幣.

論則賤之, 行則下之, 則是言行之情悖戰於胸中也, 不亦拂乎!

故書曰：『孰惡孰美？成者爲首，不成者爲尾.』

공자의 제자 자장(子張)이 만구득(滿苟得)에게 물었다.

"어째서 인의(仁義)를 행하지 않는가?

인의를 행하지 않으면 사람을 믿지 못하고,

사람을 믿지 못하면 벼슬을 맡지 못하고, 벼슬을 맡지 못하면 이득이 없네.

따라서 명분(名)으로 보나 이득(利)으로 따지나 인의가 참으로 좋다.

만약 명분과 이득을 버리고 본래의 마음으로 되돌아가면

선비의 행동은 인의를 하루도 빠짐없이 행하지 않을 수 없다!"

만구득이 말했다.

"부끄러움을 모르는 자가 부자가 되고, 큰소리치는 자가 출세하네.

큰 명분과 큰 이득은 부끄러움을 거의 모르고서 큰소리치는 자에게 있네.

따라서 명분으로 보나 이득으로 따지나 큰소리치는 게 참으로 옳지.

그렇더라도 명분과 이득을 버리고, 본래의 마음으로 되돌아가면

선비의 행동은 자연스러움(天)을 껴안네!"

자장이 말했다.

"옛날에 하나라 폭군 걸(桀)과 은나라 폭군 주(紂)는

천자라는 귀한 자리에 있으면서 온 천하의 부(富)를 차지했네.

그런데 지금 하인과 패거리에게 너희들 행동이 걸이나 주와 같다고 하면

부끄러운 표정을 지으면서 그 말을 마음으로 받아들이지 않네.

이런 비천한 사람도 걸과 주를 천하다(賤) 여겨서이지.

공자와 묵자는 필부로서 생활이 어려웠어도

지금 재상 자리에 있는 사람에게 당신 행동이 공자나 묵자와 같다고 하면

용모를 고치고 얼굴빛을 바꾼 뒤 그 정도에는 아직 이르지 못했다고

겸손해하네.

이런 높은 위치에 있는 선비도 공자 묵자를 참으로 귀하다(貴) 여겨서이지.

그래서 천자의 권세를 지녀도 반드시 귀하지 않고,

필부로서 생활이 어려워도 반드시 천하지 않네.

그러니 귀하고 천하고 하는 구분은 행동의 아름다움과 추함에 달려 있지."

만구득이 말했다.

"작은 도둑(小盜)은 잡히지만 큰 도둑(大盜)은 제후가 되네.

그래서 제후의 문하에는 인의(仁義)가 있네.

옛날에 제환공 소백(小白)은 형 규를 죽이고 형수를 아내로 삼았고,

규를 모셨던 관중은 제환공의 신하가 되었네.

또 제나라 권신 전성자상(田成子常)은 군주를 죽이고서 나라를 훔쳤어도

공자는 전성자상에게 예물을 받았네.

그러니 관중과 공자는 말로만 제환공과 전성자상을 천하다고 여겼지.

실제 행동할 적에는 그들에게 머리를 숙였네.

이는 말과 행동의 어그러진 모습이 서로 모순을 만들어 마음 안에서 싸운

거니 이 또한 이치에 어긋나는 게 아닌가!

그래서 옛 책이 말한다.

'어느 게 추하고 어느 게 아름다운가?

성공하면 우두머리가 되어 존경을 받지만

성공하지 못하면 꼬리가 되어 천대를 받는다.'"

注

子將問於滿苟得曰: (공자의 제자) 자장(子將)이 만구득에게(於~滿苟得) 묻다(問).

蓋不爲行?: 어째서(蓋) (인의를) 행하지(爲~行) 않는가(不)? 蓋(어찌 개)

無行則不信: (인의를) 행하지(行) 않으면(無~則) (사람을) 믿지(信) 못하다(不).

不信則不任: (사람을) 믿지(信) 못하면(不~則) (벼슬을) 맡지(任) 못하다(不). 信(믿을 신) 任(맡을 임)

不任則不利: (벼슬을) 맡지(任) 못하면(不~則) 이득(利)이 없다(不). 利(이로울 이 → 이득)

故觀之名計之利 而義眞是也: 따라서(故) 명분(名)으로 보나(觀) 이득(利)으로 따지나(計~而) 인의(義)가 참으로(眞) 좋다(是). 名(이름 명, 명분) 觀(볼 관) 計(셀 계, 계산하다 → 따지다)

若棄名利 反之於心: 만약(若) 명분(名)과 이득(利)을 버리고(棄) (본래의) 마음으로(於~心) 되돌아가다(反). 棄(버릴 기) 反(되돌아갈 반)

則夫士之爲行 不可一日不爲乎!: 그러면(則) 모름지기(夫) 선비(士)의 행동(爲~行)은 (인의를) 하루(一日)도 행하지(爲) 않는(不) (게) 가능하지 않다(不~可)! 즉 하루도 빠짐없이 행하다! 士(선비 사)

滿苟得曰 無恥者富 多言者顯: 만구득(滿苟得)이 말하다. 부끄러움(恥)을 모르는(無) 자(者)가

부자(富)가 (되고) 말(言) 많은(多) 자(者)가 (세상에) 드러나다(顯). 즉 큰소리치는 자가 출세하다. 恥(부끄러워할 치) 顯(드러날 현)

夫名利之大者 幾在無恥而言: (또) 명분(名)과 이득(利)이 크면(大~者) 부끄러움(恥)을 거의(幾) 모르고서(無~而) 말(言) (많은 자에게) 있다(在). 즉 큰 명분과 큰 이득은 부끄러움을 거의 모르고서 큰소리치는 자에게 있다. 幾(거의 기)

故觀之名 計之利 而言眞是也: 따라서(故) 명분(名)으로 보나(觀) 이득(利)으로 따지나(計) 말(言) (많은 게) 참으로(眞) 옳다(是). 즉 큰소리치는 게 참으로 옳다. 是(옳을 시)

若棄名利 反之於心: (그렇더라도) 만약(若) 명분(名)과 이득(利)을 버리고서(棄) (본래의) 마음으로(於~心) 되돌아가다(反).

則夫士之爲行 拘其天乎!: 그러면(則) 선비(士) 행동(爲~行)은 자연스러움(天)을 꺼안다(拘)! 拘(껴안을 구) 天(자연 천, 자연스러움)

子將曰 昔者桀紂貴爲天子富有天下: 자장(子將)이 말하다. 옛날(昔者) (하나라의 폭군) 걸(桀)과 (은나라의 폭군) 주(紂)는 천자(爲~天子)라는 귀한(貴) 자리에 있으면서 온 천하(天下)의 부(富)를 소유하다(有).

今謂臧聚曰 汝行如桀紂: (그런데) 지금(今) 하인(臧)과 패거리(聚)에게 일러(謂) 말하다. 너(汝)의 행동(行)이 걸주(桀紂)와 같다(如). 臧(노예 장, 하인) 聚(무리 취, 패거리) 如(같을 여)

則有怍色 有不服之心者: 그러면(則) 부끄러운(怍) 표정(色)을 지으면서(有) 마음(心)으로 따르지(服) 않다(不). 즉 마음으로 그 말을 받아들이지 않다. 怍(부끄러워할 작) 色(빛 색 → 표정) 服(좇을 복, 따르다)

小人所賤也: (이런) 비천한(小) 사람(人)도 (걸주를) 천하다고(賤) 여기는 바(所)다. 小(작을 소 → 비천한) 賤(천할 천)

仲尼墨翟 窮爲匹夫: 중니(仲尼)와 묵자(墨翟)는 필부로서(爲~匹夫) 궁하다(窮). 즉 생활이 어렵다.

今謂宰相曰 子行如仲尼墨翟: (그런데도) 지금(今) 재상(宰相) (자리에 있는 사람에게) 일러(謂) 말하다. 너(子)의 행동(行)이 공자(仲尼)와 묵자(墨翟)와 같다(如).

則變容易色稱不足者: 그러면(則) 용모(容)를 고치고(變) 얼굴빛(色)을 바꾼(易) (뒤 그렇게) 칭하기에는(稱) 부족하다(不足). 즉 그 정도에는 이르지 못한다고 겸손해한다. 容(얼굴 용) 變(고칠 변) 易(바꿀 역) 稱(일컬을 칭)

士誠貴也: (이런 높은 위치에 있는) 선비(士)도 (공자와 묵자를) 참으로(誠) 귀하다고(貴) (여긴다). 誠(참 성, 참으로)

故勢爲天 未必貴也: 그래서(故) 천자(爲~天)의 권세(勢)를 지녀도 반드시(必) 귀하지(貴) 않다(未). 勢(세력 세, 권세) 貴(귀할 귀)

窮爲匹夫 未必賤也: 필부(爲~匹夫)로 궁하게(窮) 지내도, 즉 생활이 어려워도 반드시(必) 천하지(賤) 않다(未).

貴賤之分 在行之美惡: (그러니) 귀하고(貴) 천하고(賤) (하는) 구분(分)은 행동(行)의 아름다움(美)과 추함(惡)에 있다(在). 分(나눌 분)

滿苟得曰 小盜者拘 大盜者爲諸侯: 만구득(滿苟得)이 말하다. 작은(小) 도둑(盜者)은 잡히지만(拘) 큰(大) 도둑(盜者)은 제후(諸侯)가 되다(爲). 拘(잡힐 구)

諸侯之門 仁義存焉: (그래서) 제후(諸侯)의 문하(門)에는 인의(仁義)가 있다(在).

昔者桓公小白殺兄入嫂: 옛날(昔者)에 환공(桓公) 소백(小白)은 형(兄) (규를) 죽이고(殺) 형수(嫂)를 아내로 (맞아) 들이다(入). 즉 아내로 삼다. 嫂(형수 수)

而管仲爲臣: 그리고(而) (형 규를 모시던) 관중(管仲)은 (제환공의) 신하(臣)가 되다(爲).

田成子常殺君竊國 而孔子受幣: (제나라 권신) 전성자상(田成子常)은 군주(君)를 죽이고(殺) 나라(國)를 훔쳤는데도(竊~而) 공자(孔子)는 (그에게) 예물(幣)을 받다(受). 竊(훔칠 절) 幣(예물 폐) 受(받을 수)

論則賤之 行則下之: (그런데 관중과 공자는) 말인즉(則~論) (환공과 전성자상을) 천하다고(賤) (여겼지 실제) 행동인즉(行~則) (그들에게 머리를) 숙이다(下). 賤(천할 천) 下(낮을 하 → 숙이다)

則是言行之情悖戰於胸中也: 그런즉(則) 이(是)는 말(言)과 행동(行)의 어그러진(悖) 모습(情)이 (서로 모순을 만들어) 마음(胸) 안에서(於~中) 싸우다(戰). 悖(어그러질 패, 도리에 어긋남) 戰(싸울 전)

不亦拂乎!: (이) 또한(亦) (이치에) 어긋나는(拂) 게 아닌가(不)! 拂(거스를 불, 어긋나다)

故書曰 孰惡孰美?: 고로(故) (옛) 책(書)이 말하다. 어느(孰) 게 추하고(惡) 어느(孰) 게 아름다운가(美)? 孰(누구 숙) 惡(추할 오)

成者爲首 不成者爲尾: 성공하면(成~者) 우두머리가 되어서(爲~首) (존경을 받지만), 성공하지(成) 못하면(不~者)는 꼬리가 되어서(爲~尾) (천대를 받는다). 首(머리 수, 우두머리) 尾(꼬리 미)

도척 2-2

子將曰:「子不爲行, 卽將疏戚無倫, 貴賤無義, 長幼無序.,

五紀六位, 將何以爲別乎?」

滿苟得曰:「堯殺長子, 舜流母弟, 疏戚有倫乎? 湯放桀, 武王殺紂, 貴賤有義乎?

王季爲適, 周公殺兄, 長幼有序乎?

儒者僞辭, 墨者兼愛, 五紀六位將有別乎!

「且子正爲名, 我正爲利. 名利之實, 不順於理, 不監於道.

吾日與子訟於無約曰:『小人殉財, 君子殉名. 其所以變其情, 易其性, 則異矣.,
乃至於棄其所爲而殉其所不爲, 則一也.』

故曰, 無爲小人, 反殉而天., 無爲君子, 從天之理.

若枉若直, 相而天極., 面觀四方, 與時消息.

若是若非, 執而圓機., 獨成而意, 與道徘徊. 無轉而行, 無成而義, 將失而所爲.

無赴而富, 無殉而成, 將棄而天.

「比干剖心, 子胥抉眼, 忠之禍也., 直躬證父, 尾生溺死, 信之患也.,

鮑子立乾, 申子不自理廉之害也., 孔子不見母, 匡子不見父, 義之失也.

此上世之所傳, 下世之所語, 以爲士者正其言, 必其行, 故服其殃, 利其患也.」

자장이 말했다.
"그대가 그런 소리를 하면서 행실을 닦지 않으니까
멀고 가까운 사람 간의 윤리(倫)가 사라지고,
귀하고 천한 사람 간의 의로움(義)이 없어지고,
윗사람과 아랫사람 간의 순서(序)가 무너지네.
그러니 인간관계를 규정하는 오기육위(五紀六位)가 어찌 구별될 수 있는가?"
만구득이 말했다.
요임금이 장남을 죽이고, 순임금이 친동생을 멀리 유배 보냈는데
멀고 가까운 사람 간의 윤리가 과연 있는가?
탕 임금이 주군 걸을 내쫓고 무왕이 주군 주를 죽였는데
귀하고 천한 사람 간의 의로움이 과연 있는가?
문왕의 부친 왕계(王季)는 형들을 제치고서 적자가 되고,
주공(周公)은 형을 죽였는데 장유(長幼) 간의 질서가 과연 있는가?
유가는 말을 꾸며서 만들고, 묵가는 겸애(兼愛)를 주장해
친소를 구분하지 않았는데 오기와 육위의 구별이 과연 있는가!"
만구득이 계속해서 말했다.
"또 그대는 명예(名)를 추구하는 걸 바르다고 여기지만
나는 이득(利)을 추구하는 걸 바르다고 여기네.
명예와 이득의 실상은 모두 사리에 맞지 않고,
참된 도에 비추어 봐도 바르지 않네.

내가 어느 날 그대와 논쟁하면서 다툴 때

무약(無約) 선생에게 이를 다스려 바로잡아 달라고 청하니까 이렇게 말했지.

'소인은 재물을 위해 목숨을 바치고, 군자는 명예를 위해 목숨을 바친다.

소인과 군자가 이처럼 목숨 바쳐 참 모습(情)이 변해 타고난 본성을 바꾸면

소인과 군자란 대상만 다를 뿐 참 모습이 바뀐다는 점에선 같다.

이에 소인과 군자는 해야 할 일은 포기해도

해서는 안 되는 일에 목숨을 바친다.

그러면 소인과 군자는 타고난 본성이 바뀐다는 점에선 같다.'

그래서 말한다.

'재물에 몸을 희생하는 소인이 되지 말고,

근본으로 되돌아가 자연스러움을 회복하는 데 목숨을 바쳐라.

명예에 몸을 희생하는 군자가 되지 말고, 자연의 원리를 좇아라.

일이 구부러지든 똑바르던 상관하지 말고 자연의 도를 표준으로 삼아라.

사방을 향해 바라보면서 추이와 함께 변화하라.

일이 옳든 그르던 상관하지 말고 원만히 처리하라.

뜻을 홀로 이루면서 도와 함께 노닐어라.

행동을 일률적으로 고정하지 말라.

의로움을 억지로 이루려고 하지 말라.

그렇지 않으면 그대가 하려는 바를 잃는다.

또 부(富)를 향해 나아가지 말라.

성공을 위해 목숨을 바치지 말라.

그렇지 않으면 그대의 자연성을 잃는다.'"

만구득이 계속해서 말했다.

"비간은 가슴이 갈라지는 형벌을 당했고,

오자서는 눈이 도려내지는 형벌을 당했는데 충성(忠)이 초래한 재앙이다.

직궁은 양 훔친 죄로 아버지를 고발하고,

미생은 약속을 지키려다 물에 빠져 죽었는데 믿음(信)이 초래한 재앙이다.

춘추시대 은자인 포초(鮑子)는 나무를 붙들고 선 채로 말라 죽었고,

은나라 때 신도적(申子)은 결백을 말하지 않고 황하에 몸을 던져 죽었는데

청렴(廉)이 초래한 피해이다.

공자는 모친 임종을 보지 못하고, 광자(匡子)는 부친과 대립해 평생 안 만났는데 의로움(義)이 초래한 허물이다.

이 얘기들은 윗대부터 전해오는 것으로 후세에도 많은 사람들이 얘기한다.

선비는 자신의 말이 바르다 고집해 행동도 반드시 이래야 한다고 믿는다.

따라서 재앙을 당하고 환난에 말려든다."

注 ──────────

子將曰 子不爲行: 자장(子將)이 말하다. 네(子)가 (그런 소리나 하면서) 행실(爲=行)을 (닦지) 않다 (不).

卽將疏戚無倫: 그러니까(則) 장차(將) 멀고(疏) 가까운(戚) (사람 사이의) 윤리(倫)가 없어지다 (無). 將(장차 장) 疏(멀 소) 戚(친할 척 → 가깝다) 倫(인륜 륜 → 윤리)

貴賤無義: 귀하고(貴) 천한(賤) (사람 간의) 의로움(義)이 없어지다(無). 賤(천할 천) 義(옳을 의 → 의로움)

長幼無序: 윗사람(長)과 아랫사람(幼) 간의 순서(序)가 없다(無). 즉 무너지다 長(길 장 → 윗사람) 幼(어릴 유 → 아랫사람) 秩(차례 질, 순서)

五紀六位 將何以爲別乎?: (그러니 인간관계를 규정하는) 오기(五紀) 육위(六位)가 장차(將) 어떻게(何~以) 구별되는가(爲~別)? ★ 오기(五紀)는 부자(父子)·부부(夫婦)·장유(長幼)·붕우(朋友)의 오륜이고 육위(六位)는 제부(諸父)·형제(兄弟)·족인(族人)·제구(諸舅)·사장(師長)·붕우(朋友)의 육기이다. 別(나눌 별, 구별)

滿苟得曰 堯殺長子: 만구득(滿苟得)이 말하다. 요(堯)임금이 장남(長子)을 죽이다(殺).

舜流母弟: 순(舜)임금이 친동생(母弟)을 (멀리) 유배 보내다(流). 母弟〔같은 어머니(母)에서 나온 아우(弟). 즉 친동생〕流(내칠 류, 유배하다)

疏戚有倫乎?: (그런데) 멀고(疏) 가까운(戚) (사람 간의) 윤리(倫)가 (과연) 있는가(有)?

湯放桀 武王殺紂: 탕(湯)임금이 (주군인 하나라) 걸(桀)왕을 내쫓고(放) 무왕(武王)이 (주군인 은나라) 주(紂)왕을 죽이다(殺). 放(팽개칠 방 → 내쫓다) 殺(죽일 살)

貴賤有義乎?: (그런데) 귀하고(貴) 천한(賤) (사람 간의) 의로움(義)이 (과연) 있는가(有)?

王季爲適 周公殺兄: (주나라 문왕의 부친) 왕계(王季)는 (형을 제치고) 적자가 되고(爲~適), 주공(周公) (단은) 형(兄)을 죽이다(殺). 適(맏아들 적 → 적자)

長幼有序乎?: (그런데) 장유(長幼) (간의) 질서(序)가 (과연) 있는가(有)?

儒者僞辭 墨者兼愛: 유가(儒~者)는 말(辭)을 꾸며서 만들고(僞) 묵자(墨~者)는 겸애(兼愛)를 주장해 (친소를 구분하지 않다). 辭(말 사) 僞(꾸며만들 위) 兼愛〔가리지 낳고 모두 똑같이(兼) 사

랑함(愛). 兼(겸할 겸)〕

五紀六位將有別乎!: (그런데 인간관계를 규정하는) 오기(五紀)와 육위(六位)의 구별(別)이 (과연) 있는가(有)!

且子正爲名 我正爲利: 또(且) 너(子)는 명예(名)를 위하는(爲) (걸), 즉 명예를 추구하는 걸 바르다고(正) (여기지만) 나(我)는 이득(利)을 추구하는(爲) (걸) 바르다고(正) (여기다). 正(바를 정)

名利之實 不順於理 不監於道: 명예(名)와 이득(利)의 실상(實)은 사리를(於~理) 따르지(順) 않고(不), 즉 사리에 맞지 않고 (참된) 도에(於~道) 비추어 봐도(監) (바르지) 않다(不). 理(조리 리, 사리) 監(거울삼을 감, 비추어보다)

吾日與子訟於無約曰: 내(吾)가 (어느) 날(日) 너와(與~子) (논쟁하면서 다툴 때) 무약(선생)에게(於~無約) (이를) 다스려서 바로잡아(訟) 달라고 (청하니 이렇게) 말하다. 訟(다스려바로잡을 송)

小人殉財 君子殉名: 소인(小人)은 재물(財)에 죽고(殉), 군자(君子)는 명예(名)에 죽다(殉). 즉 소인은 재물을 위해 목숨을 바치고 군자는 이름을 위해 목숨을 바치다. 財(재물 재) 殉(바칠 순, 목숨을 바치다) 名(이름 명, 명예)

其所以變其情 易其性: (소인과 군자가 이처럼 목숨을 바쳐) 참 모습(情)이 변해(以~變) 타고난 본성(性)을 바꾸다(易). 情(실상 정, 참 모습) 變(변할 변) 性(성품 성, 타고난 본성) 易(바꿀 역)

則異矣: 그러면(則) (소인과 군자란 대상만) 다를(異) 뿐(矣) (참 모습이 바뀐다는 점에선 같다).

乃至於棄其所爲而殉其所不爲: 이에(乃) (소인과 군자는) 해야 할(爲) 바(所)를 버리는 것에(於~棄) 이르는(至~而) (반면) 즉 해야 할 일은 포기해도 해서는(爲) 안 되는(不) 일(所)에는 목숨을 바친다(殉). 棄(버릴 기)

則一也: 그러면(則) (소인과 군자는 타고난 본성이 바뀐다는 점에서) 매한가지이다(一). 즉 같다.

故曰 無爲小人 反殉而天: 고로(故) 말하다. (재물에 몸을 희생하는) 소인이 되지(爲~小人) 말고(無) (근본으로) 되돌아가(反) 자연성(天)을 (회복하는데) 목숨을 바쳐라(殉). 天(자연 천, 자연스러움 → 자연성) 殉(바칠 순, 목숨 바치다)

無爲君子 從天之理: (명예에 몸을 희생하는) 군자가 되지(爲~君子) 말고(無) 자연(天)의 원리(理)를 좇아라(從). 從(좇을 종)

若枉若直: (일이) 구부려지든(若~枉) 똑바르든(若~直) (상관하지 말고). 枉(굽을 왕) 直(곧을 직, 똑바르다)

相而天極:: 자연의 도(天極)에 빌어라(相). 즉 자연의 도를 표준으로 삼아라. 天極〔자연의 도. 天(자연 천) 極(근본 극)〕 相(빌 상)

面觀四方 與時消息: 사방(四方)을 향해(面) 바라보며(觀) 시간(時)과 더불어(與) 변화(消息)하라. 즉 추이와 함께 변화하라. 面(향할 면) 觀(볼 관) 時(시간 시) 消息〔사리지고(消) 살아남(息). 즉 변화. 消(사라질 소) 息(살 식)〕

若是若非 執而圓機: (일이) 옳든(若~是) 그르든(若~非) (상관하지 말고) 원만함(圓)의 틀(機)을 잡아라(執). 즉 원만히 처리하라. 是(옳을 시) 非(아닐 비 → 그르다) 圓(둥글 원 → 원만함) 機(틀 기) 執(잡을 집)

獨成而意 與道徘徊: 뜻(意)을 홀로(獨) 이루면서(成~而), 즉 뜻에 맡겨 도(道)와 함께(與) 노닐도록(徘徊) (하라). 意(뜻 의) 獨(홀로 독) 成(이룰 성) 徘徊[노닐다. 徘(노닐 배) 徊(노닐 회)]

無轉而行: 행동(行)을 (한 방향으로) 회전하지(轉) 말라(無~而). 즉 행동을 일률적으로 고정하지 말라.

無成而義: 의로움(義)을 (억지로) 이루려고(成) 하지 말라(無~而). 行(행할 행, 행동) 轉(구를 전 → 회전하다)

將失而所爲: (그렇지 않으면 네가) 하려는(爲) 바(所)를 잃는다(將~失). 失(잃을 실)

無赴而富: (또) 부(富)를 (향해) 나아가지(赴~而) 말라(無). 赴(나아갈 부)

無殉而成: 성공(成)을 위해 목숨을 바치지(殉) 말라(無~而).

將棄而天: (그렇지 않으면) 장차(將) (너의) 자연스러움(天)을 잃는다(棄~而). 棄(버릴 기, 잃는다)

比干剖心 子胥抉眼: (은나라 왕자) 비간(比干)이 가슴(心)이 갈라지는(剖) (형벌을 당하고) (오나라 재상) 오자서(子胥)는 눈(眼)이 도려내지는(抉) (형벌을 당하다). 剖(가를 부) 眼(눈 안) 抉(도려낼 결)

忠之禍也: (이는) 충성(忠)이 (초래한) 재앙(禍)이다. 忠(충성 충) 禍(재앙 화)

直躬證父 尾生溺死: 직궁(直躬)은 (양 훔친 죄로) 아버지(父)를 고발하고(證), 미생(尾生)은 (약속을 지키려다) 물에 빠져(溺) 죽다(死). 證(알릴 증, 고발하다) 溺(빠질 익)

信之患也: (이는) 믿음(信)이 (초래한) 재앙(患)이다. 信(믿을 신)

鮑子立乾: (춘추시대 은자인) 포초(鮑子)는 (나무를 붙들고) 선(立) 채로 말라(乾) (죽다). 立(설 립) 乾(마를 건)

申子不自理廉之害也: (은나라 때) 신도적(申子)은 스스로(自) 이유(理)를 말하지 않다(不). 즉 결백을 말하지 않고 황하에 몸을 던져서 죽다. (이는) 청렴(廉)이 (초래한) 피해(害)이다. 理(조리 리, 이유) 廉(청렴할 렴) 害(해칠 해 → 피해)

孔子不見母: 공자(孔子)는 모친(母)의 (임종을) 보지(見) 못하다(不). 見(볼 견)

匡子不見父 義之失也: 광자(匡子)는 부친(父)과 (대립해서) 보지(見) 못하다(不). (이는) 의로움(義)이 (초래한) 허물(失)이다. 失(허물 실)

此上世之所傳 下世之所語: 이(此) (얘기는) 윗대부터(上世) 전해오는(傳) 바(所)로 후세(下世)에도 (많은 사람이) 얘기하는(語) 바(所)다. 上世(윗대) 下世=後世(후세)

以爲士者正其言 必其行: 선비(爲~士者)는 (자신의) 말(言)이 바르다고(正) (고집함)으로써(以) 행동(行)도 반드시(必) (이래야 한다고 믿는다).

故服其殃 利其患也: 고로(故) 재앙(殃)을 당하고(服) 환난(患)을 이롭게(利) (하다). 즉 환난에

말려들다. 殃(재앙 앙) 服(얻을 복 → 당하다) 患(재앙 환 → 화난) 利(이롭게할 리)

도척(盜跖) 3

도척 3-1

無足問於知和曰: 人卒未有不興名就利者.

彼富則人歸之, 歸則下之, 下則貴之.

夫見下貴者, 所以長生安體樂意之道也.

今子獨無意焉, 知不足邪, 意知而力不能行邪! 故推正不忘邪?」

知和曰:「今夫此人以爲興己同時而生, 同鄉而處者, 以爲夫絶俗過世之士焉.,

是專無主正, 所以覽古今之時, 是非之分也, 與俗化.

世去至重, 棄至尊, 以爲其所爲也., 此其所以論長生安體樂意之道, 不亦遠乎!

慘怛之疾, 恬愉之安, 不監於體., 怵惕之恐, 欣懽之喜, 不監於心.,

知爲爲而不知所以爲, 是以貴爲天子, 富有天下, 而不免於患也.」

無足曰:「富貴之於人, 無所不利, 窮美究埶, 至人之所不得逮, 賢人之所不能及,

俠人之勇力而以爲威强, 秉人之知謀以爲明察, 因人之德以爲賢良,

非享國而嚴若君父. 且夫聲色滋味權勢之於人, 心不待學而樂之, 體不待象而安之.

夫欲惡避就, 固不待師, 此人之性也. 天下雖非我, 孰能辭之!」

知和曰:「知者之爲, 故動以百姓, 不違其度, 是以足而不爭, 無以爲故不求.

不足故求之, 爭四處而不自以爲貪., 有餘故辭之, 棄天下而不自以爲廉.

廉貪之實, 非以迫外也, 反監之度.

勢爲天子而不以貴驕人, 富有天下而不以財戲人.

計其患, 慮其反, 以爲害於性, 故辭而不受也, 非以要名譽也.

堯舜爲帝而雍, 非仁天下也, 不以美害生也., 善卷許由得帝而不受, 非虛辭讓也,

不以事害己. 此皆就其利, 辭其害, 而天下稱賢焉, 則可以有之, 彼非以興名譽

也.」

무족(無足)이 지화(知和)를 찾아가서 말했다.

"결국 명예(名)를 위해 일어나거나 이득(利)을 위해 좇지 않는 사람이 없다.

누군가 부자이면 사람이 모여들고, 사람이 모여들면 부자에게 머리를 숙이고, 부자에게 머리를 숙이면 부자는 귀하게 여겨진다.

누군가 머리를 숙여 자신들이 귀하게 되는 걸 보면

그것이 '오래 살고 몸이 편안하고 뜻을 즐겁게 하는 도(道)'의 근거가 된다.

그런데 지금 그대만 그런 일에 뜻이 없으니 이는 앎이 부족해서인가,

아니면 뜻과 앎이 있어도 실행할 힘이 부족해서인가!

아니면 본디 바름만 받들어서 바름을 받드는 걸 한시도 잊지 못해서인가?"

지화가 말했다.

"지금 말한 명예와 이득을 추구하는 사람은 나와 같은 시대 같은 고향에 살아도 나를 세상 사람과 인연을 끊고 살면서 세상을 뛰어넘는 대단한 선비라고 여긴다.

또 명예와 이득을 추구하는 사람은 주인 될 만한 올바름의 표준이 없는 까닭에 시간을 옛날과 지금으로 살피고, 구별을 옳음과 그름으로 살핀다.

또 세속에 이끌려서 세상의 지극한 소중함(至重)인 타고난 본성(性)을 떠나고, 세상의 지극한 존귀함(至尊)인 도(道)를 버린다.

이럼으로써 명예와 이득을 추구하는 것을 이들이 하고자 하는 바로 여긴다.

그렇다면 '오래 살고 몸이 편안하고 뜻을 즐겁게 하는 도(長生安體樂意之道)'를 논하는 근거와 멀어지는 게 아닌가!

이는 참담한 고통이나 즐거운 편안함이 자기 몸에 어떤 영향을 주는지를 제대로 살피지 못하는 일이다.

이는 불안한 두려움과 날뛸 듯한 기쁨이 자기 마음에 어떤 영향을 주는지를 제대로 살피지 못하는 일이다.

이는 명예와 이득을 추구하는 것만 알지

이것들을 추구하는 까닭을 제대로 알지 못하는 일이다.

이는 귀함으로 천자가 되고, 부유함으로 천하를 차지해도

재앙을 면치 못하는 바다."

무족이 말했다.

"부귀(富貴)는 사람에게 이롭지 않은 게 아니어서 어떤 즐거움도 다 차지하고, 어떤 권세도 다 차지한다.

그런데 지인(至人)은 이런 생각에 미치지 못하고,

현인(賢人)도 이런 생각에 미치지 못한다.

부귀는 남의 용맹스런 힘을 빌려 자신의 위엄스런 강함으로 삼고,

부귀는 남의 지모를 장악해 사물을 명확히 살피는 것으로 삼고,

부귀는 남의 덕행을 빌려 어질게 행동하고,

부귀는 제후의 위치에 있지 않아도 군주나 아버지처럼 남에게 엄하다.

부귀는 아름다운 소리와 빛깔, 좋은 맛, 사람에게 끊임없이 변화하는 형세를 마음으로 배우지 않아도 즐기도록 하고, 몸으로 배우지 않아도 익숙하게 한다.

부귀는 바라고 꺼리고 피하고 다가가는 걸 스승에게 의지하지 않아도 되도록 한다.

이것들은 사람의 본성이다.

그러니 온 천하가 나를 아무리 비난해도 누가 부귀를 사양할 수 있는가!"

지화가 말했다.

"지자(知者)는 본디 행동의 표준을 백성으로 삼아 그들의 법도를 어기지 않는다. 이로써 만족해하는데 백성과 다투지 않는다.

또 지자는 하려는 바가 없어 뭔가를 추구하지 않는다.

반면 만족하지 않은 사람은 만족하지 못해 부귀를 추구하고,

사방에서 부귀를 위해 다투는데도 스스로 탐욕스럽지 않다고 여긴다.

또 지자는 행동에 넉넉함이 있어 남이 추구하는 걸 자신은 사양한다.

또 지자는 천하를 버려도 스스로 청렴하다고 여기지 않는다.

청렴과 탐욕의 속내는 바깥을 다그쳐서 결정되는 게 아니라

돌이켜서 자기 마음의 법도를 살펴야 안다.

그래서 천자의 권세를 누려도 그 존귀함으로 남에게 교만하지 말아야 하고,

천하의 부를 지녀도 그 재물로 사람을 희롱하지 말아야 한다.

또 권세와 부로 인해 닥칠 환난을 미리 헤아리면서

원래 상태로 되돌아가는 것을 늘 염두에 두어야 한다.

그럼으로써 권세와 부가 타고난 본성을 해친다고 여겨야 한다.

따라서 지자(知者)가 천자 자리를 사양하면서 받지 않는 건

그가 명예를 구하려 해서 그런 게 아니다.

요와 순이 임금 자리에 올라도 백성과 화목했던 건 천하에 어진 정사를 펴려 해서가 아니라

어진 정사란 미명으로 자신들의 생명을 다치지 않기 위해서이다.

선권(善卷)과 허유(許由)가 임금 자리를 얻고도 받지 않은 건 빈말로 사양한 게 아니라

임금의 번거로운 일로 자신들의 마음을 해치지 않게 하기 위해서이다.

이들은 모두 자신에게 이로운 쪽으로 나아가고, 자신에게 해로운 걸 사양했는데 세상 사람들은 이것을 이들의 어짊이라 칭송했다.

그러면 이들이 천하를 가질 수 있는데도 하지 않은 건

이들이 명예를 일으키고자 해서 그런 게 아니다.”

注 ─────────

無足問於知和曰: 무족(無足)이 지화에게(於~知和) 방문해서(問) 말하다.

人卒未有不興名就利者: 사람(人)은 결국(卒) 명예(名)를 (위해) 일어나고(興) 이득(利)을 (위해) 좇지(就) 않는(不) 사람(者)이 있지(有) 않다(未). 卒(마침내 졸 → 결국) 名(이름 명 → 명예) 興(일어날 흥) 利(이로울 리 → 이득) 就(나아갈 취 → 좇다)

彼富則人歸之: 저(彼)들이, 즉 누군가 부자면(富~則) 사람(人)이 모이다(歸). 彼(저 피) 富(가멸부 → 부자) 歸(돌아올 귀 → 모여듦)

歸則下之 下則貴之: 사람이 모이면(歸~則) (부자에게 머리를) 숙이고(下), (부자에게 머리를) 숙이면(下~則) (부자는) 귀하게(貴) (여겨지다).

夫見下貴者: 저(夫), 즉 누군가 (머리를) 숙여(下) (자신이) 귀하게(貴) (되는 것을) 보면(見~者).

所以長生安體樂意之道也: (그것이) 오래(長) 살고(生), 몸(體)이 편안하고(安), 뜻(意)을 즐겁게(樂) 하는 도(道)의 근거(所以)가 (되다). 長(오랠 장) 體(몸 체) 安(편안할 안) 意(뜻 의) 樂(즐거울 락) 所以(까닭. 이유 → 근거)

今子獨無意焉 知不足邪: (그런데) 지금(今) 너(子) 혼자(獨) (그런 일에) 뜻(意)이 없으니(無) 앎(知)이 부족한(不足) 게 아닌가(邪).

意知而力不能行邪!: (아니면) 뜻(意)과 앎(知)은 (있어도) 힘(力)을 행할(行) 수(能) 없어서인가(不)! 즉 실행할 힘이 부족해서인가!

故推正不忘邪?: (아니면) 본디(故) 바름(正)만 받들다 보니(推) (한시도 바름을 받드는 것을) 잊지(忘) 못해서인가(不)? 故(본디 고) 推(밀 추, 숭배하여 높이 받듦) 忘(잊을 망)

知和曰 今夫此人以爲興己: 지화(知和)가 말하다. 지금(今) (말한) 자신(己)의 (명예와 이득을 위해) 일어나는(以爲~興) 이런(此) 사람(人). 즉 명예와 이득을 추구하는 사람. 己(자기 기) 此(이 차)

同時而生 同鄕而處者: (나와) 같은(同) 시대(時)에 살고(生) 같은(同) 고향(鄕)에 살다(處). 處 (살 처) 時(때 시) 鄕(시골 향 → 고향)

以爲夫絶俗過世之士焉: (그런데도 나를) 세상 사람(俗)과 (인연을) 끊고서(絶) (살며) 세상(世)을 뛰어넘는(過) (대단한) 선비(士)라고 여기다(以~爲). 俗(세상사람 속) 絶(끊을 절) 過(지날 과 → 뛰어넘다)) 以爲(생각컨대, 생각하길 → 여기다)

是專無主正: 이런(是) (사람), 즉 명예와 이득을 추구하는 사람은 주인 될 만한(主) 올바름(正)의 (표준이) 없다(無). 正(바를 정) 主(주인 주)

所以覽古今之時 是非之分也: (이런) 까닭(所以)에 시간(時)을 옛날(古)과 지금(今)으로 (살피고), 구별(分)을 옳음(是)과 그름(非)으로 살피다(覽). 覽(볼 람, 비교하여 살펴보다)

與俗化 世去至重 棄至尊: (또) 세속에(與~俗) 감화되어(化), 즉 이끌려서 세상(世)의 지극한(至) 소중함(重)인 (타고난 본성을) 떠나고(去), (세상의) 지극한(至) 존귀함(尊)인 (도를) 버리다(棄). 化(감화될 화) 重(중히여길 중) 去(떠날 거) 尊(높이받들 존)

以爲其所爲也: 이럼으로써(以) (명예와 이득을 추구하는 게 이들이) 하고자 하는(爲) 바(所)라고 여기다(爲).

此其所以論長生安體樂意之道: (그렇다면) 이(此)는 오래(長) 살고(生) 몸(體)이 편안하고(安) 뜻(意)을 즐겁게(樂) (하는) 도(道)를 논한(論) 근거(所以).

不亦遠乎!: (그것과) 또한(亦) 멀어진(遠) (게) 아닌가(不)! 遠(멀 원)

慘怛之疾 恬愉之安: (이는) 참담한(慘怛) 고통(疾)이나 즐거운(恬愉) 편안함(安). 慘怛〔아프고 슬픔 → 참담. 慘(아플 참) 怛(슬퍼할 달)〕 疾(괴로움 질, 고통) 恬愉〔편안하고 즐거움 → 즐거움. 恬(편안할 념) 愉(즐거울 유)〕

不監於體: (이것이 자기) 몸에(於~體) (어떤 영향을 주는지 제대로) 살피지(監) 못하는(不) (거다). 監(볼 감)

怵惕之恐 欣懽之喜: (이는) 불안한(怵惕) 두려움(恐)과 날뛸 듯한(欣懽) 기쁨(喜). 怵惕〔두려워 마음이 편치 않음. 즉 불안함. 怵(두려워할 출) 惕(두려워할 척)〕 恐(두려울 공) 欣懽〔날뛸 정도로 기쁨. 欣(기뻐할 흔) 懽(기뻐할 환)〕 喜(기쁠 희)

不監於心: (이것이) 마음에(於~心) 어떤 영향을 주는지 (제대로) 보지(監) 못하는(不) (거다).

知爲爲而不知所以爲: (이는 명예와 이득을) 추구하는(爲~爲) 것만 알지(知~而) (명예와 이득을) 추구하는(爲) 까닭(所以)을 (제대로) 알지(知) 못하는(不) (거다).

是以貴爲天子 富有天下: 이(是)는 귀함으로(以~貴) 천자(天子)가 되고(爲), 부유함(富)으로 천하(天下)를 차지하다(有).

而不免於患也: 그런데도(而) 재앙을(於~患) 면치(免) 못하는(不) (거다). 免(면할 면)

無足曰 富貴之於人 無無不利: 무족(無足)이 말하다. 부귀(富貴)는 사람에게(於~人) 이롭지(利) 않게(不) (하지) 않는(無) 게 아니다(無). 즉 부귀는 사람에게 이롭지 않은 게 아니다.

窮美究勢: (그래서 부귀는 어떤) 즐거움(美)도 다 차지하고(窮), (어떤) 권세(勢)도 다 차지하다(究). 美(즐거움 미) 窮(다할 궁, 철저히 함 → 다 차지함) 勢=勢(세력 세, 권세) 究(다할 구, 극도에 이르다 → 다 차지하다)

至人之所不得逮: (그런데) 지인(至人)은 (이런 생각에) 미칠(逮) 수(得) 없는(不) 바(所)다. 즉 미치지 못한다. 逮(미칠 체)

賢人之所不能及: 현인(賢人)도 (이런 생각에) 미칠(及) 수(能) 없는(不) 바(所)다. 즉 미치지 못한다. 及(미칠 급)

俠人之勇力而以爲威强: (부귀는) 남(人)의 용맹스러운(勇) 힘(力)을 빌려서(俠~而) 그럼으로써(以) (자신의) 위엄스러운(威) 강함(强)을 삼다(爲). 勇(날쌜 용, 용감) 力(힘 력) 俠(낄 협, 사이에 둠 → 빌리다) 威(존엄할 위, 위엄스럽다) 强(굳셀 강)

秉人之知謀以爲明察: (부귀는) 남(人) 지모(知謀)를 장악해(秉) 그럼으로써(以) 사물을 명확히 살피는(明察) 것으로 삼다(爲). 知謀〔지모, 謀(꾀할 모)〕秉(잡을 병, 장악하다) 明察〔사물을 명확하게 살피다. 明(밝을 명) 察(살필 찰)〕

因人之德以爲賢良: (부귀는) 남(人) 덕(德)으로 인해(因), 즉 남의 덕행을 빌려서 그럼으로써(以) 어질게(賢良) 행동하다(爲). 賢良〔어짊. 賢(어질 현) 良(어질 량)〕

非享國而嚴若君父: (부귀는) 나라(國)를 드리지(享) 않아도(不~而), 즉 제후의 위치에 있지 않아도 군주(君)나 아버지(父)처럼 (남에게) 엄하다(嚴). 享(드릴 향) 嚴(엄할 엄)

且夫聲色滋味權勢之於人: 또(且) (부귀는) 아름다운 소리와 빛깔(聲色), 좋은 맛(滋味), (또) 사람에게(於~人) 끊임없이 변화하는 형세(權勢). 聲色〔아름다운 소리(聲)와 빛깔(色)〕滋味〔좋은 맛. 滋(좋은맛 자) 味(맛 미)〕權勢〔끊임없이 변하는 형세. 權(헤아릴 권)〕

心不待學而樂之: 마음(心)이 배움(學)에 기대지(待) 않아도(不~而), 즉 마음으로 배우지 않아도 즐기게(樂) (하다). 待(기댈 대)

體不待象而安之: 몸(體)이 본받음(象)에 기대지(待) 않아도(不~而) 편안하다(安). 즉 몸으로 배우지 않아도 익숙하게 (하다). 象(본받을 상) 安(편안할 안)

夫欲惡避就 固不待師: (부귀는) 바라고(欲) 꺼리고(惡) 피하고(避) 다가가는(就) 것을 굳이(固) 스승(師)에 의지하지(待) 않게(不) (하다). 欲(하고자할 욕, 바라다) 惡(꺼릴 오) 就(나아갈 취 → 다가가다) 避(피할 피) 固(굳이 고)

此人之性也: 이것들(此)은 사람(人)의 본성(性)이다.

天下雖非我 孰能辭之!: (그러니 온) 천하(天下)가 아무리(雖) 나(我)를 비난해도(非) 누가(孰)

(부귀를) 사양할(辭) 수(能) 있는가! 非(나무랄 비) 辭(사양할 사) 雖(비록 수 → 아무리 ~해도)

知和曰 知者之爲: 지화(知和)가 말하다. 지자(知者)의 함(爲).

故動以百姓 不違其度: 본디(故) 행동(動)의 (표준을) 백성으로(以~百姓) (삼아 그들의) 법도(度)를 어기지(違) 않다(不). 故(부사 고, 본디) 動(움직일 동, 행동함) 度(법도 도) 違(어길 위)

是以足而不爭: 이로써(是以) 만족해하는데(足~而) (백성과) 다투지(爭) 않는다(不). 足(충분하다고할 족, 만족스럽게 여기다) 爭(다툴 쟁)

無以爲故不求: (또 지자는) 하려는(以~爲) (바가) 없는(無) 고로(故) (뭔가를) 추구하지(求) 않는다(不). 求(구할 구 → 추구하다)

不足故求之: (반면) 만족하지(足) 못한(不) (사람은 이런) 고로(故), 즉 만족하지 못해 (부귀를) 추구하다(求). 足(채울 족, 충족시킴 → 만족)

爭四處而不自以爲貪: 사방(四處)에서 (부귀를 위해) 다투는데도(爭~而) 스스로(自) 탐욕스럽지(以~爲貪) 않다고(不) (여기다). 貪(탐할 탐)

有餘故辭之: (또 지자는 행동에) 넉넉함(餘)이 있는(有) 고로(故) (남이 추구하는 걸 자신은) 사양하다(辭). 餘(남을 여, 넉넉) 辭(사양할 사)

棄天下而不自以爲廉: (또 지자는) 천하(天下)를 버려도(棄~而) 스스로(自) 청렴하다고(以~爲廉) (여기지) 않는다(不). 棄(버릴 기) 廉(청렴할 렴)

廉貪之實 非以迫外也: 청렴(廉)과 탐욕(貪)의 속내(實)는 바깥(外)을 다그침으로써(以~迫) (결정되는 게) 아니다(非). 廉(청렴할 렴) 貪(탐할 탐) 實(내용 실, 실제 속내) 迫(핍박할 박, 강박하다 → 다그치다)

反監之度: 돌이켜서(反) (자기 마음의) 법도(度)를 살펴야(監) (안다). 監(볼 감, 관찰하다 → 살피다)

勢爲天子而不以貴驕人: (그래서) 권세(勢)는 천자(天子)로 여겨져도(爲~而), (그) 귀함으로(以~貴) 다른 사람(人)에게 교만하지(驕) 않는다(不). 즉 천자의 권세를 누려도 그 존귀함으로 남에게 교만하지 않는다. 驕(교만할 교)

富有天下而不以財戲人: 천하(天下)의 부(富)를 지녀도(有~而) (그) 재물로(以~財) 사람(人)을 희롱하지(戲) 말아야(不) (한다). 戲(놀 희, 희롱하다)

計其患 慮其反: (또 권세와 부로 인해 닥칠) 환난(患)을 (미리) 헤아리면서(計) (원래 상태로) 되돌아감(反)을 (늘) 염두에 두어야(慮) (한다). 計(헤아릴 계) 慮(생각할 려, 이리저리 궁리하다 → 염두에 두다)

以爲害於性: 그럼으로써(以) (권세와 부가) 타고난 본성(於~性)을 해친다고(害) 여겨야(爲) (한다).

故辭而不受也: 따라서(故) (지자가 천자 자리를) 사양하면서(辭~而) 받지(受) 않는(不) 것.

非以要名譽也: (그가) 명예(名譽)를 구하려(以~要) (해서 그런 게) 아니다(非). 名譽〔명예. 名(이름 명) 譽(기릴 예)〕要(구할 요)

堯舜爲帝而雍: 요(堯)와 순(舜)이 임금(帝) (자리에) 올라도(爲~而) (백성과) 화목하다(雍). 帝(임금 제) 雍(화락할 옹, 화목하다)

非仁天下也: (그건) 천하(天下)에 어진(仁) (정사를 펴려 해서가) 아니다(非).

不以美害生也: (어진 정사란) 미명으로(以~美) (자신들의) 생명(生)을 다치지(害) 않기(不) 위해서다. 美(이름다울 미 → 미명) 生(목숨 생) 害(해칠 해 → 다치다)

善卷許由得帝而不受: 선권(善卷)과 허유(許由)가 임금(帝) 자리를 얻고도(得~而) 받지(受) 않은(不) 것. 帝(임금 제) 得(얻을 득)

非虛辭讓也: 빈(虛) 말(辭)로 사양(讓)한 게 아니다(非). 虛(빌 허) 辭(말 사) 讓(사양할 양)

不以事害己: (임금의 번거로운) 일로(以~事) 자기(己)의 (마음을) 해치지(害) 않기(不) (위해서다). 害(해칠 해)

此皆就其利 辭其害: 이(此)들은 모두(皆) (자신에게) 이로움(利)으로 나아가고(就) (자신에게) 해로운(害) 걸 사양하다(辭). 就(나아갈 취) 害(해로울 해)

而天下稱賢焉: 그런데(而) 세상 사람(天下)들은 (이것을 이들의) 어짊(賢)이라고 칭송하다(稱). 賢(어질 현) 稱(칭찬할 칭)

則可以有之: 그러면(則) (이들이 천하를) 가질(以~有) 수(可) 있었는데도 (그렇게 하지 않는다).

彼非以興名譽也: (그것은) 그들(彼)이 명예(名譽)를 일으키고자(以~興) (해서 그런 게) 아니다(非). 興(일으킬 흥)

도척 3-2

無足曰:「必持其名, 苦體絶甘, 約養以持生, 則亦久病長阨而不死者也.」

知和曰:「平爲福, 有餘爲害者, 物莫不然, 而財其甚者也.

今富人, 耳營於鐘鼓管籥之聲, 口嗛於芻豢醪醴之味, 以感其意,

遺忘其業, 可謂亂矣., 侅溺於馮氣, 若負重行而上坂也, 可謂苦矣.,

貪財而取慰, 貪權而取竭, 靜居則溺, 體澤則馮, 可謂疾矣.,

爲欲富就利, 故滿若堵耳而不知避, 且憑而不舍, 可謂辱矣.,

財積而無用, 服膺而不舍, 滿心戚醮, 求益而不止, 可謂憂矣.,

內則疑刦請之賊, 外則畏寇盜之害, 內周樓疏, 外不敢獨行, 可謂畏矣.

此六者, 天下之至害也, 皆遺忘而不知察, 及其患至, 求盡性竭財,

單以反一日之無故而不可得也.

故觀之名則不見, 求之利則不得, 繚意體而爭此, 不亦惑乎!」

무족이 말했다.

"지자(知者)는 분명히 자기 명예를 유지하려고 몸을 괴롭히고, 단 걸 끊고,
대충대충 보양하면서 생명을 유지한다.

이것 또한 오래 앓아서 긴 고통을 겪으며 죽지 않고 사는 사람과 같다."

지화가 말했다.

"평범한 건 행복이 되지만 분에 넘쳐 넉넉한 건 해가 되는 건

모든 사물이 다 그러한데 재물의 경우가 특히 심하다.

요즘 부자는 그의 귀가 종, 북, 피리, 퉁소 소리에 현혹되고,

그의 입은 고기와 술맛에 만족해함으로써 그의 뜻이 흔들려

자신이 할 일을 잊음으로 혼란스럽다고 말한다.

요즘 부자는 분하고 답답한 마음에 이상하게 빠져

마음이 무거운 짐을 짊어지고 오르막을 오르는 것 같아 고통스럽다 말한다.

요즘 부자는 재물을 탐하다가 병을 얻고, 권세를 탐하다 기력을 소진하고,

한가하게 지내다 쾌락에 빠지고, 몸에 윤이 나면 이를 서로 자랑하다

어느 날 병들었다고 말한다.

요즘 부자는 부유해지길 원해 이득이 있는 곳으로 나아가 탐욕이 마음을

채워 귀를 막는 것처럼 피할 줄 못한다.

또 부유함에 의지해 이를 버리지 못하니까 수치스럽다고 말한다.

요즘 부자는 재물이 계속 쌓여 쓸 데가 없는데도

재물 쌓을 생각을 잠시도 잊지 못하고 버리지 못한다.

또 마음은 근심과 야윔으로 가득 차 재산 모으는 걸 계속 구하는데도

이를 그치지 못해 걱정스럽다고 말한다.

요즘 부자는 집 안에 있으면 도둑이 들어와 겁탈당할까 걱정하고,

집 바깥에 나가면 도적의 피해를 두려워한다.

그래서 집안을 빙 둘러 망루와 창을 설치하고,

집 바깥은 혼자서 함부로 다니지 않아 두려움에 떤다고 말한다.

이 여섯 가지, 즉 혼란, 고통, 병, 수치, 걱정, 두려움은 천하의 지극한 해로
움인데 이것들을 모두 잊고 깊이 생각할 줄 모른다.

이에 재앙이 닥쳐야 지금까지 재물을 모으는데 들였던 본성(性)을 다 쏟고,

지금까지 모았던 재물을 죄다 털면서

단 하루라도 무사함으로 돌아가길 바라지만 그때는 이걸 얻을 수 없다.

따라서 명예(名)의 관점에서 드러나는 게 없고,

이득(利)의 차원에서도 추구해도 얻는 게 없는데

사람들은 자기 생각과 몸을 옥죄면서 이런 걸 두고 다투니

이 또한 미혹된 일이 아니겠는가?"

注 ——

無足曰 必持其名: 무족(無足)이 말하다. (지자는) 분명히(必) (자기의) 명예(名)를 유지하다(持). 持(가질 지 → 유지하다)

苦體絶甘 約養以持生: (그래서) 몸(體)을 괴롭히고(苦) 단(甘)걸 끊고(絶) 대충대충(約) 보양(養)하다. 그럼으로써(以) 생명(生)을 유지하다(持). 體(몸 체) 苦(괴로울 고) 甘(달 감) 絶(끊을 절) 約(간단히할 약 → 대충대충 함) 持(버틸 지, 지탱함 → 유지함)

則亦久病長阨而不死者也: 그러면(則) (이것) 또한(亦) 오래(久) 앓아(病) 긴(長) 고통을 겪으며(阨~而) 죽지(死) 않고(不) (사는) 사람(者)과 (같다). 久(오랠 구) 病(앓을 병) 阨(고난 액, 고통)

知和曰 平爲福 有餘爲害者: 지화(知和)가 말하다. 평범한(平) (건) 행복(福)이 되지만(爲) (분에 넘쳐) 넉넉함(餘)이 있는(有) (건) 해(害)가 되는(爲) 것(者). 平(평평할 평, 평범함) 餘(남을 여, 넉넉함)

物莫不然 而財其甚者也: (그것은 모든) 사물(物)이 그렇지(然) 않은(不) 게 없다(莫). 그런데(而) 재물(財)의 (경우가 특히) 심하다(甚~者). 然(그럴 연) 莫(없을 막) 財(재물 재) 甚(심할 심)

今富人 耳營於鐘鼓管籥之聲: 요즘(今) 부자(富人)는 (그의) 귀(耳)가 종(鐘), 북(鼓), 피리(管), 퉁소(籥) 소리에(於~聲) 현혹되다(營). 鐘(쇠북 종) 鼓(북 고) 管(피리 관) 籥(통소 약) 營(현혹할 영)

口嗛於芻豢醪醴之味: (그의) 입(口)은 고기(芻豢)와 술(醪醴) 맛에(於~味) 만족해하다(嗛). 芻豢〔초식짐승인 소나 양 및 곡식 먹는 짐승인 개와 돼지. 芻(풀먹는짐승 추) 豢(기를 환)〕 醪醴〔탁주와 감주. 醪(막거리 료, 탁주) 醴(단술 례)〕 嗛(마음맞을 협, 만족하다)

以感其意 遺忘其業: 그럼으로써(以) (자신의) 뜻(意)이 흔들려(感) (자신이) 할 일(業)을 잊다(遺忘). 遺忘〔잊음. 遺(잊을 유) 忘(잊을 망)〕

可謂亂矣: (그러니) 혼란스럽다(亂) 말할(可~謂) 뿐이다(矣). 亂(어지러울 란 → 혼란)

侅溺於馮氣: (요즘 부자는) 분하고 답답한 마음에(於~馮氣) 이상하게(侅) 빠지다(溺). 馮氣〔분하고 답답한 마음. 馮(성 풍, 왕성한) 氣(기운 기)〕侅(이상할 해) 溺(빠질 익)

若負重行而上坂也: (마음이) 무거운(重) 짐을 짊어지고(負~而) 오르막(上坂)을 올라가는(行) 것 같다(若). 負(질 부, 짐을 짊어지다) 上坂〔오르막. 上(위 상) 坂(비탈 판, 오르막)〕行(갈 행 → 올라가다) 若(같을 약)

可謂苦矣: (그래서) 고통스럽다(苦) 말할(可~謂) 뿐이다(矣).

貪財而取慰 貪權而取竭: (요즘 부자는) 재물(財)을 탐하다가(貪~而) 병(慰)을 얻고(取), 권세(權)를 탐하다가(貪~而) 다함(竭)을 취하다(取). 즉 기력을 소진하다. 慰(병 위) 取(취할 취 → 받다) 權(권세 권) 竭(다할 갈)

靜居則溺 體澤則馮: 한가하게(靜) 지내다가(居~則) (쾌락에) 빠지고(溺), 몸(體)에 윤이 나면(澤~則) (이를 서로) 자랑하다(馮). 靜(고요할 정 → 한가하게) 溺(빠질 익) 澤(윤날 택) 馮(뽐낼 빙 → 자랑하다)

可謂疾矣: (그러다 어느 날) 병들었다고(疾) 말할(可~謂) 뿐이다(矣).

爲欲富就利: (요즘 부자는) 부유해지길(富) 원해(爲~欲) 이득(利)이 (있는 곳으로) 나아가다(就). 就(나아갈 취)

故滿若堵耳而不知避: 그래서(故) (탐욕이 마음을) 채워(滿) 귀(耳)를 막는(堵) 것처럼(若~而) 피할(避) 줄 알지(知) 못하다(不). 滿(채울 만) 堵(담 도 → 막다) 若(같을 약, ~처럼) 避(피할 피)

且憑而不舍: 또(且) (부유함)에 의지해서(憑~而) (이를) 버리지(舍) 못하다(不). 憑(의지할 빙) 舍(버릴 사)

可謂辱矣: (그래서) 수치스럽다고(辱) 말할(可~謂) 뿐이다(矣). 辱(욕되게할 욕, 수치스러운)

財積而無用 服膺而不舍: (요즘 부자는) 재물(財)이 (계속) 쌓여(積~而) 쓸(用) (데가) 없는데도(無) (재물 쌓을 생각을) 잠시도 잊지 않고(服膺~而) 버리지(舍) 못하다(不). 積(쌓을 적) 服膺[잘 지켜 잠시도 잊지 않음. 服(좇을 복) 膺(가까이할 응, 몸 가까이 함)]

滿心戚醮 求益而不止: (또) 마음(心)은 근심(戚)과 야윔(醮)으로 가득 차(滿) (재산) 모으는(益) (걸 계속) 구하는데도(求~而) (이를) 그치지(止) 못하다(不). 戚(근심할 척) 醮(야윌 초) 滿(찰 만) 益(더할 익 → 더 모으다)

可謂憂矣: (그래서) 걱정스럽다고(憂) 말할(可~謂) 뿐이다(矣). 憂(근심할 우, 걱정하다)

內則疑刦請之賊: (요즘 부자는) 집 안에 있으면(內~則) 도둑(賊)이 들어와(請) 겁탈당할까(刦) 걱정한다(疑). 賊(도둑 적) 刦(겁탈할 겁) 疑(의심할 의 → 걱정)

外則畏寇盜之害: (집) 바깥에 (나가)면(外~則) 도적(寇盜)의 피해(害)를 두려워하다(畏). 寇盜〔도적. 寇(도둑 구) 盜(훔칠 도)〕 畏(두려워할 외)

內周樓疏 外不敢獨行: (그래서) 집안(內)을 빙 둘러(周) 망루(樓)와 창(疏)을 (설치하고 집) 바깥(外)은 혼자서(獨) 함부로(敢) 다니지(行) 않는다(不). 周(두를 주, 빙 둘러싸다) 樓(망루 루) 疏(트일 소 → 창)

可謂畏矣: (그래서) 두려움에 떤다고(畏) 말할(可~謂) 뿐이다(矣).

此六者 天下之至害也: 이(此) 여섯(六) 가지 것(者)은 천하(天下)의 지극한(至) 해로움(害)이다.

皆遺忘而不知察: (그런데 이것들을) 모두(皆) 잊고서(遺忘~而) 살필(察) 줄 알지(知) 못하다(不).

즉 깊이 생각할 줄 모른다. 遺忘〔잊음. 遺(잊을 유) 忘(잊을 망)〕 察(살필 찰)

及其患至: 이에(及) 재앙(患)이 닥치다(至). 至(이를 지 → 닥치다)

求盡性竭財: (그래야 지금까지 재물을 모으는데 들였던) 본성(性)을 다 쏟고(盡), (지금까지 모았던) 재물(財)을 죄다 털어놓다(竭). 性(성품 성, 성정) 盡(다할 진 → 쏟아 붓다) 竭(다할 갈 → 죄다 털어놓다)

單以反一日之無故而不可得也: (그러면서) 단(單) 하루(一日)라도 무사함(無故)으로 되돌아가기를(以反~而) 바라지만(求) (그때는 이걸) 얻을(得) 수(可) 없다(不). 無故〔아무 탈이 없음. 즉 무사함 故(연고 고)〕 求(구할 구 → 바라다)

故觀之名則不見 求之利則不得: 따라서(故) 명예(名)의 관점에서(觀~則) 드러나는(見) 게 없고(不), 이득(利)의 차원에서도 추구해도(求~則) 얻는(得) 게 없다(不).

繚意體而爭此 不亦惑乎!: (그런데 사람들은 자기) 생각(意)과 몸(體)을 옥죄면서(繚~而) 이런(此) (걸 두고서) 다투니(爭) (이) 또한(亦) 미혹된(惑) 일이 아닌가(不)? 繚(묶일 료 → 옥죄이다)

설검
說 劍

설검(說劍) 1

설검 1-1

昔趙文王喜劍, 劍士夾門而客三千餘人, 日夜相擊於前, 死傷者歲百餘人, 好之不厭.

如是三年, 國衰, 諸侯謀之.

太子悝患之, 募左右曰:「孰能說王之意止劍士者, 賜之千金.」

左右曰:「莊子當能.」

太子乃使人以千金奉莊子.

莊子弗受, 與使者俱, 往見太子曰:「太子何以敎周, 賜周千金?」

太子曰:「聞夫子明聖, 謹奉千金以幣從者. 夫子弗受, 悝尙何敢言!」

莊子曰:「聞太子所欲用周者, 欲絶王之喜好也.

使臣上說大王而逆王意, 下不當太子, 則身刑而死, 周尙安所事金乎?

使臣上說大王, 下當太子, 趙國何求而不得也!」

太子曰:「然, 吾王所見, 唯劍士也.」

莊子曰:「諾. 周善爲劍.」

太子曰:「然吾王所見劍士, 皆蓬頭突鬢垂冠, 曼胡之纓, 短後之衣, 瞋目而語難, 王乃說之. 今夫子必儒服而見王, 事必大逆.」

莊子曰:「請治劍服.」

治劍服三日, 乃見太子.

太子乃與見王, 王脫白刃待之.

莊子入殿門不趨, 見王不拜.

王曰 : 「子欲何以敎寡人, 使太子先焉?」

曰 : 「臣聞大王喜劍, 故以劍見王.」

王曰 : 「子之劍何能禁制?」

曰 : 「臣之劍, 十步一人, 千里不留行.」

王大悅之, 曰 : 「天下無敵矣!」

莊子曰 : 「夫爲劍者, 示之以虛, 開之以利, 後之以發, 先之以至. 願得試之.」

王曰 : 「夫子休就舍, 待命設戲請夫子.」

王乃校劍士七日, 死傷者六十餘人, 得五六人, 使奉劍於殿下, 乃召莊子.

옛날에 조(趙)나라 문왕(文王)이 칼싸움을 좋아해
검객이 문이 비좁도록 찾아오고, 손님도 삼천여 명이나 되었다.
또 밤낮으로 왕 앞에서 칼싸움을 서로 해
사상자가 해마다 백여 명이 되어도 문왕은 이를 싫증 내지 않고 즐겼다.
이렇게 삼 년이 흐르자 나라가 쇠해
이웃 나라 제후들이 조나라를 멸망시키려고 모의했다.
태자 회(悝)는 이를 걱정해 좌우 신하들을 모아놓고 말했다.
"누구든 왕의 마음을 달래 검객이 몰려드는 걸 멈추게 할 수 있는 사람에게
천금의 상을 내리겠다."
좌우의 신하들이 말했다. "장자가 마땅히 할 수 있습니다."
이에 태자는 사람을 시켜 천금으로 장자를 모셔오도록 명했다.
그런데 장자는 천금을 받지 않고 사자와 함께 와선 태자를 보고 말했다.
"태자는 제게 어떤 가르침을 받으려고 저에게 천금을 내리셨나요?"
태자가 말했다.
"선생을 밝은 성인이라 들어 천금의 예물을 받들어 종자 편에 보낸 겁니다.
선생이 받지 않으니 제가 오히려 무슨 말씀을 감히 드릴 수 있겠습니까!"
장자가 말했다.
"듣건대 저를 쓰려는 이유가 왕이 애호하는 일을 끊으려 하는 거지요.
그런데 신이 위로 대왕을 달래다 왕의 뜻을 거슬러 그를 설득하지 못하면
이는 아래로 마땅히 태자의 뜻이 아니므로 저는 죽음의 형벌을 받습니다.
그러면 제가 그 돈을 어디에 쓸 수 있겠습니까?

신이 위로 대왕을 달래는 데 성공하면 아래로 마땅히 태자의 뜻과 맞는데
그러면 제가 조나라에서 무얼 구한들 얻지 못할 게 어디 있습니까?"
태자가 말했다. "그렇군요. 내 왕이 만나는 사람은 오로지 검객입니다."
장자가 말했다. "네. 저도 검술을 좋아합니다."
태자가 말했다.
"그런데 왕이 만나는 검객은 모두 머리가 덥수룩하고, 귀털이 삐져나오고,
갓은 눌러 쓰고, 장식이 없는 끈으로 갓을 매고, 뒤가 짧은 저고리를 입고,
눈을 부릅뜨면서 더듬더듬 말하는데 왕은 그런 검객을 만나길 좋아합니다.
지금 선생은 분명히 선비 옷(儒服)을 입고 왕을 뵐 텐데
그러면 분명 일이 크게 어긋납니다."
장자가 말했다. "그럼 칼싸움할 때 입는 검복(劍服)을 마련해 주십시오."
사흘이 걸려 검복이 마련되자 장자는 이내 태자를 만났고,
태자는 이내 장자와 함께 왕을 찾아가서 만났다.
왕은 흰 칼을 빼어 들고는 기다리고 있었다.
장자는 궁궐 대전 문을 들어오면서 종종걸음의 예를 준수하지 않고,
왕을 보고도 절을 하지 않았다.
왕이 물었다.
"그대는 과인에게 무엇을 가르쳐 주려고 태자를 앞세우고 왔는가?
장자가 대답했다.
"신은 대왕께서 칼을 좋아한다고 들어 칼로 왕을 만나려고 합니다.
왕이 물었다. "그대의 칼은 몇 사람을 제압할 수 있는가?
장자가 말했다.
"신의 칼은 열 걸음에 한 사람을 제압하는데
천 리를 가도 신을 막지 못합니다."
왕이 크게 기뻐하며 말했다. "천하무적이다!"
장자가 말했다.
"검술이란 자신의 허점을 보여주어 상대가 그 이로움으로 벌리게 하고,
상대보다 칼을 늦게 뽑아 상대의 칼이 내게 먼저 이르도록 하는 겁니다.
시범해 보일 수 있기를 바랍니다."

왕이 말했다. "선생은 객사에 가 쉬면서 명령을 기다리시오.
시합 놀이 준비를 한 뒤에 선생을 부를 거요."
왕은 검객들에게 일주일 동안 시합을 시켜 사상자가 육십여 명에 달했다.
산 검객 중 대여섯 명을 골라 궁궐 대전에 칼을 들게 한 뒤 장자를 불렀다.

注 ────────────────────────

昔趙文王喜劍: 옛날에(昔) 조(趙)나라 문왕(文王)이 칼(劍) (싸움)을 좋아하다(喜). 昔(옛 석) 劍
(칼 검) 喜(좋아할 희)

劍士夾門而客三千餘人: (그래서) 검객(劍士)이 문(門)이 비좁도록(夾) (찾아오고), 손님(客)도 삼
천여(三千餘) 명(人)이나 되다. 劍士〔검술에 능통한 사람. 즉 검객. 劍(칼 검)〕夾(좁을 협, 비좁
다) 客(손님 객)

日夜相擊於前 死傷者歲百餘人: (또) 밤낮(日夜)으로 (왕) 앞에서(於~前) 칼싸움(擊)을 서로(相)
해 사상자(死傷者)가 해(歲)마다 백여(百餘) 사람(人)이 되다. 日夜〔밤낮. 日(해 일) 夜(밤 야)〕
死傷者〔사상자. 死(죽을 사) 傷(상처 상)〕擊(싸울 격)

好之不厭: (그런데도 문왕은 칼싸움을) 싫증 내지(厭) 않고(不) 즐기다(好). 厭(물릴 염, 싫증이 남)
好(즐길 호)

如是三年 國衰 諸侯謀之: 이처럼(是如) 삼년(三年)이 (지나자) 나라(國)가 쇠해(衰) (이웃 나라)
제후(諸侯)들이 (조나라를 멸망시키려고) 모의하다(謀). 衰(쇠할 쇠) 謀(꾀할 모 → 모의하다)

太子悝患之 募左右曰: 태자(太子) 회(悝)는 (이를) 걱정해(患) 좌우(左右) (신하를) 모아놓고(募)
말하다. 患(근심 환) 募(모을 모)

孰能說王之意止劍士者: 누구든(孰) 왕(王)의 마음(意)을 달래(說) 검객(劍士)이 (몰려드는 것을)
멈추게(止) 할 수(能) 있는 자(者). 孰(누구 숙) 意(뜻 의 → 마음) 說(달랠 세) 止(멈출 지)

賜之千金: (그에게) 천금(千金)의 상을 내리다(賜). 賜(줄 사 → 내리다)

左右曰 莊子當能: 좌우(左右)의 (신하들이) 말하다. 장자(莊子)가 마땅히(當) 할 수(能) 있다. 當
(마땅할 당)

太子乃使人以千金奉莊子: 이에(乃) 태자(太子)는 사람을 시켜(使~人) 천금으로(以~千金) 장자
(莊子)를 받들다(奉). 즉 모셔오게 하다. 使(부릴 사, 시키다) 奉(받들 봉)

莊子弗受 與使者俱 往見太子曰: (그런데) 장자(莊子)는 (천금을) 받지(受) 않고(弗) 사자와(與~
使者) 함께(俱) 와서(往) 태자(太子)를 보고(見) 말하다. 受(받을 수) 弗(아니 불) 使(사자 사) 俱(함
께 구) 往(갈 왕, 가다 → 오다)

太子何以敎周 賜周千金?: 태자(太子)는 (나) 장자(周)에게 무슨(何) 가르침을(以~敎) (받으려
고 나) 주(周)에게 천금(千金)을 내리는가(賜)? 周=莊周(장주) → 莊子(장자) 何(무엇 하) 敎(가

르칠 교)

太子曰 聞夫子明聖: 태자(太子)가 말하다. 선생(夫子)은 (사리에) 밝은(明) 성인(聖)이라고 듣다 (聞). 明(밝을 명) 聖(성인 성)

謹奉千金以幣從者: 삼가(謹) 천금(千金)의 예물을(以~幣) 받들어(奉) 종자(從者) (편에 보낸 거다). 謹(삼갈 근) 幣(폐백 폐, 예물)

夫子弗受 悝尚何敢言!: 선생(夫子)이 받지(受) 않으니(弗) (나) 회(悝)가 오히려(尚) 무슨(何) 말 (言)을 감히(敢) (할 수가 있는가)! 尚(오히려 상)

莊子曰 聞太子所欲用周者: 장자(莊子)가 말하다. 듣건대(聞) 태자(太子)가 (나) 주(周)를 쓰려는(欲~用) 바(所)의 것(者).

欲絕王之喜好也: 왕(王)이 애호하는(喜好) 일을 끊으려는(欲~絕) (거다). 絕(끊을 절) 愛好(애호함. 好(즐길 호, 좋아하다)]

使臣上說大王而逆王意: 신이(使~臣) 위(上)로 대왕(大王)을 달래다가(說~而) 왕(王)의 뜻(意)을 거슬러(逆) (그를 설득하지 못하다). 說(달랠 설) 逆(거스를 역)

下不當太子: (그러면 이는) 아래(下)로 마땅히(當) 태자(太子)의 (뜻이) 아니다(不). 當(마땅히 당)

則身刑而死: 그런즉(則) (내) 몸(身)은 죽음(死)의 형벌(刑)을 (받는다). 死(죽을 사) 刑(형벌 형)

周尚安所事金乎?: (그러면 나) 주(周)는 오히려(尚) 돈(金)을 어찌(安) 쓰는(事) 바(所)가 (있는가)? 즉 돈을 어디에 쓸 수 있는가? 尚(오히려 상, 도리어) 安(어찌 안)

使臣上說大王 下當太子: (반대로) 신이(使~臣) 위(上)로 대왕(大王)을 달래는데(說) (성공하면 이는) 아래(下)로 마땅히(當) 태자(太子)의 (뜻과 맞는 거다).

趙國何求而不得也!: (그러면) 조(趙)나라(國)에서 무엇(何)을 구한들(求) 얻지(得) 못할(不) (게 어디 있는가)? 求(구할 구) 得(얻을 득)

太子曰 然 吾王所見 唯劍士也: 태자(太子)가 말하다. 그렇군(然). 내(吾) 왕(王)이 만나는(見) 사람(所)은 오로지(唯) 검객이다(劍士~也).

莊子曰 諾 周善爲劍: 장자(莊子)가 말하다. 네(諾). (나) 주(周)도 검술(爲~劍)을 좋아한다(善). 諾(예 낙) 善(좋을 선)

太子曰 然吾王所見劍士: 태자(太子)가 말하다. 그런데(然) 내(吾) 왕(王)이 만나보는(見) 바(所)의 검객(劍士).

皆蓬頭突鬢垂冠: 모두(皆) 머리(頭)가 덥수룩하고(蓬), 귀에 털(鬢)이 삐져나오고(突), 갓(冠)은 눌러 쓰다(垂). 蓬(흐트러질 봉, 흐트러져 산란한 모습 → 덥수룩함) 鬢(살쩍 빈, 귀 털) 突(내밀 돌, 쑥 나옴) 冠(갓 관) 垂(드리울 수, 아래로 쳐짐 → 눌러 쓰다)

曼胡之纓 短後之衣: 장식이 없는(曼胡) 끈(纓)으로 (갓을) 매고, 뒤(後)가 짧은(短) 저고리(衣)를 입다. 曼胡[길고 날이 없는 창 → 장식이 없음. 曼(무늬없는비단 만) 胡(창날이굽어밑으로드리워져

창자루에닿는부분 호, 축 늘어진 턱밑 살 → 장식) 〕 纓(갓끈 영) 短(짧을 단) 衣(옷 의, 저고리)

瞋目而語難: 눈(目)을 부릅뜨면서(瞋~而) 어렵게(難) 말하다(語). 즉 더듬더듬 말하다. 瞋(부릅뜰 진)

王乃說之: 이에(乃) 왕(王)은 (그런 검객을 만나길) 기뻐하다(說). 說(기뻐할 열)

今夫子必儒服而見王: 지금(今) 선생(夫子)은 분명히(必) 선비(儒) 옷을 입고서(服~而) 왕(王)을 보다(見). 必(반드시 필 → 분명히) 儒(선비 유)

事必大逆: (그러면) 일(事)이 분명(必) 크게(大) 어긋나다(逆). 事(일 사) 逆(거스를 역 → 어긋나다)

莊子曰 請治劍服: 장자(莊子)가 말하다. (그러면 칼싸움) 검복(劍服)을 마련하길(治) 청하다(請). 治(빌 치, 구걸하다 → 마련하다)

治劍服三日 乃見太子: 사흘(三日)이 걸려 검복(劍服)이 마련되자(治) (장자는) 이내(乃) 태자(太子)를 만나다(見).

太子乃與見王: 태자(太子)는 이내(乃) (장자와) 함께(與) 왕(王)을 (찾아가서) 만나보다(見).

王脫白刃待之: 왕(王)은 흰(白) 칼(刃)을 빼서 들고(脫) 기다리다(待). 白(흰 백) 刃(칼 인) 脫(벗길 탈 → 빼다) 待(기다릴 대)

莊子入殿門不趨 見王不拜: 장자(莊子)는 궁궐의 대전(殿) 문(門)을 들어오면서(入) 종종걸음(趨)의 (예를 준수하지) 않고(不) 왕(王)을 보고도(見) 절하지(拜) 않다(不). 殿(큰집 전, 왕이 집무하는 대전) 趨(추창할 추, 종종걸음으로 빨리 걸음) 拜(절 배)

王曰 子欲何以教寡人 使太子先焉?: 왕(王)이 묻다. 너(子)는 무엇으로(何~以) 과인(寡人)을 가르치려고(欲~教) 태자를(使~太子) 앞세우고(先) (왔는가)? 子(너 자) 何(무엇 하) 教(가르칠 교) 先(먼저 선, 앞세우다)

曰 臣聞大王喜劍 故以劍見王: (장자가) 말하다. 신(臣)은 대왕(大王)이 칼(劍)을 좋아한다고(喜) 듣다(聞). 고로(故) 칼로(以~劍) 왕(王)을 만나보다(見).

王曰 子之劍何能禁制?: 왕(王)이 묻다. 너(子)의 칼(劍)은 몇(何) (사람)을 제압할(禁制) 수(能) 있는가? 禁制〔어떤 행위를 하지 못하게 함 → 제압함. 禁(금할 금) 制(금할 제)〕

曰 臣之劍 十步一人: (장자가) 말하다. 신(臣)의 칼(劍)은 열(十) 걸음(步)에 한(一) 사람(人)을 (제압하다). 步(걸음 보)

千里不留行: (이렇게) 천리(千里)를 가도(行) (누구도 신을) 막지(留) 못하다(不). 留(만류할 류 → 막다)

王大悅之曰 天下無敵矣!: 왕(王)이 크게(大) 기뻐하며(悅) 말하다. 천하무적(天下無敵)일 뿐이다(矣)! 悅(기쁠 열)

莊子曰 夫爲劍者: 장자(莊子)가 말하다. 저(夫) 검술이란(爲~劍者).

示之以虛 開之以利: (자신의) 허점을(以~虛) 보여주어(示) (상대가 그) 이로움(以~利)으로 벌리

게 하다(開). 示(보일 시) 開(벌릴 개, 벌리게 하다)

後之以發 先之以至: (상대보다 칼을) 늦게(後) 뽑아(以~發) (상대의 칼이 내게) 먼저(先) 이르게 하다(以~至). 後(뒤 후 → 늦게) 發(쏠 발, 총을 쏨 → 칼을 뽑다) 至(이를 지)

願得試之: 원컨 대(願) 시범해(試) 보일 수(得) (있기를 바라다). 試(시험할 시, 시범을 보이다)

王曰 夫子休就舍: 왕(王)이 말하다. 선생(夫子)은 객사(舍)에 가서(就) 쉬다(休). 舍(집 사, 객사) 就(나갈 취, 나가다) 休(쉴 휴)

待命設戲請夫子: 명령(命)을 기다리며(待) 시합 놀이(戲) 준비를 갖추고서(設) 선생(夫子)을 청하다(請). 戲(놀이 희, 시합놀이) 設(갖추어질 설, 준비를 갖추다)

王乃校劍士七日 死傷者六十餘人: 이에(乃) 왕(王)은 검객(劍士)들에게 칠일(七日) 동안 맞서 다투게(校) 하자 사상자(死傷~者)가 육십여(六十餘) 사람(人)이 되다. 劍士(검사)=劍客(검객) 校(대항할 교, 맞서 다투게 하다)

得五六人 使奉劍於殿下 乃召莊子: (살아난 검객 중에) 대여섯(五六) 사람(人)을 골라(得) (궁궐) 대전에(於~殿) 칼(劍)을 받들게 하다(使~奉). (그리고) 이내(乃) 장자(莊子)를 부르다(召). 奉(받들 봉) 召(부를 소)

설검 1-2

王曰:「今日試使士敦劍.」

莊子曰:「望之久矣.」

王曰:「夫子所御杖, 長短何如?」

曰:「臣之所奉皆可. 然臣有三劍, 唯王所用, 請先言而後試.」

王曰:「願聞三劍.」

曰:「有天子之劍, 有諸侯之劍, 有庶人之劍.」

王曰:「天子之劍何如?」

曰:「天子之劍, 以燕谿石城爲鋒, 齊岱爲鍔, 晉衛爲脊, 周宋爲鐔, 韓魏爲夾.,
包以四夷, 裏以四時, 繞以渤海, 帶以恒山.,
制以五行, 論以刑德., 開以陰陽, 持以春夏, 行以秋冬.
此劍, 直之無前, 擧之無上, 案之無下, 運之無旁, 上決浮雲, 下絕地紀.
此劍一用, 匡諸侯, 天下服矣. 此天子之劍也.」

文王芒然自失, 曰:「諸侯之劍何如?」

曰:「諸侯之劍, 以知勇士爲鋒, 以清廉士爲鍔, 以賢良士爲脊,以忠聖士爲鐔, 以豪桀士爲夾.

此劍, 直之亦無前, 舉之亦無上, 案之亦無下, 運之亦無旁.,

上法圓天以順三光, 下法方地以順四時, 中和民意以安四鄕.

此劍一用, 如雷霆之震也, 四封之內, 無不賓服而聽從君命者矣. 此諸侯之劍也..

王曰:「庶人之劍何如?」

曰:「庶人之劍, 蓬頭突鬢垂冠, 曼胡之纓, 短後之衣, 瞋目而語難.

相擊於前, 上斬頸領, 下決肝肺.

此庶人之劍, 無異於鬪鷄, 一旦命已絕矣, 無所用於國事.

今大王有天子之位而好庶人之劍, 臣竊爲大王薄之.」

王乃牽而上殿.

宰人上食, 王三環之.

莊子曰:「大王安坐定氣, 劍事已畢奏矣.」

於是文王不出宮三月, 劍士皆服斃其處也.

왕이 말했다. "오늘은 선비인 장자가 검객들과 검술을 겨룰 것이다."

장자가 말했다. "이를 오랫동안 기다렸습니다."

왕이 물었다. "선생이 쓰는 칼의 길이는 얼마인가?"

장자가 말했다.

"신이 쓸 칼의 길이는 어떻든 상관없습니다.

그런데 신에게 세 가지 칼이 있는데 오직 왕이 원하는 걸 쓰겠습니다.

세 가지 칼을 먼저 설명하고, 나중에 시범해 보일 수 있게 청합니다."

왕이 물었다. "세 가지 칼이 무엇인지 듣기를 원한다."

장자가 말했다.

"천자(天子)의 칼이 있고 제후(諸侯)의 칼이 있고 서민(庶人)의 칼이 있습니다."

왕이 물었다. "천자의 칼은 어떤 것이오?"

장자가 말했다.

"천자의 칼은 연(燕)나라 국경 계곡의 돌성(石城)을 칼끝으로 삼고,

제(齊)나라 태산을 칼날로 삼고, 진(晉)나라와 위(衛)나라를 칼등으로 삼고,

주(周)나라와 송(宋)나라를 칼 콧등으로 삼고,

한(韓)나라와 위(魏)나라를 칼자루로 삼습니다.

그 칼로 동이, 서융, 남만, 북적의 사방 오랑캐(四夷)를 겉으로 싸고,

춘하추동의 사철(四時)을 안으로 싼 뒤

발해(渤海)란 끈으로 두르고, 항산(恒山)이란 띠를 허리에 찹니다.

칼을 쓰는 데는 오행(五行)의 변화로 제어하고,

형벌(刑)과 은덕(德)으로 잘잘못을 따지며, 음양의 움직임으로 칼을 꺼내며,

봄과 여름으로 칼을 잡으며, 가을과 겨울로 칼을 움직입니다.

이 칼을 곧게 세우면 앞에 걸리는 게 없고, 들어 올리면 위에 걸리는 게 없고,

내리누르면 밑에 걸리는 게 없고, 휘두르면 옆에 걸리는 게 없고,

위로는 뜬구름을 끊고, 아래로는 땅을 붙잡아 맨 밧줄을 자릅니다.

이 칼은 한 번만 써도 제후들을 바로잡고 천하가 복종합니다.

이것이 천자의 칼입니다."

문왕은 망연자실한 채 물었다. "제후의 칼은 어떻소?"

장자가 대답했다.

"제후의 칼은 지혜롭고 용감한 선비를 칼끝으로 삼고,

청렴한 선비를 칼날로 삼고, 현명하고 어진 선비를 칼등으로 삼고,

충성스럽고 거룩한 선비를 칼 콧등으로 삼고,

호걸스러운 선비를 칼자루로 삼습니다.

이 칼을 곧게 세우면 앞에도 걸리는 게 없고,

들어 올리면 위에도 걸리는 게 없고, 내리누르면 밑에도 걸리는 게 없고,

휘두르면 옆에도 걸리는 게 없습니다.

위로는 둥근 하늘을 법도로 삼아 해와 달과 별빛에 순응하고,

아래로는 네모반듯한 땅을 법도로 삼아 사철의 추이를 따르고,

가운데로는 백성의 뜻과 화합해 사방 온 나라를 안정시킵니다.

이 칼은 한 번만 써도 마치 우레와 천둥이 진동하는 것 같아

나라 안에 복종하지 않는 사람이 없어 군주의 명령을 듣고 따를 뿐입니다.

이것이 제후의 칼입니다."

왕이 물었다. "서민의 칼은 어떻소?"

장자가 대답했다.

"서민의 칼은 머리가 덥수룩하고, 귀에 털이 삐져나오고,

갓은 낮게 눌러 쓰고, 장식 없는 끈으로 갓을 매고,

뒤가 짧은 저고리를 입고, 눈을 부릅뜨면서 더듬더듬 말합니다.

왕 앞에선 서로 치고 싸우며,

위로는 사람의 목을 베고 아래로는 간과 폐를 찢지요.

이런 서민의 칼은 닭싸움과 다르지 않아 목숨이 하루아침에 끊어집니다.

그래서 나랏일에는 아무런 소용이 없습니다.

지금 대왕은 천자의 위치에 있는데도 서민의 칼을 좋아하므로

신은 마음속으로 대왕을 가벼이 여깁니다."

그러자 왕은 이내 장자를 잡아끌고 대전에 올랐다.

요리사가 왕에게 음식을 갖다 바쳐도 왕은 상 주위만 세 번 빙빙 돌았다.

장자가 말했다. "대왕은 편히 앉아서 기운을 안정시키지요.

칼에 관한 일은 이미 아뢰기를 마쳤습니다."

이에 문왕은 석 달 동안 궁궐 밖으로 나가지 않았는데

검객들은 제대로 예우받지 못하는 것을 걱정해 그 자리에서 모두 자결했다.

注 ─────

王曰 今日試使士敦劍: 왕(王)이 말하다. 오늘(今日)은 시험 삼아(試) (장자) 선비가(使~士) 검객(劍)들과 (검술을) 겨루다(敦). 敦(던질 퇴, 시합하다 → 검술을 겨루다)

莊子曰 望之久矣: 장자(莊子)가 말하다. (이를) 바란지(望) 오래(久)일 뿐이다(矣). 즉 이를 오랫동안 이를 기다렸다. 望(바랄 망) 久(오랠 구)

王曰 夫子所御杖: 왕(王)이 묻다. 선생(夫子)이 쓰는(御) 칼(所~杖). 御(어거할 어, 높이는 표현 → 쓰시는) 杖(지팡이 장 → 칼)

長短何如?: 길이(長短)는 어떤가(何如)? 즉 길이는 얼마인가? 長短(긴(長) 것과 짧은(短) 것 → 길이) 何如(어떤가. 何(어찌 하))

曰 臣之所奉皆可: (장자가) 말하다. 신(臣)이 받드는(奉) 칼의 길이(所)는 모두(皆) 가능하다(可). 즉 신이 쓸 칼의 길이는 어떻든 상관없다.

然臣有三劍 唯王所用: 그런데(然) 신(臣)에겐 세 가지(三) 칼(劍)이 있다(有). 오로지(唯) 왕(王)이 (원하는 것을) 쓰다(所~用). 然(그런데 연) 用(쓸 용)

請先言而後試: 청컨대(請) (세 가지 칼을) 먼저(先) 설명하고(言) 나중에(後) 시범(試)을 보이다. 試(시험할 시, 시범을 보이다)

王曰 願聞三劍: 왕(王)이 말하다. 세 가지(三) (칼이 무엇인지) 듣기(聞)를 원하다(願).

曰 有天子之劍 有諸侯之劍 有庶人之劍: (장자가) 말하다. 천자(天子)의 칼(劍) 있고(有), 제후(諸侯)의 칼(劍) 있고(有), 서민(庶人)의 칼(劍)이 있다(有). 庶人〔서민. 庶(무리 서, 백성)〕

王曰 天子之劍何如?: 왕(曰)이 말하다. 천자(天子)의 칼(劍)은 어떠한가(何如)?

曰 天子之劍 以燕谿石城爲鋒: (장자가) 말하다. 천자(天子)의 칼(劍)은 연(燕)나라 (국경) 계곡(谿)의 돌성(以~石城)을 칼끝(鋒)으로 삼는다(爲). 谿(시내 계 → 계곡) 石城〔돌(石)로 만든 성(城). 즉 돌성〕鋒(칼끝 봉)

齊岱爲鍔 晉衛爲脊: 제(齊)나라 태산(岱)을 칼날(鍔)로 삼고(爲), 진(晉)나라와 위(衛)나라를 칼등(脊)으로 삼는다(爲). 岱(대산 대)=태산(泰山) 鍔(칼날 악) 脊(등성마루 척 → 칼등)

周宋爲鐔 韓魏爲夾: 주(周)나라와 송(宋)나라를 칼 콧등(鐔)으로 삼고(爲), 한(韓)나라와 위(魏)나라를 칼자루(夾)로 삼는다(爲). 鐔(칼코등이 심) 夾(칼자루 협)

包以四夷 裏以四時: (그 칼로) 사방의 오랑캐(四夷), 즉 동이(東夷), 서융(西戎), 남만(南蠻), 북적을(以~北狄) (겉으로) 싸고(包) 사철(四時), 즉 춘하추동을(以~春夏秋冬) 안(裏)으로 (싸다). 夷(오랑캐 이) 包(쌀 포) 裏(속 리, 안)

繞以渤海 帶以恒山: (그런 뒤) 발해란 (끈)으로(以~渤海) 두르고(繞), 항산이란 (띠)를(以~恒山) 허리에 차다(帶). 繞(두를 요) 帶(찰 대)

制以五行 論以刑德: (칼을 쓰는 데는) 오행의 (변화)로(以~五行) 제압하고(制), 형벌(刑)과 은덕으로(以~德) (잘잘못을) 논하다(論). 즉 잘잘못을 따지다. 制(누를 제, 제압하다) 論(논할 논)

開以陰陽 持以春夏 行以秋冬: 음양의 (움직임)으로(以~陰陽) (칼을) 열고(開), 즉 칼을 꺼내고, 봄(春)과 여름으로(以~夏) (칼을) 지탱하며(持), 즉 칼을 잡고, 가을(秋)과 겨울로(以~冬) (칼을) 움직이다(行). 開(열 개, 열림) 持(버틸 지 → 지탱함)

此劍 直之無前: 이(此) 칼(劍)을 곧게(直) (세우면) 앞(前)에 (걸리는 게) 없다(無). 直(곧을 직)

擧之無上 案之無下: 들어 올리면(擧) 위(上)에 (걸리는 게) 없고(無), 내리누르면(案) 밑(下)에 (걸리는 게) 없다(無). 擧(들 거, 높이 들어 올림) 案(누를 안)

運之無旁: 휘두르면(運) 옆(旁)에 (걸리는 게) 없다(無). 運((구를 운, 돌다 → 휘두르다) 旁(곁 방, 옆)

上決浮雲 下絶地紀: 위(上)로는 뜬(浮) 구름(雲)을 끊고(決), 아래(下)로는 땅(地)을 붙잡아 맨 밧줄(紀)을 자르다(絶). 浮(뜰 부) 雲(구름 운) 決(끊을 결) 紀(벼리 기, 잡아당기는 줄 → 붙잡아둔 밧줄) 絶(끊을 절 → 자르다)

此劍一用 匡諸侯 天下服矣: 이(此) 칼(劍)은 한 번(一)만 써도(用) 제후(諸侯)들을 바로잡고(匡), 천하(天下)가 복종하다(服~矣). 劍(칼 검) 匡(바로잡을 광) 服(순종할 복, 복종하다)

此天子之劍也: 이것(此)이 천자(天子)의 칼(劍)이다.

文王芒然自失曰 諸侯之劍何如?: 문왕(文王)이 망연자실한(芒然自失) 채 말하다. 제후(諸侯)의 칼(劍)은 어떤가(何如)?

曰 諸侯之劍 以知勇士爲鋒: (장자가) 말하다. 제후(諸侯) 칼(劍)은 지혜롭고(知) 용감한(勇) 선비를(以~士) 칼끝(鋒)으로 삼는다(爲).

以淸廉士爲鍔 以賢良士爲脊: 청렴(淸廉)한 선비를(以~士) 칼날(鍔)로 삼고(爲), 현명하고(賢) 어진(良) 선비를(以~士) 칼등(脊)으로 삼는다(爲). 淸(맑을 청) 廉(청렴할 렴) 脊(등성마루 척 → 칼등)

以忠聖士爲鐔 以豪桀士爲夾: 충성스럽고(忠) 거룩한(聖) 선비를(以~士) 칼 콧등(鐔)으로 삼고(爲), 호걸스러운(豪桀) 선비를(以~士) 칼자루(夾)로 삼다(爲).

此劍 直之亦無前: 이(此) 칼(劍)을 곧게(直) (세우면) 앞(前)에 또한(亦) (걸리는 게) 없다(無).

擧之亦無上 案之亦無下: 들어 올리면(擧) 위(上)에 또한(亦) (걸리는 게) 없고(無), 내리누르면(案) 밑(下)에 또한(亦) (걸리는 게) 없다(無).

運之亦無旁: 휘두르면(運) 옆(旁)에 또한(亦) (걸리는 게) 없다(無).

上法圓天以順三光: 위(上)로는 둥근(圓) 하늘(天)을 법도로(以~法) (삼아) 삼광(三光), 즉 해와 달과 별빛에 순응하다(順).

下法方地以順四時: 아래(下)로는 네모반듯한(方) 땅(地)을 법도로(以~法) (삼아) 사철(四時)의 (추이를) 따르다(順). 方(모 방 → 네모 반듯한) 順(좇을 순, 따르다 또는 순응하다)

中和民意以安四鄕: 가운데(中)로는 백성(民)의 뜻(意)과 화합하여(和) 그것으로써(以) 사방(四鄕)의 (온 나라를) 안정시키다(安).

此劍一用 如雷霆之震也: 이(此) 칼(劍)은 한 번만(一) 써도(用) 마치 우레(雷)와 천둥(霆)이 진동하는(震) 것 같다(如). 雷(우레 뢰) 霆(천둥소리 정) 震(흔들 진, 진동하다)

四封之內 無不賓服而聽從君命者矣: (그래서) 사방(四) 경계(封), 즉 나라 안(內)에서 복종하지(賓服) 않는(不) (사람이) 없어(無) 군주(君)의 명령(命)을 듣고(聽) 따르는(從) 사람(者) 뿐이다(矣). 封(지경 봉, 경계) 賓服(복종. 賓(좇을 빈) 服(좇을 복)]

此諸侯之劍也: 이것(此)이 제후(諸侯)의 칼(劍)이다.

王曰 庶人之劍何如?: 왕(王)이 묻다. 서민(庶人)의 칼(劍)은 어떤가(何如)?

曰 庶人之劍 蓬頭突鬢垂冠: (장자가) 말하다. 서민(庶人)의 칼(劍)은 머리(頭)가 덥수룩하고(蓬), 귀에 털(鬢)이 삐져나오고(突), 갓(冠)은 낮게 눌러 쓰다(垂). 蓬(흐트러질 봉, 흐트러져 산란한 모습 → 덥수룩한) 鬢(살쩍 빈, 귀 털) 突(내밀 돌, 쑥 나옴) 垂(드리울 수, 아래로 처지게 하다 → 낮게 눌러 쓰다)

曼胡之纓 短後之衣: 장식 없는(曼胡) 끈(纓)으로 (갓을) 매고, 뒤(後)가 짧은(短) 저고리(衣)를 입다. 曼胡[길고 날이 없는 창 → 장식이 없음. 曼(무늬없는비단 만) 胡(창날이굽어밑으로드리워져 창자루에닿는부분 호, 축 늘어진 턱밑 살 → 장식)] 纓(갓끈 영) 短(짧을 단) 衣(옷 의, 저고리)

瞋目而語難: 눈(目)을 부릅뜨며(瞋~而) 어렵게(難) 말하다(語). 즉 더듬더듬 말하다. 瞋(부릅 뜰 진)

相擊於前: (왕) 앞에선(於~前) 서로(相) 치고 싸우다(擊). 擊(칠 격, 치며 다투다)

上斬頸領 下決肝肺: 위(上)로는 사람의 목(頸領)을 베고(斬), 아래(下)로는 간(肝)과 폐(肺)를 찢다(決). 頸領[목. 頸(목 경) 領(목 령)] 斬(벨 참) 決(끊을 결 → 찢다)

此庶人之劍 無異於鬪鷄: 이런(此) 서민(庶人)의 칼(劍)은 닭(鷄) 싸움과(於~鬪)) 다르지(異) 않다(無). 鷄(닭 계) 鬪(싸움 투)

一旦命已絶矣: (그래서) 목숨(命)이 하루(一) 아침(旦)에 이미(已) 끊어질(絶) 뿐이다(矣). 旦(아침 단) 絶(끊을 절)

無所用於國事: (그래서) 나라(國) 일에(於~事) (아무런) 소용(所用)이 없다(無).

今大王有天子之位而好庶人之劍: 지금(今) 대왕(大王)은 천자(天子)의 위치(位)에 있는데도(有~而) 서민(庶人)의 칼(劍)을 좋아한다(好).

臣竊爲大王薄之: 신(臣)은 마음속으로(竊) 대왕(大王)에 대해(爲) 가벼이 여기다(薄). 竊(몰래 절, 마음속으로) 薄(가벼이여길 박)

王乃牽而上殿: (그러자) 왕(王)은 이내(乃) (장자를) 잡아끌고서(牽) 대전(殿)에 오르다(上). 牽(끌 견) 殿(큰집 전 → 대전)

宰人上食 王三環之: 요리사(宰人)가 (왕에게) 음식(食)을 갖다 바쳐도(上) 왕(王)은 (상 주위만) 세 번(三) 빙빙 돌다(環). 宰人[요리사. 宰(고기저밀 재)] 上(바칠 상 → 갖다 바치다) 環(돌 환, 돌다)

莊子曰 大王安坐定氣: 장자(莊子) 말하다. 대왕(大王)은 편히(安) 앉아(坐) 기운(氣)을 안정시키다(定). 坐(앉을 좌) 定(안정될 정)

劍事已畢奏矣: 칼(劍)에 (관한) 일(事)은 이미(已) 아뢰기(奏)를 마쳤을(畢) 뿐이다(矣). 奏(아뢸 주) 畢(마칠 필)

於是文王不出宮三月: 이에(於~是) 문왕(文王)은 석 달(三月) 동안 궁궐(宮) (밖으로) 나가지(出) 않다(不).

劍士皆服斃其處也: (그런데) 검객(劍士)들은 (제대로 예우받지 못하는 것을 걱정해) (그) 자리(處)에서 모두(皆) 죽음(斃)을 따르다(服). 즉 자결하다. 處(곳 처, 자리) 斃(넘어질 폐, 넘어져 죽음) 服(좇을 복, 따르다)

어부
漁父

어부(漁父) 1

어부 1-1

孔子遊於緇帷之林, 休坐乎杏壇之上.

弟子讀書, 孔子絃歌鼓琴, 奏曲未半.

有漁父者, 下船而來, 須眉交白, 被髮揄袂, 行原以上, 距陸而止,

左手據膝, 右手持頤以聽.

曲終而招子貢子路, 二人俱對.

客指孔子曰:「彼何爲者也?」

子路對曰:「魯之君子也.」

客問其族.

子路對曰:「族孔氏.」

客曰:「孔氏者何治也?」

子路未應, 子貢對曰:

「孔氏者, 性服忠信, 身行仁義, 飾禮樂, 選人倫,

上以忠於世主, 下以化於齊民, 將以利天下. 此孔氏之所治也.」

又問曰:「有土之君與?」

子貢曰:「非也.」

「侯王之佐與?」

子貢曰:「非也.」

客乃笑而還, 行言曰:「仁則仁矣, 恐不免其身., 苦心勞形以危其眞.

嗚呼, 遠哉其分於道也!」

子貢還, 報孔子.

孔子推琴而起曰:「其聖人與!」

乃下求之, 至於澤畔, 方將杖拏而引其船, 顧見孔子, 還鄉而立.

孔子反走, 再拜而進.

客曰:「子將何求?」

孔子曰:「曩者先生有緒言而去, 丘不肖, 未知所謂, 竊待於下風,

幸聞咳唾之音以卒相丘也.」

客曰:「嘻! 甚矣子之好學也!」

孔子再拜而起曰:「丘少而修學, 以至於今, 六十九歲矣, 無所得聞至教, 敢不虛心!」

客曰:「同類相從, 同聲相應, 故天之理也.

吾請釋吾之所有而經子之所以. 子之所以者, 人事也.

天子諸侯大夫庶人, 此四者自正, 治之美也, 四者離位而亂莫大焉.

官治其職, 人處其事, 乃無所陵.

故田荒室露, 衣食不足, 徵賦不屬, 妻妾不和, 長少無序, 庶人之憂也.,

能不勝任, 官事不治, 行不清白, 群下荒怠, 功美不有, 爵祿不持, 大夫之憂也.,

廷無忠臣, 國家昏亂, 工技不巧, 貢職不美, 春秋後倫, 不順天子, 諸侯之憂也.,

陰陽不和, 寒暑不時, 以傷庶物, 諸侯暴亂, 擅相攘伐,

而殘民人, 禮樂不節, 財用窮匱, 人倫不飭, 百姓淫亂, 天子之憂也.

今子既上無君侯有司之勢, 而下無大臣職事之官, 而擅飾禮樂,

選人倫, 以化齊民, 不亦泰多事乎.

且人有八疵, 事有四患, 不可不察也.

非其事而事之, 謂之摠., 莫之顧而進之, 謂之佞., 希意道言, 謂之諂.,

不擇是非而言, 謂之諛., 好言人之惡, 謂之讒., 析交離親, 謂之賊.,

稱譽詐偽以敗惡人, 謂之慝., 不擇善否, 兩容頰適, 偷拔其所欲, 謂之險.

此八疵者, 外以亂人, 內以傷身, 君子不友, 明君不臣.

所謂四患者., 好經大事, 變更易常, 以挂功名, 謂之叨.,

專知擅事, 侵人自用, 謂之貪., 見過不更, 聞諫愈甚, 謂之很.,

人同於己則可, 不同於己, 雖善不善, 謂之矜. 此四患也.

能去八疵, 無行四患, 而始可教已.」

공자(孔子)가 울창한 숲에서 노닐다가 행단(杏亶) 위에 앉아 쉬었다.
그때 제자들은 책을 읽고,
공자는 거문고를 뜯고 현악기를 타며 노래를 불렀다.
연주하던 곡이 반이 채 끝나지 않았을 때 한 어부가 배에서 내려왔다.
어부의 수염은 희고 눈썹은 하얗고 머리는 풀어헤치고
소매를 휘저으며 늪지대를 걸어 올라와 언덕에 걸터앉아서 멈췄다.
그리고는 왼손은 무릎 위에 올려놓고, 오른손은 턱을 괴고,
공자의 연주를 들었다.
어부는 곡이 끝나자 자공(子貢)과 자로(子路)를 불러 두 사람과 함께 마주했다.
공자를 가리키며 말했다. "저분은 무얼 하는 분이오?"
자로가 응답했다. "노(魯)나라의 군자(君子)입니다."
나그네가 그의 성을 묻자 자로가 응답했다. "성은 공씨(孔氏)입니다."
나그네가 물었다. "공씨란 사람은 무슨 일을 담당하나요?"
자로가 미처 응답하기 전에 자공이 끼어들어서 대응했다.
"공씨란 분은 타고난 본성이 충신(忠信)을 따르며,
몸은 인의(仁義)를 행하면서 예악(禮樂)으로 꾸미고,
인륜(人倫)을 격에 맞도록 정리한 사람입니다.
위로는 군주에게 충성하고, 아래로는 백성을 교화시켜서
온 천하를 이롭게 하는데 이것이 공씨가 담당해 온 일입니다."
나그네가 다시 물었다. "그는 다스리는 영토가 있는 군주인가요?"
자공이 대답했다. "아닙니다."
나그네가 다시 물었다. "제후나 왕을 돕는 신하인가요?"
자공이 말했다. "아닙니다."
그러자 나그네는 웃으면서 돌아가며 중얼거렸다.
"어질다면 어질어도 몸은 아마 화를 면치 못할 것이다.
마음을 괴롭히고 몸을 수고롭게 해 참다움(眞)을 위태롭게 한다.
아아! 그는 도(道)에서 너무 멀리 떨어져 나갔다!"
자공이 돌아와 이 사실을 공자에게 알리니까
공자는 거문고를 밀치고 일어나면서 말했다. "그분은 성인이다!"

이에 공자는 당장 내려가 그를 찾아 못가에 이르렀는데
나그네는 막 삿대를 붙잡고 배를 끌어 내리려 했다.
나그네가 공자를 돌아보고 몸을 돌려 그를 향해 서니까
공자는 잔걸음으로 빨리 물러서며 두 번 절하고 나아갔다.
나그네가 물었다. "선생은 내게 무슨 용무가 있는가요?"
공자가 말했다.
"조금 전 선생께서 단서의 말씀(緖言)만 남기고 떠나셨습니다.
저는 미련해서 말씀하신 바를 잘 알지 못합니다.
저는 선생의 가르침을 낮은 곳에서 가만히 듣고 대비했는데
다행히 귀한 말씀의 소리를 들려주었기에 배움을 마치게 도와주십시오."
나그네가 말했다. "흠! 선생은 배우기를 너무 좋아하는군요!"
공자가 두 번 절하고 일어나면서 말했다.
"저는 젊어서부터 배움을 닦아 지금에 이르러 나이 69세가 되었습니다.
그런데 지극한 가르침을 듣지 못해 지금 마음을 텅 비워
감히 선생의 가르침을 기다리고 있지 않습니까!"
나그네가 말했다.
"같은 무리끼리 서로 의지하고 따르거나
취지가 같은 사람끼리 서로 호응하는 건 본디 자연의 원리(天理)이지요.
그러니 지금 제가 지닌 도를 잠시 내려놓고 선생이 하는 일을 좇고자 합니다.
선생이 하는 일은 사람에 관한 일(人事)입니다.
천자, 제후, 대부, 서민 이 네 계층이 스스로 알아서
올바른 길을 가도록 하는 게 가장 좋은 정치이지요.
만약 네 계층이 제 자리를 벗어나면 이보다 더 큰 혼란이 없습니다.
관리는 직무를 잘 수행하고, 보통사람은 맡은 일에 머물러
이에 위아래가 서로 넘보는 일이 없어야 합니다.
그래서 밭이 황폐해지고, 집이 무너지고, 입고 먹는 게 부족하고,
세금을 제대로 내지 못하고, 처와 첩이 화목하지 못하고,
어른과 아이 사이의 질서가 없어지면 이는 서민의 걱정입니다.
능력이 소임을 감당하지 못해 관청 일을 잘 처리하지 못하고,

행동은 맑고 깨끗하지 못해 신하가 일에 태만하고,
내세울 공로가 없어 벼슬과 녹봉을 지키지 못하면
이는 대부의 걱정입니다.
조정에 충성스러운 신하가 없고, 국가는 혼란스럽고,
장인과 기술자는 솜씨가 없어 나라에 바치는 직물이 좋지 않고,
봄가을에 왕을 배알 하는 조근에서 뒤져 천자와 좋은 관계를 유지하지 못하면 이는 제후의 걱정입니다.
음양 기운이 조화롭지 못해 추위 더위가 때맞지 않아 만물을 다치게 하고,
제후가 난리를 사납게 일으켜 마음대로 침탈하거나 공격해 백성을 해치고,
예악이 관습에 안 맞고, 재물이 궁핍하고, 인륜이 정비되지 않고, 백성이 음란하면 이는 천자의 걱정입니다.
지금 그대는 이미 위로는 군주, 제후, 유사(有司)의 권세도 없고,
아래로는 대신이나 관리의 벼슬도 없지요.
그런데 예악을 멋대로 꾸미고, 인륜을 가려서 정해 백성을 교화시키려고 하니까 일을 쓸데없이 많이 하는 게 아닌가요.
그런데 사람에겐 여덟 가지 흠(疵)이 있고, 일엔 네 가지 재앙(患)이 있으니 이를 잘 살피지 않으면 안 됩니다.
자기가 해야 할 일이 아닌데도 일을 하면 오지랖이 넓다고(摠) 말하지요.
상대방이 관심을 보이지 않는데 간곡히 진언하면 사특하다고(佞) 말하지요.
남의 생각에 맞도록 말을 이끌면 아첨(諂)이라고 말하지요.
잘잘못을 따지지 않고 말하면 알랑거림(諛)이라고 말하지요.
다른 사람의 단점을 말하길 좋아하면 모함(讒)이라고 말하지요.
친지 사이를 가르거나 친척 사이를 멀게 하면 중상모략(賊)이라고 말하지요.
겉으로 칭찬하고 속으로 기만해 남을 망가뜨리면 간사함(慝)이라 말하지요.
좋고 나쁨을 가리지 않고 양쪽 모두를 받아들여 남의 비위를 맞춰서
자신이 하려는 바를 남이 모르게 가리면 음흉함(險)이라고 말하지요.
이 여덟 가지 흠은 밖으로는 사람을 어지럽히고, 안으로는 몸을 다치게 하는 것이니 군자(君子)는 이런 짓 하는 자들을 친구로 삼지 않고,
현명한 군주(明君)는 신하로 삼지 않습니다.

이른바 네 가지 재앙(患)도 마찬가지입니다.

큰일을 맡아서 처리하기 좋아하고, 원칙을 변경해서 달라지게 하고,

공명을 구분해서 분명히 하면 외람됨(叨)이라고 말하지요.

오직 자신의 앎으로 일을 멋대로 처리하고, 남의 영역을 침범해 자기 것으로 활용하면 탐욕스러움(貪)이라고 말하지요.

잘못을 알고도 고치지 않거나 간하는 말을 듣고도 오히려 더 심하게 어기면 삐뚤어짐(很)이라고 말하지요.

남이 자기에게 찬동하면 괜찮지만 찬동하지 않으면 아무리 좋은 일이라도 좋지 않다고 하는 것을 교만함(矜)이라고 말하지요.

이것이 네 가지 재앙입니다.

여덟 가지 흠을 버리고 네 가지 재앙을 행하지 않아야

비로소 가르침을 행할 수 있습니다."

<hr />

注

孔子遊於緇帷之林: 공자(孔子)가 울창한(緇帷) 숲에서(於~林) 노닐다(遊). ★ 치유(緇帷)는 공자가 제자를 가르치던 곳이 검은 휘장을 친 것처럼 숲이 무성했다는 고사에서 나왔다. 緇(검을 치) 帷(휘장 유)〕林(수풀 림)

休坐乎杏壇之上: 행단(杏壇) 위(上)에 앉아서(坐) 쉬다(休). 杏壇〔행단. 杏(살구나무 행) 壇(단단)〕坐 (앉을 좌) 休(쉴 휴)

弟子讀書 孔子絃歌鼓琴: (그러자) 제자(弟子)들은 책(書)을 읽고(讀), 공자(孔子)는 거문고(琴)를 뜯고(鼓), 현악기를 타며(絃) 노래를 부르다(歌). 書(책 서) 讀(읽을 독) 琴(거문고 금) 鼓(탈 고, 뜯다) 絃(탈 현) 歌(노래 가, 노래 부르다)

奏曲未半: 연주하던(奏) 곡(曲)이 반(半)도 (채 끝나지) 않다(未). 奏(연주할 주) 曲(가락 곡) 半(반 반)

有漁父者 下船而來: (그때) 어부(有~漁父)란 사람(者)이 배(船)에서 내려(下~而) 오다(來). 船 (배 선) 下(아래 하 → 내리다)

須眉交白 被髮揄袂: (어부의) 수염(須)은 희고(交), 눈썹(眉)은 하얗고(白), 머리(髮)는 풀어헤치고(被) 소매(袂)를 휘젓다(揄). 須(수염 수) 交(횔 교, 흰 빛) 眉(눈썹 미) 髮(머리털 발) 被(흐트러뜨릴 피 → 풀어헤침) 袂(소매 메) 揄(끌 유, 질질 끌다 → 휘젓다)

行原以上 距陸而止: (그러면서) 늪지대(原)를 걸어(行) 올라와(以~上) 언덕(陸)에 걸터앉아서(距 ~而) 멈추다(止). 原(들 원, 넓고 평평한 땅 → 늪지대) 陸(언덕 륙) 距(걸터앉을 거) 止(멈출 지)

左手據膝 右手持頤以聽: (그리고는) 왼손(左手)은 무릎(膝)에 올려놓고(據) 오른손(右手)은 턱

頤)을 괴고(持) 그럼으로써(以) (공자의 연주를) 듣다(聽). 手(손 수) 膝(무릎 슬) 據(짚을 거, 올려놓다) 頤(턱 이) 持(버틸 지→괴다) 聽(들을 청)

曲終而招子貢子路 二人俱對: (어부는) 곡(曲)이 끝나자(終~而) 자공(子貢)과 자로(子路)를 불러(招) 두(二) 사람(人)과 함께(俱) 마주하다(對). 終(끝날 종) 招(부를 초) 俱(함께 구) 對(마주할 대)

客指孔子曰 彼何爲者也?: 나그네(客), 즉 어부는 공자(孔子)를 가리키며(指) 말하다. 저(彼) (사람은) 무엇(何)을 하는(爲) 사람(者)인가? 客(나그네 객) 指(가리킬 지) 何(무엇 하)

子路對曰 魯之君子也: 자로(子路)가 응해(對) 말하다. 노(魯)나라 군자(君子)이다.

客問其族 子路對曰 族孔氏: 나그네(客)가 성(族)을 묻자(問) 자로(子路)가 응해(對) 말하다. 성(族)은 공씨(孔氏)이다. 族(성 족)

客曰 孔氏者何治也?: 나그네(客)가 묻다. 공씨(孔氏)란 사람(者)은 무슨(何) 일을 맡는가(治)? 즉 담당하나? 治(맡을 치)

子路未應 子貢對曰: 자로(子路)가 미처 응답하기(應) 전에(未) 자공(子貢)이 (끼어들어서) 응하다(對). 應(응할 응) 未(아닐 미, 미처 ~하기 전에)

孔氏者 性服忠信 身行仁義: 공씨(孔氏)란 분(者)은 (타고난) 본성(性)이 충신(忠信)을 따르고(服), 몸(身)은 인의(仁義)를 행하다(行). 忠(충성 충) 信(믿을 신) 服(좇을 복, 따르다)

飾禮樂 選人倫: 예악(禮樂)으로 꾸미고(飾), 인륜(人倫)을 격에 맞게끔 정리한(選) (사람이다). 飾(꾸밀 식) 選(가지런히할 선, 단정히 정리하다)

上以忠於世主 下以化於齊民: 위(上)로는 세상(世) 군주에게(於~主) 충성으로(以~忠) (대하고), 아래(下)로는 일반 백성을(於~齊民) 교화시키다(以~化). 主(주인 주, 군주) 齊民〔일반 백성. 齊(가지런할 제)〕化(교화 화, 교화시키다)

將以利天下: 이럼으로써(以) 온 천하(天下)를 이롭게 하려고(將~利) 하다. 利(이로울 리)

此孔氏之所治也: 이것(此)이 공씨(孔氏)가 담당한(治) 바(所)다.

又問曰 有土之君與?: (나그네가) 또(又) 물어(問) 말하다. 그는 (다스리는) 영토(土)가 있는(有) 군주(君)인가? 又(또 우) 土(흙 토→영토)

子貢曰 非也: 자공(子貢)이 말하다. 아니다(非).

侯王之佐與?: (나그네가 묻다.) 제후(侯)나 왕(王)을 돕는(佐) (신하인가)? 侯(제후 후) 佐(도울 좌)

子貢曰 非也: 자공(子貢)이 말하다. 아니다(非).

客乃笑而還 行言曰: 그러자(乃) 나그네(客)는 웃으면서(笑~而) 돌아(還) 가며(行) 말하다(言). 笑(웃을 소) 還(돌아갈 환)

仁則仁矣 恐不免其身: 어질다면(仁~則) 어질다(仁). (그래도) 몸(身)은 아마(恐) (화를) 면치(免) 못하다(不). 恐(아마 공)

苦心勞形以危其眞: 마음(心)을 괴롭히고(苦) 몸(形)을 수고롭게 함으로써(以~勞) 참다움(眞)을

위태롭게(危) 하다. 苦(괴롭힐 고) 勞(수고할 로) 眞(참 진, 참됨) 危(위태할 위)

嗚呼 遠哉其分於道也!: 아아(嗚)! (그는) 도에서(於~道) (너무) 멀리(遠) 떨어져(分) (나가다)! 嗚(탄식소리 오) 遠(멀 원) 分(떨어질 분)

子貢還 報孔子: 자공(子貢)이 돌아와(還) 공자(孔子)에게 (이 사실을) 알리다(報). 還(돌아올 환) 報(알릴 보)

孔子推琴而起曰 其聖人與!: 공자(孔子)는 거문고(琴)를 밀치고서(推~而) 일어나며(起) 말하다. (그는) 성인(聖人)이다! 推(밀 추) 起(일어날 기)

乃下求之 至於澤畔: 이에(乃) (공자는 당장) 내려가서(下) (그를) 찾아(求) 못가에(於~澤畔) 이르다(至). 求(찾을 구) 澤畔〔못 가. 澤(못 택) 畔(물가 반)〕

方將杖拏而引其船: (그런데 나그네는) 막(方) 삿대(杖)를 붙잡고(將~拏), 그리고(而) 배(船)를 끌어 내리다(引). 方(이제 방) 杖(지팡이 장 → 삿대) 拏(붙잡을 나) 引(끌 인, 끌어내리다)

顧見孔子 還鄉而立: (나그네가) 공자(孔子)를 돌아(顧) 보고(見) (몸)을 돌려(還) (그를) 향해서(鄉~而) 서다(立). 顧(돌아볼 고) 見(볼 견) 還(돌아볼 환) 鄉(향할 향) 立(설 립)

孔子反走 再拜而進: 공자(孔子)는 잔걸음으로 빨리 물러나(反走) 두 번(再) 절하고서(拜~而) 나아가다(進). 反走〔잔걸음으로 빨리 물러남. 反(되돌릴 반) 走(나아갈 주)〕拜(절 배) 進(나아갈 진)

客曰 子將何求?: 나그네(客)가 말하다. 선생(子)은 (내게) 무엇(何)을 찾는가(將~求)? 즉 내게 무슨 용무가 있는가?

孔子曰 曩者先生有緒言而去: 공자(孔子)가 말하다. 아까(曩者) 선생(先生)은 단서의 말(緒言)만 남기고(有~而) 떠나다(去). 曩者〔조금 전 → 아까. 曩(접때 낭)〕緒言〔머리말 → 단서의 말. 緒(실마리 서)〕

丘不肖 未知所謂: (나) 공구(丘)는 미련해서(不肖) 말한(謂) 바(所)를 알지(知) 못하다(未). 不肖〔(부친을 닮지 못해서) 미련함. 肖(본받을 초)〕

竊待於下風: (나는 선생의 가르침을) 낮은 데서(於~下風) 가만히(竊) 대비하다(待). 下風〔다른 사람의 아래. 즉 낮은 곳. 風(모습 풍)〕竊(몰래 절, 가만히) 待(대비할 대)

幸聞咳唾之音以卒相丘也: (그런데) 다행히(幸) 귀한 말씀(咳唾)의 소리(音)를 들려주어(聞), 그것으로써(以) (배움을) 마치도록(卒) 공구(丘)를 도와주다(相). 幸(다행 행) 咳唾〔말씀. 咳(기침 해) 唾(침 타)〕音(소리 음) 卒(마칠 졸) 相(도울 상)

客曰 嘻! 甚矣子之好學也!: 나그네(客)가 말하다. 흠(嘻)! 선생(子)은 배우기를(學) 너무(甚) 좋아한다(好)! 嘻(탄식할 희) 甚(심할 심)

孔子再拜而起曰: 공자(孔子)가 두 번(再) 절하고서(拜~而) 일어나며(起) 말하다. 拜(절 배) 起(일어날 기)

丘少而修學 以至於今 六十九歲矣: 공구(丘)는 젊어서부터(少~而) 배움(學)을 닦아(修), 그럼

<u>으로써</u>(以) 지금에(於~今) 이르러(至) (나이) 육십구(六十九) 세(歲)가 (되다). 學(배울 학) 修(닦을 수) 今(이제 금, 지금) 至(이를 지) 歲(해 세)

無所得聞至敎 敢不虛心!: (그런데) 지극한(至) 가르침(敎)을 듣지(得~聞) 못한(無) 터(所)여서 (지금) 마음(心)을 텅 비워(虛) 감히(敢) (선생의 가르침을 기다리고 있지) 않은가(不)! 至(지극할 지) 敎(가르침 교) 得(얻을 득) 虛(빌 허)

客曰 同類相從 同聲相應: 나그네(客) 말하다. 같은 무리끼리 서로 의지하며 따르거나(相從) 취지가 같은 사람끼리 서로 호응하다(相應) 類(무리 류) 相從〔서로 친함. 從(좇을 종)〕 相應〔서로 어울림. 應(응할 응)〕

故天之理也: (그것은) 본디(故)부터 자연(天)의 원리(理)이다. 故(본디 고) 理(이치 리, 원리)

吾請釋吾之所有而經子之所以: (그러니 지금) 나(吾)는 내(吾)가 지닌(有) 바(所), 즉 도를 내려놓고(釋~而), 선생(子)이 하는 일(所以)을 좇기를(經) 청한다(請). 즉 좇고자 하다. 釋(놓을 석, 내려놓다) 所以=所行(하는 짓) 經(좇을 경) 請(청할 청)

子之所以者 人事也: 선생(子)이 하는 짓(所以~者)은 사람(人)에 관한 일(事)이다.

天子諸侯大夫庶人: 천자(天子), 제후(諸侯), 대부(大夫), 서민(庶人). 庶人〔서민. 庶(무리 서)〕

此四者自正 治之美也: 이(此) 네(四) 계층(者)이 스스로(自) (알아) 올바른(正) (길을 가도록 하는 게) 정치(治)의 아름다움(美)이다. 즉 가장 좋은 정치이다. 治(다스릴 치 → 정치)

四者離位而亂莫大焉: (만약) 네(四) 계층(者)이 (제) 자리(位)를 벗어나면(離~而) 혼란(亂)이 (이보다) 크지(大) 않다(莫). 즉 이보다 더 큰 혼란이 없다. 位(자리 위) 離(떠날 이 → 벗어나다) 亂(어지러울 난 → 혼란)

官治其職 人處其事: 관리(官)는 직무(職)를 잘 수행하고(治), (보통) 사람(人)은 (맡은) 일(事)에 머무르다(處). 官(관리 관) 職(구실 직, 직무) 治(다스릴 치, 처리하다 → 수행하다) 處(머무를 처)

乃無所陵: 이에(乃) (위아래가 서로) 범하는(陵) 바(所) 없다(無). 즉 넘보는 일이 없다. 陵(범할 릉)

故田荒室露: 그래서(故) 밭(田)이 황폐해지고(荒) 집(室)이 무너지다(露). 田(밭 전) 荒(거칠 황, 황폐해지다) 室(집 실) 露(무너질 로)

衣食不足 徵賦不屬: 입고(衣) 먹는(食) 게 부족(不足)해 납세(徵賦)를 잇지(屬) 못하다(不). 즉 세금을 제대로 내지 못하다. 徵賦〔납세. 徵(거둘 징) 賦(구실 부, 조세)〕 屬(이을 촉)

妻妾不和 長少無序: 처(妻)와 첩(妾)이 화목하지(和) 못하고(不), 어른(長)과 아이(少) 사이의 질서(序)가 없다(無). 和(화목할 화) 妻(아내 처) 妾(첩 첩) 和(화목할 화) 長(나이많을 장 → 어른) 少(어릴 소 → 아이) 序(차례 서, 질서)

庶人之憂也: (그러면 이는) 서민(庶人)의 걱정(憂)이다. 庶人〔서민. 庶(여러 서)〕 憂(근심 우, 걱정)

能不勝任 官事不治: 능력(能)이 소임(任)을 감당하지(勝) 못해(不) 관청(官) 일(事)을 (잘) 처리하지(治) 못하다(不). 能(재능 능, 능력) 任(책임 임, 소임) 勝(견질 승, 감내함 → 감당함) 官(관청 관)

治(다스려질 치, 처리하다)

行不淸白 群下荒怠: 행동(行)은 맑고(淸) 깨끗하지(白) 못해(不) 신하(群下)가 (일에) 태만하다
(荒怠). 淸(맑을 청) 白(깨끗할 백) 群下〔신하. 群(무리 군) 下(아래 하)〕荒怠〔성질이 거칠고 게으
름. 즉 태만함. 荒(거칠 황) 怠(게으를 태)〕

功美不有 爵祿不持: 공로(功)가 큼(美)이 있지(有) 않아(不), 즉 내세울 공로가 없어 벼슬(爵)과
녹봉(祿)을 지키지(持) 못하다(不). 功(공 공, 공로) 美(큰업적 미) 爵(벼슬 작) 祿(복 록, 녹봉) 持(지
킬 지)

大夫之憂也: (그러면 이는) 대부(大夫)의 걱정(憂)이다.

廷無忠臣 國家昏亂: 조정(廷)에 충성스러운(忠) 신하(臣)가 없고(無), 국가(國家)가 혼란스럽다
(昏亂). 廷(조정 정) 昏亂〔혼란스러움. 昏(어두울 혼) 亂(어지러울 란)〕

工技不巧 貢職不美: 장인(工)과 기술자(技)는 솜씨(巧)가 없어(不) (나라에) 바치는(貢) 직물(職)
이 좋지(美) 않다(不). 工(장인 공) 技(공장 기, 장인 → 기술자) 巧(솜씨 교) 貢(바칠 공) 職(직물 직)
美(좋다고할 미)

春秋後倫 不順天子: 봄(春) 가을(秋)에 왕을 배알 하는 조근에서 뒤져(後倫) 천지(天子)를 따르
지(順) 못하다(不). 즉 천자와 좋은 관계를 유지하지 못하다. 後倫〔신하가 조정에 들어가 왕을
배알 하는 조근(倫)에서 뒤짐(後). 倫(차례 륜) 後(뒤 후)〕順(좇을 순)

諸侯之憂也: (그러면 이는) 제후(諸侯)의 걱정(憂)이다.

陰陽不和 寒暑不時: 음양(陰陽) (기운이) 조화를 이루지(和) 못해(不) 추위(寒)와 더위(暑)가 때
(時)에 맞지 않다(不). 和(화합할 화, 조화를 이루다) 寒(찰 한, 추위) 暑(더울 서, 더위) 時(때 시)

以傷庶物: 그럼으로써(以) 만물(庶物)을 다치게(傷) 하다. 庶物〔만물. 庶(많을 서)〕傷(다칠 상)

諸侯暴亂 擅相攘伐: 제후(諸侯)들이 난리(亂)를 사납게(暴) 일으켜 마음대로(擅) 서로(相) 침탈
하고 공격하다(攘伐). 暴(사나울 폭) 亂(어지러울 란 → 난리) 擅(멋대로 천 → 마음대로) 攘伐〔침탈
하고 공격함. 攘(물리칠 양) 伐(칠 벌)〕

而殘民人: 그리고(而) 백성(民人)을 해치다(殘). 民人=百姓(백성) 殘(해칠 잔)

禮樂不節 財用窮匱: 예악(禮樂)이 관습(節)에 맞지 않고(不), 쓸(用) 재물(財)이 궁하며(窮) 다
하다(匱). 즉 궁핍하다. 節(관습 절) 用(쓸 용) 財(재물 재) 窮(궁할 궁) 匱(다할 궤)

人倫不飭 百姓淫亂: 인륜(人倫)이 정비되지(飭) 않고(不), 백성(百姓)이 음란(淫亂)하다. 飭(갖
출 칙, 정비함) 淫亂〔음란. 淫(음란할 음) 亂(어지러울 란)〕

天子之憂也: (그러면 이는) 천자(天子)의 걱정(憂)이다.

今子旣上無君侯有司之勢: 지금(今) 너(子)는 이미(旣) 위(上)로는 군주(君), 제후(侯), 유사(有
司)의 권세(勢)도 없다(無). 有司〔벼슬아치. 천자 밑에서 각 부서를 담당하는 대신〕勢(세력 세,
권세)

而下無大臣職事之官: 그리고(而) 아래(下)로는 대신(大臣)이나 관리(職事)의 벼슬(官)도 없다 (無). 職事[관직상의 일. 즉 관리. 職(벼슬 직)]

而擅節禮樂 選人倫: 그런데(而) 멋대로(擅) 예악(禮樂)을 꾸미고(節), 인륜(人倫)을 가려서(選) 정하다. 擅(멋대로 천) 節(꾸밀 식) 選(가릴 선)

以化齊民: 이럼으로써(以) 백성(齊民)을 교화하다(化). 齊民[보통사람. 즉 백성. 齊(같을 제)] 化(교화 화, 교화하다)

不亦泰多事乎: (이) 또한(亦) 일(事)을 (쓸데없이) 너무(泰) 많이(多) (하는 게) 아닌가(不). 泰(심히 태 → 너무) 多(많을 다)

且人有八疵 事有四患: 그런데(且) 사람(人)에겐 여덟(八) 가지 흠(疵)이 있고(有), 일(事)에는 네(四) 가지 재앙(患)이 있다(有). 疵(흠 자) 患(재앙 환)

不可不察也: (그러니 이를) 살피지(察) 않으면(不) 불가(不可)하다. 察(살필 찰)

非其事而事之 謂之摠: 자기가 해야 할 일(事)이 아닌데(非~而) 일하면(事) 오지랖이 넓다고 (摠) 말하다(謂). 摠(거느릴 총 → 오지랖이 넓다)

莫之顧而進之 謂之佞: (상대가) 돌아보지(顧) 않는데(莫~而), 즉 상대방이 관심을 보이지 않는 데 (간곡히) 진언하면(進) 사특하다고(佞) 말하다(謂). 顧(돌아볼 고) 莫(없을 막) 進(나아갈 진 → 진 언) 佞(사특할 녕)

希意道言 謂之諂: (남의) 생각(意)이 바라는 대로(希), 즉 남의 생각에 맞도록 말(言)을 이끌어 가면(道) 아첨(諂)이라고 말하다(謂). 意(뜻 의, 생각) 希(바랄 희) 言(말씀 언, 얘기) 道(말할 도 → 말 을 이끌어가다) 諂(아첨할 첨)

不擇是非而言 謂之諛: 시비(是非)를 가리지(擇) 않고(不~而), 즉 잘잘못을 따지지 않고 말하 면(言) 알랑거림(諛)이라고 말하다(謂). 擇(가릴 택) 諛(아첨할 유, 알랑거림) 好言人之惡 謂之讒: (다른) 사람(人)의 단점(惡)을 말하기(言) 좋아하면(好~而) 모함(讒)이라고 말하다(謂). 惡(나쁠 악 → 단점) 好(좋아할 호) 讒(헐뜯을 참, 모함)

析交離親 謂之賊: 친지(交) (사이를) 가르거나(析) 친척(親) (사이를) 멀어지게(離) 하면 중상모 략(賊)이라고 말하다(謂). 交(벗 교, 친지) 析(가를 석) 親(부모 친 → 친척) 離(떨어질 리 → 멀어지게 하다) 賊(해칠 적 → 중상모략)

稱譽詐僞以敗惡人 謂之慝: (겉으로) 칭찬하고(稱譽) (속으로) 기만해(詐僞) 그럼으로써(以) 남 (人)을 악(惡)에 떨어뜨리면(敗), 즉 망가뜨리면 간사함(慝)이라고 말하다(謂). 稱譽[칭찬. 稱 (칭찬할 칭) 譽(기릴 예)] 詐僞[속이는 일. 즉 기만. 詐(속일 사) 僞(거짓 위)] 敗(해칠 패, 떨어짐) 慝 (간사할 특)

不擇善否 兩容頰適: 좋고(善) 나쁨(否)을 가리지(擇) 않고(不) 양(兩)쪽 (모두를) 받아들여(容) 남의 비위를 맞추다(頰適). 容(받아들일 용) 頰適[남의 비위를 맞추다. 頰(빰 협) 適(맞을 적)]

倫拔其所欲 謂之險: 하려는(欲) 바(所)를 (남이 모르게) 가리면(倫拔) 음흉함(險)이라고 말하다
(謂). 倫拔〔가리다. 倫(가릴 륜) 拔(가릴 발)〕險(음흉할 험)

此八疵者 外以亂人 內以傷身: 이(此) 여덟(八) 개 흠(疵~者)은 밖으론(外~以) 사람(人)을 어지
럽히고(亂) 안으론(內~以) 몸(身)을 다치게(傷) 하다.

君子不友 明君不臣: (그러니) 군자(君子)는 (이런 짓 하는 자들을) 친구(友)로 삼지 않고(不), 현명
한(明) 군주(君)는 신하(臣)로 (삼지) 않다(不). 友(벗 우, 친구) 明(밝을 명 → 현명한) 臣(신하 신)

所謂四患者: 이른(謂) 바(所) 네(四) 가지 재앙(患~者)도 (마찬가지이다). 好經大事 變更易常:
큰(大) 일(事)을 맡아서 처리하기(經) 좋아하고(好), 원칙(常)을 변경(變更)해서 달라지게(易) 하
다. 經(다스릴 경 → 맡아 처리하다) 常(항상 상, 전범. 즉 원칙) 變更〔변경. 즉 바꾸어 고침. 變(고칠
변) 更(바꿀 경)〕易(바꿀 역, 달라지게 하다)

以挂功名 謂之叨: 이럼으로써(以) 공명(功名)을 (남과) 구분해서 분명히 하면(挂) (이를) 외람
됨(叨)이라고 말하다(謂). 功(공 공 → 공적) 名(이름 명 → 명예) 挂(나눌 계, 갈라 분명히 함) 叨(외람
할 도)

專知擅事 侵人自用: 오로지(專) (자신의) 앎(知)으로 일(事)을 멋대로(擅) (처리하며) 남(人)의 (영
역을) 침범해서(侵) 자기(自) 것으로 활용(用)하다. 專(오로지 전) 知(알 지) 擅(멋대로 천) 侵(침범
할 침) 用(쓸 용 → 활용하다)

謂之貪: (그러면 이를) 탐욕스러움(貪)이라고 말하다(謂). 貪(탐할 탐)

見過不更 聞諫愈甚: 잘못(過)을 알고도(見) 고치지(更) 않거나(不) 간하는(諫) (말을) 들어도
(聞) (오히려) 더(愈) 심하게(甚) (어기다). 過(잘못할 과) 見(볼 견 → 알다) 更(고칠 경) 諫(간할 간)
愈(더할 유) 甚(심할 심)

謂之很: (그러면 이를) 삐뚤어짐(很)이라고 말하다(謂). 很(어길 흔 → 삐뚤어짐)

人同於己則可 不同於己: 남(人)이 자기에게(於~己) 찬동하면(同~則) 괜찮다(可). (그렇지만) 자
기에게(於~己) 찬동하지(同) 않다(不). 可(괜찮을 가) 同(같이할 동 → 찬동하다)

雖善不善 謂之矜: (그러면) 아무리(雖) 좋은(善) 일이라도 좋지(善) 않다고(不) (하는 것을) 교만
함(矜)이라고 말하다(謂). 矜(자랑할 긍 → 교만) 雖(비록 수 → 아무리 ~해도)

此四患也: 이것(此)이 네(四) 가지 재앙(患)이다. 患(재앙 환)

能去八疵 無行四患: 여덟(八)가지 흠(疵)을 버리고(能~去), 네(四)가지 재앙(患)을 행(行)하지
않다(無). 去(떨어질 거 → 버리다)

而始可敎已: 그래야(而) 비로소(始) 가르칠 수(可~敎) 있다. 始(비로소 시) 敎(가르칠 교)

어부 1-2

孔子愀然而歎, 再拜而起曰:「丘再逐於魯, 削迹於衛, 伐樹於宋, 圍於陳蔡.

丘不知所失, 而離此四謗者何也?」

客悽然變容曰:「甚矣子之難悟也!

人有畏影惡迹而去之走者, 舉足愈數而迹愈多, 走愈疾而影不離身,

自以爲尙遲, 疾走不休, 絕力而死.

不知處陰以休影, 處靜以息迹, 愚亦甚矣!

子審仁義之間, 察同異之際, 觀動靜之變, 適受與之度, 理好惡之情,

和喜怒之節, 而幾於不免矣.

謹修而身, 愼守其眞, 還以物與人, 則無所累矣. 今不修之身而求之人, 不亦外乎!」

孔子愀然曰:「請問何謂眞?」

客曰:「眞者, 精誠之至也. 不精不誠, 不能動人.

故强哭者雖悲不哀, 强怒者雖嚴不威, 强親者雖笑不和.

眞悲無聲而哀, 眞怒未發而威, 眞親未笑而和.

眞在內者, 神動於外, 是所以貴眞也.

其用於人理也, 事親則慈孝, 事君則忠貞, 飮酒則歡樂, 處喪則悲哀.

忠貞以功爲主, 飮酒以樂爲主, 處喪以哀爲主, 事親以適爲主.

功成之美, 無一其迹矣, 事親以適, 不論所以矣., 飮酒以樂, 不選其具矣.,

處喪以哀, 無問其禮矣.

禮者, 世俗之所爲也., 眞者, 所以受於天也, 自然不可易也.

故聖人法天貴眞, 不拘於俗. 愚者反此. 不能法天而恤於人.

不貴眞, 祿祿而受變於俗, 故不足.

惜哉, 子之蚤湛於人僞而晚聞大道也.」

孔子又再拜而起曰:「今者丘得遇也, 若天幸然. 先生不羞而比之服役, 而身敎之.

敢問舍所在, 請因受業而卒學大道.」

客曰:「吾聞之, 可與往者與之, 至於妙道.,

不可與往者, 不知其道, 愼勿與之, 身乃無咎. 子勉之!

吾去子矣, 吾去子矣!」

乃刺船而去, 延緣葦間.

顏淵還車, 子路授綏, 孔子不顧, 待水波定, 不聞拏音而後敢乘.

子路旁車而問曰:「由得爲役久矣, 未嘗見夫子遇人如此其威也.

萬乘之主, 千乘之君, 見夫子未嘗不分庭伉禮, 夫子猶有倨傲之容.

今漁父杖拏逆立, 而夫子曲要磬折, 言拜而應, 得無太甚乎?

門人皆怪夫子矣, 漁人何以得此乎?」

孔子伏軾而歎曰:「甚矣由之難化也! 湛於禮義有間矣, 而樸鄙之心至今未去.

進, 吾語汝!

夫遇長不敬, 失禮也., 見賢不尊, 不仁也.

彼非至人, 不能下人, 下人不精, 不得其眞, 故長傷身. 惜哉!

不仁之於人也, 禍莫大焉, 而由獨擅之.

且道者, 萬物之所由也, 庶物失之者死, 得之者生, 爲事逆之則敗, 順之則成.

故道之所在, 聖人尊之.

今漁父之於道, 可謂有矣, 吾敢不敬乎!」

공자가 수심에 잠겨 안색이 달라지면서 한숨을 쉬다가
두 번 절한 뒤 일어서며 말했다.
"저는 노나라에서 두 번 쫓겨났고, 위나라에선 종적을 감춰야 했고,
송나라에선 나무가 베어져 깔려 죽을 뻔했고,
진나라와 채나라 사이에선 포위를 당했습니다.
저는 잘못한 이유를 모르는데 이런 고통을 네 번씩 겪은 건 어째선가요?
나그네는 슬픈 듯 얼굴빛을 바꾸면서 말했다.
"심하다. 선생을 깨우치는 게 어렵다!
그림자가 두렵고 자기 발자국이 싫어 이것들을 떠나서
멀리 달아나려고 한 사람이 있었습니다.
그런데 발이 움직일수록 발자국이 더 많아지고, 달릴수록 더 빨라져서
그림자가 그의 몸을 떠나지 못했습니다.
그런데도 자신이 오히려 더디게 달리는 것 때문이라고 여겨
쉬지 않고 빨리 달리다가 힘이 떨어져 마침내 죽고 말았습니다.
그늘에 머물면 그림자가 사라지고, 조용히 머물면 발자국이 없어진다는 사
실을 알지 못해서인데 그의 어리석음이 지나치지요!

그대는 어짊과 의로움의 간격을 살피고, 같음과 다름의 차이를 살피고,
움직임과 고요함의 변화를 관찰하고, 받고 주는 것의 정도를 알맞게 하고,
좋아하고 싫어하는 감정을 다스리고, 기쁨과 노여움의 절도를 조화시킨다
해도 화를 면치 못합니다.
삼가 몸을 닦고, 삼가 참됨을 지키면서 몸을 준 사람에게 나라는 사물을 돌
려줘 본래의 자기로 돌아오면 걱정할 일이 없지요.
그런데 지금 몸을 닦지 않고서 화를 면할 이유를 남에게서 찾으니까
이 또한 빗나간 행동이 아닌가요!"
공자가 수심에 잠겨 안색이 달라지며 말했다.
"무엇을 참됨이라고 말하나요?"
나그네가 말했다.
"참됨은 정성(誠) 됨의 지극함입니다.
정성스러움(精)이 없거나 정성(誠) 됨이 없으면 남에게 감동을 주지 못합니다.
그래서 억지로 곡하면 아무리 슬퍼도 슬프게 느껴지지 않고,
억지로 화나면 아무리 엄해도 두렵게 느껴지지 않고,
억지로 친하면 아무리 웃어도 따뜻하게 느껴지지 않습니다.
참으로 슬프면 소리 내어 울지 않아도 슬프게 느껴지고,
참으로 화나면 화가 겉에 드러나지 않아도 두려움이 느껴지고,
참으로 친하면 웃음을 보이지 않아도 따뜻함이 느껴집니다.
참됨이 마음속에 있으면 영험한 작용이 바깥으로 뻗어 나와 활동하므로
이것이 참됨이 소중한 까닭입니다.
참됨을 인류의 이치(人理)에 적용해 보지요.
그러면 부모를 섬길 때는 자애롭고 효성스러워야 하고,
군주를 섬길 때는 충직(忠貞)해야 하고,
술을 마실 때는 기쁘고 즐거워야 하고,
상을 당할 때는 슬프고 애통해야 합니다.
또 충성스러움과 곧음에선 공(功)을 으뜸으로 삼고,
술을 마심에선 즐거움을 으뜸으로 삼고,
상을 당함에선 슬픔을 으뜸으로 삼고,

부모를 섬김에선 부모 마음에 들게 하는 걸 으뜸으로 삼아야 합니다.

그러니 공을 훌륭히 이루는 데 본받아서 따라야 하는 것을

하나만 고집해선 안 되고,

부모를 섬겨 부모 마음에 들도록 하는 데 방법을 논해선 안 되고,

술을 마셔 즐기는 데 술잔을 가려선 안 되고,

상을 당해 슬퍼하는 데 예의를 따져선 안 됩니다.

예의란 세속의 사람들이 하는 바이고, 참됨은 자연에서 받는 방법입니다.

이런 자연스러움을 함부로 바꿀 수 없습니다.

그래서 성인은 자연을 법도로 삼고, 참됨을 귀하게 여깁니다.

성인은 세속에 매이지 않는데 어리석은 사람은 이와 반대입니다.

어리석은 자는 자연을 법도로 삼지 않아 인위적인 것에 골몰해 근심합니다.

그래서 참됨을 소중히 알지 못합니다.

또 어리석은 자는 평범해 세속을 받아들여 변화하므로 참됨이 부족합니다.

애석합니다!

선생은 일찍이 인위적인 허례를 즐기느라 큰 도를 늦게 들었습니다."

공자가 다시 두 번 절하고 일어나면서 말했다.

"지금 제가 선생을 뵐 수 있었던 건 마치 자연이 준 행운(天幸)입니다.

선생은 부끄러워하지 않고 저를 문하의 제자와 똑같이 몸소 가르쳤습니다.

선생이 계신 곳이 어딘지 감히 여쭙겠습니다.

선생으로부터 가르침을 받아 큰 도(大道)를 완전히 배우길 청합니다."

나그네가 말했다.

"내가 듣건대 함께 갈 사람과 어울리면 오묘한 도에 이르러도

함께 가서 안 될 사람은 도를 알지 못해 삼가 함께 어울릴 수 없지요.

그래야 몸에 재앙이 닥치지 않습니다.

그대는 힘쓰시오! 나는 그대와 여기서 작별하겠습니다!"

그리고 배를 노 저으면서 떠나 갈대밭 사이로 사라졌다.

안회가 수레를 돌리자 자로는 수레의 손잡이 끈을 공자에게 주었는데

공자는 이걸 돌아보지 않은 채 배가 떠난 뒤 물결이 잠잠해지길 기다렸다.

그리고 노 젓는 소리가 들리지 않은 뒤에 공자는 감히 수레에 올랐다.

자로가 수레 곁으로 다가와서 물었다.

"제가 스승을 모신지 오래여도 스승께서 사람을 만나

상대방을 이처럼 어렵게 대하는 걸 여태 보지 못했습니다.

만승의 군주나 천승의 제후도 스승을 뵐 때는 뜰에 자리를 따로 마련해

군주와 대등한 예로 모셨습니다.

그런데도 스승은 오히려 거만한 모습을 보였습니다.

아까 어부는 지팡이를 짚고 마주 섰는데 스승은 허리를 구부리며 몸을 굽

혀 말할 때마다 절하고 대답했습니다.

스승께서 지나치게 행동하신 게 아닌가요?

스승의 문하 제자 모두는 스승을 이상하게 여기고 있습니다.

어부 따위가 어떻게 이와 같을 수 있습니까?"

공자는 수레의 앞턱 가로나무에 엎드려 한숨을 쉬면서 말했다.

"자로를 바른길로 깨우치기 너무 어렵다!

예의를 익힌 지 오래여도 거칠고 비루한 마음이 여태 없어지지 않는다.

이리 와라. 내가 너에게 말해주마!

어른을 만나서 공경하지 않으면 예의(禮)를 잃는다.

어진 이를 보고도 숭상하지 않으면 어진(仁) 게 아니다.

그가 지인(至人)이 아니라면 남에게 머리 숙이도록 할 수 없다.

남을 머리 숙이게 하고도 상대가 정성스레 대하지 않으면

참됨이 통하지 않는 거다.

그래서 어른은 자신의 마음을 다치기에 이는 매우 애처로운 일이다!

남에게 어질지 않은 것보다 더 큰 재앙이 없는데 자로만 제멋대로 행동한다.

도(道)란 만물의 근원이어서 만물이 도를 잃으면 죽고,

만물이 도를 얻으면 산다.

일함에 있어서도 도를 거스르면 실패하고, 도에 순응하면 성공한다.

그래서 도를 지닌 사람은 성인(聖人)을 숭상한다.

아까 어부는 도를 터득했다고 말할 수 있다.

그러니 내가 어찌 감히 그분을 공경하지 않을 수 있겠는가!"

孔子愀然而歎 再拜而起曰: 공자(孔子)는 수심에 잠겨 안색이 달라지면서(愀然~而) 한숨을 쉬다가(歎) 두 번(再) 절한 뒤(拜~而) 일어서며(起) 말하다. 愀然〔수심에 잠겨 안색이 달라지는 모습. 愀(근심할 초)〕 歎(한숨쉴 탄) 拜(절 배)

丘再逐於魯 削迹於衛: (나) 공구(丘)는 노나라에서(於~魯) 두 번(再) 쫓겨나고(逐), 위나라에선(於~衛) 종적을 감추다(削迹). 逐(쫓을 축, 추방하다 → 쫓겨나다) 削迹〔종적을 감춤. 削(깎을 삭) 迹(자취 적)〕

伐樹於宋 圍於陳蔡: 송나라에선(於~宋) 나무(樹)가 베어져서(伐) (깔려 죽을 뻔하고), 진(陳)나라와 채나라 (사이)에선(於~蔡) 포위당하다(圍). 圍(에울 위, 둘러쌈)

丘不知所失 而離此四謗者何也?: (나) 공구(丘)는 잘못한(失) 이유(所)를 알지(知) 못하는데(不~而) (내가) 이런(此) 고통(謗~者)을 네 번(四)이나 겪은(離) (건) 어째서(何)일까? 失(허물 실, 잘못) 謗(헐뜯을 방, 비방 → 고통) 離(만날 리 → 겪다)

客悽然變容曰: 나그네(客)는 슬픈 듯(悽然) 얼굴(容) (빛을) 바꾸며(變) 말하다. 悽然〔슬픈 모양. 悽(슬퍼할 처)〕 容(얼굴 용) 變(변할 변 → 바꾸다)

甚矣子之難悟也!: 심하다(甚). 선생(子)을 깨우치는(悟) 게 어렵다(難)! 悟(깨달을 오, 깨우치다) 難(어려울 난)

人有畏影惡迹而去之走者: 그림자(影)가 두렵고(畏) (자기) 발자국(迹)이 싫어서(惡~而) (이걸) 떠나(去) (멀리) 달아나려는(走) 사람(人)이 있다(有). 影(그림자 영) 畏(두려울 외) 迹(자취 적, 발자국) 惡(싫을 오) 走(달아날 주)

擧足愈數而迹愈多: (그런데) 발(足)을 더욱(愈) 자주(數) 움직이면(擧~而) 발자국(迹)이 더욱(愈) 많아지다(多). 즉 발을 움직일수록 발자국이 더 많아지다. 愈(더할 유) 數(자주 삭) 擧(거동 거 → 움직이다)

走愈疾而影不離身: 달리면(走) 더욱(愈) 빨라져(疾~而), 즉 달릴수록 더 빨라져 그림자(影)가 (그의) 몸(身)을 떠나지(離) 못하다(不). 疾(빨라 질) 離(떠날 리)

自以爲尙遲 疾走不休: (그런데도) 자신(自)은 그럼으로써(以) 오히려(尙) 더디게(遲) (달리는 것 때문이라고) 여기고(爲) 쉬지(休) 않고(不) 빠르게(疾) 달리다(走). 尙(오히려 상) 遲(더딜 지) 休(쉴 휴)

絶力而死: (마침내) 힘(力)이 떨어져서(絶~而) 죽다(死). 絶(끊어질 절 → 다하다) 死(죽을 사)

不知處陰以休影: 그늘(陰)에 머물면(處), 그럼으로써(以) 그림자(影)가 쉬는(休) 걸, 즉 사라진다는 것을 알지(知) 못하다(不). 陰(그늘 음) 處(머무를 처)

處靜以息迹: 조용히(靜) 머물면(處), 그럼으로써(以) 발자국(迹)이 쉬는(休) 걸, 즉 없어진다는 것을 (알지 못하다). 靜(조용히 정)

愚亦甚矣!: 어리석음(愚) 또한(亦) 지나치다(甚)! 愚(어리석을 우) 甚(심할 심)

子審仁義之間 察同異之際: 너(子)는 어짊(仁)과 의로움(義)의 간격(間)을 살피고(審), 같음(同)과 다름(異)의 차이(際)를 살피다(察). 間(사이 간 → 간격) 審(살필 심) 際(사이 제 → 차이) 察(살필 찰)

觀動靜之變 適受與之度: 움직임(動)과 고요함(靜)의 변화(變)를 관찰하고(觀), 받고(受) 주는(與) 것의 정도(度)를 알맞게(適) 하다. 觀(볼 관 → 관찰하다) 受(받을 수) 與(줄 여) 度(정도 도) 適(맞을 적, 알맞다)

理好惡之情 和喜怒之節: 좋아하고(好) 싫어하는(惡) 감정(情)을 다스리고(理), 기쁨(喜)과 노여움(怒)의 절도(節)를 조화시키다(和). 情(뜻 정 → 감정) 理(다스릴 리) 怒(성낼 노) 節(절개 절 → 절도) 和(화합할 화, 조화하다)

而幾於不免矣: 그러더라도(而) (화를) 면하지(免) 못함에(於~不) 가깝다(幾). 즉 화를 면하지 못하다. 免(면할 면) 幾(가까울 기)

謹修而身 愼守其眞: 삼가(謹) 몸(身)을 닦고(修~而) 삼가(愼) 참됨(眞)을 지키다(守). 謹(삼갈 근) 修(닦을 수) 愼(삼갈 신) 守(지킬 수)

還以物與人: (그러면서 몸을 준) 사람(人)에게 (나라는) 사물(物)을 (돌려) 주어(以~與) (본래 자기로) 돌아오다(還). 與(줄 여) 還(돌아올 환)

則無所累矣: 그러면(則) 걱정(累)할 바(所)가 없다(無). 累(누 루, 걱정)

今不修之身而求之人: (그런데) 지금(今) 몸(身)을 닦지(修) 않고(不~而) (화를 면할 이유를) 남(人)에게서 찾다(求). 求(구할 구)

不亦外乎!: (그러니 이) 또한(亦) 빗나간(外) (게) 아닌가(不)! 外(벗어날 외 → 빗나가다)

孔子愀然曰 請問何謂眞?: 공자가 수심에 잠겨 안색이 달라지며(愀然~而) 말하다. 청해(請) 묻건대(問) 무얼(何) 참됨(眞)이라고 말하는지?

客曰 眞者 精誠之至也: 나그네(客)가 말하다. (참됨은) 정성(精誠) 됨의 지극함(至)이다. 精(정성스러울 정) 誠(정성 성)

不精不誠 不能動人: 정성스러움(精)이 없거나(不) 정성(誠) 됨이 없으면(不) 남(人)을 감동시킬 수(能~動) 없다(不). 즉 남에게 감동을 주지 못한다. 動(느낄 동, 감동)

故强哭者雖悲不哀: 고로(故) 억지로(强) 곡하면(哭~者) 아무리(雖) 슬퍼도(悲) 슬프게(哀) (느껴지지) 않는다(不). 强(억지로 강) 哭(울 곡) 雖(비록 수 → 아무리 ~해도) 悲(슬플 비) 哀(슬플 애)

强怒者雖嚴不威: 억지로(强) 화나면(怒~者) 아무리(雖) 엄해도(嚴) 두렵게(威) (느껴지지) 않는다(不). 怒(성낼 노) 嚴(엄할 엄) 威(두려워할 위)

强親者雖笑不和: 억지로(强) 친하면(親~者) 아무리(雖) 웃어도(笑) 따뜻하게(和) (느껴지지) 않는다(不). 笑(웃음 소) 和(따뜻할 화)

眞悲無聲而哀: 참으로(眞) 슬프면(悲) 소리(聲) 내어 울지 않아도(無~而) 슬프게(哀) (느껴진다).

眞怒未發而威: 참으로(眞) 화나면(怒) (겉에 화가) 드러나지(發) 않아도(未~而) 두려움(威)이 (느껴진다). 發(드러날 발)

眞親未笑而和: 참으로(眞) 친하면(親) 웃음(笑)을 (보이지) 않아도(未~而) 따뜻함(和)이 (느껴진다).

眞在內者 神動於外: 참됨(眞)이 (마음) 속(內)에 있으면(在~者) 영험한(神) (작용)이 바깥으로(於~外) (뻗어 나와) 활동하다(動). 神(영험이 있을 신, 영험한) 動(움직일 동 → 활동하다)

是所以貴眞也: 이것(是)이 참됨(眞)이 소중한(貴) 까닭(所以)이다. 貴(귀할 귀 → 소중하다)

其用於人理也: (참됨을) 인륜(人)의 이치에(於~理) 적용(用)해 (보자). 用(쓸 용 → 적용하다)

事親則慈孝: (그러면) 부모(親)를 섬길 때는(事~則) 자애롭고(慈) 효성스러워야(孝) (한다). 親(부모 친) 事(섬길 사) 慈(사랑할 자) 孝(효도 효)

事君則忠貞: 군주(君)를 섬길 때는(事~則) 충성스럽고(忠) 곧아야(貞) (한다). 忠(충성 충) 貞(곧을 정)

飮酒則歡樂: 술(酒)을 마실 때는(飮~則) 기쁘고(歡) 즐거워야(樂) (한다). 歡(기뻐할 환) 樂(즐거울 락)

處喪則悲哀: 상(喪)을 당할 때는(處~則) 슬프고(悲) 애통해야(哀) (한다). 喪(상 상) 處(처할 처 → 당하다) 悲(슬플 비) 哀(슬플 애 → 애통하다)

忠貞以功爲主: 충성스러움(忠)과 곧음(貞)에선 공을(以~功) 으뜸으로 삼다(爲~主). 爲主〔으뜸으로 삼다. 主(주인 주)〕

飮酒以樂爲主: 술(酒) 마심(飮)에선 즐거움을(以~樂) 으뜸으로 삼다(爲~主). 飮(마실 음) 樂(즐거울 락)

處喪以哀爲主: 상(喪)을 당함(處)에선 슬픔을(以~哀) 으뜸으로 삼다(爲~主). 哀(슬플 애)

事親以適爲主: 부모(親) 섬김(事)에선 (부모의) 마음에 맞도록 하는 것을(以適) 으뜸으로 삼다(爲~主). 事(섬길 사) 適(맞을 적)

功成之美 無一其迹矣: (그러니) 공(功)을 훌륭히(美) 이루는(成) 데 있어 본받아서 따라야(迹) 하는 걸 하나(一)만 (고집해선) 안 된다(無). 美(아름다울 미 → 훌륭히) 成(이룰 성) 迹(의거하여좇는 것 적, 본받아 따르는 것)

事親以適 不論所以矣: 부모(親)를 섬겨(事~以) (부모) 마음에 맞도록(適) 하는 데 있어 방법(所以)을 논해선(論) 안 된다(不). 所以(까닭 → 방법) 論(논할 논)

飮酒以樂 不選其具矣: 술(酒)을 마셔(飮~以) 즐기는(樂) 데 있어 술잔(具)을 가려선(選) 안 된다(不). 具(그릇 구 → 술잔) 選(가릴 선)

處喪以哀 無問其禮矣: 상(喪)을 당해(處~以) 슬퍼하는(哀) 데 있어 예의(禮)를 물어선(問) 안 된다(無). 즉 따져선 안 된다.

禮者 世俗之所爲也: 예의(禮~者)란 세속(世俗)의 (사람들이) 하는(爲) 바(所)이다.

眞者 所以受於天也: 참됨(眞~者)은 자연에서(於~天) 받는(受) 방법(所以)이다. 受(받을 수)

自然不可易也: (이런) 자연스러움(自然)을 (함부로) 바꿀 수(可~易) 없다(不).

故聖人法天貴眞: 그래서(故) 성인(聖人)은 자연(天)을 법도(法)로 삼고, 참됨(眞)을 귀하게(貴) (여기다).

不拘於俗 愚者反此: (성인은) 세속에(於~俗) 얽매이지(拘) 않는데(不) 어리석은(愚) 사람(者)은 이(此)와 반대이다(反). 俗(세상사람 속) 拘(거리낄 구, 얽매이다) 愚(어리석을 우) 反(상반될 반, 서로 반대이다)

不能法天而恤於人: (어리석은 사람은) 자연(天)을 법도(法)로 삼지(能) 않아(不~而) 인위적인 (것)에(於~人) (골몰해) 근심한다(恤). 恤(근심할 휼)

不知貴眞: (그래서) 참됨(眞)을 소중히(貴) 알지(知) 못하다(不).

祿祿而受變於俗: (또 어리석은 사람은) 평범해서(祿祿~而) 세속을(於~俗) 받아들여(受) 변화한다 (變). 受(받을 수) 變(변할 변) 祿祿〔평범함. 祿(평범한모양 록)〕

故不足: 그래서(故) (참됨이) 부족(不足)하다.

惜哉 子之蚤湛於人僞而晚聞大道也: 애석하다(惜)! 선생(子)은 일찍이(蚤) 인위적인 허례(於 ~人僞)를 즐기느라(湛~而) 큰(大) 도(道)를 늦게(晚) 듣는다(聞). 惜(애석할 석) 蚤(일찍 조) 湛(즐길 담) 晚(늦을 만)

孔子又再拜而起曰: 공자(孔子)가 다시(又) 두(再) 번 절하고(拜~而) 일어서면서(起) 말하다.

今者丘得遇也 若天幸然: 지금(今者) 공구(丘)가 (선생을) 만날 수(得~遇) (있게 된 건) 마치(若) 자연(天)이 (준) 행운(幸)이다. 遇(만날 우) 幸(다행 행 → 행운) 然(어조사 연)

先生不羞而比之服役: 선생(先生)은 부끄러워하지(羞) 않고(不~而) (나를) 문하 제자(服役)와 나 란히(比) (대하다). 즉 나를 문하의 제자와 똑같이 대하다. 羞(부끄러워할 수) 服役〔남 밑에서 지 휘를 받아 일함. 즉 문하 제자(門人弟子)를 의미. 服(행할 복) 役(부릴 역)〕 比(나란히할 비)

而身敎之: 그러면서(而) (나를) 몸소(身) 가르치다(敎). 身(몸소 신) 敎(가르칠 교)

敢問舍所在: 감히(敢) (선생이) 있는(在) 바(所) 집(舍)이 (어딘지) 묻다(問). 敢(감히 감, 송구함을 무릎 쓰고) 舍(집 사)

請因受業而卒學大道: (선생으로) 인해(因), 즉 선생으로부터 가르침(業)을 받아서(受~而) 큰 (大) 도(道)를 완전히(卒) 배우길(學) 청하다(請). 業(업 업, 학습 → 가르침) 卒(마칠 졸 → 완전히) 學(배울 학)

客曰 吾聞之 可與往者與之: 나그네(客)가 말하다. 내(吾)가 듣건대(聞) 함께(與) 갈만한(可~往) 사람과(與~者) (어울리다).

至於妙道: (그러면) 오묘한(妙) 도에(於~道) 이르다(至). 妙(묘할 묘 → 오묘한)

不可與往者 不知其道: (그러나) 함께(與) 갈(可~往) 수 없는(不) 사람(者), 즉 가선 안 될 사람은

도(道)를 알지(知) 못하다(不).

愼勿與之: (그래서) 삼가(愼) 함께(與) (어울릴 수) 없다(勿). 勿(없을 물)

身乃無咎 子勉之!: 그래야(乃) 몸(身)에 재앙(咎)이 (닥치지) 않는다(無). 선생은 힘써라(勉)! 咎(재앙 구) 勉(힘쓸 면)

吾去子矣 吾去子矣!: 나(吾)는 선생(子)을 떠나다(去). 즉 나는 선생과 여기서 작별하다. 去(떠날 거)

乃刺船而去 延緣葦間: 그리고는(乃) 배(船)를 노 저으면서(刺~而) 떠나(去) 갈대(葦) (밭) 사이(間)로 사라지다(延緣). 刺(저을 척, 배를 노 젓다) 葦(갈대 위) 間(사이 간) 延緣〔끌려(延) 말미암다(緣). 즉 사라지다. 延(끌 연) 緣(말미암을 연)〕

顔淵還車 子路授綏: 안회(顔淵)가 수레(車)를 돌리자(還) 자로(子路)는 수레 손잡이 끈(綏)을 (공자에게) 주다(授). 還(돌아올 환) 綏(끈 수, 수레에 오를 때 쥐는 손잡이 끈) 授(줄 수)

孔子不顧: (그런데) 공자(孔子)는 돌아보지(顧) 않다(不). 顧(돌아볼 고)

待水波定: (그런 채 배가 떠난 뒤에) 물결(水波)이 잠잠해지길(定) 기다리다(待). 水波〔물결. 水(물 수) 波(물결 파)〕定(정할 정, 안정되다 → 잠잠해지다) 待(기다릴 대)

不聞拏音而後敢乘: (그리고) 노 젓는 소리(拏音)가 들리지(聞) 않은(不~而) 후(後)에 (공자는) 감히(敢) 수레에 오르다(乘). 拏音〔노 젓는(拏) 소리(音). 拏(잡을 나 → 노를 젓다)〕聞(들을 문) 乘(오를 승)

子路旁車而問曰: 자로(子路)가 수레(車) 곁으로(旁~而) (다가와) 묻다(問). 旁(곁 방)

由得爲役久矣: (나) 자로(由)가 (선생을) 모신지(爲~役) 오래이다(久). 役(역사 역, 부역하다 → 모시다) 久(오랠 구)

未嘗見夫子遇人如此其威也: 선생(夫子)이 사람(人)을 만나(遇) (상대방을) 이처럼(如~此) 어려워하는(威) (걸) 보지(見) 못하다(未~嘗). 遇(만날 우) 威(두려워할 위 → 어려워하다)

萬乘之主 千乘之君: 만승(萬乘)의 군주(主)나 천승(千乘)의 제후(君). 主(주인 주, 군주) 君(임금 군, 제후)

見夫子未嘗不分庭伉禮: 선생(夫子)을 보면(見) 뜰(庭)에 (자리를) 구분하면서(分) 예(禮)로 맞서지(伉) 않지(不) 않다(未~嘗). 즉 자리를 따로 마련해 대등한 예로 모시다. 庭(뜰 정) 分(나눌 분 → 구분하다) 伉(겨룰 항, 맞서다)

夫子猶有倨傲之容: (그런데도) 선생(夫子)은 오히려(猶) 거만한(倨傲) 모습이다(有~容). 倨傲〔거만. 倨(거만할 거) 傲(거만할 오)〕

今漁父杖拏逆立: 아까(今) 어부(漁父)는 지팡이(杖)를 짚고(拏) (선생과) 마주(逆) 서다(立). 今(이제 금 → 아까) 拏(잡을 나 → 짚다) 逆(거스를 역, 대항하다 → 마주) 立(설 립)

而夫子曲要磬折: 그런데(而) 선생(夫子)은 허리(要)를 구부리며(曲) 몸을 굽이다(磬折). 要(허

리 요) 曲(굽을 곡, 구부리다) 磬折〔경쇠 모양으로 몸 굽힘. 磬(굽을 경) 折(꺾을 절)〕

言拜而應: 말(言)을 (할 때마다) 절하고서(拜~而) 응답하다(應). 應(응할 응, 응답하다)

得無太甚乎?: (선생이) 너무(太) 심하지(甚) 않을(無) 수가(得)? 즉 지나치게 행동한 게 아닌가? 太(클 태, 심히) 甚(심할 심)

門人皆怪夫子矣: (선생의) 문하 제자(門人) 모두(皆)는 선생(夫子)을 이상하게(怪) (여기다). 怪(기이할 괴 → 이상하게)

漁人何以得此乎?: 어부(漁人) (따위가) 어떻게(何~以) 이와(此) 같을 수가(得)?

孔子伏軾而歎曰: 공자(孔子)는 수레 가로나무(軾)에 엎드려서(伏~而) 한숨을 쉬며(歎) 말하다. 軾(수레앞턱가로나무 식) 伏(엎드릴 복)

甚矣由之難化也!: 자로(由)를 바른길로 깨우치기가(化) 너무(甚) 어렵다(難)! 語(깨우칠 어)
※ 참고한 『莊子今註今譯』에 '化(감화시킬 화)'로 표시되었는데 오자로 보아 '語(깨우칠 어)'로 바꾸어서 해석했다. 難(어려울 난)

湛於禮義有間矣: 예의에(於~禮義) 깊은(湛) 지 오래이다(有間). 즉 예의를 익힌 지 오래이다. 湛(깊을 잠) 有間〔사이가 벌어짐. 즉 오래이다. 間(틈 간)〕

而樸鄙之心至今未去: 그래도(而) 거칠고 비루한(樸鄙) 마음(心)이 지금(今) 이르러도(至) 지나가지(去) 않다(未). 즉 여태 없어지지 않다. 樸鄙〔꾸밈이 없고 촌스러움 → 거칠고 비루한 마음. 樸(순박할 박) 鄙(촌스러울 비)〕

進 吾語汝!: (이리) 다가와라(進). 내(吾)가 너(汝)에게 말하다(語)! 進(나아갈 진 → 다가오다)

夫遇長不敬 失禮也: 저(夫) 어른(長)을 만나서(遇) 공경하지(敬) 않으면(不) 예의(禮)를 잃는다(失). 長(어른 장) 遇(만날 우) 敬(공경 경) 失(잃을 실)

見賢不尊 不仁也: 어진(賢) 이를 보고도(見) 숭상하지(尊) 않으면(不) 어진(仁) 게 아니다(不). 賢(어질 현) 尊(높일 존, 숭상하다)

彼非至人 不能下人: 그(彼)가 지인(至人)이 아니면(非) 남(人)을 머리 숙이게 할 수(能~下) 없다(不). 下(내릴 하 → 머리 숙임)

下人不精 不得其眞: 남(人)을 머리 숙이게(下) 하고도 (상대가) 정성스럽게(精) (대하지) 않으면(不) 참됨(眞)을 얻지(得) 못하다(不). 즉 참됨이 통하지 않는다. 精(정성스러울 정)

故長傷身 惜哉!: 그래서(故) 어른(長)은 자신(身)의 (마음을) 다친다(傷). (이는) 애처롭다(惜)! 傷(다칠 상) 惜(애처롭게여길 석)

不仁之於人也 禍莫大焉: 남에게(於~人) 어질지(仁) 않은(不) (것보다) 큰(大) 재앙(禍)이 없다(莫). 禍(재앙 화)

而由獨擅之: 그런데(而) 자로(由)는 홀로(獨) 제멋대로(擅) 행동한다. 獨(홀로 독) 擅(멋대로 천)

且道者 萬物之所由也: 도(道~者)란 만물(萬物)이 말미암은 바(所由), 즉 만물의 근원이다. 所

由〔말미암은 바. 由(말미암을 유)〕

庶物失之者死 得之者生: (그래서) 만물(庶物)이 (도를) 잃으면(失~者) 죽고(死) (만물이 도를) 얻으면(得~者) 산다(生). 庶物〔만물. 庶(여러 서)〕

爲事逆之則敗 順之則成: 일(事)을 함(爲)에서도 (도를) 거스르면(逆~則) 실패하고(敗) (도에) 순응하면(順~則) 성공한다(成). 逆(거스를 역) 敗(패할 패) 順(좇을 순 → 순응하다) 成(이룰 성 → 성공하다)

故道之所在 聖人尊之: 그래서(故) 도(道)가 있는 바(在所), 즉 도를 지닌 사람은 성인(聖人)을 숭상하다(尊). 所在〔있는 바. 在(있을 재)〕尊(높일 존 → 숭상하다)

今漁父之於道 可謂有矣: 아까(今) 어부(漁父)는 도를(於~道) 터득한다고(有) 말할 수(可~謂) 있다.

吾敢不敬乎!: (그런데) 내(吾)가 (어찌) 감히(敢) (그를) 공경하지(敬) 않을(不) (수 있는가)!

열어구
列　禦　寇

열어구(列禦寇) 1

列禦寇之齊, 中道而反. 遇伯昏瞀人.

伯昏瞀人曰:「奚方而反?」

曰:「吾驚焉.」

曰:「惡乎驚?」

曰:「吾嘗食於十漿, 而五漿先饋.」

伯昏瞀人曰:「若是, 則汝何爲驚已?」

曰:「夫內誠不解, 形諜成光, 以外鎭人心, 使人輕乎貴老, 而䪡其所患.

夫漿人特爲食羹之貨, 無多餘之贏, 其爲利也薄, 其爲權也輕, 而猶若是,

而況於萬乘之主乎!

身勞於國而知盡於事, 彼將任我以事而效我以功, 吾是以驚.」

伯昏瞀人曰:「善哉觀乎! 汝處已, 人將保女矣!」

無幾何而往, 則戶外之屨滿矣.

伯昏瞀人北面而立, 敦杖蹙之乎頤, 立有間, 不言而出.

賓者以告列子, 列子提屨, 跣而走, 曁乎門, 曰:「先生旣來, 曾不發藥乎?」

曰:「已矣, 吾固告汝曰人將保汝, 果保汝矣.

非汝能使人保汝, 而汝不能使人無保汝也, 而焉用之感豫出異也!

必且有感搖而本才, 又無謂也.

與汝遊者又莫汝告也, 彼所小言, 盡人毒也.

莫覺莫悟, 何相孰也!

巧者勞而知者憂, 無能者無所求, 飽食而敖遊, 汎若不繫之舟, 虛而敖遊者也.」

열자(列禦寇)가 제나라로 가다 도중에 되돌아오면서 백혼무인을 만났다.

백혼무인(伯昏瞀人)이 물었다. "어째서 제나라로 가다 지금 되돌아오는가?"
열자가 말했다. "제가 놀라 두려워서입니다."
백혼무인이 물었다. "어째서 놀라 두려웠는가?"
열자가 말했다.
"제나라 열 곳 주막에서 식사를 했는데 주막 주인들이 저를 알아본 탓인지
절반이 되는 다섯 주막에서 다른 손님보다 먼저 식사를 제공해서입니다."
백혼무인이 물었다. "이런 정도라면 자네가 어째서 놀라 두려워하는가?"
열자가 말했다.
"주인들이 베푸는 내면의 정성이 흩어지지 않은 데다 몸짓까지 공손하고
얼굴에선 빛이 나서 바깥사람인 제 마음도 억눌러져서입니다.
이는 정말로 대접받아야 할 귀한 사람과 늙은 사람을 소홀히 하는 것이므로
이런 근심으로 제 마음이 어지럽혀졌습니다.
주막 주인들은 단지 음식과 국을 팔아 돈을 벌기에 돈벌이가 하찮습니다.
그래서 주막 주인들의 이익은 적고, 권한도 보잘 게 없습니다.
그런데도 주막 주인들이 오히려 저를 이렇게 정성껏 대하니
하물며 만승의 군주는 저를 어떻게 대하겠습니까?
만승의 군주인 제나라 군주는 그의 몸이 나라를 위해 애쓰고,
그의 앎이 정사를 처리하는 데 힘씁니다.
그러니 제나라 군주가 제게 나랏일을 맡기면 분명히 공을 세우길 바랄 텐데
이에 제가 놀라서 두려워진 겁니다."
백혼무인이 말했다.
"잘 보았다! 주막 주인들이 자네에게 하는 것처럼 정성껏 처신하면
사람들이 자네를 믿고 모여들 거네!"
시간이 얼마 흐르지 않아 백혼무인이 열자를 찾아갔더니
열자의 집 문밖에는 신발이 가득했다.
백혼무인은 북쪽을 향해 서서 지팡이를 줄여 세워놓고
거기에 턱을 괴며 잠시 서 있다가 아무 말도 하지 않고 집을 나왔다.
접대를 맡은 사람이 이 사실을 열자에게 알리니까
열자는 신발을 손에 들고 맨발로 뛰어나와 문 앞에서 따라잡은 뒤 말했다.

"선생님은 기왕 오셨는데 약이 될 만한 가르침을
어째서 말씀해주시지 않습니까?"
백혼무인이 말했다.
"그만둬라.
내가 본디 자네에게 말하길 사람들이 자네를 믿고 모여들 거라고 했는데
과연 자네를 믿고서 많은 사람들이 모여들었다.
이는 자네가 사람들에게 자네를 믿고 일부로 모여들게 한 것은 아니네.
그렇다고 해서 자네가 사람들에게 자네를 믿고 모여들지 않게
말린 것도 아니네.
그러니 사람들이 자네에게 감동하고 기뻐하고 출중하다고 느끼는 건
자네가 분명 다른 사람과 다른 방법을 썼기 때문이 아닌가!
다른 사람에게 반드시 감동을 주려면 자네의 근본 바탕(本才)이 흔들리는데
다른 사람도 그 점에 대해 말하지 않는다.
자네를 따라 공부하는 사람도 자네에게 이런 사실을 말해주지 않아
자네를 따라 공부하는 사람이 내뱉는 하찮은 말이 다른 사람을 해치네.
이처럼 자네는 다른 사람을 깨우치지 못하는데
깨우치지 못하는 사람들과 어찌 서로 도타워질 수 있는가!
재주 있는 사람(巧者)은 수고롭고, 지혜가 많은 사람(知者)은 근심하는 법이네.
반면 능력 없는(無能) 사람은 달리 추구하는 바가 없어
배불리 먹고 유유히 노닐면서 매이지 않은 배처럼 둥둥 떠다니지.
이런 사람이 바로 마음을 텅 비우고 유유히 노니는 사람이네."

注 ──────────────

列禦寇之齊 中道而反 遇伯昏瞀人: 열어구(列禦寇), 즉 열자가 제(齊)나라로 가다 중도(中道)에
되돌아오면서(反) 백혼무인(伯昏瞀人)을 만나다(遇). 反(되돌아올 반) 遇(만날 우) 伯昏瞀人〔초
나라의 현인으로 열자의 스승. 「덕충부」 2와 「전자방」 9에선 백혼무인(伯昏無人)으로 등장함.

伯昏瞀人曰: 奚方而反?: 백혼무인(伯昏瞀人)이 말하다. 어째서(奚) (제나라로 가다) 지금(方) 되
돌아오는가(反)? 方(이제 방)

曰 吾驚焉: (열자가) 말하다. 내(吾)가 (놀라서) 두려워서다(驚). 吾(나 오) 驚(놀랄 경, 두려워하다)

曰 惡乎驚?: (백혼무인이) 묻다. 어째서(惡) (놀라서) 두려워지는가(驚)? 惡(어찌 오)

曰 吾嘗食於十漿: (열자가) 말하다. 내(吾)가 (제나라) 열(十) (곳) 주막에서(於~漿) 식사하다(嘗~食). 漿(마실것 장)

而五漿先饋: 그런데(而) (주막 주인이 나를 알아본 탓인지 절반이나 되는) 다섯(五) (곳) 주막(漿)이 (다른 손님보다 내게) 식사를 먼저(先) 제공해서이다(饋). 先(먼저 선) 饋(먹일 궤, 음식을 제공하다)

伯昏瞀人曰 若是 則汝何爲驚已?: 백혼무인(伯昏瞀人)이 묻다. 이런(若~是) (정도)라면(~則) 네(汝)가 어째서(何) (놀라서) 두려워하는가(爲~驚)?

曰 夫內誠不解: (열자가) 말하다. (주막 주인이 베푸는) 내면(內)의 정성(誠)이 흩어지지(解) 않다(不). 誠(정성 성) 解(흩어질 해)

形諜成光: (거기에 더해) 몸(形) (짓까지) 공손하고(諜) (얼굴에선) 빛(光)을 이루다(成). 즉 얼굴에선 빛이 나다. 形(몸 형) 諜(얌전할 첩, 공손함) 光(빛 광) 成(이룰 성)

以外鎭人心: 그럼으로써(以) 바깥(外) 사람(人)인 내 마음(心)조차 억누르다(鎭). 外(밖 외) 鎭(누를 진, 억누르다)

使人輕乎貴老: (이는) 사람으로 하여금(使~人) (정말로 대접받아야 할) 귀한(貴) 사람과 늙은(老) 사람을 소홀히 하다(輕). 貴(귀할 귀) 輕(가벼히할 경 → 소홀히 하다)

而虀其所患: 그러므로(而) (이런) 근심(所~患)으로 (내 마음이) 어지럽혀지다(虀). 患(근심 환) 虀(어지럽힐 제)

夫漿人特爲食羹之貨: 저(夫) 주막(漿) 주인(人)은 단지(特) 음식(食)과 국을 팔아서(爲~羹) 돈(貨)을 번다. 特(다만 특, 단지) 羹(국 갱) 貨(돈 화)

無多餘之贏: (그러기에) 남는(餘) 이익(贏)이 많지(多) 않다(無). 즉 돈벌이가 하찮다. 餘(남을 여) 贏(돈벌 영, 이익)

其爲利也薄 其爲權也輕: (그래서 주막 주인의) 이익(爲~利)이 적고(薄), (그) 권한(爲~權)이 보잘게 없다(輕). 薄(적을 박) 權(권세 권) 輕(가벼울 경 → 보잘 게 없다)

而猶若是: 그런데도(而) (주막 주인이) 오히려(猶) (나를) 이(是)와 같이(若) 하다. 즉 이렇게 정성껏 대하다.

而況於萬乘之主乎!: 그러니(而) 하물며(況) 만승(萬乘)의 군주(主)는 (나를)(於) (어떻게 대할까)!

身勞於國而知盡於事: (만승의 군주인 제나라 군주는 그의) 몸(身)이 나라를(於~國) 위해 애쓰고(勞), (그의) 앎(知)은 정사를(於~事) (처리하는 데) 힘쓰다(盡). 身(몸 신) 國(나라 국) 勞(수고할 로, 애씀) 事(일 사 → 정사) 盡(다할 진 → 힘씀)

彼將任我以事而效我以功: (그러니) 그(彼)는, 즉 제나라 군주는 내게(我~以) (나라) 일(事)을 맡겨(將~任) 그리고(而) 내게(我~以) (분명히) 공(功)을 세우길(效) (바라다). 任(맡길 임) 效(나타낼 효 → 세우다)

吾是以驚: (그래서) 나(吾)는 이(是)에 두려워지다(以~驚).

伯昏瞀人曰 善哉觀乎!: 백혼무인(伯昏瞀人)이 말하다. 잘(善) 보다(觀)! 善(잘 선) 觀(볼 관)

汝處已 人將保女矣!: 너(汝)가 (주막 주인이 네게 하는 것처럼 정성껏) 처신하면(處) 사람(人)들이 너(女)를 믿고(將~保) (모여든다)! 汝(너 여) 處(머무를 처 → 처신하다) 女(너 여) 保(믿을 보)

無幾何而往 則戶外之屨滿矣: (시간이) 얼마(幾何) 안(無) (되어 백혼무인이 열자에게 가본) 즉(則) (열자의) 문(戶) 밖(外)에는 신발(屨)이 가득하다(滿). 幾何[얼마. 幾(가까울 기) 何(무엇 하)] 戶(지게 호, 출입문) 屨(신 구, 신발) 滿(찰 만)

伯昏瞀人北面而立: 백혼무인(伯昏瞀人)은 북쪽(北)을 향해(面) 서다(立). 面(향할 면) 立(설 립, 서다)

敦杖蹙之乎頤: 지팡이(杖)를 줄여(蹙) 세워놓고(敦) (거기에) 턱(頤)을 (고이다). 杖(지팡이 장) 蹙(줄일 축) 敦(세울 돈) 頤(턱 이)

立有間 不言而出: 잠시(有間) 서(立) 있다가 (아무) 말(言)도 (하지) 않고(不) 나오다(出). 有間(잠깐 틈이 남 → 잠시)

賓者以告列子: 접대를 맡은(賓) 사람(者)이 (이 사실을) 열자(列子)에게 알리다(以~告). 賓(대접할 빈, 접대하다) 告(알릴 고)

列子提屨 跣而走: (그러니까) 열자(列子)는 신발(屨)을 (손에) 들고(提) 맨발(跣)로 뛰어나오다(走). 提(들 제) 跣(맨발 선) 走(달릴 주, 뛰어나오다)

曁乎門 曰: 문(門) 앞에서 백혼무인 선생을 따라잡은(曁) (뒤) 말하다. 曁(따라잡을 기)

先生既來 曾不發藥乎?: 선생(先生)이 기왕(既) 왔는데(來) 이에(曾) (나에게) 약(藥)이 (될 만한 가르침을 어째서) 말해주지(發) 않는가(不)? 既(이미 기 → 기왕) 來(올 래) 曾(이에 증) 藥(약 약) 發(행할 발 → 말해주다)

曰 已矣: (백혼무인이) 말하다. 그만둬라(已). 已(그칠 이, 그만두다)

吾固告汝曰人將保汝 果保汝矣: 내(吾)가 본디(固) 네(汝)게 고하길(告) 사람(人)들이 너(汝)를 믿고(將~保) (모여들 거라고 했는데) 과연(果) 너(汝)를 믿고(保) (많은 사람이 모이다). 固(굳이 고, 본디) 果(과연 과)

非汝能使人保汝: (이는) 네(汝)가 사람들로 하여금(使~人) 너(汝)를 믿고(能~保) (일부로 모여들게 한 것은) 아니다(非).

而汝不能使人無保汝也: 그렇다고(而) 너(汝)는 사람들에게(使~人) 너(汝)를 믿고(能~保) (모여들지) 않게(無) (말린 것도) 아니다(不).

而焉用之感豫出異也!: 그러니(而) (사람들이 너에게) 감동하고(感) 기뻐하고(豫) 출중하다고(出) (느끼는 건 네가 분명 남과) 다른(異) (방법을) 쓴(用) (탓이 아닌가)! 感(감동할 감) 豫(기뻐할 예) 出(뛰어날 출, 출중한) 異(다를 이) 用(쓸 용)

必且有感搖而本才: (남에게) 반드시(必) 감동함(感)이 있으면(有), 즉 감동을 주려고 하면 (너

의) 근본(本) 바탕(才)이 흔들린다(搖). 本(근본 본) 才(바탕 재) 搖(흔들릴 요)

又無謂也: (남이) 또(又) (그 점에 대해) 말하지(謂) 않다(無).

與汝遊者又莫汝告也: 너(汝)와 함께(與), 즉 너를 따라 공부하는(遊) 사람(者)이 또한(又) 네(汝)게 (이런 사실을) 말해(告) 주지 않다(莫). 遊(노닐 유→공부하다) 莫(없을 막)

彼所小言 盡人毒也: (그래서) 그들(彼), 즉 너를 따라 공부하는 사람이 내뱉는(言) 하찮은(小) 말(所)은 (다른) 사람(人)에게 해침(毒)을 다하다(盡). 즉 다른 사람을 해치다. 言(말씀 언→내뱉다) 毒(독 독, 해침) 盡(다할 진)

莫覺莫悟 何相孰也!: (이처럼 너는 다른 사람을) 깨우치지(覺) 못하는데(莫) 깨우치지 못하는(莫) (사람들과) 어찌(何) 서로(相) 도타워질(孰) 수 있는가! 覺(깨우칠 각) 悟(깨달 오) 孰(도타울 숙, 친절하고 정숙함)

巧者勞而知者憂: 재주 있는 사람(巧者)은 수고롭고(勞~而) 지혜 있는 사람(知者)은 근심한다(憂). 巧(재주 교) 勞(수고 로) 憂(근심할 우)

無能者無所求: 능력(能) 없는(無) 사람(者)은 추구하는(求) 바(所)가 없다(無).

飽食而敖遊: 배불리 먹고(飽食~而) 유유히 노닐다(敖遊). 飽食〔배불리 먹음. 飽(배부를 포) 食(먹을 식)〕敖遊〔유유히 노님. 敖(놀 오, 희롱하며 놂) 遊(노닐 유)〕

汎若不繫之舟: (그러면서) 매어놓지(繫) 않은(不) 배처럼(若~舟) 둥둥 떠다닌다(汎). 不繫之舟〔매어놓지 않은 배. 이는 자유로움의 비유. 繫(맬 계, 매이다) 舟(배 주)〕汎(뜰 범, 둥둥 떠다님)

虛而敖遊者也: (이런 사람이 바로 마음을) 텅 비우고(虛~而) 유유히 노니는(敖遊) 사람(者)이다.

열어구(列禦寇) 2

鄭人緩也呻吟於裘氏之地.

祇三年而緩爲儒, 潤九里, 及三族, 其弟墨.

儒墨相與辯, 父助翟. 十年而緩自殺.

其父夢之曰:「使而子爲墨者予也. 闔嘗視其良, 旣爲秋柏之實矣?」

夫造物者之報人也, 不報其人而報其人之天. 彼故使彼.

夫人以己爲儒以異於人以賤其親, 齊人之井飮者相捽也. 故曰今之世皆緩也.

自是, 有德者以不知也, 而況有道者乎! 古者謂之遁天之刑.

聖人安其所安, 不安其所不安,, 衆人安其所不安, 不安其所安.

莊子曰:「知道易, 勿言難. 知而不言, 所以之天也,, 知而言之, 所以之人也,,

古之至人, 天而不人.」

정(鄭)나라 사람 완(緩)이 구씨(裘氏) 고장에서 열심히 책을 읽어

단지 삼 년을 공부하고 유학자가 되었다.

황하가 9리나 되는 땅을 적시듯이 그의 은택이 유학자 삼족에까지 미쳐

그 후 아우도 묵가의 학자가 되었다.

형 유가와 동생 묵가 함께 논쟁을 벌였는데 아버지는 동생 편을 들었다.

십 년이 지나자 결국 형 완은 자살했다.

큰아들 완이 아버지 꿈에 나타나서 말했다.

"아버님의 아들을 묵가로 만든 건 저였는데

어째서 동생은 제 무덤에 잠깐이라도 와보지 않나요?

제 몸은 이미 무덤 위에 있는 측백나무 열매가 되었습니다."

조물자가 사람에게 보답하면 인위적으로 보답하지 않고,

자연적으로 보답한다.

이런 연유로 유학자 동생은 자연스러운 본성에 따라 묵가가 된 거지

형에 의해 묵가가 된 건 아니다.

그런데 자신이 유가가 된 게 남보다 뛰어나다고 여겨 부모까지 업신여긴다.

제나라 사람이 우물을 파 물을 마시면 서로 자기가 팠다고 다툰다.

그래서 말하길 지금 세상 사람들은 모두 완과 같은 사람이라고 한다.

이로부터 보면 덕(德)이 있다고 말하는 사람은 덕이 뭔지를 모른다.

하물며 도(道)를 스스로 터득했다 말하는 사람은 더 말할 나위 없지 않은가!

옛날에는 이런 사람을 가리켜 둔천지형(遁天之刑),

즉 자연의 원리에서 벗어나서 받는 형벌을 받는 사람이라고 말했다.

성인(聖人)은 그가 편한 곳에선 편안하게 지내며,

편하지 않은 곳에선 편안하게 지내지 않는다.

그런데 보통사람(衆人)은 편하지 않은 곳에선 편안하게 지내고,

편한 곳에선 편안하게 지내지 않는다.

장자가 말했다.

"도(道)를 아는 건 쉽지만 그것을 말하지 않기란 어렵다.

도를 알면서도 말하지 않는 건 자연(天)으로 나아가는 바이고,

도를 알아서 말하는 건 인위(人)로 나아가는 바이다.

그런데 옛날 지인은 자연스러웠지 인위적이지 않았다."

注 ────────────────────────────────

鄭人緩也呻吟於裘氏之地.: 정(鄭)나라 사람(人) 완(緩)이 구씨(裘氏) (고장)에서(於) 열심히 책을 읽다(呻吟). 呻吟〔끙끙거리며 시 같은 것을 읊조림. 즉 열심히 책을 읽다. 呻(끙끙거릴 신) 吟(읊을 음)〕

祇三年而緩爲儒: 단지(祇) 삼 년(三年~而)을 (공부하고) 완(緩)이 유학자가 되다(爲~儒). 祇(다만 지, 단지) 儒(유가 유 → 유학자)

潤九里 及三族: (황하가) 구리(九里)나 (되는 땅을) 적시듯(潤) (그의 은택이) 삼족(三族)에 미치다 (及). 潤(젖을 윤) 及(미칠 급)

其弟墨: (그래서 그 후) 아우(弟)도 묵가(墨)의 (학자가 되다). 墨(묵가 묵)

儒墨相與辯: (형) 유가(儒)와 (동생) 묵가(墨)는 서로(相) 함께(與) 논쟁을 벌이다(辯). 辯(다툴 변 → 논쟁을 벌이다)

父助翟: (그런데) 아버지(父)는 (동생인 묵가(翟) 편을 들다(助). 翟=墨翟(묵적 → 묵가) 助(도울 조 → 편을 들다)

十年而緩自殺: 십 년(十年~而)이 (지나자 형) 완(緩)은 (결국) 자살(自殺)하다.

其父夢之曰: (큰아들 완이) 아버지(父) 꿈(夢)에 (나타나서) 말하다. 夢(꿈 몽)

使而子爲墨者予也: (아버지) 아들을(使~子) 묵가(墨)로 만든(爲) 건(者) 나(予)이다. 予(나 여)

闔嘗視其良: (그런데) 어째서 (동생은 내 무덤에) 잠깐(良) (와) 보지(嘗~視) 않는가(闔)? 良(잠깐 량) 視(볼 시) 闔(어찌아니할 합)

旣爲秋柏之實矣?: (내 몸은) 이미(旣) (무덤 위의) 측백나무(秋柏) 열매(實)가 되다(爲). 秋柏〔측백나무. 秋(가을 추) 柏(측백나무 백)〕 實(열매 실)

夫造物者之報人也: 저(夫) 조물자(造物者)가 사람(人)에게 보답하다(報). 報(갚을 보, 보답하다)

不報其人而報其人之天: (그러면) 인위적으로(人) 보답하지(報) 않고(不~而) 사람(人)의 자연스러움(天)으로 보답하다(報).

彼故使彼: 그(彼)는 (이런) 연유로(故) (유학자 동생이 자연스러운 본성에) 따라 묵가가 되었지(使~彼) (형에 의해 묵가가 된 건 아니다) 故(연고 고)

夫人以己爲儒以異於人以賤其親: (그런데 완은) 자신이(以~己) 유가(儒)가 된(爲) (게) 남보다(於~人) 다르다고(以~異) (여김)으로써(以), 즉 뛰어나다고 여김으로써 그의 부모(親)도 업신여기다(賤). 異(다를 이) 親(부모 친) 賤(천히여길 천, 업신여김)

齊人之井飮者相捽也: 제(齊)나라 사람(人)이 우물(井)을 (파) 물을 마시면(飮~者) 서로(相) (자기가 팠다고) 다투다(捽). 井(우물 정) 飮(마실 음) 捽(다툴 줄)

故曰今之世皆緩也: 고로(故) 말하다. 지금(今) 세상(世) 사람은 모두(皆) 완(緩)과 (같은 사람이다).

自是 有德者以不知也: 이(是)로부터(自) (보면) 덕(德)이 있다고(有) (말하는) 자(者)는 그럼으로써(以) (덕이 뭔지) 알지(知) 못하다(不).

而況有道者乎!: 그런데(而) 하물며(況) (스스로) 도(道)를 터득했다고(有) (말하는) 사람(者)은 (더 말할 나위가 없다)!

古者謂之遁天之刑: 옛날(古者)에는 (이런 사람을 가리켜) 자연의 원리에서 벗어남으로써 받는 형벌(遁天之刑)을 (받는 사람이라고) 말하다(謂). 遁天之刑〔자연(天)의 원리에서 벗어남으로써(遁) 받는 형벌(刑). 遁(달아날 둔) 刑(형벌 형)〕

聖人安其所安: 성인(聖人)은 (그가) 편안한(安) 곳(所)에선 편안하게(安) (지내다). 安(편안할 안)

不安其所不安: 편하지(安) 않은(不) 곳(所)에선 편안하게(安) (지내지) 않는다(不).

衆人安其所不安: (한편) 보통사람(衆人)은 편하지(安) 않은(不) 곳(所)에선 편안하게(安) 지내다. 衆人〔보통사람. 衆(보통의 중)〕

不安其所安: 편안한(安) 곳(所)에선 편안하게(安) (지내지) 않는다(不).

莊子曰 知道易 勿言難: 장자(莊子)가 말하다. 도(道)를 아는(知) 건 쉽지만(易) (그것을) 말하지(言) 않기는(勿) 어렵다(難). 易(쉬울 이) 勿(아닐 물) 難(어려울 난)

知而不言 所以之天也: (도를) 알면서도(知~而) 말하지(言) 않는(不) 건 자연으로(以~天) (나아가는) 바(所)이다.

知而言之 所以之人也: (도를) 알아서(知~而) 말하는(言) 건 인위로(以~人)로 나아가는 바(所)이다.

古之至人 天而不人: (그런데) 옛날(古) 지인(至人)은 자연스러웠지(天) 인위적(人)이지 않다(不).

열어구(列禦寇) 3

朱泙漫學屠龍於支離益, 單千金之家, 三年技成而無所用其巧.

聖人以必不必, 故無兵., 衆人以不必必之, 故多兵., 順於兵, 故行有求.

兵, 恃之則亡.

小夫之知, 不離苞苴竿牘, 敝精神乎蹇淺, 而欲兼濟道物, 太一形虛.

若是者, 迷惑於宇宙, 形累不知太初.

彼至人者, 歸精神乎無始而甘冥乎無何有之鄕.

水流乎無形, 發泄乎太淸.

悲哉乎! 汝爲知在毫毛, 而不知大寧!

주평만(朱泙漫)이 용(龍) 잡는 기술을 지리익(支離益)에게서 배웠다.
천금이나 되는 집을 수업료로 남김없이 다 쓰고, 삼 년 동안 기술을 습득했
는데 막상 배우고 나니까 용 잡는 솜씨를 쓸 데가 없었다.
성인(聖人)은 그런 것도 꼭 그렇다 고집하지 않아 남과 말다툼하지 않는다.
반면 보통사람은 그렇지 않은 것도 꼭 그렇다고 고집해
남과 말다툼하는 일이 많고, 말다툼에도 길들여져 있다.
그래서 소인의 행동에는 억지로 추구하는 경향이 있다.
이렇게 말다툼에 의지하면 망하게 마련이다.
소인의 앎은 선물과 편지를 주고받는 범위를 벗어나지 않고,
비루하고 천박한 일로 그의 정신을 피폐하게 만든다.
그런데도 도(道)와 사물(物)에 모두 능통하려고 들고,
드러난 형체와 드러나지 않은 비움을 큰 하나(太一)로 보려고 한다.
또 소인은 넓은 우주에서 미혹되고 드러난 형체에 얽매여서
태초(太初)의 오묘한 이치를 알지 못한다.
반면 지인(至人)은 그의 정신을 처음 이전(無始)의 상태로 돌아가게 해
아무것도 없어 마음이 산란하지 않은 마을(無何有之鄕)에서 단잠을 잔다.
그래서 지인의 정신은 아무런 형체가 없는 곳에서 물처럼 흘러나오고,
텅 비고 밝은 경지(太淸)에서 새어 나온다.
슬프다!
소인의 앎은 터럭만 한데 있어 크게 편안한(大寧) 경지를 알지 못하니까!

注

朱泙漫學屠龍於支離益: 주평만(朱泙漫)이 용(龍) 잡는(屠) (기술을) 지리익에게서(於~支離益)
배우다(學). 龍(용 용) 屠(잡을 도)

單千金之家: (수업료로) 천금(千金)이나 되는 집(家)을 남김없이 다 쓰다(單). 單(다할 단, 남김없
이 다 쓰다)

三年技成而無所用其巧: 삼년(三年) 동안 기술(技)을 습득했는데도(成~而) (막상 배우고 나니까
용 잡는) 솜씨(巧)를 쓸(用) 데(所)가 없다(無). 技(재주 기 → 기술) 成(이룰 성 → 습득하다) 巧(솜씨
교) 用(쓸 용)

聖人以必不必: 성인(聖人)은 그럼으로써(以) (그런 거라도) 꼭(必) (그렇다고 고집하지) 않는다(不).

必(반드시 필 → 꼭)

故無兵: 때문에(故) (다른 사람과) 말다툼하지(兵) 않는다(無). 兵(싸움 병 → 말다툼)

衆人以不必必之: (반면) 보통사람(衆人)은 그럼으로써(以) (그렇지) 않은(不) 거라도 꼭(必) (그렇다고 고집한다).

故多兵: 때문에(故) (다른 사람과) 말다툼하는(兵) (일이) 많다(多).

順於兵: 말다툼하는 일을(於~兵) 따르다(順). 즉 말다툼하는 일에 길들여 있다. 順(좇을 순, 따르다)

故行有求: 그래서(故) (소인의) 행동(行)엔 (억지로) 추구하는(求) (경향이) 있다(有). 行(행할 행 → 행동) 求(구할 구 → 추구하다)

兵 恃之則亡: (이렇게) 말다툼(兵)에 의지하면(恃~則) 망하게(亡) (마련이다). 恃(믿을 시, 의지하다) 亡(망할 망)

小夫之知 不離苞苴竿牘: 소인(小)의 앎(知)은 선물(苞苴)과 편지(竿牘)를 (주고받는 범위를) 벗어나지(離) 않는다(不). 小(소인 소) 苞苴[선사하는 예물. 苞(쌀 포) 苴(쌀 저)] 竿牘[편지. 竿(대쪽 간, 글자를 적은 대쪽) 牘(편지 독) 竿(대쪽 간, 글자를 적은 대쪽)] 離(떠날 리 → 벗어남)

敝精神乎蹇淺: (그런 데다) 비루하고 천박한(蹇淺) (일로 그의) 정신(精神)을 피폐하게(敝) (한다). 蹇淺[비루하고 천박함. 蹇(절뚝발이 건) 淺(작을 천, 보잘 것 없음)] 敝(피폐할 폐)

而欲兼濟道物: 그런데도(而) 도(道)와 사물(物)을 아울러(兼) 성취하려고(欲~濟) 하다. 즉 도와 사물에 모두 정통하려고 든다. 兼(겸할 겸 → 아울러) 濟(이룰 제, 성취하다)

太一形虛: (드러난) 형체(形)와 (드러나지 않는) 비움(虛)을 큰(太) 하나(一)로 (보려고 한다). 形(모양 형) 虛(빌 허) 太(클 태)

若是者 迷惑於宇宙: 이런(若~是) 사람(者), 즉 소인은 (넓은) 우주에서(於~宇宙) 미혹(迷惑)되다.

形累不知太初: (드러난) 형체(形)에 얽매여서(累) 태초(太初)의 (이치를) 알지(知) 못하다(不). 累(묶을 루, 얽어 묶다 → 얽매이다)

彼至人者 歸精神乎無始: (반면) 저(彼) 지인(至人~者)은 (그의) 정신(精神)을 시작(始) 없는(無) 상태, 즉 처음 이전 상태로 돌아가게(歸) 하다. 始(처음 시, 시작) 歸(돌아갈 귀)

而甘冥乎無何有之鄉: 그리고(而) 무하유(無何有), 즉 아무것도 없어 마음이 산란하지 않는 마을(鄉)에서 달게(甘) 자다(冥). 즉 단잠을 자다. 鄉(마을 향) 甘(달 감) 冥(잘 명)

水流乎無形: (그래서 지인의 정신은 아무런) 형체(形)가 없는 곳에서(乎~無) 물(水)처럼 흘러나오다(流). 乎(전치사 호, 에서) 流(흐를 류)

發泄乎太清: 텅 비고 밝은 경지에서(乎~太清) 새어나오다(發泄). 太清[텅 비고 밝은 경지. 太(클 태) 清(푸를 청) 發泄[새어나오다. 發(떠날 발) 泄(샐 설)]

悲哉乎! 汝爲知在毫毛: 슬프다(悲)! 너(汝), 즉 소인의 앎이(爲~知) 터럭(毫毛) (만한데) 있다

(在). 毫毛[터럭. 毫(가는털 호) 毛(털 모)]

而不知大寧!: 그래서(而) 크게(大) 편안한(寧) 경지를 알지(知) 못하니까(不)! 寧(편안할 녕)

열어구(列禦寇) 4

宋人有曹商者, 爲宋王使秦.

其往也, 得車數乘., 王說之, 益車百乘.

反語宋, 見莊子曰: 「夫處窮閭陋巷, 困窘織屨, 槁項黃馘者, 商之所短也.,

一悟萬乘之主而從車百乘者, 商之所長也.」

莊子曰: 「秦王有病召醫, 破癰潰痤者得車一乘, 舐痔者得車五乘,

所治愈下, 得車愈多. 子豈治其痔邪, 何得車之多也? 子行矣!」

송(宋)나라 사람 중에 조상(曹商)이란 자가 왕의 사신이 되어
진(秦)나라로 갔다.
그가 진나라로 갈 때 송나라 왕에게 수레 몇 대를 받았다.
진나라에 도착하자 진나라 왕이 그를 반기며 수레 백 대를 더했다.
그는 송나라에서 돌아와 장자를 만나보고 말했다.
"궁핍한 마을과 비좁은 거리에 머물면서 가난하고 고달픈 마음으로 신을
짜고, 삐쩍 마른 목에 누런 낯빛으로 살아가는 일은 내게 적절하지 않네.
그러나 만승의 군주를 한 번에 깨우쳐 수레 백 대를 거느리는 건 잘하네."
장자가 말했다.
"진나라 왕이 병이 나서 의사를 부르면 악창을 따서 고름을 짜낸 의사는
수레 한 대를 얻고,
치질을 핥아서 고쳐주는 의사는 수레 다섯 대를 얻네.
그런데 치료하는 데가 더러울수록 받는 수레가 많아지지.
선생은 치질을 어떻게 고쳐주었기에 그렇게 많은 수레를 받았나?
선생은 더러우니까 당장 꺼지게!"

注 ───

宋人有曹商者 爲宋王使秦: 송나라(宋) 사람(人) (중에) 조상(曹商)이란 자(有~者)가 송(宋)나라
왕(王)의 사신(使)이 되어(爲) 진(秦)나라에 (가다).

其往也 得車數乘: (그가 진나라로) 갈(往) 때 (송나라 왕에게) 수레(車) 몇(數) 대(乘)를 받다(得). 數(몇 수) 乘(대 승) 得(얻을 득)

王說之 益車百乘: (진나라에 도착하자 진나라) 왕(王)이 (그를) 반기며(說) 수레(車) 백(百) 대(乘)를 더하다(益). 說(기뻐할 열 → 반김) 益(더할 익)

反於宋 見莊子曰: (그는) 송나라에(於~宋) 돌아와(反) 장자(莊子)를 만나보고(見) 말하다.

夫處窮閭陋巷: 궁핍한(窮) 마을(閭)과 비좁은(陋) 거리(巷)에 처하다(處). 窮(궁할 궁 → 궁핍한) 閭(마을 려) 陋(좁을 루) 巷(거리 항)

困窘織屨: 가난하고 고달픈(困窘) (마음으로) 신(屨)을 짜다(織). 困窘〔가난하고 고달픔. 困(곤할 곤) 窘(막힐 군)〕 織(짤 직) 屨(신 구)

槁項黃馘者: (삐쩍) 마른(槁) 목(項)에 누런(黃) 낯(馘)으로 (살아가다). 槁(마를 고) 項(목 항) 黃(누를 황) 馘(낯 혁)

商之所短也: (이런 일은) 상(商)이 모자라는(短) 바(所)다. 즉 나에게는 적절하지 않다. 短(짧을 단 → 모자라다)

一悟萬乘之主而從車百乘者: (그러나) 만승(萬乘) (대국의) 군주(主)를 한 번에(一) 깨우쳐서(悟~而) 수레(車) 백(百) 대(乘)를 거느리는(從) 것(者). 主(주인 주, 군주) 悟(깨우칠 오) 從(거느릴 종)

商之所長也: (이런 일은) 상(商)이 긴(長) 바(所)다. 즉 상이 잘하는 일이다. 長(길 장)

莊子曰 秦王有病召醫: 장자(莊子)가 말하다. 진(秦)나라 왕(王)이 병(病)이 나(有) 의사(醫)를 부르다(召). 醫(의원 의) 召(부를 소)

破癰潰痤者得車一乘: (그러면) 악창(癰)을 따(破) 고름(痤)을 짜낸(潰) 의사(者)는 수레(車) 한대(一乘)를 얻다(得). 癰(악창 옹) 破(깨뜨릴 파 → 따다) 痤(부스럼 좌 → 고름) 潰(무너뜨릴 궤 → 짜내다) 得(얻을 득)

舐痔者得車五乘: 치질(痔)을 핥아서(舐) (고쳐주는) 의사(者)는 수레(車) 다섯(五) 대(乘)를 얻다(得). 痔(치질 치) 舐(핥을 지)

所治愈下 得車愈多: (그런데) 치료하는(治) 데(所)가 더욱(愈) 아래(下)이면, 즉 더러울수록 받는(得) 수레(車)가 많다(多). 治(다스릴 치 → 치료하다) 愈(더욱 유)

子豈治其痔邪 何得車之多也?: 선생(子)은 치질(痔)을 어찌(豈) 치료했기에(治) 얼마나(何) 많은(多) 수레(車)를 받았나(得)?

子行矣!: 선생(子)은 (더러우니 당장) 가게(行)! 즉 꺼지게!

열어구(列禦寇) 5

魯哀公問乎顏闔曰:「吾以仲尼爲貞幹, 國其有瘳乎?」

曰:「殆哉急乎! 仲尼方且飾羽而畫, 從事華辭, 以支爲旨,

忍性以視民而不知不信, 受乎心, 宰乎神, 夫何足以上民!

彼且女與? 子頤與? 誤而可矣.

今使民離實學僞, 非所以視民也, 爲後世慮, 不若休之. 難治也.」

노(魯)나라 애공(哀公)이 안합(顔闔)에게 물었다.

"내가 공자(仲尼)를 대신으로 삼으면 나라가 잘 다스려지겠소?"

안합이 대답했다.

"매우 위태롭습니다!

공자는 자신의 생각을 깃털과 채색으로 장식하고,

말은 거짓으로 꾸며서 진실하지 않게 말하는 것을 좇아

지엽적인 걸 본지로 삼습니다.

이는 사람의 타고난 본성을 왜곡해서 백성을 가르치는 일입니다.

그런데 공자는 정작 자신의 생각을 누구도 믿지 않는다는 걸 모릅니다.

이처럼 마음에서 엉뚱한 걸 받아들이고, 그것들이 그의 정신을 지배하니까

공자가 어찌 백성 위에 올라설 수 있겠습니까!

군주께선 공자가 마음에 드나요?

아니면 그에게 녹봉을 주어 그를 돌봐주어야 하나요?

그에게 정사를 맡기면 분명 그르칠 수 있습니다.

공자는 지금 백성에게 진실을 떠나 거짓을 배우도록 하는데

이는 백성을 올바르게 가르치는 방법이 아닙니다.

그러니 후세를 위해 생각한다면 그만두는 게 좋습니다.

그가 나라를 잘 다스리기란 어려울 겁니다."

注 ─────────────────

魯哀公問乎顔闔曰: 노(魯)나라 애공(哀公)이 안합(顔闔)에게 묻다(問). ★ 노애공(魯哀公)은 내편 「덕충부」 4에, 안합(顔闔)은 내편 「인간세」 3과 잡편 「양왕」 5에 각각 등장한다.

吾以仲尼爲貞幹: 내(吾)가 공자를 (以~仲尼) 나라의 대신(貞幹)으로 삼다(爲). 貞幹〔정간=근간(根幹). 대신과 같은 중요한 지위를 비유함. 貞(곧을 정) 幹(근본 간)

國其有瘳乎?: (그러면) 나라(國)의 (병폐를 고치는데) 나아짐(瘳)이 있을까(有)?, 즉 나라가 잘 다스려질까? 瘳(나을 추, 나아짐)

曰 殆哉急乎!: (안합이) 말하다. 위태롭다(殆). 빠르게(急)! 즉 매우 위태롭다! 殆(위태할 태) 急
(급할 급, 빠르게)

仲尼方且飾羽而畫: 공자(仲尼)는 지금(方) (자신 생각을) 깃털(羽~而)과 채색(畫)으로 장식하다
(飾). 羽(깃 우, 깃털) 畫(그림 화 → 채색) 飾(꾸밀 식, 장식하다)

從事華辭: 거짓으로 꾸며 진실하지 않게 말(華辭)하는 일(事)을 좇다(從). 華辭[거짓으로 꾸
며 진실하지 않은 말. 華(빛날 화) 辭(말 사)] 從(좇을 종)

以支爲旨: 그럼으로써(以) 지엽적인(支) 것을 본지(旨)로 삼다(爲). 支(가지 지, 지엽적인 것) 旨
(뜻 지 → 본지)

忍性以視民而不知不信: (이는 사람의 타고난) 본성(性)을 참도록 해(忍~以), 즉 왜곡해 백성(民)
을 가르치는 일인데(視~而) (정작 공자는 자신 생각을 누구도) 믿지(信) 않는다는(不) 걸 알지(知)
못하다(不). 忍(참음 인, 참도록 함) 視(보일 시 → 가르치다)

受乎心 宰乎神: (이처럼) 마음에서(乎~心) (엉뚱한 것을) 받아들이고(受), (그것들이 그의) 정신을
(乎~神) 주관하다(宰). 즉 지배하다. 受(받을 수) 神(정신 신) 宰(주관할 재)

夫何足以上民!: (그러니 공자가) 어찌(何) 백성(民) 위에(以~上) (서는데) 족한가(足)! 즉 올라설
수 있는가!

彼且女與?: 저(彼) (군주는) 또(且) 그(女)가 (마음에 드는가)? 女(너 여)

予頤與?: (아니면 그에게 녹봉을) 주어(予) (그를) 돌봐주려(頤) 하는가? 予(줄 여) 頤(기를 이, 보양
하다 → 돌보아주다)

誤而可矣: (그에게 정사를 맡기면 분명) 그르칠 수(誤~可) 있다. 誤(잘못할 오, 그르치다)

今使民離實學僞: 공자는 지금(今) 백성에게(使~民) 진실(實)을 떠나서(離) 거짓(僞)을 배우게
(學) 하다. 實(참 실) 離(떠날 리) 僞(거짓 위)

非所以視民也: (그런데 이는) 백성(民)을 (올바르게) 가르치는(以~視) 방법(所)이 아니다(非). 視
(보일 시 → 가르치다)

爲後世慮 不若休之: (그러니) 후세(後世)를 위해(爲) 생각한다면(慮) 그만두는(休) 것만 같지
(若) 않다(不). 즉 그만두는 게 낫다. 慮(생각할 려) 休(그칠 휴, 그만두다)

難治也: (그가 나라를 잘) 다스리기는(治) 어렵다(難). 治(다스릴 치) 難(어려울 난)

열어구(列禦寇) 6

施于人而不忘, 非天布也.
商賈不齒, 雖以事齒之, 神者弗齒.

누군가 다른 사람에게 혜택을 베풀면 이를 잊지 못한다.
그런데 이렇게 베푸는 건 자연(天)이 베푸는 것과 성격이 다르다.
장사치도 이렇게 베푸는 것을 언급하지 않는다.
물론 장사치는 일 때문에 이렇게 베푸는 걸 어쩔 수 없이 언급한다고 해도
그의 정신은 이렇게 베푸는 것을 언급하지 않는다.

注 ─────────────────────────────

施于人而不忘: (누군가) 다른 사람에게(于~人) (혜택을) 베풀면(施~而) (이를) 잊지(忘) 못하다(不). 于(어조사 우) 施(베풀 시) 忘(잊을 망)

非天布也: (그런데 이렇게 베푸는 것은) 자연(天)이 베푸는(布) (것과 그 성격이) 다르다(非). 布(베풀 포)

商賈不齒: 장사치(商賈)도 (이렇게 베푸는 것에 대해) 언급하지(齒) 않는다(不). 商賈〔장사치. 商(장사 상) 賈(장사 고)〕 齒(언급할 치, 중히 여기다)

雖以事齒之: (물론 장사치는) 일 때문에(以~事) (이렇게 베푸는 걸) 어쩔 수 없이(雖) 언급하다(齒). 雖(비록 수 → 어쩔 수 없이)

神者弗齒: (그래도 그의) 정신(神者)은 (이렇게 베푸는 것에 대해) 언급하지(齒) 않는다(弗). 弗(아닐 불)

열어구(列禦寇) 7

爲外刑者, 金與木也., 爲內刑者, 動與過也.
宵人之離外刑者, 金木訊之., 離內刑者, 陰陽食之.
夫免乎外內之刑者, 唯眞人能之.

외부에서 형벌을 받으면 쇠와 나무로 만든 물리적 형구에 의한 것이고,
내부에서 형벌을 받으면 마음의 동요와 후회로 인한 것이다.
그래서 어리석은 사람이 외부에서 형벌을 받으면
쇠와 나무로 만든 물리적 형구에 의해 심문을 받아서이고,
내부에서 형벌을 받으면 음양의 두 기운이 조화되지 않아
마음을 갉아먹어서다.
그런데 몸 안팎으로부터 이런 형벌을 면제받는 사람은

오로지 진인(眞人), 즉 참된 사람만이 가능하다.

注 ———————————————————————————

爲外刑者 金與木也: 외부에서(爲~外) 형벌을 받으면(刑~者) 쇠와(與~金) 나무(木)로 (만든 물리적 형구에 의한 것이다). 刑(형벌 형)

爲內刑者 動與過也: 내부에서(爲~內) 형벌을 받으면(刑~者) (마음의) 동요와(與~動) 후회(過)(로 인한 것이다). 動(움직일 동, 요동) 過(지나갈 과 → 후회)

宵人之爲外刑者 金木訊之: (그래서) 어리석은(宵) 사람(人)이 외부에서(爲~外) 형벌을 받으면(刑~者) 쇠(金)와 나무(木)로 만든 (물리적) 형구에 의해 심문(訊)을 (받아서이다). 宵(어리석을 소) 刑(형벌 형) 訊(물을 신, 심문하다)

爲內刑者 陰陽食之: 내부에서(爲~內) 형벌을 받으면(形~者) 음양(陰陽)의 (두 기운이 조화되지 않아 마음을) 갉아먹어서이다(食). 食(먹을 식 → 갉아 먹다)

夫免乎外內之刑者: (그런데 몸) 안팎(外內)으로부터 (이런) 형벌(刑)을 면하는(免) 사람(者). 즉 면제받는 사람. 免(면할 면)

唯眞人能之: 오로지(唯) 참된(眞) 사람(人)만이 가능하다(能). 唯(오직 유) 能(능할 능 → 가능함)

열어구(列禦寇) 8

孔子曰:「凡人心險於山川, 難於知天., 天猶有春秋冬夏旦暮之期, 人者厚貌深情.
故有貌愿而益, 有長若不肖, 有順懁而達, 有堅而縵, 有緩而釬.
故其就義若渴者, 其去義若熱.
故君子遠使之而觀其忠, 近使之而觀其敬, 煩使之而觀其能, 卒然問焉而觀其知,
急與之期而觀其信, 委之以財而觀其仁, 告之以危而觀其節, 醉之以酒而觀其則,
雜之以處而觀其色. 九徵至, 不肖人得矣..」

공자가 말했다.
"모든 사람의 마음(人心)은 산천보다 험하고, 자연을 아는 일보다 어렵다.
자연에는 그나마 춘하추동과 아침저녁이란 하루의 주야가 있지만
사람은 두꺼운 얼굴에 자신의 감정을 깊이 숨긴다.
그래서 겉은 성실해도 속이 교만하고, 겉은 잘나도 속이 못났고,
겉은 온순해도 속이 방자하고, 겉은 굳건해도 속이 느슨하고,
겉은 느려도 속이 급하다.

그래서 목이 마르면 물을 찾는 것처럼 억지로 의로움으로 나아가는 사람은
마치 뜨거운 것을 피하듯 이내 의로움에서 떠난다.
그래서 군자는 사람을 멀리 보내어 일을 시켜놓고
그의 충성스러움(忠)을 살피고,
가까이에서 일을 시켜놓고 그의 공경함(敬)을 살피고,
번거로운 일을 시켜놓고 그의 능력(能)을 살피고,
질문을 느닷없이 던지고서 그의 앎(知)을 살피고,
그와 급히 약속을 정하고서 그의 믿음(信)을 살피고,
재물을 맡겨놓고 그의 어짊(仁)을 살피고,
위험함을 알리고서 그의 지조(節)를 살피고,
술에 취하게 하고서 그의 법도(則)를 살피고,
남녀가 함께 머물러 섞여 놓게 하고서 여색(色)에 대한 그의 태도를 살핀다.
이렇게 아홉 개의 증명을 마치고 나면 못난 사람을 가려낼 수 있다.”

注 ──────────────────────────────────────

孔子曰 凡人心險於山川 難於知天: 공자(孔子)가 말하다. 모든(凡) 사람(人)의 마음(心)은 산천
보다(於~山川) (더) 험하고(險), 자연(天)을 아는 것 보다(於~知) (더) 어렵다(難). 凡(모두 범) 險
(험할 험) 難(어려울 난)

天猶有春秋冬夏旦暮之期: 자연(天)에는 그나마(猶) 봄(春), 가을(秋), 겨울(冬), 여름(夏)과 아
침(旦), 저녁(暮)이란 하루의 주기(期)가 있다(有). 猶(오히려 유 → 그나마) 旦(아침 단) 暮(저녁 모)
期(돌 기, 하루의 주야)

人者厚貌深情: (그러나) 사람(人~者)은 두꺼운(厚) 얼굴(貌)에 (자신의) 감정(情)을 깊이(深) (숨
기다). 厚(두터울 후, 두껍다) 貌(모양 모, 얼굴) 情(뜻 정 → 감정) 深(깊을 심)

故有貌愿而益: 그래서(故) 겉(貌)은 성실해도(愿~而) (속이) 교만하다(有~益). 貌(모양 모 → 겉)
愿(성실할 원) 益(넘칠 일, 교만)

有長若不肖: (겉에) 잘남(長)이 있어도(有) (속이) 마치(若) 본받음(肖)이 없다(不). 즉 못났다.
長(길 장 → 잘나다) 肖(본받을 초)

有順懁而達: (겉은) 온순함(順)이 있어도(有~而) (속이) 방자하다(達). 順(순할 순, 온순함) 達(방
자할 달)

有堅而縵: (겉은) 굳건함(堅)이 있어도(有~而) (속이) 느슨하다(縵). 堅(굳을 견, 굳건함) 縵(느슨
할 만)

有緩而鈐: (겉은) 느림(緩)이 있어도(有~而) (속이) 급하다(鈐). 緩(느릴 완) 鈐(급할 한)

故其就義若渴者: 그래서(故) 목이 마르면(渴) (물을 찾는) 것처럼(若~者) (억지로) 의로움(義)으로 나가는(就) 사람(者). 渴(목마를 갈) 就(나갈 취)

其去義若熱: 마치(若) 뜨거운(熱) 것을 (피하듯) 의로움(義)에서 (이내) 떠나다(去). 熱(더울 열 → 뜨거움) 去(갈 거)

故君子遠使之而觀其忠: 그래서(故) 군자(君子)는 (사람을) 멀리(遠) (보내) 일을 시켜놓고(使~而) (그의) 충성스러움(忠)을 살피다(觀). 遠(멀 원) 使(부릴 사, 일을 시키다) 忠(충성 충) 觀(볼 관, 살피다)

近使之而觀其敬: 가까이서(近) 일을 시켜놓고(使~而) (그의) 공경함(敬)을 살피다(觀). 近(가까울 근) 敬(공경할 경)

煩使之而觀其能: 번거로운(煩) (일을) 시켜놓고(使~而) (그의) 능력(能)을 살피다(觀). 煩(번거로울 번) 能(재능 능, 능력)

卒然問焉而觀其知: 느닷없이(卒然) 질문을 던지고(問~而) (그의) 앎(知)을 살피다(觀). 卒然〔느닷없이. 卒(갑자기 졸)〕

急與之期而觀其信: 그와(與~之) 급히(急) 약속을 정하고(期~而) (그의) 믿음(信)을 살피다(觀). 急(급할 급) 期(기약할 기, 약속 정함)

委之以財而觀其仁: 재산을(以~財) 맡겨놓고(委~而) (그의) 어짊(仁)을 살피다(觀). 財(재물 재, 재산) 委(맡길 위)

告之以危而觀其節: 위험함을(以~危) 알리고(告~而) (그의) 지조(節)를 살피다(觀). 節(절개 절, 굳은 지조)

醉之以酒而觀其則: 술에(以~酒) 취하게 하고(醉~而) (그의) 법도(則)를 살피다(觀). 酒(술 주) 醉(취할 취) 則(법칙 칙, 법도)

雜之以處而觀其色: (남녀가 함께) 머물러(以~處) 섞이게 하고서(雜~而) 여색(色)에 대한 (그의) 태도를 살피다(觀). 處(머무를 처) 雜(섞일 잡) 色(색 색, 여색)

九徵至 不肖人得矣: (이렇게) 아홉(九) 개의 증명(徵)을 마치면(至) 못난(不肖) 사람(人)을 (가려낼) 수(得) 있다. 徵(증거 징, 증명) 至(이를 지 → 마치다) 不肖〔(아버지를) 닮지 않아 미련함. 즉 못난 자. 肖(본받을 초)〕

열어구(列禦寇) 9

正考父一命而傴, 再命而僂, 三命而俯, 循牆而走, 孰敢不軌!

如而夫者, 一命而呂鉅, 再命而於車上儛, 三命而名諸父, 孰協唐許!

정고보(正考父)가 처음 신하로 임명되자 머리를 굽혔다.

다음에 대부로 임명되자 허리를 굽혔다.

그다음에 공경으로 임명되자 온몸을 구부리고 담장에 붙어 빠르게 걸었다.

누가 이런 태도를 감히 본받지 않겠는가!

그런데 보통 남자가 처음 신하로 임명되면 몸이 뻣뻣해지고,

다음에 대부로 임명되면 수레 위에서 춤추고,

그다음에 공경으로 임명되면 친족 어른에게 이름을 부를 정도로

거만하게 바뀐다.

그러니 요임금(唐)이나 허유(許)의 겸손함을 누가 따를 수 있겠는가!

注 ────

正考父一命而傴: 정고보(正考父)는 처음(一) (신하로) 임명되자(命~而) (머리를) 굽히다(傴). 命(분부 명 → 임명) 傴(구부릴 구)

再命而僂: 두 번째(再), 즉 다음에 (대부로) 임명되자(命~而) 허리를 굽히다(僂). 僂(구부릴 루, 허리를 굽히다)

三命而俯 循牆而走: 세 번째(三), 즉 그다음에 (공경으로) 임명되자(命~而) 온몸을 구부리고(俯) 담장(牆)을 따라(循~而) 빨리 걷다(走). 즉 담장에 붙어서 빠르게 걷다. 俯(숙일 부, 온몸을 구부리다) 牆(담 장) 循(좇을 순 → 따라) 走(달릴 주, 빨리 걷다)

孰敢不軌!: 누가(孰) 감히(敢) (이런 태도를) 본받지(軌) 않는가(不)! 軌(좇을 궤 → 본받다)

如而夫者 一命而呂鉅: 그런데(而) 보통 남자(夫~者)는 처음(一) (신하로) 임명되면(命~而) 몸이 뻣뻣해지다(呂鉅). 夫(사나이 부 → 보통 남자) 呂鉅〔뻣뻣한 모습. 呂(등뼈 려) 鉅(강할 거)〕

再命而於車上儛: 두 번째(再), 즉 다음에 (대부로) 임명되면(命~而) 수레(車) 위(於~上)에서 춤추다(儛). 儛(춤출 무)

三命而名諸父: 세 번째(三), 즉 그다음에 (공경에) 임명되면(命~而) 친족 어른에게(諸~父) 이름(名)을 (부를 정도로 거만하게 바뀐다). 父(친족의어른 부)

孰協唐許!: (그러니) 요임금(唐)이나 허유(許)의 (겸손함을) 누가(孰) 따를 수(協) (있는가)! 孰(누구 숙) 協(좇을 협, 따르다)

열어구(列禦寇) 10

賊莫大乎德有心而心有睫, 及其有睫也而內視, 內視而敗矣, 凶德有五, 中德爲首.

何謂中德?

中德也者, 有以自好也而吡其所不爲者也.

窮有八極, 達有三必, 形有六府.

美髥長大壯麗勇敢, 八者俱過人也, 因以是窮.

緣循偃佅, 困畏不若人, 三者俱通達.

智慧外通, 勇動多怨, 仁義多責.

達生之情者傀, 達於知者肖., 達大命者隨, 達小命者遭.

덕(德)을 의식하는 마음이나 그 마음의 안목보다 더 큰 해로움이 없다.

그런데 이런 안목에 이르러 자연의 큰 도로 보지 못하고 자의로 판단하면

사물을 제대로 파악하는 데 실패한다.

흉한 덕(凶德)에는 다섯 개가 있는데 그중에서도 중덕(中德)의 흉이 으뜸이다.

무엇을 중덕의 흉이라고 말하나?

중덕은 자신이 좋아하는 것만 옳다고 여기고,

좋아하지 않는 건 헐뜯는 일이다.

사람이 곤란함에 빠지는 건 여덟 종류의 마룻대 때문이고,

일이 잘 풀리는 건 세 가지의 필연적 요인 때문이고,

사람을 그릇되게 하는 건 몸에 있는 여섯 개의 곳간 때문이다.

아름다운 용모(美), 멋진 수염(髥), 큰 키(長), 커다란 체격(大), 굳센 모습(壯),

빛나는 자태(麗), 씩씩한 자세(勇), 결단력(敢)은 여덟 종류의 마룻대이다.

여덟 종류의 마룻대 모두는 남보다 뛰어나면 이로 인해 곤란함에 빠진다.

반면 자신을 내세우지 않고 주위 상황을 따르는 연순(緣循),

다른 사람의 장단에 따라 내려다보고 우러러보는 언앙(偃佅),

남과 비교되지 않는 겁쟁이의 표상인 괴로움과 두려움의 곤외(困畏)는

세 가지의 필연적 요인이다.

세 가지의 필연적 요인 모두는 일을 막힘없이 환히 풀리게 한다.

그런데 지혜가 밖으로 통해 안을 손상케 하는 지혜외통(智慧外通),

용맹스런 행동이 남에게 원망을 많이 사게 움직이는 용동다원(勇動多怨),

인의가 남으로부터 책망을 많이 만드는 인의다책(仁義多責)은

사람을 그릇되게 하는 몸에 있는 여섯 개의 곳간이다.

그런데 생명의 타고난 모습에 통하면 마음이 커지는 데 반해
앎에 통하면 마음이 흐트러진다.
또 자연의 큰 명령(大命)에 통하면 자연의 변화를 따르는 데 반해
인간의 작은 명령(小命)에 통하면 어려움을 당한다.

注 ────

賊莫大乎德有心而心有睫: 덕(德)을 (의식하는) 마음(有心~而)과 (그) 마음(心)의 안목(有~睫)보
다 더 큰(大) 해로움(賊)이 없다(莫). 睫(안목 첩, 보는 눈) 賊(해칠 적 → 해로움)

及其有睫也而內視: (그런데 이런) 안목(有~睫也)에 이르러(及~而) 자연의 큰 도로 보지 않고 자
의로써 판단하다(內視). 及(이를 급) 內視[자연의 대도(大道)로 보지 않고 자의(自意)로써 판단
함. 視(볼 시)]

內視而敗矣: (이처럼) 자연의 큰 도로 보지 않고 자의로써 판단하면(內視~而) (사물을 제대로 보
는 데) 실패하다(敗). 敗(패할 패 → 실패하다)

凶德有五 中德爲首: 흉한(凶) 덕(德)에는 다섯(五) 개가 있는데(有) (그중에서도) 중덕(中德)의
(흉이) 으뜸이다(爲~首). 凶(흉할 흉) 首(우두머리 수)

何謂中德?: 무엇(何)을 중덕(中德)이라고 말하나(謂)?

中德也者 有以自好也: 중덕(中德~者)은 자신(自)이 좋아함에(以~好) 있다(有). 즉 자신이 좋아
하는 것만 옳다고 여기다. 好(좋을 호)

而吡其所不爲者也: 그리고(而) (좋아)하지(爲) 않는(不) 건(所~者) 헐뜯는(吡) (일이다). 吡(헐뜯
을 비)

窮有八極: (사람이) 곤란함(窮)에 (빠지는 건) 여덟(八) 종류의 마룻대(有~極) (때문이다). 窮(빈곤
할 궁, 궁핍함 → 곤란함) 極(용마루 극, 마룻대)

達有三必: (일이) 잘 풀리는(達) (건) 세(三) 가지의 필연적(有~必) (요인 때문이다). 達(달할 달, 목
적을 이룸 → 잘 풀림) 必(반드시 필)

形有六府: (사람을 그릇되게 하는 건) 몸(形)에 (있는) 여섯(六) 개의 곳간(有~府) (때문이다). 形(몸
형) 府(곳집 부, 곳간)

美髥長大壯麗勇敢: (아름다운 용모인) 미(美), (멋진 수염인) 염(髥), (큰 키인) 장(長), (커다란 체격
인) 대(大), (굳센 모습인) 장(壯), (빛나는 자태인) 려(麗), (씩씩한 자세인) 용(勇), (결단력 있는) 감(敢)
이 (여덟 종류의 마룻대이다). 髥(구레나룻 염) 壯(굳을 장, 굳센) 麗(빛날 려) 勇(용감할 용) 敢(결단성있
을 감)

八者俱過人也 因以是窮: (이) 여덟 종류(八者)의 (마룻대) 모두(俱)는 남(人)보다 뛰어나면(過)
이로(以~是) 인해(因) 곤궁함(窮)에 빠지다. 俱(다 구, 모두) 過(지날 과, 우월함 → 뛰어나다) 因(인

할 인)

緣循偃佒: (반면 자신을 내세우지 않고 주위 상황에 따르는) 연순(緣循), (다른 사람의 장단에 따라 내려다보고 우러러보는) 언앙(偃佒). 緣循〔자신을 내세우지 않고 주위 상황에 따르다. 緣(좇을 연) 循(좇을 순)〕偃佒〔다른 사람의 장단에 따라 내려다보고 우러러보다. 偃(누울 언 → 내려다보다) 佒(우러를 앙)〕

困畏不若人: (다른) 사람(人)과 비교되지(若) 않을(不) (정도로 겁쟁이의 표상인 괴로움과 두려움인) 곤외(困畏)는 (세 가지의 필연적 요인이다). 若(같을 약 → 비교됨) 困畏〔겁쟁이의 표상인 괴로움과 두려움을 지님. 困(괴로움 곤) 畏(두려울 외)〕

三者俱通達: 세 가지(三者)의 (필연적 요인) 모두(俱)는 (일을) 막힘없이 환히 풀리게 하다(通達). 通達〔막힘없이 환히 풀리다. 通(통할 통) 達(달할 달)〕

智慧外通: (그런데) 지혜(智慧)가 밖(外)에 통해(通) (안을 손상케 하는) 지혜외통(智慧外通).

勇動多怨: 용맹스러운(勇) 행동(動)이 (남에게) 원망(怨)을 많이(多) (사도록 움직이는) 용동다원(勇動多怨). 勇(용감할 용) 動(움직일 동 → 행동) 怨(원망할 원)

仁義多責: 인의(仁義)가 (남으로부터) 책망(責)을 많이(多) (만드는) 인의다책(仁義多責). (이것은 사람을 그릇되게 하는 몸에 있는 여섯 개의 곳간이다) 責(꾸짖을 책, 책망) 多(많을 다)

達生之情者傀 達於知者肖: (그런데) 생명(生)의 타고난 모습(情)에 통하면(達~者) (마음이) 커지는(傀) (데 반해) 앎에(於~知) 통하면(達~者) (마음이) 흐트러지다(肖). 達(통할 달) 傀(클 괴, 커지다) 肖(흩어질 소)

達大命者隨: (또 자연의) 큰(大) 명령(命)에 통하면(達~者) (자연의 변화를) 따르는(隨) (데 반해). 隨(따를 수)

達小命者遭: (인간의) 작은(小) 명령(命)에 통하면(達~者) 어려움을 당하다(遭). 遭(만날 조 → 어려움을 당하다)

열어구(列禦寇) 11

人有見宋王者, 錫車十乘, 以其十乘驕穉莊子.

莊子曰:「河上有家貧恃緯蕭而食者, 其子沒於淵, 得千金之珠.

其父謂其子曰『取石來鍛之! 夫千金之珠, 必在九重之淵而驪龍頷下,

子能得珠者, 必遭其睡也. 使驪龍而寤, 子尙奚微之有哉!』

今宋國之深, 非直九重之淵也., 宋王之猛, 非直驪龍也., 子能得車者, 必遭其睡也.

使宋王而寤, 子爲韲粉矣!」

어떤 사람이 송(宋)나라 왕을 뵙고 수레 열 대를 하사받자
장자에게 열 대의 수레를 받은 걸 어린애처럼 교만하게 뽐냈다.
장자가 말했다.
"황하 변에 집이 가난해 산 쑥으로 발을 짜서 의지해 먹고사는 사람 아들이
어느 날 깊은 연못에 잠수해 천금의 진주를 얻었네.
아버지가 아들에게 말했다.
'진주를 가져와 당장 쇠망치로 깨뜨려라!
천금의 진주는 분명 깊은 연못에 사는 검은 용의 턱밑에 붙어 있었던 거다.
네가 진주를 주울 수 있었던 건 분명 용이 잠자고 있어서다.
만약 검은 용이 깨어있었으면 너는 어찌 뼈마디라도 추릴 수 있었는가!'
지금 송나라의 깊이는 깊은 연못의 깊이에 비할 바 아니고,
송나라 왕의 사나움도 검은 용의 사나움에 비할 바 아니다.
자네가 수레를 얻을 수 있었던 건 분명 송나라 왕이 잠자고 있어서였다.
만약 송나라 왕이 깨어있었으면 너는 잘게 부수어져 가루가 되었을 거다!"

注 ————

人有見宋王者 錫車十乘: (어떤) 사람(人)이 있는데(有) 송(宋)(나라) 왕(王)을 보고(見~者) 수레
(車) 열(十) 대(乘)를 하사받다(錫). 乘(대 승) 錫(줄 석, 하사하다)

以其十乘驕穉莊子: 그럼으로써(以) 장자(莊子)에게 열대(十乘)의 (수레를 받은 걸 어린애처럼 교만
하게) 뽐내다(驕穉). 驕穉〔교만해 어린애처럼 뽐냄. 驕(교만할 교) 穉(어릴 치)〕

莊子曰 河上有家貧恃緯蕭而食者: 장자(莊子)가 말하다. 황하(河)의 물가(上), 즉 황하 변에 집
(家)이 가난해(貧) 산쑥(蕭)으로 발을 짜(緯) 의지해서(恃~而) 먹고사는(食) 사람(者)이 있다(有).
上(윗 상 → 물가) 貧(가난할 빈) 蕭(산쑥 소) 緯(짤 위, 짜다) 恃(믿을 시, 믿고 의지하다)

其子沒於淵 得千金之珠: (그런데 어느 날 그) 아들(子)이 (깊은 연못에 (於~淵) 잠수해(沒) 천금
(千金)의 진주(珠)를 얻다(得). 淵(못 연) 沒(잠수할 몰) 珠(구슬 주, 진주) 得(얻을 득)

其父謂其子曰 取石來鍛之!: 아버지(父)가 (그) 아들(子)에게 말하다(謂). 진주(石)를 가져(取)
와(來) (당장) 쇠망치로 깨뜨려라(鍛)! 石(돌 석 → 진주) 取(취할 취, 갖다) 來(올 래) 鍛(쇠망치로격
파할 단 → 깨뜨리다)

夫千金之珠 必在九重之淵而驪龍頷下: 저(夫) 천금(千金)의 진주(珠)는 분명(必) 깊은(九重) 연
못(淵~而)(에 사는) 검은(驪) 용(龍)의 턱(頷) 밑(下)(에 (붙어) 있던(在) 거다. 九重〔아홉(九) 겹
(重) → 깊은〕 驪(검을 려) 頷(턱 함)

子能得珠者 必遭其睡也: 네(子)가 (그) 진주(珠)를 주울(得) 수(能) 있었던 건(者) 분명(必) (용이) 잘(睡) (때를) 만나서이다(遭). 즉 잠자고 있어서다. 睡(잘 수, 자다) 遭(만날 조)

使驪龍而寤 子尙奚微之有哉!: (만약) 검은(驪) 용이(使~龍) 깨어있었으면(寤) 너(子)는 그나마 (尙) (몸의) 작은(微) (부분이) 어찌(奚) 남아 있겠는가(有)! 즉 뼈마디라도 추릴 수 있는가! 寤 (깰 오, 깨어나다) 尙(오히려 상 → 그나마) 微(작을 미)

今宋國之深 非直九重之淵也: 지금(今) 송나라(宋國) 깊이(深)는 깊은(九重) 연못(淵)의 (깊이에) 비할(直) 바 아니다(非). 深(깊을 심, 깊이) 直(맞먹을 직, 상당하다 → 비하다)

宋王之猛 非直驪龍也: 송(宋)나라 왕(王)의 사나움(猛)도 검은(驪) 용(龍)의 (사나움에) 비할(直) 바 아니다(非). 猛(사나울 맹)

子能得車者 必遭其睡也: 네(子)가 수레(車)를 얻을(得) 수(能) 있던 건(者) 분명(必) (그가) 잘(睡) (때를) 만나서이다(遭). 즉 잠자고 있어서다. 睡(잘 수, 자다) 遭(만날 조)

使宋王而寤 子爲韲粉矣!: (만약) 송(宋)나라 왕이(使~王) 깨어있으면(寤) 너(子)는 잘게 부수어져(韲) 가루(粉)가 되다(爲)! 寤(깰 오, 깨어나다) 韲(부슬 제) 粉(부술 분, 잘게 부수어 가루로 만들다)

열어구(列禦寇) 12

或聘於莊子. 莊子應其使曰:「子見夫犧牛乎? 衣以文繡, 食以芻菽,
及其牽而入於大廟, 雖欲爲孤犢, 其可得乎!」

어떤 군주가 장자를 초빙했다. 그때 장자가 사자에게 말했다.
"그대는 제물로 쓰이는 소를 보았지요?
그린 무늬와 수놓은 무늬로 만든 화려한 옷을 입고 맛있는 꼴과 콩을 먹어
도 그 소가 끌려 태묘(大廟)로 들어가는데 이르러선
돌봐주는 어미가 없는 불쌍한 송아지가 아무리 되고 싶어도
그런 처지가 어찌 될 수 있겠는가!"

注 ────

或聘於莊子: 어떤(或) (군주가) 장자를(於~莊子) 초빙하다(聘). 或(혹 혹) 聘(부를 빙, 보수를 주고 부르다 → 초빙하다)

莊子應其使曰: (그때) 장자(莊子)는 사자(使)에게 응답해(應) 말하다. 使(사신 사, 사자)

子見夫犧牛乎?: 너(子)는 제물로 쓰이는 소(犧牛)를 보는가(見)? 犧牛〔제물로 쓰이는(犧) 소(牛). 犧(희생 희, 제사로 쓰이는 것)〕

衣以文繡 食以芻菽: 그린 무늬와 수놓은 무늬로(以~文繡) (만든) 옷을 입고서(衣) (맛있는) 꼴
(芻)과 콩을(以~菽) 먹다(食). 文繡〔그린 무늬(文)와 수놓은 무늬(繡). 文(무늬 문) 繡(수놓을 수)〕
芻(꼴 추) 菽(콩 숙)

及其牽而入於大廟: (그래도 그 소가) 끌려서(牽) 태묘로(於~大廟) 들어가는(入) 데 이르다(及).
牽(끌 견) 及(미칠 급 → 이르다)

雖欲爲孤犢 其可得乎!: (거기선) 아무리(雖) (돌봐주는) 어미가 없는 불쌍한 송아지(孤犢)라도
되고(爲) 싶어도(欲) (그런 처지가 어찌) 될 수 있는가(可~得)! 孤犢〔어미가 없는 불쌍한 송아지.
孤(고아 고) 犢(송아지 독)〕雖(비록 수 → 아무리 ~해도)

열어구(列禦寇) 13

莊子將死, 弟子欲厚葬之.
莊子曰:「吾以天地爲棺槨, 以日月爲連璧, 星辰爲珠璣, 萬物爲齎送.
吾葬具豈不備邪? 何以加此!」
弟子曰:「吾恐烏鳶之食夫子也.」
莊子曰:「在上爲烏鳶食, 在下爲螻蟻食, 奪彼與此, 何其偏也!」
以不平平, 其平也不平., 以不徵徵, 其徵也不徵. 明者唯爲之使, 神者徵之.
夫明之不勝神也久矣, 而愚者恃其所見入於人, 其功外也, 不亦悲乎!

장자가 막 죽으려고 하자 제자들이 성대하게 장사지내고 싶어했다.
장자가 말했다.
"나는 하늘과 땅을 속 관과 겉 관으로 각각 삼고,
해와 달을 한 쌍의 둥근 옥으로 삼고, 별들을 구슬로 삼고,
만물을 부장품으로 삼으려니까
내 장례를 위한 준비는 벌써 갖춰진 게 아닌가?
여기에 무얼 더 보태겠는가!"
한 제자가 말했다.
"저희는 까마귀나 솔개가 스승의 시신을 뜯어먹을까 염려합니다."
장자가 대답했다.
"시신이 땅 위에 있으면 까마귀나 솔개의 밥이 되고,
땅속에 있으면 땅강아지와 개미의 밥이 된다.

그러니 위에서 먹이를 빼앗아 아래에 주는 건
어찌 되었든 불공평하지 않은가!"
공평하지 않은 기준으로 공평히 하면 그 공평함은 참말로 공평하지 않다.
또 신뢰가 없는 방법으로 입증하면 그 입증은 참말로 입증하는 게 아니다.
총명함은 오직 사물에 끌려다니지만 영험함은 세상사를 자연스레 입증한다.
총명함(明)이 영험함(神)을 이기지 못한 지 오래인데도
어리석은 사람은 자기 소견을 고집해 총명함과 같은 인위에 빠진다.
게다가 어리석은 사람이 낸 성과는 외적인 것뿐이니 또한 슬프지 아니한가!

注 ────────────────────────────────

莊子將死 弟子欲厚葬之: 장자(莊子)가 (이제 막) 죽으려고 하자(將~死) 제자(弟子)들이 성대히 (厚) 장사지내고 싶다(欲~葬). 厚(두터울 후 → 성대히) 葬(장사지낼 장)

莊子曰 吾以天地爲棺槨: 장자(莊子)가 말하다. 나(吾)는 하늘과 땅을(以~天地) 속 관(棺)과 겉 관(槨)으로 (각각) 삼다(爲). 棺(널 관, 속 관) 槨(덧널 곽, 겉 관)

以日月爲連璧 星辰爲珠璣: 해와 달을(以~日月) 한 쌍의 둥근 옥(連璧)으로 삼고(爲), 별들(星辰)을 구슬(珠璣)로 삼다(爲). 連璧〔한쌍의 둥근 옥. 連(이을 련) 璧(옥 벽)〕星辰〔별. 星(별 성) 辰(별이름 진)〕珠璣〔주기. 珠(구슬 주) 璣(구슬 기)〕

萬物爲齎送: 만물(萬物)을 부장품(齎送)으로 삼다(爲). 齎送〔보내온 물품 → 부장품. 齎(가져올 재) 送(보낼 송)〕

吾葬具豈不備邪?: 내(吾) 장례(葬)를 위한 준비(具)는 벌써(豈) 갖춰진(備) 게 아닌가(不)? 具(준비할 구) 豈(이미 기 → 벌써) 備(갖출 비)

何以加此!: 여기에(此) 무엇(何)을 더 보태는가(以~加)! 加(더할 가, 보태다)

弟子曰 吾恐烏鳶之食夫子也: (한) 제자(弟子)가 말하다. 우리(吾)는 까마귀(烏)나 솔개(鳶)가 선생(夫子)의 (시신을 뜯어) 먹을까(食) 염려하다(恐). 烏(까마귀 오) 鳶(솔개 연) 恐(염려할 공)

莊子曰 在上爲烏鳶食: 장자(莊子) 말하다. (시신이 땅) 위(上)에 있으면(在) 까마귀(烏)나 솔개(鳶)의 밥(食)이 되다(爲). 在(있을 재)

在下爲螻蟻食: 아래(下), 즉 땅속에 있으면(在) 땅강아지(螻)와 개미(蟻)의 밥(食)이 되다(爲). 螻(땅강아지 루) 蟻(개미 의)

奪彼與此 何其偏也!: (그러니) 저기(彼), 즉 위에서 (먹이를) 빼앗아(奪) 여기(此), 즉 아래에 (먹이) 주는(與) (건) 어찌(何) (됐든) 불공평하지(偏) (않은가!) 奪(빼앗을 탈) 偏(불공정할 편 → 불공평)

以不平平 其平也不平: 공평하지(平) 않은 기준으로(以~不) 공평히(平) (하면 그) 공평함(平)은 (참말로) 공평하지(平) 않다(不). 平(평탄할 평, 공평함)

以不徵徵 其徵也不徵: (또) 신뢰가 있지(徵) 않은 방법으로(以~不) 입증하면(徵) (그) 입증(徵)은 (참말로) 입증하는(徵) 게 아니다(不). 徵(신임받을 징. 신뢰가 있음. 또는 증명할 징, 입증하다)

明者唯爲之使 神者徵之: 총명함(明者)은 오로지(唯) (사물에 의해) 부리어져도(爲~使), 즉 사물에 끌려다니지만 영험함(神者)은 (세상사를 자연스레) 입증하다(徵). 明(밝을 명 → 총명) 使(부릴 사) 神(영험이있을 신, 영험함)

夫明之不勝神也久矣: 무릇(夫) 총명함(明)이 영험함(神)을 이기지(勝) 못한(不) 지 오래이다(久). 勝(이길 승) 久(오랠 구)

而愚者恃其所見入於人: 그런데도(而) 어리석은(愚) 사람(者)은 (자기) 소견(所見)에 의지해(恃) 인위에(於~人) 들다(入). 즉 자기 소견을 고집해 총명함과 같은 인위에 빠지다. 愚(어리석을 우) 恃(믿을 시, 믿고 의지하다) 入(들 입 → 빠지다)

其功外也 不亦悲乎!: (게다가 어리석은 사람이 낸) 성과(功)는 외적(外)인 (것뿐이니) 또한(亦) 슬프지(悲) 않은가(不)! 功(공 공, 이룬 결과. 즉 성과)

천하
天 下

천하(天下) 1

天下之治方術者多矣, 皆以其有爲不可加矣.

古之所謂道術者, 果惡乎在?

曰:「無乎不在.」

曰:「神何由降? 明何由出?」

「聖有所生, 王有所成, 皆原於一.」

不離於宗, 謂之天人. 不離於精, 謂之神人. 不離於眞, 謂之至人.

以天爲宗, 以德爲本, 以道爲門, 兆於變化, 謂之聖人.

以仁爲恩, 以義爲理, 以禮爲行, 以樂爲和, 薰然慈仁, 謂之君子.

以法爲分, 以名爲表, 以參爲驗, 以稽爲決, 其數一二三四是也, 百官以此相齒,

以事爲常, 以衣食爲主, 以蕃息畜藏爲意, 老弱孤寡皆有以養, 民之理也.

古之人 其備乎!

配神明, 準天地, 育萬物, 和天下, 澤及百姓, 明於本數, 係於末度, 六通四辟,

小大精粗, 其運無乎不在.

其明而在數度者, 舊法世傳之史, 尙多有之.

其在於詩書禮樂者, 鄒魯之士搢紳先生, 多能明之.

詩以道志 書以道事 禮以道行 樂以道和 易以道陰陽 春秋以道名分

其數散於天下而設於中國者, 百家之學時或稱而道之.

天下大亂, 賢聖不明, 道德不一, 天下多得一察焉以自好.

譬如耳目口鼻, 皆有所明, 不能相通.

猶百家衆技也, 皆有所長, 時有所用.

雖然, 不該不徧, 一曲之士也.

判天地之美, 析萬物之理, 察古人之全, 寡能備於天地之美, 稱神明之容.
是故內聖外王之道, 闇而不明, 鬱而不發, 天下之人各爲其所欲焉以自爲方.
悲夫, 百家往而不反, 必不合矣!
後世之學者, 不幸不見天地之純, 古人之大體, 道術將爲天下裂.

방술(方術), 즉 한 분야의 학술을 익힌 사람들이 천하에 많은데
이들은 모두 자신이 익힌 방술을 최고라고 여긴다.
옛날에는 이른바 도술(道術)이란 게 어찌 있을 수 있었겠는가?
그래서 옛날에는 말했다. "도술은 어디에든 있다."
또 물었다. "영묘함(神)은 어디에서 내려오고 밝음(明)은 어디에서 나오는가?"
그래서 옛날에는 말했다.
"성인은 태어나는 바가 있고, 왕은 뭔가 이루는 바가 있는 것처럼
모든 방술은 하나의 도에서 근원 한다."
그래서 근원(宗)에서 이탈하지 않은 사람을 천인(天人)이라 말한다.
순수함(精)에서 이탈하지 않은 사람을 신인(神人)이라 말한다.
참됨(眞)에서 이탈하지 않은 사람을 지인(至人)이라 말한다.
자연을 근원으로 삼고, 덕을 근본으로 삼고, 도를 출입문으로 삼아
변화를 피해 달아나는 사람을 성인(聖人)이라 말한다.
인(仁)을 은혜로 베풀고, 의(義)를 도리로 삼고,
예(禮)를 행동의 준칙으로 삼고, 악(樂)을 화합의 도구로 삼아
온화한 모습으로 자애롭고 어진 사람을 군자(君子)라고 말한다.
또 군자는 직분을 법(法)으로 정하고, 직무를 관명(名)으로 나타내고,
일 처리 결과를 대조해서 점검하고, 점검한 결과를 헤아려서 결정하는데
첫째, 둘째, 셋째, 넷째의 등급이 이것이다.
또 이런 방법으로 백관(百官)의 관리에게 능력에 맞게끔 관직을 맡긴 뒤
각자 맡은 일을 도중에 변경하지 않고, 늘 하도록 한다.
또 백성이 먹고 입는 일을 으뜸으로 삼고,
가축을 번식시켜 재물을 쌓는 데 마음을 두게 하고,
노인, 어린아이, 고아, 과부 모두를 잘 보살핀다.

이것이 백성을 다스리는 이치(理)이다.

옛날 사람은 사람으로서 이런 자연스런 본성을 고스란히 갖추었다!

이들은 천지의 영험한 밝음(神明)과 짝을 이루어 천지를 본받아서 만물을 키우고, 천하를 화합하게 해 은덕이 온 백성에게 미치도록 했다.

이들은 근본적인 이치에 밝은 데다 구체적인 법도를 근본적인 이치에 잘 적용해 근본적인 이치가 동서남북 및 상하의 여섯 방향 모두와 통하게 했다.

또 춘하추동의 사철을 열어 만물이 크든 작든, 촘촘하든 거칠든 관계없이 도의 운행이 미치지 않은 곳이 없게 했다.

그런데 도술에 이런 이치와 법도가 있다는 사실이 밝혀진 건 법전(法)과 세상에 전해진 사서(史)에 그나마 많이 남아서이다.

이런 이치와 법도는 『시(詩)』, 『서(書)』, 『예(禮)』, 『악(樂)』에도 기록되었다.

공맹자가 태어난 땅(鄒魯之士)의 선비와 경대부는 시, 서, 예, 악에 통달했다.

이들은 사람의 마음을 시(詩)로 말하고, 세상일을 서(書)로 말하고,

사람의 행실을 예(禮)로 말하고, 사람들 간의 화합을 악(樂)으로 말하고,

도의 음양을 역(易)으로 말하고, 군신의 명분을 춘추(春秋)로 말했다.

이런 근본 이치가 천하에 흩어져 중국에 베풀어진 게 제자백가의 학통인데 제자백가는 이것들을 간혹 들먹거렸다.

그런데 천하가 크게 어지러워져 현인과 성인이 모습을 감추고,

도덕도 하나로 통일되지 못했다.

이에 천하 사람들에게 사물 일부분만 아는 편견이 늘어났는데 오히려 이것으로 스스로 훌륭하다고 여겼다.

이를 얼굴에 비유하면 귀, 눈, 입, 코의 작용과 같다.

귀, 눈, 입, 코 모두는 그 작용이 분명해 서로 통하지 못해서이다.

제자백가의 뭇 재주도 이와 같다.

이들은 모두 각자 뛰어난 바가 있어 늘 소용이 있다.

아무리 그렇더라도 모든 도술을 포괄하지 못해 두루 적용되지 않는다.

그래서 이들은 일개 시골의 선비(一曲之士)와 같다.

또 제자백가는 천지의 아름다움을 조각조각 분별하고,

만물의 이치를 하나하나 식별해 옛사람의 온전함을 흩트려서 살핀다.

그래서 이들의 학통은 천지의 아름다움을 온전히 갖추는 경우가 드물고,
천지의 신령한(神明) 모습을 드러내는 경우가 적다.
이런 까닭에 내성외왕(內聖外王)의 도가 굳게 닫혀 뚜렷하지 않고,
단단히 막혀 드러나지 않는다.
지금 세상 사람은 각자 바라는 바를 닦아 그것을 방술이라 스스로 여긴다.
슬프다! 제자백가는 그들이 생각하는 바대로 가서 근본으로 되돌아오지 못
하니 분명 도술과 짝하지 못한다!
그러니 후세 학자들은 불행하게도 천지의 순수한(純) 모습을 보지 못한다.
또 옛사람들의 큰 바탕(大體)도 보지 못한다.
이처럼 도술이 천하를 위한다는 사람들에 의해 오히려 분열되어서
찢겨져 있다.

注 —

天下之治方術者多矣: 방술(方術), 즉 한 분야의 학설을 익힌(治) 사람(者)들이 천하(天下)에 많다(多). 方術[특별한 학설이나 기예. 즉 한 분야의 학술] 治(익힐 치)

皆以其有爲不可加矣: (그런데 이들은) 모두(皆) 그럼으로써(以) 자신이 익힌(有爲) (방술에 더) 보태는(加) 게 불가(不可)하다고 여긴다. 즉 이들은 모두 자신이 익힌 방술을 최고로 여긴다. 皆(모두 개) 加(더할 가, 보태다)

古之所謂道術者 果惡乎在?: 옛날(古)에 이른바(所謂) 도술(道術~者)이란 게 과연(果) 어찌(惡) 있을(在) (수 있는가)? 惡(어찌 오) 在(있을 재)

曰 無乎不在: (그래서 옛날에는) 말한다. (도술은) 존재하지(在) 않는(不) 데가 없다(無). 즉 도술은 어디에든 있다.

曰 神何由降? 明何由出?: (또) 묻는다. 영묘함(神)은 어디에서(由~何) 내려오고(降), 밝음(明)은 어디에서(由~何) 나오나(出)? 神(영묘할 신) 何(어느 하, 어디) 由(~로부터 유) 降(내릴 강) 明(밝을 명) 出(날 출)

聖有所生 王有所成: (그래서 옛날에는) 말한다. 성인(聖)은 태어나는(生) 바(所)가 있고(有), 왕(王)은 (뭔가) 이루는(成) 바(所)가 있다(有). 生(날 생, 태어나다) 所(바 소) 成(이룰 성)

皆原於一: (이런 것처럼) 모든(皆) (방술은) 하나에서(於~一) 근원 한다(原). 즉 하나의 도에서 근원 한다. 原(근원 원, 근원하다)

不離於宗 謂之天人: (그래서) 근원에서(於~宗) 이탈하지(離) 않는(不) (사람을) 천인(天人)이라고 말하다(謂). 宗(마루 종, 근원) 離(떨어질 리, 이탈하다) **不離於精 謂之神人**: 순수함에서(於~精)

이탈하지(離) 않는(不) (사람을) 신인(神人)이라고 말하다(謂). 精(순일할 정, 순수함)

不離於眞 謂之至人: 참됨에서(於~眞) 이탈하지(離) 않는(不) (사람을) 지인(至人)이라고 말하다(謂). 眞(참 진, 진실)

以天爲宗 以德爲本 以道爲門: 자연을(以~天) 근원으로 삼고(爲~宗), 덕을(以~德) 근본으로 삼고(爲~本), 도를(以~道) 출입문으로 삼다(爲~門).

兆於變化 謂之聖人: 변화를(於~變化) 피해 달아나는(兆) (사람을) 성인(聖人)이라고 말하다(謂). 兆(피할 조, 피해서 달아나다)

以仁爲恩 以義爲理: 인을(以~仁) 은혜(恩)로 베풀고(爲), 의를(以~義) 도리(理)로 삼다(爲). 恩(은혜 은) 理(도리 리)

以禮爲行 以樂爲和: 예를(以~禮) 행동(行)의 (준칙으로) 삼고(爲), 악을(以~樂) 화합(和)의 (도구로) 삼다(爲). 和(화합할 화)

薰然慈仁 謂之君子: 온화한 모습(薰然)으로 자애롭고 어진(慈仁) 사람을 군자(君子)라고 말하다(謂). 薰然〔사람이 인자하여 자연히 남을 감화시키는 모양. 즉 온화한 모습. 薰(온화한모양 훈)〕 慈仁〔자애롭고(慈) 어짊(仁). 慈(사랑할 자 → 자애)〕

以法爲分 以名爲表: (또 군자는) 직분(分)을 법으로(以~法) 정하고(爲), (직무를) 관명으로(以~名) 나타내다(爲~表). 分(직분 분) 名(이름 명 → 관명) 表(나타낼 표)

以參爲驗 以稽爲決: (일 처리 결과를) 대조해서以~參) 점검하고(爲~驗), (점검 결과를) 헤아려(以~稽) 결정하다(爲~決). 參(참작할 참, 대조하다) 驗(증험할 험 → 점검하다) 稽(헤아릴 계) 決(정할 결, 결정하다)

其數一二三四是也: 첫째(一), 둘째(二), 셋째(三), 넷째(四)의 등급(數)이 이것이다(是). 數(등급 수)

百官以此相齒: (또) 이런 방법으로(以~此) 백관(百官)의 (관리에게) 능력에 맞게끔(相齒) (관직을 맡기다). 相齒〔이가 나란해 각자의 역할을 하는 것처럼 능력에 맞게끔 일하다. 相(서로 상) 齒(이 치)〕

以事爲常: (그런 뒤 각자 맡은) 일을(以~事) (도중에 변경하지 않고) 늘(常) 하도록(爲) 하다. 常(항상 상, 늘)

以衣食爲主: (또 백성의) 의식을(以~衣食), 즉 백성이 먹고 입는 일을 으뜸으로 삼다(爲~主). 主(근본 주, 으뜸)

以蕃息畜藏爲意: 가축(畜)을 번식시켜(以~蕃息) (재물을) 쌓는데(藏) 마음(意)을 (두게) 하다(爲). 畜(기를 축 → 가축) 蕃息〔번식. 蕃(많을 번) 息(번식할 식)〕 藏(곳집 장 → 쌓다)

老弱孤寡皆有以養: 노인(老), 어린아이(弱), 고아(孤), 과부(寡) 모두(皆)를 (마음에) 두고(有) 양육하다(以~養). 즉 잘 보살피다. 老(늙은이 노) 弱(약할 약 → 어린이) 孤(외로울 고, 고아) 寡(홀어미

과 → 과부)

民之理也: (이것이) 백성(民)을 (다스리는) 이치(理)이다. 理(도리 리 → 이치)

古之人 其備乎!: 옛날(古) 사람(人)은 (사람으로서 이런 자연스러운 본성을 고스란히) 갖추다(備)! 備(갖출 비)

配神明 準天地 育萬物: (그래서 이들은) 천지의 영험한 밝음(神明)과 짝(配)을 이루어 천지(天地)를 본받아서(準) 만물(萬物)을 키우다(育). 神明〔하늘과 땅의 신령. 즉 영험한 밝음〕 配(짝 이룰 배) 準(본받을 준) ※ 참고한 『莊子今註今譯』에 '醇(진한술 순)'으로 표시되었는데 오자로 보아 '準(본받을 준)'으로 바꾸어서 해석했다. 育(기를 육, 키움)

和天下 澤及百姓: 천하(天下)를 화합하게(和) 해 은덕(澤)이 백성(百姓)에게 미치도록(及) 하다. 和(화합할 화) 澤(은덕 택) 及(미칠 급)

明於本數 係於末度: (이들은) 근본적인(本) 이치에(於~數) 밝은(明) 데다 구체적인 법도를(於~末度) (근본적인 이치에 잘) 묶다(係). 즉 잘 적용하다. 數(이치 수) 末度〔구체적인 법도. 末(끝 말, 말단) 度(법도 도)〕 係(맬 계, 묶다)

六通四辟: (그래서 근본적인 이치가 동서남북 및 상하의) 여섯(六) 방향 (모두와) 통하게(通) 하고, (또 춘하추동의) 사시(四)를 열다(辟). 辟(열 벽)

小大精粗 其運無乎不在: (그래서 만물이) 크든(小) 작든(大), 촘촘하든(精) 거칠든(粗) (관계없이 도의) 운행(運)이 있지(在) 않음(不)이 없도록(無) (하다). 즉 도의 운행이 미치지 않은 곳이 없게 하다. 精(정세할 정 → 촘촘함) 粗(거칠 조) 運(돌 운 → 운행)

其明而在數度者: (그런데 도술에 이런) 이치(數)와 법도(度)가 있다는(在) (사실이) 밝혀지다(明). 數(이치 수) 度(법도 도) 明(밝힐 명)

法世傳之史 尚多有之: (그것은) 법전(法)과 세상(世)에 전해진(傳) 사서(史)에 그나마(尚) 많이(多) (남아) 있어서다(有). 世(세상 세) 傳(전할 전) 尚(오히려 → 그나마) 史(역사 사)

其在於詩書禮樂者: (이런 이치와 법도는) 『시(詩)』, 『서(書)』, 『예(禮)』, 『악(樂)』에(於)도 남아 있다(有). 즉 기록되다.

鄒魯之士搢紳先生: (맹자의 고향인) 추(鄒)나라와 (공자의 고향인) 노(魯)나라의 선비(士)와 경대부(搢紳) 선생(先生). 搢紳〔높은 벼슬아치. 즉 경대부. 搢(꽂을 진) 紳(큰띠 신)〕

多能明之: (시, 서, 예, 악을) 충분히(多) 밝힐 수(能~明) 있다. 즉 시, 서, 예, 악에 통달하다.

詩以道志 書以道事: (이들은 사람의) 마음(志)을 시로(詩~以) 말하고(道), (세상의) 일(事)을 서로(書~以) 말하다(道). 道(말할 도) 志(뜻 지, 마음)

禮以道行 樂以道和: (사람의) 행실(行)을 예로(禮~以) 말하고(道), (사람들 간의) 화합(和)을 악으로(樂~以) 말하다(道).

易以道陰陽 春秋以道名分: (도의) 음양(陰陽)을 역으로(易~以) 말하고(道), (군신의) 명분(名分)

을 춘추로(春秋~以) 말하다(道).

其數散於天下而設於中國者: (이런 근본) 이치(數)가 천하에(於~天下) 흩어져서(散~而) 중국에 (於~中國) 베풀어진(設) 것(者). 散(흩어질 산, 흩어짐) 設(베풀 설)

百家之學時或稱而道之: (이것이) 제자백가(百家)의 학통(學)인데 (제자백가는) 간혹(時或) (이것 을) 일컬어(稱~而) 말하다(道). 즉 들먹거리다. 學(학통 학, 학설) 時或[때때로(時) 혹(或). 즉 간 혹] 稱(일컬을 칭)

天下大亂 賢聖不明: (그런데) 천하(天下)가 크게(大) 어지러워져(亂) 현인(賢)과 성인(聖)이 나 타나지(明) 않다(不). 즉 모습을 감추다. 亂(어지러울 란) 明(드러낼 명, 나타나다)

道德不一: 도덕(道德)도 하나로(一) (통일되지) 않다(不).

天下多得一察焉以自好: (이에) 천하(天下) 사람들에게 사물 일부분만 아는 편견(一察)이 많이 (多) 늘어났는데(得) (오히려) 이것으로(以) 스스로 훌륭하다고(自好) (여기다). 一察[사물 일부 분만 아는 편견. 察(살필 찰) 得(얻을 득 → 늘어나다) 自好[스스로 자신을 훌륭하다고 여김. 好 (좋아할 호)]

譬如耳目口鼻: (이를 얼굴에) 비유하면(譬) 귀(耳), 눈(目), 입(口), 코(鼻)의 (작용과) 같다(如). 譬 (비유할 비)

皆有所明 不能相通: 귀, 눈, 입, 코 모두(皆)는 (작용이) 분명한(明) 바(所) 있어(有) 서로(相) 통 하지(能~通) 못해서다(不). 明(밝을 명, 분명하다)

猶百家衆技也: 제자백가(百家)의 뭇(衆) 재주(技)도 (이와) 같다(猶). 衆(무리 중, 뭇) 技(재주 기) 猶(같을 유)

皆有所長 時有所用: (이들은) 모두(皆) (각자) 뛰어난(長) 바(所)가 있어(有) 늘(時) 소용(所用)이 있다(有). 長(길 장 → 뛰어남) 時(때마다 시, 늘)

雖然 不該不徧: 아무리(雖) 그렇더라도(然) (모든 도술을) 포괄하지(該) 못해(不) 두루(徧) (적용 되지) 않는다(不). 雖(비록 수, 아무리 ~해도) 該(갖출 해 → 포괄하다) 徧(두루 편)

一曲之士也: (그래서 이들은) 일개(一) 시골(曲)의 선비(士)와 (같다). 曲(으슥한곳 곡, 후미진 곳, 시 골) 士(선비 사)

判天地之美: (또 제자백가는) 천지(天地)의 아름다움(美)을 (조각조각) 분별하다(判). 判(판가름할 판, 분별하다)

析萬物之理: 만물(萬物)의 이치(理)를 (하나하나) 식별하다(析). 理(도리 리 → 이치) 析(분별할 석, 식별하다)

察古人之全: (그래서) 옛(古) 사람(人)의 온전함(全)을 (흩트려서) 살피다(察). 全(온전 전) 察(살 필 찰)

寡能備於天地之美: (그래서 이들의 학통은) 천지(天地)의 아름다움을(於~美) (온전히) 갖추는(能~

備) (경우가) 드물다(寡). 備(갖출 비) 寡(적을 과, 드물다)

稱神明之容: 천지의 신령한(神明) 모습(容)을 드러내는(能~稱) (경우가) 적다(寡). 神明〔신령함. 神(신령할 신)〕容(얼굴 용, 모습) 稱(드러낼 칭)

是故內聖外王之道: 이런(是) 까닭(故)에 내성외왕(內聖外王)의 도(道). 內聖外王〔안(內)으론 성덕(聖)을 간직하고, 밖(外)으론 왕도(王)를 실행하는 것. 유가가 이상으로 받드는 요(堯)·순(舜)·우(禹)·탕(湯)·문(文)·무(武)·주공(周公)이 내성외왕을 실천함〕

闇而不明 鬱而不發: (그것이 굳게) 닫혀서(闇~而) 뚜렷하지(明) 않고(不), (단단히) 막혀서(鬱~而) 드러나지(發) 않는다(不). 闇(닫힌문 암) 明(밝을 명 → 뚜렷하다) 鬱(막힐 울) 發(드러낼 발)

天下之人各爲其所欲焉以自爲方: (지금) 천하(天下) 사람(人)들이 각자(各) 바라는(欲) 바(所)를 닦아(爲) 그럼으로써(以) (그것을) 방술이라고 스스로(自) 여기다(爲~方). 欲(하고자할 욕 → 바라다) 爲(할 위 → 닦다) 方(방법 → 방술)

悲夫 百家往而不反: 슬프다(悲). 제자백가(百家)는 (그들이 생각하는 바대로) 가서(往~而) (근본으로) 되돌아오지(反) 못하다(不). 往(갈 왕) 反(되돌아올 반)

必不合矣!: 분명(必) (도술과) 짝하지(合) 못하다(不)! 合(짝할 합)

後世之學者 不幸不見天地之純: (그러니) 후세(後世) 학자(學者)들은 불행하게(不幸) 천지(天地)의 순수한(純) (모습을) 보지(見) 못하다(不). 純(순수할 순)

古人之大體: (또) 옛날(古) 사람(人)의 큰 바탕(大體)을 (보지 못하다). 大體〔큰(大) 바탕(體). 體(바탕 체)〕

術將爲天下裂: (이처럼) 도술(道術)이 천하(天下)를 위한다는(將~爲) (사람들에 의해 오히려 분열되어) 찢기어지다(裂). 裂(찢겨질 열)

천하(天下) 2

不侈於後世, 不靡於萬物, 不暉於數度, 以繩墨自矯, 而備世之急.,
古之道術有在於是者.
墨翟禽滑釐聞其風而說之.
爲之大過, 已之大循.
作爲非樂, 命之曰節用., 生不歌, 死無服.
墨者氾愛兼利而非鬪, 其道不怒., 又好學而博, 不異, 不與先王同, 毀古之禮樂.
黃帝有咸池, 堯有大章, 舜有大韶, 禹有大夏, 湯有大濩, 文王有辟雍之樂,
武王周公作武.

古之喪禮, 貴賤有儀, 上下有等, 天子棺槨七重, 諸侯五重, 大夫三重, 士再重.

今墨子獨 生不歌, 死不服, 桐棺三寸而無槨, 以爲法式.

以此敎人, 恐不愛人., 以此自行, 固不愛己.

未敗墨子道, 雖然, 歌而非歌, 哭而非哭, 樂而非樂, 是果類乎?

其生也勤, 其死也薄, 其道大觳, 使人憂, 使人悲, 其行難爲也,

恐其不可以爲聖人之道, 反天下之心, 天下不堪.

墨子雖獨能任, 奈天下何!

離於天下, 其去王也遠矣.

墨子稱道曰:「昔者禹之湮洪水, 決江河而通四夷九州也,

名川三百, 支川三千, 小者無數.

禹親自操橐耜而九雜天下之川, 腓無胈, 脛無毛, 沐甚雨, 櫛疾風, 置萬國.

禹大聖也, 而形勞天下也如此.」

使後世之墨子, 多以裘褐爲衣, 以跂蹻爲服, 日夜不休, 以自苦爲極,

曰:「不能如此., 非禹之道也, 不足謂墨..」

相里勤之弟子, 五侯之徒, 南方之墨子苦獲, 已齒, 鄧陵子之屬, 俱誦墨經,

而倍譎不同, 相謂別墨.,

以堅白同異之辯相訾, 以觭偶, 不仵之辭相應, 以巨子爲聖人,

皆願爲之尸, 冀得爲其後世, 至今不決.

墨翟.禽滑釐之意則是, 其行則非也.

將使後世之墨者, 必自苦以腓無胈脛無毛, 相進而已矣.

亂之上也, 治之下也.

雖然, 墨子眞天下之好也, 將求之不得也, 雖枯槁不舍也, 才士也夫!

후세 사람들에게 사치에 빠지지 않게 하고, 만물을 절약하게 했다.

또 근본적인 이치와 구체적인 법도를 번드레하게 꾸미지 않아

준칙(繩墨) 정도로 스스로를 바로잡으며 세상의 위급한 상황에 대비했다.

옛날 도술에 이런 방면에 집중한 도술이 있었다.

묵적(墨翟)과 금활리(禽滑釐)는 이 방면의 가르침을 듣고 기뻐했다.

그런데 이 방면의 가르침은 실천하기 어려워도 막상 그치려면 망설여진다.

또 이 방면의 가르침은 음악을 부정하는 이론을 굳이 만들어서

이를 절약을 주장하는 근거인 절용(節用)이라 명했다.

그래서 살아서도 노래를 부르지 않고, 죽어서도 상복을 입지 않았다.

이런 묵가는 사람들을 차별 없이 사랑하고, 다 함께 이롭게 하고,

싸워서도 안 되고,

심지어 누군가 자신들의 도술(道)을 모욕해도 화내지 않았다.

또 널리 배우기를 좋아하면서 다른 학설과 다르지 않다고 주장했다.

그런데 이들의 학설은 선왕들의 법도와 같지 않고,

옛날의 예악까지 무너뜨렸다.

황제에겐 함지(咸池)란 음악이 있고, 요임금에겐 대장(大章)이란 음악이 있고,

순임금에겐 대소(大韶)란 음악이 있고, 우임금에겐 대하(大夏)란 음악이 있고,

탕임금에겐 대호(大濩)란 음악이 있고, 문왕에겐 벽옹(辟雍)이란 음악이 있다.

그리고 무왕(武王)과 주공(周公)은 무(武)라는 음악을 만들었다.

옛 상례(喪禮)는 신분 귀천에 따른 예의가 있고, 상하에 따른 등급이 있어

천자는 널을 일곱 겹으로, 제후는 다섯 겹으로, 대부는 세 겹으로,

선비는 두 겹으로 했다.

지금 묵자만 이를 잘못된 상례라고 하면서

살아선 노래하지 않고, 죽어서도 상복을 입지 않고,

세 치 두께의 오동나무 속 관만 쓰고, 겉 관을 쓰지 않는 걸 법식으로 삼았다.

이런 방식으로 사람들을 가르치면 사람들은 아마도 남을 사랑하지 못한다.

이런 방식으로 자신이 실행하면 자기도 틀림없이 남을 사랑하지 못한다.

묵자의 도술을 해치려는 건 아니지만 아무리 그래도 노래할 때 노래하지

않고, 울어야 할 때 울지 않고, 즐거워할 때 즐겁지 않으면

이런 도를 인지상정에 부합하는 부류의 도라고 과연 말할 수 있을까?

살아서 열심히 일해도 죽어서까지 제대로 대접을 받지 못하니

이런 도는 너무나 각박해서 사람을 걱정하게 하거나 사람을 슬프게 한다.

이런 행동은 실행하기도 어렵기에 아마도 성인(聖人)의 도라고 말할 수 없다.

묵자의 도술은 천하 사람의 마음에 반해 천하 사람이 감당하지 못한다.

묵자 혼자 감내한다고 해도 천하 사람들이 어찌 이를 감내할 수 있을까!

천하 사람의 마음에서 떠나면 왕도를 떠나 아득히 멀어진다.

묵자는 자신의 도를 일컬어 다음과 같이 말한다.

"옛날에 우임금은 홍수를 막고, 장강과 황하의 물을 터 흐르게 해서
사방의 오랑캐 땅과 온 중국을 통하게 했다.
그때 큰 강은 삼백 개, 작은 강은 삼천 개, 작은 물줄기는 수없이 많았다.
우임금은 삼태기와 가래를 손수 들고 천하의 강물을 큰 강으로 모여들게 해
장딴지에는 솜털이 남아 있지 않고, 정강이에도 털이 닳아서 없어졌다.
소나기로 목욕하고, 거센 바람으로 머리를 빗으면서 만국의 경계를 정했다.
우임금은 큰 성인이었는데 천하를 위해 자기 몸을 이처럼 수고롭게 했다."
후세에 묵자를 추종하는 사람은 대부분 가죽옷과 털옷처럼 거친 옷을 입고,
굽이 있는 나막신과 짚신을 신고, 밤낮으로 쉬지 않고 일함으로써
스스로 고통스러운 걸 최고라고 여기면서 말했다.
"이같이 하지 않으면 우임금의 도가 아니고, 묵가라 말하기에 부족하다."
그런데 상리근(相里勤)의 제자, 오후(五侯)의 문하생, 남방의 묵가인
고희(苦獲), 이치(己齒), 등룽자(鄧陵子) 무리는 함께 『묵경(墨經)』을 외워도
더욱 어긋나 서로의 주장이 같지 않아 상대를 비정통 묵가(別墨)라 불렀다.
견백(見白)과 동이(同異)의 논변으로 서로를 헐뜯고,
상반되고 모순된 명제로 일일이 대응하는 걸 서로 마다하지 않고,
각자 자기파 우두머리를 성인으로 삼으며 모두 묵가의 종주가 되길 바랐다.
이처럼 각자 묵자 후계자가 되길 바랐는데 이런 상태가 지금까지 계속된다.
묵적과 금골리의 생각이 옳아도 그것이 행동으로 나타나면 옳지 않았다.
한 예로 후세의 묵가를 스스로 고생시켜 장딴지에는 솜털이 없게 하고,
정강이에는 털이 닳아 없어지도록 해 분명히 경쟁하도록 만들었다.
이것은 세상을 어지럽히는 계책으론 상책이어도
세상을 다스리는 계책으론 하책이다.
아무리 그렇더라도 묵자는 천하를 진실로 사랑해
천하 구하는 도를 찾지 못하면 자신의 몸이 아무리 야위어져도
천하 구하는 도를 찾는 일을 포기하지 않았다.
그는 재주가 많은 선비(才士)였다!

注 ────────────────────────────────────

不侈於後世 不靡於萬物: 후세 (사람)에게(於~後世) 사치(侈)에 (빠지지) 않게(不) 하고, 만물을 (於~萬物) 낭비하지(靡) 않게(不) 하다. 즉 만물을 절약하게 하다. 侈(사치할 치) 靡(써없앨 미, 금전 등을 낭비함)

不暉於數度: (또 근본적인) 이치(數)와 (구체적인) 법도를(於~度) 빛나게(暉) 하지 않다(不). 즉 번드레하게 꾸미지 않는다. 數(이치 수) 度(법도 도) 暉(빛날 휘)

以繩墨自矯 而備世之急: (그래서) 준칙 (정도)로(以~繩墨) 스스로(自) 바로잡으면서(矯~而) 세상(世)의 위급한(急) (상황에) 대비하다(備). 繩墨〔준칙. 繩(법 승) 墨(자자 묵, 형벌)〕矯(바로잡을 교) 急(급할 급 → 위급함) 備(대비할 비)

古之道術有在於是者: 옛날(古) 도술(道術)에 이런(是) 방면(於~者)에 (집중한 도술이) 있다(有在).

墨翟禽滑釐聞其風而說之: 묵적(墨翟)과 금활리(禽滑釐)는 (이 방면의) 가르침(風)을 듣고(聞~而) 기뻐하다(說). 風(가르침 풍) 說(기뻐할 열)

爲之大過 已之大循: (그런데 이 방면의 가르침은) 실천하는(爲) 데 크게(大) 한도를 넘어가고(過) 그치는(已) 데 크게(大) 미적거리다(循). 즉 실천하기는 어려워도 막상 그치려 하면 망설여지다. 過(지나칠 과, 한도를 넘다) 已(그칠 이) 循(미적미적할 순)

作爲非樂 命之曰節用: (또 이 방면의 가르침은) 음악(樂)을 부정하는(非) (이론을) 굳이 만들어(作爲) (이를 절약을 주장하는 근거인) 절용(節用)이라고 명하다(命). 非(아닐 비 → 부정하다) 作爲〔굳이 만듦. 作(지을 작)〕命(명할 명)

生不歌 死無服: (그래서) 살아서도(生) 노래(歌) 부르지 않고(不) 죽어서도(死) 상복(服)을 입지 않다(無). 服(옷 복 → 상복)

墨者氾愛兼利而非鬪: (이런) 묵가(墨者)는 (사람들을) 널리(氾) 아울러(兼), 즉 차별 없이 사랑하고(愛) (다 함께) 이로워야(利~而) 하고, 싸워서도(鬪) 안 되다(非). 氾(두루 범, 널리) 兼(겸할 겸, 아울러) 利(이롭게할 리) 鬪(싸움 투)

其道不怒: (심지어 누군가 자신들의) 도술(道)을 (모욕해도) 화내지(怒) 않다(不). 怒(성낼 노, 화내다)

又好學而博 不異: 또(又) 널리(博) 배우길(學) 좋아하면서(好~而) (다른 학설과) 다르다는(異) 걸 부정하다(不). 즉 다른 학설과 다르지 않다. 博(넓을 박, 널리) 學(배울 학) 異(다를 이)

不與先王同 毀古之禮樂: (그런데 이들의 학설은) 선왕(先王)들의 (법도)와(與) 같지(同) 않고(不) 옛날(古)의 예악(禮樂)까지 무너뜨리다(毀). 毀(헐 훼, 무너뜨리다)

黃帝有咸池 堯有大章: 황제(黃帝)에겐 함지(咸池)란 (음악이) 있고(有), 요(堯)임금에겐 대장(大章)이란 (음악이) 있다(有).

舜有大韶 禹有大夏: 순(舜)임금에겐 대소(大韶)란 (음악이) 있고(有), 우(禹)임금에겐 대하(大夏)란 음악이 있다(有).

湯有大濩 文王有辟雍之樂: 탕(湯)임금에겐 대호(大濩)란 (음악이) 있고(有), 문왕(文王)에겐 벽옹(辟雍)이란 (음악이) 있다(有).

武王周公作武: (그리고) 무왕(武王)과 주공(周公)은 무(武)라는 (음악을) 만들다(作). 作(지을 작 → 만들다)

古之喪禮 貴賤有儀 上下有等: 옛날(古) 상례(喪禮)는 (신분) 귀천(貴賤)에 따른 예의(儀)가 있고(有), (신분) 상하(上下)에 따른 등급(等)이 있다(有). 儀(예 의, 예의) 等(등급 등)

天子棺槨七重 諸侯五重: (그래서) 천자(天子)는 널(棺槨)을 일곱(七) 겹(重)으로, 제후(諸侯)는 다섯(五) 겹(重)으로 한다. 棺槨〔널. 棺(널 관, 속 관) 槨(덧널 곽, 걸 관)〕重(겹칠 중, 겹)

大夫三重 士再重: 대부(大夫)는 세(三) 겹(重)으로, 선비(士)는 두(再) 겹(重)으로 한다.

今墨子獨 生不歌 死不服: 지금(今) 묵자(墨子)는 홀로(獨) (이를 잘못된 상례라고 하면서) 살아선(生) 노래하지(歌) 않고(不) 죽어도(死) 상복(服)을 입지 않는다(不).

桐棺三寸而無槨 以爲法式: 세(三) 치(寸) (두께) 오동나무(桐) 속 관(棺)만 쓰고 그리고(而) 겉관(槨)을 (쓰지) 않고(無) 이럼으로써(以) (이를) 법식(法式)을 삼다(爲). 寸(치 촌) 桐(오동나무 동)

以此敎人 恐不愛人: 이런(此) (방식)으로(以) 사람(人)들을 가르치면(敎) (사람들은) 아마도(恐) 남(人)을 사랑하지(愛) 않는다(不). 敎(가르칠 교) 恐(아마 공) 愛(사랑 애)

以此自行 固不愛己: 이런(此) (방식)으로(以) 자신이 실행하면(自行) 자기(己)도 틀림없이(固) (남을) 사랑하지(愛) 않는다(不). 自行〔자기가 실행함. 行(행할 행, 행동)〕固(진실로 고 → 틀림없이)

未敗墨子道: 묵자(墨子)의 도술(道)을 해치려는(敗) 건 아니다(未). 敗(손상할 패, 해치다) 未(아닐 미)

雖然 歌而非歌 哭而非哭: 아무리(雖) 그래도(然) 노래할 때(歌~而) 노래하지(歌) 않고(非), 울어야 할 때(哭~而) 울지(哭) 않다(非). 雖(비록 수 → 아무리 ~해도) 哭(울 곡)

樂而非樂 是果類乎?: 즐거워할 때(樂~而) 즐겁지(樂) 않으면(非) 이런(是) (도)를 과연(果) (인지 상정에 부합하는) 부류(類)의 (도라 하는가)? 樂(즐길 락) 果(과연 과) 類(무리 류 → 부류)

其生也勤 其死也薄: 살아서(生) 열심히(勤) 일해도 죽어서(死)까지 가벼이 여겨지다(薄). 즉 제대로 대접받지 못하다. 勤(부지런할 근 → 열심히) 薄(가벼이 여길 박)

其道大觳 使人憂 使人悲: (그러니) 이런 도(道)는 너무나(大) 각박해(觳) 사람을(使~人) 걱정하게(憂) 하고, 사람을(使~人) 슬프게(悲) 하다. 觳(메마를 각, 척박하다 → 각박하다) 憂(근심 우, 걱정케 하다) 悲(슬플 비)

其行難爲也: (이런) 행동(行)은 실행하기도(爲) 어렵다(難). 難(어려울 난)

恐其不可以爲聖人之道: (그래서) 아마도(恐) 성인(聖人)의 도(道)가 되기에(以~爲) 불가하다(不可). 즉 성인의 도라 말할 수 없다.

反天下之心 天下不堪: (묵자의 도술은) 천하(天下) 사람의 마음(心)에 반해(反) 천하(天下) 사람

이 감당하지(堪) 못하다(不). 堪(견딜 감, 감당하다)

墨子雖獨能任 奈天下何!: 아무리(雖) 묵자(墨子) 혼자서(獨) 감내한다 해도(能~任) 천하(天下) 사람들이 (이를) 어찌(奈) 어떻게(何) (감내할 수 있을까)! 獨(홀로 독) 任(견딜 임, 감내하다) 奈(어찌 나) 何(어찌 하, 어떻게)

離於天下 其去王也遠矣: 천하(天下) 사람의 (마음)에서(於) 떠나면(離) 왕도(王)를 떠나서(去) (아득히) 멀어지다(遠). 離(떠날 리) 王(왕 왕 → 왕도) 遠(멀 원)

墨子稱道曰: 묵자(墨子)는 (자신의) 도(道)를 일컬어(稱) (다음과 같이) 말하다. 稱(일컬을 칭)

昔者禹之湮洪水: 옛날(昔~者)에 우(禹)임금은 홍수(洪水)를 막다(湮). 昔(옛 석) 湮(막을 인)

決江河而通四夷九州也: 장강(江)과 황하(河)의 물을 터서(決~而) (흐르게 해) 사방(四)의 오랑캐(夷) (땅과 온) 중국(九州)을 통하게(通) 하다. 決(터질 결, 터다) 夷(오랑캐 이) 九州〔중국 땅 전체를 의미〕

名川三百 支川三千 小者無數: (그때) 큰 강(名川)이 삼백(三百) 개, 작은 강(支川)이 삼천(三千) 개, 작은(小) 물줄기(者)는 수(數) 없이(無) (많다). 名川(각천 → 큰 강) 支川(지천 → 작은 강) 無(없을 무)

禹親自操橐耜而九雜天下之川: 우(禹)임금은 친히(親) 스스로(自), 즉 손수 삼태기(橐)와 가래(耜)를 들고(操~而) 천하(天下)의 강물(川)들을 (큰 강으로) 모여들게(九) 해 모이게(雜) 하다. 橐(전대 탁 → 삼태기) 耜(보습 사 → 가래) 操(잡을 조 → 들다) 九(모여들 구) 雜(모일 잡)

腓無胈 脛無毛: (그래서) 장딴지(腓)에는 솜털(胈)이 (남아 있지) 않고(無), 정강이(脛)에도 털(毛)이 (닳아) 없어지다(無). 腓(장딴지 비) 胈(솜털 발) 脛(정강이 경) 毛(털 모)

沐甚雨 櫛疾風 置萬國: (또) 소나기(甚雨)로 목욕하고(沐), 거센(疾) 바람(風)으로 머리를 빗으며(櫛), 만국(萬國)의 (경계를) 설정하다(置). 甚雨〔억수같이 퍼붓는 비 → 소나기. 甚(심할 심) 雨(비 우)〕 疾風〔센 바람. 疾(빠를 질) 風(바람 풍)〕 櫛(빗을 즐, 빗질함) 置(둘 치 → 설정하다)

禹大聖也 而形勞天下也如此: 우(禹)임금은 큰(大) 성인(聖)이다. 그런데(而) 천하(天下)를 (위해서 자기) 몸(形)을 이처럼(如~此) 수고롭게(勞) 하다. 此(이 차) 形(몸 형) 勞(수고 로)

使後世之墨子 多以裘褐爲衣: 후세(後世)에 묵자를 (추종하는 사람들)은(使~墨子) 대부분(多) 가죽옷과 털옷처럼 거친 옷을(以~裘褐) 입다(爲~衣). 裘褐〔갖옷과 굵고 짧은 모포 옷. 즉 가죽과 털로 만든 거친 옷. 裘(갖옷 구, 가죽옷) 褐(털올 갈)〕 衣(입을 의)

以跂蹻爲服: 굽이 있는 나막신(跂)과 짚신을(以~蹻) 신다(爲~服). 跂(굽있는나막신 극) 蹻(짚신 교) 服(입을 복 → 신다)

日夜不休 以自苦爲極: 낮(日) 밤(夜)으로 쉬지(休) 않고(不) (일함)으로써(以) 스스로(自) 고통스러운(苦) 걸 최고(極)라고 여기면서(爲). 日(낮 일) 夜(밤 야) 休(쉴 휴) 苦(괴로울 고 → 고통스러움) 極(극치 극, 최상의 것 → 최고)

曰 不能如此 非禹之道也 不足謂墨: 말하다. 이같이(如~此) 할(能) 수 없으면(不) 우(禹)임금의 도(道)가 아니고(非), (또) 묵가(墨)라 말하기에(謂) 부족(不足)하다.

相里勤之弟子 五侯之徒: (그런데) 상리근(相里勤)의 제자(弟子), 오후(五侯)의 문하생(徒). 徒 (무리 도 → 문하생)

南方之墨子苦獲 己齒 鄧陵子之屬: 남방(南方)의 묵가(墨子)인 고희(苦獲), 이치(己齒), 등릉자 (鄧陵子) 무리(屬). 屬(무리 속)

俱誦墨經: (이들은) 함께(俱) 『묵경(墨經)』을 (읽고) 외우다(誦). 俱(함께 구) 誦(욀 송)

而倍譎不同 相謂別墨: 그런데(而) 더욱(倍) 어긋나서(譎) (서로의 주장이) 같지(同) 않아(不) 상 대(相)를 별묵(別墨), 즉 비정통 묵가라고 부르다(謂). 倍(더욱 배) 譎(어긋날 휼)

以堅白同異之辯相訾: 견백(見白)과 동이(同異)의 논변으로(以~辯) 서로(相)를 헐뜯다(訾). 辯 (말잘할 변 → 논변) 訾(헐뜯을 자)

以觭偶 不仵之辭相應: 상반되고 모순된 명제로(以~觭偶) 일일이(仵) 대응하는(應) 걸 서로(相) 마다하지(辭) 않다(不) 觭偶〔상반되고 모순된 명제. 觭(홀수 기) 偶(짝 우)〕 仵(건 건, 일일이) 應 (응할 응) 辭(사양할 사 → 마다하다)

以巨子爲聖人: (각자 자기파) 우두머리를(以~巨子) 성인(聖人)으로 삼다(爲). 巨子〔큰 사람 → 우두머리. 巨(클 거)〕

皆願爲之尸: 모두(皆) (묵가의) 종주(尸)가 되기를(爲) 바라다(願). 尸(신주 시 → 종주) 願(원할 원)

冀得爲其後世: (이처럼 각자 묵자의) 후계자(後世)가 되기를(得~爲) 바라다(冀). 後世〔자손 → 후계자. 後 (뒤 후) 冀(바랄 기)

至今不決: (그런데 이런 상태가) 지금(至今)까지 끝나지(決) 않다(不). 즉 계속된다. 決(끝날 결)

墨翟.禽滑釐之意則是: 묵적(墨翟)과 금골리(禽滑釐)의 생각인즉(則~意) 옳다(是). 意(뜻 의, 생 각) 是(옳을 시)

其行則非也: (그래도) 그것이 행동인즉(則~行), 즉 행동으로 나타나면 옳지 않다(非).

將使後世之墨者: (한 예로) 후세(後世)의 묵가를(使~墨者).

必自苦以腓無胈脛無毛: 분명히(必) 스스로(自) 고생시킴으로써(苦~以) 장딴지(腓)에는 솜털 (胈)이 없게(無) 하고, 정강이(脛)에는 털(毛)이 닳아 없어지게(無) 하다.

相進而已矣: 서로(相) (앞으로) 나아가게(進) (할) 뿐이다(而已). 즉 경쟁하도록 할 뿐이다. 進 (나아갈 진)

亂之上也 治之下也: (이것은 세상을) 어지럽히는(亂) (계책으로는) 상책(上)이지만 (세상을) 다스 리는(治) (계책으로는) 하책(下)이다.

雖然 墨子眞天下之好也: 아무리(雖) 그렇더라도(然) 묵자(墨子)는 천하(天下)를 진실로(眞) 좋 아하다(好). 즉 사랑하다.

將求之不得也: (그래서 천하) 구하는(將~求) (도를) 찾지(得) 못하다(不). 求(구할 구)

雖枯槁不舍也: (그러면 자신의 몸이) 아무리(雖) 야위어져도(枯槁) (천하 구하는 도를 찾는 것을) 포기하지(舍) 않다(不). 枯槁(말라죽음 → 야윔. 枯(마를 고) 槁(마를 고)) 舍(버릴 사, 내버리다 → 포기하다)

才士也夫!: (그는) 재주가 많은 선비(才士)이다! 才士(재주가 많은 선비. 才(재주 재))

천하(天下) 3

不累於俗, 不飾於物, 不苛於人, 不忮於衆, 願天下之安寧 以活民命,

人我之養畢足而止, 以此白心,

古之道術有在於是者. 宋鈃尹文聞其風而悅之.

作爲華山之冠以自表, 接萬物以別宥, 爲始.,

語心之容, 命之曰心之行, 以聏合驩, 以調海內, 請欲置之以爲主.

見侮不辱, 救民之鬪, 禁攻寢兵, 救世之戰.

以此周行天下, 上說下敎, 雖天下不取, 强聒而不舍者也, 故曰上下見厭而强見也.

雖然, 其爲人太多, 其自爲太少., 曰: 「請欲固置五升之飯足矣.」

先生恐不得飽, 弟子雖飢, 不忘天下.

日夜不休, 曰: 「我必得活哉!」

圖傲乎救世之士哉! 曰: 「君子不爲苛察, 不以身假物.」

以爲無益於天下者, 明之不如己也.

以禁攻寢兵爲外, 以情欲寡淺爲內, 其小大精粗, 紀行適至是而止.

세속에 묶이지 않고, 외물로 자신을 꾸미지 않는다.

남에게 가혹하게 굴지 않고, 많은 사람의 마음을 거스르지 않는다.

천하의 안녕을 도모해 전쟁을 일으키지 않아 백성의 목숨을 살린다.

남과 내가 먹고사는 문제를 해결하면 충분하다 그쳐 마음을 분명히 한다.

옛날 도술 중에 이런 방면에 집중한 도술이 있었다.

송견(宋鈃)과 윤문(尹文)이 이런 방면의 가르침을 듣고 기뻐했다.

이들은 위아래가 평평한 화산(華山) 모양의 갓을 억지로 만들어 써

평등을 핵심으로 하는 자신들의 생각을 나타냈다.

만물을 구분 지어 접촉해도 서로 범하지 않음을 으뜸으로 삼았다.

이들은 마음의 모습을 말하면서 이를 마음작용이라고 명명해서 말했다.

그럼으로써 조화를 이뤄 친밀하게 지내는 사람을 화합시키고,

화합시킴으로써 온 세상을 고르게 조절했다.

그리고 이런 일이 확립되길 바람으로써 이를 자신들의 근본으로 삼았다.

업신여김을 당해도 이를 수치라 여기지 않고서

사람들 간의 싸움을 막고자 했다.

또 침략을 금지하고 군사를 재워 세상의 전쟁을 막고자 했다.

이런 생각을 지니면서 천하를 두루 돌아다니며

위로는 군주에게 유세하고, 아래로는 백성을 가르쳤다.

천하가 자신들을 받아들이지 않아도 꿋꿋하게 떠들면서 그치지 않았다.

고로 말하길 군주나 백성이나 모두 이들을 만나길 꺼려했는데

이들은 자신들의 주장을 펴고자 군주와 백성을 억지로 만났다.

아무리 그래도 이들은 지나치게 많을 정도로 남을 위하고,

지나치게 적을 정도로 자신을 위했다.

그래서 말한다. "하루 다섯 되 정도의 밥만 실제로 이들에게 주면 충분하다."

스승이 배부르지 않은 걸 걱정했지

제자들은 아무리 배가 고파도 천하를 잊지 않았다.

이들은 밤낮없이 쉬지 않고 말했다. "우리는 반드시 백성을 살릴 수 있다!"

세상을 건질 선비(救世之士)들이여. 그대들의 도모함이 성급하다!

세상은 말한다.

"군자는 지나치게 따지지 않고 자기 몸은 외물에 의해 지배받지 않는다."

이럼으로 천하에 보탬이 안 되면 도술 밝히는 걸 그만두는 게 낫다 여긴다.

침략을 금지하거나 군사를 재우는 걸 외적 활동의 목표로 삼고,

정욕을 줄이거나 정욕을 얕게 하는 걸 내적 수양의 목표로 삼는다.

이런 주장들 간에 작고 큰 것, 세밀하고 대략적인 것 사이에 차이가 있어도

이들의 기행(紀行)은 결국 여기에 이르러서 그쳤다.

不累於俗 不飾於物: 세속에(於~俗) 묶이지(累) 않고(不), 외물로(於~物) (자신을) 꾸미지(飾) 않는다(不). 累(묶을 루, 묶이다) 飾(꾸밀 식)

不苟於人 不忮於衆: 남에게(於~人) 가혹하게(苟) (굴지) 않고(不), 많은 사람의 (마음)을(於~) 거스르지(忮) 않는다(不). 苟(가혹할 가) 忮(거스를 기)

願天下之安寧 以活民命: 천하(天下)의 안녕(安寧)을 도모해(願) (전쟁을 일으키지 않아) 그것으로써(以) 백성(民)의 목숨(命)을 살리다(活). 願(원할 원) 命(목숨 명) 活(살릴 활)

人我之養畢足而止: 남(人)과 내(我)가 먹고사는(養) (문제를) 마치면(畢), 즉 문제를 해결하면 충분하다(足~而) 그치다(止). 養(기를 양 → 먹고 사는 것) 畢(마칠 필) 止(멈출 지)

以此白心: 이럼으로써(以~此) 마음(心)을 분명히(白) 하다. 白(밝게할 백, 분명히 하다)

古之道術有在於是者: 옛날(古)의 도술(道術) 중에 이런(是) 방면(於~者)에 (집중한 도술이) 있다(有在).

宋鈃尹文聞其風而悅之: 송경(宋鈃)과 윤문(尹文)이 (이런 방면의) 가르침(風)을 듣고(聞~而) 기뻐하다(說). 風(가르침 풍) 說(기뻐할 열)

華山之冠以自表: (이들은 위아래가 평평한) 화산(華山) (모양의) 갓(冠)을 억지로 만들어(作爲) (쓰)고), 이럼으로써(以) (평등을 핵심으로 하는) 자신(自)들의 (생각을) 나타내다(表). 冠(갓 관) 作爲〔(굳이) 만듦. 作지을 작)〕 表(나타낼 표)

接萬物以別宥 爲始: 만물(萬物)을 구분(以~別宥) (지어) 접촉해도(接) (서로 범하지 않음을) 으뜸(始)으로 삼다(爲). 接(접촉할 접) 別宥〔구분함. 別(따로 별) 宥(사로잡힐 유) 始(근본 시 → 으뜸)

語心之容 命之曰心之行: (이들은) 마음(心)의 모습(容)을 말하면서(語) (이를) 마음(心)의 행동(行), 즉 마음작용이라 명명해(命) 말하다. 容(얼굴 용, 모습) 語(말할 어)

以聏合驩: 그럼으로써(以) 조화를 이뤄(聏) 친밀하게 지내는 사람(驩)을 화합시키다(合). 聏(화할 이, 조화를 이루다) 驩(친밀하게지내는사람 환) 合(합할 합 → 함께하다)

以調海內: (화합시킴)으로써(以) 온 세상(海內)을 고르게 조절하다(調). 海內(해내 → 온 세상) 調(고를 조, 고르게 조절하다)

請欲置之以爲主: (그리고 이런 일이) 확립되길(欲~置) 바라며(請) 그럼으로써(以) (이를 자신들의) 근본(主)으로 삼다(爲). 置(놓을 치 → 확립되다) 請(청하건대 청, 바라건대) 主(근본 주)

見侮不辱 救民之鬪: 업신여김(侮)을 당해도(見) (이를) 수치(辱)로 (여기지) 않아(不) 사람(民)들 간의 싸움(鬪)을 막고자(救) (하다). 侮(업신여길 모) 見(볼 견 → 당하다) 辱(욕보일 욕, 수치) 鬪(싸움 투) 救(막을 구)

禁攻寢兵 救世之戰: (또) 침략(攻)을 금지(禁)하고 군사(兵)를 재워(寢) 세상(世)의 전쟁(戰)을 막고자(救) (하다). 攻(칠 공 → 침략) 禁(금할 금) 兵(군사 병) 寢(재울 침) 戰(싸울 전 → 전쟁)

以此周行天下 上說下敎: 이런(以~此) (생각을 지니면서) 천하(天下)를 두루(周) 돌아다니며(行) 위(上)로는 (군주에게) 유세하고(說), 아래(下)로는 (백성을) 가르치다(敎). 周(두루 주) 行(갈 행 → 돌아다니다) 說(말씀 설 → 유세하다) 下敎[윗사람이 아랫사람을 가르쳐 보임. 敎(가르칠 교)]

雖天下不取 强聒而不舍者也: 천하(天下)가 아무리(雖) (자신들을) 받아들이지(取) 않아도(不) 꿋꿋하게(强) 떠들면서(聒~而) 그치지(舍) 않다(不). 取(취할 취 → 받아들이다) 强(군셀 강 → 꿋꿋하게) 聒(떠들썩할 괄) 舍(버릴 사 → 그치다) 雖(비록 수, 아무리 ~해도)

故曰上下見厭而强見也: 고로(故) 말하다. 위(上) (사람이나) 아래(下) (사람이나), 즉 군주나 백성이나 (모두 이들을) 만나기를(見) 꺼리는데(厭~而) (이들은 자신들의 주장을 펴고자) 억지로(强) 만나다(見). 厭(꺼려할 염) 强(억지로 강)

雖然 其爲人太多 其自爲太少: 아무리(雖) 그렇다(然) (해도 이들은) 지나치게 많을(太多) (정도로) 남(人)을 위하고(爲), 지나치게 적을(太少) (정도로) 자신(自)을 위하다(爲). 太多[크게(太) 많음(多). 즉 지나치게 많음. 太(클 태)] 太小[썩(太) 적음(小). 즉 지나치게 적음]

日 請欲固置五升之飯足矣: (그래서) 말하다. 청컨대(請) (하루에) 다섯(五) 되(升) (정도의) 밥(飯)만 정말로(固) 주면(欲~置) 충분하다(足). 升(되 승) 飯(밥 반) 固(진실로 고, 정말로 → 실제로) 置(놓을 치 → 주다) 足(족할 족, 충분하다)

先生恐不得飽: 스승(先生)이 배부르지(得~飽) 않은(不) (걸) 걱정하다(恐). 飽(배부를 포) 恐(두려워할 공 → 걱정하다)

弟子雖飢 不忘天下: 제자(弟子)들은 아무리(雖) 배고파도(飢) 천하(天下)를 잊지(忘) 않다(不). 饑(주릴 기, 배고프다) 忘(잊을 망)

日夜不休: (이들은) 낮(日) 밤(夜)(을 가리지 않고), 즉 밤낮없이 쉬지(休) 않다(不).

曰 我必得活哉!: 말하다. 우리(我)는 반드시(必) (백성을) 살릴(得~活) 수 있다!

圖傲乎救世之士哉!: 세상(世)을 건질(救) 선비(士)여. (그대들의) 도모함(圖)이 성급하다(傲)! 救(건질 구) 圖(꾀할 도, 도모함) 傲(성급할 오)

曰 君子不爲苛察: (세상은) 말하다. 군자(君子)는 가혹하게(苛) 까다롭지(爲~察) 않다(不). 즉 지나치게 따지지 않는다. 苛(모질 가, 가혹함) 察(자세할 찰, 너무 세밀하여 까다로움)

不以身假物: (자기) 몸을(以~身) 외물(物)로 빌리지(假) 않다(不). 즉 자기 몸은 외물에 의해 지배받지 않는다. 假(빌릴 가)

以爲無益於天下者: 이럼으로써(以) 천하에(於~天下) 보탬(益)이 되지(爲) 않으면(無~者). 益(더할 익, 보탬)

明之不如己也: 도술(之) 밝히는(明) (걸) 그만두는(已) 것과 같지(如) 않다고(不) (여기다). 즉 그만두는 게 낫다고 여기다. 明(밝힐 명) 已(그만둘 이)

以禁攻寢兵爲外: 침략(攻)을 금지(禁)하거나 군사(兵)를 재우는 걸(以~寢) 외적(外) (활동의 목

표로) 삼다(爲), 寢(잠잘 침, 재우다)

以情欲寡淺爲內: 정욕(情寡)을 줄이거나(寡) (정욕을) 얕게(淺) 하는 걸 내적(內) (수양의 목표로)
삼다(爲). 情欲〔정욕. 情(욕 정, 욕망) 欲(욕 욕, 욕심) 寡(적을 과 → 줄이다) 淺(얕을 천, 얕게 하다)

其小大精粗: (이런 주장들 간에) 작고(小) 큰(大) (것), 세밀하고(精) 대략적인(粗) (것 사이에 차이가
있다). 精(정세할 정, 세밀함) 粗(대강 조, 대략적)

紀行適至是而止: (그래도 이들의) 기행(紀行)은 결국(適) 여기(是)에 이르러서(至) 그치다(而~止).

천하(天下) 4

公而不黨, 易而無私, 決然無主, 趣物而不兩, 不顧於慮, 不謀於知, 於物無擇,
與之俱往, 古之道術有在於是者.

彭蒙田騈愼到聞其風而悅之.

齊萬物以爲首, 曰:「天能覆之而不能載之, 地能載之而不能覆之,
大道能包之而不能辯之.」

知萬物皆有所可, 有所不可, 故曰:「選則不徧, 敎則不至, 道則無遺者矣.」

是故愼到棄知去己, 而緣不得已, 冷汰於物, 以爲道理,

曰:「知不知, 將薄知而後憐傷之者也.」

謑髁無任, 而笑天下之尙賢也, 縱脫無行, 而非天下之大聖.

椎拍輐斷, 與物宛轉, 舍是與非, 苟可以免.

不師知慮, 不知前後, 魏然而已矣.

推而後行, 曳而後往, 若飄風之還, 若落羽之旋,

若磨石之隧, 全而無非, 動靜無過, 未詳有罪. 是何故?

夫無知之物, 無建己之患., 無用知之累, 動靜不離於理, 是以終身無譽.

故曰:「至於若無知之物而已, 無用賢聖, 夫塊不失道.」

豪桀相與笑之曰:「愼到之道, 非生人之行而至死人之理, 適得怪焉.」

田騈亦然, 學於彭蒙, 得不敎焉.

彭蒙之師曰:「古之道人, 至於莫之是莫之非而已矣. 其風窢然, 惡可而言?」

常反人, 不見觀, 而不免於魭斷.

其所謂道非道, 而所言之韙不免於非.

彭蒙田騈愼到不知道. 雖然, 槪乎皆嘗有聞者也.

공평무사해 한쪽으로 치우치지 않고, 편편해서 아집이 없고,
단호하게 내세우는 주장이 없다.
사물을 대할 때는 나와 사물을 둘로 나누지 않고,
생각에 마음을 쓰지 않고, 지혜를 짜내지 않아
사물을 좋고 싫거나 옳고 그르거나 하는 식으로 가리지 않고
만물과 동화된다.
옛날 도술 중에 이런 방면에 집중한 도술이 있었다.
팽몽(彭蒙), 전병(田騈), 신도(愼到)는 이런 가르침을 듣고 기뻐했다.
이들은 만물을 가지런히 함으로써 이를 으뜸으로 삼는다고 말했다.
"하늘은 만물을 덮지만 떠받치지 못하고,
땅은 만물을 떠받치지만 덮지를 못한다.
큰 도는 만물을 모두 감싸 좋거나 싫거나 하는 식으로 구별하지 않는다."
이들은 만물이 모두 저마다 괜찮은 바 있고, 괜찮지 않은 바 있음을 안다.
고로 말한다.
"가려서 택하면 두루 미치지 않고, 가르치면 도에 이르지 못해도
도라면 어느 하나 누락시키지 않는다."
이 때문에 신도(愼到)는 앎(知)에 따른 판단을 버리고
자기란 의식에서 벗어나 사물의 변화를 부득이하게 따랐다.
이처럼 사물의 변화를 따름으로써 이를 올바른 도리(道理)로 삼으며 말했다.
"알 수 없는 것을 알면 앎에 의해 덮여서 가려지는데
나중에는 그 앎에 억눌려서 가엾은 상처를 입는다."
그는 게으름을 피우면서 아무 일도 맡지 않았어도
사람들이 천하의 현자를 숭상하는 것에 대해선 비웃었다.
예의범절을 무시하고, 덕행을 무시하고, 천하의 큰 성인(大聖)을 부정했다.
그렇지만 신도는 귀퉁이는 몽치로 치고, 모난 데는 둥글게 다듬어서
세상을 둥글둥글하게 살아가고, 옳음과 그름으로 구분하는 생각을 버렸다.
그래서 그는 속박에서 겨우 벗어날 수 있었다.
그는 앎과 생각을 스승으로 삼지 않고, 일의 원인과 결과를 따지지 않고,
홀로 초연하게 있을 뿐이다.

그래서 누가 떠밀어야 비로소 나아가고, 누가 끌어야 비로소 따라갔는데
마치 회오리바람이 돌 듯이, 깃털이 떨어져 날리듯이, 맷돌이 돌아가듯이
그는 자연스럽게 변화했다.

그래서 항상 온전해서 그른 데가 없었고,

움직이건 조용하건 잘못이 없어 죄를 범한 적이 없었다.

이것이 어째서 그런가?

앎이 없는(無知) 사람은 자기를 내세워도 재앙을 입지 않고,

앎을 사용해도 궁지에 빠지는 일이 없고,

움직이건 조용하건 이치에서 벗어나는 일이 없다.

이럼으로써 평생 칭송받는 일도 없다.

그래서 신도는 말한다.

"앎이 없는 사물의 경지에 이를 뿐이어서

현인과 성인의 지혜를 쓸 필요가 없다.

모름지기 흙덩이는 지각이 없어 자연의 도(道)를 잃지 않는다."

그러자 재덕이 뛰어난 사람들이 서로 신도를 비웃으며 말했다.

"신도의 도는 산 사람은 실천하지 못해도 죽은 사람에게는 도리의 지극함
이어서 기이하다고 여겨지는 게 마땅하다."

전변(田騈)도 이와 마찬가지이다.

그는 팽몽(彭蒙)에게서 배워 말로 가르치지 않는 진수를 터득했다.

팽몽의 스승이 말했다.

"옛날에 도인(道人)은 어느 것도 옳은 게 없고, 어느 것도 그른 게 없는 경지
에 이를 뿐이다.

옛날 도인의 가르침은 획하고 부는 역풍과 같아 종잡을 수 없으니까

어찌 말로 전할 수 있는가?"

팽몽, 전도, 신도는 세상 사람의 생각과 늘 상반되어 주목을 받지 못했다.

그런데 이들의 주장은 인위적인 상태에서 벗어나지 못했다.

그래서 팽몽, 전도, 신도가 말하는 도는 참된 도가 아니다.

그리고 이들이 주장한 비결도 그름에서 벗어나지 못했다.

그래서 팽몽, 전도, 신도는 참된 도를 알지 못했다.

아무리 그래도 이들 모두는 도에 대해 대략적인 내용을 들은 바 있다.

注 ─────────────────────────────────────

公而不黨 易而無私: 공평무사해(公~而) (한쪽으로) 치우치지(黨) 않고(不), 편편해서(易~而) 아집(私)이 없다(無). 公(공변될 공, 공평무사함) 黨(치우칠 당) 易(편편할 이) 私(사견 사 → 아집)

決然無主: 단호하게(決然) 내세우는(主) (주장도) 없다(無). 決然〔단호히. 決(감연히 결)〕 主(주로 할 주 → 내세우다)

趣物而不兩: 사물(物)을 대할 때는(趣~而) (나와 사물을) 둘(兩)로 (나누지) 않다(不). 趣(향할 취 → 대하다) 兩(둘 양)

不顧於慮: 생각에(於~慮) 마음을 쓰지(顧) 않다(不). 慮(생각 려) 顧(돌아볼 고, 마음을 씀)

不謀於知: 지혜를(於~知) 꾀하지(謀) 않다(不). 즉 지혜를 짜내지 않다. 謀(꾀할 모)

於物無擇 與之俱往: (그래서) 사물을(於~物) (좋고 싫거나 옳고 그르거나 식으로) 가리지(擇) 않고(無) (그것)과(與) 함께(俱) 나아가다(往). 즉 만물과 동화되다. 擇(가릴 택) 俱(함께 구) 往(갈 왕)

古之道術有在於是者: 옛날(古)의 도술(道術) 중에 이런(是) 방면(於~者)에 (집중한 도술이) 있다(有在).

彭蒙田駢愼到聞其風而悅之: 팽몽(彭蒙), 전병(田駢), 신도(愼到)는 (이런) 가르침(風)을 듣고서(聞~而) 기뻐하다(說). 風(가르침 풍)

齊萬物以爲首 曰: (이들은) 만물(萬物)을 가지런히 함으로써(以~齊) (이를) 으뜸으로(首) 삼는다고(爲) 말하다. 齊(가지런할 제) 首(머리 수 → 으뜸)

天能覆之而不能載之: 하늘(天)은 (만물을) 덮쳐도(能覆~而) 떠받치지(能~載) 못하다(不). 覆(엎을 복) 載(실을 재 → 떠받치다)

地能載之而不能覆之: 땅(地)은 (만물을) 떠받쳐도(能載~而) 덮지(能~覆)를 못하다(不).

大道能包之而不能辯之: 큰 도(大道)는 (만물을 모두) 감싸(能包~而) (좋거나 싫거나 하는 식으로) 구별하지(能~辯) 않는다(不). 包(쌀 포, 감싸다) 辯(나눌 변, 구별하다)

知萬物皆有所可 有所不可: (팽몽, 전병, 신도는) 만물(萬物)이 모두(皆) (저마다) 괜찮은(可) 바(所) 있고(有), 괜찮지 않은(不可) 바(所) 있음(有)을 안다(知). 可(옳을 가 → 괜찮다) 知(알 지)

故曰 選則不偏 敎則不至: 고로(故) 말하다. 가려서 택하면(選~則) 두루(偏) (미치지) 않고(不), 가르치면(敎~則) (도에) 이르지(至) 못하다(不). 選(가릴 선 → 가려서 택하다) 偏(두루 편) 敎(가르칠 교) 至(이를 지)

道則無遺者矣: (그래도) 도라면(道~則) (어느 하나) 누락시키는(遺) 게(者) 없다(無). 遺(빠질 유, 누락시킴)

是故愼到棄知去己: 이(是) 때문에(故) 신도(愼到)는 앎(知)에 (따른 판단을) 버리고(棄), 자기(己)

란 (의식에서도) 벗어나다(去). 棄(버릴 기) 己(자기 기) 去(갈 거, 떠나다 → 벗어나다)

而緣不得已: 그리고(而) 부득이(不得已)하게 (사물의 변화를) 따르다(緣). 緣(좇을 연, 따르다)

冷汰於物 以爲道理: (이처럼) 사물의 (변화)를(於~物) 따라(冷汰), 그것으로써(以) (올바른) 도리(道理)로 삼다(爲). 冷汰〔맑음(冷)에 미끄러짐(汰). 즉 변화에 그대로 따름. 冷(맑을 냉) 汰(심할 태)〕

曰 知不知: (그는) 말하다. 알 수(知) 없는(不) 것을 알다(知).

將薄知而後隣傷之者也: (그러면) 앎(知)에 (의해) 덮여서 가려지는데(將薄~而) 나중(後)에는 (그 앎에 억눌려) 가엾은(隣) 상처(傷)를 (입는다). 薄(덮을 박, 덮여 가려짐) 隣(불쌍히여길 련, 가엾이 여김)

※ 참고한 『莊子今註今譯』에 '隣(이웃 린)'으로 표시되었는데 오자로 보아 '憐(불쌍히여길 련)'으로 바꾸어서 해석했다. 傷(다칠 상, 상처)

謑髁無任: (그는) 게으름을 피우며(謑髁) (아무 일도) 맡지(任) 않다(無). 謑髁〔바르지 않은 모양 → 게으름 피우다. 謑(바르지아니할 혜) 髁(부정할 화)〕任(맡을 임)

而笑天下之尙賢也: 그래도(而) (사람들이) 천하(天下)의 현자(賢)를 숭상하는(尙) (것에 대해선) 비웃다(笑). 賢(어질 현) 尙(숭상할 상) 笑(비웃을 소)

縱脫無行: (또) 예의범절을 무시하고(縱脫), 덕행(行)을 무시하다(無). 縱脫〔방종하게 예의범절을 무시. 縱(방종할 종) 脫(벗을 탈)〕行(덕행 행) 無(무시할 무)

而非天下之大聖: 그리고(而) 천하(天下)의 큰 성인(大聖)을 부정하다(非). 非(아닐 비 → 부정하다)

椎拍輐斷: (그렇지만 신도는) 귀퉁이는(拍) 몽치로 치고(椎), 모난(斷) 데는 둥글게(輐) (다듬는다). 拍(어깻죽지 박, 귀퉁이) 椎(몽치 추, 몽치로 치다) 斷(끊을 단 → 모나다) 輐(둥글 완, 둥글게)

與物宛轉: (그래서) 사물(物)과 함께(與) 완연히(宛) 바뀌다(轉). 즉 세상을 둥글둥글하게 살아가다. 宛(완연 완, 완연히) 轉(바뀔 전)

舍是與非: 옳음(是)과(與) 그름(非)으로 (구분한다는 생각을) 버리다(舍). 是(옳을 시) 非(아닐 비 → 그르다) 舍(버릴 사)

苟可以免: (그래서 그는 속박에서) 겨우(苟) 벗어나는(以~免) 게 가능하다(可). 즉 벗어날 수 있다. 苟(겨우 구) 免(면할 면, 벗어나다)

不師知慮 不知前後: (그는) 앎(知)과 생각(慮)을 스승으로 삼지(師) 않고(不), (일의) 전후(前後)를 알지(知) 못하다(不). 즉 원인과 결과를 따지지 않다. 師(스승으로 삼을 사) 慮(생각할 려)

魏然而已矣: (그리고 홀로) 초연하게(魏然) (있을) 뿐이다(而已). 魏然〔초연한 모습. 魏(높을 위)〕

推而後行 曳而後往: (그래서) 누가 떠밀고(推~而) 난 뒤(後) (비로소) 나아가고(行), 누가 끌고(曳~而) 난 뒤(後) (비로소) 따라가다(往). 推(밀 추, 떠밀다) 後(뒤 후) 曳(끌 예) 往(갈 왕)

若飄風之還 若落羽之旋: (그런데 그는) 마치(若) 회오리바람(飄風)이 돌(還) 듯, 마치(若) 깃털

(羽)이 떨어져서(落) 날리(旋)듯. 飄風〔회오리바람. 飄(회오리바람 표) 風(바람 풍)〕還(돌 선) 羽
(깃 우, 깃털) 落(떨어질 락) 旋(돌 선, 돌다 → 날리다)

若磨石之隧: 마치(若) 맷돌(磨石)이 돌아가듯(隧) (자연스럽게 변화하다). 磨石〔맷돌. 磨(갈 마)
石(돌 석)〕隧(돌 수, 돌아가다)

全而無非: (그래서 항상) 온전해서(全~而) 그른(非) 데가 없다(無).

動靜無過 未詳有罪: 움직이건(動) 조용하건(靜) 잘못(過)이 없어(無) 죄(罪)를 범한(有) 적이
없다(未詳). 動(움직일 동) 靜(고요할 정) 過(잘못 과) 罪(허물 죄) 未詳〔확실하거나 분명치 않음.
未(아닐 미) 詳(자세할 상)〕

是何故?: 이것(是)이 어째서(何) 그런가(故)?

夫無知之物 無建己之患: 앎(知)이 없는(無) 사람(物)은 자기(己)를 내세워도(建) 재앙(患)을 (입
지) 않다(無). 建(세울 건)

無用知之累: 앎(知)을 사용해도(用) 궁지에 매이는(累) 일이 없다(無). 즉 궁지에 빠지는 일이
없다. 用(쓸 용) 累(매일 루)

動靜不離於理: 움직이건(動) 조용하건(靜) 이치에서(於~理) 벗어나는(離) 일이 없다(不). 理
(도리 리, 이치) 離(떼놓을 리, 벗어남)

是以終身無譽: 이럼으로써(是~以) 평생(終身) 칭송받는(譽) 일도 없다(無). 譽(기릴 예 → 칭송
받다)

故曰 至於若無知之物而已: 그래서(故) (신도는) 말하다. 앎(知)이 없는(無) 사물(物)의 경지에
(於~若) 이를(至) 뿐이다(而已).

無用賢聖: (그래서) 현인(賢)과 성인(聖)의 (지혜도) 쓸(用) 필요가 없다(無).

夫塊不失道: 모름지기(夫) 흙덩이(塊)는 (지각이 없어 자연의) 도(道)를 잃지(失) 않는다(不). 塊
(흙덩이 괴)

豪桀相與笑之曰: (그러자) 재덕이 뛰어난 사람(豪桀)들이 (신도를) 서로(相與) 비웃으며(笑) 말
하다. 豪桀〔재덕이 뛰어난 사람. 豪(뛰어날 호) 桀(뛰어날 걸)〕笑(웃을 소 → 비웃다)

愼到之道: 신도(愼到)의 도(道).

非生人之行而至死人之理: 산(生) 사람(人)은 실천하지(行) 못해도(非~而) 죽은(死) 사람(人)에
게는 도리(理)의 지극함(至)이다.

適得怪焉: 기이함(怪)을 얻는(得) 것, 즉 기이하다고 여겨지는 게 마땅하다(適). 怪(기이할 괴)
適(마땅할 적)

田駢亦然: 전변(田駢)은 역시(亦) 그러하다(然). 즉 이와 마찬가지이다.

學於彭蒙 得不敎焉: (그는) 팽몽에게서(於~彭蒙) 배워(學) (말로) 가르치지(敎) 않는(不) (진수를)
터득하다(得). 得(얻을 득)

彭蒙之師曰: 팽몽(彭蒙)의 스승(師)이 말하다. 師(스승 사)

古之道人 至於莫之是莫之非而已矣: 옛날(古) 도인(道人)은 (어느 것도) 옳은(是) 게 없고(莫), (어느 것도) 그른(非) 게 없는(莫) 경지에(於) 이를(至) 뿐이다(而已). 是(옳을 시) 莫(없을 막) 非(아닐 비 → 그르다)

其風窢然 惡可而言?: (옛날 도인의) 가르침(風)은 획하고 부는 역풍과 같아(窢然) (종잡을 수 없으니까) 어찌(惡) 말(言)로 전할 수(可) (있는가)? 窢然〔획하고 부는 역풍 같은 모습. 窢(역풍불 획)〕 惡(어찌 오)

常反人 不見觀: (팽몽, 전도, 신도는) (세상) 사람(人)들의 (생각과) 늘(常) 상반되어서(反) (사람들의) 주목을 받지(見觀) 못하다(不). 常(항상 상, 늘) 反(거스를 반 → 상반되다) 見觀〔주목을 받다. 見(볼 견) 觀(볼 관)〕

而不免於魭斷: 그런데(而) (이들의 주장은) 인위적인 상태에서(於~魭斷) 벗어나지(免) 못하다(不). 魭斷〔깎고 자름. 즉 인위적인 상태. 魭(깎을 완) 斷(끊을 단, 자르다)〕

其所謂道非道: (그래서 팽몽, 전도, 신도가) 말한(謂) 바(所)의 도(道)는 (참된) 도(道)가 아니다(非).

而所言之韙不免於非: 그리고(而) (이들이) 주장한(所~言) 비결(韙)도 그름에서(於~非) 벗어나지(免) 못하다(不). 韙(비결 도)

彭蒙田騈愼到不知道: (그래서) 팽몽(彭蒙), 전도(田騈), 신도(愼到)는 (참된) 도(道)를 알지(知) 못하다(不).

雖然 槪乎皆嘗有聞者也: 아무리(雖) 그래도(然) (이들) 모두(皆)는 (도에 대해) 대략적인(槪) (내용을) 들은(聞) 적(者)이 있다(嘗~有). 雖(비록 수, 아무리 ~해도) 槪(대개 개 → 대략적인) 嘗(맛볼 상)

천하(天下) 5

以本爲精, 以物爲粗, 以有積爲不足, 澹然獨與神明居, 古之道術有在於是者.
關尹老聃聞其風而悅之.
建之以常無有, 主之以太一, 以濡弱謙下爲表, 以空虛不毀萬物爲實.
關尹曰:「在己無居, 形物自著. 其動若水, 其靜若鏡, 其應若響,
芴乎若亡, 寂乎若淸. 同焉者和, 得焉者失. 未嘗先人而常隨人.」
老聃曰:「知其雄, 守其雌, 爲天下谿., 知其白, 守其辱, 爲天下谷.」
人皆取先, 己獨取後, 曰受天下之垢., 人皆取實, 己獨取虛, 無藏也故有餘.,
其行身也, 徐而不費, 無爲也而笑巧., 人皆求福, 己獨曲全, 曰苟免於咎.
以深爲根, 以約爲紀, 曰堅則毀矣, 銳則挫矣.

常觀於物, 不削於人, 可謂至極.
關尹老聃乎! 古之博大眞人哉!

만물의 근본을 순수한 것으로 보고, 구체적인 사물을 조잡한 것으로 본다.
아무리 배워도 충분하지 않다고 여겨
홀로 조용히 천지의 영험한 밝음(神明)과 함께 산다.
옛날 도술 중에 이런 방면에 집중한 도술이 있었다.
관윤(關尹)과 노담(老聃)은 이런 가르침을 듣고 기뻐했다.
이들은 영원한 없음(常無)을 내세우고,
커다란 하나 됨(太一)을 으뜸으로 삼았다.
그럼으로써 유약함에 머물며 스스로 겸손하게 나타냈다.
자신을 겸손하게 나타내 만물이 훼손되지 않는 공허함을 실질로 삼았다.
관윤이 말했다.
"자기 마음에 아무런 집착이 없는 상태에서 사물을 서로 비교하므로
사물의 이치가 저절로 드러난다.
사물의 움직임이 흐르는 물 같고, 고요함이 거울 같고, 반응이 메아리와 같아
홀연해서 마치 없는 듯하고, 적막해서 마치 청정한 듯하다.
남과 동화하면 화합하지만 혼자서 얻으면 잃는다.
남을 앞선 적이 없어 늘 남의 뒤를 따른다."
노담이 말했다.
"굳세고 강한 남성성(雄)을 알고, 부드럽고 연약한 여성성(雌)을 지키면
천하의 물줄기가 모여들어 시내가 된다.
정직해서 꾸밈없음(白)을 알고, 더러운 욕됨(辱)을 지키면
천하의 물줄기가 모여들어 골짜기가 된다."
사람들은 모두 앞서려고 해도 자신만 홀로 뒤에 처져
천하의 오욕(垢)을 받아들인다고 말한다.
또 모든 사람은 실속을 취해도 자신만 비움을 취해 아무것도 보관하지 않아
오히려 남음이 있다.
노담은 느긋하게 처신해 심신을 소모하지 않고,

무위(無爲)의 입장에서 온갖 재주를 비웃는다.

모든 사람은 복(福)을 추구해도 자신만은 굽혀서 온전함을 유지해

재앙에서 잠시 벗어난다고 말한다.

또 깊은 것을 근본으로 삼고, 간략함을 원칙으로 삼기에 단단하면 꺾이고,

날카로우면 무뎌진다고 말한다.

만물을 늘 너그럽게 포용하며 남을 깎아내리지 않아

지극한 도의 경치에 가히 이르렀다고 말한다.

관윤과 노담!

그들은 옛날에 매우 위대했던 진인(眞人)이다!

注 ─────────────────────────────────────

以本爲精 以物爲粗: (만물의) 근본을(以~本) 순수한(精) 것으로 보고(爲), (구체적인) 사물(物)을 조잡한(粗) 것으로 보다(爲). 精(순일할 정, 순수함) 粗(거칠 조, 조잡함)

以有積爲不足: (배움에) 쌓임(積) 있음이(以~有) 부족하다고(不足) 여기다(爲). 즉 아무리 배워도 충분하지 않다고 여기다. 積(쌓을 적)

澹然獨與神明居: (그래서) 홀로(獨) 조용히(澹然) 천지의 영험한 밝음(神明)과 함께(與) 산다(居). 澹然〔조용한 모양. 澹(조용할 담)〕 神明〔천지의 영험한 밝음. 神(신령스런 신 → 영험한) 明(밝을 명)〕居(살 거)

古之道術有在於是者: 옛날(古) 도술(道術) 중에 이런(是) 방면(於~者)에 (집중한 도술이) 있다(有~在).

關尹老聃聞其風而悅之: 관윤(關尹)과 노담(老聃)은 (이런) 가르침(風)을 듣고서(聞~而) 기뻐하다(說). 風(가르침 풍) 說(기뻐할 열) **建之以常無有**: (이들은) 영원한(常) 없음을(以~無有) 내세우다(建). 常(늘 상 → 언제나) 建(세울 건 → 내세우다)

主之以太一: 커다란(太) 하나 됨을(以~一) 으뜸으로(主) (삼다). 主(주인 주 → 으뜸)

以濡弱謙下爲表: 그럼으로써(以) 유약함(弱)에 머물며(濡) (스스로) 겸손하게(謙下) 나타내다(爲~表). 弱(약할 약) 濡(지체할 유 → 머물다) 謙下〔겸손하여(謙) 낮은(下) 입장. 즉 겸손함. 謙(겸손할 겸)〕表(나타낼 표)

以空虛不毁萬物爲實: 그럼으로써(以), 즉 자신을 겸손하게 나타냄으로써 만물(萬物)이 훼손되지(毁) 않는(不) 공허함을(以~空虛) 실질(實)로 삼다(爲). 毁(헐 훼 → 훼손하다) 實(열매 실 → 실질)

關尹曰 在己無居: 관윤(關尹)이 말하다. 자기(己) (마음)에 머물지(居) 않음(無)이 있다(在). 즉 마음에 아무런 집착이 없다.

形物自著: (그런 상태에서) 사물(物)을 (서로) 비교하므로(形) (사물의 이치가) 저절로(自) 드러나다(著). 形(견줄 형, 비교하다) 著(나타낼 저)

其動若水 其靜若鏡: (사물의) 움직임(動)은 (흐르는) 물(水) 같고(若), 고요함(靜)은 거울(鏡) 같다(若). 動(움직일 동) 靜(고요할 정) 鏡(거울 경)

其應若響: 반응(應)은 메아리(響) 같다(若). 應(응할 응 → 반응하다) 響(울림 향 → 메아리)

芴乎若亡 寂乎若淸: (그래서) 홀연해(芴) 마치(若) 없는(亡) 듯하고 적막해(寂) 마치(若) 청정한(淸) 듯하다. 芴(어두울 혼 → 홀연) 亡(없을 망) 寂(고요할 적 → 적막함) 淸(맑을 청 → 청정함)

同焉者和 得焉者失: (남과) 동화하면(同~者) 화합하지만(和) (혼자) 얻으면(得~者) 잃는다(失). 和(화합할 화) 失(잃을 실)

未嘗先人而常隨人: 남(人)을 앞선(先) 적 없어(未嘗~而) 늘(常) 남(人)의 (뒤를) 따르다(隨). 先(먼저 선 앞서다) 隨(따를 수)

老聃曰 知其雄 守其雌: 노담(老聃)이 말하다. (굳세고 강함) 남성성(雄)을 알고(知), (부드럽고 연약한) 여성성(雌)을 지키다(守). 雄(수컷 웅 → 굳세고 강한 남성성) 雌(암컷 자 → 부드럽고 연약한 여성성) 守(지킬 수)

爲天下谿: (그러면) 천하(天下)의 (물줄기가 모여들어) 시내(谿)가 되다(爲). 谿(시내 계)

知其白 守其辱: 정직해 꾸밈없음(白)을 알고(知), (더러운) 욕된(辱)을 지키다(守). 白(진솔할 백, 정직해 꾸밈없음) 辱(욕되게할 욕)

爲天下谷: (그러면) 천하(天下)의 (물줄기가 모여들어) 골짜기(谷)가 되다(爲). 谷(골 곡, 골짜기)

人皆取先 己獨取後: 사람(人)은 모두(皆) 앞섬(先)을 취해도(取) 자신(己)은 홀로(獨) 뒤(後)를 취하다(取). 즉 사람들은 모두 앞서려고 해도 자신만 홀로 뒤에 처지다. 己(자기 기, 자신) 取(취할 취)

曰受天下之垢: (그래서) 천하(天下)의 오욕(垢)을 받아들인다고(受) 말하다. 垢(때 구 → 오욕) 受(받을 수)

人皆取實 己獨取虛: (또) 사람(人) 모두(皆)는 실속(實)을 취해도(取) 자신(己)은 홀로(獨) 비움(虛)을 취하다(取).

無藏也故有餘: (그래서 아무것도) 보관하지 않아(無藏~故) (오히려) 남음(餘)이 있다(有). 無藏〔보관해두지 않음. 藏(갈무리할 장)〕餘(남을 여)

其行身也 徐而不費: (노담은) 처신(行身)을 천천히 해(徐~而), 즉 느긋하게 처신해 (심신을) 소모하지(費) 않다(不). 行身〔처신. 行(행실 행) 身(몸 신)〕徐(천천할 서) 費(소모할 비)

無爲也而笑巧: 무위(無爲~而)의 (입장에서 온갖) 재주(巧)를 비웃는다(笑). 巧(재주 교) 笑(비웃을 소)

人皆求福 己獨曲全: 사람(人) 모두(皆)는 복(福)을 추구해도(求) 자신(己)은 홀로(獨) 굽혀서

(曲) 온전함(全)을 유지하다. 福(복 복) 求(구할 구) 曲(구부릴 곡, 굽히다) 全(온전 전)

曰苟免於咎: (그래서) 재앙에서(於~咎) 잠시(苟) 벗어난다고(免) 말하다. 咎(재앙 구) 苟(잠시 구) 免(면할 면, 벗어나다)

以深爲根 以約爲紀: (또) 깊은 것을(以~深) 근본(根)으로 삼고(爲), 간략함을(以~約) 원칙(紀)으로 삼다(爲). 深(깊을 심) 根(근본 근) 約(간략할 약) 紀(터 기, 밑바탕 → 원칙)

曰堅則毀矣 銳則挫矣: (그래서) 단단하면(堅~則) 꺾이고(毀), 날카로우면(銳~則) 무뎌진다고 (挫) (말하다). 堅(굳을 견, 단단함) 毀(꺾일 훼) 銳(날카로울 예) 挫(해칠 좌, 상하게 하다 → 무뎌지다)

常觀於物 不削於人: 만물을(於~物) 늘(常) (너그럽게) 보며(觀), 즉 포용하며 (다른) 사람을(於~人) 깎아(削) 내리지 않다(不). 觀(볼 관) 削(깎을 삭)

可謂至極: (그래서) 지극한(極) (도의 경지에) 가히(可) 이른다고(至) 말하다(謂).

關尹老聃乎! 古之博大眞人哉!: 관윤(關尹)과 노담(老聃)! (그들은) 옛날(古)에 매우 위대했던 (博大) 진인(眞人)이다! 博大〔매우 큼. 즉 매우 위대함. 博(넓을 박) 大(큰 대)〕

천하(天下) 6

芴漠無形, 變化無常, 死與生與, 天地並與, 神明往與!
芒乎何之, 忽乎何適, 萬物畢羅, 莫足以歸, 古之道術有在於是者.
莊周聞其風而悅之.
以謬悠之說, 荒唐之言, 無端崖之辭, 時恣縱而不儻, 不以觭見之也.
以天下爲沈濁, 不可與莊語, 以巵言爲曼衍, 以重言爲眞, 以寓言爲廣.
獨與天地精神往來而不敖倪於萬物, 不譴是非, 以與世俗處.
其書雖瑰瑋而連抃無傷也.
其辭雖參差而諔詭可觀.
彼其充實不可以已, 上與造物者遊, 而下與外死生無終始者爲友.
其於本也, 弘大而辟, 深閎而肆, 其於宗也, 可謂稠適而上遂矣.
雖然, 其應於化而解於物也, 其理不竭, 其來不蛻, 芒乎昧乎, 未之盡者.

흐릿해 어두워서 형체가 없고, 변화해서 모습에 일정함이 없다.
죽음과 삶이 하늘과 땅과 나란해 천지의 영험한 밝음(神明)과 함께 간다!
어디서 왔는지 아득하기만 하고, 어디로 갔는지 헤아릴 수 없다.
만물이 여기에 모두 펼쳐져 돌아갈 데가 마땅치 않다.

옛날 도술 중에 이런 방면에 집중한 도술이 있었다.

장주(莊周)는 이런 가르침을 듣고 기뻐했다.

장주는 터무니없는 주장과 황당한 말과 종잡을 수 없는 언사로

때때로 방자하고 제멋대로였어도 치우침이 없어서

한쪽 견해만으로 자신의 의견을 내세우지 않았다.

지금 천하가 미혹에 빠져서 혼란스러워져 바른 말(莊語)을 할 수 없다.

장주는 사물에 저절로 응하는 임기응변의 치언(卮言)을 상황에 맞추는

자연스런 표현수단으로 삼고,

옛날 성인의 말씀에 무게를 얹어 전하는 중언(重言)을 입장을 분명히

하는 표현수단으로 삼고,

우화 형식을 빌려 전하는 우언(寓言)을 의미를 넓히는 표현수단으로 삼았다.

그는 홀로 천지의 정신과 교류해도 만물을 경시하지 않고,

옳고 그름을 따지지 않고, 그럼으로써 세속과 어울려서 살았다.

그의 글이 아무리 기이하고 진기해도 자연스러움을 거스르지 않아

누구든 마음의 상처를 입지 않았다.

그의 말이 사실과 허구가 뒤섞여 아무리 들쑥날쑥한다 해도

그 말의 기만은 가히 볼만했다.

그는 내면에 충실히 쌓인 자신의 생각을 드러내지 않을 수 없었다.

그래서 위로는 조물자와 노닐고, 아래로는 죽음과 삶을 잊은 채

끝과 시작이 없다고 여기는 사람을 벗으로 삼았다.

그는 도의 근본을 넓고 크게 열고, 또 심원하고 광대하게 펴서

도의 밑동을 제대로 규명해 높은 경지에 이르렀다고 가히 말할 수 있다.

아무리 그래도 사물의 변화에 순응하면서 사물의 진상을 풀었기에

그의 논리는 마르지 않았고, 그가 제시하는 근거도 끊임없이 이어졌다.

그런데 그의 생각은 우리가 다 이해하지 못할 정도로 막막하고 어둡다.

注 ─────────────────────────────

芴漠無形 變化無常: 흐릿해 어두워서(芴漠) 형체(形)가 없고(無), 변화해서(變化) (모습에) 일정
함이 없다(無常). 芴漠〔흐릿해 어둠. 芴(어두울 홀) 漠(어두울 막)〕無常〔항상(常)이 없음(無). 일

정치 않음〕

死與生與 天地竝與 神明往與!: 죽음(死)과(與) 삶(生)이 하늘(天)과 땅(地)과 나란해(竝~與) 천지의 영험한 밝음(神明)과 (함께) 간다(往~與)! 竝(나란히할 병) 神明〔천지의 영험한 밝음. 神(신령스런 신 → 영험한) 明(밝을 명) 往(갈 왕)

芒乎何之 忽乎何適: 어디서(何) (왔는지) 아득하기만(芒) 하고, 어디로(何) 가는지(適) 헤아릴 수 없다(忽). 何(어느 하 → 어디) 芒(어두울 망 → 아득하다) 適(갈 적) 忽(홀연 홀 → 헤아릴 수 없다)

萬物畢羅 莫足以歸: 만물(萬物)이 (여기에) 모두(畢) 펼쳐져서(羅) 돌아갈(以~歸) 데가 마땅치 (足) 않다(莫). 畢(다 필, 모두) 羅(늘어설 라 → 펼쳐지다) 歸(돌아갈 귀) 足(족할 족 → 마땅하다) 莫(없을 막)

古之道術有在於是者: 옛날(古) 도술(道術) 중에 이런(是) 방면(於~者)에 (집중한 도술이) 있다(有 ~在).

莊周聞其風而悅之: 장주(莊周)는 (이런) 가르침(風)을 듣고서(聞~而) 기뻐하다(說). 風(가르침 풍) 說(기뻐할 열)

以謬悠之說 荒唐之言: (장주는) 터무니없는(謬悠) 주장(說)과 황당한(荒唐) 말(言). 謬悠〔터무니없음. 謬(미친소리 류) 悠(멀 유) 說(말 설, 주장) 荒唐〔황당. 荒(거칠 황) 唐(황당할 당)〕

無端崖之辭: 종잡을(端崖) 수 없는(無) 언사(以~辭). 端崖〔깎아 세운 낭떠러지 → 종잡다. 端(끝을 단) 崖(벼랑 애)〕辭(말 사)

時恣縱而不儻: 때때로(時) 방자하고(恣) 제멋대로여도(縱~而) 치우침(儻)이 없다(不). 恣(방자할 자) 縱(놓아둘 종, 제멋대로다) 儻(치우칠 당)

不以觭見之也: 그럼으로써(以) 한쪽 견해만으로(以~觭見) (자신의 의견을 내세우지) 않다(不). 觭見〔(짝수에는 적용되지 않는) 홀수(觭) 의견(見). 즉 한쪽에만 적용되는 의견 → 한쪽 견해. 觭(홀수 기) 見(견해 견)〕

以天下爲沈濁: (지금) 천하가(以~天下) (미혹에) 빠져(爲~沈) 혼란스럽다(濁). 沈(빠질 침) 濁(흐릴 탁, 혼란함)

不可與莊語: (그래서) 바른 말(與~莊語)을 (하는 게) 불가(不可)하다. 莊語〔바른 말. 莊(엄정할 장)〕

以巵言爲曼衍: (장주는 사물에 저절로 응하는 임기응변의) 치언을(以~巵言) 상황에 맞추는 자연스러운(曼衍) (표현수단으로) 삼다(爲). 巵言〔잔이 비면 술이 채워지듯 사물에 저절로 응하는 임기응변의 말. 巵(술잔 치)〕曼衍〔무한히 넓음 → 상황에 맞춘 자연스러움. 曼(길 만) 衍(퍼질 연, 널리 뻗어 나감)〕

以重言爲眞: (옛날 성인의 말씀에 무게를 얹어 전하는) 중언을(以~重言) (입장을) 분명히 하는(眞) (표현수단으로) 삼다(爲). 眞(뚜렷할 진, 분명히 하다)

以寓言爲廣: (우화 형식을 빌려서 전하는) 우언을(以~寓言) (의미를) 넓히는(廣) (표현수단으로) 삼다

(爲). 寓(부처살 우) 廣(넓힐 광)

獨與天地精神往來而不敖倪於萬物: (그는) 홀로(獨) 천지(天地)의 정신과(與~精神) 교류해도
(往來~而) 만물을(於~萬物) 경시하지(敖倪) 않다(不). 往來〔가고(往) 옴(來) → 교류〕 敖倪〔거만
하게(敖) 얕봄(倪). 즉 경시함. 敖(거만할 오) 倪(흘길 예)〕

不譴是非 以與世俗處: 옳고(是) 그름(非)을 따지지(譴) 않고(不), 그럼으로써(以) 세속과(與~世
俗) (어울려) 살다(處). 譴(꾸짖을 견, 문책하다 → 따지다) 處(살 처 → 따르다)

其書雖瓌瑋而連抃無傷也: (그의) 글(書)이 비록(雖) 기이하고(瓌) 진기해도(瑋~而) 자연스러움
을 거스르지 않아(連抃) (누구든 마음을) 다치지(傷) 않다(無). 즉 마음의 상처를 입지 않다. 瓌瑋
(진기할 위) 連抃〔손뼉 침(抃)이 이어짐(連). 즉 자연스러움을 거스르지 않음. 連(이을 련) 抃(손
뼉칠 변)〕傷(다칠 상)

其辭雖參差而諔詭可觀: (그의) 말(辭)이 (사실과 허구가) 뒤섞여(參) 아무리(雖) 들쑥날쑥해도(差
~而) (그 말의) 기만(諔詭)은 가히(可) 볼만하다(觀). 辭(말 사) 參(섞일 참, 뒤섞이다) 雖(비록 수, 아
무리 ~해도) 差(어긋날 차 → 들쑥날쑥하다) 諔詭〔기만. 諔(속일 숙) 詭(속일 궤)〕可觀〔볼만하다. 觀
(볼 관)〕

彼其充實不可以已: 그(彼)는 (내면에) 충실히(充實) (쌓인 생각을) 멈추는(以~已) 게 불가(不可)하
다. 즉 생각을 드러내지 않을 수 없다. 已(멈출 이)

上與造物者遊: (그래서) 위(上)로는 조물자와(與~造物者) 노닐다(遊). 遊(놀 유)

而下與外死生無終始者爲友: 그리고(而) 아래(下)로는 죽음(死)과 삶(生)을 잊은(外) 채 끝(終)
과 시작(始)이 없다고(無) (여기는) 사람(者)들을 벗(友)으로 삼다(爲). 外(외댈 외, 멀리 함 → 잊음)
友(벗 우)

其於本也 弘大而辟 深閎而肆: (그는 도의) 근본을(於~本) 넓고(弘) 크게(大~而) 열고(辟), 심원
하고 광대하게(深閎~而) 펴다(肆). 弘(넓을 홍) 大(클 대) 辟(열 벽) 深閎〔심원하고 광대함. 深(깊
을 심) 閎(클 굉)〕肆(펼 사)

其於宗也 可謂稠適而上遂矣: (그래서 도의) 밑동을(於~宗) 제대로 규명해(稠適~而) 높은(上)
(경지에) 이른다고(遂) 가히(可) 말하다(謂). 宗(마루 종, 밑동) 稠適〔빽빽이 조화되어 통달함. 즉
제대로 규명함. 稠(빽빽할 조) 適(맞을 적)〕上(위 상 → 높은) 遂(이를 수)

雖然 其應於化而解於物也: 아무리(雖) 그래도(然) (사물의) 변화에(於~化) 순응하면서(應~而)
사물(物)의 (진상)을(於) 풀다(解). 應(응할 응 → 순응하다) 解(풀 해)

其理不竭 其來不蛻: (그래서 그의) 논리(理)는 마르지(竭) 않고(不), (그가) 제시하는(來) (근거는)
허물을 벗지(蛻) 못하다(不). 즉 끊임없이 이어지다. 竭(마를 갈) 來(올 래 → 제시하다) 蛻(허물벗
을 세)

芒乎昧乎 未之盡者: (그런데 그의 생각은 우리가) 다(盡) (이해하지) 못할(未) (정도로) 막막하고(芒)

어둡다(昧). 盡(다할 진) 未(아닐 미) 芒(어두울 망 → 막막하다) 昧(어두울 매)

천하(天下) 7

惠施多方, 其書五車, 其道舛駁, 其言也不中.

厤物之意, 曰:「至大無外, 謂之大一., 至小無內, 謂之小一.

無厚, 不可積也, 其大千里. 天與地卑, 山與澤平. 日方中方睨, 物方生方死.

大同而與小同異, 此之謂小同異., 萬物畢同畢異, 此之謂大同異.

南方無窮而有窮, 今日適越而昔來. 連環可解也.

我知天下之中央, 燕之北越之南是也. 氾愛萬物, 天地一體也..」

惠施以此爲大, 觀於天下而曉辯者, 天下之辯者相與樂之.

卵有毛., 鷄三足., 郢有天下, 犬可以爲羊., 馬有卵., 丁子有尾., 火不熱., 山出口.,

輪不碾地., 目不見., 指不至, 至不絕., 龜長於蛇., 矩不方, 規不可以爲圓.,

鑿不圍枘, 飛鳥之景未嘗動也, 鏃矢之疾而有不行不止之時.,

狗非犬, 黃馬驪牛三, 白狗黑., 孤駒未嘗有母., 一尺之捶, 日取其半, 萬世不竭.

辯者以此與惠施相應, 終身無窮.

桓團公孫龍辯者之徒, 飾人之心, 易人之意, 能勝人之口, 不能服人之心, 辯者之

囿也.

惠施日以其知與人之辯, 特與天下之辯者爲怪, 此其柢也.

然惠施之口談, 自以爲最賢, 曰天地其壯乎!

施存雄而無術.

南方有倚人焉曰黃繚, 問天地所以不墜不陷, 風雨雷霆之故.

惠施不辭而應, 不慮而對, 徧爲萬物說, 說而不休, 多而無已, 猶以爲寡, 益之以怪.

以反人爲實, 而欲以勝人爲名, 是以與衆不適也.

弱於德, 强於物, 其塗隩矣.

由天地之道觀惠施之能, 其猶一蚊一蝱之勞者也. 其於物也何庸!

夫充一尙可, 曰愈貴道, 幾矣!

惠施不能以此自寧, 散於萬物而不厭, 卒以善辯爲名. 惜乎!

惠施之才, 駘蕩而不得, 逐萬物而不反, 是窮響以聲, 形與影競走也. 悲夫!

혜시는 학식이 깊고 넓어서 그의 학문이 여러 방면에 걸쳤고,

소장한 책도 수레 다섯 대 분량이었다.

그러나 그의 도(道)는 이것저것 잡다한 것들로 뒤섞였고,

그의 말도 사리에 맞지 않았다.

혜시는 사물의 의미를 차례로 검토해 다음과 같이 말했다.

"지극히 큰 건 바깥에 아무것도 없는데 이를 태일(太一)이라고 부르고,

지극히 작은 건 안에 아무것도 없는데 이를 소일(小一)이라고 부른다.

두께가 없어 쌓을 수 없어도 소일의 관점에선 그 크기가 천 리에 이른다.

태일의 관점에서 보면 하늘은 땅만큼 낮고, 산은 연못만큼 평평하다.

해가 지금 중천에 떠 있으면 동시에 서쪽으로 기울고,

사물은 지금 태어나면서 동시에 죽는다.

큰 관점에서 보면 모두가 같아도 작은 관점에서 보면

같기도 하고 다르기도 해 이를 소동이(小同異)라고 부른다.

또 만물은 모두 같아도 동시에 모두 다르기도 해

이를 대동이(大同異)라고 부른다.

남쪽은 끝이 없어도 끝이 있고,

오늘 월(越)나라에 가도 어제 월나라에 도착한다.

또 이어진 고리도 풀 수 있다.

나는 천하의 중앙이 어딘지 아는데 거긴 연나라 북쪽이자 월나라 남쪽이다.

만물을 두루 사랑하면 사물의 차별이 없어지고 천지도 하나가 된다."

혜시는 이런 논법을 자랑스레 여기며 천하의 원리를 밝혀 변자를 가르쳤고,

천하의 변자(辯者)들도 다음과 같이 논하는 걸 즐겼다.

병아리 몸에 털이 있으면 달걀 속에도 털이 있다.

닭에는 다리가 둘이어도 다리라는 말이 있어 닭에는 세 개의 다리가 있다.

우주의 크기로 보면 천하는 일부분에 지나지 않고, 초나라 수도 영(郢)도

우주의 일부분에 지나지 않아 천하도 초나라 수도 영 안에 포함된다.

개나 양은 사람이 붙인 이름이므로 개나 양을 바꾸어서 불러도 좋다.

말은 태생(胎生)이고 새는 난생(卵生)인데 태(胎)도 알을 낳는다는 점에선 같

아 말에도 알이 있다.

개구리는 올챙이가 커진 것이어서 본질을 보면 개구리에게도 꼬리가 있다.

뜨겁다고 느끼는 건 사람이므로 불 자체는 뜨겁지 않다.

메아리가 있으니까 산에는 입이 있다.

수레바퀴가 구를 때 한꺼번에 땅에 닿지 않고 일부만 닿아도 동시에 전부 닿는다고 보이는 건 자국에 지나지 않으므로 수레바퀴는 땅을 밟지 않는다.

빛이 없으면 사물은 보이지 않아 눈은 사물을 보지 못한다.

손가락이 가리키는 곳은 한 지점에 이르지 않거나 이르는 지점에서 끊어지지 않아 손가락의 가리킴은 고정되지 않는다.

사물의 장단(長短)은 상대적이므로 거북은 뱀만큼 길다.

네모나 동그라미는 말인지라 곱자는 네모나지 않고, 그림쇠로 원을 그릴 수 없다.

구멍과 장부 사이에 틈이 있어 구멍 파는 연장인 끌(鑿)은 나무 끝을 구멍에 맞춰 박기 위해 깎아서 가늘게 만든 장부(枘)를 둘러싸지(圍) 못한다.

나는 새의 그림자는 날아가는 순간 없어져도 새 그림자가 땅 위에 비치므로 나는 새의 그림자는 움직이지 않는다.

빠르다고 해도 가는 데 시간이 걸리므로 화살이 빠르게 날아가도 가지 않고, 또 가는 이상 멈추지 않을 때가 있다.

형체는 같아도 이름이 다르므로 개 '구(狗)'는 개 견(犬)'이 아니다.

색깔로 말하면 누런색, 검은색, 누런 검은색 세 가지이고, 형체로 보면 말, 소, 마소이므로 누런 말과 검은 소는 셋이다.

희니 검으니 하는 건 형체가 아니라 색깔이므로 형체로 보면 흰 개는 검다.

어미 잃은 망아지는 어미 있는 망아지와 달라서 고아가 된 망아지(孤駒)에게는 어미가 있지 않다.

한 자(尺) 길이의 채찍(捶)을 매일 반씩 잘라도 영원히 없어지지 않는다.

변자는 이런 논제로 혜시와 상응하면서 평생 논쟁해 그침이 없었다.

환단(桓團)과 공손룡(公孫龍)이 이런 변자의 무리이다.

이들은 사람의 마음(人心)을 쓸데없이 꾸며 사람들의 생각을 바꾸었다.

그렇지만 사람의 입은 이겨도 사람의 마음은 승복시키지 못해 이것이 변자의 한계이다.

혜시는 날마다 자신이 아는 바로 사람들과 논쟁을 벌였고,
특이한 입장에서 천하의 변자들과 기이한 주장을 폈다.
이것이 혜시 학설의 밑바탕이다.
이처럼 혜시는 자신의 입담이 가장 현명하다고 스스로 여기면서 말했다.
천지만이 나보다 훌륭하다!
혜시는 자신의 존재가 뛰어나다고 여겼는데
이를 뒷받침할만한 아무런 방술이 없었다.
남쪽 방면에 황료(黃繚)라는 괴이한 사람이 있었다.
그가 혜시에게 하늘이 무너지지 않고 땅이 함몰되지 않는 까닭과
바람, 비, 천둥이 일어나는 이유에 대해 물었다.
혜시는 기다렸다는 듯이 사양하지 않고 응하면서
잘 생각하지 않은 채로 대답했다.
그리고 만물에 대해 두루두루 말했는데 말하는데 쉼이 없었고,
말을 많이 하는데도 끝날 줄을 몰랐다.
오히려 말이 부족하다고 여겨서 기이한 주장을 보태
사람의 정서에 반하는 것을 실질로 삼았다.
그리고 논변으로 남을 이기려고 해 명성을 쌓았기에
그의 학설은 많은 사람들에게 맞지 않았다.
덕을 닦는 일에는 약한데 사물을 추구하는 일에는 강해
그의 도는 비뚤어졌다.
천지의 도(天地之道)라는 관점에서 혜시의 재능을 보면
마치 한 마리 모기나 한 마리 등에가 수고하는 것과 같다.
그러니 그의 학통이 사물에 대해 무슨 쓸모가 있는가?
혜시의 학통이 도(道)의 한 부분을 채운다고 말하는 건 괜찮아도
도보다 더욱 귀하다고 말하는 건 위태롭다!
그런데 혜시는 이것으로 스스로 만족할 수 없었기에
만물에 자신의 관심을 분산하면서 싫증을 내지 않았다.
그리고는 마침내 말 잘하는 사람으로서 명성을 얻었다.
애석하다!

혜시는 그의 재능을 맘껏 발휘했어도 도를 얻지 못했고,
만물을 정신없이 뒤쫓아 가는 바람에 돌아오지 못했다.
이는 메아리를 없앨 요량으로 소리를 더 크게 지르고,
그림자를 떨친 요량으로 더 빨리 달리는 일이다.
슬프다!

注 ───

惠施多方 其書五車: 혜시(惠施)는 학식이 깊고 넓어(多方) (그의 학문이 여러 방면에 걸쳐 있고),
(소장한) 책(書)도 다섯(五) 수레(車)나 (되다). 즉 수레 다섯 대의 분량이다. 多方〔학식이 깊고
넓음. 方(방위 방, 방향)〕書(책 서) 車(수레 차)

其道舛駁 其言也不中: (그러나 그의) 도(道)는 순수하지 않고(舛駁), 말(言)은 과녁에 맞지(中)
않다(不). 즉 이것저것 잡다한 것들로 뒤섞여 있고, 그의 말도 사리에 맞지 않다. 舛駁〔순수하
지 않음. 舛(어그러질 천) 駁(섞일 박)〕中(맞을 중)

厤物之意 曰: (혜시는 사물의) 의미(意)를 차례로 검토해(厤) (다음과 같이) 말하다. 意(뜻 의 → 의
미) 厤(다스릴 력 → 차례로 검토하다)

至大無外 謂之大一: 지극히(至) 큰(大) 건 바깥(外)에 (아무것도) 없는데(無) (이를) 태일(太一)이
라 부르다(謂). 至(지극할 지) 外(바깥 외)

至小無內 謂之小一: 지극히(至) 작은(小) 건 안(內)에 (아무것도) 없는데(無) (이를) 소일(小一)이
라 부르다(謂).

無厚 不可積也 其大千里: 두께(厚)가 없어(無) 쌓을(積) 수 없어도(不可) (소일의 입장에선) 크기
(大)가 천리(千里)에 (이른다). 厚(두께 후) 積(쌓을 적)

天與地卑 山與澤平: (태일의 관점에서 보면) 하늘(天)은 땅만큼(與~地) 낮고(卑), 산(山)은 연못만
큼(與~澤) 평평하다(平). 與(보다는 여 → 만큼) 卑(낮을 비) 平(평평할 평)

日方中方睨: 해(日)가 지금(方) 한가운데(中) 있으면 지금(方) (서쪽으로) 기운다(睨). 즉 해가 지
금 중천에 떠 있으면 동시에 서쪽으로 기운다. 方(이제 방, 지금) 睨(기울 예, 해가 서쪽으로 기움)

物方生方死: 사물(物)은 지금(方) 생겨났다가(生) 지금(方) 죽는다(死). 즉 사물은 지금 태어나
면서 동시에 죽는다.

大同而與小同異: 큰(大) (관점에서 보면 모두가) 같아도(同~而) 더불어(與) 작은(小) (관점에서 보
면) 같기도(同) (하고) 다르기도(異) (하다). 同(한가지 동, 같음) 異(다를 이)

此之謂小同異: (그래서) 이(此)를 (작게 보아 같으면서 다른) 소동이(小同異)라고 부른다(謂).

萬物畢同畢異: (또) 만물(萬物)은 모두(畢) 같아도(同) (동시에) 모두(畢) 다르기도(異) (하다). 畢
(다 필, 모두)

此之謂大同異: (그래서) 이(此)를 (크게 보아 같으면서 다른) 대동이(大同異)라고 부른다(謂).

南方無窮而有窮: 남(南) 쪽(方)은 끝(窮)이 없어도(無~而) 끝(窮)이 있다(有). 方(방위 방, 쪽) 窮 (궁할 궁 → 끝)

今日適越而昔來: 오늘(今日) 월(越)나라에 가도(適~而) 어제(昔) (월나라에) 도착하다(來). 今日 (금일)=오늘 適(갈 적) 昔(접때 석, 어제) 來(이를 래, 도착하다)

連環可解也: 이어진(連) 고리(環)도 풀(解) 수(可) 있다. 連(이어질 련) 環(고리 환) 解(풀 해)

我知天下之中央: 나(我)는 천하(天下)의 중앙(中央)이 (어딘지를) 안다(知).

燕之北越之南是也: 그곳(是)은 연(燕)나라 북쪽(北)이자 월(越)나라 남쪽(南)이다. ★ 춘추전국시대 연나라는 가장 북쪽에 있었고, 월나라는 가장 남쪽에 있었으므로 이는 말이 안 되는 주장이다.

氾愛萬物 天地一體也: 만물(萬物)을 두루(氾) 사랑하면(愛) (사물의 차별이 없어지고) 천지(天地)도 한 몸(一體)이 된다. 즉 하나가 된다. 氾(넓을 범 → 두루) 一體〔한(一) 몸(體). 體(몸 체)〕

惠施以此爲大: 혜시(惠施)는 이런(此) (논법)을(以) 자랑으로(大) 여기다(爲). 大(크게할 대, 자랑하다)

觀於天下而曉辯者: (그래서) 천하(天下)의 (원리)를(於) 밝혀서(觀~而) 변자(辯者)를 가르치다(曉). 觀(나타낼 관, 밝힘) 曉(타이를 효, 알아듣게 말하다 → 가르치다)

天下之辯者相與樂之: 천하(天下)의 변자(辯者)들도 (다음과 같이) 서로(相與) (논함을) 즐기다(樂). 樂(즐길 락)

卵有毛: (병아리 몸에 털이 있으면) 달걀(卵) (속)에도 털(毛)이 있다(有). 卵(알 란 → 달걀) 毛(털 모)

鷄三足: (닭에는 다리가 둘이어도 다리라는 말이 있어) 닭(鷄)에는 세(三) 개의 다리(足)가 있다. 足 (다리 족)

郢有天下: (우주의 크기로 보면 천하는 일부분에 지나지 않고, 초나라 수도 영도 우주 일부분에 지나지 않아 초나라 수도) 영(郢) 안에 천하(天下)가 있을(有) (수 있다). 즉 천하도 포함될 수 있다.

犬可以爲羊: (개나 양은 사람이 붙인 이름으로) 개(犬)를 양(羊)이라(以爲) 할 수(可) 있다. 즉 개나 양을 바꾸어서 불러도 좋다. 犬(개 견) 羊(양 양)

馬有卵: (말은 胎生이고, 새는 卵生인데 胎도 알을 낳는다는 점에선 같아) 말(馬)에도 알(卵)이 있다(有).

丁子有尾: (개구리는 올챙이가 커진 것이기에 그 본질을 보면) 개구리(丁子)에게도 꼬리(尾)가 있다(有). ★ 정자(丁子)는 올챙이인데 초나라 사람들은 이를 개구리로 파악했다.

火不熱: (뜨겁다고 느끼는 건 사람이므로) 불(火) (자체는) 뜨겁지(熱) 않다(不). 火(불 화) 熱(더울 열)

山出口: (메아리가 있으니) 산(山)은 입(口)을 산출한다(出). 즉 산에는 입이 있다. 口(입 밖에 낼

구, 말함) 出(날 출)

輪不碾地: (수레바퀴가 구를 때 한꺼번에 땅에 닿지 않고 일부만 닿는데도 동시에 전부가 닿는다고 보이는 건 자국에 지나지 않아) 수레바퀴(輪)는 땅(地)을 밟지(碾) 않다(不). 輪(바퀴 륜, 수레바퀴) ※ 참고 한『莊子今註今譯』에 '輸(나를 수)'로 표시되었는데 오자로 보아 '輪(바퀴 륜)'으로 바꾸어서 해석했다. 碾(짓밟을 년, 수레가 짓밟고 지나가다)

目不見: (빛이 없으면 사물이 보이지 않아) 눈(目)은 (사물을) 보지(見) 못한다(不).

指不至 至不絶: 손가락(指)이 (가리키는 곳은 한 지점에) 이르지(至) 않거나(不) 이르는(至) (데서) 끊어지지(絶) 않아(不) (손가락의 가리킴이 고정되지 않는다). 指(손가락 지) 至(이를 지) 絶(끊을 절)

龜長於蛇: (사물의 長短은 상대적이므로) 거북(龜)은 뱀만큼(於~蛇) 길다(長). 龜(거북 구) 蛇(뱀 사) 於(보다 어 → 만큼) 長(길 장)

矩不方 規不可以爲圓: (네모나 동그라미는 말이기에) 곱자(矩)는 네모나지(方) 않고(不), 그림쇠(規), 그것으로(以) 원(圓)을 그릴(爲) 수(可) 없다(不可). 矩(곱자 구, 네모를 그리는 자) 方(모 방, 네모) 規(그림쇠 규) 圓(둥글 원, 원)

鑿不圍枘: (구멍과 장부 사이에 틈이 있어) 나무에 구멍 파는 연장인 끌(鑿)은 나무 끝을 구멍에 맞추어 박기 위해 깎아 가늘게 만든 장부(枘)를 둘러싸지(圍) 못한다(不). 鑿(끌 착, 나무에 구멍을 파는 연장) 圍(에울 위, 둘러쌈) 枘(장부 예, 나무 끝을 구멍에 맞추어 박기 위해 깎아 가늘게 만든 부분)

飛鳥之景未嘗動也: (나는 새 그림자는 날아가는 순간 없어져도 새 그림자가 땅 위에 비치므로) 나는(飛) 새(鳥)의 그림자(景)는 움직이지(動) 않는다(未~嘗). 飛(날 비) 鳥(새 조) 景(그림자 영)

鏃矢之疾而有不行不止之時: (빠르다고 해도 가는 데 시간이 걸리므로) 화살(鏃矢)이 빠르게 날아가도(疾~而) 가지(行) 않고(不), (또 가는 이상) 멈추지(止) 않는(不) 때(時)가 있다(有). 鏃矢〔살촉이 있는 화살. 鏃(살촉 족) 矢(화살 시)〕疾(빠를 질) 止(멈출 지) 時(때 시)

狗非犬: (형체는 같아도 이름이 다르므로) (개) 구(狗)는 (개) 견(犬)이 아니다(非). 狗(개 구) 犬(개 견)

黃馬驪牛三: (색깔로 말하면 누런 색, 검은 색, 누렇고 검은 색 세 가지이고, 형체로 보면 말, 소, 마소이므로) 누런(黃) 말(馬)과 검은(驪) 소(牛)는 셋(三)이다. 黃(누를 황) 驪(검을 려)

白狗黑: (희니 검으니 하는 건 형체가 아니라 색깔이므로 형체로 보면) 흰(白) 개(狗)는 검다(黑). 狗(개 구) 黑(검을 흑)

孤駒未嘗有母: (어미 잃은 망아지는 어미 있는 망아지와 달라) 고아가 된 망아지(孤駒)에게는 어미가 있지(有) 않다(未嘗). 孤駒〔고아(孤)가 된 망아지(駒). 孤(고아 고) 駒(망아지 구)〕

一尺之捶 日取其半 萬世不竭: 한(一) 자(尺) 길이의 채찍(捶)을 매일(日) 반(半)씩 잘라도(取) 영원히(萬世) 없어지지(竭) 않는다(不). 尺(자 척) 捶(채찍 추) 萬世(영원히) 竭(다할 갈 → 없어지다)

辯者以此與惠施相應 終身無窮: 변자(辯者)는 이런(此) (논제)로(以) 혜시와(與~惠施) 상응하면서(相應) 평생토록(終身) (논쟁해) 그침(窮)이 없다(無). 窮(다할 궁 → 그침)

桓團公孫龍辯者之徒: 환단(桓團)과 공손룡(公孫龍)이 (이런) 변자(辯者)의 무리(徒)이다. 徒(무리 도)

飾人之心 易人之意: (이들은) 사람(人) 마음(心)을 (쓸데없이) 꾸며(飾) 사람(人)들의 생각(意)을 바꾸다(易). 飾(꾸밀 식) 易(바꿀 역)

能勝人之口 不能服人之心: (그렇지만) 사람(人)의 입(口)은 이겨도(能~勝) 사람(人)의 마음(心)을 승복시키지(能~服) 못하다(不). 勝(이길 승) 服(좇을 복, 따르다 → 승복시키다)

辯者之囿也: (그래서 이것이) 변자(辯者)의 한계(囿)이다. 囿(얽매일 유, 구애됨 → 한계)

惠施日以其知與人之辯: 혜시(惠施)는 날마다(日) (자신의) 아는 바로(以~知) 사람(人)들과(與) 논쟁하다(辯). 辯(다툴 변, 논쟁하다)

特與天下之辯者爲怪: 특이한(特) (입장에서) 천하(天下)의 변자들과(與~辯者) 기이한(怪) (주장을) 펴다(爲). 特(유다를 특, 특이한) 怪(기이할 괴)

此其柢也: 이것(此)이 (혜시 학설의) 밑바탕(柢)이다. 柢(밑 저, 밑바탕)

然惠施之口談 自以爲最賢: 이처럼(然) 혜시(惠施)는 스스로(自) (자신의) 입담(口談)이 가장(最) 현명하다고(以~賢) 여기다(爲). 口談〔입, 구변. 談(말씀 담)〕最(가장 최)

曰天地其壯乎!: (혜시는) 말하다. 천지(天地)만이 (나보다) 훌륭하다(壯)! 壯(장할 장, 훌륭함)

施存雄而無術: 혜시(施)는 (자신의) 존재(存)가 뛰어나다고(雄~而) (여겼지 이를 뒷받침할 아무런) 방술(術)이 없다(無). 存(있을 존 → 존재) 雄(뛰어날 웅 → 드러내다) 術(꾀 술 → 방술)

南方有倚人焉曰黃繚: 남쪽 방면(南方)에 괴이한 사람(倚人)이 있는데(有) 황료(黃繚)를 말한다. 奇人〔괴이한 사람. 奇(기이할 기)〕黃繚〔남쪽 초나라 사람으로 변론에 뛰어난 인물〕

問天地所以不墜不陷: (그가 혜시에게) 하늘(天)이 무너지지(墜) 않고(不) 땅(地)이 함몰되지(陷) 않는(不) 까닭(所以)을 묻다(問). 墜(무너질 추) 陷(빠질 함 → 함몰되다) 所以(까닭)

風雨雷霆之故: 바람(風), 비(雨), 천둥(雷霆)이 (생기는) 이유(故)를 묻다. 雷霆〔천둥. 雷(우뢰 뢰) 霆(번개 정)〕故(연고 고, 이유)

惠施不辭而應 不慮而對: 혜시(惠施)는 (기다렸다는 듯) 사양하지(辭) 않고(不~而) 응하면서(應) (제대로) 생각하지(慮) 않은(不~而) 채 대답하다(對). 辭(사양할 사) 應(응할 응) 慮(생각할 려) 對(대답할 대)

徧爲萬物說 說而不休: (그리고) 만물(萬物)에 대해 두루두루(徧) 말하는데(爲~說), 말하는데도(說~而) 쉼(休)이 없다. 徧(두루 편) 說(말할 설) 休(쉴 휴)

多而無已: (말을) 많이(多) 하는데도(而) 그침(已)이 없다(無). 즉 끝날 줄 모른다. 多(많을 다) 已(그칠 이)

猶以爲寡 益之以怪: 오히려(猶) (말이) 부족하다고(以~寡) 여겨(爲) 기이한 (주장)을(以~怪) 보태다(益). 猶(오히려 유) 寡(적을 과 → 부족하다) 怪(기이할 괴) 益(더할 익, 보태다)

以反人爲實: 그럼으로써(以) 사람(人)의 (정서에) 반하는(反) (것을) 실질(實)로 삼다(爲). 實(속실)→實質(실질)

而欲以勝人爲名: 그리고(而) (논변으로) 남(人)을 이기려고(欲~勝) 함으로써(以) 명성(名)을 쌓다(爲). 名(이름 명 → 명성)

是以與衆不適也: 그래서(是~以) (그의 학설은) 많은(衆) (사람)에게(與) 맞지(適) 않다(不). 衆(많을 중) 適(맞을 적)

弱於德 强於物: 덕을(於~德) (닦는 일에는) 약한데(弱) 사물을(於~物) (추구하는 일에는) 강하다(强). 弱(약할 약)

其塗隩矣: (그래서 그의) 도(塗)는 비뚤어지다(隩). 塗(길 도) 隩(물굽이 오, 만곡하여 물이 육지까지 들어온 상태. 즉 정상에서 벗어난 상태 → 비뚤어짐)

由天地之道觀惠施之能: 천지(天地)의 도(道)라는 (관점)에서(由) 혜시(惠施)의 재능(能)을 보다(觀). 由(부터 유, ~에서) 能(재능 능)

其猶一蚊一蝱之勞者也: 마치 한(一) 마리 모기(蚊)나 한(一) 마리 등에(蝱)가 수고하는(勞) 것(者)과 같다(猶). 蚊(모기 문) 蝱(등에 맹) 勞(수고할 로) 猶(같을 유)

其於物也何庸!: (그러니 그의 학통이) 사물에(於~物) (대해) 무슨(何) 쓸모(庸)가 (있는가)? 何(무엇 하) 庸(쓸 용, 쓰모)

夫充一尙可: (혜시의 학통이) (도의) 한(一) 부분을 채우는(充) 건 오히려(尙) 괜찮다(可). 充(채울 충) 尙(오히려 상) 可(가히 가, 괜찮다)

曰愈貴道 幾矣!: (그러나) 도(道)보다 더욱(愈) 귀하다고(貴) 말하면 위태롭다(幾)! 愈(더욱 유) 貴(귀할 귀) 幾(위태할 기)

惠施不能以此自寧: (그런데) 혜시(惠施)는 이것으로(以~此) 스스로(自) 편안할(寧) 수 없다(不~能). 즉 만족할 수 없다. 寧(편안할 녕)

散於萬物而不厭: (그래서 자신의 관심을) 만물에(於~萬物) 분산하면서(散~而) 싫어하지(厭) 않다(不). 즉 싫증 내지 않다. 散(흩을 산 → 분산하다) 厭(싫어할 염)

卒以善辯爲名 惜乎!: (그리고) 마침내(卒) 말(辯) 잘하는 (사람)으로(以~善) 명성(名)을 얻다(爲). 애석하다(惜)! 卒(마침내 졸) 善(잘할 선) 惜(아까울 석, 애석함)

惠施之才 駘蕩而不得: 혜시(惠施)는 (그의) 재능(才)을 구속받지 않고 멋대로 행동했어도(駘蕩~而), 즉 마음껏 발휘했어도 (도를) 얻지(得) 못하다(不). 駘蕩(구속받지 않고 멋대로 행동함. 駘(방탕할 태, 얽매이지 않음) 蕩(클 탕)]

逐萬物而不反: 만물(萬物)을 (정신없이) 뒤쫓아 가는 바람에(逐~而) 돌아오지(反) 못하다(不). 逐(쫓을 축) 反(돌아올 반)

是窮響以聲: 이(是)는 소리를 냄으로써(以~聲) 메아리(響)를 다하다(窮). 즉 메아리를 없앨 요

량으로 소리를 더 크게 지르다. 聲(소리 성, 소리를 내다) 響(울림 향, 메아리)

形與影競走也 悲夫!: 몸과(與~形) 그림자(影)가 경주(競走)하다. 즉 그림자를 떨친 요량으로 더 빨리 달리다. 슬프다(悲)! 形(몸 형) 影(그림자 영) 競走〔경주. 競(겨룰 경) 走(달릴 주)〕